藝術文獻集成

四部總録藝術編

丁福保　周雲青

浙江人民美術出版社

藝術文獻集成

四部總録藝術編

丁福保　周雲青

浙江人民美術出版社

圖書在版編目(CIP)數據

四部總録藝術編 / 丁福保，周雲青編．一杭州:浙江人民美術出版社，2019.12

（藝術文獻集成）

ISBN 978-7-5340-7497-4

Ⅰ. ①四… Ⅱ. ①丁… ②周… Ⅲ. ①藝術－圖書目録－中國 Ⅳ. ①Z88：J12

中國版本圖書館CIP數據核字(2019)第152764號

四部總録藝術編

丁福保　周雲青 編

責任編輯　霍西勝　張金輝　羅仕通
責任校對　余雅汝　於國娟
裝幀設計　劉昌鳳
責任印製　陳柏榮

出版發行　浙江人民美術出版社
（浙江省杭州市體育場路347號）
網　　址　http://mss.zjcb.com
經　　銷　全國各地新華書店
製　　版　浙江新華圖文製作有限公司
印　　刷　三河市元興印務有限公司
版　　次　2019年12月第1版・第1次印刷
開　　本　880mm × 1230mm　1/32
印　　張　22.5
字　　數　280千字
書　　號　ISBN 978-7-5340-7497-4
定　　價　98.00圓

出版説明

《四部總録》編者丁福保（一八七四—一九五二），字仲祐，號疇隱居士，江蘇常州人，我國近代著名佛教居士和出版家。幼通經史，長而中西兼貫，長於算術、醫學、詞章、考據，通日文，上海江南製造局學堂畢業。一九〇九年赴日考察醫學，後於上海行醫并創辦醫學書局。喜藏書，早年仰慕南菁書院藏書，曾手鈔書院目録一册以備購藏。一九二四年建「詁林精舍」，吴稚暉爲寫匾額，有藏書十萬三千卷。

《四部總録》是專爲續補《四庫全書總目提要》而作的一部解題書目類著作。一九二九丁氏在自辦的醫學書局印發樣本，本欲以個人之力排印發行，卒以卷帙浩大，未竟其功，後由商務印書館排印出版。此録收書以編者生活時期還有傳本者爲限，全書分「醫學編」、「天文編」、「算術編」、「藝術編」四部分。本次影印的即是其中的「藝術編」，共收書一千五百多種，舉凡書、畫、法帖、版畫四類，其中補遺部分爲丁福保弟子周雲青編撰，版畫書目二種出自傅惜華之手。此編收録諸書，先記該書常見版本，問記行格，其次鈔録歷代著録解題、題跋以及歷代學術筆記中的相關評述。余嘉錫曾説：「目録書者所以告學者以讀者之方，省其探討之勞也。」此編正有此作用，一册在手，中國古代藝術基本文獻便可按圖索驥，瞭然於胸，實爲研讀中國藝術史之不二門徑。

浙江人民美術出版社
二〇一三年十二月

目録

書畫之屬

畫

書畫之屬

總録

書畫之屬

譜帖

書畫之屬

傳記

補遺

書畫總

法帖

法帖　彙刻叢帖

法帖　單帖

法帖 雜録叢考

版畫書目

四部總錄藝術編序

無錫丁仲祜先生曾編印說文詁林、說文目錄、漢魏六朝名家集、古錢大字典等書，都是博大淵深，包羅宏富，一帙在手，尋選必要的參考資料，有左右逢源之便。他又以目錄爲治學的津梁，自清乾隆時修輯四庫全書以來，將近兩百年，其間新著繁多，還沒有很完善的目錄，于是着手彙編一部四部總錄，可惜遽歸道山，不及完成。先生的高弟吾友周雲青同志，追隨几杖，襄助校錄，已有多年，毅然負起賡續的責任。整比訂補，分編印行，已經問世的有醫藥編、天文編、算法編數種，現在藝術編又脫稿了。精勤不懈，眞可令人佩服。

中國自古卽重藝術，孔子說：「依於仁，游於藝，」所謂「以藝術教民。」「游於藝」就是遨游於六藝的意思，六藝爲禮、樂、射、御、書、數。徐幹說：「因智以造藝，因藝以立事。」這說明古人已經知道文化藝術是人民日常生活中一個重要部份。由於各項藝事的發展，愈來愈繁複，通過作家的藝術實踐，產生了很多偉大的作品。這些作品，不僅反映了我國古代社會生活情況，而且體現了藝術創作的光輝成就，起着承先啓後的作用。

中國文字，六書象形，「畫成其物，隨體詰詘，」實以孕育了書畫的萌芽。侵尋演化，各成專門。歷代

序 一

書畫的著作，年代久長，疊經變遷，散失甚多，經過蒐輯遺佚，流傳下來的還有一定的數量。明清以後，别裁新著，内容大都屬於理論、作法、著錄、題識等，粲乎隱隱，超邁前古。法帖原是金石的一枝，或賞鑒書法的藝術，或攷辨文字的源流，有單帖，有彙帖，歐陽修、趙明誠的著錄，對碑帖是兼收並蓄的。到明朝中葉逐漸昌盛起來，刻帖的既多，論帖的撰著亦多了。或者評論拓本的美惡和先後，或者考訂各本的得失和異同，也有專就書法加以探討的。版畫昉於唐末的佛像紙牌，發展到明末清初，各種書中的插圖，以山水、人物、宫室、器用較多。此外亦有一些傳記性的圖册名作的專集，無不雕刻的精緻生動，眞和寫生一樣。

法帖版畫是擴大書畫墨跡流傳的兩種方法，因爲與墨跡有所不同，而各自獨立成了專門，實則與書畫是一家眷屬。名家所作，人人喜愛，只有勒石繡梓，化身千百，才能使一般人都有欣賞的機會。法帖是學書的範本，刻工精良，比之眞跡，不爽毫髮，而刻石這項工夫，本身也是一種藝術。由於解放前的無人重視，擅長此道的日就零落，現在已得到領導上的關心和培養，將更好地繼承優良的傳統。版畫雖有悠久的光輝歷史，但是從前不很注意，自經魯迅先生和他的朋友們大力提倡，才有專家們熱烈發揚，輯爲專集，使祖國的遺產成爲現代木刻畫家豐富的源泉之一。

前人的勞動果實，遺留那麼多，怎樣可以全面瞭解，有所稽攷，這必須依靠從事目錄學者辛勤訪求，詳加著錄。歷代藝文志就有這個作用。但如隋唐經籍志，書法附於小學，畫譜附於譜系，凡紀述這些學問的目錄，就附於簿錄。藝術的別立爲類，是宋鄭樵所創始，它包括射騎、畫錄、畫圖、投壺、弈棋、博塞、象經、樗蒲、彈碁、打馬、雙陸、打毬、彩選、葉子格、雜戲格等門，見於通志略中。清修四庫，沿襲其法，藝術類下分爲書畫、琴譜、篆刻、雜技等屬。雲青是編，亦依四庫的類別，但左右採獲，積材浩汗，爰將書、畫、法帖、版畫四類先成一編，以饗讀者。其餘如印譜、音樂、棋譜等，將來另爲專輯，繼續出版。

方今黨與政府號召向科學進軍以來，學術研究氣象蓬勃，但苦於資料的汗牛充棟，難以檢校，必須有專門的目錄，以便按圖索驥。古語所說「工欲善其事，必先利其器」，工具書編得愈多，做研究工作的人，愈能節省其很多的時間和精力。此編就是藝術領域裏的一部很好的工具書。他把儘可能搜羅的材料，已蒐集攏來，有提要、有索引，很便於繙檢；而主要的優點，不僅分類的細密，而目錄力求衆多，既博采乎傳記，更詳攷其版本。近人於書、畫、法帖、版畫，雖有不少人作過著錄，互資補苴，但要把這些書搜集齊備來作參考，那是非常困難。今雲青摘各家之精英，成四類之總匯，纂輯有年，鍥而不舍，以此公諸同好，則對從事這方面研究工作的同志，實有莫大的幫助。當然可能還沒有做到完全無遺。我以爲要在這個基礎上，讓讀者們隨時使用，隨時發現，隨手補正，隨時告知雲青。這樣再版一次，提高一次，充實一次，必能達到完善的境地。從前邵懿辰撰四庫簡明目錄標注，莫友芝撰郘亭知見傳本書目，無不由各地同志隨時的相互補充、相互修正而成的。凡是從事目錄學的人，都有同感。吾相信雲青也必有此期望的。

公元一千九百五十七年八月二十五日顧廷龍

編者的話

宋鄭樵通志藝文略藝術類,分爲:藝術(總)、射、騎、畫錄、畫圖、投壺、弈棋、博塞、象經、樗蒲、彈碁、打馬、雙陸、打毬、彩選、葉子格、雜戲格等許多子目。雖然分類似嫌瑣碎,但可籍以考見我國古代藝術書目的範圍。自從淸代四庫全書總目提要藝術類約分爲:書畫之屬、琴譜之屬、篆刻之屬、雜技之屬四子目,做了合併以後,後來的書目分類,大多相襲沿用。四部總錄也並沒有例外,但在子目中更分得詳細一些。例如:書畫之屬中分書、畫、總錄、譜帖、傳記五門;篆刻之屬中分印譜、作法、雜記三門等。

四部總錄所收之書,較四庫全書總目著錄的和附存的合併計算,超過了好幾倍。這次抽印的「藝術編」,又增加了不少補遺的書。事實上,祇有大量擴充書的品種,廣泛增補書的內容,和儘可能搜集許多有用的資料,尤其是分類分得詳細精密一些,對讀者研究參考,纔能起着更好的作用。但是因爲書畫、音樂、雕刻、弈棋等,都是歷代人民大衆所愛好的專門之學,著述之豐富,典籍之廣博,是相當可觀的。因此「藝術編」如果把這個範疇內的材料,全部羅列,篇幅將極爲龐大;所以只能把範圍略加限制,以「書、畫、法帖、版畫」部分爲限,先出三册。將來如果社會需要,當將「印譜、音樂、棋譜」部分另行輯印專册出版。

現在先把書、畫、法帖、版畫的大概，在下面略談一下：

1. **書畫** 最初字學和書品不分，故舊唐書經籍志、新唐書藝文志，均以講書品者入小學類。自從專研六書之後，學者講求字體之正俗；暢明八法之後，學者從事書法之考究，才逐漸判爲二途。古時不但書與畫並重，且與史亦等量齊觀，所謂「書畫」「圖史」、「左圖右史」，即其明證。但書法之鐵畫銀鉤，圖畫之丹青金碧，講求書品畫品者，固然應以美術爲基礎，而後世不乏影射贋造之作品，亦當以分別眞僞爲重，此所以又轉入賞鑑之一途。綜計今所存考論書畫之書，有記載姓名、敍述派別源流、如傳記體者；有臚列珍藏、著錄名目眞蹟，如目錄體者；有講論筆法、考辨工拙者，有書畫各爲一書敍述者；又有書畫共爲一書、綜合記載者；著錄極爲繁富。本編正書分書、畫、總錄、譜帖、傳記等門，雖然可以得一個大概的輪廓，但當然還不能說應有盡有。

關於書、畫書目解題之書，過去作者不多。主要是由於這些皆是專門之學，書籍的搜集，既甚困難，而評介之人，又要有專門知識，具有相當藝術修養者，始能勝任。近年龍游余樾園（紹宋）之書畫書錄解題及畫法研究參考書目、吳縣吳詩初（辟疆）之書畫書錄解題補甲乙編、有美草堂畫學書目及日人原田尾山（謹次郎）之支那畫學書解題等書，皆能精審詳博，爲以前所沒有的。本編採輯徵引，以上各書外，還取材於不少的書畫家傳記和專史的考證，對版本、著錄等，更力求其詳備。尚有許嘯廬之海州美術書目志（見國粹學報四卷）周連寬之中國美術書舉要（見文華圖書科季刊一卷二期二卷二期）吳辟疆之讀畫學書齋讀書志（見國學論衡三期）本書均未及採錄所感到缺憾者，這次補遺，書畫統依作者姓名筆畫多寡爲序，併合在一起，未能如正書之分類排列，較爲清楚。原因是有關書畫家之傳記有十餘種，每種所收書畫家少則幾百人，多則數千人，每一書畫家傳中有很多可取之資料。這些書的編製，有按時代排的，有照姓韻排的，有依筆畫排的，錯綜複雜，甚不易掌握。而這些書的資料，又是研究書畫參考所必需的。在不得已之中，暫一律以書的作者爲單位，按姓名筆畫多寡爲先後。可作爲專供圖書提要的材料，以備讀者檢查之初稿，並非總結性的專門著述。這是應當交代而請讀者原諒的。

2. 法帖　書之與法帖，事本相屬，而不能不有所區分。歷代名家法書卷册之手蹟墨寶，在舊時封建統治下，往往珍藏在有力者之手中，但不能供大衆欣賞臨習，傳之永久。法帖摹刻於石或木，搨印成册，相傳開始於六朝之末（或云隋開皇時，）見於著錄，則爲後唐，於推廣流傳，均極方便。此後法帖，不論彙刻之叢帖及個人所書之帖，數量日以加多。千頃堂書目等收法帖之書於經部小學類，四庫提要收入史部目錄類金石書之屬，不足以概括所有之法帖書。今以其與美術書法不可分割，故另立法帖一目，次於書之後。

考證法帖之專書，如宋曹士冕之法帖譜系（百川學海本作譜系雜說，）曾宏父之石刻鋪敘，明范大澈之碑帖紀證，朱晨之古今碑帖考，屠隆之屠赤水帖目箋，清孫承澤之閒者軒帖考，王澍之古今法帖考，倪濤之六藝之一錄法帖論述，程文榮之南邨帖考，王楠王鯤之話雨樓碑帖目錄，沈復粲之鳴野山房彙刻帖目，近人鄭裕孚之彙帖舉要，冼玉清女士之廣東叢帖敍錄，某氏之各種叢帖目，詳徵博引，都足資考證。本編均已采及。此外散見於文集及金石書畫專書中之題跋考證尤多，本編雖限於篇幅，未能一一鈔入，但均注明其出處，可供讀者進一步參考之需。

3. 版畫 我國版畫，肇興於晚唐，歷宋元明而大盛，迄清代，圖繪雕刻之技術，更日益精進，爲我國藝苑中之奇葩珍卉。輓近東西各國，尤爲重視。但過去書目，鮮有著錄。四部總錄正書譜帖門所收畫譜，寥寥數種，顯然多有遺漏。版畫與畫亦同法帖與書之關係，甚爲密切，且出自民間，更能表現人民之創造天才，別具一種獨特之風格。現今研究版畫之範圍日廣，不但畫譜等專書是版畫，凡刻書中有精繪之附圖者，均爲研究版畫者所欣賞。舊時對這些書中的繪者刻者，均不甚措意，更是輕視勞動人民藝術作品的不正確觀念，不足爲訓的。

鄭振鐸、傅惜華兩先生，對版畫素有研究，收藏尤富。傅先生舊著明代畫譜解題、明代版畫展覽目錄，鄭先生著有中國版畫史，附有引用書目說明，都是我國最早版畫書目的記錄。可惜原書出版多年，當時流傳未廣，今日已極不易得。茲由編者徵得傅先生同意，在百忙之中整理出「明代畫譜解題」一「中國版畫研究重要書目」二篇，基本上已大大超過了舊出之書目，附印在本編之後，可以對研究版畫者提供不少很重要的參考文獻。

以上書、畫、法帖、版畫四門，共收書約一千五百種。如果再併合篆刻、印譜、音樂書、琴譜及雜技棋譜、博戲、投壺、酒令、刺繡、遊戲等藝術的書，可以說明我國過去在藝術方面的表現，日積月累，與年俱增，成績是極其偉大、相當豐富的。如果藝術工作者，能繼承這一偉大的文化遺產，採其精華，去其糟粕，推陳出新，發揚光大，使我國的民族藝術，在世界藝術史上造成更光輝燦爛之一頁，這是編者所最企盼的。

最後向爲本編撰寫序文的顧起潛（廷龍）先生、爲本編審閱編稿排樣的馮翰飛（雄）、吳重輝（慰祖）二先生、和給以資料及借書供參考的傅惜華、王有三（重民）、汪孟舒、周子美（延年）、冼玉清等先生，以及鼓勵促成本書問世的商務印書館，致以衷心的感謝。

周雲青　一九五六年十二月一日

四部總錄—藝術編

丁福保 周雲青 編

子部 藝術類

書畫之屬目次

補遺目次

四體書勢一卷 說郛本 書苑菁華本 全晉文本

晉衛恆撰。恆字巨山、安邑人。仕至黃門郎。詳見六藝之一錄卷三一七歷朝書譜七。書林藻鑑卷六。

侯志小學類、有鍾繇隸書勢云、初學記二十二、凡三引鍾氏隸書勢、其文同衛恆傳、則隸字勢出鍾繇無疑也。乃蔡中郎集又以爲蔡作。今考初學記所引三條、皆在蔡邕隸書勢中、見張懷瓘書斷引、實爲蔡作、初學記偶誤會四體書勢之文、遂以爲鍾氏、鍾氏實未嘗作隸書勢也。【三國藝文志】

四體書傳並書勢（說郛本作四體書勢佩文齋書畫譜引同）一卷 晉衛恆撰。晉書衛恆本傳、全錄此篇、四體者、一古文、二篆、三隸、四草、各爲敘傳、敘其起源、兼及遺事、後系以贊。其篆勢贊記、明爲蔡邕撰、草書贊記、明爲崔瑗撰、則古文字勢贊及隸勢贊、應爲恆自撰無疑。張懷瓘以隸書勢爲蔡邕所作、徐堅初學記引則以爲鍾繇所作、姚振宗辨之、姑存其說可也。四贊樸茂古雅、工力悉敵、允爲傑構。【書畫書錄解題】

筆陣圖一卷 法書要錄本 書苑菁華本 墨池編本 明刊說郛本

舊題晉衛夫人撰。詳見六藝之一錄卷三二〇歷朝書譜十。參見本編補遺法帖類。

筆陣圖一卷　舊題晉衛夫人撰。（王羲之書後。　案宋史藝文志、及玉海四十五、引國史志、俱有筆陣圖、不著撰人名氏。）孫過庭書譜云、代有筆陣圖七行中畫執筆圖、手貌乖舛、點畫湮訛、頃見南北流傳、疑是右軍所製、雖則未詳眞僞、尚可發啓童蒙。是此編在唐時原附有執筆圖、所云七行、當卽今本一、丿乀丨乁𠃌七行也。爾時疑爲右軍所製、不言出於衛夫人。至張彥遠纂法書要錄、始題衛夫人撰。宋朱長文輯墨池編、又以此爲右軍所作、題爲書論、末有注云、舊傳右軍所作、後見張彥遠要略、以爲衛夫人之辭。然亦莫可考驗、是猶有疑詞也。及陳思輯書苑菁華、復以爲衛夫人作。自後各家著錄、都無異論。竊謂此篇無甚深旨、誠如虔禮所譏、況晉唐時代相距尚邇、如果出於衛夫人、虔禮豈不知之、何至言其未詳眞僞、又何至南北流傳、疑爲右軍所製、其爲六朝人所僞託、殆無可疑。作僞者或題爲衛夫人、或題爲右軍、想在唐時、尚不一致、張彥遠偶未及察、錄入其書、故至宋時、猶復聚訟。新舊兩唐書、概未著錄、可知其所據唐以前書目、亦未曾著錄是編也。各本編後、俱附載右軍題後一篇、其文亦甚凡近、並未敍及此圖爲衛夫人作、而論用筆、又與此圖有重複處、其末段且云始知學衛夫人、徒費年月、遂於衆碑學習焉、遂成書、爾安有書後而作此等語者。墨池編則逕以此書後爲右軍所作筆陣圖、而以其後段載渡江北遊名山、及游許下、洛下數語、爲不通事理、謂據東晉時許洛未平、逸少必不可往、是已知其不可信、而猶編入錄、爲可異也。就此書後詞氣觀之、當亦六朝時人所依託。末云時年五十有三、或恐風燭奄及、遺教子孫、可藏之石室、千金勿傳非其人、鄙陋至此、亦殊弗類右軍語。竊意右軍在當時、或有作筆陣圖事、米襄陽書史曾載王右軍筆陣圖、前有自寫眞、紙緊薄如金葉、索索有聲、襄陽夙精鑑別、其言當可信、然必非此篇及書後之文。此兩篇或卽因知右軍有此作、而依託爲之者。明楊愼墨池瑣錄、謂筆陣圖乃羊欣作、李後主續之、今陝西石刻、李後主書也、以爲羲之誤矣。石刻今未見、未詳卽此文否。其云羊欣作、亦未詳所據。謂李後主作、則王世貞四部稿曾詳其原委。又書苑菁華別有右軍筆陣圖一篇、其首句爲夫書者玄妙之伎也、馮武書法正傳、則以首四句夫紙者城也、筆者主也、水者兵也、硯者糧也之一篇、爲筆陣圖、墨池編並載之、俱題爲書論。凡此皆因右軍有筆陣圖之作、故任取一篇題之、複雜紛紜、莫可究詰。秀水朱履貞輯書學輯要、則又題前篇首句、夫書者玄妙之伎也、爲筆勢論、亦未詳其所據。兩篇詞旨凡近、並屬僞託、因附及之。【書畫書錄解題】

筆勢論一卷　墨池編本　書苑菁華

本　說郛本題筆勢論略　漢溪書法通解本

舊題晉王羲之撰。

筆勢論（唐韋續墨藪以此爲筆陣圖十二章、）一卷（宋崇文總目有筆勢圖一卷、無撰人名氏、祕書省續編到四庫闕書目、有王逸少筆勢圖一卷、疑即是書。）　舊題晉王羲之撰。此書出於依託、孫過庭書譜具言之。張彥遠法書要錄、有錄無書、或亦因其出於僞作。墨池編與書苑菁華載之、兩本互異。書苑菁華本、有創臨啓心視形說點處戈健壯教悟觀彩開腰節制察論讚成十二章、與書譜所云十章不合。墨池編首段無同學張伯英數語、亦與書譜所稱不符。其本文無書苑菁華之詳、而較爲切實、後來所傳皆書苑菁華本、而此本少傳者、墨池編原板久毀故也。是兩本者皆不可信、其互異之故、蓋作僞者故意增損、欲欺世人、以爲右軍眞本者。書苑菁華本因過庭言十章、故增兩章、使不符合、墨池編不立章名、改爲十段、亦即此意。又因過庭有駁張伯英之文、復將同學張伯英數語刪去、然其末段稱有丹陽僧求吾、吾不復與云云、適與詐告伯英遺失、同其鄙陋、心勞日拙、欲蓋彌彰、此之謂歟。【書畫書錄解題】

書評一卷　墨池編重編本　書苑菁華本　說郛本

舊題梁武帝撰。

朱長文曰、舊有梁武帝書評、皆不論次、乃以兩本會而錄之、隨其世次之先後、故書言從漢末至梁三十四人、一云二十八人、合得三十有七、事遠未遑深考。其間有數人無聞者、豈當時可觀、而後無傳耶、然亦慮簡札之誤云耳。袁昂古今評、普通四年所上、大率相類、豈武帝取昂之言而爲己辭邪、或傳寫者混淆而致然邪。【墨池編】

書評一卷　舊題梁武帝撰。此編唐以前書俱未引及、始見於宋淳化閣帖、隋僧智果書。祕書省續編到四庫闕書目有武帝評書一卷、又古今書人優劣評一卷、或即是編、故宋史藝文志據以著錄。今詳覈其文、多與袁昂書評相同、袁昂於武帝普通四年、奉勑評古今書、今本書評後、尙附載原啓、頗爲可信。如武帝已有此評、昂亦何敢勦襲、其非出於武帝、絕無可疑。今本中有爲袁評所無者若干條、當爲後人附益、其間多梁時人、亦其明證。張彥遠作法書要錄、錄袁昂書評而未有此編、知唐時尙無此本。至宋朱長文輯墨池編、已有兩本、因艱於去取、遂取兩本會而錄之、共得三十有七人、其異文雖間爲注出、而兩本大體之同異何若、今遂無由知之。書苑菁華所錄凡二十八人、當爲其兩本之一。說郛本所錄、次第不同、人名及評詞、並有損益、且誤入柳渾施肩吾兩唐人、益不足信。姜西溟所見者、當又爲一本、其詳見湛園題跋中。一書而紛雜至此、益足證其出於依託。朱長文疑武帝取昂之言以爲己辭、或傳寫者混淆所致。雖未直斥其僞、言外已覺其非眞。宋史藝文志不加審擇、遽以入錄、殊可異也。【書畫書錄解題】

古今書評一卷

法書要錄本　書苑菁華本　百川學海本　說郛本（以上二本簡題書評）

梁袁昂撰。昂字千里、扶樂人。位至司空、卒謚穆正。

古今書評一卷　梁袁昂撰。此編爲袁昂奉勑品評之作、凡二十五人、而特推崇張芝、鍾繇、逸少、獻之、後復云羊眞孔草蕭行（案此指蕭思話、見宣和書譜引）范篆、各一時絕妙。今本羊欣在二十五人之列、而孔范及思話不與、疑有簡脫、抑當時勑中僅指定此二十五人使爲品評邪。末附普通四年原啓兩通、卽此可證此編之非僞。俗傳梁武帝書評、卽就此編附益而成者。武帝書評解題編中所列諸人、不甚倫次、疑傳錄之失。又陶弘景、庾肩吾與昂當爲同時人、評中亦及之、疑亦後人竄入者。明楊愼墨池瑣錄謂此篇爲四六體、並舉兩聯、歎其工妙、似別有一本爲駢文者、竊未敢信。楊氏好奇、往往如是。【書畫書錄解題】

書品一卷

法書要錄本　明刊寶顏堂祕笈本　說郛本　明汲古閣刊本　續百川學海本　明何允中刊漢魏叢書本　四庫全書本　湖北先正遺書本　光緒刊漢魏叢書本　硯北偶鈔本

梁庾肩吾撰。肩吾字子愼、新野人。起家晉安王國常侍、元帝時官至度支尙書、事蹟具梁書文學傳。

書品七卷　梁度支尙書庾肩吾撰。【直齋書錄解題】

書品一卷　庾肩吾撰。東垣按、書錄解題七卷。【崇文總目輯釋】

書品一卷　原釋集草隸者一百二十八人、以張芝居首、品爲九例。（玉海四五）　按唐志庾肩吾撰、書錄解題七卷。【中興館閣書目輯考】

書品一卷（浙江鮑士恭家藏本）　梁庾肩吾撰。是書載漢至齊梁能眞草者一百二十八人、分爲九品、每品各繫以論、而以總序冠於前。考寶泉述書賦稱肩吾通塞、并乏天性、工歸文華、拙見草正、徒聞師阮、何至遼夐、使鉛刀之均鋒、稱並利而則佞云云。其於肩吾書學、不甚推許。又其論述作一條稱庾中庶品格拘於文華、則於是書亦頗致不滿。然其論列多有理致、究不失先民典型。如序稱尋隸體發源秦時、隸人下邳程邈所作、始皇見而重之、以奏事繁多、篆字難製、遂作此法、故曰隸書、今時正書是也。此足正歐陽修以八分爲隸之誤。惟唐之魏徵與肩吾時代遼不相及、而並列其間、殊爲顛舛。故王士禛居易錄詆毛晉刊本之謬。又序稱一百二十八人、而書中所列實止一百二十三人、數亦不符、殆後人已有所增刪。然張彥遠法書要錄、全載此書、已同此本、併魏徵之謬亦同、則其來久矣。【四庫全書總目提要】

書品一卷　梁庾肩吾撰。載漢至齊梁能眞草者分爲九品、每品各繫以論、而以總序冠於前。惟序稱所列一百二十八人、今止一百二十三人。又其中載及魏徵、時代邈不相及。然張彥遠法書要錄所載全同此本、魏徵之誤亦復相同、則其來已久矣。【四庫全書簡明目錄】

書品一卷（舊鈔本）　梁庾肩吾撰。是本列九品者亦止一百二十三人、與序語云一百二十八人不合。王漁洋譏毛氏刊本有誤、實世無別本也。【鐵琴銅劍樓藏書目錄】

書品一卷（漢魏叢書本）　梁庾肩吾撰。四庫全書著錄、新舊唐志崇文目書錄解題通志宋志俱載之。惟陳氏作七卷、刊刻之誤也。宋志下有論字、亦誤衍一字也。子慎自少留心書法、求諸故跡、或有淺深、因本漢書古今人表之例、取善草隸者一百二十八人、分爲上中下三品、每品之中又分爲上中下、復爲略論九篇、冠以總序、所載自漢迄梁之人。子慎去古不遠、近者同時、宜其評論之精核也。後張懷瓘書斷、又分神妙能三品、不過稍加損益、附以近世者耳。【鄭堂讀書記】

書品一卷（陳振孫直齋書錄解題作七卷誤。唐書藝文志已作一卷矣。宋祕書省續編到四庫闕書目作十卷亦誤。又有書品論二卷、葉德輝按以爲卽此書）　梁庾肩吾撰。四庫提要評論是書、最爲允當。以文體論、亦是當時風格、絕非僞託。至魏徵之謬、與其人數不符合、則古書輾轉流傳、恆有此失、不得因此致疑也。【書畫書錄解題】

書後品一卷　法書要錄本　書苑菁華本　說郛本題後書品

唐李嗣眞撰。嗣眞滑州匡城人。則天永昌中、官御史中丞、知大夫事。

書後品一卷　唐御史中丞李嗣眞撰。【直齋書錄解題】

書後品一卷　原釋、李嗣眞因庾肩吾之品、更分十等、各爲評讚。（見玉海藝文類）東垣按玉海引崇文目同。【崇文總目輯釋】

書後品一卷　原釋李嗣眞撰（玉海四五）按玉海云、今本無評傳。崇文目云、（已見前）【中興館閣書目輯考】

後書品一卷（說郛本）　唐李嗣眞撰。新舊唐志崇文總目小學類、書錄解題雜藝類、通志略宋志俱小學類、均著錄作書後品。法書要錄所載亦同此本、蓋誤倒一字也。崇文目釋云、（已見前）猶其作畫後品、以續謝赫書也。庚書分九等、此分十等。蓋加逸品一等於九等之上。逸品者、超逸倫類之謂、非如後世之所謂逸品也。所載凡八十一人、文辭綺錯、條理秩然。今其書後品、原書已佚、世傳之續畫品錄、乃後人以姚最書竄益託之、非復李氏之原本。獨此編以張氏彥遠法書要錄見收、陶南邨宗儀復爲之載入說郛、遂完然得存、是亦彌可貴矣。【慈雲樓藏書志】

書後品一卷　唐李嗣眞撰。案四庫總目李嗣眞續畫品錄提要內稱此書所載八十一人、分爲十等、各有敍錄、又有評有贊、條理秩然、而藝術類未見著錄、未詳其故。原書自敍亦云八十一人、今本乃有八十二人、當是偶誤。稱後品者、以王愔王僧虔袁昂庾肩吾曾有書品在前、故云。自云前品已定、則不復銓列。上上品之上更列逸品、爲嗣眞所創、明其在九等之上也。昔謝赫作古畫品錄、於陸探微亦欲躋之於上上品之上、而謂無他寄言、故屈標第一等、得嗣眞以逸品名之、自此以後、遂爲定論。【書畫書錄解題】

書斷三卷

法書要錄本　墨池編本　王氏書苑本　四庫全書本並同　百川學海本四卷　說郛本亦四卷題宋張懷瓘撰疑係僞託

唐張懷瓘撰。

書斷論三卷　張懷瓘撰。原釋、采古人以書名家、差爲三品。（見玉海藝文類）闕。（見天一閣鈔本）　東垣按玉海引崇文目同、諸家書目及今本皆無論字。【崇文總目輯釋】

書斷三卷　原釋、卷末云開甲子歲草猳。崇文目云（已見前）李淑書目云、上論書述讚、文下每書分神妙能品人名。（玉海四五）【中興館閣書目輯考】

書斷列傳三卷雜編一卷（述古目書斷列傳一卷注鈔字、胡校本雜編作續編、續編僅見也是園目）　此是舊鈔本、刊於百川學海中者、行次失款、且多譌字、以此參校可耳。【讀書敏求記校證】

書斷三卷（浙江鮑士恭家藏本）　唐張懷瓘撰。是書唐書藝文志著錄、稱懷瓘爲開元中翰林院供奉。竇蒙述書賦註則云、懷瓘海陵人、鄂州司馬、與志不同。然述書賦張懷瓌條下、又註云懷瓌、懷瓘弟、盛王府司馬、兄弟並翰林待詔、則與志相合、蓋嘗爲鄂州司馬、終於翰林供奉、二書各舉其一官爾。所錄皆古今書體及能書人名。上卷列古文、大篆、籀文、小篆、八分、隸書、章草、行書、飛白、草書十體、各述其源流、系之以贊、末爲總論一篇。中卷下卷分神妙能三品、每品各以體分。凡神品二十五人、除各體重複得十二人、妙品九十八人、除各體重複得三十九人、能品一百七人、除各體重複得三十五人、前列姓名、後爲小傳、傳中附錄又三十八人。其紀述頗詳、

評論亦允。張彥遠法書要錄全載其文、蓋當代以爲精鑒矣。【四庫全書總目提要】

書斷三卷　唐張懷瓘撰。所錄皆古今書體、及能書人名。上卷述十體源流、各系以贊、終以總論一篇。中卷下卷以能書者分神妙能三品、皆前列姓名、後爲小傳。書家有三品之目、自此書始。【四庫全書簡明目錄】

書斷三卷（王氏書苑所載法書要錄本）

唐張懷瓘撰。四庫全書著錄、新唐志崇文目書錄解題宋藝文志俱載之。惟崇文目作書斷論。懷瓘以昔賢之評書、或有不當。爰自黃帝倉頡史籀、迄於唐之盧藏用、凡三千二百餘年、書有十體源流、則敍其源流之異、著十贊一論、學有三品優劣、則較其優劣之差、爲神妙能三品、人爲一傳、亦有隨事附者、通爲一評、究其臧否、分上中下三卷、名曰書斷。其書芟夷浮議、揚搉古今、考究乖謬、探索幽微、皆前載所不述、足以成一家之言。後來書家有三品之目、自此書始。畫家亦有三品之目、則因此書而類例之也。【鄭堂讀書記】

書斷三卷、唐海陵張懷瓘撰。唐書藝文志稱懷瓘開元中爲翰林院供奉、敍述能書人名、與庾氏書品同其珍貴、惟荀長胤繼骨帖引尙書故實一條、當爲後人所附益。尙書故實爲李綽撰、綽仕履未詳、自稱書爲客張尙書家時撰、尙書四世祖爲嘉貞、玄宗時丞相、懷瓘與嘉貞爲同時人、豈有引及綽之著述者乎。敍述蘭亭亦極詳贍、稱太原王蘊字叔仁、桑世昌蘭亭考作王蘊之、蓋爲衍文、非此書曷由證之。【蕘廬書跋】

書斷三卷（皕宋樓藏書志作一卷）　唐張懷瓘撰。是編卷一敍十體書、各爲之贊、其敍各體原委、辨論頗精。十體之外、不取龜蛇麟虎諸體、以爲非關世要、實其高識。十體者、古文大篆籀文小篆八分隸書章草行書飛白草書也。卷二以下分神妙能三品、每品各以體分、共得八十六人、人系小傳、傳中時有附錄、又得三十八人。前有各品總目、附錄諸人不入目中。亦有目中無名而有傳者、如妙品中之鬫母敬、能品中之呂忱韋弘是也。有目中有名而無傳者、如妙品中之趙高荀輿、能品中之王智敬王愔是也。未知是否相傳簡脫。其各品諸傳、仍以時代爲次。傳中徵引繁博、頗多佚聞、其評論亦極有斟酌。後有總評一編、言創稿於甲子、至丁卯脫稿云。末繫論一篇、題爲趙僎作、實卽跋尾也。　別本書斷（此爲僞書而名同、故加別本二字以別之）四卷（說郛本）　舊題宋張懷瓘撰。案懷瓘爲唐開元時人、此題宋人已謬。（近出明鈔本說郛仍題唐人）其書先列書體十一則、前十則卽就懷瓘原書刪節而成、甚爲簡略、末一則爲汲冢書、原書所無、以後則自李斯以下至卷末凡若干人、各繫小傳。原書分三品、此悉刪之、則所謂書斷之名、已不副其實矣。小傳之文、皆掇錄他書、間注出處、（明鈔本不注出處）內有引張彥遠法書要錄者數條、彥遠爲咸通時人、後於懷瓘百數十年、懷瓘原書、彥遠曾采入要錄、此反引之、寧有是理。又有注明引張懷瓘說者兩條、益可發噱、是作僞者不啻自首也。說郛殆亦知之、故不題唐人、而題宋人、若宋時別有一張姓名懷瓘者、則所作之書、必不與前人同、即同亦不襲前書科臼、可異者原書已載法書要錄、並未亡佚、而猶有此僞編、眞不可解耳。【書畫書錄解題】

述書賦二卷

法書要錄本　墨池編本　明嘉靖乙酉刊本　王氏書苑本　津逮祕書本　四庫全書本

唐竇臮撰、竇蒙註。臮字靈長、扶風人。官至檢校戶部員外郎、宋汴節度參謀。蒙字子全、臮之兄、官至試國子司業、兼太原縣令。並見徐浩古蹟記。

朱長文曰、竇臮之賦、雖風格非古、其勤博亦可尚矣。【墨池編】

楊慎曰、楊臮作草書賦於前、而竇臮作述書賦於後、凡能書之士、殆無遺矣。【墨池瑣錄】

述書賦二卷（烏絲闌鈔本）　唐竇臮撰、其兄蒙注。嘉靖乙酉楊士雲序云、竇員外述書賦、自周史籀迄唐乾元之初、評品與喻、猶衛王也。書評而下、亦咸有議。厥兄司業稱其精窮要旨、詳辯祕義、信矣。而唐史不載、時川先生得寫本於升菴先生、梓之、蓋欲與衛王之論並傳於世云爾。【天一閣書目】

述書賦二卷（浙江鮑士恭家藏本）　唐竇臮撰、竇蒙註。案張彥遠法書要錄、稱臮作述書賦、精窮旨要、詳辨祕義。今觀其賦、上篇所述、自上古至南北朝、下篇所述、自唐代高祖太宗武后睿宗明皇以下、而終於其兄蒙、及劉秦之妹、蓋其文成於天寶中也。首尾凡一十三代、一百九十八人、篇末系以徐僧權等署證八人、太平公主等印記十一家、徵求寶玩韋述等二十六人、利通貨易穆章等八人、文與上篇相屬、蓋以卷帙稍重、故分而爲二耳。其品題敍述、皆極精核。其印記一章、兼畫印模於句下、遂爲朱存理鐵網珊瑚張丑清河書畫舫眞蹟日錄之祖。註文尤典要不支、舊以爲出其兄蒙、考賦中蒙條下、註曰、家兄蒙字子全、司議郎安南都護、又似乎臮所自註、且所敍仕履、與卷首結銜亦不同、均爲疑竇。然張彥遠法書要錄所題已同、今本單文孤證、未敢遽易舊文、姑仍原本錄之焉。【四庫全書總目提要】

述書賦二卷　唐竇臮撰。案臮即洎字之別體。其兄蒙註。上篇所述、自上古至南北朝、下篇所述、自唐武德至天寶、凡一百九十八人、各品題其工拙。末附以署證八人、印記十一家、徵求寶玩二十六人、利通貨易八人。【四庫全書簡明目錄】

述書賦二卷（王氏書苑所載法書要錄本）

唐竇臮撰。其兄蒙注。四庫全書著錄。是賦雖分上下二卷。實則一篇。以卷帙繁重。故分而爲二。統論自周至唐一十三代工書史籀等一百九十八人。併論署證自徐僧權等八人。印記自太平公主等十一家。徵求保䣙自韋述等二十六人。利通貨易自穆章等八人。總七千六百四十言。一字一句。旁通數義。無深不討。無細不詳。而印記一章。遂爲後來記書畫者兼載印章所取法。子全所注。皆據史傳而析解之。亦俱典切精當。不蔓不支。旣題以五言。復系以語例字格。其字格凡一百二十言。并注二百四十句。自謂注有未盡。在此例中。意有未窮。出此格上。不虛也。【鄭堂讀書記】

述書賦二卷。唐扶風竇臮撰。案唐景昭法師碑爲竇臮書。題朝議大夫檢校尚書兵部郎中兼侍御史上柱國竇臮書并篆額。碑文又云臮官浙江節度支度判官。貞元三年立。是臮雖不見於史。郎中御史。爲最後之官。且知卒於德宗時。可考如此。提要謹據古蹟記之初官。未爲詳實也。又案懷素自敍大歷十二年石刻竇侍御冀評云。粉壁長廊數十間。興來小豁胸中氣云云。是臮字又可寫作冀。肅宗時卽官侍御史矣。【蕚廬書跋】

述書賦并注二卷　唐竇臮撰。竇蒙注。此篇綜論歷代書家。凡一百九十八人。至爲博洽。自來名著。後人咸有續編。或事仿效。獨此篇之後。迄今一千餘年。書家至多。竟無嗣響。蓋搜集批評兩難。難並文辭之不易工。猶其餘事。此篇所爲千古獨傳之作也。【書畫書錄解題】

論篆一卷　說郛本　篆學瑣著本　後知不足齋叢書本

舊題唐李陽冰撰。

論篆一卷　舊題李陽冰撰。此編卽就陽冰上李大夫書。去其末段。復雜輯法書要錄中言八分草隷語於後。實無關於篆法。蓋自章續墨藪錄出者。惟章續不著撰人。此逕題爲陽冰撰。亦無聊之甚矣。【書畫書錄解題】

墨藪二卷附法帖釋文刊誤一卷　明陳榮刊本　唐宋叢書本　格致叢書本　四庫全書本　光緒刊十萬卷樓叢書本

舊題唐韋續撰。

墨藪一卷（案文獻通攷作十卷）　不知何人所集。凡十八篇。又一本二十一篇。【直齋書錄解題】

墨藪二卷（刊本）　右唐韋續撰。述歷代書法原委及各家評論。後附法帖音釋刊誤。【浙江採集遺書總錄】

墨藪二卷附法帖釋文刊誤一卷（浙江巡

撫採進本）　舊本題唐韋續撰。續不知何許人。是書唐志亦不著錄。惟文獻通考載墨藪十卷、引晁公武讀書志曰、高陽許歸與編、未詳何代人。李氏書目祇五卷、又引陳振孫書錄解題曰、（已見前）此本爲明程榮所刻。校其門目、上卷五十六種書第一、九品書人第二、書品優劣第三、續書品第四、梁武帝評第五、書論第六、論篆第七、用筆法幷口訣第八、筆陣圖第九、又筆陣圖第十、下卷張長史十二意法第十一、王逸少筆勢傳第十二、指意筆髓第十三、王逸少筆勢圖第十四、筆意第十五、晉衛恆等書勢第十六、勸學第十七、貞觀論第十八、書訣第十九、徐氏書記第二十、唐朝書法第二十一、與振孫所言又一本合。蓋卽所見書中所記止於唐文宗柳公權事、當出於開成後人。然題爲韋續、則不知其何所據也。末載宋參知政事陳與義法帖釋文刊誤一卷、蓋榮之所附。後有淳熙七年周必大跋、其書僅七紙、然糾劉次莊釋文之誤、頗爲精核、必大跋稱與義爲侍從時奉敕所撰、篇頁太少、難以單行、今仍綴之末簡焉。【四庫全書總目提要】

墨藪二卷附法帖釋文刊誤一卷　舊本題唐韋續撰。凡二十一篇、皆錄前人論書之語、與書錄解題所載合。其題爲韋續、則莫知所本也。末附宋陳與義法帖釋文刊誤一卷、論頗精核、今亦仍舊本錄之。【四庫全書簡明目錄】

墨藪二卷（舊鈔本）　題唐韋續纂。其二十一篇之數、與陳氏書錄所載合。文獻通考作十卷、蓋傳寫之誤也。【鐵琴銅劍樓藏書目錄】

墨藪一卷（寫本）　舊題唐韋續撰。四庫全書著錄作二卷、又附宋陳與義法帖釋文刊誤一卷。讀書志作十卷、云高陽許歸與編、未詳何代人。李氏書目止五卷、而梁武評書王逸少筆勢論皆別出。書錄解題作一卷。通考從晁氏作十卷、惟通志作五卷、與晁氏所稱李氏書目同、然已不著撰人名氏。觀書中所記之事、迄唐文宗柳公權而止、當出于開成以後人。此本題唐韋續撰是也。其書自五十六種書、迄唐朝書法、凡二十一篇。其篇數與陳氏所稱又一本合、是本作一卷、則與陳氏所稱前一本合也。所述歷代書法原委、及各家評論、頗爲詳贍、而文筆尙不落北宋以下、與唐人舊帙無疑矣。【鄭堂讀書記】

墨藪一卷（舊鈔本）　唐韋續纂。明程榮昔梓此書、分上下二卷、今祇一卷、其在未分以前之本與。【善本書室藏書志】

墨藪二卷附法帖釋文一卷（傳錄本）　舊本題唐韋續撰。書中所記、止於唐文宗柳公權事、當出於開成後人。後附宋陳與義法帖刊誤、卽榮所刻、此傳錄本。【適園藏書志】

墨藪二卷（錢曾述古堂書目作五卷）

舊題唐韋續撰。是書彙輯前人論書短篇而成、或加以删節、非由自撰。其所輯諸篇、不盡著撰人姓氏、最爲疏失。後人未加深察、如墨池編王氏書苑以及各家書目錄、其中一二篇多有題爲續撰者、又有誤書續字爲續字者。今覈第一篇五十六種書或爲續所自纂、第二篇九品書人則爲李嗣眞撰、第三篇書品優劣爲呂總撰、第四篇續書品、第五篇梁武帝書評又評書皆僞作、第六篇書論爲張懷瓘撰、第七篇論篆、前一段爲李陽冰上大夫書後一段則雜輯法書要錄中言八分草隸語、實與篆法無關、第八篇用筆法並口訣、則雜采李斯蕭何蔡邕鍾繇作書事、未詳所出、多不足信、第九篇用筆陣圖法、卽俗傳右軍題衛夫人筆陣圖後之文、第十篇筆陣圖十二章、卽俗傳筆勢論、第十一篇爲俗傳張長史十二意筆法、第十二篇王逸少筆勢傳、摘記右軍幼時事、及皇象索靖衛瓘蕭何宋翼李斯書事、與題不符、第十三篇爲俗傳虞世南筆髓論、第十四篇題爲王逸少筆勢圖、（首句夫三端之妙、末句久久不動彌佳矣、）第十五篇題爲筆意、（首句學書之難、神彩爲上、末句工之未盡已擅時名、）第十六篇題爲晉衛恆等書勢、（首句自衛恆自巨山少辟司空齊王府、末句略舉大較髣髴若斯、）第十七篇題爲勸學、（首句自古賢哲勤乎學、中列人名八十七人、末句不入品錄、深慮遺材、）第十八篇題爲貞觀論、（首句貞觀六年正月初八日、末句褚遂良遍媚婉美妙絕之傳也、）第十九篇題爲書訣、（首句迴展右肩、長伸左足、末句求之則得、考之則彰、）以上六篇、眞僞錯雜、他書所題、不盡一致、故注明首末兩句、以便校核。第二十篇爲徐氏書記、卽武平一法書記、第二十一篇爲唐朝書法、當卽韋述敍書錄全編、俱雜纂舊文、漫無條理、後來論書法之書、多本之。謬種流傳、遂至舛誤雜亂、不可究詰。案文獻通考載有墨藪十卷、晁公武郡齋讀書志以爲許歸與編、或別爲一書、又宋史藝文志有墨藪一卷、注云不知作人、未知卽是編否。又明鈔本說郛有書訣墨藪一卷、寥寥十二條、皆摘錄前人論書語、亦題爲韋續撰。【書畫書錄解題】

法書要錄十卷

明刊本半葉十一行行二十字白口單邊　王氏書苑本　津逮祕書本　四庫全書本　學津討原本

唐張彥遠撰。彥遠字愛賓、河東人、宰相張嘉貞之元孫。乾符初官至大理卿。

法書要錄十卷　原釋唐張彥遠撰。哀次論書之說。（玉海四五）　按唐志彥遠弘靖孫、乾符初大理卿。【中興館閣書目輯考】

毛晉跋法書要錄　河東張氏三世藏法書名畫、彥遠又能彙其祖父所遺、成二書以記錄書畫之事。予讀其法書要錄十卷、載漢魏以來名文百篇、不下一註脚、不參一評跋、豈其鑒識未精耶。蓋謂昔賢垂不朽之藝、後人睹妙絕之蹟、自有袁昂二庾及竇臮諸人月旦在。【隱湖題跋】

法書要錄十卷（浙江巡撫採進本） 唐張彥遠撰。書首有彥遠自序、但署河東郡望、郭若虛圖畫見聞志、晁公武讀書志、亦但稱其字曰愛賓、而仕履時代皆不及詳。今以新唐書世系表、藝文志列傳、與彥遠自序參考、知彥遠乃明皇時宰相嘉貞之元孫。序稱高祖河東公、卽嘉貞、其稱曾祖魏國公者、爲同平章事延賞、（案延賞封魏國公、本傳失載、僅見於此序中、）稱大父高平公者、爲同平章事宏靖、稱先公尙書者、爲桂管觀察使文規、唐書皆有傳。此書之末、附載畫譜本傳、不知何人所作、乃稱彥遠大父名稔、考歷代名畫記中有彥遠叔祖名諗之文、非其大父、亦非稔字、顯然舛謬。至本傳稱彥遠博學有文辭、乾符中至大理寺卿、藝文志亦同、而世系表作祠部員外郎、則未詳孰是也。是編集古人論書之語、起於東漢、迄於元和、皆具錄原文、如王愔文字志之末見其書者、亦特存其目。惟一卷中王羲之教子敬筆論一篇、三卷中蔡惲書無定體論一篇、四卷中顏師古註急就章一篇、張懷瓘六體書一篇、有錄無書、然目錄下俱註不錄字、蓋彥遠所刪、非由闕佚。其急就章註、當以無關書法見遺、餘則不知其故矣。其書採摭繁富、漢以來佚文緒論、多賴以存、卽庾肩吾書品、李嗣眞後書品、張懷瓘書斷、竇臮述書賦、各有別本者、實亦於此書錄出。自序謂好事者得此書及歷代名畫記、書畫之事畢矣、殆非夸飾也。末爲右軍書記一卷、凡王羲之帖四百六十五、附王獻之帖十七、皆具爲釋文、知劉克莊閣帖釋文、亦據此爲藍本、則其沾溉於書家者、非淺尠矣。【四庫全書總目提要】

法書要錄十卷 唐張彥遠撰。集諸家論書之語、起於東漢、訖於元和、有未見其書者、如王愔文字志之類、亦存其目、採摭繁富、後之論書者、大抵以此爲根柢。末附二王帖釋文四首八十二條、亦閣帖釋文之祖本也。【四庫全書簡明目錄】

法書要錄十卷（王氏書苑本） 唐張彥遠撰。四庫全書著錄。新唐志崇文目書錄解題通考宋志俱載之。陳氏書作帖、刊版之誤也。唐河東張氏世藏法書名畫、愛賓因采掇自古論書之說、勒爲是編、自後漢趙一非草書、迄于唐盧卿書法、凡三十九篇。中有未見其書者、王愔文學志一篇、亦存其目。其有錄無書者、王羲之教子敬筆論、蔡惲書無定體論、顏師古註急就章、張懷瓘六體書四篇、亦俱于目錄下注明。實止三十四篇、皆具錄全文、後之論書者、大抵以此爲根柢。又全錄竇臮述書賦幷竇蒙注二卷、張懷瓘書斷三卷二種、俱另爲記之。末又載右軍書記一卷、計右軍書四百六十五帖、大令書十七帖、蓋恐好事者未盡知王帖草書、故集之。卽劉克莊閣帖釋文之濫觴也。【鄭堂讀書記】

傳增湘王敬美手寫法書要錄跋　法書要錄十卷、明王世懋敬美手鈔、半葉十行、二十六字。余取津逮本對勘之、則補佚訂訛、多至不可勝舉。惟卷七八九、錄張懷瓘書斷、節約頗多、其他各卷文字、均視津逮本爲勝。卷十右軍書帖、增益至十數、則余昔年見何義門手校此書、曾臨寫一部、據義門跋、謂得吳方山所藏鈔本、改正非止一二、後又見譚公度藏鈔本墨池編內府藏宋刊書苑菁華、更藉以參校。今以敬美寫本證之、其異同之處、大率與何校都合、疑方山之本、與敬美所見、乃同出一源也。【藏園羣書題記】

法書要錄十卷　唐張彥遠集。是書采輯至爲精審、四庫提要具言之。其後宋朱長文輯墨池編、陳思輯書苑菁華、矜多務博、所錄唐以前論書之文、頗多僞託之作、俱未見於是書、或彥遠已灼知其僞矣。今檢編中所錄諸篇、僅衛夫人筆陣圖及右軍題後兩篇爲僞品、殆偶未及察、或後人刊本增入、亦難言之。墨池編載王羲之草書勢、朱氏注云、張彥遠以爲右軍自序、今編中無之、足證舊本與今本當有異同。其注明不錄之四篇、四庫除急就章注外、不明其故、今按不錄王羲之教子敬筆論、蓋亦知其僞託、以流俗所傳、故存其目。不錄張懷瓘六體書、殆以其所論不出書斷之外。凡此俱足徵其精審。至蔡惲書無定體論、今已佚、其不錄之故、異不可知矣。【書畫書錄解題】

墨池編二十卷

明隆慶間薛晨刊本　康熙五十三年甲午寶硯山房刊本　雍正十一年朱氏刊本附明朱象賢印典八卷（六卷本）　宋刊本　明萬歷八年庚辰李時成重刊薛晨本（併爲六卷）　四庫全書本　乾隆丙戌刊本

宋朱長文撰。長文有朱氏易解、已著錄。

墨池編（二函十二册宋刊）　宋朱長文撰。書六卷、分字學筆法雜議品藻贊述寶藏碑刻器用八門。【天祿琳瑯書目續編】

墨池編六卷（浙江鮑士恭家藏本）　宋朱長文撰。是編論書學源流、分爲八門、每門又各析次第。凡字學一、筆法二、雜議二、品藻五、贊述三、寶藏三、碑刻二、器用二、皆引古人成書而編類之。蒐輯甚博、前代遺文、往往藉以考見。間附己說、亦極典核。後來書苑菁華諸編、雖遞有增益、終不能出其範圍。陳耀文學林就正、嘗摭其引王次仲事、誤稱劉向列仙傳、小小筆誤、不爲累也。贊述門寶泉述書賦下、自稱編此書十卷、又器用門下、稱因讀蘇大參文房四譜、取其事有裨於書者、勒成兩卷、贅墨池編之末。是長文原本當爲十二卷、今止六卷、殆後人所合併歟。又此本碑刻門、末載宋碑九十二通、元碑四十四通、明碑一百十九通、皆明萬曆中重刊時所增、明人竄亂古書、往往如是、幸其妄相附益、尚有蹤跡可尋、今並從删削、以還其舊。至其合併之帙、無關宏旨、則亦姑仍之矣。【四庫全書總目提要】

墨池編六卷　宋朱長文撰。分字學、筆法、雜議、品藻、贊述、寶藏、碑刻、器用八門、又分子目十有九、皆引古人成書而編類之、蒐輯頗富、間附論斷、亦多典核。【四庫全書簡明目録】

墨池編二十卷（寶硯山房刊本）　宋朱長文撰。四庫全書著録、讀書志、書録解題、通考、宋志俱不載。伯原以古人言書論訣、或叢猥、或離析、或謬誤、病其難省、乃刊定裒寫、以義相別、爲字學、筆法、雜議、品藻、贊述、寶藏、碑刻、器用八門、又以所著附、成二十通、目曰墨池編、蓋取王右軍故事以名之也。其書蒐羅繁富、條理賅貫、凡筆法之祕奥、名家之品評、以及歷代古碑文房四譜、靡不畢備、誠後學之津梁、書家之寶籙也。而寶藏碑刻五卷、又可以供講金石者之考覈焉。【鄭堂讀書記】

閱朱伯原長文墨池編、雍正間吳下刻本、猶二十卷之舊。其中真字皆缺筆、避宋仁宗嫌名、蓋本宋槧翻刻者。四庫僅收六卷合并本、未見此本也。然亦多誤字。前有王若霖澍序、後附明朱象賢印典八卷。【越縵堂讀書記】

墨池編六卷（明萬曆庚辰李時成刻本）

毛晉汲古閣宋元祕本書目、載有舊鈔本墨池編八本、云明朝有刻本、紕繆已極、毛之所謂明刻、不云何人所刊。余按明有兩刻、一爲隆慶間四明薛晨刻本、一爲萬曆庚辰蘄水李時成刻本、今此本是也。李刻卽重繙薛本、增損臆改、誠如毛氏所云紕繆已極者。且原書本二十卷、乃省併爲六卷、更不知其何爲。明人刻書、大都如此、謬妄不足議也。獨怪四庫全書所著録者、亦此六卷、注云浙江巡撫採進本、考浙江采集遺書總録庚集、載有二十卷本、不知何以四庫相歧、豈館臣所見別一浙江採進本耶。余別藏康熙甲午（五十三年）長洲朱之勱刻二十卷足本、前有雍正癸丑（十一年）王澍序、之勱後跋、極詆薛李兩刻之謬、而所據刻云爲家藏舊本、爲鼠殘闕、訪求全帙、獲舊鈔一帙足成之、可見此書傳世之稀、明刻合併之不足信。然之勱刻究在四庫未開館以前、而館臣聞見漏略、竟未採及。且提要疑原本當爲十二卷、謂此六卷爲後人合併、其言亦出臆揣。提要又謂此本碑刻門、末載宋碑九十二通、元碑四十四通、明碑一百十九通、皆明萬曆中重刊時所增、明人竄亂古書、往往如是、幸其妄相附益、尚有蹤跡可尋、今並從删削、以還其舊。至其合併之帙、無關宏旨、亦姑仍之、是則四庫之本、不獨非宋時二十卷之舊、且非明人

六卷本之舊、楚固失矣、齊亦未爲得也。【郎園讀書志】

墨池編二十卷　就閒堂精刊初印本　宋吳郡朱長文伯原撰。前有王澍序、伯原自序、是書敍述歷代字學、備窮原委、末附文房器用。十七十八兩卷專敍碑刻、自周秦迄李唐止、不下千通、其書撰人及年號地址系註碑下、而唐碑又以類相從、分墓銘讚述佛家道家祠廟宮宇山水題名藝文傳模凡十門。第伯原此書、以書法爲主、是以第十六卷雖專錄集古跋尾、而亦不全錄、自云有議論及書者則錄之、可知其用意所在。【石廬金石書志】

墨池編二十卷　宋朱長文譔。是編據朱氏刊本著錄、凡分八門、曰字學、曰筆法、曰雜議、曰品藻、曰贊述、曰寶藏、曰碑刻、曰器用、論書法之書之有分類、自此編始。其蒐輯成書、蓋仿法書要錄之例、而益求廣博、每卷末或篇末、時有評論、俱極精到。其謂右軍不應有論書之文、筆勢論必非右軍所作、世傳諸家筆法、其言多不雅馴、蓋亦知唐以前論書諸篇不甚可信者、然不欲痛斥其僞、而多指爲後人祖述之詞、又不爲删芟以爲多識博聞、取備玩閱、此其意固主於審愼、抑知其書既有可疑、錄之徒佔篇帙、徒亂人意、亦無謂也。四庫提要謂其皆引古人成書、殊不盡然。其第九第十兩卷品藻門續書斷題爲瀟溪隱夫者、即長文自譔之文、第十七第十八兩卷碑刻、第十九第二十兩卷器用、亦皆長文所自纂輯者也。其第十六卷寶藏門、摘取歐陽修集古錄議論及書之文、別成一編、最爲得當。前有自序、朱氏刊本前有王澍序、末有朱之勘跋。【書畫書錄解題】

書史一卷

宋刊本　明翻宋本　百川學海本二卷別本亦作一卷　說郛本二卷書學彙編本同　王氏書苑本　四庫全書本　湖北先正遺書本　美術叢書本並一卷

宋米芾撰。芾字元章、號海岳外史、又號襄陽漫士、襄陽人。官禮部員外郎、知淮陽軍。

書畫史二卷　右皇（先謙案舊鈔宋）朝米芾元章撰。輯本朝公卿士庶家藏法書名畫、論其優劣眞僞。【郡齋讀書志】

書史一卷　禮部員外郎米芾元章撰。【直齋書錄解題】

書史一卷（浙江鮑士恭家藏本）　宋米芾撰。是編評論前人眞蹟、皆以目歷者爲斷、故始自西晉、迄於五代、凡印章跋尾紙絹裝褙、俱詳載之。中如言敍帖辨爲右軍書、而斥柳公權之誤作子敬、智永千文驗爲鍾紹京、歐陽詢書、魏泰收虞世南草書、則又定爲智永作、類皆辨別精微、不爽錙黍。所錄詩文、亦多出於見聞之外、如許渾詩湘潭雲盡暮山出句、此載渾手寫烏絲欄墨蹟內暮山實作暮煙、知今世所行丁卯集本爲誤。楊愼作丹鉛錄、嘗襲其說而諱所自來、是亦足資考證、不但爲鑒賞翰墨之資也。惟卷末論私印一條、謂印關吉凶、歷引當時三省印御史臺印宣撫使印皆以篆文字畫卜官之休咎。考隋書經籍志有魏征東將軍程申伯相印法一卷、三國志註夏侯尚傳末附許允相印事、引相印書曰、相印法本出陳長文、以語韋仲將、印工楊利從仲將受法、以語許士宗、(案士宗即許允之字)利以法術占吉凶、十可中八九、仲將又問長文從誰得法、長文曰本出漢世、有相印相笏經、又有鷹經牛經馬經、印工宗養以法語程申伯、於是有一十二家相法、是古原有此法、然芾未必能得其傳、殆亦謬爲附會、徒爲好異而已矣。【四庫全書總目提要】

書史一卷　宋米芾撰。評論前人墨迹、始自西漢、終於五代、皆以目睹者爲斷、與畫史體例小殊、故印章跋尾及紙絹裝褙、俱一一詳載。【四庫全書簡明目錄】

書史一卷（王氏書苑本）　宋米芾撰。四庫全書著錄、讀書志書錄解題通考宋志俱載之、惟晁馬兩家俱併畫史作二卷、宋志則史作評字之誤也。海岳閲書白首、無魏遺墨、故是編斷自西晉、迄于宋代、舉其平生所見法書、品題眞僞、皆以目歷區別無疑、始爲記載、與畫史體例小殊、而詳載跋尾印章及紙絹裝褙、其評書皆自抒心得、不隨人附和者也。【鄭堂讀書記】

米元章書史一卷（宋刊本）　自序云（從略）【皕宋樓藏書志】

米元章書史一卷（明翻宋本）　是編評論前人眞蹟、皆以目歷者爲斷、故始自西晉、迄於五代、凡印章跋尾紙絹裝褙俱詳載之。卷末論印一條、謂印關吉凶、亦好異之見也。【善本書室藏書志】

書史一卷、著錄於四庫全書。此上下二卷本、說郛載之。攷岳珂寶眞齋法書贊引此書甚夥、有益校勘不尠、又有佚文四則、爲此本所不載、知此本殆非出自宋槧矣。【且樸齋書跋】

米海嶽書史二卷　宋米芾撰。此書記其目見法書、詳其藏家紙本及印章跋尾、實爲後世著錄家之祖。敍述中兼及故事軼聞、時有評論、讀之覺有生氣、不似後來著錄家但事迻錄、依樣胡盧、幾成胥吏簿書也。上卷皆記晉唐人墨跡、下卷記唐人墨蹟及摹本刻石、兼述裝褙印章等事、色色精到。【書畫書錄解題】

海岳名言一卷

百川學海本　說郛本　王氏書苑本　鹽邑志林本　四庫全書本　秀水范氏刊附米襄陽志林後本　横山草堂叢書本　湖北先正遺書本　美術叢書本

宋米芾撰。

海岳名言一卷（浙江鮑士恭家藏本）

宋米芾撰。皆其平日論書之語、於古人多所譏貶。如謂歐柳爲醜怪惡札之祖、徐浩肥俗、更無氣骨、薛稷大字、用筆如蒸餅、顏魯公眞字便入俗品、皆深致不滿。其所記對徽宗之語、於蔡襄沈遼黃庭堅蘇軾蔡京蔡卞尤極意詆訶。史稱芾翰墨得王獻之筆意、而書中於子敬書、顧不置議論。但云吾書取諸長處、總而成之、人見之不知以何爲祖、殆亦不免放言矜肆之習。然其心得旣深、所言運筆布格之法、實能脫落蹊徑、獨湊單微、爲書家之圭臬、信臨池者所宜探索也。其書原載入左圭百川學海中、篇頁太少、今以類相從、附諸書畫史寶章待訪錄之末、都爲一帙焉。【四庫全書總目提要】

海岳名言一卷　宋米芾撰。皆論書之語、於古人如歐陽詢、徐浩、薛稷、顏眞卿、柳公權、於同時如蔡襄、沈遼、黃庭堅、蘇軾、蔡京、蔡卞、皆極詞詆斥、不免好爲高論。然所言運筆布格之法、皆自抒心得、要爲直湊單微也。【四庫全書簡明目錄】

海岳名言一卷（百川學海本）　宋米芾撰。四庫全書著錄。海岳以前賢論書、徵引迂遠、比況奇巧、或遺辭求工、去法逾遠、無益學者。故其所論凡二十四條、要在入人、不爲溢辭。惜其工于詆訶、未免有矜己陵人之意、然舍其短而取其長、固書家之金科玉律也。【鄭堂讀書記】

陳慶年海岳名言跋　右海岳名言一卷、宋米芾撰。書中有吾書旣老始自成家之語、是此爲元章晚年之作。雖於古人深致不滿、要皆確有心得。趙與時賓退錄、載芾續書評、謂此所詆諸家語、可㕘參考者是也。蓋海岳論書、最重趣字、故此書言有眞趣、言有超世眞趣、言有鍾王趣、言學書貴得趣、其於趣字、皆有味乎言之。其以歐虞褚柳顏皆一筆書、謂爲安排費工者、豈以其於趣字意味有所不足歟。至以隸與、大篆古法大壞、謂篆籀各隨字形大小、如百物之狀、（如字學海本作知、此從書法鈎玄本。）活動圓備、各各自足、隸乃始有展促之勢、而三代法亡矣。其論尤爲洞見字學本源、誠哉其爲名言也。此書原在百川學海辛集中、別無單刻本。余所見學海、爲明弘治十五年無錫華汝德理本、謂是重雕宋本、以桓公作恆公證之、係爲避宋欽宗諱、其出於宋刻、固甚明也。惟是書疑後人得元章眞蹟、雜錄存之、故於薛稷書慧普寺、譽之蒸餅、前後兩見、不避重複。又論字大小相稱一條、末云雖眞有飛動之勢也、雖字文義難解、蓋由錄者誤釋致然。（書法鈎玄引遂刊落雖字、珊瑚網書旨二十三佩文齋書畫譜六皆同。）又一日不書一條云、一日不書、便覺思澀、想古人未嘗片時廢書也。因思蘇之才桓公至洛帖、字明意殊有工、爲天下法書第一。此條末句、未能結束、文義似未完、或因所得原墨、適有所闕使然。（元章書史、謂羲之桓公破羌帖在蘇之純家、考破羌帖有桓公以至洛語、故亦名至洛帖、帖在蘇之純家、則之才之純必有一誤矣。）此皆出於眞蹟之證、非元章有意撰此書也。弘治學海本、亦未爲盡善。余復以蘇霖書法鈎玄所載校之、如吾兒尹仁之作友仁、恆公至洛帖作桓公至洛帖、每小簡之作每示簡、畫竿勺筆始勺兩勺字之作勻脩改披擊之作波擊、無做作凡差作無做作之差、皆較華本爲勝、故一一據改。若文可互通者、則皆從華刻云。【橫山草堂叢書跋】

海岳名言一卷　宋米芾譔。書名名言、當爲後人所輯、米老雖狂、應不至此。四庫提要謂其譏貶古人太過、不免放言矜肆之習、然此正是米老眞面目、毫無客氣處、若憑鈍吟謂其抑揚太過、則平心之論也。此老論書眞有獨到語、御又甚入人題以名言、當之無愧。

【書畫書錄解題】

翰墨志一卷

百川學海本　說郛本　王氏書苑本　詹氏書苑補益本　四庫全書本

宋高宗御撰。

翰墨志一卷　高宗皇帝御製。【直齋書錄解題】

翰墨志一卷（浙江鮑士恭家藏本）　宋高宗皇帝御撰。宋史藝文志載高宗評書一卷、亦名翰墨志、高似孫硯箋引作高宗翰墨志、岳珂法書贊引作思陵翰墨志、後人所追題也。高宗當臥薪嘗膽之時、不能以修練戎韜爲自強之計、尙耽心筆札、效太平治世之風、可謂舍本而營末。然以書法而論、則所得頗深。陸游渭南集稱其妙悟八法、留神古雅、訪求法書名畫、不遺餘力、淸暇之燕、展玩摹搨不少怠。王應麟玉海稱其初喜黃庭堅體格、後又采米芾、已而皆置不用、專意羲獻父子、手追心摹、嘗曰學書當以鍾王爲法、然後出入變化、自成一家。今觀是編、自謂五十年未嘗舍筆墨、又謂宋代無字法可稱、於北宋但舉蔡襄李時雍及蘇黃米薛、於同時但舉吳說徐兢、而皆有不滿之詞、惟於米芾行草較爲許可。其大旨所宗、惟在羲獻、與玉海所記皆合、蓋晚年所作也。其論效米芾法者、不過得其外貌、高視闊步、氣韻軒昂、不知其中本六朝妙處、醞釀風骨、自然超越、可謂入微之論。其論徽宗留意書法、立學養士、惟得杜唐稽一人、今書家無舉其姓名者、中間論端硏一條、謂欲如一段紫玉、磨之無聲、而不以眼爲貴、今賞鑒家猶奉爲指南。岳珂寶眞齋法書贊引此書評米芾詩文一條、此本無之、殆經明人刪節、已非完書歟。【四庫全書總目提要】

翰墨志一卷　宋高宗皇帝御撰。高宗苟且偏安、頗有愧中興之號、惟於書法、則所得特

深、故此志多入微之論。【四庫全書簡明目錄】

翰墨志一卷（鈔本）　宋高宗御製。高宗書學二王、所得最深、自謂五十年未嘗舍筆、此其晚年所作、雖篇葉寥寥、實皆論書精要語也。【鐵琴銅劍樓藏書目錄】

翰墨志一卷（百川學海本）　宋高宗皇帝御撰。四庫全書著錄、宋志藝文志焦氏經籍志俱載之、宋志作評書、注云亦名翰墨志、攷高續古刻錄、岳倦翁法書贊俱引作翰墨志、知評書爲初名、後定名翰墨志、故臣下得以稱之也。高宗于書法心所嗜好、因作是志以評論之、計二十五則、頗多入微之論。【鄭堂讀書記】

翰墨志（高似孫硯箋引作高宗翰墨志　岳珂寶眞齋法書贊引作思陵翰墨志　宋史藝文志作高宗評書）一卷　宋高宗撰。今本是編僅二十二則、四庫提要疑經明人刪節、惜未得皕宋樓所藏宋刊本一爲校勘也。其論學書宜先學正書、又謂正草不可不兼有、洵爲不刊之言、提要列舉其長而未及此、因更言之。【書畫書錄解題】

書苑菁華二十卷

宋刊本　汪氏振綺堂刊本　四庫全書本　琅玕館叢書本　述古叢鈔本　藏修堂叢書本　同文書局石印本

宋陳思撰。思有寶刻叢編、已著錄。

書苑菁華二十卷　臨安書肆陳思者集。【直齋書錄解題】

書苑菁華二十卷　陳思撰。皆集漢晉以後論書之語。此書之前、有周越書苑十五卷、陳思蓋踵子發而爲之者也。後王世貞亦有書苑。【絳雲樓書目】

書苑菁華（一函六册宋刊）　宋陳思撰。思著小字錄、前自署成忠郎緝熙殿國史實錄院祕書省蒐訪、蓋坊肆書賈、系銜散局者。書二十卷。分書法、書勢、書狀、書體、書旨、書品、書評、書議、書估、書斷、書錄、書譜、書名、書賦、書論、書記、書表、書啓、書牋、書判、書書、書序、書歌、書詩、書銘、書贊、書敍、書傳、書訣、書意、書志、雜著、二十門。（按實爲三十二）前有魏了翁序、稱爲臨安鬻書人陳思、故不署名、但稱鶴灘翁題也。【天祿琳瑯書目續編】

書苑菁華二十卷（寫本）　右宋陳思撰。此皆載漢魏以後諸家之論。【浙江採集遺書總錄】

書苑菁華二十卷（浙江汪汝瑮家藏本）　宋陳思撰。是編集古人論書之語、與書小史相輔而並行。卷一卷二曰法、卷三曰勢、曰狀、曰體、曰旨、卷四曰品、卷五曰評、曰議、曰估、卷六曰斷、卷七曰錄、卷八曰譜、曰名、卷九卷十曰賦、卷十一卷十二曰論、卷十三曰記、卷十四曰表、曰啓、卷十五曰牋、曰判、卷十六曰書、曰序、卷十七曰歌、曰詩、卷十八曰銘、曰贊曰敘、曰傳、卷十九曰訣、曰意、曰志、卷二十曰雜著。所收凡一百六十餘篇、以意主閎博、故編次叢雜、不免疎舛。如序古無作敘者、因蘇軾避其家諱而改、本非二體、昌黎集內所載皆序而非敘、思乃列序敘為二目、且以韓愈送高閑上人一篇、載入敘中、殊無根據。又晉書王羲之傳、唐太宗稱制論斷、即屬傳贊之流、而思別題作書王羲之傳後、列之雜著中、尤為不知體製。然自唐以來、惟張彥遠法書要錄、章續墨藪、兼採羣言、而篇帙無多、未為賅備。其裒錄諸家緒言、薈稡編排、以資考訂、實始於是編。欽定佩文齋書畫譜中論書一門、多採用之。雖思書規模草創、萬不及後來之精密、而大輅肇自椎輪、層冰成於積水、其造始之功、固亦未可泯焉。【四庫全書總目提要】

書苑菁華二十卷　宋陳思撰。古人論書之語、分體編次、凡三十二類、一百六十餘篇、亦

墨藪之類、而所收較為賅博、亦較為蕪雜、蓋長短各不相掩也。【四庫全書簡明目錄】

書苑菁華二十卷（舊鈔本）　宋陳思撰。是編輯漢魏以來論書之說、雖標目未盡允當、而搜羅亦博、可供臨池之助、與朱樂圃墨池編相伯仲也。此從宋刻傳錄、末有萬曆七年徐玄佐跋。【鐵琴銅劍樓藏書目錄】

書苑菁華二十卷（汲古閣藏舊鈔本）　宋陳思撰。四庫全書著錄、書錄解題通考俱載之。陳氏既作書小史十卷、以敘歷代書家事實、復取古人論書之語、分體編次、凡書法二卷、書勢書狀書體書旨一卷、書品一卷、書評書議書估一卷、書斷書錄各一卷、書譜書名一卷、書賦書論各二卷、書記一卷、書表書啓一卷、書牋書判一卷、書及書序一卷、書歌書詩一卷、書錄書贊書敘書傳一卷、書訣書意書志一卷、雜著一卷、計三十二類、一百六十餘篇、亦唐張彥遠法書要錄章續墨藪之

類、而所收較為賅博、亦較為蕪雜、蓋長短各不相掩也。此所以與書小史相輔而行、亦足以為考古者檢閱之助云。【鄭堂讀書記】

書苑精華二十卷（明鈔本）　錢塘陳思纂次。所收凡一百六十餘篇、集古人論書之語、與書小史相輔而行。是書白紙藍格、的為明人手筆。【善本書室藏書志】

書苑菁華二十卷　宋陳思撰。是編編次叢雜、誠如四庫提要所言、而稱其較張彥遠法書要錄為賅備、則回護之說、不足信也。法書要錄採錄甚嚴、正是其精審處、非不問真偽、務為濫收、便足稱賅備也。唐以前偽託之書、朱長文採入墨池編、尚加懷疑之案語、此編則不問精粗美惡、一律采錄、其後朱書流傳甚希、而此編流傳獨盛、後之學者未加深察、以其必有所本、遂致所錄偽書、展轉傳播、數百年來鮮聞異論、是謬種之播傳、未必非此編階之厲也。【書畫書錄解題】

金壺記三卷

南宋刊本半葉十一行行二十字　四庫存目　六藝之一錄本二卷內容與書錄解題文獻通考所言相符而與四庫存目本不同

宋僧適之撰。

金壺記一卷　僧適之撰。集書家故事以二字爲題而注所出於其下、凡三百餘條。【直齋書錄解題】

金壺記一函二册　宋僧適之撰。上中下三卷。　馬端臨文獻通考載金壺記、僧適之集書家故事以二字爲題而注所出於其下、凡三百餘條。影鈔紙白如雪、墨色勻淨、幾與刊本摹印無異。【天祿琳瑯書目】

金壺記三卷（汲古閣影宋寫本）　右宋釋適之撰、專錄文字一類、錯舉雋語逸事、分條標註。【浙江採集遺書總錄】

金壺記三卷（兩淮鹽政採進本）　宋僧適之撰。適之始末未詳。案拾遺記載周時浮提國獻書生二人、有金壺、壺中墨汁、灑水石皆成篆籀或科斗文字、記之取名、蓋出於此。適之原有金壺字考一卷、取書之異音者、以類相從、標題二字而音其下、其書具有條理。是書雜述書體及能書人名、乃頗爲蕪雜、如項籍記姓名、揚雄心畫之類、雜敍於五十六種書體內、殊爲不類。又皆不著出處、亦乖傳信之道也。【四庫全書總目提要】

金壺記三卷（舊抄本）　題釋適之撰。册首揭槧用藏經紙、題絳雲樓宋板影寫七字。影寫精整可愛、與汲古鈔本同。是書皆摭拾書家故實、始庖犧、神農、至五季止。每條摘取兩字爲標題、中引梁鴻稱版事、鴻蓋鵠之誤、又智永鐵門限事、乃以鐵葉裹之、裹又裹之誤也。卷末浮提之國一條、述金壺緣起、卽取諸拾遺記。前後無序跋。每半葉十一行、行廿字。胤貞徵購闕筆。【古書經眼錄】

金壺記三卷（宋刊本）　宋釋適之撰。案是書四庫不收、附存其目。此宋刊本、每葉二十二行、每行二十字、版心有字數及刻工姓名。【皕宋樓藏書志】

陸心源宋板金壺記跋　金壺記三卷、首行題曰金壺記、次行題曰釋適之撰。每葉二十二行、每行二十字。板心有字數及刻匠姓名。孝宗以上諱皆爲字不成、蓋南宋時刊本也。是書雖不足取、所引蜀王鍇、張佖等各條、亦他書所罕見。【儀顧堂文集】

金壺記二卷（六藝之一錄本）　宋僧適之撰。卷上凡二百七十一條、卷下凡一百三十四條、都四百五條。就諸家論書之文、摘取二字以爲標題、無甚意義。如取史記項籍傳書足以記姓名而已句中姓名二字、及取秦李斯見周穆王書七日興歎句中周穆二字等類、尤嫌空漠、依此類推、雖三千條不能盡也。四庫藝術類存目亦載金壺記、作三卷、提要又謂其書雜述書體及能書人名、與是編內容不合、當別爲一書。是編向未見刊本、（陸心源皕宋樓藏書志謂有宋刊本、大約宋刊本後更無第二印本也。）茲從六藝之一錄中得見之、與陳振孫書錄解題、馬端臨文獻通考所錄相符、知爲適之原本、則亦可稱古籍矣。【書畫書錄解題】

衍極五卷

明成化乙巳刊本　弘治辛酉刊本　萬曆戊午沈率祖刊本附考釋一卷　十萬卷樓叢書本（以上各本卷數並同均有劉注）　明刊說郛本　明刊寶頴堂祕笈本（以上二本均一卷無注）　四庫全書從永樂大典輯出本二卷亦有注

元鄭杓撰、劉有定注。杓字子經、泰定中官南安縣教諭、有定字能靜、號原範、均莆田人。

鄭氏衍極　元鄭杓撰。書凡五篇、明季沈文叔重刊、婁子栗作序。輟耕錄十四卷中曾引此書。【絳雲樓書目】

鄭杓（刊本阮本作杓下同）衍極五卷（見也是園目）　莆田鄭杓子經述、（案簡莊徵君云、杓字法書苑作杓、鱣考廣雅云、經梳謂之杓、故杓字子經、（補）胡校本云、隆慶大字本尚不誤、鈺案續百川學海刊本亦未誤。）劉有定能靜釋。蒐討古今書法源流、成一家言。龍溪令趙敬叔爲之鋟梓以傳。（鈺案、明刻本爲婁堅重刻。）【讀書敏求記校證】

衍極二卷（刊本）　右宋鄭杓撰、元劉有定釋。書凡七篇。錢曾曰（已見前）【浙江採集遺書總錄】

衍極二卷（永樂大典本）　元鄭杓撰。案何喬遠閩書曰杓與陳旅爲文字友、著衍極五篇、衍極記載三篇、其書自蒼頡迄元代、凡古人篆籀以極書法之變、皆在所論。宜撫使齊伯亨採而上之、作衍極堂以藏其書。陶宗儀書史會要又稱其能大字、兼工八分、蓋究心斯藝、故能析其源流如是也。其書載永樂大典中、而闕其記載三篇、別本又載有學書次第、書法源流二圖、永樂大典亦闕、然別本字句譌脫、文註混淆、不及永樂大典之精善、謹合兩本參校、補遺正誤、復還舊觀。其註爲劉有定所作、其名載林承霖莆陽詩編、亦見書史會要、蓋亦文雅之士云。【四庫全書總目提要】

衍極二卷　元鄭杓撰。原本訛舛、今以永樂大典校定、凡五篇、皆述書法之源流。其注爲劉有定作、亦頗詳悉。【四庫全書簡明目錄】

鄭氏杓衍極（千頃堂書目五卷）存。　周瑛序曰、衍極五篇、雜考古今書法、而求其所謂中者。　婁堅重刻衍極序曰、書凡五篇、首言至樸、原始也、而所列十三人、下逮伯高君謨、同稱作者、疑非其倫。璧藏古文、豈無雜揉、何知尼父緣飾爲之、比干盤銘、所未見也。季札墓碣、豈其然乎。其次書要、著法也、而篇首諧聲意在尊元、訓纂滂喜、於法無當、書衡較近包蒙、吾不知其要也。又次造書、似與前二端複、采摭往籍、摹擬成文、設爲問答、竊比子雲。又次古學、觀其持論、獨於北海碑嘗以作俑、創爲此論、良所服膺、然實是僧懷仁高正臣始也、虞歐及褚、自晉而變、各擅厥長、未可輕議、張草顏正、誠務極筆勢、不拘法而自臻其妙、莆陽以飛白作草、亦旭素渴筆之遺也、曾見數帖、筆似勁耳、結子豈能望素、奴僕之誚、得無過歟、南宋而後、何足置評。最後天五、衍極所由名也。其論石鼓、夾漈是憑、刀漆之辨可垂後來、若夫用筆執筆、謂篆用直、分用側、隸乃間出、是固然矣、而寸以內字法在掌指、寸以外字法兼肘腕、尤極分明、閣帖之辨、於好事家眯目、庶有瘳乎。鄭之此書文辭頗簡、得劉之釋、其用乃宏。【小學考】

衍極五卷（明刊傳鈔本）　元鄭杓撰。劉有定注。四庫全書著錄作二卷。倪氏補元志所載、不言其有劉注、又有衍極記載三篇、錢氏補元志俱不載、攷永樂大典亦闕此三篇、惟所載是書絕無訛舛、今館臣據以校定傳本。凡至朴書要造書古學天五五篇、自古文籀隸、以及書法之變靡不論著、辭嚴義密、具有作者體段。惟謂虞褚爲疲薾、不無太過、豈知顏亦出于褚耶。至謂張郎之陳讜之廢法、實臨池之戒也。其第五篇末稱或問衍極、曰極者中之至也、曷爲而作也、曰吾懼夫學者之不至也、此其作書名書之意也、故以之終篇焉。能靜所注、亦頗詳悉、堪爲讀是書之一助云。說郛彙祕笈所載、皆止有正文、而無劉注、不及單行本遠矣。【鄭堂讀書記】

校舊鈔本衍極五卷一册　衍極以五卷者爲佳、明神廟時刻猶如此、近傳二卷、非其舊矣。讀書敏求記云、龍溪令趙敬叔爲之鋟梓以傳、今攷陳衆仲書云、又喜趙龍溪之能篤意於斯文、然後喜著書者之託以不朽也。則此書在元時嘗有刻本、世所傳者不過明刻耳。此册倘是元人鈔本、錄出明刻本當遜而居乙、惟卷端有李齊序一首、明刻反有之。【楹書隅錄續編】

衍極五卷（明刊本）　元莆田鄭杓子經述、李齊仲序。婁堅序、沈率祖跋、（萬曆戊午）宋端儀序。（萬曆己未）　黃丕烈跋曰、此衍極五卷、雖明刻本、然分卷倘是舊第、未經硬分二卷也。【皕宋樓藏書志】

衍極五卷（明刻本）　元鄭杓撰。專論書法。此明沈率祖刻本、附攷釋一卷、四庫收大典本、此則原書、然記載三篇亦缺矣。前有元延祐七年李齊序、明成化乙巳宋端儀序、婁堅序、率祖自序。【適園藏書志】

衍極五卷　莆田鄭杓著。石遺室書錄云、周瑛序言、婁堅序云、（並見前小學考）四庫全書云、（已見前）今案周瑛本書序、及敏求記皕宋樓藏書志皆云杓莆田人、閩書謂羅源人、當誤。【福建藝文志】

衍極並注五卷（說郛及陳氏祕笈本俱作一卷蓋僅載本文） 元鄭杓撰。劉有定注。此據陸氏十萬卷樓叢書本著錄。凡五篇、篇各一卷、一至樸、二書要、三造書、四學古、五天五、俱取篇首二字爲篇名、非別有意義。其文古奧艱澀、已開明七子之風、猝不易尋其端緒。茲撮其大要言之、至樸篇、略敍書學原始、及能書人名。書要篇、敍各種書體、及辨碑帖之眞僞、推本六書、崇尚篆隸。造書篇、論書法之邪正、兼及字學諸書、並古碑之美惡。古學篇、論題署銘石、及批評晉唐以來諸家優劣。天五篇、論執筆法及諸碑帖全書。敍次既無統系、遣辭又務簡古、賴有劉注疏明、尚可循文得義、其實論書之文不必爾也。至其持論、溯源古文篆隸八分、折衷鍾王、自是正論。於唐僅推張長史顏魯公李少溫三家、於宋則推蔡君謨黃山谷程明道朱晦庵王子文五家、其他皆不取。謂黃庭洛神諸帖俱僞、以歐虞褚辭之書爲疲薾、尤痛詈蔡京蔡卞張卽之陳讜之書、又謂孫虔禮姜堯章黃伯思論書、爲夸妄、爲自欺、雖由特見、究屬空談、未曾伸說其論據、又奚以折服諸人而徵信於來世乎。說郛本有跋、不著撰人、謂此書爲子經陰擯趙松雪而作、或因孟惟城致子經簡中語云、然未必更有他據也。劉能靜注、逐條詮釋、凡所徵引、足稱賅洽、所采如王愔文字志、鄭僑書衡、汪逵淳化閣帖辨記、趙孚續書譜辨妄、諸書遺文、俱他書所未見、其他軼事、亦有足資攷稽者、實讀衍極者所不可廢、不僅有功於是書也。【書畫書錄解題】

法書考八卷

乾隆三十一年揚州書局刊本　四庫全書本　楝亭十二種本　十萬卷樓叢書本

元盛熙明撰。熙明、龜茲人、家豫章。嘗以近臣薦備宿衛、爲夏官屬。

朱彝尊盛熙明法書考跋　法書考八卷、元盛熙明撰。創于至順二年、進于元統二年、其文約、其旨該、不意九州之外、乃有此人。【曝書亭文集】

書法考八卷（汲古閣寫本） 右元龜茲盛熙明輯。有虞集揭傒斯歐陽元三序。斯編創於至順二年、進於元統二年、文約而旨該。

【浙江採集遺書總錄】

法書考八卷（浙江巡撫採進本） 元盛熙明撰。是書前有虞集揭傒斯歐陽元三序。傒斯序稱熙明作是書稿、未竟已有言之文皇之前者、有旨趣上進、以修皇朝經世大典事嚴、未及錄上、四年四月五日、今上在延春閣、遂因奎章學士實喇巴勒（原作沙剌班、今改正。）以書進、上方留神書法、覽之終卷、親問八法旨要、命藏之禁中、以備親覽。陶九成書史會要亦稱至正甲申、嘗以法書考八卷進上、與序相合、則是書實當時奏御本也。其書首爲書譜、分子目四、次爲字源、次爲筆法、次爲圖訣、次爲形勢、各分子目二、次爲風神、次爲工用、各分子目三、次爲附錄印章題署跋尾、雖雜取諸家之說、而採擇特精。其字源一門、所列梵書十六聲三十四母、蒙古書四十二母、亦與陶九成通六國之說合、皆頗足以資考證也。【四庫全書總目提要】

法書考八卷　元盛熙明撰。首爲書譜、次筆法、次圖訣、次形勢、次風神、次工用、次附錄印章跋尾、雖雜取諸書、而頗有持擇。其字源一門、所列梵書十六聲三十四母、蒙古書四十二母、亦足資考證。蓋熙明本色目人、能通六國書也。【四庫全書簡明目錄】

法書考八卷（楝亭十二種本）　元盛熙明撰。四庫全書著錄、倪氏錢氏補元志俱載之。倪氏作盛昭、豈其名昭、以字行歟。抑或明譌爲昭、而脫去熙字也。熙明刻意工書、兼能通諸國書、研究宗原、作爲是書。凡分八門、曰書譜、分集評辨古二目、曰宗源、分梵奇華文二目、曰筆法、分操執揮運二目、曰圖訣、分八法偏傍二目、曰形勢、分布置肥瘠二目、曰風神、分情性遲速方圓三目、曰工用、分宗學臨摹丹墨三目、曰附錄、分印章及押署跋尾二目、皆摹集書家之說、而分隸之、雖雜取諸書、而頗有持擇、非泛作也。【鄭堂讀書記】

法書考八卷　元盛熙明撰。卷一爲書譜、分子目二、一集評、一辨古、集評俱摘鈔前人書評、辨古一編、列舉古書古碑、一一加以辨正、評其眞僞優劣、頗有特識。卷二爲字源、分子目二、一梵音、與法書無關、二華文、摘錄許氏說文序、及張懷瓘書斷、此一卷實可刪。卷三爲筆法、分子目二、一操執、二揮運、亦皆摘鈔成文、較他卷爲蕪雜、采僞籍亦較多。卷四爲圖訣、分子目二、一圖訣、二偏旁。卷五爲形勢、分子目二、一布置、二肥瘠。卷六爲風神、分子目三、一情性、二遲速、三方圓。卷七爲工用、分子目三、一宗學、二臨摹、三丹墨。以上四卷、亦俱采錄成說、不支不蔓、頗見剪裁。卷八爲附錄、分子目二、一印章、二押署跋尾。通閱全編、足稱簡要。朱竹垞謂其文約旨該、倘非虛譽。前有虞集歐陽玄揭傒斯三序。【書畫書錄解題】

按王昶法書攷跋、見（春融堂集）今人傅增湘舊鈔書法考跋見（國聞周報八卷卅七號）並可參閱。

書法鉤玄四卷　元刊本　明刊本　王氏書苑本　四庫存目

元蘇霖撰。霖字子啓、鎮江人。

書法鉤元四卷（刊本）　右元蘇霖輯。裒集歷代諸家評論六書之語、自揚子雲迄劉須溪止。【浙江採集遺書總錄】

書法鉤元四卷（兩淮鹽政採進本）　元蘇霖撰。是書取前人論書之語、始漢揚雄、終宋劉辰翁、凡六十五條。略具梗概、未爲該備、

其去取亦未精審。【四庫全書總目提要】

書法鉤元四卷（明刊本）　元蘇霖撰。自序謂搜訪鈔錄前人論書語、輯成巨帙、此特纂其要言、故曰鉤元。【鐵琴銅劍樓藏書目錄】

書法鉤元四卷（王氏書苑本）　元蘇霖撰。四庫全書著錄焦氏經籍志倪氏錢氏補元志俱載之。子啓于書頗工、備知其法、因鈔纂前人論議、以備講習、自揚子雲論書以迄劉須溪評書、凡六十五條、目之曰書法鉤元、蓋取韓文公纂言者必鉤其元語云。所纂刊去浮華、獨存要言、俾初學者觀省、亦大有裨益焉。【鄭堂讀書記】

書法鉤玄四卷（元本）　元朱方蘇子啓纂輯。四庫存其目。【宋元舊本書經眼錄】

書法鉤元四卷　元蘇子啓撰。四庫存目。此明趙宧光寒山精舍所藏元刊本、卷中批抹、多用草篆。【持靜齋藏書記要】

書法鈎玄四卷　元蘇霖撰。是編蓋仿法書要錄墨池編書苑菁華而作、凡六十五篇、其所取材於此三書外不多、既無一定義例、又不甚按時代爲次、蓋元時坊本也。其不知僞託、任意鈔錄、益無論矣。【書畫書錄解題】

書經補遺五卷

宛委別藏本　商務印書館排印涵芬樓秘笈本

元呂宗傑輯。宗傑字志剛、鄉貢進士、里貫未詳。

書經補遺五卷　元呂宗傑輯。其自序云、在錢塘購得唐太宗御製王右軍執筆圖、乃東陽陳及時父希元先生授同里趙文淑之家藏者、遂輯成此書。卷中有陳及時跋、稱其先人諱夢魁、字希元、登咸淳甲戌進士科、大德末典教嵊庠、則希元亦元時人矣。第一卷爲執筆圖、第二卷法書本象國子助教汶上陳繹曾著、第三卷書法總論、第四第五卷博古體篆釋、乃宗傑自著之書。采輯張懷瓘書斷諸書、中如大梵玉字各體書、頗爲詳贍、亦臨池家之一助也。【四庫未收書目提要】

書經補遺五卷　元呂宗傑輯。是編所輯、爲書凡四種、第一種爲王右軍執筆圖、據陳及時原跋、謂其先人夢魁得之於同里趙文叔家者。前有唐太宗御製序、後有褚遂良奉勅跋、所錄筆陣、卽俗傳右軍題衛夫人筆陣圖後之文、而加以删削、如常隱鋒而爲之下、忽接又見李斯曹喜等書中間脫去一段、上下文氣不接、筆經一條中有收兎毛云云、本俗傳衛夫人筆陣圖之文、眞書條中有宋翼作一戈如百鈞弩發云云、亦本右軍書後之文、皆割截湊補而成者。又草書一條、則全襲書苑菁華所載之梁武帝草書狀、中有二王父子可爲兄弟語、亦仍之、而謂出於右軍、抑何可笑。俗傳筆陣圖、據孫過庭書譜、謂當時南北流傳、則太宗當已見及、而序乃曰兼得此圖、尤爲奇妙。又褚河南跋謂作於貞觀十三年、文中既稱陛下、何以跋首又稱太宗、凡此皆僞託之尤者、不足辨也。第二種爲法書本象、陳繹曾著、頗有所見。第三種爲書法總論、宗傑自著、則空論居多。第四種爲博古體篆釋、亦宗傑所作。大體采自唐韋續五十六種書法、及薛氏鐘鼎款識諸書、羅舉各種篆體名目、多涉附會、殊不足觀。書名補遺、蓋謂書爲六藝之一、可稱爲經、歷來所遺、因爲補之、亦殊費解。前有至正十四年刻書官牒、及十一年十月自序、末有張順祖跋、又黃丕烈孫毓修跋。【書畫書錄解題】

古今集論字學新書七卷

舊鈔本爲劉氏原著　明刊字學新書摘鈔本一卷　王氏書苑本　詹氏書苑補益本　四庫存目本並同

元劉惟志編。惟志達州人、仕履未詳。

字學新書摘抄一册（刊本）　右元武夷劉惟志輯。摘采前人書評凡二十四則。【浙江採集遺書總錄】

字學新書摘抄一卷（浙江鄭大節家藏本）

元劉惟志撰。是編摘錄古人論書之語、分四目、曰六書、曰六體、曰書法、曰書評、簡略殊甚。詳其書名、似先有字學新書、而惟志摘鈔之也。【四庫全書總目提要】

古今集論字學新書七卷（舊鈔本）　元武夷劉惟志編集。四庫存目、有惟志字學新書摘鈔一卷、而七卷之本、未著於錄、亦元人書待傳之一也。（此册尾有此書摘鈔目錄、後附正德癸酉衡州知府通海喬璞刊序、殆是序摘本耳。）豐順丁禹生氏所收。【宋元舊本書經眼錄】

古今集論字學新書七卷、元劉惟志編。士禮居舊藏徐氏鐵硯齋鈔本、四庫存目、僅有惟志字學新書摘鈔一卷、謂其簡略殊甚、殆先有新書而摘鈔之、則未見此本、亦元人書待傳之一也。【持靜齋藏書紀要】

字學新書摘鈔一卷　元劉惟志撰。是書分四門。一六書、僅錄鄭夾漈、虞伯生兩家文三篇。二六體、僅錄鄭肯亭一家。三書法、僅錄蔡邕等七家文八篇。四書評、僅錄鄭子經等四家文八篇、內惟子經衍極錄全文、餘俱摘錄、節陋之甚。四庫疑先有字學新書、而惟志摘鈔者、似不然。考莫氏郘亭宋元本書經眼錄載、（已前前）七卷原本、今未得見、疑惟志原有七卷、喬氏刊時爲之摘鈔、書苑補益僅載摘鈔本、四庫亦未見原書、故疑爲惟志摘鈔耳。【書畫書錄解題】

法書通釋二卷

明刊夷門廣牘本　四庫存目

明張紳撰。紳字士行、一字仲紳。登州人。洪武中薦召至京、官至浙江布政使。

法書通釋　明初張布政紳嘗著法書通釋

一卷、爲朱竹垞先生所稱。【絳雲樓書目】

法書通釋二卷（衍聖公孔昭煥家藏本）明張紳撰。是書分十篇曰八法曰結構曰執使曰篇段曰從古曰立式曰辨體曰名稱、曰利器曰總論皆彙集晉唐以來名論、亦間及蘇軾黃庭堅姜夔吾衍之說。所取古人碑帖祇及唐而止然皆習見之文。立式篇辨古無眞書之名、鍾王楷書皆是隸法一條、足正近代俗劄之陋。其所引法書瘞鶴銘前後兩見、一列之小楷、一列之大楷、殆校錄偶疎耶。案靜志居詩話曰、張紳工大小篆、精於賞鑒、法書名畫多所品題、撰法書通釋一卷今檢此本實爲兩卷、蓋朱彝尊偶誤記也。【四庫全書總目提要】

法書通釋二卷（鈔本）　明張紳撰。四庫全書存目。是編集古今所論作書之法。分八法、（偏旁附）結構、（形勢附）執使、篇段、（情性變化風神附）從古、立式、辨體、名稱、利器、總論十篇皆取說之長者、間以己見折衷亦頗有鑒別。蓋士行本工書也。【慈雲樓藏書志】

按何焯跋法書通釋見（義門先生文集）、亦可參閱。

書輯三卷　儼山外集本　四庫存目

明陸深撰。深有詩微已著錄。

書輯三卷（兩江總監採進本）　明陸深撰。是篇分爲六篇、一曰述通、二曰典通、三曰釋通、四曰筆論、五曰體位、六曰古今訓。凡所採用諸書皆臚列於首、而復以法帖源流一篇附於後、皆自書勒石。【四庫全書總目提要】

書輯三卷（儼山外集本）　明陸深撰。四庫全書存目。儼山以前代書家之論著大抵文過其質而寡要、約因就羣書中徵辭與義、獵取牽連使之成篇分爲述通典通釋通筆論體位古今訓六目、而次第其所傳碑帖于末所以擘百氏之菁華示一藝之途轍、使後來求方圓于規矩將由下學而上達也。【鄭堂讀書記】

書輯三卷　明陸深撰。是編分上中下三輯、上輯四篇曰述通曰典通曰釋通曰筆論。中輯一篇、曰體位。下輯亦一篇曰古今訓。前列徵引之書凡一百四十二種、而書中未曾逐條注明。前三篇摘鈔前人所論六書及各體書筆論摘鈔前人所論筆法、俱甚陋略。筆論僅錄永字八法及結體法兩種、古今訓則摘錄前人論書語僅三十五則、大抵皆習見之書知其前列各書未曾一一遍引、特列之以炫其博耳。自序云、一篇之中畢還衆善、則今古迭形、難以倫序、尤乖檃括之體則遁辭也。又云擘百氏之菁華、示一藝之途轍、其然豈其然乎。末列法帖十六種、間加評語、雖甚簡略、尚有可取者。四庫稱有法帖源流曾自書

勒石想即此篇也。【書畫書錄解題】

墨池瑣錄三卷　明嘉靖刊本　讀畫齋刊本同　明刊續說郛本無卷數　四庫全書本四卷　函海本二卷

明楊慎撰。慎有檀弓叢訓已著錄。

墨池瑣錄三卷（刊本）　明楊升菴著。嘉靖庚子禺同山人有序、玉林山人成都許勉仁序首。【天一閣書目】

墨池瑣錄四卷（刊本）　右明楊慎撰。雜論書帖。所錄成說、與己說相半。【浙江採集遺書總錄】

墨池瑣錄四卷（浙江汪啓淑家藏本）　明楊慎撰。王世貞名賢遺墨跋曰、慎以博學名世、書亦自負吳興堂廡、世傳其謫戍雲南時、嘗醉傳胡粉作雙髻插花、諸伎擁之遊行城市、或以精白綾作裓、遣諸伎服之、酒間乞書、醉墨淋漓、人每購歸裝潢成卷。蓋慎亦究心書學者。此書頗抑顏眞卿而謂米芾行不逮言、至趙孟頫出、始一洗顏柳之病、直以晉人爲師、右軍之後一人而已。與王世貞吳興堂廡之說合、知其確出慎手。中間或採舊文、或抒己意、往往皆心得之言。其述張天錫草書韻會源流、及小王破體書、亦兼有考證。至漢司隸楊厥碑遜字之類、偶爾疏謬者、已駁正於洪适隸釋條下、茲不具論云。【四庫全書總目提要】

墨池瑣錄四卷　明楊慎撰。皆其論書之語、頗抑顏眞卿米芾、而推趙孟頫爲得晉人法、蓋各得其性之所近、中亦頗有所考證。【四庫全書簡明目錄】

陳曰霽曰、楊升菴在有明一代、著述最富、考據亦多精確。獨墨池瑣錄一書、論書抑顏米而推趙吳興、謂得晉人法、蓋亦猶諫大禮之偏執也。顏米雖變晉人法、正如魯男子學柳下惠、不同之同。升庵天資雖高、于書學本未窺先哲門牆、是無足異。至推松雪之論、迺明初人習氣、三吳尤勝、文唐諸公、倘未能擺脫、況其他乎。【珊網一隅卷二】

墨池瑣錄二卷（函海本）　明楊慎撰。四庫全書著錄作四卷、明史藝文志作一卷、蓋據所見本各異也。是編乃其論書之語、或述前言、或綴己見、頗抑顏魯公米海岳、而推趙松雪、爲得晉人法、則其景行可知矣、蓋學焉而得其性之所近、未可以是而遽詬及唐宋大家也。中間頗有所考證、而不免失之疏謬。【鄭堂讀書記】

墨池瑣錄四卷　明楊慎撰。此書體例不劃一、後兩卷每條俱有標題、前兩卷則否。所論頗有獨到處、四庫提要所稱是也。惟論古書俗書一條、謂書契既作、字體悉具、八分不始於秦、小篆不始於李斯、而據岣嶁碑太昊金尊盧氏幣、及所得黃帝布刀爲證。太昊金尊以下今不傳、不知何若、若岣嶁碑則僞之尤者、安得爲據。字體遞嬗、自然之勢也、斷無同時悉具之理。其別一條云、義獻學鍾索、鍾索學章草、章草本分隸、分隸本篆籀、篆籀本科斗、則通論也。而與前所舉一條矛盾而不自知、亦可異矣。前有李調元序。函海復載有書品一卷、文與此編後兩卷同、並無品評書法之語、名爲書品、實覺不倫、豈升庵尙有書品一編已佚、坊肆遂移此編之文改題以牟利邪。函海兩收之、最爲失攷。【書畫書錄解題】

書訣一卷　四庫全書本　民國十七年印美術叢書本

不著撰人名氏、實爲明豐坊撰。坊有古易世學、已著錄。

書訣一册（寫本）　右不著撰人。論書法幷記歷代善書人姓氏。【浙江採集遺書總錄】

書訣一卷（浙江范懋柱家天一閣藏本）　不著撰人姓名。明史藝文志亦未著錄。案書中稱其十世祖名稷、曾祖名慶、祖名耘、考名熙、則當爲嘉靖間鄞人豐坊所作也。坊平生好作僞書、妄謬萬端、至今爲世詬厲。然於書法則有所心得。故詹氏小辨曰、坊爲人逸出法紀外、而書學極博、五體並能、諸家自魏晉以及國朝、靡不兼通、規矩盡從手出、蓋工於執筆者也。以故其書大有腕力、特神韻稍不足。朱謀垔書史會要亦曰、坊草書自晉唐而來、無今人一筆態度、惟喜用枯筆、乏風韻耳。是編皆論學書之法、而尤注意於篆籀。又排比古今能書之家、評其次第。其論顏眞卿、獨推其壁窠題署第一、而詆東方朔贊、多寶塔頌爲俗筆、又貶蘇軾以肉襯紙、甚有俗氣、於楷法僅取其上清儲祥宮碑等三種、務爲高論、蓋猶其狂易之餘態、要亦各抒所見、固與無實大言者異矣。【四庫全書總目提要】

書訣一卷　明豐坊撰。論書評書、皆具有懸解。【四庫全書簡明目錄】

書訣一卷　明豐坊撰。此據文瀾閣本著錄。前四段論筆訣、書勢、次論筆硯器用者一段、次論篆法三段、次論古文大篆小篆隸書各一段、每段列舉古刻碑帖書蹟、間加評論。其隸書一類內分五等、一銘石、二小楷、三中楷、四擘窠、五題署、所列法帖書蹟、尤爲繁夥、綜計所載目錄、幾佔全書十分之八九。末一段論懸腕用筆之法、全編雖言訣法者不甚詳盡、然所載書跡目錄、今已佚者頗多、亦得藉以窺見當時所存之數、足爲考論書法之資。【書畫書錄解題】

古今法書苑七十六卷　明王乾昌原刊本

明王世貞撰。世貞有弇山堂別集、已著錄。

古今法書苑（三函十八册）　明王世貞著。七十六卷、前世貞二序、次王乾昌序。乾昌序稱公家藏有古今法書苑七十六卷、晚年欲刊行未果。友人宋賓之氏得其副墨擕示、重與吾鄉勝流開士搜討是正。積有歲年云云。是世貞撰成此書未經付梓、乾昌實始刻之。世貞二序、一爲孫孟芳書、一爲陸萬里書。考松江志萬里字君羽、華亭人。工書、於時莫雲卿早逝、而董文敏後起、故萬里稱獨步焉。乾昌孟芳亦皆自題雲間人、與陸氏同鄉里。孟芳所作隸書古雅有法。疑皆爲乾昌所屬、其稱吾鄉勝流者、殆謂此也。【天祿琳瑯書目】

古今法書苑七十六卷（明刊本）　明王世貞編。是書采取古今論書之說、暨法書眞蹟金石文字、分爲十三類。凡一之源一卷、二之體二卷、三之法五卷、四之品五卷、五之評二卷、六之擬二卷、七之評擬一卷、八之文一卷、九之詩一卷、十之傳十一卷、十一之墨蹟十三卷、十二之金十卷、十三之石二十二卷、皆就羣書所有、或因本備載、或删芟舉亂網羅繁富、條理秩如、誠古今法書之苑也。其末一卷皆弇州自作跋語、已見于四部稿中、因從稿中錄入、以求其備耳。【鄭堂讀書記】

古今法書苑七十六卷（王乾昌原刊本）

明王世貞撰。是書原分十三類、據弇州自序、一曰書源、二曰書體、三曰書法、四曰書品、五曰書評、六曰書評之擬、七曰書估、八曰文、九曰詩、十曰書傳、十一曰書蹟、十二曰書蹟之金、十三曰書蹟之石。而目錄及本書則改爲一之源、二之體、三之法、四之品、五之評、六評之擬、七之評擬、八之文、九之詩、十之傳、十一之墨蹟、十二之金、十三之石、奚爲改稱、未詳其故。兩者相較、自序爲佳。其書弇州生時、未經鋟梓、歿後、雲間王乾昌於其友宋賓之處得副本、始爲校刊。其子逢年印行之。前有弇州小引及自序、末有後序、頗自矜許。王乾昌及其子逢年、其弟偕春、其姪觀光、俱有序跋、極致其推崇。今審覈全書、蓋本墨池編書苑菁華而擴充成之者、蒐集頗爲宏富。然有可議者數端、先就大體言之。金石與書法雖相關、而實爲兩事、一重考訂、一尙筆墨也。墨池編雖有碑刻一類、然僅錄其目、已足供臨池家參攷之資。今既以法書苑名編、則采及金石、亦僅宜載其目、或與書法有關者、方可采錄、不宜濫收。乃收至三十卷之多、幾占全書之半、而多與書法無關、其可議者一也。（後來倪濤作六藝之一錄、亦合金石書法爲一書、然彼書名包舉甚廣、未可訾議。）既采金石之文矣、則其涉於書源書體者何限、不爲分入各類、而但爲編集便利計、別爲兩類、寧非自亂其例、其可議者二也。品評本爲一事、今釐爲二、已嫌瑣細、復分評之擬與評擬兩類、措辭既不甚可通、（自序評擬作書估、蓋取張懷瓘舊稱、然殊不符合。）而審其內容所謂評之擬者、僅載竇臮述書賦一篇、既列文詩兩類、若專以文體爲斷、儘可編入何庸別立名稱、所謂評擬者、蓋皆比況之辭、實卽評之一體、亦可不立一門、若云分類、必如是而始稱精密、則其他諸類、包舉極多、概不分別、又不免失於囫圇、其可議者三也。書傳書蹟及金石四類、多經以己意編次、較用心力、其前九類、則皆雜錄舊文、漫無倫脊、全書體例、未能盡同、其可議者四也。徵引之書、除書傳一編外、全未注明出處、其全錄或節錄、亦不記明、又絕無考訂之文、究爲俗學、其可議者五也。次就其內容言之、書源一類、僅錄文十二篇、而多屬於小學類之書序、准以金類盡錄鐘鼎原文之例、亦宜以六書分類、一一求其書之源而詳敍之、不宜如是簡略、其可議者六也。書體一類中、忽分細目、然僅分篆體隸體行草體三目、而不及其他、亦未爲當、其可議者七也。書法一類凡五卷、最爲龐雜、其間僞書最多、一無是正、而標題之不清晰、亦以此類爲最、其可議者八也。品評之屬未當、前已言之、至詩文兩類、僅屬藝文、卽須采錄、亦宜列於最末、今加於書傳之前、究失倫次、又凡屬於法書之著述、允宜著錄其目、以備考稽、今徒采散篇詩文、而所采文不過十篇、詩不及百首、漏略殊多、其可議者九也。書傳凡十一卷、其第二卷後半以後、悉出自編、並注所出、較爲精審、惜所采僅書小史、宣和書譜、書史會要三書、南史中偶采一二條、他無增益、取材未免太隘、且既已改編、則其前一二卷所錄王僧虔古來能書人名王義之筆勢傳等文、奚不依次編入、而仍分列傳前、實無取義、其可議者十也。墨蹟一類、編次尤乖義例、蓋既稱墨蹟、則必以眞蹟存於世者爲斷、若嫌其範圍未廣、則宜分別前世著錄與目見的聞、庶足徵信。抑或直錄前人著錄之文、注明出處、亦足以備攷證。今此類凡十卷、前一卷雜錄王僧虔答齊太祖論書啓陶隱居與梁武帝往復論書啓等數篇、皆記古跡之文、已不得謂之墨蹟、其第二卷以下、以時代爲次、悉以宣和書譜爲藍本、仍稱御府所藏、而不注明錄自宣和書譜、遂若明代御府所藏者、然其非宣和書譜所有者、復雜廁其中、濫錄題跋、又不標明其眞蹟存否、及其藏家、遂使後人無由據以考訂。又如右軍書語等、見於法書要錄者、其蹟久已不存、一律錄入、尤乖著錄之例、其可議者十一也。至金石兩類、以非本書範圍、且不具論。此外若作者時代之不甚順次、標題中稱名稱字稱官稱諡之不一律、一卷中於一人著述、前後分列、一書而先後複見、此類編次上之疏失、尤不勝指摘。弇州負一代盛名、所作似不應如是、疑當時弇州但自訂體例、由門下諸人爲之編集、編成後弇州亦未曾加以審訂、故蕪雜若是之甚。弇州序其所集書苑（卽今通行之書畫苑）有云、余所集畫苑未成而罷、書苑幾九十卷、凡三十萬言、度無能爲行者、錙之篋笥中所云書苑、即指此書、其卷數與是編未符、足知其未爲定本、而其自度無能爲行、則不復加以審訂、亦意中事。今通行之書苑、所收雖不富、猶不失叢書體裁、疵累尚少、實勝於是編。後來書苑通行、而是編寢廢者、亦以是故、不盡緣其卷帙之多也。（是編四庫未著錄、足見其流傳不廣、）雖然、是編亦有足存者、蓋蒐集既多、刊板亦善、其間遺文正字、頗足以訂補後來之書、舉其一例、如書傳中錄宣和書譜後序、本屬不倫不類、絕無理由、然今本書譜悉未載其文、遂致書之原委不明、考訂撰人、紛紛聚訟、其詳見宣和書譜解題、得是編而知其書爲吳文貴校刊、歷來疑團、一旦冰釋、何快如之。因知是編就本身義例而論、固甚蕪雜、而所收既多、足爲參證旁證互證之助者、正復不尠、讀書本各具心眼、讀是編者、作爲書史材料觀可也【書畫書錄解題】

筆玄要旨一卷　明刊本　四庫存目

明徐渭撰。渭字文清、後更字文長、號天池。山陰人。諸生。

筆元要旨一卷（浙江汪啓淑家藏本）明徐渭撰。是編論書、專以運筆爲主、大概仿諸米氏。【四庫全書總目提要】

筆道通會一卷　明刊本亦題項道民撰　四庫存目

明朱象衡編。象衡字朗初、秀水人。

筆道通會一卷（刊本）　右明太學生秀水項道民撰。亦多運筆法、道民穆從弟也。【浙江採集遺書總錄】

筆道通會一卷（兩淮鹽政採進本）　明朱象衡編。是編推廣徐渭筆元要旨而作、中多述豐坊之語、華亭唐文獻爲之序。末有象衡自跋、云余性稍嫻於法書名蹟、辨之不爽毫髮、其言頗近於夸。米芾、黃伯思、精鑒入神、論者尚有同異、此事談何容易乎。【四庫全書總目提要】

玄鈔類摘六卷　明萬曆寫刊本　鳴野山房鈔本今藏天津圖書館　日本寶曆甲戌年澤氏覆萬曆刊本

舊題明徐渭撰。

玄鈔類摘六卷（鳴野山房鈔本、今存天津圖書館）　原題明徐渭撰。是編首題山陰徐渭纂輯、同邑陳汝定補注。前有鳴野山房圖記、鳴野山房爲沈復粲齋名、丁氏八千卷樓書目、記其傳鈔本頗多。前有渭自序、及汝元刻此書序、似本有字學玄鈔一書、此編僅爲之分類摘鈔者。然汝元序則言徐天池先生嘗纂輯玄鈔類摘一書、未及脫稿而失之、予偶得、竊歎爲先生赤珠、顧其書幾經鈔錄、先後失次、篇目溷淆、又不無散佚、不揣愚陋、爲序正而參補之、是此編已非盡天池之舊矣。其分類方法、殊不可解。卷一分四項、一爲執筆法、二爲執筆運筆用墨候紙候文及書法、三爲執筆運筆及書法、四爲運筆法。卷二分兩項、一爲書法例、二爲書法。卷三分五項、一爲書功、二爲書致、三爲書思、四爲書候、五爲書丹法書功書致、又各有補遺。卷四爲書原及補遺。卷五分兩項、一爲書評及補遺、二爲書評兼書功。卷六爲孫過庭書譜。陵亂複雜、絕無義例可尋。即如卷一第二項所包甚廣、而僅摘錄衛夫人筆陣圖末段數行、似皆就文而列類、初非先分類而後摘文、然又何爲割裂成文、分列數類、故曰不可解也。至所摘諸書、不出書苑菁華所載唐宋以前短篇、及諸僞作、絕少增輯。汝元補注、亦祇寥寥數條、除謂右軍論書一篇不似右軍文字而外、均無發明。文長博雅、當不至鄙陋若是、或即汝元所爲、而託於文長者、惜別無佐證也。

【書畫書錄解題】

游鶴堂墨藪二卷 明刊本 四庫存目

明周之士撰。之士字士貴、自號四明居士、齊與人。

游鶴堂墨藪二卷（曝書亭藏刊本） 右明楚中周之士撰。考書法原委、兼采各家評跋、末錄明代能書人姓氏、凡一百九家、而以己及朱之藩殿。【浙江採集遺書總錄】

游鶴堂墨藪二卷（兩淮鹽政採進本）

明周之士撰。御定佩文齋書畫譜列之士於書家傳中、然亦惟採瞿九思序此書之語、是其始末無可考矣。書中稱董其昌爲恩師、則其昌弟子也。其書上卷論字體源流及筆法大旨、排唐而宗晉。下卷評書家優劣、所稱明代能書諸家、儼然以己名列其中、亦可謂躁於自表矣。【四庫全書總目提要】

書法離鉤十卷 明天啓間刊本 四庫全書本 惜陰軒叢書本

明潘之淙撰。之淙字無聲、號達齋。錢塘人。

書法離鉤十卷（刊本） 右明錢塘潘之淙輯。詳論書法末及音韻。【浙江採集遺書總錄】

書法離鉤十卷（浙江鮑士恭家藏本）

明潘之淙撰。是書薈萃舊說、各以類從。大指謂書家筆筆有法、必深於法而後可與離法、又必超於法而後可與進法。俗學株守規繩、高明盡滅紀律、俱非作者。書中知道從性諸篇、皆言不法而法、法而不法之意。其名離鉤者、取禪家垂絲千尺、意在深潭、離鉤三寸語也。其中考論六書、如籀文與古文大篆皆小異、故說文序云新莽謂之奇字、徐浩云史籀造籀文、李斯作篆、江式唐元度則謂史籀著大篆十五篇、又如隸書在八分之前、行書在草書之後、故蔡琰云吾父割隸字八分而取二分、蕭子良云靈帝時王次仲飾隸爲八分、說文漢興有草書、張懷瓘則謂八分小篆之捷、隸亦八分之捷、郭忠恕則謂小篆散而八分生、八分破而隸書出、隸書悖而行書作、行書狂而草書聖。之淙率雜錄舊文、不能訂其舛異。至楊愼改嶽麓禹碑中南暴昌言四字、爲南瀆衍亨、僞云得之夢中、之淙亦信之、尤爲寡識。然大旨在論八法、不在論六書、學問各有門徑、不必以考證之學責諸藝術也。前有自著凡例、稱此書本與淳化帖釋文合刻、此本無之、或藏弆者殘闕歟。【四庫全書總目提要】

書法離鉤十卷　明潘之淙撰。晉萃論書舊說、以類相從、大旨謂書家之妙、有法而未始有法、無法而未始無法、故取禪家垂絲千尺、意在深潭離鉤三寸之語、以爲之名。【四庫全書簡明目錄】

錢保塘代王蓮塘太守跋書法離鉤切韻

明潘氏書法離鉤末言切韻之法、意在指示初學。顧其書頗多疏舛、同母字至多、今列六十八字、專舉眞文元寒刪先庚靑蒸數韻字、而不及他韻、不知其義例所在。以江合陽、沿洪武正韻之誤、不可舉以爲例。【淸風室文鈔】

書法離鉤十卷（惜陰軒叢書本）　明潘之淙撰。是編分類破碎支離、漫無統系、但觀其目、卽可知之。卷一曰源流、曰六義、曰四學、四證非、曰述傳、曰古文、曰大篆、曰小篆、曰八分、曰隸書、曰飛白、曰楷書、曰行書、曰急就、曰草書。卷二曰取法、曰初學、曰執筆、曰操手、曰用筆、曰筆鋒、曰定心、曰知道、曰從性、曰適志、曰解悟、曰記異。卷三曰學篆、曰學隸、曰學楷、曰學行、曰學草、曰論寫、曰論血、曰論骨、曰論筋、曰論肉、曰論脈。卷四曰體式、曰形狀、曰氣勢、曰布置、曰運用、曰肥瘠、曰方圓、曰遲速、曰勁軟、曰結構、曰弊病。卷五曰鍾意、曰瓘法、曰心頌、曰綱目、曰八法、曰一側、曰二勒、曰三努、曰四趯、曰五策、曰六掠、曰七啄、曰八磔、曰點例、曰勾例、曰撇例。卷六曰篤學、曰臨書、曰摹書、曰書丹、曰辨惑、曰先後、曰誤寫、曰利器。卷七曰品題。卷八曰賞鑒。卷九曰法帖、曰原筆、曰原墨、曰原硯、曰原紙。卷十曰切韻。皆輯錄舊文而成。其中僞書不能辨別、出處不盡注明。且多屬於小學而與書法無關之文。此種書眞所謂災梨禍棗者。四庫漫爲著錄、無怪邵位西謂藝術類所收太濫也。（見四庫簡明目錄標注）前有葉秉敬王道焜兩序、及天啓丁卯自序。【書畫書錄解題】

書法粹言一卷　學海類編本　美術叢書本

明汪挺撰。挺字無上、號爾陶、嘉興人。崇禎時進士。

書法粹言一卷（學海類編本）　明汪挺撰。是書摘采前人所論書法彙輯成編、以時代爲次、殊嫌簡略。所采又多僞編、別擇殊未精當。菁謂此類雜輯之書、若潘氏離鉤、徐氏玄鈔等等、以及此編、其所取材、俱不出書苑菁華。所錄陳陳相因、大同小異、正不知諸公奚爲不憚煩若是。越至於今、坊間牟利之籍、若所謂書法概要、學書指南、臨池祕訣、臨池要言之類、觸目皆是、未始非諸公階之厲也。【書畫書錄解題】

書法雅言一卷　明萬曆庚子刊本

四庫全書本　美術叢書本

明項穆撰。穆字德純、號貞元、又號無稱子。秀水人。項元汴之子。

書法雅言一卷（刊本）　右明中書秀水項穆撰。有沈思孝序。論次書法凡十七篇。穆爲墨林山人項元汴子。元汴天籟閣藏書

甄甲天下、世盛傳之。【浙江採集遺書總錄】

書法雅言一卷（浙江巡撫採進本）　明項穆撰。其父元汴鑒藏書畫甲於一時、至今論眞迹者、尙以墨林印記別眞僞。穆承其家學、耳擩目染、故於書法特工。因抒其心得、作爲是書。凡十七篇、曰書統、曰古今、曰辨體、曰形質、曰品格、曰資學、曰規矩、曰常變、曰正奇、曰中和、曰老少、曰神化、曰心相、曰取舍、曰功序、曰器用、曰知識。大旨以晉人爲宗、而排蘇軾、米芾書爲稜角怒張、倪瓚書寒儉、軾芾加以工力可至古人、瓚則終不可到。雖持論稍爲過高、而終身一藝、研求至深、煙楮之外、實多獨契。衡以取法乎上之義、未始非書家之圭臬也。【四庫全書總目提要】

書法雅言一卷　明項穆撰。穆爲項元汴之子。家藏書畫甲於一時、至今講賞鑑者、尙以其印識爲左驗。穆多見眞跡、亦工於書。因書

所見爲此編、凡十七篇。【四庫全書簡明目錄】

書法雅言一卷（明刊本）　明項穆撰。四庫全書著錄。德純爲名父之子、以風雅相傳。其於書畫二者、收藏本富、賞鑒尤精。是編記其所得、書法融貫爲文。自書統以迄知識、凡十七篇。其間尊二王而輕蘇米、與楊升菴之墨池瑣錄頗同。蓋其宗尙如是、亦不失爲正宗。【慈雲樓藏書志】

書法雅言一卷（文瀾閣四庫本）　明項穆撰。此據文瀾閣四庫本著錄。前有王穉登譔傳、沈思孝支大綸兩序、俱盛稱德純能書。是書凡十七篇、一論書統、以書之正統歸逸少、謂人正則書正、自是正論。二論古今、舉偏古偏今之病、而歸本於中和。三論辨體、歷舉性之所偏各病、及偏好任情之弊、而謂施教者貴因材、自學者先克己。四論形質、論肥瘦之弊、謂必瘦而腴方爲清妙、肥而秀方爲豐

豔。五論品格、定其優劣爲五品、一正宗、二大家、三名家、四正流、五旁流、實爲瑕論。六論資學、言學重於資、資雖佳而不學弗善也。附評一篇、統論古今書家資學之長短。七論規矩、附辨梅花體之謬一篇。八論常變、則多泛論。九論正奇、言唐時書體三變、具有特見。十論中和、乃其主要之論、惜未甚通暢也。十一論老少、謂二者宜混爲一致、相待而成。十二論神化、言神化仍不能外於規矩。十三論心相、發揮人正則書正之旨。十四論取舍、獨宗右軍而排蘇、米、附論蔡米書法一篇。十五論功序、謂學書非四十年不能成、稍覺過當。附論書有三戒一篇、洵不易之論。十六論器用、改筆陣圖之說、謂器用必須精良。十七論知識、則言鑒賞之事、以爲終篇。綜觀全編、論旨一貫、條理井然、獨抒心得、無剽襲苟且之弊、行文大體擬過庭書譜、氣息亦頗純厚、在明季著書中實爲僅見。【書畫書錄解題】

寒山帚談二卷拾遺一卷附錄一卷

說文長箋附刊本　四庫全書本　美術叢書本

明趙宧光撰。宧光有說文長箋、巳著錄。

寒山帚談二卷拾遺一卷附錄一卷（直隸總督採進本）　明趙宧光撰。是編本在所撰說文長箋中、亦析出別行。長箋穿鑿附會、且引據疎舛、頗爲小學家所譏。而篆文筆法、則差有偏長、故此編猶爲後人所重。上卷四目、曰權輿、論一十五種書也。曰格調、論筆法結構也。曰力學、論字功書法也。曰臨仿、則力學之餘緒、析而爲篇者也。下卷四目、曰用材、論筆墨紙硯及運用法也。曰評鑒、論辨識之淺深也。曰法書、論古帖也。曰了義、論書家祕諦也。其拾遺一卷、闡發未盡之意、各註某條補某篇某字。其附錄則金石林甲乙表及諸論也。曰帚談者、取家有敝帚享之千金意耳。【四庫全書總目提要】

寒山帚談二卷拾遺一卷附錄一卷　明趙宧光撰。宧光說文長箋、至爲疎漏。惟篆文筆法、則亦有微長、故此書論作篆之法、猶頗可采。其曰帚談、殆敝帚千金之意歟。【四庫全書簡明目錄】

寒山帚談二卷拾遺一卷附錄一卷　明趙宧光撰。是書上卷爲目四、曰權輿、明十五種所自始。曰格調、言筆法結構。曰力學、言字功書法。曰臨仿、言學力蟲積、實卽前篇之緒餘。下卷爲目四、曰用材、定作法器用。曰評鑒、言辨識之淺深。曰法書、論古法帖。曰了義、論書家祕諦。持論頗爲精到詳盡、自抒心得、不甚依傍前人、誠臨池家所當一讀也。拾遺一卷、則書成後續有所得、以備分屬諸篇、故各注篇名於每條之下。附錄一卷、則金石林甲乙表及緒論也。分字義篆籀款識符印分隸小楷眞書大書署書章草行楷行草狂草二王

全帖字義書法評敘千文類聚諸部、各爲疏說。表則錯雜殊甚。前有小引二。【書畫書錄解題】

書指二卷 明刊本

明湯臨初撰。

書指二卷（明刊本） 明湯臨初撰。上卷凡十二則、下卷凡十一則。大體宗晉唐書法、於元推吳興一家、謂宋人評書多不可據、若東坡山谷南宮白石之論、俱有指摘。其書雖寥寥數篇、而言書法頗多深切之論。【書畫書錄解題】

書法會編三卷 明刊本

明張夢錫撰。夢錫慈溪人。

書法會編三卷（刊本） 右明舉人慈溪張夢錫撰。亦析論點畫波磔諸法、分門類次。【浙江採集遺書總錄】

按浙江遺書錄曰、（已見前）考張夢錫選舉志均不載、海東逸史明季六狂生有張夢錫、鄞縣諸生。但不能定其爲一人、姑附此以備考。【光緒慈谿縣志藝文志】

述古書法纂十卷 明刊本

明朱常芳撰。

潞藩新刻述古書法纂十卷（明刊本） 是書爲明潞王朱常芳撰。前有自序云、述古書法纂者、乃學書之暇、隨筆集錄、事皆雜出、語次不倫、聊以適志、非敢學古。一曰書制源流、二歷朝書體、三名書形勢、四名筆書法、五名賢書論、六名家學書、七古書法帖、八名書姓氏、九書學須知、十纂古書志。此書流傳甚稀。【善本書室藏書志】

書法約言一卷 昭代叢書本 美術叢書本

清宋曹撰。曹字彬臣、鹽城人。明季官中書、入清不仕。

書法約言一卷（昭代叢書本） 明遺民宋曹撰。彬臣夙以能書稱、是編首爲總論兩篇、不作浮詞、至爲扼要。次爲答客問書法一篇、發揮筆陣圖及過庭書譜所言書法之意、設爲問答以明之、惟倣俗傳張長史筆法十二意之文體、則無謂也。又次論作字之始一篇、略敘書體變遷之跡、別無論議。最末論楷書行書草書三篇、切實精到、足以爲法。前有張潮序、末有心齋居士跋。【書畫書錄解題】

草聖彙辨四卷 順治壬辰原刊本 乾隆間重刊本

清朱宗文撰。宗文字迦陵、順治戊子舉人。浙江人。

草聖彙辨無卷數（原刊本） 國朝朱宗文編。迦陵幼習草書、搜取諸家之同異、考校之、輯成是編、約二百餘翻、不分卷數。冠以法書名家姓氏、凡七十三家。每字之下、注以各家名號、末別以草法百韻、所載約略以部分爲次、而不及陶篔山草韻彙編、石竪峯草字彙二書之繁富。【鄭堂讀書記】

草聖彙辨四卷（原刻本）　清朱宗文撰。此編取通俗所用草訣百韻歌、逐句辨明其失、如訣云有點方爲水、空挑却是言、乃取諸名家字體、凡從水旁之字、悉數摹錄、以證明水旁不盡有點、言旁不盡空挑。全韻除前四句後二句外、悉有辨證。所採自漢章帝迄明朱學古、凡七十有四家、用力良苦。略依時世爲次、於草法變遷遞嬗之跡、亦有可資以爲參究。夫通俗百韻歌、固多戾於草法、誠宜矯正。然必由篆分章草、以探求其變化之原、庶足匡其繆戾、而示學者以準繩。今仍欲從摹搨僞誤之帖、與草法已壞後諸家之書、（趙宋以後草法大壞）求其條理、是猶治絲而棼之、更安從得其準則乎。是百韻歌雖拙劣、猶有一定規模、依是書之說、則一切偏旁分合、皆可率意爲之、而援是書所列諸字以爲據、尙安有法度之可言哉。所謂與其過而廢之、不若過而存之者也。總之不明章草、不足以明草法。通觀全書、無一字提及章草、知其於此未嘗研求、宜其深信諸帖、及宋以後諸家書、而不敢致疑、舍本逐末、至於如斯也。前有順治壬辰陳熿及白芬兩序、乾隆間重刻、有鄭虎文張廷桂兩序。【書畫書錄解題】

草韻彙編二十六卷　乾隆乙亥南村草堂原刊本　四庫存目　道光十二年刊本

清陶南望編。南望字遜亭、上海人。

草韻彙編二十六卷（江蘇巡撫採進本）　國朝陶南望編。是書成於康熙中、輯錄秦程邈迄明朱克誠、共三百四十一家草法、分韻編次。其平上去三韻、乃南望手輯、入聲一類、則其友人侯昌言等續訂。蓋本辨疑彙辨諸書、稍加釐正、然傳刻失眞、恐未足據爲模範也。【四庫全書總目提要】

草韻彙編二十六卷（原刊本）　國朝陶南望編。四庫全書存目。是編依今韻部分、採輯古草書、以便檢閱、自秦迄明、共得一百四十一家、上下平及上去四聲各六卷、其入聲二卷、則其子錕與其友虞景星等重校而續成之。大約本之彙辨、辨疑、與辨疑補諸書、而所收較廣、離而目之、隨檢一字、即可博觀古人之遺跡、所謂回互雖殊、大體相涉者、昭昭然朗分矣。但恨其所見尙未廣、其有韻而無字者俱闕不備、至字體大小不齊、或有舛亂、當由其寫刻失眞也。【鄭堂讀書記】

陶南望精書法、遍觀古人法帖、著草韻彙編。【國朝松江詩鈔卷三十四】

草韻彙編二十六卷　陶南望撰。莊有恭序曰、是編本之彙辨與辨疑、陶生僅列平上去

聲入聲二卷、其子鯤續輯。【光緒嘉定縣志藝文志】

草韻彙編二十六卷（乾隆甲戌南村草堂原刊本）　清陶南望編。是書依沈約韻、逐字編次、取秦程邈以下三百四十一家草法、摹寫成編、一一旁注書家之名、字體大小、亦如原書、用力頗爲勤至。其入聲一韻、刻未竣而南望殁、乃由其友人侯昌言等補訂成之。所惜其中未將其所據之帖、一一注明、今無從校覈。前有莊有恭沈德潛兩序、及乾隆十五年自序。【書畫書録解題】

草字彙十二卷

乾隆丙午同文會刊本　又丁未敬義齋刊本　道光五年刊本　商務印書館影印本

清石梁編。梁字鎮南、號豎菴、諸暨人。諸生。

草字彙十二卷（敬義齋刊本）　國朝石梁編。豎峯善書法、尤熟于草、冥心搜求、貯名帖甚夥、因會粹成編。其字悉摹取石本、每字旁標作者名號、依字彙偏旁編次、凡帝王十家、名人七十七家、字以類分、體由人別、不拘章法、而自然成章、不規一體、而諸體皆備、披覽之下、奚啻親覩前人濡墨揮毫時也。覩前明郭諶草韻辨體、近代陶南望草韻彙編二書、其體制似欲過之、洵可爲藝林之鉅觀矣。【鄭堂讀書記】

草字彙十二卷　國朝石梁輯。此書集古人法帖各草書。前有蔣光越趙思道袁曰森三序。凡帝王十家、漢三家、晉三十三家、劉宋二家、梁二家、陳四家、唐十三家、宋十一家、元三家、明十家。以地支分表十二卷、約以偏旁爲類、以視淳化閣等帖、諸多未備、卽較之陶南望草韻彙、亦未免挂漏、此則僻居鄉曲、限於見聞之故也。惟手自摹刻、較陶書特精、故一時傳鈔者衆。【宣統諸暨縣志經籍志】

石梁晚年蒐集古名人法帖中字、爲草字彙十二卷、凡五十餘家、分部標註、衆體間出、擬之錯采鏤金、極鉤摹之巧、躬親剞劂、書成、體例精美、獲者猶拱璧焉。【諸暨詩存卷十】

草字彙十二册　清石梁集。是書依字彙偏傍屬部編次、故不分卷、而以十二地支分集、集各一册、取漢章帝以下八十七家之草法、逐字摹寫、其體裁類於陶氏書、惟所輯不若陶花之富、又同一家之書、所輯不相類、知其未得見陶氏之書。例言謂名家書俱從眞蹟摹寫、殊非實情。宋以前諸家書、安從盡得其眞蹟耶。至所采之帖、未經注明出處、其失與陶氏同。前有趙思道蔣光越兩序、未有乾隆五十二年自序。【書畫書録解題】

書筏一卷

昭代叢書本　美術叢書本

清笪重光撰。重光字在辛、號江上外史、亦稱鬱岡掃葉道人。句容人。康熙進士、官御史。

書筏一卷（昭代叢書本）　原題清笪重光撰。案梁同書頻羅庵書畫跋跋畫筌册有云、原跋尚有書筏一篇並經鐫板卒未之見、是此編曾經刊行。今據昭代叢書本著錄。原據眞蹟刊、後有王文治跋、不言其名書筏。叢書本後有楊復吉跋、亦云夢樓所臨法帖、卷首標笪江上先生論書、末言其爲書筏、且云其全與闕不可知、其爲書筏原本與否、亦不可知。不知張氏輯叢書時何以逕題爲書筏也。楊氏云云、蓋疑其僞。今觀編中所言書法、凡二十有九則、甚爲精到、似非江上不辦。惟此編原與畫筌並行、畫筌爲長篇駢儷之文、詞藻甚美、計書筏當亦同一體裁、今此編雖中有排偶句法、然是散段、不相連屬、疑非書筏全文、非出僞託。本宜題爲江上論書、茲姑依原題而抒其說於此。【書畫書錄解題】

鈍吟書要一卷　書法正傳本　昭代叢書本　美術叢書本

清馮班撰。班字定遠、常熟人。

鈍吟書要一卷　清馮班撰。是編論楷法者獨多、謂結字晉人用理、唐人用法、宋人用意、最爲精當。大旨宗鍾王顏柳、雖是陳說、而持論頗新。於宋人書僅推蔡君謨、謂東坡亦有病筆、而最不滿於米元章。又言姜白石論書大謬、米元章論書欺人。於元人書僅推趙松雪、然亦有微詞、皆其獨到之見。惟云明人書一字看不得、看了誤人事、則未免過爲高論矣。昭代叢書本末有楊復吉跋。【書畫書錄解題】

書法正傳十卷　乾隆刊本　道光戊子世秀堂刊本　四庫全書本　同治大魁堂刊本

清馮武撰。武號簡緣、常熟人。馮班之從子。

書法正傳十卷（刊本）　右國朝常熟馮武輯。一卷至七卷多記古書家論用筆之法、八卷以下、言書家名蹟源流。【浙江採集遺書總錄】

書法正傳十卷（兩淮鹽政採進本）　國朝馮武撰。其從父班以書法名一時、武受其學、年八十一時、館於蘇州繆曰芑家、爲述此書。專論正書之法、首陳繹曾翰林要訣一卷、次周伯琦所傳書法三昧一卷、次李溥光永字八法一卷、以三家論書獨得微旨故也。其語意有未顯者、則武爲補註以明之。次明李淳所進大字結構八十四法一卷、次纂言三卷、則歷代書家之微論、次書家小傳、名蹟源流各一卷、而以班所著鈍吟書要一卷終焉。每卷之中、武亦各爲附論、時有精語、蓋武於書學頗有淵源故也。【四庫全書總目提要】

書法正傳十卷　國朝馮武撰。武爲馮班之從子、傳其筆法、晚年館繆曰芑家、述爲此編、論正書之法。前七卷皆採綴舊文、以己意評定、八卷爲書家小傳、九卷爲名跡源流、十卷以班所著鈍吟書要終焉。【四庫全書簡明目錄】

書法正傳十卷　馮武編。此其年八十一時所作、閱覽既深、論據亦頗可據。【皇朝文獻通考經籍考】

書法正傳十卷（世豸堂刊本）　國朝馮武撰。四庫全書著錄。簡緣受學于鈍吟、傳其筆法、以昔人講說正書之法、各據所見、多著浮詞、初學無從擇取、因爲提要鉤元、纂成是編。凡陳繹曾翰林要訣、無名氏書法三昧、李溥先永字八法、李淳大字結構八十四法、各一卷、纂言三卷、書家小傳、名蹟源流、鈍吟書要各一卷。或全錄成書而補注之。或採掇舊文而詳定之。所以統論古今、辨析源流、使後之學者、恍然得古人之意、以馳騁乎康莊之途者也。本爲正書而作、故大篆小篆八分草書皆略焉。前有自序凡例、其從孫調軒鼎手書付梓、末有其門人譚紹隆暨調軒二跋、又有陳亦韓祖范序、未刊卷首、後其版歸于楊元峇岱、始補刊之、并爲誌其顛末云。【鄭堂讀書記】

書法正傳十卷（道光戊子世豸堂刻本）

清馮武編。此書專言正書之法、而不及篆隸、名曰正傳、稍嫌失實。首錄陳繹曾翰林要訣、次周伯琦所傳書法三昧、又次李溥光永字八法、又次李淳所進大字結構八十四法各一卷、又次爲纂言三卷、又次爲書家小傳、名蹟源流、當爲武所自輯。其餘雖錄原文、而時加附語、或補注、非僅以鈔錄爲能、固自可取。纂言三卷、多采自書苑菁華、僅補趙子昂子固豐道士數條、未遑博采。故歷來相傳僞書、除李斯蕭何筆法、疑其僞託外、他若蔡邕書說、石室神授筆勢、衛夫人筆陣圖、王右軍筆勢論述、天台紫真傳授筆法、歐陽詢書法、顏魯公傳、張旭十二筆意、虞永興筆髓論等等、亦俱摘入、四庫稱其所附時有精語、似不盡然。至書家小傳、不免簡略。名跡源流、則摘錄前人碑帖題語而成、無甚精詣。惟其所輯、專重作法、不錄空論浮詞、時出其心得、以相印證、固足供習正書者之參究也。前有自序、及凡例。【書畫書錄解題】

馮武書法正傳十卷　專論正書書法、並集名家論書之言、著錄四庫。稽瑞樓書目刊本、府志作二卷、見列傳。【常熟藝文志】

按陳祖范書法正傳序、見（陳司業文集）、亦可參閱。

拙存堂題跋一卷　宣統二年庚戌刊房山山房叢書本

清蔣衡撰。衡有易卦私箋、已著錄。

拙存堂題跋一卷　房山山房刊本。清金壇蔣衡湘颿撰。蔣公工書法、此編所跋碑帖、多以評書爲主、間及考證。末有陳洙一跋。【石廬金石書志】

拙存堂題跋一卷　清蔣衡撰。是編所錄題跋、雖各標碑帖之名、然不涉及摹刻氈搨之考證、而專論書法、特借是以發揮之耳。中多跋自臨碑帖之語、頗多甘苦有得之言、亦學書者應參考之書也。後有陳洙跋。【書畫書錄解題】

書法正宗四卷 乾隆壬寅原刊本

光緒間翰苑諸人分寫影本

清蔣和撰。和字仲叔、金壇拙老人孫、移家梁溪。初充三通館校錄、復修四庫書得欽賜舉人。

書法正宗四卷（原刊本） 國朝蔣和撰。醉峯既著隸通一書、又恐眞書通行者之弗傳其奧、乃復採摭羣言、稍參己見、以為是編。凡分四册、一曰筆法精解、二曰點畫全圖、三曰分部配合法、四曰全字結構舉例、每册各為一卷、末附學書雜論二十一則、皆作書者之規矩、童而習之、白首而不可廢者也。【鄭堂讀書記】

書法正宗 是書為蔣氏和所輯、蓋述其祖父緒論、參以心得之解也。先筆法、次點畫、次分部、次全字結構。其書僅五十餘頁、於書法祕訣、宣露無遺、後生學書者、當由此升堂入室焉。【點勘記】

蔣氏書法正傳（冠以蔣氏別於馮氏之書）四册 清蔣和輯。此書目錄原分四册、第一册筆法精解、第二册點畫全圖、俱蔣和纂輯。第三册分部配合法、為王澍蔣衡同著。第四册全字結構舉例、蔣和譔。重定九宮格、蔣驥譔。分筆先後、學書要論、俱蔣和撰。其書僅為初學說法、名曰正傳、似不甚妥、想和未見馮氏之書、命名偶合。筆法精解中、於執筆運指運肘運腕及筆法、點畫全圖中、於平畫直畫點撇捺鈎、俱立種種名目、竊意殊不謂然、蓋教初學習書、宜求簡約、昔人五字七字之法、已覺難行、更立如許名色、不惟難以運用、即使依樣為之、而顧慮過多、恐亦難臻妙境也。分部配合法、及全字結構舉例、分筆先後諸端、說明非不詳晰、終嫌拘滯。【書畫書錄解題】

侯氏書品一卷 儀花菴叢書本

靑照堂叢書本

清侯仁朔撰。仁朔字棠陰、郃陽人。

侯氏書品一卷 清侯仁朔撰。是編取秦中碑帖、區為古正奇險四品、各加論斷。前有汪士鋐序、泛論書法、似不甚以其書為然。秦中古碑帖頗多、此編僅錄二十五種、宋澤元序侯橋跋、似均嫌其太少。然仁朔此書為臨池者說法、非同著錄家以采集繁博見長、著述本各有其體要。至若所列四品、適當與否、則見仁見智、原難強同也。其云書關世運、非可強合、秦之不能為周、猶漢之不能為秦、魏晉以下之不能為漢。又云、章草形貌古雅、而所重實在神韻、神韻不足、而恪遵形貌、與詞章家擬張平子四愁杜子美七歌何異云云、實爲通論、其書雖寥寥四千餘言、固自可存也。前有宋澤元汪士鋐兩序、後有侯橘跋。【書畫書錄解題】

大瓢偶筆八卷　廣東糧道署刻本

筠石山房刊本

清楊賓撰。楊霈編。賓有柳邊紀略、已著錄。霈字慰農、鐵嶺人。

大瓢偶筆八卷（廣東糧道署刻本）　清楊賓譔、楊霈編。是編大瓢原本雜論碑帖書法、隨手鈔撮、未經編次、慰農因爲之編次時代、彙列其人、間有失攷或偶誤者、更加按語爲之辨正、又爲攷載碑目一篇於卷首、遂覺條理井然、亦大瓢之功臣矣。凡八卷、卷一論夏周秦漢三國六朝碑帖、卷二論晉二王帖、卷三論唐人碑帖、卷四論唐名家碑帖（又分十三目、一聖教序、二半截碑、三虞世南、四歐陽詢、五褚遂良、六陸柬之、七徐浩、八孫虔禮、九李邕、十張旭、十一顏眞卿、十二懷素、十三柳公權）、卷五論宋人書（蔡黃米蘇有專論）、論金元人書（趙孟頫有專論）、論明人書（董其昌文徵明祝允明有專論）卷六論國朝人書、論各帖、論學書、卷七論筆法、論筆墨、論畫（論畫僅一則）、卷八偶筆識餘。全書雖似爲金石而作、實則偏重書法、不爲瑣瑣考證。其論書法頗多獨到語、要在不尙形模、參用篆隸、而於李北海蘇東坡米南宮董香光四家、時致不滿、謂爲書家旁門、尤當屏絕。其論學書二訣、亦具有特見。編中楊慰農按語頗多、亦足以資參證。前有康熙四十七年大瓢自序、道光二十七年楊霈序及例言。【書畫書錄解題】

分隸偶存二卷　乾隆卌四年己丑原刊本　四庫全書本　道光壬辰重刊本

清萬經撰。經字授一、號九沙、鄞縣人。康熙癸未進士、官翰林院編修。

分隸偶存二卷（浙江巡撫採進本）　國朝萬經撰。是編上卷首作書法、次作分隸書法、次論分隸、次論漢唐分隸同異、次漢魏碑考。下卷爲古今分隸人名氏、始於程邈、終於明末馬如玉。自鄺露以前、皆引據諸書、惟如玉不著載何書、則經所自增矣。集錄金石之書、梁元帝所輯不可見、歐趙以下、罕有論及分隸筆法者。經所錄頗詳晰有門徑。所列漢魏諸碑、雖止有二十一種、而考證剔抉、比諸家務多者、亦較精核。至云唐以後隸與八分、各分爲二、隸卽今楷書、八分卽古隸書、以八分爲隸、趙明誠已譏之、國朝顧炎武金石文字記、并漢碑無不名八分、以楷爲正書、正恐仍蹈歐陽之失、其說亦明白可據也。【四庫全書總目提要】

分隸偶存二卷　國朝萬經撰。上卷首論作

書法、次作分隸書法、次論分隸、次論漢唐分隸同異、次漢魏碑考。下卷爲古今分隸人名氏、始於程邈、終於明末馬如玉。上卷所列古碑、僅二十一種、而論多詳核。【四庫全書簡明目錄】

分隸偶存二卷（原刊本）　國朝萬經撰。四庫全書著錄。九沙素嗜書學、尤篤於分隸、因取古來論隸學及作隸人姓氏、彙爲是編、附以己說及漢唐碑刻題識語數十則。上卷凡六篇、曰作書法、曰分隸書法、曰論分隸、曰論隸分楷所由起、曰論漢唐分隸同異、曰漢魏碑考。下卷爲古今人分隸姓氏、自秦程邈以迄明末馬如玉、凡三百十有二人、各繫以小傳、皆撏拾羣書、著其所出、惟馬如玉爲所自撰。凡分隸之源流、碑版之存佚、用筆之工拙、諸家之短長、無不臚列而存之。蓋取書斷、書譜、隸釋諸書、合而爲一、名雖偶存、實集其成也。【鄭堂讀書記】

萬氏經分隸偶存二卷、存。　胡德琳敍曰、九沙太史工於漢隸、雄視江南、復恐隸法之不傳也、乃爲分隸偶存一書、凡分隸之原流、碑版之存逸、用筆之工拙、諸家之短長、無不臚列而存之、蓋取書斷、書譜、隸釋、金石諸家、合而爲一。雖曰偶存、實集其大成也。陸耀敍曰、施養浩序曰、梁文泓跋曰、萬福跋曰、（並從略）【小學考】

六藝之一錄四百六卷續編十二卷

四庫全書本　商務印書館影印四庫全書珍本本續編作十四卷

淸倪濤撰。濤字岷渠、錢塘人。

六藝之一錄四百六卷續編十二卷（禮部侍郎金甡家藏本）　國朝倪濤撰。其平生篤志嗜學、年幾百歲、猶著書不輟、貧不能得人繕寫、皆手自鈔錄、及其家婦女助成之。是編猶出其親稟、凡分六集、一曰金器款識、二曰刻石文字、三曰法帖論述、四曰古今書體、五曰歷朝書論、六曰歷朝書譜。凡六書之異同、八法之變化、以及刊刻墨蹟之源流得失、載籍所具者、無不裒輯。其間祇錄前人成說、不以己意論斷、或有彼此異論、舛互難合者、亦兩存其說、以待後人之決擇。蓋自古論書者、唐以前遺文緒論、惟張彥遠法書要錄爲詳、若唐以後論書之語、則未有賅備於是者矣。雖採摭旣多、所錄不必盡雅、條例太廣、爲例亦未能悉純、然排比貫串、上下二千餘年、洪纖悉具、實爲書家總彙、楩柟杞梓、萃於鄧林、不以榛楛勿翦爲病也。【四庫全書總目提要】

六藝之一錄四百六卷續編十二卷　國朝倪濤撰。凡分六集、曰金器款識、曰石刻文字、曰法帖論述、曰古今書體、曰歷朝書論、曰歷朝書譜。所採摭舊文、不加論斷、異同互見者、亦兩存之。書學之源流正變、莫備於斯。其書

世無副本、此四百六卷、皆其手槀及其妻女所書也。【四庫全書簡明目錄】

六藝之一錄四百六卷續編十二卷　倪濤撰。此編上下二千年、裒輯最富、溯其源不遺其流、觀其通亦窮其變、誠書家之統會、藝圃之淵林也。【皇朝文獻通考經籍考】

瞿宣穎曰、倪濤六藝之一錄、厲太鴻有序盛稱之、以爲上下千古、賅括朝野、則通於史、偏旁音訓、各有據依、則通於經、旁引曲喻、不遺幽遐、則通於子與集。四庫提要亦稱（已見前）蓋自古論書者、唐以前遺文緒論、惟張彥遠法書要錄爲詳、若唐以後論書之語、則未有賅備於是者、其纂輯之博且勤、有功藝術、可以概見。其書第一集爲金器款識、凡集古錄金石錄博古圖所載鐘鼎彝器、均羅列焉、而附以刀劍泉鑑印鈕。第二集爲石刻文字、碑碣而外、石鼓石經及其他文字之刻於玉石者皆錄焉。第三集爲法帖論述、於蘭亭鶴銘之論辨、尤致詳焉。第四集爲古今書體、篆隸行草之外、乃至畏吾日本之字、亦存目焉。第五集爲歷朝書論、品評譜訣、下及文房之考索、無不載焉。第六集爲書譜書家列傳、以及古今名蹟之見著錄者、無或遺焉。

六藝之一錄四百六卷（文瀾閣四庫本）

清倪濤撰。是編合金石書法爲一書、而言書法者幾占全部三分之二。凡分六類、一金器款識、二刻石文字、三法帖論述、四古今書體、五歷朝書論、六歷朝書譜。第一卷至一百六十八卷爲前三類、非本書範圍、不具及。自一百六十九卷至二百七十卷、爲第四類古今書體、自二百七十一卷至三百十卷、爲第五類歷代書論、自三百十一卷至四百六卷、爲第六類歷朝書譜。其書前爲凡例、亦無目錄、每類俱以數字編排、不復標目。今以是書僅存四庫本、不憚繁瑣、列舉後三類內容略爲疏說、以備檢考。古今書體類一二爲宋王應麟玉海、三四五爲十體書論、釆輯諸家緒論、當爲倪氏自輯、六爲皇朝清書、七爲許氏說文序及徐鉉表、八爲許氏說文字母、分四聲編列、九爲古籀文錄、未詳何人譔、十十一爲宋郭忠恕汗簡、十二十三爲元吾衍續古篆韵、十四至十八爲宋張有復古編、十九至廿三爲宋吳炳增脩復古編、廿四廿五爲宋葛剛正重續千字文、廿六爲宋翟耆年籀史、廿七廿八爲元周伯琦說文字原、廿九爲宋鄭樵六書略、三十爲元戴侗六書故、三十一至三十七爲元周伯琦六書正譌、三十八至四十三爲明趙古則六書本義、四十四至四十八爲明魏校六書精蘊、四十九則雜輯鄭樵陳瓘熊朋來戴侗趙撝謙王應電諸家之論、或爲倪氏所輯、五十爲漢隸精華、未詳何人譔、五十一五十二爲撫漢碑隸書、亦未詳何人譔、五十三五十四爲宋洪适漢碑隸釋婁機字原碑目合鈔、五十五至五十九爲宋婁機漢隸字原鈔、六十至六十八爲淸顧藹吉隸辨、六十九爲古隸怪奇錄、未詳何人譔、七十爲古錄隸文日習、末附隸字心訣及十法歌、亦未詳何人譔、七十一爲淸顧藹吉隸八分考、七十二爲節錄宋馬端臨文獻通攷經籍考、七十三爲唐顏元孫干祿字書、七十四七十五爲宋郭忠恕佩觿、七十六至七十八爲宋賈昌朝羣經音辨、七十九爲宋王柏正始之音、八十一至八十五爲元李文仲字鑑、八十六爲字書錄異、未詳何人譔、八十七爲康熙字典辨似、八十八爲字書辨體、蓋輯顧迴瀾字義總略朱謙甫字學指南李元衃字學訂譌而成、當亦倪氏自輯、八十九爲朱謙甫六書解義、九十爲古文轉注、未詳何人譔、九十一至九十三爲明方以智通雅、九十五爲字始、未詳何人譔、九十六爲小學偶拈、注云汪重闓先生訓子二十紙、九十七九十八俱輯外國書及仙釋異字、九十九一百、俱輯各家論書體之文、百一百二爲諸家子書序例、以上三種、當亦倪氏輯錄。（此類中雖多涉及小學、以其爲書法淵源、故仍爲舉其目、）歷代書論類、自一至十一、俱輯古來論書之文、其體例同於佩文齋書畫譜論書諸卷、自十二至十六、則輯諸家論書之文、未詳何人所輯、十七至二十節錄朱長文墨池編、廿一廿二爲宋釋適之金壺記、廿三廿四節錄陳思書苑菁華、二十五爲明陶宗儀書史會要書論、廿六爲明湯臨初書指、廿七摘錄宋沈作喆寓簡、胡仔漁隱叢話、陳櫄負暄野錄、元劉績霏雪錄、及式古堂書畫彙考所載董思白法書名畫册論書法者數則、廿八爲明王世貞墨蹟跋、廿九摘錄宋王圻續文獻通攷六書攷及皇明書評、三十三十一節錄明汪砢玉珊瑚網書品中書論、三十二爲明潘之淙離鉤書訣、三十三節錄淸倪蘇門書法論、三十四爲明宋嗇書法綸貫、三十五爲淸王澍論書賸語、三十六爲明姜立綱書法、最後爲器用、（卷三百七至三百十）當是此類之附錄、但未標明。歷朝書譜類、自一至六十三俱爲書家傳、采擷至爲繁富、六十四爲淸卞永譽書畫彙考目、六十五至七十爲鑑藏、則採錄諸家著錄所載法書、不免漏略、七十一七十二爲宋賢墨蹟詩翰、七十三至七十五爲元賢墨蹟詩翰、七十六至八十一爲明賢墨蹟詩翰、八十二爲宋賢墨蹟詞翰、八十三爲唐賢墨蹟啓札、八十四至八十六爲宋賢墨蹟啓札、八十七爲元賢墨蹟啓札、八十八八十九爲明賢墨蹟啓札、自七十一起至此、俱未載明錄自何書、殊爲疏失、九十至九十三爲名人題畫詩詞墨蹟、則皆錄自明郁逢慶書畫題跋記、九十四九十五爲唐宋名賢法書眞蹟、則錄自明朱存理鐵網珊瑚、九十六爲歷代名賢墨蹟題跋、則錄自淸孫承澤庚子銷夏記。統閱全書、惟金器款識一門、分別種類、各爲總說、最有條理、餘則不著一字。豈其先著金器款識、其後以範圍過廣、急於成書、遂不暇詳及歟。其所蒐集資料、至爲繁富、惜其缺於董理之功、卷帙如是浩繁、各不類列細目、究不免於散漫。又或一類之書、分列數處、其間或全錄、或摘錄、或輯錄、漫無準則、遂致糅雜無次、檢閱爲難、斯其失也。然人之精力有限、而能成此鉅編、未可求全責備。四庫著錄尙有續編十二卷、今文瀾閣本無之。【書畫書錄解題】

漢溪書法通解八卷

乾隆庚午霽雲閣刊本　四庫存目

淸戈守智編。守智字達夫、平湖人。

漢溪書法通解八卷（安徽巡撫採進本）

　國朝戈守智撰。是集成於乾隆庚午、採錄古人論書之語、分述古、執筆、運筆、結字、訣法、譜序六門。冠以述古篇、則守智之所自撰。大致欲仿竇臮述書賦、而淹貫宏通、終不逮古也。【四庫全書總目提要】

漢溪書法通解八卷（霽雲閣刊本）　國朝戈守智撰。四庫全書存目。是編取前人論書要旨、分爲六門、曰述古、曰執筆、曰運筆、曰結字、曰訣法、曰譜序、凡二十二篇。惟述古篇爲漢溪所自撰、餘皆掇摭前人論書之說也。纂次亦頗詳、于用筆結體、草行眞楷、法無不備、不獨援據精該、抑且引申詳盡、眞書學之津梁、藝林之標準也。【鄭堂讀書記】

漢溪書法通解八卷　淸戈守智編。是書分六門。卷一爲述古、凡兩篇、第一篇達夫自譔、敍古來書法源流、第二篇題爲名人論書、則雜輯昔人論書法之語。卷二爲執筆、亦兩篇、一爲圖、一爲論。卷三、卷四爲運筆、錄永字八法詳說及化勢。卷五爲結字、錄歐陽詢結字法一篇。卷六爲訣法、錄梁武帝觀鍾繇書法十二意、智果心成頌、顏眞卿述張旭筆法十二意、古今傳授筆法十三訣、張懷瓘論用筆十法、陳繹曾爲學綱目、董內直書訣七篇。卷七、卷八爲譜序、錄王羲之筆勢論、虞世南筆髓論、孫過庭書譜、姜夔續書譜四篇。卷二以下雖所錄皆襲舊文、而時加注釋、其他家所論、有足供參攷者、亦附及之、頗見細密。惜其所錄半屬僞書也。前有金志章、厲鶚、梁啓心、梁詩正序及自序。【書畫書錄解題】

評書帖一卷

同治兩淮運署刊附啖蘼軒集後本　民國十七年刊美術叢書本　又廿年念劬廬叢刻本

淸梁巘撰。巘字聞山、號松齋、亳州人。乾隆壬午舉人、官四川知縣。

評書帖一卷　淸梁巘撰。是編凡一百四十一則。後有士淦（姓待考）兩跋、稱余搜獲聞山評書論帖數十則、宗派極正、恐日久淹沒、因補刻之、以志景仰。知此編原非聞山成書、僅爲其平日隨筆劄記、歿後始由士淦搜輯而成者。其中有言執筆法者、有品評各家優劣者、有論諸帖及諸家源流者、而以言執筆法者較多。首爲執筆歌一首、自謂其執筆甚得法。評古人書亦輒云某得執筆法、某未得執筆法、足見自信之堅。其於歷代書家、大率宗唐、而於明清兩代則盛推董玄宰、張得天兩家。然別一則又言玄宰書大碑板筆力怯弱、去唐太遠、臨懷素亦不佳、得天碑板諸帖皆弱、平日轉折稍造作。益知此編非一時所作、前後所見不同。士淦搜輯時、未爲注明、遂覺其自相矛盾也。至評諸帖、至爲精審、論學書之法、亦有獨到語、惜語焉不詳、文雖簡當而理論究莫能詳矣。【書畫書錄解題】

頻羅菴論書一卷

榆園叢刻本　娛園叢刻本　美術叢書本

清梁同書撰。同書字元穎、號山舟、錢塘人。仕至侍講。

頻羅菴論書一卷（娛園叢刊本）　清梁同書撰。是編僅簡札四通、一與張芑堂、一復孔谷園、一答陳蓮汀、一與溫一齋、所論自有其特見。惟主用長鋒羊毫、以爲必使極軟筆、方可見腕力、殊違古法。【書畫書錄解題】

方石書話一卷

嘉慶間原刊行書本

清于令淓撰。

方石書話一卷　清于令淓撰。（令淓始末未詳、卷首題方石于令淓偶譚、則方石其字也。金鏞跋、稱其以翰林檢討歸老林下。）是編俱論書法、凡六十餘則、持論頗爲精到、多廿苦有得之言、意其書法、當有可觀、惜未得見。又他書亦未見稱述、何也。卷末有其子書佃跋、謂家君隨手集錄、多至數卷、友人索觀、帙繁苦難悉鈔、願擇要發刊云云。是此僅爲其子摘錄之本、並非完書。書中稱我皇上以石鼓文爲可寶重、既攷始末、又補殘缺、則令淓當爲乾隆時人。又論漢碑條中、謂曾與梁文定討論、案文定卒於乾隆五十一年、是至乾隆末、其人猶存。乃別一條又云曩於王阮亭書堆中、見一舊搨魏封孔羨碑云云。案阮亭卒於康熙五十年、距文定之卒、凡七十四年、即以二十歲時及阮亭而論、其人年歲當在九十四歲以上、是作此書時、年已近百。乃卷末金鏞跋、又僅云方石先生游戲翰墨六十餘年、殊可疑也。【書畫書錄解題】

九勢碎事一卷

通藝錄本

清程瑤田撰。瑤田有禹貢三江考、已著錄。

九勢碎事一卷（通藝錄本）　國朝程瑤田撰。是編首載書勢五事、書勢纂言二篇。次爲石刻拓本題跋十三篇。此本於其跋蘭亭諸刻十二篇皆有錄無書、止存原石夏承碑跋一篇。又其目錄標一上字、則是編尚有下卷、疑其皆未刊刻也。九勢者、漢蔡中郎邕有九勢訣、載宋陳思書苑精華、讓堂是編、以論書法爲主、故取以名書耳。【慈雲樓藏書志】

九勢碎事一卷　清程瑤田撰。是編爲其論書法及碑帖之作。論書有五事、曰虛運、曰中鋒、曰結體、曰點畫、曰頓折。後附示瑤兒書有云、王右軍於子敬少小時初學書、從後掣其筆不可動、卜其異日當以書名。凡事皆有掣筆不動處、書法其小焉者也。殆所謂道也而進乎技者歟。【安徽通志藝文考稿】

書勢五事一篇（通藝錄本）　清程瑤田撰。五事者、一虛運、二中鋒、三結體、四點畫、五頓折也。多以天運及陽陰四方爲喻、多屬空論、不切實用、即以理論言、亦非能持之有故、言之成理者。【書畫書錄解題】

書學捷要二卷　知不足齋叢書本

清朱履貞撰。履貞號閑雲、秀水人。

書學捷要二卷（知不足齋叢書本）　國朝朱履貞撰。閑雲以魏晉而後、論書寖繁、是非互見、去取不同、摭拾陳言、徒繁簡牘、幾使學者茫無適從。因就前人論書之編、摘其簡明切要、便于爲學者、詮綴類言、以成是編。上卷首用筆、次執筆、次學書攻苦、次學書感會、下卷爲雜論、皆刪繁就簡、殫思古法、發揮意旨、釐正譌謬、而于孫虔禮書譜尤精研確覈、辨析徵茫、深有裨於書學。【鄭堂讀書記】

書學捷要二卷（知不足齋叢書本）　清朱履貞撰。上卷分用筆、執筆、學書攻苦、學書感會四端、俱摘錄前人論書之言、間加疏說、頗有可取。如不信永字八法、爲崔鎭衞王相授之類、頗見卓識。惟所輯仍多僞書耳。下卷爲履貞自撰、謂作書必須提腕臨摹、不尙形似、軟毫不可使用、俱有見地。又解擘窠爲大指窠穴、解撥鐙爲若執鐙挑而撥鐙、駁自來相傳馬鐙之說、亦其心得也。前有嘉慶庚申自序。【書畫書錄解題】

飛白錄二卷　嘉慶中海鹽黃氏校刊本　靜園叢書本

清陸紹曾張燕昌同輯。紹曾字貫夫、號白齋、吳縣人。燕昌有石鼓文釋存、已著錄。

飛白書始於漢之蔡邕。自古文原作帛。厥後代有其人、見於前人著錄者甚多、然未有匯爲專書以資考證者。國朝吳趨陸白齋紹曾海鹽張文漁燕昌同輯飛白錄二卷、後附張燕昌論飛帛文一篇。海鹽黃椒升錫蕃參訂、寧化劉星高爲之序。蒐輯頗詳、自中郎以後、上自帝王、而卿相、及草莽之士、凡見於史鑑及詩文雜著者、悉爲登錄、或加以按語、各署其名、古今人之工飛白書者、大致盡於是矣。是書爲海鹽黃氏校刊於三山官舍之擘荔軒、雖有刊本、流行不廣。其見於前人著錄者、只云張燕昌輯、既無卷數、又無同輯參訂之

人、故記其崖略於此。【萇楚齋續筆卷六】

飛白錄二卷（靜園叢書本）　清陸紹曾、張燕昌同輯。卷首題黃錫蕃參訂。前有劉星高序。謂黃與陸張同作此書。今案編中有陸張兩人案語、而無黃氏之辭、是未與於蒐輯之列者也。編中采集自漢迄清能飛白者一百〇二人。漢得其二、魏得其一、吳得其三、晉得其九、宋得其一、齊得其四、梁得其五、隋得其一、唐得其十七、宋得其三十五、金得其一、元得其二、明得其九、清得其十二。飛白紀述、大體具備。所引書悉注所出。陸張兩家所附按語、各署其名。體例頗善。間有攷訂、亦不苟作。末附張氏論飛帛一篇、簡略殊甚。【書畫書錄解題】

綠陰亭集二卷

味古書屋刊本　儼花庵叢書本

清陳奕禧撰。奕禧字子文、號六謙、又號香泉、海寧人。貢生。

祿陰亭集二卷（儼花庵叢書本）　清陳奕禧譔。是書除卷下題松滇蘭白水河瀑布、鸚鵡山松楊瀝巖瀑布題契嵩集六條外、皆題書畫碑帖之作。而以題書者爲多。且多題自書者、自詡爲創格。論書法者亦二十餘則、語多精當。眞從甘苦中得來者也。題碑帖以蘭亭十三行兩種爲多。題畫僅數條、殊不見佳。其論董文敏書時有貶抑、而香泉書法實出於文敏、亦猶米襄陽書出於李北海而時詆北海、董文敏書出於趙松雪而時詆松雪、文人相輕、古今如出一轍。其題自書閒情賦、謂此賦不類淵明之詞、甚有見地。孫過庭書譜眞蹟、今藏故宮者實非眞蹟、香泉不知爲元人臨摹、似於鑒別猶未甚精也。此本原爲香泉手書墨蹟。道光中李樹香得之、後有王壽昌、龔麗正、汪能肅、徐應枚、龔應五、徐榮、張廷濟、孫雲鴻諸跋。孫雲鴻曾刊於味古書屋、宋澤元復刊入儼花盦叢書云。【書畫書錄解題】

隱綠軒題識一卷

涉聞梓舊本　小石山房叢書本

清陳奕禧撰。

隱綠軒題識一卷（小石山房叢書本）　清陳奕禧撰。此編所錄、俱祿陰亭集所未載、未詳何人所輯。凡四十條、多臨帖自跋之文、間有論書及題碑帖者、持論與綠陰亭集相類。【書畫書錄解題】

安吳論書一卷

光緒九年刊咫進齋叢書本　美術叢書本　上海三益書局印本二卷增歐陽結字等六種題書法津梁　受古書店石印本書名同

清包世臣撰。世臣字愼伯、涇縣人。官新喻知縣。

閱包愼伯述書、獨到之語、皆由心得。【復堂

日記】

安吳論書二卷（藝舟雙楫、論書原有二卷、咫進齋叢書本祇錄其上卷而遺其下卷未詳何故。近來上海有所謂三益書局者、取此二卷復增歐陽結字等六種爲二卷稱爲書法津梁總題曰包世臣撰僞作李淸何維樸序。） 淸包世臣撰。上卷首爲述書三篇討論執筆之法頗爲詳盡。惟所謂雙鉤及畫有中線之說愼伯深自矜詡後人亦指爲愼伯所創。今案此說實本於陳氏負暄野錄篆法總論謂常見陽冰眞蹟其字畫起止處皆微露鋒鍔映日觀之中心一縷之墨倍濃蓋其用筆有力且直下不欹故鋒常在畫中徐鉉書亦爾云云。是此爲作篆古法愼伯特取之以爲眞行草法而諱所自來耳。次爲歷下筆談、又次爲論書詩及淸朝書品又次爲答熙載九問、雜論碑帖大致抑帖揚碑、道咸以後、北派盛行雖帖學之弊使然而此書實開其風氣者也。下卷有書譜辨誤及刪定書譜十七帖疏證鄧石如傳此外皆題跋雜著。其於吳郡之書不甚推許而篤信其論書之語頗能推闡入微足資讀書譜者之參證。惟刪節書譜一事殊爲無謂唐代自有其文體必欲以後來文體相繩是明季竄亂古書之風安可長也。況所刪節亦有未盡妥處、如原文代有筆陣圖七行以下至非訓非經宜從集擇一大段、俱舉世傳名蹟名著辨別是非若全刪去尚成片段今忽刪論筆陣圖筆勢論爲僞作兩節而仍存至於諸家勢評以下數十句、遂致上下文義不屬殊欠斟酌。而所刪之兩節實爲吳郡卓識萬不宜刪汰者也。【書畫書錄解題】

藝舟雙楫無卷數 道光十六年刊本 光緒癸酉資州重刊本同 翠琅玕館叢書本六卷 同治間刊安吳四種本九卷

淸包世臣撰。

藝舟雙楫 淸包世臣撰。此爲其所著安吳四種之一。本編所論、爲作文作書兩藝故以藝舟雙楫名之。張氏書目答問因其內有論書二卷、附入藝術今從之。世臣謂論書之作、肇自後漢崔蔡詞雖簡略而形容體勢兼涵並包南北朝尤重此藝、工文史者入文苑以工書託體小學乃入儒林下逮唐初狀筆勢說結字之文益多唯孫虔禮大暢旨趣彼獨躭斯業垂五十年前後常談或亦有當古人者故并紀錄其詞焉。【安徽通志藝文考稿】

藝舟雙楫六卷涇縣包世臣撰。上四卷論文及文編下二卷專論書法書品一篇、分神妙能逸佳上下九品蓋仿庾肩吾書品李嗣眞書後品爲之、尚多精當。其考十七帖一篇尤爲全書之冠冕惟前十九帖定與周撫者說甚堅碻、譙周有孫一帖、定與桓宣武者稍失傅會。【莘廬書跋】

藝舟雙楫六卷 翠琅玕館刊本。淸涇縣包

世臣愼伯撰。前有愼伯自序。雖屬論書之作、而表章北碑、則爲甚力、亦足以資參證也。【石廬金石書志】

廣藝舟雙楫六卷 南海康氏刊本

清康有爲撰。有爲有春秋董氏學、已著錄。

廣藝舟雙楫六卷 原刊本、南海康有爲長素撰。前有長素自序。是編力主碑學、尊碑一篇、立論尤詳。他若購碑、碑品、碑評諸篇、推論亦極精審。靡特供學書之指導、亦攷究碑版者所不可廢也。【石廬金石書志】

廣藝舟雙楫六卷（通行本） 清康有爲撰。包世臣著藝舟雙楫、此編以其中有論書者、因爲廣之、故以名書。書凡二十七篇、一原書、二尊碑、三購碑、四體變、五分變、六說分、七本漢、八傳衛、九寶南、十備魏、十一取隋、十二卑唐、十三體系、十四導源、十五十家、十六宗、十七碑品、十八碑評、十九餘論、二十執筆、二十一綴法、二十二學敍、二十三述學、二十四榜書、二十五行草、二十六干祿、二十七論書絕句。大體提倡碑板、攻擊帖學、故有會碑卑唐之論。此非康氏立異、實亦時會使然。蓋書法至清中葉、已形疲蔽、帖學既窮、自趨通變、而碑學遂以代興。阮氏芸臺首倡南北兩派之論、習碑者漸多、包愼伯復著藝舟雙楫、抑帖揚碑、信之者益衆、逮至末葉、李若農、趙撝叔輩起、碑學極盛一時、康氏生逢其時、故持論若此、雖不免偏激、而就六朝諸碑、疏其書體變遷之跡、綜論其優劣得失、使碑學漸成一科、以與帖學對峙、則此書與有大力焉。【書畫書錄解題】

初月樓論書隨筆一卷 道光刊別下齋叢書本 美術叢書本

清吳德旋撰。德旋有初月樓聞見錄、已著錄。

初月樓論書隨筆一卷（別下齋叢書本） 清吳德旋撰。是編所錄、凡三十六條、專論行草、不及篆隸。大旨以唐人爲宗、宋以後推重東坡、思白兩家、而薄視松雪。謂明萬曆以前書家、如希哲、徵仲輩、俱苦爲吳興籠罩。又云嘉靖以後、士夫不習俗書、故書無不可觀。而於清代書家、多致不滿、與包愼伯論書頗有齟齬。其論用筆、謂下筆貴老重、所以救輕靡之病、然一味蒼辣、又是因藥發病、要使秀處如鐵、嫩處如金、方爲用筆之妙、此亦前人未發者。末有道光辛卯自跋。【書畫書錄解題】

臨池管見一卷 同治十二年刊本 美術叢書本

清周星蓮撰。星蓮字午亭、仁和人。道光庚子舉人、官知縣。

臨池管見一卷（美術叢書本） 清周星

蓮撰。是編論行楷法則、凡三十一條、直抒所見、不甚襲前人成言。其取法乎上、僅得乎中一條、別具見解、他人或不肯道破也。前有同治七年自序、末有其弟達權跋。【書畫書錄解題】

臨池心解一卷　光緒刊嘯園叢書本　美術叢書本

清朱和羹撰。和羹字指山、吳縣人。

臨池心解一卷（嘯園叢書本）　清朱和羹撰。是編凡五十六條、俱言學書法則、頗多心得之談、雖無甚精深之義、而不矯奇立異、作欺人語、亦可傳之作也。前有陸紹景程庭鷺徐錫琛序、後有子運鴻及葛元煦跋。【書畫書錄解題】

以上書

古畫品錄一卷　王氏畫苑本　說郛本　百川學海本　津逮祕書本　硯北偶鈔本　四庫全書本　美術叢書本

南齊謝赫撰。

古畫品錄一卷　右南齊謝赫撰。言畫有六法、分四品。【郡齋讀書志】

古畫品錄一卷（兩淮鹽政採進本）　南齊謝赫撰。赫不知何許人。姚最續畫品錄稱其寫貌人物、不須對看、所須一覽便歸操筆、點刷精研、意存形似、目想毫髮、皆無遺失、麗服靚妝、隨時變改、直眉曲鬢、與世競新、別體細微、多自赫始、委巷逐末、皆類效顰、至於氣韻精靈、未窮生動之致、筆路纖弱、不副雅壯之懷、然中興以來、象人爲最。據其所說、殆後來院畫之發源。張彥遠名畫記又稱其有安期先生圖傳於代、要亦六朝佳手也。是書等差畫家優劣、晁公武讀書志謂分四品、今考所列實爲六品、蓋讀書志傳寫之僞。大抵謂畫有六法、兼善者難、自陸探微以下、以次品第、各爲序引、僅得二十七人、意頗矜慎。姚最頗詆其謬、謂如長康之美、擅高往策、矯然獨步、終始無雙、列於下品、尤所未安。李嗣眞亦譏其黜衛進曹、有涉貴耳之論。然張彥遠稱謝赫評畫、最爲允愜、姚李品藻、有所未安、則固以是書爲定論。所言六法、畫家宗之、亦至今千載不易也。【四庫全書總目提要】

古畫品錄一卷　南齊謝赫撰。是書品第畫家優劣、自陸探微以下、凡二十七人、分以六品、各爲之評。畫家之稱六法、亦始於是書。【四庫全書簡明目錄】

古畫品錄、南齊謝赫撰。凡一卷。等差畫家之優劣、分爲六品。晁氏謂分爲四品者、誤也。大抵謂畫有六法、兼善者難、自陸探微以下、以次品第、各爲敍引、其意頗矜愼、得三十七人。【惜抱軒書錄】

古畫品錄一卷（王氏畫苑本）　南齊謝赫撰。四庫全書著錄、讀書志、通志、通考、宋志俱載之。惟通志宋志皆作古今畫品、當由所見本異名也。赫以畫有六法、罕能盡該、而自古及今、各善一節、因取古今畫家、分爲六品、第一品凡五人、第二品凡三人、第三品凡九人、第四品凡五人、第五品凡三人、第六品凡二人、總計二十七人、隨其品第裁成序行、所評最爲允愜、姚最李嗣眞二家所不及也。六法者、一氣韻生動、二骨法用筆、三應物象形、四隨類賦彩、五經營位置、六傳移模寫是也。畫家之稱六法、亦卽始于是書。【鄭堂讀書記】

古畫品錄一卷、南齊謝赫撰。書分六品、共二十七人、以張彥遠歷代名畫記證之、劉紹祖上脫劉胤祖一人、胤祖官至尙書吏部郎中、謝云、蟬雀特盡微妙、筆迹超越、爽俊不凡、今本無此數句、蓋佚文也。第三品有陸杲、梁書本傳、杲初仕齊、入梁官至特進揚州大中正、同品又有江僧寶名畫記、列於梁代注云職貢及小兒戲鵝圖、並有陳朝年號僧寶畫軸、有陳紀年、或爲後作、爲梁初人則無疑義、爲此書收採當時畫家之二鐵證、則赫之卒亦當在梁天監中矣。【蕘圃書跋】

古畫品錄一卷　南齊謝赫撰。論畫之書、今存者以是書爲最古、而品畫之作、亦始於是書、彌足珍重。後來姚最李嗣眞雖曾指其未當、然各人見地不同、未可據以爲信也。六法之論、創於是書、洵千載畫宗矣。前有自序。【書畫書錄解題】

續畫品一卷（亦題後畫品錄）

王氏畫苑本　說郛本　百川學海本　津逮秘書本　硯北偶鈔本　四庫全書本　美術叢書本

陳姚最撰。

續畫品一卷（浙江巡撫採進本）　舊本題陳吳興姚最撰。今考書中稱梁元帝爲湘東殿下、則作是書時猶在江陵卽位之前、蓋梁人而入陳者、猶玉臺新詠作於梁簡文在東宮時、而今本皆題陳徐陵耳。其書繼謝赫古畫品錄而作、而以赫所品高下、多失其實、故但敍時代、不分品目。所錄始於梁元帝、終於解蒨、凡二十人、各爲論斷。中嵇寶鈞聶松合一論、釋僧珍僧覺合一論、釋迦佛陀吉底俱摩羅菩提合一論、凡爲論十六則。名下間有附註、如湘東殿下條註曰、梁元帝初封湘東王、嘗畫芙蓉圖醮鼎圖、毛稜條下註曰、惠秀姪、似尙是最之本文。至張僧繇條下、註曰五代梁時吳興人、則決不出最手、蓋皆後人所益也。凡所論斷、多不過五六行、少或止於三四句、而出以儷詞、氣體雅儁、確爲唐以前語、非後人所能依託也。【四庫全書總目提要】

續畫品一卷　陳姚最撰。其書繼謝赫畫品而作、所錄凡二十人、系以論斷十六篇、惟敍時代、不分品第、與謝書體例小異。【四庫全

書簡明目録】

續畫品一卷、陳姚最撰。始梁元帝、終解蒨、凡二十九人、皆謝赫古畫品録之所遺者。人各爲評語、不分品。【惜抱軒書録】

續畫品一卷（王氏畫苑本） 陳姚最撰。四庫全書著録、新唐志通志宋志俱載之。是書採謝赫所遺、以及梁朝、凡二十人、各系以論斷、間有併論者、故止十有六條、人數既少、但叙時代、不分品第、與謝書體例小異、蓋其優劣可以意求也。說郛硯北偶鈔所收、均作後畫品録、恐皆以意改之。【鄭堂讀書記】

續畫品一卷（明刊本） 陳姚最撰。自序。【皕宋樓藏書志】

續畫品（說郛及百川學海並作後畫品録）一卷（自序謂有兩卷不知何時并爲一卷。）陳姚最撰。是書不分品第、爲謝氏畫品而作。前有自序、謂人數既少、不復區別、其優劣可以意求、蓋卽不滿謝氏之品第也。所録僅二十八人、且有合二三人爲一條者、文雖簡略、而吐屬則甚雋永。張彥遠歷代名畫記譏其淺薄漏略、未詳其說。【書畫書録解題】

續畫品録一卷（一名續畫記）

唐代叢書本　說郛本　王氏畫苑本　津逮秘書本　四庫存目　美術叢書本

舊題唐李嗣眞撰。嗣眞有書後品、已著録。

續畫記一卷　右唐李嗣眞撰、補謝赫之闕。（案通考末有又有古今畫人名一卷九字）【郡齋讀書志】

畫後品一卷　李嗣眞撰。侗按舊本品上多一畫字、今據諸家書目校删。【崇文總目輯釋】

續畫品録一卷（江蘇巡撫採進本）　舊本題唐李嗣眞撰。是書名載唐藝文志、朱景元唐朝名畫録序稱嗣眞空録人名、而不記其善惡、無品格高下、與此本體例合。然張彥遠歷代名畫記引李嗣眞云、曹不興以一蠅輒擅重價、列於上品、恐爲未當。況拂蠅之事、一說是楊修、謝赫黜衛進曹、是涉貴耳之論云云、凡數條。又李綽尚書故實、亦引嗣眞云顧畫屈居第一、然虎頭又伏衛協畫北風圖。是嗣眞之書、又本有論斷、同出唐人、而所言互異。晁公武郡齋讀書志載嗣眞名畫記一卷、又畫人名一卷、豈彥遠所引爲名畫記之文、而此爲畫人名耶。然嗣眞唐人、而稱梁元帝爲湘東殿下、仍同姚最之文。其序又云、今之所載、並謝赫之所遺、轉不及最一字。恐嗣眞原本已佚、明人剽姚最之書、稍爲附益、僞託於嗣眞耳。法書要録、載嗣眞後書品一卷、所載八十一人、分爲十等、各有叙録、又有評有贊、條理秩然、計其畫品體例、亦必一律、不應草草如此。是尤作僞之明證矣。【四庫全書總目提要】

續畫品録一卷、稱唐李嗣眞撰。是書名載唐藝文志。然今傳本既無評語、又襲姚最稱梁

元帝湘東殿下、蓋嗣眞書已亡、此後之妄人僞傳者耳。【惜抱軒書錄】

續畫品錄一卷（王氏畫苑本）　舊題唐李嗣眞撰。四庫全書存目新唐志崇文目讀書志通志通考宋志俱載之。惟晁氏馬氏俱作續畫記。鄭氏云以姚謝二家多失、故始梁普通、至唐上元三年、凡三十八人。其書首列湘東殿下（卽梁元帝）次列上中下三品。一品之中又各分上中下、共爲十等、凡一百十九人、但列其姓名而不著一詞。所列諸人、併漢魏晉宋齊人亦在其內、與鄭氏所見本大異。其于湘東殿下之下綴云、開列至釋迦佛陀吉底俱摩羅菩提、並剽姚最語、脫落不全、今更不錄。又于卷末綴云、右唐御史大夫李嗣眞所錄、盡剽取姚最之說、上中下三品姓名則最所無者、嗣眞遂不能撰一辭、其間不愧于人亦甚矣。此當出于後人剽綴附益、而成、既不能如書後品之作法、又不能如鄭氏

所見本之所列、且併湘東殿下亦因襲舊稱、而故綴貶斥之詞、以掩其作僞之迹、甚無謂也。【鄭堂讀書記】

續畫品錄一卷　舊題唐李嗣眞撰。此書四庫以爲原本已佚、作僞者剽姚最之書爲之、嗣眞所作後書品甚佳、不應作畫品如此草率、所論甚爲精當。今檢張彥遠歷代名畫記、徵引是書者、見於曹不興衛協顧愷之陸探微張僧繇張善果展子虔鄭法士鄭法輪鄭德文孫尙子董伯仁楊契丹劉烏漢王元昌閻立本諸傳、文辭之妙、已可窺見一班、四庫以爲是明人僞託。葉德輝謂得明嘉靖間翻彫宋本唐宋畫書九種、則斷爲宋時坊本。既屬僞託、不必深論。嗣眞尙有畫人名一書、見於晁公武郡齋讀書志及陳振孫直齋書錄解題、朱景玄譏其空錄人名者、當指其書而言、必非指續畫品錄也。至今本卷後有附語、譏其盡剽姚最之說、不愧於人云云、當爲王

弇州刊畫苑時所記、未加深究、遽肆譏彈、不足論矣。【書畫書錄解題】

後畫錄一卷

明刊本　王氏畫苑本　津逮祕書本　四庫存目　美術叢書本

唐釋彥悰撰。

後畫錄一卷　右唐僧彥宗（先謙案後志悰）撰。品長安名畫凡二十七人。【郡齋讀書志】

後畫錄一卷（兩江總督採進本）　唐釋彥悰撰。前有彥悰自序、稱爲帝京寺錄、就所見長安名畫、系以品題、凡三十七人。蓋以續姚最之書者。序題貞觀九年、故稱閻立本猶爲司平太常伯。然末一人爲廣陵郡倉曹參軍李湊、考張彥遠名畫記、李湊林甫之姪也、初爲廣陵倉曹、天寶中貶明州象山尉、尤工綺羅人物、爲時驚絕。則湊爲明皇時人、彥悰遠在太宗之世、何以能預錄之乎。張彥遠歷

代名畫記曰、僧悰之評、最爲謬誤、傳寫又復脱錯、殊不足看也。是眞本尚不足重、無論僞本矣。【四庫全書總目提要】

後畫錄一卷　唐沙門彦悰撰。彦悰爲帝京寺錄、就所見長安名畫、係以品題、蓋以續姚最之後、凡二十七人。【惜抱軒書錄】

後畫錄一卷（王氏畫苑本）　唐釋彦悰撰。四庫全書存目、讀書志通考俱載之。前有貞觀九年自序。彦悰以所見長安名畫、其中優劣懸殊、因各以四言爲之品題、自後周中大夫鄭法士、迄于唐廣陵郡倉曹參軍李湊、凡二十七人。以陳姚最有續畫品、而此更續之、故曰後畫錄。但湊爲李林甫之姪、在開元天寶間、彦悰遠在貞觀之時、何得取以殿後。攷張彦遠歷代名畫記稱其書傳寫脱錯、知爲後人所妄補矣。【鄭堂讀書記】

後畫錄一卷（明刊本）　唐宏福寺沙門彦悰撰。自序。【皕宋樓藏書志】

後畫錄（張彦遠歷代名畫記稱畫評）一卷　舊題唐沙門彦悰撰。是編前有小序、謂所錄凡二十七人、今所傳本則僅二十六人、曾取張彦遠歷代名畫記所引彦悰諸條細校、除末一條李湊爲作僞者妄增之外、餘俱有之、而字句微異、當亦作僞之人故意改竄者。名畫記於鄭法輪劉烏兩傳尚有引彦悰此書之文、今本無之、因知彦悰原書久亡、此編乃作僞者掇拾名畫記所引而成、鄭法輪劉烏兩條偶未檢得、遂至遺漏、而故增一李湊、不悟時代未符、遂又自顯其拙、殊可嗤也。彦悰既有評鄭法輪之文、則知小序所謂鄭法輪等雖行於代、未曰名家、若玆之流、以俟來哲云云、絶非彦悰原文、而亦出於僞作者。李湊一條、文詞鄙拙、又推崇過甚、亦與名畫記謂其筆跡疏放者不符、殆故爲此以掩其勦襲之跡邪。名畫記於彦悰之書、一則曰淺薄陋略、再則曰最爲謬誤、則所引諸條、必彦遠以爲淺薄陋略、或謬誤者、方爲徵引、是原書未經徵引者當尚不少、而所錄亦決不止二十七人、蓋可知也。彦遠又云、彦悰之書傳寫脱錯、殊不足看、是原書在唐時已若存若亡、使非彦遠徵引、則併此一鱗片爪亦難存於今日矣。夫古書云亡、後學者爲之輯其佚文、以存其梗概、絶非無益之舉、今乃僅從一書掇拾、既不完備、復率意增竄、僞作小序、冀以欺人、不惟無益、反滋後人之疑、是則可憎也。四庫提要僅就李湊時代不合一端、指爲僞託、恐人以爲其餘諸條、皆屬僞文、故爲一發其覆、至其改竄未合之處、則彦遠徵引諸條原文俱在、一校便知、更無煩詞贅矣。【書畫書錄解題】

山水松石格一卷

王氏畫苑本　詹氏畫苑補益本　四庫存目　美術叢書本

舊題梁元帝撰。

山水松石格一卷（浙江鮑士恭家藏本）

舊本題梁孝元皇帝撰。案是書宋藝文志始著錄。其文凡鄙、不類六朝人語。且元帝之畫、南史載有宣尼像、金樓子載有職貢圖、歷代名畫記載有蕃客入朝圖、遊春苑圖、鹿圖、師利圖、鶼鶴陂澤圖、芙蓉湖醮鼎圖、貞觀畫史載有文殊像、是其擅長惟在人物。故姚最續畫品錄惟稱湘東王殿下工於像人、特盡神妙、未聞以山水松石傳、安有此書也。【四庫全書總目提要】

山水松石格一卷　舊題梁元帝撰。明文淵閣書目有松石格一部、未著撰人名氏、未知卽是書否。四庫提要謂此篇之文凡鄙不類六朝人語是也。其必託於元帝、疑舊傳元帝本有是書。其後已佚、故後人搜集相傳口訣而僞爲之。必謂元帝擅長人物、卽不作山水松石之書、稍嫌武斷。宋宣和時、韓拙作山水純全集、曾引秋毛冬骨夏蔭春英八言、則僞託者至遲亦爲北宋人、猶是古書矣。【書畫書錄解題】

畫山水賦一卷附筆法記一卷

（畫山水賦本名山水訣筆法記一名畫山水錄）明刊本　王氏畫苑本　詹氏畫苑補益本無筆法記　四庫全書本

唐荆浩撰。浩字浩然、河南沁水人。五季多故、隱於太行之洪谷、自號洪谷子。

山水受筆法一卷　唐沁水荆浩浩然撰。【直齋書錄解題】

荆浩筆法記一卷　荆浩撰。倜按通志略無記字、宋志不著撰人。【崇文總目輯釋】

畫山水賦一卷附筆法記一卷（浙江鮑士恭家藏本）　舊本題唐荆浩撰。案劉道醇五代名畫補遺曰、荆浩著山水訣一卷、湯垕畫鑒亦曰、荆浩山水、爲唐末之冠、作山水訣、爲范寬輩之祖、則此書本名山水訣、此本載詹景鳳王氏畫苑補益中、獨題曰畫山水賦。考荀卿以後、賦體數更、而自漢及唐、未有無韻之格。此篇雖用駢詞、而中間或數句有韻、數句無韻、仍如散體、強題曰賦、未見其然。又以浩爲豫章人、題曰豫章先生、益誕妄無稽矣。別有筆法記一卷、載王氏畫苑中、標題之下、註曰一名畫山水錄。案唐書藝文志載荆浩筆法記一卷、陳振孫書錄解題則作山水受筆法一卷、沁水荆浩浩然撰。今檢記中稱石鼓巖前遇一叟、講授筆法、則陳氏所記、乃其本名、唐志所載、乃省文呼之。王氏畫苑所註、又後人改名也。二書文皆拙澀、中間忽作雅詞、忽參鄙語、似藝術家粗知文義、而不知文格者依託爲之、非其本書。以相傳既久、其論亦頗有可採者、姑錄存之、備畫家一說云爾。【四庫全書總目提要】

畫山水賦一卷附筆法記一卷　舊本題唐荆浩撰。二書文皆拙澀、殆出依託、以流傳已

久、且所論畫法、時有可採、姑錄存焉。【四庫全書簡明目錄】

筆法記一卷（王氏畫苑本）　舊題唐荆浩撰。四庫全書著錄。附畫山水賦後、一名畫山水錄。新唐志、崇文目、通志、書錄解題、俱載之。惟陳氏作山水受筆法一書而三名、莫能言其孰爲原書名也。是書自謂于石鼓巖間、遇一叟與講畫山水法、習其筆術、嘗重所傳、今遂修集以爲圖畫之軌轍。其文俱設爲問答、以暢其旨、詞皆拙澀、依託顯然。然所論畫法頗精、不得以其僞本而置之不錄焉。【鄭堂讀書記】

畫山水賦一卷筆法記一卷（明刊本）　唐荆浩撰。【皕宋樓藏書志】

豫章先生論畫山水賦一卷（詹氏畫苑補益本）　舊題唐荆浩撰。案宋劉道醇五代名畫補遺荆浩傳、郭若虛圖畫見聞誌敍諸家文字、宣和畫譜荆浩傳、及元湯垕畫鑒、俱言荆浩曾著山水訣、未言作此賦、蓋原書已亡、坊賈乃取僞託王右丞山水論之文、略加改竄而題此名、其實非賦體也。僞王右丞山水論、王氏畫苑已載入、詹氏不察、復收入補益、亦太失互勘之功矣。　筆法記一卷（王氏畫苑本）　舊題唐荆浩撰。是書文詞雅俗混淆、似非全部僞作、疑原書殘佚、後人傳益爲之者。考韓拙山水純全集、曾引編中筆有四勢論、是宋宣和時已有此書、其作僞當在北宋時、與荆浩時代相距尚不遠也。【書畫書錄解題】

山水訣一卷

王氏畫苑本　詹氏畫苑補益本　四庫存目

舊題唐李成撰。成實爲宋人、題唐者誤。

山水訣一卷（浙江鮑士恭家藏本）　舊本題唐李成撰。案宋史李覺傳載李成字咸熙、本京兆長安人、唐末徙家青州、工畫山水。周樞密王朴、將薦其能、會朴卒、鬱鬱不得志。乾德中司農卿衛融知陳州、召之、成因挈族而往。劉道醇宋朝名畫評、又載其開寶中舉進士、集於春官。邵博聞見後錄、亦稱國初營邱李成畫山水。然則成爲宋人、題唐者誤矣。是書宋志及晁陳書目皆不著錄。宋人諸家畫錄、亦不言成有是書。殆後人依託其文、與王氏畫苑所載嘉定中李澄叟山水訣、大同小異。大抵庸俗畫工、有是口訣、輾轉相傳、互有損益、隨意僞題古人耳。【四庫全書總目提要】

山水訣一卷（詹氏畫苑補益本）　舊題唐李成撰。考宋沈括夢溪筆談云、李成畫山上亭館及樓塔之類、皆仰畫飛簷、其說以爲自下望上、如人平地望塔簷間見其榱桷、此說非也云云。據是李成當時原有論畫法之書、沈存中猶及見之、特不知何時亡佚耳。詹氏畫苑補益復載嘉定中李澄叟山水訣、其文與此篇略同、惟前有小序、後有泛說、泛說中盛稱李成之畫、使此篇果爲成作、澄叟引之、必著李成之名、當不至於勦竊、豈此文爲澄叟所作、後人以其無甚畫名、而澄成兩字音近、遂誤以爲李成所作、抑或故刪其小序泛說、而僞題李成之名、俱未可知、要之非成原書、則可斷言也。【書畫書錄解題】

山水純全集一卷

王氏畫苑本　四庫全書本　詹氏畫苑補益本　讀畫齋叢書本　函海本　美術叢書本

宋韓拙撰。拙字純全、號琴堂、南陽人。

山水純全集一卷（浙江鮑士恭家藏本）　宋韓拙撰。畫史會要稱其善畫山水窠石、著山水純全集、卽指此書。別本或作山水純全論、傳寫譌也。拙始末不可考、惟集末有宣和辛丑夷門張懷後序、稱自紹聖間擔簦至都下、進藝爲都尉王晉卿所愜、薦於今聖藩邸、繼而上登寶位、授翰林書藝局祗候、累遷爲直長祕書待詔、今已授忠訓郎云云、蓋徽宗時畫院中人也。是編首論山、次論水、次論林木、次論石、次論雲霧煙靄嵐光風雨雪霜、次論人物橋彴關城寺觀山居舟車四時之景、次論用墨格法氣韻之病、次論觀畫別識、次論古今學者、凡九篇、而序中自稱曰十篇、豈佚其一歟。其持論多主規矩、所謂逸情遠致、超然於筆墨之外者、殊未之及、蓋院畫之體如是、然未始非畫家之格律也。考鄧椿畫繼、載有洛人韓若拙工畫翎毛、又善寫眞、宣和末應募使高麗寫國王眞、會用兵不果行。二人同時同鄉里同善畫、而姓名祇差一字、殆一人而譌傳歟。不可考矣。【四庫全書總目提要】

山水純全集一卷　宋韓拙撰。原本十篇、今佚其一。拙本宣和畫院中人、故所論多主格律、所論逸情遠性、超然筆墨之外者、概未之及、然亦一家之法也。【四庫全書簡明目錄】

純全集四卷（舊鈔本）　題宋翰林書藝局祗候南陽韓拙全翁撰。有自序、又張懷後序。是書共十篇、曰論山、曰論水、曰論林木、曰論石、曰論烟霧嵐光風雪雨、曰論人物橋彴關城寺觀山居舟船四時之景、曰論用筆墨格法氣韻之病、曰論觀畫別識、曰論古今之學者、曰論三古之畫過與不及。別本曰山水純全集、佚去末篇、此爲明沈辨之鈔藏本、猶全帙也。每葉闌外右角有吳縣野竹家沈辨之製九字。【鐵琴銅劍樓藏書目錄】

山水純全集一卷（函海本）　宋韓拙撰。四庫全書著錄。讀書志書錄解題通考宋志俱不載、焦氏經籍志始載之。原本十篇、今佚其一。所集山水之論、莫不纖悉備載、且指物而各敍其說、博古續今、增加證識、凡雲煙嵐霧山水林木關城橋彴、能傳其筆墨之妙、講其氣暈之病、一句一事、罔弗主于格律焉。以其純于古不雜于後代、故名其集曰山水純

全云。【鄭堂讀書記】

山水純全集（别本或作山水純全論、蓋傳寫之譌）一卷 宋韓拙撰。是編十篇今本祇此九篇四庫疑佚其一。竊意第六篇中四時之景、當别爲一篇、其文既不連屬、而與人物等亦無關涉、當是後人傳錄時誤爲連屬也。諸篇所論俱主規矩分類詳說、不爲虛縹空泛之談、頗切於初學者之應用、不得以其爲院體而少之也。【書畫書錄解題】

畫山水訣一卷

王氏畫苑本 詹氏畫苑補益本 四庫存目 美術叢書本

舊題宋李澄叟撰。

畫山水訣一卷（浙江鮑士恭家藏本）舊本題宋李澄叟撰、澄叟始末不可考。惟序末自稱湘中人、序題嘉定辛巳六月、而中稱盤礴乎其間者六十餘年、則高宗末年人、至寧宗時猶存矣。其論畫謂南渡以後有李蕭二君、考南渡後、畫手李姓者、不下數十人、蕭姓者則無所考、莫詳所指。又澄叟僅及紹興之末、而泛說一條中乃稱紹興中有一晚進、亦殊矛盾。考畫史會要載元有李澄叟、湘中人、自幼觀湘中山水、長遊三峽、夔門、或水或陸、盡得其態、寫之水墨、甚有妙悟、作山水訣一卷、人名書名與此皆合、惟時代與書中違異。今勘驗書中所載、皆世傳李成畫山水訣之文、而小變其字句、殆原本散佚、妄人勦李成之書、僞撰此本、又誤以爲宋人、故全然牴牾。王氏畫苑乃與成書並收之、亦失於互勘矣。【四庫全書總目提要】

畫山水訣一卷 舊題宋澄叟撰。是編前有小序、後有泛說。本文與前記僞李成山水訣同、前疑此篇或爲澄叟作、而四庫則又疑澄叟原本散佚、妄人勦李成之書僞撰者、且考證其時代與書中違異。【書畫書錄解題】

費氏山水畫式三卷

日本寬政四年松山堂木刻本

清費漢源撰。漢源湖州人、曾遊日本鬻藝者。

費氏山水畫式三卷 原題清費漢源撰。是編前有其從孫晴湖日本人木雍澤元愷兩序、末有日本人杜昂跋。澤元愷謂舶賈能畫沈南蘋花卉翎毛最著、相繼而來、伊孚九、費漢源名於山水、余在長崎方巨川者適來、亦稱能畫云云。乾隆時畫人遊日本鬻藝於此可見一斑。漢源畫蹟未得見、晴湖序其行實、謂其畫非可強而求、據日人序跋、知其頗負畫名。木雍謂此書決非成於漢源、乃師法相傳如是、不爲無見。此本曾經木雍與澤元愷校訂、是已非費氏舊觀、編中專言山水作法、首錄俗傳王維山水論一篇、且不置論。上卷首爲畫樹法、次爲畫葉法、又次爲畫松法、中卷首爲畫小竹法、畫藤蘿法、次爲畫山法、皴法、又次爲點苔法、末附畫路逕磯頭法、又次爲畫泉及遠山法。下卷首爲畫亭榭寺觀法、次爲畫橋梁舟楫法、又次爲畫人物法。最後一篇論設色之法、各種俱繪式樣、加以說明。大體與芥子園畫傳相似。其各式起手、多示用筆先後。又畫樹枝畫山及皴法、俱各舉其病式、則芥子園畫傳所未及者、甚有裨於初學。頗疑此編亦斟酌損益芥子園之書而成。

【書畫書錄解題】

南宗抉祕一卷　民國十二年刊屏廬叢刻本

清華琳撰。琳字夢石、天津人。

南宗抉祕一卷　清華琳撰。是編專論南宗寫山水之法、凡三十條。其中言用筆用墨者居多、體驗頗爲細密。最後辨舊譜山有三遠說尤精闢。餘亦皆甘苦有得之談、蓋不肯勦襲舊說者也。前有道光二十三年劉鳳喈序及自序。【書畫書錄解題】

貞觀公私畫史一卷（本名公私畫錄）　宋刊本半葉十一行行二十字貞字避缺　明刊本　說郛本　王氏畫苑本　唐宋叢書本　續百川學海本　四庫全書本　美術叢書本

唐裴孝源撰。

貞觀公私畫史一卷（浙江鮑士恭家藏本）

今唐裴孝源撰。卷首有貞觀十三年八月自序、結銜題中書舍人。案唐書藝文志有裴孝源畫品錄一卷、註曰中書舍人。與此序合。然註又曰記貞觀顯慶年事、而此書序中則稱大唐漢王元昌每燕時暇日、多與其流商搉精奧、以予耿尙、嘗賜討論、遂命魏晉以來前賢遺蹟所存、及品格高下、列爲先後、起於高貴鄉公、終於大唐貞觀十三年祕府及佛寺幷私家所蓄、共二百九十八卷、屋壁四十七所、爲貞觀公私畫錄云云。與註所言絕不相符。考張彥遠名畫錄引孝源畫錄最多、皆此書所無、蓋孝源別有一書、記貞觀顯慶間畫家品第、如謝赫古畫品錄之例、非此書也。又序稱高貴鄉公以下、而此本所列、乃以宋陸探微爲首、反居其前、疑傳寫之誤。又序稱止於貞觀十三年、而此本所列、皆隋代收藏官本、其畫壁亦終於楊契丹、均不可解。考其序末稱又集新錄官庫畫總二百九十八卷、三百三十卷是隋室官庫、十三卷是左僕射蕭瑀進、二十卷是楊素家得、三十卷許善心進、十卷高平縣行書佐張氏所獻、四卷褚安福進、近十八卷先在祕府、亦無所得人名、並有天和年月、其間有二十三卷恐非晉宋人眞迹云云。其文重沓不明、疑傳寫有誤。推其大意、似尙有新錄、今佚之耳。書中皆前列畫名、後列作者之名、而以梁太淸目所有、梁太淸目所無、分註於下。太淸目既不可見、則考隋以前古畫名目者、莫古於是。是亦賞鑒家

之祖本矣。【四庫全書總目提要】

貞觀公私畫史一卷　唐裴孝源撰。其書以貞觀畫史爲名、所錄實皆隋代官庫之本、畫壁亦終於隋楊契丹、蓋記隋室舊藏、至貞觀初尚存者爾。其例皆前列畫名、後列作者之名、而以梁太清目所有、梁太清目所無分註於下、考隋以前名畫之目者、蓋莫古於是書。【四庫全書簡明目錄】

貞觀公私畫史一卷（舊鈔本）　唐中書舍人裴孝源撰。前有貞觀十三年自序、略謂錄魏晉以來至貞觀十三年、祕府及佛寺并私家所蓄遺蹟、有二百九十八卷、屋壁四十七所、目爲貞觀公私畫錄。【鐵琴銅劍樓藏書目錄】

貞觀公私畫史一卷（王氏畫苑本）　唐裴孝源撰。四庫全書著錄。通志宋志所載、史俱作錄。前有貞觀十三年自序本作錄、故郭氏圖畫見聞志敍諸家文字、列有是書、亦止作公私畫錄。惟焦氏經籍志作史、與今本合也。其書雖以貞觀畫史爲名、而所錄實皆隋代官庫之本、計二百九十三卷、并佛寺畫壁四十七、亦終于隋楊契丹、蓋記隋室舊藏、至貞觀初尚存爾。書中目下小注、每以梁太清目之有無分別之、是目不載于隋唐諸志宋胡嶠有梁朝畫目三卷、（見崇文目通志宋志）其必取資于此矣。此錄實爲古畫名目之僅存者、後人紛紛紀載、皆其所濫觴也。至其于作者名後、屢引張彥遠名畫記所載、以補其闕、攷名畫記作于乾符初年、何得預引及之、其當出于後人所傳益、非原本之舊矣。【鄭堂讀書記】

貞觀公私畫史一卷、唐裴孝源撰。卷首有貞觀十三年八月自序、結銜題中書舍人、唐書藝文志並同。案唐郎官石柱記題名、吏部員外郎有裴孝源題名、在長孫祥之下、裴希仁之上、度支郎中再見孝源題名、在鄭文表之下、裴公緯之上、公緯見宰相世系表、爲武后時人、因定孝源爲高宗時人、成書在貞觀時、適官舍人、故以題銜、非久任不遷也。唐書裴寂傳云、父孝瑜官儀同大將軍、爲隋末唐初人、孝源疑與爲弟昆、史略而不著也。【摹廬書跋】

貞觀公私畫史（自序稱貞觀公私畫錄、郭若虛圖畫見聞志同。）一卷　唐裴孝源撰。是編爲著錄名畫之祖、足以考知貞觀以前名畫之存於世者幾何、至堪寶貴。所錄諸蹟俱稱卷、疑古時畫幅皆稱卷、非若後世專指手卷而言。著錄及於畫壁、爲張彥遠名畫記所自昉、惜不若畫史之詳。前有自序、與書不符、四庫已有考辨。提要謂序末總二百九十八卷云云、其文重沓不明、按益州名畫錄、趙德玄傳內、曾徵引此段文義甚明、作提要者偶未察及耳。王氏畫苑本有注、張彥遠云云者數條、當爲王氏刊時所加、彥遠在孝源後、

必非孝源原文也。彥遠歷代名畫記云、昔裴孝源都不知畫、妄定品第、大不足觀、殆指孝源別一書、非指此編也。【書畫書錄解題】

唐朝名畫錄一卷

明翻宋刊本　王氏畫苑本　四庫全書本　學津討原本　美術叢書本

唐朱景元撰。景元、吳郡人、官翰林學士。

唐朝畫斷一卷、唐翰林學士朱景元撰。一名唐朝名畫錄。前有目錄、後有天聖三年商宗儒後序、與畫斷大同小異。【直齋書錄解題】

唐畫斷三卷　朱景元撰、侗按書錄解題作唐朝畫斷云、(已見前)通攷一卷、亦有朝字。宋志亦一卷。今本作唐朝名畫錄。【崇文總目輯釋】

唐朝名畫錄一册(刊本)　右宋吳郡朱景元輯。錄唐代畫家、第其品格。【浙江採集遺書總錄】

唐朝名畫錄一卷(浙江范懋柱家天一閣藏本)　唐朱景元撰。是書唐藝文志題曰唐畫斷、故通考稱畫斷、一名唐朝名畫錄、今考景元自序、實稱畫錄、則畫斷之名非也。通志略通考均稱三卷、此本不分卷、蓋後人合併。通考又稱前有天聖三年商宗儒序、此本亦傳寫佚之。所分凡神妙能逸四品、神妙能又各別上中下三等、而逸品則無等次、蓋尊之也。初庾肩吾謝赫以來、品書畫者多從班固古今人表分九等。古畫品錄陸探微條下稱上上品之外、無他寄言、故屈標第一等、蓋詞窮而無以加也。李嗣眞作書品後、始別以李斯等五人爲逸品。張懷瓘作書斷、始立神妙能三品之目。合兩家之所論、定爲四品、實始景元、至今遂因之不能易。四品所載、共一百二十四人。卷首列唐代親王三人、皆不入品第、猶之懷瓘書斷、帝后不入品第、蓋亦貴貴之禮云。【四庫全書總目提要】

唐朝名畫錄一卷　唐朱景元撰。所錄畫家、分神妙能逸四品、神妙能品各分三等、逸品則不分等、畫家之稱逸品、自景元始也。【四庫全書簡明目錄】

唐朝名畫錄一卷五代名畫補遺一卷(明刊本)　兩書明時合刻本、名畫錄唐朱景元撰、幷序。陳氏書錄作唐朝畫斷、云後有天聖三年商宗儒後序、今此本無之。其卷首題唐朝名畫錄、而卷末一行復改爲唐賢、不可解。名畫補遺、宋大梁劉道醇纂。陳氏作五代名畫記、有嘉祐四年陳洵直序。【鐵琴銅劍樓藏書目錄】

唐朝名畫錄一卷(王氏畫苑本)　唐朱景元撰。四庫全書著錄。新唐志崇文目通志俱作唐畫斷三卷、書錄解題通攷俱作唐朝畫斷一卷。宋志又作唐賢名畫錄一卷。惟郭氏圖畫見聞志焦氏國史經籍志所載、與今本書名卷數俱合。前有自序云、此畫錄之所以作也、則稱畫斷者、皆失之矣。其書以神妙能逸、分爲四品、首列親王三人、不入品第、次分神品上一人中一人下七人妙品上七人中五人下十人能品上六人中二十八人下二十六人逸品三人。又本李嗣眞續畫品錄例、空有其名、不見蹤跡、不可言其品格者、凡二十五人。先列其目于前、各于名氏下著其所長而後分繫以論斷、共九十七人。目後所列無品格者、俱不繫以論斷。蓋本張懷瓘書斷之例、定其等格、其格外有不拘常法者、又有逸品以著其優劣。畫家之稱逸品、實自景元始也。【鄭堂讀書記】

唐朝名畫錄一卷（明刊本）　吳郡朱景元撰。前景元自序、分神妙能逸四品、惟逸無等次、餘則各分上中下三等、共一百二十四人。首列親王三人、皆不入品第。舊有天聖三年商宗儒序、此刻已佚。【善本書室藏書志】

唐朝名畫錄一卷（文獻通考作三卷、通志略同。）　唐朱景玄撰。是編以神妙能逸分品、前三品俱分三等、逸品則不分。蓋既稱逸、則無由更分等差也。前有親王三人、不爲分品。四庫以爲貴貴之禮。其前有目、每人下必注明其所畫之物、如鞍馬、鷹鶻、雉兔、竹、雞、仙像、鬼神、地獄、眞仙之屬、至爲繁瑣、亦有不可解者、如番落、圖簇之類。其不以人物、禽獸等標注者、蓋皆就其所見畫跡言之。惟其專就所見之跡立論、故有二十五人未見其蹟者、即僅附於目後、不列入品第之中、亦足見其矜愼。其本文則各爲略敍事實、神品諸人較詳、妙品諸人次之、能品諸人更略、逸品三人又較詳、蓋亦具有剪裁者。前有自序。【書畫書錄解題】

畫學祕訣一卷

明刊說郛本　詹氏畫苑補益本　唐代叢書本　唐六如畫譜本　關中石刻本　四庫存目

舊題唐王維撰。維字摩詰、太原祁人、徙家于蒲、遂爲河東人。開元九年進士擢第、官至尚書右丞。

畫學祕訣一卷（浙江鮑士恭家藏本）

舊本題唐王維撰。詞作駢體、而句格皆似南宋人語。王縉編維集、亦不載此篇。明焦竑國史經籍志始著於錄、蓋近代依託也。明人收入維集、失考甚矣。【四庫全書總目提要】

畫學祕訣一卷（說郛本）　舊題唐王維撰。四庫全書存目。按摩詰集爲其弟縉所編、本無是書。唐宋史志諸家書目亦俱不載。至焦氏經籍志始載有山水訣一卷。書僅三頁、所載三則、首一則稍詳、次一則最略、末一則最詳。王氏畫苑僅載其末一則、題曰山水論。詹氏畫苑補益、又作荊浩山水賦。後之評題繪事者、援引摘句、多稱王維、不稱荊浩。然考其辭語、殊不類盛唐人。其爲後人所託、又何疑焉。【鄭堂讀書記】

畫學祕訣一卷　舊題唐王維撰。是編詹氏畫苑本凡二百九十二言、末附斷句六十言、唐六如畫譜本則有一千零十六言、關中石本又略異。俱言山水布置之法、專尚規矩、疑爲南宋畫院之流所僞爲者、文格甚低、明王孟端書畫傳習錄盛贊之、疑爲嵇承咸所附益者、趙松谷箋注王右丞集謂爲僞作是也。【書畫書錄解題】

歷代名畫記十卷

明刊本半葉十一行行二十字白口單邊　王氏畫苑本　津逮祕書本　説郛本無卷數　續百川學海本　四庫全書本　學津討源本

唐張彥遠撰。彥遠有法書要錄、已著錄。

歷代名畫記十卷　唐張彥遠撰。彥遠家世藏法書名畫、收藏鑒識、自謂有一日之長、既作法書要錄、又爲此記。且曰有好事者傳余二書、書畫之事畢矣。【直齋書錄解題】

歷代名畫記十卷　原釋唐張彥遠撰、首論畫源流興廢、至敍畫人姓名、自始皇至唐王默、凡三百三十餘人。(玉海五七)按郡齋讀書志有名畫獵精六卷、疑卽此書也。【中興館閣書目輯考】

毛晉跋歷代名畫記　馬氏經籍志云、名畫獵精六卷、唐張彥遠纂、記史皇以降至唐畫工名姓、及論畫法、幷裝背褫軸之式、鑒別閱玩之方、今此書罕傳。卽彥遠自敍、亦止云歷代名畫記、而不及其名、意大略相似耳。既讀玆集、敍述畫之興廢、自董卓韓囊而外、侯景煨燼之餘、其載入江陵者、又投後閣舍人之一炬、能無雲煙過眼之歎耶。然三百七十餘人、垂不朽於天壤間、卽謂張氏千箱萬軸至今存可也。【隱湖題跋】

歷代名畫記十卷(兩江總督採進本)

唐張彥遠撰。自序謂家世藏法書名畫、收藏鑒識、自謂有一日之長。案唐書稱彥遠之祖宏靖、家聚書畫、侔祕府、李綽尙書故實亦多記張氏書畫名蹟、足證自序之不誣。故是書述所見聞、極爲賅備。前三卷皆畫論、一敍畫之源流、二敍畫之興廢、三四敍古畫人姓名、五論畫六法、六論畫山水樹石、七論傳授南北時代、八論顧陸張吳用筆、九論畫體工用搨寫、十論名價品第、十一論鑒識收藏閱玩、十二敍自古跋尾押署、十三敍自古公私印記、十四論裝褙褾軸、十五記兩京外州寺觀畫壁、十六論古今之祕畫珍圖。自第四卷以下、皆畫家小傳。然卽第一卷內所錄之三百七十人、既俱列其傳於後、則第一卷內所出姓名一篇、殊爲繁複、疑其書初爲三卷、但錄畫人姓名、後裒輯其事蹟評論、續之於後、而未刪其前之姓名一篇、故重出也。書中徵引繁富、佚文舊事、往往而存、如顧愷之論畫一篇、魏晉勝流名畫贊一篇、畫雲臺山記一篇、皆他書之所不載。又古書畫中褚氏書印、乃別一褚氏、非遂良之迹、可以釋石刻靈飛經前有褚氏一印之疑、亦他書之所未詳。卽其論杜甫詩幹惟畫肉不畫骨句、亦從來註杜詩者所未引、則非但鑒別之精、其資考證者亦不少矣。晁公武讀書志別載彥遠名畫獵精六卷、云記歷代畫工名姓、自始皇以降至唐朝、及論畫法、幷裝褙裱軸之式、鑒別閱玩之方。毛晉刻是書跋、（已見前）考郭若虛圖畫見聞志、敍諸家文字、列有是書、註曰無名氏撰、其次序在張懷瓘畫斷之後、李嗣眞後畫品錄之前、則必非張彥遠之作、晁氏誤也。【四庫全書總目提要】

歷代名畫記十卷　唐張彥遠撰。前三卷皆畫論、四卷以下皆畫家小傳、逸文軼事、引據浩博、多可以資考證、不但評品丹青也。【四庫全書簡明目錄】

歷代名畫記十卷（王氏畫苑本）　唐張彥遠撰。四庫全書著錄。新唐志崇文目書錄解題通考宋志俱載之。愛賓既作法書要錄、以集自古論書之說。復作是書、以記歷代名畫。卷一至卷三、皆敍論記述之文、凡十五篇。卷四至卷十、皆敍歷代能畫人名、自軒轅至唐會昌、凡三百七十二人、各爲小傳、併及逸文軼事、引據浩博、多可以資考證。惟其書雖爲品評丹青而作、而卷一有敍歷代能畫人名一篇、卽卷四以下所載小傳之目錄、不知何以脫簡于首卷中。考讀書志不載是記、而有名畫獵精六卷、晁氏云、（已見前）今以其說校之是書、所謂歷代畫工名姓云云、卽卷一之第三篇、裝背褾軸之式、卽卷三之第四篇、鑒別閱玩之方、卽卷二之第五篇、論畫法卽各卷諸篇是也。蓋其初稿曰名畫獵精、後續成歷代小傳、另編爲是記、而未及移卷一之第三篇冠于歷代小傳之首也。其初稿本雖不載入史志、而別自流傳、晁氏因得以志之爾。【鄭堂讀書記】

閱唐張愛賓彥遠歷代名畫記、宋郭若虛圖畫見聞志、鄧公壽椿畫繼、三人皆故家文獻所系、儲藏既富、聞見尤博、故所述不特深契六法、妙具微言、而傳授源流、亦多有資於掌故。張氏門閥尤盛、敍致高簡、時可考唐代故事。【越縵堂讀書記】

歷代名畫記十卷、唐河東張彥遠撰。彥遠博學有文詞、書中搜集至爲繁富、較貞觀書畫記、則有過之。然亦有小誤、南齊顧駿之、卽顧景秀、彥遠歧爲二人、梁代江僧寶、不應有陳代年號、予已於古畫品錄注中辨之矣。【摹廬書跋】

歷代名畫記十卷　唐張彥遠撰。是編爲畫史之祖、亦爲畫史中最良之書、後來作者雖多、或爲類書體裁、（如畫史彙傳等）或則限於時地、（如下專史一類之書）卽有通於歷代之作、亦多有所承襲、未見有自出手眼、獨具卓裁、如是書者、眞傑作也。書凡十卷。今劃其大體爲兩部分、卷一至卷三爲一部分、蓋通紀畫學及不能分述於傳記之事。卷四至卷十爲一部分、則畫人傳也。作畫史而不專爲傳記、識見已高人一等矣。其第一部分所敍述諸篇與正史書志體例略同後來作者、如畫史會要諸書於小傳前別輯畫法一編、蓋仿斯例、然俱勦襲陳言、別無心得、以視此書之條理秩然、史法謹嚴者、實有霄壤之別。玆試略疏其說。第一篇敍畫之源流。第二篇敍畫之興廢、不但綜述繪畫之歷史事實、且爲其自序、深得史遷自序之遺。第三篇敍歷代能畫人名（四庫提要此篇分兩篇、未知所據何本）實爲小傳目錄、猶前人敍目之例、故入於本書四庫譏其繁複、疑其未及刪削者、誤也。第四篇論畫六法。第五篇論畫山水樹石、爲總紀畫法之文（按第四篇論畫六法、蓋專主畫人物而言）言簡意賅、絕無支蔓。第六篇前半敍師資傳授、不以此項分敍於各家小傳、而總敍於此、俾南北兩朝數代之畫學統系、一覽瞭然、最合史法。後半敍南北時代風尚異宜、畫法與論畫亦應隨之而異、尤爲不刊之論。第七篇論顧陸張吳用筆、發揮書畫用筆同法之恉、特借此四人爲例、非專記此四人之用筆也。第八篇論畫工用搨寫、而兼及於畫具、亦畫史所宜詳者。第九篇論名價品第。第十篇論鑒識收藏購求閱玩。第十一篇敍自古跋尾押署。第十二篇敍古今公私印記。第十三篇論裝背褾軸、皆分敍續畫所當知之事、亦爲畫史所必宜詳錄者。第十四篇記兩京外州寺觀畫壁、畫壁爲畫史上極重要之事、實采訪極難、彙錄匪易、故歷來記述、除貞觀公私畫史略有敍述外、無及之者、今萃於此篇、賴是足窺唐以前畫壁之梗概、其堪寶貴、更不待言矣。第十五篇述古之祕畫珍圖、凡九十有七、蓋因其多無畫人姓名、而其畫又爲歷代所珍祕、不能不記、今日吾人能知古人圖繪品目及其所重、獨賴此篇之存耳。其第二部分畫人小傳、敍述亦有史法、姑舉數端言之。各傳中所敍行實、非關繪畫者之載、甚得體要、一也。以時代爲次、仍用類族爲傳之法、不失史氏世家遺意、二也。隋以前諸傳、俱注所出、而多以己意撰述、既足徵信、仍不失爲一家言、三也。徵引他家品評、而時出斷制、非同輯錄、四也。用正史之例、畫家論著、詳載傳中、如顧長康宗炳王微諸傳、遺文墜簡、賴之以存、五也。蔣少游韓幹諸傳、用夾敍夾議之法、使行文不板滯、六也。間作論贊、亦史法所不廢者、如戴顒王微閻立本諸傳所論、皆有精思、七也。此皆後來作畫史者所弗逮。【畫書錄解題】

圖畫見聞志六卷

宋刊本半葉十一行行二十字遇宋諱皆缺筆　明繙宋刊本　明汲古閣刊津逮祕書本　四庫全書本　嘉慶十年照曠閣刊學津討原本

宋郭若虛撰。若虛太原人。熙寧三年官供備庫使。

名畫見聞志六卷　右皇（先謙案舊鈔宋）

朝郭若虛撰。若虛以張愛賓之畫記絕筆（先謙案後志無記字）永昌元年因續之、歷五代止（覆案瞿鈔本至通考止〇先謙案舊鈔至）國朝熙寧七年。分敍論紀（先謙案舊鈔記）藝故事近事四門。【郡齋讀書志】

圖畫見聞志六卷　太原郭若虛撰。元豐中自序。稱大父司徒公、未知何人、郭氏在國初無顯人、但有郭承祐耳。其書欲繼張彥遠之後。【直齋書錄解題】

毛晉跋圖畫見聞誌　張彥遠紀歷代名畫、絕筆於唐之會昌元年、得三百七十餘人。唐末迄於五季、繪藝如林、若李成關仝范寬山水開闢天資絕技、肯讓前哲、徐熙滕昌祐諸人寫生獨步。更入北宋畫品淸空神化、如韓退之作文、振起八代之靡靡也。郭若虛生熙寧之盛時、就所見聞得若干人、以續彥遠之未逮、但有編次殊乏品隲、致弗欲類謝赫之低昂、太著李嗣眞之空列人名耳。至深鄙衆工、謂雖畫而非畫者、而獨歸於軒冕巖穴、自是此翁之卓識也。【隱湖題跋】

圖畫見聞志六卷（內府藏本）　宋郭若虛撰。若虛不知何許人、書中有熙寧辛亥冬、被命接勞北使、爲輔行語、則嘗爲朝官、故得預接伴。是書馬端臨文獻通考作名畫見聞志、而宋史藝文志、鄭樵通志略、則所載與今本並同、蓋通考乃傳寫之誤。若虛以張彥遠歷代名畫記絕筆唐末、因續爲裒輯、自五代至熙寧七年而止。分敍論紀藝故事拾遺近事四門。鄧椿畫繼嘗議其評孫位景朴優劣倒置、由未嘗親至蜀中、目覩其畫。又謂江南王凝之花鳥、潤州僧修範之湖石、道士劉貞白之松石梅雀、蜀童祥許中正之人物仙佛、邱仁慶之花、王延嗣之鬼神、皆熙寧以前名筆、而遺略不載。然一人之耳目、豈能遍觀海內之丹靑。若虛以見聞立名、則遺略原所不諱。況就其所載論之、一百五六十年之中、名人藝士、流派本末、頗稱賅備、實視劉道醇畫評爲詳、未可以偶漏數人、遽見嗤點。其論製作之理、亦能深得畫旨、故馬端臨以爲看畫之綱領、亦未可以一語失當爲玷也。【四庫全書總目提要】

圖畫見聞志六卷　宋郭若虛撰。蓋續張彥遠名畫記而作。所錄起於五代、止於宋熙寧七年。分四門、曰敍事、曰記藝、曰故事拾遺、曰近事。所論多深解畫理、故馬端臨文獻通考、稱爲看畫之綱領。【四庫全書簡明目錄】

予初蓄圖畫見聞志有一至三三卷、爲元人手鈔。後得翻宋本、質諸周香嚴、香嚴云、余亦有一刻本、未知卽是此本否。及出以相示、而楮墨俱饒古氣、細辨字畫、遇宋諱皆闕筆、翻本不如是也。爰揭去舊時背紙、皆羅紋闊連而橫印者、始知爲宋刻宋印、以翻本行款證之、此卽所謂臨安府陳道人書籍鋪刊行本

也。【百宋一廛書錄】

圖畫見聞誌六卷（元鈔本三卷宋刊本三卷）　宋郭若虛撰。前三卷係元人手錄、每半葉十四行行廿四字。前有郭若虛自序。以明翻宋陳道人刊本校之、頗有不同。如卷一次行題郭若虛撰、又次爲敍論細目七行、而陳本無之。卷二李昇條注云蜀中多呼昇爲小李將軍、小李將軍、乃是思訓之子、陳本脫下小李將軍四字。卷三文同條末有一字至十字詩、陳本亦失載。又按卷一論黃徐體異條、刁處士名光下注云、下一字犯太祖廟諱、則其所據別本亦是宋刻也。後三卷爲宋臨安府陳道人書籍鋪刊行本、每半葉十一行、行二十字、與明翻本行款悉同、惟匡貞搆購等字皆闕筆、翻本則不盡然、其紙皆羅紋闊簾、信是宋刻宋印也。【鐵琴銅劍樓藏書目錄】

翻宋版圖畫見聞志六卷二册　大板、每葉廿二行、行廿字。摺口板心中、題見聞志幾卷。首行皆題圖畫見聞志卷第幾。書爲宋郭若虛所編、首有其自序、無年月。序後空二行、即接標目。第一卷敍論、第二卷紀藝上、第三卷紀藝中、第四卷紀藝下、第五卷故事拾遺、第六卷近事。此書乃繼唐張彥遠歷代名畫記而作、其序言續自永昌元年、後歷五季、通至本朝熙寧七年、名人藝士、編而次之、則此書成於熙寧、知若虛必北宋時人矣。目錄之後空一行、下題云臨安府陳道人書籍鋪刊行、而書中宋諱字、尙有仍闕筆者。【古泉山館題跋】

圖畫見聞志六卷（津逮祕書本）　宋郭若虛撰。四庫全書著錄、讀書志書錄解題通志通考宋志俱載之、惟晁氏馬氏圖畫俱作名畫、蓋傳寫之誤也。乃其續張愛賓歷代名畫記而作。張氏書絕筆于會昌元年、厥後撰集者率多相亂、事既重疊、文亦繁衍、若虛因考諸傳記、參較得失、續自會昌元年、後歷五季、通至宋朝熙寧七年、名人藝士、編而次之。卷一爲敍論、凡十六則。卷二卷三爲紀藝、凡唐宋二十七人、五代九十一人、宋朝二百六十四人。卷五爲故事拾遺、凡二十七則。卷六爲近事、凡三十二則。以作者互有短長、不復定品、惟筆其可紀之能、可談之事、暨諸家畫說、以及古今事蹟、採拾略備。所論亦多深解畫理、誠足以上繼愛賓、而下接公壽矣。至深鄙衆工、謂雖畫而非畫者、而獨歸于軒冕巖穴、則又若虛之卓識也。【鄭堂讀書記】

陸心源圖畫見聞志跋　書錄解題、四庫提要云（並已見前）案若虛熙寧三年、官供備庫使、尙永安縣主、見王珪華陽集。東安郡王墓誌。七年八月丁丑、以西京左藏庫副使、副宋昌言爲遼國賀正旦使、八年爲文思副使、坐使遼、不覺翰林司卒逃遼地、降一官、見續通鑑長編。郭氏顯人、宋初有郭守文、郭進、郭從義、及其子承祐、守文子崇德、崇信、崇儼、崇仁、崇德子承壽、承壽子若水、若虛與若水同以若字命名、同貫太原、家世顯官、又同、其爲兄弟可知。陳氏直齋謂宋初無顯人、而獨舉承祐、亦百密之一疏矣。若虛里貫并州、爲守文之後、可無疑耳。【儀顧堂題跋】

圖畫見聞誌六卷　宋郭若虛撰。案是書爲續張氏歷代名畫記而作、久有定評、信堪步武。書凡六卷。第一卷敍論十六篇、蓋仿張氏前三卷之作、其中論製作楷模、及婦人形相二篇、說作畫之精意、至爲透澈、論氣韻非師及古今優劣兩篇、尤爲精到之作。第二至第四卷紀藝、卽畫人傳、自唐會昌二年、迄於宋熙寧七年、計唐末得二十七人、五代得九十一人、宋得一百六十六人、其敍述事實固佳、然以較張氏則少遜。其於宋代忽爲分類、而王公大人、高尙二類、又別於人物、傳寫、山水、花鳥、雜畫諸門、不無可議。至其傳中不加品第、毛子晉跋謂其弗欲類謝赫之低昂太著、李嗣眞之空列人名、未爲篤論。品評書畫之風、至宋漸替、蓋其時已知此業之無甚實益、相率不談、郭氏自序中已微露其旨、所謂風會使然、郭氏亦莫能外也。第五卷爲故事拾遺、皆記唐末朱梁王蜀故事、凡二十七則。自序謂記諸家畫說、略而未至者、故云拾遺。然如張璪事、則歷代名畫記已有其文、不知緣何又收入也。第六卷爲近事、記宋代孟蜀江南大遼高麗故事、凡三十二則、俱足以資談助。此兩卷皆張氏名畫記所無者、續前人之書而不襲其舊式、亦是書長處也。自來言畫之書、義例每嫌蕪雜、是編首敍諸家文字、意在著錄前人論述、以明其述作之淵源、末一篇敍術畫斥方術怪誕之謬、以明畫道之正軌、章法謹嚴、得未曾有。【書畫書錄解題】

畫繼十卷

宋刊本　明嘉靖間刊本　嘉慶十年照曠閣刊學津討源本　王氏畫苑本　津逮祕書本　四庫全書本

宋鄧椿撰。椿字公壽、雙流人、洵武之孫。

畫繼十卷　鄧椿公壽撰、以繼郭若虛之後。張彥遠記止會昌元年、若虛志止熙寧七年、今書止乾道三年。【直齋書錄解題】

毛晉跋畫繼　郭若虛論畫專重軒冕巖穴二途、極中肯綮、惜尙未截然分疏。鄧公壽作畫繼、更擴其旨、不獨敍列九十餘禩之事而續之也。是編與張郭二書首尾相銜、成數千年繪事一大公案。【隱湖題跋】

畫繼十卷（述古目下注云、鄧公度撰。）　宋朝能畫諸名家、此書無不網羅畢載。八卷銘心絕品、九十二卷雜說、論遠近、內一條云、楊惠之與吳道子同師道子、學成、惠之恥與齊名、轉而爲塑、皆爲天下第一。故中原多惠之塑山水壁。郭熙又出新意、令圬者不用泥掌、止以手搶泥於壁、或凹或凸、乾則以墨隨其形迹、暈成峯巒林壑、加之樓臺人物之屬、宛然天成、謂之影壁。因思古之游於藝者、必能游而後始成絕藝、夫子下字之妙如此。塑壁影壁、豈非游於藝者之獨創乎。特爲拈出、以恥今之畫家。【讀書敏求記校證】

畫繼（一函二册宋刊）　宋鄧椿撰。書五卷、分聖藝、侯王貴戚、軒冕才賢、巖穴上士、縉紳韋布、道人衲子、世冑婦女（宦者附）皆以人分、得二百十九人。又仙佛鬼神、人物傳寫、山水林石、花竹翎毛、畜獸蟲魚、屋木舟車、蔬果藥草、小景雜畫、皆以畫分。又銘心絕品、雜說論遠、雜說論近、共二十門。前有乾道三年椿自序。附五代名畫補遺二卷、分人物、山水、走獸、花竹、翎毛、屋木、塑作、彫木七門、前有嘉祐四年陳洵直序、據陳振孫書錄解題、乃大梁劉道醇撰也。序後有臨安府陳道人書籍鋪刊行字。【天祿琳瑯書目續編】

畫繼十卷（兩江總督採進本）　宋鄧椿撰。其時最重畫學、椿以家世聞見、綴成此書。其曰畫繼者、唐張彥遠作歷代名畫記、起軒轅、止唐會昌元年。宋郭若虛作圖畫見聞志、起會昌元年、止宋熙寧七年。椿作此書、起熙寧七年、止乾道三年、用續二家之書、故曰繼也。所錄上而帝王、下而工技、九十四年之中、凡得二百一十九人。一卷至五卷以人分、曰聖藝、曰侯王貴戚、曰軒冕才賢、曰縉紳韋布、曰道人衲子、曰世冑婦女及宦者、各爲區分類別、以總括一代之技能。六卷七卷以畫分、曰仙佛鬼神、曰人物傳寫、曰山水林石、曰花竹翎毛、曰畜獸蟲魚、曰屋木舟車、曰蔬果藥草、曰小景雜畫、各爲標舉短長、以分闡諸家之工巧、蓋互相經緯、欲俾一善不遺。八卷曰銘心絕品、記所見奇跡、愛不能忘者、爲書中之特筆。九卷十卷、皆曰雜說、分論遠論近二子目、則書中之總斷也。論遠多品畫之詞、論近則多說雜事、論近之末附綴雜事一條、或傳寫失次歟。椿以當代之人、記當代之藝、又頗議郭若虛之遺漏、故所收未免稍寬、然網羅賅備、俾後來得以考核、其持論以高雅爲宗、不滿徽宗之尙法度、亦不滿石恪等之放佚、亦爲平允、固賞鑒家所據爲左驗者矣。【四庫全書總目提要】

畫繼十卷　宋鄧椿撰。其曰畫繼者、郭若虛續張彥遠之書、自唐會昌元年迄宋熙寧七年、此又續載熙寧以後至乾道三年、故曰繼也。所錄凡二百一十九人、一卷至五卷以人分、凡六類、六卷七卷以畫分、凡八類、八卷記所見名蹟、九卷十卷皆論畫之雜說。【四庫全書簡明目錄】

畫繼　宋鄧椿撰。椿列所見奇迹、愛而不能忘者、爲銘心絕品、及凡繪事可傳可載者、裒成此書、分爲十卷。【惜抱軒書錄】

畫繼十卷（明刊本）　宋鄧椿撰。前有乾道三年自序、謂繼張彥遠歷代名畫記、郭若虛圖畫見聞志而作者、自熙寧而後列于書

者、凡二百一十九人。明嘉靖間刻本。【鐵琴銅劍樓藏書目錄】

翻宋版畫繼十卷二册　板式大小行款字數、並與翻宋板圖畫見聞志同。板心中題畫繼幾、卷首皆題畫繼卷第幾。前有自序、及十卷標目。乃宋鄧椿又續郭若虛之書而作也。自熙寧七年而後、訖南宋乾道三年止、九十四年中畫家、自王侯至工技、凡二百十九人、編爲十卷。序末題是年閏旦華國鄧椿公壽序。此書當是陳道人與郭書合刻者。【古泉山館題跋】

畫繼十卷（王氏畫苑本）　宋鄧椿撰。四庫全書著錄、書錄解題通考焦氏經籍志俱載之。公壽以張彥遠歷代名畫記、郭若虛圖畫見聞志、兩書既出、他書爲贅、然自熙寧而後、無復好事者爲之紀述、于是稽之方册、益以見聞、參諸自得、以繼張記郭志之後、故目爲畫繼也。大率鑒裁明當、條理秩然、誠足繼張郭二書之後。惜自乾道而後、無有繼之者也。【鄭堂讀書記】

畫繼十卷　宋鄧椿撰。是書爲繼張氏郭氏之書而作。其書不用張郭二家體裁、別立門類。卷一至卷五以人分、曰聖藝、曰侯王貴戚、曰軒冕才賢、曰巖穴上士、曰縉紳韋布、曰道人衲子、曰世冑婦女、附宦者。卷六卷七以藝分、曰仙佛鬼神、曰人物傳寫、曰山水林石、曰花卉翎毛、曰畜獸蟲魚、曰屋木舟車、曰蔬果藥草、曰小景雜畫。作畫不純以時代爲次、而以事類立名、如正史世家及食貨游俠之例、原無不可、此正是書之所長、特此外則不宜更以藝能爲別。今觀其六七兩卷、所列諸人、多爲畫院供奉、則何不更立一類、專紀院體畫人、俾後人有所考稽耶、此則稍留遺憾者也。至其所收之人、多由諸家詩文集中采輯而得、用力頗勤、足以傳信、雖稍覺寬濫、究與絕無依據者不同。又於諸人短處、時有論列、亦不失褒貶之公。第八卷曰銘心絕品、專記所見名畫、惜僅有目而不加疏說、後人遂無由考稽、然爾時著錄圖繪之風氣未開、亦難責備。卷九卷十曰雜說、論遠者十三則、論近者十六則、遠近之名、未詳其取義、其中半屬論議、半記雜事、持論頗得其平、四庫所論是也。記事亦多爲畫苑軼聞、通覽全編、雖不若張郭兩家之精、然自出心裁、絕無勦襲通同之弊、固自可傳。【書畫書錄解題】

益州名畫錄三卷（一名成都名畫記）

明翻宋刊本　王氏畫苑本　說郛本　唐宋叢書本　四庫全書本　函海本　讀畫齋叢書本　湖北先正遺書本

宋黃休復撰。

益州名畫錄三卷　右皇（先謙案舊鈔宋朝）黃休復纂。唐乾符初至宋乾德歲、休復在蜀中、目擊圖畫之精者五十八人、品以四格云。【郡齋讀書志】

益州名畫錄三卷　黃休復撰。中興書目以爲李略撰、而謂休復書今亡。案此書有景祐三年序、不著名氏、其爲休復所錄明甚。又有休復自爲後序、則固未嘗亡也。未知題李略者、與此同異。【直齋書錄解題】

益州名畫錄三卷　侗按一作成都名畫記。書錄解題黃休復撰云、（已見前）陳詩庭云、讀書後志及今本並作黃休復、通志略作王休復誤、宋志亦云李畋撰。【崇文總目輯釋】

益州名畫錄三卷　原釋、李略撰。黃休復書、今亡。（書錄解題十四）宋志李略作李畋。郡齋讀書志亦云黃休復。撰【中興館閣書目輯考】

益州名畫錄三卷（刊本）　宋江夏黃休復纂。景德三年虞曹員外郎李畋序曰、益都多名畫、富視他郡、謂唐二帝播越及諸侯作鎭之秋、是時畫藝之傑者、無處不有。迨淳化甲子盜發二川、焚劫略盡。黃氏心鬱久之、故自唐乾元初至皇宋乾德歲、其間圖畫之尤精、取其目所擊者五十八人、品以四格、離爲三卷、命曰益州名畫錄。【天一閣書目】

益州名畫錄三卷（安徽巡撫採進本）

宋黃休復撰。前有景德三年李畋序、稱江夏黃氏休復、字歸本、通春秋學。陳振孫書錄解題亦不詳其里貫、但以所言多蜀事、又嘗著成都名畫記、疑爲蜀人、則此書一名成都名畫記。今本皆題江夏人、疑後人以畋序補書歟。然畋序作於宋初、或沿唐五代餘習、題黃氏郡望、亦未可知、未必果生於是地也。所記凡五十八人、起唐乾元、迄宋乾德。品以四格、曰逸、曰神、曰妙、曰能。其四格之目、雖因唐朱景元之舊、而景元置逸品於三品外、示三品不能伍、休復此書、又躋逸品於三品上、明三品不能先、其次序又復小殊。逸格凡一人、神格凡二人、妙格上品凡七人、中品凡十人、下品凡十一人、而寫眞二十二處無姓名者附焉。能格上品凡十五人、中品凡五人、下品凡七人、而有畫無名有名無畫者附焉。其大慈寺六祖院羅漢閣圖畫、休復許妙格中品、而列能品之末、不與寫眞二十二處一例、非妙字誤刊、則編次時偶疎也。畋序又稱是編所集、皆取其事蹟之係乎蜀者、而不盡爲蜀產、考鄧椿畫繼、稱蜀道僻遠、而畫手獨多於四方。李方叔德隅齋畫品、載蜀筆居半云云。則休復之詳錄益州、非夸飾矣。其書敍述頗古雅、而詩文典故、所載尤詳、非他家畫品、泛題高下、無所指據者比也。書錄解題又稱（已見前）據其所說、則別本但題李畋之名、不以序文出李畋、今本直作畋序、又與宋時本不合、然諸刻本皆作畋序、故姑從舊本、仍存畋名焉。【四庫全書總目提要】

益州名畫錄三卷　宋黃休復撰。一名成都名畫記、所錄皆蜀中畫手、起唐乾元訖宋乾德、凡五十八人、以逸神妙能四品分隸、與朱景元書例同。其移逸品於神品前、則又小異。蓋景元以逸品居三品外、休復以逸品居三品上也。【四庫全書簡明目錄】

益州名畫錄三卷（王氏畫苑本）　宋黃休復撰。四庫全書著錄、崇文目讀書志書錄解題通考宋志俱載之。惟宋志作李畋撰、本于中興書目、（見陳氏引）蓋誤以景德三年作序之李畋爲撰人、猶何超晉書音義之誤楊齊宣也。歸本以益都多名畫、富視他郡、故自唐乾元初至宋乾德間、圖畫之尤精、取其目擊者五十八人、各爲列傳、品以四格、曰逸格、曰神格、又曰妙格、曰能格、則各以上中下三品分隸、其例與朱景元唐朝名畫錄同、其移逸格于神格前、則又小異。蓋朱氏以逸品居三品外、是錄以逸格居三格上也。其書博而有倫、體而不亂、學者觀前賢之逸軌、自後考是錄之四格、則思過半矣。【鄭堂讀書記】

益州名畫錄三卷（明刊本）　江夏黃休復纂。前有景德三年五月廣曹外郎李畋序。自李唐乾元初至皇宋乾德歲、其間圖畫之尤精、取其目所擊者五十八人、品以四格、離爲三卷、命曰益州名畫錄。【善本書室藏書志】

益州名畫錄（一名成都名畫記）三卷　宋黃休復撰。是編所錄、凡五十八人、分逸神妙能四品、與朱景玄唐朝名畫錄略同、而逸神兩種俱不分等、逸品只取一人、神品取二人、亦云審愼矣。諸人並系小傳、傳內所述、皆及繪事、其畫蹟存亡、皆著於錄、彌足徵信。【書畫書錄解題】

五代名畫補遺一卷

王氏畫苑本　明汲古閣翻刊本　四庫全書本

宋劉道醇撰。

五代名畫補遺一卷（覆案通考作拾遺）

右皇（先謙案舊鈔宋）朝劉道成纂。符嘉應撰序云、胡嬌（案通考作嶠）嘗有梁朝名畫目、（案通考作錄○先謙案後志嬌作嶠、目作錄。）因廣之、故曰補遺、【郡齋讀書志】

五代名畫記　大梁劉道醇撰。嘉祐四年陳洵直序。（案洵文獻通考作詢）【直齋書錄解題】

五代名畫補遺一卷（刊本）　右宋彭城劉道醇輯。分人物山川走獸花竹屋木塑作雕木凡七門、計二十四人。有嘉祐四年陳洵直序。【浙江採集遺書總錄】

五代名畫補遺一卷（兩江總督採進本）

宋劉道醇撰。考晁公武讀書志曰、（已見前）讀書志又別載宋朝名畫評三卷、亦註劉道成纂、符嘉應序、則劉道醇當作道成。又陳振孫書錄解題曰、（已見前）則補遺字又當作記。然此本爲毛晉汲古閣影摹宋刻、楮墨精好、纖毫無闕、不應卷首題名乃作譌字。蓋本此一書振孫誤題書名、公武誤題人名、馬端臨作文獻通考又偶未見其書但據兩家之目遂重載之。觀卷首陳洵直序與振孫所言合而公武所載符嘉應序又卽洵直序中語、知公武併以宋朝名畫評序誤註此條、不但成字之譌也。胡嶠名見五代史契丹傳、郭若虛圖畫見聞志稱其爲廣梁朝畫目、註曰皇朝胡嶠撰、則已入宋、其書今不傳。道醇不知其仕履。此書所錄凡二十四人、蓋已見於胡嶠錄者不載、故五十年中寥寥僅此云。【四庫全書總目提要】

五代名畫補遺一卷　宋劉道醇撰。所錄凡二十四人、蓋胡嶠先作梁朝名畫錄、此補其遺、凡已見嶠書者不錄也。【四庫全書簡明目錄】

五代名畫補遺一卷（王氏畫苑本）　宋劉道醇撰。四庫全書著錄、讀書志書錄解題通考宋志俱載之。陳氏及宋志俱作五代名畫記、通考既從晁氏載拾遺一卷、又從陳氏載記一卷、蓋不知一書而二名也。五季畫家名氏、宋初胡嶠嘗作梁朝畫目三卷（見崇文總目通志略）而未及後唐以下四代、道醇因集宋朝名畫評、又掇拾其間遺者、敍而編之、因併梁朝亦爲補及、故曰五代名畫補遺。其門品上下、一如宋朝名畫評之例、分爲七門、曰人物、曰山水、曰走獸、曰花竹翎毛、曰屋木、曰塑作、曰雕木。每門之中、分神妙能三品、凡二十四人、每人各綴以傳、以敍述其繪事、頗爲賅備。【鄭堂讀書記】

五代名畫補遺一卷　宋劉道醇撰。是書分門分品、俱同聖朝名畫評。前有陳洵直序、謂因集本朝名畫評、又捃拾胡嶠廣梁朝名畫目見遺者、敍而編之、是此書爲續胡書而作、故曰補遺。據陳序胡書始自尹繼昭、始於劉永、總凡四十三人。此編所補、凡二十三人、五代五十四年之間、所得祇此、蓋天下洶洶、文藝墮地幾盡、此六十六人者、碩果僅存、誠如洵直所謂日尋干戈、轉戰不暇、雖義夫哲婦、忠臣孝子、尤多漏略、況於畫人、可勝歎哉。符嘉應序、今本所無、不知其作何語也。【書畫書錄解題】

聖朝名畫評三卷

明翻宋刊本　王氏畫苑本　四庫全書本改書名聖朝爲宋朝

宋劉道醇撰。

聖朝名畫評三卷　右皇（先謙案舊鈔宋朝劉道成纂符嘉應撰集本朝畫工之名世者、第其品、以王瓘（先謙案後志有之字）爲神品、云在吳生上。【郡齋讀書志】

聖朝名畫評一卷（案文獻通考作三卷）　劉道醇撰。【直齋書錄解題】

宋朝名畫評三卷（寫本）　右宋劉道醇

撰。亦分人物山水林木獸畜花卉鬼神屋木七門、凡九十二人、而以神品妙品能品三者別識之。【浙江採集遺書總錄】

宋朝名畫評三卷（浙江范懋柱家天一閣藏本）　宋劉道醇撰。書分六門、一曰人物、二曰山水林木、三曰畜獸、四曰花草翎毛、五曰鬼神、六曰屋木。每門之中、分神妙能三品、每品又各分上中下、所錄凡九十餘人。首有敍文、不著名氏。其詞亦不類序體、疑爲書前發凡、後人以原書無序、析出別爲一篇也。案朱景元名畫錄、分神妙能逸四品、而此仍從張懷瓘例、僅分三品、殆謂神品足以該逸品、故不再加分析、抑或無其人以當之、姑虛其等也。又黃休復益州名畫錄、列黃筌及其子居寀於妙格下、而此書於人物門則筌居寀並列入妙品、花木翎毛門則筌居寀又列入神品、蓋卽一人、亦必隨其技之高下而品隲之、其評論較爲平允。其所敍諸人事實、詞雖簡略、亦多有足資考核者焉。【四庫全書總目提要】

宋朝名畫評三卷　宋劉道醇撰。分六門、一曰人物、二曰山水林木、三曰畜獸、四曰花柳翎毛、五曰鬼神、六曰屋木、每門又各分神妙能三品、古畫之分類記載、自此書始。【四庫全書簡明目錄】

宋朝名畫評三卷（王氏畫苑本）　宋劉道醇撰。四庫全書著錄、通志略讀書志書錄解題通攷宋志俱載之。鄭氏陳氏俱作一卷、蓋所見本併三卷爲一卷也。晁氏作道成、字之誤也。其書集宋朝畫工之名世者、分類記載、首人物、次山水林木、次畜獸、次花竹翎毛、次鬼神、終以屋木、凡六門。每門各以神品妙品能品別之、而三品之中、又各以上中下別之。計共一百二十人、各爲之傳、以分敍其繪事。傳後各綴以評、或併數人爲一評、敍述簡核、議論平允、較所作五代名畫補遺、更爲出色。【鄭堂讀書記】

聖朝名畫評（四庫提要聖朝改宋朝）三卷　宋劉道醇撰。是編分六門、曰人物、曰山水林木、曰畜獸、曰花卉翎毛、曰鬼神、曰屋木。每門分神妙能三品、每品復分三等。所錄凡九十餘人、各係以傳、傳後加以評語、或二三人併爲一評、而說明所以列入各品之故、詞簡而意備、洵佳構也。四庫謂首一段非序良是。郡齋讀書志云、劉道成纂、符嘉應撰、疑原有符氏撰序、今已佚、讀書志偶奪序字耳。其發明識畫之訣、在明六要、審六長、亦千古不易之論。【書畫書錄解題】

林泉高致集一卷　元至正八年

豫章歐陽必學刊本　說郛本有刪節　王氏畫苑本　詹氏畫苑補益本　百川學海本　四庫全書本　美術叢書本

宋郭熙撰。其子思續補。熙字淳夫、溫縣人。官翰林待詔直長、以善畫名於時。思有千金寶要、已著錄。
林泉高致集一卷　直徽猷閣待制河陽郭思撰。其父熙字淳夫、善畫。思元豐五年進士、旣貴、追述其父遺迹事實、待制許光凝爲之序。曰畫訓、畫意、畫題、畫訣。（案文獻通攷畫訓上多畫記二字）而序又稱詩歌贊記詔誥銘誌今本闕。【直齋書錄解題】
林泉高致一卷（題詞本有○述古目注鈔字）　河陽郭思纂其父淳父所得名人畫訣、及受眷神宗事實、勒成一書。政和七年、許光凝書其後云、覽之令人起物外煙霞之想、眞可謂林泉之高致矣。【讀書敏求記校證】
林泉高致一册（寫本）　右宋溫縣郭思輯。載王維、荆浩、李成三家論山水法、幷思父熙林泉高致山水論等篇。總目曰林泉高致。後附董羽畫龍緝議。【浙江採集遺書總錄】
林泉高致集一卷（浙江范懋柱家天一閣藏本）　舊本題宋郭思撰。書首有思所作序、謂丱角侍先子、每聞一說、旋即筆記、收拾纂集、用貽同好、故陳振孫書錄解題以此書爲思追述其父遺蹟事實而作。今案書凡六篇、曰山水訓、曰畫意、曰畫訣、曰畫題、曰畫格拾遺、曰畫記。其篇首實題贈正議大夫郭熙撰。又有政和七年翰林學士河南許光凝序、亦謂公平日講論小筆範式、燦然盈編、題曰郭氏林泉高致、而書中多附思所作釋語、幷稱間以所聞註而出之。據此則自山水訓至畫題四篇、皆熙之詞、而思爲之註。惟畫格拾遺一篇紀熙生平眞蹟、畫記一篇、述熙在神宗時寵遇之事、則當爲思所論撰、而併爲一編者也。許光凝序、尚有元豐以來詩歌贊記、陳振孫即稱已闕、而此本前後又載入王維、李成山水訣、荆浩山水賦、董羽畫龍輯議各一篇、亦非郭氏原本之舊。書末有至正八年豫章歐陽必學重刻一行、或即元時刊書者所附入歟。別本又有山水訣纂一卷、亦題宋郭思撰。前有簽書河南府判官廳公事王緯序、稱思述其父熙平日所說山水畫法、好事者喜傳其文、而緯得之最先。大觀四年鏤版廣之。校其文與林泉高致所載山水訓一篇、首尾相同。疑思先纂是編、後復增益之、爲林泉高致集、而其書已行、故至今猶兩存之也。書末又有圖畫見聞志一卷、與郭若虛同名、而其文迥異。中載葉夢得評畫行似非思所裒輯、疑本別爲一編、乃續郭若虛書而作者、後人因所收畫訣、畫題、皆思述其父之詞、故取附山水訓纂之末耳。以上二編、一與思書相複、一與思書無關、今俱刊除不錄、而附存其目於此書之末、用以訂同異、備考核焉。【四庫全書總目提要】
林泉高致集一卷　宋郭熙撰、其子思續補。熙所撰者凡四篇、曰山水訓、曰畫意、曰畫訣、曰畫題、間有註釋、皆思所附。思所續補者二篇、曰畫格拾遺、記熙平生眞蹟、曰畫記、述熙在神廟朝龍遇之事。書之前後、又載有王維、李成、荆浩、董羽諸畫論、乃元至正中歐陽必學重刻所附、非其舊也。【四庫全書簡明目錄】

林泉高致一卷（說郛本）　宋郭熙撰。四庫全書著錄、下有集字、且有其子思之注、并續補畫格拾遺及畫紀二篇。書錄解題通考所載、俱有集字。陳氏作思所撰、焦氏經籍志旣載淳夫林泉高致一卷、又載得之山水論一卷、紀藝一卷、宣和雜評一卷。是本止三篇、首山水訓、次畫意、次畫訣、山水訓卽畫訓也、而無畫題一篇、蓋陶氏刪去之。【鄭堂讀書記】

林泉高致集一卷　宋郭熙撰、子思纂。書凡六篇、四庫以前四篇爲郭熙作、後兩篇爲其子思作、極是。其山水訓畫訣兩篇所論至爲精到。北宋以前言畫法之書今傳者多不足信、此編絕非僞託、是以可貴。今本前有思序、陳振孫書錄解題、及四庫著錄本云前有政和七年許光凝序、今本闕。【書畫書錄解題】

趙氏家法筆記一卷　涵芬樓祕笈本

不著撰人名氏。

孫毓修跋云、不著撰人、卷末有孟頫閒暇中云云、又有大德十有一年歲在丁未識于雪齋一行、則似出于文敏。然第四葉有因纂錄先子畫題之下、間以所聞而注之云云、又似仲穆翯所記者。書凡四十七條、有題無錄者二條。所論各色膠絹諸法畫山水人物花鳥蘭竹諸訣、無不造入精微、爲藝術家不可不讀者。【涵芬樓祕笈跋】

趙氏家法筆記一卷　未著撰人姓名。是編末有孫毓修跋、謂舊爲秦氏石研齋鈔本、可云祕笈、甚加推許。今覈其文、乃隨意摘鈔昔人論畫之本、漫無條理。其畫訣及山水訓、皆郭氏林泉高致之文。林泉高致爲熙子思所纂錄、故編中有因纂錄先子畫題、及思平昔見先子作一二圖之語。孫氏不知郭思爲何人、因卷末有鈔趙松雪語、遽疑爲仲穆翯所爲、未免失攷。其餘如畫家十二忌、乃饒自然所作、六法六長等條、則雜鈔古畫品五代名畫補遺諸編、又鈔及王維李成荆浩諸僞書、俱屬習見之本。且宋元人論畫之書、統論山水人物花鳥者、何止韓宋李三家、孫氏以爲未見、似其於舊傳書畫之書、未曾涉獵、乃率意題識、尤覺粗疏。【書畫書錄解題】

畫史一卷　宋刊本半葉十一行行二十字　明翻宋本　百川學海本　說郛本　王氏畫苑本　津逮祕書本　唐宋叢書本　四庫全書本　美術叢書本

宋米芾撰。芾有書史、已著錄。

畫史一卷　米芾撰。【直齋書錄解題】

畫史一卷（兩江總督採進本）　宋米芾

撰。史稱芾妙於翰墨繪圖、自名一家、尤精鑒裁。此書皆舉其平生所見名畫品題眞僞、或間及裝褙收藏及考訂謬誤、歷代賞鑒之家、奉爲圭臬。中亦有未見其畫而載者、如王球所藏兩漢至隋帝王像及李公麟所說王獻之畫之類。蓋芾作書史皆所親見、作寶章待訪錄別以目覩的聞分類編次、此則已見未見相雜而書、其體例各異也。他如渾天圖、及五聲六律十二宮旋相爲君圖、自爲圖譜之學、不在丹青之列、芾亦附載。殆張彥遠歷代名畫記兼收日月交會九道諸圖之例歟。芾不以天文名、而其論天以古今百家星歷盡爲妄說、欲以所作晝夜六十圖上之御府、藏之名山、已爲誇誕。又不以韻學名、而其論韻謂沈約只知四聲、求其宮聲而不得、乃分平聲爲上下、以欺後世。考約集載答陸厥書、雖稱宮商之音有五、而梁書約本傳及南史厥本傳並云四聲、隋志亦作沈約四聲一卷。芾所謂求其宮聲不得者、不知何據。殆誤記唐徐景安樂書以上下平分宮商歟。（案景安書今不傳、其說見王應麟玉海。）卷首題詞、謂唐代五王之功業、不如薛稷之二鶴、尤爲誕肆、是亦以顚得名之一端、存而不論可矣。【四庫全書總目提要】

畫史一卷　宋米芾撰。舉其生平所見所聞諸名畫品題眞僞、或間及裝褙收藏、或併爲考訂訛謬、歷代賞鑒之家、皆奉爲圭臬。【四庫全書簡明目錄】

畫史、宋米芾撰。此書輯本朝公卿士庶家藏名畫一一論次、其優劣蓋舉其生平所覩者也。【惜抱軒書錄】

畫史一卷（王氏畫苑本）　宋米芾撰。四庫全書著錄、讀書志、書錄解題、通志、通考、宋志俱載之。晁氏則併書史作二卷。其書專輯宋朝公卿士庶家藏名畫、論其優劣眞僞、間及裝褙收藏、大都六朝唐人之畫十之一、宋人之畫十之九、可知五季以前名蹟、北宋人亦少得見也。海岳以畫苑宗匠、而作鑒賞之書、猶之詩人作詩話、絕無影響附會之談、犯其筆端也。【鄭堂讀書記】

米海岳畫史一卷（宋本）　豐順丁氏藏、每半葉十一行、行二十字。前有咸豐四年顧武保題識、謂是册宋槧初印、貯貞殷徵等字避諱。【宋元舊本書經眼錄】亦見【持靜齋藏書紀要】

米海嶽畫史一卷（明翻宋本）　宋米芾撰。此本半葉十一行、二十字。明人繙宋本共十餘種、此初印本薰紙書、估僞充宋槧、明刻如此等書、殊可寶愛。寬簾紙明亦有之、特不能硬證爲宋耳。【適園藏書志】

米海嶽畫史二卷　宋米芾撰。此編體例、與書史略同、實爲著錄名畫祖本。其間亦間及裱褙印章、並評論其優劣、實賞鑒家不可不讀者。其間敍賞鑒收藏雜事數則、足以窺知當時風氣、不特解頤、亦爲絕好史料。又時因畫而論及他事、中有辨古服制一條最精、乃作故事畫不可不知者。記江神索韓馬一條、未免涉於神奇、實爲玭累。宣和畫譜辨其記鍾隱一條、當是偶誤。前有自序。【書畫書錄解題】

按盧文弨米襄陽畫史題辭見（抱經堂文集）亦可參閱。

德隅齋畫品一卷

（亦簡稱畫品）　明仿宋刊本　明刊百川學海本　明寶顏堂刊彙祕笈本　明刊說郛本　王氏畫苑本　詹氏畫苑補益本題李廌畫品　顧氏文房小說本　四庫全書本　李氏宜秋館刊宋人小集本

宋李廌撰。廌字方叔、陽翟人。

德隅堂畫品一卷　李廌方叔撰。趙令時德麟官襄陽、行橐中諸畫、方叔皆爲評品之、元符元年也。【直齋書錄解題】

德隅齋畫品一卷（兩江總督採進本）　宋李廌撰。廌事蹟具宋史文苑傳。是編所記名畫凡二十有二人、各爲序述品題。陳振孫書錄解題所稱、蓋即此書、惟德隅齋作德隅堂。考鄧椿畫繼、稱李方叔載德隅齋畫品云云、則陳氏所記誤矣。廌本善屬文、故其詞致皆雅令、波瀾意趣、一一妙中理解、葉夢得石林詩話論寇國寶詩、所謂從蘇黃門庭中來者。惟寒龜出曝圖條中、有頃在丞相尤公家見黃監一龜云云、考元祐紹聖之間、丞相未有尤姓者、豈寫傳之譌耶。【四庫全書總目提要】

德隅齋畫品一卷　宋李廌撰。記趙令時家諸畫、凡二十二種、各爲敍述品題。廌文士、故詞致雅令、雖篇帙寥寥、而波瀾意趣、在諸家畫品之上。【四庫全書簡明目錄】

盧文弨跋　德隅齋畫品、宋濟北李方叔廌之所作也。乃所評畫、能知名手用意處、雖無題識、而摩挲放像、有以知同物而異時、同形而異勢、摹寫曲盡、令人如將遇之、誠善於言者也。【抱經堂文集】

畫品一卷（彙祕笈本）　宋李廌撰。　四庫全書著錄、上有德隅齋三字、與鄧椿畫繼所稱同。書錄解題通考宋志、俱誤齋作堂。焦氏經籍志亦無此三字、蓋後人所妄刪也。元符戊寅元年趙德麟令時官襄陽、方叔取其行篋中諸畫、凡二十二種、各爲敍述品題、別錄成帙。方叔本文士、故措詞頗雅潔、雖篇幅寥寥、而波瀾老成、在諸家畫品之上。【鄭堂讀書記】

德隅齋畫品一卷（明仿宋本）　宋李廌撰。自序（略）　李方叔鑒裁明當、每展書畫、目所寄處、便了妙境、余盡出所藏、其所品畫語勝理詣、翰墨娟秀、讀之未必見畫而橫陳目前矣。元符元年趙令時德麟序。【皕宋樓藏書志】

德隅齋畫品一卷　宋李廌撰。是編雖名畫品、實就所見畫而加以評論、與各家分別等第或比況形容者不同。所著錄之畫、皆趙德麟令畤襄陽行橐中所貯者、其文或即當時題畫之作、持論甚精、四庫稱其妙中理解、是也。說郛本與詹氏補益本先後次第不同、補益本少感應公像一首、末有自跋及趙令畤跋。【書畫書錄解題】

宣和論畫雜評一卷

王氏畫苑本　詹氏畫苑補益本　四庫存目　美術叢書本

舊題宋徽宗御撰、實即鈔錄宣和畫譜中諸論而成。

宣和論畫雜評一卷（浙江鮑士恭家藏本）

此本爲王氏畫苑所載、題宋徽宗皇帝御撰、勘驗其文、即宣和畫譜中諸論也。明人叢書往往如是、亦拙於作僞矣。【四庫全書總目提要】

宣和論畫雜評一卷　舊題宣和御記。此編鈔錄宣和畫譜諸門序論而成、却別立名目、無聊甚矣。題宣和御記、尤無所據。【書畫書錄解題】

廣川畫跋六卷

明嘉靖中楊愼刊本　王氏畫苑本　四庫全書本　翠琅玕館叢書本　十萬卷樓叢書本　適園叢書本

宋董逌撰。逌字彥遠、東平人。靖康末官司業。

廣川畫跋五卷　董逌撰。【直齋書錄解題】

何良俊曰、廣川畫跋不甚評畫之高下、俱論古今之章程儀式、可謂極備。【四友齋叢說】

廣川畫跋六卷（兩江總督採進本）　宋董逌撰。逌在宣和中、與黃伯思均以考據賞鑒擅名。毛晉嘗刊其書跋十卷、而畫跋則世罕傳本。此本爲元至正乙巳華亭孫道明所鈔、云從宋末書生寫本錄出、則爾時已無鋟本矣。紙墨歲久剝蝕、然僅第六卷末有闕字、餘尚完整也。古圖畫少作故事及物象、故逌所跋皆考證之文。其論山水者、惟王維一條、范寬二條、李成三條、燕肅二條、時記室所收一條而已。其中如辨正武皇望仙圖、東丹王千角鹿圖、七夕圖、兵車圖、九主圖、陸羽點茶圖、送窮圖、乞巧圖、勘書圖、擊壤圖、沒骨花圖、舞馬圖、戴嵩牛圖、秦王進餅圖、留瓜圖、王波利獻馬圖、引據皆極精核。其封禪圖一條、立義未確。娵魚圖一條、附會太甚。分鏡圖一條、拘滯無理。地獄變相圖、誤以盧楞伽爲在吳道元前、皆偶然小疵、不足以爲是書累也。【四庫全書總目提要】

廣川畫跋六卷　宋董逌撰。逌書跋有刊本、此書則僅輾轉傳抄、中間考證之文十之九、與他家畫品僅評筆迹者、用意各殊。【四庫全書簡明目錄】

廣川畫跋六卷（舊鈔本）　宋董逌撰。是書有楊升庵刻本、中有脫文及此文錯入他文之尾者。此從元至正乙巳華亭孫道明鈔本傳錄、孫從宋末書生寫本錄出流傳最舊、惟六卷末有缺文黃琴六據楊本校補、幷補正他處闕字遂成完書。

廣川畫跋六卷（明刊本） 此楊升庵從館閣本錄出以刻者。目中書李子西兵車圖書龍袞文馬圖二篇列卷一末與本書合元鈔本錯入於前者訛。惟楊本譌字爲多黃琴六卽據元鈔本校改訂正。有劉大謨序楊愼跋。【鐵琴銅劍樓藏書目錄】

廣川畫跋六卷（餘姚盧氏抱經堂校定傳鈔本） 宋董逌撰四庫全書著錄、書錄解題通攷俱作五卷疑所見本異也。焦氏經籍志正作六卷與今本合。彥遠既作書跋以評古器款識及漢唐以來碑帖乃復跋及所見名畫自封禪圖以迄吳生人物凡一百三十五通、而考證之文幾居其十之九不如他家畫品僅評筆迹而已間有舛誤而精核者居多後來畫苑諸書皆無如是之撰述矣固當與其書跋、獨有千古也。【鄭堂讀書記】

陸心源書楊升菴刊廣川畫跋後 廣川書畫跋、皆刊於王弇州所輯書畫苑、大興紀文達謂書跋有刊本、此書則僅輾轉傳鈔、一若未見刊本者不可解也。此本爲楊升菴所刊、爲王氏刊本所從出、惟譌奪甚多幾不可讀。卷四蒲永昇畫水跋李營邱山水圖跋、卷五武宗元天王跋皆有錄無書展子虔畫馬跋、脫五十餘字誤連營邱山水圖跋末數句、秋雨圖跋亦誤連天王跋末數句想當時升庵所見本有缺葉、故致此誤耳。偶從章紫伯明經借得影鈔元鈔本則此本所缺蒲永昇畫水跋、李營邱山水圖跋、武宗元天王跋皆完具因一一補錄、且改正數十字。但元人跋已稱譌字甚夥、不可枚舉雖互相勘正、疑竇尙不少也。【儀顧堂文集】

廣川畫跋六卷（明刊本） 宋廣川董逌著。楊升庵愼跋嘉靖壬寅東阜劉大謨序。【善本書室藏書志】

廣川畫跋六卷（陳振孫直齋書錄解題作五卷、藏修堂叢書有劉晚榮校勘記。） 宋董逌撰。題跋凡一百三十四篇、畫苑本卷三原缺三篇僅存其目。其文偏重考據及論議、俱極樸實。逌與蘇黃同爲宋人而題跋風趣逈殊、題故事圖畫應以此種爲正宗、然非學有本源者不辦、故後來無能効之者。【書畫書錄解題】

畫鑒一卷

明刊本　說郛本多畫論一卷　唐宋叢書本同　明汲古閣刊附鼎錄後本　學海類編本題古今畫鑑　四庫全書本　李氏藻芳清玩本　美術叢書本亦多畫論一卷

舊題宋湯垕撰。

畫鑑一卷（紅絲闌鈔本） 明東楚湯載著。序云宋眞子妙于考古在京師時與鑒書博士柯君敬仲論畫、遂著此書用意精到、悉有

據依、惜乎尙多疏略、乃爲刪補編次成帙、名曰畫鑑。采眞子、載之自號也。【天一閣書目】

元湯垕畫鑒一卷　陶九成稱其議論有依據。【絳雲樓書目】

畫鑒一卷（題詞本有、述古目注鈔字、）采眞子與柯敬仲論畫、遂著此書、當時賞其知言。後附荆浩山水筆法記一卷。【讀書敏求記校證】

畫鑒一卷（兩江總督採進本）　舊本題宋東楚湯垕君載撰。案垕與柯九思同時、九思爲鑒畫博士、在元文宗天歷元年、則作此書時、上距宋亡已五十三年、下距元亡僅三十九年、垕安得復稱宋人。且書中稱元曰本朝、稱宋曰宋朝、內元外宋、尤不得以遺民藉口、舊本蓋相沿誤題也。又卷首題詞稱、惜乎尙多疏略、乃爲刪補、編次成帙、名曰畫鑒、後有高識、賞其知言、采眞子、東楚湯垕君載之自號也云云、則此書乃因垕舊稿、重爲潤色、不但非垕之原本、併畫鑒之名、亦非垕所自命矣。惟題詞不著名氏、遂不能詳考其人耳。所論歷代之畫、始於吳曹不興、次晉衛協顧愷之、次六朝陸探微諸家、（案吳晉皆在六朝之數、不應別探微以下爲六朝、原本標目如是、姑仍其舊、而附訂其誤於此。）次唐及五代諸家、次宋金元諸家、然元惟龔開陳琳二人、蓋趙孟頫諸人並出同時、故不錄也。次爲外國畫、次爲雜論。大致似米芾畫史、以鑒別眞僞爲主。所辨論皆在筆墨氣韻間、不似董逌諸家以考證見長也。【四庫全書總目提要】

畫鑒一卷　元湯垕撰。所載諸畫、上自三國曹不興、下至元龔開陳琳、殿以外國畫及雜論。大致以筆迹辨眞僞、與米芾畫史相類、不似董逌畫跋一一考證也。【四庫全書簡明目錄】

畫鑒一卷畫論一卷（說郛本）　仍題宋湯垕撰。以其書考之、實元人也。四庫全書著錄、總作畫鑒一卷、焦氏經籍志倪氏宋志補錢氏補元志所載、亦俱作一卷、知陶氏妄分之也。君載妙于考古、與天歷間鑒書博士柯敬仲九思論畫、遂著此書。上自孫吳曹不與、下至元龔開陳琳、殿以外國畫、凡一百餘家各就其畫而品評之、下卷則爲雜論二十五則、用意精到、悉有據依、大致以辨眞僞、有類米海岳畫史云。【鄭堂讀書記】

校明鈔本畫鑒一卷一册　版心有野竹齋校刻五字。【楹書隅錄續編】

陸心源畫鑒跋　畫鑒一卷、元湯垕撰、前有垕自序。【儀顧堂題跋】

畫鑑（學海類編作古今畫鑑）一卷　元湯垕原本。今本題詞上、俱有勾曲外史題五字、勾曲外史者、張雨別號也。是此書本爲湯垕原本、而經張雨刪補者。但考張勾曲實生於元世祖至元十四年、而君載作此書時、姑依四庫提要考證在文宗天歷元年、則勾曲年已五十有一、與君載爲同時人、何以此書由其删補、豈君載之書尚未成編、而先勾曲歿、勾曲因爲之删補成編歟。未可知也。四庫著錄之本題詞不著名氏、故云不能詳考其人。皕宋樓藏書志所錄題詞、亦無勾曲外史題字樣。因知舊本皆然、特不知此五字何人所增、始於何本耳。縱使僞託於勾曲、而此書爲湯氏原本、則題詞語意甚明、況僅爲删補、於原書當無甚違異、四庫謂非湯氏原本、未爲篤論。其書大體似米氏畫史、凡所辨論、皆甚精到。　畫論一卷　元湯垕撰。是編專論鑒藏名畫之方法與其得失、凡二十三條、深切著明、又多從畫法立論、尤得要領。【書畫書錄解題】

畫鑒一卷　舊本題宋東楚湯垕君載撰。（以下同四庫提要）【安徽通志藝文考稿】

圖畫考七卷　四部叢刊續編本

元盛熙明撰。熙明有法書攷、已著錄。

圖畫考七卷（舊鈔本）　元盛熙明撰。熙明有法書考八卷、著錄四庫、而此書不載。錢氏元史藝文志亦無其目。案自序有云、臣不揣愚陋、嘗著法書考、今復博采傳記、芟繁摭要、撰爲圖畫考一通、繕寫上進、是此書之作、在法書考奏御之後、本自別行也。書爲目二十有七、卷一曰述原興廢規鑒圖名師傳、卷二曰工用筆法氣韻設色模搨、卷三曰佛道人物傳真宮室、卷四曰山水附樹石、卷五曰竹木花鳥蔬果龍魚畜獸、卷六曰名譜分上古中古近古三子目、卷七曰鑒藏辨謬品價印記裝褙藏玩。大概本之張彥遠名畫記、郭若虛見聞志、餘如謝赫古畫品錄、郭思林泉高致之屬、已不多及。四庫全書提要稱法書考。雖雜取諸家之說、而採擇特精。今觀此書、亦復條理秩然、猶前志也。【鐵琴銅劍樓藏書目錄】

張元濟跋盛熙明著有法書考、曩得吳元朗舊藏寫本、印於續編、友人傅沅叔歎爲精絕、謂遠出曹楝亭詩局刊本之上。此亦熙明所著、四庫未著於錄、即錢氏元史藝文志亦不載、蓋遺佚久矣。盛氏自序謂繼法書考而作、故體例悉同。大抵取材於張彥遠名畫記、郭若虛圖畫見聞誌及宣和畫譜、與夫謝赫米芾郭熙諸家緒論、然亦有出於其外者、逸事珍聞、足資探討。人間祕笈、久付沉淪、故亟印行、以爲盛氏遺著兩美之合、且以補錢氏元史藝文之缺焉。

升庵畫品一卷　函海本　升菴全集本

明楊慎撰。慎有檀弓叢訓、已著錄。

畫品一卷（函海本）　明楊慎撰。是編雖

稱畫品、而皆隨所見聞、雜綴成篇、不作軒輊、與畫品體例迥殊。凡四十八則、附以宋人詩十四首及贊一首。大都詳于故實而略于品題。【鄭堂讀書記】

升庵畫品一卷　明楊愼撰。此書雜綴成編、絕無品畫之語、與書名未符。李調元序謂不加軒輊、令閱者於言外得之、欺人之語、不足信也。編中雜錄舊文者固多、亦間有攷證、如辟稷一條、拂林圖一條、春宵祕戲圖一條、七賢過關一條、裝潢一條、皆可取者。【書畫書錄解題】

名畫神品目一卷　函海本

明楊愼撰。

名畫神品目一卷（函海本）　明楊愼撰。按朱景元唐朝名畫錄、分神妙逸能四品、劉道醇宋朝名畫評、從張懷瓘書斷例、僅分神妙能三品、殆謂神品足以該逸品、故不再加分析也。黃休復益州名畫錄、又躋逸品于三品之上、其次序又復小殊。至升庵所列六十八種、則概以神品目之、蓋倂能品妙品逸品、盡囊括于神品之中、非止如劉氏名畫評、僅以神品該逸品也。【鄭堂讀書記】

名畫神品目一卷　明楊愼撰。此編載圖一百六十有八、蓋自古畫目、歷代名畫記諸書中、列神品者、彙輯而成、絕無義例、亦無考訂、實不成書。李調元震於升庵之名、爲之序而刊行耳。【書畫書錄解題】

中麓畫品一卷　函海本　四庫存目　美術叢書本

明李開先撰。開先字伯華、中麓其號也。章邱人。嘉靖己丑進士、官至太常寺卿。

中麓畫品一卷（刊本）　右明章邱李開先撰。雜論畫品、及各家師法。【浙江採集遺書總錄】

中麓畫品一卷（浙江范懋柱家天一閣藏本）　明李開先撰。開先明史文苑傳、附載陳束傳中。稱其性好蓄書、藏書之名聞天下。今其書目不傳、乃傳其畫品。大致仿謝赫、姚最之例、品明一代之畫、分爲五品、每品之中、優劣兼陳。王士禎香祖筆記曰、章邱李中麓太常藏書畫極富、自負賞鑒、嘗作畫品、次第明人、以戴文進吳偉陶成杜菫爲第一等、倪瓚莊麟爲次等、而沈周唐寅居四等、持論與吳人頗異。王弇州與之善、嘗言過中麓草堂、盡覩所藏畫、無一佳者。而中麓謂文進畫高過元人、不及宋人、亦未足爲定論也云云。則是編之持論偏僻可知矣。【四庫全書總目提要】

中麓畫品一卷（函海本）　明李開先撰。四庫全書存目、明史藝文志亦載之。中麓以明代畫家比之宋元、極少賞識、立論者亦難其人、于是據其所見、撰次是書、爲藝林補缺。

凡五篇、其一篇論諸家梗概、二篇設六要、括諸家所長、分四病、指摘所短、三篇搜羅尺寸之長、俾令無遺、四篇類次其比肩雁行、無甚高下、總爲一等、五篇述各家所從來之原、諸所評隲、皆略毛色而窮氣骨之論、雖責備不少假借、有片長亦不棄遺、蓋其究心于斯藝已久、故能知作者之深淺也。【鄭堂讀書記】

中麓畫品一卷　明李開先撰。是編品第出於伯華自創、與向來品畫不同。凡分五品、第一論諸家梗概、第二分六要四病。六要者、一爲神筆法、二爲清筆法、三爲老筆法、四爲勁筆法、五爲活筆法、六爲潤筆法。四病者、一爲僵筆、二爲枯筆、三爲渴筆、四爲弱筆、而以各家作品分列於下。第三搜羅尺寸之長、俾令無遺。第四分等而不列高下。第五述各畫所從出之原。所品俱明人、而甚推崇浙派、雖亦有所見、究未爲定評、四庫譏其持論偏僻是也。前有嘉靖二十四年自序、後有楊道胡來貢華夏靖張祉跋。【書畫書錄解題】

按王士禎跋中麓畫品、見(帶經堂文集)、亦可參閱。

墨竹記一卷　王氏畫苑本　詹氏畫苑補益本　美術叢書本

元張退公撰。

張退公墨竹記一篇　張退公撰。此篇作賦體、而題爲記、殊不可解。寥寥數百言、文辭殊不佳、而論寫墨竹之法、亦有可取處、蓋本息齋譜而附益成之者。【書畫書錄解題】

文湖州竹派一卷　廣百川學海本　明寶顏堂刊彙祕笈本　續說郛本題竹派　學海類編本題梅花道人撰　美術叢書本　四庫存目本書名上無文字

舊題明釋蓮儒撰。

湖州竹派一卷(兩江總督採進本)　舊本題明釋蓮儒撰。記文同畫竹之派、凡二十人。蓮儒在明中葉以後、而書中稱山谷爲余作詩云云、又稱余問子瞻云云、而後乃及金元諸人、時代殊相剌謬。今以所載考之、其李公擇妹蘇軾二條、乃米芾畫史之文。黃斌老黃彝張昌嗣文氏楊吉老程堂六條、乃鄧椿畫繼之文。劉仲懷王士英蔡珪李衎李士行喬達李倜周堯敏姚雪心盛昭十條、乃夏文彥圖繪寶鑑之文。吳瓘虞仲文柯九思僧溥光四條、乃陶宗儀畫史會要之文。皆剽竊原書、不遺一字。惟趙令庇俞澄蘇大年三條未知其剽自何書耳、可謂拙於作僞。陳繼儒收之彙祕笈中、亦失考甚矣。【四庫全書總目提要】

文湖州竹派一卷(彙祕笈本)　明釋蓮儒撰。四庫全書存目、無文字。文湖州爲畫竹一大宗。蓮儒就米海岳畫史、鄧公壽畫繼、夏士良圖繪寶鑑、陶南邨畫史會要諸書所載畫竹而宗湖州派者、得二十五人、彙爲是編。

皆全錄舊文、不著書名、而無一字之竄改、反不免有不去葛龔之誚。【鄭堂讀書記】

湖州竹派（續說郛本僅稱竹派）一卷　舊題明釋蓮儒撰。四庫謂此編拙於作僞、是也。有題作元吳仲圭所撰者、尤爲謬妄。蓋以爲蓮儒所撰、或不足重、然則奚不逕題文同邪。夫輯前人之言爲一書、亦是通例、若此編各注所出、不僞託古人、亦未始不足存也。【書畫書錄解題】

竹嬾畫媵一卷續一卷

六研齋筆記本　四庫存目　天蓋樓書畫眼本　光緒壬午高邕刊本　美術叢書本

明李日華撰。日華有梅墟先生別錄、已著錄。

竹嬾畫媵一卷續畫媵一卷（禮部尚書曹秀先家藏本）　明李日華撰。是書皆裒錄其題畫之作、謂之媵者、作畫而附以詩文、如送女而媵以娣姪也。所載諸詩有云、霜落蒹葭水國寒、浪花雲影上漁竿、畫成未擬人將去、茶熟香溫且自看。又云、夢歷春寒睡起遲、一林疎雨褪臙脂、詩翁艇子無人見、只有飛來白鷺鷥。又云、江鄉風物正秋初、山影沈沈樹影疎、野老慣遊渾不覺、有人天上憶鱸魚。又云、樹影苔痕淫不分、栗留聲隔幾重雲、沙彌詩夢渾無定、又在滄江野水濆。如此之類、雖風骨未高、而亦瀟洒有韻。惟數首以外、語意略同、七律尤頹唐傷格。且有以偶題五字、亦登梨棗、如晚山無限好句、恐未足當楓落吳江冷矣。【四庫全書總目提要】

竹嬾花媵一卷續畫媵一卷（竹嬾說部本）　明李日華撰。四庫全書存目。明史藝文志總作畫媵二卷。所作之畫、必自題詩于其上、或一首、或一聯、甚至有題止一句者、間有綴以題跋、或止數語、不等。久之裒錄成帙、先後各得一卷。其曰畫媵者、蓋以畫爲主、而詩文爲從也。其詩各體具備、而近體爲多、然求其楚楚有致者、亦惟七言絕句而已。【鄭堂讀書記】

竹嬾畫媵（美術叢書本媵作賸誤）一卷續一卷　明李日華撰。自序謂門人徐節之、陳衡伯暨兒亨、每遇予畫頭着語、輒錄藏之、暇日出以相印、又謀梓行、是又欲糜數千番穀皮耳。知此編非竹嬾所自編梓。其曰媵者、即無關去留之意。四庫所譏、似稍過當、方蘭抵贊之、亦覺過情也。【書畫書錄解題】

墨君題語二卷

明刊本　六研齋筆記本　四庫存目　竹嬾說部本　美術叢書本

明江元祚項聖謨同編。元祚有孝經大全、已著錄。聖謨字孔彰、秀水人。

墨君題語二卷（禮部尚書曹秀先家藏本）　明項聖謨編。是編皆題詠墨竹之文。上卷爲李肇亨作、下卷爲李日華作。肇亨字會嘉、嘉興人、日華之子也。【四庫全書總目提要】

墨君題語二卷（竹嬾說部本）　明江元

祚項聖謨同編。四庫全書存目。邦玉于竹嬾畫媵之外、取其題畫墨竹之詩以及跋語、編爲上卷、以補畫媵之未備。孔彰又取其子珂雪所作爲下卷。（珂雪名肇亨、字會嘉、珂雪其號也。）但珂雪所作寥寥、僅及其父三之一而已。其稱墨竹爲墨君者、本東坡墨君堂記所云也。【鄭堂讀書記】

墨君題語二卷　明江元祚項聖謨編。第一卷爲江元祚輯、俱李竹嬾題詠、幾及百篇、雖以墨君標名、而不僅爲寫竹而作、間有題畫松畫蘭者、又俱爲魯孔孫之畫而作。第二卷爲項聖謨輯、則多爲李會嘉題語、凡三十八篇。所題亦不僅爲墨竹、亦多爲孔孫之畫而作。兩卷詩多於文、殊鮮佳構。四庫存目俱作項聖謨輯、疑即此編。【書畫書錄解題】

魯氏墨君題語一卷別集一卷　明崇禎間原刻本

明魯得之撰。得之字孔孫、號千巖、錢塘人。

魯氏墨君題語一卷別集一卷（崇禎間原刻本）　明魯得之著。孔孫精寫竹、見於山靜居畫論。其所畫多李竹嬾父子題詞、曾有江元祚項聖謨輯本、與此編同名、故此編加魯氏以別之、以孔孫自編也。俱屬韻語、絕句爲多、並載及斷句、然佳作殊不多。別集則爲題跋、論畫竹法、頗有可取者。必別於韻語而標爲別集、未詳其義。前有譚貞默項嘉謨錢千秋序、別集有李日華題詞。【書畫書錄解題】

畫說一卷　廣百川學海本　續說郛本　四庫存目

明莫是龍撰。是龍字雲卿、以字行、更字廷韓。華亭人。萬曆中以貢入國學。

畫說一卷（浙江鮑士恭家藏本）　明莫是龍撰。其論畫以李成爲北宗、王維爲南宗、而於維尤無間然。又謂有輪廓而無皴法、謂之無筆、有皴法而無輕重向背明晦、謂之無墨、頗合畫家宗旨。特所錄僅十五條、不爲詳盡。其末一條、謂師趙大年江貫道北苑子昂大李將軍郭忠恕李成、集其大成、自出機軸、再四五年、文沈二君不能獨步吾吳矣云云、不知其所指何人也。【四庫全書總目提要】

畫說一卷（續祕笈本）　明莫是龍撰。四庫全書存目、明史藝文志亦載之。雲卿承其父子良如忠家學、以善書稱、乃不爲書說而爲畫說。凡十六則、所論頗得畫家三昧、蓋書畫本一家、善書者未有不妙解畫理者也。惜其未能盡取六法而詳說之也。續說郛亦收入之。【鄭堂讀書記】

畫說一卷　明莫是龍撰。是編凡十六條、所論至爲精到。然董文敏畫旨畫眼、俱有其文、但字句略有出入耳。考文敏生於嘉靖三十四年、雲卿生卒年月雖無攷、而其父如忠則生於正德三年、下距文敏之生、爲四十七年、是雲卿與文敏當爲同時人、而略早、又與文敏生同里閈、畫法亦甚高妙、當不至勦襲文敏之書、若出勦襲、亦斷不能傳錄如是之久。頗疑文敏之書、非其自著、乃後人輯錄而成、展轉傳鈔、遂將莫說誤入、或雲卿畫說散失、後人取文敏之說、依託爲之、亦未可知、兩者必居其一也。【書畫書錄解題】

畫箋一卷　廣百川學海本　說郛本　美術叢書本

明屠隆撰。隆字長卿、一字緯眞、鄞縣人。萬曆五年進士、官至禮部主事。

畫箋不分卷　明屠隆撰。是編凡二十六則、一賞鑒、二似不似、三古畫、四唐畫、五宋畫、六元畫、七國朝畫家、八邪學、九粉本、十臨畫、十一宋繡畫、十二看畫法、十三品第畫、十四無名畫、十五單條畫、十六古絹素、十七裱錦、十八學畫、十九軸頭、二十藏畫、廿一小畫匣、廿二捲畫、廿三拭畫、廿四出示畫、廿五裱畫、廿六掛畫。每則多或百數十字、少或十數字、語焉未詳。疑其隨意摭錄、不盡出於自撰。中如唐畫一條、泛論畫法、不必唐畫如此。國朝畫家一條、亦不宜如是簡略也。【書畫書錄解題】

寶繪錄二十卷　明崇禎刊本　四庫存目　知不足齋刊本　金匱雲屋刊本　東鄉饒氏刊袖珍本

明張泰階撰。泰階字爰平、自號放言子。上海人。萬曆己未進士、官至溫庭副使。

寶繪錄二十卷（刊本）　右明華亭張泰階輯、自唐至明名畫、皆著於錄。【浙江採集遺書總錄】

寶繪錄二十卷（江西巡撫採進本）　明張泰階撰。其家有寶繪樓、自言多得名畫眞迹、操論甚高。然如曹不興畫、據南齊謝赫古畫品錄、已僅見其一龍首、不知泰階何緣得其海戍圖。又類愷之陸探微展子虔張僧繇、卷軸纍纍、皆前古之所未睹。其閻立本吳道元王維李思訓鄭虔諸人、以朝代相次、僅廁名第六七卷中、幾以多而見輕矣。揆以事理、似乎不近。且所列歷代諸家跋語、如出一手、亦復可疑也。【四庫全書總目提要】

吳脩論畫絕句注曰、崇禎時有雲間張泰階者、集新造晉唐以來僞畫二百件、併刻爲寶繪錄二十卷、自六朝至元明、無家不備、宋以前諸圖、皆趙松雪俞紫芝鄧善之柯丹丘黃大癡吳仲圭王叔明袁海叟十數人題識、終以文衡山、而不雜他人、覽之足以發笑。豈先流布其書、後乃以僞畫出售、希得厚値邪。數十年間、余曾見十餘種、其詩跋乃一人所寫、用松江粉黃箋居多、四庫全書提要收此書、亦疑其出於一手、未之信也。

寶繪錄二十卷（知不足齋刊本）　明張

泰階撰。四庫全書存目。爰平官上黨時、意欲編次金石錄未果、爰就篋中名畫向時精心所求裝潢成幅、遂併他姓所珍而耳目所及者、亦有緘縢所祕而未經傳示者、備列其目、甄錄前人題詠、以成是編。卷一爲總論五篇、雜論二十則、卷二至卷十七爲卷册類、卷十八至卷二十爲挂幅類。專以繪事爲主、絕不旁及。惟以王右軍爲百世書法之祖、因以其感懷帖系之唐畫之末。卷後有以己見附識或他書援證者、俱作小書、以便稽考。以其家有寶繪樓以藏畫、故是錄亦曰寶繪。其所紀載及五百餘種、衡鑒炯然、足以追踪清祕云。【鄭堂讀書記】

寶繪錄二十卷　明張泰階撰。是編卷一爲總論五篇、次爲寶繪樓記、次爲雜論。卷二至卷十八之半爲卷册、以下爲掛幅、所收止於元代。曰寶繪者、蓋其家築有斯樓以藏畫、因以名書。然據序則所錄又不盡爲其自藏、既未逐品記明、無由分別。前有自序。【書畫書錄解題】

按張宗泰跋張泰階寶繪錄卷十五、見（魯巖所學集）亦可參閱。

繪事微言四卷　明天啓間刊本

四庫全書本　海陵叢刊本　商務印書館影印四庫全書珍本本

明唐志契撰。志契字敷五、又字元生、江都人。與弟志伊並能畫、而志契尤以山水擅名。

繪事微言四卷（刊本）　右明泰州唐志契撰。首卷自論畫法、餘則刪纂前人畫史二十六種、彙次成編。【浙江採集遺書總錄】

繪事微言四卷（兩淮鹽政採進本）　明唐志契撰。是編乃其所著畫譜、姜紹書無聲詩史以爲頗得六法之蘊者也。所錄畫家名論、自南齊謝赫古畫品錄而下、至於明李日華諸人、皆刪除蕪冗、汰取精華。其承譌襲繆者、如梁元帝畫松石格、荊浩畫山水賦、皆不知爲贋本。畫塵乃吳中沈顥著、見陶宗儀說郛、而因顥字朗倩、輾轉傳譌、遂誤作朗耀。至其自著論斷、則多中肯綮、如謂佛道人物牛馬、則今不如古、山水林木花石、則古不如今。又云作畫以氣韻爲本、讀書爲先、皆確論也。讀其書、可以知其非庸史矣。故欽定佩文齋書譜採志契之說頗多云。【四庫全書總目提要】

繪事微言四卷　明唐志契撰。所錄畫家諸論、自南齊謝赫至同時李日華、皆刪除蕪雜、汰取菁英、持論頗爲不苟。其所自論、尤多心解、故姜紹書無聲詩史稱其頗得六法之蘊云。【四庫全書簡明目錄】

繪事微言四卷（寫本）　明唐志契撰。四庫全書著錄。敷五以畫中惟山水最高、雖人物花鳥草蟲、未始不可稱絕、然終不及山水之氣味風流瀟灑、因作是編、分元亨利貞四集、集各一卷。元集論作畫看畫之理、凡四十一則、持論頗爲不苟。亭集以下、自齊謝赫畫品錄、陳姚最續畫品以迄今時沈朗麗畫麈、及諸名家語錄、凡三十二種、皆刪存其要。如花鳥人物蘭竹梅菊等、雖有訣有譜有雜說、俱不錄、其于繪事中、獨尊山水至矣。蓋敷五與其弟志伊均以畫名、而敷五尤長于山水、故其所自論、尤多心解。【鄭堂讀書記】

夏荃曰、繪事微言四卷、邑人唐志契撰。提要稱其刪除蕪雜、汰取菁英、持論頗爲不苟。顧傳本絕少、庚寅、儲价人爲余假諸祝家莊徐姓、始得見之。凡四卷、以元亨利貞爲四集、元集論畫法畫理、名論多可採。餘三集皆刪纂昔賢撰著、自南齊謝赫品畫錄、迄明季屠赤水沈朗麗諸家悉備焉。然所採祇山水一門、若人物翎毛花卉諸譜訣皆不錄、蓋先生工山水、餘非其所長、然山水爲十三科之首、畫家亦以山水爲大宗也。卷首有陳眉公鄭超宗沈灝灝三序及自序、核其剞劂之歲、則天啓之六七年也。（卷一）　余見朱君蟾客所藏鈔本繪事微言二卷、（闕下二卷）與刻本小異。序後另葉列門生六人、邑劉漢臣（字見龍）成穩（字心如）及釋如澍（字潤一、泰州僧）與焉、爲刻本所無。其校正名家姓氏、鈔本視刻本多九十四人。中如夏全（字周齊）趙璧（字玉吾）王長參（字揖西）李麟（字文瑞）朱亮（字寅白）戴□（字雲江）夏森（字茂林）吉士（字純之）張昇（字暘谷）皆泰產、並泰州僧方廣（字空凡）凡十人、皆刻本所無。其貞集總目列李君實畫媵一種、刻本亦闕。餘行款疎密、悉與刻本同。【退庵筆記卷十二】

韓國鈞跋、右繪事微言四卷、邑人唐志契撰。此書收入四庫提要、稱其刪除蕪雜云云、（已見前）其詳已載夏荃退庵筆記中。惟筆記謂序後列校正姓氏數十人、皆工繪事者、弟志尹姪日昌與焉。而泰州志藝術門唐志尹傳、則又謂弟志契字敷五、善山水、能詩、不有此册、幾無以知泰志之誤矣。又佩文齋書畫譜稱志尹爲江都人、是不知相五與敷五爲兄弟、亦一誤也。【海陵叢刻跋】

繪事微言四卷　明唐志契撰。此編第一卷爲敷五自撰、餘三卷則雜采舊說成之。第一卷凡五十一則、各有標題、一畫尊山水、二畫名、三傳授、四畫以地異、五山水寫趣、六寫畫要、讀書、七畫不可苟、八畫要看眞山水、九存想、十品質、十一畫有自然、十二大小所宜、十三逸品、十四老嫩、十五仿舊、十六山水要明理、十七蘇松品格同異、十八畫要天分帶來、十九山水性情、廿氣韻生動、廿一用墨、廿二積墨、廿三寫意、廿四皴法、廿五丘壑藏露、廿六筆法、廿七山水忌纖巧、廿八冗與雜不同、廿九碎石、三十樹木、三十一樹石所宜、三十二枯樹、三十三柳與松、三十四水口、三十五雪雨風烟、三十六烟雲染法、三十七雪景、三十八樓閣、三十九遠山四十點苔四十一蓄畫四十二賞鑒四十三看畫訣四十四識畫火候四十五古今優劣四十六名家收藏四十七絹素四十八古畫不入常格四十九右畫無價五十院畫無款五十一金碧山水獨抒所見頗多發明於畫學深有裨益。雖間有襲陳言處、尙不爲病。四庫提要獨稱其言佛道人物牛馬今不如古山水林木花卉古不如今及作畫以氣韻爲本讀書爲先兩條、不知適非敷五獨創之論前一條蓋本於郭若虛圖畫見聞志後一條則前賢發揮者尤不止一家也。四庫偶未及察遂有此誤以是益知評論古書之難矣。其後三卷所采前人緒論有所删節而無準則孰取孰舍難得其情、且多不著撰人尤爲疎失。故是編卷首自是佳構而後三卷實爲贅疣且反以累其書也。前有鄭光勳序。【書畫書錄解題】

苦瓜和尚畫語錄一卷 知不足齋叢書本　昭代叢書本　翠琅玕館叢書本　四銅鼓齋論畫集刻本　美術叢書本多大滌子題畫詩跋一卷　光緒九年儀徵汪氏刊本首爲淸湘老人題記一卷苦瓜和尚畫語錄一卷附錄一卷

明僧道濟撰。道濟字石濤、號大滌子、自號苦瓜和尚明楚藩後也。

苦瓜和尚畫語錄一卷（知不足齋叢書本）

國朝釋道濟撰。石濤工畫山水蘭竹筆意縱恣脫盡窠臼。爰作論畫十八章各立章名、曰一畫曰了法曰變化曰尊受曰筆墨曰運腕、曰絪緼曰山川曰皴法曰境界曰蹊徑曰林木曰海濤曰四時曰遠塵曰脫俗曰兼字、曰資任皆鉤元抉奥獨抒胸臆文又簡質古峭、莫可端倪。不獨妙解畫理眞是自成一子。雖曰畫語錄實非儒釋兩家語錄之體也。【鄭堂讀書記】

苦瓜和尚畫語錄一卷大滌子題畫詩跋一卷（精鈔本） 和尚廣西梧州人前朝靖藩裔也。國亡薙髮爲比邱、遍遊瀟湘、洞庭、匡廬、鍾阜天都、太行五岳四瀆而畫益進書益工。畫語十八章江陰陳鼎爲之傳張沅跋其後、比之宋趙王孫彝齋。卷勺亭主汪繹辰從周晚菘處檢得寫傳楷書尤極精工。苦瓜和尙語錄、刊於知不足齋叢書題畫詩跋則繹辰所輯也。【善本書室藏書志】

苦瓜和尚畫語錄一卷 明釋道濟撰。此編凡十八章、一一畫二了法、三變化四尊受、五筆墨、六運腕、七絪緼、八山川九皴法十境界、十一蹊徑十二林木、十三海濤十四四時十五遠塵十六脫俗十七兼字十八資任。其論變化境界蹊徑林木四時諸章、說理尙明顯、餘俱玄妙之談參有禪理。道濟方外人所論固應如是也。後有張沅楊復吉兩跋。 大滌子題畫詩跋一卷 明釋道濟撰淸汪繹辰輯。（繹辰字陳也休寧人諸生。）是編爲繹辰所輯謂家藏大滌子畫甚多因錄題畫諸作、幷搜其散見他處者、附抄畫語錄後。今本畫語錄後無此編、蓋未經附刊者。美術叢書始爲刊行、凡四十六題、每題一二百首、乃至十數首不等。中惟與人夜飲一首、古墩種樹歌一首、宿天隆古院兩首、跋閣帖一則、非題畫之作、亦廁其中、蓋不欲遺棄之也。大滌每畫必題、其詩與文率有奇古淸高之氣、若廣事搜輯、必有可觀、此編不過其一鱗片爪耳。末有汪繹辰跋。【書畫書錄解題】

畫語錄 釋道濟撰。舊在翠琅玕館藝術叢書中。近人黃賓虹取畫語錄及大滌子題畫詩跋、並收入美術叢書。聞全州有單行本、未見。【廣西近代經籍志】

畫塵一卷

廣百川學海本 明刊快書本 續說郛本 昭代叢書本 美術叢書本

明沈灝撰。灝字朗倩、又字朗麗。長洲人。

畫塵一卷（續說郛本） 明沈灝撰。朗倩工書善畫、卓然自名一家。是編乃其論作畫之說、亦復矯矯不羣。凡分表原、分宗、定格、辨景、筆墨、位置、刷色、點苔、命題、落款、臨摹、稱性、遇鑒十三目。【慈雲樓藏書志】

畫塵一卷 明沈灝撰。此編分十三目、一表原、二分宗、三定格、四辨景、五筆墨、六位置、七刷色、八點苔、九命題、十落款、十一臨摹、十二稱性、十三遇鑒、凡三十七條。獨抒心得、俱甚精當。其論因襲矯枉之弊、謂作畫宜自立、及闢士夫畫無實詣之說、尤見卓識。【書畫書錄解題】

畫訣一卷

知不足齋叢書本 昭代叢書本 翠琅玕館叢書本 四銅鼓齋論畫集刻本 美術叢書本

明龔賢撰。賢字半千、自號柴丈人。崑山人、流寓江寧。

畫訣一卷（知不足齋叢書本） 國朝龔賢撰。半千善畫、得北苑法。沈雄深厚、爲金陵八家之一。是編論學畫之法、凡六十三則、頗淺顯易明、蓋爲初學設也。【慈雲樓藏書志】

畫訣一卷 明遺民龔賢撰。是編專言寫山水之訣、切實指示、無矜奇立異之談。且爲初學說法、故首云學畫先畫樹、後畫石。編中言畫樹石者獨多。自來畫家每喜祕其心得、即有論述、亦必陳義甚高、不屑爲初學指示門徑。半千獨破此習、不惜以金鍼相度、彌足欽矣。【書畫書錄解題】

畫筌一卷

知不足齋叢書本 昭代叢書本 賜硯堂叢書本 翠琅玕館叢書本 畫學心印本 四銅鼓齋論畫集刻本 美術叢書本

淸笪重光撰。重光有書筏、已著錄。

畫筌一卷（知不足齋叢書本） 國朝笪重光撰。重光工于書畫、其文行以駢偶、以爲初學者鉛槧之助、蓋與其所見唐宋元明諸大家流傳眞跡、無不脗合者。每段俱有王石

谷輩惲壽平格合評、皆極愜當、兩家非謬作謏辭者也。【鄭堂讀書記】

畫筌一卷　清笪重光撰。是編爲駢儷之文、詞華至爲美妙。所論畫法俱極精微透澈、實爲習畫者不可不讀之書。【書畫書録解題】

畫筌析覽一卷　述古叢鈔本　翠琅玕館叢書本

清湯貽汾撰。貽汾字雨生、號若儀、晚以字行。武進人。官至温州副總兵。

畫筌析覽一卷　清湯貽汾撰。是編因笪氏原書章段連綴、論説互雜、不便學者省覽、特爲分類、首爲原起一段、以下分作十篇、第一論山、第二論水、第三論樹石、第四論點綴、第五論時景、第六論鈎皴染點、第七論用筆用墨、第八論設色、第九雜論、第十總論。其雜論一篇專輯一論中兼及數事、分之不得者、用意最好。總論一篇若置在第一篇、尤得綱領。笪氏原書中、亦有淺而盡曉、宂而非要、及人物花卉鳥獸蟲魚之論而未詳者、則悉删之、頓覺眉目清晰。【書畫書録解題】

雨窗漫筆一卷　翠琅玕館叢書本　四銅鼓齋論畫集刻本　美術叢書本

清王原祁撰。原祁字茂京、號麓臺、太倉人。康熙進士、供奉内廷、充書畫譜館總裁、晉戶部侍郎。

雨窗漫筆一卷　清王原祁撰。首一條爲自序、餘九條中尚有論設色一條、重見於其題畫稿自序、謂將經營位置筆墨設色大意、就先奉常所傳及愚見言之、以識甘苦、後有所得、當隨筆録出、惜未有續編也。此寥寥九條、頗多精義、固學畫者所當亟讀者也。【書畫書録解題】

麓臺題畫稿一卷　昭代叢書本　美術叢書本

清王原祁撰。

吳修論畫詩注云、王司農畫每喜自題、語多率直意亦雷同、而少精義。宋芝山屢爲余言之。

麓臺題畫稿一卷　清王原祁撰。是編題畫凡五十三首、所畫皆仿古人之作。其中仿大癡者多至二十五幅、尚有仿倪黄合作者。知其畫全得力於大癡。有云余心思學識、不逮古人、然落筆時不肯苟且從事、或者子久些子脚汗氣、於此稍有發現乎。其傾倒於大癡而願學之情亦云切矣。末有沈楙悳跋。【書畫書録解題】

東莊論畫一卷　翠琅玕館叢書本　四銅鼓齋論畫集刻本　美術叢書本

清王昱撰。昱字日初、號東莊、又號雲槎、麓臺從弟。

東莊論畫一卷（盛大士谿山臥遊録引作

六法心傳）　清王昱撰。東莊畫法、全師麓臺。編首自述云、追憶師傳、參以心得、故所論不出麓臺畫派範圍。亦多甘苦之語。【書畫書錄解題】

繪事發微一卷　康熙原刊本　昭代叢書本　四銅鼓齋論畫集刻本　美術叢書本

清唐岱撰。岱字靜巖、長白人。

繪事發微一卷　清唐岱撰。是書凡二十四篇、一正派、二傳授、三品質、四畫名、五丘壑、六筆法、七墨法、八皴法、九着色、十點苔、十一林木、十二坡石、十三水口、十四遠山、十五雲烟、十六風雨、十七雪景、十八村寺、十九得勢、二十自然、廿一氣韻、廿二臨舊、廿三讀書、廿四遊覽。雖多言作法、而通體論列、與山水純全集同。靜巖爲麓臺弟子、故卷首正派一篇、謂畫家如儒家有道統、而斥戴文進、吳小仙輩、爲非正派、不無門戶之見。其餘所論、淺顯易知、頗便初學。至筆墨蹊徑、頗類純全論議、中亦多推演純全之說。乃其讀書篇中、列舉學者應讀之書、而獨不及純全之作、文人因襲、往往諱所自來、不謂靜巖亦染斯習也。【書畫書錄解題】

芥子園畫傳初集五卷二集八卷三集四卷　初集康熙十八年李漁刊本　二三集康熙四十年辛巳刊本　乾隆壬寅金閶書業堂刊本無三集

清王槩輯初集、二三集係槩與其弟蓍臬同編。槩字安節、秀水人。

李漁序略曰、設此圖原帙凡四十三頁、若爲分枝、若爲點葉、若爲巒頭、若爲水口、與夫坡石橋道、宮室舟車、瑣細要法、無不畢具。安節於讀書之暇、分類仿摹、補其不逮、廣爲百三十三頁。更爲上窮歷代、近輯名流、彙諸家所長、得全圖四十頁、爲初學宗式。其間用墨先後、渲染濃淡、配合遠近諸法、莫不較若列眉。

芥子園畫傳五卷　清王槩輯。是編前有李笠翁漁序、述其原委、乃其壻沈因伯心友屬王安節就李長蘅流芳原本增輯編次而成。長蘅原本僅四十三頁、安節乃廣爲百三十三頁、又附全圖四十頁。長蘅原本向未見著錄、當早散佚矣。卷一爲青在堂畫學淺說、二卷爲樹法、葉法、夾葉及著色鈎藤法、諸家枯樹葉、樹雜樹、松柏柳樹法、及蕉桐花竹兼葭法、三卷爲石法、皴法、山法、諸家巒頭法、坡逕磯田石壁法、流泉瀑布石梁水雲諸法、四卷爲人物屋宇等點景畫法、井井有條。所摹諸家成式、及所附說明、俱極簡要、甚便學人揣摩。惟說明有采古人成說者、有出於自撰者、未曾分別注明、稍嫌含混。五卷爲摹仿各家畫譜、近代上海石印本有增廣畫譜一卷、殊不足觀、可以存而不論。此書由淺入深、實爲學畫山水者入門捷徑、故通行最廣、裨益初學、良非淺鮮。　芥子園畫傳二集八卷　清王槩王蓍王臬合論。是編爲蘭竹梅菊四譜、譜前俱有畫法歌訣起手式由淺入深頗便初學練習。卷首原有沈心友例言十則、凡二千餘言、敍編此書原委、並評論繪事、頗爲詳明。坊本删去、至爲可惡。如此編蘭竹兩譜、原爲諸曦菴所作、梅竹兩譜原爲王蘊菴所作、花卉則全爲蘊菴所作、安節昆仲復爲評騭訂定、非讀例言不能知也。例言前有王槩序、各譜前尚有王蓍小序。　芥子園畫傳三集四卷　清王槩王蓍王臬合編。此集第前集同、俱變原次、分草本花卉及木本花卉、草本花卉後附草蟲、木本花卉後附翎毛、各有淺說。諸花及草蟲翎毛、俱有式樣、雖非原編舊次、而說明及式樣尚未更易、原刻本既難得、得此亦聊勝於無。其前王蓍王澤弘序、皆分譜小序、與蘭竹梅菊諸譜前小序同、非全書之序、坊賈本特取以冠編而已。通行本二三兩集、增廣共三卷、卽因分集後原文葉數不敷、故雜集俗畫以充篇幅也。芥子園畫傳僅有初集山水二集花卉通行本以二集分二三兩集、其後更未續出、今坊間有四集、出於依託。【書畫書錄解題】

石村畫訣一卷　四庫存目　昭代叢書本　翠琅玕館叢書本　美術叢書本

清孔衍栻撰。衍栻字石村、曲阜人。

石村畫訣一卷（衍聖公孔昭煥家藏本）　國朝孔衍栻撰。是書皆自記其作畫之法。【四庫全書總目提要】

石村畫訣一卷（昭代叢書本）　國朝孔衍栻撰。四庫全書存目。是書自記其作畫之法、凡十則。石村畫山水、用渴筆滃染、乃一家之學。故張山來潮序、亦謂非古人作畫訣、蓋如此、今人學畫訣必如此也。【慈雲樓藏書志】

石村畫訣一卷　清孔衍栻撰。凡十則、一立意、二取神、三運筆、四造景、五位置、六避俗、七點綴、八渴染、九款識、十圖章。除渴染一則外、餘俱寥寥數語。渴染之法、石村負其祕、謂未忍自泯、故言之較詳。余按渴染之法、程孟陽派似已用之、其時代略先於石村、豈石村尚未得見、故自以爲心得耶。【書畫書錄解題】

冬心自寫眞題記一卷畫佛題記一卷畫馬題記一卷畫梅題記一卷畫竹題記一卷雜畫題記一卷補遺一卷　華韻軒刊巾箱本　陳氏重刊本　同治戊辰杭州丁氏槧刻本　翠琅玕館叢書本　美術叢書本　小石山房叢書本祇畫竹題記

清金農撰。農字壽門、號冬心、錢塘人。布衣。

金農撰冬心雜著六種、初刻罕覯。陳氏以巾箱小品本苦于繙閲、（當卽世行華韻軒本）

重刻以廣其傳。今就兩刻參校、巾箱本無雜著標目、首畫竹題記、次畫梅畫馬畫佛、次自寫眞、次研銘。陳本則總標雜著、研銘列畫記前、畫佛自寫眞題記列畫馬前、又缺畫佛題記自序及畫竹題記三十一條。其他篇段字句、亦多歧出。按畫佛題記自序云、予初畫竹、繼畫江路野梅、又畫東骨利國馬之大者、轉而畫諸佛。是先生畫馬實先于畫佛。陳本以意刪定、雖云重刻、蓋非舊觀矣。【續語堂題跋】

冬心自寫眞題記一卷　清金農撰。凡八首、蓋曾自寫眞八次也。

冬心畫佛題記一卷　清金農撰。凡三十七首、自序謂語多放誕、不可以考工氏繩尺擬之、可謂夫子自道矣。

冬心畫馬題記一卷　清金農撰。凡十二首、冬心畫馬本不多耳。

冬心畫梅題記一卷　清金農撰。冬心畫梅頗多傳本、每畫必題、此編寥寥二十餘首、必非全稿。題語亦較寫竹題記雅飭、似曾經人刪削者。

冬心畫竹題記一卷　清金農撰。凡五十六首。冬心寫竹脫卻法度、總中亦自言無師承也。每幅題語輒數百言、又多雜滑稽之說、殆亦一時風尙、不善學之、便墮江湖惡習、不可不愼。題中輒自稱先生、褚少孫而後、此其嗣音矣。

冬心先生雜畫題記一卷補遺一卷　清金農撰。凡一百三十二首、皆其題自畫之作、名雜畫者、以畫梅畫竹等俱已有專書、此編所題、皆雜畫也。其中跋多詩少、詩多七絕、別有風致、惜時傷佻達耳。至題跋則奇情俊語、與題畫竹諸篇略相類、並時惟板橋、可稱同調。此種題畫之風、實開自冬心板橋、其後有倣之者、無其才情、遂墮惡趣。編中後五十七首、乃汪明據眞蹟及夢園書畫錄錄入者、是其前七十五首必出於稿本可知。補遺一編、凡三十四首、爲近人鄧實所輯、注明出於眞蹟、及箏嘯軒書畫錄、別下齋書畫錄、紅豆樹館書畫錄、古緣萃錄諸書云。【書畫書錄解題】

二十四畫品一卷

道光刊附山靜居畫論後本　翠琅玕館叢書本　四銅鼓齋論畫集刻本　美術叢書本

清黃鉞撰。鉞字太君、號左田、當塗人。乾隆庚戌進士、官至禮部尙書。

二十四畫品一卷　清黃鉞撰。此編仿司空表聖詩品之例、定爲二十四品。曰氣韻、曰神妙、曰高古、曰蒼潤、曰沈雄、曰沖和、曰澹遠、曰樸拙、曰超脫、曰奇闢、曰縱橫、曰淋漓、曰荒寒、曰清曠、曰性靈、曰圓渾、曰幽邃、曰明淨、曰健拔、曰簡潔、曰精謹、曰雋爽、曰空靈、曰韶秀、措詞典雅清新、斐然可誦。惟以氣韻性靈兩端爲畫品、似未甚協、蓋各品之畫、俱不能離此兩端也。【書畫書錄解題】

山南論畫一卷

道光刊附山靜居畫論後本　翠琅玕館叢書本　四銅鼓齋論畫集刻本

清王學浩撰。學浩字孟養、號椒畦、崑山人。乾隆丙子舉人。

山南論畫（墨林今話引作山南老屋畫論）一卷　清王學浩撰。是編僅八條、第一條論用筆用墨頗精、餘俱發揮前人緒論。末有顏炳跋。【書畫書錄解題】

山靜居畫論二卷

知不足齋叢書本　四銅鼓齋論畫集刻本　道光刊本附黄越二十四畫品一卷王學浩山南論畫一卷　美術叢書本一卷

清方薰撰。薰字蘭士、石門人。

山靜居畫論二卷（知不足齋叢書本）

國朝方薰撰。薰素精繪學、其作是書、論山水樹石花鳥人物運筆設色之淵源、片縑巨障之格局、無不見之筆端、而形之腕底。論荊關董巨而下、某某造就何至、某某宗派何出、評騭一二語、皆中肯綮。論所見累朝名跡、隨甲署乙、鈎元抉奥、鑒審尤各精當。然後知其筆下所到、即意中所言、取裁于古、有獨深者、故其畫論之精奥旨微、昭然若揭、其有功于後學不少。以視李中麓之畫品、莫雲卿之畫說、直江上之畫筌、不是過也。【鄭堂讀書記】

山靜居畫論二卷　清方薰撰。是編爲蘭坻自抒心得之作、雜論諸家畫派及各種畫法、極爲精到、不甚襲前人陳言。而自序謂味諸家緒論、頗得旨趣、竊爲削繁就簡、不揣鄙陋、別綴瑣語、益足徵其沖挹之懷、以視他家竊取成說以爲己作者、眞有霄壤之別矣。首一則爲自序。【書畫書錄解題】

浦山論畫一卷（一名畫論）

昭代叢書本　琴琅玕館叢書本　四銅鼓齋論畫集刻本　美術叢書本

清張庚撰。庚有通鑑綱目釋地糾繆、已著錄。

浦山論畫一卷　清張庚撰。首爲總論、敍各派源流及其得失、明季清初各派名稱、實始見於此。次論畫八則、一論筆、二論墨、三論品格、四論氣韻、五論性情、六論工夫、七論入門、八論取資。雖寥寥短論、而不勦襲成言、獨抒心得、自非得此中三昧者、不能道也。中論氣韻一則、尤爲精到。【書畫書錄解題】

圖畫精意識一卷

昭代叢書本　槐廬叢書本　美術叢書本

清張庚撰。

圖畫精意識一卷　清張庚撰。此書就其所見之畫、記錄成編。其中頗多劇蹟、每畫必記其丘壑布置及用墨用筆之法、以明其妙處、兼及作者經營之苦心、故曰精意識、實於畫學大有裨益。昔人著錄名畫、無此體例、後人亦無仿之者。蓋非浦山之學識不能作也。編中於藏家及其尺度題跋不盡記載、疑此稿本爲浦山隨時記載備忘之作、初非有意成書、故體例不一律、又未按時代爲次也。前有光緒十四年閔萃祥序、記此編梓行始末頗

詳。【書畫書錄解題】

月湖讀畫錄一卷　昭代叢書本　四庫存目

淸王槩撰。槩震澤人。

月湖讀畫錄一卷（江西巡撫採進本）
國朝王槩撰。是編以所見名畫各爲品評。其中宋元人畫僅寥寥數軸、餘皆明代及近時人也。其筆墨蹊徑則全仿李日華六研齋筆記紫桃軒雜綴諸書云。【四庫全書總目提要】

讀畫錄一卷　淸王槩撰。是編錄其所見之畫、以近代及同時人爲多。雖託名鑑賞、而以雜記事實之詞爲多。末有沈懋德跋。【書畫書錄解題】

天慵菴隨筆二卷　仰視千七百二十九鶴齋叢書本

淸方士庶撰。士庶字洵遠、別號環山、晚號小獅道人。其先爲歙人、後遷江都。歲貢生。

焦循序曰、嘉慶丙寅門人方灝持一帙來、乃其曾祖小師道人雜記手稿、大抵皆題畫之作、或詩或跋、又有記所見前人畫卷、雜錯無次序、乃爲錄一過、稍加釐葺爲二卷、附祭文兩首於末。其論畫高妙、可稔其生平之所得。

天慵菴隨筆二卷　淸方士庶撰。此編蓋其隨意筆錄、初非有意述作、故陵亂無復倫次。焦理堂爲之釐訂、始分爲二卷、有序詳其始末。上卷多記所見名蹟、雜錄前人論畫語、或自題所作畫、下卷則皆題畫詩、亦有題前人畫蹟者。環山畫法頗高妙、度必有其獨到之詣、惜其言畫法者僅得一二則也。畫之六法、本於謝赫、編中以爲張彥遠作、蓋偶未深考、不足爲病。前有趙之謙附序、後有戴采孫跋。【書畫書錄解題】

芥舟學畫編四卷　乾隆四十六年冰壺閣刊本　民國丁卯齊振林手寫石印本　日本刊本

淸沈宗騫撰。宗騫字熙遠、號芥舟、吳興人。諸生。

芥舟學畫編四卷（冰壺閣刊本）　國朝沈宗騫撰。芥舟研求畫理、歷三十年、遂精六法、力追古作、因述其所得成是編。卷一卷二爲山水、分子目十有六。卷三爲傳神、分子目十。卷四爲人物瑣論、筆墨繚素瑣論、設色瑣論三篇。前有乾隆辛丑自序、謂舉凡不合古人之法者、雖衆所共悅、必痛加繩削。有合於古人之法者、雖衆所共棄、必暢爲引伸。則其書之大旨可見矣。【慈雲樓藏書志】

芥舟學畫編四卷　淸沈宗騫撰。是編爲熙遠自抒心得之作。卷一卷二、俱論山水、凡十六篇、曰宗派、曰用筆、曰用墨、曰布置、曰窮源、曰作法、曰平貼、曰神韻、曰避俗、曰存質、曰仿古、曰自運、曰會意、曰立格、曰取勢、曰醞釀、每篇復分數段持論詳明、且極平允、又時有新義發明、自非於此道深造有得者不能道也。卷三爲傳神凡十篇、曰總論、曰取神、曰約形、曰用筆、曰用墨、曰傅色、曰斷次、曰分別、曰相勢、曰活法、傳神之祕可謂盡發無遺。卷四爲人物瑣論筆墨絹素瑣論設色瑣論三篇、後兩篇蓋爲一切畫所通論、非專爲寫人物而作者。熙遠以前論畫之書未有若是詳備而雅馴者。原板字作蘇體、鐫刻至精、久就毀滅。乾嘉以後、叢書盛行、俱未著錄、足見其流傳之希。獨日本有刊本、且有譯文。近時齊氏始有錄本印行、惜加眉批太多、類於畫學心印、殊無謂也。前有乾隆四十六年自序。【書畫書錄解題】

繪事雕蟲十卷 嘉慶十四年池陽文德堂刊本

清迮朗撰。朗字卍川、吳江人。乾隆舉人、官鳳陽訓導。

繪事雕蟲十卷 清迮朗撰。是編凡五十篇、卷一曰原畫、曰畫聖、曰畫人、曰天文、曰地理。卷二曰人物、曰寫照、曰山水、曰界畫、曰器用。卷三曰花卉、曰蔬果、曰翎毛、曰畜獸、曰鱗介。卷四曰草蟲、曰樹石、曰雜畫、曰白描、曰著色。卷五曰工緻、曰寫意、曰沒骨、曰皴染、曰點苔。卷六曰學問、曰師資、曰宗派、曰神理、曰體性。卷七曰位置、曰骨法、曰傳模、曰定勢、曰通變。卷八曰氣韻、曰筆墨、曰名意、曰命題、曰去瑕。卷九曰落款、曰粉本、曰靈異、曰品質、曰聲價。卷十曰才略、曰興廢、曰鑑藏、曰裝褫、曰序志。其名雕蟲者、蓋放劉彥和文心雕龍之體而謙稱雕蟲也。卷目篇數乃至首篇原畫、前二十四篇敍流派、後二十四篇敍總術、末篇敍志、每篇末作贊、亦仿雕龍爲之、殊屬無謂。夫擬古之作、仍當自出心裁、遣意命辭、豈宜因襲。今觀此編駢儷格律未高、且多套彥和文調、如原畫、述志、定勢、通變諸篇、所謂優孟衣冠、尤爲不合。編中復有因襲前人論畫成文、而未加鎔鑄者、如筆墨、命題、去瑕諸篇、大致襲郭熙山水訓、荊浩畫訣之類、雜入其中、亦覺不類。又所采成語多不注明所出、遂致其所心得、與所因襲、混淆不清、亦其疵累。惟其所采資料、頗爲繁富、經營結構、尚具苦心、其中亦有前人未發之義、自是可存、固未可以其文未盡純而遽擯之也。前有宜瀓弼集文心雕龍語爲序。【書畫書錄解題】

繪事瑣言八卷 嘉慶原刊本

清迮朗撰。

繪事瑣言八卷 清迮朗撰。是編專講究繪事器用而作、凡六十篇。卷一曰水、曰硯、曰筆、曰絹、曰紙。卷二曰墨。卷三曰粉、曰丹砂、曰銀朱、曰石青、曰空青、曰石綠、曰珊瑚、曰寶石、曰赭石、曰赤土。卷四曰燕脂、曰紫草、曰洋紅、曰猩猩血、曰澱、曰藤黃、曰槐花、曰黃丹、曰石黃、曰土黃、曰百草霜、曰黑石脂、曰泥金、曰泥銀。卷五曰膠、曰礬、曰朽炭、曰香頭、曰調合、曰用法、曰避忌。卷六曰畫室、曰承塵、曰畫几、曰橱、曰文匱、曰燈、曰尺、曰熨斗、曰鎮紙、曰磁器、曰鑪、曰篩、曰樱拂。卷七曰印。卷八曰印泥、曰畫叉、曰畫鈎、曰刀、曰鋮、曰眼鏡、曰燭臺、曰炭、曰貝。自來言畫具無專書、惟諸畫譜中偶載及之、語焉不詳也。是編就各種用具一一加以攷證、並詳載其製法用法、而於紙絹顏料兩端、尤爲詳備精密、實爲言繪事者必讀之書。惟其采輯舊說、未盡注所出、稍嫌混雜。至畫室承塵眼鏡燭臺之屬、亦必詳及、則未免炫異矜奇、存而不論可矣。前有宋葆淳序、及嘉慶二年自序。【書畫書錄解題】

三萬六千頃湖中畫船錄一卷

昭代叢書本　美術叢書本

清迮朗撰。

三萬六千頃湖中畫船錄一卷　清迮朗撰。是書俱錄其所見之畫、以明代及清初人之作爲多、其同時人所贈者、偶亦及之。題跋印章俱詳載、間加評論。內有張僧繇霜林雲岫圖、似未可信、爾時山水畫猶未盛行、歷代名畫記著錄僧繇圖畫十數種、亦無山水也。前有乾隆六十年自序。【書畫書錄解題】

傳神祕要一卷

游藝祕錄本　四庫全書本　借月山房彙鈔本　澤古齋叢鈔本　四銅鼓齋論畫集刻本　美術叢書本

清蔣驥撰、驥字赤霄、號勉齋、金壇人。

傳神祕要一卷（兵部尚書蔡新家藏本）　國朝蔣驥撰。驥以寫眞名。是編凡二十七目、於一切布局取勢運筆設色、皆抒所心得、言之最詳。考古人畫法、多重寫貌人物、故顧愷之妙絕當代、特以是名。然相傳畫論、則人物花鳥山水爲多。其以寫眞之法、勒爲一書者、自陶宗儀輟耕錄所載王繹寫像祕訣外、不少概見、丹青之家、多以口訣相傳、幾以爲非士大夫之藝。驥是編研析精微、標舉格例、實可補古人所未備、正未可貴遠賤近、視爲工匠之技也。【四庫全書總目題要】

傳神祕要一卷　國朝蔣驥撰。凡分二十七目、於一切布局取勢運筆設色、皆抒所心得、較元王繹寫像祕訣載於輟耕錄者、所論尤詳。【四庫全書簡明目錄】

傳神祕要一卷（借月山房彙鈔本）　國朝蔣驥撰。四庫全書著錄。案論畫之書作者最夥、然其書皆詳于山水人物、而于寫眞之法則略焉。勉齋因掇是篇、凡分二十七目、曰以遠取神法、曰點睛取神法、曰眼珠上下分寸、曰笑容部位不同、曰取器法、曰神情、曰閃光、曰氣色、曰用全面顏色法、曰籠墨、曰用筆總論、曰用筆四要、曰砌染虛實不同、曰起手訣、曰用筆層次、曰鼻準與鼻相參核法、曰起稿算全面分寸法、曰全局、曰生紙畫法、曰礬紙畫法、曰設色層次、曰用粉、曰補綴、曰火氣、曰氣韻、曰白描、曰臨摹、皆其平生傳神有得垂爲法則。較陶氏輟耕錄所載元王繹寫像祕訣尤詳、足以補前人所未及、而爲後學之津梁矣。【鄭堂讀書記】

傳神祕要一卷　清蔣驥撰。書凡二十七條、俱有標目。編次先後、略嫌淩雜、持論則剴切詳明。而以論起稿算全面分寸法爲最詳盡、論以眼取神、尤爲扼要。自來擅斯術者、恆恃口授、祕不示人。元王思善所作寫象祕訣、語焉未詳、疑非全帙、得此編補益之、寫眞一道、可云無蘊不宣矣。前有程嗣立序、【書畫書錄解題】

今畫偶錄四卷　乾隆癸卯刊袖珍本

清王謌撰。謌字一士、號菊莊。靑浦人。

今畫偶錄四卷（袖珍本）　國朝王謌撰。菊莊以我朝士大夫寄情翰墨、爲山川雲樹蟲魚花鳥傳神、各當于理、卽各極其妙。因卽今之妙于繪事者、若擅何長、若宗何派、隨見聞之所及、錄之成帙、凡三百九十人、附錄凡一百十四人、冠以論畫三則、其紀載頗詳。惜其品藻未精、遺漏猶多、于世次爵位里居、又未能無舛謬焉。【鄭堂讀書記】

指頭畫說一卷　昭代叢書本　美術叢書本

清高秉撰。秉字靑疇、號澤公、晚號蒙叟。遼陽人。其佩從孫也。

指頭畫說（迮朗三萬六千頃湖中畫船錄、記高其佩指畫異獸一條云、曾續指書錄、當卽是書）一卷　清高秉撰。高且園其佩、工指頭畫、秉曾相從有年、親見其術、因作是編、記其作法與其軼事。卽作且園指頭畫傳讀可也。指畫起源、向傳爲唐張璪所創、蓋本於歷代名畫記以手摸絹素一語。歷宋元明、無有以此專長者。至且園始極其詣。然舍筆墨而運指、雖非外道、究失正宗。在且園本精筆墨游戲三昧、原屬不妨、而後人仿爲之者、旣無根底、漫相效顰、殊可憎厭。得秉此編、詳述作法、而其要仍歸於學識器量、以求其靜氣、足爲末流鍼砭。其詳述且園所用紙墨印章與渲染諸端、亦足爲鑑賞遺蹟之助。惟卷首言其指運出於夢幻、則未免故神其說矣。末有沈樹德跋。【書畫書錄解題】

南薰殿圖像考二卷　嘉慶二十一年刊珠林寶笈本　道光刊本

清胡敬撰。敬有大元海運記、已著錄。

南薰殿圖像考二卷（嘉慶刊本）　仁和胡敬輯自序。【抱經樓藏書志】

南薰殿圖象考二卷　清胡敬撰。此編雖僅

稱南薰殿圖象、實則茶庫所貯歷代功臣各像、亦在其內。凡爲册卷軸一百二十一、適符前兩編所載之總數。爲像大小凡五百八十三。嘉慶乙亥命纂入石渠寶笈三編、胡氏與其役、因爲此考。首軸、次册、又次卷、俱詳記其絹紙尺度、及所畫冠服、各加按語。先敍所畫之人、次攷其服制。有帝王諸象、他書有記及畫人及奉安者、亦詳載之、至爲博洽。而元代服制一端、所攷尤爲詳盡焉。前有嘉慶二十一年自序。【書畫書錄解題】

規園烟墨著錄二卷　嘉慶十九年原刊本

清徐堅撰。堅字孝先、號友竹、吳縣人、貢生。

規園烟墨著錄二卷　清徐堅撰。錢思元吳門補乘稱孝先山水幾入麓臺之室、年八十餘卒。其門人許兆熊集其畫卷題跋爲此書云云。是此編非堅所自錄、分正附兩集、皆友人題贈之作。正集載其作品七種、其六種爲臨仿古人之作、而題識乃裒然成帙、想見其平昔交遊之盛。題識諸人如錢竹汀、余秋室、畢秋帆、梁山舟、翁覃溪、沈歸愚、王蘭泉、洪北江輩數十人、皆乾嘉時耆宿。然讀其題語、頗多酬應之文、其附集題贈、則多涉其詩與篆刻。原刻顏體楷書、白紙精印。前有余集沈欽韓兩序。【書畫書錄解題】

小鷗波館畫識三卷畫寄一卷　光緖十四年戊子悅止齋刊本　活字本　文學山房叢書本

清潘曾瑩撰。曾瑩字星齋、吳縣人。

小鷗波館畫識三卷　清潘曾瑩撰。卷一前數集論畫學、多前人已論及者、無甚發明。後數集記其所見名蹟十數種、亦殊尋常。末一條記石畫。卷二前七則、記冬心兩峯復堂諸人之畫。以下及卷三、皆記其同時人畫蹟、或投贈題詠之作、體裁與其所作墨緣小錄略同。題爲畫識、不甚符合。前有光緖十四年金吳瀾序、謂星齋歿後、其子始爲梓行、足知其爲星齋生前隨意雜記之稿、尙未經編定者也。　小鷗波館畫寄一卷　清潘曾瑩撰。是編爲其自畫題識、凡九十有八則、與戴文節畫絜略相類。出語頗有雋永者、惟何年作及爲何人作、多不記、不似有意成書。據小鷗波館畫識金吳瀾序、謂星齋沒後其子始爲梓行、當是其子就其殘稿、或據所見彙錄而成、非星齋生前自定之稿也。【書畫書錄解題】

谿山臥游錄四卷　道光刊本　東倉書庫叢刻本　美術叢書本

清盛大士撰。大士號子履、鎭洋人。嘉慶庚申舉人、山陽縣訓導。

道光壬午惲秉怡序云、子履邃於學、工於詩、並通之於畫。其揮灑一氣、不規模古人而獨具古人之神隨。年來日以詩畫自娛、曾慕宗少文澄懷觀道、乃著谿山臥游錄。裒輯舊聞、參以己意、並時賢議論、與素所識善畫者悉載焉。

溪山臥游錄四卷　清盛大士撰。是編一二兩卷多論畫法、或雜鈔前人論畫語、大致服膺麓臺、而以虞山派爲不甚可法、言畫法中亦尚有可采者。三四兩卷記其同時畫人與所交游、兼及題贈諸事、亦嘉道間畫史資料也。其無一定體例、蓋本爲隨筆劄記、後始輯以成編者。墨林今話謂其類周櫟園讀畫錄、不盡然。前有黃培芳惲秉怡兩序及自序、末有汪彥博郭麐孔憲彝郝其燮四跋及自跋。【書畫書錄解題】

桐陰論畫二卷附錄一卷畫訣一卷論畫小傳一卷　同治三年刊硃墨套印本　光緒己卯撫州饒氏長沙重刊本　畫訣別有畫學心印附刻本　又翠琅玕館叢書本二卷改題繪事津梁　又美術叢書本一卷亦題繪事津梁

清秦祖永撰。祖永字逸芬、金匱諸生、官廣東鹽大使。

桐陰論畫附桐陰畫訣一函二册（光緒己卯撫州饒氏長沙重刻本）　梁溪秦祖永撰。所論頗及前明、而以清代爲尤多。書成於同治初、故湯雨生戴文節皆已編入。後附畫訣一卷。刊者饒玉成。【勷堂讀書記】

桐陰論畫初編三卷二編二卷三編一卷（原刊套印本）　清秦祖永撰。是編三集、每集各得一百二十家、就其所見畫蹟、各加品評、分逸神妙能四品。各家俱附小傳、頗爲簡要。所可議者、品評殺無準則耳。夫畫品自唐朱景玄以迄宋黃休復以來、俱以逸品爲最上、神品次之、妙品能品又次之、而神妙能三品之中、恆區三等、方足以衡量鑒別而得其平、逸品一目、尤不輕列、一代中僅得二三人而已。是編列入逸品者、乃居其泰半、三集中共得二百三十八人、幾佔全數三分之二、實可驚詫。其中如淩必正魏之克顧藹吉王雲顧文淵唐俊姜恭壽之流、俱加貶詞、而仍列入逸品、尤爲可異。其他列入神品者四十二人、列能品者八十人、列妙品者、三編中僅得焦秉貞康濤戴大有余集姜壎周笠翁雒改琦費丹旭九人、似妙品反勝於諸品、殊與古人品畫之旨、大相逕庭。所采始自董其昌、以其昌及四王吳惲吳偉業鄒之麟陳洪綬楊文驄張學曾方亨盛張風釋髡殘道濟十六人爲大家、餘俱爲名家、未詳其說。然亦獨抒己見、讀者固不必以之爲定論也。畫派自唐至明、俱可斷代爲史、惟自董文敏出、一變風格、開有清一代畫風、越至於今、所謂南宗、於焉確立。是編以董開宗、而不隨政治史以爲限斷、具見特識。董以前諸家、歷來亦已有論定、其不驚遠矜古、亦見剪裁。惟其書悉加圈點、又自加眉批、殊非大方家數耳。初編前有葉法杜友李秦緗業馬履泰三序、張之萬贈言、何基祺跋。又有李銘山梁敞錢燦題詞、秦炳文繪圖題記。二編前有秦緗業序、及光緒六年自序、不免繁冗。　桐陰畫訣（翠琅玕館叢書本作繪事津梁）二卷　清秦祖永撰。是編所述山水畫法、頗爲精到細覈、則多採古人成說而成。夫集古人成說爲書、原無不可、惟不注所出、而改易詞句、以爲己作、則殊乖著作體裁。原刻本自加圈點、自加眉注、當爲初學者而設、然殊不循序漸進也。【書畫書錄解題】

畫學心印八卷　同治三年家刊本　光緒四年廣州朱墨套印本

清秦祖永撰。

秦緗業序　族子逸芬、少耽六法、長而購求諸大家名蹟、昕夕臨橅、頗得其髓。十年前嘗著桐陰論畫一書、始於明季、終於近代畫家之源流宗派、皆能縷析條分、折衷一是。久已刊行、海內傳誦矣。猶患宋以前筆墨流傳者稀、有亦紙敗絹裂、不能得其仿彿、爰取顧愷之張彥遠而下、至王學浩錢杜而止、各畫論、探討而評點之、殿以自著之桐陰畫訣、輯成四卷。【虹橋老屋遺稿補遺文】

畫學心印八卷　清秦祖永撰。此編輯前人論畫諸作、泰半采自佩文齋書畫譜及書畫傳習錄、四銅鼓齋論畫集刻三書、皆習見之本。秦氏蓋爲初學者說法、故俱加評語圈點、以醒眉目。惜其未注何本、其錄自傳習錄者、並錄其原評、亦未注明、遂類己所、所加眉評、稍病其冗、有譏其未脫冬烘評八股習氣者、則苛論也。前有景其濬楊翰秦緗業三序、及咸豐六年自序。【書畫書錄解題】

習苦齋畫絮十卷（亦題戴文節題畫筆記類編）　光緒十九年刊本

清戴熙撰。熙有尙書沿革表、已著錄。

習苦齋畫絮（又題戴文節題畫筆記類編）十卷　清戴熙撰。此編前有惠年所作凡例、稱原書紀年由道光辛丑起、訖咸豐己未止、凡十九年、本爲日記手錄、分訂九卷。公子進卿昆玉補錄一卷、共爲十卷。原書當時按物標記、或卷或册、或紈扇便面屏幅、大小相間、不便稽查。因分編八類、俾閱者一目了然。以卷册居首、大幅橫幅次之、立幅紈扇又次之、最後爲雜件云云。是原本爲日記、而經惠年分類改編者。惠年字菱舫、曾任浙江鹽運使。此編賴其付梓得傳。夫畫詣與年俱進者也、其境界亦因學養經歷而時有變遷、原本既按年月記載、足以窺文節畫學之所由成、與其思想遞嬗演進之跡、至爲可貴。一經分類、遂無由考知。雖各類仍按時編次、然款中未題年月者尙多、又奚從辨別乎。況此種分類、除便檢查外、無他足取、必欲便檢查則別作一分類表足矣。故菱舫雖有梓行之功、未足揜其失也。編中於所作種類及爲何人作、文節俱自注明、蓋自亦以爲可傳者、足徵其題畫之不肯草率。綜覽諸作、雖不若仲圭南田之高、卻無冬心板橋之浪漫、亦自成一家數者。詩較跋尤佳。前有俞樾序、後有其孫光春及吳祥麟王軌邊保樞四跋。【書畫書錄解題】

醉蘇齋畫訣一卷　光緒辛卯葉氏校刊本

清戴以恆撰。以恆字用伯、錢塘人。熙從子。

醉蘇齋畫訣一卷　清戴以恆撰。書凡十五篇、一總論畫法、二枯樹法、三遠近結林法、四點樹法、五柳松法、六勾山石法、七皴法、八各種點苔法、九泉法、十山草水草法、十一構景避實法、十二房屋橋梁法、十三寶塔法、十四用墨法、十五署款法。俱爲七言歌訣、尚多甘苦有得之談、惟稍嫌繁冗、且措詞未工。蓋既爲歌訣、則宜言簡意賅、方便記憶、否則須言辭美妙、方易傳誦也。【書畫書錄解題】

墨井畫跋一卷　昭代叢書本　小石山房叢書本

清吳歷撰。歷字漁山、常熟人。

墨井畫跋一卷　清吳歷撰。是編凡六十三首、前十餘首不盡爲跋畫作、後有數首記澳門風土、與題畫無關。餘俱題其自作、多體驗有得之言。楊復吉跋謂其蕭疏淡遠、略如其畫是也。【書畫書錄解題】

篛庵畫麈二卷　民國十六年紫萸香館鉛印本

清程庭鷺撰。庭鷺字序伯、號蘅鄉。嘉定諸生。

篛菴畫麈二卷（紫萸香館鉛印本）　清程庭鷺撰。是編初無刊本、僅有傳鈔、歲丁卯吾友王新之元增覓得之、爲印行、始傳於世。上卷爲雜志、下卷爲名蹟、上卷多於下卷。下卷尚有脫略、非全豹也。雜志所載、雖多輯舊事舊聞、然時加論斷、非同勦襲。且多載畫家軼事、頗足以資談助。名蹟一類、體例仿米氏畫史、雜記所見名蹟、亦間加批評、與專事鈔錄者有別。序伯精於畫理、此編雖爲隨意劄記、亦極少膚泛語、固自可存也。後有其甥孫黃世祚兩跋、序其始末。【書畫書錄解題】

虛齋名畫錄十六卷續錄四卷　正編宣統元年己酉原刻本　續錄民國十三年甲子刊本

近人龐元濟撰。元濟字萊臣、號虛齋。烏程人。

虛齋名畫錄十六卷續錄四卷　近人龐元濟撰。虛齋喜書畫、收藏甚富。是編即記其所藏之畫、分卷子、立軸、册頁三類。卷子凡一百

二十三、立軸凡三百二十五、冊頁凡八十有七。續編不以時代爲次、通計一百九十五件。所收雖止於近代、而清代除明遺民及四王吳惲外、所錄不過十餘家、具見審愼。其體裁悉仿江村消夏錄。所錄諸品、就所記述、信屬精品。惟標題時有未妥處、如王麓臺寫大癡得力荊關軸、又四絕山水軸、吳漁山擬古脫古軸之類、望其重印時、加以改正、庶成完書。前有鄭孝胥序、及宣統元年自序、續錄有朱孝臧序、又自序。【書畫書錄解題】

畫法要錄初編十八卷二編十二卷　中華書局聚珍仿宋本

近人余紹宋撰。

林志鈞序略曰、要錄所收之書、都百餘種、參考者倍之、其搜討之勤、取材之廣、以過人之精力、累年積月、又幾經損益、久而後竟一業之就、豈易言哉。曰前錄、爲研習畫訣畫理之先河、無論山水人物翎毛花卉、皆不離此。曰總錄、分錄、前者統論山水畫訣、後者分論樹石諸法、並及入門次第、先後次第。此三錄、蓋猶書之有通論各論焉。曰後錄、則采摭題識、及紙絹畫具等、雖與畫訣畫理無關、而亦一切山水人物翎毛花卉所不可離者、故以殿焉。是爲中國畫學開系統研究之始。次則就一類而擷其前後諸作、互相發明、或彼此持論各殊者、類聚互證、取便學者。又書之徵引失序、一語而錯見、相沿而迷其本原、割裂攘竊、從無究詰者、則爲釐訂爬剔、各還其主。至於僞書訛刻、板本同異、亦復一一校勘精審、是爲中國畫學開忠實考據之始。此書編次成說、字字有來歷、而自闢義例、成一家言、世有知者、其不以吾言爲過當歟。

畫法要錄十八卷　拙撰。　此余往昔讀論畫諸書時、隨意香錄之作、意在整理舊籍、訂訛謬、杜勦襲、以明畫論之源流、使成爲有系統之科學、故以近代科學方法、爲之分類排比。計前錄三篇、一通論、二氣韻、三畫病。總錄六篇、一布局法、二用筆用墨法、三鈎皴擦染法、四點法、五設色法、六臨摹法。分錄六篇、一樹木畫法、二山石畫法、三水泉畫法、四時景畫法、五點綴畫法、六雜畫法。後錄二篇、一紙絹、二題識。篇各一卷、卷首爲敍例、申述鄙恉、就正方家、非敢自謂成一家言也。閩縣林君宰平爲之序。

畫法要錄二編十二卷　拙撰。　此編繼前編而作。卷首爲序例、卷一顏料製法及用法、卷二人物、卷三傳神、卷四宮室附器用、卷五畜獸附魚龍、卷六翎毛附草蟲、卷七花木附蔬果、卷八墨竹、卷九墨蘭、卷十墨梅、卷末爲點綴。除首末兩卷外、每卷各有總錄分錄、體例略與前編同。昔人論畫要旨、合諸前編、大略盡於斯矣。【書畫書錄解題】

以上畫

思陵書畫記一卷 說郛本

宋周密撰。密有武林舊事、已著錄。

思陵書畫記一卷　宋周密撰。裝潢書畫一事、自昔講求、唐藝文志序載裝軸之法甚精、百官志且有職司其事之官。自是以後、益趨精美。前人著述中、亦時有道及者、然均不若此編之詳備。此編記宋高宗時裝潢書畫格式、其需用材料、與夫印識標題、俱有一定、所載至為詳明、得此可知當時藝術之精、亦足資庋藏家之考證。編首謂余偶得其書、稍加考正、則是裝潢一事、本有成書、未詳何人所作、然非公謹手訂、亦不傳矣。書名思陵書畫記、與內容未符、頗疑原書乃著錄紹興內府所藏書畫、非僅記裝潢一事、其為書亦不止一卷。此一卷僅為其附載、絕非全書。讀其編首小敘、亦似非專為裝潢一事而作。不然、敘中何必言收貯鑒別之事、又何不逕題為思陵書畫裝潢記邪。說郛本於卷帙較繁之書、往往抽其一二卷、而題其全書之名、疑此書亦然。【書畫書錄解題】

書畫傳習錄四卷 嘉慶癸酉嵇氏層雲閣刊本附嵇氏自撰續錄一卷 梁谿書畫徵一卷

明王紱撰。紱字孟端、別號九龍山人。無錫人。永樂初官中書舍人。

書畫傳習錄四卷　原題明王紱撰。是書據嵇承咸序、謂得之故肆中、其蟫殘鼠劫者十之三、帝虎魯魚別風淮雨者又十之二、向無刊本、因為校讐付梓云云。卷首題九龍山人王紱孟端撰、檢攷諸書、俱未言孟端曾有此作、至四百餘年而出現於世、賴嵇氏為之校刊、不可謂非此書之幸。嵇氏校此書、自謂丹黃侵尋、十易寒暑、用力亦可謂勤矣。惟云不揣鄙陋、補闕略、訂訛舛、間有闌入近代者、則皆咸所傳益、是則大可異者。夫校刊古人遺著、首在存眞、即有闕略訛舛、亦應仍其舊文、留俟後人考補、豈容以己意擅為增訂、致滋來世之疑。即或有所增訂、亦應詳為注明。今書中除小注外、悉未注出、遂使廬山面目、頓失其眞、良可歎惜。其尤可異者、以己作之書畫續錄、及梁溪書畫徵兩種、編入全集、不別成書、尤乖校讐之例。今本分十集、末二集為嵇氏自作之書、則原書是否本分十集、便無可攷。原書八集分四卷、計論書一卷、論畫一卷、書事叢談一卷、畫事叢談一卷、每卷合二集、葉數甚富、昔人著書分卷、向不若是、疑亦非其舊帙、乃嵇氏所擅定者。論書論畫兩卷、或採錄諸家之成文、或摘錄前人成說、加以改纂、或為自撰之文、又或不注明所出、無一定之體例。每篇後輒加批評、有甚精者、有甚膚泛者、文句又有不似元明間人口吻者。於舊籍有指其僞者、復有僞之最甚、如王維山水論、李成寫山水法等、則又甚加贊歎、似均非出於一手。三卷書事叢談、分六門、曰道德、曰事功、曰風節、曰文章、曰逸邁、曰雅韻、各系小傳、多詳生平、不盡言書事。畫事叢談亦分六門、曰全藝、曰精敏、曰風教、曰知幾、曰靈異、曰榮遇、則雜采傳記題跋詩文、乃至說部、所記出處、或注或不注、每則下俱有山人曰云云、所論亦有精當者、惜其中有嵇氏闌入之文、遂至瑕瑜互見。如榮遇門有畫樹之竅、祇在多曲一條、爲莫雲卿畫說及董文敏畫旨中語、即其證也。原刊俱加圈點、又有旁批文法之語、皆是俗格。前有承咸自序、末有嵇承濬顧應泰吳寶書後序。【書畫書錄解題】

寓意編一卷

明寶顏堂刊秘笈本 稗海本 顧氏四十家文房小說本 學海類編本 四庫全書本 奇晉齋叢書本 道光王氏刊漱六編本 美術叢書本

明都穆撰。穆有壬午功臣爵賞錄、已著錄。

寓意編一卷（兵部侍郎紀昀家藏本） 明都穆撰。此書記所見書畫名蹟、載陳繼儒祕笈中、僅有一卷。而世所刻本、別有穆鐵網珊瑚二十卷、其第五第六兩卷題曰寓意上、寓意下、乃多一卷。考其上卷所載書畫、每條各系以收藏之家、而下卷則否。上卷之末云、余家高祖以來、好蓄名畫、皆往往爲好事者所得、亦不留意也云云、詳其語意、已爲終篇之詞、不應更有下卷。況下卷之末、併載何良俊書畫銘心錄、中有嘉靖丁巳正月人日記所觀書畫事。考王寵所作穆墓誌、穆卒於嘉靖四年乙酉、而何良俊之撰銘心錄、則在嘉靖三十六年、穆何從而載其事。又其下卷以下、每卷皆標太僕寺少卿都穆之名、而中間載文徵明山水二軸、一作於嘉靖乙未、一作於嘉靖戊午、乙未爲嘉靖十四年、戊午爲嘉靖三十七年、皆在穆卒以後、是即鐵網珊瑚一書出於僞託之明證。然則其下一卷、爲妄人附益審矣。今仍以陳繼儒所刻一卷著錄、以存其舊。所載如顏眞卿爭坐位帖、薛尙功鐘鼎款識帖、亦足資考核。惟成化戊申一段、成化實無戊申、殊爲牴牾、當由誤記、抑或刻本偶譌歟。【四庫全書總目提要】

寓意編一卷 明都穆撰。記所見書畫眞贋、及當時收藏名氏、鑒別頗詳。後人僞作鐵網珊瑚、託名於穆、並此書收入、以益卷帙、原本遂微。今鐵網珊瑚已考定知爲贋作、斥存其目、故仍以此書別著錄焉。【四庫全書簡明目錄】

寓意編一卷（顧氏四十家小說本） 明都穆撰。四庫全書著錄、明史藝文志亦載之。其書皆記所見書畫眞贋及當時收藏名氏、凡六十條、鑒別頗詳、殆仿米氏書畫史而作者也。後人僞作鐵網珊瑚一書、託名于元敬、并將此編盡行收入以益卷帙、原本遂微。【鄭堂讀書記】

寓意編一卷 明都穆撰。是編於非眞蹟而

素著名者亦錄入、其例爲他家所無。有僅錄書畫品名者、又有云余不曾見、或云何人親見爲余言、頗似聞有此蹟而先列其名、以竢後來徵訪者。蓋隨筆記錄、並未成書、故簡略如是也。末有陸恆跋。【書畫書錄解題】

按翁方綱跋寓意編（見復初齋文集）、亦可參閱。

文待詔題跋二卷　學海類編本

明文徵明撰。徵明字徵仲、號衡山、長洲人。官翰林院待詔。

文待詔題跋二卷　明文徵明撰。是編俱雜題書畫及帖本之作。明人題跋、率多空泛、是編多所攷證、且甚精當、在明代題識諸書中、實僅見者。【書畫書錄解題】

珊瑚木難八卷　雍正六年年希堯刊本　四庫全書本　適園叢書本

明朱存理撰。存理字性甫、長洲人。正德間以布衣終。

珊瑚木難八卷（兩淮鹽政採進本）　明朱存理撰。朱彝尊靜志居詩話曰、存理自少至老、未嘗一日忘學問、人有異書、必從訪求、以必得爲志。所纂集凡數百卷、既老不厭、坐貧無以自贍、其書旋亦散去。江南通志亦曰、元季明初、中吳南園何氏、笠澤虞氏、廬山陳氏、書籍金石之富、甲於海內、繼其後者、存理其尤也。茲編悉載所見字畫題跋、其卷中前人詩文世所罕覯者、亦附錄焉。前有文徵明文嘉王穉登王騰程四人名氏、蓋出於四家收藏者爲多、徵明等皆以賞鑒相高、故所貯並多名蹟、存理又工於考證、凡所題品、具有根據、與眞贋雜糅者不同。惟其書從無刊本、轉相傳寫、譌脫頗多、今詳加釐正、而闕其所不可知者、著之於錄。【四庫全書總目提要】

珊瑚木難八卷　明朱存理撰。載所見書畫題跋、其中詩文、世所罕覯者、亦備錄、全篇每種各系以跋語、大抵文徵明文嘉王穉登王騰程所藏居多、四人皆精於賞鑒、存理又工於考證、故凡所品題、具有根據、非眞僞雜糅者比。【四庫全書簡明目錄】

珊瑚木難（不分卷數、舊影鈔眞蹟本）　明朱存理撰。四庫全書著錄作八卷。野航博學好古、賞鑒既高、考證亦精。所交皆一時名士。是編乃記其所見書畫、備錄其中詩文、以及題跋。又閒自爲品評於後、手寫成帙、隨見隨錄、不分時代先後、亦未分卷數。迨後人相傳錄、始爲釐作八卷焉。其書卷末附錄文衡山詩二首及崇禎元年王廣所撰莪齋記一篇。記稱書先爲文太史衡山先生所得、其附錄文詩二首、或衡山隨筆自作於書末、而後人亦傳錄之也。記又云、此書卽鐵網珊瑚初易稿、別以木難、小異同耳。今以鐵網珊瑚相較、僅有數十則彼此互載、然則非一書也。

【慈雲樓藏書志】

珊瑚木難八卷（明鈔本）　明朱存理撰。是書載所見書畫題跋、其中詩文世所罕覯者亦備錄。全篇每種各綴跋語、凡所品題、具有根據。此舊鈔本。【善本書室藏書志】

珊瑚木難八卷　傳鈔本。此明朱存理本書、出自王百穀家、後有崇禎紀元王廣跋、非外間流傳坊本可比。原本藏錢唐丁氏、其中詩文世所罕覯、惟輾轉傳寫、譌脫不免耳。敏求記作雜識五卷、名畫五卷、法書五卷、與此本卷數不合。【藝風藏書續記】

珊瑚木難八卷　明朱存理撰。明以前著錄書畫之書、如宣和書畫譜、及宋米氏書畫史之屬、皆不錄原文及款識題跋、至是編始錄之、在當時實爲創格。後來著錄家錄之更詳、實濫觴於此。此編記載、雖體例不一、律眉目未清、而草創祇能如此、椎輪之功、未可沒也。【書畫書錄解題】

按翁方綱跋朱性甫珊瑚木難手蹟（見復初齋文集）亦可參閱。

鐵網珊瑚十六卷

明萬曆間刊本半葉十行行二十一字白口單邊　雍正六年年希堯刊本　四庫全書本　欣賞齋刊本　乾隆二十三年刊本二十卷

舊題明朱存理撰、實爲趙琦美所編。琦美字元度、號清常道人、常熟人、以廕官刑部郎中。

朱存理鐵網珊瑚十四卷　存理採輯唐宋元名人書畫跋語、裒成一集、名曰鐵網珊瑚、分雜識五卷、（勞權云案今本無雜識）名畫五卷、法書四卷、其留心蒐討、眞不遺餘力矣。趙清常脈望館書目、更有續鐵網珊瑚、未知誰氏所集。【讀書敏求記校證】

趙氏鐵網珊瑚十六卷（兩淮馬裕家藏本）

舊本題明朱存理撰。未有萬曆中常熟趙琦美跋、稱原從秦四麟家得書品畫品各四卷、後從焦竑得一本、卷帙較多、用兩本互校、增爲書品十卷、畫品六卷。其先後次序、則琦美所騭定、而又以所見眞蹟續於後。稱秦氏原本無撰人姓名、別有跋記作者姓名、後佚去不復記、然非朱存理也。據此則是書乃趙琦美得無名氏殘稿所編、其稿既不出於一家、且琦美又有所增補、題朱存理撰爲誤矣。雍正六年、年希堯嘗刻此書、其跋稱別有一本十四卷者、傳爲存理原本、今亦未見。又世傳有存理所作珊瑚木難八卷、所載名蹟、未皆有自跋語、與此本體例迥異、則此書非出存理手、愈可知也。然所載書畫諸跋、頗足以辨析異同、考究眞僞、至今賞鑒家多引據之、其書既爲可採、則亦不必問其定出誰氏矣。【四庫全書總目提要】

鐵網珊瑚十六卷　舊本題明朱存理撰。其實乃趙琦美得秦氏焦氏兩家無名氏書畫題跋、併爲一本、又以所見眞跡補綴而成也。然所載題跋印記、賞鑒家多引據之、亦不必

問定出誰氏矣。【四庫全書簡明目錄】

鐵網珊瑚書品十卷畫品六卷（通行本）
舊題明朱存理撰。四庫全書著錄總作十六卷、明史藝文志作二十卷、蓋所見本異也。是編亦其采輯晉唐宋元名人書畫跋語、而體例與珊瑚木難不同、彼則書畫雜錄、此則書畫各自分卷、彼則每種之末皆有自跋記、此則無之。據萬曆中常熟趙琦美跋、乃其得秦四麟焦竑兩家無名氏書畫題跋、併為一本、又以所見眞跡補綴而成也。是書祇可題趙琦美編、而不可以野航姓氏題之。然其悉心蒐討、不遺餘力、所載題跋印記、後人亦多引為證據、反過于珊瑚木難之書、蓋撰人雖僞而所載則不僞也。【鄭堂讀書記】

趙氏鐵網珊瑚十六卷　明趙琦美撰。是編卷首雖題吳郡朱存理性甫集錄、而卷末有海虞淸常道人趙琦美跋、明言非朱存理作。乃合海虞秦氏藏本、焦弱侯校本、及其所見眞蹟編成、其先後次第、亦其所騭定。其中不免略涉蕪雜、如卷七書品載文英新詞稿、不署其名、其後復無題語、遂不知文英為何人。編中一人之書俱彙次、而此卷中有周履道詩、又有周砥詩、不知砥卽履道之名。又如畫品卷六收王安道華山圖、據跋此圖僅盈尺許、而所錄序記及詩至四十二翻、且詩一百五十首中、絕鮮佳句、有甚俚俗者、實與全書收所之品不稱、亦復濫廁其間、此皆以其稿不出於一家所致。而趙氏校刊此書於海虞秦氏藏本焦弱侯校本及其所自續者、不分別注明、遂致無從復還各本之舊、亦遺憾也。趙跋外尚有年希堯一跋。【書畫書錄解題】

按張宗泰跋鐵網珊瑚見（魯巖所學集）、亦可參閱。

平泉題跋二卷　明萬曆庚寅刊本

四庫存目

明陸樹聲撰。樹聲字與吉、平泉其別號也。南直隸華亭人。嘉靖辛丑進士、官至禮部尚書、事蹟具明史本傳。

平泉題跋二卷（兩淮鹽政採進本）　明陸樹聲撰。此編皆其題跋書畫之文、萬曆庚寅、其門人黃秫包林芳等、別輯刊行、後附以雜著四則。【四庫全書總目提要】

四友齋書論一卷畫論一卷　美術叢書本

明何良俊撰。良俊字元朗、華亭人。嘉靖中官翰林院孔目。

四友齋書論一卷　明何良俊撰。此編是四友齋叢說析出、凡五十條、雜論書法、簡錄前人緒言。其持論宗右軍松雪、謂右軍後、惟松雪集大成、實亦明時書家通說、非元朗創見也。松雪後則推文衡山、衡山為其友、當時書名至盛。　四友齋畫論一卷　明何良俊撰。

是編凡五十條、與書論同、雜采前人緒論、附以己意、所論亦多習見語無甚發明。其中記漢人車螯春畫一則、爲他書所未及、雖屬異聞、恐未可信。【書畫書錄解題】

鈐山堂書畫記一卷

明隆慶戊辰刊本 知不足齋叢書本 道光廿二年楚香書屋刊勝朝遺事本 美術叢書本

明文嘉編。嘉字休承、號文水、長洲人。徵明次子。烏程訓導。

鈐山堂書畫記一卷 明文嘉編。此爲嘉靖乙丑休承奉檄往閱嚴嵩舊宅及諸新宅被籍書畫所寫目錄、隆慶戊辰始重錄付梓。鈐山堂者、嵩之齋名也。原跋云、歷三閱月始勉畢事、當時漫記數目、不暇詳別。今按編中時有附注、蓋重錄時所加、雖甚簡略、而鑒別自精。法書名畫分列、仍按時代爲次。其事劇蹟甚多、想見分宜當時豪奪之富。注中所稱別本、豈當時別有記分宜書畫之書、休承重錄時、取以校覈耶。知不足齋叢書中有天水冰山錄一卷、皆記嚴嵩籍沒之物、內有石刻法帖墨蹟一類、凡三百五十八軸册、又古今名畫手卷册頁一類、凡三千二百另一軸卷册、其數較休承所錄爲多、而此錄所載、亦有爲冰山錄所無者。此錄所引別本、皆有附註、如鍾繇戎路兼行帖下、注別本云、唐摹本妙蹟、關內侯季直表下、注別本云、初藏吳中張氏云云、冰山錄僅總稱季直戎路表二軸、別無附注、因知休承所謂別本者、別爲一書、非指冰山錄也。【書畫書錄解題】

清河書畫表一卷

乾隆中知不足齋刊本 四庫全書本 翠琅玕館叢書本 述古叢鈔本

明張丑撰。丑原名謙德、字叔益、後改今名、字青父、號米庵、崑山人。

清河書畫表一卷（浙江鮑士恭家藏本）

明張丑記其家累世所藏書畫也。丑自序稱其始祖號眞關處士者、即收藏書畫、有黃庭堅、劉松年諸蹟、已散佚無存。是表所列、以書畫時代爲經、以世系爲緯。第一格爲其高祖元素所藏、第二格爲其曾伯祖維慶曾祖子和所藏、第三格爲其祖約之叔祖誠之所藏、第四格爲其父茂實所藏、第五格爲其兄以繩所藏、第六格爲丑所自藏、第七格爲其姪誕嘉所藏。上迄晉、下迄明、計作者八十一人、四十九帖、一百一十五圖、中多名蹟。蓋自其高祖即出沈度沈粲之門、其曾祖亦與沈周游、其祖父皆與文徵明父子爲姻婭、世好淵源有自、故丑特以賞鑒聞。然據其自序、則作表之時、家事中落、已斥賣盡矣、此特追錄其名耳。【四庫全書總目提要】

清河書畫表一卷 明張丑撰。記其家累世所藏名跡、以書畫時代爲經、以世系爲緯、分爲六格、其高祖元素爲一格、其曾伯祖維慶曾祖子和爲一格、其祖約之叔祖誠之爲一

格、其父茂實爲一格、其兄以繩爲一格、丑所自藏爲一格。【四庫全書簡明目錄】

清河書畫表一卷（知不足齋刊本） 明張丑撰。四庫全書著錄。米庵自高祖而下、代有聞人家藏法書名畫、甲于中吳。後斥賣殆盡、乃追錄其名、以作是表。分爲六格、首時代爲一格、自晉迄明、計作者八十一人以下各以其人所藏分格。其高祖元素爲一格、曾伯祖維慶曾祖子和爲一格、祖約之叔祖誠之爲一格、父茂實爲一格、兄以繩爲一格、米庵自爲一格、姪誕嘉爲一格。凡四十九帖、一百十有五圖。以此表示後世、亦不讓海岳雲林矣。【鄭堂讀書記】

清河書畫表一卷 明張丑撰。此表爲米庵記其先世曾藏之蹟、但列品目、別無記述、蓋原蹟多不存、無由追述也。四庫以米庵之父應文所作清祕藏所載與此表對核、謂其不免夸飾、嚮使此表於諸品記載稍詳、當無此疑矣。前有自序、述其先世甚悉。【書畫書錄解題】

清河書畫舫十二卷

乾隆廿八年癸未吳氏池北草堂刊本不分卷以十二字標次第　四庫全書本　光緒元年乙亥有竹主人刊本　又十四年戊子孫溪朱氏重刊本

明張丑撰。

清河書畫舫十二卷（浙江巡撫採進本） 明張丑撰。丑於萬曆乙卯得米芾寶章待訪錄墨蹟、名其書室曰寶米軒、故以自號。越歲丙辰、是書乃成。其以書畫舫爲名、亦卽取之黃庭堅詩米家書畫船句也。明代賞鑒之家、考證多疎、是編獨多所訂正。如宋史米芾傳誤謂芾卒時年四十八、而眞蹟流傳、在四十八歲以後者不一而足、深滋疑竇。丑則云芾以皇祐三年辛卯生、以大觀元年丁亥卒、年五十七、正與米芾印記辛卯米芾四字相合、足糾托克托等之謬。其他諸條、亦多可依據。惟是所取書畫題跋、不盡出於手迹、多從諸家文集錄入、且亦有未見其物、但據傳聞編入者。如文嘉嚴氏書畫記內稱枝山翁卷一、又稱文徵明詞翰二、是亦非盡出原蹟之一驗。其中第三卷之顧野王、第五卷之杜牧之、李陽冰、蘇靈芝諸人、皆無標目、輾轉傳寫、亦多失於校讐。然丑家四世收藏、於前代卷軸所見特廣、其書用張彥遠法書要錄例、於題識印記所載亦詳、故百餘年來收藏之家、多資以辨驗眞僞。末一卷曰鑒古百一詩、則丑所自爲米庵詩二十首、銘心小集八十一首、以類相從、附於集後。第九卷末附刻米芾寶章待訪錄、十二卷末附刻文天祥手札、皆非原本所有、蓋鮑氏刊本所增附也。鮑氏所刊、不分卷數、但以鶯嘴啄花紅溜燕尾點波綠皺十二字標爲次第、蓋用謝枋得文章軌範以王侯將相有種乎七字編爲七冊之例。然廠沙坊本、不可據爲典要。今削去舊題、以

十二卷著錄焉。【四庫全書總目提要】

清河書畫舫十二卷　明張丑撰。其以書畫舫爲名、取黃庭堅詩米芾書畫船語也。其書用鐵網珊瑚之例、於所見眞跡備錄其題跋印記、有所疑似、亦多辨證、較郁氏書畫題跋記爲有鑒裁。【四庫全書簡明目錄】

清河書畫舫　從來賞鑒家多不學、即文董亦不免、雖然使一一考據精核、則名蹟之眞者幾希矣。讀米庵此書、合之眞蹟日錄、法書名畫見聞表、其所藏有限、特向項子京家稗販耳。其書綱目錯雜、時代顚倒、人己之說不辨、全不知著書體例、視珊瑚網書畫彙考遜甚。【知聖道齋讀書跋】

清河書畫舫（無卷數　仁和吳氏池北草堂刊本）　明張丑撰。四庫全書著錄、作十二卷、明史藝文志所載同。其書不分卷數、但以鶯嘴啄花紅溜燕尾點波綠皺十二字分十二首。所載自三國鍾繇、迄于明之仇英、著錄者八十六家、附見者五十四家、爲帖四十九、爲圖一百十五。首眞蹟、次前人緒論、有所疑似、間以己見辨證之、較郁氏書畫題跋記、爲有鑒裁。生平雅慕米海岳、賦詩有閟書宗海岳展畫得瀟湘之句、晚自號米庵。因米襄陽志林載其崇寧間爲江淮發運、揭牌于船之上曰米家書畫船、故是書亦以書畫舫爲名、而冠以張氏之郡望也。仁和吳麗煌長元與鮑淥飲廷博既依元本刊定、而以別本所得、補于各號之後、凡八十八家、又以海岳所作寶章待訪錄、附點字號之末、及米庵自作鑒古百一詩、附皺字號之末。【鄭堂讀書記】

清河書畫舫一函十二册（光緒乙亥有竹主人重刻本）　吳郡張丑撰。因其家傳書畫甚夥、遂一編次、考證引據頗爲詳贍。初刻出于吳麗皇、此乃重刻本也。【鄭堂讀書記】

清河書畫舫十二卷　明張丑撰。此編以人爲綱、而以其書畫之流傳者爲目、每種後采集諸書載及者、於後各注所出、時附評論、亦間有攷證。所錄書畫、非盡出於目見、蓋其作書本旨、原供人賞鑑之資、非盡出於著錄也。前有小引及嚴誠序。【書畫書錄解題】

按顧廣圻題清河書畫舫後見（思適齋文集）、張宗泰跋清河書畫舫見（魯巖所學集）、並以參閱。

眞蹟日錄一卷二集一卷三集一卷

乾隆廿八年仁和吳氏池北草堂刊本　四庫全書本作五卷二三集各一卷　光緒戊午姚江爲恩鯤刊本　民國七年刊本

明張丑撰。

眞蹟日錄三卷（刊本）　右明吳郡張丑撰。所錄歷代眞蹟、兼採書畫者。後附淸祕藏二卷。【浙江採集遺書總錄】

眞蹟日錄五卷二集一卷三集一卷（浙江鮑士恭家藏本）　明張丑撰。凡三集。前有丑自題、稱書畫舫成、鑒家謂其粗可觀覽、多以名品卷軸見示就正因信手筆其一二、命曰眞蹟日錄、隨見隨書不復差次時代。其二集三集、則皆無序跋、蓋以漸續增各自爲卷、實可通作一編也。此本爲鮑士恭家知不足齋所刊、凡原本所載與書畫舫重複者、如初集之虞永興破邪論、王右軍鵠不佳帖、破羌帖、此事帖、謝司馬帖、思想帖、又別本思想帖、大道帖、又別本大道帖、鍾太傅孔廟鼎銘、曹不興兵符圖、桃源圖、李成寒林平野圖、顏魯公書告、及與蔡明遠帖、陸機平復帖、李西臺千文卷、趙幹江行初雪圖、錢舜舉臨陸探微金粟如來像卷、懷素夢遊天姥吟眞蹟、倪雲林溪山仙館小幅、王齊翰挑耳圖、展子虔春游圖、鮮于伯機題董北苑山水、題趙模本搨蘭亭後、王朋梅金明池圖、二集之劉原父墨蹟、秋水篇、黃子久山水、郭熙溪山秋霽卷、李泰和梅熟帖、褚河南小楷西昇經、王叔明惠麓小隱卷、倪雲林跋黃子久畫卷、顧淸臣書李成讀碑窠石圖、右軍鵠等帖、孫知微十一曜圖、巨然賺蘭亭圖、三集之吳道子八部天龍卷、李龍眠郭子儀單騎見回紇圖、唐子畏獨樂園江山行旅圖二卷、凡四十一條、皆删去而存其目。其詞有詳略異同者、則仍並載之以資參考焉。【四庫全書總目提要】

眞蹟日錄一卷二集一卷三集一卷　明張丑撰。是書成於書畫舫之後、蓋據所續見以補所遺、然以二書相較、初集複出二十六種、二集複出十一種、三集複出三種、未喻其故。鮑氏刻本始悉爲删汰、惟字句有詳略異同者、乃兩載焉。【四庫全書簡明目錄】

眞蹟日錄一卷（仁和吳氏池北草堂刊本）明張丑撰。四庫全書著錄作初集一卷、二集一卷、三集一卷、乃據鮑氏知不足齋藏本。其書成于淸河書畫舫之後、蓋就所續見以補其遺、故隨見隨書、不復差次時代、然以二書相較、初集複出二十六種、二集複出十六種、三集複出三種、未喻其故。吳麗煌與鮑淥飲因取原本重爲刊定、凡原本所載與書畫舫所載重複者、悉爲删汰、祇存其目、惟字句有詳略異同者、乃兩載焉。【鄭堂讀書記】

眞蹟日錄五卷二集一卷三集一卷　明張丑撰。此編爲米庵就所見名品卷軸、隨筆記錄之作、故不詮次時代。其中頗多有與所作淸河書畫舫複見處、蓋作書畫舫時、尚未得見原蹟、此則得見後所錄者也。前有自序。【書畫書錄解題】

南陽法書表一卷南陽名畫表一卷

四庫全書本　知不足齋別刊本　翠琅玕館叢書本　述古叢鈔本　藏修堂叢書本

明張丑撰。

南陽法書表一卷南陽名畫表一卷（浙江鮑士恭家藏本）　明張丑撰。所列皆韓世能家收藏眞蹟。法書表、凡作者二十七人、計七十二件、分五格、上爲時代、下以正書、行押、草聖、石刻四等各爲一格。名畫表凡作者四十七人、計九十五圖、亦分五格、上爲時代、而下以道釋人物爲一格、山水界畫爲一格、花果鳥獸爲一格、蟲魚墨戲爲一格。例又小別。二表前皆有丑自序、蓋先表法書、既而世能之子朝延、併屬兼表名畫也。世能字存良、長洲人、隆慶戊辰進士、官至禮部尚書。喜收名蹟、董其昌洛神賦跋所稱館師韓宗伯者是也。其稱南陽者、韓氏郡望南陽、猶韓維之稱南陽集耳。【四庫全書總目提要】

南陽法書表一卷南陽名畫表一卷　明張丑撰。所列皆韓世能家收藏眞跡。二表皆分五格、法書表上爲時代、次以眞書、行書、草書、石刻分四格、名畫表亦上爲時代、次以釋道、人物、山水、界畫、花果鳥獸、蟲魚墨戲、分四格。【四庫全書簡明目錄】

南陽法書表一卷南陽名畫表一卷（知不足齋刊本）　明張丑撰。四庫全書著錄。米庵法書名畫見聞表、皆記其所目覩的聞、此二表又卽同時韓存良世能家所藏書畫而分列之。法書表分五格、曰時代、自魏迄元、凡二十五人。曰正書、自晉王羲之曹娥碑迄元牘巴金丹百字、凡二十二件。曰行押、自晉王羲之旦極寒帖迄元康里巙巙書杜詩長卷、凡二十五件。曰草聖、自晉陸機平復帖迄元趙孟頫左太沖詠史詩、凡二十二件。曰石刻、則魏鍾繇賀捷表、定武蘭亭序、宋搨臨江二王帖、凡三件也。名畫表亦分五格、曰時代、自魏迄元凡四十七人。曰道釋人物、自魏曹弗興兵符迄元錢選蕭翼賺蘭亭、凡四十二圖。曰山水界畫、自隋展子虔春遊迄元倪瓚家園、凡三十八圖。曰花果鳥獸、自唐陳閎人馬迄元錢選昭陵六馬、凡十三圖。曰蟲魚墨戲、則宋米芾研山、元龔開鍾馗元夜出遊、凡二圖也。其分別品類、絕無舛誤、亦可謂鑒賞家之董狐矣。【鄭堂讀書記】

南陽法書表一卷　明張丑撰。是編乃米庵爲韓世能家藏法書眞蹟而作。稱南陽者、韓氏郡望也。表分五格、第一格爲時代、二格爲正書、三格爲行押、四格爲草聖、五格爲石刻、作者三十七人、計七十二件。每種下略記跋者姓名、及收藏印記。以表著錄書畫、前無所承、米庵此作、實爲創格。竊爲此法、若能詳爲記載、較之依次順敍者、尤爲明晰。前有自序。

南陽名畫表一卷　明張丑撰。米庵既作南陽法書表、韓世能之子朝延、乃更屬爲此表、計分五格、第一格時代、二格道釋人物、三格山水界畫、四格花果鳥獸、五格蟲魚墨戲、亦略記題跋人名、及收藏印記、作者凡四十七人、圖凡九十有五。其蟲魚墨戲一類、僅有米芾硯山及龔開鍾馗元夜出遊兩圖、殊爲無謂、不若茅氏之作、去此一類爲安也。前亦

有自序。【書畫書録解題】

法書名畫見聞表一卷

四庫全書本　知不足齋別刊本　翠琅玕館叢書本　述古叢鈔本　藏修堂叢書本

明張丑撰。

法書名畫見聞表一卷（浙江鮑士恭家藏本）　明張丑撰。蓋仿米芾寶章待訪錄例、變而爲表、凡分四格、第一格爲時代、第二格爲目覩、第三格爲的聞、第四格則每一朝代總計其數、題曰會計、凡一百五十五人、一百八十八帖、三百五十六圖、末附顧凱之夏禹治水圖、王羲之行穰帖、皆註曰見、虞世南臨張芝平復帖、顏眞卿鹿脯帖、皆註曰聞、蓋表成以後所續載也。丑別有南陽書畫表、故表首附記已見彼者不錄、又云凡影響附會者不錄、然所列目覩諸名、與所作書畫舫眞蹟日錄、多不相應、意此數表成於二書之前耶。【四庫全書總目提要】

法書名畫見聞表一卷　明張丑撰。仿寶章待訪錄之例、變而爲表、凡分四格、第一格爲時代、二格爲目睹、三格爲的聞、四格總計一代之數、題曰會計。【四庫全書簡明目錄】

法書名畫見聞表一卷（知不足齋刊本）　明張丑撰。四庫全書著錄。米庵既作清河書畫舫及眞蹟日錄、以記其所見聞、乃因米海岳寶章待訪錄所記書畫有目覩的聞二門、復變其例爲是表、分時代目覩的聞會計四格。時代自漢迄明、凡一百五十五人、目覩自魏鍾繇季直表迄明陸治浮雲落照圖、的聞自漢張芝芝白帖迄豐坊四體千文、凡一百八十八帖、三百五十六圖、會計卽分記各代之數也。末附所見顧愷之夏禹治水圖、王羲之行穰帖、所聞虞世南臨張芝平復帖、顏眞卿鹿脯帖、蓋書刊成後所拾遺云。卷首稱目覩眞蹟、雖見南陽祕篋表中者不載、的聞皆錄確有、凡繫影響附會者不書、所謂南陽祕篋表中者、米庵別有南陽書畫表一卷、故不重出。然以書畫舫及日錄所載核之目覩諸名、不多相應、蓋又有所去取于其間矣。【鄭堂讀書記】

法書名畫見聞表一卷　明張丑撰。此表凡分時代目覩的聞會計四格、末附拾遺四種、較南陽清河兩表、尤爲簡略、但記品名、別無記載。夫既爲目覩、則覩於何所、既稱的聞、則聞於何處、不爲注出、奚以徵信於人。其小引頗自矜詡、實不足取也。竊謂此表若以作者爲經、以所見名蹟爲緯、列款識題跋印章、以及收藏家各欄、擇要記載、實便省覽、師其意而不襲其法、則盡善矣。【書畫書錄解題】

弇州山人題跋七卷

明刊本

四庫存目　弇州四部稿本止五卷

明王世貞撰。世貞有弇山堂別集、已著錄。

弇州山人題跋七卷（安徽巡撫採進本）

明王世貞撰。考弇州四部稿有雜文跋、墨蹟跋、墨刻跋、畫跋、佛經跋、諸類。此本惟墨蹟跋三卷、墨刻跋四卷。其文與稿中所載、又頗詳略不同、疑當時鈔撮以成帙、其後又經刪定入集、如集古錄有眞蹟集本之殊也。【四庫全書總目提要】

弇州題跋五卷　（弇州四部稿卷一百三十至一百三十三、又一百三十七一百三十八卷）　明王世貞撰。內墨跡跋三卷、上卷三十八首、俱宋以前書、中卷三十二首、元明人書、而以趙子昂爲多、下卷五十六首、俱明人書、則以祝希哲爲多、亦有其同時人所作者。所論書法、頗見精要。畫跋二卷、上卷四十一首、俱元以前畫、下卷四十七首、俱明人畫、所論則不若書法之精、弇州本不能畫、無足怪也。此書是當時原有單行之本、今雖未見、然當弇州盛時、片辭剩語、風行一時、想不俟四部全稿出世、此編先已風行、故孫月峯有書畫跋跋之作也。【書畫書錄解題】

書畫跋跋三卷續三卷　乾隆庚申居業堂原刊本　四庫全書本

明孫鑛撰。鑛字文融、號月峯、餘姚人。官至南兵部尙書。

書畫跋跋六卷（刊本）　右明尙書餘姚孫鑛撰。書畫跋跋云者、跋王世貞之書畫跋以訂之也。【浙江採集遺書總錄】

書畫跋跋三卷續三卷（浙江孫仰曾家藏本）　明孫鑛撰。是書名書畫跋跋者、王世貞先有書畫跋、鑛又跋其所跋、故重文見義、猶非非國語反反離騷例也。明以來未有刊本、僅有鈔本在仁和毛先舒家、後歸其邑人趙信。信爲孫氏之壻、故鑛六世孫宗溥宗濂又從趙氏得之。乾隆庚申、始刊版印行、任蘭枝爲之序。初宗溥等以鑛書本因世貞而作、如不載世貞原跋、則鑛之所云、有不知爲何語者、乃取世貞諸跋、散附於各題之下。其明人書札、可與鑛參證及爲鑛語所緣起者、亦皆附載焉。凡墨迹一卷、碑刻一卷、畫一卷。續亦如之。惟續跋碑刻作墨刻、蓋偶爾駁文、非宏旨所在也。詹氏小辨曰、王元美雖不以字名、顧吳中諸家、惟元美一人知法古人。又書史會要曰、王世貞書學雖非當家、而議論翩翩、筆法古雅、蓋拙於揮毫、而工於別古者也。鑛以制義名一時、亦不以書畫傳、然所論則時有精理、與世貞長短正同、亦賞鑒家所當取證者矣。【四庫全書總目提要】

書畫跋跋三卷續三卷　明孫鑛撰。王世貞嘗作書畫跋、鑛又跋其所跋、故以重見義、猶之非非國語反反離騷也。【四庫全書簡明目錄】

書畫跋跋三卷續三卷（居業堂刊本）　明孫鑛撰。四庫全書著錄。是書爲其跋王弇州畫跋而作。弇州才識宏卓、于書畫跋尤瀾翻不竭、一跋往往累幅未已、無怪其擇之不精也。月峯更起而與之辨因跋其所跋以成是編。分墨跡碑刻及畫各爲一卷其續集亦如之。間有跋及弇州之弟敬美所跋者、不過一二條耳。其辨論愜當考覈精密足以稱王氏之諍臣、然非參王氏跋而互看之亦未易領略其旨也。至其六世孫宗溥宗濂乃取弇州四部稿內跋語載于各題之下、或節錄之、或全錄之俾兩家得失昭然自明庶可以爲賞鑒收藏者之一助云。【鄭堂讀書記】

書畫跋跋正編續編共六卷　明孫鑛撰。六世孫宗溥宗濂編次。是編據杭世駿序、謂承元美之闕失而補之者。今觀編中攷證論議、足以匡正王氏之失者固不少、然亦有未可盡信者。蓋既爲跋王氏之跋則必先求王氏所跋原蹟觀之、然後辨駁方得精當乃讀其文殊不盡爾也。前有杭世駿任蘭枝兩序、末有毛先舒跋。【書畫書錄解題】

味水軒日記八卷

嘯園叢書本有刪節　嘉業堂叢書本四卷（即原書之第二三四八卷）

明李日華撰。日華有梅墟先生別集、已著錄。

明李太僕日華味水軒日記八卷、自萬曆己酉正月至丙辰十二月、凡八年。記其所見書畫、異聞時事附及焉。【東湖叢記】

味水軒日記八卷　李日華撰。是書司志作十二卷誤。案是書向無刻本、近時仁和葛元煦刻入嘯園叢書、自萬曆己酉至丙辰凡八年、記其所見書畫并采異聞、頗可徵當時雅興。【光緒嘉興縣志藝文志】

閱味水軒日記庚戌至壬子三册、丙辰一册、共四册、中間丑寅卯三年佚、庚戌以前丙辰以後共幾何册、不可攷矣。翰怡持示云是李日華所記。所見書畫碑版、最錄甚詳、款識題跋、臚列無遺、略如朱性父張青父兩家、頗有資於攷證。【緣督廬日記鈔卷十六】

劉承幹跋　味水軒日記八卷、明李日華君實撰。起萬曆己酉三月、終丙辰十一月、凡八年、釐爲八卷。手稾藏知不足齋、字雜行草、趙晉齋手錄其副、王晚聞復錄之、加以六跋。是本僅存二三四八四卷、沈潛風雅、筆墨雋爽、亦與紫桃軒雜綴六硯齋筆記相亞。嘯園叢書曾刻八卷之節本、是竹嬾曾孫含潛手寫一百五十五條、仍爲八卷、不如此足本。【嘉業堂叢書跋】

味水軒日記八卷　明李日華撰。是編起萬曆三十七年三月十三日、終四十四年十二月四日、乃竹嬾乞休後之日記。（中間略闕數月）什之八九爲繙閱書畫評隲翰墨之作、其他則記時事異聞及侍親遊覽諸事。至家庭瑣屑及酬應俗務、概不記。讀書亦不記。其記所閱書畫、大半屬於著錄、鈔其題跋、加以詳論。其自作書畫及題詠、亦多載入。竹嬾當時所與遊者、如朱性甫陳眉公項又新汪玉水諸人、皆一時雅鑒、聞見既富、討究亦精、故所錄多翔實可信、足資參證。竹嬾著書今存者、如六研齋筆記、紫桃軒雜綴、除論書畫外、所記諸事、多涉詭異、或膚泛不足存、獨此書偏重書畫、亦可謂善用其所長者矣。嘯園叢書所載、乃節本、不知何人所刪、前有其曾孫含滑序、豈出於其手耶。兩本校核、其刪節有不可解者、同一著錄書畫之文、或載或否、乃至同一種書畫中之題跋、或全載或僅載其一二、每月僅得二三日、所錄多遺其大而取其細、其有關考證、如右軍書嵇康絶交書跋後之類、偏刪而不錄、類於無知識者之所爲、正不知其標準之何在也。兩本前俱有其子肇亨小引、嘯園叢書本前尚有片石居主人序、後有葛元煦跋、嘉業堂本後有王晚聞六跋、劉承幹一跋。【書畫書錄解題】

孫氏書畫鈔二卷 涵芬樓祕笈本

明孫鳳撰。鳳字鳴岐、長洲人。

孫毓修跋云、無撰人名字。據萬曆間人舊跋、謂出于孫鳳。鳳以裝潢爲業、頗喜讀書、人有以古昔書畫求裝潢者、則錄其詩文跋語、積久成帙、名之曰孫氏法書名畫鈔。所鈔以法書名畫分列、如鐵網珊瑚例、然爲朱性甫趙寒山所未見者甚多。【涵芬樓祕笈跋】

孫氏書畫鈔二卷 明孫鳳撰。此書分別法書名畫、明爲兩卷、鈔者偶漏書卷數耳。編中於法書錄原文及題記、於名畫僅錄題記、其何人所藏與夫卷軸種類紙絹尺度等、俱未記出、既係裱工隨意鈔錄之本、亦難繩以著述體裁也。所錄是否俱屬眞蹟、尤不敢知。印本後有孫毓修跋、跋中稱居節爲萬曆間人、似孫氏尚不知節爲何如人者、亦可異也。【書畫書錄解題】

珊瑚網四十八卷 四庫全書本 適園叢書本 美術叢書摘刊畫繼畫法畫據各一卷本

明汪砢玉撰。砢玉有古今鹺略、已著錄。

珊瑚網古今法書題跋二十四卷（寫本）

右明秀水汪砢玉輯。皆評論碑帖及名家墨蹟語、凡前人款識及收蓄私印俱錄焉、而於墨蹟則悉載其原文。自序云、所書眞蹟詩文後、石刻繼之、復搜載記收藏家爲書憑、附以往哲名言爲書旨書品云。珊瑚網古今名畫題跋二十四卷附錄一卷（寫本）

右明汪砢玉輯。彙錄宋元明諸家評品名畫跋語、搜集頗富、間有自作畫跋亦附焉。自序云、幾幾乎山檮杌、水春秋、草木狀、爾雅注矣。附錄一卷、係畫法。【浙江採集遺書總錄】

珊瑚網四十八卷（浙江孫仰曾家藏本）

明汪砢玉撰。是書成於崇禎癸未。凡法書題跋二十四卷、名畫題跋二十四卷。朱彝尊靜志居詩話稱砢玉留心著述、所輯珊瑚網一編、與張丑清河書畫舫眞蹟日錄並傳。蓋丑自其高祖以下、四世鑒藏、珂玉亦以其父愛荆與嘉興項元汴交好、築凝霞閣以貯書畫收藏之富甲於一時、其有所憑藉、約略相等、故皆能搜羅薈萃、勒爲巨編。然丑之二書前後編次、歲月皆未明析、珂玉是書則前列題跋、後附論說、較丑書綱領節目、秩然有條。惟其所載法書、頗有目睹耳聞、據以著錄、不盡其所自藏、乃一例登載、皆不註明、未免稍無區別。中間原蹟全文、或載或否、亦絕無義例。又如謂唐刻定武蘭亭有二石、焦山瘞鶴銘有三石、則眞贋不別。以李邕書雲麾將軍李秀碑、誤爲李思訓碑、以宋人所刻臨江帖、誤爲唐搨、則考據亦未盡精審。其所載名畫、則宋元諸家銘心絕品、收錄極詳、縑素之富、誠爲罕有。後來卞永譽式古堂書畫考、厲鶚南宋院畫錄、皆藉是書以成。至於書跋之後、附以書旨書品之類、畫跋之後、附以畫繼畫評之類、皆雜錄舊文、挂一漏萬、枝指駢拇、兩集相同、以原本所有、姑並錄之云爾。【四庫全書總目提要】

珊瑚網四十八卷　明汪珂玉撰。凡書跋畫跋各二十四卷、皆以題跋居前、論說居後、視清河書畫舫所收較博、條理亦較清整。惟書跋末附書旨書品之類、畫跋末附畫繼畫評之類、割裂無緒、挂漏不完、殊屬贅疣。【四庫全書簡明目錄】

汪氏珊瑚網法書題跋二十四卷名畫題跋二十四卷（精鈔本）　明汪珂玉撰。凡名畫法書、自晉唐以來、準時酌取、有不薄今人愛古人意、各自成部。【善本書室藏書志】

繆荃孫序曰、自來談書畫采錄全文跋語者、法書例應眞蹟釋文頂格、前人跋低一格、觀款同、自跋又低一格、法畫有款題者錄款題、前人題詠跋語低一格、自題自跋又低一格、以朱存理珊瑚木難爲最善、玉水亦沿其例而擴充之。惟輾轉傳鈔、別無定本、石銘初畀一鈔本付刊、脫誤至數十葉、不能校。又借到何夢華鈔藏本、稍爲整齊、又缺十餘卷、再借嘉業堂藏本補完、然底本未能校好、大體錯譌、不能重定、荃孫自恨粗率、然亦無可如何。目錄更爲糅雜、有錄有而目無者、有目有而錄無者。又有跋中所見他本、並無玉水自藏、或議論同時人所作某卷、均爲編入。如法書原目卷二多又作深慰帖、卷十二脫張伯雨自題象贊、卷十六多眞書古詩帖、卷十九多大草書禊帖、卷二十多又爲鍾王小楷、卷二十一脫米元章跋王著定古今書名畫原目卷六脫王庭吉水仙紛披卷、卷九脫梅老寫雨窗松、又脫王元章墨梅、卷十一多蕭寺風雨圖、卷十二沈恆吉山水題詞、目作沈貞吉寫婁江勝感寺八景、恆吉貞吉之弟、係兩人、玉水跋語所引、不應入目、卷十五脫文徵明二宜園圖、又列寒林讀書竹溪秋色兩目錄並未收入、卷十六多仿趙文敏石塘圖卷十八多玄宰湘江奇雲圖、又仿宋元合作小景、又瑞九女寫瀟雲疎樹、趙文俶著色沒骨蟲卉、女馬昭花蜨、葛侍御姬人李因筆楊影憐寫水仙竹石、又月上女圖、趙婾金蹋踶圖卷、均跋中語、未藏其畫、卷二十一多桂苑叢珠、亦是跋中語、卷二十二多壺中玄覽册、遂餘造適册、原跋以其次不入錄、此仍寫入、悉爲訂正、至宋元明人雜出書已刻成、未能移易也。【藝風堂文集】

珊瑚網四十八卷　明汪砢玉撰。是書書錄二十四卷、自卷一至十八、俱法書眞蹟、名爲題跋、十九二十兩卷、爲碑帖、（原題石刻墨蹟）二十一卷爲叢帖、（原題成部大帖）二十二卷爲書憑、二十三卷爲書旨、二十四卷爲書品。畫錄亦二十四卷、自卷一至二十二卷、俱名畫眞蹟、亦名題跋、二十三卷爲畫據、二十四卷爲畫據附畫法。此書向無刊本、輾轉傳鈔、不免譌舛。最近適園叢書始爲校刊、亦集數本而成、詳見繆荃孫序。與余所見舊鈔、仍有同異。其書大體仿珊瑚木難、所收既弘、遂爲後來賞鑑家所不可廢。至書憑畫據、搜集諸家所藏書畫目、前無所承、實爲創格、尤可爲參攷之資、惜所收未廣、且乏考證耳。其後李調元作諸家藏書畫簿、大體卽襲此兩卷而成、此書既行、李書可廢。若所輯書旨、書品、畫繼、畫法、半屬僞籍、且雜亂無次、殊不足存。【書畫書錄解題】

郁氏書畫題跋記十二卷 續十二卷

四庫全書本　宣統三年順德鄧氏風雨樓活字印本無續記

明郁逢慶撰。逢慶字叔遇、別號水西道人。嘉興人。

書畫題跋記十二卷續十二卷（知不足齋寫本）　右國朝嘉興郁逢慶輯。采唐宋元明書畫題跋及詩詞畫彙錄之、郁氏於明代收藏稱富、故見聞亦頗廣云。【浙江採集遺書總錄】

郁氏書畫題跋記十二卷續題跋記十二卷（兩淮鹽政採進本）　明郁逢慶撰。是書分前後二集、前集末有自識云、所見法書名畫、錄其題詠、積成卷帙、時崇禎七年冬也。後集無跋、則不知其成於何歲矣。其書皆卽所見書畫、錄其題跋、初不以辨別眞贋爲事、故如趙孟堅所藏定武蘭亭本天聖丙寅一條、范仲淹王堯臣米黻劉涇四條、年月位置、皆與海甯陳氏渤海藏眞帖所刻褚模本同、蓋以趙孟堅落水本原亦有范仲淹題、而褚模本原亦有孟堅印、傳寫舛誤、遂致混二本題跋爲一本。又如五字損本文徵明跋、既載於前集第十卷、作嘉靖九年八月二日、下註云詳見續集、而續集第二卷載此跋、則作嘉靖十一年六月二十又七日、同一帖、同一跋、一字不易、而年月迥乎不同。又前集高克恭仿米芾青綠雲山云詳見續集、而前集所載克恭名款及至正戊子吳鎭題一段、續集乃反無之。沈周有竹居卷亦云詳續集、而徐有貞文林吳寬錢仁夫秦嶬數詩、與前集所載、乃前後倒互。諸如此類、皆漫無考訂。至於前集所載宋高宗畫册梁楷畫右軍書扇圖、皆有水西道人題記、當卽逢慶所藏、而第一至第四卷每卷之尾、皆有崇禎甲戌冬日收藏題記、核其歲月、亦卽逢慶所自識、而皆未註某爲所藏、某爲所見、體例尤不分明。特以採摭繁富、多可互資參考者、故倂錄存之、備檢閱焉。【四庫全書總目提要】

郁氏書畫題跋記十二卷續記十二卷　明郁逢慶編。皆但據所見書畫錄其題跋、不甚以辨別眞贋爲事、故罕所折衷、或自相違異、然採摭既富、可互資參考者亦多。【四庫全書簡明目錄】

書畫題跋記十二卷續書畫題跋記十二卷（嘉興項氏藏舊鈔本）　明郁逢慶撰。四庫全書著錄。前記首有郁氏二字、續記止作續題跋記。末有自識稱所見法書名畫、錄其題詠、積成卷帙、時崇禎七年冬也。其書網羅繁富、不甚以辨別眞贋爲事、故罕所折衷、或自相違異、然所錄詩篇、爲別集總集所不載者頗多、亦可資後人參攷焉。【鄭堂讀書記】

書畫題跋記十二卷續記十二卷（精鈔本）

檇李郁逢慶叔遇甫編。逢慶據所見書畫錄其題跋、分前續兩集、雖不甚辨別眞贋、而採摭繁富、究可爲伐山取玉披沙揀金之助。此本鈔寫精工、不媿書畫記之目。【善本書室藏書志】

書畫題跋記十二卷續記十二卷（舊鈔本）

明郁逢慶撰。據所見書畫錄其題跋、分前續兩卷、采摭繁富、實足爲後學考訂之資。【適園藏書志】

郁氏書畫題跋記十二卷續十二卷　明郁逢慶撰。此據文瀾閣四庫本著錄、前後無序跋。曾見江陰繆氏所藏鈔本前集末有逢慶自跋云、余生江南、幸値太平之世、遊諸名公家、每出法書名畫、燕閒淸晝、共相賞會、因錄其題詠、積數十年、遂成卷帙。是此編乃逢慶就生平所見著錄、非其自藏。今編中惟第一卷第一種下有華中甫家藏五字、餘俱不記、未知傳鈔脫漏、抑係原本如此。提要亦謂前集末有自識、又謂第一卷至四卷、每卷尾俱有崇禎甲戌冬日收藏題記、今閣本皆無之、不知緣何不錄也。兩集所錄書畫碑帖、不分類、作者時代亦不順次、蓋隨見隨錄、未嘗加以編次、故體例不能劃一。書畫種類及印章、有記有不記。法書原文名畫題識與後人題跋、或頂格錄寫、或低一格、或低二格、俱不一律。而後集則並書畫種類印章等多不記錄、似有由他書轉錄成之者、非盡出於目覩。吳脩論畫絕句注、楊補之墨梅卷紙本、有自題柳梢青四闋、此編皆載之、而云爲絹本、後有文氏父子和詞、卽是未見眞蹟而記入之證也。逢慶按語甚少、僅前集卷四梁楷畫右軍書扇圖思陵題畫册後有之、又卷二米南宫小楷七帖卷六元鎮照雲圖後各有一條、雖未署名、當亦爲其所記者。後集則無自跋。【書畫書錄解題】

王奉常書畫題跋二卷 宣統二年甌鉢羅室刊本

明王時敏撰。時敏字遜之、號煙客、又號西廬老人。太倉人。崇禎初以蔭官太常。

王奉常書畫題跋二卷　明遺民王時敏撰。烟客題跋行世者、僅見畫學心印所刊一本、未詳其所自。又盡題王石谷之畫、其非全帙可知。此編爲通州李玉棻所刊、序稱得之涿鹿李芝陔家、芝陔乃從商丘宋牧仲裔孫處所鈔得者、其流傳可知者如是而已。向無刊本、他書亦未見引及、以較心印本、跋石谷畫諸條、其文句不盡相同。又有石谷臨巨然烟浮遠岫圖一條、爲心印本所無。心印本中有石谷此圖、雖仿山樵、而用筆措思、全以右丞爲宗一條、丹青家具文秀之質一條、則爲此編所無。因知心印本非從此編摘錄。秦祖永亦未知有此編也。此編卷上凡八十三篇、卷下凡九十四篇、畫跋多於書跋、其題名蹟者較少、題自作者最多、凡四十六篇、題王圓照畫者二十六篇、題王石谷畫者十八篇、此外則多題其同時人所作。其題自作、除爲趙際公作壽畫一條、略有得意語、餘俱深自貶抑。至題同時人所作、若王圓照、王石谷、吳漁山諸公、固極其推崇、卽下至楊晉之流、亦甚加褒許。其奬掖後進之盛心、與夫㧑謙自抑之雅度、讀之令人起敬。至其論畫之精到、固不俟言也。前有宣統二年李玉棻、倪墂兩序。【書畫書錄解題】

賴古堂書畫跋一卷 美術叢書本

淸周亮工撰。亮工有全濰紀略、已著錄。

賴古堂書畫跋一卷　淸周亮工撰。是編題書畫凡二十有九首、多題其同時人之手蹟、在當時爲佳作、在今日俱成名蹟矣。【書畫書錄解題】

庚子消夏記八卷 乾隆三十年知不足齋刊本　四庫全書本　別有硏山齋墨蹟集覽一卷法書集覽三卷入存目核卽消夏記之稿本　學古齋金石叢書本

淸孫承澤撰。承澤有尙書集解、已著錄。

庚子銷夏記八卷（浙江巡撫採進本）國朝孫承澤撰。承澤晚年、思以講學自見、論者多未之許。然至於鑒賞書畫、則別有專長。是編乃順治十六年承澤退居後所作。始自四月、迄於六月、故以銷夏爲名。自一卷至三卷、皆所藏晉唐至明書畫眞蹟。四卷至七卷、皆古石刻、每條先標其名、而各評騭於其下。八卷爲寓目記、則皆他人所藏、而曾爲承澤所見者、故別爲一卷附之。大抵議論之中、間有考據、如宋之錢時嘗爲祕閣校勘、史館檢閱、終於江東帥屬、本傳所載甚明、而承澤以爲隱居不仕、此類亦頗失於檢點。然其鑒裁精審、敍次雅潔、猶有米芾、黃長睿之遺風、視董逌之文筆晦澀者、實爲勝之。其人可薄、其書未可薄也。【四庫全書總目提要】

研山齋墨蹟集覽一卷法書集覽三卷（編修勵守謙家藏本） 國朝孫承澤撰。是書前有小序、卽庚子銷夏記之序、其文亦與庚子銷夏記同、惟前後編次頗異、蓋卽銷夏記之稿本也。後附元人破臨安所得宋書畫目一卷、前亦有承澤序、今本銷夏錄無之。核其所列、卽元王惲玉堂嘉話之文、殆以與秋澗集重出、故始載之而終删之歟。【四庫全書總目提要】

庚子銷夏記八卷 國朝孫承澤撰。乃順治十六年、承澤退居後所作、以所藏書畫、各爲敍述始末、考證異同。始於四月、成於六月、故以銷夏爲名。凡書畫眞跡三卷、石刻四卷、末一卷爲寓目記、則他人所藏、承澤及見者也。【四庫全書簡明目錄】

庚子銷夏記八卷（知不足齋刊本） 國朝孫承澤撰。四庫全書著錄。乃其評騭所藏晉唐以來名人書畫及古碑刻而作。凡書畫眞蹟三卷、古碑拓本四卷、又寓目記一卷、則他人所藏、退谷及見者也。每種各爲敍述始末、考證異同、鉤元抉奧、題甲署乙、足以廣見聞、而益神智、其鑒裁精審、當亦不讓古人。以其成于順治十七年之四五六月、故以庚子銷夏爲名。【鄭堂讀書記】

庚子消夏記八卷 學古齋校刊本。清北平孫承澤退谷撰。前有盧文弨序、目后有鮑廷博跋、退谷自序。是編爲孫公評騭所見碑版書畫之作、自四卷至七卷均紀碑帖、如巴郡太守樊敏碑補金石古文銘辭缺者六字、誤者四字。魯相乙瑛請置百石卒史孔龢碑正后人指爲后漢鍾太尉所書之誤。虞世南孔子廟堂碑正非武后時所立。足訂各家之訛。他所考據亦頗博洽。【石廬金石書志】

庚子銷夏記八卷 淸孫承澤撰。是編乃退谷自記其所藏書畫之作、一卷至三卷、爲晉唐至明書畫眞蹟、四卷至七卷爲古石刻、前三卷與後四卷、葉數相埒、益以八卷寓目記、則言書畫者較多。寓目記皆他人所藏者。編中於紙絹印章等事、不甚措意。於題跋則選其精者偶錄之、時雜論議、俱甚精到。張賓鶴跋稱其蘊藉是也。【書畫書錄解題】

按盧文弨庚子消夏記序見（抱經堂文集）張宗泰跋庚子消夏記二篇見（魯巖所學集）並可參閱。

庚子消夏記校文一卷

風雨

樓刊本　古學彙刊本

清何焯撰。焯字屺瞻，晚號茶仙，長洲人。學者稱義門先生。康熙中賜進士，官編修。

庚子銷夏記校文一卷　傳鈔本。何焯撰。庚子銷夏記爲大興孫北海著，是賞鑑家著述，考訂不免疏漏。義門此編，是北海諍友也。【藝風藏書續記】

庚子消夏記校文一卷　風雨樓刊本。清仁和魏錫曾稼孫輯。稼孫先生就庚子消夏記何義門題語，萃成編，題曰庚子消夏記評。元和楊君篋齋復輯魏稼孫校語，爲校勘記附后，並補入翁、魏二跋及程氏南邨帖攷、錢氏履園叢話二條，益覺證核完備。此書不特可爲義門集補遺，而實言攷據金石書畫者之小種珍帙也。【石廬金石書志】

辛丑消夏記五卷

道光辛丑家刊本　光緒乙巳葉德輝刊本

清吳榮光撰。榮光有歷代名人年譜，已著録。

姚大榮辯辛丑銷夏記爲黄虎癡代吳荷屋撰　吳荷屋中丞之辛丑銷夏記，考證精博，不空談賞鑒，蓋中丞夙與翁、阮諸公遊，薰陶擩染，具有淵源，與枵腹高談者迥異。然其書實非中丞自撰。吾鄉鄭子尹先生跋中丞刻東坡詩蘐搨本云、南海吳荷屋方伯旬宣長沙時、吾友甯鄉黄虎癡本驥、方教讀某太守署、荷屋偶與談、曰已知吾子所學矣、平生異藏乞爲考訂著録、令顯於世。虎癡諾之、遂攜太守子就教於所居江上之香雪堂，荷屋每三日送書畫十卷與之考定。幾一歲而書成。荷屋挾其稿歸南海，歿後其後人刻之，未究虎癡當時不留副與余言，甚悔之云云。案此事設非虎癡向鄭徵君言之，後世誰知荷屋此書係虎癡代撰者。特書已寫定授梓，命爲辛丑銷夏記，鄭、黄二先生未之知，致虎癡有悔辭耳。【惜味道齋文集】

辛丑消夏記五卷　吳榮光撰。荷屋中丞收藏書畫至富且精，不愧鑒賞大家。此其收藏記，曰辛丑，取以續孫承澤庚子消夏記之意。【郋園刻板書提要】

辛丑銷夏記五卷　清吳榮光撰。是編仿江村之例，不分書畫，第一卷首三種爲舊搨蘭亭，以後俱爲書畫，次唐蹟四種，次五代蹟三種，又次宋蹟十四種。二卷宋蹟廿四種，金蹟一種。三四卷俱元蹟五十八種。五卷明蹟四十四種。皆其目見之本。荷屋爲阮文達高弟，故賞鑑具有淵源，是書體例雖仿自江村，而精審過之。所附跋語考證至爲確當，偶附題詠，亦無泛詞，可謂青出於藍矣。葉氏重刊有序。【書畫書録解題】

式古堂書畫彙考六十卷

康熙間卞氏仿宋刊本　四庫全書本　民國十年鑑古書社影印本

清卞永譽撰。永譽字令之，鑲紅旗漢軍，官至刑部左侍郎。

式古堂書畫彙考六十卷（兩淮馬裕家藏本） 國朝卞永譽撰。王士禎居易錄云卞中丞永譽貽書畫彙考六十卷、凡詩文題跋悉載、上溯魏晉下迄元明、所收最爲詳博。朱彝尊論畫詩亦有妙鑒誰能別苗髮一時難得兩中丞之句。蓋永譽及宋犖皆精於賞鑒、犖時爲江西巡撫、永譽時爲福建巡撫、故云兩中丞也。是書書畫各三十卷、先綱後目、先總後分、先本文而後題跋、先本卷題跋而後引據他書、條理秩然、且視從來著錄家徵引特詳。惟所載書畫、不盡屬所藏、亦非盡得之目見、大抵多從汪珂玉珊瑚網張丑清河書畫舫諸家採摭裒輯、故不能如寶章待訪錄以目見的聞灼然分別。又所載本文、如褚遂良書陸機文賦、吴通微書陰符經、劉敞書南華秋水篇、趙孟頫書過秦論等、皆與今本無大異同、而具載全篇、殊爲疣贅。至於陸機平復帖、虞世南枕臥帖、其文爲世所未睹者、乃略而不書。至如趙孟堅水仙圖卷珊瑚網載有二本、不能無前後錯出之疑、永譽於後一條下、註明其一恐出臨摹、並存以俟考、其例是也。而所載定武蘭亭落水本與郁逢慶書畫題跋記所載前後題跋互有不同、所載神龍蘭亭本與朱存理鐵網珊瑚所錄定武本題跋反多重複、又黄庭堅書陰長生詩卷與朱存理張丑所載參錯岐出、竟有三本、王詵煙江叠嶂圖蘇軾所爲賦詩者、竟有四本、皆未能辨析眞僞。又王士禎居易錄所記、於永譽齋中觀其所藏書畫有司馬光資治通鑑手稿、永譽云曾見一冊極端楷、爲好事者分去、永譽得其二三紙耳、今是書載此蹟、但云史草、亦不著所存頁數、反不及士禎所載之可據。士禎又見所藏趙孟頫寫杜詩天育驃騎歌、上有孟頫小篆延祐四年九月既望字、是書亦併不載、均爲漏略。至於雁門乃郡名、茂苑卽長洲地名、而以爲文彭文嘉之別號。居節字士貞、貞字印章古篆與鼎字相類、而以爲居節一字士鼎。又以秋巖爲吾衍之別號、蓋因衍書古文篆韻後有至元丙戌秋巖記一條也。不思前至元丙戌吾衍年甫二十、不應云老。且其跋內之丁卯、若是宋末咸淳丁卯、則正吾衍始生之時、不當有自征建昌之語。今以陶九成跋核之、則至元乃至正之譌、實爲至正七年丙戌、距吾衍之歿已三十七年、其秋巖乃陳秋巖、非吾衍別號也。凡若此類、疎舛尤多。然登載既繁、引述又富、足資談藝家檢閱者、無過是編、固不以一二小疵、累其全體之宏博焉。【四庫全書總目提要】

式古堂書畫彙考六十卷 國朝卞永譽撰。雜採諸書著錄書畫、合以所藏與所見者、共爲一編。如江村銷夏錄之類、或全部收入、故不免小有牴牾、而大致終爲賅博。【四庫全書簡明目錄】

式古堂書畫彙考六十卷　卞永譽撰。書畫各三十卷、條理秩然、視後來著錄家、徵引特詳。【八旗通志藝文】

陸心源書畫彙攷跋一　書畫彙攷卷二十八、載文衡山積雪卷、衡山自題百數十字、後有都南濠二印、有唐六如吳匏菴二跋。衡山題云、余在京師、友人持河陽關山積雪卷出示、距今思之、已二十餘年矣、輒洗筆摹一過。案衡山行狀、以嘉靖癸未貢成均始入都、實嘉靖三年、時年五十三、後二十餘年當爲嘉靖二十五六年、六如卒于嘉靖二年、距作圖已二十餘年、匏菴卒于宏治甲子、距作圖幾四十年、不得見此圖而作跋、南濠卒于嘉靖四年、距作圖亦二十餘年、不得見此圖而加印記、況衡山七十以後作、無不題年歲、而此圖無之、其爲僞作無疑。令之以鑒別名、其書畫彙攷、頗爲收藏家所重、余恐其貽誤後人、故爲攷證如右。　跋二　書畫彙攷立歷代鑒藏一門、自六朝唐宋公私所藏、迄于明季各家、備載其目、可謂備矣。然鄧椿畫繼所載趙中大保之、士俾、趙伯兼節推、王朝議國寶良器、賈通判公傑、程純老、唐令狐、陳古諷、邵澤民侍郎溥、邵太史公濟博、張庭珪瑾、王朝議樂道沂、劉寶賢提刑瓌、李大觀、鄧符寶叔誼、李敷文士舉邦獻、王制幹冠朝、王晦叔撫幹灼、張知縣珩、陳與權安撫古、李德隅知郡廉夫、盛季文章、宋去病艾、太常少卿何子應騏、衡知縣師房昂、王茂先桂、宇文季蒙龍圖時中、郭承緘效、一勉中、何道夫耕、范忠甫僾、趙修仲知縣延、王子忠縣尉焞、宇文子友主簿子震、時廣叔時宏、呂元鈞陶、燕知縣興祖、僧智永房、黎邦基、姚觀國通判賓、各家收藏數百種、漏未登載。又如徽宗御畫最著者、有筠莊縱鶴圖、奇峯散綺圖、龍翔池鸂鶒圖、宣和睿覽一千册、彙攷亦未收、豈當時未見畫繼耶。【儀顧堂題跋】

式古堂書畫考六十卷（舊鈔本）　卞永譽撰。陳時行跋曰、式古堂書畫彙考、係卞公就所見法書圖畫、考其源流、別其眞贋、彙而成書。珊瑚網書畫舫諸書、記載非不廣博、終不若是書之一圖一册、無不原原本本、考究詳明。前人圖章題跋、亦悉錄無遺。【適園藏書志】

式古堂書畫彙考六十卷　淸卞永譽撰。是書采錄前人著錄書畫之作、與其所目見耳聞者、彙而成編。卞氏以前著錄書畫之書、或偏重題跋、（如珊瑚網之類）或僅載品目、（如宣和書畫譜之類）或夾敍夾議、（如米氏書畫史之類）體例未臻完備。至是編始分門別類、綱舉目張、並用大小字體、眉注圈識、又分別正文外錄、使眉目淸顯、一覽了然、可謂集著錄之大觀、盡賞鑒之能事者矣。其書分書畫兩攷、書攷前載書評書旨、畫攷前載畫論、蓋循舊例而作、實與著錄無關。前人緒論至多、僅錄數編、徒形罣漏。次列前人收藏法書名畫目、用意至佳、陸氏心源識其漏略、終屬小疵。又次書考於蘭亭、畫攷於册子、別爲一編、然後各按時代編列、搜羅至爲宏博。四庫提要列舉其失、固屬確當。陸氏心源又舉其收文衡山積雪卷之失考、然所收既多、疏略亦所難免、未足爲全書之累也。所可議者、不分目見的聞與輯錄、責任不明、難以覈實耳。頗疑編中注明紙絹尺度印記者、爲其目見之品、但又未記明何人所藏、若一一記明藏家、而於的聞者記明聞於何人、於輯錄者記明見於何本、體例方見謹嚴。此編前有宋犖錢曾兩序及自序、畫考先成、畫考前尚有潘耒序。【書畫書錄解題】

墨緣彙觀錄六卷

粵雅堂叢書本
北京翰文齋活字排印本

淸安岐撰。岐字儀周、號麓村、自號松泉老人。天津人、一云朝鮮人。

墨緣彙觀錄六卷（近琉璃廠活字印本）

墨緣彙觀錄、法書二卷、續一卷、名畫二卷、續一卷、共六卷。無撰人名、惟自序題松泉老人。光緒乙亥南海伍氏、刻入粵雅堂叢書。此京師翰文齋於甲寅年以活字排印本、前有光緒二十六年渼陽尚書忠愍端方序、雖有檢付手民以廣其傳之語、其實並未刊行也。序稱此書爲安麓村所著、云麓村給事納蘭太傅家、太傅當國、權勢傾朝野、奔走其門者率先以苞苴進、麓村貲既盈、則去爲鹺商、富甲天下、第宅雲連、陳設瑰麗、收藏之富、與士大夫相頡頏、此說不知來歷、蓋據傳聞之辭。伍刻後跋以汪文端由敦有松泉老人之稱、又以江賓谷昱亦稱松泉、不能定此爲誰撰。吾考仁和趙魏竹崦庵傳鈔書目載有此書云、安儀周撰、則世傳此書爲安麓村所著、殊無可疑。鈕樹玉匪石日記云、書賈錢聽默云、傳是樓藏書、大半歸於明珠、其家人安麓村亦多善本。周芸皋觀察內自訟齋文集云、安儀周朝鮮人、從貢使入京、偶購得鈔本書、乃前人窖金地下、錄其數與藏處、皆隱語、徧視京師、惟明國公府似之、因見明公、一一指視其處、先後假金數百萬、業鹽於天津、揚州、息倍之、多富收藏、盡以歸國、其說至爲無稽。黃丕烈百宋一廛賦注北宋小字本孟東野集云、又有安麓村一印、安賣骨董者、其書後歸聊城楊氏海源閣。楊紹和楹書隅錄云、每册有安岐之印、儀周珍藏、安麓村藏書印各記、安岐字儀周、麓村其號也、亦號松泉老人、顏所居曰沽水草堂、學問宏通、極精鑒賞、收藏之富、甲于海內、著墨緣彙觀、亦一時博雅好古之士。百宋一廛賦著錄此本、謂麓村賣骨董者、誤矣。按此爲麓村辨誣、但知其非賣骨董者、而不知尙有明珠家人一說之繆。據此書自序、題乾隆壬戌、而序中有忽忽年及

六十、回憶四十年所覩、恍然一夢等語、是作者當生于康熙二十二年癸亥、明珠當國在二十一年以後、至二十七年爲郭琇劾敗、作者是時始生五六齡、安有爲人家人之理、傳者不考、乃至誣此雅人、亦妄甚矣。至作者蹤跡、亦嘗奉手名流、與南北故家通聲氣。今就錄中語按之、如晉陸機平復帖下云、此卷余得見於眞定梁氏。（按此當爲梁蕉林相國清標）王羲之袁生帖下云、余得於松江王氏。（按此當爲王儼齋相國鴻緒）宋林逋秋深三君二帖下云、今爲吳門徽人汪氏所得。定武五字損本蘭亭卷下云、相傳維揚徽人藏有趙文敏十三跋定武禊帖一本、吳門顧維岳曾見之、云是俞紫芝所臨、今見此本、其語誠然、維岳蘇州人、精鑒賞、弱冠與王圓照惲正叔王石谷輩遊、如季滄葦高詹事宋商邱王司農諸公皆重之、至耄年與石谷相繼而逝、彼時精於鑒別者、有都門王濟之江南顧維岳之稱。宋僧巨然雪圖下云、乃太倉王烟客所藏、後歸崑山徐氏、憶甲午歲十二月、余在吳門時、久雪初霽、顧維岳從玉峯攜來、與玉峯石谷同觀於吳江舟次。明陸治松壑閒屋卷下云、又一梅石水仙雙鳩圖、水墨紙本、精妙絕倫、爲余所收得、張司寇得天見而愛之、遂以爲贈。董其昌山水方册下云、爲王相國攜至都門、相國歿、其孫挽人求售、時余有捐工之役、未得一見、至今猶在夢寐。又山水方册下云、外籤乃得天張文敏爲余所題。據其所言、似其人時南時北、而在江南之日居多。王石谷卒於康熙丁酉、年八十六、在吳江舟次、與作者觀巨然雪圖時、年已八十三矣。是時作者年三十五歲、苟非博雅好古、諸老何能與之周旋。且錄中評論書畫、具見學有本原。又云有捐工之役、亦斷其非寒畯之士。但既與張文敏友善、或考張文敏詩文集、得知其人、惜張集不得一見耳。然向來流傳失實、亦可略爲剖辨矣。　同年友楊子勤太守鍾羲雪橋詩話續編五云、安麓村善古詩、鑒賞古蹟、不爽毫髮、傾家收藏項氏梁氏卞氏所珍、頗爲當代推重、錢文端詩所謂高麗流寓抗浪人、姿顏自足多精神、平生然諾重意氣、米家書畫陶家珍者也。幼魯（輝按幼魯、錢唐符曾字）嘗館於其家、法書名繪、相對評品、日爲撫玩不置、安氏貽以端溪研。自麓村沒、所寶盡矣、幼魯試硯詩、竹雀叢叢啅夕陽、幽窗啓處室生涼、徒教畫軸雲烟過、淚滴空餘古研香、雲林堂峻仿倪迂、彝鼎摩挲今在無、一片秋光上吟屋、蕭寥闌外冷雙梧、觀此益知麓村亦一時雅人、故錢符諸人皆推重之。如爲家人、諸人豈能與之訂交耶。

【郎園讀書志】

墨緣彙觀六卷　清安岐撰。是編所錄名蹟至富。據端方序則謂盡其所自藏、而麓村自序、則謂因他人時來就正、又鬻古者間來求售、以致名蹟多寓目、則非盡其自藏可知。端序又深詆其人、謂爲明珠之僕、葉郎園力辨其誣、考據至爲精當。今就是書觀之、其所見之廣、鑒別之精、實所罕覯、雖今之牧仲、猶或遜之、其必非出身微賤、可以想見。書凡六卷、計法書二卷、上卷首載鍾繇薦季直表、陸機平復帖、索靖出師頌、次右軍五帖、大令二帖、唐人如虞歐顔柳、各有數通、北宋人書凡百數十通。下卷南宋人書六十餘通、元則松雪一家已十七種、其餘名家四十餘通、明人書審擇益嚴、錄至董香光止、凡四十餘通、後來三希堂所刻、半見於此、末附墨搨十種、皆精極之品。名畫二卷、上卷始顧愷之女史箴圖、展子虔遊春圖、次則李思訓等三家、五代則陸滉等四家、北宋則李成范寬等十家、南宋則米友仁等四家、金則李山一家、元則錢選等二十家、明則宣宗王紱等十二家、均至精至妙之蹟、下卷爲畫册、如唐宋元寶繪册、宋元明名畫大觀册、唐五代兩宋集册、五代宋元集册、所錄俱極精審、今故宮中所藏者、亦多見於此。端序謂爲長洲沈文懿所進、或然也。法書名畫俱有續錄、法書始晉謝安八月五日帖、至董其昌行楷千字文、凡五十五種、名畫始顧愷之書洛神賦並圖卷、至陸治種菊圖、凡百二十一種、頗多烜赫有名之品、今亦多見於故宮、僅錄標題、略附數語、疑未及編成者也。其正錄中於宋以前書畫、多有攷證、頗爲精當、如考古時屏幛闊幅、俱分裝成軸、足訂雲烟過眼錄題陸滉捕魚圖爲明昌之訛、考向若水爲宋時收藏家、足補庚子銷夏記之闕、其糾正卞氏書畫彙考之失者尤多。他如論游絲書、及趙董書法、與夫論諸家書法畫法處、頗多卓見。至於書畫題識印章、僅擇要摘記、亦尚得體要。前有自序、款題松泉老人。【書畫書錄解題】

江村消夏錄三卷 康熙癸酉原刊本　四庫全書本　宣統二年排印風雨樓叢書本

清高士奇撰。士奇有春秋地名考略、已著錄。

江村銷夏錄三卷（刊本）　右國朝錢塘高士奇輯。取古人書畫眞蹟、詳識其尺度廣狹、及印記跋語、間以己意評隲之。【浙江採集遺書總錄】

江村銷夏錄三卷（安徽巡撫採進本）　國朝高士奇撰。是編乃其告歸平湖之日、以所見法書名畫、考其源流、記其絹素長短廣狹、後人題跋圖記、一一誌載、彙爲一書。其體例頗與鐵網珊瑚、清河書畫舫相似、惟間加評定之語、又以己所作題跋、一概附入、稍有不同。然所錄皆出於親見、則視二家更詳審矣。錄中書畫、卞永譽式古堂彙考已並載無遺、蓋卽從士奇此本錄入、其鑒賞之精、爲收藏家所取重、亦概可見也。所記自晉王羲之、及明人文沈諸家皆具、惟董其昌舊蹟、悉不

登載。其凡例云、蕭文敏畫另爲一卷、此本無之、殆當時未及刊行歟。【四庫全書總目提要】

江村銷夏錄三卷　國朝高士奇撰。乃其罷歸平湖之後、記所見書畫、體例亦如鐵網珊瑚、而兼詳紙絹册軸長短廣狹、則如吳其貞書畫記、惟以自作題跋載入、與三家小殊。【四庫全書簡明目錄】

江村消夏錄　錄中有唐明皇恤獄詔、注書畫舫云、宋初有毛應佺此詔、出宋太宗、但詔詞不似勅州官語、亦未可盡然也。米菴蓋據仕學規範有毛應佺其人、亦知疑之、江村愛贋古、復改從明皇、不知此勅載曾敏行獨醒雜志、又有賜衣勅一道、皆宋天聖中賜毛應佺者。書末明云、祖宗重郡守之寄、雖遠方小郡、勅書亦且徧賜、今帥守皆無之、何以云不似勅州官語耶。且天聖乃仁宗年號、首云三聖、謂太祖太宗眞宗也、若太宗則安有三聖、若唐明皇則高祖至睿宗五聖矣。卽首二字且不解、兩公何鹵莽乃爾。【知聖道齋讀書跋】

程庭鷺曰、高澹人江村消夏錄、向來書畫賞鑒家奉爲蓍蔡、然其中實有贋本不足憑者。如所載徐幼文石磵書隱圖卷、據卷後姜漸張鳳翼王穉登題跋、石磵書屋者、宋吳中隱君子俞玉吾讀書處、趙松雪鄭明德賦詩、陳子平作記、幼文於洪武二十六年四月二日補圖、蓋爲玉吾之孫有立作者。陳記已失、圖後但列趙鄭二詩。趙詩有引云、僕往過采蓮里石磵書隱、瞻拜俞先生遺象、曾賦五言詩一首、有立挍書見示陳子平先生所記文、謹再拜書於後。里生孟頫頓首。詩云（從略）鄭詩則七言八韻一章、題於元順帝至正二十四年甲辰四月十七日。按明德卽於是年卒、不知相距幾月、攷松雪集不載此詩、已屬可疑。且松雪卒於英宗至治六年壬戌、有立之生、據府志、采王汝玉所撰墓志銘、實在文宗至順二年辛未、是松雪沒後十年、而有立始生、豈能相見而爲寫詩。至鄭詩固載府志、似當從本集采入。弟明德生於世祖至元二十九年壬辰、玉吾之卒、府志但稱在元貞間、元貞乃成宗年號、建元止乙未丙申兩年、是明德生才四五歲、而玉吾已卒、其詩落句云、歲月推遷陳迹在、啓蒙長憶酒同傾、似亦於情事不合。此卷以趙詩爲重、而其僞却因趙詩而顯、大約卽張伯起輩遊戲所爲、未暇細考年代耳。然高氏不察而收之錄中、則疎甚矣。余於郡中汪毛二家各見一卷、幅式畫境題跋如一、惟印章稍有異同、僞本之外、復有僞本、令人不可思議。毛得之浙中、相傳卽江村故物、源流歷歷可攷、然則錄所載他書畫、亦難必盡眞也。以上吾友葉調生所記。是卷余亦曾見之、郡中收藏家以江村品定之物、益增聲價、得調生此記、當廢然息喙矣。　又

曰、高江村題跋、考據尙詳、字亦謹秀。【籀廎畫麈】

江邨消夏錄三卷（原刊本） 國朝高士奇撰。四庫全書著錄。是編乃江邨退居柘湖時作、取所見法書名畫、攷其源流、詮次甲乙、爲卷爲軸爲箋爲絹、必詳其尺度廣狹斷續及印記之多寡、跋尾之先後、而間以己意折衷甄別之、隨見隨錄、不次時代。其間文字損蝕難辨者、亦不謬爲增益、其與世本異同者、則詳錄以備攷訂。評書畫者、至此而大備焉。其體例雖參之鐵網珊瑚、清河書畫舫及吳其貞書畫記、而是錄則較爲精密焉。書成于康熙癸酉六月、故以消夏名編。前有自序並凡例及宋漫堂犖朱竹垞彝尊二序。至乾隆己未、無錫劉盤復取是書重編爲六卷、顚倒其原次節錄其題詠、並刪除標題江邨二字、竟莫測其意之所在。姑附見于此、不另爲志焉。【鄭堂讀書記】

江村消夏錄三卷 清高士奇撰。是編所錄書畫不分類、每卷各以時代爲次序、言三年餘僅得三卷是年得一卷也。江村雖精賞鑒、而考訂則似非其所長、其所自作、俱屬詩篇、偶有題語、亦多疏舛。彭元瑞程庭鷺俱譏其失、非過言也。編中較有考訂之跋爲題何祕監歸去來圖卷一條、其指圖繪寶鑑之疏漏、誠中其失、而未知祝次仲爲宋時吾鄉畫家、則亦五十步之笑耳。著錄書畫之書、至江村是編、而體裁始密。乾隆時編石渠寶笈祕殿珠林二書、多仿之、後來著錄之家、以其易於仿效也、遂以爲定式。其弊也不講考證、不重眞賞、而徒以鈔胥爲能、於是著錄之書、幾於汗牛充棟、而蕪雜遂不可問矣。前有康熙癸酉自序、及宋犖朱彝尊兩序。【書畫書錄解題】

大觀錄二十卷 武進李氏仿宋聚珍印本

淸吳升撰。升字子敏、自題吳郡人。

翁方綱序曰、吳氏此書、蓋亦參互於高卞之間、而其人於書畫之理、實能言之。近日有安岐者、亦頗能曉書畫、所記與此亦可互證。然如蘭亭跋尾之分合、安岐尙能言之、而此未深究也。所賴於記錄者、古人精神式憑之、後人心眼印合之、至如近世裝潢之失、抽換之欺、一視鑒藏者爲之糾正、而豈徒以廣見聞云爾乎。又若記錄之式、或以書與畫各爲卷、或以時代各爲卷、亦非可漫無整比者。若夫知人論世、藉書畫以備參考、則此書亦勤且博矣。此書本名大觀錄、不若題曰書畫記、爲得其實。【復初齋文集】

李祖年跋曰、大觀錄二十卷、翁覃溪學士爲改名吳氏書畫記、並系以序。書成後、吳君得心疾、未及刊行。余得寫本於靈石楊氏、乃珊瑚閣舊藏、惜輾轉傳鈔、不無淮別之訛、欲借本校正、十餘年來、迄無所得。近聞獨山莫氏、吳縣顧氏、均藏有寫本因從丐得以三本互校、莫本最善。惜缺二卷且編次亦多異同、視顧本爲優。元明詩翰姓氏一卷莫顧二本皆有、余本獨缺玆亦補鈔足之然此卷似當別行、不必在二十卷之内也。裒三本之異同、取其是者、缺其疑者、互爲訂正、雖或仍有難通、然已惝足觀覽。

大觀錄五卷舊鈔本。國朝吳子敏撰。首卷北宋諸賢翰牘。次卷北宋君臣宸翰簡牘帖。三卷宋蘇蔡黄米四大家法書。此書共二十卷、只存首三卷。【藝風藏書續記】

大觀錄二十卷　清吳升撰。子敏行實未詳、據玉掞序、言其自少好古鼎彝法物皆善鑒識、尤於前賢書畫甄別不爽曾從余先奉常公及退谷倦圃諸先輩遊處因得研搜翰墨、評次丹青厥後交益廣所見益夥。宋犖序亦言其遊藝苑間遂推海內第一、遊踪所至輒傾動其公卿。若孫退谷梁眞定諸前輩、更相引重、共數晨夕者有年。是子敏在當時聲名頗重、乃其後幾於無聞殊不可解。是編萃其生平所見書畫而成、類多烜赫有名之蹟、足徵其交游之廣、歷覽之多。從前向無刊本十年前武進李祖年始爲印行、曾經以數本互校訂定具詳其跋。書凡二十卷卷一魏晉書卷二唐賢書卷三宋君臣書卷四北宋諸賢書卷五蘇書卷六七宋名賢書卷八元名賢書卷九元明諸賢書卷十元明詩翰姓氏卷十一晉至五代畫卷十二北宋君臣畫卷十三北宋諸賢畫卷十四南北君臣畫卷十五南宋諸賢畫卷十六趙文敏畫卷十七元季四家畫卷十八元賢畫卷十九明賢畫卷二十沈唐文仇畫。其體例於每種書畫下、詳其紙絹尺度法書並記行數字數名畫並敍所繪情狀加以評論、然後錄法書本文名畫款識、又盡錄後人題跋惟印章則不盡記。大體與江村消夏錄相類。惜子敏未自序其大略、王藻儒謂其因作書而得心疾、或書成而疾適作、遂未及也。宋牧仲序、稱康熙壬辰余適來吳、子敏持書謁余請序、是其書成於五十一年、江村書則成於康熙癸酉先於此編十有九年、宜子敏亦必見及、知其所自昉矣。元明詩翰姓氏一卷、與全書體例不符、莫棠跋謂爲未完、必歷代皆有、李祖年跋謂當別行。今案元明兩代書畫家不僅此數、疑當時有錄中諸人詩翰彙册、子敏爲之編小傳、未及錄其品類原文而已得心疾也。綜觀全編凡評論書畫之語、頗有所見、自非寖饋其中數十年者不能道、而考證則殊非所長、所錄見於何家所藏、往往不著、亦爲缺憾。翁覃溪序有微詞、或以此歟。【書畫書錄解題】

書畫記六卷　精鈔本　（藏故宮博物圖書館南京國學圖書館）

清吳其貞撰。其貞字公一、徽州人。

書畫記六卷　臣等謹案書畫記六卷、國朝吳其貞撰。其貞留心賞鑒、常遊蘇州及維揚、與收藏家相往來、多觀書畫眞蹟、及生平所自購者、各加品題、隨手劄錄、注明所見年月、歷四十餘歲之久、因爲裒輯成編。始於乙亥、爲崇禎八年、其末條稱丁巳、則康熙十六年也。其間於前人題跋、不錄原文、與珊瑚網書畫彙考諸書體例稍異。其中記憶偶誤者、如載閻次平寒巖積雪圖、稱其題識爲大歷辛丑。閻次平乃南宋畫院中人、不應有大歷年號。考之明豐道生華氏眞賞齋賦注、亦載有此圖、實作淳熙辛丑。此類小有疏舛、亦所不免。然其臚採甚博、於行款位置、方幅大小、印記紙絹、裝潢卷軸、皆一一備列。其評隲眞贋、辨論亦多確切、持較米芾董逌、古今人固不相及、與張丑眞蹟日錄、要未易甲乙也。【四庫抽燬書提要稿】

書畫記　此書係吳其貞撰。因書內所載春宵祕戲圖語多猥褻、奏明應燬。【抽燬書目】

書畫記六卷　國朝吳其貞撰。錄所藏及所見眞跡、各爲品題。於行款位置、方幅大小、卷軸長短、及印記紙絹裝潢、一一詳述。併注所見年月。惟不錄舊人題跋、與郁張諸家體例小異。【四庫全書簡明目錄】

書畫記六卷（精鈔本）　徽州吳其貞撰。其貞精賞鑒、盛交遊、家藏書畫之外、嘗就蘇杭維揚諸家、遇有眞蹟、品題劄記、於行款方幅大小尺寸、印記紙絹裝潢卷軸、詳列賅博、惟不錄前人題跋耳。始自崇禎初年、至本朝康熙十餘年、方克成書。【善本書室藏書志】

寓意錄四卷　春暉堂叢書本

淸繆曰藻撰。曰藻字子文、號南有居士。吳縣人。康熙乙未進士、官至洗馬。

寓意錄四卷　淸繆曰藻撰。是編記其所見書畫。一二兩卷爲元以前之作、唐蹟僅摹右軍瞻近帖、魯公自書告、林緯乾深慰帖三種、宋則有董北苑、歐陽文忠、蘇文忠、文與可、郭河陽、米南宮、宋徽宗、朱文公數種、餘俱元人、雜以蘭亭十三行諸帖。三四兩卷、悉爲明人之跡。其體例亦略仿江村、絕無考訂、當是隨意筆記、初非完書。徐渭仁跋謂其非晚年所定本是也。前有自序。【書畫書錄解題】

湛園題跋一卷　小石山房叢書本

淸姜宸英撰。宸英有江防總論、海防總論、已著錄。

黃叔琳跋略曰、湛園姜太史題跋數十條、不特攷證精覈、足資證據、亦時有弦外之意、虛響之音、覽者當自得之、勿徒作烟雲過眼觀也。

湛園題跋一卷　淸姜宸英撰。是編凡六十五則、以題碑帖書法者多、題畫僅數首。其題碑帖書法諸篇、持論的當、攷證尤精。黃叔琳

跋所稱、非溢美也。【書畫書錄解題】

曝書亭書畫跋一卷 美術叢書本

清朱彝尊撰。彝尊有日下舊聞、已著錄。

曝書亭書畫跋一卷 清朱彝尊撰。此編美術叢書自曝書亭集錄出跋法書者十七首、跋名畫者二十七首內惟書王叔明畫舊事一首非題跋、竹垞工文詞、能書畫、又精賞鑒、其跋自足爲書畫重、此數十首中正多精義也。【書畫書錄解題】

漫堂書畫跋一卷 美術叢書從西陂類稿錄出本

清宋犖撰。犖有豫章祀紀、已著錄。

漫堂書畫跋一卷（美術叢書本） 清宋犖撰。此編亦自西陂類稿錄出漫堂賞鑒最精、其精到自不待論。【書畫書錄解題】

天瓶齋書畫題跋二卷 乾隆原刊本

清張照撰。照字得天、華亭人、康熙己丑進士、官至刑部尚書、諡文敏。

天瓶齋書畫題跋二卷（原刊本） 國朝張照撰。是編爲沈栻孔繼涑所合編、錄其所作題跋成帙、沈孔俱有跋、孔爲文敏壻也。其中論書多于論畫、跋前人作與跋自作者參半、硯銘諸作附焉、雖其平生所作不盡於是、然大旨可見矣。【慈雲樓藏書志】

天瓶齋書畫跋二卷 清張照撰。是編爲沈栻孔繼涑各就所見文敏墨蹟鈔錄成編、非文敏所自撰、故非其全稿。上卷爲書跋、以跋董文敏書爲多、當時甚重董書、風氣如是也。下卷多自跋臨本題畫者五六首、中有題文待詔洛原草堂圖、記同社人略歷、足補一段故實。末有沈栻孔繼涑兩跋。【書畫書錄解題】

好古堂書畫記二卷續記一卷 讀畫齋叢書本 美術叢書本

清姚際恆撰。際恆有易通論、已著錄。

好古堂書畫記二卷（讀畫齋叢書本） 國朝姚際恆撰、首源以書畫二者正吾儒所宜究心、至若從古流傳玉銅諸器、可以考古人制器尙象之意、因取其家所藏書畫古器、各爲辨其眞贋、究其原委、以成是記。然記書畫者居十之九、附記雜物僅十之一。所附續收書畫奇物記凡二十則、所謂奇物、亦不過端石璞硯一則耳。蓋所記以書畫爲主也。其鑒賞書畫古器、殊爲不爽云。【鄭堂讀書記】

好古堂家藏書畫記二卷續記一卷 清姚際恆撰。是編皆記其家藏書畫、而畫多於書、惟首載碑帖十餘種、末附刻繡雜物十數種而已。續記題爲續收書畫奇物記、奇物僅宋

端石璞硯一種、餘俱是畫。所記不盡錄題記印章、頗爲簡要、間加評論、亦多允當。前有康熙己卯小序。【書畫書錄解題】

一角編二卷　松鄰叢書本

清周二學撰。二學號晚菘居士、仁和人。雍正戊申周氏自跋曰、余鑒閱書畫二十年、晉唐遺墨、稀於星鳳。即宋元名品、亦罕得寓目。每歎足跡不出百里、故家收藏、復散落殆盡。苦心購求、得勝國人書畫數十件。近始獲寶晉册中趙集賢蘭亭眞蹟、要愈於標名烜赫、寶叔敖之優孟也。此編譬之馬家一角、方冀集成董巨大觀。

一角編　仁和周晚菘二學、輯其所得書畫碑帖之目曰一角編。丁敬身隱君敬序之曰、書畫簿錄之編、前古罕見、自南齊高帝名畫集、梁庾和法書目、而下繼者疊起、或志傳流、或衡精粗、或僅列標目、或惟獵技能、取裁不同、各歸攸當。至明之朱性父郁逢慶、於所見墨跡、凡詩文題跋、悉著錄之、使名賢幽介之遺文奧筆、未得流布者、或於是中漱其芳潤、識見尤卓。而嘉禾汪樂卿、吳中張米庵、暨本朝卞中丞、排羅蒐纂、愈爲富衍。高文恪之消夏錄、乃並詳紙素之脩縮、連綴之次第、雖狹於罵古者、無所措其手足。朱竹垞檢討以爲簿錄書畫之法、至是始備。然悉合他氏之有、與典籍之舊而成、非一家之專蓄也。友兄周晚菘氏、蓄書畫百餘種、一一精訂而手錄之、體例雖仍乎消夏、而所錄悉一己之藏、不闌入他氏一鱗片甲、至裝潢亦纖屑具備、則爲晚菘所獨創也。【東湖叢記】

一角編二卷　清周二學撰。是編記其所藏書畫、元人書僅松雪臨蘭亭一種、餘俱明人之蹟。自序謂凡紙敝墨渝者、雖名蹟勿錄、宜其祗有此數、賢於張泰階杜瑞聯輩遠矣。今本存甲乙兩編、計自康熙壬辰、至雍正戊申止、自序云隨得隨收、故不分時代云。雍正己酉以後五年所收、云入丙册、今未見、不知已佚否。記載體例、略同於江村、惟加記裝潢而已。【書畫書錄解題】

按厲鶚一角編序、見（樊榭山房文集、）杭世駿一角編序、見（道古堂文集、）吳昌綬一角編賞延素心錄跋、見（松鄰遺集、）並可參閱。

祕殿珠林二十四卷　四庫全書本　上海有正書局印本

清乾隆九年奉勅撰。

祕殿珠林二十四卷　乾隆九年奉敕撰。凡內府所藏書畫、關於釋典道家者、並別爲編錄、彙爲此書。首載三朝宸翰、皇上御筆、次爲歷代名人書畫、而附以印本繡錦刻絲之屬、次爲臣工書畫、次爲石刻木刻經典語錄科儀、及供奉經像。其次序先釋後道、用阮孝緒七錄例。（案七錄今不傳、其分類總目載道宣廣宏明集中、）其記載先書後畫先册次卷次軸用賞鑒家著錄之通例。而於絹本紙本金書墨書水墨畫著色畫、一一分別。以及標題款識印記題跋高廣尺寸、亦一一詳列。較之鐵網珊瑚之類、體例更詳焉。考宣和畫學分六科以佛道爲第一科、（案事見趙彥衞雲麓漫鈔。）宣和畫譜分十類以道釋爲第一類、（案畫學稱佛道、蓋唐以來相沿舊語、畫譜作於林靈素用事以後、方改僧爲德士、故易其次爲道釋。）鄧椿畫繼分八目亦以仙佛鬼神爲第一目、然均不別爲一書。至書家著錄則晉唐人所書經典均雜列古法帖眞蹟之內、無所區分。其以書畫涉二氏者、別爲一書實是編創始。【四庫全書總目提要】

祕殿珠林二十四卷　乾隆九年奉敕撰。考古來畫品以釋道自爲一門、書品則無所區別。是編始以書畫品之涉於仙佛者、自爲一書。冠以三朝宸翰、皇上御筆、次歷代名蹟、及印本刻絲錦繡之類、次臣工進本、次石刻木刻經典語錄科儀、及供奉經像、並載焉。【四庫全書簡明目錄】

祕殿珠林二十四卷　淸乾隆九年奉勅撰。是編專載淸內府所藏屬於釋典道經之書畫、實爲專門著錄之書。卷一爲四朝宸翰、卷二三名人書釋氏經册、卷四五無名氏書釋氏經册及經卷、卷六名人書釋氏經卷、卷七名人書釋氏經軸、卷八名人及無名氏畫釋氏圖册、卷九十名人畫釋氏圖卷、卷十一無名氏畫釋氏圖卷、卷十二名人畫釋氏圖軸、卷十三無名氏畫釋氏圖軸及名人書畫釋氏圖卷、卷十四名人書刻本舊刻本繡線刻絲釋氏經册圖卷圖軸、卷十五名人及無名氏書道氏經册、卷十六名人書道氏經卷、卷十七名人及無名氏書道氏經卷經書經軸、卷十八名人及無名氏畫道氏圖册圖卷、卷十九無名氏畫道氏圖卷、卷二十名人及無名氏畫道氏圖軸及名人書畫釋道合卷、卷廿一舊刻本道氏經册繡線刻絲道氏圖軸、卷廿二臣工書釋氏經册圖册圖軸道氏經册圖册、以上俱貯乾淸宮、卷二十三御書石刻木刻釋氏經典及欽定刻本釋道經典、並收貯經典目錄分貯慈寧宮及萬善殿、卷二十四爲供奉圖繪經典目錄、分貯萬善殿慈寧宮天穹宮中正殿。（此編無刊本故詳敍其目。）所收釋道兩氏圖籍之美富、實爲鉅觀。而審別亦甚審愼、以的係眞蹟而筆墨至佳者爲上等、雖係眞蹟而神韻較遜及筆墨頗佳而未能確辨眞贋者爲次等。分別著錄、不使混淆。凡入上等者、紙絹尺寸及跋語鑒藏圖章全載之、次等只載款識及題跋人姓名。竊謂此例最善、既可分別等差、亦免卷帙繁冗。惜後來著錄諸家見不及此也。惟其分

類、既以釋道區分、又復分別書畫卷册、及名人與無名氏等等殊嫌糅雜、不易檢查耳。【書畫書錄解題】

石渠寶笈四十四卷 四庫全書本 涵芬樓影印本

清乾隆九年奉勅撰。

石渠寶笈四十卷 內府珍藏列朝御書皇上宸翰、極爲美富、至唐宋以來、名人書畫眞蹟甚夥、爰命內廷詞臣編紀成書、分上次等、詳載題跋款識、各以分貯之所爲卷。【國朝宮史書籍類】

石渠寶笈四十四卷 乾隆十九年奉敕撰。書評畫品、肇自六朝、張彥遠始彙其總、依據舊文、粗陳名目而已、不能盡見眞蹟也。唐宋以來、記載日夥、或精於賞鑒、而限於見聞、或長於蒐羅、而短於識別、迄未能兼收衆美、定著一編、爲藝林之鴻寶。我國家承平景運、一百餘年、內府所收、既多人間所未睹、我皇上品評甲乙、又既博且精、特命儒臣、錄爲斯帙、以貯藏殿閣、依次提綱、以書册、畫册、書畫合册、書卷、畫卷、書畫合卷、書軸、畫軸、書畫合軸、分條列目。其箋素尺寸、印記、姓名、賦詠、跋識、與奉有御題御璽者、皆一一臚載、纖悉必詳。而三朝宸翰、皇上御筆、尤珍逾拱璧、光燦儀璘。【四庫全書總目提要】

石渠寶笈四十四卷 乾隆九年奉敕撰。依貯藏之所、按次編輯、各分書册、畫册、書畫合册、書卷、畫卷、書畫合卷、書軸、畫軸、書畫合軸、九類、其箋數、尺寸、款識、印記、題詠、跋尾、與曾邀奎章寶璽者、並一一臚載。凡品評甲乙、悉稟睿裁、是以既博且精、非前代諸譜循名著錄者比也。【四庫全書簡明目錄】

石渠寶笈四十四卷 清乾隆九年奉勅編。（凡例後署名張照梁詩正勵宗萬張若靄莊有恭裘曰修陳邦彥觀保董邦達） 是編繼祕殿珠林而作、體例略同。其分別上等次等、甄錄亦頗謹嚴。計分貯乾清宮、養心殿、三希堂、重華宮、御書房、學詩堂、畫禪室、長春書屋、隨安室、攸芋齋、翠雲館、漱芳齋、靜怡軒、三友齋諸處、各自爲編。夫書畫爲流動之物、不宜以所貯之處分編。況其中又各分類、愈形複雜。祕殿珠林所載各種、其大部分貯於乾清宮、分貯他處者、爲數不多、故分類雖繁、倘易檢閱。此編則分貯之處過廣、且乾清宮、養心殿、重華宮、御書房四處、其數相埒、遂致錯雜重複、無復倫脊、非別製索引一篇、殆無從檢覽也。其不以朝代或卷册分編者、蓋緣乾隆八年、勅編祕殿珠林時、諭中有何者貯乾清宮、何者貯萬善殿、大高殿等處、分別部居、無相奪倫、俾後人披籍而知其所在之語。勅編此書、諭中有釋道二典已編爲祕殿珠林、此外並宜詳加別白、遴其佳者、薈萃成編之言。故編纂諸臣、謹循前例、不敢更定體裁、

其實論中並無依前書體例之文也。【書畫書錄解題】

石渠隨筆八卷　道光壬寅阮氏文選樓刻本　粤雅堂叢書本

清阮元撰。元有三家詩補遺、已著錄。

石渠隨筆八卷　舊鈔本。國朝阮文達公以詹事入直南齋、奉旨釐定內府書畫、隨筆所記、粤雅叢書刻之。【藝風藏書續記】

石渠隨筆八卷（道光壬寅阮氏文選樓刻本）　石渠隨筆八卷、阮文達官詹事時、與南書房諸臣王杰董誥金士松沈初彭元瑞玉保等、于乾隆辛亥奉勅續編石渠寶笈、隨筆所記。向刻文選樓叢書中、此則單印本也。古人左圖右史、唐宋以來設科攷畫、院必令其分習小經及爾雅小學算經、故所畫人物、宮室輿服皆有考據、折算蓋雖藝術、必與學問相通、非僅以爲玩好之物也。自來收藏書畫題跋之書、能知此義者甚少。明王世貞四部稿各題跋、偶一及之、而非專書。國朝孫承澤庚子消夏記、似稍知之、而意不在此。文達是書多尙考據、如稱宋人摹顧凱之洛神賦、有漢石室石闕遺意、又稱宋人畫司馬溫公獨樂園圖不依溫公集中獨樂園記、畫之爲布置大謬、此自來賞鑒家所不考究之事。畫道之江河日下、無怪其然。若準文達之論、忠告世之畫家、則繼往開來之功爲不少矣。至其鑒別精審、亦不肯人云亦云。如元四家以倪畫最爲世重、而此論倪畫謂他人畫山水、使眞有其地、皆可游玩、倪則枯樹一二株、矮屋一二楹、殘山賸水、寫入紙幅、固極蕭疏淡遠之致、使身入其境、則索然意盡矣。又謂董文恪邦達山水、爲國朝第一手、其山顚多雲頭羊毛皴法、屋子皆整齊界畫、無作草草茅廬者、蓋北宋法也。魄力大而神韻圓足、又有一種士氣、非烟客麓臺所能及也。此皆與歷來收藏家持論相反者、然語語直中倪王二家要害、固足以關其口而奪其氣矣。顧亦有考證疏漏之處、如謂梁張僧繇夜月觀泉圖、上有瘦金書唐張僧繇夜月觀泉圖九墨字、鈐宣和之寶、神迹也、玉池上王覺斯題跋二段沿宣和標題之誤、以僧繇爲唐人、御製詩爲辨析爲梁人、即宣和畫譜亦列僧繇於梁代也。按宣和畫譜既以僧繇爲梁人、則此宣和御題誤爲唐人者、可決其爲贋蹟無疑、此當是一無名款舊畫、僞託宣和御題、文達固未深考也。又盧鴻一草堂十志圖、自明張丑清河書畫舫、國朝安岐墨緣彙觀續錄、皆誤截去一字爲盧鴻、今此書亦未更正。又唐刁光胤寫生花卉册十圓幅、雙鉤暗款在草石上、高江村以爲飛白、誤也。黃筌師事光胤、以筌柳塘聚禽圖較之、似有出藍之勝。第六幅畫山貓、乾道御題云、後村詰與涪翁詠、未及崔公一議高、御筆識云、詩中用劉克莊詰貓事、考克莊以淳熙丁未生、上距乾道之元二十二年、此題贋也。按此册畫題皆贋、同時彭文勤元瑞知聖道齋餘筆記之、云爲僞蹟、江村晤於鑒辨、誤以爲眞、今入內府云云。文達謂黃筌有出藍之勝、不知刁固非眞筆也、此亦千慮一失、不足爲全書之纇。余爲辨正之、以見賞鑒之非易事。【郎園讀書志】

石渠隨筆八卷　清阮元撰。此乾隆辛亥文達奉勅續編石渠寶笈時、隨筆所記錄者。計其時年尚不滿三十、而賞鑒已如是之精。其中評論考訂、俱不苟作、惟稍偏於北宗。至敍述體例、最爲完美、或詳或省、皆有剪裁、不似通常著錄之書、呆板無興味也。葉郎園評論此書甚詳、惟不知何仇於倪王畫派、斷取文達一二語、又大肆其譏評、語多偏激、似未深諳畫旨者、恐文達原意不如是也。末有伍崇曜跋。【書畫書錄解題】

西清劄記四卷

嘉慶乙亥胡氏自刊本

清胡敬撰。敬有大元海運記、已著錄。

西清劄記四卷（嘉慶乙亥胡氏自刊本）

西清劄記四卷、嘉慶乙亥石渠寶笈三編分纂胡敬與英和黃鉞姚文田等鑒別懋勤殿書畫、退值之私記也。此與阮文達石渠隨筆、記錄二編書畫者、可以前後相續。惜乎乾隆癸亥張照梁詩正勵宗萬張若靄莊有恭裘曰修陳邦彥觀保董邦達諸臣纂初編時、未有爲之記錄者。是記皆阮筆所未載。【郎園讀書志】

西清劄記四卷　清胡敬撰。此嘉慶乙亥書農奉勅分纂石渠寶笈三編時之記錄。蓋倣阮氏石渠隨筆而作者。計自其年二月二十九日起、至十月初一日止、逐日就所閱者記之、日僅得一二種、疑非精品不錄也。每種俱記紙絹款題、於書則原文有錄有不錄、於畫則略述其畫境、於題跋則亦不盡錄、具有斟酌、間加案語、攷訂亦頗詳愼。前有自序。【書畫書錄解題】

石渠寶笈三編目錄三册

宣統丁巳羅氏影印本

今人羅振玉編。振玉有周易注唐寫本校字記、已著錄。

振玉跋曰、我朝內府所藏書畫、其美富遠邁前代。乾隆癸亥、始勅館臣編爲石渠寶笈、辛亥成續編、嘉慶乙未修三編。其正本藏之天府、人間不得而窺。宣統丙辰、東京書肆得寶笈三編于我京師、爲山本二峯君所得、因從假觀、總目三册、完全無闕。首册載世祖至高宗御筆、中册首仁宗御筆、次列朝名人書畫、下册本朝臣工書畫、次諸家書畫合册、次石刻及宋拓本、次緙絲書畫、次歷代帝王名臣圖象。其體例以所藏之處爲綱、不分書畫及卷軸類次。乃先影印目錄三册、冀得好古而

有力者、取全書續印。【雪堂校刊羣書敍錄】

諸家藏書畫簿二十卷 函海本

淸李調元撰。調元有易古文、已著錄。

諸家藏書簿十卷（函海本） 國朝李調元編。雨邨以古來論書之作甚夥、而于收藏家卷軸之繁富、或未暇詳、因從卞令之式古堂書畫彙考中、摘取宣和御府、以及宋元明人私家所藏眞蹟法書目錄、彙輯成編、雖分十卷、止七十頁而已。然于卷軸之舛誤、紀載之失實、是正良多焉。【鄭堂讀書記】

諸家藏書畫簿二十卷 淸李調元撰。是編書畫各十卷、皆自卞氏式古堂書畫彙考中歷代鑒藏中錄出者、既鮮增補、亦無校證、不足存也。每種前皆有自序。【書畫書錄解題】

湘管齋寓賞編六卷續編六卷 正編乾隆壬寅自刊本 續編嘉慶辛酉刊本（卽陳氏聽香讀畫樓本）

淸陳焯撰。焯字映之、號無軒、烏程人。官鎭海縣訓導。

湘管齋寓賞編六卷續編六卷（原刊本） 國朝陳焯撰。無軒性好書畫、得一眞跡、心賞不已、因品第其所見書畫、存其佳者、爲是編。凡唐宋元書一卷、明人書三卷、宋元明人畫一卷、又明人畫一卷。其體例仿江邨消夏錄、而以絹素長短、印章多少、俱敍入自跋中。昔孫虔禮有云、沈精寓賞、豈徒然與、因取以名其編曰寓賞。其書紀述頗有條理、品題亦不爽毫髮、惟所載其人與事、有書可攷證者、尚未及詳、是則美猶有憾。其後再有所見書畫、復撰爲續編、卷第編次及論述體例、一仍前規。【鄭堂讀書記】

陳焯湘管齋筆記六卷 自序略云、余性好書畫、得一墨蹟、心賞不已、溯自戊子迄今十餘年、遊歷較遠、亦所得稍多、爰與數同志商搉授梓、以廣其傳。孫虔禮有云、沈精寓賞、豈徒然歟、其義則余竊取之矣。顧寡聞淺見、復爲東西南北之人、凡其人與事有書可考證者、尚未及詳、則有俟於博雅君子指示之。【光緒湖州府志藝文略】

湘管齋寓賞編十二卷 淸陳焯撰。是編記其目見諸跡、第一卷載唐宋元人書、二卷至四卷明人書、五卷宋元明人畫、六卷明人畫、所錄無甚劇蹟、各載其題記、書則並錄原文尺度印章、有記有不記。每種後皆有跋語、然除贊歎及略記得見始末而外、絕少考訂之文。前有乾隆壬寅自序、末有朱琰跋。【書畫書錄解題】

吳越所見書畫錄六卷附書畫說鈴一卷 乾隆丙申懷烟閣刊本 光緒己卯吳門書林活字印本 宣統二年刊風雨樓叢書本 書畫說鈴別有

清陸時化撰。時化字潤之、號聽松。太倉人。（娛園叢刻本及榆園叢刻本）

吳越所見書畫錄六卷（懷烟閣刊本）

國朝陸時化撰。聽松嘗遊吳越山水間、凡遇前人法書名畫、輙記其絹紙題款、長短尺寸、積有歲月、遂成是編、因名之曰吳越所見書畫錄。自唐迄明、各以每卷分其次序。後一卷爲國朝大家、冠以書畫說鈐二十一則、殿以書畫作僞日奇論一篇、蓋仿江邨銷夏錄體例、而稍變通之。偶有一二、爲鐵網珊瑚及消夏錄所已載者、則汰出之。【鄭堂讀書記】

陸心源曰、吳越所見書畫錄、有李伯時山莊義訓圖、後有半江華淞跋、王澍跋、以奕京方奇亮育爲伯時子、玫爲伯時女、以愚考之、蓋奕京方奇亮育、乃金華潘竹隱之子、玫乃竹隱之女、所畫乃七進圖也。七進者、猶枚乘七發之類、爲潘祖仁作、其文載吳師道敬鄉錄、與此皆同、惟多首一段、此本無之。據吳禮部集卷十二七進圖記、其畫當有八段、華淞跋祇見迎風嘯傲之老人、不見床上之老人、不但文缺首一段、卽畫亦缺首一段矣。骨董家一涉攷證、往往郢書燕說、此其尤甚者也。【儀顧堂續跋】

吳越所見書畫錄六卷（精鈔本） 婁東陸時化編輯。乾隆丙申夏自序。前凡例十四條、及書畫說鈐二十九條、終之以書畫作僞日奇論一篇。【善本書室藏書志】

吳越所見書畫錄六卷 舊鈔本。陸時化編輯。內書畫說鈐一十九則、民之情僞、盡知之矣。【藝風藏書續記】

吳越所見書畫錄十二册一函（光緒己卯重刻本） 婁東陸時化編輯。書成於乾隆時、意在仿高江村銷夏錄。原分六卷、前列書畫說鈐一卷、而分訂十二册、他書所罕有也。【勵堂讀書記】

吳越所見書畫錄六卷 清陸時化撰。是編仿江村消夏錄之例、惟每卷必分時代、題跋仍用大字、圖章不記、邊方圈界跋尾尺寸、亦具載、與消夏錄不同。所錄以明人之蹟爲多、止於四王吳惲六家、凡六百二十八件。其間亦偶載自跋、鑒賞既精、所論亦甚精當。陸心源儀顧堂續跋、謂其載李伯時山莊義訓圖有誤、乃千慮之一失、不足爲病。卷前有書畫說鈐二十九則、末有書畫作僞日奇論一篇、蓋補說鈐所未及者、前有馮偉序及自序、江標鄧實校刊各有跋。鄧跋敍此書流傳頗詳。

書畫說鈐一卷 清陸時化撰。是編凡爲說二十九篇、長短不一、專言鑒賞書畫及收藏裝褫諸事。中有數則、記巧點作僞伎倆、足資談助。前有自作小引。【書畫書錄解題】

鄧實跋曰、按陸潤之先生所著吳越所見書畫錄、原本開梓於乾隆丙申、竣事於丁酉、皆其手自繕寫、隨寫隨刊、活體楷書、刻印極精。書既成、後始覺察書內董文敏重修宋忠武岳鄂王精忠祠記册、又董文敏行書兵部左侍郎節寰袁公行狀册二篇、多有觸犯本朝忌諱語。陸氏懼禍、急將板燬毀、而將印出之書收回。幸所印無多、迺盡付一炬、爲消滅免禍計（觀書中所錄錢蒙叟跋語、早將謙益二字空出、見當時已先懼禍之甚）。故至今原本傳世極罕。即間有一二、亦將觸諱二篇之文抽去。江氏建霞以是書之難得也、用聚珍版印行、未幾聚珍版印者亦極難得。蓋當時所印倉卒完事、亦僅數十部也。余始購得江氏所印者、謬誤滿紙、幾不可讀。久思重校精印。今年春始從故家以重金購得陸氏原刊本、而所謂恐觸忌諱之文二篇、亦完在未抽燬。迺速爲校鐫。嗟乎。潤之先生、賞鑒名家、以數十年歷覽所得、吳越大都文物之盛、迺始有此書。其自述所謂心思物力亦殊艱苦者。一旦燬燔之不少顧、遂至其書幾不傳、不獲與孫氏高氏二銷夏錄同炳燿於世人之耳目、然其書辨析眞贋、確而有徵、爲言書畫者同爲不可少、自足重也。

書畫緣三十六卷　原刊本

清沈辰撰。辰字潛庵、吳興人。

書畫緣三十六卷　清沈辰撰。是編書畫各自爲卷、書稱書譜、凡二十卷、畫稱畫宗、凡十二卷、又各有首卷末卷。首卷爲歷代帝皇后妃宗室、末卷爲名媛無名氏釋氏、俱先彙姓氏、次順時代、用四聲韻依次編姓、故其卷首又稱書譜姓類畫宗姓類。據宋葆淳跋、知其書編成後、未及付梓、其子筠號渠軒者、始爲印行。卷首凡例、亦筠所定。既屬類書、便當逐條各注出處、是編概不注明。凡例謂大雅君子欲廣見聞者、自有書畫譜及後來纂輯諸家在、則遁辭也。其末卷列名媛於釋氏之前、與他書略異、然道士仍不分出、似與通例以方外兼包釋道兩家不符。今既別釋家、則道家亦宜別出也。編中記述、悉據佩文齋書畫譜編輯而略加刪節、故自清初迄於乾隆百餘年之書畫家、俱未纂入。蓋當時尚無成書、便畏難不復增補也。至其刪節舊文、亦有甚誤者、如書畫譜封膜下、引畫史會要、敍張彥遠歷代名畫記云、穆天子傳封膜畫於河水之陽、以爲殷人主。郭注云、膜晝人名。彥遠誤看晝字爲畫字、遂令妄有一人云云。今是編封膜下云、名彥遠、善畫、無論彥遠兩字不類三代以上人名、即謂歷代名畫記之張彥遠、猶且不知、而率意節錄、誤謬一至於此、亦大可詫矣。舉此一端、可以概見。至一人而兼書畫兩家者、其敍次恆嫌重複、尤其失也。【書畫書錄解題】

須靜齋雲烟過眼錄一卷

山陰吳氏聚珍本　美術叢書本

清潘世璜撰。世璜字黼堂、吳縣人。

須靜齋雲烟過眼錄一册　淸潘世璜撰。是編爲其子遵祁所錄、蓋自其日記中摘出者。始嘉慶甲子、迄於道光己丑、凡二十五年、所見僅此、雖不足云博覽、而鑒別頗精。其中屬於書畫者十之八九、大半皆其外舅陸氏松下淸齋所藏、屬書籍碑帖者十之一二。其所與游、爲黃蕘圃錢梅溪伊墨卿改七薌吳荷屋顧南雅諸人、皆乾嘉間聞人、宜其鑒別之精矣。間有費念慈顧文彬按語。山陰吳氏聚珍本與美術叢書本同。惟聚珍本中有江標按語、叢書本無之。叢書本載有沈樹鏞按語多條、聚珍本皆誤爲原書自注。聚珍本後有其曾孫世萬兩跋、費念慈與其子順之手札、叢書本不載、又有吳隱校刊跋。【書畫書錄解題】

退庵所藏金石書畫跋尾二十卷

道光二十五年自刊本　福州梁氏校刊本二卷卷上石刻跋卷下書畫跋與前書略異乃未定之稿　鄭氏小琳瑯館刊本同

淸梁章鉅撰、章鉅有夏小正通釋、已著錄。

退庵金石書畫跋二十卷　原刊初印本。淸長樂梁章鉅茝林撰。前有茝林自序。退庵鄉先輩精攷據、嗜金石、與伊墨卿吳荷屋朱棻堂諸子游、討論金石、互相辨識、后入蘇齋之門、尤益精究。此編係跋其自藏之品、凡寓目者概不入錄、前五卷盡屬金石、六卷以次皆屬書畫、引證頗博、具有攷據。退庵題跋二卷　鄭氏小琳琅館刊本。淸長樂梁章鉅茝林撰。是編所跋石鼓文、泰山秦刻、曹全碑、西狹頌、裴岑碑、華山碑、黃三碑等、均見于退庵金石書畫題跋之內。此本所載無多、首葉鐫有福州梁氏校刊本、版今歸杭縣鄭氏小琳琅館云云。可證是書係屬前刻之本也。【石廬金石書志】

退庵所藏金石書畫跋尾二十卷　淸梁章鉅撰。卷一至五俱金石、卷六至十俱書、卷十一至二十俱畫、皆其自藏之蹟。金石茲不論、所錄雖畫多於書、而精審則書勝於畫。題跋中評論畫理、亦不若論書之佳。至於書畫原本尺度題識印章、亦不盡載、頗爲簡絜。而於作者行實則必附入、固便常人省覽。然如惲南田吳漁山龔、略知書史之人、皆知之者、亦必詳敍、不免詞費。其稍隱僻者、反未能悉行攷出、又嫌疏漏。惟其於作者生卒年月、時有攷核、實足爲鑒藏之資。（其於書畫所題年月、與生卒年分不符者、恆以爲筆誤、稍嫌武斷、）又於收藏源流攷之綦詳、亦甚可取。前有道光乙巳自序。【書畫書錄解題】

書畫所見錄三卷

道光刊本　光緒庚辰刊春草堂三種本

淸謝堃撰。堃字佩禾、甘泉人。

書畫所見錄三卷　清謝堃撰。是編記其所見書畫、書類所記凌雜無次、畫類紕謬尤甚。今略言之、既先列漢晉唐畫於前、以時代爲次、而明清兩代人不按先後之序、一也。諸畫家之稍隱僻者、不能深攷、而於諸大家之里貫行實盡人皆知者、則載之甚詳、二也。數人合記、原無不可、然必有關係者方得用之、今觀合記諸條、有絕無意義者、如戴禮王愫萬壽祺合一條之類、三也。所附評論、殆無畫學常識、迂謬之見尤多、如謂八大山人山水不佳、而以作八股文相比擬、四也。首列漢畫、乃爲婦孺皆知之嘉祥石刻、次列晉衞謂得顧長康遺蹟於書肆、尤不足信、五也。前有自序。【書畫書錄解題】

筆嘯軒書畫錄二卷　道光中刊本

清胡積堂撰。積堂字琴生、黟縣人。

筆嘯軒書畫錄二卷　清胡積堂撰。是編皆記其所藏書畫、宋蹟僅有米海嶽艷艷女史兩種、元蹟僅有趙文敏曹雲西兩種、餘皆明清及其同時人之作、體例亦仿江村、惟不記尺度及無自跋語耳。卷上皆立幅、卷下册卷、册中以扇面爲多、無甚精品。其編次不甚按時代。其凡例自謂不尙攷據、故作者之先後顯晦不詳、殊堪詫異、鑒別書畫而曰不尙攷據、其能審乎。編中誤以錢梅溪爲錢竹汀、其陋可想。又如黟山樵者、不注明爲誰人。又載虎臥仙書蓋出乩筆、尤嫌其濫。前有道光己亥王澤序。【書畫書錄解題】

自怡悅齋書畫錄三十卷　道光壬辰原刊本

清張大鏞撰。大鏞字鹿樵、昭文人。

自怡悅齋書畫錄三十卷　清張大鏞撰。是編以立軸掛幅手卷册頁扇册分編。立軸與掛幅原屬一類、區分爲二、殊不可解。最後四卷題爲附錄、均屬手卷。所收皆屬宋以後之跡、清代最夥、其同時人投贈者俱入之、爲從來著錄家所無之例。體例循江村之式、每種復略記字體畫式、加以評語、絕無考訂、多屬膚泛稱譽之詞。書類盡錄原文、有不必錄者亦錄之、如阿彌陀經之類。附錄所載、除其父所書一卷墓圖一卷外、餘皆其同時人爲其所作行看子題語、多其屬僚門下所作、一派諛詞、無庸卒讀。既有附錄、則其同時人所作、儘可附入、乃以分列各類、新舊雜糅、並其五十生日友人所贈麻姑送酒圖、及其自繪葫蘆扇面、亦厠其中、冗濫如此、其間縱有名跡、亦難徵信於人、信乎祇可自怡悅矣。前有道光十二年自序。【書畫書錄解題】

紅豆樹館書畫記八卷　光緒八年壬午潘霨韡園刊本

淸陶樑撰。樑字鳧鄉、長洲人。官至內閣學士。

紅豆樹館書畫記八卷　淸陶樑撰。是編記其所藏書畫、分手卷册葉立軸三類、體例仿江村、於明淸兩代人附錄小傳、則江村所無者。所錄以明淸兩代爲多、尤以淸代爲寬濫。標題下所加說明、殊欠精當、如惲王兩家山水册下云當是兩人北游同時應藩邸教而作、案南田似無此事、未知其所據。又大滌子桃源圖、乃有徐天池題語、豈不可怪、而云或別有一大滌子、均未免失考。前有潘嶧吳雲潘曾授三序及道光十六年自序。【書畫書錄解題】

夢園書畫錄二十五卷　光緒三年方氏錦城柏署原刊本

淸方濬頤撰。濬頤字子箴、定遠人。道光二十四年進士、官至兩廣兩淮鹽運使、擢四川按察使。

夢園書畫錄二十四卷　淸方濬頤撰。卷一梁唐五代、卷二至四宋、卷五至七元、卷八至十五明、卷十六至二十四淸。自序謂厲湯子敦之許君壯平、仿江村例、勒爲一書、故卷端題湯許兩人參訂。子箴在同光間、頗負賞鑑之名。惟此編首列張僧繇掃象圖、淵源不明、危太樸與東皋退叟定爲錢舜舉作、尹秉綬羅聘兩跋多膚泛語、僅憑張問安一跋引吳雲溪集中一節以爲證、究嫌薄弱也。前有朱銘盤序及光緒元年自序。【書畫書錄解題】

夢園書畫錄二十五卷　淸方濬頤撰。是書爲濬頤歷年游宦所得之法書名畫、上自蕭梁、下迄淸代、羅而致諸自築之夢園、命其幕友桐城許奉恩、陽湖湯世厚仿高士奇江村消夏錄之例、勒成是編。按其時代以定甲乙。濬頤間有題詠、則綴於前人題跋之後。凡成卷册幅軸者、約而計之、不下四百餘種。稽其來歷、爲錫淸館風滿樓南雪樓鑒藏者爲多。其自序謂物無聚而不散之理、古人書畫聚於夢園者、未必不散於人間。及其未散之時、編纂成帙、使千百載後、知若者爲夢園所藏之書、若者爲夢園所藏之畫、斯書畫傳而夢園附以俱傳也。濬頤其眞明於聚散之無常者哉。【安徽通志藝文考稿】

過雲樓書畫記十卷　光緒八年壬午顧氏刊本

淸顧文彬撰。文彬字子山、元和人。道光辛丑進士、官至寧紹台道。

過雲樓書畫記十卷　淸顧文彬撰。是編書類四卷、畫類六卷、其合璧者則入畫類。書收至明末止、畫收至四王吳惲六家止、皆其一人所藏。絹本者不錄、閨閣之作不錄、石刻不錄、宋克絲不錄、單條及扇不錄、其例至嚴。每種後俱有題語、凡所考辨、俱甚精審、洵足供賞鑒家參證之資。前有光緒壬午自序。【書

畫書錄解題】

小松圓閣書畫跋一卷 美術叢書本

清程庭鷺撰。庭鷺有蘜庵畫塵、已著錄。

小松圓閣書畫跋一卷　清程庭鷺撰。是編爲跋三十二首、記二首。其中題自作畫、僅貽周道士一則。題畫較題書者爲多、偶有攷證、亦甚精當。論畫法處有卓見、蓋非苟作者也。末附硯銘器物銘。【書畫書錄解題】

別下齋書畫錄七卷 江氏文學山房聚珍本

清蔣光煦撰。光煦字生沐、號放菴、海寧人。

別下齋書畫錄七卷（傳鈔本）　蔣光煦撰。光煦性好經籍書畫、別下齋藏書宋元佳刻名家鈔本、足與收藏家相抗衡、著藏書錄十卷、惜不傳。書畫精品大半得於吳中及當湖武原諸故家、又商之於丹徒嚴問樵、嘉興李香沚、吳江翁小海。道光庚戌、與同里許蘘梅茂才、纂別下齋書畫錄若干卷、清本未竟、蘘梅謝世、諸執友並皆星散、於是悵悵無所偶、收藏之興、爲之稍減。咸豐庚申、寇陷州城、並焚硤石生沐之居燼焉、畢生所弆、一旦盡歸劫火、遂侘傺無聊、酒後每撫膺慟哭、是冬卽抱恨以終。舊友管君芷湘收其草藁一冊、及許君手藁二冊、繕成七卷、稍留梗概而已。【適園藏書志】

別下齋書畫錄七卷　海昌放厂主人蔣光煦編、寵花居士許光治校。傳鈔本、首有同治四年芷湘老人管廷芬序。此書爲許蘘梅茂才手纂、未竟而歿、嗣後遭粵逆之亂、生沐所弆一旦盡歸刼火、其未錄者竟付闕如。芷湘得其草藁、分爲七卷而序之焉。【積學齋藏書記】

別下齋書畫錄七卷　清蔣光煦撰。是編前有管庭芬序、述生沐藏書畫事。其中名蹟不多、半爲同時人所作、或非其全帙、其原物旣盡付刼灰、亦姑以存梗概而已。【書畫書錄解題】

玉雨堂書畫記四卷 松鄰叢書本 玉雨堂叢書本 美術叢書本

清韓泰華撰。泰華字小亭、仁和人。

沈濤序曰、小亭女夫好蓄古人法書名畫、尤精於鑒別、幾至以手摸絹、可辨宋元明。余嘗過其玉雨堂、羅褾錦贉、觸手耀目、如登虹月舟、如入波斯藏。今擇其最佳者數十種、綴以跋語、編爲書畫記四卷。小亭所蓄多神逸上品、有眞賞而無耳食、故記中著錄唐宋不過數家、餘皆勝國及國初諸勝流翰墨、不以時代綿邈爲奇、不以聲聞炫赫爲重。其品題評隲、精審曲當、南濠寓意之編、北平銷夏之記、殆無以過也。

玉雨堂書畫記四卷　清韓泰華撰。是編記其所藏書畫、每卷約二十種、共得八十種。唐宋元三代僅十餘家、明代最富、清代收至王麓臺。雖無甚劇蹟、而抉擇不甚濫。其於款識題跋印記及紙絹尺度等、不爲瑣記、與通行之江村體例不同。大抵擇其要者方爲錄入、間加考辨、頗爲精當、與著錄自藏書畫而務爲夸張者不同、亦可傳之作也。前有咸豐元年沈濤序。【書畫書錄解題】

嶽雪樓書畫錄五卷

咸豐辛酉家刊本　光緒己丑三十有三萬卷堂刊本

清孔廣鏞與弟廣陶同撰。廣鏞號懷民、廣陶號少唐、南海人。

嶽雪樓書畫錄五卷　清孔廣陶撰。編首題孔廣鏞閱、廣鏞少唐之兄也。據陳其錕序、謂其父熾庭編修精賞鑑、收藏書畫甚富、子二人又能篤守先業、復增購不少、因編此書云云。是所錄皆其一家所藏。始唐人寫經、終於明季、頗多烜赫之蹟、選錄亦不甚濫。其體例則一準江村。刊板甚精、頗足玩賞。卷首尙有黎兆棠一序。【書畫書錄解題】

書畫鑑影二十四卷

同治辛未原刊本

清李佐賢撰。佐賢字竹朋、利津人。

書畫鑑影二十四卷　李佐賢撰。自序略云、取歷年所得及當前所寓目者、仿江村銷夏之例而變通之、隨閱隨錄、積久成編。按是書共分三類、曰卷曰册曰軸、屏幅橫幀則附之軸類。所錄名蹟自東晉至國朝乾隆以前爲止。江村銷夏錄不載御府圖書、佐賢則參用吳榮光辛丑銷夏記之例、詳悉載之。又高吳兩書兼及石刻、佐賢則專收墨蹟云。【民國山東通志藝文志】

書畫鑑影二十四卷　清李佐賢撰。是編錄其自藏及所見書畫、至乾隆朝止。體例亦仿江村、其名蹟已見於前人著錄者、仍爲重錄、復有鈔自愛吾廬書畫記者、不免務多矜博矣。前有自序。【書畫書錄解題】

穰梨館過眼錄四十卷

光緒十七年吳興陸氏刊本　潛園總集本

清陸心源撰。心源有皕宋樓藏書志、已著錄。

穰梨館過眼錄四十卷　清陸心源撰。錄中所載、雖有爲他人所藏者、爲數當不甚多、名曰過眼、謙詞也。其體例亦仿江村、惟以時代爲次。卷一首梁蹟一種、次唐蹟九種。卷二至卷五爲宋蹟、凡三十二種。卷六至十一爲元蹟、凡五十種。卷十二至三十六爲明蹟、凡三百四十七種。其間除文沈仇唐外、多明季遺民之作。卷三十七至四十爲淸蹟、僅四十三種、而四王吳惲居其四之三焉。續錄卷一唐蹟四種、宋蹟十二種、卷二宋蹟五種、元蹟九種。卷三四元蹟二十三種。卷五至十二、明蹟一百十一種。卷十三至末、淸蹟四十二種。都二百有七、於淸蹟亦不濫收。陸氏雖不以鑒賞名家、而門客多通才、其於考訂舊籍、頗有心得、所蓄與其所錄、當鮮贋鼎。其中見於米庵江村令之所錄者亦不少、惜其於鈔錄編次而外、別無一語考證也。前有自序。【書畫書錄解題】

海王村所見書畫錄殘稿一卷 義州李氏叢刻本

淸李葆恂撰。葆恂字文石、義州人。

海王村所見書畫錄殘稿一卷　淸李葆恂撰。海王村卽北京琉璃廠、骨董肆咸在焉。此爲葆恂錄其在廠肆所見書畫而作。據其子放跋語、謂原有十卷、光緒己亥刻於天津、未及半而拳亂作、稿本遂以喪失。此殘稿爲其展轉贖歸者、所存僅十六種、皆屬劇蹟。體例略仿江村、而各疏其流傳大略、並加評隲。前有吳重熹序、謂其書不繁而鑒精評確、非溢美之言也。【書畫書錄解題】

古芬閣書畫記十八卷 光緒七年辛巳杜氏家刻本

淸杜瑞聯撰。瑞聯字鶴田、太興人。官至貴州巡撫。

古芬閣書畫記十八卷　淸杜瑞聯撰。是編記其所藏書畫。卷一至八爲書、卷九至十八爲畫。其所著錄漢魏晉唐諸蹟、駭人聽聞、決不可信。如漢之章帝東平憲王馬季良張伯英、魏之鍾太傅、晉之杜侍中嵇中散郭景純陶徵士諸蹟、歷來著錄之家、皆未載及、何至同時發現、又盡歸其所藏。以米老之精鑒、生在八百年前、得晉人眞蹟、已屬希有、至以寶晉名其齋、安得今日尙有爾許劇蹟、留在人間。甚至王右軍眞蹟中、乃有後人僞撰之筆勢論、卷長至二丈四尺、可謂聞而知其僞者、亦爲著錄、殊屬可笑。他如庾亮索靖王廙王羲之觀款、王廙祖孫父子之圖章、屢見不一見、皆聞所未聞者、尤堪噴飯。其畫類、則以曹弗興羅漢渡海圖冠首、此外荀成公顧虎頭史道碩戴安道陸探微張僧繇展子虔閻右相吳道子小李將軍王摩詰盧鴻乙鄭廣文韓幹王洽戴嵩杜樊川諸蹟纍纍、大抵畫傳最有名之人、靡不具備、安有是理。至若宋元書畫諸大家之蹟、幾以多而見輕、可等諸自鄶以下、蓋雖宣和書畫譜、以帝王之力得之者、猶遜其美富、豈不大可異哉。其書每種後俱有論贊、似仿宋岳氏法書贊而作、而其文多見於楊恩壽眼福編、恩壽當時在其幕府、故爲之捉刀、頗疑杜氏本不知書畫、而甚欲成一賞鑒收藏家、楊氏從而慫恿之、而又無其學識、遂至荒謬若此。不圖張泰階寶繪錄之後、乃有此書、眞可謂天下事、無獨有偶者

矣。前有楊恩壽序。【書畫書錄解題】

愛日吟廬書畫錄四卷補錄二卷續錄八卷別錄四卷　宣統二年葛氏於上海刊本

清葛金烺撰。烺字景亮、平湖人。

繆荃孫序　書畫題跋自宋以來夥矣、然於古人書畫眞蹟詳記其位置行墨長短闊狹題跋圖書、必推平湖高詹事江村消夏錄爲冠。孫退谷之記精矣、然不載本文及尺寸。式古堂彙考、清河書畫舫備矣、然得之傳聞及他書亦彙入、究難以爲塙據。故消夏錄特開此派、而後談書畫者、自宋至今始臻完善之境。後之吳越所見錄、辛丑消夏記、各家均從此例。葛君毓珊同年、世居當湖、爲詹事之鄉後輩、濡染流風、景行嚮往、聚平生所得、編成十卷。其體例一準消夏錄、而著錄益愼考訂益精、後出愈工、昔人論定、以視僅錄本文、不加論斷、多撏門面、轉致葛藤、不可同年而語。

又續錄序　平湖葛君詞蔚、以其尊公所著書畫錄十卷見眎、見其搜羅之富、體例之精、足駕江邨而上。後跋又歷舉編輯之大恉、至爲精粹。詞蔚又言此編先君手定、未敢增損、後之所得及近日所收者、別爲一編、附此以行、當求續序、荃孫諾之。今冬果以編定四卷來徵跋言、其體例一遵前編、無所出入、足慰先人未竟之志。【藝風堂文漫存】

愛日吟廬書畫錄四卷補錄二卷續錄八卷別錄四卷　清葛金烺撰。是編記其自藏書畫、卷一爲宋元明、宋人之跡僅十數種、卷二爲明、卷三四爲清、除四王吳惲外、皆尋常之品。其體例亦仿自江村、但印章不舉式耳。偶加按語、頗見精當。蓋所藏雖無甚至精之品、而抉擇著錄、較爲謹嚴、故可存也。其子嗣澎以爲未竟、一一爲之補錄、輒加按語贊揚而外、別無考訂、亦無發明。續錄八卷、亦嗣澎所編、卷一爲宋元、卷二三爲明、卷四以下俱清、所收近濫。疑此編所錄、亦有爲其父所剔除者、雖違作述之義、而克紹箕裘之緒、亦末世所難能者矣。體例一仿正編、惟所加按語稍嫌膚泛、而時舉陸恢以爲重、不知恢固未深諳書畫者也。別錄四卷、皆詩翰尺牘扇箑楹帖、無甚精蹟、其錄鄉先哲遺墨、極可欽敬、若別爲一錄、則更佳矣。【書畫書錄解題】

游藝巵言二卷　觀古堂所著書本

清葉德輝撰。德輝有經學通詁、已著錄。

游藝巵言一卷　此論購求收藏書畫之法、亦明人清祕藏之類、其中多閱歷之言、非泛泛矜鑒賞也。【郎園四部書敍錄】

游藝巵言二卷　清葉德輝撰。是編凡十篇、一法書、二名畫、三辨別、四考證、五裝潢、六收藏、七箴規、八記錄、九避就、十帖刻、敍述明晰、足爲好事參攷之資。其辨別考證兩篇、蒐集軼事舊聞頗爲詳審。箴規避就兩篇持論亦甚通達。記錄篇中著盤齋抉擇二義、尤足爲著錄家鍼砭也。前有辛亥十月自序。【書畫書錄解題】

雪堂書畫跋尾一卷　上虞羅氏刊永豐鄉人稿本

今人羅振玉撰。振玉有周易注唐寫本校字記、已著錄。

雪堂書畫跋尾一卷　近人羅振玉撰。跋凡五十三篇、先書後畫、皆其自藏之名蹟、有清一代僅存陳文貞王文簡兩種、可知其抉擇之嚴。諸篇攷證精確、持論正大、就文而論、自是必傳。卽就鑒賞言、今世亦無其匹也。前有庚申七月自序。【書畫書錄解題】

以上總錄

書譜一卷　宋刊本　書苑菁華本　百川學海本　說郛本　王氏書苑本　詹氏書苑補益本　四庫全書本　停雲館刊本　文氏刊本　安氏刊本

唐孫過庭撰。

書譜一卷（浙江鮑士恭家藏本）　唐孫過庭撰。竇蒙述書賦註曰、孫過庭字虔禮、富陽人、右衛冑曹參軍。張懷瓘書斷則云、孫虔禮字過庭、陳留人、官至率府錄事參軍。二人俱相距不遠、而所記名字爵里不同。殆與舊唐書稱房喬字元齡、新唐書稱房元齡字喬者同一譌異。疑唐人多以字行、故各處所聞不能畫一也。是書篇末自題垂拱三年、蓋武后時作。書斷謂之筆意論、然世傳石刻乃其手迹、篇中自稱名曰書譜、則作書譜爲是矣。過庭之書、頗爲竇臮述書賦所詆、然自宋以來皆推能品、不以臮言爲然。張懷瓘推奬是書、亦稱其深得旨趣、故操翰者奉爲指南。然過庭自稱撰爲六篇、分爲兩卷、此本乃止一篇、疑全書已佚、流傳眞蹟、僅存其總序之文、以前賢緒論、姑存以見一班、而仍題其全書之名耳。然微言奥義、已足見其大凡矣。【四庫全書總目提要】

書譜一卷　唐孫過庭撰。自稱撰爲六篇、分爲兩卷、此本乃止一篇、蓋全書已佚、僅眞迹總序一篇、以勒石僅存耳。【四庫全書簡明目錄】

書譜一卷（百川學海本）　唐孫過庭撰。四庫全書著錄。唐宋史志諸家書目俱不載、至焦氏經籍志始載之。是書成于則天垂拱三年、篇末稱自漢魏以來、論書者多矣、妍蚩雜糅、條目糾紛、或重述舊章、可不殊于既往、或苟興新說、竟無益于將來、徒使繁者彌繁、闕者仍闕、今撰爲六篇、分成兩卷、第其工用、名曰書譜。然則是書尚有六篇、不知何時佚去。此不過全書之總序、以勒石僅存耳。然八法宗旨、已略見一班、後進已足奉爲規模矣。

【鄭堂讀書記】

何紹基跋賈芸樵藏文氏刻孫過庭書譜余所見書譜、以太淸樓宋拓本爲最肥勁圓逸、不知墨本是何樣也。後見停雲館刻本、瘦潤有典型、最後見安氏刻本、視停雲加以腴宕、其實文本安本所自出同一墨本也。今見此本、始知文刻勝安刻、安刻蓋有故增姿致處、要之視太淸樓本、筆勢章法、迴如出兩手、或當日不止寫一本也。【東洲草堂文鈔】

陳奕禧云、書譜序、上卷凡四千言、續述作字之旨、迦古邁今、追微闡妙、窮極論議、體勢筆法、發露殆無遺蘊、而所謂譜者、必尙有所製及下卷文字、今皆不傳。【綠蔭亭集】

朱履貞曰、讀孫虔禮書譜、委曲詳盡、切實痛快、古今論書第一要義、惜其所撰執使用轉之法、泯滅無傳。【書學捷要】

書譜（張懷瓘書斷稱運筆論）一卷　唐孫過庭撰。過庭原本云、撰爲六篇、分爲兩卷、今本祇有卷上、是非完全之本。唐人論及此書者、僅張懷瓘一家。張彥遠法書要録、及北宋朱長文墨池編、搜輯歷代論書之文甚備、俱未載及。足見北宋以前、是編猶未盛行於世。宣和書譜、載有書譜序上下兩篇、是其時原跡在內府、下卷尙存也。至南宋陳思輯書苑菁華、始著其文於録、則下卷已亡、其爲亡於南渡之際、殆無疑矣。今雖僅存其半、已足窺其大凡。其持論之精微奧妙、久有定評。惟包世臣不甚以爲是、且爲删削、然不足據以爲信也。【書畫書録解題】

按石韞玉安刻孫過庭書譜跋、見（獨學廬二稿、）吳榮光孫虔禮書譜跋、（消夏記本）見（石雲山人文集、）錢泰吉跋書譜、見（甘泉鄉人稿、）陳璞跋孫率府書譜二篇、見（尺岡草堂遺文、）並可參閱。

續書譜一卷

宋嘉定戊辰天台謝采伯刊本　百川學海本　說郛本　百名家書本　王氏書苑本　格致叢書本　白石道人四種本　四庫全書本　同治附刊白石詩集本

宋姜夔撰。夔字堯章、寓居武康、與白石洞天爲鄰、因號白石道人、又號石帚。鄱陽人。

續書譜一卷　鄱陽姜夔堯章撰。【直齋書録解題】

鄭杓曰、孫虔禮姜堯章之譜、語其細而遺其大、趙伯暐之辨妄所以作也。【衍極】

續書譜一卷（浙江鮑士恭家藏本）　宋姜夔撰。是編其論書之語、曰續書譜者、唐孫過庭先有書譜故也。前有嘉定戊辰天台謝采伯序、稱略識夔於一友人處、不知其能書也。近閱其手墨數紙、筆力遒勁、波瀾老成、又得其所著續書譜一卷、議論精到、三讀三嘆、因爲鋟木、蓋夔撰是書、至采伯始刊行也。此本爲王氏書苑補益所載、凡二十則、一曰總論、二曰眞書、三曰用筆、四曰草書、五曰用筆、六日用墨、七日行書、八日臨摹、九日書丹、十日情性、十一日血脈、十二日燥潤、十三日勁媚、十四日方圓、十五日向背、十六日位置、十七日疎密、十八日風神、十九日遲速、二十日筆鋒。其燥潤勁媚二則、均有錄無書。燥潤下註曰見用筆條、勁媚下註曰見情性條、然燥潤之說、實在用墨條中、疑有舛誤。又眞書草書之後、各有用筆一則、而草書後之論用筆、乃是八法、並非論草、疑亦有譌。敬考欽定佩文齋書畫譜第七卷中、全收是編臨摹以前八則、次序相同、臨摹以下、則九日方圓、十日向背、十一日位置、十二日疎密、十三日風神、十四日遲速、十五日筆勢、十六日情性、十七日血脈、十八日書丹、先後小殊、而燥潤勁媚二則、則並無其目、蓋所據之本、稍有不同、而其文則無所增損也。書史會要曰、趙必睪字伯暐、宗室也、官至奏院中丞、善隸楷、作續書譜辨妄、以規姜夔之失、案必睪之書今已佚、不知其所規者何語。然夔此譜、自來爲書家所重、必睪獨持異論、似恐未然。殆世以其立說乖謬、故棄而不傳歟。【四庫全書總目提要】

續書譜一卷 宋姜夔撰。蓋續孫過庭書譜也。凡二十篇、皆抒所心得、世有兩本、一本僅十八篇、次序先後亦稍異、然十八篇之文並同。【四庫全書簡明目錄】

續書譜一卷（百川學海本） 宋姜夔撰。四庫全書著錄、書錄解題通攷俱載之。蓋續孫過庭書譜而作、凡十八條、俱詳論眞行草書用筆用墨臨摹書丹諸法。堯章本善書、故能抒所心得、不失分寸。今孫氏譜僅存總序、尤賴有是譜以補其未逮。欽定佩文書畫譜（論書七）全載之、而次序稍有不同、當以書畫譜爲正。【鄭堂讀書記】

續書譜一卷 宋姜夔撰。是書題爲續書譜、似爲續過庭已亡之篇、今核其書、殊不爾、蓋偶題耳。若爲補過庭之作、書中必自言及、且應曰補、不曰續也。其體例亦應依過庭之旨、補作執使用轉諸篇、不宜自爲分目、況其中情性一篇、全錄過庭之說、亦爲續補體例所無、因知其非爲補亡而作。包世臣識其非過庭本旨、豈知謂其補亡、亦非白石本旨乎。茲編大旨宗元常右軍、謂大令以下用筆多失、則唐宋以下自不待言、持論不免過高、宜後來諸書、加以抨擊也。【書畫書錄解題】

宣和書譜二十卷

宋刊本半葉十行行十九字線口大版 明嘉靖庚子楊愼刊本半葉九行行十九字 津逮祕書本 四庫全書本 學津討原本

不著撰人名氏。

宣和書譜（一函二册） 宋徽宗御撰。二十卷。 按晁氏陳氏馬氏諸書目、皆不載是書、則在宋時僅爲內府祕籍、並未流行、見之者少。當時有書畫兩譜、刻梓者似應合版、而此獨單行、猶之米芾書畫史二卷、載於書錄解題者、即爲分列、且宋史藝文志止存畫史而不及書史、可知古人書畫分載之書、原可析卷單行也。此本撫印雖清、而字畫不能工整、其爲明代坊間所刻無疑。【天祿琳瑯書目】

宣和書譜二十卷（兩江總督採進本）

不著撰人名氏。記宋徽宗時內府所藏諸帖、蓋與畫譜同時作也。首列帝王諸書爲一卷、次列篆隸爲一卷、次列正書四卷、次列行書六卷、次列草書七卷、末列分書一卷、而制誥附焉。宋人之書、終於蔡京、蔡卞、米芾、殆即三人所定歟。芾京卞書法皆工、芾尤善於辨別、均爲用其所長。故宣和之政、無一可觀、而賞鑒則爲獨絕。蔡絛鐵圍山叢談稱所見內府書目、唐人硬黃臨二王至三千八百餘幅、顏魯公墨迹至八百餘幅、大凡歐、虞、褚、薛及唐名臣李太白、白樂天等書字、不可勝記、獨兩晉人則有數矣。至二王破羌洛神諸帖、眞迹殆絕、蓋亦僞多焉云云。今書所載王羲之帖僅二百四十有二、王獻之帖僅八十有九、顏眞卿帖僅二十有八、蓋其著於錄者、亦精爲汰簡、魚目之混罕矣。【四庫全書總目提要】

宣和書譜二十卷　不著撰人名氏。皆載御府所藏墨跡、終以蔡京、蔡卞、米芾、疑即三人所定也。【四庫全書簡明目錄】

宣和書譜廿卷、前有嘉靖庚子楊愼序、稱博古圖、南國監有刻本、而此書雖中祕亦缺、余得之於亡友許志士稚仁、轉寫一帙、冀傳播無絕云。每葉十八行、行十九字。【平津館鑒藏書籍記】

右宣和書譜二十卷、宋徽宗御撰。明嘉靖時楊愼刻本有序。此本最古、在諸本前。天祿琳瑯載一本、即此本、賈人又去其序者。【廉石居藏書記】

宣和書譜二十卷（津逮祕書本）　不著撰人名氏。四庫全書著錄、讀書志、書錄解題通攷、宋志俱不載。皆載宋宣和時御府所藏墨跡、凡歷代諸帝王書一卷（皇后附）、篆書隸書一卷、正書四卷、行書六卷、草書七卷（章草附）、八分書及制詔誥命一卷（補牒附）、大凡一百九十七家、每種各爲敍論、每家各爲一傳、以敍其善書之事、然後繫以御府所藏各帖、計共一千三百四十四幅。據蔡絛鐵圍山叢談四、稱其以宣和癸卯得見內府書目、因備述其所藏之多、較之是譜、奚啻數倍、知是譜所載、蓋亦精爲簡汰、故止千二百幅、竊意此譜亦當出于其手。故于蔡京、旣稱其爲二十年太平宰相、盛德至善、民至于今懷之、又稱其書爲本朝第一、若在他人敍述、恐未敢如此無忌憚也。【鄭堂讀書記】

陸心源宣和書譜跋　宣和書譜二十卷、不著撰人名氏、相傳以爲即蔡京、蔡卞、米芾所定。案衎極卷三云、大德壬寅延陵吳文貴和之裒集宋宣和間書法文字、始晉終宋、名曰宣和書譜、二十卷。據此則書譜爲吳文貴所撰集、非蔡米所定矣。紬謂書譜畫譜、皆非宣和所集、故陳直齋書錄解題、不著于錄。畫譜或出宋人之手、故僞作徽宗序文、書譜出于文貴、則鄭杓所目擊也。蓋汴梁之變、宣和所藏、盡輦而北、金亡復入于元、文貴當據元時內府所藏、及勢家所得成之。故二王墨迹、較之鐵圍山叢談所見、僅存十之一二耳。余嘗見宋以前書畫眞迹、有經宣和收藏、而不入書畫兩譜者、初頗以爲疑、今知兩譜、非宣和所定、則凡徽宗御題御印之妙迹、流落民間、而非吳文貴輩所得見者正多、又何疑乎。

【儀顧堂題跋】

宣和書譜二十卷畫譜二十卷（明刊本）

不著撰人。嘉靖庚子楊愼有宣和書畫譜總序。升庵更有畫譜一序、又有宣和庚子歲夏至日題識、不稱御製、尙屬近古。兩譜皆刊於滇中、藏書家往往蓄此缺彼、茲則雙璧交輝、可珍也。【善本書室藏書志】

姚大榮論宣和書譜畫譜均出徽宗御撰

宣和畫譜二十卷、書譜二十卷、宋徽宗御撰。徽宗自號宣和人。又有便殿名宣和、徽宗常所居處。殿後有稽古博古尙古等閣、咸以貯古玉印璽鼎彝禮器法書圖畫。大觀初、命王黼等仿李公麟之考古圖、作宣和殿博古圖。（案博古圖、蔡絛以爲大觀初作、洪邁以爲政和宣和間作、未詳孰是。）厥後又作書畫譜、宣和二年五月畫譜成、徽宗自爲序冠首。毛晉刻本序末、署宣和庚子歲夏至日宣和殿御製、蓋書以殿名、不以年號名、與博古圖同。凡明鈔明刊序末無宣和殿御製者、當由傳寫脫誤、非原書眞面也。書譜無序、何年所成不可考、惟蔡京傳稱其三入相位云云、又稱頃解機務云云、據考京三次罷相、在宣和二年六月、是時畫譜既成、書譜尙纂輯未竟、要之同出御撰無疑也。四庫提要以序中有今天子云云、類臣子頌詞爲疑、故不著撰人名氏。（案序稱今天子廓廟無事、承累聖之基緒、重熙累洽、玉關沈柝、邊燧無煙、故得玩心圖書、庶幾見善以戒惡、見惡以思賢、以至多識蟲魚草木之名、以至傳記之所不能書、形容之所不能及者、因得以周覽云云。合全段觀之、惟今天子一句誠類臣子頌詞、以下則均係自述之語、詞氣迥別、余斷以今天子一句爲後人竄改、非原序本文。）陸心源儀顧堂題跋則謂二譜皆非宣和所集、畫譜或出宋人之手、而書譜則據鄭杓衍極有大德壬寅吳文貴裒集之語、定書譜爲吳文貴撰集、皆非也。天一閣書目著錄書譜二十卷、據大德壬寅吳文貴識語、定爲徽宗御撰、較有根據。而丁丙善本書室書目、據楊愼嘉靖間滇中刻本畫譜序、不稱御製、推爲古本、而頗執書譜爲蔡京蔡卞米芾所定之說、是仍爲目錄家耳食游談、未嘗眞讀其書也。夫二譜果爲徽宗撰與否、當以本書敍述爲斷、不當僅本書不觀、惟以一切序跋之語爲斷。況二譜本當時祕錄、未嘗行世、金元間僅有鈔本。歷一百八十餘年、至大德七年、吳文貴始鋟諸梓、其中譌謬之多、迭見文貴暨王芝跋語。又歷二百四十年、始得濵刊。又歷三百七十餘年、至今宣統辛亥、垂八百年、而尚不能定撰集者確爲何人、亦讀者之恥也。夫帝王著作、與臣工異、往往取諸代言者筆端、而其中切要之語、有臣下不敢擅擬者、則往往可以見眞。二譜爲徽宗御撰、吾得鐵證數端、請備陳之。全書通例、如稱仁宗曰仁祖、稱英宗曰英祖、稱神宗曰神考、此非臣下之詞也。其有不稱祖若考而但曰宗者、或由采集成說、致有歧出、或係傳鈔誤字、未經改正。其證一。駙馬都尉王詵傳、稱詵嘗以詩進呈、神考一見稱賞、選尚秦國大長公主、其奉秦國失歡、以疾終、神考親筆責詵曰、內則朋淫縱欲而失行、外則狎邪罔上而不忠、仰以見神考取舍人物、示天下之至公、不以好惡爲己私云云。事涉貴主伉儷之私、理應隱祕、度非臣下所敢言。其證二。北宋根本之亡、亡于王安石蔡京、而譜於安石等極意贊揚、稱安石在神考朝爲聖賢相遇、千載一時、稱蔡京爲賴予良弼、比隆神考之於安石、此非權姦自誇、亦不類代言者貢諛語氣。其證三。蔡條鐵圍山叢談、本朝宦者之盛、莫盛於宣和間、由政和三四年後、童貫擁取兵權、梁師成坐籌帷幄、國家將相之任、咸歸二人、公立黨伍、甚於水火、都邑內外、無所適從、羣臣有司、大懼得罪、必得宦者領之、乃可入奏、故諸司局務、爭奏乞中官提領、是後大小百司上下之權、悉由閹寺云云、今考二譜所錄內臣書畫至數十人之多、其爲徽宗溺惑、假借羽翼、俾附以有傳無疑。觀倐儒一節、而知全體、觀二譜而徽宗之用人行政、亦可得大凡矣。其證四。條又云太上皇在位、凡藝人之有稱者、棊則劉仲甫等、琴則僧梵如等、琵琶有劉繼安、舞有雷中慶、笛有孟水清、獨丹靑以上皇自擅神逸、故名手多入內供奉、代御染寫、是以無聞。夫代御筆者尙無名、而擅六法者、乃多出刑餘、反得炫其名、與宗室王公朝士並列、吾疑諸有名者、必係假諸無聞者之技、以取寵沽名、非出自祕殿登錄、諒不至是。其證五。有此五證、則二譜確出徽宗御撰、殆無可疑。其間或有異同出入之處、自由因仍舊說、未經畫一、抑或轉寫互殊、未由校正、如王肯堂筆塵所舉許道甯條、稱張文懿公深加歎賞、疑非徽宗口語、檢毛晉刻本、張文懿公作張士遜、前疑頓釋、固不得執一二牴牾語、強相詰難矣。

【惜味道齋文集】

宣和書譜二十卷（明刻本） 此書相傳爲蔡京蔡卞米芾所定。衍極云、大德壬寅延

陵吳文貴和之裒集已足補館臣之缺、是吳刊本而楊升菴復刊滇中、即此本也。前有升菴書畫譜總序。【適園藏書志】

宣和書譜二十卷（明嘉靖庚子楊愼序刻本）　每半葉九行、行十九字。前有明嘉靖庚子楊愼序。本孫淵如觀察五松書屋藏書。後移藏孫忠愍祠堂者。孫祠書目內編書畫第十一、載宣和書譜二十卷、注宋徽宗御撰、明楊愼序刊本、即此本也。此書取較余藏汲古閣津逮祕書本時有勝處、不特字體古致、紙墨精良也。【郎園讀書志】

葉啓發曰、宋槧宣和書譜二十卷、不著撰人。大題宣和書譜卷第幾。每半葉十行、行十九字、線口大版、版心上左方間記字數、黑魚尾下書譜卷第幾、宋諱玄殷匡胤桓讓等字缺筆、廟號間以墨釘、蓋南宋初年刻本也。此本自來藏書家志目罕見著錄、余從道州何氏得之。仲兄定侯藏有明嘉靖庚子楊愼序刻九行十九字本、據愼刻序稱（已見前）可見此書在明初已極希覯、愼雖重刻、然非據宋本翻雕、不足貴也。【華鄂堂讀書小識】

宣和書譜二十卷、仙遊蔡京及弟卞著。四庫全書總目云、善本書室藏書志云、（均已見前）【福建藝文志】

余紹宋宣和書譜撰人辨證曰、此書撰人、向有兩說、四庫提要以爲蔡京蔡卞米芾所定、今考米老卒於大觀元年、其與此書無關、自不待論。宣和時蔡京名位已極、故譜中他人稱文臣、而京則稱太師、蔡卞亦聲勢烜赫、故譜中有晚年高位之語、以情理推測、俱不至與於編集之役。且書中於京推崇至極、於卞亦甚贊許、而於米老則言其顚、並舉異議者之說頗有抑詞、若出諸三人、當不若是。且亦無編集古人名蹟、而將己書列入、自爲抑揚之理、此四庫提要之說不足信也。陸心源儀顧堂題跋據鄭杓衍極注、以爲大德壬寅年吳文貴所作、且謂於鄭杓所目覩、文貴據元時內府所藏及勢家所得成之、此說最爲武斷。今考大德壬寅、爲元成宗改元後六年、上距宣和之末已閱一百七十七年、中更金元變亂、宣和故物縱有留遺、當無若是之夥、文貴之名不著於史傳、何由窺其時內府寶藏、即得窺見、又安能確知爲宣和原籍、而絕無所增損、此不足信者一也。文中於宋稱本朝、或我本朝、於內府稱今御府、於江南李氏稱僞後主李煜、於宋太祖稱我藝祖、於仁宗稱我仁祖、於神宗稱我神考、於蔡京傳內、有所以輔予一人云云、眷惟神考勵精求治之初云云、屬嗣初載以還、賴予良弼、祗循先志、以克用人、故於眷倚比隆神考之於安石、罔敢後焉云云、於錢俶傳有錢氏自唐乾甯間據有浙右、至我宋之興、凡三世二王云云、蓋以能先諸國作有藩服、其後子孫、繼登顯仕、垂榮無窮、信萬世臣子之勸云云、於制詔告命敍論有我宋旣興、而八柄馭臣之具、粲然施設、高越前古云云、俱非易代以後追述前代事實之詞、若疑文貴爲宋遺老、循故國舊稱、則文中又有不合臣子口吻者、其不足信二也。宋元兩代著錄書畫之作、若周公謹雲烟過眼錄、湯君載畫鑑之屬、其體裁皆仿米老書畫史、亦是一時風氣、竊意文貴生當其時、若得窺元內府所藏、或勢家所得、而有所著錄、必用其例、卽或專爲裒錄宣和所藏、亦當用考辨之體、何至代徽宗立言、僞爲御製、此不足信者三也。全書旣無附注及考證之文、不類裒集前代事實之作、而細讀全文、更無一語涉及南渡以後事、亦無一語足以反證其爲南渡以後人所作、其不足信者四也。北宋書法名家甚多、今譜中所錄、寥寥二十四人、於所謂元祐黨人、若涑水寬夫東坡山谷之書、一無著錄、至爲可異、前人從無論及之者、亦可異也。宣和內府旣於紹聖諸人之作、俱爲貯藏、其前代豈於元祐諸臣以書名一世者、反不收錄、文貴生當元時、若云觀自元時內府所藏、或勢家所得、而爲裒錄、又豈獨於元祐諸臣之書、一無所見、其時距宣和已久、中更二代、恩怨兩泯、文貴何人、豈猶爲紹聖諸臣效忠、而仇視元祐諸臣之書、不爲著錄、揆諸事理、絕不可通、其不足信者五也。陸氏謂文貴作是書、爲鄭杓所目擊、亦是出於懸揣、言文貴作是書、出於劉有定注、而衍極原文、僅言宣和譜石峻等書、未言吳文貴石峻等書、陸氏亦何由知杓曾目擊、其不足信者六也。至謂宋以前書蹟眞蹟、有經宣和收藏、而不入書畫兩譜者、以爲非吳文貴所見、故不入錄、不知舊蹟中、宣和贋璽至多、卽有非贋者、又安知非當時删汰之品、其不足信者七也。然則此書、究爲何人所撰、曰當爲宣和時內臣奉命編集者、天祿琳瑯謂當時僅爲內府祕籍、並未流行、其說最爲近理。宋史藝文志未載、當亦因此。近代盧錢兩家補元史藝文、俱不載吳文貴所作、亦見審愼。頗疑衍極注所云吳文貴裒集、或當爲裒刻之譌、蓋從前無刊本、至文貴覓得舊鈔、始爲裒錄刊行耳。

宣和書譜二十卷　不著撰人名氏、此書撰人、向有兩說、四庫總目提要以其載宋人書、終於蔡京蔡卞米芾、疑卽三人所定、此一說也。元劉有定衍極注卷三云、陸氏心源儀顧堂題跋云、（並已見前）此又一說也。往在天津與梁任公先生反復論此書原委、曾作辨證一文、詳言兩說俱不足信、疑爲吳文貴裒刻、而非裒集、任公深以爲然。及戊辰秋南歸、於江君競庵處、借得明刊王弇州古今法書苑讀之、其卷二十二載有此書跋後二篇、知書畫兩譜歷來只有傳鈔之本、吳文貴始爲校訂付梓、適如余辨證之所言。各本書後俱不錄此二跋、四庫及陸氏俱未見古今法書苑、故俱因懸揣而成武斷。吳文貴跋、謂書畫兩譜爲當時祕錄、未嘗行世、卞文譽式古堂書畫彙考引用書目題此書爲祕監撰、俱未詳其說。竊意亦以爲徽宗時內臣奉命編集者、其成書當在宣和二年庚子、故以宣和命名、是有三證。書畫兩譜必同時所作、畫譜序作於庚子、序中有今天子云云、卽編集之內臣所作、其不署名、蓋未奉明詔之故、一也。蔡京罷相在宣和庚子六月、今其傳中有頃解機務一語、可爲鐵證、惟略後於畫譜、畫譜序作於是年夏至、此譜之成、則當在夏秋之交、二也。蔡絛鐵圍山叢談卷五云、吾以宣和癸卯歲嘗得見其目云云、癸卯上距庚子四年、絛爲京之季子、時預機務、所見卽是書、三也。以上三證、自謂顛撲不破。又其時蔡京雖罷、餘威猶存、故於京極致其推崇、功業則比之周公、書法則擬於逸少、而於元祐諸賢之書、則不爲著錄、以政見不同之故、至並其藝事而亦擯斥之、可見當時新黨忮刻之深、而徽宗之不明、亦殊可訝矣。天祿琳琅謂此書爲宋徽宗御撰、不爲無因、書中稱我神考者凡三見、一見於道士陳景元傳、一見於王荊公傳、一見於蔡京傳、或此三篇爲徽宗御製、猶晉書陸機王羲之兩傳之出於唐太宗、未可知也。太宗作兩傳、而晉書題御撰、書譜旣有徽宗之文、稱爲御撰、固無不可、特旣未題明、不必深論耳。編中分列篆隸正行草分各於作品之前、爲作者系小傳、記載生平、頗爲詳盡、遺文軼事、賴之以存、且兼論書法、俱極精細、夾敍夾議、體例亦佳。惟以俗傳筆陣圖筆勢論爲右軍作、又引梁武帝書評諸書審擇稍嫌未精、想是據墨池編采入。觀徐嶠之傳內引墨池編、知作此書時、曾以墨池編爲參考、然此小疵、不足掩大醇也。【書畫書錄解題】

按萬斯同題宣和書譜見（羣書疑辨）、亦可參閱。

華光梅譜一卷

王氏畫苑本　詹氏畫苑補益本　說郛本題元華光道人撰　四庫存目　美術叢書本

舊題宋僧仲仁撰。

華光梅譜一卷（浙江鮑士恭家藏本）

舊本題宋僧仲仁撰。考鄧椿畫繼曰、仲仁、會稽人、住衡州華光山。陶宗儀畫史會要曰、華光長老酷好梅花、方丈植梅數本、每花放時、移牀其下、吟咏終日、偶月夜見窗間疎影橫斜、蕭然可愛、遂以筆規其狀、因此好寫、得其三昧。黃庭堅詩曰、雅聞華光能墨梅、更乞一枝洗煩惱、此華光畫梅所以傳也。然庭堅又嘗題其平沙遠水、則不止能畫梅矣。此書蓋後人因仲仁之名、依託爲之。其口訣一則、詞旨凡鄙。其取象一則、附會於太極陰陽奇偶、旁涉講學家門徑、尤乖畫家蕭散之趣。末有補之總論一則、華光指迷一則、補之卽楊無咎字、南宋高宗時、始以畫梅著。曾敏行獨醒雜志載、紹興初、有華光寺僧來居淸江慧力寺、士人楊補之譚逢原與之往來、乃得仲仁之傳、仲仁在元祐間、不應先引其說。至華光著書、乃又自引華光之書、其謬尤不待辨矣。【四庫全書總目提要】

畫梅譜一卷（說郛本） 舊題元華光道人撰。四庫全書存目、作華光梅譜一卷、題宋僧仲仁撰。倪氏補元志載華光和尚梅品一卷。錢氏補元志作華光和尚梅譜一卷、然僧仲仁當宋元祐間、住衡州華光山、人稱爲華光長老、以畫梅著稱。元則不聞別有一華光、而亦能畫梅也。是書本係依託、而此本又誤題爲元人、蓋傳刻所致。然以倪錢二家之頗精玫覈、而亦收載補元志中、何也。【慈雲樓藏書志】

華光梅譜一卷　舊題宋僧仲仁撰。此編爲僞託之尤者、四庫言之甚詳。【書畫書錄解題】

梅花喜神譜二卷

影鈔宋景定辛酉雙桂堂刊本　知不足齋叢書本　宛委別藏本　嘉慶辛未雲間沈氏古倪園翻宋刻本　咸豐乙卯漢陽葉氏刻本　中華書局影印宋本

宋宋伯仁撰。伯仁字器之、湖州人。嘉熙中官鹽運司屬官。

宋伯仁梅花喜神譜二卷　伯仁刻此譜於景定辛酉、自稱每至花放時、徘徊竹籬茅舍間、滿肝淸霜、滿肩寒月、諦玩梅之低昂俯仰、分合卷舒、自甲坼以至就實、圖形百、各肖其名、系以五言斷句。是書頗能傳梅之遠神。【讀書敏求記校證】

梅花喜神譜二卷　宋宋伯仁撰。此書宋史藝文志、及諸家書目、皆不載、惟錢曾述古堂書目中有之。寫梅花百圖、上卷分五類、一蓓蕾四枝、二小蕊十六枝、三大蕊八枝、四欲開八枝、五大開十四枝、下卷分三類、一爛熳十八枝、二欲謝十六枝、三就實六枝、每圖各綴五言絕句。曰喜神者、殆寫生之意。玆從宋板影鈔、前有伯仁自序、後有向士璧葉紹翁序跋。書初刻於嘉熙戊戌、此其景定辛酉金華雙桂堂重刻之本也。【四庫未收書目提要】

讀宋伯仁梅花喜神譜、景定辛酉金華雙桂堂重鐫本。前有伯仁自序、自稱雪巖耕田夫。後有向士璧後序、及嘉熙二年葉紹翁跋。蓋初刻于嘉熙戊戌、重鐫于景定辛酉也。其譜蓓蕾四枝、小蘂十六枝、大蘂八枝、欲開八枝、大開十四枝、爛熳二十八枝、欲謝十六枝、就實六枝、凡百圖、圖後各綴五言絕一首。題曰喜神、蓋宋時俗語以寫像爲喜神也。【竹汀日記】

此梅花喜神譜、爲宋伯仁器之編。自蓓蕾以至就實、圖形百、各系以五言斷句、大都皆有爲而言之者。故譜中第一首曰、應思漢光武、

一飯能中興、亦情見乎詞矣。【百宋一廛書錄】

梅花喜神譜二卷（雲間沈氏古倪園重刊影宋鈔本）　宋宋伯仁撰。書錄解題通考宋志及宋志補俱不載、惟錢氏讀書敏求記始載之。雪巖有梅癖、于花放之時、觀其自甲而芳由榮而悴、圖寫花之狀貌、以成是譜。是書旣能模寫其花神之似眞、又能形容他人之所未盡、蓋圖與詩已融洽而爲一矣。【鄭堂讀書記】

梅花喜神譜二卷（咸豐乙卯漢陽葉氏刻本）　宋宋伯仁撰。余向有鮑廷博知不足齋叢書本、此則咸豐乙卯漢陽葉志詵仿宋槧刻也。　又嘉慶辛未雲間沈氏刻本　梅花喜神譜宋本、嘉慶中藏黄丕烈百宋一廛、嘉慶辛未雲間沈氏古倪園借以影刊者、卽此本也。【郘園讀書志】

梅花喜神譜二卷　宋宋伯仁撰。是編爲寫梅之意態而作、喜神者、宋時俗語謂寫像也。所譜凡百品、每品各立名色。原序謂本有二百餘品、實則百品已嫌其多、大凡作譜俱不免巧立名色、數至於百、則涉於緐冗、不堪記憶矣。所題詩多涉纖巧、阮氏謂其爲江湖派人是也。世傳華光梅譜、乃僞託之作、梅之有譜、此編最古、固是可存。【書畫書錄解題】

雪湖梅譜二卷　明萬曆己亥刊本　崇禎七年會稽鍾式林訂刊本　曼妙山房重刻本

明劉世儒撰。世儒字繼相、號雪湖、山陰人。

雪湖梅譜二卷（明史藝文志作四卷）

明劉世儒撰。此本首題山陰王思任季重編輯。前有思任序、謂此譜已再四刻、當時名重可知矣。前爲象讚、序文、評林、及古詩、律詩、排律、絕句、及書啓、皆其友朋投贈、無慮百數十人、然後入正書。雪湖有自序、次爲寫梅十二要、僅有標目而無說明。又有五十七題、都無意味。次爲歌訣、次爲梅病、又次爲俗傳華光口訣、楊補之論、又次爲梅花二十四式、而以雪湖所寫梅凡二十四幅終焉。後附雪湖詩、及題畫十數篇、與梅譜多無關涉、末爲後跋。是所謂梅譜者、僅十餘紙、而標榜之文詞、其篇帙幾占全部十分之九、殊可詫怪、是亦足以覘明季之士風矣。【書畫書錄解題】

劉雪湖梅譜二卷　明嘉靖中山陰劉世儒撰、萬曆己亥同邑王思任重編、刊於當塗縣廨。按思任官當塗令時在萬曆二十七年、此本卽於是年刻也。攷雪湖梅譜初刻於隆慶己巳、有唐汝楫序、再刻於萬曆乙亥、有沈襄序。三刻於戊寅、有徐時行跋。四刻於乙未、有徐之仁跋。思任此本已爲第五刻。其中各家題贈詩篇、書札、序跋、評贊等、皆思任重編次之。其畫譜諸幅、及寫梅訣要、雪湖雜詩等、則皆劉氏原編。然此本畫譜至一陽來復爲止、而覈以劉氏原定譜目、其下尚有六出爭奇等三十一幅、此本皆無之、檢版心所記葉數又銜接無缺、疑思任重刊之時、諸幅之稿已早佚去。又據隆慶己巳唐汝楫序稱梅譜二十二方、方尺有咫、是隆慶初刻時、幅式方廣、較此本相差甚遠。意者前後諸刻、不特版式不同、即所據劉氏出眎之原稿、前後亦有異歟。又按此本卷面題會稽鍾式林訂、而卷首思任序末有題記小字三行云、上卷四十五葉、又九下卷五十三葉、又五、遂園藏板共五十□、檢此本上下兩卷葉數、正與所記適合。然上卷第四十五葉乃雪湖之孫應龍續刻添入、應龍有識語、署甲戌春、乃崇禎七年、思任刻書時未有此葉、然則三行小字之題記、必在應龍添葉之後、殆即鍾式林之所爲、乃知鍾氏訂修此版在崇禎七年後也。　千頃堂書目明史藝文志載此均作四卷、彼所據者蓋非王思任刻本。【浙江圖書館善本書目題識】

宣和畫譜二十卷

明嘉靖庚子楊氏刊本半葉九行行十九字白口雙邊　唐宋叢書本　津逮祕書本　四庫全書本　學津討原本

不著撰人名氏。

王紱曰、宣和間畫譜、不著撰人姓名、前人或以爲宋徽宗所撰、非也。其書以十門分類、大都冠冕形似之詞、層見疊出、即品題標別之處、必係衆手之所雜作、或經後人之所竄易、吾無取焉。【書畫傳習錄】

宋宣和畫譜六册、全。　宋徽宗編次、有御製序。自孫吳以至趙宋、共二百三十一人、人爲一傳、總十家、工道釋者四十九人、人物三十三人、宮室四人、番族五人、龍魚八人、山水四十一人、畜獸二十七人、花鳥四十六人、墨竹十二人、蔬果六人、凡二十卷、鈔本。【內閣藏書目錄】

毛晉跋宣和畫譜　古來帝王家好尚翰墨者、眞米顛所云奇絶陛下也。如唐太宗篤嗜字蹟、宋徽宗專心繪事、可稱同調。按貞觀初整理御府古今工書眞蹟、已得一千五百餘卷、命舍人崔融爲寶章集紀其事、而王方慶所進不與焉。裴孝源則撰公私畫史、一時珍玩大備。數百年來惟宣和二譜足以當之、即多寡未必侔、或時代損益之不同耳。【隱湖題跋】

宣和畫譜二十卷（藍絲闌鈔本）　宋徽宗御撰。大德壬寅延陵吳文貴識云、宣和書畫譜乃當時祕録、未嘗行世、近好古雅德之士始出以資證、往往更相傳寫、訛舛滋甚。余緜病之暇日、博求衆本、與雅士參校、十得八九、遂鋟諸梓、以廣其傳。【天一閣書目】

汪琬跋曰、宣和畫譜前有徽宗御製序、徽宗善繪事、嘗置畫學、所聚畫士甚夥、宜其工於鑒賞者也。及考御府所藏、有韓滉畫、李德裕見客圖、按新唐書、滉事代德二宗、德裕事穆敬文武四宗相距甚遠、其爲贋筆無疑。又有李贊華畫女眞獵騎圖、贊華歸唐時、契丹方與渤海相攻擊、而女眞部落猶未盛、不應贊華有此畫、恐亦非是。然則徽宗之賞鑒、殆與吳中好事相類、其譜中所載、豈亦眞贋各半耶。【堯峯文鈔】

宣和畫譜二十卷（兩江總督採進本）

不著撰人名氏。記宋徽宗朝內府所藏諸畫。前有宣和庚子御製序、然序中稱今天子云云、乃類臣子之頌詞、疑標題誤也。所載共二百三十一人、計六千三百九十六軸、分爲十門、一道釋、二人物、三宮室、四蕃族、五龍魚、六山水、七鳥獸、八花木、九墨竹、十蔬果。考趙彥衞雲麓漫鈔載宣和畫學分六科、一曰佛道、二曰人物、三曰山川、四曰鳥獸、五曰竹花、六曰屋木、與此大同小異、蓋後又更定其條目也。蔡絛鐵圍山叢談曰、崇甯初命宋喬年值御前書畫所、喬年後罷去、繼以米芾輩、迨至末年、上方所藏、率至千計、吾以宣和癸卯歲、嘗得見其目云云。癸卯在庚子後三年、當時書畫二譜、蓋卽就其目排比成書歟。徽宗繪事本工、米芾又稱精鑒、故其所錄收藏家據以爲徵、非王黼等所輯博古圖動輒舛謬者比。絛又稱御府所祕古來丹青、其最高遠者、以曹不興元女授黃帝兵符圖爲第一、曹髦卞莊子刺虎圖第二、謝稚烈女貞節圖第三、自餘始數顧陸僧繇而下、與今本次第不同、蓋作譜之時、乃分類排纂、其收藏之目、則以時代先後爲差也。又卞莊子刺虎圖、今本作衞協、不作曹髦、則併標題名氏亦有所考正更易矣。王肯堂筆麈曰、畫譜採輯諸家記錄、或臣下撰述、不出一手、故有自相矛盾者、如山水部稱王士元兼有諸家之妙、而宮室部以阜隸目之之類、許道寧條稱張文懿公深加嘆賞、亦非徽宗口語、蓋仍劉道醇名畫評之詞云云。案肯堂以是書爲徽宗御撰、蓋亦未詳繹序文、然所指牴牾之處、則固切中其失也。【四庫全書總目提要】

宣和畫譜二十卷　不著撰人名氏。王肯堂筆麈以爲徽宗御撰者誤。前有徽宗御製序、而其文乃臣子之詞、亦後人妄改也。以十門分類收錄、所載凡二百三十一人、畫六千三百九十六軸。據鐵圍山叢談、書畫二譜大抵米芾所鑒別、故其書皆在博古圖上。【四庫全書簡明目錄】

宣和畫譜二十卷（舊鈔本）　不著撰人姓名。蓋當時米襄陽蔡京等奉敕纂定者。是本有無名氏原序、無宣和庚子御製等字、始知別本有之、乃後人妄加、王肯堂遂誤以爲此書出御纂耳。此鈔字蹟甚舊、卷中朱筆校改、迺忠宣手蹟。第六七等卷末、有崇禎癸酉某月某日校、及耕石齋主人題字。【鐵琴銅劍樓藏書目錄】

宣和畫譜二十卷（津逮祕書本）　不著

撰人名氏。四庫全書著錄、讀書志書錄解題通攷宋志俱不載。其書皆記宋宣和時御府所藏名畫、分道釋人物宮室番族龍魚山水畜獸花鳥墨竹蔬果十門、每門各有敍論、其次序俱詳見敍目。自孫吳以逮北宋、共二百三十一人、人各一傳、以敍述其繪事。又分繫以御府所藏諸畫、計六千三百九十六軸。凡人之次第、則不以品格分、特以世代爲後先、與書譜同一體例。疑出于蔡絛所撰、故其鐵圍山叢談四稱及御府所祕古來丹青、因歷舉其高遠神絕奇特諸軸、皆與是譜吻合、此其一證。其書不題姓名、恐屬南宋時傳鈔者惡其人而去之。【鄭堂讀書記】

宣和畫譜二十卷（明刻本配舊鈔本）

不著撰人名氏。記宋徽宗朝內府所藏諸畫、所載共二百三十一人、計六千三百九十六軸。分爲十門、一道釋、二人物、三宮室、四番族、五龍魚、六山水、七鳥獸、八花木、九墨竹、十蔬果。崇寧初命宋喬年值御前書畫所、宋後繼以米芾、精於賞鑒、故其所錄收藏家據以爲徵。此本前有楊慎題畫譜序、又宣和庚子夏日序、而不加御製、自是相傳古本。【適園藏書志】

宣和畫譜十卷　不著撰人名氏。案宋鄧公壽畫繼卷二鄆王傳及士雷傳、俱引祕閣畫目、未知是否即是書。明朱謀垔畫史會要云、徽宗萬幾之暇、篤好書畫、祕府之藏、上自曹弗興、下及黃居寀、集爲一百秩、列十四門、總一千五百件、名曰宣和睿覽集。按其門類件數、與是編不符、或別爲一書、惜其未注所出。此書與書譜同、當亦爲宣和時內臣奉勅編集者、故序有今天子云云。四庫謂其所據本標題有誤是也（元明刊本幷無宣和御製序字樣、不知四庫所據者爲何本）不得疑其爲僞託。書中文體與稱謂、如仁祖神考之類、乃至不錄東坡諸人之作、全與書譜同、蓋同時成書、故宗旨體例劃一耳。陸氏儀顧堂題跋因指書譜爲吳文貴所作之故、並疑此書非宣和所定、實係武斷之言、不可輕信。周中孚鄭堂讀書記、疑其爲蔡絛所撰、而舉其所著鐵圍山叢談所稱御府祕藏爲證、不知絛當時參預密勿、自得窺禁中所藏、而所稱又不及譜中之百一、豈得爲據。況觀四庫提要所引此書之文、適足反證其非出於絛手。蓋絛明言宣和三年、曾見其目、而其目出於崇寧時宋喬年米芾輩也。談叢中於元祐黨籍、不加詆譏、且於三蘇尤致推重、而此譜則不錄元祐諸人之蹟、亦可爲非出於絛之一證。周氏又謂傳本不題姓名、恐屬南宋時傳鈔者、惡其人而去之、卽諸家不載其書、亦猶此意、則全屬臆斷之言、絕無佐證。果如所說、則傳鈔與著錄鐵圍山叢談者、奚又不去其名與其書耶、是不待辨而知其非矣。至王毓賢繪事備攷序、稱爲胡煥作、卞永譽式古堂書畫攷引用書目、題爲胡㬇撰、煥㬇是否一人、及其所據何書、尚待考辨。書分十門、曰道釋、曰人物、曰宮室、曰蕃族、曰龍魚、曰山水、曰鳥獸、曰花木、曰墨竹、曰蔬果、亦人系一傳。惟畫家不盡擅長一門、門類既多、又不用互見之例、終有顧此失彼之嫌、後來著錄諸家、無仿此例者、殆亦以此。至書畫兩譜所著錄之書畫、僅列品目、而不略記其流傳與夫款識、致後人無由資以考訂、則憾事也。【書畫書錄解題】

按姚大榮論宣和書譜畫譜均出徽宗御撰、一文已見前宣和書譜條。

竹譜十卷　明永樂大典本　四庫全書本

（書名爲竹譜詳錄者）詹氏畫苑本一卷　四庫存目本同　乾隆刊知不足齋叢書本七卷（摘刊本書中畫竹譜一卷者）說郛本　唐宋叢書本　美術叢書本

元李衎撰。衎字仲賓、號息齋。薊邱人。皇慶元年爲吏部尚書、拜集賢殿大學士、謚文簡。

竹譜詳錄一卷（題詞本有、〇述古目注鈔字、作李息齋畫竹譜。黃丕烈云、是譜鮑丈淥飲刊入知不足齋叢書。鈺案知不足齋本計七卷、黃說微誤。）　薊邱李衎畫竹得文湖州不傳之祕。此錄論墨竹之法與其病、凡竹之別族殊名、奇形詭狀、莫不譜其所自出。相傳墨竹於古無傳、自沙門元靄及唐希雅董羽輩、始爲之倡、或云五代時郭崇韜夫人李氏、月夜摹窗竹影、後往往有效之者。考廣畫集載孫位松石墨竹、又成都大慈寺灌頂院有張立墨竹畫壁、孫張皆晚唐人、乃知非元靄輩倡始、幷不起於李夫人也。山谷老人云、近代墨竹、不知其所師承、初吳道子畫竹、加之以色、已極形似、墨竹之師、或出於此。息齋得王右丞開元石刻妙蹟、（鈺案王右丞畫陰陽竹、宋元祐六年游師雄覆刻本、今存直隸定州。）又得蕭協律筍竹圖、南唐李頗叢竹圖、備載於錄、眞此君之美談矣。【讀書敏求記校證】

竹譜十卷（永樂大典本）　元李衎撰。蘇天爵滋溪集有衎墓志、稱其翰墨餘暇、善圖古木竹石、有王維文同之高致。續宏簡錄曰、李衎少時見人畫竹、從旁窺其筆法、始若可喜、旋覺不類、輒嘆息舍去。後從黃華子澹游、學、（案黃華老人金王庭筠之別號、澹游庭筠子曼慶之別號、畫史會要錄稱庭筠善古木竹石、曼慶亦工墨竹、）日觀黃華所畫墨竹、又迥然不同、乃復棄去。至元初來錢塘得文同一幅、欣然願慰、自後一意師之、兼善畫竹法、加青綠設色。後使交趾、深入竹鄉、於竹之形色情狀、辨析精到、作畫竹墨竹二譜、凡黏幀礬絹之法悉備。又鄧文原履素齋集有哭衎詩二首、詩末註曰、仲賓近刊竹譜二十卷、其書世罕傳本。浙江鮑氏所傳鈔者、僅有一卷、疎略殊甚。惟永樂大典載其完書、實分四門、曰畫竹譜、墨竹譜、與宏簡錄所言合。又有竹態譜、竹品譜。其竹品譜中又分全德品、異形品、巽色品、神異品、似是而非竹品、有名而非竹品、六子目、共爲十卷、卷各有圖、蓋每二卷併一卷矣。其書廣引繁徵、頗稱淹雅、錄而存之、非惟游藝之一端、抑亦博物之一助矣。中有有說而無圖者、自序謂與常竹同者、則不復圖、非闕佚也。　竹譜詳錄一卷（浙江鮑士恭家藏本）　舊本題元李衎撰。衎竹譜十卷、已於永樂大典中採輯著錄、此鈔其百分之一、乃改題曰詳錄、僞亦甚矣。【四庫全書總目提要】

竹譜十卷　元李衎撰。原本久佚、今從永樂大典錄出。凡分四門、曰畫竹譜、墨竹譜、竹態譜、竹品譜。於畫之程式、竹之種類、無不詳盡。非但游藝之資、抑亦博物之助也。【四庫全書簡明目錄】

竹譜詳錄七卷（知不足齋叢書本）　元李衎撰。四庫全書著錄作十卷。焦氏經籍志倪氏補元志俱作一卷。錢氏補元志作十卷、無詳錄二字。按原本二十卷、久佚、今館臣從永樂大典錄出、每二卷併一卷。焦氏倪氏俱作一卷者、蓋據說郛節錄本。錢氏無詳錄二字、亦據說郛本。鮑氏作七卷者、則據明成化間繕本也。卷一爲畫竹墨竹二譜、卷二爲竹態墨竹態二譜、卷三以下俱爲竹品譜、則又分全德異形異色神異、及似是而非竹、有名而非竹六品。凡竹之異俗殊名、奇形詭狀、莫不譜其所自出。古今載籍有一語及竹者、亦皆摭拾無遺。蓋自戴凱之輩有譜而無畫、李頗文與可諸人、有畫而無譜、息齋既精于揮灑、復詳于紀述、而畫與譜兩得之、可謂兼所長矣。【鄭堂讀書記】

竹譜七卷　元李衎撰。此據知不足齋本著錄。譜凡四種、一畫竹譜、二墨竹譜、三竹態譜及墨竹態譜、四竹品譜、復分全德異形異色神異、及似是而非竹、有名而非竹六種、各爲之圖、言畫竹之書、莫備於是。四庫提要謂浙江鮑氏所傳鈔者、僅有一卷、疎略殊甚。恐當時傳鈔者、卽詹氏畫苑補益之詳錄本、而非此編、鮑氏跋固曾言向閣本補全也。考竹之有譜、始晉戴凱之、僅有名色、而無關畫法。宋文蘇輩擅寫竹、惜未有畫竹之專書。元柯九思有竹譜、僅存墨蹟、亦語焉不詳。獨此譜於畫法言之至爲詳盡、乃至黏幀礬絹調色和墨之法、亦靡不備、洵足爲學寫竹者之津梁。後來作者雖多、咸莫能逮。其竹品一譜、徵引繁博、又俱自實踐得來、多有未經人道者。四庫提要謂可爲博物之助、洵不虛也。【書畫書錄解題】

六如居士畫譜三卷　唐伯虎

彙集後附刊本　嘉慶中唐仲冕果克山房刊六如居士集本　實繪錄附刊本　惜陰軒叢

書本　嘯園叢書本　美術叢書本

舊題明唐寅撰。寅字伯虎、一字子畏、號六如居士、吳縣人。宏治戊午舉鄉試第一。

六如居士畫譜三卷（唐伯虎彙集後附刊本）　明唐寅撰。六如以淪落明時、奇情繪事。故作詩有立錐莫笑無餘地、萬里江山筆下生之句。又云閒來寫幅靑山賣、不使人間造孽錢。然於畫頗自矜貴、不率意落筆、迄今藝林爭寶重之。是編采輯唐宋元諸家論畫之法、凡分四十三門。【慈雲樓藏書志】

唐六如畫譜三卷　舊題明唐寅撰。四庫藝術類存目有畫譜六卷、內府藏本、不著撰人姓名、首一卷爲此書、不知卽是編否。是編首二卷雜采張彥遠郭若虛郭熙諸家之說、並僞王維荆浩諸篇、旣不次諸家時代、又任意刪節、舛誤百出、末一卷爲董羽畫龍輯議、及王繹寫眞祕訣。其用筆以下二十條、俱剽竊前人緖論、悉題爲王繹作、所剽多非僻書、亦殊可異。六如通人、決不如是、其爲明時坊賈僞輯、絕無可疑。前有六如序、亦甚陋劣、非六如手筆。葛氏收入叢書跋語贊爲金科玉律、可發一笑矣。【書畫書錄解題】

唐詩畫譜五卷

明天啓刊本　四庫存目

明黃鳳池撰。鳳池、徽州人。

唐詩畫譜五卷（內府藏本）　明黃鳳池撰。是書刊於天啓中、取唐人五六七言絕句詩各五十首、繪爲圖譜、而以原詩書於左方、凡三卷、末二卷爲花鳥譜、但有圖而無詩、則鳳池自集其畫附詩譜以行也。【四庫全書總目提要】

唐詩畫譜五卷　明黃鳳池撰。（以下同四庫提要）【安徽通志藝文考稿】

佩文齋書畫譜一百卷

康熙戊子年內府刊本　四庫全書本　靜永堂刊本

康熙四十七年孫岳頒等奉敕撰。

御定佩文齋書畫譜一百卷　康熙四十七年、聖祖仁皇帝御定。書畫皆興於上古、而無考辨工拙之文。考辨工拙、蓋自東漢以後、其初惟論筆法、其後有名姓品第、有收藏著錄、有題跋古迹、有辨證眞僞、其書或傳或不傳。其兼登衆說、彙爲一編、則自張彥遠法書要錄歷代名畫記始。唐以後沿波繼作、記載日繁、然大抵各據見聞、弗能賅備。我聖祖仁皇帝詔發中祕之藏、蒐羅編輯、一一親爲裁定、勒成是編。凡論書十卷、論畫八卷、歷代帝王書二卷、畫一卷、書家傳二十三卷、畫家傳十四卷、無名氏書六卷、畫二卷、御製書畫跋一卷、歷代帝王書跋一卷、畫跋一卷、歷代名人書跋十一卷、畫跋七卷、書辨證二卷、畫辨證一卷、歷代鑒藏十卷。分門列目、徵事考言。所引書凡一千八百四十四種、每條之下、各註所出用張鳴鳳桂故桂勝董斯張吳興備志之例使一字一句、必有所徵而前後條貫無所重複、亦無所牴牾又似呂祖謙家塾讀詩記裒合衆說各別姓名而鎔貫翦裁、如出一手。非惟尋源竟委殫藝事之精微即引據詳賅、義例精密抑亦考證之資糧著作之軌範也。【四庫全書總目提要】

御定佩文齋書畫譜一百卷　康熙四十七年禮部侍郎孫岳頒等奉敕撰。首論書論畫十八卷次歷代帝王書畫三卷次書家畫家傳三十七卷次無名氏書畫八卷、次御製書畫跋一卷次歷代帝王書畫跋二卷次歷代書畫跋十八卷次書畫辨證三卷次歷代鑒藏十卷。蒐羅繁富巨細靡遺。【四庫全書簡明目錄】

佩文齋書畫譜一百卷（通行本）　康熙四十七年孫岳頒等奉敕撰謹案古之集錄書畫者、如書斷畫斷書史畫史之類、皆各自成編未合爲一、誠爲藝林闕事。是書乃本內府書籍纂成于經史子集靡不蒐采以類相從書畫同譜。首論書論畫十八卷次歷代帝王書畫三卷、次書家畫家傳三十七卷次無名氏書畫八卷次御製書畫跋一卷次歷代帝王書畫跋二卷次歷代名人書畫跋十八卷次書畫辨證三卷次歷代鑒藏十卷。凡纂輯書籍于內府收藏外廣事搜羅引用者共一千八百四十四種每條之下注以書名援據詳明足資考證允爲圖書之會要翰墨之大成矣。【鄭堂讀書記】

佩文齋書畫譜一百卷　淸康熙四十七年孫岳頒等奉勅撰。是書首爲論書論畫、次爲歷代帝王書及畫又次爲書家傳及畫家傳又次爲無名氏書及畫又次爲御製書畫跋又次爲歷代帝王書跋及畫跋又次爲歷代名人書跋及畫跋又次爲書辨證及畫辨證、最末爲歷代鑒藏、分門列目、凡所徵引、皆注出處極便考稽實爲自有書畫譜以來最完備之作。其所取材之書、約千八百餘種。大體與古今圖書集成字學部及畫部相同而分類較爲精審後出之書、必勝於前亦自然之理矣。惟於古來言書畫之書未爲別立著錄一門說明存佚致吾儕今日重勞整理實爲憾事。又編中於僞書一并采錄不加可否審覈之功蓋猶有未盡焉。前有康熙御製序。【書畫書錄解題】

小山畫譜二卷

四庫全書本　嘉慶戊辰年張氏刊本（即昭代叢書本）　道光中潘氏刊本　擇古齋叢鈔本　借月山房彙鈔本　四銅鼓齋論畫集刻本　粵雅堂叢書續集本　嘯園叢書本　翠琅玕館叢書本　美術叢書本

淸鄒一桂撰。一桂字小山號讓鄉、無錫人。雍正丁未進士官至禮部侍郎。

小山畫譜二卷（兵部侍郎紀昀家藏本）
國朝鄒一桂撰。是編皆論畫花卉法。上卷首列八法四知。八法者、一曰章法、二曰筆法、三曰墨法、四曰設色法、五曰點染法、六曰烘暈法、七曰樹石法、八曰苔襯法、皆酌取前人微論。四知者、一曰知天、二曰知地、三曰知人、四曰知物、則前人所未及也。次爲各花分別、凡一百十五種、各詳花葉形色。次取用顏色、凡十一條、各詳其製煉之法。下卷首摘錄古人畫說、參以己意、凡四十三條。附以膠礬紙絹畫碟畫筆用水諸法、而終之以洋菊譜。蓋一桂於乾隆丙子閏九月、承詔畫內廷洋菊三十六種、蒙皇上賜題、因恭紀花之名品形狀、撰爲茲譜、以誌榮遇。時畫譜已刊成、因附於末。一桂爲惲氏之壻、所畫花卉、得惲壽平之傳。是編篇帙雖簡、然多其心得之語也。【四庫全書總目提要】

小山畫譜二卷　國朝鄒一桂撰。專論畫花卉之法。上卷列八法四知、八法皆採前人要語、四知則一桂所獨得也。次爲各花分別、次爲配色之法。下卷則古人畫說、附膠礬紙絹諸器、而終以洋菊譜、蓋一掛嘗畫是花、蒙皇上賜題、故別爲一譜以誌榮也。【四庫全書簡明目錄】

小山畫譜二卷（借月山房彙鈔本）　國朝鄒一桂撰。四庫全書著錄。小山爲惲氏之壻、所畫花卉、能得壽平之眞傳。是譜卽其論畫花卉之法。上卷爲章法、筆法、墨法、設色、點染、烘暈、樹石、苔襯諸法八則、知天、知地、知人、知物四則。次爲各花分別一百十五種。餘未經見及不入畫者不錄。又次如調脂勻粉諸法十一則。下卷自書源流以迄藏畫、凡四十三則、皆古人畫說、參以己意。附以礬絹及用膠礬礬紙搥絹畫碟畫筆用水七則、又附以洋菊譜一篇、凡花名三十六種。是編雖專爲花卉而設、而畫家源流宗派、亦略可考、非獨自抒其心得也。【鄭堂讀書記】

小山畫譜二卷　清鄒一桂撰。前人畫譜多詳於山水、而略於花卉、專論花卉畫法、自茲編始。其所採各種花卉、一一記其形狀、極便參攷。惜其當時於不甚經見者、未繪成圖、不免遺憾耳。【書畫書錄解題】

墨蘭譜一册　讀畫齋刊本

清陳逵撰。逵字六橋、江寧人。

墨蘭譜一册　清陳逵撰。是編首爲起手式兩種（一左起一右起）、次爲長短葉下垂式、又次爲撇簡兩式、又次爲枯筆、又次爲花式、分俯仰含蕊半放開放並頭及風雨諸式、又次爲折葉式、又次爲迎風垂露式、懸崖式、花初放式、雨葉風花式、尙爲簡要、惜少說明。末爲全體十六式、前後題詞甚多、不免標榜、則畫譜通習也。【書畫書錄解題】

寶章待訪錄一卷　宋刊本　明

刊本附海岳名言一卷　百川學海本　說郛本　王氏書苑本　詹氏書苑補益本　清河書畫舫附刻本　四庫全書本　秀水范氏刊米襄陽志林本　湖北先正遺書本　美術叢書本

宋米芾撰。芾有書史、已著錄。

寶墨待訪錄二卷　禮部員外郎米芾元章撰。記承平時故家所藏晉唐遺跡。【直齋書錄解題】

寶章待訪錄一卷（浙江鮑士恭家藏本）　宋米芾撰。皆紀同時士大夫所藏晉唐墨跡、成於元祐元年丙寅。書錄解題作寶墨待訪錄二卷、與此互異、疑陳振孫誤也。自序謂太宗混一天下、圖書皆聚而士民之間、尚有藏者、懼久廢忘、故作此以俟訪。分目睹的聞二類。目睹者王羲之雪晴帖以下、凡五十四條、內張芝王翼二帖、註云非眞、蓋與張直清所藏他帖連類全載之。的聞者唐僧懷素自序以下、凡二十九條。大概與所撰書史相出入、然書史詳而此較略。中如王右軍來戲帖、此書謂丁氏以一萬質於鄆州梁子志處、而書史則謂質於其鄉大姓賈氏得二十千。今十五年、猶在賈氏。又懷素三帖、此書謂見於安師文家、而書史則謂元祐戊辰、安公攜至、留吾家月餘、今歸章公惇云云。驗其歲月、皆當在此書既成之後、知書史晚出、故視此更爲詳備也。然其間如晉謝奕謝安桓溫三帖、書中祇載寶蒙審定印、而此書又載有鍾紹京書印、陳僧智永歸田賦跋、書史作開成某年、而此書實作開成五年、亦有可以互相考證者。今故備著於錄、備參訂焉。【四庫全書總目提要】

寶章待訪錄一卷　宋米芾撰。皆記同時士大夫所藏晉唐墨跡、分目睹的聞二類、與書史互有出入。【四庫全書簡明目錄】

寶章待訪錄一卷（百川學海本）　宋米芾撰。四庫全書著錄。宋志所載錄作集。焦氏經籍志所載則集作錄、與今本合。海岳以同時人所藏法書眞蹟、聞見浸多、懼久廢忘、因作是錄以待訪、首列目覩一類、自晉右軍王羲之書雪晴帖、迄于王右軍紙妙筆精帖、凡五十四則。次列的聞一類、自唐僧懷素自序迄于王子敬帖、凡二十九則。各載其所在及跋尾印記梗概、中多有與書史相同者、而書史較爲詳備、當以書史爲定論焉。【鄭堂讀書記】

寶章待訪錄一卷（宋刊本）　宋襄陽米芾編集。【皕宋樓藏書志】亦見【抱經樓藏書志】

寶章待訪錄一卷附海岳名言一卷（明刊本）　襄陽米芾撰。前有元祐丙寅自序。分目睹、的聞兩類、一爲五十四條、一爲二十九條。名言皆其平日論書之語、雖於古人多所譏貶、然其心得既深、所言運筆布格之法、實能脫落蹊徑、獨湊單微、爲書家之圭臬。【善

本書室藏書志】

寶章待訪錄一卷　百川學海本。宋襄陽米芾元章撰。前有元章自序。是錄分目覩的聞二類、詳錄各書帖流傳、頗有考據。后世考帖諸作、咸依此書爲準繩。【石廬金石書志】

寶章待訪錄一卷　宋米芾撰。唐時有寶章閣、專貯法書。故王芳慶有寶章集之作、是書命名、蓋本於此。陳氏書錄解題作寶墨、非筆誤卽傳寫誤也。【書畫書錄解題】

法帖釋文十卷　宋刊本　元刊本

半葉十三行行廿三字黑口　百川學海本　四庫全書本　簡香齋精刊本　書學全編本

宋劉次莊撰。次莊字中叟、長沙人。崇寧中嘗官御史。

淳化法帖十卷　右皇朝淳化中、出禁中所藏歷代君臣書、命刊之板、後大臣二府皆以賜焉。歐陽公云、往時禁中火焚其板、或云倘在、但不賜爾。　法帖釋文十卷　右淳化法帖既已焚板、元祐中（先謙案袁本舊鈔有有字）劉次莊者模刻之石、復取帖中草書、世所病讀者、爲釋文行於世。【郡齋讀書志】

法帖釋文十卷（兩淮鹽政採進本）　宋劉次莊撰。曹士冕法帖譜系云、臨江戲魚堂帖、元祐間劉次莊以家藏淳化閣帖十卷摹刻其上、除去卷尾篆題而增釋文、曾敏行獨醒雜志曰、劉殿院次莊自幼喜書、嘗寓於新淦、所居民屋窗牖牆壁、題寫殆徧。臨江郡庫有法帖十卷、釋以小楷、他法帖之所無也。觀二書所記、則次莊之作法帖釋文、本附註石刻之中、未嘗別爲一集。此本殆後人於戲魚堂帖中、鈔合成帙、而仍以閣本原第編之者也。陳振孫書錄解題、又稱武岡人嘗傳刻絳州潘氏帖、嘉定中汪立中又取劉本分入二十卷中、官帖所無者增附之。蓋絳帖本閣帖而廣之、故立中釋文、亦因次莊釋文而廣之、與此又別一書矣。【四庫全書總目提要】

法帖釋文十卷　宋劉次莊撰。次莊以淳化閣帖摹刻於臨江、併各刻釋文於字傍、改名戲魚堂帖、後人錄其釋文、別爲此帙。雖草書變化多方、毫釐疑似、不能一一盡確、然剏始之功、亦不可沒焉。【四庫全書簡明目錄】

法帖釋文十卷（百川學海本）　宋劉次莊撰。四庫全書著錄。郡齋讀書志文獻通考小學類俱載之、書錄解題作武岡法帖釋文二十卷云（四庫提要引已見前）則陳氏所載者、又別一本也。按中叟摹刻淳化帖於石、而加以釋文、名戲魚堂帖。其所爲釋文、雖未必盡無所失、故宋陳氏與義、明顧氏從義、爲之刊誤考異、然創始者難爲功、不獨中叟爲然也。【慈雲樓藏書志】

法帖釋文十卷（宋刊本）　宋劉次莊撰。自題云、太宗皇帝嘗遣使購募古先帝王名臣墨帖、集爲十卷、淳化三年冬詔刊之、後大臣登二府皆以賜焉。歐陽修云、往時禁中火災焚其板、或云尚在、但不賜。元祐四年臣得本於前金部員外郎臣呂和卿、命工模刻之、後二年復取帖中草書世所病讀者、爲釋文十卷。【皕宋樓藏書志】

法帖釋文十卷　元刊本、每半葉十三行、每行廿三字、黑口。【藝風藏書記】

法帖釋文十卷（明翻宋本）　右爲百川本之一。卷十後有劉次莊題詞。【善本書室藏書志】

閣帖釋文十卷　蘭言齋精刊本。宋長沙劉次莊中叟撰。百川學海本后有次莊兩跋、爲此本所無也。【石廬金石書志】

法帖釋文刊誤一卷　說郛本

四庫全書著錄附唐韋續墨藪下

宋陳與義撰。與義字去非、洛陽人。政和間上舍甲科、紹興中官至翰林學士、參知政事。

法帖音釋刊誤一卷（鈔本）　宋參知政事陳與義奉敕校正劉次莊所撰官帖釋文、其刊正誤字、皆極精核、有周必大跋。【鐵琴銅劍樓藏書目錄】

法帖刊誤一卷（說郛本）　宋陳與義撰。四庫全書著錄、附唐韋續墨藪之下、乃明程榮刊本如是也。是編乃去非官侍從時奉敕所撰、糾劉中叟次莊法帖釋文之失、篇頁寥寥而精核者甚多。前有進書表、稱將次莊所釋、子細尋究、其誤者改之、闕者補之、亦有次莊妄以意釋、雖疑之而不能曉其何字者、皆存之不敢妄改云云。其詳慎之意可見矣。【慈雲樓藏書志】

法帖音釋刊誤一卷（鈔本）　參知政事陳與義奉敕校正。此奉敕校正劉次莊淳化閣帖釋文而作也。前有進表。鈔手精工、頗豁心目。【善本書室藏書志】

法帖刊誤二卷　宋刊本　百川學海本　說郛本　王氏書苑本　津逮祕書本　入東觀餘論內　四庫全書本

宋黃伯思撰。伯思字長睿、號霄賓、又號雲林子。昭武人。政和中官祕書郎。

法帖刊誤二卷　黃伯思長睿撰。淳化法帖、出於待詔王著、去取時祕府墨跡、眞贋雜居、著不能辨也。但欲備晉宋間名跡、遂至以江南人一手僞帖竄入其間、鄙惡之甚。米南宮辨之十已得七八、至長睿益精詳矣。【直齋書錄解題】

法帖刊誤二卷（內府藏本）　宋黃伯思撰。初米芾取淳化閣帖一一評其眞僞、多以意斷、制罕所考證。伯思復取芾之所定、重爲訂正、以成此書。前有大觀戊子自序、稱芾疎略甚多、或僞蹟甚著而不覺者、若李懷琳所作衛夫人書、逸少闊別稍久帖之類。有審其僞而譏評未當者、若知伯英夫人諸草帖爲唐人書而不知乃晉人帖語之類。有譏評雖當主名昭然而不能辨者若以田疇字爲非李斯書而不知乃李陽冰明州碑中字之類。有誤著其主名者若以晉人章草諸葛亮傳中語遂以爲亮書之類。其論多確。其他亦指摘眞僞率有依據。末有政和中王珍許翰二跋據珍跋乃伯思官洛中時觀珍家所藏閣帖作也。其書本自爲一編故至今有別行之本諸家書目亦別著錄後其子訒乃編入東觀餘論中耳。湯垕畫鑒曰宋人賞鑒精妙無如米元章然此公天資極高立論時有過處後有黃伯思長睿者出作法帖刊誤專攻米公之失僕從而辨析其詳作法帖正誤專指長睿之過今未見垕書不知所正者何誤然垕亦空談鑒別而不以考證爲事者恐所正亦未必確也。【四庫全書總目提要】

法帖刊誤二卷　宋黃伯思撰。初米芾取淳化閣帖一一辨其眞僞載於書史多據筆迹斷定罕所考證伯思病其疎略乃重爲補正以成此書。【四庫全書簡明目錄】

法帖刊誤二卷（百川學海本）　宋黃伯思撰。四庫全書著錄。書錄解題雜藝類文獻通考小學類俱載之。宋志作一卷字之誤也。陳氏云（已見前）按是編蓋爲補正米說而作精確者甚多。故論攷證法帖者必推米黃雖後復見摘於湯氏垕終無所損湯書亦卒不傳也。【慈雲樓藏書志】

法帖刊誤二卷（宋刊本）　宋左朝奉郎行祕書省祕書郎黃伯思撰。長睿頃官於洛因得從之游嘗閱吾家所藏內府帖且以米老跋尾示之惜其疎略遂著此書。議論精確悉有證據使眞贋了然誠前人所未到也。政和甲午周南王玠晉玉題于開封尹廳之東齋襄陵許翰崧老跋（川本無）【皕宋樓藏書志】

法帖刊誤二卷　百川學海本。宋邵武黃伯思長睿撰。前有長睿自序后有王玠許翰各一跋。【石廬金石書志】

法帖刊誤二卷　邵武黃伯思著。四庫全書總目云（已見前）石遺室書錄云伯思自序有凡論眞僞皆有據依使鍾王復生不易此評等語據皕宋樓藏書志作跋者係王玠而非王珍。是書凡分十篇第一帝王書第二漢魏吳晉人第三晉宋齊人第四梁陳唐人第五雜帖第六七八王會稽第九十王大令。【福建藝文志】

法帖釋文考異十卷

明顧氏露香園初刊本半葉九行行十九字　清刊本　四庫全書本

明顧從義撰。從義字汝和上海人。嘉靖中詔選善書者入直授中書舍人直文華殿。隆慶初以預修國史成擢大理寺評事。

法帖釋文考異（一函二冊）　明顧從義撰。書十卷依淳化閣法帖原本次第釋文於

諸家同異、加以辨證、無序跋。【天祿琳瑯書目續編】

法帖釋文考異十卷（副都御史黃登賢家藏本）　明顧從義撰。此乃從義所作淳化閣帖釋文、於前人音註、辨其譌謬、析其同異、依帖本原次、勒爲十卷、手自繕寫而刊行之。閣帖自米芾黃長睿而後、踵而考訂者、寥寥無幾。從義始參彙羣說、輯成一編、評書者每以爲據。然於考證頗疎、又不得善本校勘、故搜羅雖廣、而精審未臻。今者恭逢我皇上幾暇臨池、折衷藝苑、特取內府所儲閣帖、遴其淳化四年賜畢士安者爲初搨最佳之本、命內廷諸臣詳加校訂、選工摹勒、復還舊觀。其間蒐集諸家釋文、至爲賅備。凡是非得失之故、仰荷睿鑒勘核精詳。凡從義之說、其是者已悉資採取、其誤者亦已駁正無遺。是書原不過白茅之藉、特行世既久、其用心勤至、亦頗有可取者、故仍錄而存之、以不沒其薈稡之功焉。【四庫全書總目提要】

法帖釋文考異十卷　明顧從義撰。取淳化閣帖釋文舊本、一一核其異同、訂其訛舛、手自繕寫而刊之。雖考證未必全當、其用心亦可謂勤矣。【四庫全書簡明目錄】

歷代帝王法帖釋文考異十卷（此據第一卷餘卷俱依閣帖原題）題武陵顧從義編、幷書。太原王常校。前有太原王穉登序、新都王常書。此書專釋淳化閣本法帖、裒集諸家所刻、辨其同異、毫髮必審。摹刻精工、初印本流傳甚少。大字每葉十八行、行十九字。【平津館鑒藏書籍記】

法帖釋文考異十卷（露香園刊本）　明顧從義撰。四庫全書著錄。汝和以蘭亭有考、絳帖有評、獨淳化閣帖寥寥、於是釋其訛誤、考其異同、勒成是編、手自繕寫、以授梓人。於前人之說、亦頗采輯以發明之、其討論辨析、可謂博矣。而不免疏於考證、有待後人之論定焉。【鄭堂讀書記】

法帖釋文考異十卷　武陵顧從義編。卷首有遙遙居淳化帖考、相傳淳化帖原搨在泉州、所謂馬蹄石搨是也。此本亦以泉搨爲主、而引各說以考之。【賭棋山莊集課餘續錄】

法帖釋文考異十卷　明刊本。顧從義編、幷自書。字大悅目、繕刻尤爲工雅。前有王穉登序、新都王常書。【藝風藏書記】

法帖釋文考異十卷（明刊本）　明顧從義撰。從義家有露香園、水竹花石之勝、金石書畫之富、甲於東南。此乃所作淳化閣帖釋文、於前人音注、辨其譌謬、析其同異、依帖本原次、勒爲十卷、手自繕寫而刊行之。王穉登序。【適園藏書志】

法帖釋文攷異十卷　明刊本。明武陵顧從義汝和撰。此本係明刊初印原本、每半葉九行、行十九字。【石廬金石書志】

淳化祕閣法帖攷正十卷附錄二卷

雍正間天都汪玉球秋蘋花居刊本　詩鼎齋刊本無附錄　乾隆戊子三十三年冰壺閣刊本多釋文二卷　蘭言齋刊本　四庫全書本　後知不足齋叢書本

淯王澍撰。澍有禹貢譜、已著錄。

淳化祕閣法帖考正十二卷（兩江總督採進本）　國朝王澍撰。初宋元祐中米芾作法帖題跋、以辨別眞僞、然芾精於賞鑑、特據其筆迹以意斷之而已、雖錙銖不爽、究未能確指其所以然也。大觀中黃伯思作法帖刊誤、始援據史籍、訂其舛迕、徵實有據、昭昭然白黑分矣。明嘉靖中上海顧從義更細勘其字畫曲折、如姜夔校蘭亭序之例。國朝何焯更摭姜夔絳帖平、增註其上、而徐葆光又雜採諸書附益之、於是閣帖之得失異同、漸以明備。澍作是編、復研究諸說、衡其當否、兼米黃顧三家之意而用之、以史傳正譌誤、以筆蹟辨依託、而行款標目以及釋文之類、亦一一考核、仍依法帖原目、分爲十卷。又別爲古今法帖考一卷、溯閣帖之緣起、及諸帖之沿流。而作者又自以所得筆法一卷、併附其後。雖其考正鑒別、析疑辨譌、不足窺欽定釋文之萬一、而大輅之造、肇自椎輪、泰山之高、不辭土壤、如是編者固亦不妨旁資參證爾。【四庫全書總目提要】

淳化祕閣法帖考正十二卷　國朝王澍撰。是書兼取米芾黃伯思顧從義三家、辨證閣帖之意、以史傳證訛誤、以筆跡辨依託、而行款標目以及釋文之類、亦一一考核、仍依原目爲十卷。其末二卷、一爲古今法帖考、溯閣帖之源流、一則自述其筆法也。【四庫全書簡明目錄】

淳化祕閣法帖考正十卷附二卷釋文二卷（冰壺閣刊本）　國朝王澍撰。四庫全書著錄、總作十二卷、無釋文二卷。蒻林以宋淳化閣帖眞僞雜出、錯亂失序、歷經米元章黃長睿顧汝和諸家區別校勘、尚未明備、因博取羣書、詳悉考校、事辭參錯、必補正之、卽字畫淆譌、亦援前人之說、備爲詳訂、仍依原目、編爲十卷。從此是非同異、皆有據依。末附二卷、一爲古今法帖考、論述閣帖及彙帖各本源流本末、一爲論書賸語、則自述其所得筆法也。末又附釋文二卷、爲烏程沈芥舟宗騫手書校定、蓋芥舟既於諸帖所臨之下分綴考正、并爲附二卷終焉。【鄭堂讀書記】

淳化祕閣法帖考正十卷附錄二卷（雍正刊本）　琅邪王澍虛舟詳定、天都汪玉球竹廬參正。王澍序、（雍正庚戌）案卷末有吳郡鄭弘文雨桐仿宋本書一行、板心有詩鼎齋三字。【抱經樓藏書志】

淳化祕閣法帖考正十卷淳化閣帖釋文二卷淳化祕閣法帖考正附二卷（乾隆三十

三年刻本） 淳化祕閣法帖考正十卷、淳化祕閣法帖考正附二卷、王澍撰。淳化閣帖釋文二卷、宋黃伯思撰。皆沈芥舟先生宗騫手書付刻者。依墨搨本分十卷、前臨帖文低一字、小字卽考正。其附者、一卷爲古今法帖考、二卷爲論書賸語。芥舟先生工於書法、鏤版不差毫釐、洵精本也。此書四庫全書總目史部目錄類著錄、提要所稱、一一與此本相合。然此書實有兩刻本。一天都汪玉球刻者、前識數語云、先生書成、屬以鋟木、不記年月、似是雍正時刻。其書不錄帖文、但標書者姓名。四庫著錄、當是此本。一卽此沈臨全帖本。以兩本相較、自以沈本爲優。四庫全書鈔本畫一、例不能收沈本也。【郎園讀書志】

淳化閣帖攷正十二卷 蘭言齋精刊初印本。清金壇王澍虛舟撰。前有沈宗騫序、虛舟自序、次錄米芾法帖原跋及法帖刊誤、黃伯思原敍、並王玠許翰各一跋、又次米芾黃伯思王著三傳。此本係吳興沈宗騫親自臨帖入版、礬川陳焯較畫、乾隆戊子蘭言齋鐫刻、傳本頗少、而初印尤爲足珍也。 又天都秋藕花居校刊精本十二卷、前有王澍自序、米芾黃伯思王玠許翰跋、米芾黃伯思王著三傳、有凡例而無目錄。蘭言齋刊本臨摹原文、此本亦闕。刊刻頗精。前有香韻閣朱文橢圓印、后附古今法帖攷、論書賸語各一卷。【石廬金石書志】

校正淳化閣帖釋文十卷

武英殿聚珍板本 四庫全書本 南匯吳氏刊本 光緒閩福州修補聚珍板叢書本

清乾隆三十四年敕纂。

欽定淳化閣帖釋文一部 乾隆三十四年、勅定內府所藏閣帖、以宋淳化四年賜畢士安本爲初搨、鈎摹重刻、復以王著等昧於考古、其標題排類、多有舛譌、命內廷翰臣審勘參稽、旁及音釋、於凡體例世次名系爵里、以及誤編複出之陋、悉爲辨證精詳。侍郎臣金簡依次恭錄案語釋文、彙成是編。首登乾隆三十四年二月初六日諭旨、(分載石刻門)以聚珍版印行、凡十卷。【國朝宮史續編】

欽定校正淳化閣帖釋文十卷 乾隆三十四年詔以內府所藏宋畢士安家淳化閣帖賜本、詳加釐正、重勒貞珉、首冠以御題寓名蘊古四字及御製淳化軒記、命諸臣校正摹勒、諭旨末載原帖舊跋及諸臣書後。其中古帖次第、一從舊刻、而於朝代之先後、名字之標題、皆援證史文、裁以書法、俾不乖於春秋之義。每卷皆恭摹御筆論斷、昭示權衡。又參取劉次莊黃伯思姜夔施宿顧從義王澍諸說、而以大觀太淸樓諸帖互相考校。凡篆籀行草、皆註釋文於字旁、復各作訂異、以辨正是非、別白疑似、誠爲墨林之極軌、書苑之大觀。乾隆四十三年侍郎金簡以石刻貯在禁庭、自宣賜以外、罕得瞻仰、乃恭錄釋文、請以聚珍版摹印、俾共窺八法之精微、由是流布人間、遂衣被於海內。考張彥遠法書要錄末有右軍書記一卷、所載王羲之帖四百六十五、附王獻之帖十七、並一一爲之釋文、劉次莊之釋閣帖、蓋卽以是爲藍本。然彥遠書傳寫多譌、次莊書至南北宋間、陳與義已奉敕作法帖釋文刊誤一卷、今附刊韋續墨藪之末、則次莊所釋、不盡足據可知。第諸家雖知其有譌、而辨訂未能悉當、遞相駁詰、轉益多岐。我皇上訓示儒臣、詳爲釐定、書家乃得所指南。【四庫全書總目提要】

欽定校正淳化閣帖釋文十卷　乾隆三十四年於祕府所儲閣帖、擇淳化四年賜畢士安之本爲初搨第一者、命內廷諸臣核定刻石、釐正其標題之訛、刊改其音釋之誤、辨正精密、爲米芾以下諸家所未嘗有。侍郎金簡因恭錄其中案語釋文、以聚珍版印行、仍從原帖目次爲十卷。【四庫全書簡明目錄】

淳化閣帖釋文十卷（武英殿聚珍版本）　乾隆三十四年奉敕撰。內府藏有閣帖、爲淳化四年賜畢士安之本、乃初搨第一、命內廷諸臣詳加校正、重勒之石、併釐正其標題之訛、刊改其音釋之誤。侍郎金簡因恭錄其中案語釋文、以爲是編。仍從原帖目次、編爲十卷、冠以御題寓名蘊古四字、及御製淳化軒記、命諸臣校正摹勒諭旨、并諸臣職名、末載原帖舊跋及諸臣書後。【鄭堂讀書記】

欽定校正淳化閣帖釋文十卷　抄本乾隆三十四年詔以內府所藏宋畢士安家淳化閣帖賜本、詳加釐正、重勒貞珉、各卷有乾隆御題、又參取劉次莊、黃伯思、姜夔、施宿、顧從義、王澍諸說、而以大觀、太清樓諸帖互相攷校、凡篆文、籀、行、草、皆注釋文、又于字旁復各作訂異、以辨正是非、乾隆四十三年、會以聚珍版印行、足補各家之未備也。【石廬金石書志】

淳化閣帖釋文十卷　嘉慶間徐氏原刊本

清徐朝弼撰。朝弼字右亭、山左人。

法帖釋文十卷　徐朝弼撰。是書首卷爲歷代帝王書、二卷至四卷爲名臣、五卷爲諸家、六卷至八卷爲王羲之書、九十二卷爲王獻之書、有嘉慶十七年自序【積學齋藏書記】

淳化閣帖釋文十卷　徐氏原刊本。清山左徐朝弼右亭集釋。按淳化帖釋文有皋蘭本及朱氏本、然皆弗及鞏廣文先生所釋之精確。徐君據鞏氏原釋、又以皋蘭、朱氏兩本互相勘校、其間有參差者、一一詳舉附注、曰蘭本云何、朱本云何、正文則悉遵鞏本、令閱者可以質疑參解。凡書家朝代、爵里、姓氏等、悉照鞏氏原注、其出自徐氏者、則冠按字以別之。【石廬金石書志】

陳直淳化閣帖釋文跋　淳化閣帖釋文四

卷、清山左徐朝弼撰。姓字爵里、如薄紹之劉瓌之沈嘉等人皆出於述書賦注、書末明引、亦是一病。【摹廬書跋】

淳化閣帖跋一卷　昭代叢書本

清沈蘭先撰。蘭先字甸華、錢塘人。

淳化閣帖跋一卷　世楷堂刊本清錢塘沈蘭先甸華撰。是編寥寥數百言、其文約、其旨賅、舉要者固不在辭多也。末有衛永叔王山史楊復吉各一跋。【石廬金石書志】

淳化祕閣法帖源流攷一卷　昭代叢書本

清周行仁撰。行仁、東溪人。

淳化祕閣法帖源流攷一卷　世楷堂刊本。清東溪周行仁撰。周氏錄淳化祕閣法帖爲卷、并取自宋以來詳論閣帖之語、及其笠芸先生所著夢筆軒筆記附錄于后、旣精且博、世之臨池者、庶知所折衷矣。末有沈楙惪一跋。【石廬金石書志】

絳帖平六卷　武英殿聚珍版本　四庫全書本　光緒福州修補武英殿聚珍版叢書本

宋姜夔撰。夔有續書譜、已著錄。

絳帖評一卷　姜夔撰。【直齋書錄解題】

絳帖評二十卷　山谷黃氏跋絳本法帖、心能轉腕、手能轉筆、書字便如人意、古人工書無他異、但能用筆耳。元豐八年五月戊申趙正夫出此書於平原官舍、會觀者三人、石庭簡柳子文黃庭堅。【文獻通考經籍考】

朱彝尊絳帖平跋　鄱陽姜堯章撰絳帖平二十卷、予搜訪四十年、始抄得之、僅存六卷爾。記在都下、于孫侍郎耳伯所、獲觀宋搨絳帖二冊、光采煥發、令人動魄驚心。堯章于書法、最稱精鑒、其言曰、小學旣廢、流爲法書、法書又廢、唯存法帖、帖雖小技、上下千載、關涉史傳爲多、故于是編條疏而考證之、一一別其僞眞、察及苗髮、其餘若續書譜、禊帖偏旁考、保母墓甎、皆能伐其皮毛、啜其精髓、比諸黃長睿王順伯爲優。抑絳帖摹自劉次莊、著有釋文二卷、外有黃庭堅跋一卷、榮芑釋文并說一卷、无名子字鑑二卷、而今要不可見矣、惜哉。【曝書亭文集】

絳帖平六卷（兩江總督採進本）　宋姜夔撰。案曹士冕法帖譜系云、絳本舊帖、尙書郎潘師旦以官帖私自摹刻者、世稱潘駙馬帖。又稱潘氏析居、法帖石分而爲二、其後絳州公庫乃得其一、於是補刻餘帖、是名東庫本。逐卷各分字號、以日月光天德山河壯帝居太平何以報願上登封書爲別。今夔所論每卷字號、與士冕所說相合、然則夔所得者、卽東庫本也。宋之論法帖者、米芾黃長睿以下、互有疏密、夔欲折衷其論、故取漢官廷尉平之義、以名其書。首有嘉泰癸亥自序云、帖雖小技、而上下千載、關涉史傳爲多、觀是書考據精博、可謂不負其言。惟第五卷內論智果書梁武帝評書語、武帝藏鍾張二王書嘗使虞龢陶隱居訂正、案虞龢宋人、其上法書表在宋孝武帝之世、去梁武帝甚遠、斯則考論之偶踈耳。據墨莊漫錄、其書本二十卷、舊止鈔本相傳、未及雕刻、所載字號、止於山字、其河字以下亡佚十四卷、竟不可復得、然殘珪斷璧、終可寶也。【四庫全書總目提要】

絳帖平六卷　宋姜夔撰。原本二十卷、今佚其十四卷。初潘師旦摹刻淳化閣帖、後絳州公庫得其石、刻之半、補刻足之、名曰絳帖。夔一一詳爲考辨、取漢官廷尉平之意、名之曰平。援據精博、出米黃二家評論閣帖之上。書雖殘缺、要爲書家準筏也。【四庫全書簡明目錄】

絳帖平六卷（武英殿聚珍版本）　宋姜夔撰。四庫全書著錄。堯章以淳化舊帖難得、乃取絳州公庫本、爲之本事釋文、名曰絳帖平、本漢廷尉平之義也。據其總錄人名及書跡、辨僞二篇、俱以日月光天德山河壯帝居、太平何以報、願上登封書分卷、其書當有二十卷、今是本僅六卷、所載字號止於山字、河字以下已佚、不可復得、然就此六卷觀之、考據俱極精博、不同尋行數墨也。【鄭堂讀書記】

絳帖平六卷（舊鈔本）　前有嘉泰癸亥五月九日鄱陽姜夔堯章自序云、我太宗皇帝造淳化帖十卷、自後潘尙書師旦刻於絳、絳帖傳至今者、潘刻爲勝、絳公庫本次之、厥後漫滅、屢經補治、甚至字畫乖譌、嘗以相校、乃知其有三四本也。友人朱子大以絳帖遺余、歸而玩之、因爲之本事釋文、名曰絳帖平。案曹士冕法帖譜系、潘駙馬帖析居、石分爲二、絳則公庫得其一、於是刻補餘帖、是名東庫本、以日月光天德山河壯帝居太平何以報、願上登封書、逐卷分號。今夔所論每卷字號、與曹譜合、則所釋者乃東庫本。向佚十四卷、而清綺齋書目獨二十卷、豈國初時卷帙猶全耶。【善本書室藏書志】

二王帖評釋三卷

清雍正洋溢堂刊本　橫山草堂叢書本

宋許開撰。開字仲啓、丹徒人。乾道八年進士、以中奉大夫提舉武夷冲祐觀。

二王帖目錄評釋三卷（入述古目、評釋下有文字、勞權云、評絳雲目作證、不注卷數、）取義獻之書散於各帖者、彙而合之、附諸家評釋於逐條後。卷尾有許開題辭。然不收保母帖、（勞權云、保母帖出於宋鈺、案曝書亭集云、此志出於嘉泰壬戌、錢清王畿獲之會稽山樵、樵人獲之黃閍、興寧中保母葬地。）恐遺漏者尙多、俟續考之。【讀書敏求記校證】

陳慶年二王帖評釋跋　右二王帖評釋三卷、宋許開撰。讀書附志載二王帖三卷。又題志隱類稿後云、淸江二王帖、開爲守時所刻。開自爲跋、謂二王帖刻石淸江、郡博士時君涇躬自模搨、毫髮幾無遺恨、可一洗他本而空之云云。是其石刻之精、可以想見。惜舉世無傳本。聞康熙間星溪俞良貴有臨本、爲雍正五年所刊、在京師圖書館中。時余門人瀏陽王佐昌懋鎔適典書其中、因馳書詢之。佐昌以二王書蹟三卷、未能摹寫、亟錄其評釋三卷遺余。雖於翔鸞翥鳳之體、不能倣擬、而觀其序次辨釋、亦略可津逮。其書於每帖題下、各注所采帖名、如寶晉齋舊帖、淳化閣帖、淳熙續帖、絳帖、河東薛氏長沙帖、豫章帖、賜書堂帖、閱古堂帖、新安蘭亭禊帖、建中靖國續帖、愛民堂帖、龍舒帖、凡十五家。宋代法帖、流傳至今、百尠一二、賴此得存崖略、實爲考訂法帖之助。其所采輯、雖皆出自諸家類帖、非由原墨、然於卷上大熱帖下里字小船字云、未見閣帖眞本、不敢臆斷。（淳化帖至南宋初、翻刻已多、舊本難得、故云未見眞本。譙周帖下言泉本淳化、亦其證也。）目錄卷上有又臨法帖眞蹟二帖。卷中豹奴帖下云、前三行曾見眞蹟、是絹本。（此下有趙子昂鄧善之題爲眠食帖十一字、當是後人所加。）卷下敬祖帖下、使君君字、舊作知云、嘗見唐模此帖是君字、今從改定。袁生帖下云、此帖曾入宣和內府、余曾見之、意爲唐臨。據此四端、是其心並不以帖本爲足、凡眞蹟唐模、苟得一事、亦必予以參稽、則未可以翻刻二王字輕視之矣。其釋文於張彥遠米芾劉次莊陳與義黃庭堅黃伯思諸家、皆有所采。然附注於淸和帖云、慮叛字皆有筆誤。荀侯帖云、明公還還字、草法未當、疑是果字。擇藥帖云、與字固非、亦字亦未當、疑是卽字。是於舊釋之未允者、未嘗不下己意也。至帖文之無可疑者、則卽徑著於釋文、如此郡帖夏字、昨見君歡帖詣字、晚可帖曰字、若耶帖發字、擇藥帖夢字、太常帖應有字、助汝帖攻字、餘杭帖奉見字、消息帖以字、鐵石帖減字、散懷帖一達一字、玄度帖令字謂字公字送字貪字、慶至帖宜字少字、領軍帖疾者字、數奴帖豹字、此等明上海顧從義閣帖釋文考異、均與之同。從義固未引證許書、卽欽定釋文訂異、於此亦第云從顧釋、是許氏此書、世所罕覯、吾邑學人所當爲之揚詡者也。【橫山草堂叢書跋】

蘭亭考十二卷　宋刊本　知不足齋叢書本附俞松續考二卷　四庫全書本　粤雅堂叢書本

宋桑世昌撰。高似孫刪定。世昌、淮海人、徙居天台。似孫有史略、已著錄。

蘭亭博議十五卷　淮海桑世昌澤卿撰。世昌居天台、放翁陸氏諸甥也。博雅能詩。蘭

亭考十二卷　卽前書、浙東庾司所刻、視初本頗有删改。初十五篇今存十三篇、去其集字篇、後人集蘭亭字作書帖詩銘之類者、又附見篇、兼及右軍他書蹟、於樂毅論尤詳。其書始成、本名博議、高內翰文虎炳如爲之序、及其刊也、其子似孫、主爲删改、去此二篇固當、而其他務從省文、多失事實、或戾本意。其最甚者、序文本亦條達可觀、亦竄改無完篇、首末闕漏、文理斷續、於其父猶然、深可怪也。此書累十餘卷、不過爲晉人一遺帖、自是作無益、玩物喪志、本無足取。其中所錄諸家跋語、有昭然僞妄而不能辨者、未暇疏舉。【直齋書錄解題】

蘭亭考十三卷　山谷黃氏蘭亭跋曰、見【文獻通考經籍考】

宋桑世昌蘭亭博議、于庚午歲曾借之朱竹垞太史、舊刻甚精。【漁洋書跋】

蘭亭考（宋刊一函四册）　宋桑世昌輯、高似孫删定。十二卷、附羣公帖跋一卷。前宋高文虎並似孫序、後齊碩序。　齊碩刻是書、字法皆本歐體、鋟印兼出良工、蓋亦鄭重而爲之者。【天祿琳琅書目】

蘭亭考十二卷（刊本）　右宋桑世昌輯、高似孫復爲删定之者。似孫序云、稧之爲帖、風流太甚、自晉以來、難乎下語。桑君盡交名公鉅卿、及海內之士、以充其見聞、與予游從三十年、見必及此、其有贊於帖考不一、今浙東臺使齊公、屬加彙正、遂路用史法剪裁之。按齊名碩、有跋。【浙江採集遺書總錄】

蘭亭考十二卷（浙江鮑士恭家藏本）

舊本題宋桑世昌撰、世昌陸游之甥也。案陳振孫書錄解題、載蘭亭博議十五卷、註曰桑世昌撰。葉適水心集、亦有蘭亭博議跋曰、字書自蘭亭出、上下數千載、無復倫擬、而定武石刻、遂爲今世大議論、桑君此書、信足以垂名矣。君事事精習、詩尤工、其卽事云、翠添鄰塹竹、紅照屋山花、蓋著色畫也。書錄解題又載蘭亭考十二卷曰、（詳見前）是此書經高似孫竄改、已非世昌之舊矣。今未見博議原本、無由驗振孫所論之是非。然是書爲王羲之蘭亭序作、集字爲文、其事無預於羲之、羲之他書、其事無預於蘭亭、似孫所删、深合斷限、振孫亦不能不以爲當也。其中評議不同者、如或謂梁亂、蘭亭本出外、陳天嘉中、爲智永所得。又或謂王氏子孫傳掌至七代孫智永。此蘭亭眞迹流傳之不同也。又如或謂石晉之亂、棄石刻於中山、宋初歸李學究、李死其子摹以售人、後負官緡、宋祁爲定武帥、出公帑買之、置庫中。又或謂有遊士攜此石走四方、其人死營妓家、伶人取以獻宋祁。又或謂唐太宗以搨本賜方鎮、惟定武用玉石刻之、世號定武本。薛紹彭見公廚有石鎮肉、乃別刻石以易之。此又定武石刻流傳之不同也。推評條下、據王羲之生於晉惠帝太安二年癸亥、則蘭亭修禊時年五十有一、辨筆陣圖所云羲之年三十三書蘭亭之誤、是矣。然前卷既引王銍語以劉餗之説爲是矣、而又云於東墅閲高似孫校書畫見蕭翼宿雲門留題二詩云使御史不有此行、烏得是語、則雜録舊文亦未能有所斷制。至其八法一門以書苑禁經諸條專屬之蘭亭、尤不若姜夔禊帖偏傍考之爲精密。是以曾宏父陶宗儀諸家皆稱姜考而不用是書。然其徵引諸家頗爲賅備、於宋人題識援據尤詳、世昌之原本既佚、存此一編、尚足見禊帖之源流、固不得以陳氏之排擊遽廢是書矣。【四庫全書總目提要】

蘭亭考十二卷　宋桑世昌撰、高似孫删定。世昌書考論蘭亭帖原委、本十五篇、似孫爲汰去集字附見二篇、於文句亦多減縮。陳振孫書録解題謂其多失世昌之意。然世昌書已不傳、存此一編於禊帖始末、尚足見梗概也。【四庫全書簡明目録】

蘭亭博議一卷前有開禧元年高文虎序、後有陸㮄跋、俱不言卷數。陳氏書録解題云、（已見前）葉適水心集亦有蘭亭博議跋。此本僅一卷、共三十五葉、分本序詩、睿賞、紀原、八法、臨摹、審定、推評、習法、詠贊、傳刻、集字、釋禊十三類、首尾尚爲完具。桑氏先成博議、後改作蘭亭考、此本或出於初定、或後人節鈔、今十五卷之本已亡、無可考證矣。【平津館鑒藏書籍記】

蘭亭考十二卷（影鈔宋本）　題桑世昌集。前有嘉定元年文華閣學士通奉大夫提舉江州太平興國宮高文虎序、嘉定十七年朝議大夫新除祕書省著作佐郎兼權侍右郎官高似孫序、後有曾漸張從祖林至黄疇若葉時李兼樓鑰黄由陸㮄楊長孺黄嵤葉適題詩及跋語甚衆、又嘉定甲申齊碩後序。初刻名博議十五卷、其後重刊於浙東庾司、加以删節、而博議本遂佚。後有檇李項氏本、脱譌尤多、此茶夢主人藏本出自宋刻、行款悉仍其舊。歙鮑氏得柳大中影宋本、同此本也。【鐵琴銅劍樓藏書目録】

蘭亭考十二卷（知不足齋叢書本）　宋桑世昌撰。四庫全書著録。書録解題載澤卿蘭亭博議十五卷、其書久佚、又載蘭亭考十二卷、云卽前書。視初本頗有删改、初十五篇、今存十三篇、去其集字附見二篇。蓋一篇爲一卷、删去二篇、適得十三卷、陳氏作十二篇、未知合併何卷。今本亦作十二卷、卷一蘭亭、卷二睿賞、卷三紀原、卷四永字八法、卷五臨摹、卷六卷七審定上下、卷八推評、卷九法習、卷十詠贊、卷十一傳刻、卷十二釋禊。陳氏詆此書累十餘卷、不過爲晉人一遺帖、自作無益、玩物傷志、本無足取。其中所録諸家跋語、亦有脱然僞妄、而不能辨者、未暇疏舉云云、實是書之定評也。【鄭堂讀書記】

蘭亭考十二卷（書錄解題、水心文集、攻媿集、文淵閣書目、六研齋筆記、台州外書、三台詩錄、台州札記、邵亭知見傳本書目、光緒台州府志、台州書目、倦舫書目、台州述聞、）宋天台桑世昌撰。原書名蘭亭博議、凡十五卷、高文虎爲序、後文虎子似孫刪改爲此。清鮑氏廷博刻入知不足齋叢書。　六研齋筆記、是書淹貫精覈、辨晰昭然、爲翰墨家寶書。【台州經籍志】

蘭亭續考二卷　知不足齋叢書本　四庫全書本

宋俞松撰。松字壽翁、錢塘人。官承議郎。

朱彝尊書蘭亭續考後　蘭亭續考二卷、錢唐俞松續桑世昌考而著錄也。卷中載檇李沈虞卿氏跋五。考之宋史無傳、至元嘉禾志、第書沈揆、梁克家榜進士、注云侍從、顧不書其字。金史交聘表、大定二十九年閏五月、宋遣沈揆、韓侂冑來賀登位、又不書其官。今觀五跋、其一云、上卽大位之初、揆以國子祭酒召入都、越旬日被命使燕、過定武得此本、後三年來守吳郡、裝爲一卷。所云上卽大位者、光宗也。按中興館閣續錄題名、揆字虞卿、嘉興人、紹興三十年進士、淳熙十年七月以祕書少監兼國史院編修官、十一年十一月進祕書監、十四年五月爲祕閣修撰江東運副、紹熙四年、以權吏部侍郎兼實錄院同修撰、而正德姑蘇志守令表、揆以中大夫祕閣修撰、紹熙二年六月任、四年二月除司農卿、合虞卿跋及諸書勘之、虞卿之歷官本末略具矣。續考又載魯長卿氏藏有蘭亭會妙卷、伊孫之茂字伯秀、別字雪林、跋其尾、稱兒時侍先祖龍舒府君、坐膝上觀此、今已七十年、不覺感愴。按周益公必大撰朝請大夫海監魯詧墓碑、伯秀得附書名、跋言龍舒府君者、大夫長子承議郎通判舒州可簡也。虞卿好古、魯氏會妙卷後、亦歸之、此伯秀有感愴之言。要之兩公跋語皆條暢、不類董逌輩之晦澀。【曝書亭文集】

蘭亭續考二卷（寫本）　右宋錢塘俞松輯。續桑考而作也。【浙江採集遺書總錄】

俞松蘭亭續考二卷　臣等謹按、俞廷椿亦字壽翁、二人同姓同字、同在宋末、而實非一人、謹附識於此。【欽定續文獻通考經籍考】

蘭亭續考二卷（浙江鮑士恭家藏本）

宋俞松撰。後有自跋、稱甲辰書於景歐堂、蓋淳祐四年也。其仕履無考、惟高宗臨本跋內有承議郎臣松之語、其終於是官與否、亦莫得而詳焉。是書蓋繼桑世昌而作、故名曰續考。跋內所稱近歲士人作蘭亭考、凡數萬言、名流品題、登載略盡者、卽指世昌之書。然書中體例與世昌迥異、上卷兼載松所自藏與他家藏本、下卷則皆松所自藏經李心傳題跋者、其跋皆淳祐元年至三年所題、以宋史心傳本傳考之、蓋其罷祠之後、寓居臨安時也。前卷所載跋語、知辨永嘉之誤、而仍沿筆陣圖所云羲之三十三歲書蘭亭之說、其無所斷制、與世昌相等。然朱彝尊曝書亭集有是書跋、稱其跋語條暢、不類董逌輩之晦澀、則賞鑒家固亦取之。至心傳諸跋、尤熟於史事、如宋祁摹碑青社諡法諸條、皆足以備考核、非徒紀書畫也。又宋史心傳本傳、載其淳祐元年罷祠、而其初入史館、因言者論罷職、則不載其歲月。今是書跋內有紹定之季罷史職歸巖居語、則知其罷在紹定末年、亦足以補史闕焉。【四庫全書總目提要】

蘭亭續考二卷　宋俞松撰。其書繼桑世昌蘭亭考而作、故名曰續。然體例迥異、上卷載諸家所藏及松所自藏、下卷則皆松所藏、經李心傳題識者。所錄諸跋、亦足與桑氏書相補苴也。【四庫全書簡明目錄】

蘭亭續考二卷　題吳山俞松。末有淳祐甲辰自跋、嘉靖乙卯姚若跋、康熙丁亥金風亭長跋。【平津館鑒藏書籍記】

蘭亭續考二卷（舊鈔本）　題吳山俞松、前有淳祐壬寅蜀人李心傳序。此亦出嘉靖間茶夢山人藏本、與柳大中本同出宋刻大字本。案四庫提要謂高文虎蘭亭博議序、多爲其子似孫刪改、今考是書引高序與蘭亭考字句大異、乃知其說之不謬也。且原作開禧元年、後譌嘉定元年矣。【鐵琴銅劍樓藏書目錄】

蘭亭續考二卷（知不足齋叢書本）　宋俞松撰。四庫全書著錄。是編蓋續桑澤卿蘭亭考而作、故曰續考。然祇甄錄兩宋人蘭亭諸跋、以成書、與澤卿書體例迥異、不知何以云續也。諸家跋語、惟李微之心傳所作、皆能舉正史事、足有資於攷證。蓋微之本熟精兩宋事實也。故其序是書亦云、壽翁於此寶藏折衷、以示後人、亦志據依游之一助、未可以玩物而疵之也。【鄭堂讀書記】

蘭亭續攷二卷　知不足齋刊本。宋吳山俞松壽翁撰。【石廬金石書志】

蘇米齋蘭亭考八卷　嘉慶八年蘇齋精刊本　粵雅堂叢書本　後知不足齋叢書本

清翁方綱撰。方綱有漢石經殘字考、已著錄。

蘇米齋蘭亭考八卷（刊本）　伍崇曜跋云、自姜夔撰禊帖偏旁考、桑世昌撰蘭亭考、俞松撰蘭亭續考、言禊帖者宗焉。先生復撰此書、王蘭泉蒲褐山房詩話、稱其精心績學、剖析毫芒、幾欲駕昔人而上之、洵不誣也。又稱先生書初學顏平原、繼學歐陽率更、隸法史晨韓勑諸碑。然一生心力所注、尤在禊帖、故復初齋文集有跋彝原曹侍郎所收趙子固落水蘭亭卷二首、續跋陳伯恭所收定武蘭亭卷後一首、跋國學蘭亭一首、跋褚臨蘭亭王文惠本一首、跋蘭亭領字從山本二首、跋張笠城所得玉枕蘭亭石一首、跋慈溪姜氏蘭亭一首、自跋審正萬松山房縮本蘭亭一首、今復讀此書、益知其生平服習、窮幽極微、卽論書法、於本朝亦當高據一座、有由然也。【畿輔書徵】

蘇米齋蘭亭攷八卷　蘇齋精刊初印本。淸大興翁方綱覃谿撰。前有自序曰、桑俞之考、世所共知、而繭紙流傳、與石刻本末、說者或異辭。至如五字之損、謂出薛紹彭、而樓大防據芈少董兒時所見定武石帶右天字已損、此在大觀之前、則五字未必皆薛氏鑱損也。宋人跋蘭亭者、皆稱湍帶右流天五字損、然而今所見古今新舊諸本、湍字並不損也。然其考系原委、參合同異、去古既遠、存以資印證而已。爲今日學者計、則非患其窮源之無本、而慮其沿流之或失也。是以愍今所考、但就今所習見之本、稍爲區擇焉、而弗敢竊附于桑俞之編例也。爲卷者八、一曰偏旁尺度攷、此專以定武本言也。二曰神龍本考、三曰摘五字考、則以今所需講者得五字也、非舊說之五字矣。四曰蘇耆本考、五曰領从山考、六曰訂潁考、七曰趙跋考潘刻考、八曰合集字考。此本係桃花紙初印、尤爲可珍也。【石廬金石書志】

禊帖綜聞一卷　淸刊本　四庫存目

淸胡世安撰。世安字處靜、別號菊潭。井研人。明崇禎進士、累官詹事府少詹事、順治初降淸、康熙初官至祕書院大學士。

禊帖綜聞一卷（浙江巡撫採進本）　國朝胡世安撰。是書薈稡古今禊帖題識、皆習見陳言。後旁考同會諸人仕履、尤與書法無關。至指摘帖中歲會蘭亭禊絃快倦撰等字不合六書、是又別爲一家之學、不宜以論古帖也。【四庫全書總目提要】

禊帖緒餘四卷　原刊手寫本

淸曾廷枚撰。廷枚字修吉、號香墅、南城人、廩生。

禊帖緒餘四卷　抄本、淸南城曾廷枚鄰嶼撰。前有鄰嶼自序、曾公會粹子固落水本、二枕本、三米本、五字未損本、張金界奴進本、定武石刻、並參桑世昌之蘭亭博議、姜白石之蘭亭考、陶宗儀之輟耕錄、以及各家題跋、囊括羣言、苞孕諸說、而成茲編。原刊本係出曾氏手寫付梓、頗稱善本、初印近不易遇矣。【石廬金石書志】

寶眞齋法書贊二十八卷　武英殿聚珍板本　四庫全書本　光緒福州修補武英殿聚珍版叢書本

宋岳珂撰。珂有刊正九經三傳沿革例、已著錄。

寶眞齋法書贊二十八卷（永樂大典本）

宋岳珂撰。是書以其家所藏墨蹟、自晉唐迄於南宋、各系以跋而爲之贊。珂處南渡積弱之餘、又承家難流離之後、故其間關涉時事者、多發憤激烈、情見乎詞。至於諸家古帖、尤徵人論世、考核精審。其文亦能兼備衆體、新穎百變、層出不窮、可謂以賞鑒而兼文章者矣。珂所著桯史、金陀粹編、愧郯錄諸書、世多傳本。獨是編諸家皆未論及、惟米芾外紀所引英光堂帖、載其一條、卽珂所刻米芾墨跡、其文視此稍略、蓋彼爲帖後跋尾、此則編輯以成書、猶歐陽修集古錄有眞跡集本之異也。文徵明停雲館所刻萬歲通天帖、亦有一條、而此本無之、意偶佚歟。原本爲永樂大典割裂分系、其卷目已不可考、今就其僅存者、排比推求、大抵以類分編、首以歷代帝王、次晉眞蹟、次唐摹、次唐五代至宋眞蹟、而唐摹又自分二王及雜蹟、五代又先以吳越三王、宋則終以鄂國傳家。每類之首、有總標、如吳越三王判牘、鄂國傳家帖、可以考也。總標之下、先系以總贊、如唐摹二王之貞觀熠興云云、無名氏帖之非紀錄不概云云、可以考也。其總贊無可專屬、永樂大典皆棄不錄、惟此二首連前後帖尾、幸而得存、猶可尋當日體例耳。所類諸帖、晉唐以前簡幅省少、帖各爲贊、南北宋人篇翰繁多、則連類爲贊、而每帖之或眞或草、幾幅幾行、題記塗乙、又附注於分標之下、約略編次、尙可二十八卷。其間遺聞佚事、可訂史傳之是非、短什長篇、可補文集之譌闕。如朱子儲議一帖、辨論幾及萬言、許渾烏闌百篇、文異殆逾千字、於考證頗爲有功。且所載諸帖、石刻流傳者十僅二三、墨迹僅存者百尠一二、皆因珂之彙集以傳。其書泯沒零落、逾數百年、遭遇聖代右文、得邀裒輯、復見於世、可謂珂之大幸、亦可謂歷代書家之大幸矣。至於前賢法帖、釋者聚訟、珂所載亦間有異同、其已經欽定重刻閣帖釐正者、並敬遵駁正。間有參差岐出、數說皆通者、亦並用參存、不沒其實焉。【四庫全書總目提要】

寶眞齋法書贊二十八卷　宋岳珂撰。原本久佚、今從永樂大典錄出。其書以所藏墨跡各系以跋而爲之贊、首以帝王、次晉眞跡、次唐摹、次唐五代至宋眞跡、而終以其祖岳飛之手書。每類之首有總標、有總贊。諸帖之末、唐以前一帖一贊、宋帖稍多、則連類而贊之、其帖之書體行款題記塗乙、各一一詳記。【四庫全書簡明目錄】

寶眞齋法書贊二十八卷（武英殿聚珍版本）　宋岳珂撰。四庫全書著錄。焦氏經籍志倪氏宋志俱作六十卷。原本久佚、今館臣就永樂大典中所僅存者、排纘成帙、尙得歷代帝王帖三卷、晉及梁陳名人眞蹟一卷、唐名人眞蹟二卷、唐摹晉人帖一卷、唐摹雜帖及五代名人眞蹟一卷、宋名人眞蹟十九卷、鄂國傳家帖一卷、各繫以跋而爲之贊。自唐以前一帖一贊、宋帖稍多、則連類而贊之、不盡一帖一贊也。其帖之書體行款題記塗乙、亦各一一詳記。其書甄錄繁富、考覈謹嚴、足以補別集之闕、訂正史之譌、非僅備書家之掌故而已。其贊語之愜當、亦極得史家三昧。【鄭堂讀書記】

閱岳倦翁寶眞齋法書贊。此書深有裨於宋史。其跋高宗御札、極言秦氏之無君。跋宗忠簡劄子家書、極辨當日之事勢。跋宇文肅愍兩漢册、力白肅愍之以忠死。皆考宋事者不可不讀。 此書在目錄家可備奇絕、不特遺聞佚事足裨史乘、其於宋世賢奸、並蓄兼收、議論平允、不沒纖毫之善。所系贊多各成體格、富健俊爽、斐然可觀。【越縵堂讀書記】

寶眞齋法書贊二十八卷（舊鈔本） 宋岳珂撰。是書以家所藏晉唐以至南宋前人墨蹟、各系以跋而爲之贊、末附鄂國傳家帖一卷、則其祖父手蹟也。世久無傳、館臣採自永樂大典、排比成書、此傳錄本也。【善本書室藏書志】

寶眞齋法書贊二十卷（武英殿聚珍本）

宋岳珂以所藏歷朝墨蹟、自晉唐迄南宋、各系以跋而爲之贊、終以鄂國傳家、則武穆遺跡也。其書久無傳本、乾隆修四庫全書時、編纂諸臣從永樂大典輯出、次爲二十八卷。提要稱（已見前）據此則是書非獨藝苑之奇珍、抑亦乙部之別史矣。此書宋史藝文志明內閣書目、文淵閣書目、皆不載、惟焦竑經籍志有之、云六十卷。則此所編尙未及其半。雖卷帙分幷、不得原書一證其異同、惟據提要稱文徵明停雲館所刻萬歲通天帖、亦有一條、而此本無之、則大典所收不無遺佚可知矣。【郘園讀書記】

寶眞齋法書贊二十八卷 宋岳珂撰。（永樂大典本武英殿聚珍版） 是著集法帖之大觀、當與歐陽修集古錄、趙明誠金石錄、爲宋代藝苑之鉅作。【國學保存會藏書志】

焦氏類林卷六書法類有云、米元章臨智永千文、形絕不類、岳珂跋其後云、摹臨兩法本不同。摹帖如梓人作室、梁櫨榱桷、雖具準繩、而締創既成、自有工拙。臨帖如雙鵠並翔、青天浮雲、浩蕩萬里、各隨所至而息。寶晉蓋進乎此者也。又爲之贊曰、永之法、妍以婉、芾之體、峭以健、馬牛其風、神合志通、彼妍我峭、惟妙惟肖、故曰祖裼不浼、夜戶不啓、善學柳下惠莫如魯男子。祺壽按此書卷十九二十、皆米眞蹟、而無此文、記之爲拾其遺。【且樸齋書跋】

寶眞齋法書贊二十八卷 宋岳珂撰。是書始末與其所長、具詳四庫提要。著錄法書之書、先乎此者、有宣和書譜及米芾書史。書譜專詳作者生平、於法書僅列其目。書史夾敍夾議、自是傑作、而眉目不甚分明。獨此編各爲標題、記其字體行數、錄其原文原題、然後加以題跋、略敍作者生平、攷證其關係之事蹟、而多關於學術政理之大、不僅以鑒賞見長。其所從來、亦必詳記歲月。最後乃爲之贊、贊文各體俱備、詳略咸宜、文章之美、猶其餘事。實爲著錄書畫最好模範。四庫於叢殘之中、輯出此編、雖其原書體例若何、無從攷悉、而編次亦煞費苦心、相差當不甚遠。惟文中時有空白、疑當時有所忌諱而然、其中亦必有刪削之處、今已無從互校。倦翁負國難家卹之痛至深、其詞固不免涉於激切也。【書畫書錄解題】

法帖譜系二卷　宋刊本　說郛本　百川學海本題譜系雜說　王氏書苑本　四庫全書本

宋曹士冕撰。士冕字端可、號陶齋、都昌人。

法帖譜系二卷(浙江鮑士恭家藏本)

宋曹士冕撰。士冕仕履無考、惟三山木版帖條下、自稱三山帥司庫、有歷代帖版本、嘉熙庚子備員帥幕、尙及見之之語。絳本舊帖條下、有淳祐甲辰、魯川官滿之語。蓋由幕僚而仕州郡者耳。其書序宋代法帖源流、首爲譜系圖、上卷淳化法帖以下、爲二王府帖、紹興國子監本、淳熙修內司本、大觀太清樓帖、臨江戲魚堂帖、利州帖、慶曆長沙帖、劉丞相私第本、長沙碑匠家本、長沙新刻本、三山木版黔江帖、北方印成本、烏鎭本、福淸本、澧陽帖、鼎帖、不知處本、長沙別本、蜀本、廬陵蕭氏本、凡二十二種、下卷絳本舊帖以下、爲東庫本、亮字不全本、新絳本、北本、又一本、武岡舊本、武岡新本、福淸本、烏鎭本、彭州本、資州本、木本前十卷、又木本前十卷、凡十四種。蓋以淳化閣帖爲大宗、而絳帖爲別子、諸本皆其支派也。每條敍述摹刻始末、兼訂其異同工拙、頗足以資考證。書史會要稱士冕博參書法、服習蘭亭、宜其鑒別不苟矣。古今法帖皆搨本、惟此書載有印本法帖、亦廣異聞。書成於淳祐乙巳、前有自序、以書中自記考之、蓋魯川官滿之第二年也。【四庫全書總目提要】

法帖譜系二卷　宋曹士冕撰。皆述宋代法帖源流、首爲譜系圖、上卷錄淳化閣帖以下、凡二十二本、下卷錄絳州潘師旦摹刻閣帖以下凡十四本、大抵以閣帖爲大宗、絳帖爲別子、其餘皆其支裔也。每條敍述摹刻始末、及異同工拙、頗爲詳悉。【四庫全書簡明目錄】

譜系雜說二卷(百川學海本)　宋曹士冕撰。四庫全書著錄、作法帖譜系。蓋據知不足齋藏本、當不誤也。宋志及宋志補俱不載。其書專敍淳化法帖源流、冠以法帖譜系圖、上卷爲淳化法帖以下二十二種、下卷爲絳本舊帖以下十四種、各系以跋、以評論其摹刻始末、異同工拙、種類無夥、不過就淳化一帖而展轉摹刻耳。【鄭堂讀書記】

法帖譜系二卷（宋刊本） 宋曹士冕撰。有自序及董史跋。【皕宋樓藏書志】

法帖譜系二卷 百川學海本宋都昌曹士冕端可撰。前有端可自序、后有董史兩跋。【石廬金石書志】

法帖神品目一卷 函海本

明楊愼撰。愼有檀弓叢訓、已著錄。

法帖神品目一卷（函海本） 明楊愼編。是編所載凡古篆見於模刻者十四種、秦漢各十一種、三國及晉各五種、南北朝三種、雜碑四十二種、帝王十一種、右軍十六種、淳化諸帖三十六種、共一百六十四種、每種注其何人所書、及碑之所在、不知者闕之、其以神品標目者、蓋專就書法論也。【鄭堂讀書記】

法帖神品目一卷 函海本明成都楊愼升庵撰。是編前列古篆刻、次秦漢三國南北朝以及雜碑、又次各家法帖諸目。【石廬金石書志】

閒者軒帖考一卷 知不足齋叢書本 四庫存目 光緒己丑刊娛園叢刻十種本 榆園叢刻本

清孫承澤撰。承澤有尚書集解、已著錄。

閒者軒帖考一卷（浙江巡撫採進本） 國朝孫承澤撰。是編所記自蘭亭而下、至文徵明之停雲館帖、凡三十有八種、一一考其源流品其次第。書成於順治丁亥在庚子銷夏記之前、故所記互有詳略。【四庫全書總目提要】

閒者軒帖考一卷（知不足齋叢書本） 國朝孫承澤撰。四庫全書存目。退谷著庚子銷夏記、中有石刻四卷、其鑒裁頗精審、而是編成於順治丁亥、遠在庚子銷夏記之前、所記自禊帖至停雲館帖、凡三十八種。每種先標其名、而各評隲於其下、與銷夏記所載詳略不同、品評亦異、存備參觀而已。【鄭堂讀書記】

閒者軒帖攷一卷 娛園刊本。清北平孫承澤退谷撰。是編所攷禊帖、澄心堂帖、昇元帖、淳化閣帖、大觀帖、續閣帖、國子帖、內司帖、淳熙祕閣續帖、絳帖、潭帖、臨江帖、廬陵帖、黔江帖、武岡帖、烏鎮帖、福清帖、澧陽帖、蔡州帖、武陵帖、彭州帖、汝州帖、款識帖、博古堂帖、荔枝樓帖、鳳墅帖、賜書堂帖、甲秀堂帖、星鳳樓帖、百一帖、寶晉齋帖、羣玉帖、玉麟帖、世綵堂帖、泉帖、東書堂帖、寶賢堂帖、停雲館帖等三十有八種、一一攷其源流品其次第。書成于順治丁亥在庚子消夏記之前、故所記互有詳略。【石廬金石書志】

古今法帖攷一卷 蘭言齋精刊本

清王澍撰。澍有禹貢譜、已著錄。

古今法帖攷一卷 蘭言齋精刊本。清金壇

王澍虛舟撰。虛舟先生敍曰、自宋太宗刻淳化祕閣法帖、天下寶之。歷代以來、競相傳刻、遂至多不可攷、或同或異、或增或減、大段皆本淳化而傳刻既久、漸離本宗、刻法懸殊、精神迥別、甚至有一帖而彼此互異者、文義且乖、書復何論、彙帖之尠佳刻、正爲此也。今據所知、取其盛有名者、彙次爲卷、以便攷質、其所未知者闕之、俟來者爲補正焉云云。【石廬金石書志】

十七帖述一卷 檀几叢書本

清王弘撰撰。弘撰有周易筮述、已著錄。

十七帖述一卷（檀几叢書本） 國朝王弘撰撰。古人書札、每作簡括之語、後人多不易曉。此編以十七帖爲之釋文、而詳註於下。引據史傳、考證明晰、不獨是帖之措語瞭然、亦可因之以見右軍出處焉。【慈雲樓藏書志】

惜抱軒法帖題跋三卷 嘉慶刊惜抱軒叢書本 同治丙寅省心閣刊惜抱軒全集本

清姚鼐撰。鼐有三傳補注、已著錄。

惜抱軒法帖題跋三卷 惜抱軒原刊本。清桐城姚鼐姬傳撰。中跋晉武帝、東晉哀帝、漢張芝、王洽、王珉、王廙、衛瓘、庾翼、王僧虔、陳逵、褚遂良、柳公權、僧智果、王羲之、王獻之諸書及兄甄柢垂至帖、旦極寒帖、公與帖、追尋傷悼帖、奉黃甘帖、此羣帖、授衣帖、奉別告帖、姑比日帖、衛軍帖、鄱陽一門帖、發吳興帖、元度帖、告仲宗帖、元度何來遲帖、八月十九日帖、鵝羣帖、敬祖帖、各本多具釋文、頗詳攷據。其訂正米南宮、王虛舟舛譌者、亦復不少。【石廬金石書志】

法帖題跋三卷 清姚鼐撰。惜抱書法、久爲藝林所寶、所撰法帖題跋、法帖多晉人作、前爲釋文、後加題跋、乃其考訂與評判者也。是編殆當時隨筆記錄、由門人彙輯而成書者。又是書首卷除晉帖外、如漢之張芝、南齊之王僧虔、陳之陳逵、隋之智果、唐之褚遂良、柳公權、皆及焉。首卷後則專跋二王。第二卷爲羲之諸帖、第三卷爲獻之諸帖。鼐本善書、此跋亦非草草。如謂晉二王之書、與漢崔張之體全別。又釋特遣爲旨消息爲得。又釋頓州民爲故州民。又釋姊姊帖爲稱母而尊夫人不和帖亦稱其母、非稱其妻也。皆甚精核。【安徽通志藝文考稿】

三希堂石渠寶笈法帖釋文十六卷 武英殿刊本 光緒二十三年鴻寶齋石印本

清陳焯梁詩正等奉敕編。

御刻三希堂石渠寶笈法帖釋文十六卷（武英殿刊本） 乾隆十五年梁詩正等奉敕編。先是詔以內府法書眞蹟、命詩正等詳愼審定、編爲石渠寶笈一書。復命詩正等擇其尤者重加編次、鉤摹上石、爲三希堂法帖、凡三十二册。上自魏晉、下迄元明、正行草書、衆美賅備。凡遇宸翰評跋、一皆敬摹於後、垂則古今。至歷代名人題識之可采、及收藏璽印之可據者、亦具存焉。第石刻貯在禁廷、自宜賜外、罕得瞻仰。館臣乃恭錄釋文、編爲是帙、刊版印行、由是得以家置一編矣。【鄭堂讀書記】

三希堂石渠寶笈法帖釋文十六卷　陳氏原刊本。清陳焯撰釋。前錄乾隆御製序、末有阮元及梁詩正等各一跋。是編陳氏就三希堂法帖攷辨行草之偏旁、審印章之名氏、與劉次莊顧從義之釋淳化閣帖文同、其用意也。【石盧金石書志】

鳳墅殘帖釋文十卷　咫進齋刊本　貸園叢書本止刊錢大昕釋文二卷

清姚衡、姚晏、錢大昕撰。

鳳墅殘帖釋文十卷　咫進齋刊本。清歸安姚衡、姚晏、嘉定錢大昕合釋。前有衡晏各一序、並恩澤一札、葉志詵一記。八卷之后有姚覲元跋、末卷有錢大昕跋。按鳳墅帖傳世久遠、罕有全帙。衡假漢陽葉志詵所得正定梁氏舊藏本正帖六卷、續帖二卷、爲作釋文。未卒業、晏足成之。既爲歙程春海假觀、失而復得。后覲元又獲葉氏藏本、復重錄諸家跋語續刊、附于釋文之末、而以錢氏釋文二卷、併刊于后、而成茲編也。【石盧金石書志】

天際烏雲帖攷二卷　風雨樓刊本　美術叢書本

清翁方綱撰。

天際烏雲帖攷二卷　風雨樓刊。清北平翁方綱覃溪撰。是編錄各家題跋、覃溪先生自跋各攷證、並收藏世系表、以及攷定摹本、雖點畫之微、辨訂亦精。【石盧金石書志】

南村帖考四卷　道光刻本　聚學軒叢書本

清程文榮撰。文榮字蘭川、嘉善人、官江寧北捕通判。

南村帖考四卷（原刻本）　程文榮撰。此考抉摘至精、摹勘入細、非他家考帖之約略者可比、與吳氏帖鏡可相伯仲。【聚學軒叢書提要】

南邨帖攷四卷　程氏精刊初印本。清嘉善程文榮蘭川撰。前有張廷濟書札一通。按言帖著述極少、此編攷證精核、惜刊未竟、所著法帖四十六種、辨析入微、尤以絳帖爲特詳。此本藝風堂所藏原刊初印精本、至爲難得。間有抄補數種、又聚學軒刊本、改張札草書爲正書、並補次以目、版本遠遜原刊。【石盧金石書志】

滋惠堂法帖題跋一卷　昭代叢書本

清曾恆德撰。恆德字省軒、嘉祥人。

滋惠堂法帖題跋一卷　世楷堂刊本。清嘉祥曾恆德省軒撰。曾氏精于鑑賞、此編題跋、今昔參半彙集而成。末有震澤楊復吉一跋。【石廬金石書志】

以上譜帖

書小史十卷　宋刊本半葉十一行行二十字　四庫全書本　嘉惠堂丁氏刊武林往哲遺書本

宋陳思撰。思有寶刻叢編、已著錄。

書小史十卷（寫本）　右宋陳思撰。取自伏羲畫卦下迄五代各書家、述其本末、倣紀傳體爲之、故以史名。【浙江採集遺書總錄】

書小史十卷（浙江巡撫採進本）　宋陳思撰。是書以歷代書家小傳纂次成帙。前有咸淳丁卯天台謝愈修序。書中所載、自庖犧迄五季、凡紀一卷、載帝王爲五十一人、傳九卷、首后妃十八人、附以諸女十三人、次諸王二十七人、次蒼頡至郭忠恕共四百三十八人。如中間閨秀一門、自宜依史例退置史末、乃以廁於后妃諸王之間、殊爲乖舛。又如北齊彭城王浟、本無能書之名、惟史載其以歲時書迹未工、爲博士韓毅所戲、思因此一節、遂一概採入書家中、尤屬泛濫。迴不及書苑菁華之詳密。特其排比薈萃、用力亦勤。自張彥遠名畫法書各有記錄、嗣後品錄畫家者多、品錄書家者少、思蒐羅編輯、彙爲斯編、亦足以爲考古者檢閱之助也。【四庫全書總目提要】

書小史十卷　宋陳思撰。以歷代能書之人、詳具始末、排比成帙、凡紀一卷、帝王五十一人、傳九卷、后妃十八人、列女十三人、諸王十八人、蒼頡至郭忠恕共四百三十八人。【四庫全書簡明目錄】

此宋板書小史、爲錢唐陳思纂次、序文與卷一至卷五、俱毛鈔補、卷六至卷十、則宋刻也。錢唐陳思以業於書者而善著述、如江湖小集、寶刻叢編、小名錄、多傳布於世、唯書小史則傳布絕少、矧此宋刻、不益可珍耶。【百宋一廛書錄】

書小史十卷（舊鈔本）　宋陳思撰。四庫全書著錄。書錄解題、通考、宋志俱未載。其書載歷代能書之人。凡紀一卷、自伏羲至唐順宗五十一人。傳一卷、首后妃十二人、附諸女十三人、次諸王二十七人。又傳八卷、自蒼頡至郭忠恕四百四十三人、附八十九人。其體例有未善、采摭有偶泛、然蒐輯編類、用力甚勤。自唐竇氏述書賦、宋宣和書譜而後、至陳氏而始有是作、以裨考覈之助。嘗謂自古以來、迄於有明書家、得欽定佩文齋書畫譜中列書家傳二十三卷而考見之。本朝畫家、記

錄之者不一、而書家則未有薈萃成編如是書者、亦闕事也。【慈雲樓藏書志】

書小史十卷（宋刊本）　宋錢塘陳思纂次。　案每葉二十二行、每行二十字、宋刊起卷第六卷一至卷五毛氏影抄補全、卽百宋一廛賦所謂書法道人者也。【皕宋樓藏書志】

陸心源宋刻書小史跋　書小史十卷、題曰錢塘陳思纂次。宋槧本、前有謝奕修手書序、每半葉十一行、行二十字、朗匡胤勗徵恆殷愼貞購皆缺避。卷六至十宋刻、卷一至卷五、汲古閣所影寫、卽汲古閣祕本書目所著錄者。宋以後無刊本、近時藏書家罕著錄、亦希有祕笈也。【儀顧堂題跋】

書小史十卷（影宋本）　錢塘陳思纂次。是書以歷代書家小傳纂次成帙、凡紀一卷、自庖犧迄五季、載帝王五十一家、傳九卷、首后妃十、附以諸女十三、次諸王二十七、次蒼頡至郭忠恕、共四百三十八人。【善本書室藏書志】

書小史十卷　宋陳思撰。是編始自太古、迄於五季、凡采書家五百三十一人、各爲小傳。於帝王則稱紀以別之。雖未注所出、而采輯不濫、敍次亦具剪裁、足稱佳構。且彙敍歷代書家爲史傳、是編實有草創之功。四庫譏其不應采齊王澈竊以書名書小史、不云書家小史、則采及書事、於義例似尙未乖。四庫又謂其不及書苑菁華之詳密、亦非的評。書苑菁華之蕪雜、安得稱爲詳密。是編旣名小史、原不以詳密爲能。況此爲著述、彼屬類書、體例各殊、亦不宜相提並論也。【書畫書錄解題】

皇宋書錄三卷外篇一卷

乾隆刊知不足齋叢書本　四庫全書本

宋董史撰。史字良史、（或作名更、或作字更良者、並誤）洪都人、自稱閒中老叟。

皇宋書錄三卷（寫本）　右宋董史輯。以列祖書爲上卷、北宋各家爲中卷、南宋各家爲下卷、釋子附焉。又別錄閨閣數人爲外篇。綴於末、自序謂後二篇第取能書、不復銓次人品云。有淳祐壬寅自序及咸淳乙丑跋。【浙江採集遺書總錄】

書錄三卷外篇一卷（浙江吳玉墀家藏本）　宋董史撰。其書皆紀宋代書家姓氏、分上中下三篇、上篇載藝祖至高宗、中篇載北宋書家一百十八人、下篇載南宋書家四十五人、有所見輒鈔於帙、故不復以人品高下爲銓次。凡諸書所有評論書法者、悉加採摭、彙次每人之後。更加外篇、附於卷末、所載女子六人、蓋倣華陽國志襃儒貧女有可紀者、莫不咸具例也。錄中所紀、雖未爲賅備、而徵引典核、考據精審、亦殊有體裁、非泛濫捃摭者可比。其書成於理宗淳祐壬寅、後景定元年庚中燬於火。度宗咸淳元年乙丑、從章氏得其舊本、乃重加修校、復成此編。原本書末有至正丁未三月錄辦云云一行、蓋元時華亭孫氏所鈔存者、後輾轉傳錄、譌脫益甚、自序亦已殘闕不可讀、檢勘諸本並同、無可校補、今姑仍其舊焉。【四庫全書總目提要】

書錄三卷　宋董史撰。皆記宋代書家名氏、上卷帝王、中卷北宋一百十八人、下卷南宋四十五人。前人評論、悉採附其人之後。末附外篇、則女子六人也。【四庫全書簡明目錄】

皇宋書錄三卷（舊鈔本）　宋董史撰并序。書作於理宗淳祐壬寅年、中燬於火、至度宗咸淳乙丑歲、修校成編。是本出華亭孫氏鈔傳、卷末有至正丁未三月十四日錄辦一行、惜中多脫文缺字、無從校補。史字良史、乃從姓得名、有作董更者、傳寫之誤。【鐵琴銅劍樓藏書目錄】

皇宋書錄三卷外篇一卷（知不足齋叢書本）　宋董史撰。四庫全書著錄。前有自跋、稱庚申（景定元年）之火、藏書蕩盡、而書錄亦不復存、念始者編類非一日、採摭非一書、功成而廢、惟切悵恨。因匡廬曹谷中稱之、後得轉寫之本、重加修校、復成此編。其書每卷爲一篇、以宋代諸帝爲上篇、北宋臣士爲中篇、南宋臣士爲下篇、後以女子爲外篇、每篇第取能書、不復銓次人品、凡一百六十七家、所載悉有依據。惜其本譌脫尚多、無從據以補正焉。【鄭堂讀書記】

書錄（浙江採集遺書總錄作皇宋書錄）三卷外編一卷　宋董史撰。（鮑廷博曰、篇首署名董史、不繫里居、詳閱下篇所列、多西江人、於杜良臣下、復綴以小跋云、竊比華陽國志之例、甕儒貧女、莫不咸具、故處鄉郡耳目所接、不敢偶遺、始知西江實其鄉國、而尚未悉何郡也。又後序稱閒中叟董更良史、頗疑更良爲字、而史其名也。及觀他書目、亦有以董更著錄者、久未能明。近檢江村消夏錄、載適堂董氏舊藏擣練詩帖中、有閒中叟一詩、及董史良史收藏印記、於是知其籍隸洪都、而序中更字爲史字轉寫之訛無疑、以未得他本印證、不敢遽改。○案曹士冕法帖譜系、載法帖不知處本云、豫章士友董良史家有法帖拓本數卷、與淳化閣帖規模相似、據此知其爲豫章人。又法帖譜系後有董史跋、足證更字之誤。其跋作於景定壬戌、跋中又稱淳祐甲辰、因侍陶齋曹公云云、知其爲宋季時人。）　是編專紀宋代書家姓氏、凡三篇、上篇載帝之能書者、中篇記北宋書家、凡一百八十人、下篇紀南宋書家、凡四十五人、諸家有評論及之者、皆采次諸人之後。又有外篇、紀女子之能書者。所載書家、及所輯評論、間有爲他書所未見、足爲考訂之資、不僅以體裁完善見長也。【書畫書錄解題】

書史會要九卷補遺一卷續編一卷

明洪武九年刊本無續編　崇禎庚午朱氏刊本　三續百川學海本　四庫全書本　民國十八年武進陶氏影印本

明陶宗儀撰。續編朱謀垔撰。宗儀有國風尊經、已著錄。謀垔字隱之、號厭原山人、寧藩支裔也。

書史會要九卷（刊本）　明陶宗儀著。并序云、宗儀蚤歲粗知六書之旨、凡遇名蹟古刻、博覽精研、每讀史傳以至百氏雜說書錄所記善書姓名、捃摭殆徧、因以朝代分輯、而系六書諸例于其後、彙爲九卷、題曰書史會要。【天一閣書目】

書史會要十卷補遺一卷　此書乃廣海岳名言、及待訪錄所未備、甚爲楊文貞公所不取、見水東日記。【絳雲樓書目】

書史會要十卷補遺一卷（刊本）　右元陶宗儀撰。其體與書小史相類。按居易錄謂此書明厭原山人隱之王孫曾刊之、其末卷爲隱之所續明代善書人名款識、雕板甚精。有張天雨趙松雪楊仁巖周公謹柯丹邱周伯溫豐南禺鑒定題跋、極可寶玩云。【浙江採集遺書總錄】

書史會要九卷補遺一卷續編一卷（浙江鮑士恭家藏本）　書史會要九卷、補遺一卷、明陶宗儀撰。續編一卷、朱謀垔撰。是編載古來能書人、上起三皇、下至元代、凡八卷、末爲書法一卷、又補遺一卷。據孫作滄螺集所載宗儀小傳、稱書史會要凡九卷、此本目錄、亦以書法補遺共爲一卷、而刊本乃以補遺別爲卷、又以朱謀垔所作續編一卷、題爲卷十、移其次於補遺前、殆謀垔之子統鉷重刊是書、分析移易、遂使宗儀原書中斷爲二。今仍退謀垔所補、自爲一卷、題曰續編、以別於宗儀之書。而其書法補遺、如仍合爲一卷、則篇頁稍繁、姑仍統鉷所編、別爲一卷、以便省覽。宗儀舊本以元繼宋、而列遼金於後、與所作輟耕錄中載楊維楨正統論、以元繼宋者、所見相同。【四庫全書總目提要】

書史會要九卷補遺一卷續編一卷　書史會要及補遺、明陶宗儀撰。續編、朱謀垔撰。宗儀所錄能書人、自上古至元爲八卷、末爲書法一卷、而附以補遺。今以篇頁稍繁、析補遺別爲一卷。續編所載皆明人、舊列補遺之前、使宗儀書斷而爲二、今退之置於末焉。【四庫全書簡明目錄】

書史會要九卷補遺一卷續錄一卷（舊鈔本）　明陶宗儀撰。其續錄一卷、則朱謀垔撰也。四庫全書著錄。錢氏補元志亦載之。南邨自早歲即知六書八法之旨、凡遇名蹟古刻、博覽精研、靡有怠時。每讀史傳以至百氏雜說書錄所記善書姓名、擴拾殆徧、因自三皇迄元代人、輯爲小傳八卷、而系以書法一卷、并補遺一卷、于其後題曰書史會要。凡聖賢帝王公侯卿相、及名士大夫以書法傳世者、審其端末、窮其指歸、多不爲繁、簡不爲略。洵足以備書家之掌故、而垂後學之準繩矣。隱之續錄、僅有淳化閣帖一類、後列二十六種、而分評其優劣、簡略殊甚。【鄭堂讀書記】

明刻書史會要九卷補遺一卷（六册）

元陶宗儀撰。曹睿序前、附孫作所撰南村先生傳。每卷後有助刻姓氏、如宋人刻經之例。卷一後云、後山居士張氏瑞卿寶命工鋟梓。卷二後云、三味軒主者張氏國祥麒助刊、亦有數人合刊一卷者。【滂熹齋藏書記】

書史會要九卷補遺一卷（明洪武九年刻本）　是書三續百川學海刊本、以明朱謀垔所作續編一卷爲卷十、而以補遺置續編後、使陶氏書中斷爲二、最爲謬妄。此爲洪武九年刊本、首宋濂序、次曹睿序、次孫作南村先生傳、次引用書目、次九成自序、次考詳、次目錄。凡九卷、補遺一卷。末有鄭眞跋。卷首題書史會要卷之一、次行題南村處士陶宗儀九成著。每卷之後、題助刻人姓名四五人合之、共數十人。按宋潛溪序云、天台陶君九成新著書史會要成、翰墨之家、競欲覩之、以謄鈔之不易也、共鍥諸梓云云。則知此書爲翰墨家合貲刊行者。第九卷末題張氏以行存管刻此卷、又云補遺一卷、嗣後刊行、則知補遺之刊、又稍後於九卷。提要因孫作小傳爲九卷、遂疑原本以書法共爲一卷、而以重刊本之補遺別爲卷者、爲朱謀垔之子統鉷所分、不知原本補遺本各爲卷、孫作小傳所載、未詳言之耳。　是書收能書人姓名、最爲博贍、可與夏文彥之圖繪寶鑑相伯仲。惟前列引用書目、而每條之下、則不著見何書。雖陶氏意在成一家言、然其中頗有隱僻之姓名、不注所出、終爲俗學。【日本訪書志】

書史會要九卷補遺一卷（明洪武刊本）

南村處士陶宗儀九成著。前有洪武丙辰宗儀自序、及江陰孫作撰南村先生傳、洪武丙辰四明鄭眞後序、并引用書目姓氏。末有張氏昇遠賓暘朝陽克宜曦升曦采林氏魯郊合貲鋟梓題字。崇禎庚午朱謀垔隱之續一卷有刊序、此則在二百年以前矣。【善本書室藏書志】

書史會要九卷補遺一卷（天台山方外志、明史藝文志、千頃堂書目、台州外書、邑志、書目答問、台州書目、山東日記、居易錄、百川書志、浙江通志、叢書舉要、東里續集、松江府志）　明黃巖陶宗儀撰。有洪武、崇禎刻本、及三續百川學海本。（東里續集）書史會要、松江陶九成編、蓋鈔錄史傳及百家雜記所載善書之人而爲之者也。其書無足取、至纂述近事尤謬。獨書法一卷、稍便初學耳。【台州經籍志】

書史會要九卷補遺一卷　明陶宗儀撰。是書明刊本極少見、此據文瀾閣本著錄。卷首僅有宗儀自序一篇、楊鄰蘇日本訪書志所云宋曹兩序鄭跋及書目等俱無之、未知四庫所據何本也。書史之作、在九成以前、僅有陳董兩家、陳書所載未甚詳、董書限於有宋一代。是編起自三皇、迄於元季、摭采至爲繁富、文筆簡當、間加評論、褒貶頗得其平。惟其所采之書、間亦有未及改正者、如蔡京傳中、尚有襄書爲本朝第一語、猶是宋人口氣。又其於諸人時代、先後不甚倫次、如趙必𤩽列於姜夔之前三十人、秦檜乃與文天祥並列、之類、皆其失之最顯者也。至於不善書之人、亦爲列入、如謂陳廬陵王伯仁尺牘近鄙、伏知道書法寬疎弛慢無可取則之類、殆以其人久負書名、不入恐人譏其漏略歟。然作史貴有褒貶、此正是編之特長也。卷一三皇至秦、卷二漢三國、卷三晉、卷四宋齊梁陳北齊隋、卷五唐五代、卷六宋、卷七大元、卷八遼金外域。九成作輟耕錄、采楊維楨正統論、以元繼宋而列遼金於後、原無不可、惟其書作於洪武九年、而仍稱大元、稍覺可異。九成入明固曾仕者也。其於元遼金外域書家、亦爲著錄、且詳及其國特有文字、亦頗足資考證。卷九爲書法、則雜采古來書家緒論、眞僞雜淆、殊不足取。末附補遺一卷、不下四百五十人、亦足見其成書之倉卒矣。前有洪武丙辰自序。　書史會要續編一卷　明朱謀垔撰。是編續陶書而作、采輯明代書家、亦頗周詳。惟九成於諸家得失、直抒己見、隱之則多託於評者之言、評者爲誰、遂無可考。或因事屬本朝、時代較近、有所顧忌而然也。【書畫書錄解題】

按孫原湘跋元槧書史會要、見(天眞閣文集。)亦可參閱。

玉臺書史一卷　昭代叢書本　賜硯堂叢書本　述古叢鈔本　說庫本　藏修堂叢書本　翠琅玕館叢書本

清厲鶚撰。鶚有遼史拾遺、已著錄。

玉臺書史不分卷　清厲鶚撰。是書輯歷代婦女之能書者爲一編、各具一傳、有書蹟者附之、並錄及題跋、各注所出、無一字無來歷。內分宮闈女仙名媛姬侍名伎靈異雜錄七門。宮闈得四十九人、女仙得七人、附尼一人、名媛得一百四人、姬侍得十二人、名妓得三十三人、靈異得二人、雜錄三人、頗爲賅備。惟前後無序跋、又未分卷、疑爲未定之稿、或太鴻將有所撰著、而此爲其長編邪。【書畫書錄解題】

國朝書人輯略十二卷　光緒三十四年金陵刊本

清震鈞撰。鈞有天咫偶聞、已著錄。

國朝書人輯略十二卷　清震鈞輯。是書凡

十二卷。首卷爲淸宗室凡五人。卷一得一百十八人、皆明人入淸猶存者、中多遺逸、如歸莊、宋曹、萬壽祺、徐枋、王撰、朱彝尊皆列焉。竊嘗謂記一代人文之書、必宜體察其人之志趣、不當僅以時代爲限斷、如必欲釆錄、宜別爲一卷、直書曰明遺民、庶副名實。卷二凡一百八人、卷三凡七十九人、卷四凡一百七人、卷五凡六十六人、卷六凡六十九人、卷七凡七十八人、卷八凡四十四人、卷九凡八十八人、卷十凡二十一人、卷十一閨秀得五十六人、方外得十五人、女冠得二人、通計八百四十八人。一代書家大略完備。其體例仿張氏詩人輯略之例、先疏籍貫官閥、然後羣籍評論所及者、一一注明出處、信而有徵、足爲脩書史之資料。其排比先後、大抵依科分爲序、頗便攷稽。其無科分之人、間入其間、未知據何爲準。竊意編次名氏之書、時代之先後、最與知人論世有關。前代之書、惟黃氏千頃堂書目著錄別集、以朝代科分爲先後、無科分者則酌附於各朝之末、體例最善、不僅著錄別集一端宜然也。若此編者、其用意略同於黃氏。固與漫無標準、隨意彙鈔者有異矣。前有自序、作於光緒三十三年。【書畫書錄解題】

圖繪寶鑑五卷補遺一卷

元至正二十六年刊本半葉十一行行二十字黑口（此本倘屬原書面目其後諸本多與韓昂續編合刊）　明正德己卯苗增刊本以正續編共爲六卷一說續編即苗增所纂　明汲古閣刊津逮祕書本亦併正續編爲六卷　天啓中卓爾昌刊本改題畫髓玄詮　四庫全書本正編五卷韓昂續編一卷　知不足齋叢書本八卷補遺一卷　乾隆年怡堂刊袖珍本亦八卷　借綠草堂刊本亦八卷前五卷爲夏氏原本六卷爲毛大倫補明代人七八卷爲藍瑛補輯淸代人　同治十三年刊本　民國三年羅氏刊宸翰樓叢書本（影印元刊本）　日本刊本無年月半葉十行行十八字此本原於元刻補遺後多續補一葉增補一葉　榕園叢書單刊韓昂續編一卷本

元夏文彥撰。文彥字士良、號蘭渚生。吳興人、徙居松江。

圖繪寶鑑五卷　夏文彥撰。陶南村與之爲友、極稱其賞鑑之精、見輟耕錄十八卷。明韓昂有續圖繪寶鑑。【絳雲樓書目】

夏文彥圖繪寶鑑五卷（入述古目、黃不烈云、海寧吳槎客有明初刻本）　書成於至正乙巳。自吳晉至宋元、歷代畫家氏名、網羅搜討殆徧。序云他無所好、獨於畫遇所適、諦玩輒忘寢食。其留心畫史、蓋終身以之者矣。【讀書敏求記校證】

圖繪寶鑑（一函四册）　元夏文彥著、五卷、補遺一卷。前元楊維楨序、文彥自序。考栗祁湖州志云、夏文彥精圖畫、著有圖繪寶鑑五卷行世、但稱五卷、不云其補遺一卷。今按文彥自序作於至正乙巳、自謂彙而成編、分爲五卷。其補遺後別行、又標至正丙午新刊、則補遺之作、在文彥自序中且未之及、故栗祁作志亦從其略。不知乙巳丙午、僅越一年、自是一時並刊、非爲後出。栗志之疏、固不足辨。士良本至明時版已漫漶、正德中有錦衣衛都指揮苗增字益之、取家藏本繕寫重刊、又彙次當代善畫者、續編爲六卷、刻於正德己卯、司經局洗馬滕霄爲序。是本仍止五卷及補遺、并無重刊序跋、系欲僞充原槧者。然選紙堅緻古香黝然、亦佳本也。【天祿琳瑯書目】

圖繪寶鑑五卷續編一卷（衍聖公孔昭煥家藏本）　元夏文彥撰。陶宗儀輟耕錄曰、友人吳興夏文彥、其家世藏名跡、罕有比者、朝夕玩索、心領神會、加以游於畫藝、悟入厥趣、是故賞鑒品藻、百不失一。因取名畫記、圖畫見聞志、畫繼、續畫記爲本、加以宣和畫譜、南渡七朝畫史、齊梁魏陳唐宋以來諸家畫錄、及傳記雜說百氏之書、蒐潛剔祕、網羅無遺。自軒轅至宋德祐乙亥、得能畫者一千二百八十餘人、又金元三十八人、本朝至元丙子（案宗儀此書作於至正中、故稱元爲本朝）至今九十餘年間二百餘人、共一千五百餘人。其考核誠至、其用心良勤、其論畫之三品、蓋擴前人所未發云云、卽指此書也。中間如封膜之類、尙沿舊譌、未能糾正。又每代所列、不以先後爲次、往往倒置、體例亦未爲善。然蒐羅廣博、在畫史之中最爲詳贍。郎瑛七修類稿嘗謂圖繪寶鑑但紀歷代善畫人名、及所師某人而已、當添言所以、方盡其意。如董源則曰山是麻皮皴之類、馬遠則曰山是大斧劈兼丁頭鼠尾之類、如是則二人之規矩已寓目前、而後之觀其畫者亦易云云。然文彥所記、主於徵考家數源流、中間傳其名者多、見其跡者少、安能一一舉其形似。瑛所云云、蓋未知著書之難、不足據也。續編一卷、明欽天監副韓昂所纂、起明初、迄正德、一百五十年間、採輯得一百七人、而冠以宣宗、憲宗、孝宗三朝御筆、成於正德十四年。然核其書中如文彭、陸治、錢穀等、以下皆嘉靖時人、殆後來有所增補、非昂之舊歟。【四庫全書總目提要】

圖繪寶鑑五卷續編一卷　元夏文彥撰。採古來能畫人名氏、自軒轅迄元代、旁及外國、凡一千五百餘人。續編明韓昂撰、所錄自洪武迄正德、凡一百七人、而冠以宣宗、憲宗、孝宗三朝御筆。【四庫全書簡明目錄】

圖繪寶鑑　元夏文彥所著、採古今能畫者、自軒轅至於有元、旁及外國、得一千五百餘人、合補遺續補爲五卷。文彥嗜古精繪事、爲楊維楨所稱、其家多藏古蹟、又於志記所載見聞所及、廣搜博識、加以品藻、輯爲是編。續編一卷、爲明韓昂所纂。【惜抱軒書錄】

圖繪寶鑑五卷補遺一卷　題吳興夏文彥士良纂。前有至正乙巳夏文彥序。據汲古閣刊本、尙有抱遺老人楊維楨序、此本失之。汲古閣本第一卷謝共譌作謝恭、第二卷李枳譌作李枳、又補遺與明芮巽齋續補、幷爲一卷、又脱寒溝漁人一條、皆不及此本。黑口巾箱本每葉廿二行行廿字。【平津館鑒藏書籍記】

圖繪寶鑑五卷、補遺一卷、題吳興夏文彥士良纂。前有至正乙巳夏文彥序。據汲古閣本前尚有抱遺老人楊維楨序、此本失之。元刊黑口巾箱本每葉廿二行行廿字。【讀書叢錄】

圖繪寶鑑　右五卷元刻本、每葉二十二行、行二十字。吳中黃蕘圃主事跋云、夏文彥圖繪寶鑑五卷、載於讀書敏求記者、爲得其眞。他如津逮所刻已合明欽天監玉泉韓昂續纂者而幷爲六卷、又何論近刻之八卷者乎。書必求其初刻、如此刻雖漫漶不可卒讀、然五卷原書具在、後附補遺。與他本附補遺於六卷後者面目已改、豈不可寶。士良搜羅畫人姓氏、可謂極詳、然吾有疑焉。嘉熙時有宋伯仁梅花喜神譜二卷、潛溪先生詳畫梅之原、五代有滕勝華、宋有趙士雷、邱慶餘、徐熙仲仁師、楊補之、今寶鑑所列、一一不爽、獨遺伯仁一人、則士良之書、殆有未盡耶。　簡莊徵君跋云、圖繪寶鑑五卷、元吳興夏文彥撰。是本雖墨色漫壞、然猶是元版而明印者、遠勝今本之竄亂混淆矣。【拜經樓藏書題跋記】

圖繪寶鑑五卷補遺一卷（元刊本）　題吳興夏文彥士良纂。前有至正乙巳士良自序、卷末有至正丙午新刊一行、時元順帝二十六年也。【鐵琴銅劍樓藏書目錄】

圖繪寶鑑五卷續纂一卷（津逮祕書本）　元夏文彥撰。四庫全書著錄、倪氏錢氏補元志俱載之。倪氏作彥文字誤倒也。士良家藏法書名畫爲最多、朝披夕覽、有得于中、且精繪事、因裒集諸志、彙而成編。卷一分論六法三品三病六要六長及製作楷模古今優劣粉本賞覽裝褫書畫定式凡九則、次敍歷代能畫人名、自軒轅迄唐代凡一百九十五人、其跡罕傳于世、故不詳載。卷二以下自孫吳迄元代旁及外國、凡一千三百餘人、皆考論其世、與夫得失優劣之差、非其神識獨高、不能品藻深至。視郭米諸家、恐未足多讓也。續纂一卷、明韓昂撰。（昂字孟禺、玉泉人、官欽天監副）四庫著錄、作續編。明史藝文志作明畫譜、所纂自洪武迄正德凡一百七人。【鄭堂讀書記】

元刻圖繪寶鑑五卷補遺一卷（一函六册）　元夏文彥士良纂。前有楊鐵厓序及至正乙巳自序、卷末有一行云、至正丙午新刊。是既成書之明年卽上木也。士良與陶南邨友、南邨輟耕錄極稱其賞鑑之精、此書與書史會要亦各樹一幟者也。【滂熹齋藏書記】

圖繪寶鑑五卷（日本舊鈔本）　元夏文

彥撰。此書津逮所刻、合明欽天監玉泉韓昂續纂者、幷爲六卷。坊刻又分爲八卷。按元刻五卷、每葉二十二行、行二十字。此本每葉二十行、行十八字。係日本人重刻、無年月。字體頗古雅、當是原于元刻、雖易其行款、而仍爲五卷之舊。首楊維楨序、次自序。首行題圖繪寶鑑卷第一、行下題吳興夏文彥士良纂。補遺附于五卷之後、其邊縫仍題卷五。補遺之後、又有續補一葉、凡七人。續補之後、又有增補一葉、凡八人。按拜經樓藏書稱津逮本不可據、而所藏元刻亦多漫漶、此本雖經重寫、而無竄亂混淆之失、則亦可貴也。【日本訪書志】

圖繪寶鑑五卷續一卷　明正德己卯錦衣衛指揮苗增刻本、黑口。前有夏文彥自序、楊維禎序、續編滕霄序。【藝風藏書記】

圖繪寶鑑五卷補遺一卷（元刻黑口本）　元版圖繪寶鑑五卷補遺一卷、黃蕘翁所稱敏求記所載五卷本爲得其眞者也。自明毛晉刻入津逮祕書、合明韓昂所續爲六卷、于是五卷原書、遂不復行於世。至今日、卽毛本亦不易得、況元版乎。【郎園讀書志】

圖繪寶鑑五卷（明天啓中卓爾昌刊本改題畫髓玄詮）　元夏文彥撰。此據津逮祕書本著錄。原爲五卷、卷一倶論畫事、卷二記吳至五代畫人、卷三爲宋、卷四南宋及金、卷五元及外國、又附補遺續補。黃蕘圃藏書題跋記、楊鄰蘇日本訪書志、於其卷數板本倶有攷核、不以津逮本爲然、惜原刊本未得見。此書向爲藝林珍重、明以後論畫之書、多喜徵引。今細覈之、頗嫌蕪雜。卽黃楊兩公稱許之善本、亦不過卷數分合多寡之不同、其於內容當無甚差異也。第一卷六法三品三病製作楷模古今優劣四條、剽自郭氏圖畫見聞誌、陶南村輟耕錄、稱其論畫三品、蓋擴前人所未發、未免失考。粉本賞鑒裝褫書畫定式三條、則剽自湯君載畫論。六要六長兩條、則剽自劉道醇聖朝名畫評、而去其識畫之訣四字、遂似言作畫之訣、又歧爲兩則、致與原意不符。（後來論畫之書、多徵引六要六長、誤爲作畫之訣、且多以爲出於士良、尤爲粗疏可笑。）以上倶未注所出、獨敍歷代能畫人名一篇、注明出歷代名畫記、遂似前所列諸條、悉爲己說、故爲暴而出之。卷二以下所載畫人、輟耕錄謂其以歷代名畫記圖畫見聞誌畫繼續畫記爲本、加以宣和畫譜南渡七朝畫史諸書、原不爲病、惜倶未逐條注明。（其書實以宣和畫譜爲主、見自序、陶氏所記殊未合。）而其最疏失者、卽僅分朝代、而不按畫人時代重爲編次。蓋先就一書所載、依次鈔錄、然後更及他書、其原書體例如何、絕不顧慮。如宣和畫譜本以道釋人物宮室番族等類分編、各類中仍按時代列入、鄧公壽畫繼分類又不同、亦各按時代爲次、具有條理、此書則先取宣和畫譜、不問其分類如何、僅依朝代順次逐錄、錄畢復取畫繼依樣順次錄之、其他各書、亦復如是。所錄之書愈多、則其間分類愈複、分類愈複、則時代錯雜愈甚。故編中每一朝代、道人釋子王侯閨閣、紛雜其間、無復倫次、此但求省事苟且成書之弊也。四庫提要、及高江村諸人、祇知其未按時代編此、而不知其致此之由、故不憚煩而為發其覆。惟其僅按前人原書編列、故漏略遂不能免、高江村謂其不知何澄祝次仲、黃羲圃疑其未錄宋伯仁、皆未搔著癢處之論。其後亟出補遺、（補遺在原書出板後一年所作、）殆亦自知闕失、而補為之者。

圖繪寶鑑續編一卷　明韓昂撰。（按卷前有滕霄序、稱為苗增所編。）　是編首宣宗迄朱端、凡一百十四人、與四庫提要所計百七人未符。又提要云、書成於正德十四年、其中有文彭陸治錢穀等、以下皆嘉靖時人、殆後來有所增補、今按津逮本、並無文彭諸人、是校四庫著錄本為佳矣。其書體例與夏氏同、亦未詳其出處。前有滕霄序、後有自跋、似此書非出於一人、然何者為苗氏原編、何者為韓氏補輯、亦莫詳也。

增廣圖繪寶鑑（丁氏八千卷樓目、有重編圖繪寶鑑八卷、清馮仙湜等撰者、當即此編蓋因編首有馮仙湜鑑閱、遂誤以為仙湜等撰也、）八卷（前五卷為夏文彥原編。王聞遠孝慈堂書目注云、馮仙湜等訂二册、疑當時亦有單行之增廣本也。）　舊本題明毛大倫清藍瑛謝彬撰。（大倫字善叔、自署武林人、藍瑛字田叔、錢唐人。謝彬字文侯、上虞人。其前俱題馮仙湜鑒閱、故各家書目多誤為仙湜撰。今正。）孫星衍祠堂書目云、六卷毛大倫撰。七卷藍瑛撰、八卷卽夏文彥補遺。今本八卷為閨秀、後附補遺、略有不同。想坊刻任意為之、非別有一本也。）　是編前五卷及第八卷末、所附補遺、皆夏文彥原編。第六卷為毛大倫增補、記有明一代畫家、始於宣廟、終於張鵬、凡得一百八十六人。敘述無法、又不甚以時世為次、如王問傳僅云戊戌進士、而不詳其年號、徐渭次於李日華後之類、皆可訾議。文辭尤拙劣。知其尚未得見韓昂補編、乃倉卒拉雜成之者。第七卷記清代畫家、題為藍瑛謝彬纂輯、而傳中卻有田叔文侯之傳、且稱許甚至、文侯生卒年分無可考、若田叔之卒、尚在明代、而傳中乃有康熙時人、其為坊賈偽託欺人、絕無疑義。所錄凡四百六十三人、半屬明季遺民、而雜廁於清人之間、淩亂無紀、尤甚於毛氏所編。八卷為女史、僅題馮仙湜鑒閱、未詳何人所編。所紀凡九十六人、首為宋楊妹子、餘皆明清兩代人、亦任意掇錄、無復倫次。知此三卷皆清初坊本、猶未脫明季舊習者也。【書畫書錄解題】

吳郡丹青志一卷　明寶顏堂刊

續祕笈本　續說郛本　廣百川學海本　四庫存目　美術叢書本

明王穉登撰。穉登字百穀、吳縣人。嘉靖中布衣。事蹟具明史文苑傳。

吳郡丹青志一卷（江蘇巡撫採進本）　明王穉登撰。是編所載神品一人、曰沈周、附三人、曰周之父恆、伯貞恆之師杜瓊。妙品四人、曰宋克、唐寅、文徵明、張靈、附四人、曰徵明之子嘉、姪伯仁、曰朱生、周官。能品四人、曰夏昶、夏㫤、周臣、仇英。逸品三人、曰劉珏、陳淳、陳栝。遺耆三人、曰黃公望、趙原、陳惟允。棲旅二人、曰徐賁、張羽。閨秀一人、曰仇氏。各爲傳贊、詞皆纖佻。至以仇氏善畫、爲牝鷄之晨、亦可謂不善數典矣。【四庫全書總目提要】

吳郡丹青志一卷（續祕笈本）　明王穉登撰。四庫全書存目。明史藝文志亦載之。前有嘉靖癸亥自序。蓋是歲百穀抱病家居、因取吳中近時畫家、分神品一人、附三人、妙品四人、附四人、能品四人、逸品三人、遺耆三人、棲旅二人、閨秀一人、凡二十五人。或分傳、或合傳、每類又爲總贊。所取不無太濫、而行文亦太涉纖佻矣。【鄭堂讀書記】

國朝吳郡丹青志一卷　明王穉登撰。是書內容詳四庫提要。四庫列入存目、謂其傳贊詞皆纖佻是也。然亦一時風尚、明中葉以後之文類如是、不僅百穀爲然。獨惜其爲鄉邦畫人作傳、聞見既眞且廣、所傳之人又皆卓絕一時、開來繼往、而傳中乃不詳敍其生平畫派、及其作法、又不著錄其作品、而徒以塡砌空泛之詞了之、使後人無由資以考證、爲深可歎惜也。自明初迄於嘉靖之末、吳郡畫人甚多、此編除遺耆棲旅五人而外、僅錄二十人、陝隘至是、而名曰丹青志、亦嫌名實未符。而此二十人中、於周臣仇英輩、尙有貶詞、亦覺苛刻。前有嘉靖癸亥自序。【書畫書錄解題】

畫禪一卷

明寶顏堂刊普祕笈本　廣百川學海本　續說郛本　四庫存目

舊題明釋蓮儒撰。蓮儒有文湖州竹派、已著錄。

畫禪一卷（浙江鮑士恭家藏本）　舊本題明釋蓮儒撰。自跋謂古尊宿六十餘家、見於王氏畫苑及夏士良圖繪寶鑑、則嘉隆以後人矣。所紀自惠覺以下、迄智海、凡緇流之能畫者、皆列焉。然元僧中如絕照之見於侯菴集、天然之見於林屋漫稿、枯林之見於桂隱集、南岳雲及蓮公之見於梧溪集、鏡塘之見於玩齋集者、悉佚不載、則其挂漏尙多矣。【四庫全書總目提要】

畫禪一卷（普祕笈本）　明釋蓮儒撰。四庫全書存目。是編就王弇州畫苑、夏士良圖繪寶鑑二書中所載緇流之能畫者、纂爲一帙、凡六十四家、而自二書之外、未及增入一

家、亦不免因陋就簡。【鄭堂讀書記】

畫禪一卷　明釋蓮儒撰。是書輯錄緇流能畫者爲一編、自惠覺迄雪窻（四庫提要云迄智海偶誤）凡六十四家。四庫譏其挂漏誠然、然彼固自言此六十餘家、皆采自畫苑及圖繪寶鑑兩書也、不務博采、草草成書、殆明季士人通習。觀此編知緇流亦染其風矣。

【書畫書錄解題】

畫史會要五卷　明崇禎辛未自刊本　四庫全書本

明朱謀垔撰。謀垔有書史會要續編、已著錄。

畫史會要五卷（刊本）　右明宗室朱謀垔撰。述畫事、溯上古迄於明代各家、按世次詮敍焉。【浙江採集遺書總錄】

畫史會要五卷（浙江鮑士恭家藏本）明朱謀垔撰。謀垔既續陶宗儀書史會要、因推廣其類、採上古迄明能畫人姓名事蹟、輯爲此編、亦附以畫法一卷。成於崇禎辛未。全用宗儀之體例、故書名亦復相因。然宗儀之書、止於元代、故謀垔所續明人、別爲一卷、列之外域之後可也。此書爲謀垔所自編、既以金列元前、稍移其次、而所列明人、雖太祖宣宗、亦次於外域之後、則拘於舊目、顛倒乖剌之甚矣。至目錄以宋爲第二卷、金元及外域爲第三卷、而其書乃以北宋爲第二卷、南宋金元及外域爲第三卷、又削去南宋之號、但以都錢塘三字爲卷端標目、舛迕尤甚。蓋明之末年、士大夫多喜著書、而競尚狂禪、以潦草脫略爲高尚、不復以精審爲事。故顧炎武日知錄謂萬曆後所著之書、皆以流賊劉七爲賊七之類、所刻之書、皆以壯月朔爲牡丹朔之類。雖詆之稍過、亦未可謂全無因也。今爲改正其文、而附註原目之謬如右。其書雖採摭未富、疎漏頗多、而宋金元明諸畫家、頗賴以考見始末。故御定佩文齋書畫譜、畫家傳中、多引以爲據、亦談丹青者所不可遽廢也。【四庫全書總目提要】

畫史會要五卷　明朱謀垔撰。蓋因陶宗儀書史會要、未及畫家、故仿其體例、爲此書。編次無法、至以明太祖宣宗列諸外國之後、殊爲乖舛。然宋金元明諸畫家姓名不顯者、亦頗賴以傳。【四庫全書簡明目錄】

畫史會要五卷（通行本）　明朱謀垔撰。四庫全書著錄。陶南邨書史會要九卷、隱之爲續一卷、已復從事于纂畫之書、取謝張朱劉衆氏之書、而旁搜于經史雜家、採其要言、依南邨體例、爰自伏羲迄于明代、上而帝王、以及縉紳韋布道釋女流、各爲小傳、凡四卷。後爲畫法一卷、錄諸家文賦、併及雜論、則以六法爲綱而條列之。以其配陶氏之書、故亦題畫史會要云。隱之人品極高于丹青家、能原本伊始、以及支裔、採摭博而比屬精、立諸小傳、必甄量品行、後及藝事、不徒丹青家考鏡已也。故能與夏士良圖繪寶鑑、並傳于世。

【鄭堂讀書記】

畫史會要五卷　明朱謀垔撰。（佩文齋書畫譜纂輯書目作金賚撰續編爲朱謀垔撰、未詳何據。續編今未見、他書亦未見著錄。）

是書原刊本未得見、此據文瀾閣四庫本著錄。業經四庫館爲之改定、已非盡朱氏之舊編。書凡五卷。卷一三皇至五代、卷二北宋、卷三南宋金元外域、卷四明、卷五畫法。按謀垔自序謂其卷仍陶氏書史之數。書史會要有九卷、此編僅得五卷、而據四庫提要、於其卷數未嘗有所移易、殊不可解。自序謂後錄諸家文賦之可誦者、或卽爲後之四卷。經四庫削錄、亦未可知也。是編所載元以前畫家、於張郭諸家所述之外、絕少增補。僅於封膜等數條、間有辨正而已。至明代畫人傳、則以前作者無聞、搜輯頗見勤至。後來考錄明代畫家者、多本之。然全書俱不注所出、終爲俗學。第五卷畫法、最爲無聊、雜采前人論畫之作、眞僞雜淆、未能分列。其次爲六法三品、次氣韻、次用筆、次寫形、次賦彩、次位置、次傳模、次鑑別、次評畫、次賞鑑、好事、次似不似、次古畫、次唐畫、次宋畫、次元畫、次明畫、次邪學、次粉本、次看畫法、次品第畫、次無名畫、次單條畫、次古絹畫、次裱錦、次學畫、次軸頭、次藏畫、次小畫匣、次捲畫、次拭畫、次出示畫、次裱畫、次掛畫、次收畫、亦雜采前人成言、殊欠倫次、則明季著書風氣如斯、難以深責矣。【書畫書錄解題】

無聲詩史七卷

康熙五十九年庚子嘉興李光暎觀妙齋刊本　四庫存目　述古叢鈔本　翠琅玕館叢書本

清姜紹書撰。紹書字二酉、丹陽人。明末嘗官南京工部郎。

無聲詩史七卷（刊本）　右明山阿姜紹撰。多論明人畫品。【浙江採集遺書總錄】

無聲詩史七卷（編修勵守謙家藏本）

國朝姜紹書撰。是編蒐輯前明畫家、自洪武以至崇禎、爲四卷。附以女史一卷。自卷六以下、則或眞迹不存、或品格未高、偶然點染、不以畫名者、亦附著焉。後有嘉興李光暎跋、謂鄉人李芳與同時褚勛、均未載入、頗以挂漏爲慽。然是書採摭博而敘述無法、如倪瓚以明初尙存、故列之明代矣。王鐸已歸命國朝、官至禮部尙書、亦列之明代、是何例乎。劉基之傳卽曰公鼎彝之迹、載在國史、玆不復贅矣、岳正一傳、乃全述直諫之事、張靈一傳、亦備述狂誕之行、連篇累牘、於繪事了無關涉、又何例也。至於末附其子彥初一傳、稱其寫山水小景、頗具倪黃邱壑、蓋不學而能、尤爲創見。童烏不秀、是以附載、法言以十七歲之少年、方學渲染、卽列傳於古人之中、抑又異矣。【四庫全書總目提要】

無聲詩史七卷（康熙庚子觀妙齋重刊本）

國朝姜紹書撰。四庫全書存目。二酉性喜畫、而尤喜究畫家源委、乃由洪武以迄崇禎二百七十餘載、凡有關繪事者、聞見所及、錄之成帙。前四卷爲正編、第五卷爲名媛、後二卷爲附錄、大凡四百餘家、敍述似不爲不備。惜其限于聞見、頗多遺漏、而紀載尙有失之濫者、不能無遺憾焉。其曰無聲詩史、蓋本東坡志林、觀摩詰之畫、畫中有詩、及黃山谷詩淡養寫出無聲詩語、猶曰畫史云爾。【鄭堂讀書記】

無聲詩史七卷（康熙庚子嘉興李光映刻本）　無聲詩史七卷、姜紹書撰。所錄皆明人、至國初畫家小傳、足與徐沁明畫錄、周亮工讀畫錄、張庚畫徵錄、參考互證、同爲有功藝苑之書。【郘園讀書志】

無聲詩史七卷　清姜紹書撰。是書蒐輯明代畫家、自洪武以迄崇禎、爲四卷、凡二百一人。五卷爲女史、凡二十二人、六卷以下、則或眞迹不存、或品格未高、或偶然點染、不以畫名者。其書敍次無法、四庫提要譏之、是也。抑更有言者、旣稱爲史、則須略具史傳體裁、是編於父子兄弟及有關係者、或類爲一傳、或又分爲數傳、殊不一律。卽如文氏諸人、本可類族爲傳、今不合爲一、而將徵仲曾孫從簡等傳連接於後、遂致時代錯雜不淸、此其失之最甚者。至於作畫人傳、固不能不略載其人素行、以表著其胸襟、然亦不宜過繁、致與畫史本旨相背。今觀編中如王冕、岳正、沈周、張靈、王穀祥、徐渭、莫是龍、孫克弘諸傳、所載事實太詳、多與繪事無關、亦其失也。惟其蒐輯頗爲勤至、評論亦頗通達。案輯錄明代畫人姓氏者、先乎是書有朱謀垔之畫史會要、今取以校覈、姜氏似尙未見其書、故無因襲雷同之處、固可以並存也。又李光暎跋、譏其蒐輯未備、亦非苛論。蓋如明季殉難諸臣能畫者、如黃道周、龔、俱未錄入、足見遺漏之多。至如陳洪綬、方以智、楊文驄、葛徵奇、馮起震、陳元素諸人、繪事甚精、俱錄入六卷以後、謂爲丹青別調、畫苑附庸、固未爲當。然姜氏與諸人時代相距甚近、或未知其人、未見其蹟、亦在意中、則不必以此爲病矣。前有自序、後有李光映跋。【書畫書錄解題】

畫法年紀一卷　清刊本　四庫存目

清郭礎撰。礎字石公、江都人。順治壬辰進士、官至順德府知府。

畫法年紀一册（刊本）　右國朝郭礎撰。前半備列畫家姓氏、悉以時代編之、而各注所長於下、後半則皆畫評也。【浙江採集遺書總錄】

畫法年紀一卷（兩淮鹽政採進本）　國朝郭礎撰。是編紀歷代善畫人名、自晉以迄於國朝、附載古畫品目、卷帙太狹、未免挂漏。

【四庫全書總目提要】

畫法年紀一册　國朝郭礎著刊本。是書錄自晉迄國朝畫家姓名里籍、并各著所長、後載書品及諸評論。【文選樓藏書記】

讀畫錄四卷

康熙間繫烟過眼堂刊本　海山仙館叢書本　讀畫齋叢書本　昭代叢書本　風雨樓叢書本

清周亮工撰。亮工有全濰紀略、已著錄。其子在浚跋曰、先大夫嗜畫三十年、集海內名筆千百頁、裝成卷册、每出載以自隨、欣然有得、因憶某幅出某君筆、遂舉某君家世里第、旁及韻言品藻、軼事雅謔、筆之於篇、久乃成帙云。

讀畫錄四卷（刊本）　右國朝周亮工撰。錄李日華迄章谷諸家、人各爲傳、韻語逸事、悉採入焉。後附王時敏至王蓍等姓氏、則皆未及列傳者。【浙江採集遺書總錄】

讀畫錄四卷　國朝周亮工撰。記一時畫手、略有事實、曾及題詠、而附畫人姓氏於後、蓋亮工嘗作畫人傳、凡所及見之畫家、皆記其梗概也。【翁氏四庫提要分纂稿】

讀畫錄四卷　臣等謹案、讀畫錄四卷、國朝周亮工撰。亮工癖嗜印章及畫、嘗裒輯同時能篆刻者爲印人傳、又裒輯畫家名氏爲此書、所記自明以來、凡七十六人、各論其品第、亦間附載題詠、及其人梗概。大抵皆所目睹、否則亦相去不甚遠。如李日華、董其昌之流、猶及聞其逸事者。昔董其昌作畫禪室隨筆、稱書法後人不及古、畫則各自成佛作祖。亮工亦持是論。故其所錄不及萬曆以前也。後附有名無傳六十九人、亦如作印人傳例。其中如王翬、惲壽平、聲價至今相埒、然于翬畫極相推挹、而壽平則僅挂名附錄中。豈當時壽平品格猶未成就、抑嗜好各有不同耶。觀其子在浚所輯雲烟過眼錄、亮工所收諸畫至二十巨函、可謂巨細不遺。而立傳者僅此、則亦矜愼不苟矣。謝赫、姚最、同異多端、李嗣眞、張彥遠、是非互起、要不妨（按妨下原有脫字）所見耳。【四庫抽燬書提要稿】

讀畫錄、此書係周亮工撰。因詩內有人皆漢魏、上花亦義熙、餘語涉違礙、經文淵閣詳挍簽出奏請銷燬、並將周亮工所撰各書一概查燬。此係文淵閣繕進之本、其違礙語句已經原辦之總校挖改、全書應燬。【抽燬書目】

讀畫錄四卷　國朝周亮工撰。記明末國初畫家、凡七十六人、各論其品第、及其生平梗概、亦間附以題咏。後列有名無傳者六十九人、或欲撰而未成、或以有傳無傳分甲乙、則莫可考矣。【四庫全書簡明目錄】

讀畫錄四卷　淸周亮工撰。浙江採集遺書總錄有此種、知當時已進呈、而四庫未見存錄、殆以其人黜之歟。是編據其子在浚跋本爲未成之書、故於當時名家尙多缺略。浙江採集遺書總錄解題云、後附王時敏至王蓍等姓氏一篇、皆未及列傳者。今據海山仙館本無之、遂不知未及列傳者尚有若干人矣。編中列傳者自李日華至章谷凡七十七人、皆其生平所及交游者。而明季畫家實亦大體具此。傳中專言繪事、兼及交情、讀之使人忘倦。而遺事軼聞亦賴以不墜、洵畫史最好資料也。櫟園當時原隨所觸會筆之於篇、初非有意為畫人作傳、自不能以史例相繩、亦不能責其不備。前有張遺毛甡兩序、後有康熙十二年其子在浚跋。【書畫書錄解題】

繪事備考八卷　康熙辛未刊本

四庫全書本

清王毓賢撰。毓賢字星聚、鑲紅旗漢軍。官至湖廣按察使。

繪事備考八卷（刊本）　右國朝三韓王毓賢撰。採輯古今繪事、多所考正。【浙江採集遺書總錄】

繪事備考八卷（刊本）　右國朝按察使三韓王毓賢輯。首論畫法、次述自軒轅至前明畫家、各系以小傳。【浙江採集遺書總錄閏集】

繪事備考八卷（內府藏本）　國朝王毓賢撰。陳鼎留溪外傳記、獄吏汪金章事、稱毓賢勤於吏治、案無留牘、則其人本以吏才見、然是編即康熙辛未官按察使時所作、乃又能留心於賞鑒。第一卷為總論、皆撮錄諸家畫法。二卷至八卷則取古來畫家姓名事迹、以時代分序、自軒轅至隋共為一卷、遼金元共為一卷、唐五代南宋明俱各為一卷。惟北宋家數繁多、析為三子卷、故總目雖分八卷、其實乃十卷也。其例每人各立小傳、而以諸書所載傳世名蹟、附於其人之後。大抵以張彥遠歷代名畫記、夏文彥圖繪寶鑑為藍本、增廣其所未備、蒐輯頗為詳贍。其中如穆天子傳封膜畫於河水之陽、郭璞註明云膜晝人名、張彥遠誤以晝字作畫字、遂稱封膜為畫家之祖、并妄造璞註以實之、毓賢乃治襲其謬、殊失於訂覈。又遼常思言人品畫品並高、附見郭若虛圖畫見聞志中、諸書並佚其名、此亦闕載。至於明之畫家、僅據韓昂圖繪寶鑑續編所載、迄正德而止、嘉靖以後、竟不為採摭續添、亦殊傷闕略。然前代如李嗣眞釋彥悰劉道醇之流、往往分別品第、時代混淆、難於檢核。是書仿張夏二家舊例、因時類敘、一覽可知。又芟汰繁冗、易於尋討。雖多用舊文、固不以遞相祖述為病矣。【四庫全書總目提要】

繪事備考八卷　國朝王毓賢撰。第一卷為總論、後七卷為歷代畫家小傳、而以相傳名蹟附於後。【四庫全書簡明目錄】

王毓賢繪事備考八卷　毓賢吏治精敏、而案牘之暇、不廢賞鑒。是編先撮錄諸家畫法為總論、次取古來畫家姓名事蹟、以時代分序、上自軒轅、下至北宋、雖祖述張彥遠歷代名畫記、夏文彥圖繪寶鑑二書、而蒐輯詳贍、一覽周知、謂之青出於藍可矣。【皇朝文獻通考經籍考】

繪事備考八卷（刊本）　國朝王毓賢撰。四庫全書著錄。星聚居官之暇、雅耽圖畫、以古今來畫苑諸書、惟張彥遠歷代名畫記、夏文彥圖繪寶鑑二書蒐羅頗富、足稱大觀、而名畫記則唐大曆以後、鮮有述者、寶鑑亦止于元韓昂續編、亦迄正德而已。因以三書爲藍本、折衷諸書、删其繁複、訂其謬誤、補其漏脫、而諸畫之流傳可考者、俱附載姓名爵里之後、若世所臚傳而畫苑諸書顧無所考見者則闕之。卷一爲總論二十一篇、卷二以下爲歷代畫家小傳、皆詳其源流同異、間及生平嘉言懿行、使後學有所稽考。蓋合張、夏、韓三家之書爲一書、而釐正補綴、能自成一家之言、亦不得以沿襲病之矣。【鄭堂讀書記】

繪事備考八卷　清王毓賢撰。是書卷一爲畫法、凡二十一則、一畫法、二筆意、三賞識、四優劣、五楷模、六服飾、七藏弆、八道釋、九人物、十番族、十一龍魚、十二獸畜、十三草蟲、十四花鳥、十五蔬果、十六墨竹、十七宮室、十八山水、十九製作、二十裝潢、二十一格式、俱采錄前人緒論、語焉不詳、又不注所出、殊不足觀。卷二爲軒轅時至隋畫人、卷三唐、卷四五代、卷五宋、復分三子卷、卷六南宋、卷七遼金元、卷八明。各爲小傳、亦皆采錄舊文、絕少訂補、出處有記有不記、亦不一律。其自序謂折衷諸書、删其繁複、訂其謬誤、補其漏脫。今審核其書、殊未盡此能事、實爲夸飾之詞。【書畫書錄解題】

南宋院畫錄八卷

四庫全書本
光緒間丁氏竹書堂刊武林掌故叢編本

清厲鶚撰。鶚有遼史拾遺已著錄。自序曰、宋中興時、思陵幾務之暇、游耽藝學、命畢長史開榷場、收北來散佚書畫、而院人粉繪、往往親灑宸翰以寵異之、故百餘年間待詔祗侯能手輩出、亦宣政遺風也。顧李唐以下、如晉文公復國圖、觀潮圖之類、託意規諷、不一而足、庶幾合於古畫史之遺、不得與一切應奉玩好等。予家古杭、每樂稽諸人名蹟、考夢粱錄、武林舊事等書、姓氏存者寥寥、豈以其院畫少之歟。暇日因據圖繪寶鑑、畫史會要二書、得若干人、遍搜名賢吟詠題跋、與夫收藏鑑賞語、薈萃成帙、名曰南宋畫院錄。

南宋院畫錄八卷（寫本）　右國朝厲鶚撰。首卷總述二卷、以下錄李唐迄李永、凡九十有四人、皆掇拾羣書爲之。【浙江採集遺書總錄】

南宋院畫錄八卷（浙江吳玉墀家藏本）　國朝厲鶚撰。南宋自和議既成以後、湖山歌舞、務在粉飾太平、於是仍仿宣和故事、置御前畫院、有待詔祇侯諸官品其所作卽名爲院畫。當時如李唐劉松年馬遠夏珪等、有四大家之稱。說者或謂其工巧太過、視北宋門徑有殊。然其初尙多宣和舊人、流派相傳、各臻工妙專門之藝、實非後人所及、故雖斷素殘縑、收藏者尙以爲寶。鶚嘗撰宋詩紀事、南宋雜事詩、於宋事最爲博洽、因臚考院畫本末、作爲此書、首總述一卷、次自李唐以下凡九十六人、每人詳其事蹟、而以諸書所藏眞蹟題咏之類、附於其下、敍次頗爲賅贍。其間如楊妹子題趙清獻琴鶴圖絶句、一以爲馬和之畫、一以爲劉松年畫、諸書參錯不同、此類亦未悉加考證。然其徵引淵博、於遺聞佚事、殆已採摭無遺矣。【四庫全書總目提要】

南宋院畫錄八卷　國朝厲鶚撰。院畫始於宣和、而其人不盡可考、可考者惟南宋爲詳。是書首爲總述、次列李唐等九十六人、各述其事迹、而以諸書所載眞跡題咏繫於其後。【四庫全書簡明目錄】

胡敬曰昔錢唐厲鶚著南宋院畫錄八卷、採摭賅博、惜其書沿武林舊事之誤、兼收馬和之畫幀、和之紹興間登第、官至侍郎、非畫院流、其失與畫徵錄之稱王時敏爲畫院領袖等。蓋畫院名手、不雜工匠、詞臣供奉、皆科第之選、流派迥別、比而同之、舛已。見【國朝院畫錄序】

南宋院畫錄八卷　淸厲鶚撰。是書先列小傳、次記畫蹟、俱詳出處、信而有徵。所傳凡九十有六人、蒐討可云無遺矣。首卷院人年表已佚、深爲可惜。其作此書之旨、具詳其自序中。四庫稱是書爲賅贍、亦非溢美。自序作於康熙六十年、後有張維嘉跋。【書畫書錄解題】

海虞畫苑略一卷補遺一卷　同治刊小石山房叢書本　美術叢書本

淸魚翼撰。翼字振南、號天池山人、昭文人。王應奎序曰同里魚翁天池、生平無他耆好、惟以畫自娛、收藏古今名蹟甚夥、暇日集邑中善畫者、自子久以下、共得若干人、撰小傳以識其凡、名曰海虞畫苑略。鑒賞精、敍次核、題品當、蓋櫟園讀畫錄之匹也。書未告竣、而翁卽世、令子虞嚴續成之。雖小小撰述、而亦姚氏之有思廉焉、洵可謂善繼志者矣。

海虞畫苑略一卷補遺一卷　淸魚翼撰。海虞爲晉縣名、隋併入常熟、書名海虞、用古稱也。常熟自元以來、畫人輩出、故天池有此編。而畫史以一地方爲域、則自此編始。所錄元七人、附見者一、明六十一人、附見者十三、淸一百五十二人、附見者二十。此外寓游十五人、方外十八人、閨秀十六人、校書一人。人系小傳。自序謂聞見不廣、在前代不無遺漏、卽本朝亦搜羅未盡、故僅稱畫苑略、想見謙抑之誠。其後補遺一編、則全爲淸代人、凡九十有五、又游寓三人、方外五人、閨秀九人。王應奎序、謂其書未告竣而卽世、令子虞嚴續成之、則補遺中或有其子所續者。天池生當有淸盛時、爾時海虞一隅、畫家輩出、見聞旣近、記載自足徵信。其淸以前諸人、雖采自他書、而敍次頗見簡潔。王序謂其以發潛闡幽爲主、故筆墨粗具、便得載入、似有微詞。然記一地方之畫人、範圍甚隘、其取材自不能過嚴、亦勢所使然矣。(是編首載黃公望、他書有作富春人或常山人者、未加考註、略嫌疏漏。)前有許行健、王應奎、孫翼飛及乾隆十年自序。【書畫書錄解題】

畫友錄一卷 美術叢書本

淸黃鉞撰。鉞有二十四畫品、已著錄。

畫友錄一卷 淸黃鉞撰。是書據自序、原爲于湖畫友錄、專記于湖畫人。于湖者、當塗縣舊稱也。其後就所見聞、重加編次、以成斯編。所錄凡四十四人、蕪湖人乃居泰半、疑左田居蕪湖較久也。其中不盡爲同時人。自序謂取尙友之意、然旣不以地爲限、又不盡屬交遊、而所錄僅此數、正不知其義例安在也。末附二十五人、皆僅記姓名、而未詳里居者、謂不忍其姓名不登於錄、以待識者鑒別云。左田長於文詞、所記簡絜有法、間加按語、亦俱精當。【書畫書錄解題】

墨梅人名錄一卷 道光庚寅刊 得月簃叢書本

淸童翼駒輯。翼駒字山子、號古柏山人、會稽人。

墨梅人名錄一卷 淸童翼駒輯。是編專輯歷代畫梅諸人、各系以傳、計宋得四十一人、金一人、元二十九人、明六十一人。其徵引於圖繪寶鑑、畫史會要兩書外、所輯不多、似未完備。其畫紅梅者亦輯入、謂雖用臙脂、而枝榦鬚蒂皆用寫法、與墨梅不殊。然則何不名爲寫梅人名錄、而必曰墨梅、不副其實矣。前有澹游居士玉棟序、乾隆五十二年自序、後有何紹寧跋。【書畫書錄解題】

懷古田舍梅統十三卷 同治 錦城刊本

淸徐榮撰。榮字鐵孫、漢軍旗人。

自序略曰、衛郭雖古、遺蹟無傳、于錫雖工、著名在後、鈎勒一派、邊鸞統之。不華不墨、畫性天開、依草落英、況傳家法、沒骨一派、崇嗣統之。崇影凌虛、洪膠近幻、一洗煩惱、盡得風流。墨蹟一派、花光統之、小變花光、下開子固、品高韻勝、價重當時、空圈一派、逃禪統之、是四人者、百世不祧之祖也。至於和靖湖州東坡襄陽、雖有經見、不載他書、疑以傳疑、是同荒古。今若分門別派、各繫淵源、然或一人而兼作、瀆閣兩屬、則繁偏舉又漏、故不如按代相承、略區氣類之爲得也。帝王特紀、次以士夫、次以雜人、次以閨閣、次以方外、次以四夷、擬之於史紀傳例也。次以譜、次以論、次以題詠、志之例也。次以自序、梅統終焉。

懷古田舍梅統十三卷　清徐榮撰。是編專輯畫梅人名及譜錄題詠、可謂畫梅專史。其名梅統者、取趙子固詩所傳正統諒未節語也。卷一爲帝王紀、得四人。卷二至卷五爲士夫錄、得三百七十七人、不免冗濫。如以衛協曾畫毛詩圖、郭璞曾爲爾雅圖讚、長孫無忌曾修神農本草經、遂謂其當時必曾畫梅、概爲入錄。以此例推、則凡屬畫家、皆可入錄矣。卷六爲雜人錄、僅得三人、爲文不過百餘字、別爲一卷。卷七爲閨閣錄、得二十四人。卷八爲方外錄、得五十九人。卷九爲四夷錄、僅得明崔溉一人、爲文不及三十字、亦成一卷、尤覺奇特。夫以事類分卷、昔人著書固有是例。然未有簡少若是者。且士夫錄則析爲三卷、又奚以自解。卷十爲譜、采輯前人畫梅口訣、僅及華光伯仁孟堅叔雅安節小霞六家、未爲賅備。卷十一爲論、采輯諸家論畫梅成語、殊嫌簡略。又如謝赫論六法、荊浩畫說、郭熙畫訣、韓拙山水純全集、等通論畫法者、亦概采入、尤嫌廣汎。卷十二爲題詠、則僅選錄歷代題畫詩類題畫梅諸篇、清代遂無增補、亦覺草率。卷十三爲其自序、亦僅三百數十言。其所采輯諸家、俱錄原文、各注出處、有疑義或賸義者、以案語足之、體例差可。其自序頗以史裁自居、謂紀錄擬於紀傳、譜論題詠擬於志例、終以自序、蓋效馬班敍傳、用意良佳、惜其所輯粗疏、未能副其實也。【書畫書錄解題】

懷古田舍梅統十三卷　漢軍徐榮輯。同治錦城刊本。【問影樓藏書目錄】

宋元以來畫人姓氏錄三十七卷　道光十年刊本

清魯駿撰。駿號東山、會稽人。

王宗炎序云、光祿署正魯君東山、性嗜古人圖畫、富儲蓄而審於鑑別、以爲欲定眞僞、必先明其宗派、欲明宗派、必先知其家數。顧唐代遺蹟、傳世絕尠、姑弗深攷、斷自宋元以來畫人之見於譜錄者、博稽史籍地志說部文集、得其爵里字號時代先後、姓以統之、韻以次之、都爲若干卷。

宋元以來畫人姓氏錄三十七卷　清魯駿撰。是編以韻爲次、所錄各載出處、仍其原文、一傳下有數條互見者、本爲類書通例、間加考訂、亦頗明晰。此書蓋爲鑒賞而作、五代以前畫蹟流傳至少、故斷自宋元。又於諸家印記、不憚詳記。前有徵引書目、首載佩文齋書畫譜、下注云謹遵原引本書塡注、是明以前所徵引者、不盡見原書矣。卷首爲帝王、不入總卷之數、卷三十四三十五爲后妃閨秀、卷三十六爲釋氏、帝王別出、后妃則否、昔人未有此例也。以韻分編、原無重複之患、乃此編亦有複出者、如明魯王觀熰旣列在首卷、而七虞朱姓中復載之、又如釋無可卽方密之、亦兩見、俱屬疏失。前有王宗炎湯金釗兩序、及自序、末有其子照跋。【書畫書錄解題】

國朝畫徵錄三卷續錄二卷明人附錄一卷圖畫精義識一卷畫論一卷

乾隆四年刊本　四庫存目無明人附錄以下各卷

清張庚撰。庚有通鑑綱目釋地糾繆、已著錄。

國朝畫徵錄三卷續錄二卷（刊本）　右國朝秀水張庚撰、敍述畫家源流師法、各加評論。【浙江採集遺書總錄】

國朝畫徵錄三卷續錄二卷（浙江巡撫採進本）　國朝張庚撰。是編記國朝畫家、每人各爲小傳、然時代太近、其人多未經論定、不盡足徵。【四庫全書總目提要】

國朝畫徵錄三卷續二卷（原刊本）　國朝張庚撰。四庫全書存目。是書錄國朝之畫家、徵其蹟之可信者、人各一傳、或合傳之。凡畫之爲瓜田所寓目者、其宗派所出、造詣所至、皆可一二推識、則以己見論著之。其或聞諸鑒賞家所稱述者、但附錄其姓氏里居、與所長之畫、不加品評。所論宗派淵源、造詣深淺、皆確然有據、而評騭不肯輕下一字。至若因人以及畫、或因畫以及人、別具奧旨微意、其得于史者深矣。【鄭堂讀書記】

方薰曰、彌伽居士畫徵錄、論畫頗不爽。惜其所載未及詳備耳、目所及、爵里可知、如嘉興之何蕺、石門之許自宏、徐玉、熊鍾仁、蔣逕、葉子健、海鹽之徐令、平湖之高詹事士奇、沈岸登、沈玉山、海寧之陳鴻、錢唐之汪霦、康雛、松江之張司寇照、虞山之徐牲、宜興之周復、丹山之吳培、休寧之徐棟、畫皆傳賞藝林、尙遺其名、况地隔千里、僻處蓬牖之士、可勝計哉。【山靜居畫論】

馮金伯曰、撰著得之傳述、每多舛錯、如畫徵錄中葉金城名洮、而誤作陶、周洽字載熙、誤作熙載、而逸其名、陳桐陳桓之雁行失序、徐璋於乾隆初供奉內廷、而誤入康熙、吾郡如此、其餘可知。【墨香居畫識例言】

蔣寶齡云、徵君所著畫徵錄、洞參宗旨、言皆中肯。【墨林今話】

國朝畫徵錄三卷續編二卷　清張庚撰。是編紀清初至乾隆初年畫家。卷上得一百十七人、大半爲明代遺逸、卷中得一百四人、卷下得四十五人、方外十五人、閨秀十六人、又附錄明人二人、則以向之輯譜所遺、特附此以免湮沒者。續編卷上得一百一人、卷下得四十二人、方外九人、閨秀十五人、各爲之傳、其合傳附傳具有斟酌、頗合史裁。凡畫家有名論精言、多摘入傳、亦不乖於史法、非任意撏撦者可比。其評論得失、雖覺有所偏、如推崇麓臺過當、而詘漁山太甚之類、然大體尚不失其平。偶於傳後作論贊、亦俱不苟發揮、畫理處尤見精到、自非精於斯道者不能爲也。四庫列是書於存目、謂其時代太近、不盡足徵、未爲定論。方蘭坻記其友朱仲嘉言、謂多遺漏、馮治堂作畫識、指其錯誤、然浦山原以畫徵爲名、則遺漏原所不諱、一人之見聞有限、則錯誤亦難保其必無、不得以此遽議是書之失。至胡敬作國朝院畫錄序、謂其誤稱王時敏爲畫院領袖、今按原文實爲畫苑、畫院畫苑、一實一虛、浦山固未嘗誤也。【書畫書錄解題】

國朝院畫錄二卷 嘉慶二十一年刊珠林寶笈本 道光重刊本

清胡敬撰。敬有大元海運記、已著錄。

國朝院畫錄二卷(嘉慶刊本) 國朝預修祕殿珠林石渠寶笈三編唐文明鑑總纂翰林院編修臣胡敬恭輯。胡敬序。(嘉慶丙子)【抱經樓藏書志】

國朝院畫錄二卷 清胡敬輯。以莊嘗預修祕殿珠林石渠寶笈三編、因得窺中祕之藏。是編即就石渠寶笈所藏院畫而考其姓氏里貫略歷、凡得五十有三人、各系以傳、其合作附見者二十八人。至石渠未著錄、而其姓氏散見於他書者、則附記於卷末。甄錄頗爲矜慎。凡其畫曾經御題褒賞者、必摘入於傳中、間加案語、評其得失。末載石渠著錄若干種、一一記其款識、體例亦尚周密。雖其評論恆多頌聖之辭、亦其時勢使然、不得不爾。前有嘉慶二十一年自序、詳攷歷代畫院諸人、足資參攷之用。【書畫書錄解題】

國朝畫識十七卷 乾隆甲寅刊本 道光辛卯江左書林刊本

清馮金伯撰。金伯字墨香、南滙人。廩貢生、官句容縣訓導。

國朝畫識十七卷(原刊本) 國朝馮金伯撰。金伯嗜畫、亦工山水、因取當代諸畫家而敍述之。採輯諸書、略加去取、彙爲一編、各注所出於其下、蓋仿佩文齋書畫譜中畫家傳之例也。雖去取未必盡當、而彙合參攷、間加按語、皆可補續圖繪寶鑑及畫徵錄諸書所未逮也。【慈雲樓藏書志】

國朝畫識、嘉慶初南滙馮金伯治堂所著。前有錢竹汀王西莊兩先生序。其書備列國朝人之能繪事者、分十七卷、得九百餘人。採取各書彙及志乘、略載其生平梗概。始於王時敏、終於慈谿鄭大節爲第十二卷之末。（與錢文敏錢籜石同卷）第十三卷則寫眞諸人、第十四卷沙門、第十五卷道士、第十六十七卷閨秀、而附以女尼女冠女伎。其自序謂前之已入於佩文齋書畫譜、後之已見於墨香居畫識者、皆不復載。墨香金伯所自號、蓋著此書後又別成墨香居畫識也。【越縵堂讀書記】

國朝畫識八册墨香居畫識四册（道光辛卯江左書林刊本） 並南匯馮金伯撰。是書可繼畫徵之後、而足開墨林今話之先、洵藝林不可少之書也。【勵堂讀書記】

國朝畫識十七卷（馮氏墨香居畫識自序云、尚有補編二卷、今未見。） 清馮金伯撰。是書輯錄清初畫家、迄於乾隆末年、卷一得五十五人、卷二得六十六人、卷三得七十八人、卷四得五十八人、卷五得七十九人、卷六得七十八人、卷七得九十三人、卷八得七十五人、卷九得七十三人、卷十得七十四人、卷十一得五十二人、卷十二得六十九人、卷十三得六十五人、卷十四爲釋子得六十九人、卷十五爲道人得十人、卷十六爲閨秀得五十九人、卷十七爲閨秀姬侍女尼妓女等得四十六人、俱采輯前人所錄、彙而成編、所收不爲不廣、惜其編次未能嚴考時代、先後不免淩亂、如明代遺民有列在第三四卷者。又所采多張浦山畫徵錄語、而浦山之傳、反列於所采諸人之前、亦失倫次。所輯俱注明出處、尙便徵考、間有案語、惜太簡、無所發明。前有王昶錢大昕兩序。【書畫書錄解題】

墨香居畫識十卷

道光辛卯江左書林刊本

清馮金伯撰。

墨香居畫識十卷（原刊本） 國朝馮金伯撰。墨香既輯諸書所載爲國朝畫識、復取其前後同時人、各撰小傳、爲是編。按記錄畫人者、前有周櫟園亮工之讀畫錄、後有張浦山庚之畫徵錄。固不必如詩文選家、以其人之存沒爲斷例也。然亦當覘其藝足傳、始足記錄以取信後世。而是編惟狥相識、姸媸並列、大爲藝林所譏。其凡例中稱有藝不甚高、名不甚著、而或生平舍此無可表見、均爲載入、略具闡幽表微之意云云、正所以護其短也。今業畫之輩、一邑輒有數十人、而士之涉獵點染者、亦有數十人。倘如所言、則雖千百卷之書、亦不能盡載。且所謂闡幽表微者、必其人有可闡表、非指庸常人而言。墨香之說、蓋似是而非也。然其中如周灝周笠鈕樞王宸閔貞方薰奚岡俞宗禮陸飛羅聘潘恭壽潘思牧等之卓然可傳、膾炙人口者、不可勝舉、皆僅見於是編、爲畫徵錄諸書所未載、則亦不可廢焉。【慈雲樓藏書志】

墨香居畫識十卷 清馮金伯撰。例言謂是

編自壬申至戊申所載、皆三十餘年中人、壬申當爲乾隆八年、戊申當爲五十三年、其間亦時及嘉慶時人、通計共得七百七十二人、寥寥三十餘年間、安得有如許畫家、其中不免標榜浮夸、自不必說。然徵乾嘉間畫人、亦未始非一好資料也。其編次不依時代、故每卷末俱有方外閨秀、爲從前未見之例。例言謂幼時所識多入首卷。二卷王蓬心以下數人、在楚中相識、則從類敍。三卷吳補齋以下數人、在味琴册中所收、亦從類敍、餘皆仿此。所謂餘者、則不知爲何事、細審全書、亦未提及、故其編次頗覺淩亂。至其敍述諸人行實、於官閥不免稍繁、時復涉及制蓺、尤爲無謂。金伯原輯有國朝畫識、此書亦以畫識名、而彼爲纂述、此則自撰、性質各殊。又此書專就其所識所知之人爲小傳、與立意爲一時代畫傳者不同。前有自序。【書畫書錄解題】

墨林今話十八卷續編一卷 咸豐二年刊本 同治十年映雪草廬刊本

清蔣寶齡撰。其子茝生續。寶齡字子延、號霞竹。昭文人。茝生字仲籬。俱以善畫稱。

墨林今話八册附續編（同治壬申映雪草廬刊本） 昭文蔣寶齡撰。其子茝生續補。是書專紀乾隆至道光三朝畫手。戴文節湯雨生皆死咸豐之亂、而道光時早已著名於畫徵錄、及國朝畫識之後、復得此書、洵可接武。惟卷端有行書一序、署同治十年辛未九月錢塘戴熙書、則殊可笑、不知坊賈如何致誤也。【勸堂讀書記】

蔣寶齡墨林今話十八卷　評論同時朋輩之畫、間及其事略。錢唐戴熙等序、子茝生續而刊之。嘉定程庭鷺跋。【常熟藝文志】

墨林今話十八卷續編一卷　清蔣寶齡撰。子茝生續。據戴醇士序、嚴保庸小跋、張秋水跋、俱言此書爲張浦山畫徵錄之續。今按其書體例、與浦山之書絕不相類。浦山書卓具史裁、此則不過劄記。雖後續之書、不必與前書盡同、然亦未可相距太遠。卷首霞竹自敍一段、謂墨香居畫識、評騭未定、遺漏更多、爰就平生所見、以補其闕。是此書原爲增補馮氏之書而作、並非續浦山之書、故其體例、亦與墨香居畫識相類。原書無目錄、各小傳亦不標題、諸人時代亦不順序、每卷俱有方外閨媛、其父子兄弟亦多分見於各卷、疑其隨得隨編。其名今話、蓋仿詩話詞話而作、故無一定體例。至敍次諸人事實、亦多涉及他事、所采詩篇、又不盡爲論畫或題畫之作。原書十八卷、合其子仲籬所續、約得一千五六十人、以之徵乾嘉道咸四朝畫家、固爲絕好資料。惜其所收稍濫、又多屬江浙兩省人、而於他省人不免遺漏。前有戴熙序、陳文述錢東塾徐熊飛湯貽汾題詞、嚴保庸小啓、後有程庭鷺跋、孫原湘改琦張鑑齊彥槐徐熊飛彭蘊章包世臣湯貽汾書後、不無溢美之詞。【書畫書錄解題】

寒松閣談藝瑣錄六卷（本名景行錄） 中華書局仿宋聚珍印本

清張鳴珂撰。鳴珂有疑年賡錄、已著錄。

寒松閣談藝瑣錄六卷（民國十二年聚珍仿宋印本） 清張鳴珂撰。是書成于光緒戊申、鳴珂年已八十、可謂耄而好學矣。本名景行錄、吳受福爲易今名。所記道光以來書畫家、凡得一百五十餘人、皆墨林今話等書所未采者。然鳴珂本文章士、故雖以書畫爲主、而實以文事爲多、中如王曇西陵書事一篇、鄭文焯鳴珂像贊一篇、譚獻采芝女士畫記一篇、勒深之詩十一首、尤高雅絕倫、足傳於後、而不見於他書、斷璧零璣、彌可寶貴。此書乃鳴珂卒後吳受福楊傚曾等所編。前列目錄、頗多舛漏、如標馮培元子學、澧而吳老準子兆麒、乃失於載、又如李慈銘譚獻易順鼎諸人、皆詩文名家、而竟不列於目、皆編者之陋也。【金氏花近樓書目解題】

寒松閣談藝瑣錄（吳受福跋略曰、其書所錄各家、雖就繪事發端、而其牽連綴引、實不僅在繪也。顧其命名原名景行錄、同人訝爲不倫、請改未許。夷考景行錄者、前有任丘邊氏所纂、蓋彙輯從祀文廟諸賢而作、老人殆未見邊書、非敢有意唐突先賢也。今易之曰寒松閣談藝瑣錄、紀實而已。）六卷 清張鳴珂撰。是書據自序爲續墨林今話而作、作於晚年、書成已八十歲矣。據吳受福跋、原名景行錄、付梓時始易今名。敍咸同光三朝畫家、大體略具、凡得三百三十一人。其體例與墨林今話同、兼及書法詩詞、不盡言繪事。惟如胡遠初傳錄及張忠武公行略、易順鼎傳中錄其匡山草堂記、趙之謙傳錄其所刊韓詩遺說序、李相傳錄其自作浙江會館碑記、不免失之繁冗、亦與藝事無關。公束少游幕四方、交游較廣、不似蔣氏所錄、偏於江浙一隅、向使其壯年卽從事徵訪搜羅、必更完備、惜其暮年始爲追錄、精力已衰、又成之甚速、自不免遺漏耳。前有光緒戊申自序、及潘飛聲張鼒題詞、後有吳受福跋。書中間有受福附誌、蓋公束歿後付梓時所補入者也。【書畫書錄解題】

越畫見聞三卷 乾隆恬裕閣刊本 美術叢書本

清陶元藻撰。元藻字龍溪、號篁村、又號鳧亭。會稽人。乾隆時諸生。

越畫見聞三卷 清陶元藻撰。越蓋以舊紹興府屬爲限、其地故多才智、歷代精於繢事者頗多、鳧亭是編卽專輯是地畫人、而各爲之傳、於魏晉各得一人、於南北朝得四人、於唐得三人、方外二人、於宋得十三人、閨秀一人、方外一人、於元得十一人、於明得五十人、閨秀二人、於淸得一百三十二人、閨秀二十一人、方外四人、可謂盛矣。（此專據其標目計算、恐尙不止此數、如王獻之傳云、父羲之、祖廙、俱善畫、而羲廙未標目、戴勃傳云、子逵嘗畫南都賦圖云云、逵亦未標目之類、）所輯多采自舊籍、雖未一一注所出、而剪裁敍次、頗見簡當、亦有爲他書所未及者。其同時人亦有收入、固非任意剿襲而成者、自可傳也。前有乾隆六十年自序。【書畫書錄解題】

明畫錄八卷 讀畫齋叢書本　藝術叢書本

淸徐沁撰。沁有謝皐羽年譜、已著錄。

明畫錄八卷（讀畫齋叢書本）　國朝徐沁撰。埜公以畫家自明三百年來、能事輩出、指不勝屈、爰就耳目覩記所及、纂輯是錄、首列宸翰、藩邸二門、俱依時代序次、次分道釋、人物、宮室、山水、獸畜、龍魚、花鳥（草蟲附）、墨竹、墨梅、蔬果十門、至若能繪而莫悉所長、不可強爲排當者、別列彙紀一門以終之。凡十三門、計共八百十五家、補遺二家、附見三十八家、名僧羽士、名媛妓女、俱錄焉。每家俱各綴以小傳、粗具崖略、旁搜博採、闡發微妙、雖不免于挂漏、而其區別門類、詳簡得宜、較之姜二酉無聲詩史、固遠出其上矣。【鄭堂讀書記】

明畫錄八卷　淸徐沁撰。書凡八卷、卷一宸繪、藩邸、道釋、人物、宮室、卷二至卷四山水、卷五山水及獸畜、龍魚、卷六花鳥、卷七墨竹、墨梅、蔬果、卷八彙記。其書自謂繼宣和寶鑑兩書而作、而脫略殊甚。明季遺民工畫者漏列尤多、即如黃道周、倪元璐、萬壽祺、歸玄恭諸名家、尙付闕如、其他可想。最後彙紀一篇、謂偶得姓名、或亡佚名字、闕略里居、附列以俟考訂。然如張宏、盛茂燁（原本誤作華）等卓然有聲之人、尙不知之、甚至劉完庵之爲劉鈺、亦尙有疑、則未免孤陋矣。至其敍述亦有可議者、如沈周、文徵明、董其昌、王時敏等、在明代畫史中極有關係、其記載乃極爲簡略、而於尋常畫人、反較詳盡、殊失剪裁之宜。又所錄俱不詳出處、亦難徵信於後人也。前有自序一篇。【書畫書錄解題】

玉臺畫史五卷別錄一卷 道光丁卯振綺堂刊本　說庫本無別錄　述古叢鈔本　藏修堂叢書本　琅玕館叢書本

淸湯漱玉撰。漱玉字德媛、錢唐人。汪小米室。

程庭鷺曰、五代婦人童氏畫范蠡、張志和等乘舟而隱居者六人、山水樹石人物如豆、亦甚可重、見畫鑑。吾友錢唐汪小米中翰其配湯漱玉、曾輯玉臺畫史、歷朝閨彦之善畫者、咸詳備焉、似未及此。【篛菴畫麈】

玉臺畫史五卷別錄一卷　淸閨秀湯漱玉撰。是編仿太鴻書史之例、輯歷代能畫之婦女爲一編、體例略有變更、僅分宮掖名媛姬侍名妓四門、宮掖得二十八名媛得一百廿五人姬侍得十六人名妓得四十八人後附別錄十五則不入諸門、未詳何故。歷代婦女能畫者較多、是編所錄、未爲賅備。（胡敬序亦謂其粗具端倪、未窮蒐輯）且有書史徵引各書在前、亦易爲力。然出諸閨秀、亦難能而可貴矣。前有胡敬駢文序。【書畫書錄解題】

畫史彙傳七十二卷附錄二卷　道光乙酉吳門尙志堂刊本　同治十三年甲戌耕餘堂刊邱步洲重輯本　光緒八年壬午掃葉山房刊本　日本明治十五年佚存書坊刊活字本

清彭蘊璨撰。蘊璨字朗峯、長洲人。

閱歷朝畫史彙傳共七十四卷、道光間長洲彭蘊璨朗峯著。前有吳縣石韞玉序及例言十則。其書以韻隸姓爲次、采書幾一千二百種、著錄七千五百餘人、各省郡縣志亦所不遺、搜輯可謂勤至。其各傳中亦間有考證、偶附論畫語、亦頗有心得。其於元人揭傒斯下云、元史不載能畫、今於琴川邵氏詒安堂得觀所續山水長卷、皴法精嚴、氣韻沈鬱、自立崖岸、不在四大家下、是其見聞不爲不博。然筆舌蕪拙、全不知史例、于往代官制俱甚茫昧。所輯諸傳、詳略失當、多不成句。其冬韻載周時封膜、以爲出穆天子傳、此誤始於唐張彥遠名畫記、而高承事物紀原及夏文彥圖繪寶鑑因之、不知穆天子傳本作封膜晝于河水之陽、以爲般人主、注膜晝人名。又后妃門載舜妹嫘爲畫祖、以爲出說文、此誤始於沈顥畫麈、而張萱疑耀因之、不知說文止有敤字、注云舜女弟名敤首、並無作畫語、亦無嫘字、紀文達孫頤谷皆已辨之。其尤繆者、尤韻載周勃以爲今眞定郡絳侯亭有石刻勃所畫南極老人星像及四字銘十句、有曰鴻濛肇判、南極儲精、乾坤同久、永保康寧、注云據涼月館叢談、此書不知何人所作。又引所著耕硯田齋筆記、又刪韻載關漢壽、據解州志謂有石刻畫竹、亦引所著耕硯田齋筆記。又陽韻載張益德、據畫髓元詮云、喜畫美人、則似目不知古今、所引絳侯之銘、尤堪絕倒。且備載周關張本傳功業、而於關云封壽亭侯、亦爲可笑。卽其於揭曼碩以爲姓揭、傒名斯、不知揭爲江西右姓、其名傒斯、字曼碩、正取魯頌奚斯所作孔曼且碩之語。又如宋之郭熙字淳夫、其子思字得之、元之高房山尙書克恭謚文簡、此皆人所盡知、而不能舉其字與謚、則他可知矣。【越縵堂讀書記】

盛大士曰、周曉峯汝璠、鄭一峯爲章、俱淮郡秀。一峯縱橫揮霍、見眞實力量、尤長於巨幅。二君皆深於六法者。吳門所刻畫史彙傳、搜羅極富、余亦濫廁卷中、而二君闕如、不能無遺珠之憾也。又如虞山李小霞已見卷中、而

其父味霞山人未見輯錄、其實小霞之畫、乃原本家法者也。【谿山臥游錄】

范璣曰、近日吳中彭氏、不核筆墨、而悉據他人撰述成書、曰畫史彙傳。其所撰之人、名不重、或所許中無甚獎譽者、則去之。卷甚富、曾進呈內府、傳信千秋。吁、正所謂盡信書、則不如無書矣。【過雲廬畫論】

陸心源跋　畫史彙傳六十五卷、道光中長洲彭蘊璨朗峯輯著。錄至七千餘人、可謂富矣。然挂漏亦復不少、如漢武梁祠堂畫像、爲衛改所畫、武梁碑云、良匠衛改雕文刻畫。羅列成行、是其證也。宋李誠字明仲、鄭州管城人、大觀初知虢州、博學多藝能、工篆籀草隸、又工畫、嘗畫五馬圖以進、爲徽宗所賞、見程俱北山小集李公墓誌、元郭文通、江南人、宜德間充內庭供奉、工畫、見張東海集卷四、唐文質、官平灤路鹽運副使、大德四年、奉詔繪遠方職貢圖、名臣畫像、方平、官鄂州路儒學教授、大德七年、奉詔作彩畫地圖、見元祕書志、徐雪舟、元末上清道士、嘗爲藍智畫藍澗草堂圖、武季遠、元季人、善畫竹木、藍澗集皆有詩、王芝、字子慶、嘗爲藍仁之子仲穆畫藍原野牧圖、張兼善、元季人、工畫、嘗畫雲樹圖松下看雲圖、藍山集皆有詩、彙傳皆失收。此外見于宋元集部說部、可以補彭氏之缺者、尙不少也。【儀顧堂題跋】

歷代畫史彙傳兩函二十四册（光緒壬午埽葉山房刻本）　長洲彭蘊璨撰。取歷代畫家及近時工繪事者、逐一考其時代事實、彙爲一編。又分韻以便檢查、其用功甚勤、習繪畫者所當家置一編也。【勸堂讀書記】

畫史彙傳七十卷附錄二卷　淸彭蘊璨撰。卷首爲國朝聖製、卷一爲古帝王門、卷二至六十一爲畫史門、以姓分編、卷六十二爲偏闕門、凡逸姓而著名、及隱姓名而以字著者、悉入之、卷六十三爲外藩門、卷六十四六十五爲釋氏門、卷六十六爲后妃門、以上俱依時代編次、卷六十七至七十二爲女史門、亦以姓分編、末附偏闕比丘尼女冠三門、凡得七千五百餘人、各系小傳、並將引證之書、附注於下、而不盡襲原文、雖不甚協於類書體裁、而敍次頗爲簡當。陸氏心源、譏其未能完備、然一人之精力有限、即有所遺、亦不爲病。末有附錄兩卷、仍以韻分編、俱未注明出處、疑此爲朗峯就所聞見輯錄而成者、其不併入正編、正其審愼處也。前有石韞玉序及自序。【書畫書錄解題】

歷代畫家姓氏便覽七卷

道光六年刊本

淸馮津輯。津字雲槎、桐鄉人。官至雲南劍門州知州。

歷代畫家姓氏便覽七卷　淸馮津輯。是編以沈約詩韻爲序、仍略以時代先後爲次、末爲雙姓失名僧道閨閣。所載俱甚簡略、又不載出處、最爲疏失。既屬類書、斷不能不注出處也。其首一卷凡三種、一爲論畫十四則、蓋錄自茅一相之繪妙、略加增損。茅書已自勦襲而成、此復襲之。一若出於其自著者、可嗤也。一爲宸章天翰、僅有錄而無書。一爲歷代帝王錄、亦多缺漏。前有朱之杕序。【書畫書錄解題】

墨緣小錄一卷　文學山房叢書本

清潘曾瑩撰。曾瑩有小鷗波館畫識、已著錄。

墨緣小錄一卷　清潘曾瑩撰。是書大體仿周亮工讀畫錄、記其同時與畫家贈答之作、及幼年曾接丰采之人、各系小傳。凡得一百六人、皆嘉道咸三朝名手。既以墨緣爲限、故不務博采廣收、自不能謂其遺漏。所加品題、亦頗允當。蓋甄錄既嚴、自無溢美之詞也。前有自序、從有咸豐丁巳韓崇跋。【書畫書錄解題】

嶺南畫徵略十二卷附補遺　民國十九年鉛印本

近人汪兆鏞撰。兆鏞字憬吾、番禺人。

嶺南畫徵略十二卷附補遺　近人汪兆鏞撰。前有自序及例八則。專錄廣東能畫者、凡四百餘人、以時代爲次、唐宋元各得一人、明得七十六人、餘俱清代、尤以近代人爲多。體裁仿諸張維屏詩人徵略、故書名云然。采輯之書頗爲繁富、均註所出、間加考訂、而於明季遺民不入清代、爲例亦甚謹嚴。雖其所輯非盡專家、而既稱徵略、則士夫偶興之作、自可錄存。惟所敍諸人仕履著述、有過詳者。又如謝蘭生傳後、錄其書畫題跋過多、采朱九江集言書法一條、無關畫事。吳榮光傳後、采藝風堂筆記一條亦然。此類但稍冗濫、然此書本屬長編體裁、不嫌廣錄、若據以作廣東畫人傳、則固極好資料也。順德胡君子賢有書論及此編、略曰、此書命名、於義未安。彼時鄙意曾擬爲嶺南畫人傳略、乃未及達到而已成書。又卷一霍韜條、乃采自鄙說、所謂譚氏希古堂者、即據弟所見而言。此幀畫筆雖老健、然章法及用筆均不類明賢、署款尤有可疑、且偏考諸書、並無言霍韜能畫者。當時已將所疑書致憬丈、乃竟采入此書而註明出自有所思齋隨筆、此則弟所未安者。又弟本無此隨筆書名、亦是憬丈所標擬、然却不俗、即擬用爲記事之書亦無不可。但於此條之下、當鄭重敍明耳。其他所采各條、則差無大疵也。【書畫書錄解題】

書畫史一卷附書畫金湯一卷　明寶顏堂刊祕笈本　眉公雜著本　廣百川學海本　續說郛本　四庫存目　美術叢書本

明陳繼儒撰。繼儒有邵康節外紀、已著錄。

書畫史一卷（浙江孫仰曾家藏本）　明陳繼儒撰。此編雜錄書畫家瑣碎之事、間及名蹟、所載闕略不備、無裨考證。如載岐陽石鼓、王祥臥冰處、劉蛻文冢之類、亦多傷於氾濫。末附以書畫金湯四則、一善趣、一惡魔、一莊嚴、一落刼、各舉十數事、以爲品騭、尤不脫小品陋習、蓋一時風尚使然也。【四庫全書總目提要】

書畫史一卷（眉公雜著本）　明陳繼儒撰。四庫全書存目。其書皆敘述書畫雜事、隨筆記載、凡六十二條、中有無關書畫者頗多、聊爲取盈卷帙計耳。末附以書畫金湯一篇、分善趣、惡魔、莊嚴、落刼四目、各舉其事以實之、尤俗不可耐矣。【鄭堂讀書記】

書畫史一卷　明陳繼儒撰。是編雜記書畫家遺事、間及名蹟、雖瑣碎不全、亦非絕無可取。惟以寥寥十數紙之筆記、而命名爲書畫史、殊覺名實未符。其中有見於妮古錄者、如阿瑛啓逭跡異鄉一條、壬辰九月同董玄宰過嘉禾一條、黃山谷集二十八二十九卷一條、余有趙承旨卷花木竹石一條、張三丰大耳圖一條、宋人以黑絲織樓閣一條、東坡草書醉翁亭記一條、隨意校閱、複見者已如此、書前又無序引、疑爲妮古錄別稿、或後人搜輯而成者、非必眉公自定也。　書畫金湯四則　明陳繼儒撰。一爲善趣、二爲惡魔、三爲莊嚴、四爲落刼、各舉十數事、以爲品題、雖足以資談助、然亦略知書畫者皆知之事、殊無精意也。【書畫書錄解題】

式古堂朱墨書畫紀八十卷　原稿本（藏北京圖書館）

清卞永譽撰。永譽有式古堂書畫彙考、已著錄。

式古堂朱墨書畫記（各卷首標題、亦有不稱紀而稱史者、知其書名、尚未確定也。）八十卷（闕書紀第四十五五十五兩卷、畫紀第十九卷。）　清卞永譽撰。（每卷並題莆田林一璘公韞考訂、蓋係助其編訂者也。）

卞氏既作書畫彙攷、乃取著錄其蹟者、得千一百餘人、又取題跋之家、得三千餘人、復采他書所載能書畫者、得三千七百餘人、統六千七百餘人、各爲編年、自其始生之年號起、逐年開列年數及干支、至其卒年止。凡若干歲。其生卒年歲不明者、就所及知者、亦開列之。其歷官贈謚、則注於其年之左傍、一覽而得。凡朝代帝王字用朱書之、年號用藍書之、餘用墨筆、故曰朱墨。人各爲篇、篇末載其本傳行實。其編次先後、一以卒時爲次。自云編輯始於辛未六月、迄於丙子十二月。辛未當爲康熙三十年、丙子爲三十五年、凡歷五年有半而始成。得書紀五十八卷、畫紀二十二卷、畫紀較少者、以其人兼書畫、既列書紀、則畫紀不復列也。論其體例、每人必列其所歷年代、似失之繁、然甚足爲知人論世之助。惟其篇末附載事實、不免失於冗濫。所徵引者、既無僻書、儘可從略、或但記書名、或於其歷官生卒年月有必須考證者、詳爲徵引、固無不可。此附載之文、疑卽出於林一瑛所爲、惜其未加剪裁也。是編之作、先於錢大昕之疑年錄、而用意略同。其後吳榮光撰歷代名人年譜亦然。然錢書僅著生卒之年、不免太略、吳書以人多之故、雜沓殊甚。俱不若是編之易於檢覽、便於考稽。錢吳蓋未見有此編、否則所作必不若是簡略也。是編專爲書家畫家而作、以其人數繁多、不但足供鑒賞之資、亦足爲考古者之大助。然後知卞氏鑒賞之精、有自來矣。卷首凡例十二條、發明義例、頗見精審。前後無序跋、蓋當時尚未梓行、故四庫未著錄、他家書目俱不載、亦無人記述及之也。【書畫書錄解題】

甌鉢羅室書畫過目考四卷附錄一卷　光緒丁酉年刊本

遲鴻軒所見書畫錄四卷　民國十年刊文學山房叢書本

清李玉棻撰。玉棻字眞木、號均湖。通州人。遲鴻軒書畫錄原題清楊峴撰、內容則與李氏書全同、殆係取其書而僞託於峴者。

遲鴻軒所見書畫錄四卷（辛酉蘇州文學山房聚珍版本）　舊本題清楊峴撰。峴字季仇、號見山、又號庸齋。歸安人。咸豐五年舉人、官江蘇松江知府。是書所載、全與李玉棻甌鉢羅室書畫過目考同。後有吳縣江如禮跋、蓋卽如禮僞託于峴以售欺爾。如禮蘇州書賈、設文學山房書肆、印有聚珍版叢書、凡四集、皆誤字滿紙、不堪卒讀者、此其叢書一種也。【金氏花近樓書目解題】

甌鉢羅室書畫過目考四卷附錄一卷　清李玉棻撰。遲鴻軒所見書畫錄四卷原題清楊峴撰。以上兩書、皆記有清一代書畫家人系小傳、李依時代編次、楊用韻目編次、驟觀絕不相同、及細審其內容、則不惟人數相同、乃至文字無一字不同、兩君皆同光時人、究不知出於誰氏、其中必有一焉、出於剽竊、則可斷言。編中如朱爲弼傳稱先祖松巖公、齊彥槐傳稱先叔祖梅坡公、王維珍傳稱家君者、亦復一字不易、剽竊者之拙劣、可謂至矣。他日當據此以質兩家後人、不難立決其眞僞。楊書首有同治十年芙月俞樾序、李書則有光緒乙亥首夏皂保蔭方序、其文則全同。楊自序題同治十二年癸酉秋日李自序題光緒二十年甲午伏日。楊序中有余自從江蘇松江府辭官而後一語、李序作辛卯壬辰從戎關外凱旋而後、又多以王公宗室冠首名媛釋道附末兩語、其餘全文亦相同。茲以意揣度、決爲李氏之書、而謂出於楊氏、當係誤傳、或僞託。蓋謂此書出於楊氏、僅憑吳縣鐵道人一序、序中亦僅云偶收得此書、爲楊氏手鈔舊稿本、鐵道人爲誰未詳、既欲流傳是書、奚爲不署名姓、且從何處收得、亦不詳其緣由、其證一也。均湖曾刊王奉常書畫題跋、會稽倪墺爲作序、有將與前著過目考並行一語、足證是編出於均湖而近人著作如海上墨林等、俱未言楊氏曾著是書、其證二也。李書卷首尚有張英麟、馮爾昌兩序、潘曾綬、劉湘、張熊、吳元炳、文燮、王志修題詞、又有僧明基、連成、潘爵、符翕、卓椿、江清驥、陳衍庶、延暄、增瑞諸人題跋、各敍其與李均湖交誼淵源、似不能盡出於僞託、楊書則無之、其證三也。即以體例論、李書以時代爲次、不失知人論世之義、合於著述體裁、楊書以韻目分編、便屬類書性質、既有師友合傳、又豈宜韻目分編、自亂其例、楊亦通人、何至若是、其證四也。頗疑鐵道人所得稿本爲李氏副稿、誤傳爲楊作、遂署楊名、亦有懷疑、故不欲署己名耳、或黠者取李書改編以掩耳目、藉以牟利、亦難言也。更就內容論之、就所見之書畫家各爲小傳、而以所見書畫種類及所藏之人列入、意不專在著錄、體裁頗爲新穎、敍次亦尚簡絜。其一家同擅書畫名、或師友深有關係者、偶用附傳之例、亦得體要。既以所見書畫爲限、則漏略自不能免、然所錄亦幾及千人矣。楊氏編次不合、無竢再論。李氏排比先後、以科目爲準、與國朝書人輯略同、尚爲核實。惟如朱竹垞、高江村、卞令之皆同時人、朱高俱曾薦鴻博、未以科分爲次、而次於明季遺民之列、卞則列卷二以後、相隔幾三百人、稍覺相距太遠耳。至明遺民張大風抱亡國之痛、作畫題昇州道士、非眞道士也、而次於道家、似亦未當。【書畫書錄解題】

國朝書畫家筆錄四卷 文學山房叢書本

清竇鎮撰。鎮自號九峯談士、無錫人。

國朝書畫家筆錄四卷　清竇鎮撰、是書輯錄清代書畫家、一二兩卷各得三百九十四人、三卷得四百六十一人、四卷得三百九十人、附錄名媛五十六人、方外三十四人、各爲之傳。依所甄錄、殊不嚴、則有清一代書畫人才、決不止此數、漏略自不必言。其自序亦謂有卓卓在人耳目、而竟未錄入者、是則書猶未成、奚爲災梨棗也。其書畫既不分列、專以時代爲次、則宜詳攷諸人時世、依次編列、方便考稽、乃任意排比、錯雜紊亂之甚。如明季人魯得之、陳字、列在康熙末葉、蕭雲從至列在雍正朝、甚至龔賢、王宏撰、趙左、吳宏、程邃、樊圻、葉榮、鄒典、鄒喆俱列在乾隆朝、未免疏舛過甚。編中大半合傳、凡合傳原不必同時人、然必有所取義、乃如陳應麟、吳穎合傳、朱彝尊、葉陶、禹之鼎合傳、陳字、張遠合傳之類、直無由知其命意所在。大約急於成書、僅取三數種書、倉卒撏撦而成者、故無復義例、亦不敢注明出處。即如魯得之傳、直錄張浦山畫徵錄、乃至並其論畫竹一段、亦復錄入、其不暇細檢、蓋可知也。【書畫書錄解題】

以上傳記

補遺

書畫之屬：書畫總（編者按：此補遺書與畫、未分列、統依著者姓名筆畫多寡編次、以便檢查。法帖與版畫另立專目、詳見後。）

1 **寫眞秘訣一卷** 小酉山房刊芥子園畫傳四集轉錄本 墨林今話作傳眞心領

清丁皐撰。皐字鶴舟。丹陽人。

蔣寶齡曰、丹陽丁皐撰傳眞心領二卷、凡二十餘篇。分三停五部匡廓虛實及口眼耳鼻、各有定理、其法皆備。盧雅雨爲之序。子以誠、字義門、世其業、兼工山水、下筆丘壑多有深致。寓漢上最久、年八十餘卒。著續心領四卷。

【墨林今話】

日人原田尾山支那畫學書解題圖譜類附芥子園畫傳四集下。

丁皐新如子。傳眞世其業、運思落墨、直臻神妙。隨人之妍媸老少、偏側反正、並其喜怒哀樂、皆能傳之。著有傳眞心領。見傳眞心領序。

【歷代畫史彙傳卷三十四】

寫眞秘訣一卷、清丁皐撰。自序謂其曾祖雨辰卽精此術、以傳其祖依溪公、依溪公傳其父新如、新如名思銘。雨辰、依溪何名、俱無考。是其術具有淵源。此書乃遵庭訓而作者。卷首有寫照提綱一篇、卽思銘所撰、惜爲駢儷之文、辭難達意。本編前有小引、以下凡二十五篇。一部位、二起稿、三心法歌、四陰陽虛實、五天庭、六鼻準、七兩顴附腮頤、八地閣、九眼光、十海口、十一耳、十二眉、十三鬚附髮、十四染法分門、十五面色、十六色血、十七提神、十八擇實、十九旁背俯仰、二十勝像法、二十一紙畫法、二十二絹畫法附膠礬絹法、二十三衣冠補景、二十四筆墨、二十五最寫身法。前後附圖凡四十九。敍次俱有倫脊、說理亦頗明顯。本來寫眞一道、只可意會、難以言宣。先乎此者有王（元王繹撰寫像祕訣）蔣（清蔣驥撰傳神祕要）兩家、鶴舟著書時代不明、計當在蔣氏之後。自序言從來無譜、歷來名家、指不勝屈、皆未立說著書、頗自詡爲創作。其猶未見王蔣兩家之書。今以此編與王蔣兩家較、固不若其雅馴、而詳贍則過之。爲通俗學寫眞者說法、則玆編亦未可厚非也。末附退學軒問答八則、乃與其子以誠問答之辭。以誠曾續是書、惜未得見。自來技術家傳子祕法、例不告人、鶴舟不然、彌可嘉

已。前有自序。墨林今話謂原書有盧見曾序、今本無之。是皐當爲康熙時人。【書畫書錄解題】

2 三希堂畫寶四十二卷 又名三希堂畫譜分類大觀 民國十三年石印本

九思齋主編。序後有印文曰葉九如、又自署吳縣人。

三希堂畫寶四十二卷、九思齋主編。是書分十類。曰山水、曰人物、曰仕女、曰翎毛花卉、曰石、曰草蟲花卉、曰梅、曰蘭、曰竹、曰菊。每種之首、皆有源流綱要及法式。大部分取材於芥子園畫傳。次則天下有山堂及冶梅譜、而加以改竄、語焉不詳。其他皆襲舊時畫譜、無足觀覽。此在坊本原不必深論、惟其以芥子園山石譜移入石譜、不知山水畫之石、與花卉畫之石不同。又以屋宇譜移入仕女譜、不知界畫非專用於仕女、易滋誤會、故爲一言。每卷題詞甚多、無非標榜、絕無價值、不須詳記。【書畫書錄解題】

3 晚笑堂畫傳四卷附明太祖功臣圖 乾隆八年癸亥粵東刊本

清上官周撰。周字文佐、號竹莊。長汀人。乾隆初布衣。山水烟嵐、瀰漫可觀。能詩、有晚笑堂詩集、又著畫傳。見汀州府志、畫徵錄、全閩詩錄、敬業堂集。【歷代畫史彙傳卷五十六】

此書大通樓藏書目錄四卷、二冊。揚州吳氏測海樓藏書目錄二卷、二冊。故宮圖書館普通書目三卷、三冊。浙江圖書館通常類書目六冊、不分卷。國朝畫識卷八、清畫家詩史乙下、國朝書畫家筆錄卷二、並有上官周小傳。

4 方石書話一卷 （補本書第七一七葉）

清于令淓撰。令淓字賓來、別號方石山人。文登人。乾隆四十八年舉人。官莘縣教諭。嘉慶初賜檢討。工書。著有方石書話。行書用筆瘦健、迴異恆蹊。見木葉厱法書記。山東通志謂其書法精妙。國朝書品、于令淓行書能品下。【清書史卷四】

5 式古堂書畫彙考三十卷目錄二卷卷首一卷 （一作六十卷） 民國十年辛酉鑑古書社景印原刊本 （補本書第七五七葉）

清卞永譽撰。永譽字令之、號仙容。漢軍人。由蔭仕至巡撫。工於畫、能書、精鑒別。順治乙酉生、康熙壬辰卒、年六十有八。著式古堂書畫備考。見熙朝雅頌集、池北偶談。【歷代畫史彙傳卷五十四】

潘耒有書畫彙考序、見遂初堂文集卷七。國朝書畫家筆錄卷一、清畫家詩史乙下、並有永譽小傳。
支那畫學書解題二〇七頁
式古堂書畫彙考六十卷清卞永譽撰。鑑古書社景印原刊本。〇著錄類集錄之屬。【有美草堂畫學書目】

·畫論叢刊五十四種 民國二十六年鉛印本

近人于海晏輯海晏字安瀾。
本叢刊專輯關於畫法畫理之作。其敍述源流品第鑒別之著皆不欄入。在卷首冠以各書作者事略、在本册加入校勘記、最便讀者。前有余紹宋鄭午昌二序、又于氏例略一篇。
五十四種子目如下：
山水松石格一篇（梁元帝）嚴氏全文本
畫山水訣一卷（王維）畫苑補益本
筆法記一卷（荊浩）畫苑補益本
山水訣一卷（李成）畫苑補益本
林泉高致集一卷（郭熙）百川學海本
山水純全集一卷（韓拙）函海本
寫山水訣一卷（黃公望）元刻輟耕錄本
畫論一卷（湯垕）說郛本
繪宗十二忌一卷（饒自然）圖書集成本
畫說一卷（莫是龍）寶顏堂訂正本
畫旨一卷（黃其昌）式古堂本
繪事微言一卷（唐志契）四庫全書本
畫引一卷（顧凝遠）佩文齋本
畫塵一卷（沈顥）續說郛本
畫語錄一卷（釋道濟）知不足齋本
畫訣一卷（龔賢）桐花館訂正本
畫筌一卷（笪重光）桐花館訂正本
南田畫跋一卷（惲格）甌香館本
雨窗漫筆一卷（王原祁）昭代叢書本
麓臺題畫稿一卷（王原祁）昭代叢書本
繪事發微一卷（唐岱）昭代叢書本
東莊論畫一卷（王昱）四銅鼓齋本
石村畫訣一卷（孔衍栻）昭代叢書本
浦山論畫一卷（張庚）昭代叢書本
畫學心法問答（布顏圖）鈔本
續畫紀聞一卷（蔣驥）游藝祕錄本
學畫雜論一卷（蔣和）游藝祕錄本
芥舟學畫編四卷（沈宗騫）冰壺閣刊本
溪山臥遊錄二卷（盛大士）鈔本
山南論畫一卷（王學浩）四銅鼓齋本
畫譚一卷（張式）藝海一勺本
山靜居畫論一卷（方薰）知不足齋本
畫學鉤深一卷（董棨）荔墻叢刻本
松壺畫憶一卷（錢杜）榆園叢刻本
過雲廬畫論一卷（范璣）鈔本

南宗抉祕一卷（華琳）屏廬叢刻本
畫筌析覽一卷（湯貽汾）藏修書屋本
醉蘇齋畫訣一卷（戴以恆）葉氏刊本
畫學簡明五卷（鄭績）鈔本
頤園論畫一卷（松年）鈔本
春覺齋論畫不分卷（林紓）稿本
文人畫之價值一卷（陳衡恪）聚珍本
畫學講義（金城）稿本
小山畫譜二卷（鄒一桂）借月山房本
墨竹譜一卷（管道昇）圖書集成本
竹譜一卷（李衎）知不足齋本
寫竹雜記一卷（蔣和）翠琅玕館本
華光梅譜一卷（釋仲仁）續百川學海本
題畫梅一卷（查禮）銅鼓書堂本
寫像祕訣一卷（王繹）元刻輟耕錄本
傳神祕要一卷（蔣驥）游藝祕錄本
俞劍華曰、中國畫法、畫理、畫論原無一定界限。是書取歷代畫論五十四種、均係極有價值之作。畫法要錄不免割裂破碎之弊、此書則全錄原文、且收不易見之書數種。卽此一書、則畫論已可十得其八九矣。見【國畫研究第五章】

7 享金簿一卷 美術叢書本

清孔尚任撰。尚任字季重、號東塘、別號云亭山人。曲阜人。官戶部員外郎。工詞翰、行楷秀潤近趙董。見書畫過目考。【淸畫史卷二十三】

尚任國朝耆獻類徵卷三、顏李師承記卷十五、國朝詩人徵略卷二十三並有傳。

8 石村畫訣一卷 （補本書第七四一葉）畫論叢刊本

淸孔衍栻撰。衍栻字石村。曲阜人。詳見淸畫家詩史乙上及耆獻類徵二五〇卷。支那畫學書解題論畫類二三七頁。

石村畫訣一卷、淸孔衍栻撰。昭代叢書本、美術叢書本。○作法類歌訣之屬。【有美草堂畫學書目】

9 嶽雪樓書畫錄五卷 光緒十五年三十有三萬卷堂刊本 （補本書第七六八葉）

淸孔廣陶、孔廣鏞同編。前有咸豐十一年陳其錕序。支那畫學書解題鑑藏類三八九頁。

嶽雪樓書畫錄五卷、淸孔廣陶撰。光緒己丑家刊本。○著錄類一家所藏之屬。【有美草堂畫學書目】

10 蓮鄉題畫偶存一卷 藝海一勺本

淸孔繼堯撰。繼堯字硯香、號蓮鄉。崑山人。山水花鳥、無不入神、尤精人物。郡人顧沅集吳郡名賢圖册、聖廟祀典圖攷、繼堯爲繪圖像、

無不得神能使觀者肅然起敬云見畊硯田齋筆記。【歷代畫史彙傳卷四十一】

11 天慵菴隨筆一卷 （補本書第七四三葉）

清方士庶撰。士庶字循遠、號小獅道人。新安籍家維揚受學於黃鼎山水用筆靈敏氣暈駘宕早有出藍之目時稱妙品見畫徵續錄、方南塘集。【歷代畫史彙傳卷三十二】

此書嘉慶十一年焦循編次宋元以來畫人姓氏錄卷十八、歷代畫家姓氏便覽卷三、國朝畫識卷十二、國朝書人輯略卷四、國朝書畫家筆錄卷二、清畫家詩史丙上並有士庶小傳。

12 隸八分辨一卷 乾隆五十四年刊本

清方輔撰。輔字密菴。歙人。書法蘇、米、能擘窠大書。見揚州畫舫錄。【清書史卷十四】

國朝書人輯略卷二十九有輔小傳。

隸八分辨一卷（原刻本）清方輔撰。輔字君任、號密菴。新安人。是編專辨隸書與八分書之別。首小引一段實爲總綱。次引諸家言、凡十九家則爲其辨論之根據。次雜論凡十六則皆發揮其一己之見。次送金冬心八分歌、次訂諸家誤。取張懷瓘論八分、論隸、宣和書譜隸書敍論、八分敍論、洪适隸釋序、洪邁跋、洪适跋、水經說、孫根碑釋文、古今原始、中論書、顧藹吉隸八分攷、筆法、十一篇、錄其原文、逐段加以辨駁、分注於下、徵引繁博持論一貫、實爲精審之作。惟送金冬心歌、殊爲贅疣可删耳。前有乾隆五十四年彭翥、厲鶚兩序。自來隸與八分之辨、各持一說聚訟幾及千年、而專爲一書以辨證者、實始於顧氏隸八分攷。然仍稱漢碑中字爲隸書故持論未能透澈。此編以程邈所造正書楷書正名爲隸、而主割程邈字八分取二分、割李篆字二分取八分之說、謂漢碑中字皆八分、不得稱爲隸、其誤由於歐陽永叔、洪景伯、吾子行諸公立說甚爲精銳。遂使千年疑似、一旦渙然、勝於顧氏之書遠矣。【書畫書錄解題】

13 滇南書畫錄四卷 民國十五年刊盤龍山人叢書本

清方樹梅輯。樹梅晉甯人。

此書記雲南一省書畫家、搜集頗爲詳備。

14 山靜居畫論二卷 （補本書第七四二葉） 拔雲草堂叢書本 知不足齋叢書本 四銅鼓齋論畫集刻本 美術叢書本 畫論叢刊本

清方薰撰。薰字蘭坻、號樨兒鄉農。浙江石門人。布衣。山水結構精微、風度閒逸、花鳥草蟲佳妙。書法褚河南、詩詞閒淡、工細耐人尋味。乾隆（元年）丙辰生、嘉慶（四年）己

末卒年六十有四。有山靜居論畫二卷。見墨香居畫識（卷二）讀畫閒評、懷舊集。【歷代畫史彙傳卷三十二】

山靜居畫論二卷清方薰撰。四銅鼓齋論畫集刻本、美術叢書本。○論述類雜論之屬。【有美草堂畫學書目】

宋元以來畫人姓氏錄卷十八、歷代畫家姓氏便覽卷三、墨林今話卷五、國朝書人輯略卷二十九、國朝書畫家筆錄卷二、清畫家詩史丁下、並有方薰小傳。支那畫學書解題論畫三一七頁。

15 **夢園書畫錄二十五卷**（補本書第七六七葉）

清方濬頤撰。濬頤字子箴、號夢園。定遠人。道光二十四年進士、官四川按察使。嗜書畫、收藏甚富。著有夢園書畫錄。其自作書亦遒健有法。見木葉厱法書記。【清書史卷十四】

夢園書畫錄二十五卷、清方濬頤撰。光緒三年方氏錦城刊本。○著錄類一家所藏之屬。【有美草堂畫學書目】

此書有光緒元年濬頤自序。支那畫學書解題鑑藏四〇六頁。

16 **鈐山堂書畫記一卷**（補本書第七五〇葉）

明文嘉撰。嘉字休承、號文水。長洲人。徵明仲子。以貢爲吉水訓導、後爲和州學正。能鑑古。山水疎秀似雲林而有肉。善行書。宏治（十四年）庚申生、萬曆（十一年）壬午卒。年八十有三。見明史、畫史會要、無聲詩史、圖繪寶鑑續纂、文氏族譜續集、吳中往哲像贊、詹氏小辨。【歷代畫史彙傳卷十五】又見【佩文齋書畫譜卷四十二書家傳】

此爲記明嚴嵩家藏之書畫。佩文齋書畫譜纂輯書籍目、式古堂書畫彙考引用書目、宋元以來畫人姓氏錄引證書目並有文嘉嚴氏書畫記、卽此書。可與分宜清玩籍一書同參閱。支那畫學書解題鑑藏一〇三頁。

17 **文待詔題跋二卷**（補本書第七四八葉）

明文徵明撰。徵明號衡山。長洲人。以貢薦試吏部、授翰林院待詔。山水遠學郭熙、近學松雪、而得意之筆往往以工緻勝。至其氣韻神采、獨步一時。又善寫花鳥竹果。楷書師二王、古隸師鍾太傅。成化（六年）庚寅生、嘉靖（三十八年）己未卒、年九十。見明史本傳、無聲詩史、圖繪寶鑑續纂、文氏族譜續集、丹青志。【歷代畫史彙傳卷十五】

式堂堂書畫彙考畫考引用書目作徵仲題跋。佩文齋書畫譜卷四十二書家傳、又卷五十六畫家傳、宋元以來畫人姓氏錄卷八、歷代畫家姓氏便覽卷二、並有徵明小傳。

18 法墨珍圖記十卷　鈔本十册

清水香居士輯。

此書見揚州吳氏測海樓藏書目錄。

19 漢溪書法通解八卷　乾隆十五年庚午刊本（補本書第七一六葉）

清戈守智撰。守智字達夫、號漢溪。平湖人。諸生。素擅臨池、少師歐陽率更、晚乃出入諸家、於顏平原稱嫡嗣。少時著書法通解、金陵書肆珍之、與江村銷夏錄、埒游屐所歷碑版聯額、匄請無虛日。見胡昌基撰傳。　女士沈雲漢溪書跋云、戈君著有漢溪書法通解、辨晰源流、世稱賅洽。又嘗臨帖一千餘册、貯滿十六箱、沈歸愚尚書謂其臨摹出寶晉上、有詩贈之。見春雨樓集。【清書史卷十三】

此書乾隆十五年江聲爲之序。

20 石室秘傳十卷　明萬曆刊本

明王文徵撰。

此書見北京圖書館善本書目甲編。

21 王氏書苑十卷書苑補益十二卷　明萬曆刊本半頁十行行二十字白口單邊　四庫存目本（亦萬曆刻）補益止八卷　民國十一年（一九二二）泰東書局影印明刻本

明王世貞撰、補益詹景鳳撰。世貞字元美。太倉人。詳見佩文齋書畫譜卷四十四書家傳。景鳳字東圖。休寧人。詳見歷代畫史彙傳卷四十。王世貞古今法書苑七十六卷、又王氏書苑十卷、又書苑補八卷。【千頃堂書目】按古今法書苑已著錄在本書第七〇七葉。王氏書苑十卷書苑補益八卷（浙江鮑士恭家藏本）是書亦明王世貞編、詹景鳳續編。初世貞纂古書家言、多至八十餘卷。撫鄖陽時、擇取十數種付梓、版藏襄陽郡齋。因水漲漂失、尋復以刻本五種畀王元貞、翻刻於金陵、題曰王氏書苑。萬曆辛卯、元貞與詹景鳳續刻八種、題曰書苑補益。世貞書苑五種、曰張彥遠法書要錄十卷、米芾海嶽書史一卷、蘇霖書法鉤元四卷、黃伯思東觀餘論二卷、黃訒東觀餘論附錄一卷。景鳳補益八種、曰孫過庭書譜一卷、姜夔續書譜一卷、米芾寶章待訪錄一卷、歐陽修試筆一卷、宋高宗翰墨志一卷、曹士冕法帖譜系雜說二卷、吾邱衍學古編二卷、劉惟志字學新書摘鈔一卷。諸書皆有別本單行、世貞特裒合刻版、遂自立名目、是則明人錮習、雖賢者不免矣。朱國楨湧幢小品曰、王弇州不喜書、好談書法、其言曰、吾腕有鬼、吾眼有神。此說一倡、於是不善畫者好談畫、不善詩文者好談詩文、極於禪玄、莫不皆然。古語云、知者不言、言者不知。吾女董思白、於書畫一時獨步、然對人絕不齒及也。其詆諆世貞至矣。然世貞品題書畫、賞鑒家實不以爲謬、殆以好談致謗歟。如

此書及畫苑、皆其好談之一徵也。【四庫全書總目提要】

王氏書苑十二卷（明刻本）明王世貞輯。是編所收凡四種、一爲法書要錄、二爲米海岳書史、三爲書法鈎玄、四爲東觀餘論、其采用何本俱未注明、最爲失當、此病畫苑及補益兩種皆然、然亦明人刊書通習、古來論書法之書、尚多采此四種、是何取義、絕無一字之説明、此亦畫苑及補益兩種所同者。書法鈎玄中於衞夫人筆陣圖、王右軍筆法圖、梁武帝答隱居論書、庾元威論書、張懷瓘十體書斷諸篇、俱注云另見、當以此數篇俱曾見於法書要錄中、故不複載、其例是也。然如孫過庭、姜堯章兩書譜、亦云另見、則不可解矣。編書而無一定義例、又絕不附注、終覺可議耳。前有自序、又載古今法書苑序、蓋當時弇州自以爲其書卷帙至繁、度不能刊行、故附載於此也。　書苑補益十二卷（明刊本）明詹景鳳輯。是編爲續王氏書苑而作、故曰補益。所收凡九種、一書譜、二續書譜、三寶章待訪錄、四歐陽公試筆、五高宗翰墨志、六法帖譜系、七學古編、八字學新書摘鈔、九廣川書跋、其第八種是否爲詹氏摘鈔抑原書若是、惜未注明也。前有自序。【書畫書錄解題】

書苑補益八卷、明詹景鳳輯、是編亦續王世貞之作。【安徽通志藝文考稿】

22 王氏畫苑十卷畫苑補益四卷

明萬曆刊本半葉十行行二十字白口單邊　又淮南書院重刊本

明王世貞撰。詹景鳳補。

王世貞畫苑十卷、又畫苑補遺二卷。【千頃堂書目】

古畫苑三册（刊本）右書明王世貞輯述畫品源流、多有可採。【浙江採集遺書總錄】

畫苑十卷、畫苑補益四卷（浙江鮑士恭家藏本）畫苑十卷、明王世貞編。畫苑補益、明詹景鳳補。世貞所錄、凡謝赫古畫品錄一卷、李嗣眞續畫品錄一卷、沙門彥悰後畫錄一卷、姚最續畫品一卷、裴孝源貞觀公私畫史一卷、沈括圖畫歌一篇、荆浩筆法記一篇、王維山水論一篇、張彥遠歷代名畫記十卷、劉道醇宋朝名畫評三卷、朱景元唐朝名畫錄一卷、陳詢直五代名畫補遺一卷（按此書劉道醇作、陳詢直乃沿文獻通考之誤、語詳本條下。）鄧椿畫繼十卷、黄休復益州名畫錄三卷、米芾海嶽畫史一卷、計十五篇。景鳳所補、凡梁元帝山水松石格一篇、王維畫山水祕訣一篇、荆浩論畫山水賦一篇、李成山水訣一篇、郭熙林泉高致一卷、郭思畫論一卷、紀藝一卷。宣和論畫雜評一卷、韓純全山水純全集一卷、李澄叟畫山水訣一卷、無名氏論畫山水歌一篇、李廌畫品一卷、華光和尙梅譜一卷、李衎竹譜詳錄一卷、張退公墨

竹記一篇、畫逌廣川畫跋六卷計十六種。【四庫全書總目提要】

畫苑補益一卷（明鈔本　朱竹垞汪魚亭藏書）萬曆十八年中秋新安詹景鳳序秣陵王元貞同校序謂王弇山得畫家諸小書十六種名曰畫苑走別有十五種曰補益一爲梁元帝山水松石格、又爲唐王維山水訣、荆浩山水賦、宋李成山水訣、郭熙林泉高致、郭思山水論又紀藝、宣和御撰雜評、韓純全山水純全集、李澄叟畫山水訣、無名氏論畫山水歌、李廌畫品、元華光梅品、李衎竹譜詳錄、張退公墨竹記、惟畫品朱筆註云見畫類、不具錄、間有朱筆校正之字。【善本書室藏書志】

王氏畫苑十卷、畫苑補益四卷、書苑十卷、書苑補益八卷明刻本、書畫苑、明王世貞編、補益明詹景鳳編、萬曆辛亥王孟起元貞刻於金陵、古法書苑古畫苑選兩小序、古今法書苑古今名畫苑兩序、皆弇州筆也。姚儀卿汝循朱正伯友同校續畫苑陳文燭詹景鳳兩序書苑補益亦景鳳序中有云。文題云金陵王氏書畫苑補益、則王氏指王孟起、非弇州也。【藝風藏書續記】

古畫苑三册明王世貞著刊本。是書評論古今書品。【文選樓藏書記】

畫苑補益四卷明詹景鳳輯。計十六種。凊四庫列存目。【安徽通志藝文考稿】

王氏畫苑四卷（明刊本）明王世貞輯。是編所收凡十五種、一古畫品錄、二續畫品錄、三後畫錄、四續畫品、五貞觀公私畫史、六圖畫歌、七筆法記、八王維山水論、九歷代名畫記、十聖朝名畫評、十一唐朝名畫錄、十二五代名畫補遺、十三畫繼、十四益州名畫錄、十五米海岳畫史、其間有僞書未能辨別、且不具論中如裴孝源貞觀公私畫史內有小注云、張彥遠名畫記尙有某圖某圖、按彥遠在裴氏之後、知此注必非其原文、未知是弇州校讀時所加、抑爲他人所加、未見注明、遂與原書小注相混、殊非繙刻舊書所宜。又書苑與此編、尙有一端最可議者、即所收各書不使各自爲卷、而任意合數書爲一卷、或合原書數卷爲一卷也。如所收俱屬短篇、猶可說、乃如法書要錄、歷代名畫記諸書、原有多卷者、亦復任意分合、而原有卷數、並刊於卷首、遂致錯雜紛紜、不便檢閱、此則尤不若淸代諸家叢書之得體要矣。詹氏補益兩種、亦有此病、前有自序、又有古今名畫苑序、弇州有古今法書苑、已著錄、復有此輯、則他書俱未載及、疑尙未成書、故不復列入、未見而附記於此。　畫苑補益四卷（明刊本）明詹景鳳輯。是編則續王氏畫苑而作、所收凡十五種、一梁元帝山水松石格、二王維畫山水祕訣、三荆浩論畫山水賦、四李成山水訣、五林泉高致、六郭思畫論、七郭思紀藝、八宣和論畫雜評、九山水純全集、十李澄叟畫山水訣、十一論畫山水歌十二李廌畫品十三華光梅譜、十四竹譜詳錄十五張退公墨竹記、十六廣川畫跋。其中僞書最多、具詳各本書解題。其尤闕失者、尙有數端、郭思與郭若虛本爲兩人、乃以若虛作爲思之字、而強合爲一人、一也。既採郭若虛圖畫見聞志矣、乃僅錄其第一卷畫論、復删其敍諸家文字一篇、而題爲郭思畫論、目中又作山水論、又僅錄其紀藝人名目錄、而去其各篇之小傳、題爲郭思紀藝、可謂鹵莽滅裂之甚、二也。林泉高致集、不宜删其畫記一篇、三也。李廌畫品爲著錄趙德麟藏畫見於其自跋及德麟跋、乃削而不載、若無別本、遂無由知其原委、四也。宣和論畫雜評、卽摘錄宣和畫譜序引、五也。李衎竹譜亦被删節、而偏題爲詳錄、六也。凡此或非詹氏所爲、大約明時坊本如此、然詹氏未加深究、遽爲錄入、亦未免失檢矣。此外若豫章先生論畫山水賦、與畫苑之王維山水論、若李成山水訣、與李澄叟畫山水訣、其文大同小異、僞託顯然、乃視同鴻祕、不憚重見叠出、尤爲無識。前有自序。【書畫書錄解題】

按顧氏彙刻書目云、王氏書畫苑、明太倉王世貞編、欲刊未果。萬曆間雲間王乾昌始刻之。此書叢書舉要、叢書書目彙編、叢書大辭典並著錄。支那畫學書解題叢輯類一一五頁。

王氏畫苑十卷補益四卷（十二册）明萬曆間刻本（十行二十字）明王世貞輯。卷內題皇明朱衣姚汝循同校。卷十末有萬曆庚寅歲夏五月王氏淮南書院重刊一行。補益題皇明新安詹景鳳、秣陵王元貞仝校。景鳳自序題萬曆十八年、卽庚寅。蓋王氏淮南書院卽王元貞家塾。元貞校刻補益、並重刻王氏畫苑也。是王氏畫苑原本應刻於萬曆十八年以前。按王世貞兩序、皆朱之蕃所書而初校是書之朱衣、卽之蕃父也。之蕃生於嘉靖四十三年、萬曆十八年年僅二十七歲、則原刻本不應刻於萬曆十年以前、因之蕃年太幼、不堪書序也。　自序（兩篇）詹景鳳序萬曆十八年（一五九〇）又補益

王氏書苑十卷補益十卷（八册）明萬曆間刻本（十行二十字）明王世貞輯。卷內題皇明朱衣姚汝循同校。補益題皇明詹景鳳王元貞仝校。補益缺卷九卷十、而以廣川書跋爲卷十一、卷十二。餘檢影印本、亦缺卷九卷十、而以卷十一、十二同爲第十一卷、非此本有殘闕。　自序又序萬曆十九年（一五九一）詹景鳳序。【王重民善本書籍經眼錄】

23 砥齋題跋一卷　小石山房叢書本

清王宏撰撰。宏撰字文修、號無異、一號山史。華陰人。明監生。康熙十八年薦鴻博、以疾辭。工書法（帶經堂詩話）書法逼眞右軍、

（鶴徵前錄、）工書、見名人尺牘小傳。【清書史卷十六】

國朝書人輯略卷二、國朝書畫家筆錄卷二、並有宏撰小傳。

砥齋題跋一卷、明遺民王宏撰撰。是編凡六十七首。爲其題書畫碑帖之作。中惟書李岸翁閏七夕詞後、東書藤陰劄記後、書易經傳後、書錢東澗湯臨川文集序後、書天隱子後、書張子孔氏三世出妻辨後六篇、與書畫無關。不知何以亦入。山史精賞鑒。其所敍述、俱甚高超。間有發揮、多關學術。而其故國之痛、亦偶於是流露焉。　王宏撰明季遺民。編中之文多作於清初。【書畫書錄解題】

24 **王司農題畫錄二卷**　民國二十三年排印本　甲戌叢編本

清王原祁撰。原祁字茂京、號麓臺。太倉人。康熙庚戌進士。由知縣擢給事中、改翰林春坊、供奉內廷、充書畫譜館總裁。法六痴淺絳爲獨絕。時虞山王翬以清麗傾中外。原祁以高曠之品突過之。凡內府收藏者、俱得遨睿鑒褒題。見熙朝名畫錄、江南通志、畫徵錄、居易錄、學菴類稿。【歷代畫史彙傳卷二十九】

25 **麓臺題畫稿一卷論畫十則一卷**　題畫稿有昭代叢書本　美術叢書本　論畫輯要本　有正書局印本（補本書第七四〇葉）　論畫十則有道光棣香齋刊畫東雜著本　排印藝海一勺本　畫論叢刊本

清王原祁撰。原祁見國朝畫徵錄卷下。

麓臺題畫稿一卷、清王原祁撰。昭代叢書本、美術叢書本、論畫輯要本。○題贊類題自作之屬。【有美草堂畫學書目】

王原祁別有雨窗漫筆一卷、四銅鼓齋論畫集刻本、論畫輯要本、畫論叢刊本、甲戌叢編本。見本書第七四〇葉。宋元以來畫人姓氏錄卷十五、歷代畫家姓氏便覽卷三、國朝畫識卷五、國朝書畫家筆錄卷一、清畫家詩史乙上、並有王原祁傳、支那畫學書解題麓臺稿題跋二二九頁、雨窗漫筆論畫二二七頁。

雨窗漫筆一卷、清王原祁撰。四銅鼓齋論畫集刻本、論畫輯要本、美術叢書本。○論述類雜論之屬。【有美草堂畫學書目】

26 **婁東太原王氏畫系考略一册**　民國二十四年排印本

近人王書撰。書太倉人。此書見江蘇南京國學圖書館圖書總目。書畫書錄解題補乙編稱引此書。

27 **東莊論畫一卷**　民國二十三年排印甲戌叢編本　畫論叢刊本　（補本書第七四〇葉）

清王昱撰。昱字日初、自號東莊老人。原祁族弟、太倉人。畫出原祁門、山水淡而不薄、疎而有致、筆意在雲林方壺之間。見畫徵錄原祁傳、今畫偶錄、書畫紀略、烟霞閣詩稿、在亭叢稿。【歷代畫史彙傳卷二十九】

宋元以來畫人姓氏錄卷十五、國朝畫識卷八國朝書畫家筆錄卷一、並有昱小傳。支那畫學書解題論畫類二三三頁。

東莊論畫一卷　清王昱撰。四銅鼓齋論畫集刻本、美術叢書本○論述類雜論之屬。【有美草堂畫學書目】

28 箬溪藝人徵略四卷　長興王氏刊袖珍本

清王修撰。許榮祖訂。修字修之、長興人。凡例略云、紀載書畫人名之書、專志方隅、廣山志外、實所僅見。是書始自陳朝、斷于清代、凡得百餘人、生存不錄。是書凡由何書轉載、（前有引用書目）一一誌明、以免無徵不信。吾邑方外閨秀人數無多、即依時編入、不復分載。是書既以藝人徵略名、所包甚廣、（重在書畫）凡與書畫相通者、如製墨雕刻鐫印以及刺繡之屬、何一非學人游藝、見聞所及、亦入錄、另列附編、以示區別。　此書書畫書錄解題入未見類。

29 繪林伐材十卷　乾隆四十五年雕垢軒刊本

清王宸撰。宸字紫「子」凝、號蓬心。太倉人。乾隆庚辰舉人、官至永州府知府。山水稍變家法、蒼古渾厚、深得子久之學。見芝庭詩稿。【歷代畫史彙傳卷二十九】

繪林伐材十卷　清王宸撰。乾隆四十五年雕垢軒刊本○叢輯類類書之屬。【有美草堂畫學書目】

宋元以來畫人姓氏錄引證書目列有此書。又姓氏錄卷十五、墨香居畫識卷二、國朝書人輯略卷六、國朝書畫家筆錄卷二、清畫家詩史丁上、並有王宸小傳。

繪林伐材十卷　清王宸撰。蔣寶齡墨林今話云王述庵（昶）司寇稱此書爲畫史總龜。【書畫書錄解題畫部未見書】

繪林伐材十卷　清王宸撰。宸工山水。其書集古今畫史彙爲一編。卷一敍有史至隋、卷二唐、卷三五代、卷四宋、卷五宋金、卷六元、卷七至卷九明、卷十清、後附家學。自來彙編歷代畫人傳記、以時代敍次者、始自唐張彥遠之歷代名畫記、而此編則其殿軍。自此而後、彙傳雖前後接踵、然均以韻目爲次、而通史體裁之傳記、乃絕響矣。家學記其高叔祖異公、曾祖麓臺、祖忠貽、父敬彥、族祖東莊、存素及麓臺弟子黃鼎凡七傳。其六世祖烟客、則云六世祖太常公已載前卷。其獨以烟客列入前卷、未詳其說。而前卷中並有異公之傳、更難索解。至麓臺弟子尊古而外、若王敬銘、李爲憲、亦皆能承其衣鉢、卓然有聲。其何以不爲立傳、亦不識其取舍之義。考王書斐東太原王氏畫系攷略、烟客諸子若端士、顓菴、南湖、諸孫若潞亭、秋崖、拙園、曾孫若梅冶、汝瀚、並皆善畫。此編見聞雖近、乃覺失載、亦嫌漏略。前有乾隆四十五年自序。【書畫書錄解題補乙編】

30 西廬畫跋十八篇　畫學心印本

王奉常書畫題跋二卷已見（本書第七五六葉）

明王時敏撰。時敏字遜之、號煙客、又號西廬老人。太倉人。崇禎初以蔭仕至太常。祖文肅公錫爵暮年抱孫、居之別業、以優裕其好古之心。家藏本富、取資甚深。畫窮大痴閫奧、晚年益臻神化、爲國朝畫家之冠。萬曆壬辰生、康熙庚申卒、年八十有九。見江南通志、圖繪寶鑑、熙朝名畫錄、畫徵錄、庚子書畫評、無聲詩史。【歷代畫史彙傳卷二十九】

王奉常書畫題跋二卷、淸王時敏撰、宣統二年甌鉢羅室刊本○題贊類雜識之屬。【有美草堂畫學書目】

宋元以來畫人姓氏錄卷十四、歷代畫家姓氏便覽卷三、國朝畫識卷一、國朝書人輯略卷一、國朝書畫家筆錄卷一、淸畫家詩史甲上、並有時敏小傳。支那畫學書解題題跋類一七九頁著錄西廬畫跋、一七七頁著錄王奉常書畫題跋。

西廬畫跋十八篇、明遺民王時敏撰。此編俱題王石谷畫。石谷於西廬爲晚輩、而西廬乃極爲傾倒。既相知之恨晚、又恨其未及見董香光。有曰石谷於畫道研深入微、凡唐宋元名蹟、已悉窮其精蘊、集以大成。又曰衆美畢具、可謂豪髮無遺恨。其推許可謂備至。而讀其文章、知其出於眞誠、絕非虛飾、眞足以風末世而矯惡俗。【書畫書錄解題】

31 冶梅梅譜四册　上海石印本

淸王寅撰。寅字冶梅、以字行。上元人。見【淸代畫史補錄卷二】又【增廣歷代畫史彙傳補錄卷二】

國朝耆獻類徵卷三有王寅傳。

冶梅梅譜四册、淸王寅撰。卷首有王昌鉞所作小傳、謂其遭亂展徙、流離至上海、而以畫爲業。日本人喜之、聘至其國、先後著蘭竹石人物等譜。最後乃作是譜云。第一册有寫梅法十二則、蓋仿諸芥子園、然無甚特見。次爲執筆圖及寫花頭法、次爲太極圖說、謂畫家以一畫爲法、變化無窮。夫畫梅則畫梅耳、作畫梅譜則言畫梅之法已耳。乃必借兩儀四象八卦之說以矜其奇、不惟牽強附會、亦與寫梅以寄興之本旨相違、竊未敢以爲然也。冶梅自序謂一畫之法、乃發明古人所未言之法。俞曲園序遂盛稱之。豈知畫始於一之說、大滌子畫語錄於其第一章已詳言之。冶梅所論、特其緒餘耳。第二册以下俱其畫稿、

頗有工夫。未能脱俗、則爾時風尚使然、良不足怪。(近人傳崇黻作畫梅辨難時有論冶梅梅譜語。)【書畫書録解題】

32 冶梅竹譜二册冶梅蘭譜一册 日本刊本

清王寅撰。

冶梅竹譜二册、清王寅撰。第一册首敍畫竹名目、次爲執筆式、又次爲運筆先後、及頓挫諸法。然後分寫竿節枝葉諸法。列擧諸病、較汪氏體齋(天下有山堂畫藝)譜爲詳明、頗便初學。第二册爲仿古十二式、不必置論。冶梅蘭譜一册、清王寅撰。首爲畫蘭淺說一則、次爲寫葉提頓法、次爲運筆式、寫花式、又次爲寫葉法。四式俱有說明。惟寫花法無之。亦爲初學而設者。全蘭式凡十二、與竹譜同。前有李頣序及光緒八年自序。【書畫書録解題】

33 書畫傳習錄四卷 (補本書第七四七葉)

明王紱撰。紱字孟端、別號九龍山人。無錫人。佩文齋書畫譜卷四十書家傳、又卷五十五畫家傳宋元以來畫人姓氏錄卷十四、歷代畫家姓氏便覽卷三、並有紱小傳。此書支那畫學書解題八五頁著錄。王紱洪武初以能書薦入翰林、擢爲中書舍人。山水師蒙長江、遠山叢篁怪石無不絕妙。畫竹爲當時第一。高介絕俗以古人自期、不爲藝事所役。見明史本傳、畫史會要、圖繪寶鑑續纂、無聲詩史、珊瑚網、六研齋筆記。【歷代畫史彙傳卷二十八】

34 書畫目錄一卷 美術叢書本

元王惲撰。惲字仲謀。汲縣人。至元中拜監察御史、官至通議大夫、知制誥。此書見支那畫學書解題鑑藏六七頁。書畫目錄一卷、元王惲撰。惲著有秋澗集。此本未敍明所據本。余案守山閣刊秋澗先生大全集、玉臺嘉話亦載此前序後跋而無標題。考其序跋皆此本序文中語。其文字亦多異同處、且少去首中兩段。案閣本後跋末句云作書畫目錄序、則跋本爲序之一節、不知閣本何以割裂脱落至此。然則此本所據、要當較閣本爲完善矣。所載古今畫八十餘幅、其中見於中興館閣儲藏著錄者、僅得十九幅。(顧愷之青牛道士、唐人化行三竺、吳道子護法善神、郭忠恕避暑宮、李昭道避暑宮、荆浩江村早行、趙大年小景、貫休竹、李公年桃溪春色、丘慶餘花禽、鍾隱雙禽、黃筌碎金、戴嵩牛、唐人剪駿馬、韓幹四馬、三花御馬、曹霸獵騎、胡環馬騎、崔白秋塘戲鴨。)六十六年之間、所餘僅此。想見荆駝之下、金題玉躞、有不可復問者矣。其書但列品目、間有紀述、亦僅寥寥數語。前有

至元十一年自序。【書畫書錄解題補乙編】

35 題畫詩鈔一卷 樸廬遺稿本 畫苑祕笈二編本

淸王愫撰。愫字存素、號林屋。太倉人。諸生。時敏曾孫。畫得家法、山水用乾筆皴擦、不加渲染、得元人簡淡法。絳筆竹石尤妙。工詩詞、與諸名士往來倡和。每作畫、必自題詩。蕭疎淡遠、不涉一點塵俗。見今畫偶錄、華海堂集、懷舊集。【歷代畫史彙傳卷二十九】

論畫一卷。淸王愫撰。見蔣寶齡墨林今話。閱樸庵存稿有附刊。【書畫書錄解題畫部未見書】

吳辟疆跋右題畫詩鈔一卷、淸王愫撰。愫號樸廬。又號林屋山人。墨香居畫識、墨林今話、俱謂爲麓臺從子、非是。攷王氏家乘、愫父名時敷、與烟客爲弟兄行、則實爲麓臺之從父也。此據樸廬遺稿本校刊。按今話林屋傳云、著有樸廬存稿、中附論畫一卷、而未言及此書。今檢遺稿、其論畫之作曰論畫正則。是霞竹所云諸書標題均不相符。疑其得之耳食、於遺稿初未寓目也。林屋韻語爲沈文慤公所激賞。序其遺稿云、恬靜雅音、不專刻鏤、天籟自然云云。其稱譽或未免過當、然諷誦其詩、冲和深婉、不失風人敦厚之致、固亦非盡阿私所好之語。遺稿刻本今已日尠、爰爲覆刊、藉廣其傳。

國朝畫識卷十二、國朝書畫家筆錄卷一、宋元以來畫人姓氏錄卷十五、淸畫家詩史丙上並有愫小傳。

36 繪事備考八卷 （補本書第七九八葉） 康熙三十年金園大雅堂刊本

淸王毓賢撰。毓賢字星聚。三韓人。仕爲三楚廉訪。公餘之暇、疋耽圖畫、落筆蒼雅不凡。著繪事備考。見圖繪寶鑑續纂。【歷代畫史彙傳卷二十九】

繪事備考八卷。國朝王毓賢著。刊本。是書採輯古今繪事。【文選樓藏書記】

此書宋元以來畫人姓氏錄引證書目、文瑞樓書目並著錄。姓氏錄卷十五、歷代畫家姓氏便覽卷三、並有毓賢小傳。此書見支那畫學書解題論畫二〇一頁。

37 論書一篇 分二篇 法書要錄本 墨池編本

南齊王僧虔撰。僧虔臨沂人。仕至侍中、卒諡簡穆。見佩文齋書畫譜卷二十四書家傳。

王僧虔 齊書本傳、南史書斷、宣和書譜、庾肩吾書品、竇臮述書賦評注、墨藪、並詳見【六藝之一錄卷三二一歷朝書譜十一】

論書一篇、南齊王僧虔撰。此篇文有脫錯。朱長文輯墨池編、因分爲二。於其第二篇後注曰、此篇當是僧虔與人書耳。法書要錄與前編合爲一、非也。今雖別之、但編簡脫謬、不能完備耳。竊意此篇確爲與人書朱言是也。考竇泉述書賦有云、齊簡穆書答於竟陵王、注云、齊司馬簡穆公、琅琊人王僧虔、答竟陵王子良書序、古今善書人、評議無不至當。今觀文中自稱僕、又有承天涼體豫、復欲繕寫一賦、傾遲暉采、心目俱勞、承閱覽祕府、備覩羣跡、諸語、亦似對竟陵口氣。其前論述諸人之書、卽竇氏所謂評議無不至當者。是本爲一篇無疑。當卽答竟陵王之書、朱氏強分爲二、非是。宋史藝文志及玉海四十五引書目有僧虔評書一卷、當卽是編。【書畫書錄解題】

38 畫學秘訣一卷（補本書第七二五葉）讀畫叢譚本　畫論叢刊本　（爲山水論一卷）

唐王維撰。維字摩詰、太原祁人。開元辛酉進士。官至尚書右丞。畫中有詩、詩中有畫。山水平遠、雲峯石色、絕跡天機、非繪者所能及也。宋元大家得其正傳、爲南宗所始、誌山水訣。見唐書本傳、歷代名畫記、唐朝名畫錄、宣和畫譜、畫史、書旨、圖繪寶鑑（卷二）丹青志。【歷代畫史彙傳卷二十七】

此書僞書通考、支那畫學書解題論畫類十頁、並著錄。佩文齋書畫譜卷二十七書家傳、又卷四十七畫家傳、並有維傳。

畫學祕訣一卷、唐王維撰。讀畫叢譚附刊本。〇僞託類。【有美草堂畫學書目】

39 芥子園畫傳五卷二集八卷三集四卷（補本書第七四一葉）康熙十八年五彩刊本（李漁論定）　又四十年刊本　乾隆間翻刻本　日本翻刻本　光緒十三年上海鴻文書局石印本　民國甲寅年共和書局石印本

清王槩輯。二集、三集、槩與弟蓍臬合輯。槩字安節、秀水人。蓍字伏「宓」草。臬字司直。槩山水得大痴筆意、工花卉翎毛、書法。弟臬、以畫擅名。見歷代畫史彙傳卷二十九、宋元以來畫人姓氏錄卷十五、歷代畫家姓氏便覽卷三、國朝畫識卷六、國朝書畫家筆錄卷一、清畫家詩史乙上、並有小傳。此書支那畫學書解題圖譜類一八九頁著錄、又有靑在堂畫學淺說一卷。

芥子園畫傳、清李漁論定。一集、淺說各法摹仿共五卷。二集、蘭譜上下冊、竹譜上下冊、梅譜上下冊、菊譜上下冊。三集、草蟲花卉譜上下冊、翎毛卉譜上下冊、（附設色各法）四集、寫眞祕傳第一卷、仙佛圖第二卷、賢俊圖第三卷、美人圖第四卷（並清丁皐著。）附李漁輯圖章會纂。【叢書書目彙編】

芥子園畫傳五卷二集八卷三集四卷（十三冊）清乾隆間翻刻本（九行二十字）

清王槩輯二集三集則槩與二弟蓍臬合輯。槩字安節、秀水人。按李漁婿沈心友得明李流芳畫冊、囑槩增輯、刊爲初集。二三集亦多因舊作俱詳例言中。此本爲乾隆壬寅仲春月金閶書業堂重鐫、紙色墨色俱佳、故破格存之。　李漁序、康熙十八年(一六七九)〔初集〕　王槩序、康熙四十年(一七〇一)〔二集〕　芥子園畫傳五卷二集八卷三集四卷四集四卷(二十三册)日本翻原刻本(九行二十字)清王槩等輯。此日本嘉永三年(卽道光三十年)五車樓翻刻本。四集非嘉慶間僞本、蓋割裂初集卷四入三集、又從三集中別出草蟲花卉譜爲四集耳。

較上種多三集康熙四十年(一七〇一)王澤弘序。【王重民善本書籍經眼錄】

40 **論書賸語一卷**　淳化秘閣法帖考正附刊本

清王澍撰。澍字若霖、一作篛林、號虛舟、亦號竹雲、金壇人、移寓無錫。康熙五十一年進士、官吏部員外郎。　王步青撰墓志云、雅善書法、一時獨步。自汪退谷、何義門、率推先之。　無錫縣志、善行楷書、兼工篆隸。　翁方綱曰、虛舟以書名、篆爲第一、行書次之、楷又次之。　名人尺牘小傳、書入率更之室、篆法李斯、爲一代作手。　退菴書畫跋、虛舟楷草篆隸、無所不通。我朝以小篆名者、自當推之爲巨擘。【淸書史卷十六】

國朝書人輯略卷三、國朝書畫家筆錄卷一、並有澍小傳。陳曰霽珊網一隅卷一、謂澍有書法良模一書、今未見。

王澍。是編凡分十二類。一執筆、二運筆、三結字、四用墨、五臨古、六篆書、七隸書、八楷書、九行書、十草書、十一牓書、十二論古。論古最詳、占全部三分一以上。前十一類、亦不專言法則。曰賸語者、其書附於閣帖攷正之後、其論皆攷正之文所未及者也。全編雖寥寥十餘翻、而論斷至爲精到。旣不勦襲陳說、亦無浮夸之詞。可謂言簡而旨該者矣。顧林生當畫書極盛之時、而指爲董家惡習、此在當時識見實高人一等。前有小引。【書畫書錄解題】

41 **清暉畫跋一卷**　畫學心印本

淸王翬撰。翬字石谷、號耕煙散人、又號淸暉主人。(常熟人)山水宗原祁、師時敏、得其親授、自成一家。人稱爲畫聖。詔繪南巡圖、稱旨。內府收藏甚多、得邀睿鑒褒題。見熙朝名畫續錄、圖繪寶鑑續纂、畫徵錄、讀畫錄。【歷代畫史彙傳卷二十九】

宋元以來畫人姓氏錄卷十五、歷代畫家姓氏便覽卷三、國朝畫識卷四、國朝書畫家筆錄卷一、淸畫家詩史乙上、並有翬小傳。此書見支那畫學書解題題跋類二二二頁。

淸暉畫跋、淸王翬撰。此編僅十六則。石谷畫雖不多題、當亦不止此。此本不知何時人所輯。惜心印本不注明也。其中有題自作者、有題南田、漁山作者、有題古人名蹟者、亦有單

詞片語不類題跋者。石谷遺文較少、卽此已足珍貴。【書畫書錄解題】

42 清暉贈言十卷附錄一卷

康熙原刊本　乾隆己未重刊本　道光丙申年刊重編本

清王翬撰。此書見支那畫學書解題二二一頁。王翬號清暉主人。卒年八十有六。自刻所與名公卿投贈詩文十卷、曰清暉贈言。又尺牘二卷。見江南通志有懷堂集。【歷代畫史彙傳卷二十九】

清暉贈言十卷附錄一卷。（其六世孫元鍾跋稱十二卷。蓋以御製詩爲首卷、所附壽詩遊庠詩爲末卷也。）清王翬撰。此據其六世孫元鍾重編本著錄、皆彙集投贈之作。前有石谷自序一首、知原本爲其生時自編。今本卷一贈序壽序、卷二題畫跋語、卷三四投贈詩、卷五題圖詩、卷六送行詩、卷七寄贈詩、卷八九題畫詩、卷十壽詩、而冠御製詩於前、附其父雲客壽詩、其子處伯遊庠詩於後。據元鍾跋謂舊刻板敝、重加整理云云、似已非原編之舊矣。石谷畫名滿天下、故投贈諸人、皆當時名公巨卿、高人碩士、頗多佳構、存此一編、足徵其交游之盛、並可爲後來鑒賞之資。不必以標榜爲嫌也。前有王掞、唐孫華、王吉武、張雲章、高鉁、席鎬、潘來贈序。乾隆己未王峻重刊序。【書畫書錄解題】

43 山南論畫一卷（補本書第七四二葉）

拔雲草堂叢書本　畫論叢刊本

清王學浩撰。學浩字孟養、號椒畦。崑山人。乾隆五十一年丙午舉人。山水結體精微、有大癡氣。筆力蒼古、近今吳松當爲第一。詩與書法俱善。見墨香居畫識、畊硯田齋筆記。【歷代畫史彙傳卷二十九】

王學浩先生於書無不工、篆隸古勁、直接秦漢。眞書行書、自成一家。不獨其畫也。見鷗波漁話。【清畫史卷十六】

宋元以來畫人姓氏錄卷十五、國朝書人輯略卷六、國朝書畫家筆錄卷二、清畫家詩史戊上、清史稿藝術傳並有學浩小傳。此書見支那畫學書解題論畫類三四五頁。

44 今畫偶錄四卷（補本書第七四四葉）

清王謌撰。謌字一士、號菊莊。青浦人。諸生。工墨竹。喜考訂繪事、著今畫偶錄。見墨香居畫識卷三。【歷代畫史彙傳卷二十九】

今畫偶錄、見馮金伯國朝畫識引、及魯駿宋元以來畫人姓氏錄引證書目。馮金伯墨香居畫識（卷三）王謌條下則云、謌喜考訂繪事、曾梓今畫偶錄四卷。言謌喜考訂、似此書爲謌所著。然僅言梓、何也。姑記此以存疑。【書畫書錄解題畫部未見書】

國朝書畫家筆錄卷二有謌小傳。此書確爲

王謌著、詳見本書第七四四葉。

45 娛翁寓意編二卷 鈔本（上海歷史文獻圖書館藏）

清王燮撰。燮字紹延。仁和人。以監生官至蘇松太道。

仁和王氏書畫錄稿本二册、清王燮撰。稿本、藏長洲章式之鈺家。敍宋林椿起、訖戴文節、共六十三種。載原題原文尺寸圖章極詳云。【書畫書錄解題書畫部未見書】

46 越中歷代畫人傳二卷 民國十七年西泠印社仿宋鉛印本

清王瞻民撰。瞻民自號怪山老民。紹興人。

越中歷代畫人傳二卷、王瞻民撰。民國十七年西泠印社仿宋鉛印本。〇歷史類專史之屬。【有美草堂畫學書目】

越中歷代畫人傳二卷、（中華書局聚珍仿宋本）近人王瞻民輯。是書輯錄越中畫人、各爲小傳。自有史迄淸末、凡得三百三十九人。而不按時代編列、以韻分編、類於類書體例、稍有未愜。瞻民蓋未得讀陶氏（元藻越畫見聞）之書、故敍次不相因襲。又陶書中如南北朝之謝靈運、謝惠連、唐之道士苗龍、釋辨木宋之楊璝、徐本、周珏、林俊民、錢昆、錢易、閨秀楊妹子、元之王迪簡、閻曦、楊維翰、倘兩、張英等、俱未載及、亦其一徵。而能詳贍若此、足徵其考覈之勤。惟傳中所載事實、時涉繪事以外、則稍遜陶書之得體要耳。若考陶氏以後越中畫人、則此編良絕好資料也。前有諸宗元序。【書畫書錄解題】

47 劉湄書畫記二卷 畫苑祕笈二編本

清王禮撰。禮字笠夫。劉湄人。國朝書畫家筆錄卷四有禮小傳。淸代畫史補錄卷二、增廣歷代畫史彙傳補編卷二、並謂其著劉湄書畫記二卷。

劉湄書畫記二卷、淸王禮撰。稿本今藏弁山陸澹如家。澹如好蓄畫學書、與余有同嗜。予讀其所撰婁東畫學著作存佚攷因定交。所睞余所未見書甚多、此其一焉。笠夫撰此記、年止二十八、下距卒時凡二十二稔。故如周泰元輩、雖與笠夫同時、而知名稍晚、已未及采錄、惟錢楳生在原稿別紙內錄出、云錢鳳鳴字楳生、本鎭人。僑寓中江、以畫自給、工翎毛花卉、法王秋言朱夢廬云云。審亦爲笠夫手蹟。蓋與稿本中塗乙處、同爲晚年筆墨也。地方畫傳、昉於黃休復之益州名畫錄、至魚天池之海虞畫苑略而大備。其以鄉鎭爲斷者、前此僅有張叔未之竹里畫者詩而已。

48 寫像秘訣並采繪錄一卷 賜研錄本 畫論叢刊本

元王繹撰。繹字思善、自號痴絕。杭州人。年十二三已解丹青、寫眞得神氣、著采繪法授人。見杭州府志、圖繪寶鑑。【歷代畫史彙傳卷二十八】

寫像祕訣並采繪錄一卷、元王繹撰。此編論寫像、謂當於人叫嘯談話之間、靜求其本眞性情、默識於心而爲之。不當如俗工、令人正襟危坐、如泥塑人、然後傳寫、洵爲獨到之見、然非精於斯道者、未易臻此詣也。末敍采繪之法、切於實用。攷陶弘景曾作圖象集要、見於南史本傳、唐時有采畫錄一卷、見於鄭樵通志藝文略、今並不傳。其後著論及之者鮮。此編賴輟耕錄得傳、良堪寶貴【書畫書錄解題】

此書見支那畫學書解題論畫八〇頁。

49 **天壤閣雜記一卷** 光緒二十一年刊靈鶼閣叢書本 美術叢書本

清王懿榮撰。懿榮字廉生、一作蓮生。福山人。光緒六年進士、官國子監祭酒。殉庚子之難、謚文敏。梁節庵先生遺集謂其書名最盛。【清畫史卷十六】

清史稿列傳卷四百七十四、清史列傳卷六十五、碑傳集補卷三十三並有懿榮傳。

50 **染香廬畫跋四則** 畫學心印本

清王鑑撰。鑑字圓照、自號染香菴主。太倉人。世貞孫、由祖蔭得官、仕至廉州知府。山水於畫巨尤爲深詣、卒成大家。蓋其祖墨藏名蹟、不減南面百城。鑑披覽既久、心領神會、所得甚深。凡內府所藏者、得邀睿鑒褒題焉。見熙朝名畫錄、圖繪寶鑑續纂、無聲詩史、畫徵錄。【歷代畫史彙傳卷二十九】

宋元以來畫人姓氏錄卷十五、歷代畫家姓氏便覽卷三、國朝畫識卷一、國朝書畫家筆錄卷一、清畫家詩史甲上並有鑑小傳。此書見支那畫學書解題題跋一八四頁。

染香廬畫跋四則、清王鑑撰。前三則爲長跋、皆跋石谷之畫。末一則則題自畫。石谷爲圓照弟子、其題石谷之作、稱許亦甚至。【書畫書錄解題】

51 **藝舟雙楫九卷** （補本書第七一八葉） 道光間白門倦游閣活字本 光緒中上海廣智書局印本 商務印書館排印國學基本叢書本

清包世臣撰。世臣字愼伯、號倦翁。涇縣人。嘉慶十三年舉人。官署新喻知縣。 安徽通志、工書法、爲當世所推服。 謝應芝會稽山房集、書安吳包君云、君學書四十年、盡交天下能書之士、備得古人執筆運鋒結體分行之奇。蓋肄秦篆漢隸、以爲六朝正宗書、遂爲書家大宗。 包誠先集跋略云、世臣中年學書、由歐顏入手、轉及蘇黃、後肆力北魏、晚習二王、遂成絕業。 蟫樓書話、涇縣古名安吳、故時人仿王良常之例、稱包慎伯大令爲包安吳。大令所著述書三篇抉千古不傳之祕蘊、有功於書學甚鉅。惟自信太過、持論太偏、評品古今書家、尤類兵曹臆斷、定遠方蕉軒以書家中韓目之非過也。【清書史卷十二】國朝書人輯略卷八、國朝書畫家筆錄卷三、並有世臣小傳。

52 畫學心得問答四册 乾隆十三年松風堂刊本 國朝畫傳輯佚三種本

清布顏圖撰。受業門人戴德乾錄。布顏圖滿洲鑲白旗人、姓烏梁海氏、字竹蹊、號嘯山。累官綏遠城副都統。戴德乾並詳見【增廣歷代畫史彙傳補編卷四】

繪境軒讀畫記云、善畫、著有畫學心法問答。弟子時乘戴德乾鈔得其傳。見【八旗畫錄】

清史稿列傳卷二三五、滿洲名人傳卷十、國朝耆獻類徵卷二六四、並有布顏代傳。此書書畫書錄解題入畫部末見書類、支那畫學書解題論畫類二五九頁。

53 書屏記一篇 書苑菁華本

唐司空圖撰。圖字表聖、虞鄉人。累官禮部郎中。【佩文齋書畫譜卷二十九書家傳】

此書見佩文齋書畫譜纂輯書籍目。

書屏記一篇、唐司空圖撰。此篇記徐浩爲其先人作一書屏、凡四十二幅、八體皆備。至堪寶貴。卒以遭亂毀失、因作是編記之。且云前後所藏及佛道圖記、共七千四百卷、與此屏皆爲灰燼。惜此七千四百卷之品目不詳也。【書畫書錄解題】

54 古物陳列所書畫目錄十四卷附三卷 民國十四年乙丑鉛印本

古物陳列所編。

古物陳列所書畫目錄十四卷附三卷、古物陳列所編。清代於盛京熱河兩處行宮、儲藏書畫珍玩及其他古物甚富。民國初內務部悉輦而致之北京、張設於文華武英兩殿、及太和中和保和三殿、俾供衆覽、而名其地曰古物陳列所。此編卽專著錄其所藏書畫。凡分書册書卷書軸(附屏及橫幅楹聯)畫册畫卷畫軸(附屏及橫幅畫對)書畫合璧像册像軸書畫扇各種爲正錄。緙絲刺繡緘畫爲附錄。各品俱略記紙絹尺度題記印章。編中於由盛京輦致之品、與由熱河輦致之品、未經一一注明、最爲疏失。前有龔心湛、王耒、何煜三序。詳見【書畫書錄解題】

55 字畫指南八卷 咸豐乙卯年夢飲流霞之室刊本

清古牛山樵撰。古牛山樵不詳其姓名。此書見販書偶記。

59 古畫評三種考訂三卷 民國三十六年排印本

近人史岩撰。岩陽羨人。

57 書法金鍼一卷 洗硯齋原刻套印本

清白德馨撰。德馨字上聞。香山人。

書法金鍼一卷、白德馨撰。是編摘漢魏以來迄於明代論筆法精語、凡七十七則。尚屬簡要。一一眉批、細加圈點。其旁復有評語、俱注云李評。蓋其甥李家果所爲者。其所采亦及僞籍。又不按時代編次。則其失也。【書畫書錄解題】

58 任渭長畫傳四種六册 民國四年石印本

清任熊繪圖。熊字渭長。詳見國朝書畫家筆錄卷四、清代畫史補錄卷二、增廣歷代畫史彙傳補編卷三。

59 石琴吟館題跋一卷 民國十八年排印本

近人伊立勳撰。

60 心稽小錄八卷 鈔本

清伊秉綬輯。秉綬字任卿。南海人。

心稽小錄八卷（八册、鈔本八行二十字。）原題南海任卿伊秉綬纂輯。每卷末題弟度卿校錄。即自序所謂乃命度卿二弟校而錄之者是也。封面署道光乙巳年編次、心稽閣藏本。下鈐度卿珍藏印記。卷末度卿題名下鈐伊印秉綬印記。知度卿名秉綬。此即秉綬清繕本也。是書採輯頗富。蓋無刻本。茲錄秉綬自序云、繪事之傳由來尚矣。而代有名家、格因品殊。率多高士。凡爲畫訣散在藝林、六要六長、存諸典籍。然人非其人、畫難爲畫師。心踵習、迄無得焉。蓋畫之一道、苟欲探討其微。必先根柢乎古。故繪苑流傳、大都高人韻士。以寫其胸中逸氣。雖古人不作、而手跡猶存。然遡其原始於皇帝、繼自秦漢、盛於唐宋元明。其間作者輩出、曹衛顧陸擅能於前、董展孫楊流聲於後、隋有何鄭、唐則閻吳、大抵皆畫佛像人物、下筆輒依故事者也。然余於仙佛鬼神翎毛花卉虎豹牛馬鱗介昆蟲、皆絕不喜之。而獨醉心於山水一門。故詩書之暇時、或焚香危坐、以校勘典籍。因聊據其平日所見、雖一言片語、無不拾摭。輯以成篇、分爲四册。首曰源流、次曰微略、次曰緒論、次曰品題。共成八卷。自壬寅以迄乙巳、凡閱四載、始克告竣。乃命度卿二弟校而錄之。復請命於余。余曰、莊子有云、只與物化、不與心稽。余何人斯。能與物化也。心稽焉已矣。乃名曰心稽小錄云云。時道光歲次乙巳仲夏中澣之

三日也。任卿伊秉組並識。【王重民善本書籍經眼錄】

61 **墨林快事十二卷** 鈔本（北京圖書館·上海歷史文獻圖書館藏）

明安世鳳撰。世鳳字鳳引。商丘人、萬曆癸丑進士、官定海知縣。

墨林快事十二卷、明安世鳳撰。此書以所見古器古刻古書畫各爲跋語、凡六百九十五則。多涉議論、頗乏考據之功。【四庫全書總目提要】

墨林快事十二卷、明安世鳳撰。其書成於崇禎庚午、前有自序、稱余有歐陽之好而無其力。然以六十餘齡之蒐擇抑又浮之矣。因掇其大旨、稍滋以評證、良爲快事。今觀其書皆就所見古今石刻古書畫以及時人墨蹟、各爲之跋、不似集古錄專爲金石而設也。然皆評隲其詞氣筆法、故議論多而考據少。此在書畫、尚屬能事。而以言古器古刻、則不及歐遠矣。是書當時印有刊本、而流傳頗少。【鄭堂讀書記】

此書佩文齋書畫譜纂輯書籍目引之。書畫書錄解題列入書畫部未見書。

62 **墨緣彙觀六卷** 光緒乙亥刊粵雅堂叢書本 宣統元年刊本 北京翰文齋活字印本 （補本書第七五八葉）

清安岐撰。岐字儀周、號麓村。天津人。一作朝鮮人。

楊紹和楹書隅錄云、安岐字儀周、麓村其號也。亦號松泉老人。學問弘通、極精鑒賞。收藏之富甲於海內、著墨緣彙觀、亦一時博雅好古之士。詳見【郎園讀書志】

墨緣彙觀六卷、清安岐撰。是編所錄名蹟至富。據端方序、則謂盡其所自藏、而麓村自序則謂因他人時來就正、又鬻古者閒來求售、以致名蹟多寓目、則非盡其自藏可知。端序又深詆其人、謂爲明珠之僕。葉郎園力辨其誣、考據至爲精當。今就是書觀之、其所見之廣、鑒別之精、實所罕覯、雖今之收仲、猶或遜之。其必非出身微賤、可以想見。書凡六卷。計法書二卷、上卷首載鍾繇薦季直表等、下卷南宋人書六十餘通、元則松雪一家已十七種。明人書審擇益嚴、錄至董香光止、凡四十餘通。後來三希堂所刻、半見於此。名畫二卷、上卷始顧愷之女史箴圖、至明宣宗王紱等、均至精至妙之蹟。下卷爲畫册、所錄俱極精審。今故宮中所藏者、亦多見於此。端序謂爲長洲沈文愍所進、或然也。其正錄中於宋以前書畫、多有攷證、頗爲精當。如考古時屏幛闊幅、俱分裝成軸、足訂雲烟過眼錄題陸滉捕魚圖爲明昌之訛、考向若水爲宋時收藏家、足補庚子銷夏記之闕。其糾正卞氏書畫彙考之失者尤多。他如論游絲書、及趙董書法、與夫論諸家書法畫法處、頗多卓見。至於

書畫題識印章、僅擇要摘記、亦尚得體要。見【容臺書錄解題】

墨緣彙觀四卷 松泉老人撰。光緒間刊。 原分法書上下卷、名畫上下卷、則名畫上卷原闕五條、已經他人精楷寫補、仍有用鉛字排印補入者。 案安順姚大榮輯墨緣彙觀撰人考云、松泉老人姓安氏、諱歧、字儀周、號麓村。天津人。顏所居曰沽水草堂、學問宏通、極精鑒賞、收藏之富、甲於海內、著有墨緣彙觀、亦一時博雅好古士也。 安歧朝鮮人、後入旗籍。【販書偶記】

支那畫學書解題鑑藏類二四九頁。

葉德輝觀畫百詠詩注、尚有辨論語、可參閱。

63 清代畫史補錄四卷 民國十一年鉛印本

近人江銘忠編。【見增廣歷代畫史彙傳補編卷一】

64 朱臥菴藏書畫目一卷 美術叢書依舊鈔本印本

原題明朱之赤撰。之赤號臥菴。

朱臥菴藏書畫目一卷、原題明朱之赤撰。是編前後無序跋。美術叢書僅云依舊寫本刊、亦未詳其由來。臥菴賞鑑至精、收藏頗富。而此編所列書畫、多屬明人、其同時人所作尤夥。余平日所藏所見之跡、有臥菴所藏小印者一二十種、此編俱未載。或此爲其所藏之一部、決非其所藏盡在是也。又編中有顧亭林仿黄子久山水一種、顧畫已可疑、而下注云、陳眉公跋。攷眉公卒於崇禎十二年、年九十歲。亭林生於萬曆四十一年、眉公卒時、亭林方二十歲、當無爲其題畫之事。舉此一端、知此編未可深信。【書畫書錄解題】

朱臥菴藏書畫目一卷、臥菴休甯人。（按書畫記有唐僧法藏禪師東海新羅帖、李嵩貨擔圖、宋宗杲大慧禪師護國帖、大李將軍採蓮圖。文與可楷書盤谷序五種、云觀於蘇城朱我安之僑居。我安當卽臥菴、蓋歙人而流寓吾郡者。）美術叢書據鈔本題明朱之赤撰。今按是編稱王覺斯曰文安、攷覺斯卒於順治九年、是成書當在其易名之後。知是明人而入清者。臥菴賞鑑至精、余氏書錄稱之無異辭。惟以編中有陳眉公跋顧亭林山水一種、以亭林能畫爲可疑、且謂眉公當無爲其題畫之事。余按佩文齋書畫譜畫家傳引松江志云、顧正誼字仲方、華亭人。仕爲中書舍人。畫宗黄公望、與嘉興宋旭同郡、孫克弘友善、自號曰亭林。攷其年代里貫、與眉公實爲同時同里人。余氏以甯人目之、殆未加深考歟。【書畫書錄解題補甲編】

朱臥菴藏書畫目一卷、明朱之赤撰。美術叢書本。○著錄類一家所藏之屬。【有美草堂畫學書目】

支那畫學書解題鑑藏類一七一頁。

65 **畫梅題記一卷**　乾隆五十五年桐花館刊本　（一作昭文人）

淸朱方靄撰。方靄字吉人。號春橋。桐鄉人。山水文質相宜、有大家風範。畫梅亦佳、乾隆壬午進畫蒙恩褒錫。著畫梅題記。見懷舊集、墨香居畫識卷九。【歷代畫史彙傳卷九】

宋元以來畫人姓氏錄卷三、國朝書畫家筆錄卷二、淸畫家詩史丁下、並有方靄小傳。

畫梅題記一卷、淸朱方靄撰。是編爲其甥金德輿彙其題畫梅諸作而成。凡四十題、有詩有跋、詩較多。墨林今話謂春橋晚歲、每濡墨爲梅寫照、圖成、必有題記。然則所作必不僅此數十篇也。【書畫書錄解題】

66 **鐵網珊瑚十六卷**　（補本書第七四九葉）　明萬曆間刊本

明朱存理撰。存理見佩文齋書畫譜卷四十二書家傳、增廣歷代畫史彙傳補編卷一。朱存理精楷法、手錄前輩詩文積百餘家、著鐵網珊瑚。見甫田集。【六藝之一錄卷三六六歷朝書譜五十六】

鐵網珊瑚十四卷、明朱存理撰。采輯唐宋元名人書畫跋語而成。分雜識五卷、名畫五卷、法書四卷。其留心蒐討、無不遺餘力矣。【讀書敏求記】

鐵網珊瑚十四卷、明朱存理撰。雍正六年年希堯重刊趙氏鐵網珊瑚跋中、曾言及此書、謂爲存理原本。朱氏結一廬書目有之、注云、江陰周硯農重錄眞蹟本。又邵懿辰四庫簡明目錄標注鐵網珊瑚下云、蔣生沐有周棨起手鈔本、係從汲古閣所藏朱性甫手寫本照錄者、未知是此書否。【書畫書錄解題書畫部未見書】

鐵網珊瑚十六卷、（十六册）明萬曆間刻本、十行、二十一字。原題吳郡朱存理性父集錄。按此本爲趙琦美所重編、提要已辨之。【王重民善本書籍經眼錄】

支那畫學書解題收珊瑚木難八卷、珊瑚網書畫品十六卷入鑑藏類九〇、九一頁。參見本書第七四九葉。

67 **草聖彙辨六册**　（補本書第七一一葉）　日本文政三年（即嘉慶二十五年）江戶文會堂刊永根奕孫校本

明朱宗文撰。（一題淸白芬編）宗文號迦陵。海鹽人。順治九年明通榜擧人。官餘杭教諭。工草書。見兩浙輶軒錄。【淸書史卷四】

68 **臨池心解一卷**　（補本書第七一九葉）

淸朱和羹撰。和羹號指山。吳縣人。　陸紹景臨池心解序、略云、指山自幼嗜書、深究筆法。道光間介何生長庚從余游。其作書刻摯有力、知其探討於書者久、故能窺見古人精神之所寄如是也。徐錫璋序、略云工詩善書。朱運鴻跋、略云先人善書自歐趙入門、假途顏柳、復由顚素希蹤二王旁及篆籀、莫不究心。【清畫史卷四】

69 圖書要略一卷 明刊本

明朱凱撰。凱字堯民。長洲人。善畫、與朱存理齊名。見詩集小傳。【歷代畫史彙傳卷八】

朱凱圖書要略一卷。凱吳人。爲諸生。能詩。【千頃堂書目】

明史藝文志作圖畫紀略。也是園書目畫錄類作二卷。宋元以來畫人姓氏錄卷三有凱小傳。書畫書錄解題入畫部未見書。

70 唐朝名畫錄一卷 （補本書第七二五葉）

唐朱景玄撰。

此書佩文齋書畫譜纂輯書籍目、式古堂書畫彙考畫考引用書目、傳是樓書目並著錄。支那畫學書解題論畫類十五頁。

71 畫鏡一卷 原刊本

清朱雲燝撰。雲燝號尋源。遼藩分支、家江陵。善山水、善用逸筆、頃刻畫馬數十匹、畫魚亦然。師同里郭士璟、著畫鏡一卷。見畫徵續錄、香樹齋集。【歷代畫史彙傳卷九】

畫鏡一卷、清朱雲燝撰。見張庚國朝畫徵錄、稱其平生好游、凡名山必圖之。著有畫鏡行世。【書畫書錄解題畫部未見書】

72 海鹽畫史一卷 民國二十四年幽芳簃鉛印本

近人朱端撰。端字硯英、號硯因女史。海鹽人。

海鹽畫史一卷、近人朱端撰。海鹽爲秦時所置縣。轄境廣袤。今平湖縣及松江之胥浦等、昔皆海鹽境。故所錄間有與當湖畫人傳複見者。所紀自陳顧野王以來、凡二百三十人。其中未詳事實僅列姓名者十人。餘各系小傳。以時代爲敍、方外閨彥次於每代邑人之後、不別立門目。此例實較他書爲善。其書采輯舊籍有善畫而未見前人記載者、則列於卷末、注增字以別之。蒐羅亦頗賅備。惟如檇李詩繫載虞姬以夫死募工刻畫而自雕繪之。遽據爲畫人、未免小疵耳。前有黃賓虹等題詞、高燮序及自序。【書畫書錄解題補乙編】

73 畫史會要五卷 （補本書第七九六葉）

明朱謀垔撰。謀垔見佩文齋書畫譜卷四十四書家傳。

此書千頃堂書目、傳是樓書目並著錄。支那畫學書解題一六三頁。

畫史會要五卷（明刊本）前題厭原山人

朱謀垔隱之撰。任朱實符夢得較。所列引用諸書、自尙書周禮至僊居諸暨縣志、計百餘種。前有朱氏序、略云、國初天台陶九成著書史會要九卷、余爲續一卷、既梓行之矣。客有過余者曰、書畫之道、可偏舉乎、昔者河出圖、洛出書、聖人則之、故庖犧始畫、爰有卦象、蒼頡作字、乃萌六書、謂天地萬物之情、與夫人事之紀、非書無以傳其意、非圖無以暴其形、是以古之君子、必左圖而右書、則夫繪畫之事、奚必戴安道南都賦後明其重哉。今子既於羲獻曹陸之跡而彙綜之矣、續書史以八法家明之天下、而遺所云六法者可乎哉。余唯唯久之、乃取謝張朱劉衆氏之書、而旁搜於經史雜家、採其要言、依陶氏篇法、爰自庖犧、以迄我明、上而帝王、以及縉紳韋布、道釋女流、各爲小傳、或如封膜之類、則正其譌謬、後錄諸家文賦之可誦者、若夫雜論則以六法爲綱、而條列之、其卷仍書史之數、書成出以視客、客曰、吾閱王氏畫苑、病其太繁、繁則學習者、莫得其徑、閱夏士良寶鑑、又苦其大簡、簡則考鏡者難厭其心、今子斟酌二家、芟所不急、而足其所未備、子之功亦勤矣。崇禎四載辛未豫章朱謀垔識。半葉十行、行二十字。

畫史會要五卷（舊寫本珊瑚閣舊藏）

前題雲岩默老金賚敫奇撰、顏巷逸人較。此書濟四庫提要作朱謀垔撰、當卽上文著錄之刊本。而佩文齋書畫譜纂輯書作金賚撰、續編爲朱謀垔撰、未知所據。孫氏祠堂書目、亦題撰人爲金賚、伯驥得此寫本、初閱題名、頗以爲疑、書之前序、則刻本與寫本同、而寫本則多後跋、爲金氏表弟所撰者。跋云、表兄敫奇氏、撰畫史會要、令予較而錄之。兄於丹青家能原本伊始、以及支裔、採摭博而比屬精、立諸小傳、必甄量品行、後及藝事。兄少負奇志、力自奮於膏粱紈綺中、好苦吟、爲山居百詠、明枕流漱石之意、故其風寄高脫、馳騁筆墨間、蚤擅旭素之長、更從雙鉤響搨、探得衞王遺法、登涉之餘、卽景成圖、一時能者驚服其雅、不可及、兄既高介自立、無世俗游、寓蒼玉居、吟嘯其間、其詩可求、其人不可得而識、著作日富、歲有成刻、茲其庚申夏五告成者也。是金賚確有其人、朱氏爲明藩、故刊本卷四載樂安靖王孫之多爔、則題先子、當卽謀垔之父也。而寫本則題朱子諱多爔、刊本載多熒之藝事、則題先從叔。而寫本則直題朱多熒、刊本題石城王孫統鍡、而寫本則直題朱氏、而無王孫字樣、今記刊本三則如下、賚參考焉。先子諱多爔、字垣佐、號崇謙、樂安靖莊王孫、好友詩文君子、與之揚攉、家有清暉樓、法書名畫、盈積几架、春秋晴雨、蒼潤滿簾、披卷臨玩、怡然自遠、善寫墨菊、亦喜作仙道人物、子八人、令各習一雅技。先從叔多熒、字啓明、號履謙、外朴中慧、得全於酒、其時吾宗詩多以名附七子間、從其聲調、叔獨宗尙六朝、苦心琢句、鮮秀自異、有滋蘭堂稿數卷、寫墨竹自謂具眞草篆隸四法。石城王孫統鍜、字伯壘、號翚玉山樵、爵輔國中尉。父謀㙔以著書擅名、鍜世其業、兼精繪事、山水寫梅花道人、花鳥初學陸叔平、後學周服卿、都入雅品、武林劉奇授以和色之法、所作雖踰數十年、而花色鮮麗如新。其餘異同亦多、如卷一尹長生寫本缺、張僧繇刻本四行、寫本多十餘行、寫本僧繇下有十一人、刻本無之。十一人中列釋迦佛佗、寫本於梁後、列陳一人、曰顧野王、刻本無之。隋曇摩拙叉、刻本如此、寫本則作曇摩拙乂。刻本唐左全、寫本作尤全、刻本裴諝、寫本作裴請、刻本韋鷗、寫本亦作鷗、墨筆改爲鶠、刻本胡瓌范陽人、寫本作山後契丹人、刻本杜楷一作措、寫本云杜一作措。卷二刻本右武衛將軍、寫本作古武衛、刻本李甲、寫本李申。卷三刻本周廉、寫本則作周兼。卷四程志契下、寫本脫劉原起字我用長洲人一行、刻本先子諱多熿、寫本作朱子諱多熿、刻本多王顯許寶米萬鍾三人、張萱刻本官□□太守、寫本官至郡太守。伯騏按此書似是金氏手撰、久而未刻、遂爲謀垔託名流布者。故後來惟明人流傳寫本、倘題金氏姓名、特留此以窺破朱氏伎倆。近人余氏撰書畫書錄解題、於此節未見說明、蓋余氏僅見文瀾閣傳鈔本、而明刊本、舊寫本、或未寓目也。卷前有珊瑚閣珍藏印朱文長方形章。前人每以此爲康熙間納喇性德藏書印、然閱其刀法文字、則爲嘉道間風氣、當是嘉慶間百齡物、世所稱百文敏公亦以珊瑚名其閣者也。卷前後並捺有滿漢合璧關防數事、當是藏者所歷之官、此種風氣、自前世已開其端矣。【五十萬卷樓藏書目錄】

畫史會要五卷（十册、明崇禎間刻本、十行、二十字）原題猷原山人朱謀垔隱之撰、男朱統鉷發若重較。（卷一）此本重較人題衙有剜改痕迹、例以統鉷校印書史會要事、是書亦當印於淸順治間。□自序崇禎四年（一六三一）朱寶符跋崇禎四年（一六三一）【王重民善本書籍經眼錄】

74 書學捷要二卷（補本書第七一七葉） 知不足齋叢書本　叢書集成本

淸朱履貞撰。履貞號閒雲、秀水人。趙魏書學捷要序略云、閒雲以布衣而工書法、嘗纂書學捷要一篇、殫思古法、發揮意旨、於孫過庭書譜尤精研確覈、辨析微茫、發前賢祕奧、爲後學津梁。【淸書史卷四】

國朝書人輯略卷六有履貞小傳。

75 曝書亭書畫跋一卷（補本書第七六二葉）

淸朱彝尊撰。彝尊字錫鬯、號竹垞。秀水人。康熙戊午舉鴻博、授檢討。山水煙雲蒼潤、得書卷氣。著有曝書亭集等。見耕硯田齋筆記。
【歷代畫史彙傳卷九】
朱彝尊善八分書見昭代名人尺牘小傳。
【清書史卷四】
國朝書人輯略卷二、國朝書畫家筆錄卷一、清畫家詩史乙上、並有彝尊小傳。支那畫學書解題題跋類二一三頁。

76 金石家書畫集小傳一冊

民國十三年甲子仿宋聚珍本

西泠印社輯。

金石家書畫集小傳不分卷、西泠印社輯。仿宋鉛印本〇歷史類小傳之屬【有美草堂畫學書目】

金石家書畫集小傳一冊、西泠印社輯。杭州西泠印社創始於光緒甲辰、至民國甲子、滿二十歲。社友取金石家之書畫、自趙子昂迄趙撝叔一百五十餘家、開陳列書畫會、以為紀念。於是遂有金石家書畫集之影印。末附諸家小傳、以韻目為次、即此編也。其後復以聚珍本單行。【書畫書錄解題】

77 吳門畫舫書二卷餘錄六卷

嘉慶甲戌年虎邱行館刊本　雙梅景闇叢書本

清西溪山人等撰。

78 古來能書人名錄一卷

法書要錄本　書苑菁華本　說郛本作能書錄（齊王僧虔撰）

劉宋羊欣撰。欣字敬元。泰山人。官新安太守。見佩文齋書畫譜卷二十四書家傳、書林藻鑑卷七。

此書佩文齋書畫譜纂輯書籍目著錄、式古堂書畫彙考書考引用書目作敍古書家姓名。

羊欣　南史本傳、王僧虔論書、書斷、宣和書譜、袁昂書評、庾肩吾書品、李嗣眞後書品、竇臮述書賦評注、廣川書跋、並詳見【六藝之一錄卷三二一歷朝書譜——十一】

古來能書人名錄一卷、劉宋羊欣撰。卷首有王僧虔啟云、昨奉勑須古來能書人名、臣所知局狹不辯廣悉、輒條疏上呈羊欣所撰錄一卷、尋索未得、續更呈聞謹啟。說郛本以此書為王僧虔撰、蓋誤以輒條疏上呈為句也。書苑菁華有汝環案語、疑為王僧虔錄、亦即此意。考太平廣記徵引書目、內有王僧虔名書錄、第二百九卷徵引者凡三條、即此編之文。知此編作者沿譌已久。又宋祕書省續編到四庫闕書目有王僧虔古來能書人名一卷、當亦為此書之譌。是其失非自說郛本始也。唐張愛賓作法書要錄、於其題下注云、齊王僧虔錄宋羊欣所傳者、目錄直書宋羊欣采能書人名。六朝至唐、時代較近、自可徵信。

且原文以輒條疏上呈羊欣所撰錄一卷爲句、文義本甚明瞭也。編中列自秦至晉、凡六十九人、敍次雅絜、自是晉宋時人吐屬。【書畫書錄解題】

79 **畫史一卷** （補本書第七三二葉）　寶晉山林拾遺集本

宋米芾撰。芾見佩文齋書畫譜卷三十四書家傳、又卷五十一畫家傳、宋元以來畫人姓氏錄卷二十六。此書式古堂書畫彙考畫考引用書目著錄、作米氏畫史、又襄陽畫學。明版書經眼錄卷上亦著錄。支那畫學書解題鑑藏類三二二頁。

80 **藏拙軒論賞目六卷**　稿本

淸余恩鑅撰。恩鑅字鏡波。龍游人。

余紹宋曰、曾大父鏡波公、官粤中有年、購置書畫、所得以鎬淸館、風滿樓、南雪齋舊藏爲多。茲編卽退歸後所錄者、卷一爲唐宋、卷二元、卷三明、卷四淸。俱屬畫類。卷五合錦集錦扇葉、卷六墨蹟法帖。原有題記一帙、考證甚詳、惜已散失。蓋多爲未定之稿、當時未及依次錄入也。前有同治十一年自序。詳見【書畫書錄解題】

81 **書畫書錄解題十二卷**　民國二十年鉛印本

近人余紹宋撰。紹宋字越園。龍游人。

前有福州林志鈞序、略云、此書義例、於朱彝尊經義考爲近。而朱書不涉詳隲、復略版本。越園之作、能彌此缺。鈔錄序跋、亦視朱氏加愼。學問之道、後來者每勝於前人、然非越園致力之勤、亦無以臻此。蓋自七略別錄以來、目錄學至有淸一代而極盛。而書畫書籍之專目及解題、則以越園爲首創。所著錄自東漢迄今代、爲書凡得八百六十十種。越園一一通覽無遺、絕無焦竑作國史經籍志、尤侗作明史藝文志、摭拾舊目、顚倒挂漏之病。其爲解題、可分正體例、辨疏舛、重考證、存珍本四端。言必己出、博稽而精思、絕不爲蹈襲之語。全書凡數易稿、草創大指、具見所爲序例中。

82 **蘭亭記一篇**　法書要錄本　墨池編本

唐何延之撰。延之官職方員外郎。

蘭亭記一篇、唐何延之撰。此篇記蘭亭眞蹟授受源流、及太宗計賺殉葬始末甚悉。詳見【書畫書錄解題】

83 **書畫銘心錄一卷**　鐵網珊瑚第六卷本

明何良俊撰。良俊見宋元以來畫人姓氏錄卷十二、增廣歷代畫史彙傳補編卷二。

此書千頃堂書目、佩文齋書畫譜纂輯書籍

目並著錄。支那畫學書解題鑑藏類一一〇頁。又論畫類一〇八頁收四友齋畫論一卷。

書畫銘心錄明何良俊撰、僞託都穆鐵網珊瑚之第六卷中。四庫謂其即此書見寓意編提要。（參見鐵網珊瑚下）但未知其是否完帙。佩文齋書畫譜歷代鑒藏中所徵引者亦疑非全文。【書畫書錄解題書畫部未見書】

84 庚子銷夏記校文一卷 （補本書第七五七葉）

清何焯撰。焯字屺瞻、學者稱義門先生。長洲人。康熙四十二年賜進士授編修。　沈彤撰狀云喜臨摹晉唐法帖所作眞行書並入能品。（果堂集）　書法出入歐褚。（吳郡名賢圖傳）詳見【淸書史卷十三】

國朝書人輯略卷三國朝書畫家筆錄卷一、並有焯小傳。

85 梅花喜神譜二卷 （補本書第七七四葉） 嘉慶十六年刊本

宋宋伯仁編。伯仁字器之。廣平人。嘉熙時善畫梅、作梅花喜神譜上下卷。後係以詩。識於景定辛酉。見讀書敏求記、耕硯田齋筆記。【歷代畫史彙傳卷五十一】

顧曾壽手跋云、梅花喜神譜嘉慶雲間沈氏刊本之外、有知不足齋本。近世所傳惟此二刻、宋時原刻莫可得見矣。【章氏四當齋書目】

86 書法約言一卷 （補本書第七一一葉） 民國十一年刊楚州叢書本

清宋曹撰。曹字彬「邠」臣、號射陵。鹽城人。明宏光時薦授中書舍人。　淮安府志、善書。鹽城縣志有眞草書石刻行世。　遺民詩鈔、善書法。　木葉廠法書記、精眞行書。著有書法瑣言。【淸書史卷二十七】

國朝書人輯略卷一有曹小傳。

87 書法論貫一卷 六藝之一錄本

明宋嵒撰。嵒自號鈍椎居士。

書法論貫一卷明宋嵒撰。是編凡分十二門。澄神、執筆、用腕、正鋒、臨摹、結構、方圓、疏密、遲速、純熟、氣韻、統論。俱采錄前人論書之語頗爲簡要。詳見【書畫書錄解題】

88 隆阪手錄書畫册一卷 傳鈔本

清宋葆淳撰。葆淳字帥初、號芝山。隆阪其別字也。山西安邑人。乾隆癸卯年舉人。官解州學正。見墨香居畫識卷五、歷代畫史彙傳卷五十一、國朝書人輯略卷六、國朝書畫家筆錄卷二、清畫家詩史戊上。

隆阪手錄書畫册一卷、淸宋葆淳撰。（依吳

興張氏韞輝齋藏本傳鈔）葆淳長於金石考據、善鑒別、工山水。是編前有咸豐間人所撰陸陬小傳一則。自跋云咸豐丁巳於無意中獲此惜字簏中、當爲裝背寶藏之。以存乾嘉人柔翰云云。卷末有丁亥葭冬谷水童敬修手鈔一行。知韞輝齋所藏鈔本、當是童氏從手稿迻錄者。今按所錄有詳載原文題識、畫本尺寸、純係著錄體例者、有僅載陸陬自題詩跋、屬於題贊體裁者。其記收傳印記、有采紀敍文體者、有用集古印格者、又間有錄入陸陬詩翰、如次吳蘭雪飲茶詩韵、無涉書畫碑帖者。知陸陬隨意手錄、初非有意成書也。至其著錄書畫、唐人則顏魯公、宋人則黃山谷、米海岳、宋高宗、馬麟、牧溪、揚補之。元人則趙子昂、管仲姬、王叔明、姚廷美。明人則王孟端、劉完庵、沈石田、俱屬精湛之品。而魯公祭姪文稿、海岳寶章待訪錄、尤爲天壤間法書瓌寶。間加按語、於考訂亦頗精審、非僅贊揚浮泛之辭。如思陵眞草千文、前賢題跋、俱作虞伯施書、陸陬獨能發人未發、表而出之、知其確具正見、非耳食者流也。【書畫書錄解題補甲編】

89 **論畫絶句一卷** 美術叢書本

清宋犖原唱、朱彝尊和。國朝畫識卷五、歷代畫史彙傳卷五十一、國朝書畫家筆錄卷一、宋元以來畫人姓氏錄卷二十九、清畫家詩史甲下、並有犖小傳。支那畫學書解題論畫類二一六頁又題跋類二一七頁有宋犖漫堂書畫跋一卷。

論畫絶句三十八首、清宋犖原唱、朱彝尊和。美術叢書本。〇論述類論畫詩之屬。【有美草堂畫學書目】

論畫絶句三十八首、清宋犖原唱、朱彝尊和。牧仲原唱凡二十六首、論畫詩實始於此。其跋竹坨和詩自云理絶繩尺、意在獨解、蓋亦其得意之作。詩中論古今畫家流派優劣、多獨到。語意似偏重北宗、竹坨和詩十二首、則多論明季清初之畫、亦頗詆南派支流之淺薄。原唱後有王士禎、朱彝尊、朱長衡跋、和詩後有宋犖跋。【書畫書錄解題】

90 **寶藝文一卷** 花近樓叢書本

清呂留良撰。見丁氏八千卷樓書目。留良傳見碑傳集補卷三十六。

寶藝文一卷原題清石門呂闕名撰。此本標題下硃筆注云、此從墨蹟錄出。卷首爲文一篇、爲六友人相約鬻詩文書畫篆刻之緣起。其後爲潤例。留良晚村歿後遭曾靜文字之獄、著作悉燬板、故闕其名。餘五人亦皆明季遺逸也。詳見【書畫書錄解題】

91 **書學指南四卷** 明刊本

明呂道曦撰。見錢曾也是園書目書類。

此書畫書錄解題入書部未見書中。

92 **續書評一篇** 書苑菁華本

唐呂總撰。總號遺名子。說郛本作韋續撰。

此書佩文齋書畫譜纂輯書籍目引之。

續書評一篇、唐呂總撰。是編評唐代書家、計篆書一人、八分書五人、眞行書二十二人、草書十二人。除李陽冰外、餘俱以八言評之。米南宮所謂比況奇巧者、此類是也。所云續者、未知續何人之書。【書畫書錄解題】

93 **大觀錄二十卷** （補本書第七六〇案） 民國九年庚申武進李氏聖譯樓印本

清吳升撰。支那畫學書解題鑑藏類二三〇頁。大觀錄二十卷、清吳升撰、民國十年李氏聖譯樓仿宋鉛印本。○著錄類鑒賞之屬。【有美草堂畫學書目】

94 **畫梅全譜不分卷** 南宋院畫錄引其文

明吳太素撰。太素字秀章、號松齋、會稽人。畫梅有譜傳世。能畫山礬水仙。見書畫史【歷代畫史彙傳卷七】

畫梅全譜、明吳太素撰。見清厲鶚南宋院畫錄引。【書畫書錄解題畫部未見書】

95 **歷代畫史彙傳補編四卷** 民國十八年己巳鉛印本 二册 民國癸未年再版增廣本 一册

吳心穀撰。心穀字忍庵、東臺人。

自序云、論列前代書畫者、分別品第、加以論斷。以佩文齋書畫譜最爲詳盡。厥後有彭氏畫史彙傳之編、集各家之著書、節取大凡、分韻編次。片長必錄、無美不搜。然僅至嘉道爲止。或無或漏、未可云全豹也。近人貴溪江養吾參軍有畫補錄之作、用意至善。然滄海遺珠、亦復舉一挂萬。蒙嘗上溯唐宋、下迄近代、舉凡前人所不及知與近人可稱述者、悉著於編、於表微闡幽之義、或有取爾。

96 **書畫記二卷** （補本書第七六一案）

清吳其貞撰。其貞字公一。新安人。

書畫記二卷、清吳其貞撰。見丁氏八千卷樓書目。原注云、鳴野山房鈔本。【書畫書錄解題書畫部未見書】

書畫記六卷（傳鈔本）清吳其貞撰。按吳氏梅景書屋藏大癡富春山居圖、王師臣跋、知又字寄谷。按其編中敍述、蓋飛凫中之佼佼者。故其記書畫、必以紙絹氣色爲先、亦可見其骨董家數也。是編以所得所見之先後、隨意記錄、不敍時代先述紙絹氣色、次敍筆墨畫境、更次則款識印記及某年月日購於某人或觀於某地。所載悉元以前烜赫名蹟。明代諸賢、等之鄶下。當時東南一隅、法書名畫之富、可見一斑。編首有四庫館臣所撰提要、而四庫及存目均未采入。按乾隆檔、乾隆五十二年八月十一日內閣奉上諭、在覆勘文淵等閣所藏四庫全書、據詳校官祝堃簽出周亮工讀畫錄、吳其貞書畫記內有違礙猥褻之處、已照簽撤改矣。祝堃著交部議、欽此云云。按所謂違礙者、蓋指讀畫錄而言、而所謂猥褻者、則以此編周景元春宵祕戲圖、載有文衡山一跋、措辭褻媟故也。檢閱此編於前人題跋向不錄及全文、今於文跋獨錄之、未恐不詳、跡近誨淫、取咎固宜。然張青甫清河書畫舫亦載此圖、有清河牛郎一跋、其語與此編文跋正同、何以詳校官未曾磨勘撤去、而采入四庫、則文字顯晦幸不幸、固有數矣。按清河牛郎、蓋張丑之廋辭、考書畫舫自序爲丙戌中秋、當萬曆之四十四年、而此編則成於清之順治、論成書之先後、及青甫以鑒賞負盛名、似不致掠人之美、無聊至此。且衡山爲端謹長者、亦不致以垂老之年、造此綺語、度寄谷所見文跋、必作僞者剿襲張跋、託名於衡山耳。余故爲辯誣如此。【書畫書錄解題補甲編】

97 **小萬柳堂書畫目一卷** 民國七年仿宋排印小萬柳堂叢刊五種本　吳芝瑛自寫石印本

近人吳芝瑛女史編錄。芝瑛桐城人。廉泉妻。

小萬柳堂王惲畫目一册、近人吳芝瑛錄。廉泉因欠人銀款約兩萬元、無力償還、乃以三王吳惲畫三十種作抵。此編卽其目錄。內計王廉州四種、王麓臺四種、王石谷三種、惲南田十五種、惲淸於一種、吳漁山三種。每種並錄原題及題跋。【書畫書錄解題】

98 **青霞館論畫絕句一卷** 光緒二年萬氏歗園重刊本　美術叢書本

清吳修撰。修字子修、號思亭。海鹽人。候銓州同知。詳見清畫家詩史己上、增廣歷代畫史彙傳補編卷一、清代畫史補錄卷一、支那畫學書解題論畫三四七頁。

青霞館論畫絕句一百首、清吳修撰。是編皆本其平生所見名蹟、論列成篇。始自王右丞、終於宋芝山人、各一首或二三首。蓋仿牧仲竹垞之作而廣之者。子修生當盛時、所交多知名之士、聞見旣廣、鑒別自精、故所許語多中肯綮。自爲小注甚詳、雜加論議、兼及軼聞、亦足以供談助。前有道光甲申自序、後有葛元煦跋。【書畫書錄解題】

青霞館論畫絕句一百首、清吳修撰。光緒二年萬氏歗園重刊本、美術叢書本。○論述類論畫詩之屬【有美草堂畫學書目】

99 **欣賞繪妙一卷** 明萬曆刊本

明吳康伯撰。康伯東海人。

此書見南京國學圖書館圖書總目。

100 畫繼補遺二卷　傳鈔本

四庫存目有畫紀補遺二卷

明吳景長撰。景長嘉興人。見千頃堂書目。

畫繼補遺二卷（寫本）右書有明人小序云、嘉興吳景長所記。按通考畫繼鄧椿撰、則此當以補鄧書也。紀宋代畫家凡九十有九、元代諸家附焉。【浙江採集遺書總錄】

畫紀補遺二卷不著撰人名氏。載宋高宗以後、元至正以前諸畫家、頗多舛錯。如馬遠之父名公顯、兄名逵、乃以逵爲遠之弟、以公顯爲遠之孫、並云傳家學、不逮厥祖、顚倒甚矣。其他脫漏、更指不勝屈也。【四庫全書總目提要】

畫繼補遺二卷、明吳景長記。畫紀補遺二卷、不著撰人名氏。兩書未知同異何若。陶氏輟耕錄云、畫繼補遺錄自乾道以後、至理度間能畫者、八十餘人。此畫紀補遺、四庫謂其載宋高宗以後、元至正以前諸畫家、則必非陶氏所擧之書。畫繼補遺則未知其所載起訖、旣題撰人、亦必非陶氏所見之本、並錄於此、以便考稽。惟此本旣爲浙江所采進、四庫何以不采錄、卽不采錄、何以不於畫紀補遺提要中附及之、亦可異也。【書畫書錄解題畫部未見書】

101 書畫書錄解題補甲編一卷乙編一卷　畫苑秘笈初編二編本

近人吳辟疆撰。辟疆字詩初、吳縣人。此書補余紹宋氏書畫書錄解題而作。詩初先生邃於畫學、故各解題都精深扼要、不逐於原作也。

102 有美草堂畫學書目一册

民國癸酉年排印本

近人吳辟疆編。共分總類、（書、畫、）歷史類（歷代史專史小傳通史、）作法類（體製、圖譜歌訣法則、）論述類（通論專論雜論論畫詩、）品藻類（品第、）題贊類（題詠、名蹟跋自題雜識、）著錄類（歷代內府藏、一家所藏、鑒賞集錄、）雜識類（書畫、）叢輯類（叢書類書類纂摘鈔）僞託類。在余氏書畫書錄解題基礎上加以改進者、其分類大都可從。前有自序云、畫學之書昉于劉宋陸探微之四時設色。自後作者、代不乏人。然古人尊經輕藝、以畫爲衆工之事、士大夫所勿屑道。故目錄之書、畫學之書獨少。四庫全書之纂、羣臣揣摩高宗耽情繪事、故收羅較富。而邵懿辰卽譏爲太濫、藏書諸家宗之、一二宋元鉛槧而外、餘俱屏而勿收。古人精神所寄、爲迂儒一言日就澌滅、良可慨也。獨錢唐丁氏八千卷樓泯除成見、所錄頗富。而旋卽散出。余丈越園輯書畫書錄解題、於是始有專目。然所見爲多、非盡自藏。余竊好繪事、不自揣量妄欲集其大成、窮事搜訪、始自壬申之八月、迄癸酉之七月、期年凡得書二百三十餘種、一千二百餘卷、因依解題之例、録爲一目、匪敢以言收藏、蓋以徵書之未備者云爾。

102.1 **畫苑秘笈初編八種二編五種** 畫山樓排印本

近人吳辟疆編。原書前後無序跋。

初編八種目次如下:

柴丈人畫訣一卷(明龔賢撰)
清湘老人題記一卷(清汪鋆錄)
讀畫紀聞一卷(清蔣驥撰)
學畫雜論一卷(清蔣和撰)
廣堪齋藏畫一卷(清鎮洋畢氏家藏)
書畫心賞日錄一卷(清沈樹鏞撰)
養花館書畫目一卷(清沈樹鏞撰)
書畫書錄解題補甲編一卷(吳辟疆撰)

二編五種目次如下:

畫引三卷(清顧凝遠撰)
題畫詩鈔一卷(明王愫撰)
讀畫閒評一卷(清俞蛟撰)
劉湄書畫記二卷(清王禮撰)
書畫書錄解題補乙編一卷(吳辟疆撰)

103 **辛丑消夏記五卷** (補本書第七五七葉) 道光間南海吳氏刊本 光緒三十一年葉氏郎園重刊本

清吳榮光撰。榮光字伯榮、號荷屋、別號石雲山人。南海人。嘉慶四年進士、官湖南巡撫。見清代畫史補錄卷一。吳式芬撰墓志云、書法出入歐蘇諸家、去膚存液。張維屏藝談錄、粵東百餘年來、論書法推四家、馮魚山、黎二樵、吳荷屋、張澥山。荷屋晚年老筆頹唐、然字有意味。按中丞著有帖鏡、辛丑消夏記諸書、惟帖鏡未見傳本。【清書史卷六】

國朝詩人輯略卷八、國朝書畫家筆錄卷三、清畫家詩史己上、增廣歷代畫史彙傳補編卷一、並有榮光小傳。支那畫學書解題鑑藏類三五六頁。

辛丑銷夏記五卷、清吳榮光撰。光緒三十一年葉氏郎園刊本〇著錄類鑒賞之屬【有美草堂畫學書目】

104 **初月樓論書隨筆一卷** (補本書第七一九葉)

清吳德旋撰。德旋字仲倫。宜興人。貢生。 初月樓文鈔自云三十後有所激發於爲書、甚嗜之。 初月樓論書隨筆又云、余年三十餘、始留意書學、即好東坡思白兩家。 初月樓聞見錄又云、余受書法於陽湖錢伯坰魯斯。【清書史卷六】

國朝書人輯略卷九、國朝書畫家筆錄卷三、

並有德旋小傳。

105 墨井畫跋一卷 （補本書第七四六葉）

清吳歷撰。歷字漁山。因所居有言子墨井、故號墨井道人。常熟人。山水宗元人、尤長大痴筆法。秀潤與王翬齊名。所繪天地石壁、曾崇睿題。卒年八十有六。張雲章爲作傳。見琴川志畫徵錄、圖繪寶鑑續纂。【歷代畫史彙傳卷七】

宋元以來畫人姓氏錄卷四、歷代畫家姓氏便覽卷一、國朝畫識卷四、國朝書畫家筆錄卷一、清畫家詩史乙上、並有歷小傳。支那畫學書解題題跋類二一九頁。

墨井畫跋一卷清吳歷撰。昭代叢書本、論畫輯要本、小石山房叢書本作墨井題跋。○題贊類題自作之屬。【有美草堂畫學書目】

106 梅道人遺墨一卷 光緒二年葛氏嘯園刊本 美術叢書本

元吳鎮撰。鎮字仲圭、號梅花道人。嘉興人。山水師巨然。墨竹效文同。俱臻妙品。能墨花、兼能寫像。見圖繪寶鑑、書史會要、六研齋筆記。【歷代畫史彙傳卷七】

宋元以來畫人姓氏錄卷四、歷代畫家姓氏便覽卷一、佩文齋書畫譜卷五十四畫家傳、並有鎮小傳。支那畫學書解題題跋類七一頁。

梅花道人遺墨一卷、元吳鎮撰、明錢棻輯。鎮以畫傳、初不以文章見重、舊無專集、此本題曰遺墨、乃其鄉人錢棻捃拾題畫之作、萃成編。詳見【四庫全書總目提要】

梅道人遺墨一卷元吳鎮撰明錢棻輯。此書爲錢仲芳自梅道人墨蹟中錄出成編。故俱爲題畫之作。凡五古三首、七古七首、五律一首、七律三首、四絕一首、五絕三十二首、七絕二十一首、詞十二首、偈三首、題跋二十首。詩格清拔如其人、亦如其畫。梅道人畫多有題記惜仲芳（棻）所輯未廣、且多贋作、如竹譜兩跋及竹卷跋、皆李衎竹譜中語、梅道人何至無聊至此。其原跡之贋、可想而知。固不僅如四庫提要所云也。前有錢棻序及梅道人小傳、有附錄四篇、皆記修墓事。【書畫書錄解題】

梅道人遺墨一卷、元吳鎮撰。光緒二年葛氏嘯園刊本、美術叢書本。○題贊類題自作之屬。【有美草堂畫學書目】

107 墨娥小錄十四卷 格致叢書本 乾隆丁亥年杏香堂刊本

明吳繼撰。繼字小泉。海甯人。由都督府經歷、官修尋甸知府。　此書千頃堂書目著錄。

墨娥小錄十二卷、見嘉禾獻徵錄○陳氏萊孝書城偶輯云、墨娥小錄十二卷、係舊寫本、不著撰人姓名。前列隆慶二年溧陽郡長春

壺道人序于玉茗堂、胡氏文煥刊入格致叢書、作十四卷、佚者甚多、乾隆丙戌學圃山農以小本重刻之、亦不佳。【海昌經籍志】

108 **麓雲樓書畫記略一卷** 民國十一年景印手寫本

近人汪士元撰。士元見增廣歷代畫史彙傳補編卷三。此書見歷代著錄畫目引用書目。

麓雲樓書畫記略一卷、汪士元撰、民國十一年景印汪氏手寫本〇著錄類一家所藏之屬。【有美草堂畫學書目】

109 **天下有山堂畫藝二册** 雍正刊本 重刊本 畫論叢刊本

清汪之元撰。之元字體齋、自署白嶽人。

天下有山堂畫藝兩册（通行本）清汪之元撰。圖理琛序、謂天都汪體齋流寓於廣州、工翰墨、博聞卓識、因延其爲家塾師。是編凡兩種。一爲墨竹譜、一爲墨蘭譜、附蕙石苔草畫法。墨竹譜前有墨竹指三十二則、詳論寫竹之法、頗爲精到。譜分寫嫩竿、老竿、竹胎、點節、寫枝、寫葉、起手、重葉、布葉諸法。及風晴雨雪四式。墨蘭譜前有墨蘭指、附蕙石苔草二十八則、論寫蘭之法、亦甚詳明。譜首爲寫葉寫花法、及兩叢風蘭懸崖折枝諸法、足爲初學蘭竹模範之資。前有雍正二年圖理琛序。【書畫書錄解題】

支那畫學書解題圖譜類二四三頁。

110 **鴻雪齋題畫小品六卷** 嘉慶間餘古堂刊本

清汪卓撰。卓初名文煥、字立夫。潁川人。

鴻雪齋題畫小品六卷、清汪卓撰。是編皆題名蹟之作、間有題其同時人所作者。卷一凡九篇、卷二凡十五篇、卷三凡十八篇、卷四凡十六篇、卷五凡二十三篇、卷六凡二十八篇。既不分類、亦不按作者時世、所題恆與繪事無關、賞鑒考訂、兩無足取、特借畫爲題、發揮胸臆、作小品文章而已、非題畫正宗也。每篇評語、猶是明季評古人舊習。前有李維嶽、孫鳳鳴、汪洪度、汪爲楞四序、末有孫鳳鳴跋。【書畫書錄解題】

111 **韜廬隸譜二卷** 光緒丙申年刊本

清汪宗沂撰。宗沂歙浦人。詳見安徽通志列傳及藝文考。此書販書偶記著錄。

112 **清湘老人題記一卷** 十二硯齋四種本 畫苑祕笈初編本

清汪鋆撰。鋆字研山、儀徵人。見增廣歷代畫史彙傳補編卷三。

吳辟疆跋、右清湘老人題記一卷、清汪鋆輯。鋆工畫、著有揚州畫苑錄、與此同刊入十二硯齋四種本。按清湘題記、前此有汪繹辰之大滌子題畫詩跋、近人程霖生輯有石濤題畫錄、雖曰著錄實亦題跋之旁系也。江右傅君抱石治畫學於石濤研求尤勤其所著有苦瓜和尚石濤年表石濤生卒考、石濤年譜稿、石濤叢考、再考。又彙集清湘題畫詩跋數百首、加以校勘、爲大滌子題畫詩跋校補。不知其授刊否也。清湘世系、抱石考爲悼僖王贊儀十世孫、與此編附錄員燉跋語相合。而員跋直指爲亨嘉的嗣、其說較抱石考爲亨嘉之姪輩者、尤爲肯定。

113 **揚州畫苑錄四卷** 光緒十一年十二硯齋刊本　民國二十三年揚州重刻本

清汪鋆撰。鋆字研山、儀徵人。

支那畫學書解題史傳類四一三頁。

揚州畫苑錄四卷清汪鋆撰。光緒十一年十二硯齋刊本、民國二十年陳恆和重刊本。○歷史類專史之屬【有美草堂畫學書目】

揚州畫苑錄四卷、清汪鋆撰。鋆善畫、其書紀舊揚屬畫人、始自清初下迄研山同時人止。自來畫人傳記、以地域爲斷者、類皆遠溯前代、蓋其體裁竊比於方志。至斷代爲書者、僅此一編而已。按其例言謂是書之輯、專爲表揚咸豐癸丑遇難畫友而作。其主旨既別有所在、自不必以一概之體例繩之。卷一至卷二爲郡人。卷三爲流寓、卷四爲流寓方外閨秀。都五百五十八人、而以研山同時人爲多。揚郡在昔、固多巨手、又以爲鹺務樞紐、鉅賈麕集、咸喜附庸風雅、尤爲畫人所趨騖。然二百四十年間、竟有如許人才、要不免失之過濫。今按其書所錄、如李卉、胡翰、直是畫工之流、而李之人品、尤爲猥鄙。雖曰闡幽、亦不應毫無甄別也。餘如龔半千、既非郡人、孫逸、汪之瑞、釋弘仁、亦非流寓、乃以趙有彬與龔奇齊名。查二瞻與孫瑯同稱四家、竟各爲附傳、楊翰以曾道出揚州、遽入流寓、凡此皆屬廣漠冗雜之甚。然凡所徵引、俱註出處、摭拾舊聞者、均標明鋆按拙補、藉明由來、其矜慎處、自可稱述也。前有光緒九年自序。【書畫書錄解題補乙編】

114 **大滌子題畫詩跋一卷** 美術叢書本（補本書第七三九葉）

清汪繹辰輯、明釋道濟題畫之作。繹辰字陳也、休甯人（古籍錢塘）諸生。見畫徵續錄。【歷代畫史彙傳卷三十三】

宋元以來畫人姓氏錄卷十六、國朝畫識卷十、清畫家詩史丙下、並有繹辰小傳。此書內容詳見本書第七三九葉、又前篇清湘老人題記下。

115 **三洗髓室題畫詩選第一集** 民國二十年鉛印本

近人沈叔羊撰。

三洗髓室題畫詩選第一集、沈叔羊撰。民國二十年鉛印本○叢輯類類纂之屬【有美草堂畫學書目】

116 芥舟學畫編四卷 （補本書第七四三葉） 查冰闕刊本 畫論叢刊本

清沈宗騫撰。宗騫字熙遠。號芥舟。吳興人。諸生。山水人物傳神無不精妙小楷章草皆具古法。著芥舟學畫編。見墨林今話卷三、及墨香居畫識卷三、國朝書人輯略卷六、國朝書畫家筆錄卷三、清畫家詩史戊下。並有宗騫小傳。此書碧琳瑯館書目作沈氏學畫編。支那畫學書解題論畫類二九四頁。

117 圖畫歌一篇 王氏畫苑本

宋沈括撰。括字存中。錢塘人。官太子中允、提舉司天空。支那畫學書解題論畫類二二頁。

圖畫歌一篇、宋沈括撰。七言凡五百六十六字。敘述各家畫派、種類、論畫詩較古者也。【書畫書錄解題】

118 鳴野山房書畫記三卷 傳鈔本

清沈啓溶撰。啓溶字□□。山陰人。

鳴野山房書畫記三卷。清沈啓溶撰。見江蘇第一圖書館善本書目。原注云。原稿本。按此當爲丁氏八千卷樓舊藏、八千卷樓書目原注云。不著撰人名氏。未知何以題沈啓溶也。鳴野山房爲沈復粲霞西齋名、霞西彙刻帖本卷首載霞西著述目中有鳴野山房書畫續記一種、豈此即其稿本抑此編爲沈啓溶作而霞西續之耶。【書畫書錄解題書畫部未見書】

鳴野山房書畫記三卷、清沈啓溶撰。原書無撰人姓氏。八千卷樓書目原注、亦云不著撰人名氏。其云沈啓溶者。蓋始自江蘇第一圖書館善本書目。其何所據雖未識所由來。然以沈復粲霞西著述目有鳴野山房書畫續記一種推之當必有所本也。按是編陸孟昭書翰有松陵朱柳塘珍藏一印。考柳塘名逢泰。嘉慶間人。撰有臥遊隨錄四卷。則啓溶當爲睿廟後人矣。所記大抵明賢詩翰赤牘爲多。書幅已極鮮見。至畫則僅二十餘事而已。其中元賢有趙文敏題管夫人墨竹卷。倪雲林山水幅兩種。餘俱明人手筆。其記徐文長畫大士。有蕭山沈可山先生家藏物。今則不知歸之誰氏之語。據此知其非盡屬自藏也。統觀是編雖乏至精之品。然斷於明代。已見所錄之非濫。至其按語考訂備極精審。尤爲此編具有特長處。蓋舍過雲樓書畫記而外。殆鮮其匹。洵爲可傳之作也。【書畫書錄解題補甲編】

119 我川寓賞編一卷我川書畫記一卷 美術叢書本

不著撰人姓名。

我川寓賞編一卷、我川書畫記一卷、右兩書不著撰人名氏。寓賞編云、依鳴野山房鈔存本。書畫記云、依舊寫本刊。按鳴野山房、爲清山陰沈啓溶撰。啓溶有鳴野山房書畫記、已著錄甲編。今按兩書體裁、如記紙質字體行數、印記、必曰右某某箋紙、某體書若干行、用白文或紅文某某印。與鳴野山房書畫記悉相脗合。又案寓賞編陳老蓮眞佛有沈松生一印、會稽女子題壁圖卷云、此卷宗人松生兄寄示。則撰人當屬沈氏無疑。考沈復粲霞西著述目、有鳴野山房書畫續記、今未見。兩書旣仿鳴野山房書畫記體裁、而撰人又與霞西同姓、寓賞編又爲鳴野山房鈔本、疑卽其書。再考寓賞編均記道光丁亥所見書畫記後附有丁酉以來寓目記、其時正在霞西四十九歲至五十九歲之間、則其成書時代、亦相符合也。然則此編當卽鳴野山房書畫續記之未定稿本、彼時隨意命名耳。其中考證前賢爵里行履、似不如啓溶爲詳贍、如寓賞編所記葵榴午飲圖、署款錢貢、而用錢叔寶氏縣罄室二印、考叔寶係錢穀字、縣罄室乃其齋名。貢號滄洲、截然兩人。此幀恐是拙於作僞者所爲、作者不辨、遽標曰錢磬室葵榴午飲圖、亦可異矣。【書畫書錄解題補乙編】

120 **熙朝書家姓纂二十卷** 南京圖書館藏鈔本

淸沈復粲撰。復粲字霞西、山陰人。曾輯有熙朝書家姓氏纂二十一卷、惜無刊本。見淸槃堂隨筆。【淸書史卷二十六】

熙朝書家姓纂二十卷、淸沈復粲撰。此據原稿本著錄。每卷前有霞西手集小印。編中塗乙黏補之處甚多、猶是霞西手稿。霞西彙刻帖目鈔本卷首列霞西著述已刊者有此書、但作二十四卷、豈其後曾經改定、然後付梓耶。是編卷首列帝王宗室、凡二十人、全書以韻爲次、卷一至卷五上平聲、卷六至卷十二下平聲、卷十三至卷十六上聲、卷十七十八去聲、卷十九入聲、卷二十無名氏、釋子、閨秀。通計得三千四百四十四人、皆采他書中言及書家者、集錄而成。各注所出、可取以續佩文齋譜之書家傳。其他書中未及記載者、卽付缺如。如卷首帝王內無高宗、卽其例也。准此以推、固不免於遺漏。然其所采之書甚富、縱有遺漏、當不甚多、以之徵有淸一代書家、固絕好資料也。【書畫書錄解題】

李放淸書史敍例云、本朝紀錄書家之書、幾於指不勝屈。至品錄書家者、則僅有金元鈺之國朝法書考、梁章鉅之國朝書錄、沈復粲之熙朝書家姓氏纂、(二十一卷、見李慈銘越縵堂日記。)及某氏之名人法書攷四書而已。第傳本並希、無從購覓、則此書李氏未

補遺 書畫總

見也。

121 **畫志一卷** 傳鈔本　四庫存目

明沈與文撰。

沈與文畫志一卷、自號姑餘山人。【千頃堂書目】

畫志一卷（寫本）明沈與文撰。【浙江採集遺書總錄】

畫志一卷、明沈與文撰。是編所載畫家、起唐王維、迄元商琦、僅十九人。後附宋葉夢得評畫行一篇、與文爲之注。【四庫全書總目提要】

畫志一卷、明沈與文撰。見四庫存目。浙江遺書總錄云寫本、四庫所據、當卽此本、是尙無刊本也。【書畫書錄解題畫部未見書】

122 **八法筌蹏一卷** 光緒刊話山草堂詩文鈔本

淸沈道寬撰。道寬字栗仲。鄞縣人。大興籍。嘉慶二十五年進士、官湖南桃源知縣。詳見國朝書人輯略卷九。方濬頤撰墓志、道寬著有八法筌蹏一卷。見淸書史卷二十六。

123 **書畫心賞日錄一卷養花館書畫目一卷** 畫苑祕笈初編本

淸沈樹鏞撰。樹鏞字韻初。號鄭齋。川沙人。舉人。官中書。藏弆之富、冠於江左、見木葉厂法書記。【淸書史卷二十六】

吳湖帆跋、右外大父韻初公所藏書畫目錄二種原稿。公所藏弆、光緒季年、大半已散佚。就余所知所見、若寶董室所貯之北苑溪山半幅、及夏山圖卷、唐六如春山伴侶圖、王麓臺雙卷等、俱不載入、可證所藏不止此。或當日記在早年以後、所得未及錄入耳。

124 **梅花譜二卷** 明刊本

明沈襄撰。襄號小霞。山陰人。

沈襄梅花譜二卷。【千頃堂書目】

梅花譜二卷、明沈襄撰。徐榮懷古田舍梅統卷十、旹采其略、言其首載華光口訣、叶之以韻、次載歌訣、次言寫榦、分枝、點苔、圈花、點鬚、布景、用墨、諸法。最後言梅病八忌。所論頗爲切要。惜未詳其譜如何也。【書畫書錄解題畫部未見書】

125 **畫塵一卷** 畫論叢刊本 （補本書第七四〇葉）

明沈灝撰。此書見佩文齋書畫譜纂輯書籍目、明畫錄。支那畫學書解題論畫類一六八頁。

畫塵一卷、明沈灝撰。昭代叢書本、美術叢書本。〇論述類通論之屬。【有美草堂畫學書目】

畫傳燈、明沈灝撰。見徐沁明畫錄灝傳。是否

卽畫塵別稱、俟考。【書畫書錄解題畫部未見書】

126 味水軒日記八卷（補本書第七五三葉）

明李日華撰。日華字君實。嘉興人。萬曆壬辰進士、由制科仕至太僕少卿。畫亞於董文敏。精鑑賞。見圖繪寶鑑續纂、無聲詩史。【歷代畫史彙傳卷四十三】

宋元以來畫人姓氏錄卷二十四、佩文齋書畫譜卷四十四書家傳、又卷五十八畫家傳、並有日華小傳。支那畫學書解題論畫類一四〇頁。

味水軒日記八卷、明李日華撰。歙園叢書本、劉氏嘉業堂刊足本。〇雜識類不純言書畫之屬。【有美草堂畫學書目】

127 竹嬾畫媵一卷續畫媵一卷（補本書第七三七葉）

明李日華撰。

李日華畫媵一卷、又續畫媵一卷。見千頃堂書目。又佩文齋書畫譜纂輯書籍目作竹嬾畫媵。支那畫學書解題題跋類一三六頁。

竹嬾畫媵一卷、續畫媵一卷、明李日華撰。竹嬾說部本、美術叢書本。〇題贊類題自作之屬。【有美草堂畫學書目】

128 初學藝引畫引四卷　漱芳居刊本

淸李仕學撰。見浙江圖書館書目。

初學藝引畫引四卷、淸李仕學撰。漱芳居精刻本。〇叢輯類摘鈔之屬。【有美草堂畫學書目】

129 畫響四册　明刊本　四庫別集類存目

明李永昌撰。永昌字同「周」生。休甯人。

畫響四册、明李永昌撰。見進呈書目浙江呈進書。永昌畫宗元人、此爲其詩集、皆闡揚畫理云。【書畫書錄解題畫部未見書】

130 甌鉢羅室書畫過目考四卷卷首一卷附一卷　光緒二十三年丁酉刊本（補本書第八〇六葉）

淸李玉棻撰。有同治十二年自序。支那畫學書解題入鑑藏及史傳類四三一頁。

甌鉢羅室書畫過目考四卷、附錄一卷、淸李玉棻撰。光緒丁酉刊本。〇歷史類小傳之屬。【有美草堂畫學書目】

131 書畫鑑影二十四卷　同治十年辛未刊本（補本書第七六八葉）

淸李佐賢撰。佐賢字貽雋、號竹朋、一號石泉。利津人。道光十三年進士、官汀州知府。鮑康曰、書名重一時。放案、太守喜書畫及古

泉幣、著有書畫鑑影古泉匯諸書。【清書史卷二十三】

支那畫學書解題鑑藏類三九九頁。

書畫鑑影二十四卷清李佐賢撰。同治辛未刊本。○著錄類鑒賞之屬。【有美草堂畫學書目】

132 左庵一得初錄一卷續錄一卷 光緒三十四年戊申鉛印本

清李佳繼昌撰。長白人。詳見增廣歷代畫史彙傳補編卷四。碑傳集補卷五十二。

133 八旗畫錄前後編六卷 民國十七年排印雲在山房叢書本

清李放撰。放原名充國、字无放。號墨幢道人。義州人。卷首署衛度支郎員外郎。

八旗畫錄六卷、近人李放撰。八旗自入關以來、漸濡華夏文化、三百年來書畫作家、亦尙不少。玆編輯錄、凡得二百八十八人、所取稍嫌寛濫。然既志在存人則亦不必深論。分前後兩編、各爲三卷。首卷爲聖製、附王公宗室、中卷則爲作家、下卷爲名媛方外諸家。俱略述其官歷而錄他書以徵信各注所出、體例尙佳。惟必分前後兩編、未詳何所取義。父子兄弟有分列前後兩錄者如聖製中世祖與高宗入前錄、而世宗及仁宗以下則入後錄。高其佩在前錄、而其子璥孫秉藏等則入後錄。甘運源在前錄而其弟運洪則入後錄之類、徒滋紛雜、於例殊未純也。【書畫書錄解題】

134 中國藝術家徵略六卷（一名中國美術史） 民國甲寅年刊本

清李放撰。支那畫學書解題史傳類四五五頁。吳重熹序略云、義州李君、博釆羣書、或人自名家、或分類條列、成中國藝術家徵略五卷、附編一卷。中國美術品徵略二卷。合爲一編。言必徵諸成書、名以實徵可無愧也。昔四庫書中藝術部、僅分書畫、琴譜、雜記爲三屬、餘技槩不及論。舉例未免過嚴。此編冥搜博釆、使一人一技之微、無不藉傳永久。又狄郁序略云、義州李无放夙嗜古、達時務、遇古器物工巧殊製、暨羣籍所紀載、靡不隨時甄錄、積久成帙、爰釐爲正編五卷、斷自唐宋以來、近取以徵信也。附編一卷、則時稽周秦舊說、尙論以溯源也。都凡六卷、名曰中國藝術家徵略。明其言在攷古、而志在濟時也。又放自序略云、幼承庭訓、學業而外、凡金石書畫犀玉牙瓷竹木匏蠡文鏤髹漆之屬、靡弗篤嗜。每見一器一物、卽請吾父示其所以、所弗詳者、又考諸載籍以證明之。性苦弗能強記、輒筆之於書以備遺忘。積歲十餘、篇帙遂富。理而董之、乃成此編。例言之一云、正編以八音

（金石、絲、竹、匏、土、革、木）分類所不能括者、又分書畫、天文、輪扳、裝潢、琱刻、髹漆、雜技諸類。附編則惟區時代、不復分類云。

135 清書史三十五卷卷首一卷畫家知希錄九卷　遼海叢書第五集本

淸李放撰。淸書史原名皇淸書史。

前有敍例云、宋陳思有書小史、明陶宗儀有書史會要、皆紀錄前古、不及當世。此編雖沿用書史之名、而專詳昭代（淸）一朝、與兩家體例逈別、故仿皇明書畫史之例、冠以皇淸二字。宋董史嘗輯兩宋書人爲皇宋書錄三卷、凡諸書所有平論書法者、悉加采摭、彙次每傳之後。爲四庫全書提要所稱。佩文齋歷代書家傳、卽用其例。此編從之。彭蘊璨歷代畫史彙傳於列聖御製、別錄弁首、不入卷數。此編從之。明代書人有爲佩文齋書家傳所遺者、仿張庚畫徵錄紀黎遂球等之例、另爲附錄、亦不入卷數。書人姓氏、仿明畫韻編之例、按韻編次、以便尋檢。近日坊間所出之甌鉢羅室書畫過目考、國朝書人輯略、淸朝書畫家筆錄、廣印人傳諸書、於近代書人紀錄頗詳、均酌采一二、以補未備。其原文有譌舛者、悉加刊正。放舊嘗仿李兆洛敬梓錄之例、輯有八旗書錄、畿輔書錄各三卷、又仿寶眞齋法書贊、藝苑巵言兩書之例、摭有木葉厰法書記四卷、鬱栖書話二卷、今俱散附此編、不復單行。

按放著八旗畫錄題詞注云、畿輔書錄、八旗書錄兩種今已附見於國朝書史、不復單行。國朝書史卽此淸書史也。考再續補彙刻書目卷十四有繪境軒叢刻、分畿輔書錄二卷、畿輔畫錄五卷、八旗書錄三卷、八旗畫錄六卷。畿輔畫錄亦見放著八旗畫錄題詞中。今惟八旗畫錄一種單刻行世。

136 壁書飛白蕭字記贊三篇

法書要錄本　墨池編本

唐崔備、李約、張諗撰。約字在博。官兵部員外郎。善畫梅、特精楷隸。見唐書宗室世系表、宣和畫譜、圖繪寶鑑補遺、歷代畫史彙傳卷四十二。諗爲張彥遠叔祖、見歷代名畫記。

此書佩文齋書畫譜纂輯書籍目引之。

壁書飛白蕭字記贊三篇、唐崔備、李約、張諗撰。蕭字爲梁侍中蕭子雲壁書、李約得之、崔備爲之記、約自爲贊、又以名其齋。張諗記之。本爲三篇、今以文簡併錄之。【書畫書錄解題】

137 竹譜七卷 （補本書第七七七葉）

古今圖書集成本　畫論叢刊本

元李衎撰。衎字仲賓、號息齋道人。薊邱人。拜集賢殿大學士、浙江行省平章政事。古木竹石、庶幾王維文同高致。著色者師李頗。見圖繪寶鑑卷五。【歷代畫史彙傳卷四十三】佩文齋書畫譜卷五十三畫家傳宋元以來畫人姓氏錄卷二十四、並有衎小傳。支那畫學書解題論畫類六八頁。

竹譜七卷元李衎撰。知不足齋叢書本、說郛一卷本、美術叢書一卷本。〇作法類圖譜之屬。【有美草堂畫學書目】

138 盼雲軒畫傳四卷 同治三年刊本

清李若昌撰。若昌詳見清畫家詩史辛下、增廣歷代畫史彙傳補編卷三。

139 德隅齋畫品一卷 （補本書第七三三葉）

宋李廌撰。支那畫學書解題鑑藏類三六頁。

此書佩文齋書畫譜纂輯書籍目、傳是樓書目、明版書經眼錄卷上並著錄。又盧文弨跋見抱經堂文集卷十六。

140 李躍門百蝶圖四卷 道光二十九年刊本

清李國龍撰。國龍南海人。詳見清畫家詩史庚上、增廣歷代畫史彙傳補編卷三。

141 大字結構八十四法一卷 八十四法・
書法傳流一卷 書法正傳本　傳流・舊鈔本

明李淳撰。淳號甜菴。茶陵人。

大字結構八十四法一卷明李淳撰。此編言題署擘窠大書之法。其緣起具詳原表中。八十四法每法舉四字為例、下加說明。言簡而賅、深得體要。其所立名目、不尚形容、務求淺顯、勝於雪菴之巧立名目者多矣。誠習大字者之規臬也。詳見【書畫書錄解題】

142 李似山畫竹譜一卷 中華書局影印曇揭石刻本

清李景黃撰。景黃號似山。槎溪人。

李似山畫竹譜一卷清李景黃撰。卷首有道光戊子自序、錢寶琛徐逑虔蔣爾保應國基序。末有其姪思中及錢衡同、又其曾孫廷翰跋。編中首為發竿點節式二頁、次布仰葉式一頁、布偃葉式一頁、次結頂解籜出梢諸式五頁。逑虔序謂周芷巖畫竹法、傳於槎溪杜芳椒、似山為芳椒高弟云云、是其畫竹固有淵源。自序且謂集平昔得於師者、繪而為譜、似頗有心得者。乃以校芥子園畫傳大體相同、且無其詳審。又以偃葉式之一片羽、改入仰葉式中、而未詳其改作之故、俱有可議。最後為全體竹譜十二頁、章法佳而布葉散漫、則石刻之咎、不敢指為疵累也。【書畫書錄

解題】

143 藝苑零珠六卷　清寫本

清李象梓輯。象梓未詳。此書見揚州吳氏測海樓藏書目錄。

144 中麓畫品一卷　（補本書第七三六頁）

明李開先撰。開先章邱人。與王世貞同時。此書有嘉靖二十四年自序。千頃堂書目、傳是樓書目、佩文齋書畫譜纂輯書籍目並著錄。支那畫學書解題論畫類第一〇二頁。

145 續畫品錄一卷　（補本書第七二〇葉）

唐李嗣眞撰。嗣眞詳見佩文齋書畫譜卷四十六畫家傳。式古堂書畫彙考畫考引用書目有續畫評錄、即此書。又書考引用書目有續書評、蓋即嗣眞所著之書後品、詳見本書第六九五葉。又此書僞書通考亦著錄。支那畫學書解題論畫類八頁。

146 雪菴永字八法一卷雪菴字要一卷　永字八法・書法正傳本　字要・涵芬樓秘笈本

元釋李溥光撰。溥光字玄暉號雪菴。大同人。初爲僧善書官至昭文館大學士。千頃堂書目有李雪菴大字法、即雪菴字要。

雪菴永字八法一卷、元李溥光撰。卷首題曰雪菴李溥光造臣李淳進。蓋明景泰時淳所進者。書凡十二篇。其首篇八法解中有雪菴永字八法變化三十二勢。其於書法、實與有功云云。當爲李淳之序。後人列入目錄、遂誤爲正文矣。其三十二法八病、俱立名目。又各有樣式、頗費苦心。惟所立名目、巧於取譬涉於隱晦、鮮人傳習良可惋惜。至八法分論、即八法詳說之文、而益加推闡、於八法可稱完備、不得謂無資於楷法也。　雪菴字要一卷、元釋溥光撰。據詹恩原序、應題爲雪菴大字書法。清錢遵王讀書敏求記、盧文弨補遼金元藝文志並同。今姑依涵芬樓秘笈本題此名。此書專爲習大字而設。溥光於元至正大德間、固曾以楷書大字名世者也（見陳繼儒書畫史）首爲捽襟字原一篇、雪菴所錄、次大字說一篇、雪菴所作、又次爲大字評一篇、則貝自強所評者。又次爲歌訣十三首、又次爲永字八法變化二十四勢。通行本有三十二勢、與此不同。又次爲用筆八法圖、字中八病圖、最後爲大字體十六字。前有詹恩、葉勝序、後有詹恩、俞洪跋、俱極致其推崇。影印本後有張元濟跋語、爲毛子晉黃蕘圃舊藏、然訛字甚多。【書畫書錄解題】

雪菴大字書法一卷、元釋溥光撰。當塗詹恩好作大字、見雪菴大字書法、傳其規矩於世。

雪菴能捽襟勒式、傳陳宏道之教、取永字八法、變化爲二十四法。序作於至大元年。【讀書敏求記校證】

147 無益有益齋論畫詩二卷

無益有益齋讀畫詩二卷 論畫詩・宣統元年南陵徐氏刊本

讀畫詩・民國五年重刊本

淸李葆恂撰。葆恂字寶卿、號文石。義州人。官直隸存記道。詳見【淸書史卷二十三】

無益有益齋論畫詩二卷、淸李葆恂撰。作者在晚淸時、以精鑒別名世。是編記其平生所見劇蹟、一一系之以詩。蓋亦仿宋朱兩家而爲之者。持論頗精。然不僅爲論畫、頗多紀事之詞。若仿葉氏藏書紀事詩例、名爲讀畫紀事詩、尤適合矣。所論自顧愷之以下、迄於戴熙、凡八十一家。明淸兩代僅錄十四家、似覺稍隘。明淸兩家亦各有家數、別具風裁、既統古今而論列、不宜有所偏廢。詩凡百篇、淸新可誦、固自可傳。前有宣統元年自序及王闓運、繆荃孫兩序。【書畫書錄解題】

支那畫學書解題四四三頁又四四六頁有海王村所見書畫錄一種。

無益有益齋論畫詩二卷、淸李葆恂撰。南陵徐氏刊本。〇論述類論畫詩之屬。【有美草堂畫學書目】

148 古今畫姓集韻二十四卷

傳鈔本有殘缺

淸李壽昌撰。壽昌字錫純。嘉興人。

古今畫姓集韻殘稿原二十四卷、今殘存卷一、卷二、卷十三至十八。原稿本。淸李壽昌撰。此編輯歷代畫人、以韻分編卷。前記云、嘉慶壬申手寫第四稿、而編中別有人爲之改訂、句斟字酌、塗乙甚多、其攷證頗見精審。卷前黏有一札、署名貽法、未詳何人。審其筆跡、與改訂處相同、知改訂卽出其手。札中勸其注明出處、自是內行家言。【書畫書錄解題】

149 畫山水訣一卷 （補本叢第七二三集）

元李澄叟撰。澄叟湘中人。自幼觀湘中山水、長遊三峽、夔門、或水或陸、盡得其態、寫之水墨、甚有妙悟。作山水訣一卷。見畫史會要。【歷代畫史彙傳卷四十三】

宋元以來畫人姓氏錄卷二十四有其小傳。

支那畫學書解題論畫類六四頁。

150 草說十五卷附艸書編一卷 宣統三年石印本

淸李濱撰。濱字古餘、號少堂。江甯「上元」人。官浙江通判。博綜經史、並考篆隸源流。見金陵通傳。【淸書史卷二十九】

草說十五卷、近人李濱撰。見濱所撰玉烟堂帖本急就章草法考自序略云、余曩撰草說、十有五卷、凡章草存於玉烟堂帖本者、摹冠各部字首、別撰急就偏旁歌表各一卷、由博反約、而補益之、惟草說之作、廣徵秦帖及單刻各本、合章草今草成書、非專治章草、疏識之餘、猶未精當。【書畫書錄解題書部未見書】

151 玉烟堂帖本急就章草法考九卷 玉烟堂帖本急就章偏旁考三卷 石印本

淸李濱撰。章草法度存於今者、以史游急就章帖本爲最古、帖本則以玉烟堂較爲完善。故李氏據之以作二書、爲治草法者必讀之書。最後一卷爲自敘持論亦允當。詳見【書畫書錄解題】

152 淸畫家詩史二十卷 民國十九年庚午刊本

淸李濬之撰。濬之號響泉、甯津人。此書以天干十字編次、每字二卷。見販書偶記。國立北平圖書館館刊六卷一號有評語。

153 墨耕園課畫雜憶一册 石印本

淸李濬之撰。僅七絕十六首、自爲注釋、題爲課畫者、據自注因其子學畫而作也。【書畫書錄解題】

154 待盦題畫詩詞不分卷 木活字本

淸李寶章撰。寶章詳見淸畫家詩史壬上。待盦題畫詩詞不分卷、淸李寶章撰。木活字本。○題贊類題自作之屬。【有美草堂畫學書目】

155 毘陵畫徵錄二卷 民國二十二年鉛印本

近人李寶凱撰。寶凱字淵府。武進人。

毘陵畫徵略、近人李寶凱撰。毘陵爲晉隋宋三代郡名、又漢縣名。皆今武進縣治。今按所載皆舊武進陽湖兩縣籍、陽湖今省入武進、是實沿古毗陵縣之名。所錄凡四百二十人。附傳九人、補遺六人、以姓氏筆畫繁簡爲序。再依時代編次之。其中如王孟端、人咸知爲無錫人、雖據邑志錄入、未免掠美。其書采輯舊籍者、俱注出處、有云趙震輯、吳殿瑛輯、史輯者、應是訪之里中故老所得。又有云陳輯者、檢視實卽陳烜之讀畫輯略、引徵書名、節取簡稱、原無不可、惟其中引稱讀畫輯略者、又錯綜雜出、驟視之幾若得之兩處矣。前有二十一年沈湛鈞序、及自序。陳鵞園等題詞、

後有史悠瑞、趙保靜跋。【書畫書錄解題補乙編】

156 杜氏詩譜三卷文譜三卷書譜三卷畫譜三卷 明刊本

明杜浚撰。浚字深伯、號逸休生。晉陵人。佩文齋書畫譜纂輯書籍目有杜浚畫譜、千頃堂書目有杜氏書譜三卷、注云、不知名。皆卽此書之一種。

杜氏書譜三卷、見明祁承爜澹生堂藏書目。杜氏未詳何人。目中尚有杜氏畫譜三卷、題爲杜浚撰。疑此譜亦出浚手也。【書畫書錄解題散佚類】

杜氏四譜十二卷（四冊、明刻本、十行、二十字。）原題晉陵杜浚著。浚字深伯、號逸休生、晉陵人。事蹟無考。是書凡詩文書畫四譜各三卷。祁氏澹生堂書目曾分別載入各類中、餘未見著錄。近人余紹宋輯書畫書錄解題、僅依祁目編入「散佚類」中、不知今仍有原本在也。各譜體例、蓋如王氏書畫苑、雜輯古人成說、惟卷帙頗簡短耳。如詩譜首揭傒斯詩法正宗、文譜首陸機文賦、書譜首孫過庭書譜、畫譜首張彥遠敍畫源流。引書至陶宗儀輟耕錄止、不及明人。卷末題弟杜漸、杜涇（四庫存目卷一百三十八、杜涇西安人）校梓。杜涇對制談經成於萬曆甲午、則萬曆閒人也。前有晉陵逸休生杜浚深伯父自序。【王重民善本書籍經眼錄】

157 隸書體一篇 書苑菁華本

晉成公綏撰。公綏字子安、見晉書文苑傳。此書太平御覽徵引書目作隸勢。文甚美、眞晉人吐屬也。見【書畫書錄解題】

158 石畫記五卷 道光十二年刊本

清阮元撰。元字伯元、號雲「芸」臺。別號雷塘盦主。儀徵人。乾隆五十四年進士、官至體仁閣大學士、晉太傅。詳見清書史卷二十四、國朝書人輯略卷七、國朝書畫家筆錄卷二、增廣歷代畫史彙傳補編卷三。清史稿卷三百七十、國朝耆獻類徵卷三十九、並有阮元傳。

159 章草考一冊章草草訣歌一冊補訂急就章偏旁歌一冊 考與偏旁歌・民國十九年鉛印自青榭叢書本 草訣歌・民國十六年京華印書局印本

近人卓定謀撰。定謀字君庸。閩縣人。

章草考一冊、近人卓定謀撰。書凡九章。一緒論、二名稱、三字體、四源流、五省變方法、六歷代盛衰、七書家小傳、八參攷材料。復分書法品評紀述摹刻著作辨誤六節。九歷代收藏。而以其自藏諸帖附焉。自來章草紀述、東鱗西爪、散見於諸書、捋撦不易。是編蒐輯廣博、彙列以成系統、實足爲習章草者參攷之資。前有錢玄同、林志鈞兩序。補訂急就章偏旁歌一卷、近人李濱原撰、卓定謀補訂。原書凡六十韻、於章草偏旁變化、言之綦精。文不繁而無剩義、注釋亦頗簡當、便於記誦、自是可傳。君庸復細加考訂、正其疵類者四處、又增十韻以疏明之、更爲美備。【書畫書錄解題】

160 **畫髓元詮五卷** 傳是樓舊藏鈔本 一册

明卓爾昌撰。爾昌詳宋元以來畫人姓氏錄。此書姓氏錄引證書目及傳是樓書目並著錄。

161 **寶眞齋法書贊二十八卷** （補本書第七八七葉）

宋岳珂撰。此書千頃堂書目入補宋法帖類。葉啓勳錄翁何寶眞齋法書贊評校、見圖書館學季刊第六卷四期、可參閱。

162 **山水畫敍一篇** 存歷代名畫記宗炳傳

劉宋宗炳撰。炳字少文、南陽涅陽人。每遊山水、往輒忘歸、皆圖之於室。見宋書本傳。圖繪寶鑑補遺、畫史、清河書畫舫。【歷代畫史彙傳卷三】又見【佩文齋書畫譜卷四十五畫家傳】

山水畫敍一篇、劉宋宗炳撰。太平御覽徵引書目有宋炳山畫敍、即此篇。蓋誤宗爲宋、又奪水字也。案山水畫實以少文開其端緒。其先僅爲人物之背景而已。此篇雖寥寥數百言、而發揮奧義至堪寶貴。【書畫書錄解題】

163 **一角編二卷** （補本書第七六二葉）

淸周二學撰。二學字幼聞、號晚菘。仁和人。諸生。精鑒賞、收藏書畫甚富、擇其佳者、仿珊瑚網、江村消夏錄之例、爲一角編兩册。更著賞延素心錄、詳裝潢之法甚精。見潘庭筠撰傳。【淸書史卷二十一】

支那畫學書解題鑑藏類二四六頁、又二四七頁收賞延素心錄一卷、屬論畫類。有雙照樓本、松鄰叢書乙編本、娛園叢刻本、畫論叢刊本、文祿堂訪書記卷三、可參閱。

164 **游鶴堂墨藪二卷** （補本書第七〇九葉）

明周之士撰。見佩文齋書畫譜纂輯書籍目。

游鶴堂墨藪二卷、明周之士撰。見浙江采集遺書總錄、原注云、曝書亭藏刊本。四庫列存目。【書畫書錄解題書部未見書】

165 **烟雲過眼錄二册** 鈔本

清周在浚輯。在浚字雪客、亮工子。大梁人。官太原府經歷。隸書篆刻名聞於時。【清書史卷二十一】

烟雲過眼錄二册、清周在浚輯。（寫本）卷首舊無標題、亦不著撰人姓氏。虞山趙次公題曰周櫟園先生藏畫題記。按浙江采集遺書總錄載有寫本烟雲過眼錄二册、清周在浚輯。云在浚因其父亮工所獲明代及國初名人畫册題跋、彙爲是錄、題曰烟雲過眼、則襲周公謹之舊也。今按此本卷帙內容皆與遺書總錄所述者合。又首帙有歙鮑氏知不足齋藏書一印、識是鮑淥飲藏本。淥飲流寓浙西桐鄉、藏書極富、四庫館開、進呈書至六百餘種、此本既經遺書總錄著錄、知卽爲當時進呈本。按櫟園讀畫錄、曾經采入四庫全書、尋以有違礙語撤去。（見書畫記解題）是編四庫未見存錄、殆以此而一併黜之歟。（編者按此書胡虔四庫附存目、清史稿藝文志並著錄。）櫟園晚歲中蜚語繫詔獄、所蓄宋元名蹟半遭豪奪、餘斥饘粥、金題玉躞、一時俱盡、獨於時賢投贈、不忍輕棄、此蓋其題記之裒集也。所錄凡一百九十三種、攷諸雪客跋讀畫錄云、先大夫嗜畫三十年、集海內名筆千百頁、而此編所載僅此、知其徵集雖廣、而抉擇惟嚴。朱一是賴古堂寶畫記、稱其求之也勤、得之也博、擇之也精、是也。讀畫錄所撰畫人傳七十七家、附錄姓氏未系傳者六十九家、合百四十六家。今見於此編者六十家、別有讀畫錄未載者五家、曰徐旃、周沈、陸□夫、盛茂、遠磐山。又按讀畫錄傳中頗多引及題記中語、知當時櫟園撰傳、皆自諸家題跋摭拾而成。惟程松圓傳敍董文敏題松圓畫語、此本作錢牧齋題、拈出俟考。【書畫書錄解題補甲編】

166 **讀畫錄四卷**（補本書第七九八葉）

海山仙館叢書本　叢書集成本　風雨樓排印本

清周亮工撰。亮工號櫟園。祥符籍、金溪人。（或云原籍江甯。）明崇禎十三年進士。本朝歷官戶部右侍郎。何采曰、書法逼近漢魏。木葉厱法書記、書法古拙在隸籀之間、奇逸可喜。【清書史卷二十一】

國朝書人輯略卷一、清畫家詩史甲上、增廣歷代畫史彙傳補編卷三、並有亮工小傳。支那畫學書解題史傳類一八五頁。又題跋類一八七頁收賴古堂書畫跋一卷。

167 **臨池管見一卷**（補本書第七一九葉）　同治十二年刊本

清周星蓮撰。星蓮字午亭。仁和人。道光二十年舉人。教習知習。以書名海內。著臨池管見一卷、發明立法取勢用筆行神之意、極得妙理。見兩浙輶軒續錄。【清書史卷二十一】

淸畫家詩史辛上有星蓮小傳。此書有同治七年自序。

168 思陵書畫記一卷（補本書第七四七葉）

宋周密撰。密字公謹、號草窗、流寓吳興、濟南人。居錢塘、寶祐間義烏令。多畫梅竹蘭石、自題詩於上、能書、著雲烟過眼錄等。【歷代畫史彙傳卷三十六】

佩文齋書畫譜卷五十二畫家傳、宋元以來畫人姓氏錄卷二十一、並有密小傳。

169 古今法書苑一卷 原十五卷說郛本一卷名法書苑

宋周越撰。越字子發、臨淄人、官主客郎中。

書苑十五卷、周越撰。越以善書名。天聖八年四月成此書、奏御、故其序稱臣越、臣兄起、於柳公權書。【郡齋讀書志】

古今法書苑十卷、周越撰。越與兄起、皆有書名。越書俗甚。【直齋書錄解題】

書苑十五卷、宋周越撰。宋秘書省續編到四庫闕書目、宋史藝文志並作古今法書苑。今說郛中有一卷、雜記書法瑣事、當係摘鈔、或出僞託、非其原書。佩文齋書畫譜（纂輯書籍目列其書）卷二引其論八體書一條、說郛本所未見、是其書至淸初猶存、而四庫未見著錄、抑可異矣。【書畫書錄解題書部未見書】

170 似昇所收書畫錄一卷 宣統三年刊本

淸周嵩堯撰。 近人周嵩堯似昇所收書畫錄、似昇長生册附載本。似昇者、周嵩堯之妾。似昇死、因慟之甚、乃徵題詠爲長生册。末附此錄、載書畫六十三種、閱其題識、半屬贋跡。【書畫書錄解題】

似昇所收書畫錄一卷、周嵩堯撰、宣統三年刊本。○著錄類一家所藏之屬。【有美草堂畫學書目】

171 書纂五卷 四庫存目

明周暎撰。暎字梁石、莆田人。成化己丑進士、官至四川右布政使。見【福建藝文志】

書纂五卷、不著撰人名氏、惟卷首有翠渠病叟自序。考明史儒林傳載周暎學者稱翠渠先生、其號與自序合。又明史藝文志載周暎書纂五卷、與此本書名卷數並合。蓋卽暎書也。分原始辨體考法會通擇佐使五篇。大抵掇拾舊文、故名曰纂。詳見【四庫全書總目提要】

此書書畫書錄解題列入書部未見書中。

172 畫評會海二卷 明刊夷門廣牘本 商務印書館影印本

明周履靖撰。履靖字逸之。嘉興人。詳見【佩文齋書畫譜卷四十四書家傳】

書畫書錄解題云。藝苑一百卷。明周履靖撰。見明史藝文志。千頃堂書目作江左周郎藝苑。又繪林十六卷。畫藪七種九卷。明周履靖撰。亦見千頃堂書目。又明史藝文志亦著錄。以上數書均列入畫部未見書中。按履靖所著畫評會海二卷。天形道貌一卷等。均爲繪畫之書。收入夷門廣牘。其全書未見也。

173 **折肱錄一卷** 道光刊周止庵遺稿本　光緒刊求志堂集本　又壬辰年刊求志堂存稿彙編本

清周濟撰。濟字保緒。號介存。晚年僑居江甯。號止庵。荆溪人。嘉慶十年進士。官淮安府教授。丁晏撰傳云。與包君世臣共學書。肆力北碑。窮日夜臨摹不少倦。與包君論書之祕。自成一家。見詒志堂集。【清書史卷二十一】

周濟刻有折肱錄。洞中肯窾。沾丐後學不淺。【蔣寶林墨林今話】

國朝書人輯略卷八。清畫家詩史己下。清代畫史補錄卷三。增廣歷代畫史彙傳補編卷三。並有周濟小傳。此書書畫書錄解題入畫部未見書中。

174 **今夕盦論畫絕句三十四首今夕盦題畫詩七十八首** 美術叢書本

清居巢撰。巢號梅巢。一號楳生。番禺人。詳見增廣歷代畫史彙傳補編卷一。支那畫學書解題四四二頁四四三頁。

今夕盦論畫絕句三十四首。清居巢撰。是編與其題畫詩。俱鄧氏自其詩鈔寫本內錄出者。凡七絕三十四首。首石濤八大山人等。爲明遺民。餘俱清代畫家。人各一絕。然名家如王麓臺、吳漁山以及華秋羅、金冬心、翟俱未之及。豈均未曾讀其畫耶、抑別有用意耶、無由知之矣。論尙平允。　今夕盦題畫詩七十八首。清居巢撰。詩凡七十八首。絕句居其大半。又多題花鳥草蟲之作。題山水者。數章而已。【書畫書錄解題】

今夕盦論畫絕句三十四首。清居巢撰。美術叢書本。○論述類論畫詩之屬。　今夕盦題畫詩七十八首。清居巢撰。美術叢書本。○題贊類題自作之屬。【有美草堂畫學書目】

175 **徐氏法書記一篇** 法書要錄本　墨池編本

唐武平一撰。平一名甄。以字行。太原人。中宗時官修文館學士。

佩文齋書畫譜纂輯書籍目著錄。

徐氏法書記一篇。唐武平一撰。此篇蓋應徐浩之託。記二王書帖之聚散頗詳。可與古跡記參看。墨池編本較法書要錄所載。篇首多

二十行。泛論書體、疑是他文錯入者。【書畫書錄解題】

176 春覺齋論畫一卷　民國二十四年燕京大學鉛印本　畫論叢刊本

清林紓撰。紓字琴南、閩縣人。詳見清畫家詩史壬上、增廣歷代畫史彙傳補編卷三。

177 虞山畫志補編一卷　民國十一年聚珍仿宋鉛印本

清邵松年撰。松年字伯英、號息庵。常熟人。光緒九年進士、官編修。【清書史卷二十八】

龐士龍曰、邵志所載有與郟志（即郟掄逵虞山畫志）重出間有一人名號各載以一爲二、如蔣椽蔣之均周荃周楚香等。【常熟書畫家彙傳】

虞山畫志補編一卷、清邵松年撰。是編爲補郟掄逵虞山畫志而作。據凡例郟志已載者不錄、魚翼海虞畫苑略所載、而爲郟志所遺者則補入之。益以松年所續采、凡得四十四人。又流寓八人。俱注明其出處。末附補遺四十人、則未注明、或得之傳聞、恐難徵信、故不入正編。具見矜愼。前有壬子俞鍾穎序、末有壬戌自跋。【書畫書錄解題】

虞山畫志補編一卷、清邵松年撰。民國十一年仿宋鉛印本。○歷史類專史之屬。【有美草堂畫學書目】

178 古緣萃錄十八卷　光緒三十年甲辰澄蘭室石印本　又上海鴻文書局石印本

清邵松年撰。見支那畫學書解題鑑藏類四三二頁。

古緣萃錄十八卷、清邵松年撰。是編所錄、半屬自藏、半爲其外舅楊慶麟所藏。慶麟歿後、亦歸其所有。編中於楊氏舊藏一一注明、不忘源是也。惟跋言甲辰年曾售出百數十種、則所存者亦僅矣。卷一爲唐宋、卷二爲元、卷三至卷七爲明、卷八至卷十六爲清。所收訖於近代、稍嫌寬泛。記載體例、略仿江村、不以書畫分類、間加按語、辨別尙精、但少考證耳。其不以諸家畫錄列傳青主、張大風、張君度、歸玄、徐昭法、王煙客、王圓照諸人於淸代、爲然、仍入明代、則其卓識也。卷十八、十九爲碑帖。前有翁方綱序及光緒癸卯自序。【書畫書錄解題】

古緣萃錄十八卷、清邵松年撰。光緒甲辰景印邵氏手寫本。○著錄類一家所藏之屬。【有美草堂畫學書目】

179 畫耕偶錄四卷　原刊本

清邵梅臣撰。梅臣詳見淸畫家詩史戊下。

180 董華亭書畫錄一卷　靈鶼閣叢書本

淸靑浮山人撰。不詳姓名。見支那畫學書解題鑑藏類四一八頁。

董華亭書畫錄一卷、淸靑浮山人輯。靈鶼閣叢書本。○著錄類集錄之屬。【有美草堂畫學書目】

董華亭書畫錄一册、淸靑浮山人輯。原題據舊藏滕逸湖鈔本刻。逸湖何人、未詳。旣無序跋、遂不知其由來。意編者酷嗜華亭書畫、隨所見錄成者。記載頗詳。編中記仿梅道人立軸凡兩見、一注今藏邵氏、一未注、知非其自錄所藏也。卷軸册三種分錄、其後復雜出、知此爲稿本、尙未成書。其中一畫兩見、亦其證也。董書本多、故所錄多於畫、董畫僞者最多、玆編所錄、是否盡屬眞品、則不可知矣。【書畫書錄解題】

181 玉尺樓畫說二卷　藝海一勺本

淸金恭撰。恭元和人。

182 盛京故宮書畫錄八册　民國二年癸丑排印本

近人金梁輯。梁字息侯。見支那畫學書解題鑑藏類四五四頁。

盛京故宮書畫錄七册、近人金梁輯。是編所錄皆盛京故宮翔鳳閣一處所藏書畫、都四百四十九件。後盡輦至北京古物陳列所庋藏。此爲光緒戊申息侯所手錄。蓋其時彼兼司典守之職、故得從容著錄。盛京故宮所藏、不僅此數、惜未能將各宮所貯、盡爲輯錄也。是編分七類。曰卷曰軸曰册曰緙曰幅曰額曰聯。俱以御筆冠首、餘依時代編次。其中以康乾兩朝臣工進呈之作爲多。體裁略仿石渠寶笈、而不分別眞贋。前有徐世昌序及自序。【書畫書錄解題】

183 濠梁知樂集四卷　民國壬戌年石印本（歷代婦女著作考著錄）

近人金章撰。章自號陶陶女史、吳興人。

前有其兄城序、略云、陶陶三妹幼年卽嗜六法、花卉翎毛、無所不工、而尤精於魚藻。自游學歐洲、遍觀彼邦文物、後畫益進。又云、論畫魚之作、向無專著、有之惟呂卓亭在藻集一種、顧亦僅經浦山畫徵錄記載、未見原書。各家書目咸未著錄、是其存佚尙未可知。但卽使世有傳本、據浦山稱、乃裒集題畫跋語而成。究論往史、闡述作法、恐未必能若吾妹之詳且盡也。此書分譜錄、史傳、作法、題詠四卷、前有自序。後又有其子王世襄影印跋。

184 瞎牛題畫詩一卷　光緒刊本

淸金彰撰。彰詳見淸畫家詩史辛下、增廣歷代畫史彙傳補編卷三。

瞎牛題畫詩一卷、淸金彰撰。光緒刊本。○題贊類題自作之屬。【有美草堂畫學書目】

185 翰墨會紀十九卷 明刊本

明金階撰。階武林人。

翰墨會紀十九卷（明刻本）明武林金階撰。前有萬曆二十四年金氏自序略云國朝館閣禁重之地、搦管摛毫僚屬而祇承之者、始皆由能書進供役、歲久陳卿長登亞秩、書固可藐視哉。但今朝著之書與古先名賢之札、暄乎頓殊。雖擅譽若沈公度、姜公立綱、而南禺豐公斥之曰俗品。今中祕書法律之古翰、體度天淵、允曰俗矣。草楷正方嚴較若畫一、固非時時尚之所同、顏魯公所謂干祿書者、亦此類也。我朝書固多人、然惟衡山之楷、豐祝之草、晃耀累世。當今舍篆隸之外書法不過三體、曰眞曰行曰草、兼美者或罕其人、每閱典籍、凡有關於書法者、卽爲采錄成帙、臆名曰翰墨會紀。序文當是自寫全書端楷、似亦金氏所爲。因其自序有潛心古帖年將璞暮、書似略可等語也。半葉十五行、行二十二字。【五十萬卷樓藏書目錄】

186 屏廬題畫一卷 民國十九年石印本

近人金鉞撰。鉞天津人。

187 論畫雜詩二十四首 美術叢書本

淸金農撰。農字壽門。別號冬心先生。錢塘人。寓揚州。乾隆元年舉鴻博。詞科餘話、分隸獨絕一時。方薰曰、行草隸書、具入古法。【淸書史卷二十二】

歷代畫史彙傳卷三十八、金農精鑑賞、善別古畫。年五十餘始從事於畫。好古力學。設色尤異。見畫徵續錄。國朝畫識卷十一、國朝書人輯略卷四、宋元以來畫人姓氏錄卷二十二、國朝書畫家筆錄卷二、淸畫家詩史丙上、並有農小傳。支那畫學書解題論畫類二七四頁。又解題自二七五頁至二八〇頁收農畫竹題記等五種及冬心先生隨筆一卷。

論畫雜詩二十四首、淸金農撰、詩俱爲七絕、無自注、遂有數句未詳其所論爲何畫也。詩格是其本色。【書畫書錄解題】

論畫雜詩二十四首、淸金農撰、美術叢書本。〇論述類論畫詩之屬。【有美草堂畫學書目】

188 薜蘿吟社叢刻三種 一名雪泥鴻爪 1.讀畫叢譚四卷 2.畫學祕訣一卷（唐王維撰金漢詮釋） 3.畫筏一卷（丹徒篔江上撰金漢考訂） 光緒刊本

淸金漢編。漢字步雲。丹徒人。

讀畫叢譚四卷附刻二卷、淸金漢撰。是編卷一爲畫學總論、內分規矩悟會氣機神化四目、所錄多勦襲陳言、旣皆習見之書、編次又漫無條理。卷二爲評古畫、記所見名蹟。卷三爲評今畫。又有自題所畫者十則以上兩種。識見凡鄙、筆墨猥雜、殊無可取。末有畫學雜記十餘條、亦無心得語。卷四爲北固雅游畫禪全册題詞、尤爲蕪濫。前有趙曾望序、及光緒十八年自序。又有附刻兩卷、上卷爲王右丞畫學秘訣、下卷爲笪重光書筏。略加詮釋考訂、亦俱膚淺。【書畫書錄解題】

讀畫叢譚四卷、淸金濮撰。光緒癸巳年世耕堂刊本。○雜識類純言書畫之屬。【有美草堂畫學書目】

189 **桐園臥游錄一卷** 同治壬申年家刊本

淸金鳳淸撰。見支那畫學書解題鑑藏類四○○頁。

桐園臥游錄一卷、淸金鳳淸撰。是編體例與畫緣錄、大致相同。惟略敍時代、又不記印文、乃其所異。所紀書畫凡六十二件、而其中經畫緣錄著錄者、迨二十八件。(闕陸包山秋林送客圖軸、金冬心醉鍾馗像軸、曹雲西秋山圖軸、沈石田寒林圖軸、姚元白梅花軸、徐天池寫意卷、王麓臺江山圖卷、衡山蘭竹圖軸八件。)誠不識其何所取義。意撰此編時、上距畫緣錄成書日已十五年。中經太平天囯之亂、海內藏家之銘心絕品、燬於兵燹者幾何。幸而不燬於兵燹、而能物歸得所者又幾何。而此二十八件者、溆芷幸其歷劫未灰、猶得青氈長守、或其重爲錄入之微意乎。未可知也。又考所增二十四件、爲明人書一種、明人畫十九種、淸人畫十四種。讀溆芷自序、自云生平無他嗜好、惟喜法書名畫。今按畫緣錄及是編所載法書、除汪文端錢文敏書畫合璧卷而外、僅祝希哲之桐園記一册、殆亦以其與別署適有巧合處耳。未必於書果有眞知篤好也。明人畫均屬可存之品。淸人畫爲笪江上、王圓照、徐枋、呂隱、方大猷、吳期遠、徐賦、惲南田、錢籜石、陳南樓、陳楞山、錢文敏、奚鐵生十三家。以視畫緣錄、其精審似有間矣。編末附錄載徐侯齋等書畫便面二十二種。前後有自序、自跋。【書畫書錄解題補甲編】

桐園臥游錄一卷、淸金鳳淸撰。同治壬申刊本。○著錄類一家所藏之屬。【有美草堂畫學書目】

190 **澹復虛齋畫緣錄一卷** 咸豐戊午年家刊本

淸金鳳淸撰。鳳淸字溆芷、號桐園居士。浙江桐鄉人。

澹復虛齋畫緣錄一卷、淸金鳳淸撰。鳳淸工六法、精鑒別。凡例稱是編專載所得。又稱錄中所載有隨時移贈友人者、知均爲溆芷經藏之品。所紀總三十六件。元僅曹雲西一家、明則沈石田等十五家、淸代錄至華秋岳、高南阜爲止。抉擇頗嚴、不涉寬濫、雖無煊赫劇跡、而皆精妙可玩。程序伯稱其凡所紀載、皆審覈精確、不欲誇多炫博是也。所錄以隨得隨錄、不敍時代先後、首錄王玉峯寫其先世出關圖、蓋述其先人之清芬也。每種記其款識題詠、述其蹊逕布置、旁及畫本印記、惟不加案語考訂、是其所短。前有程庭鷺序、自序。【書畫書錄解題補甲編】

191 博洽齋畫譜考古略八卷　鈔本

明俞枚撰。枚錢塘人。此書見南京國學圖書館圖書總目。

192 讀畫閒評一卷　夢厂雜著本　畫苑祕笈二編本

淸俞蛟撰。蛟字夢厂「靑門。」杭人。與陳紱蘭爲書畫友、工山水。有讀畫閒評。【歷代畫史彙傳卷十】

淸畫家詩史庚上有蛟小傳。

吳辟疆跋右讀畫閒評一卷、淸俞蛟撰。余氏書畫書錄解題列於未見門、無撰人名氏。蓋是書彭氏畫史彙傳首先引徵、而夢厂傳中却未言其著有此書、遂使覽者不知爲誰何之作。其後蔣霞竹撰墨林今話、於王三錫傳引及之、而亦未言撰人、可爲轉輾引徵未見原書之驗。緣稿成未刊、至同治九年始刻入夢厂雜著。彼時僅憑寫本流傳、霞竹自不及寓目耳。夢厂雜著有嘉慶六年自序、應是乾嘉間人物、其里貫別字、彙傳作杭人、字靑門、不知其何所本也。

193 題畫瑣存一卷　乾隆乙未年刊本

淸俞堤撰。堤原名璟、字企塘、又字更生。號是齋。無錫人。善山水、樹石、人物、花卉、幾入元人之室。詩賦畫均入妙。撰論畫三篇、又著題畫瑣存。見梁溪詩話。【歷代畫史彙傳卷十】

題畫瑣存淸俞璟撰。見馮金伯國朝畫識（卷十二。）案鄒方鍔大雅堂續稿云、璟撰論畫三篇、其論元通、蓋不獨爲畫論也云云。是璟於此編之外、尚有論畫之文。【書畫書錄解題畫部未見書】

194 曲園墨戲一卷　原刻本

淸俞樾撰。樾字蔭甫。號曲園。德淸人。道光三十年進士、曾官河南學政。詳見國朝書人輯略卷十、國朝書畫家筆錄卷四、淸書史卷十二。

曲園墨戲一卷、淸俞樾撰。此編乃取一字或數字、大小高下、長短奇正、其形使之如畫。凡二十圖。曲園本不能畫、此蓋一時游戲之作。【書畫書錄解題】

195 墨緣彙觀撰人考一卷　民國

八年己未鉛印本

清姚大榮撰。大榮安順人。見販書偶記。

此書攷定墨緣彙觀之作者爲安岐。參見墨緣彙觀下。

196 **字學憶參一卷** 美術叢書本

清姚孟起撰。孟起字鳳生。吳縣人。貢生。以書法教授里中、從學者甚衆。著有字學憶參。見木葉廬法書記。詳見【清書史卷十一】

國朝書畫家筆錄卷四有孟起小傳。

字學憶參一卷、清姚孟起撰。此編凡七十條。長者十數語、短者僅一二語、持論平正、不驁高遠、較諸他家侈言筆法者有間矣。【書畫書錄解題】

197 **續畫品一卷** （補本書第七二〇葉）

陳姚最撰。此書僞書通考引四庫總目提要、又明版書經眼錄上亦著錄。參見支那畫學書解題論畫類四頁。

續畫品一卷、舊本題陳吳興姚最撰、……非後人所能依託也。

謹案、周書藝術傳云、『姚僧垣吳興武康人、大軍剋荊州、爲燕公于謹所召、太祖又遣使馳驛徵僧垣、謹故留不遣。明年隨謹至長安、長子察在江南、次子最字士會、年十九、隨僧垣入關、世宗盛聚學徒、校書於麟趾殿、最亦預爲學士、俄授齊王憲府水曹參軍、掌記室事。隋文帝踐極、除太子門大夫、襲爵北絳縣公、俄轉蜀王秀友、遷秀府司馬、及平陳、察至、讓封於察、秀後陰有異謀、隋文帝令公卿窮治其書、最獨曰、凡有不法、皆最所爲、王實不知、榜訊數百、卒無異辭。最竟坐誅、時年六十七。論者義之、撰梁後略十卷行於世。』亦見北史藝術傳、與撰此書者姓氏籍貫時代皆同、當卽此人。竇蒙述書賦注云『隋蜀王府司馬姚最撰名書錄。』署銜亦與周書合。又知最於此書之外、尚有評書之作。最生於梁、仕於周、歿於隋、始終未入陳。新唐志及宋志著錄均止作姚最續畫品、無陳字、而今本乃題作陳姚最、蓋最在周隋名不甚著、不如其兄察之烜赫、附傳在藝術中、易爲人所忽略、後人因此書稱湘東殿下、知其作於梁末、妄意必已入陳、遂臆題爲陳人。觀唐張彥遠歷代名畫記卷一敍畫之興廢篇、亦稱爲陳姚最、則其誤亦已久矣。最之畫評、名畫記卷五六七三卷引用最多、幾乎全部收入、其爲唐以前書、固無疑義、不必以行文之雅儁、始知非出後人依託也。提要不能得最之出處、其後嚴可均號稱博覽、亦編此書入全隋文、皆不考之過也。【四庫提要辨證】

198 **姚伯翁書畫題跋一冊** 道光中三惜齋稿本（北京圖書館藏）

清姚元之撰。元之字伯昂、桐城人。嘉慶進士、官至左都御史。詳見淸代畫史補錄卷二。

199 字學繩尺三卷　明刊本

明姜立綱撰。立綱字廷憲。號東溪。永嘉人。天順中授中書舍人。仕至太常寺卿。畫得子久法。七歲能書。命爲翰林秀才。故楷法淸勁方正。中書科制誥悉宗之。法書行天下。稱姜字。見畫史會要、書史會要、圖繪寶鑑續纂、無聲詩史。【歷代畫史彙傳卷三十】

千頃堂書目著錄姜立綱東溪書法一卷、注云、瑞安人。當時廷殿宮額、皆出其筆、日本亦求其書。也是園書目書類曾著錄此書。

字學繩尺三卷、明姜立綱撰。見淸錢曾述古堂藏書目。又楷法大成一卷、明姜立綱撰。格致叢書本。【書畫書錄解題書部未見書】

200 書譜一卷　李放舊藏本

淸姜宸英撰。宸英字西溟、號湛園。慈谿人。康熙丁丑進士、授編修。精繪事、楷法虞褚歐陽。賞鑒名重一時。見畊硯田齋筆記。【歷代畫史彙傳卷三十】

國朝書人輯略卷三、國朝書畫家筆錄卷一、淸畫家詩史乙下、並有宸英小傳。

歙藏姜宸英太史小楷書一卷、雖錄宋人詩話及坡公煎茶定惠寺海棠古近詩體六七首。又臨大令十三行、一字一牟尼、眞令人探翫不厭。山舟居士跋云、此卷先生暮年之作、畢竟不同、可寶也。同書識、下押梁印同書朱文方印。見木葉厱法書記。錢澄之序、略云、姜子學書、得執筆之法、臨摹攻苦、寢食俱廢、蓋至今而始成、可謂得之難矣。【淸書史卷十八】

書譜、淸姜宸英撰。見程瑤田書勢五事引其文。【書畫書錄解題書部未見書】

201 無聲詩史七卷　（補本書第七九七葉）　宣統二年石印本

淸姜紹書撰。紹書字二酉、號晏如居士。（曲阿人）善畫著色、著無聲詩史。【歷代畫史彙傳卷三十】

千頃堂書目有姜紹齋無聲詩史七卷、注云、丹陽人。文瑞樓書目著錄本題曲阿姜紹書輯。齋乃書之誤字。參見支那畫學書解題史傳類二一一頁。

無聲詩史七卷、淸姜紹書撰。觀妙齋寫刻本、述古叢鈔本。〇歷史類歷代史之屬。【有美草堂畫學書目】

202 續書譜一卷　（補本書第七七〇葉）
宣統己酉年國學保存會影印蔣寫本

宋姜夔撰。夔詳見佩文齋書畫譜卷三十五書家傳。

續書譜一卷（宋姜夔撰）書史會要曰、趙必睪字伯暐、宗室也。官至奏院中丞。善隸楷、作續書譜辨妄、以規姜夔之失。案必舉之書今已佚、不知其所規者何語。然夔此譜、自來爲書家所重、必舉獨持異論、似恐未然。殆世以其立說乖謬、故棄而不傳歟。（以上提要原文）謹案元鄭杓衍極卷三造書篇云、孫虔禮姜堯章之譜何夸乎。曰、語其細而遺其文、趙伯暐之辨妄、所以作也。』劉有定注云、『堯章著續書譜二十條、其首章總論曰、眞行草之法、其原出於蟲篆八分飛白章草等、圓勁古淡、則出于蟲篆。波發點畫、則出于八分。轉換向背、則出于飛白。簡便痛快、則出于章草。則眞草與行各有體製、歐陽率更、顏平原輩以眞爲章、李邕李西台輩以行爲眞、大抵下筆之際、盡倣古人、則少神氣、專予遒勁、則俗病永除、所貴習俗相通、心平相應。白云先生歐陽率更亦能言其梗概、孫過庭論之又詳、皆可參考之。伯暐名必曄、號大蓬、庸齋忠淸公之孫、官至奏院宗丞、善隸楷題署作續書譜、辨妄以規堯章之失、其略曰、夫眞書者古名隸書、篆生隸、篆隸生八分與飛白、行草載在古法、歷歷可考。今謂眞草出于飛白、其謬尤甚。又謂歐顏以眞爲草、夫魯公草書親受筆法於張長史、又何嘗以眞爲草。若謂李西台以行爲眞、則是、然自此體漸變、至宋時蘇黃米諸人皆然、楷法之妙、獨存蔡君謨一人而已。堯章略不舉、是未知楷書者也。又謂白云先生歐陽率更論書法之大概、孫過庭論之又詳、殊不知古人法書訣筆勢筆論文字最多、特堯章未見之耳。行書魏晉以來、工此者多、惟蘭亭爲最。唐之名家甚衆、豈特顏柳而已哉。況至宋朝書法之備、無如蔡君謨、今乃置而不論、獨取蘇米二人何耶。讀至篇末、又有濃紩間出之言、此正米氏字形也。此體流敝、至張即之之徒、妖異百出、皆米氏作俑也。豈容廁之顏柳間哉。』有定爲元英宗時人、（自序題至治壬戌冬）在陶宗儀之前、（書史會要、宗儀元末明初人、陶宗儀著會要有劉有定傳、）宗儀爲趙必曄立傳、其說蓋卽本之有定、惟必舉必曄音義不同、則疑傳寫之誤也。觀有定所錄必曄之說、則其所著續書譜辨妄大旨尙可考見。提要謂不知所規者何語、亦失之不考。必舉之於姜夔、辨詰不遺餘力、無異康成之發墨守。然以二人之說考之、則必舉以意氣相爭、攻擊往往過當。如姜夔謂眞書出于飛白、自是指鍾王以下之楷書而言。不謂古隸亦出于飛白、唐人雖謂眞書爲隸書、然眞之與隸、點畫雖同、至其結體用筆、則有間矣。夔云云、蓋就眞書筆法言之、謂鍾王筆意、參合蟲篆八分飛白章草之長云耳。非不知隸書先于飛白也。細翫語氣、其義自明。必舉之言、可謂好辨。夔云白云先生歐陽率更能言梗概、孫過庭論之又詳者、謂習俗相應、心平相通之義、此數人皆能言之、蓋據引古人以自明其立說之有本、非謂古之論書法者止此數人也。堯章之在宋末、亦是通人、觀其著作詩詞、非不知古今者、何至並法書要錄墨藪中所錄之筆勢筆論、舉未之見耶。必欲吹瘢索垢、吾所不取。惟其不滿米元章、而推重蔡君謨、其意欲以救狂放之失、尙不薄謂爲毫無所見耳。鄭杓詆毀虔禮、堯章而獨盛稱伯暐、蓋是丹非素、意有所偏、未協是非之公也。【四庫提要辨證】

203 **柯敬仲畫竹譜一册** 有正書局影印本

元柯九思撰。九思字敬仲、仙居人。仕至奎章閣學士。詳見佩文齋書畫譜卷四十三畫家傳。

柯敬仲畫竹譜一册、元柯久思撰。此譜原有三十六種、影印本只有二十種眞蹟。此譜原爲初學寫竹者而設、至爲簡明。其筆墨之精美、自不待論。惜其無甚說明也。原蹟後有蔣主忠、劉鉉、董其昌、程邃、查士標、王澍諸跋、原委甚明、絕非贋鼎。佩文齋書畫譜卷八十五、曾載此譜跋語、有爲此本所未載者、不知何時散失也。【書畫書錄解題】

204 **畫梅題記一卷** 銅鼓書屋集附刻本　畫論叢刊本

清查禮撰。禮字恂叔、號榕巢。宛平人。爲湖南巡撫。山水花鳥精緻、尤善畫梅。見墨香居畫識卷六。【歷代畫史彙傳卷二十二】

宋元以來畫人姓氏錄卷十二、國朝書人輯略卷四、國朝書畫家筆錄卷二、清畫家詩史丙上、並有禮小傳。參見支那畫學書解題題跋類三九一頁。

畫梅題跋一卷、清查禮撰。是編俱題其自畫之作、凡三十三首、中有論畫梅之法頗精。末有管庭芬跋。【書畫書錄解題】

205 **畫餘偶存二卷** 原刊本

清段永源撰。此書見揚州吳氏測海樓藏書目錄。

206 **草訣辨疑一卷**

明范文明撰。文明字晦叔、萬曆時人。詳見佩文齋書畫譜卷四十四書家傳。

草訣辨疑、明范文明撰。見佩文齋書畫譜徵引書目。【書畫書錄解題書部未見書】

207 **題畫詩一卷**

清范迂撰。迂字曼翁、嘉興人。諸生。素不習畫、年逾不惑、始託好焉。畫輒題詩其上。見張嘉儒題畫詩序。【歷代畫史彙傳卷五十】

佩文齋書畫譜纂輯書籍目徵引及此書。

208 **書法彙鈔八卷** 道光戊申年學海堂原刊本

清范承宣撰。此書見萇楚齋書目。

209 過雲廬畫論一卷 傳鈔本 畫論叢刊本

清范璣撰。璣字引泉。常熟人。賣畫奉母、精鑒別、凡書畫古玩入手即能辨其眞僞。詳見蔣寶齡墨林今話卷十八、國朝書畫家筆錄卷四、清畫家詩史辛上。參見支那畫學書解題論畫類三八一頁。

過雲廬畫論一卷、清范璣撰。蔣霞竹墨林今話未言引泉曾著此書。此書中却有評墨林今話語、其成書在後可知已。此書分三論、一論山水、二論花卉、三論人物。論山水者最詳、凡三十二則。花卉僅五則、論人物僅六則。多甘苦有得之談。詳見【書畫書錄解題】

210 十竹齋書畫譜十六册 明崇禎癸未刊本 清初重刊本 光緒五年己卯校經山房刊本

明「清」胡正言撰。正言字日從。海陽「新安」人。工畫。見明畫錄。【宋元以來畫人姓氏錄卷五】

胡正言別號十竹主人。休甯人。遷霍山。明宏光時薦授武英殿中書舍人、遂居江甯。年八十餘、康熙中卒。見【清書史卷五】

增廣歷代畫史彙傳補編卷一、支那畫學書解題圖譜類二〇四頁並可參閱。

按胡正言尙有書法必稽一書、佩文齋書畫譜纂輯書籍目引之。書畫書錄解題列入書部未見書中。

十竹齋畫譜八卷（八册、明刻清印本）按是譜凡梅石、蘭竹、果、翎毛、墨華、書畫八種。蘭譜題海陽胡正言曰從甫輯、選高陽秋甫氏校正、淩雲翰五雲甫、吳士冠相如甫、魏之璜考叔甫、魏之克和叔甫、胡宗智伯通甫、高友三益甫釋行一靜涵甫仝校。此本紙質顏色稍遜、然非後來翻版。余檢梅譜額上玄工一目、爲胡正言所寫、而目錄「玄」作「元」、因知此本爲康熙間所刷印、而各譜序文及目錄、則皆刷印時所補刻者。【王重民善本書籍經眼錄】

211 山水入門一册 中國山水畫布置法一册 商務印書館印本

近人胡佩衡編。佩衡字冷庵。涿縣人。見【增廣歷代畫史彙傳補編卷一】

山水入門一册、近人胡佩衡編。專爲初學入門而設。凡分十章、每章復分二三節、俱有簡單說明、並附圖式。 中國山水畫布置法一册、亦胡佩衡撰。爲初學山水者講求布局而作。詳見【書畫書錄解題】

212 學畫晬語一篇 冷庵畫詒一篇 畫存第一集本

近人胡佩衡撰。學畫晬語一篇、爲初學畫者說法、凡三十四段。冷庵畫詣一篇、分臨古、寫生、創稿、創格、鑑別五端。詳見【書畫書錄解題】

213 王石谷畫法抉微一冊畫箑叢談一冊 商務印書館印本

近人胡佩衡撰。王石谷畫法抉微、凡十二則、一緒論、二石谷歷史、三石谷臨古、四石谷論畫、五各家評石谷畫、六石谷畫分析、七石谷畫派、八石谷畫派近日地位、九石谷畫派改進之利益、十贗作、十一參考品、十二結論。末附石谷畫影本十二幅。畫箑叢談、專論畫箑之法、首敍扇之種類起源、及扇與屏幅用途比較、並畫之難易、次爲用筆、用墨、渲染、着色、布置諸法。詳見【書畫書錄解題】

214 珠林寶笈三種八卷 一名胡氏書畫考三種 嘉慶二十一年刊本 道光二十三年崇雅堂刊本 民國二十三年重印本 又丙辰年有正書局印本

清胡敬撰。叢書舉要、叢書書目彙編、叢書大辭典並作書畫三種目次列下:

1. 南薰殿圖像考二卷（詳見本書第七四四葉）參見支那畫學書解題鑑藏類三三六頁。
2. 國朝院畫錄二卷（詳見本書第八〇一葉）參見支那畫學書解題史傳類三三七頁。
3. 西清札記四卷（詳見本書第七六四葉）參見支那畫學書解題鑑藏類三三五頁。

215 繪事瑣言八卷繪事雕蟲十卷 嘉慶四年兩全堂刊本 近中華印書局排印本（補本書第七四三葉）

清迮朗撰。朗字卍川、吳江人。諸生。（乾隆己酉舉人）以校書得官、未仕。點染煙雲在能妙間。見墨香居畫識卷三。【歷代畫史彙傳卷六十一】

碑傳集補卷四十七亦有迮朗傳。此書支那畫學書解題未收題跋類三一〇頁著錄三萬六千頃湖中畫船錄一卷。已見七四四葉。

216 郁氏書畫題跋記十二卷續記十二卷 （補本書第七五五葉） 宣統辛亥年風雨樓印本 神州國光社排印本

明郁逢慶撰見佩文齋書畫譜纂輯書籍目。參見支那畫學書解題鑑藏類一六四頁。

書畫題跋記十二卷續記十二卷（十二冊、鈔本十行二十字）原題「檇李郁逢慶叔遇父編。」按是書無刻本、四庫全書據兩淮鹽政採進本著錄、提要云:前集末有自識云:

所見法書名畫錄、其題詠、積成卷帙、時崇禎七年冬也。後集無跋則不知其成於何歲矣。余紹宋所見藝風堂鈔本逢慶自跋亦在前集末、此本則在續記末、題云：崇禎七年自春徂冬、集爲正續二十四卷、乃記於後。則正續兩集成於同年、館臣所據本殆所題與此不同歟。抑偶疏於觀覽歟。提要又云：第一至第四卷每卷之尾皆有崇禎甲戌冬日收藏題記、此本卷四卷六之尾並題云：崇禎甲戌季冬朔日義墨堂藏、殆即館臣所見者、則與四庫本當同出一源、其內容亦當相同。此本「玄」字「弘」字並缺筆、爲乾隆間寫本、亦與四庫成書年代相近也。然前集卷二之末、米西清雲山小卷下有題記云：崇禎丙子四月望後二日觀于周敏仲舟中、丙子爲崇禎九年、是書編定後之第三年也、則成書後逢慶猶有補輯、未必爲後人所增也。他年見別本、再試校之。 自跋、崇禎七年（一六三四）

【王重民善本書籍經眼錄】

217 **敍書錄一篇** 法書要錄本 墨池編本 古今法書苑本

唐韋述撰。述萬年人、官至工部侍郎。

敍書錄一篇、唐韋述撰。墨池編本作開元記、古今法書苑本作書述記。此篇記開元時敍錄二王二張法書眞蹟事。墨池編注云：出集賢記。集賢者集賢院也。【書畫書錄解題】

式古堂書畫彙考書考引用書目有韋述唐朝書錄、疑即此篇。

218 **六藝之一錄四百〇六卷** （補本書第七一五葉）商務印書館影印四庫全書珍本本

清倪濤撰。濤字山友、號崑渠。錢塘人。貢生。官遂安訓導。著六藝之一錄四百六卷、分金器款識、石刻文字、法帖、論述、古今書體、歷朝書論、歷朝書譜六集。又續編十二卷。見四庫全書總目提要及兩浙輶軒錄、善本書室藏書志諸書。按倪氏此編、可謂集書學之大成、然卷帙太繁、竟無副本傳播藝苑、殊可惜也。見清樂堂隨筆。【清書史卷七】

219 **陳眉公先生訂正書譜四卷孔氏畫語八卷** 明刊本

明孫丕顯編。書譜藏中國科學院圖書館。

孔氏畫語八卷、明孫丕顯撰。見清王聞遠孝慈堂書目。孔氏未詳何人。原注云：陳繼儒訂、一冊。【書畫書錄解題畫部未見書】

220 **庚子銷夏記八卷** （補本書第七五六葉）乾隆辛巳年刊本 京都龍威閣重刊本

清孫承澤撰。承澤見清史列傳卷七十九、碑傳集卷十。參見支那畫學書解題鑑藏類一七四頁。

庚子銷夏記八卷、清孫承澤撰。乾隆辛巳余

秋室寫刻本。〇著錄類一家所藏之屬。【有美草堂畫學書目】

庚子銷夏記八卷（清北平孫承澤撰　清京都龍威閣覆刊本）跋云、甲辰十二月據鄧孝先同年所得甫里王氏本過錄。　己酉閏二月初十日、從止非同年許、見原刻本、上有龔孝拱手錄何義門校語、始知甲辰過錄墨筆校語、半出義門。因逐條注明、龔本所無者仍之、按其辭氣、頗疑出覃溪手、蓋張坤載或見覃溪藏本、故首卷有大興翁覃溪先生傳寫數字、而不知覃溪亦是過錄何氏語、而又自附所見耳。孝拱則親見翁本、故跋尾與復初齋集有異同處。而又有年月及書于某處云云、積年疑案、一旦瞭然、書以志快。又飽刻原本附閒者軒帖考一卷、而無下一葉、觀原本字蹟則寓目記一卷、是秋室一人手筆、帖考則另出他手、疑翻刻者有作僞處。　據傳沅叔錄本、以藍筆照度一過、凡義門說同者、皆加圍圍識之。丁巳五月二十九日小暑。【章氏四當齋書目】

221 平津館鑒藏書畫記一卷　江寧陳氏排印本

清孫星衍撰。星衍字淵如。陽湖人。官至山東督糧道。詳見國朝書人輯略卷六、國朝書畫家筆錄卷二。參見支那畫學書解題鑑藏類三二五頁。

平津館鑒藏書畫記一卷、清孫星衍撰。是編據道光辛丑車持謙跋、謂曾觀此册眞蹟、纂成一卷。今觀其書、漫無條理、疑爲淵如隨筆劄記、並未成書。中間於淵如題語、多注明刪遺稿補入、未詳何說。卷首題陳宗彝編校、或即陳氏所補邪。【書畫書錄解題】

222 硯山齋雜記四卷　四庫全書本

清孫炯撰。炯字挈菴、大興人。承澤孫。著有研山齋珍玩集覽。

硯山齋雜記四卷、不著撰人姓名。研山齋爲孫承澤齋名。承澤人雖不足道、而於書畫古器則好事賞鑑、兩擅其長。其所收藏、至今爲世所重。炯承其遺緒、耳濡目染、具有淵源。其所論著、一一能詳究始末、細別纖微、固亦不足異矣。【四庫全書總目提要】

硯山齋雜記四卷、清孫炯撰。卷一言六書等三十二目、卷二書紀等四目、卷三硯說兩篇、卷四墨譜等四目。綜計全編、言書畫者實居泰半。詳見【書畫書錄解題】

223 當湖歷代畫人傳九卷　民國二十四年乙亥雲映廬刊本前有引證書目

近人孫振麟撰。振麟字秉之、平湖人。

當湖歷代畫人傳九卷、近人孫振麟撰。當湖在平湖縣東、此沿其縣之通稱、如當湖外志之例。海角僻邑、通畫藝者亦得二百八十一人之衆作者之廣徵博采、亦云勤矣。卷一至卷五爲邑人、卷六爲閨秀、卷七爲方外、卷八爲寓賢、卷九爲宦師、後附補遺。均依韻目排比。其書半采舊籍、有一人數書互見者、備錄之。所引未盡或原書有誤者、並加按語以求詳實。蓋非純以勦襲成書爲能事、在近人所撰地方畫志中、洵稱佳構矣。惟如秦又容之繪都區圩岸圖、除此而外、未言能畫、則秦氏所治、實爲輿地測繪之學、以之入傳、未免不倫。此如梁谿書畫徵載元徐憲奉詔度東薊州曠地爲田、經畫植藝、咸有法則、手繪爲圖進御。予按此圖當是經畫阡陌溝渠之圖、未可遽作耕作圖觀。此皆作者力事蒐求、祇須與畫事有關、便而收入、致蹈此失。實則此等處不妨寧缺毋濫也。前有趙時棡、褚德彝、黃海序、及自序。【書畫書錄解題補乙編】

224 聲畫集八卷　揚州詩局刊本　四庫全書本

宋孫紹遠撰。紹遠字稽仲、自署谷橘人。參見支那畫學書解題叢輯類五一頁。

王士禎曰、宋孫稽仲纂古今題畫詩八卷、爲聲畫集。因念六朝以來題畫詩絕罕見、如有好事、廣而續之、亦佳事也。詳見【漁洋書跋】

聲畫集八卷、宋孫紹遠撰。所錄皆唐宋題畫之詩、凡分二十六門。錢曾讀書敏求記謂其書不著編者姓氏、後人以卷首有劉莘老題詩、因誤爲莘老所輯。此本卷首有淳熙丁未紹遠自序。詳見【四庫全書總目提要】

聲畫集八卷、宋孫紹遠撰。是編分類詳四庫所敘、其以古賢故事冠篇、自有深意。其他各類排比稍嫌繁瑣重複。餘則四庫評論至當。【書畫書錄解題】

此書佩文齋書畫譜纂輯書籍目、傳是樓書目並著錄、宋元以來畫人姓氏錄引證書目作聲畫錄、錄字誤。

225 書譜一卷　（補本書第七七〇葉）玉烟堂法帖卷十九　停雲館法帖卷三

唐孫過庭撰。佩文齋書畫譜卷二十六書家傳引寶泉述書賦注、張懷瓘書斷、姑蘇志等。

唐孫過庭字虔禮、陳留人。一作富陽人。官至率府錄事。　孫虔禮千文（又第五本）、孫虔禮書譜並見【式古堂書畫彙考書考卷七】

陳曰齋論孫過庭書譜、見珊瑚網一隅卷二。

孫過庭　書斷、宣和書譜、王鏊姑蘇志、弇州山人、葉戲鴻堂法帖、詳見【六藝之一錄卷三二六歷朝書譜十六】

書譜一卷、唐孫過庭撰。書斷謂之……之名耳。（已詳見本編第七七〇葉）謹案、法書要錄中所錄書斷、實作運筆論、疑提要所見本誤。宣和書譜卷十八過庭傳云『作運筆論、字逾數千、妙有作字之旨、學者宗以爲法、今御府所藏草書三書譜序、上下二千文。』詳其語意、似運筆論與書譜非一書。然宣和書譜謬誤實多、疑其沿襲舊文、未加檢核、書譜序分爲上下、是則此書明有二卷、宣和御府猶存眞蹟。但今所傳一篇、正是其序、文義已了、不應復有下篇、且使兩篇皆是序、則其正文安在、知序字亦屬衍文也。今人余紹宋書畫書錄解題卷三云、『南宋陳思輯書苑菁華、始著其文於錄、則下卷已亡、其爲亡於南渡之際、殆無疑也。』嘉錫考宋周密雲煙過眼錄卷上云、『焦達卿敏中所藏唐孫過庭書譜上下、全、徽宗滲金御題、前後宣和政和印。』特著其爲上下全、則當時傳本多不全、故陳思所見亦只一卷、與今本同。惟宣和御府所藏眞蹟流落人間者尚全耳。周密親見二卷本、是下卷宋末尚存。余氏謂亡於南渡者亦非也。今眞蹟雖存、亦只一卷、其何時殘缺、不可考矣。【四庫提要辨證】

陳思：孫過庭書譜義之十七帖　見寶刻叢編卷一。

李佐賢：跋孫虔禮書譜　見石泉書屋金石題跋。

呂世宜：孫過庭書譜跋　見愛吾廬題跋

226 書畫跋跋三卷續三卷（補本書第七五三葉）　乾隆間刊本

明孫鑛撰。杭世駿孫月峯書畫跋序、見道古堂文集卷七。此書光緒餘姚縣志藝文志亦著錄。參見支那畫學書解題題跋類一一八頁。

227 歸雲樓題畫詩二卷　民國十三年甲子刊本

近人徐世昌撰。世昌字菊人、東海人。詳見清代畫史補錄卷一、增廣歷代畫史彙傳補編卷一。

歸雲樓題畫詩二卷、近人徐世昌撰。是編皆其隨時興到之作、七絕爲多。除題吳仲圭、董東山、鄭板橋、朱鶴年等畫外、皆題自畫之作。前有十三年自序。【書畫書錄解題】

228 字學劄記二卷圭美堂題跋五卷　圭美堂全集本（此集四庫入存目）　題跋北京圖書館藏鈔本

清徐用錫撰。用錫字畫堂、宿遷人。康熙四十八年進士、官侍講。書法頗工、集中字學劄記二卷、皆自道其心得、見四庫全書總目提要。【清書史卷三】

國朝書人輯略卷三、國朝書畫家筆錄卷一、清畫家詩史辛上、清代畫史補錄卷一、增廣歷代畫史彙傳補編卷一、並有用錫小傳。

229 論書一篇　法書要錄本　墨池編本　作書法論

唐徐浩撰。浩字季海。越州「長城」人。官至太子少師。見【佩文齋書畫譜卷二十八書家傳】

論書一篇、唐徐浩撰。宣和書譜謂浩撰法書論一篇、爲時楷模。當卽此編。又云嘗作書法以示子孫。盡述古人積學所致、眞不易之論。墨池編所錄文同。惟末段多數語。【書畫書錄解題】

230 古跡記一篇　法書要錄本　墨池編本

唐徐浩撰。編中自稱臣末、是本爲表進之文。後人加以今名耳。文中述太宗時收羅二王法書之盛、及武后之散失、繼述玄宗以後再聚再散情形。則季海躬與其事、所言宜可徵信。詳見【書畫書錄解題】

徐浩　舊唐書本傳、宣和書譜、竇臮述書賦評、墨池編、司空圖書屏記、書畫眼、山谷題跋、襄陽志林、畫禪室隨筆。詳見【六藝之一錄卷三二八歷朝書譜十八】

佩文齋書畫譜纂輯書籍目有此書。

231 覩園烟墨著錄正編一卷 附編一卷　（補本書第七四五葉）　嘉慶十九年石契齋刊本

淸徐堅撰。許兆熊集堅字孝先、號友竹。吳人。山水得子久筆意。工隸書。詩有覩園詩鈔。見墨香居畫識卷四。【歷代畫史彙傳卷五】

國朝書人輯略卷五、淸畫家詩史丁上。並有堅小傳。此書有嘉慶二十二年余集序。

232 筆玄要旨一卷　明萬曆三十二年刊本（上海歷史文獻圖書館藏）四庫存目（補本書第七〇九葉）

明徐渭撰。朱象衡輯補。渭字文長、號天池山陰人。諸生。山水人物花蟲竹石。超逸有致。於行草書尤精奇偉傑。見無聲詩史、圖繪寶鑑續纂。【歷代畫史彙傳卷五】

宋元以來畫人姓氏錄卷二、歷代畫家姓氏便覽卷一、佩文齋書畫譜卷四十三書家傳、又卷五十七畫家傳、並有渭小傳。此書亦見佩文齋書畫譜纂輯書籍目。

233 閩畫記一卷　明刊本

明徐㶿撰。㶿字惟起、更字興公。閩縣人。見【佩文齋書畫譜卷四十四書家傳】

此書明史藝文志、千頃堂書目、佩文齋書畫譜纂輯書籍目、傳是樓書目、宋元以來畫人姓氏錄引證書目、並著錄。書畫書錄解題列入畫部未見書中。

234 懷古田舍梅統十三卷　（補本書第八〇〇葉）　咸豐二年刊本

淸漢軍徐榮撰。榮詳見增廣歷代畫史彙傳補編卷一。淸畫家詩史庚下。參見支那畫學書解題（分論畫、題跋、史傳三類）三六八頁。

懷古田舍梅統十三卷、清徐榮撰。蜀覆刻本。○歷史類專史之屬。【有美草堂畫學書目】

235 悅生近語

明徐爾恆撰。爾恆字辰叟。臨清人。

明臨清徐辰叟爾恆善畫、著悅生近語。所錄畫者自幻霞倪瓚至葆生張翬、凡八十家。其自述曰、曜恆因古人所稱朗豫嫻瓚而擬之也。畫尊南宗、希心神韻、嘗自矜有筆墨外意、性懶不堪多作、偶成一幀、輒自歎異、不以示人。鍾伯敬云、象一嘗許爲余作畫而責余不作詩、余曾有過象一一詩、以不佳被删、余詩苟不可存、雖其贈密友者必去之、此亦輕作詩之過也。象一之畫經年不予、不似余輕作詩、可以想其高致矣。【東湖叢記】

236 澹庵讀畫詩一卷　古今文藝叢書本

清徐鋆撰。鋆字觀羣。南通人。澹庵其別號也。

澹庵讀畫詩一卷、清徐鋆撰。詩凡十四首。有律有絕有古風、俱題舊畫之作。每題下略記畫之大概、間有評論、惟寥寥十四種、無甚奇跡。【書畫書錄解題】

237 圖繪寶鑑八卷補遺一卷

（補本書第七九三葉）　明刊五卷本　明刊古今書繪寶鑑六卷補遺一卷本　康熙癸亥武林傳經堂刊本八卷　借綠草堂刊本　怡堂刊巾箱本並同　商務印書館排印國學基本叢書本五卷多明玉泉韓昂續編一卷　萬有文庫本同

元夏文彥撰前五卷、明毛大倫撰第六卷、錢塘藍瑛、武林謝彬同撰後二卷。補遺亦文彥撰。夏文彥字士良、吳興人。後居雲間。精圖繪、著圖繪寶鑑。見湖州志。【歷代畫史彙傳卷五十五】

宋元以來畫人姓氏錄卷二十七有文彥傳。參見支那畫學書解題（分論畫史傳二類）七六頁。文祿堂訪書記卷三可參閱。

夏彥文圖繪寶鑑五卷。【千頃堂書目】

古今書繪寶鑑六卷補遺一卷（刊本）宋吳興夏文彥士良撰并自序。石村李志遠訂正、夾峯王守中校刊。會稽楊惟楨、長山王雄序首。【天一閣書目】

圖繪寶鑑五卷續編一卷（明刊本）卷一前題吳興夏文彥士良纂、賓山吳麒子仁謹錄。卷六前題玉泉韓昂孟顒續纂、賓山吳麒子仁謹錄。半葉十行、行二十字。前有楊氏維楨序、略謂雲間義門夏氏士良、集歷代能畫姓名、由史皇封膜而下、訖於有元、凡若干人、釐爲五卷。介其友天台陶君九成謂余曰、鄧椿有言、其爲人也多文、雖有不曉畫者寡矣。其爲人也無文、雖有曉畫者寡矣。先生名能文、賜一言標其端。士良好古嗜學、風淸高簡、自其先公愛閒處士以來、家藏諸書名畫爲最多、朝披夕覽、有得於中、足以知其品藻矣。次有建安滕霄圖繪寶鑑續編序、略云、在唐時則有若張彥遠氏著歷代名畫記、自軒轅至會昌凡三百七十餘人。宋時則有郭若虛著圖畫見聞志、自會昌至熙寧凡二百七十四人。鄧椿著畫繼則自熙寧至乾道凡百一十九人。有若陳德輝著續畫記、則自高宗訖宋終凡百五十八人。其在勝國時、有若湯垕之畫鑒、而實其備於寶鑑、蓋裒集諸志記見聞而成編。故自軒轅以至宋、又自宋以至元、凡一千五百餘人。國朝承平百五十年、才藝之士輩出、顧未有嗣記以追配古作者、錦衣苗公益之、乃取自國初以至今日能畫者若干人、彙爲一卷、以續夏氏之編。爰命工重刊、總爲六卷。苗公名增、泌陽人、巽齋其別號云。滕氏敍稱苗公彙續一卷、卽第六卷也。而第六卷前乃題韓昂孟頵續纂、未詳其故。【五十萬卷樓藏書目錄】

圖繪寶鑑八卷、元夏文彥原編、明毛大倫、淸藍瑛、謝彬、馮仙湜續。借綠草堂刊本、萬有文庫本。〇歷史類歷代史之屬【有美草堂畫學書目】

毛奇齡書圖繪寶鑑後、見西河合集卷六十一、吳騫明廬江王藏元刻圖繪寶鑑跋、見愚谷文存卷四。明版書經眼錄上、並可參閱。僞書通考列入明韓昂圖繪寶鑑續編一種。

288 冬花庵題畫絕句一卷 美術叢書本　中華書局影印奚鐵生樹木山石畫法兩冊　書畫書錄解題疑是僞書

淸奚岡撰。岡字鐵生、號蒙泉、錢塘人。（新安籍）山水瀟灑淸潤、花卉有惲格氣韻、有冬花菴燼餘稾。見墨香居畫識卷二。【歷代畫史彙傳卷十一】

國朝書人輯略卷六、宋元以來畫人姓氏錄卷六、歷代畫家姓氏便覽卷二、國朝書畫家筆錄卷二、淸畫家詩史丁下、並有岡小傳。參見支那畫學書解題題跋類三二一頁。

冬花庵題畫絕句一卷、淸奚岡撰。凡九十一首、皆題自作山水之詩。詩格淸穩、惜無序跋、未詳其自存抑他人所輯也。【書畫書錄解題】

冬花庵題畫絕句一卷、淸奚岡撰。美術叢書本。〇題贊類題自作之屬。【有美草堂畫學書目】

289 十體書一卷 墨池編本

唐唐玄度撰。玄度不知何許人。開元中官翰林待詔。見佩文齋書畫譜卷二十九書家傳。

唐玄度　宣和書譜、唐書文宗紀、東觀餘論、詳見【六藝之一錄卷三三一歷朝書譜二十一】

十體書一卷、唐唐玄度撰。十體者、一古文、二大篆、三八分、四小篆、五飛白、六倒薤篆、七散隸、八縣針、九鳥書、十垂露。其倒薤、鳥書兩種、似不免附會。宣和書譜於玄度傳云其爲十體書網羅古今人物、蓋亦無遺。【書畫書錄解題】

歐陽修唐元度十體書　集古錄跋尾卷九。

歐陽棐唐元度十體書　集古錄目卷十。

陳思唐玄度十體書　寶刻叢編卷四。

240 **繪事微言四卷**（補本書第七三八葉）　海陵叢刻本　四庫全書珍本本　明畫錄本　畫論叢刊本

明唐志契撰。志契字元生、又字敷五。海陵人。（無聲詩史作廣陵人。）諸生。躭繪事得六法深趣。著繪事微言。見畫史會要、圖繪寶鑑續纂。【歷代畫史彙傳卷三十】

宋元以來畫人姓氏錄卷十七、歷代畫家姓氏便覽卷三、佩文齋書畫譜卷五十八畫家傳、並有志契小傳。此書千頃堂書目著錄、作泰州人。佩文齋書畫譜纂輯書籍目亦收之。

241 **繪事發微一卷**（補本書第七四一葉）　巾箱小品初集本　古今文藝叢書本

清唐岱撰。岱字毓東、號靜巖。滿洲人。官內務府總管。以畫祗候內廷。王原祁弟子。山水沉厚深穩、得力於宋人居多。曾邀高宗睿題。見熙朝名畫錄、畫徵續錄上。【歷代畫史彙傳卷三十】

宋元以來畫人姓氏錄卷十七、歷代畫家姓氏便覽卷三、國朝畫識卷八、國朝書畫家筆錄卷一、並有岱小傳。參見支那畫學書解題論畫類二三四頁。

繪事發微一卷、清唐岱撰。四銅鼓齋論畫集刻本、昭代叢書本、美術叢書本。○論述類通論之屬。【有美草堂畫學書目】

242 **唐解元倣古今畫譜八卷**　明萬曆庚申至天啓元年清繪齋集雅齋刊本　又名唐六如畫譜（參見本書第七七七葉）　唐六如先生畫譜三卷　明何大成刊本見詒莊樓書目　六如居士全集本　梁克山房刊本名六如居士畫譜

明唐寅撰。寅字子畏、一字伯虎、號六如。吳縣人。宏治戊午舉應天解元。畫師周臣而青出於藍。凡山水人物花草無一不能。評者謂其遠攻李唐、足任偏師、近交沈周、可當半席。書得吳興法而妍雅。著畫譜並集傳世。見祝允明唐子畏墓志、圖繪寶鑑續纂、丹青志、藝苑巵言、無聲詩史。【歷代畫史彙傳卷三十】

宋元以來畫人姓氏錄卷十七、歷代畫家姓氏便覽卷三、佩文齋書畫譜卷四十二書家傳、又卷五十六畫家傳、並有寅小傳。

此書千頃堂書目作唐寅畫譜三卷。佩文齋書畫譜纂輯書籍目作唐六如畫譜。支那畫學書解題論畫類九十八頁同、可參閱。

243 **國朝隸品一卷**　碧堂叢刻本

清桂馥撰。馥字冬卉、號未谷。曲阜人。乾隆五十四年進士、官永平知縣。善分隸、得孔宙碑之神。論者以爲山左第一。著有國朝隸品。兼工指書、復初齋集有題桂未谷指頭八分歌。兼行楷書亦瘦秀飄逸、自成一家。見木葉厰法書記。　阮元小滄浪筆談、詩才隸筆、同時無偶。　孔憲彝序略云、工書分隸、窺漢人堂奧。

張維屏松軒隨筆、百餘年來、論天下八分書、推桂未谷爲第一。【淸書史卷二十八】

國朝書人輯略卷七國朝書畫家筆錄卷二、清畫家詩史戊上清代畫史補錄卷四、增廣歷代畫史彙傳補編卷四、並有馥小傳。

國朝隸品一卷、清桂馥撰。此篇羅氏從未谷墨蹟迻錄刊行者。晚學集中所未載。計品傳靑主以下三十一人。少所許可、譬詞極爲深刻。其中如傅靑主、金孝章、王煙客、俱明遺老、實不宜列入也。【書畫書錄解題】

244 國朝書畫名家考略四卷續編六卷

道光十七年咸豐二年先後刊本

清晏棣撰。晏家瑞續。棣字萼樓。江西上高人。家瑞字雪峯。萼樓之子。

國朝書畫名家攷略四卷、續編六卷、淸晏棣撰、晏家瑞續。李祖陶序稱棣工詩文、善書畫。所輯均始自淸初、下迄嘉道間。正編得一百三十一人、續編得二百十一人。各爲之傳。按有淸一代藝事、在此兩百年間爲最盛。今考所錄、僅止於此、其未爲賅備、固不待言。至所采及又不盡屬名家、則亦非果有抉擇而然。畫家中若婁東諸王、猶且闕失、此外掛漏者、自更難僕數。其取舍義例、未識何在。意者上高僻處江右、或其見聞有以限之歟。其書剪裁頗未的當。所述時有泛及藝事以外。如舒白香傳引及其名刺之字體大小、更屬冗雜之尤。惟所紀頗多其本省人士、容有爲他書未記載者、若據以備江右之書畫徵、亦自可存。前編有道光十七年李序。【書畫書錄解題補乙編】

245 桐陰論畫初編三卷二編二卷三編一卷桐陰畫訣二卷

（補本書第七四五葉）

同治三年甲戌重刊本　宣統二年上海中國書畫會石印本

清秦祖永撰。祖永詳見清代畫史補錄卷二、增廣歷代畫史彙傳補編卷一、國朝晉畫家筆錄卷四。此書續補彙刻書目亦著錄。參見支那畫學書解題（分論畫、史傳二類）三九五頁、又三九二頁收繪事津梁一卷、三九四頁收畫學心印八卷。見本書第七四六葉。

桐陰論畫初編三卷、二編二卷、三編一卷、淸秦祖永撰。同治三年刊本。○品藻類比況之

屬。桐陰畫訣二卷清秦祖永撰。桐陰論畫本翠琅玕館叢書本作繪事津梁○作法類歌訣之屬。【有美草堂畫學書目】

246 **曝畫紀餘十二卷** 民國十八年己巳聚珍排印本

近人秦潛撰。潛字聲潔。無錫人。

曝畫紀餘十二卷近人秦潛輯著。是編爲潛著錄其曾祖誼亭藏畫及其遺墨之作。誼亭名炳文。道咸間曾以鑒賞名者也。編中分卷、册、直幅、橫幅、扇面、雜件六類。每類分名賢手蹟及誼亭公遺墨、各爲二卷。相次成編。其紀載名賢手蹟頗爲簡明。前有秦瑞玠、朱惟傑兩序及自序。詳見【書畫書錄解題】

247 **古今書評一卷** 法書要錄本　書苑菁華本　百川學海本　說郛本無古今二字

梁袁昂撰。昂字千里。扶樂人。位至司空。見【佩文齋書畫譜卷四十五畫家傳】歷代畫家姓氏便覽卷二。有昂小傳。

梁袁昂、陳郡陽夏人。吳興太守。見歷代名畫記、圖繪寶鑑。【歷代畫史彙傳卷十六】

楊愼曰。袁昂書評一卷今在京邸有之。四六極工。今散失無存。【墨池瑣錄】

式古堂書畫彙考書考引用書目著錄。

248 **草書狀一卷** 玉函山房輯佚書本

晉索靖撰。靖字幼安。燉煌人。仕至後將軍、謚莊靖。見【佩文齋書畫譜卷二十三書家傳】

草書狀一卷、晉索靖撰。墨池編作書勢。此篇晉書本傳亦載。文似未完。【書畫書錄解題】

249 **畫山水賦一卷附筆法記一卷** 畫論叢刊本（補本書第七二二葉）

唐荊浩撰。浩見佩文齋書畫譜卷三十一書家傳、又四十九畫家傳。又圖繪寶鑑卷二。參見支那畫學書解題論畫類十七頁。

畫山水賦一卷附筆法記一卷（舊題唐荊浩撰）舊本題唐荊浩撰。案劉道醇五代名畫補遺曰。荊浩字浩然。河南沁水人、五季多故、隱於太行之洪谷、自號洪谷子。著山水訣一卷。湯垕畫鑒亦曰。荊浩山水、爲唐末之冠、作山水訣、爲范寬輩之祖、則此書本名山水訣。此本載詹景鳳王氏畫苑補益中、獨題曰畫山水賦。攷荀卿以后、賦體數更。而自漢及唐、未有無韻之格。此篇雖用駢詞、而中間或數句有韻、數句無韻、仍如散體。強題曰賦、未見其然。又以浩爲豫章人、題曰豫章先生、益誕妄無稽矣。（以上提要原文）謹案圖畫見聞誌卷一敍諸家文字篇內有畫山水訣、注云、『荊浩撰、一名洪谷子。』又卷二紀藝上篇云、『荊浩河內人、博雅好古、善畫山水、自撰山水訣一卷、爲友人表進、祕在省閣、常自稱洪谷子。』宣和畫譜卷十略同。是此書本名畫山水訣、其后相沿省去畫字、提要拾宋人之書不引、而取證於元人之畫鑒、於著敍體例未爲得也。圖繪寶鑒卷二、亦有荊浩傳。【四庫提要辨證】

250 虞山畫志四卷 原刊本

淸郯掄逵撰。掄逵字蘭坡、號織蘭道人。常熟人。諸生。善山水、能畫蘭。著虞山畫志。【歷代畫史彙傳卷六十一】

國朝書畫家筆錄卷二、淸畫家詩史庚上、增廣歷代畫史彙傳補編卷四、並有掄逵小傳。

蔣寶齡曰、虞山畫志若干卷、搜考古今、頗詳備。書成、自題有老我故山游藝苑、不須高隱問終南之句。【墨林今話】

虞山畫志、淸郯掄逵撰。見陳文述畫林新詠引。【書畫書錄解題畫部未見書】

虞山畫志四卷、淸郯掄逵撰。掄逵善山水、畫蘭尤工。虞陽畫乘、前此七十四年有魚翼之海虞畫苑略。是編凡例云、魚君天池、抄錄邑志所載、不但什得二三、兼未確核事跡。此殆蘭坡別勒一編之微旨歟。按邵松年虞山畫志補編例言云、畫苑略原稿、予曾見之、郯志皆已採入、惟小石山房叢書刻本、較原稿多三十餘人、或是先生晚年定本、爲郯所未見。今將郯志所未見者、悉採入補編云云。可見郯志實以魚書爲藍本。凡例所云、固屬得魚忘筌、即以所載人數言、綜爲四百六十人、以較魚略增出者、僅八十八人、而闕失者亦二十餘人、則所謂魚書什得二三、亦未免厚誣之甚。所撰諸家小傳尤多采及詩篇、頗嫌失之繁冗。據云仿自王柳南之海虞詩苑、然轉不若魚略之簡潔有體。其書於考訂亦嫌疏略、如余蘅字芳洲、號藥亭。工花鳥。別有俞蘅、亦字藥亭、工花鳥。魚略有龔力本工傳神、次李子安傳前、是編李傳附有弓力本云、李子安弓力本、俱善寫眞。龔弓應是一音之訛。又別有龔力、書云工傳神。凡此俱應有謬誤處也。前有嘉慶二十四年陳文述敍、瞿鏞秀、李仁毅題詞、及自撰代跋詩八首。又按邵志據魚略補輯者、內許玠一傳、郯志實已收入、而魚略嚴商起一傳、爲郯志所失載者、卻未據補。因不再別撰邵志解題、附識於此。【書畫書錄解題補乙編】

251 書畫總考二卷 傳鈔本

淸高士奇撰。士奇字正公、號江村。錢塘人、平湖籍。由諸生入太學、以能書稱旨、授詹事府錄事。歷陞加禮部侍郎。謚文恪。方薰山靜居畫論、書法名於時。　淸樂堂隨筆、文恪以八體取進、其書早學二王、晚師思白。予見其手編家藏書畫目一册、(僅卷册兩種、非完書。)大致分進呈送人留玩及永存祕玩四類。見【淸書史卷十二】

國朝書人輯略卷二、清畫家詩史乙上、清代畫史補錄卷二、增廣歷代畫史彙傳補編卷二、並有士奇小傳。

書畫總攷二卷（清平湖高士奇撰　長洲章氏算鶴量鯨室鈔本）跋云、此書原本藏元和顧氏、丁未春從鶴逸借得、譌奪百出、原本楷法精美、於文理亦留意。葉氏昌熾藏書記事詩有其人似非瞶瞶者、殊可異也。【章氏四當齋書目】

書畫總考二卷、清高士奇撰。鈔本。〇僞託類。【有美草堂畫學書目】

252 **江村書畫目一卷**　民國十三年東方學會鉛印本

清高士奇撰。

羅振玉跋江村書畫目一卷、繕寫甚精、後有吳穀人祭酒跋、謂出文恪手書。然卷中有注文恪公跋者、則此卷殆書於文恪後人、非出文恪手也。目分九類、曰進、曰送、曰無跋藏玩、曰無跋收藏、曰永存祕玩、曰自題上等、曰自題中等、曰自怡、而董文敏眞蹟別爲類附焉。其他類中、間有贗跡、皆一一注明是此目雖爲文恪後人傳錄、而確出手定。又文恪以鑒賞負時譽、然學識實疎。此目永存祕玩類有范文正公尺牘注宋元人題跋皆係眞跡、神品上上。此卷文正書是眞品、而諸跋則一手僞爲也。詳見【松翁近稿卷一】又【藝觀四期】

江村書畫目一卷、清高士奇撰。此據江村自書遺蹟付梓。後有羅振玉跋。評論至當。【書畫書錄解題】

江村書畫目一卷、清高士奇撰。民國十三年東方學會鉛印本。〇著錄類一家所藏之屬。【有美草堂畫學書目】

253 **江村消夏錄三卷**　（補本書第七五九葉）　康熙三十四年刊本　朗潤堂刊本　有正書局石印本

清高士奇撰。朱彝尊序、見曝書亭文集卷三十五、張宗泰跋江村消夏錄、見魯巖所學集卷八。又支那畫學書解題鑑藏類二〇五頁、並可參閱。

254 **筆法源流二冊**　雍正五課花書屋刊本

明高松撰。松字守之、號南崖子、又號我山。文安人。山水小景、兼梅蘭竹菊及鈎勒竹葡萄甚佳。善作大字、兼眞草篆隸。見畫史會要、無聲詩史、圖繪寶鑑續纂。【歷代畫史彙傳卷二十】

宋元以來畫人姓氏錄卷十一、歷代畫家姓氏便覽卷二、並有松小傳。

松又著變化永字七十二法一卷、收入書畫同珍中。詳見書畫書錄解題。

265 指頭畫說一卷 （補本書第七四四葉）

清高秉撰。秉詳見飛鴻堂印人傳卷七。參見支那畫學書解題論畫類二八二頁。

指頭畫說一卷清高秉撰。昭代叢書本、美術叢書本。〇作法類體製之屬。【有美草堂畫學書目】

266 論畫輯要一册 民國十七年商務印書館印本

近人馬克明編校。

此書共收書八種。有美草堂畫學書目著錄。

論畫輯要一册。卷首題馬克明校。是編收書八種。皆習見之書、一爲釋道濟畫語錄、二爲大滌子題畫詩跋、三爲龔賢畫訣、四爲畫筌、五爲墨井畫跋、六爲雨窗漫筆、七爲麓臺題畫稿、八爲二十四畫品、各附作者小傳。至其僅采此八書、不知何所取義、又無校訂之文、殊爲無謂。若爲營利計、不如翻印四銅鼓齋論畫集刻之爲愈矣。【書畫書錄解題】

267 道古樓歷代書畫錄六册 傳鈔本

清馬思贊撰。思贊字寒中、一字南樓。號衎齋。海甯人。繪蟲魚鳥獸山水草木。見兩浙名畫記。【歷代畫史彙傳卷四十八】

馬思贊海鹽人。工書法。見兩浙輶軒錄。【淸畫史卷二十五】

馬思贊（字仲安、又字寒中、號衎齋、又號南樓。監生。工詩及書。所居道古樓、插架悉宋元舊本、爲東南藏書之冠。）道古樓歷代書畫錄六册（見吳氏備考、一作道古樓書畫目錄。餘聞同。〇案錄中如宋曹太尉勛迎鑾七賦眞跡、及元董旭江山偉觀圖長卷、皆衎齋所心愜者、俱有竹坨題跋。〇拜經樓藏書題跋記云、此書鈔本五册、目錄一册、爲插花山馬寒中上舍所輯。上自三代、下迄有明、凡金石碑版、以至法書名畫眞跡、靡不甄錄。蓋將勒成一書、如珊瑚網淸河書畫舫之流、此乃其草創總目。目上下添注者、猶是寒中手筆、予夙負書畫之癖、恨生也晚、不及與前輩周旋、縱觀道古樓收藏之富、癸卯殘冬、花山後人有持此數帙、屬沈呂璜孝廉求售人無應之者、余遂購之。雖知其殘缺不全、亦以見前輩好古之殷云爾。乙巳冬杪兔牀書。）【海昌藝文志】

268 畫寶二十四册 世界書局石印本

近人馬駘撰。駘字企周。蜀人。【增廣歷代畫史彙傳補編卷四】

馬駘畫寶二十四册、又名分類畫範、自習畫稿大全。第一二册人物畫範、第三至第九册、皆人物畫譜、第十册花卉草蟲畫法、第十一册至第十四册、又為畫譜、第十七册為鳥獸畫法、第十八第十九為百獸畫譜、第二十第二十一册為山水畫訣、第二十二至二十四為山水畫譜。詳見【書畫書錄解題】

259 **萬木草堂畫目一卷** 民國六年石印本

清康有為所藏畫目。參見支那畫學書解題鑑藏類四五九頁。

萬木草堂畫目一卷、康有為撰。此南海紀其所藏畫目、以時代敍次、曰唐畫、曰五代畫、以南唐後蜀吳越附、曰金畫、曰元畫、曰明畫、曰國朝畫。每代冠以敍論、惟金畫則曰所藏無幾、無可置論、從闕。蓋猶之宣和畫譜、以道釋人物等十門分類、而以道釋敍論、人物敍論、弁首之例也。其立論尊界畫、崇院體、以挽晚近畫風之極敝、所持囙未嘗無見。然鄙棄氣韻士氣、甚至斥元四家為中國畫學之罪人、則其議論偏激、究非持平之談。蓋南海初未深涉畫理、且其平時治學、務以立異自見。如論書之尊碑卑帖、皆此類也。所錄唐畫、有楊庭光、鄭虔、韋无忝、殷戡、大小李將軍。五代則荆巨、貫休、周文矩、徐熙、黃筌父子、杜霄。宋則范中立、郭河陽等、至四十九家。元明以降、更難指屈、殊難置信。大抵近代藏家、雄於財富、而又精鑒別者、猶不能望其項背、吁可異也。今按所錄宋人易元吉寒梅雀兔圖、宋澥山水、趙永年雪犬、龔吉兔、陳公儲畫龍。元人高暹馬。其按語皆指為油畫、並稱與歐畫全同。乃知油畫出自吾中國云云。考畫學書言釆繪之法者、如元王思善之釆繪錄、其去宋亦未遠、惟於選料曾不及油、至於宋徽宗畫鷹以生漆點睛、乃巧思之極詣矣。誠不知南海所謂油畫、何所見而云然也。又其紀唐子畏仙女採藥圖云、穠厚精深、始以為宋人筆、後察知有半字唐寅、乃定為六如作。其無定見若此。他可類推。近人畫錄至其亡妾何栴理、亦濫甚矣。前後有自序、自跋。【書畫書錄解題補甲編】

260 **自怡悅齋書畫錄三十卷** 道光壬辰年刊本 （補本書第七六七葉）

清張大鏞撰。大鏞字聲之、號鹿樵。常熟人。乾隆甲寅舉人、山西河東道。著自怡悅齋書畫錄、彙誌所藏書畫。有刊本。見張敦培傳。【常熟藝文志】

清畫家詩史己上有大鏞小傳。參見支那畫學書解題鑑藏類三五三頁。

261 **鑒古百一詩一卷** 清河書畫舫附刻本 美術叢書本

明張丑撰。丑字青父、號米庵。崑山人。見【增廣歷代畫史彙傳補編卷二】

鑒古百一詩一卷、明張丑撰。清河書畫舫附

載本美術叢書本。○題贊類題詠之屬。【有美草堂畫學書目】

參見支那畫學書解題題跋類一五二頁。

鑒古百一詩一卷明張丑撰。此編初爲二十首、其後續作八十一首。詩中皆言書畫碑帖。然非必皆其自藏、亦非必目見之品。僅據歷代相傳劇蹟隨筆題詠耳。【書畫書錄解題】

262 清河書畫舫六卷 （補本書第七五〇葉） 乾隆二十八年癸未池北草堂刊本 光緒二年重刊本

明張丑撰。支那畫學書解題自一五〇頁至一五六頁收丑所著清河書畫舫、眞蹟日錄、清河書畫表、南陽名畫表、法書名畫見聞表、共五種。文祿堂訪書記可參閲。

張丑清河書畫舫十二卷。字靑父。吳郡人。【千頃堂書目】

傳是樓書目著錄萬曆抄本。

李慈銘曰、明人張靑父清河書畫舫十四册、其論書畫頗不減元人。間附攷證、亦多有據。又全載著人題跋及諸評論、皆有意致可觀。丑自贊者亦楚楚不俗、最宜於賞鑒家。【越縵堂讀書記】

263 張文襄公論書語一册 惜陰堂仿宋聚珍印本

清張之洞撰。之洞字孝達、號香濤。南皮人。同治二年探花、官體仁閣大學士。謚文襄。工書法、筆意淸挺開展。見國朝書畫家筆錄卷四。

按之洞嘗謂今世書法、不講筆勢、假托包派、隸楷雜糅、習爲詭易險怪、欺世亂俗。老成遠見與何靑耜陳蘭甫議論略同。【淸書史卷十五】

張文襄公論書語一册、淸張之洞撰。此編載文襄與張佩綸論書語、僅五通。原刻入集、其門人王雪丞錄出、而趙尊嶽刊行之者。末有跋語。編中論執筆之法及字病、雖有爲前人所未及者、然亦無甚深義。詳見【書畫書錄解題】

264 草書韻會二册 日本慶安四年刊本

金張天錫輯。天錫字錦溪。見佩文齋書畫譜卷三十六書家傳。書畫譜纂輯書籍目作草書韻會、四庫提要作草書集韻五卷。

楊愼曰、金張天錫君用、錫號錦溪、嘗集古名家草書、名曰草頭韻會。趙秉文爲之序。余猶及見金人板刻。其精妙神采不減法帖。至元末好事者又添鮮于樞字、改名草書集韻、刻已不精。洪武中蜀邸又翻刻、並趙公序及諸名姓皆去之、刻又粗惡、可重惜也。【墨池瑣錄卷二】

草書集韻五卷、不著編輯人名氏。取漢章帝以下、至於元人草法、依韻編次、每字之下、各注其人。其編次用洪武正韻、蓋明人作也。

【四庫全書總目提要】

草書集韻五卷按楊慎云、（已見前）是此書本名草頭韻會、並非明人所作。四庫所見、或爲其改編本耳。【書畫書錄解題書部未見書】

265 定川草堂文集小品一卷

排印藝海一勺本

清張文詮撰。文詮歙縣人。此書兼論書畫、多係小品文字。

266 畫譚一卷

排印藝海一勺本 畫論叢刊本

清張式撰。式字抱翁。自號夫椒山人。無錫人。見國朝書人輯略卷九、清畫家詩史庚上。

蔣寶齡曰、書凡五千餘言、闡畫用筆之妙、而一歸於靜心養性、蓋不止爲畫道者。【墨林今話卷十六】

此書書畫書錄解題列入畫部未見書中。

267 竹里畫者詩一卷

美術叢書本

清張廷濟撰。廷濟字叔未。嘉興人。嘉慶三年解元。 書法米南宮、草隸獨出冠時。見嘉興府志。 書法得襄陽神韻、兼工漢人佐書。見東軒吟社小傳。【清書史卷十五】

國朝書人輯略卷八、清畫家詩史己上、清代畫史補錄卷二、增廣歷代畫史彙傳補編卷二、並有廷濟小傳。參見支那畫學書解題史傳類三六四頁。

竹里畫者詩一卷、清張廷濟撰。竹里未詳在何處。叔未爲嘉興人、或即其鄉里之村名歟。敍陸廣以下十八人、各爲小傳、而系以詩。詩亦清新可誦。【書畫書錄解題】

竹里畫者詩一卷。清張廷濟撰。美術叢書本○歷史類小傳之屬。【有美草堂畫學書目】

268 浦山論畫一卷

（補本書第七四二葉） 昭代叢書本 四銅鼓齋論畫集刻本 槐廬叢書本 美術叢書本 民國二十三年排印甲戌叢編本 畫論叢刊本

清張庚撰。庚號浦山。秀水人。山水出入董巨子久。工書。見國朝畫徵錄續錄、今畫偶錄、畊硯田齋筆記。【歷代畫史彙傳卷二十六】

張庚乾隆元年舉鴻博。 張燕昌飛白錄、工八分飛白、飛白宗唐高紀功碑。【清書史卷十五】

宋元以來畫人姓氏錄卷十三、歷代畫家姓氏便覽卷三、國朝畫識卷十一、墨林今話卷三、國朝書畫家筆錄卷一、清畫家詩史丙下、並有庚小傳。參見支那畫學書解題論畫類二六九頁。

浦山論畫一卷、清張庚撰。昭代叢書本、四銅鼓齋論畫集刻本、槐廬叢書本、美術叢書本。○論述類通論之屬。【有美草堂畫學書目】

269 圖畫精意識一卷 （補本書第八〇一葉）

淸張庚撰。參見支那畫學書解題鑑藏類二六七頁。

圖畫精意識一卷、淸張庚撰。槐廬叢書本、昭代叢書本美術叢書本〇著錄類鑒賞之屬。【有美草堂畫學書目】

270 書學源流論一册 民國八年辛酉印本

近人張宗祥撰。宗祥字冷僧。海甯人。工繪事。【增廣歷代畫史彙傳補編卷二】

書學源流論一卷凡七篇、一原始、二物異、三時異、四勢異、五人異、六溯源、七篆隸。末附賞鑑一篇。其中物異一篇、最爲精審。勢異一篇、亦頗明通。其餘亦皆心得之談。詳見【書畫書錄解題】

271 書苑拾遺四卷 乾隆孝友堂刊本

淸張牧仁撰。牧仁宿松人。

書苑拾遺四卷、張牧仁撰。舊志無仁傳、藝文及選舉類並闕。惟雜誌軼事篇彙舉王翬等十家書翰、稱仁書有奇氣、未及所著之編。茲從舊家王言得原刻孤本觀之、爲補列仁於文苑傳。是編緣究心字學有得而作。書學自唐人張懷瓘、張彥遠、韋續、美哉未備。至宋陳思書苑菁華二十卷出、厥所裒錄諸家緒言富矣。然韋失則蹇、陳失則蕪。仁迺搜輯古人論書要訣、上起漢魏、下逮元明、恢彥遠之令緒、續元和之墜聞。劃分四端。曰筆法、曰結構、曰變態、曰神彩。就中區別細目、累數十百條。裁擇精審。間抒己見於案語中、詞近而旨遠、文約而義豐。槧本精善無匹。視孫退谷庚子銷夏記且過之、必傳之書也。【民國宿松縣志藝文志】

272 法書要錄十卷 （補本書第六九八葉） 明刊本 津逮祕書本

唐張彥遠撰。彥遠詳見佩文齋書畫譜卷二十九書家傳。此書明版書經眼錄上、文祿堂訪書記卷三並著錄可參閱。

273 歷代名畫記十卷 （補本書第七二六葉）

唐張彥遠撰。此書傳是樓書目、明版書經眼錄上並著錄。參見支那畫學書解題十二頁。

歷代名畫記十卷（唐張彥遠撰。）前三卷皆畫論、一敍畫之源流、二敍畫之興廢、三四敍古畫人姓名、五論畫六法、六論畫山水樹石、（按以上卷一）七論傳授南北時代、八論顧陸張吳用筆、九論畫體工用搨寫、十論名品價第、十一論鑒識收藏閱玩、（以上卷二）十二敍自古跋尾押署、十三敍自古公私印記、十四論裝褙褾軸、十五記兩京外州寺觀畫壁、十六論古今之祕畫珍圖。（以上卷三）自第四卷以下、皆畫家小傳。然卽第一卷內所錄之三百七十人、既俱列其傳於後、則第一卷內所出姓名一篇、殊爲繁複。疑其書初爲三卷、但錄畫人姓名、后裒輯其事蹟評論、續之於后、而未删其前之姓名一篇、故重出也。晁公武讀書志別載彥遠名畫獵精六卷、記歷代畫工名姓、自始皇以降至唐朝、及論畫法、並裝褙褾軸之式、鑒別閱玩之方、毛晉刻是書跋、謂彥遠自序止云歷代名畫記、不及此書、意其大略相似。考郭若虛圖畫見聞志敍諸家文字、列有是書、註曰無名氏撰、其次序在張懷瓘畫斷之后、李嗣眞后畫品錄之前、則必非張彥遠之作、晁氏誤也。（以上提要原文）謹案周中孚鄭堂讀書記卷四十八云『濤賓既作法書要錄、復作是書、以記歷代名畫、卷一至卷三皆敍論記述之文、凡十五篇、（提要作十六、入姓名分爲三四兩篇、然今各本皆不分、故實十五。）卷四至卷十皆敍歷代能畫人名、自軒轅至唐會昌、凡三百七十二人、各爲小傳、惟其書卷一有敍歷代能畫人名一篇、卽卷四以下所載小傳之目錄、不知何以脫簡于首。考讀書志不載是記、而有名畫獵精六卷、晁氏云、唐張彥遠纂記歷代畫工名姓、自史皇以降至唐朝、及論畫法、並裝背褫軸之式、鑒別閱玩之方。今以其說校之、是書所謂歷代畫工名姓云云、卽卷一之第三篇、裝背褫軸之式、卽卷三之第四篇、（卽提要所謂第十四篇）鑒別閱玩之方、卽卷二之第五篇、（卽提要所謂第十一篇）論畫法、卽各卷諸篇是也。蓋其初稿曰名畫獵精、后續成歷代小傳、另編爲是記、而未及移卷一之第三篇冠于歷代小傳之首也。其初稿本雖不載入史志、而別自流傳、晁氏因得以志之爾。至郭若虛圖畫見聞志、列有名畫獵精錄、竟注爲亡名氏、核郭氏雖在晁氏之前、然其賞鑒圖畫則妙矣。恐簿錄之學、萬不及晁氏也。今則獵精錄久佚、而是記獨存。』周氏所考、至爲確鑿可據。提要知其書初止前三卷、而不悟其卽名畫獵精、蓋爲郭氏之說所惑也。名畫獵精本六卷、今只三卷者、蓋彥遠既續作小傳、因併其卷帙、載入書首、改題此名耳。尤袤遂初堂書目雜藝類亦有名畫獵精錄、不獨見於讀書志也。【四庫提要辨證】

274 瀟灑書齋書畫述十卷　鈔本

淸張家駒撰。家駒字恂哉、吳縣人。諸生。父廉夫、自婁東遷吳。山水初宗婁水、繼則宏其識見、得宋元氣韻、兼工花卉人物、書法亦佳。筆甚沈著。見墨香居畫識、眄硯田齋筆記。【歷代畫史彙傳卷二十六】

瀟灑書齋書畫述一卷、淸太倉張家駒撰、顧

大昌與蟾仲書、鈔本一册。附顧文彬手錄。函簽題瀟灑書齋書畫述、未見刻本。後附顧艮菴先生手迹。跋云、此册得諸冷攤、書畫述目計十一卷、此僅論碑帖一卷、當是喜于此道者摘錄、未識曾付剞否。外間有傳本否。卷中全載題跋印記、不加論斷、足爲初入門者引導、體例亦殊不陋。張君有他著否。當詢其同鄉也。【章氏四當齋書目】

瀟灑書齋書畫述十卷、清張家駒撰。長洲章君式之鈺藏有鈔本、惜不完。卷首述書卷一二三、記書自蘇文忠至王司農。卷四記碑帖、卷五述畫、卷六七八九記畫自周文矩迄宋既庭。今僅存卷首及卷五。前有道光丙申自序、時年六十有三云。【書畫書錄解題書畫部未見書】

275 關隴輿中偶憶編一卷 同治刊本

清張祥河撰。祥河字元卿、號詩舲。華亭人。官至刑部尚書。國朝書人輯略卷九、國朝書畫家筆錄卷三、清畫家詩史庚上、清代畫史補錄卷二、增廣歷代畫史彙傳補編卷二、並有祥河小傳。此書見販書偶記、書畫書錄解題未收。

276 四銅鼓齋論畫集刻十二種十四卷 道光二十六年丙午刊巾箱本 宣統元年會文齋刊本

清張祥河輯。此書彙刻書目、叢書舉要、叢書書目彙編、叢書大辭典並著錄。列目如下:

苦瓜和尚語錄一卷(釋道濟撰)
畫筌一卷(笪重光撰)
畫訣一卷(龔賢撰)
小山畫譜二卷(鄒一桂撰)
雨窗漫筆一卷(王原祁撰)
東莊論畫一卷(王昱撰)
繪事發微一卷(唐岱撰)
浦山論畫一卷(張庚撰)
傳神祕要一卷(蔣驥撰)
山靜居論畫二卷(方薰撰)
二十四畫品一卷(黃鉞撰)
山南論畫一卷(王學浩撰)

右目見支那畫學書解題叢輯類二六一頁及有美草堂畫學書目。

四銅鼓齋論畫集刻四册、清張祥河輯。是編所輯、俱明季及清代論畫之書、凡十二家。一釋道濟畫語錄、二笪重光畫筌、三龔賢畫訣、四王原祁雨窗漫筆、五王昱東莊論畫、六唐岱繪事發微、七張庚浦山論畫、八鄒一桂小山畫譜、九蔣驥傳神祕要、十方薰山靜居畫論、十一黃鉞畫品、十二王學浩山南論畫。論畫之書、明季以來漸富、非人人所能備、其間純駁不一、驟難審擇、得此一編、大體略具、且俱佳構、頗便學人揣摩。惟其中論山水者獨

多、論畫花卉者僅小山一家、論寫眞者僅勉齋一家、而於人物翎毛走獸蘭竹皆付闕如、稍嫌未備。前有自序。【書畫書錄解題】

277 法書通釋二卷　（補本書第七〇六葉）

明張紳撰。紳詳見佩文齋書畫譜卷四十書家傳。此書書畫譜纂輯書籍目著錄。千頃堂書目作書學通釋一卷。朱彝尊曰、張紳工大小篆、精於賞鑑、法書名畫、多所品題。撰法書通釋一卷。但今本實二卷、與四庫存目本同。

張紳　書史會要、靜志居詩話、詳見【六藝之一錄卷三六二歷朝書譜五十二】

書畫書錄解題列入書部未見書中。

278 題畫詩跋一冊　原刊本

清張朝桂撰。朝桂字問秋、寶山人。詳見清代畫史補錄卷二、增廣歷代畫史彙傳補編卷二。此書見蔣寶齡墨林今話。書畫書錄解題列入畫部未見書中。

279 天瓶齋書畫題跋二卷　（補本書第七六二葉）　乾隆刊本　民國二十五年印丙子叢編本多補輯一卷

清張照撰。照字得天、華亭人。康熙己丑進士、仕至刑部尚書。寫梅蘭、作大士像。書入顏米、俱深被眷賞。著天瓶齋書畫題跋。見書畫記略。【歷代畫史彙傳卷二十六】

張照別號天瓶居士、婁人。書畫紀略、書法初從香光入手、繼乃出入顏米。天骨開張、氣魄渾厚、雄跨百代。　初月樓論書隨筆、張司寇書名烜赫、其筆力沉驚、信足追步香光、而氣韻遠不逮。【清書史卷十五】

參見支那畫學書解題題跋類二五一頁。

280 寒松閣談藝瑣錄六卷　（補本書第八〇三葉）　民國十二年上海文明書局鉛印本　又十七年鉛印檇李叢書本

寒松閣題跋一卷　藝海一勺本

清張鳴珂撰。鳴珂詳增廣歷代畫史彙傳補編卷二。販書偶記云、此補蔣霞竹墨林今話之未采者、凡一百五十餘家。參見支那畫學書解題史傳類四三三頁。

寒松閣談藝瑣錄六卷、清張鳴珂撰。民國十二年文明書局仿宋鉛印本。○歷史類小傳之屬。【有美草堂畫學書目】

281 張子祥課徒畫稿四冊　中華書局石印本

清張熊原稿、丁寶書臨摹。熊字子祥、別號鴛湖外史、秀水人。見清代畫史補錄卷二、增廣歷代畫史彙傳補編卷二。

張子祥課徒畫稿四冊、第一冊爲春季花卉、第二冊爲夏季秋季花卉、第三冊爲冬季花卉及果蓏草樹芝石、第四冊爲鳥蟲昆蟲翎毛花卉及屏條。花卉前俱單元、後俱成幅。凡得二百十頁。前有著色要旨一篇、分述各種花卉翎毛草蟲之設色法凡百六條。說明至爲明瞭、便於初學之用。前有辛酉無錫丁寶書序。詳見【書畫書錄解題】

282 畫錄廣遺一卷 美術叢書本

宋張澂撰。澂號澹巖居士。里貫行履未詳。

此書式古堂書畫彙考畫考引用書目著錄。

參見支那畫學書解題史傳類四十七頁。

畫錄廣遺一卷、宋張澂撰。珊瑚網畫錄周文矩唐宮春曉圖有其題跋、蓋是南渡間鑒家。其書余氏解題未載、亦不著於散佚未見門、而前人畫學之書、亦無引徵之者。美術叢書收入四集第二輯、未言所據何本。又複見於同集第十輯、則云由張丑眞蹟日錄中鈔出。予檢視眞蹟日錄及清河書畫舫俱不載、竟不知其所由來。又前後兩本中互有增損處、亦不知其以何本爲是。自敍云、搜閱舊所藏圖畫、追憶異時接賢士大夫議論之餘、采摭商榷、著爲畫錄廣遺。又云、予所著錄位置品騭、或有未當、則其書亦以畫品錄自况。今按所錄爲宋徽宗、胡嚴徽、李伯時、鍾山隱、張宗古、陳陽、米芾、顏博文、吳眞、張遠、鄭天民、范正夫、孫玠、趙廣一十四人、並系以傳。（內米芾傳子友仁附、孫玠趙廣合傳。）所述皆論其繪事、及所見畫蹟、文辭氣體、亦雅有宋人風度、似非後人僞託。徽宗傳後云、右徽廟御畫、居卷之首、不第門目。胡嚴徽云、右一、李伯時云、右二、餘人依此類推。別無品評之詞、亦無門目之分、則與畫品體裁、實有不倫也。前有紹興己未自敍、後有庚戌自跋。【書畫書錄解題補乙編】

283 書斷三卷 （補本書第六九五葉） 六客之廬叢書本

唐張懷瓘撰。懷瓘海陵人。開元中昇州司馬翰林院供奉。是書敍錄有唐藝文志、宋藝文志藝文略、玉海。收藏有館閣書目、書錄解題。見【江蘇藝文志】

此書明版書經眼錄上著錄。又詳見佩文齋書畫譜卷二十七書家傳。

張懷瓘 墨池編書史會要。詳見【六藝之一錄卷三二六歷朝書譜十六】

書斷三卷、唐張懷瓘撰。是書唐書藝文志著錄、稱懷瓘爲開元中翰林院供奉。竇蒙述書賦註、則曰懷瓘海陵人、鄂州司馬、與志不同。然述書賦張懷瓘條下又註云、懷瓌、懷瓘弟、盛王府司馬、兄弟並翰林待詔。則與志相合。蓋嘗爲鄂州司馬、終於翰林待詔、二書各舉其一官爾。 謹案：述書賦尙有一條云「張兵曹粗習翫之利。」註云「率府兵曹鄂州長史張懷瓘撰十體書斷上中下。」在提要所引兩條之前、然云鄂州長史與後作鄂州司馬者又不同、（唐制諸州有長史又有司馬非一官。）未詳其故。提要謂新志題翰林供奉述書賦題鄂州司馬爲各舉一官。愚案唐之翰林待詔翰林供奉翰林學士、無定員、皆以他官入院班次各視本官。新書百官志唐六典諸書言之頗詳。懷瓘蓋以率府兵曹入爲待詔、遷供奉耳。鄂州司馬當在其後、何以知其終於翰林待詔乎。（唐志所書官爵、多據其著書時所署銜名、不必卽終於此官。）明陶宗儀古刻叢鈔有唐故宣義郎侍御史內供奉知鹽鐵嘉興監事張府君墓誌銘云：「君諱中立、其先范陽人、晉司空華十五世孫。高祖紹宗、皇紹州武岡令、贈宜春太守、著蓬山事苑三十卷行於世。蘇許公爲之製集序。韋侍郎述撰神道碑、宜春生盛王府司馬翰林集賢兩院侍書侍讀學士諱懷瓌、有文學、尤善草隸書與兄懷瓘同時著名。」此又懷瓘世系之可見者也。宋朱長文墨池編卷十載所作續書斷云：張懷瓘字未聞也、其父善書、與高正臣近。懷瓘高自矜飾、謂眞行可比虞褚、草欲獨步於數百年間。（此據懷瓘所作文字論）然無遺迹可考耳。開元中嘗爲翰林供奉。懷瓘之父蓋卽宜春郡太守紹宗也、並錄之以備考。【四庫提要辨證】

張懷瓘撰書斷三卷、懷瓘海陵人、余已收入六客之廬叢書、爲十八種之冠。頃閱宋郭若虛圖畫見聞記云、畫斷張懷瓘撰。（卷數未詳）懷瓘既纂書斷則畫斷爲瓘作無疑。郭公作記時、嘗見張氏原書、顧書斷多見諸家說部中、爲畫斷不傳、豈久佚耶。【退菴筆記卷十六】

按也是園書目有書斷列傳三卷、續編三卷。

284 評書藥石論一卷　書苑菁華本

唐張懷瓘撰。陳振孫書錄解題作藥石論、今依新舊唐書、宋史藝文志、並玉海四十五引、加許書二字。此論爲當時進御之作。雖洋洋二千四百七十餘言、而多泛言譬解。詳見【書畫書錄解題】

285 泛槎圖六集六卷　石印本

淸張寶撰。寶字仙槎、江甯人。工山水、每以游蹟所歷名勝、寫爲泛槎圖冊、徧徵名流題詠。見畫林新詠【歷代畫史彙傳卷二十六】國朝書畫家筆錄卷二、淸畫家詩史己上、並有寶小傳。

286 選學齋書畫寓目筆記三卷續編三卷　民國□年辛酉刊本　續編・民國三十年辛巳鉛印本

長白崇彝撰。崇彝字巽盦、臨潢人。選學齋爲崇彝書齋名。兩編均記所藏所見之書畫、前有袁勵準題詞。參見支那畫學書解題鑑藏類四六四頁。

287 芥子園畫傳四集六卷　上海石印本

清巢勳撰。勳字子餘。嘉興人。見增廣歷代畫史彙傳補編卷二。

巢氏芥子園畫傳四集、冠巢氏者、别於原集及僞託本也。卷一集各家論人物畫法、明以前者皆采輯佩文齋書畫譜而成。卷二爲傳神祕訣、卷三爲寫眞祕訣。實則傳神卽寫眞也。卷四五爲各家畫譜、蓋巢氏所手摹。卷六爲名家畫譜、則同光時上海畫家所作者也。前有張鳴珂、黄協塤、譚日森三序。詳見【書畫書錄解題】

288 草字論摘要四册學書捷訣一卷補遺一卷續補附古人論書摘要　草字論廣東致文堂刊本　捷訣咸豐十一年刊本

清梁民憲撰。民憲字西庚。修仁人。

草字論摘要四册、清梁民憲撰。是編分總目、各字兩端、俱舉草書相同相似之字、各分上停下停左偏右偏四類。檢核頗覺爲難。且所采草書俱未注明見於何帖、其中紕繆不一而足。卷首並云有全集舉隅待刻、不知曾刻成否。一變如此、全豹可知。前有鄭獻甫序及咸豐九年自序。詳見【書畫書錄解題】

289 頻羅菴論書一卷　（補本書第七一七葉）

清梁同書撰。同書字元穎。因得元貫酸齋山舟二字石刻、遂號山舟。錢塘人。乾隆十七年賜進士及第。官至侍講學士。　許宗彥撰傳云、公少作書法顏柳、中年用米法、七十後愈臻變化、純任自然、名滿天下。　查人渶梁山舟先生論書册跋云、學士論本朝書以姜西溟爲第一。玆與蓮汀論書、謂姜何汪查陳各有至佳處。鄙意公書六十以前與諸公頡頏、七十而從心化、剛爲柔、純是精液、而神氣飛動、不可思議、高出諸公上。文董以後、一人而已。見知畏齋文稿【清書史卷十七】

國朝書人輯略卷五、國朝書畫家筆錄卷二、清代畫史補錄卷三、增廣歷代畫史彙傳補編卷二並有同書小傳。

290 頻羅庵書畫跋一卷　美術叢書本

清梁同書撰。參見支那畫學書解題題跋類二九七頁。

頻羅菴書畫跋一卷、清梁同書撰。是編凡五十一首。題畫者較少、題書者則以題董書者爲多。餘多題其同時人之作。論書尙有精到處。

【書畫書錄解題】

291 **藤花亭書畫跋四卷** 咸豐原刊本　民國二十三年順德龍氏自明誠樓叢書重刊本

清梁廷枏撰。廷枏字章冉、順德人。副貢生、官澄海縣訓導。詳見【淸史列傳卷七十三】

藤花亭書畫錄、清梁廷枏撰。順德胡君子賢評騭曰、藤花亭書畫跋、絕無攷證、僅就所藏書畫臚列其名。而平日收藏本不甚精審。在北都時、其孫攸侯出示者、皆是書所載之品、大致贋鼎或殘黑者爲多。憶書中於明賢王欽佩名字誤作王來、因草書款作王章、遂誤以章爲來。其失考如此。見【書畫書錄解題書畫部未見書】

參見支那畫學書解題鑑藏類四〇四頁。

藤花亭書畫跋四卷、清梁廷枏撰。自序謂原稿凡三十二卷、病其言之過繁、刪而存此。而未言刪存卷數。清史本傳云四卷、與此本合。所據原刻本亦四卷。卷二目中有章冉手錄陳白沙石鼓歌等標題十件、卷四目中有方風鑁山水等標題三十五件、即此本目中所註未刻者是也。其孫攸侯采訪册、據乃祖手題、疑原書缺一卷、而補錄存目者、斷作五卷。順德續志及藝文略因之。余按此編每卷各自爲目、章冉手題既分列兩卷中、是果有闕佚、奚止一卷。况當章冉在日、甯至家刊本竟不可得、而必手自補錄邪。龍序云、殆以卷軸後得、未著於編。其說良是。其書編次所題自藏書畫跋、兼及作者款識、前人題跋、乃至尺度印記、亦必詳著。惟於詩文、則大都不錄全文。此殆三十二卷所以刪存四卷之故歟。卷一卷二爲手卷、卷三夾册、卷四立軸。其中僞跡頗多。如趙文敏延祐六年爲帥初書詩卷、考帥初爲戴表元字、卒於至大三年、是彼時帥初已下世九載、安得有此。又趙文敏雲山江樹軸云、以仲姬至元丙子製冰雲牋所作。考至元丙子當宋景炎元年、其時宋社未屋、何以用北庭紀元。固無論此時仲姬尙未嬪文敏也。舉松雪一家、其失考已如此。則其他恐亦未堪憑信矣。余氏書錄未見門載此書目、引胡子賢語云、攸侯出示者、皆是書所載、大致贋鼎云云。當非過甚之詞。前有龍官崇重刊序。咸豐五年自序、後有龍跋。【書畫書錄解題補乙編】

292 **吉安室書錄十六卷** 舊鈔本

（劉氏嘉業堂舊藏）

退庵金石書畫跋二十卷 道光二十五年自刻本　鄱州梁氏校刻本二卷

右二書淸梁章鉅撰。章鉅號茝林、晚號退菴。長樂人。嘉慶七年進士、官江蘇巡撫。書畫過目攷、書兼歐董。木葉厱法書記、早年專精小楷、與郭蘭石林文忠頡頏。中年後兼習

篆分、兼精鑑賞。著有退菴書畫跋。又有國朝書譜（一作錄）世無傳本。【淸書史卷十七】

支那畫學書解題鑑藏類三五八頁著錄梁氏退菴金石書畫跋尾二十卷、（道光二十五年乙巳刊本）詳見本書第七六六葉。有美草堂畫學書目題贊類名蹟跋之屬有退菴題跋二卷、注云、梁氏校刊本。又國朝書畫家筆錄卷三有章鉅小傳。

此書金石五卷、書五卷、畫十卷、福州梁氏校刻本二卷版後歸杭縣鄭氏小琳琅館、卷上石刻跋、卷下書畫跋、與前書略異、乃未定之稿也。【金石書錄目】

293 評書帖一卷（稿本書第七一六葉）

淸梁巘撰。巘字文山、號松齋。亳州人。乾隆二十七年舉人、官巴東知縣。 安徽通志肆力於書、初得筆法於宣城梅鈁、後以工力精專、蒼健遒勁。楷宗晉唐、草法二王、於李邕張從申摹仿尤久、幾於神似。 名人尺牘小傳工書、與錢塘梁學士會稽梁文定有三梁之目。

木葉厫法書記松齋大令書名盛一時、與曲阜孔東山主事、亦稱南梁北孔。著有評書帖一卷、持論甚公。【淸書史卷十七】

國朝書人輯略卷六國朝書畫家筆錄卷二、並有巘小傳。

294 新增格古要論十三卷 明淑躬堂刊本 明天順三年刊本 洪武二十年金陵荊山書林刻本二卷 四庫全書本三卷 明萬曆二十四年丙申胡文煥刊本五卷（一云格致叢書本二卷）

明曹昭撰。昭字明仲、松江人。

曹昭格古要論十四卷。字仲昭。松江人。洪武初爲此書、至天順間吉水王均增輯十三卷。【千頃堂書目藝術類】

參見支那畫學書解題論畫類八七頁。

四庫全書總目提要著錄本爲三卷、入子部雜家類。

新增格古要論十三卷、明曹昭著、王佐增編刊本。是書論列金石書畫琴硯文房器具。【文選樓藏書記】

新增格古要論十三卷（明刻本）前題雲間曹昭明仲著。雲間舒敏志學編校。吉水王佐功載校增。新都黃珙拱璧重校。前有雲間舒敏序略云、雲間曹明仲世爲吳下舊族、博雅好古、凡世之一事一物、莫不推其理、明其原、而是非眞僞、不能逃其鑑。著爲格古要論、以辨析器物、使玉石金珠琴書圖畫古器異材、莫不明其出處、表其指歸。予竊覩而愛之、頗爲增校、訂其次第、敍其篇端。次有洪武二十一年雲間曹昭明仲自序略云、先君子平生好古、素蓄古法書名畫彝鼎琴硯之屬、置之齋閣、以爲珍玩、其售之者往來尤多。予自幼性亦嗜之、今老尤弗怠、因取古銅器書法

異物、分其高下、辨其眞僞、正其要略、書而成篇。次有新增格古要論凡例、半葉十行、行二十字。【五十萬卷樓藏書目錄】

格古論要五卷（明萬曆二十四年丙申胡文煥刻本）明曹昭撰、胡文煥編。昭字明仲、松江人。文煥字德父、錢塘人。案昭書本名格古要論、其同里舒敬編、吉水王佐增廣之、文煥復因其本爲之重定。前有萬曆丙申文煥序、暨曹昭序、文煥序稱格古論要者、於格古要論中更選其要者也。凡分古墨跡、論古畫、論古琴、論古硯、論文房、論珍寶、論古銅、論古窰器、論古漆器、論古錦、論異木、論竹、論異石、論雜考十四門。每門又各分子目。其書與四庫總目著錄三卷本、及天順三年己卯新都黄珙刻十三卷本、均各不同。明人舊笈、固足存也。【金氏花近樓書目解題】

295 **蜀中畫苑四卷** 一名蜀中名畫記 明刊本

明曹學佺撰。學佺字能始、侯官人。萬曆乙未進士。官至四川按察使。

曹學佺蜀中畫苑四卷、一作蜀中名畫紀。【千頃堂書目】

此書傳是樓書目、佩文齋書畫譜纂輯書籍目並著錄。

蜀中畫苑　能始宦蜀中四年、最後寄余畫苑、凡於蜀中之佳事佳話、收拾殆盡矣。古之畫記畫錄等書甚夥、皆記繪畫之人、與夫位置設色之法、未有若此書之錯雜成文、取則尤新也。但本朝名公集中、尚多題詠、而宋元集亦有可採者、恨未盡錄耳。俟能始過家、以此質之。【紅雨樓題跋】

296 **藝林一隅二卷增編一卷後集一卷** 嘉慶戊寅年蘭芬書屋刊本

清章本烈撰。本烈、豐陽人。此書見販書偶記。

297 **廣堪齋藏畫目一卷** 藝苑秘笈初編本

清畢瀧撰。瀧字澗飛、號竹嶼、鎮洋人。官部郎。墨香居畫識卷四、國朝書畫家筆錄卷二、清畫家詩史丁下、並有瀧小傳。

吳辟疆跋　弇山畢竹嶼部郎、爲秋帆尚書弟、昆季並善鑒別、藏弆頗富。此廣堪齋藏畫目、手書於聚頭扇上、都七十九事。按跋語識爲竹嶼翁晚年手定、當是乾隆季年時作也。按秋帆尚書有河間書畫錄八卷、余未得見。他日延津果合、則與王氏爾雅樓淡圃畫目、更何多讓。

廣堪齋藏畫一卷、清畢瀧撰。畢氏家藏寫本。瀧鎮洋秋帆尚書弟。善山水、墨竹尤工。此其晚年所藏名畫之存目也。所錄凡七十九品。自五代迄明、多屬烜赫名跡、四十年抉擇所存、宜其精湛若此矣。按此編所載、半見之吳思亭論畫絶句、其記授受原委、筆墨蹊逕、述之綦詳。兩編並讀、其味彌永。余因徧檢諸家簿錄、有可攷者、輙爲疏記。蓋仿費西蠡沈韻初箋註須靜齋雲烟過眼錄之例、爲鑒賞之一助云。【書畫書錄解題補甲編】

298 **畫說一卷** （補本書第七三七葉）

畫論叢刊本

明莫是龍撰。是龍字雲卿、華亭人。山水學大癡、別具雅秀之致。書法鍾王及米顛。著畫說。見圖繪寶鑑續纂、無聲詩史。【歷代畫史彙傳卷六十】

又見佩文齋書畫譜卷五十七畫家傳。此書式古堂書畫彙考畫考引用書目著錄。參見支那畫學書解題論畫類一二六頁。

299 **畫筌一卷** （補本書第七四〇葉）

知不足齋叢書本　叢書集成本　畫論叢刊本（桐花館訂正）

清笪重光撰。重光字在辛、號江上外史。句容人。順治壬戌進士、仕爲侍御。山水得南徐江山氣象、書法眉山。著有書筏、畫筌、曲盡精微云。見畫徵錄、惲格傳、今畫偶錄。【歷代畫史彙傳卷五十九】

笪重光書格超妙、小字尤佳。見快雨堂題跋。後人以侍御與姜汪何並稱爲四大書家。著有書筏一卷、（詳見本書第七一二葉）曲盡精微。六安楊召林有覆刻本。見木葉厂法書記。【清書史卷三十一】

畫徵錄卷中、國朝書人輯略卷二、國朝畫識卷二、國朝書畫家筆錄卷一、清畫家詩史甲下、並有重光小傳。支那畫學書解題論畫類一九五頁有江上畫筌一卷、即此書。可參閱。

畫筌一卷、清笪重光撰。四銅鼓齋論畫集刻本、昭代叢書本、讀畫叢譚附刊本、美術叢書本、論畫輯要本。〇作法類歌訣之屬。【有美草堂畫學書目】

300 **摘錄書法通文便解一卷**

光緒二年刊本

清許鳳翥撰。鳳翥字荊日、沔陽人。

301 **臥游隨錄四卷**

嘉慶戊午年壺石軒刊本

清逢泰撰。泰字鈞闇、號柳塘、又號鐵如道人。

臥游隨錄四卷、清逢泰撰。墨香居畫識稱其善山水、筆甚疎秀。是編隨記其所見書畫、不敍時代。每品略述其筆墨蹊徑、於款識題跋、則有記有不記。文辭鄙陋、蓋非通人。所載有米海岳雲山十册、煌煌巨帙、蓋歷來著錄之所未有者。柳塘竟得寓目、已可詫怪。乃復有管仲姬小楷蘇若蘭織錦詩、跋稱至治庚申良人出使蒼梧云云。攷庚申乃元仁宗延祐七年、明年乃改元至治、是於紀年已有未符。案松雪齋集、夫人墓志、知仲姬卒於延祐己未、是卽以庚申而論、仲姬已下世一年、何得復有此書。其爲拙於作僞者之所爲、蓋不待披圖而後知之矣。舉此兩端、知此編未足爲徵信也。凡例稱家藏名蹟、雖無十分名品、然供平時清玩、亦復有餘。另爲一卷、今未見。前有嘉慶戊午自序。【書畫書錄解題補甲編】

302 林泉高致集一卷 （補本書第七三一葉） 畫論叢刊本

宋郭熙、郭思撰。熙河南縣人。爲御院藝學山水、摹李成長松巨木、回溪斷崖、獨步一時。年老落筆益壯。後著山水畫論、可爲畫式。見圖畫見聞志、宣和畫譜、圖繪寶鑑卷三。子思、以儒學起家、爲中奉大夫、管勾成都府。善雜畫。見畫史會要。【歷代畫史彙傳卷六十】

亦見佩文齋書畫譜卷五十畫家傳。參見支那畫學書解題論畫類三〇頁。

303 圖畫見聞誌六卷 （補本書第七二七葉） 四部叢刊續編本

宋郭若虛撰。

圖畫見聞志六卷〇宋郭若虛撰、並序曰、余大父司徒公、喜廉退恬養、自公之暇、惟以詩書琴畫爲適、時與丁晉公馬正惠蓄書畫、故畫府稱富焉。又好與當世名手、甄明體法、講練精微、凡所見聞、悉從實錄。昔唐張彥遠嘗著歷代名畫記、其間自黃帝時史皇而下、總括畫人姓名、絕筆于永昌元年、厥後撰集者率多相亂、事既重疊、文亦繁衍。今考諸傳記、參校得失、續自永昌元年、後歷五季、通至本朝熙寧七年、名人藝士、編而次之。並嘗覽諸家畫記、多陳品第、今之作者、互有所長、不復定品、惟筆其可紀之能、可談之事、暨諸家畫說、略而未至者、繼以傳記中述畫故事、並本朝事迹、採摭編次、離爲六卷、目之曰圖畫見聞志。【天一閣書目】

盧文弨跋、見抱經堂文集卷十六。又明版書經眼錄上著錄。參見支那畫學書解題（分論畫、史傳二類）二三頁。

圖畫見聞志六卷（宋郭若虛）若虛不知何許人、書中有熙寧辛亥冬被命接勞北使爲輔行語、則嘗爲朝官、故得預接伴。陳振孫書錄解題云、自序在元豐中稱大父司徒公、未知何人、郭氏在國初無顯人、但有郭承祐耳。然今考史傳、並郭承祐亦不載、莫之詳也。（以上提要原文）謹案、勞格讀書雜識卷十一云、『華陽集（案宋王珪著）三十九東平郡王追封相王、謚孝定、允弼墓誌銘、女次永安縣主適供備庫使郭若虛（原注熙寧三年）續通鑑長編二百五十五、熙寧七年八月丁丑、衛尉少卿宋昌言爲遼國母正旦使、西京左藏庫副使郭若虛副之。』陸心源儀顧堂題跋卷九圖畫見聞志跋所考略同。並云『若虛太原人見直齋書錄解題熙寧八年爲文思副使坐使遼不覺翰林司卒逃遼地降一官見續通鑑長編。郭氏顯人宋初有郭守文、郭進、郭從義及其子承祐、進深州博野人。（案宋史卷二百七十三有傳。）從義沙陀人（宋史二百五十二有傳附見傳中。提要謂史傳子承祐卽不載非也。）惟守文太原幷州人贈侍中封譙王女爲眞宗章穆皇后。（宋史卷二百五十九有傳）子崇德、崇信、崇儀（均見守文傳）崇仁（見宋史卷四百六十三外戚傳）崇德子承壽、承壽子若水（均見守文傳）若虛與若水、同以若字命名同貫太原家世顯官又同其爲兄弟可知。陳氏直齋謂宋初無顯人而獨舉承祐、覓忘外戚之有譙王乎亦百密之一疎矣。崇德官至太子中舍崇信官至西京左藏庫使、崇儀官至崇儀使、崇仁官至四廂都指揮使。史稱崇仁性愼靜、不樂外官、與序所稱雖貴仕而喜廉退合。司徒蓋所贈之官、史不書者、略之也。所稱大父司徒公、於崇仁爲近、然不可考矣。惟若虛里貫幷州爲守文之后則無可疑耳。』李慈銘荀學齋日記壬集下、亦謂宋制后父多贈三公疑若虛出自眞宗仁宗二后家而史略之。然不能得若虛仕履、不若勞氏陸氏所考之詳也。【四庫提要辨證】

304 **觶齋書畫錄一卷** 民國十五年鉛印本

近人郭保（葆）昌撰。此書歷代著錄畫目引用書目亦引之。

305 **藝林悼友錄二集** 光緒十八年刊本

淸郭容光撰。容光字肖雷、號醉竹居士。秀水人。

藝林悼友錄二集、淸郭容光撰。許序稱其耽吟詠、擅丹青。按初集自跋結尾書同治十二年癸酉十月初七日郭照子靑甫其名字絕不相符。應是容光當初名字也。所紀書畫舊友、皆道咸同光四朝人物、肖雷或與深契、或屬神交、亦有心儀其人而未獲款接者。凡已殂謝、咸予錄存以志傷悼。雖巨家無多、而有一藝之長者、俱得藉此以傳。闡揚幽微、有足多矣。初集凡百六十人、二集百六十六人、附錄十五人。其傳專論文藝、至從政宦蹟、以自有史筆宣揚、不加贅詞、深得體要。又各家生卒年壽、頗多紀載、堪資攷訂、亦爲是書特長之處。前有光緒十六年許榮奎序、後有許鼐龢跋。【書畫書錄解題補乙編】

306 **草韻辨體五卷附草訣百韻一卷後韻草訣一卷**

草訣續韻一卷　明萬曆刊本

明郭諶撰。諶字盤許。德平人。

草書百韻一册、國朝德平盤許郭諶草書晉王右軍之草訣也。右軍古今名筆、以草書點畫形體相近、未易識別、因作此訣、世傳殘訛、郭子從而正之耳。【高儒百川書志】

余紹宋書畫書錄解題以草訣百韻入散佚類、蓋未知此書尚存。又據孫星衍孫氏祠堂書目著錄草韻辨體一種、入書部、未見書中。今各書均存、見故宮圖書館書目。

807 越畫見聞三卷　（補本書第八〇三葉）

濟陶元藻撰。元藻詳見宋元以來畫人姓氏錄卷十一、國朝詩人徵略卷三十三、國朝耆獻類徵卷四三三。此書有乾隆六十年自序。宋元以來畫人姓氏錄引證書目著錄。參見支那畫學書解題史傳類三一〇頁。

越畫見聞三卷、濟陶元藻撰。美術叢書本。〇歷史類專史之屬。【有美草堂畫學書目】

808 書史會要九卷補遺一卷續編一卷　（補本書第七九二葉）　明初刊本　明洪武刊本　明崇禎八年庚午刊本

明陶宗儀撰。朱謀垔續。宗儀詳見佩文齋書畫譜卷四十書家傳。

陶九成古今書史會要九卷、又續一卷、洪武九年丙辰序。【千頃堂書目】

朱謀垔喜陶氏書史會要有益書家、乃摭有明一代續其卷後。見胡繼謙隱之先生懿行紀略。【六藝之一錄卷三七一歷朝書譜六十一】

書史會要九卷、補遺一卷、明陶宗儀撰。續編一卷、明朱謀垔撰。是編載古來能書人、上起三皇、下至元代、凡八卷。末爲書法一卷。又補遺一卷。據孫作滄螺集所作宗儀小傳、稱書史會要凡九卷、此本目錄亦以書法補遺共爲一卷。而刊本乃以補遺別爲卷、又以朱謀垔所作續編一卷題爲卷十、移其次於補遺前、殆謀垔之子統鈇重刊是書、分析移易、遂使宗儀原書中斷爲二。今仍退謀垔所補、自爲一卷、題曰續編、以別於宗儀之書。而其書法補遺、如仍合爲一卷、則篇頁稍繁、姑仍統鈇所編、別爲一卷、以便省覽。（以上提要原文）謹案。楊守敬日本訪書志卷七云、書史會要九卷補遺一卷、明洪武九年刻本。是書三續百川學海刊本、以明朱謀垔所作續編一卷爲卷十、而以補遺置續編後、使陶氏書中斷爲二、最爲謬妄。此爲洪武九年刊本、首宋濂序、次曹睿序、次孫作南村先生傳、次引用書目、次九成自序、次考詳、次目錄、凡九卷、補遺一卷。末有鄭眞跋。每卷之後、題助刻人姓名四五人、合之共數十人。按宋濳溪序云、天台陶君九成新著書史會要成、翰墨之家競欲觀之、以謄鈔之不易也、共鍥諸梓、則知此書爲翰墨家合貲刊行者。第九卷末題張氏以行存管刻此卷。又云補遺一卷、嗣後刊行、則知補遺之刊又稍後於九卷。提要因孫作小傳爲九卷、遂疑原本以書法共爲一卷、而以重刊本之補遺別爲卷者、爲朱謀垔之子統鉷所分、不知原本補遺本各爲卷、孫作小傳所載、未詳言之耳。【四庫提要辨證】

傳增湘書史會要跋　書史會要九卷、補遺一卷。元南村處士陶宗儀九成著。洪武刊本。半葉十一行、行二十字、黑口、左右雙闌。版心上魚尾上記字數。前有洪武九年金華宋濂序、次永嘉曹睿新民序、次洪武丙辰宗儀自序、次江陰孫作撰南村先生傳、次引用書目、次總目、次姓名考。卷末有洪武丙辰四明鄭眞後序。每卷後均列有捐貲人姓名今、詳列於後方、俾世人知刊書分卷醵金者、不獨梵經爲然也。前有盛伯羲手錄王文恪陽山草堂記並跋。　按此書行世者、祇有明季朱謀垔本、刊工殊劣陋、第亦罕覯、其餘藏家多鈔本。余曾於南中得明寫本、爲天一閣所流出者、亦依洪武本鈔出。至洪武原刻、藏家皆視爲珍祕、少見文淵閣著錄、爲鮑士恭家藏本、據提要所稱有續編一卷、其爲朱謀垔本無疑。且斷斷辨析續編與補遺之次第、則當時固未見洪武本也。今檢此本原書九卷、其末卷爲書法、至補遺十六葉、刊附於後、不列卷次、固犂然甚明也。昔年武進陶氏開雕此書、以朱刻舛譌滿紙、假羅叔言君藏洪武本影寫付刊、惟羅本缺一至三卷、因仍用朱本照行款補寫、而假余所藏天一閣明鈔本校訂之。然兩本皆有沿誤、不能盡善也。嗣聞朱翼菴有完本、余爲假來重校、乃知前補三卷、其行格以意排比、嚮壁虛造、視原本多所牴牾、遂毀板重雕、卽今世所傳逸園精刊本是也。洪武刊本字體秀麗圓滿、猶有元代風範、顧傳本至稀、余生平所見、祇羅氏朱氏二帙、江南國學圖書館亦藏一帙、爲杭州丁氏善本書室舊物、頃以探梅南游、於上海得覩此帙、詫爲珍祕。至卷中文字、其足訂正朱刻違異者甚多、陶氏逸園後跋已舉其概要、如卷七劉楨下少胡長孺周伯琦胡益熊朋來袁裒鄭瑤章德懋陸友錢良右錢逵羅元十一人、郞進禮下少周砥宋克楊基盧熊宋燧五人、陳睿下少朱芾陳璧二人、補遺少詹希源顧祿滕權宋廣危巘端木智胡儼釋永芳永傑九人、皆犖犖大者。其他單詞瑣句、更毋庸縷述矣。陶氏刻此書時、由其弟心如爲之督造、字畫工雅、楮墨精良、視原刻纖微畢肖、可以遠追士禮居、近掩鐵華館。然今取此帙詳勘、卷首永嘉曹睿一序、原本係隸體、而覆刻已

易爲楷書、卷末南村傳、其傳末題名行款、已改、且失摹印章三方、疑陶氏藏本於序傳未嘗完具、非摹刻之失眞。【藏園羣書題記】

潘景鄭明刻本跋、見著硯樓書跋中。

書史會要九卷（明初刊本）明陶宗儀撰。前有洪武九年宋濂序、略云、天台陶君九成、新著書史會要成、翰墨之家、競欲觀之、以謄鈔之不易、共鍥諸梓、而以首簡授予、九成本衣冠子、自青年即精究六書之法、備知文字相生之意、乃辨析古文篆籀分隸行草諸家異同、並載其人而付見、起自三皇、迨於國朝、凡名一善者、悉具錄之、編采史傳、及前脩所著書、不復以異議參其間、書成釐爲九卷。九成嘗覽雜傳記一千餘家、多士林所未見者、因倣曾慥類說作說郛若干卷、曾所編者則略去之、次有宗儀自序二葉、次目錄、次引用書目共三葉。末有洪武丙辰四明鄭眞後序、謂吾鄉先生袁裒德嘗著書學纂要、其於八法之徵、衆體之懿、蓋備論之。巴西鄧文肅公以爲前人所未發、而未若先生之載出處之詳者、蓋此爲紀實之成法、彼爲游藝之一端云云。孫作所撰南村先生傳附焉。謂南村所著說郛一百卷、輟耕錄三十卷、書史會要九卷外、尙有四書備遺二卷、而未及其詩集、此書各卷末皆記助刊人姓名。宋序所謂共鍥諸梓也。附錄如下、第一卷後山居士張氏瑞卿寶命工鋟梓、第二卷三味軒主者張氏國祥麒助刊、第三卷盧氏祥夫祥景季文龍、林氏伯時應麟、張氏昇善宗仁宗文斌宗武桓合貲助刊、第四卷沈氏德賢賢夏氏用莊莊夏氏叔明顯王氏仁伯師顏王氏志學吾有助刊、第五卷金氏廷用禮周氏彥賓思誠莊氏子正仁正錢氏叔謙堈黃氏性初良宋氏魯章鼎助貲以刊、第六卷徐氏仲寬彥裕王氏復初吳氏景元本陳氏伯敬文肅姚氏舜俞助貲刊板、第七卷夏氏元威大有夏氏元舟中孚張氏公路宗義章氏叔簡夔命工刻梓、第八卷無、第九卷張氏以行有管刻此卷、補遺張氏昇遠宗禮賓暘昕朝陽暾克宣昭曦升昉曦采曄林氏魯郊堈合貲鋟梓。半葉十一行、行二十字。槧刻工雅、望之與宋元本無異。蓋明初精槧、考板本源流者、不可不一覽也。【五十萬卷樓藏書目錄】

書史會要十卷（八冊、明崇禎間刻本、十行、二十字。原題：南村處士陶宗儀九成著、厭原山人朱謀垔隱之較。（卷一、他卷竄入男朱統鉷發若重校一行。）卷十題厭原山人朱謀垔隱之著、男朱統鉷發若重校。統鉷弁言有云：乙酉謬應廷試、而世界滄桑矣。維時與家伯子載版籍而相與播遷終始焉。丙戌、六遭兵火、幾同灰燼。丁亥、斗米千錢、不肯糊口武林、讎署、返棹時簡閱諸書。已殘去十之六七矣。庚寅、督學使延昌樊公祖相招、聞而惋惜、慨然捐貲五十金、命不肖遴求遺本、補葺故物。袁李敞菴王公祖、臨李玄澗施公祖、觀察卉圃李公祖後先各捐俸以成其美。戊戌冬而書畫史鐘鼎文始克就緒。統鉷之名、當卽是時竄入者。□朱謀垔序崇禎三年（一六三〇） 朱統鉷序順治十三年（一六五九）【王重民善本書籍經眼錄】

309 **草韻彙編二十五卷** （補本書第七一二葉） 乾隆二十年刊本

清陶南望撰。南望字遜亭。上海人。書法出入顏柳間、偏觀古人法帖、集草韻彙編若干卷、未成而沒、其子錕續成之。見松江府志。 號一簣山人。尤工書嘗輯錄秦程邈迄明朱克誠、三百四十一家草法分韻編次名曰草韻彙編。見上海縣志。【清書史卷十二】

310 **紅豆樹館書畫記八卷** （補本書第七六七葉） 光緒八年潘氏韡園刊本

清陶樑撰。樑詳見清史列傳卷四百二十八。又清代學者象傳卷四。此書有道光十六年自序。參見支那畫學書解題鑑藏類三五五頁。

紅豆樹館書畫記八卷、清陶樑撰。光緒八年潘氏韡園刊本。○著錄類一家所藏之屬。【有美草堂畫學書目】

311 **稷山論書絕句一卷** 鈔本（上海歷史文獻圖書館藏）稿本題稷山論書詩（北京圖書館藏）

清陶濬宣撰。濬宣字文沖。號心雲。會稽人。同治六年舉人。分省道員。工書。好學北碑。嘗論北朝書以現存碑刻為證作論書詩一百首、並為注釋。采輯繁富足廣安吳之緒論。見金石學錄續補。【清書史卷十二】

312 **冷月畫評一卷** 民國二十四年排印本

近人陶鏞撰。鏞字冷月。吳縣人。

313 **穰梨館過眼錄四十卷續十六卷** （補本書第七六八葉） 光緒十八年陸氏刊本

清陸心源撰。心源詳見碑傳集補卷十八。參見支那畫學書解題鑑藏類四一八頁。

穰梨館過眼錄四十卷、續錄十六卷、清陸心源撰。光緒十七年陸氏家刊本。○著錄類鑒賞之屬。【有美草堂畫學書目】

此書有光緒十八年自序、亦見儀顧堂集卷六。

314 **書輯三卷** （補本書第七〇六葉） 明嘉靖刊陸文裕公全集本

明陸深撰。深詳佩文齋書畫譜卷四十三書家傳。書畫譜纂輯書籍目亦著錄。六藝之一錄卷三六九歷朝書譜五十九有陸深小傳。

315 飛白錄一卷（補本書第七一七葉）

清陸紹曾、張燕昌撰。紹曾字貫夫、號白齋。吳縣人。工篆隸書、精於賞鑑。平生所見書畫碑帖、皆爲抄錄成編。凡二十四函、曰續鐵網珊瑚等、皆作小楷書。其精勤於翰墨如此。見履園叢話。張燕昌芑堂印跋作飛白、飄逸有神。鷗波漁話自鍾鼎古文下及八分行楷、靡不研究。尤工蠅頭八分。晚年尤好飛白。有飛白錄二卷。（以上卷三十）張燕昌字芑堂、號金粟逸人。海鹽人。乾隆四十二年優貢生。工飛白書古致磊落。見飛鴻堂印人傳。張廷濟曰善八分飛白行楷書、著有飛白書錄。【清書史卷十五】

陸紹曾國朝書人輯略卷七。國朝書畫家筆錄卷二有小傳。張燕昌歷代畫史彙傳卷二十六國朝書人輯略卷八國朝書畫家筆錄卷三清畫家詩史丁上有小傳。

316 陸學士題跋二卷　明萬曆間刊本（中國科學院圖書館藏）

明陸樹聲撰。樹聲字與吉、號平泉。華亭人。官至禮部尚書。明史有傳。四庫全書總目提要存目有平泉題跋二卷。書畫書錄解題列入書畫部未見書。詳見本書第七四九葉。

317 紉齋畫賸八册　光緒三年丙子甬上陳氏得古歡室刊本

清陳允升撰。允升詳見國朝書畫家筆錄卷四、清畫家詩史壬上、增廣歷代畫史彙傳補編卷一。此書揚州吳氏測海樓藏書目錄、章氏四當齋書目並作四册。

318 訴鷗軒畫跋二卷　民國二十一年鉛印本

近人陳方鏞撰、方鏞字鳴甫。海昌人。

訴鷗軒畫跋二卷、陳方鏞撰。民國二十一年鉛印本。〇題贊類題自作之屬。【有美草堂畫學書目】

319 摘鈔五朝書畫錄四卷　鈔本

清陳文田輯。文田泰州人。此書見揚州吳氏測海樓藏書目錄。

320 畫林新詠三卷補遺一卷　道光丁亥年翠滌園刊本　民國四年乙卯西冷印社木活字本

清陳文述撰。文述字雲伯、號退庵。錢塘人。嘉慶五年舉人、官全椒知縣。詳見清史列傳卷七十三、碑傳集補卷四十八、清書史卷八。參見支那畫學書解題史傳類三五〇頁。

畫林新詠三卷、補遺一卷、原題頤道居士撰。末署姓名。案墨林今話卷前有陳文述題詞、自注云、書中採余畫林新詠爲多。是此書爲陳文述撰。文述著有頤道堂集。是編首列華秋岳迄於顧奉萱凡三百二十九人、各爲小傳、並系以詩。徵乾隆中葉至於道光初年畫家可云略備。所敍略以時代爲次。後列仙乩釋子等、旁及雜畫搜羅亦勤。閨閣一類、采輯尤多。前有道光丁亥自序。詳見【書畫書錄解題】

畫林新詠三卷、補遺一卷、清陳文述撰。民國乙卯年西泠印社木活字本○歷史類小傳之屬【有美草堂畫學書目】

321 珊網一隅四卷 道光二十一年辛丑姑蘇書業堂重刊本

清陳曰霽撰。此書碧琳瑯館書目著錄二本。北京圖書館有收藏。

322 草書重珍八卷附印雋一卷 康熙二十六年丁卯天慶堂刊本

清陳伯齡撰。北京圖書館藏有此書。甚爲少見。

323 書法偶集一卷 民國十三年刊屏廬叢刻本

清陳玠撰。玠字賓人、號石汀。天津人。貢生。書學陳香泉見津門詩鈔。天津縣志善書綽有古致自成一家。【清書史卷八】

324 臨池瑣談一卷 原刻本

清陳昌齊撰。昌齊字賓臣、號觀樓。海康人。乾隆三十六年進士、官浙江溫處道。能書、著有臨池瑣談一卷見木葉厱法書記。【清書史卷八】又詳見【清史稿列傳卷三六八】及【清史列傳卷七十五】

325 綠陰亭集二卷 （補本書第七一八葉） 道光戊申年孫雲鴻輯刊本

清陳奕禧撰。奕禧字六謙、號香泉。海寧人。由貢生官至南安知府。王士禎曰、工鍾王書法。朱象賢聞見錄香泉專學松雪而厚實妍媚、無出其右。【清書史卷七】國朝書人輯略卷二國朝書畫家筆錄卷一、並有奕禧小傳。此書大通樓藏書目錄著錄。

326 畫學秘旨要訣大觀四卷 石印本

近人陳敏輯。敏字朗齋。鄞縣人。此編雜鈔前人畫說無標準、無倫次、亦無出處。詳見【書畫書錄解題】

327 讀畫輯略四卷 商務印書館鉛印本

清陳烺撰。烺字叔明、自號雲石山人。常州人。參見支那畫學書解題（分論畫鑑藏二類）四二六頁。

讀畫輯略四卷、第一卷所載目覩畫蹟、皆其

自撰之文。第二第三兩卷雜錄舊文、漫無準則。第四卷雜記、雖多襲陳言、然頗注意其鄉畫家、亦尙有可取處。前有楊葆光秦敏樹兩序、及光緒乙未自序。【書畫書錄解題】

讀畫輯略四卷、清陳焯撰。商務印書館鉛印本〇雜識類純言書畫之屬【有美草堂畫學書目】

328 湘管齋寓賞編六卷續編六卷　乾隆間鮑氏刊本　又壬寅年刊巾箱本皆無續編　續編嘉慶六年刊本　（補本書第七六五葉）

清陳焯編。焯字廋光、商邱人。嘉慶十六年進士、官浙江道御史、能書【清書史卷八】國朝書人輯略卷九、宋元以來畫人姓氏錄卷七、墨香居畫識卷四、清畫家詩史戊上、並有焯小傳。此書宋元以來畫人姓氏錄引證書目著錄、參見支那畫學書解題鑑藏類二九八頁。

湘管齋寓賞編六卷、清陳焯撰。乾隆壬寅刊本〇著錄類鑒賞之屬【有美草堂畫學書目】

329 墨蘭譜一卷　嘉慶戊午年讀畫齋刊本　（補本書第七七九葉）

清陳遴撰。遴字東橋、靑浦人。諸生。精八法、寫蘭格韻尤清絕。工書。詳見墨香居畫識卷三、歷代畫史彙傳卷十四、國朝書人輯略卷七、宋元以來畫人姓氏錄卷七、清畫家詩史己上。此書販書偶記作靑溪陳旭撰、旭疑卽遴字。但與書畫書錄解題亦不合、詳見本書第七七九葉。

330 西畇寓目編十一冊　鈔本　北京圖書館藏蔣鳳藻批注并跋本六冊

清陳墫撰。墫字復初、又字葦汀。吳縣人。詳見國朝書畫家筆錄卷三、清畫家詩史辛上。

西畇寓目編十一冊（稿本）陳墫撰。墫字復初、又字葦汀、吳縣人。書法南田、畫近錢松壺、改七香。此手寫本、自署南湖花隱、字蹟精妙之至。周氏手跋曰、光緒己卯春尾、祥符周星詒巳翁假看時在福州蛻園。【藝風藏書續記】

331 貟暄野錄二卷　知不足齋叢書本　吉石庵叢書本

宋陳槱撰。四庫全書總目提要入存目。是書上卷論石刻者五則、言篆法一則、言諸家書格者七則。下卷言學書之法者四則、言筆墨紙硯者十二則、俱甚精到。如此佳著、而宋史藝文志不爲著錄、何也。詳見【書畫書錄解題】

332 玉几山房畫外集一卷　美術

叢書本

清陳譔撰。譔一作撰、字楞山、號玉几山人。自言鄞人、居錢塘、寄寓江都。山水之秀、鍾於五指、寫生與李鱓相伯仲。著有玉几詩集。見畫徵錄。【歷代畫史彙傳卷十四】

宋元以來畫人姓氏錄卷七、國朝畫識卷十一、國朝詩人輯略卷四、國朝書畫家筆錄卷一、清畫家詩史丙下、並有譔小傳。參見支那畫學書解題題跋類二八六頁。

玉几山房畫外集、雜鈔名人論畫跋畫之作。上卷所錄爲胡卓以下凡四十九人、下卷所錄僅陳洪綬、惲向兩人。皆明末清初名手。上卷詳而下卷略、前後又無序跋、頗疑非其定本。其中題跋及詩較多、亦有論畫及著錄之作。詳見【書畫書錄解題】

333 靜好樓繪像錄一卷　無錫楊氏雲在山房叢書本

清陳任中撰。任中字耐廬。

靜好樓繪像錄一卷、陳任中撰。任中里貫未詳。此蒐集歷代畫像之見於畫蹟畫譜者、云將屬其室沁芬摹作成篇也。一爲帝王、自伏羲氏至清德宗、凡八十三人。二爲聖哲、自倉頡至清李續宜、凡四百七十六人。三爲名媛、自娥皇至清香妃、凡六十六人。共得六百二十五人。每像下記所據出處。前有耐廬自序。此編雖屬無謂、然以攷歷代畫像、固未嘗不可聊備一格耳。【書畫書錄解題補甲編】

334 中國繪畫史一冊　鉛印本

近人陳衡恪撰。衡恪字師曾、自號槐堂朽者。義甯人。詳見增廣歷代畫史彙傳補編卷一。

此爲師曾在北京美術專門學校講義稿。師曾歿後、其門下俞鍸爲印行者。凡分上古、中古、近世三編、更分章節、純是講義體裁。前有俞鍸序及師曾小傳。【書畫書錄解題】

中國繪畫史不分卷、陳衡恪撰。民國十四年濟南翰墨緣美術院鉛印本。○歷史類通史之屬。【有美草堂叢學書目】

335 明畫姓氏韻編三卷　鈔本（北京圖書館南京圖書館並有藏本）

清陳豫鍾集。豫鍾字浚儀、號秋堂。錢塘人。諸生。精八分、所畫松竹、皆以篆法通之、殊有典型。見耕硯田齋筆記。【歷代畫史彙傳卷十四】

宋元以來畫人姓氏錄引證書目有明畫韻編、畫家姓氏韻編二種、疑爲一書錯出而誤。國朝詩人輯略卷七、國朝書畫家筆錄卷二、清畫家詩史戊上、並有豫鍾小傳。

陳豫鍾精六書、見杭州府志。【清畫史卷八】

明畫姓氏韻編三卷、清陳豫鍾集。趙氏竹崦庵傳鈔書目亦作三卷、八千卷樓書目作八卷、誤。是編卷首爲宸繪瀋邸宗室（不稱帝王、而宸繪云云、頗類明人著作。）以下依沈約韻編次。一卷爲上平、二卷爲下平、三卷爲上去入及釋氏閨秀。所采明代畫家姓氏略備。惟記載甚爲簡略。即如文沈仇唐董諸大家、亦僅記其別字里貫。又俱不注出處。既乖類書體例、又無裨於考訂、不足存也。其中於別字里貫未詳者、概作空格、似尚待考補、猶爲未成之書。【書畫書錄解題】

336 **翰林要訣一卷** 書法正傳本 美術叢書本

元陳繹曾撰。繹曾字伯敷、處州人。進士、官至國子助教。詳見佩文齋書畫譜卷三十七書家傳。此書書畫譜纂輯書籍目亦著錄。

翰林要訣一卷、元陳繹曾撰。是書分十二章、第一執筆法、第二血法、第三骨法、第四筋法、第五肉法、第六平法、第七直法、第八員法、第九方法、第十布法、第十一變法、第十二法書。各法中俱立種種名目、有本於前人者、有自創者。前人論書頗以此書爲重。詳見【書畫書錄解題】

337 **書畫史一卷**（補本書第八〇五葉）

明陳繼儒撰。繼儒字仲醇、號眉公、華亭人。諸生。善寫水墨梅花、水仙、山水、奇石、氣韻空遠、出人意表。書法蘇米。見圖繪寶鑑續纂、無聲詩史。【歷代畫史彙傳卷十三】

宋元以來畫人姓氏錄卷七、歷代畫家姓氏便覽卷二、佩文齋書畫譜卷四十四書家傳、又卷五十八畫家傳、並可參閱。此書千頃堂書目、佩文齋書畫譜纂輯書籍目並著錄。參見支那畫學書解題論畫類一二九頁。

338 **海王村游記一卷** 光緒丙午年 鉛印本

清陳瀏撰。瀏原名孝威。江浦人。此書見販書偶記。

339 **寶迂閣書畫錄四卷附錄一卷** 民國四年乙卯石印本

清陳夔麟撰。夔麟字少石、貴陽人。

此書歷代著錄畫目引用書目收之。

寶迂齋書畫錄卷一有雲林虞山林壑圖、齋名寶迂、或即因此。所錄則始於巨然、終於清季王玉璋。宋元兩代、不逾十品。明代亦僅六十餘品、餘俱清人之蹟。不務高遠、是其所長。體例亦仿江村、每種後必有附語評論、亦尚得當。前有乙卯自序。【書畫書錄解題】

340 **吉雲居書畫錄二卷補遺一卷** 民國三十一年上海合衆圖書館石印本 潘景鄭著硯樓書跋著錄

吉雲居書畫續錄二卷 民國三十二年上海合衆圖書館石印本

淸陳驥德撰。驥德字良齋。海昌人。張元濟跋陳良齋先生嗜好殊俗、喜以書畫自娛、高情遠致令人想見王謝門風。是編所錄、雖皆近世之作、然多爲名家手筆。

341 **海虞畫苑略一卷** （補本書第七九九葉）

淸魚翼撰。翼詳見常熟書畫家小傳、增廣歷代畫史彙傳補編卷一。參見支那畫學書解題史傳類二五八頁。

海虞畫苑略一卷、補遺一卷、淸魚翼撰。小石山房叢書本、美術叢書本○歷史類專史之屬。【有美草堂畫學書目】

342 **字學津梁四冊** 原刊本

淸傅起儒撰。書畫書錄解題列入書部未見書中。

343 **畫梅辨難十二卷** 民國三年甲寅鉛印本

淸傅崇黻說、子傅煥等記述。崇黻號嫻園。此書卷首題嫻園居士崑子語錄論畫梅、其爲學至微也而稱語錄、昔所未聞。各卷首分題其門人傅煥徐駿等記述。中皆記其與傳煥輩問答之辭。前有甲寅序。詳見【書畫書錄解題】

畫梅辨難十二卷、傅崇黻說、傅煥等記述。民國三年鉛印本○論述類專論之屬。【有美草堂畫學書目】

344 **書品一卷** （補本書第六九四葉）

梁庾肩吾撰。肩吾見佩文齋書畫譜卷二十四書家傳。此書式古堂書畫彙考書考引用書目作書品論。明版書經眼錄上著錄。

庾肩吾　南史本傳、法書要錄、書斷、李嗣眞書後品。詳見【六藝之一錄卷三二一歷朝書譜十一】

345 **古今書抄三十二卷** 明萬曆四十年刊本

明袁宏道輯。此書好古堂書目作屠本畯撰。北京大學圖書館有此書。

346 **畫鑑一卷** （補本書第七三四葉）

民國十一年刊楚州叢書本

元湯垕撰。此書千頃堂書目、傳是樓書目、支那畫學書解題鑑藏類七四頁並著錄。垕又著畫論一卷、有唐宋叢書本、說郛本、畫論叢刊本。專論鑒藏名畫之方法與其得失、凡二十三條。深切著明、又多從畫法立論、尤得要領。詳見書畫書錄解題及支那畫學書解題論畫類七十三頁。

畫鑒一卷、舊本題宋東楚湯垕君載撰。案卷首有題詞曰、采眞子妙於考古、在京師時、與今鑒畫博士柯君敬仲論畫、遂著此書云云。則垕與柯九思同時、九思爲鑒畫博士、在元文宗天曆元年、則著此書時、上距宋亡已五

十三年、下距元亡僅三十九年、垕安得復稱宋人、舊本蓋相沿誤題也。(以上提要原文)

謹案、陶宗儀輟耕錄卷十八云『國朝東楚湯垕、字君載、號采眞子、著畫鑒一卷、論歷代名畫、悉有依據。』宗儀雖明人、而輟耕錄著于元至正時、所謂國朝者元朝也。鮑廷博刻四朝聞見錄、附刊宋元人題周密所藏保母磚拓本跋語爲一卷、中有湯垕題字云『山陽湯垕曾觀。』鈐以湯氏君載朱文印、在至元辛卯趙由祕題跋之后、至元癸巳郭天錫題字之前。更可與畫鑒題詞及輟耕錄互證。其爲元人、且可知其里貫爲山陽。自至元辛卯下數至天曆元年、凡三十七年、然則此書蓋晚年所作也。【四庫提要辨證】

347 畫筌析覽一卷 (補本書第七四〇葉)　畫論叢刊本　藏修堂叢書本

清湯貽汾撰。貽汾字雨生、武進人。工山水墨梅。【歷代畫史彙傳卷三十二】

墨林今話卷十五、國朝書人輯略卷九、國朝書畫家筆錄卷三、清畫家詩史庚下、並有貽汾小傳。參見支那畫學書解題論畫類三三二頁。

畫筌析覽一卷、清湯貽汾撰。述古叢鈔本、翠琅玕館叢書本。○作法類歌訣之屬。【有美草堂畫學書目】

348 玉臺畫史五卷別錄一卷 (補本書第八〇三葉)　掃葉山房石印本

清湯漱玉撰。漱玉汪遠孫妻。詳見清代閨閣詩人徵略卷八。參見支那畫學書解題史傳類三三八葉、歷代婦女著作考。

玉臺畫史五卷別錄一卷、清湯漱玉撰。道光丁卯振綺堂精刻本。○歷史類專史之屬。【有美草堂畫學書目】

349 南田畫跋三卷題畫一卷　翠琅玕館叢書本　畫論叢刊本　甌香館集本　畫學心印本　光緒四年葛氏嘯園刊本　借月山房彙鈔本

清惲格撰。格字壽平、以字行。號南田。武進人。山水清腴、別具秀致。自學沒骨寫生、以北宋徐崇嗣爲歸、一洗時習、獨開生面、海內學者咸宗正派。書法體王而秀。著南田集。見熙朝名畫錄、圖繪寶鑑續纂、畫徵錄中。【歷代畫史彙傳卷四十六】

宋元以來畫人姓氏錄卷二十六、國朝畫識卷四、國朝書人輯略卷一、國朝書畫家筆錄卷一、清畫家詩史乙上、並有格小傳。參見支那畫學書解題題跋類二二四頁。

南田畫跋、甌香館集卷十一、卷十二、俱係畫跋、末復有補遺一卷。其後借月山房彙鈔、畫學心印、嘯園叢書、翠琅玕館叢書、俱有刊本、皆以集本爲主、互有出入。嘯園及借月山房本、未及取以彙校。畫學心印本與集本大同小異、約多三十餘則、亦有九則爲集本所有而心印本所無者。其集本補遺數條、則心印本皆未載。翠琅玕館本爲葉鍾敬輯、自跋謂於收藏家及估舖有先生畫、必詣求觀詠、跋必手錄以歸、友人知其好也、不遠致千里亦鈔錄相寄、久之遂成卷軸云云。其實仍據集本爲主、爲之分類、即有增補、亦甚寥寥。其書分畫跋及題畫詩兩類。畫跋分畫筏、書鑑、畫品三種。題畫詩名畫餘、又析爲上下。畫後題記本隨時興到之作、不以年次、而以類分、殊乖體裁、不足取也。詳見【書畫書錄解題】

南田畫跋一卷、清惲壽平撰。光緒四年葛氏歗園刊本。〇題贊類題自作之屬。【有美草堂畫學書目】

350 南畫獨學揮毫自在四卷 刊本

清琴室主人繪。此書見揚州吳氏測海樓藏書目錄。

351 翁庵畫麈二卷（補本書第七四六葉） 民國十六年紫英香館鉛印本

清程庭鷺撰。庭鷺詳見國朝書畫家筆錄卷三、清畫家詩史庚上、清代畫史補錄卷三。此書支那畫學書解題未收、題跋類三八三頁著錄小松圓閣書畫跋一卷。（美術叢書本）。翁庵畫麈二卷、清程庭鷺撰。民國十六年紫英香館鉛印本。〇雜識類純言書畫之屬。【有美草堂畫學書目】

352 書勢五事一篇 通藝錄本

清程瑤田撰。瑤田著九勢碎事、詳見本書第七一七葉。國朝書人輯略卷六有瑤田小傳。程瑤田工書、自謂得晉人筆法、著書勢五事、以說其指。 夏炘撰別傳云、詩歌書法、無一不妙。著書勢五事、梁侍講同書謂發前人所未發。【清書史卷十九】五事者、一虛運、二中鋒、三結體、四點畫、五頓折也。詳見【書畫書錄解題】

353 書畫續錄一卷梁谿書畫徵一卷 嘉慶十八年層雲閣刊書畫傳習錄本

清嵇承咸撰。承咸字子敬。無錫人。詳見國朝書畫家筆錄卷二、清代畫史補錄卷一、增廣歷代畫史彙傳補編卷一。參見支那畫學書解題史傳類三三〇頁。

蔣寶齡曰、梁谿書畫徵、采輯散亡、表彰絕業、可謂有功於斯道矣。【墨林今話】

書畫續錄一卷、清嵇承咸撰。是編列入王孟端書畫傳習錄壬集。承咸自序謂九龍山人之書、至元末而止、而有明一朝二百七十餘年之間、書畫名流未可缺如、因綜攬而論次之云云。是此書續王書而作。而體例乃大不類。且高克恭爲元人、傳習錄已載入全藝門。是編重載、亦乖續書之例。有明一代書畫家甚多、是編所收僅百餘人、殊嫌簡略。　梁谿書畫徵一卷、清嵇承咸撰。是編嵇氏亦編入書畫傳習錄、作爲癸集。書畫續錄、猶曰續九龍山人之書、此亦闌入、尤無理由。梁溪者、無錫縣西門外水名、此沿通習爲其縣之通稱。敍漢高彪以下凡九十有三人、末附流寓七人、方外五人。各爲傳贊、涉及書畫者甚少。前有嘉慶十八年自序。詳見【書畫書錄解題】

354 **溪山臥游錄四卷**　（補本書第七四五葉）　道光甲午年刊本　光緒壬辰年東倉書庫重刊本　畫論叢刊本

淸盛大士撰。大士字子履、號逸雲、太倉人。嘉慶庚申孝廉、司鐸山陽。山水得婁東正派。見耕硯田齋筆記、畫名家錄、藝林聞見錄、書畫雜綴。【歷代畫史彙傳卷五十七】

墨林今話卷十三、淸畫家詩史己上、支那畫學書解題論畫類三三九頁、並可參閱。

355 **元牘記一卷**　四庫存目有蒼潤軒碑跋

明盛時泰撰。時泰字仲交、號雲浦。上元人。明經。（嘉靖中貢生）善水墨山水、竹石效雲林。小楷學倪、行書學蘇米、隸字更優。有元牘記一册、品題古今名帖。見無聲詩史。【歷代畫史彙傳卷五十七】

盛時泰字仲交、號雲浦、金陵人。行書學米學蘇、可謂絕妙。見詹氏小辨。金陵瑣事云、仲交有元牘記一册、品題古今名帖。【六藝之一錄卷三七〇歷朝書譜六十】

宋元以來畫人姓氏錄卷三十一、佩文齋書畫譜卷四十三書家傳、又卷五十七畫家傳、並可參閱。此書千頃堂書目著錄。

356 **圖畫考七卷**　（補本書第七三五葉）　四部叢刊三編本

元盛熙明撰。熙明詳見佩文齋書畫譜卷三十八書家傳。熙明又著法書考八卷、詳見本書第七〇四葉。又張元濟涉園序跋集錄、盛熙明工翰墨、能通六國書。至正甲申嘗以所編法書考八卷、進上覽之徽卷、命藏禁中。見書史會要。【六藝之一錄卷三五八歷朝書譜四十八】

357 **清代畫史增編三十八卷**　有正書局鉛印本

近人盛鐸輯。鐸字叔清、武原人。參見支那畫學書解題史傳類四六四頁。

是編例言謂根據彭氏畫史彙傳而作、故曰增編。卷一至卷三十五爲畫史門、卷三十六爲偏閥門、外藩門、卷三十七爲釋氏門、女冠門、卷三十八爲補錄。網羅清代畫人、頗爲詳贍。然有可議者、既爲增補畫史彙傳而作、則清代畫家之已見於彙傳者、豈宜重載。況所

錄於彙傳原文無增減、無考訂、乃至並其出處亦仍之而不注明錄自彙傳、不無掠美之嫌。詳見【書畫書錄解題】

358 南宗抉秘一卷 （補本書第七二四葉） 畫論叢刊本　屏廬叢刻本

清華琳撰。琳字夢石。天津人。詳見天津縣新志卷二十一。此書有道光二十三年自序。

359 畫說一卷 美術叢書本

清華翼綸撰。翼綸字遂秋。無錫人。道光二十三年舉人。詳見國朝書畫家筆錄卷四、增廣歷代畫史彙傳補編卷四。參見支那畫學書解題論畫類三七〇頁。

畫說一卷。書凡二十六條、雜論宗派賞鑑諸種畫法、以及紙墨。尙多心得之談、不拾前人牙慧。書中頗詆朱昂之張硯樵筆墨。詳見【書畫書錄解題】

360 鐵網珊瑚二十卷 （補本書第七四九葉） 乾隆二十三年刊本　光霽山房刊本

明都穆撰。千頃堂書目云、都穆鐵網珊瑚、黃志無。書目又有朱存理鐵網珊瑚二十卷。詳見本書第七四九葉。參見支那畫學書解題鑑藏類九六頁。

都穆字玄敬。吳縣人。弘治己未進士。歷禮部主客郎中、加太僕少卿。泛濫羣籍。奉使至秦中、搜訪金石遺文、摹搨繕寫、作金薤琳琅錄。見吳縣志。　式古堂書畫彙考云、南濠居士善行草書。又顧元慶傳元慶好古法書、作瘞鶴銘考云、其師南濠先生家藏碑刻、甲於東南。錄其文、悉皆品題、爲金薤琳瑯凡數十卷。亦見書史會要。【六藝之一錄卷三六八歷朝書譜五十八】

鐵網珊瑚二十卷、明都穆撰。光霽山房刊本。〇僞託類。【有美草堂畫學書目】

潘景鄭舊鈔本跋、見著硯樓書跋中。

361 大書長語二卷 高昌秘笈甲集據明本影印本

明費瀛撰。費廷棐輯。

362 醉鷗墨君題語一卷 明刊本　六研齋筆記本　美術叢書本　竹懶說郛本（二卷名墨君題語）

明李肇亨撰、項聖謨輯。肇亨嘉興人。聖謨字孔彰、號易菴。秀水人。山水人物、初學文氏、取韻元人。花草松竹木石尤精妙。見熙朝名畫續錄、圖繪寶鑑續纂、畫徵錄。【歷代畫史彙傳卷四十一】

宋元以來畫人姓氏錄卷二十三、佩文齋書畫譜卷五十七畫家傳國朝書畫家筆錄卷一、清畫家詩史甲上並有聖謨小傳。參見支那畫學書解題題跋類一八三頁。

墨君題語二卷、明江元祚、項聖謨編。第二卷爲聖謨輯、多爲李會嘉題語。凡三十八篇。詳

見【書畫書錄解題】

363 歷代名家書畫題跋四卷　傳鈔本

不著編撰者姓名。實清項德新撰。

歷代名家書畫題跋是編爲章氏四當齋所藏傳鈔本。舊題明項藥師編。余越園據以采入書畫書錄解題、是爲此編見於書錄之始。按項氏以收藏甲海內、而著錄之書獨闕如。惟吾郡陸其清佳趣堂書目載有檇李項氏元賢書畫題跋。然卷帙莫詳、亦不審其爲誰何之作。此編所收上迨晉唐、知非陸氏所藏本也。案其所錄凡百有六種、而十九見於汪砢玉之珊瑚網。依樣葫蘆、一字不易。甚至汪錄舛譌、亦仍其舊。（汪錄係據適園叢書本）此或明人著錄風尙、多屬轉輾傳鈔。乃其低二格或三格寫、所謂藥師自跋者。案之汪錄、亦剽竊自墨林題語、則其出於後人僞託、無復疑義矣。【書畫書錄解題補甲編】

歷代畫史彙傳卷四十一、項德新字復初。嘉興人。元汴三子。得荆關法、尤善寫生。海內珍如拱璧。見珊瑚網。

364 書法雅言一卷　（補本書第七一〇葉）

明項穆撰。穆字元貞、號蘭臺。嘉興人。元汴子。究心八法。見畫名家錄。【歷代畫史彙傳卷四十一】

項穆書法雅言一卷、萬曆己亥支大綸序。【千頃堂書目】

項德純名穆、以字行。墨林子。檇李人。官中祕、書法擅長、與少岳齊名。見秀水志。沈思孝陸沈漫稿云、德純於晉唐名家罔不該會、而心慕手追者逸少。著書法雅言、上下千載、品第周瞻、進手技矣。【六藝之一錄卷三七〇歷朝書譜六十】

此書佩文齋書畫譜纂輯書籍目亦收之。

365 隸法彙纂十卷　原刻本

清項懷述撰。懷述字惕孜。歙縣人。

此編就顧藹吉隸辨、改用康熙字典部目重編、而删其攷訂之語。意蓋爲學分書者而設。尙便檢閱。然顧書之菁華盡失矣。前有乾隆四十五年自序。【書畫書錄解題】

366 增廣圖繪寶鑑八卷　一名圖繪寶鑑續纂　借綠草堂刊本

舊本題明毛大倫等撰、清馮仙湜鑒閱。

馮仙湜字沚鑑。山陰人。山水學河陽。輕淡細秀、有雅趣。見畫徵錄。【歷代畫史彙傳卷二】

宋元以來畫人姓氏錄卷一、歷代畫家姓氏便覽卷一、國朝畫識卷六、國朝書畫家筆錄卷二、並有仙湜小傳。此書佩文齋書畫譜纂輯書籍目引作圖繪寶鑑續纂。

增廣圖繪寶鑑八卷、舊本題明毛大倫、清藍瑛謝彬撰。丁氏八千卷樓書目有重編圖繪寶鑑八卷清馮仙湜等撰者、當即此編。蓋因編首有馮仙湜鑑閲、遂誤以爲仙湜等撰也。王聞遠孝慈堂書目注云、馮仙湜等訂、二册。是編前五卷及第八卷末所附補遺、皆夏文彥原編。第六卷爲毛大倫增補、記有明一代畫家、始於宣廟、終於張鵬、凡得一百八十六人。敍述無法、又不甚以時世爲次。第七卷記清代畫家、題爲藍瑛謝彬纂輯。所録凡四百六十三人、半屬明季遺民、而雜廁於清人之間、凌亂尤甚。八卷爲女史、僅題馮仙湜鑒閲、未詳何人所編。所紀凡九十六人。首爲宋楊妹子、餘皆明清兩代人、亦任意掇録、無復倫次。知此三卷皆清初坊本、猶未脱明季舊習者也。【書畫書録解題】

367 墨香居叢刊二種　道光辛卯年墨香居刊袖珍本　又十一年雲間文華堂增補刊本

清馮金伯撰。金伯字冶堂、南匯人。明經、官句容訓導。善山水、精鑒賞、著有墨香居畫識。見畊硯田齋筆記。【歷代畫史彙傳卷二】

國朝書畫家筆録卷三、清畫家詩史己上、並有金伯小傳。

此書續補彙刻書目、叢書大辭典並著録。

1. 國朝畫識十七卷補編二卷（詳見本書第八〇一葉）參見支那畫學書解題史傳類三一九頁。

2. 墨香居畫識十卷（詳見本書第八〇二葉）王昶序見春融堂集卷三十七。參見支那畫學書解題史傳類三二〇頁。

國朝畫識十七卷、清馮金伯撰。道光辛卯墨香居刊本〇歷史類歷代史之屬【有美草堂畫學書目】

368 歷代畫家姓氏便覽六卷　道光六年德聚堂刊本（補本書第八〇四葉）

清馮津撰。津詳見國朝書畫家筆録卷三、清代畫史補録卷一、增廣歷代畫史彙傳補編卷一。

歷代畫家姓氏便覽六卷、清馮津撰。道光六年刊本〇叢輯類類書之屬【有美草堂畫學書目】

369 鈍吟書要一卷（補本書第七一三葉）

清馮班撰。班字定遠、號鈍吟。常熟人。書法四體皆能、尤工小楷、有晉唐風致。見蘇州府志。陶貞一廣邑先民傳、善書、有日記及誡子帖、論書法入微。　鈍吟老人論書大概、祖陳繹曾翰林要訣十二章、本以執筆爲第一、是以鈍吟有筆法結法二説。見大瓢偶筆。【清書史卷一】

國朝書人輯略卷一有班小傳可參閱。

370 **寫山水訣一卷** （參見本書第七二二葉） 畫論叢刊本

元黃公望撰。公望字子久、號大癡道人。常熟人。（無聲詩史、杭州府志作富陽人、圖繪寶鑑作衢州人。）居富春山。山水師董巨、晚年自成一家。其格有二、一作淺絳色者、山頭多礬石、筆勢雄偉。一作水墨皴紋極少、筆意尤爲簡遠。畫入逸品、冠元四大家。著山水訣。見畫史會要、鐵網珊瑚、清河書畫舫。【歷代畫史彙傳卷三十一】

黃公望山水訣一卷、字子久、別號大癡道人。【千頃堂書目】

參閱支那畫學書解題論畫類六九頁。

371 **益州名畫錄三卷** （補本書第七二九葉）

宋黃休復撰。此書傳是樓書目明版書經眼錄上並著錄。參見支那畫學書解題論畫類十八頁。休復詳見增廣歷代畫史彙傳補編卷三。

372 **東觀餘論二卷** 王氏書苑本 明萬曆間嘉禾項氏萬卷樓仿宋刊本 津逮祕書本 學津討原本 邵武徐氏叢書本 叢書集成本 四庫全書本

宋黃伯思撰。伯思字長睿。邵武人。元符己卯進士。河南府戶曹參軍。嘗模顧閎之筆、風韻灑落。飄飄有凌雲意。爲祕書郎時、縱觀册府藏書。至忘寢食。好古文奇字、研究字體、悉能辨正是非。道其本末。篆隸正行章草飛白、皆至妙絕。率後子訒、裒其平日議論題跋、爲東觀餘論。見圖繪寶鑑補遺。【歷代畫史彙傳卷三十一】

宋元以來畫人姓氏錄卷十七、歷代畫家姓氏便覽卷三、並有伯思小傳。

元鄭杓曰、黃伯思之論、何其自欺也。劉有定注曰、伯思著東觀餘論、辨古刻書帖、然多出於米元章。大抵論書宗尚晉人、而闇於古遠。【衍極】

明文徵明題跋曰、書中多書帖跋語、考論頗精。

紹興丁卯、其子訒與其所著論辨題跋合而刊之。名曰東觀餘論。訒跋稱共十卷、今本僅二卷、或後來傳寫所合併。詳見【四庫全書總目提要雜家類】

此書論說書畫雜著、不盡金石跋。見【金石書錄目】

東觀餘論二卷、首爲法帖刊誤、其餘論說序跋辨記等、凡百零五篇。其中以涉於書法碑帖者爲最多。議論考證、俱甚精確。衍極譏之、未爲當也。【書畫書錄解題】

373 **山谷題跋四卷** 明黃嘉惠校刊本

宋黃庭堅撰。庭堅字魯直、號涪翁。分甯人。官知宜州。見佩文齋書畫譜卷三十三書家傳。

此本首署海陽黃嘉惠長吉父校、疑卽黃氏由山谷集中選出者。山谷出語名雋、所爲題跋別有風格。選出單行、自便省覽。其中題跋、書畫之作占其泰半。【書畫書錄解題】

374 **草心樓讀畫集一卷** 美術叢書本

清黃崇惺撰。崇惺字次孫。歙人。前有光緒二十七年譚廷獻序。參見支那畫學書解題鑑藏類四〇五頁。

前有小序、謂其家先世舊藏及其鄉諸舊家所藏法書名畫、經咸豐季年大亂、泰半燬失。因追憶故蹟、各爲題詩。凡四十四題、古今體俱備。每詩有序、詩文俱清新可誦。【書畫書錄解題】

草心樓讀畫集一卷、清黃崇惺撰。美術叢書本。〇題贊類題詠之屬。【有美草堂畫學書目】

375 **廣藝舟雙楫評論一卷** 鈔本（上海歷史文獻圖書館藏）

清黃紹箕撰。紹箕字仲弢。瑞安人。

376 **二十四畫品一卷**（補本書第七四二葉） 嘉慶刊壹齋集本 拔靉草堂叢書本

清黃鉞撰。鉞字左田。當塗人。乾隆庚戌進士、戶部尚書。山水得蕭雲從餘韻、層巒疊嶂、不使人一覽而盡。又善書。見墨香居畫識卷三。【歷代畫史彙傳卷三十一】

宋元以來畫人姓氏錄卷十七、國朝書人輯略卷七、國朝書畫家筆錄卷二、清畫家詩史戊上、並有鉞小傳。參見支那畫學書解題論畫類三二二頁、又史傳類三二三頁收鉞畫友錄一卷。

二十四畫品一卷、清黃鉞撰。四銅鼓齋論畫集刻本、翠琅玕館叢書本、美術叢書本、論畫輯要本。〇品藻類比況之屬。【有美草堂畫學書目】

377 **書學會編四卷** 明天順刊本（北京圖書館藏） 四庫存目

明黃瑜編。瑜字廷美、華亭人。官肇慶知府。

書學會編四卷（兩淮鹽政採進本） 明黃瑜編。案明有兩黃瑜、皆字廷美、皆景泰天順間人。其一爲黃佐之祖、有雙槐歲鈔。此黃瑜、則天順六年官肇慶府知府、此書卽其在肇慶所刻也。凡四種、一爲劉次莊法帖釋文、一爲米芾書史、一爲黃伯思法帖刊誤、一爲曹士冕法帖譜系、無一字之考證、而譌脫至不可讀、蓋書帖本耳。【四庫全書總目提要】

此書千頃堂書目、叢書書目彙編、叢書大辭典亦均作四卷。惟咫進齋善本書目作十四卷、彼法帖釋文十卷、法帖刊誤二卷、與各書所載不同。

378 **金石書畫叢刊一冊** 民國二十三年影印本

近人黃賓虹撰。賓虹名質、以字行。安徽歙縣人。詳見增廣歷代畫史彙傳補編卷三。賓虹著有古畫微一冊、商務印書館出版、凡二十四篇。詳見書畫書錄解題。

379 **拳石山房畫說一卷** 光緒三年松竹堂刊本

清黃潤撰。潤字楚垣。楚黃人。詳見清畫家詩史丁上。此書見販書偶記。

380 **古佛畫譜二冊** 中華書局石印本

近人黃澤撰。澤字語皋。蜀人。余紹宋曰、佛象專譜自昔無聞、此譜當爲首剏。諦視筆法、頗爲精能、但稍乏氣韻耳。詳見【書畫書錄解題】

381 **閩中書畫錄十二卷** 黃椒升遺書稿本（上海歷史文獻圖書館藏）民國三十二年上海合衆圖書館石印本

清黃錫蕃撰。錫蕃字椒升。海鹽人。官福建候補布政司都事、署上杭典史。工八分。見海鹽縣志。 金石學錄、擅分隸。 劉星高飛白錄序云、究心博雅、與吳趨陸白齋、同里張文魚並以飛白擅名。【清畫史卷十七】

閩中書畫錄十六卷（寫本）國朝黃錫蕃撰。椒升宦遊閩中、見閩人書畫甚夥、有志輯錄爲編、適張芑堂（燕昌）以古杭丁晞曾傳八閩書畫記稿寄之、屬令補輯。其書乃未經卒業者、僅得二百餘家、椒升據以爲本、遍考羣書、凡得八百餘家、自唐以至國朝、以時代爲次、末則爲女史、緇衣、羽士、仙蹟、流寓、遊宦六門。卷首冠以御題、閩人書畫詩文、其所採錄、各注出處、雖未必無遺漏、而搜羅廣博、編次秩然。椒升雅好書畫之意、亦於此見之矣。前有嘉慶十一年自序、凡例、及纂輯書籍、又有十四年吳兔牀（騫）序。【鄭堂讀書記】

閩中書畫錄十四卷、清黃錫蕃撰。見謝章鋌賭棋山莊文集課餘續錄卷四。其解題云、海鹽黃錫蕃椒升著。自唐逮國朝、凡六百四十人。卷首列所采書目、自宋史以下百五六十種、或注姓名、或不注、且有久佚之本、恐或稗販他處、不盡由本書來也。然以之備攷、則可云賅博矣。【書畫書錄解題書畫部未見書】

382 **語石齋畫識一卷** 光緒二十一年刊南湖草堂全集本

清楊伯潤撰。伯潤詳見清畫家詩史壬上、增廣歷代畫史彙傳補編卷二。此書萇楚齋書目著錄。

383 畫史別號四卷 民國甲子年鉛印澂園叢書本

近人楊廷瑞撰。廷瑞字子杏。善化人。

是編取自宋以來畫家所用別號、以其首字依韵分編而系姓名於其下。兩號以上則用互見例、尙便於檢索。惟所錄僅八百四十九人、所列諸家、不知以何書爲準。又不注明出處、稍嫌未詳備耳。【書畫書錄解題】

畫史別號四卷、淸楊廷瑞撰。澂園叢書本○叢輯類類書之屬。【有美草堂畫學書目】

384 眼福編初集十六卷二集十五卷三集七卷 光緒十一年刊坦園叢稿本

淸楊恩壽撰。恩壽字蓬海。長沙人。參見支那畫學書解題鑑藏類四一六頁。

是編初集皆題杜瑞聯古芬閣所藏書畫之作。二集則所錄不盡古芬閣所藏、純是著錄體裁。三集則皆爲古芬閣所藏書畫之贊。益知杜氏之作、皆其捉刀。詳見【書畫書錄解題】

眼福編初集十六卷、二集十五卷、三集七卷、淸楊恩壽撰。坦園叢書本。○題贊類名蹟跋之屬。【有美草堂畫學書目】

385 書品一卷 古今文藝叢書本

淸楊景曾撰。景曾字召林。自號竹栗園丁。六安人。嘉慶十七年拔貢。好古博雅、藏名刻尤世所罕見。日日臨摹、恍得神髓。著有書品。見六安州志。【淸書史卷十四】

國朝耆獻類徵卷二百二十四亦有傳。

書品一卷是編仿司空表聖詩品之例、分書品爲二十四。曰神韻、曰古雅、曰瀟灑、曰雄肆、曰名貴、曰擺脫、曰遒鍊、曰峭拔、曰精嚴、曰鬆秀、曰渾含、曰澹逸、曰工細、曰變化、曰流利、曰頓挫、曰飛舞、曰超邁、曰瘦硬、曰圓厚、曰奇險、曰停勻、曰寬博、曰嫵媚。見【書畫書錄解題】

386 海上墨林四卷 原刊本

近人楊逸輯。逸號東山。上海人。參見支那畫學書解題史傳類四六二頁。

是書專輯上海書畫家、各爲之傳。分邑人、寓賢兩類。邑人得三百七十七人。寓賢得三百二十六人。詳見【書畫書錄解題】

387 圖繪宗彝八卷 明萬曆刊本

明楊爾曾撰。爾曾字聖魯。武林人。此書千頃堂書目著錄、不著編撰者姓名。販書偶記題明武林楊爾曾撰。書畫書錄解題列入畫部未見書中。王氏詒莊樓書目云明刊本前有萬曆丁未自序。

388 鐵函齋書跋四卷大瓢偶

筆八卷　並道光二十七年粵東遺署刊本

濟楊賓撰。賓字可師。號大瓢。山陰人。寓蘇州。

國朝詩別裁集、書法不染宋元習氣。朱象賢聞見錄、大瓢自晉至明、無不涉獵、其得力者楷則黃庭、行則聖教、專用二帖之筆意、仿各家之形勢、工勤力足、而無懈筆。梁巘評書帖、楊賓得執筆法、學右軍長公、圓潤自然亦弱。【濟書史卷十四】

國朝書人輯略卷二亦有賓小傳、可參閱。

389 歸石軒畫談十卷　同治癸酉刊本　廣東九曜山房刊寰遺草堂全集本

濟楊翰撰。翰字伯飛、號海琴、晚號息柯。新城人、大興籍。道光二十五年進士、官鎮辰永道。

楊彝珍撰墓志云、尤工書法、見移芝室文集。

方濬頤夢園叢說、蝯叟書雖信手塗抹、皆有一段眞率之氣。息柯居士極力摹擬、尙不過得其皮毛耳。【濟書史卷十四】

國朝書人輯略卷十、國朝書畫家筆錄卷四、濟畫家詩史辛上、增廣歷代畫史彙傳補編卷二、並有翰小傳。此書葨楚齋書目著錄。

390 書畫考略四卷　稿本

濟楊寶鏞輯。寶鏞字序東。元和人。

卷一歷代無名氏書畫跋、名人書跋、歷代帝王書畫辨證。卷二書辨證、閣帖攷、歷代書家軼事、卷三歷代名人畫跋、畫辨證、歷代畫家軼事、歷代鑒藏印記。卷四論書論畫、皆選錄佩文齋書畫譜而成。故所記止於明代、別無增輯。前有光緒丁酉自序。詳見【書畫書錄解題】

391 論書表一卷　法書要錄本　墨池編本提出表中一段爲二王書事（佩文齋書畫譜纂輯書籍目著錄者卽此）

宋虞龢撰。龢餘姚人。官至中書郎廷尉。見佩文齋書畫譜卷二十四書家傳。

唐竇臮云、宋中書侍郎虞龢上明皇帝論古今妙迹、正行草楷、紙色標軸、眞僞卷數、無不畢備。【述書賦注】

此表敍二王書事、並當時搜訪名蹟情形。字凡數千言、文氣不一貫、疑有脫簡。朱長文墨池編所載二王書事、卽其一節。知此文之遭割裂已久、故多不相連屬也。詳見【書畫書錄解題】

392 皇宋書錄三卷　簡稱書錄（補本書第七九一葉）

宋董史撰。

皇宋書錄三卷、宋董史著。刊本。是書輯錄書家名蹟、自宋初迄淳祐年間止。【文選樓藏書記】

此書也是園書目書類作皇朝書錄。

四庫全書總目提要云、史字更良不詳其里貫。余嘉錫爲之補正、詳見四庫提要辨證。

393 **董思翁筆勢論一卷** 道光二十八年孫氏刊本

明董其昌撰。其昌詳見佩文齋書畫譜卷四十四書家傳、又卷五十八畫家傳。宋元以來畫人姓氏錄卷二十三。趙懷玉董文敏筆勢論跋、見亦有生齋文集卷八。又清陳奕禧綠陰亭集孫雲鴻跋云、以梨木刻入味古書室與前刊董香光筆勢論、書法闡宗並行。書畫書錄解題列入書部未見書中。

394 **畫旨一卷** 式古堂書畫彙考附載本 畫論叢刊本 美術叢書本

明董其昌撰。此書式古堂書畫彙考畫考引用書目收之。雜論畫法畫學、間有題舊畫及題自畫之文、與畫禪室隨筆及畫眼所載、互有同異。隨筆中多有爲是書所未載者、畫眼中間亦有之。續說郛又載有論畫瑣言一卷、其文具見此書、惟段落先後則各書不同、錯雜之至。詳見【書畫書錄解題】

參見支那畫學書解題論畫類一二八頁。

畫旨一卷明董其昌撰。式古堂書畫彙考附載本、美術叢書本。〇論述類雜論之屬。【有美草堂畫學書目】

395 **書畫眼四卷** 天蓋樓刊巾箱本

明董其昌、李日華撰。此書文瑞樓書目作董李書畫眼二卷。參見支那畫學書解題論畫類一二八頁。

此書卷一爲董文敏書眼、卷二爲董文敏畫眼、卷三爲李君實書眼、卷四爲李君實畫賸。文敏書眼凡一百四則、雜論書法碑帖、自是甘苦有得之談、惟於東坡時致不滿、掊擊松雪尤力。君實書眼凡二十三則、泛論爲多、以較文敏之書、眞有上下床之別、豈堪配偶。畫賸凡三十七則、其文多由六研齋筆記及紫桃軒雜綴中摘出、與通行畫賸本不同。畫賸本爲題畫之作、玆編所錄皆雜論畫學之文、與賸字之義未合、不若仍題畫眼、亦與標題相符。疑編者知君實有畫賸而未見其書、姑冒其名以補之耳。【書畫書錄解題】

396 **廣川書跋十卷** 四庫全書本 光緒十三年吳縣朱氏刊槐廬叢書本

宋董逌撰。支那畫學書解題題跋類三八頁收廣川畫跋六卷。

廣川書跋十卷宋董逌撰。逌政和中官徽猷閣待制、王明淸玉照新志載宋齊愈獄牘稱司業董逌在坐、則靖康末尚官司業。曾敏行獨醒雜志稱建炎己酉逌從駕、則南渡時尚存。丁特起孤臣泣血錄、並記其受張邦昌僞命、爲之撫慰太學諸生事、則其人蓋不足道。

（以上提要原文）謹案、建炎以來繫年要錄卷二十五云、『建炎三年七月、中書舍人董逌、充徽猷閣待制、逌爲宗正少卿、官省而罷、旋入西掖、至是纔踰月也。』則逌之官待制、在南渡從駕之後、提要以爲政和中者誤。三朝北盟會編卷七十八云、『二十九日己未、（靖康二年正月）差董逌權司業監起書籍等、差兵八千人、轉赴軍前。』則逌之官司業、具有日月可考、不待取證於宋齊愈之獄牘也。又會編卷八十七云、『三月二日、差禮部員外郎董逌充事務官。』則逌蓋以員外郎權司業。又卷九十五云、『二十八日丁亥（靖康二年四月）國子監祭酒董逌率太學生赴南京奉表勸進。』繫年要錄卷四略同。則逌在圍城中已遷祭酒、不止司業矣。會編卷一百十一、右正言鄧肅劄子云、『事矛官者金人已有立僞楚之語、朝廷集議、恐不能如禮、遂私結十友作事矛官講册立之儀、搜求供奉之物、無所不至、使邦昌汚爲揖遜以事美觀、皆事矛官之力也。』逌實事矛官之一人、則其附張邦昌之罪、有不止爲之撫慰太學諸生者。會編又引遺史（趙姓之著）敍宋齊愈事、亦有司業董逌在坐之語、不僅見於玉照新志也。書跋卷五有太尉楊震碑跋云、當震之發大難、奮大義、直指利害、夫豈不謂然、處亂世汗俗、闇主在上、姦臣乘此以醜正、况女謁嬖豎有一於此、然不得自見協是相濟、（兩句疑有誤字）乃欲明目張胆、以直道行於世、吾知震之死非不幸也。觀其門生故吏、可謂衆矣。而高舒楊倫輩、方且率天下而禍仁義、以抗言爲直、以犯難爲義、以殺身爲仁、至靡厲激訐以進斷者、爲得事君之道、其觸機投穽以陷患害、相趣而不顧、卒成黨禍、而漢以亡、夫爲名節者、本以存身、吾見其身之禍、求以治國家、而國家卒以亡矣。蓋行仁義而不知其道者也。其后陳蕃竇武、乃欲焚社鼠而覬幸、一日無事、皆殺身成名之說也。可不悲哉。』逌當衰亂之世、竊祿於朝、惟以存身爲念、至爲張邦昌效奔走、而不知恥。又強爲之說以自解免、遂以殺身成仁者爲非、且指古來忠直之士爲率天下而禍仁義、觀其持論、可謂小人無忌憚之尤者矣。豈止於不足道也哉。【四庫提要辨證】

此書明版書經眼錄上著錄。

廣川書跋十卷（明文氏玉蘭堂鈔本、）原裝四册、爲長沙葉氏郎園遺書。葉氏跋云、此廣川書跋十卷、爲明人舊鈔本、每半葉十一行、行二十四字。卷首鈐有明文衡山徵明印記、又有泰興季振宜、大興朱氏竹君藏書印、何紹基印。卷六及卷十後有安麓村藏書印、則三韓安岐也。孫從添藏書紀要、盛稱文衡山家鈔本、此本又歷經南北藏書家鑒賞珍藏、宜乎非尋常鈔本可比矣。從子啓藩藏有明錫山秦氏雁里草堂鈔本、偶取以勘此本、則此本謬誤脫錯、幾乎不可卒讀。如卷二石鼓文辨、子信爲成王頌下接古篆魯旅同文云云、龔伯尊彝銘、其自諸侯卿大下接何前世未有考者云云、魯公尊彝銘、首行起夫則無金飾也云云、以秦鈔證之、何前世未有考者、乃子信爲成王頌下之文、古篆魯旅同文、乃魯公尊彝銘首行以下文、夫則無金飾也、乃龔伯尊彝銘其自諸侯卿大以下之文、如此顛倒竄亂、幾歷明末國初諸公收藏、曾未一校。迨乾隆時始經朱少河先生以汲古閣本勘正、注字於書之上楣、其中誤字、亦多據汲古閣本改正。然汲古閣本不如秦鈔本之佳、惜朱氏未之見也。卷三宋君夫人餗飦鼎則穆以相下而但守一物云云、乃宋公寶簋銘、後世不得其制以下之文、寶龢鐘銘首行參爲名目以下云云、乃接則穆以相以下之文、亦以秦鈔勘出、而朱氏則以汲古閣本勘正、注字於書之上楣。卷五韓明府碑首行窮困而受封云云、乃孫叔敖碑後半之文、韓明府碑全文、乃誤竄在西岳華山碑昔歐陽公謂集靈之下、集靈以下、全然脫失。而孫叔敖碑而不可爲者其後躬祖以下川漢作濕云云、乃鄗閣頌後半之文、而鄗閣頌前半、則與西岳華山碑同脫失、此亦經朱氏以汲古閣本校補於書之上楣。殆原本書葉錯釘、又有脫葉、鈔手不通文法、遂有此謬誤耳。卷六以下、別一鈔手、尙無十分大謬、然視秦鈔則遠遜矣。惟卷三宋公經鐘銘其六以下、秦鈔缺文兩行半、補錄卷末、汲古閣本同缺、而卷末未曾補錄、此則全文具在、讀之文從字順、是較秦鈔毛刻爲優。若其他小勝小謬之處、當以秦鈔爲主、別爲校記、茲不暇詳舉矣。後附法帖刊誤、當析出別爲一册。壬戌閏端午德輝記。此本前護葉上有少河先生手跋二行云、是編所載、多鐘鼎款識、及漢唐碑刻、末附宋人數帖、論斷考證、多爲精核。下鈐錫庚閱目白文四字方印、卷一末葉有蠅頭小楷一行云、乾隆甲申九月二日以汲古閣所刻津逮祕書本校一卷訖、又卷二石鼓文上有校云、按汲古本此文載之卷二之末、次第字句、亦多不同、略爲校正書其旁、皆少河先生手蹟。此本石鼓次第、全同秦鈔、則知汲古以意改之也。德輝再記、【五十萬卷樓藏書目錄】

397 養素居畫學鉤深一卷 荔牆

叢刻本　披雲草堂叢書本　畫論叢刊本

清董棨撰。棨字漢符、一字石農。號樂間。秀水人。見【墨林今話卷十三】

清畫家詩史戊下、清代畫史補錄卷三並有棨小傳。此書亦簡稱畫學鉤深、清史稿藝文志、涵芬樓書目並作汪曰楨撰、誤。支那畫學書解題論畫類三四九頁作畫學鉤元一卷。此編依汪曰楨跋、乃由樂間自書手册中錄出者、凡二十三則。持論平正。樂間本爲方蘭

士（薰）入室弟子、知其淵源有自矣。【書畫書錄解題】

398 **論畫脞說一卷梅影草堂題畫詩一卷**　嘉慶五年刊本

清葉以照撰。以照字青煥、仁和人。詳見清畫家詩史丙下。此書販書偶記亦著錄。

399 **國朝畫家書小傳四卷**　西泠印社鉛印本

近人葉銘輯。銘字三品、號葉舟、仁和人。清乾嘉間石門蔡鹿賓集各名畫題跋、自王時敏以下百數十家、爲國朝畫家書六卷。此爲葉舟所輯之小傳。書畫書錄解題曾著錄。

400 **消夏百一詩二卷**　觀古堂所著書本

清葉德輝撰。德輝字煥彬、號郎園、長沙人。進士、吏部主事。詳見碑傳集補卷五十三。此書參見支那畫學書解題四三五頁。

此題其弟默庵所藏名家畫扇之作、七言絕句百一首。蓋取高氏消夏、張氏鑒古之例、以名其書。所收起沈啓南、迄於近代何維樸、於明清兩代名人、尙多闕略。蓋就其所藏者爲限、原未求備也。詳見【書畫書錄解題】

清夏百一詩二卷、葉德輝撰。光緒戊申葉氏觀古堂刊本。○題贊類題詠之屬。【有美草堂畫學書目】

401 **觀畫百詠四本**　觀古堂叢書本

清葉德輝撰。　余紹宋曰、郎園此編、自注甚詳、雖時傷於繁冗、而搜輯甚勤、間亦有所攷證。於畫學不爲無裨。名爲觀畫而不僅言鑒賞、頗多泛論畫學之談。詳見【書畫書錄解題】

參見支那畫學書解題鑑藏類四三九頁。

402 **書學彙編十卷**　傳鈔本　四庫存目

清萬斯同撰。斯同字季野、鄞縣人。

余紹宋曰、見浙江采集遺書總錄、四庫列存目。此書與楊賓大瓢偶筆所引鄞縣亡友萬季野撰書譜二十四卷、載古今書家一千十有五人之書譜、皆錄古今書家、未知異同何若。但既作彙編、緣何又有書譜。若云一書異名、卷數又相差太甚。四庫提要於此書甚稱其考證之精、而以有佩文齋書畫譜出、即列入存目、最無理由。詳見【書畫書錄解題】

403 **分隸偶存二卷**　（補本書第七一四葉）　光緒八年壬午重刊辨志堂本　四明叢書第四集本

清萬經撰。經字授衣、號九沙、鄞縣人。康熙四十二年進士、官編修、貴州學政。　陸燿萬序、梁文泓萬經分隸偶存跋。　全祖望曰、求漢

隸原委於鄭君谷口。詞科掌錄、晚歲精研分隸、時人寶若拱璧。袁鈞曰、工隸書、得鄭谷口之傳。見【清書史卷二十八】

國朝書人輯略卷三、國朝書畫家筆錄卷一、並有經小傳。

404 筆諫八卷附百孝圖一卷末編一卷 光緒中丹徒刊本

清萬選撰。選、京口人。詳見清史稿列傳卷四百七十六。此書南京國學圖書館圖書總目著錄於藝術類。

405 愛日吟廬書畫錄四卷補錄一卷續錄八卷別錄四卷 （補本書第七六九葉）

清葛金烺編、第三子嗣浵續纂。參見支那畫學書解題鑑藏類四一一頁。

愛日吟廬書畫錄四卷、補二卷、續八卷、別四卷、清葛金烺、葛嗣浵撰、正宣統二年刊本、續民國二年刊本。○著錄類一家所藏之屬。

【有美草堂畫學書目】

406 東圖玄覽編四卷附一卷 民國三十六年故宮博物院鉛印本

明詹景鳳撰。景鳳字東圖、號白岳山人、休甯人。以南豐掌教、爲吏部司務。墨竹瘦勁絕倫、山水法倪黃、書師右軍父子。著書曰東圖元覽等行世。見畫史會要、無聲詩史。【歷代畫史彙傳卷四十】

宋元以來畫人姓氏錄卷二十二、歷代畫家姓氏便覽卷三、佩文齋書畫譜卷四十四書家傳、又卷五十七畫家傳、並可參閱。

此書佩文齋書畫譜卷九十九歷代鑒藏畫中徵引及之。歷代著錄畫目引用書目亦有之。書畫書錄解題列入書部未見書中。

407 書學傳授譜一卷 書學彙編本

明解縉撰。縉字大紳、吉水人。洪武戊辰進士。詳見佩文齋書畫譜卷四十書家傳。

佩文齋書畫譜纂輯書籍目、式古堂書畫彙考書考引用書目、並有此書。萬斯同題解縉書學傳授譜、見羣書疑辨卷九。式古堂彙考又有春雨齋續書評、亦明解縉撰、今未見。

408 小山畫譜二卷 （補本書第七七八葉） 學雅堂叢書本 叢書集成本 拔萃草堂叢書本 畫論叢刊本

清鄒一桂撰。一桂字原褒、號小山、無錫人。雍正丁未傳臚、入詞林、仕至禮部侍郎、加尚書銜。畫筆進呈、疊邀睿題。山水法宋人、點綴人物亦有可觀。花鳥分枝布葉、條暢自如、惲格後僅見也。見熙朝名畫續錄、畫徵續錄。【歷代畫史彙傳卷三十八】

宋元以來畫人姓氏錄卷二十一、歷代畫家

姓氏便覽卷三、國朝畫識卷十一、國朝書畫家筆錄卷一、清畫家詩史丙上並有一桂小傳。參閱支那畫學書解題論畫類二七一頁。
小山畫譜二卷清鄒一桂撰。四銅鼓齋論畫集刻本、昭代叢書本、歙園叢書本、美術叢書本。○作法類圖譜之屬。【有美草堂畫學書目】

409 **論書十則一卷** 大雅堂文集本 藝海一勺本

清鄒方鍔撰。方鍔字豫章、號半谷。乾隆二十七年舉人。行楷書尤工。見無錫縣志。 梁溪詩徵、善書。 鬱棲書話、工書。所著大雅堂集中有論書十則、多精到語。【清書史卷二十一】
國朝書畫家筆錄卷二亦有方鍔小傳。

410 **書畫同珍五卷** 乾隆間鄒氏樓外樓原刊本

清鄒聖脈撰。聖脈字梧岡。
書畫同珍五卷、清鄒聖脈撰。是書言書法者分春夏秋冬四卷、糅雜無次、末爲畫譜一卷、則翻刻芥子園蘭竹譜及無雙譜數頁、末附花鳥數頁而已。詳見【書畫書錄解題】

411 **繪事發蒙一卷** 百名家書本

明鄒德中撰。德中未詳。千頃堂書目作鄭德中。此書也是園書目畫錄類、又祁承㸁澹生堂書目並著錄。書畫書錄解題列入畫部未見書中。

412 **畫羅漢頌一卷** 昭代叢書本

清廖燕撰。燕字柴舟、曲江人。詳見國朝詩人徵略卷十四、國朝耆獻類徵卷四百三十。
余紹宋曰、頌凡十八首、未詳畫者何人。每首敘畫中事物、而未能舉其故事、稍嫌膚泛。見【書畫書錄解題】

413 **歷代著錄畫目六册** 金陵大學中國文化研究所叢刊本

美洲福開森撰。
有民國二十二年自序及凡例。本編所收畫目、以見於前人著錄者爲主。前列引用書目略稱表、卽其所採用之書。此編畫目以人繫畫、按姓筆畫多寡排比先後、頗便查檢。一畫而爲數人合作者、列入合作畫集、數人之畫而爲一册者、列入集畫。此外復分集卷、集册、集軸、集屏、統入之附錄。亦極醒豁。

414 **飛草書一篇** 法書要錄本

後漢趙一撰。一或作壹。行履未詳。太平御覽徵引書目作趙一飛草訣、誤。
余紹宋曰、此篇專抨擊草書、雖傳其說、終不能行也。詳見【書畫書錄解題】

415 松陵畫友詩一卷　翠鶴閣叢書本

清趙彥修撰。彥修字季梅。丹徒人。

余紹宋曰、自跋謂羈官松陵彈指十載。未詳何官。松陵爲松江舊稱、畫友爲沈維等凡二十四人。人各一絕。又續八人爲吳鈞等。詳見【書畫書錄解題】

松陵畫友詩一卷、清趙彥修撰。翠鶴閣叢書本。○題贊類題詠之屬【有美草堂畫學書目】

416 節足齋題畫二卷　民國十二年石印本

清趙曾望、妻馮頤媛撰。曾望字芍亭。丹徒人。詳見增廣歷代畫史彙傳補編卷四。

上卷爲芍亭撰、下卷爲香葉女史撰。俱題自畫之作。上卷有詩九十首、皆絕句。下卷絕句百三首、雜以詞數首。詳見【書畫書錄解題】

417 藝海一勺二十三種二十五卷　民國二十二年鉛印本

近人趙詒琛編。詒琛字學南。崑山人。

古玉圖考補正一卷（高密鄭文焯）
論畫十則一卷（勾吳鄒方鍔）
畫山水訣一卷（唐岱）
畫譚一卷（張式）
玉尺樓畫說二卷（古吳金恭）
寒松閣題跋一卷（嘉興張鳴珂）
印毋一卷（明楊士修）
周公謹印說删一卷（明楊士修）
今文房四譜一卷（湘鄉謝崧梁）
定川草堂文集小品一卷（歙張文洤）
蘭易二卷（宋鹿亭翁明簟溪子校輯）
蘭史一卷（明簟溪子輯）
蘭蕙鏡一卷（荆溪屠用甯）
藝蘭要訣一卷（元和吳傳澐）
養菊法一卷（閔廷楷）
藝菊簡易一卷（常山徐京）
藝菊須知二卷（吳縣顧祿）
瓨荷譜一卷（上海楊鍾寶）
蓮鄉題畫偶存一卷（崑山孔繼堯）
觀石錄一卷（侯官高兆）
後觀石錄一卷（錢塘毛奇齡）
月季花譜一卷（評花館主）

右目見叢書大辭典。

418 雙谿草堂書畫錄三卷　見聞續筆附刊本載第十七卷至十九卷內

清齊彥槐撰。彥槐字夢樹、號梅麓、又號蔭三。婺源人。嘉慶十四年進士、由庶常出爲金匱知縣。方濬頤撰墓表云、工八法、藏弆既多、臨摹入化、頗得海岳華亭兩家神髓。【清書史卷七】

國朝書畫家筆錄卷三、亦可參閱。

雙溪草堂書畫錄三卷清齊彥槐撰。見聞隨筆附刊本。○著錄類一家所藏之屬。【有美草堂畫學書目】

雙谿草堂書畫錄三卷、清齊彥槐撰。彥槐工書法、精鑒別。是編記其所藏書畫。卷一爲卷册、卷二爲軸。所錄自唐王右丞林偉乾以次、至梅麓同時人爲止。每目略記紙絹、某某題跋。卷三首總目、以家雞野鶩同登俎、春蚓秋蛇共一奩、君家兩行十三字、氣壓鄴侯三萬籤詩句編次。其貯藏書畫匣、每匣記內藏何物及其件數。次爲家字匣至俎字匣細目、次記王右丞精能山圖等卷二十五件、每件詳著紙絹尺度、得之何處、某某題跋、其錄題跋全文者、僅文文水題林偉乾深慰帖一跋而已。次楹帖扁額掛屏扇箑已五十餘件。按其子玉谿（學裘）後跋、知梅麓手定本已亡于庚申兵燹之餘、此乃據俞星文所錄副本付刊者、俞本後半黴爛無存、蓋非完璧。如卷三記精能山圖等卷二十五件、皆曾見於卷一、而此則記載較詳、是一二兩卷、當爲是編之目。（按卷三所記楹帖等件、僅列品目、亦當爲是編之目、應附其後。）而此乃其著錄也。按一二兩卷所載凡九百餘件、而著錄所記僅此、其闕失之多、可以想見。又卷三所記貯藏書畫匣、按其件數、亦僅三百餘件、家字匣至俎字匣有細目、而春字匣以次俱付闕如、則其闕失、當不僅著錄而已。按梅麓以貯藏書畫匣編目、原爲便於檢閱書畫。玉谿據以入錄、不惟無謂、抑且徒增糅雜。其尤乖體例者、即於編中竄入其按語、而不加某某謹按字樣、致與原作混淆。如寶禊室帖爲玉谿所刻、而編中有云已刻入寶禊室帖者是。又卷三趙文敏書過秦論、有先大夫梅麓公自題七古云云、當亦玉谿口吻也。梅麓鑒賞、當時甚負時譽、須靜齋雲煙過眼錄、過雲樓書畫記諸書、屢引及之。今觀此編頗多烜赫劇蹟、洵然爲道咸間一巨眼。獨惜斷簡殘編、末由窺其全豹。惟如卷二中收有王麓臺山水、陳眉公題一軸、攷眉公卒於崇禎十二年、後三年麓臺乃生、糜公何由題之、其爲贋跡、有不問可知者。梅麓非耳食者流、何至弇陋至此、豈俞本傳錄之譌耶。後有玉谿後跋。【書畫書錄解題補甲編】

419 雪湖梅譜四卷（補本書第七七五葉）　明萬曆刊本　康熙二十年疊妙山房刊本

明劉世儒撰王思任編。見千頃堂書目。參閱支那畫學書解題（分論畫、圖譜二類）一二二頁。

王思任字季重、號遂東。山陰人。萬曆乙未進士、歷禮部右侍郎。見圖繪寶鑑續纂、無聲詩史。【歷代畫史彙傳卷二十八】

佩文齋書畫譜卷四十四書家傳、又卷五十

八畫家傳宋元以來畫人姓氏錄卷十四、並有王思任小傳。

劉雪湖梅譜二卷（四册、明萬曆間刻本十一行、二十字、）明劉世儒撰。卷內題山陰王思任季重甫編輯。世儒字繼相號雪湖、山陰人。思任序云：凡再四刻俱爲好事者攜去。家貧不能再刻、予爲刻之姑孰宦邸。又有萬曆二十三年徐之任跋云：與諸門下重付剞劂、爲第四刻則思任翻徐本在萬曆二十三年以後爲第五刻矣。上卷末補刻崇禎七年顏茂猷題詩是此本又爲崇禎七年以後印本矣。全書載像讚序文評林及贈答詩文、作者無慮數十人、而梅譜僅十六葉、於以見明人標榜之習又以見雪湖交游之廣。然山陰縣志已不能舉其名僅稱劉雪湖善梅、筆意瀟灑極疏影橫斜之致有梅譜二十餘篇間世而已。□王思任序、唐汝楫序隆慶三年（一五六九、）倪嵩序、季本序嘉靖四十年（一五六一、）雲棟序、嘉靖三十四年（一五五五、）沈襄序萬曆三年（一五七五、）徐時行跋、萬曆六年（一五七八、）徐之任跋、萬曆二十三年（一五九五、）周路跋。　劉雪湖梅譜二卷（二册、明萬曆間刻本十一行、二十字。）明劉世儒撰。卷內題：山陰王思任季重甫編輯。　序跋同前本惟少周路一跋。

劉雪湖梅譜二卷（二册、明萬曆間刻本、十一行、二十字、）明劉世儒撰。卷內題山陰王思任季重甫編輯。此本有盛振英跋知爲康熙間印本。又封面題：墨妙山房藏板、疑以上三本皆爲墨妙山房所印並在康熙間也。序跋同前第一本多康熙二十年（一六八一、）盛振英跋。【王重民善本書籍經眼錄】

420 刪訂銷夏錄六卷　無錫劉氏刊本

清劉堅撰。

刪訂銷夏錄六卷、清劉堅撰。余氏書錄未見門載有此目云據八千卷樓書目余嘗見吾郡顧氏鶴廬所藏江村銷夏錄舊鈔本後有陸時化跋云有錫山劉氏以是錄難得從吳興書賈得抄本另繕重刻緣劉氏未見原本、全憑鈔本刻成字板頗好件數尺寸亦相符、無如前後錯雜以三卷分爲六卷、圖記非多卽少題跋詩僅存十之二三、則爲廢物一片苦心付之東流矣云云。按其卷數姓氏皆與八千卷樓書目所稱者合。此殆丁氏以此本與原刊頗有異同遂目爲刪訂銷夏錄耳。【書畫書錄解題補甲編】

421 藝概七卷　古桐書屋遺書本

清劉熙載撰。熙載字伯簡、號融齋。興化人。道光二十四年進士官右中允。　見聞隨筆、工書法。　蕭穆撰傳云早年工行楷書法晚年

書橅漢魏人八分篆書、久之鎔鑄一體。木葉庵法書記、工各體書法、著有藝概一書、談藝多精到語。【淸書史卷二十】

淸史稿列傳卷四百八十六、淸史列傳卷六十七並有傳。

譚獻曰、劉融齋藝概七卷、樸至深遠、得未曾有。【復堂日記】

422 **古今集論字學新書七卷**

字學新書摘鈔一卷 鈔本

（補本書第七〇六葉）

元劉維志撰。千頃堂書目作劉維忠字學新書七卷、又摘鈔一卷、注云、崇安人。佩文齋書畫譜纂輯書籍目作劉維志字學新書。書畫書錄解題云、古今集論字學新書七卷、元劉維志編集、見莫友芝郘亭知見傳本書目、原注云、舊鈔本、今傳者爲摘鈔本。

423 **皇明書畫史三卷** 元朝遺佚附錄一卷鈔本　四庫存目

明劉璋撰。璋字圭甫、嘉定人。

劉璋明書畫史三卷、末一卷、同邑童時補正。時字倘中。【千頃堂書目】

皇明書畫史四卷、明劉璋撰、述明代帝王及藝苑文士書畫、分家論次、幷取元人史譜之佚於紀載者、錄附焉。【浙江采集遺書總錄】

明書畫史四卷、明劉璋撰。是書成於正德乙亥、載洪武以來善書畫者得三百七十餘人、而釋子六人併綴於末、又附元代名家及五季宋金之姓氏隱僻者九人、別爲一卷。每人寥寥數言、不備本末、粗具梗概而已。【四庫全書總目提要】

皇明書畫史四卷、明嘉定劉璋著、抄本。是書紀明代各家書畫、後錄元人之佚於紀載者。【文選樓藏書記】

此書宋元以來畫人姓氏錄引證書目、佩文齋書畫譜纂輯書籍目也是園書目畫錄類、傳是樓書目並著錄。書畫書錄解題列入書畫部未見書中。

424 **聾道人七十二候畫譜一卷** 光緒丁酉年榮寶齋刊石印本

淸劉錫玲撰。錫玲西蜀人。詳見淸畫家詩史壬上。此書販書偶記著錄、注云即詩箋。

425 **七頌堂識小錄一卷** 四庫全書本　昭代叢書本　知不足齋叢書本　美術叢書本

淸劉體仁撰。體仁字公融「勇」、潁州衞「河南棣川衞」人。順治乙未進士、吏部主事。山水疎遠、寄興天眞。見圖繪寶鑑續纂、畫徵錄。【歷代畫史彙傳卷三十五】

宋元以來畫人姓氏錄卷二十、歷代畫家姓氏便覽卷三、國朝畫識卷二、淸畫家詩史甲下、並有體仁小傳。

七頌堂識小錄一卷、清劉體仁撰。是編凡七十四條、言琴硯鼎彝等古器者僅十數條、餘俱著錄書畫。蓋本仿煙雲過眼錄而作者。其筆墨蹊徑、略似湯氏畫鑑、郁氏寫意編、頗爲雅絜。前有汪琬序、後有其子凡跋。詳見書畫書錄解題及支那畫學書解題鑑藏類二三九頁。

七頌堂識小錄一卷、四庫著錄爲浙江巡撫採進本。詳見四庫全書總目提要子部雜家類雜品之屬。

七頌堂識小錄一卷、清劉體仁撰。昭代叢書本、美術叢書本〇著錄類鑒賞之屬。【有美草堂畫學書目】

426 聽颿樓書畫記二卷續記三卷　道光二十三年刊本

清潘正煒撰。正煒字季彤、番禺人。此書章氏四當齋書目著錄。前有道光二十三年自序。續記有道光二十九年自序及朱昌頤序。書畫書錄解題列入書畫部未見書中云潘氏而不知其名。參見支那畫學書解題鑑藏類三五七頁。

427 潘氏三松堂書畫記一卷　民國三十二年上海合衆圖書館影印本

清潘奕雋撰。奕雋字榕皐、吳縣人。乾隆己丑進士、爲戶部主事。以從子世恩官封光祿大夫都察院左都御史。梅蘭水仙信手揮灑、盎然天趣。書宗顏柳、篆隸入秦漢人之室。著三松堂集。見畊硯田齋筆記。【歷代畫史彙傳卷十七】

宋元以來畫人姓氏錄卷九、墨香居畫識卷六、國朝書人輯略卷六、國朝書畫家筆錄卷二、並有奕雋小傳。

潘承弼跋略云、吾五世伯祖榕皐公、生當乾嘉承平之日、解組歸田、優游圖史、等身著述、已早傳播士林。所居三松堂、藏庋法書名畫甚富。有書畫目二册、著錄宋元以來名蹟數百家、原稿藏公曾孫儉廬叔祖處、余曾假以錄副、未遑校理。此本爲公玄孫先留莽伯父選錄本邑人欽氏其寶據以重寫者。所選雖不逮原目之半、要其菁英及有題詠之作、甄錄靡遺、琳瑯珍祕、已見一斑。惜欽氏傳錄草率、間有訛奪、無從訂正。目中自王文恪公詩詞卷以下、玆據儉廬叔祖藏笈增補。

428 江雪山房畫品一卷　道光癸巳年刊本

清潘曾瑩撰。曾瑩字星齋、吳縣人。詳見國朝書畫家筆錄卷三、清畫家詩史辛上、清代畫史補錄卷二、增廣歷代畫史彙傳補編卷二。

江雪山房畫品一卷、清潘曾瑩撰。此亦仿司空表聖之體而作。凡十二品。星齋於其墨緣小錄甚贊左田之作、今觀此篇文辭優美、洵

足並傳也。前有葉紹本序、後有戴熙跋。【書畫書錄解題】

此書支那畫學書解題未收。惟三七九頁收小鷗波館畫識三卷、三八〇頁收小鷗波館畫寄一卷、三七七頁收墨緣小錄一卷、皆曾瑩所著。

429 西圃題畫詩一册　文學山房聚珍本

清潘遵祁撰。遵祁字順之、號西圃。吳縣人。道光二十五年進士、官編修、加侍讀銜。眞行書筆致秀挺、遠法柳少師、近軌祁文恪。見木葉厱法書記。【清書史卷十】

西圃題畫詩一册、清潘遵祁撰。是編凡五絕七絕各一百首、俱題花卉之作。又續五絕十五首、七絕二十三首、俱題山水之作。前有其弟曾瑩題詞。【書畫書錄解題】

參見支那畫學書解題題跋類三七六頁。

430 法墨珍圖記十卷　鈔本

清潘應椿撰。

此書見邵懿辰四庫簡明目錄標注。原注云、瞿氏有鈔稿本。書畫書錄解題列入書畫部未見書中。

431 歐陽公試筆一卷　詹氏書苑補益本　說郛本　百川學海本　四庫存目

宋歐陽修撰。修字永叔、廬陵人。諡文忠。詳見佩文齋書畫譜卷三十二書家傳。

（歐陽公）試筆一卷、舊本題宋歐陽修撰。末有蘇轍蘇軾兩跋。蓋雜集其手書墨蹟而成編、故往往與六一詩話、歸田錄、語相出入。詳見【四庫全書總目提要】

歐陽公試筆一卷、宋歐陽修撰。是編蓋後人輯錄歐公所書、或隨筆而成。凡三十條、每條但有標題、其中言書法及筆硯者十五條、言畫者一條、餘俱雜記他事。詳見【書畫書錄解題】

432 集古求眞十三卷首末二卷續編十卷補正四卷　民國十二年至二十二年石印本

清歐陽輔撰。輔字棠丞、泰和人。

此書于金石書畫碑帖多有考證、在近日講論碑版法帖諸書中、是較有獨到之見地者。求眞先石印手稿于江西開智書局、續編補正又印於江西集古山房。

433 右軍書目一卷　法書要錄本　墨池編本

唐褚遂良撰。遂良字登善、陽翟人。詳見佩文齋書畫譜卷二十六書家傳。又此書書畫譜纂輯書籍目亦著錄。

此編記右軍正書行書目、正書凡四十帖、行

書凡三百六十帖。足見唐初右軍書跡流傳尚多。【書畫書錄解題】

434 **法書論一卷** 書苑菁華本

唐蔡希悰撰。希悰曲阿人。此書見佩文齋書畫譜纂輯書籍目。

法書論一卷、唐蔡希悰撰。宋史藝文志悰作宗。自述家世及諸家授受淵源、雜采諸家論旨。而歸本於用筆。無甚深詣。【書畫書錄解題】

435 **別下齋書畫錄七卷** （補本書第七六八葉）

清蔣光煦撰。參見支那畫學書解題鑑藏類三九八頁。

別下齋書畫錄四卷、清蔣光煦撰。文學山房木活字本。○著錄類一家所藏之屬。【有美草堂畫學書目】

436 **蔣氏游藝秘錄九種** 乾隆五十九年甲寅刊本

清蔣和等撰。潘浚輯。參見支那畫學書解題叢輯類三〇九頁。

〔上卷〕 書法論　續書法論　九宮新式　讀畫紀聞　傳神秘旨　〔下卷〕 說文字原表　漢碑隸體舉要　學書雜論　學畫雜論

蔣氏游藝秘錄二卷、清蔣和編。此編爲蔣醉峯輯其乃祖乃父並自著論書畫之作而成、上卷書法論、乃祖衡譔。續書法論、九宮新式、讀畫紀聞、傳神秘要、並乃父驥撰。下卷說文字原表、漢碑隸體舉要、學書雜論、學畫雜論、並自著。既已刊行、乃題祕錄、游藝之事、又焉用祕邪。內說文字原一種、亦與游藝無關。前有趙琳及潘復序。【書畫書錄解題】

此書續補彙刻書目、叢書大辭典著錄漢碑隸體舉要、學書雜論、學畫雜論三種。有美草堂畫學書目及販書偶記並著錄九種。

437 **讀畫紀聞一卷學畫雜論一卷** 蔣氏游藝秘錄本　畫論叢刊本　畫苑秘笈本

清蔣驥蔣和撰。驥詳見國朝書人輯略卷四、增廣歷代畫史彙傳補編卷四。和詳見墨香居畫識（墨林今話）卷七、國朝書人輯略卷七、國朝書畫家筆錄卷二、清畫家詩史戊下。參見支那畫學書解題論畫類二五四頁及三〇七頁。

學畫雜論一卷、清蔣和撰。書凡十六則、每則亦僅一二十語、亦有見地。　讀畫紀聞一卷、清蔣驥撰。書凡十六則、每則僅十餘句、頗得要領。詳見【書畫書錄解題】

吳辟疆跋蔣氏游藝秘錄、爲金壇拙老人、亦膏、醉峯三世傳述之合刊。右學畫雜論及讀畫紀聞兩種、皆其一焉。全書凡兩卷、卷上書法論、續書法論、九宮新式、讀畫紀聞、傳神祕要五種、卷五說文字原表、漢碑隸體舉要、學書雜論、學畫雜論四種。就中傳神祕要專刻叢書刊布已多、獨此兩種、別無梓行、堪稱枕祕、因采入此編、以廣其傳。

學畫雜論一卷、清蔣和撰。讀畫紀聞一卷、清蔣驥撰。蔣氏游藝祕錄本。○作法類法則之屬。【有美草堂畫學書目】

438 **寫竹雜記一卷**　翠琅玕館叢書本　畫論叢刊本

清蔣和撰。支那畫學書解題論畫類三〇六頁收和寫竹雜記一卷、圖譜類三〇三頁收和寫竹簡明法二卷。

寫竹雜記、書凡二十一則、專言寫竹方法、多注重筆法之布置、於息齋竹譜外、饒有心得。詳見【書畫書錄解題】

吳辟疆讀畫紀聞跋云、翠琅玕館叢書有醉峯寫竹雜記一卷、凡二十一則、祕錄未經收入、或是晚年所撰、其時尚未成書耳。

寫竹雜記一卷、清蔣和撰。翠琅玕館叢書本。○作法類圖譜之屬。【有美草堂畫學書目】

439 **書法論一卷續書法論一卷**　蔣氏游藝祕錄本

清蔣衡蔣驥撰。衡字湘帆、號拙存、金壇人。康熙貢生。余集撰傳云、吳中書家推大瓢山人楊賓、先生師之。而博涉晉唐以來名家之跡、積學既久、名噪大江南北。先生書宗歐柳、尤善擘窠大字。　盧見曾曰、拙存書與良常王太史澍齋名、而每自謂過之。【清書史卷二十六】

國朝書人輯略卷三、國朝書畫家筆錄卷一、並有衡小傳。

書法論一卷、清蔣衡撰。此編論書法、謂當以中正靈靜爲宗、自有見地。後附論書雜記十六條、俱言學書法則。【書畫書錄解題】

440 **墨林今話十八卷續編一卷**（補本書第八〇二葉）　咸豐二年蔣氏刊本　民國九年掃葉山房石印本

清蔣寶齡撰。寶齡字子延、號霞竹、昭文人。布衣。山水秀韻閒雅、初得文氏眞詮、繼則追宗董巨。著有墨林今話。見畊硯田齋筆記。【歷代畫史彙傳卷四十八】

國朝書畫家筆錄卷三、清畫家詩史庚下、並有寶齡小傳、參見支那畫學書解題史傳類三六九頁。

441 **傳神秘要一卷**（補本書第七四四葉）　畫論叢刊本　披雲草堂叢書本

清蔣驥撰。參見支那畫學書解題論畫類二五二頁。

傳神祕要一卷、淸蔣驥撰。蔣氏游藝祕錄本、四銅鼓齋論畫集刻本、美術叢書本。〇作法類法則之屬。【有美草堂畫學書目】

442 後梅花喜神譜二册 道光中竹波軒刊本

淸鄭淳撰。

443 鄭紀常畫譜 同治間刊本

淸鄭績撰。績字紀常、新會人。詳見增廣歷代畫史彙傳補編卷四。

鄭紀常畫譜（新會鄭績撰、同治間刊。）

畫學簡明五卷續六卷（續卷一山石皴法譜圖二十頁、又卷一圖十七頁、續卷二人物總譜圖二十七頁、續卷三花卉畫譜圖十九頁、續卷四畫翎毛譜圖十三頁、續卷五獸畜鱗蟲譜圖二十頁、以上六卷附正集各卷之後。）

題畫詩稿一卷（卽上卷） 夢幻圖一卷（卽下卷、乃諸題句。）

夢香圖賸艸一卷 雲泉高踞圖一卷附貧雄先生傳一卷 寥窩一卷 夢香園圖記一卷

雜錄一卷（諸家所撰） 夢香園題詠一卷【叢書目錄拾遺】又【叢書大辭典】

夢幻居畫學簡明五卷、有同治三年甲子九曜聚賢堂刊本、又畫論叢刊本。其詳見汪兆鏞嶺南畫徵略卷十。書畫書錄解題列入畫部未見書中。

444 板橋題畫一卷 翠琅玕館叢書本

淸鄭燮撰。燮字克柔、號板橋。江南興化人。乾隆丙辰進士、官山東濰縣知縣。詳見宋元以來畫人姓氏錄卷三十一、國朝畫識卷十一、國朝書人輯略卷四、國朝書畫家筆錄卷二、淸畫家詩史丙下。參見支那畫學書解題題跋類二八一頁。

板橋題畫一卷、淸鄭燮撰。板橋每畫必題、生平題畫之作當甚富。此編寥寥、並詩詞不過六十首、必非全稿、當是後人由其畫幅中鈔存者。編中題蘭竹之作最多、題菊石者一二首而已。詳見【書畫書錄解題】

445 美術叢書初集一百〇二種二集七十二種三集六十一種四集二十二種 民國十七年十九年二十五年上海神州國光社一再重版鉛印本

近人鄧實撰。四集黃賓虹續。

美術叢書十集續編十集後編十集、近人鄧實輯。（卽初集二集三集。四集余氏未見。）是編所輯原分五類、一書畫二彫刻摹印、

(文品各品附)三磁銅玉石、四文藝、(詞曲傳奇)五雜記、而書畫之書獨多。幾佔十之七八、其凡例亦言以書畫爲主也。所收之書、至爲繁富、其中且有不甚經見之書、誠爲言書畫者不可不備。惟有數端未甚妥洽者、舉之以俟其重印時得以斟酌改訂。一梁元帝王維荆浩李成華光唐寅等僞書、不宜次入、卽次入亦宜加按語說明。二既稱叢書、則凡屬書畫之作、但有可取、便當收入、不宜盡收小品。三歷代名畫記、張懷瓘書斷、竇臮述書賦諸書、俱屬名著、卷帙皆不甚多、卽依其例、亦不宜擯棄。四圖畫見聞志、宣和畫譜諸書、宜錄全文、不宜循王氏書畫苑之陋、割裂成篇、巧立名目。五汪挺書法雅言、汪砢玉珊瑚網所收畫據畫法等編、皆屬勦襲、既已重見於各本書、又多殘缺不完之本、俱宜刪削。六諸書所據之本、皆不注明、其用寫本者、亦多未詳其藏家與其流傳所自、均宜一一注明。七編中諸書、多有不標卷數者、殊與刊刻叢書通例未符、未標卷數諸編、有本未單行、而由集中抽出者、如宋朱論畫絕句之類、皆未注明、亦覺未當。八是編既爲一般讀物、其中作者頗有名氏冷僻之人、宜附小傳、方便稽攷。以上八端、皆僅就書畫一類而論、其他諸類以非本編範圍、不具及。自來蒐輯書畫之書、如王氏書畫苑、既病其紛雜無次、四銅鼓齋論畫集刻、又僅限於清代論畫、采輯未全、實未有如此書之完備者。上舉八端、皆求全責備之論。若能加以改正、更續數集、則眞可稱美術大觀矣。(凡例中語)前有鄧實序、及胡韞玉引。【書畫書錄解題】

此書子目詳見叢書大辭典及支那畫學書解題叢輯類四五二頁。

446 **國朝書人輯略十一卷首一卷** (補本書第七九三葉) 光緒戊申年金陵刊巾箱本

清震鈞撰。震鈞滿州人、卽唐晏。增廣歷代畫史彙傳補編卷二列唐晏、又卷四列震鈞、其實卽一人。清史稿列傳卷四百九十一、清代畫史補錄卷四、皆有震鈞傳。

447 **安素軒讀畫集一卷** 光緒十八年壬辰刊素石齋稿本

清鮑家瑞撰。家瑞字小孟、歙縣人。此集記其先世以來家藏名畫及生平寓目宋元以來之名蹟、凡三十五件。前有自敍。詳見支那畫學書解題鑑藏類四二二頁。

448 **宋元以來畫人姓氏錄三十六卷首一卷又續錄四冊** (補本書第八〇〇葉)

清魯駿撰。魯照續錄。北京圖書館有宋元以來畫人姓氏續錄鈔本四冊、爲各刊本所無、蓋尙未刊刻也。參見支那畫學書解題史傳類三五二頁。

宋元以來畫人姓氏錄三十七卷、淸魯駿撰。道光刊本。○叢輯類類書之屬【有美草堂畫學書目】

449 臨池妙訣一篇 書苑菁華本

唐盧雋撰。雋范陽人。 余紹宋曰、佩文齋書畫譜（纂輯書籍目）引作盧携撰。考携爲鄭人、字子升、乾符中官至中書侍郎。未知書畫譜所據爲何本也。是篇首敍書法傳授源流。自謂得永興家法、乃取翰林隱術右軍筆勢論、徐吏部論書、竇臮字格、永字八法勢論刪繁選要、以爲其篇。爲目有八。詳見【書畫書錄解題】

450 中國書學淺說一冊中國畫學淺說一冊 上海商務印書館印本

近人諸宗元撰。宗元字貞長。紹興人。

中國書學淺說凡九篇。雖多采輯舊文、而抉擇能得其要。其學書宜忌一篇、尤多心得之語。中國畫學淺說凡十三篇。畫學範圍較書學爲廣博、雖云淺說、究非此區區短篇所能盡及也。詳見【書畫書錄解題】

451 松壺畫贅二卷松壺畫憶二卷 光緒庚辰年潘氏八囍齋刊本 又刊松壺先生集本 又刊湖墅錢氏家集本 榆園叢書本 有正書局印本 美術叢書本 畫贅又有同治丁卯年單刻本 畫憶又有畫論叢刊本

淸錢杜撰。杜字叔枚、號松壺小隱。錢塘人。山水花卉、遠紹停雲之氣韻、近仿甌香之研雅。梅復淸勁秀逸。見墨香居畫識卷九。【歷代畫史彙傳卷十八】

國朝書人輯略卷八、國朝書畫家筆錄卷二、淸畫家詩史己下、並有杜小傳。參見支那畫學書解題三二六頁三二八頁。

蔣寶齡曰、畫憶敍其生平所見唐宋元明諸大家眞蹟及其得力之處。字句雋妙、議論明通、大有裨於後學。【墨林今話】

松壺畫贅二卷、淸錢杜撰。是編俱松壺題畫之詩、詩序中時亦論及畫理。詩亦淸新可誦。前有陳文述、沈景修兩序。 松壺畫憶二卷、淸錢杜撰。此編上卷俱言作畫方法、頗便學人肄習。下卷則記其生平所見名跡、一一詳其布置及作法、加以評論。曰畫憶者、憶及平生作畫經驗及鑒賞之意。蓋松壺六十後所作也。前有道光庚寅自序。【書畫書錄解題】

松壺畫贅二卷、淸錢杜撰。同治丁卯皖門謝氏刊本、光緒庚辰潘氏八囍齋寫刻本、光緒戊子榆園刊本、美術叢書本。○題贊類題自作之屬。【有美草堂畫學書目】

松壺畫憶二卷、淸錢杜撰。光緒庚辰潘氏八

韻齋寫刻本、光緒十四年榆園刊本、美術叢書本。○論述類雜論之屬。【有美草堂畫學書目】

452 **履園畫學一卷** 美術叢書本

清錢泳撰。泳字立羣、號梅溪。金匱人。居常熟。官候選府經歷。定香亭筆談、工於八法、尤精隸古、與山左桂未谷齊名。詳見【清書史卷十一】

國朝書人輯略卷七、國朝書畫家筆錄卷三、清畫家詩史戊下、並有泳小傳可參閱。

453 **近世一百名家畫集二冊** 民國十年石印本

近人錢病鶴編。所集一百名家之畫、爲近代人作品。

454 **書學南鍼六卷** 道光元年刊本（北京圖書館藏）

清錢湘撰。湘字香渠、會稽人。此書有王衍梅序、亦見綠雪堂遺集販書偶記亦著錄。

455 **寓意錄四卷**（補本書第七六一葉）
道光庚子年上海徐氏寒木春華館刊本

清繆曰藻撰。此書揚州吳氏測海樓藏書目錄著錄。參見支那畫學書解題鑑藏類二四八頁。

寓意錄四卷、清繆曰藻撰。道光庚子徐氏寒木春華館刊本。○著錄類鑒賞之屬。【有美草堂畫學書目】

456 **由里山人菊譜二冊** 中華書局石印本

近人繆莆孫撰。莆孫字谷英、江陰人。

此爲對花寫照之作。凡得一百三十種。每種注明花瓣梗葉形色。畫頗工緻。前有對菊寫眞畫淺說九則、皆其心得之談。詳見【書畫書錄解題】

457 **契蘭堂所見書畫一卷** 原刊本

清謝希曾撰。希曾字孝基、號安山道人。吳縣人。諸生。山水得董巨倪黃之神。工小楷。精鑒賞。以家藏墨蹟刻石、曰禊蘭堂帖。見蘇州府志。【歷代畫史彙傳卷五十五】

國朝書人徵略卷九、國朝書畫家筆錄卷二、並有希曾小傳。潘景鄭著硯樓書跋可參閱。

契蘭堂所見書畫一卷、清謝希曾撰。希曾工山水、精鑒別。自言其識見視王煙客、顧維岳、繆文子不多讓。是編自序云、有二卷。按其孫嘉孚跋、知原稿已佚、此乃嘉孚摘錄安山手批書本、有引舉所見書畫者、摭拾而成。蓋沿其舊稱、非復廬山眞面目矣。編中如楊南峯書六觀堂記、足正大觀錄以爲周天球書之誤。又每條下必註某某所藏、由此可考收傳淵源、亦甚賅備。度其原稿當必有更可觀者。惟不分書畫、敍次時代稍嫌參差。然既非出於安山手定、自難以體裁繩之。前有嘉慶十五年自序、道光二十五年嘉孚跋。【書畫書錄解題補甲編】

458 **芙仙館題畫詩一卷** 道光戊申年原刊本

清謝承烈撰。承烈字孚先。儀徵人。

芙仙館題畫詩一卷、清謝承烈撰。是編所錄有題自畫者、有題他人畫者、都凡八十一首。其友郭奎驥就其全集中鈔出、先別行。前有車元春、郭奎驥、晏端書三序。【書畫書錄解題】

459 **有明名賢遺翰二卷** 光緒十三年漢皋文瀾書局印本

清謝若農輯。此編皆就明人遺蹟手札影摹入册、尚不失眞。

460 **書畫所見錄三卷** （補本書第七六六葉） 光緒六年刊本 宣統二年掃葉山房刊本一卷

清謝堃撰。堃詳見清畫家詩史庚上。參見文那畫學書解題（分鑑藏、史傳二類）四〇八頁。

書畫所見錄一卷、清謝堃撰。宣統二年掃葉山房刊本。〇著錄類鑒賞之屬。【有美草堂畫學書目】

451 **瞶瞶齋書畫記四卷** 咸豐三年陳仲泉刊本

清謝誠鈞撰。誠鈞字信齋。會稽人。

瞶瞶齋書畫記四卷、清謝誠鈞撰。誠鈞邃於申韓之學。著有秋審比較條款。按此編自序云、不習書亦未嫻繪事、而偏嗜惟此。何道州葉香士極推重之。度其鑒別、必稱精審、當非好事家可比。此編記所藏所見書畫、凡數百幀。宋元壓得宋徽宗、黃大癡、吳仲圭、倪雲林四家、無誇飾結習、是其所長。每品述其筆墨蹊徑、不屑屑於尺寸印記、而於各家行履、考之綦詳、其體例蓋與李玉棻之甌鉢羅室書畫過目攷爲近。如其考甘士調與甘懷園爲一人、足正彭氏畫史彙傳之誤是也。前有方廷瑚、葉道棻序及自序、後有沈丙塤後序及自跋、陳翰芬跋。按其自跋云、尚有信古齋筆記、讀畫軒偶筆、四似子隨筆、知非子贅筆、散載道光丁酉以後所見所藏書畫。今未見。又按商繩業手錄原稿本、以較刊本異同頗多、蓋出何子貞、葉香士、高寄泉、呂南琴審定。又增出楊晉藩一序及杜文瀾一跋、則授梓時之刊落者。按香士名道芬、一字香涘。吳郡人。程庭鷺弟子。善山水人物。寄泉寶坻人、南琴新昌人、名號行履俟考。【書畫書錄解題補

甲編】

贖贖齋書畫記四卷、淸謝誠鈞撰。謝氏原稿何子貞、葉香士、高寄泉批刪本、刪定鈔本、刊本。〇著錄類一家所藏之屬。【有美草堂畫學書目】

462 古畫品錄一卷（補本書第七一九葉）

南朝齊謝赫撰。赫詳見佩文齋書畫譜卷四十五畫家傳。此書式古堂書畫彙考畫考引用書目作古畫評。參見支那畫學書解題論畫類一頁。

南齊謝赫善寫貌及人物、不俟對看、一覽便歸、操筆點刷目想形似、毫髮無遺。著古畫品錄。見歷代名畫記、續畫品。【歷代畫史彙傳卷五十五】

463 常惺惺齋書畫題跋二卷 傳鈔本

淸謝蘭生撰。蘭生字佩士、號澧浦「里甫。」南海人。嘉慶壬戌進士。揮翰灑墨、風致淸妙。工書。見嶺南羣雅、劍光樓筆記。【歷代畫史彙傳卷五十五】

國朝書人輯略卷八、國朝書畫家筆錄卷三、淸畫家詩史己上、並有蘭生小傳。

常惺惺齋書畫題跋二卷、淸謝蘭生撰。是編所錄有題名蹟者、有題自作者。而以題名蹟者爲多。前無序例、當爲里甫隨手錄存、或其歿後、他人鈔集而成者、未經編訂、故無倫次。亦無歲月可稽。里甫書畫俱精、實由所見者富、所蘊者深、故持論多獨到之談。【書畫書錄解題】

464 授筆要說一篇 書苑菁華本

唐韓方明撰。方明詳見佩文齋書畫譜卷二十八書家傳。此篇書畫譜纂輯書籍目著錄。

首敍筆法傳授、自謂授法於徐璹崔邈、中言執筆五法。大抵唐以前作書頗重執筆之法、故言者較多。而言筆法之書、僞者亦獨多。詳見【書畫書錄解題】

465 玉雨堂書畫記四卷 原刊巾箱本（補本書第七六八葉）

淸韓泰華撰。參見支那畫學書解題鑑藏類三六六頁。

玉雨堂書畫記四卷、淸韓泰華撰。按小亭攷王叔明丹臺春曉圖云、至正十四年公年八十有三。按叔明生年年壽俱無可攷、惟其易簀之時、陶九成弔黃鶴詩序載之、云卒於乙丑九月初十日、如以小亭之說推之、則其壽應一百十四歲、當非確然可據者、不知其何所見而云然也。【書畫書錄解題補甲編】

466 山水純全集一卷（補本書第

七二三葉） 畫論叢刊本

宋韓拙撰。拙字純全。（圖繪寶鑑作全翁）南陽人。善山水、窠石。著山水純全集。見畫史會要。【歷代畫史彙傳卷十七】

宋元以來畫人姓氏錄卷九、佩文齋書畫譜卷五十一畫家傳、歷代畫家姓氏便覽卷二、並有拙小傳。此書佩文齋書畫譜纂輯書籍目亦收之。參見支那畫學書解題論畫類四六頁。

467 **明畫譜一卷** 淡生堂餘苑本

明韓昂撰。佩文齋書畫譜纂輯書籍目、有圖繪寶鑑續纂。已詳見本書第七九三葉。（支那畫學書解題入史傳類一〇四頁）此書見明史藝文志、明祁承㸁澹生堂書目。書畫書錄解題列入畫部未見書中。

468 **醉蘇齋畫訣一卷** （補本書第七四六葉） 光緒十七年刊本 畫論叢刊本

清戴以恆撰。以恆字用柏。錢塘人。熙從子。山水得文節正傳。與楊伯潤、張子祥齊名。著有醉蘇齋畫訣。見廣印人傳。【李放畫家知希錄卷七】

清代畫史補錄卷四、增廣歷代畫史彙傳補編卷四、並有以恆小傳。

醉蘇齋畫訣一卷。清戴以恆撰。光緒辛卯葉氏刊本。〇作法類歌訣之屬。【有美草堂畫學書目】

469 **篆書正四卷** 光緒八年刊本

清戴明說撰。明說字道默、號巖犖。滄州人。崇正甲戌進士。本朝官尚書。善山水墨竹。得梅道人法。見畫徵錄、圖繪寶鑑續纂。【歷代畫史彙傳卷五十四】

國朝畫識卷一、清畫家詩史甲上、並有明說小傳、可參閱。

470 **賜硯齋題畫偶錄一册** 咸豐八年刊本嘯園叢書本

賜硯齋題畫補錄一卷 蘇城壽石齋許氏校刊本

右二書清戴熙撰。熙字醇士。錢塘人。官至兵部右侍郎。謚文節。詳見國朝書畫家筆錄卷三、清畫家詩史庚下、清代畫史補錄卷四、增廣歷代畫史彙傳補編卷四。支那畫學書解題題跋類三八六頁收偶錄、又三八八頁收補錄、並可參閱。

賜硯齋題畫偶錄一卷。清戴熙撰。此編刊先於習苦齋畫絮。今較其文多見於畫絮、亦有畫絮所無者。計只有一株梧葉一條繞翠園嵐出薊州一詩、瑟瑟煙波闊一詩等、凡六首。詳見【書畫書錄解題】

習苦齋畫絮、亦題戴文節題畫筆記類編。支

那畫學書解題題跋類三八五頁收之。已詳見本書第七四六葉。

賜硯齋題畫偶錄一卷、清戴熙撰。光緒三年猷園刊本○題贊類題自作之屬。【有美草堂畫學書目】

471 書訣一卷（補本書第七〇七葉）

佩文齋書畫譜本 四明叢書第四集本

明豐坊撰。坊詳見佩文齋書畫譜卷四十三書家傳六藝之一錄卷三六九歷朝書譜五十九宋元以來畫人姓氏錄卷一。增廣歷代畫史彙傳補編卷一亦有坊小傳。佩文齋書畫譜纂輯書籍目有豐考功筆訣（詳見下）。天津圖書館書目有坊學童書錄一卷、注云、碧琳琅館本。書畫書錄解題列入書部未見書中。

豐坊書訣一卷。【千頃堂書目】

張壽鏞曰、坊書學極博、五體並能、諸家自魏晉以來、靡不兼通、規矩盡由手出、蓋工於執筆者。暮年寄居蕭寺、往往絕食、臨池之興、勃如也。壽洲文徵明深契坊書、每曰、豐先生無一點一畫不自古人中來、其重之如此。書訣一卷、弇州四部稿作筆訣、采古八法精語、時時傳以己意、而尤注意於篆籀。又排比古人能書之家、評其次第。【四明叢書總序】

書筆訣一篇（王氏古今法書苑采錄本）明豐坊撰。凡六則。第一則可稱總訣、雖屬短編、而語不泛設、自是可存。其第一第四兩則、互見於書訣而少異。王世貞弇州四部稿卷百三十六、有此書跋語、列在墨刻跋類、知當時已有石刻本矣。詳見【書畫書錄解題】

472 書學緒聞一卷 績語堂文存附刻本 美術叢書本

清魏錫曾撰。錫曾字稼孫、號鶴廬。仁和人。貢生。官福建浦南場大使。精於金石之學、兼工書法。著有書學緒聞。見清樂堂隨筆。【清書史卷二十七】

書學緒聞一篇、清魏錫曾撰。此篇蓋為初學書者而作。於入手應習碑帖及執筆點畫諸法、詳為解說、足資學者取法。詳見【書畫書錄解題】

473 古今畫鑑五卷附山水畫法一卷 鈔本

明羅周旦撰。旦字孔兼。歙縣人。

羅周旦古今畫鑑五卷。【千頃堂書目】

此書明史藝文志亦著錄。

古今畫鑑五卷（舊鈔本）明羅周上撰。周上字孔兼。歙人。取古來畫人、自黃帝至明、分朝采名、略注爵里。又附山水畫法一卷。【適園藏書志】

適園志周旦作周上、待考。書畫書錄解題列入畫部未見書中。

474 明吳門四君子法書一卷 民國九年影印本

475 南宗衣「遺」鉢跋尾一「二」卷 日本大正五年大阪博文堂排印本

476 貞松堂藏歷代名人法書三卷 民國二十七年珂羅版印本

477 高昌壁畫菁華一冊 民國五年印本 羅氏自序見雪堂校刊羣書敍錄上

478 墨林星鳳一冊 民國五年影印本

以上五種並羅振玉編。振玉字叔蘊、號雪堂。上虞人。墨林星鳳自序、見雪堂校刊羣書敍錄上。振玉又著雪堂書畫跋尾一卷、有永豐鄉人稿丁稿本。詳見本書第七七〇葉。南宗遺鉢跋尾二卷、支那畫學書解題題跋類四五七頁可參閱。

479 名畫編目一卷畫錄識餘一卷畫話一卷 民國庚申年自刊本

近人羅振鏞撰。振鏞字頌西。上虞人。此書販書偶記著錄。所錄家藏名人畫蹟凡二百十二件。參見支那畫學書解題鑑藏類四五六頁。

480 葦間老人題畫集一卷 民國十一年刊楚州叢書本

清邊壽民撰。壽民字頤公。山陽人。諸生。潑墨寫蘆雁、江淮間頗有聲譽。見畫徵續錄、百幅菴畫寄。【歷代畫史彙傳卷十八】宋元以來畫人姓氏錄卷九歷代畫家姓氏便覽卷二、國朝畫識卷十一、國朝書畫家筆錄卷二、清畫家詩史丙上、並有壽民小傳。

481 君子館論書絕句一卷 民國三十三年刊本

近人邊成撰。成字政年。諸暨人。

482 三秋閣書畫錄二卷 民國十七年鉛印本

近人關冕鈞撰。冕鈞字伯衡。蒼梧人。三秋閣書畫錄二卷、近人關冕鈞錄。上卷錄自唐迄明、凡九十七種。其中唐得五種、五代得三種、宋得六種、元得十二種、餘俱明蹟。而以閻立本秋嶺歸雲圖、黃筌蜀江秋淨圖、王銑萬壑秋雲圖冠編首。蓋其銘心之品、所由以名齋、且名其書也。下卷凡八十九種、俱清代之蹟。收及近代、稍嫌寬濫。末附聯扇。其體例全仿江村、偶附案語、考訂亦頗精審。詳見【書畫書錄解題】

三秋閣書畫錄二卷、關冕鈞撰。民國十七年關氏鉛印本。○著錄類一家所藏之屬。【有美草堂畫學書目】

483 **常熟書畫家彙傳一册** 民國十九年鉛印本

近人龐士龍撰。士龍字雲齋、別署海禺山民。常熟人。

余紹宋曰、常熟畫史已著錄者、有魚邵兩家、尚有郟氏一家未見（編者案、郟氏名掄逵、有虞山畫志、詳見本書第三八葉）茲編益以書家、共得一千餘人。區區一隅、工藝術者、如此之衆、可謂盛矣。其書以筆畫繁簡為序、不純依時代編次、固便檢查、而類於索引、究乖史例。且如石谷漁山諸大家之傳、亦僅寥寥數行、未為翔洽。竊意記載一地方人物之書、理當繁徵博采、廣他書所未逮、方合義例、不當如斯簡略也。是編名為彙傳、又所引各注出處、蓋仿諸彭氏畫史彙傳。彭書本屬類書、又不限於一地、範圍甚廣、其簡略固宜。今為一地方志人物、豈宜仿効、所謂書各有體裁也。既所引須注出處、其中又多未注明者、未詳其故。又引及商務印書館之中國人名大辭典、其書不注所出、至為弇陋、豈堪徵引。又有徵引及家乘者、家乘所載、每多溢詞、不知採錄時、亦曾加以考覈否。然據以徵常熟之書畫家、遺佚者固已少矣。前有十九年自序。【書畫書錄解題】

編者案、此書在凡例中未將主旨標出、原有缺點、余氏所評是也。但尚有可以為龐先生解釋者、例如:一、常熟地方歷代名書畫家、不僅詳載縣志及藝文志中、即在各家書畫著錄中、亦多有詳細記載。此編名雖稱彙傳、但主旨着重在縣志、藝文志等所未收入之人、網羅遺佚、闡述幽潛、採錄較多、俾與縣志相輔而行。二、未注出處者、即凡例中已說明之「近數十年來訪諸前輩……」者、雖所補各條、次於每一作家姓氏之末、以示區別、但究因失注「續增」二字、易使人誤會。三、常熟畫家載記、如魚、郟、邵三家之書、傳本甚少、已不易見、本書彙而輯之、悉依原文、亦是其優點。四、編列方式、為了便檢便查的觀點出發、忽略了書的在學術上形式上各方面的考慮、宜為余氏所譏、但對于使用之讀者影響還不大、可能還會比較方便些。如果要檢查常熟一邑書畫家之傳記、編者認為此書是不可少的。近聞作者後又加以增補修訂、積有存稿、希望早日出版、以便讀者。右列余氏解題雖言多中肯、猶恐還從主觀方面批評此書、對作者又有不了解之處、故為之補說如上。

常熟書畫家彙傳不分卷、龐士龍撰。民國十九年鉛印本。○歷史類專史之屬。【有美草堂畫學書目】

484 虛齋名畫錄十六卷虛齋名畫續錄四卷附補遺虛齋名畫目一卷（補本書第七四六葉） 名畫錄宣統元年刊本 續錄民國十四年乙丑刊本 名畫目鉛印本

近人龐元濟撰。元濟字萊臣、號虛齋。烏程人。參見支那畫學書解題鑑藏類四四七頁、四四九頁。虛齋名畫錄十六卷、續錄四卷、龐元濟撰。正宣統己酉刊本、續民國十三年刊本。〇著錄類一家所藏之屬【有美草堂畫學書目】

485 述書賦一卷（補本書第六九六葉）

唐竇泉撰。泉詳佩文齋書畫譜卷二十七書家傳。此書明版書經眼錄上著錄。

竇泉 徐浩古蹟記、法書要錄。詳見【六藝之一錄卷三二歷朝書畫錄十七】

述書賦二卷（唐竇泉 唐竇蒙注）泉字靈長、扶風人。官至檢校戶部員外郎。宋汴節度參謀、見徐浩古蹟記。（以上提要原文）謹案、陸耀遹金石續編卷九、有唐華陽三洞景昭大法師碑、在江蘇句容縣茅山。朝議大夫檢校國子司業兼御史中丞吳縣開國男陸長源撰、朝議大夫檢校尚書兵部郎中兼侍御史上柱國竇泉書、幷篆額。貞元三年正月建、其碑文有云、『浙江東西節度判官檢校尚書兵部郎中兼侍御史扶風竇公泉、布武區中、棲心象外。』法書要錄卷四載唐盧元卿法書錄云、『貞元十一年正月於都官郎中竇泉宅、見王廙書、鍾會書各一卷。』權德輿文集卷三十一太宗飛白書記云、『有都官郎中竇泉者、博古尚藝、貞元初得書於人間、太清宮道士盧元卿又得之於竇氏。』與法書錄合。竇泉蓋竇泉之誤。（文苑英華卷八百十六亦誤作泉）是泉之官不止於檢校戶部員外郎、亦不終於宋汴幕府也。徐浩古蹟記與盧元卿法書錄同載於法書要錄、提要檢閱未徧、舉其一而遺其一、不謂云疏略不可也。【四庫提要辨證】

486 國朝書畫家筆錄四卷（補本書第八〇六葉）

清竇鎮撰。此書列入清代三十三種傳記引得中、檢查清代書畫作家甚方便。參見支那畫學書解題史傳類四五〇頁。國朝書畫家筆錄四卷、清竇鎮撰。宣統三年文學山房木活字本。〇歷史類歷代史之屬。【有美草堂畫學書目】

487 三虞堂書畫目二卷 民國二十二年鉛印本

清完顏景賢撰、太平蘇宗仁編。完顏景賢字

樸孫。此書上編爲書及畫之目錄、下編爲碑帖目一卷、論書畫詩二卷。

488 **書法鉤玄四卷** （補本書第七〇五葉）

元蘇霖撰。此書千頃堂書目、也是園書目、及佩文齋書畫譜纂輯書籍目並著錄。有元統二年自序。北京圖書館藏有明刊本。

489 **華光梅譜一卷** （補本書第七七四葉） 續百川學海本 畫論叢刊本

宋釋仲仁撰。仲仁會稽人。住衡州華光山。善山水、寫梅花三昧。見畫繼、畫史會要、圖繪寶鑑。【歷代畫史彙傳卷六十四】

此書佩文齋書畫譜纂輯書籍目著錄。參見支那畫學書解題論畫類六三頁。

490 **畫家三昧八卷** 光緒十年刊本

淸釋竹禪撰。竹禪梁山王氏子。詳見增廣歷代畫史彙傳補編卷四。此書爲竹蘭石三品之圖譜。揚州吳氏測海樓藏書目錄著錄。參見支那畫學書解題論畫類四一四頁。

491 **苦瓜和尚畫語錄一卷** （補本書第七三九葉） 叢書集成本 畫論叢刊本

492 **大滌子題畫詩跋一卷** （補本書第七三九葉） 淸汪繹辰輯

493 **淸湘老人題記一卷** 淸汪鋆輯（詳見本書第七三九葉）

494 **石濤題畫錄二卷** 近人程霖生輯 民國十四年聚珍鉛印本

右四種明釋道濟撰。道濟字石濤、號淸湘老人。又號大滌子、又號苦瓜和尚。勝國楚藩後也。畫兼山水蘭竹、小景又佳。蒼意縱恣、脫盡窠臼。大江以南推第一云。見畫徵續錄。【歷代畫史彙傳卷六十五】

國朝畫識卷十四、國朝書人輯略卷十一、國朝書畫家筆錄卷四、淸畫家詩史壬下、並有道濟小傳。支那畫學書解題論畫類一九七頁收語錄、又題跋類二〇〇頁收詩跋、並可參閱。

畫語錄一卷、明釋道濟撰。四銅鼓齋論畫集刻本、昭代叢書本、淸湘老人題記附刊本、美術叢書本、論畫輯要本。○論述類通論之屬。　大滌子題畫詩跋一卷、明釋道濟撰。淸汪繹辰輯。論畫輯要本、美術叢書本。○題贊類題自作之屬。　淸湘老人題記一卷、明釋道濟撰。淸汪鋆輯。光緒九年十二硯齋刊本。○題贊類題自作之屬。　石濤題畫錄二卷、明釋道濟撰、近人程霖生輯。民國十四年聚珍鉛印本。○題贊類題自作之屬。【有美草堂畫學書目】

495 十八體書一卷 墨池編本 又見古今書刻

宋釋夢英撰。夢英號宣義，衡州人。詳見【佩文齋書畫譜卷三十六書家傳】

篆書敘論曰，若夢英之徒，爲種種形似，遠取名以流後世。又益端獻王傳云，嘗效唐玄度夢英作篆籀十八體。並見【宣和書譜】

陳思：夢瑛十八體書　寶刻叢編卷七。

趙崡：宋夢瑛十八體書　石墨鐫華卷五。

李光暎：宣義大師夢英十八體書　觀妙齋藏金石文考略卷十三。

陸燿遹：夢英十八體篆書幷贈詩　金石續編卷十三。

陸增祥：夢英十八體篆幷贈詩及書　八瓊室金石補正卷八十三。

十八體書者，一古文、二迴鸞篆、三彫蟲篆、四飛白書、五薤葉篆、六瓔珞篆、七大篆、八柳葉篆、九小篆、十芝英篆、十一龍爪篆、十二懸針篆、十三籀文、十四雲書、十五塡篆、十六剪刀篆、十七蝌蚪篆、十八垂露篆。大抵采唐玄度十體書，更加附會。宣和書譜斥其不經也。【書畫書錄解題】

496 過雲樓書畫記十卷 （補本書第七六七葉） 光緒八年壬午刊本

清顧文彬撰。文彬字子山，號艮庵，元和人。道光二十一年進士，官甯紹台道。書法溯源歐褚。所藏碑版卷軸，烏闌小字，題識殆徧。見名人尺牘續傳。　按文彬精鑑別，富收藏，有過雲樓書畫記。【清書史卷二十七】

文彬又詳見碑傳集補卷十七。此書參見支那畫學書解題鑑藏類四一二頁。

497 歷代名家姓氏韻編七卷 鈔本 四庫存目

清顧仲清撰。仲清字咸三，號松壑，嘉興人。

歷代名家姓氏韻編七卷（寫本）原題小長蘆顧仲清編次，孫秀虎補輯。【浙江采集遺書總錄】

歷代名家姓氏韻編七卷，顧仲清撰。此書卷首爲帝王藩封之善畫者，末爲釋道閨秀外國。其中則取畫家姓氏，依韻編次，取便尋檢，無所考證也。【四庫全書總目提要】

余紹宋曰，書中所采姓氏，迄於清朝，當爲秀虎所補，則仲清或是明人。書畫書錄解題列入畫部未見書中。

498 顧氏畫譜一卷 明萬曆間刊本

明顧炳撰。炳字黯然，號懷泉，錢塘人。徵授中祕。花鳥宗周之冕，就所見繪爲畫譜，傳摹晉唐，存其梗槩，見無聲詩史圖繪寶鑑續纂。【歷代畫史彙傳卷五十二】

姜紹書曰，顧炳萬曆間以善畫供事內殿，就

所聞見、繪爲畫譜、自晉唐以來、罔不傳摹。鎔今鑄古、能集大成。【無聲詩史】

畫譜明顧炳撰。見厲鶚南宋院畫錄、曾引此書、知其書有說明、非僅畫式也。【書畫書錄解題畫部未見書】

此書採摹名畫自唐止明、計六十六頁、每頁後附諸家題識。【販書偶記】

499 **平生壯觀十卷** 道光間蔣氏鈔本

明遺民顧復撰。復字來侯、自署方涇上農。是編法書圖繪各五卷、（標題下法書稱書翰。）法書一卷魏至五代人書、二卷北宋人書、三卷南宋及金人書、四卷元人書、五卷明人書、六卷圖繪晉至五代人畫、七卷北宋人畫、八卷南宋及金人畫、九卷元人畫、十卷明人畫。皆據其所見名蹟著錄。凡歷來劇蹟、見於吳氏大觀錄、安氏墨緣彙觀及石渠寶笈者、大體皆爲來侯所見及、前有康熙三十一年徐乾學序及自序。詳見【書畫書錄解題】

500 **師二雲居畫贊四卷** 光緒丙午年石印本

清顧森書撰。森書字綸卿、金匱人。詳見國朝書畫家筆錄卷四、清代畫史補錄卷四、增廣歷代畫史彙傳補編卷四。

師二雲居畫贊四卷、清顧森書撰。此編皆題其自畫。凡分四類。曰揆古、爲題仿古臨古之畫。曰協藝、所題皆涉及古人詩文之通於繪事者。曰浪吟、爲題畫詩。曰攜景、皆題寫景之作。顧氏畫未得見、所題大致欲仿南田鹿牀、而學識詞華、俱所不逮、殊無甚精詣也。前有左運奎序。【書畫書錄解題】

師二雲居畫贊四卷、清顧森書撰。光緒丙午石印本。〇題贊類題自作之屬。【有美草堂畫學書目】

501 **南畫樣式二冊** 日本印本

清顧澐撰。澐字若波、號雲壺。吳縣人。詳見清畫家詩史辛下。

南畫者、南宗畫派、日本人之簡稱也。是冊若波在日本名古屋時、爲日人常山某所作者。日人取以影印、遂定斯名。上冊爲點式樹式及畫竹水草式。下冊爲畫山畫泉畫石壁坡石諸式。最後舟人四式、略附說明。詳見【書畫書錄解題】

502 **畫引三卷** 明崇禎詩瘦閣原刊本　佩文齋書畫譜本　美術叢書本（以上二本不分卷有刪節）　畫苑祕笈二編本　畫論叢刊本

明顧凝遠撰。凝遠號青霞。吳郡人。畫師董巨。出入荊關。見蘇州府志。【歷代畫史彙傳卷五十二】

此書佩文齋書畫譜纂輯書籍目、宋元以來畫人姓氏錄引證書目並著錄。參見支那畫學書解題論畫類一七〇頁。

畫引不分卷、明顧凝遠撰。此編凡七則。一爲興致、二爲氣韻、三爲筆墨、四爲生拙、五爲枯潤、六爲取勢、七爲畫水。中惟生拙一則、論之較詳、餘俱寥寥十數語。然頗有精意。【書畫書錄解題】

吳辟疆校後記、右畫引三卷、鄉先達顧青霞先生撰。原刊本單闌半葉八行、行十八字、板心刻詩瘦閣。案丁丙善本書室藏書志、有吳郡顧凝遠詩瘦閣崇禎乙亥仿宋刻晁先生雞肋集識、此同爲其家刊本也。是書不載於諸家藏書志、民國吳縣志始據此采入藝文志。余越園先生書畫書錄解題據說郛本及美術叢書本著錄者、乃七篇本、非全帙也。案說郛爲陶宗儀纂、宗儀乃明初人、不當采及此書。檢閱陶珽續說郛、亦無之。應是越園之誤記耳。攷佩文齋書畫譜第十六卷、載有明顧凝遠論畫凡興致、氣韻、筆墨、生拙、枯潤、取勢、畫水七篇、實爲美術叢書之祖本。然書畫譜纂自畫引者、實不止此七篇、其第十四卷有論寫生、第十八卷有畫評、第五十七卷有陳粲傳、第五十八卷有董其昌陳元素傳。又顧凝遠傳一條、則云纂自畫引序。書畫譜本以校原刊本、頗有異同處。

畫引三卷、明顧凝遠撰。崇禎顧氏詩瘦閣家刊本、美術叢書七則本○論述類通論之屬。【有美草堂畫學書目】

503 **隸辨八卷內隸八分辨一卷分書筆法一篇分書偏旁五百四十部一卷**

四庫全書本 （詳見本書經部小學類）

清顧藹吉撰。藹吉字畹仙、號南原。吳（長洲）人。以明經官儀徵學博。山水宗法元人、爲宋駿業、王原祁稱賞。精繆篆、工八分書、著隸辨。見畫徵續錄。【歷代畫史彙傳卷五十二】

此書四庫入經部小學類、詳見四庫全書總目提要。

枕經堂題跋、顧藹吉善隸書、有孔廟諸碑意致。　按藹吉畫亦甚工。以所著隸辨有功於書學甚巨、故錄之。【清書史卷二十七】

國朝畫識卷九、國朝書人輯略卷三、國朝畫家筆錄卷一、宋元以來畫人姓氏錄卷二十九、增廣歷代畫史彙傳補編卷四、並有藹吉小傳。

隸八分考一篇、乃取說文許氏序、漢書藝文志、後漢書儒林傳、晉書衛恆傳、四體書勢、唐六典、張懷瓘書斷、七書中言及隸與八分者、錄其文而各爲之疏說辨證、徵引頗爲繁富。其後方密菴（輔）爲隸八分辨、謂其踳謬前人、未有定論、曾列指其失。　分書筆法一篇、本爲作八分書而作、取蔡邕九勢及筆論鍾繇筆法及十二意、錄其文爲之疏說。　分書偏旁五百四十部一卷、就說文部首、一一取八分書所有者列之、詳著其變體、或體省體僞體。其爲八分書所無者、則注云闕而說明其省變之體、至爲詳明。詳見【書畫書錄解題】

504 鶴廬畫贊二卷鶴廬題畫錄二卷 民國辛巳年刊本

505 過雲樓續書畫記四卷 民國十六年丁卯鉛印本

右二書並清顧麟士撰。麟士字鶴逸、號西津。元和人。

楊無恙序、略云、畫贊蓋西津先生自題、三子公柔（則堅）所鈔存者也。先生題識筆致清逸、足與東園、鹿牀伯仲。論畫精微、尤足啓發後學、爲世津梁。詩亦幽雋如元人。此刻一出、裨益藝苑、夫豈淺鮮哉。又次子則揚跋云、先君子題畫詩跋、未嘗留稿、三弟則堅輯錄存之、起丙申、止戊辰、堅弟卽於次年己巳以勞瘵卒。先君子復於所輯加題畫贊二字、旋病中風、於庚午四月見背。丁丑之難、此稿獲存劫燼、謹付諸梓、而以亡兒篤琳所輯題古今人畫者、附梓爲鶴廬題畫錄云。過雲樓續書畫記、蓋爲顧艮庵（文彬）之書而作、亦有可觀。

506 畫訣一卷 （補本書第七四〇葉）

知不足齋叢書本　叢書集成本　藝苑祕笈初編本名柴丈人畫訣　畫論叢刊本名龔安節先生畫訣（桐花館訂正）

明龔賢撰。賢字半千、又字野遺、號柴丈人。崑山人。流寓金陵、爲八家之一。山水得北苑法、亦倣梅道人。嘗自寫照。行草雄奇。見讀畫錄、圖繪寶鑑續纂、畫徵錄上。【歷代畫史彙傳卷三】

國朝畫識卷三、歷代畫家姓氏便覽卷一、國朝書畫家筆錄卷二、清畫家詩史甲下、宋元以來畫人姓氏錄卷一、並有賢小傳。參見支那畫學書解題論畫類一八一頁。

吳辟疆跋右柴丈人畫訣、明龔賢撰、野遺別有畫訣一卷、散見知不足齋叢書、昭代叢書、四銅鼓齋論畫集刻中、流傳至廣。此顧西津手鈔本、世獨罕見、不知其迻錄何處也。細繹全卷結構、與知不足齋本大致類似。蓋當時啓蒙之作、或尙不止此二本耳。按奚鐵生畫意册、中華書局有景印本、易其標題曰樹木山石畫法、其筆法蹊逕、旣全襲半千、而圖說亦與此正同、乃至書法亦復摹橅野遺。惟題跋二行、乃其本色。知是從柴丈人原本臨摹無疑。因校勘兩本異同、並爲敍次先後、與知不足齋本並傳。初學者彼此參證、互相發明、於入門不無捷徑可緣耳。

畫訣一卷、明龔賢撰。四銅鼓齋論畫集刻本、昭代叢書本、美術叢書本、論畫輯要本。〇作法類歌訣之屬。【有美草堂畫學書目】

507 **長喜齋論畫詩一卷** 民國二十六年排印本

近人龔韻珊撰。韻珊閩侯人。

508 **翰墨志一卷**（補本書第七〇一葉）

宋高宗撰。

翰墨志一卷（宋高宗）其論徽宗留意書法、立學養士、惟得杜唐稽一人。今書家無舉其姓名者。（以上提要原文）謹案杜唐稽姓名、屢見於宋元人著作之中、提要考之未詳。阮元揅經室外集卷二云、集篆古文韻海五卷、宋杜從古撰。從古字唐稽、里居未詳。陶宗儀云、從古官至禮部郎、自序稱朝請郎、尚書職官員外郎、蓋指其作書時而言。是編藏書家未見著錄。此依舊鈔影摹。從古以郭忠恕汗簡、夏竦古文四聲韻二書、闕佚未備、更廣搜博采以成之。序云、比集韻則不足、較韻略則有餘、視竦所集則增數十倍矣。案書史會要云『宣和中從古與米友仁徐兢同爲書學博士、高宗稱先皇帝喜書、設學養士、獨得杜唐稽一人、今觀其書所譽良不虛也。』愚考宋俞松蘭亭續考卷一載徐兢同宋董史皇宋書錄卷上徽宗皇帝下引長編云、『宣和六年正月己未、詔提舉措置書藝所以主客員外郎杜從古徐知新大宗正丞徐兢、新差編修汴都志米友仁、並爲措置管勾生徒五百人爲額。』（案此引李燾續通鑑長編也、今傳本長編徽宗以後並闕）並與書史會要合。蓋卽陶宗儀所本。（皇宋卷中於杜書錄古姓名引唐稽下引高宗翰墨志、又別出一杜從。徐兢跋自注云、史意恐卽唐稽其人也。）【四庫提要辨證】

509 **宣和書譜二十卷**（補本書第七七一葉） 明嘉靖刊本

宋宣和敕撰。

宣和書譜二十卷、不著撰人名氏。記宋徽宗時內府所藏諸帖。宋人之書、終於蔡京蔡卞米芾三人、殆卽三人所定歟。芾京卞書法皆工、芾尤善於辨別、均爲用其所長、故宣和之政、無一可觀、而賞鑒則爲獨絕。（以上提要原文）謹案此書及畫譜、蓋皆徽宗時臣工奉詔爲之、雜出衆手、不能定其主名。提要乃以終於京卞及芾、遂疑爲三人所定、考書中卷十二蔡京傳云『其所以輔予一人而國事大定者、京其力焉。』又云『屬嗣初載以還、賴予良弼、祇循先志、以克用人。』是直作徽宗之語、縱由臣下代擬、未必出自京筆也。其蔡卞傳云『自少喜學書、初爲顏行、筆勢飄逸、但圓熟未至、故圭角稍露。』米芾傳云、『異議者謂其字神鋒太峻、有如強弩射三十里、又如仲由未見孔子時風氣。其爲論或如此。』使出二人手筆、恐亦不肯於本傳中自著貶詞。覩芾所著海岳名言、歷詆古人、高自稱道、其肯爲此言乎。提要殆僅見目錄中宋人終於三人、遂作臆決之語、而未嘗細讀本書也。萬斯同羣書疑辨卷八隸書考亦云：『宣和書譜雖出徽宗、必蔡京所撰。』卷九題宣和書譜、則云『此譜出徽宗親撰、其所與商榷者、又不過蔡京梁師成之徒。』（自注此語本高宗翰墨志）二說不同、後說近是。又考元鄭杓衍極造書篇注云『大德壬寅、延陵吳文貴和之、裒集宋宣和間書法文字、始晉終宋、名曰宣和譜二十卷。』竟指此書爲元人所撰。考明王世貞古今法書苑卷二十二載有大德壬寅延陵吳文貴跋云、『宣和書畫譜、當時未嘗行世、傳寫譌舛、余竊病之、博求衆本參校、遂鋟諸梓。』又載錢塘王芝後序、亦云『吳君和之刻二譜於梓。』天一閣書目卷三丁丙藏書志卷十、並有明鈔本、丁氏書亦載有吳王兩跋。（天一閣目只載吳跋）知所謂吳文貴者、特嘗校刊此書、鄭杓得之耳食、而未見其本、遂妄意爲文貴所自撰耳。恐其啓後人之疑、故附辨之如此。至周中孚鄭堂讀書記卷四十八、疑書畫譜二書皆出於蔡絛、無徵不信、未敢雷同。（頃見今人余紹宋書畫書錄卷六載所作宣和書譜解題及辨證、所考多與余合、然詳略既異、引證亦不盡同、謹附誌。）【四庫提要辨證】

此書明版書經眼錄上著錄。景印國藏善本叢刊第一輯提要云、宣和書畫二譜、世行有明楊愼刻、後來各本皆從之出、頗有訛奪、不爲盡善。書譜元刻久佚、以嘉靖本配元刻畫譜影印之、但至今未見出版。

510 宣和畫譜二十卷 （補本書第七七五葉） 元大德間刻本（故宮博物院藏）

宋宣和敕撰。參見支那畫學書解題鑑藏類四二頁。

宣和畫譜二十卷、不著撰人名氏。記宋徽宗朝內府所藏諸畫。前有宣和庚子御製序、然序中稱今天子云云、乃類臣子之頌詞。疑標題誤也。王肯堂筆麈曰、畫譜採薈諸家記錄、或臣下撰述、不出一手、故有自相矛盾者。如山水部稱王士元兼有諸家之妙、而宮室部以皀隸目之之類。許道寧條稱張文懿公深加嘆賞、亦非徽宗口語。蓋仍劉道醇名畫評之詞云云。案肯堂以是書爲徽宗御撰、蓋亦未詳繹序文。然所指牴牾之處、則固切中其失也。（以上提要原文）謹案、自來帝王御撰之書、大抵出自臣下編纂、呈之乙覽、或有所點定筆削、則以御撰題之。如唐修晉書、太宗自著四論、遂總題曰御撰、是其例也。此書序中稱今天子云云、誠不類徽宗御筆。丁丙張鈞衡藏書志載其所收明刻本、其宣和庚子一序、均不稱御製、然則今本序末宣和殿御製五字、殆後來傳刻者所妄加。然考書中卷二十宗室令穰傳云『嘗因端午節進所畫扇、哲宗嘗書其背、朕嘗觀之、其筆甚妙、因書國泰二字賜之、一時以爲榮。』此豈復臣子之詞乎。此書及書譜、蓋皆徽宗時臣下奉詔爲之、託爲御撰、編纂之人不出一手、王肯堂之言、較得其實也。【四庫提要辨證】

此書明版書經眼錄上著錄。式古堂書畫彙考畫考引用書目作宋胡嘫撰、傳是樓書目萬曆刊二本、題明高拱撰。

宣和畫譜二十卷（故宮博物院藏元刻本）

宣和書譜二十卷（北京圖書館藏明刻本）

不著撰人名氏。畫譜爲元吳文貴杭州刻本。半葉十行、行十九字。書畫二譜世行有明楊愼刻。後來各本皆從之出、頗有訛奪、不爲盡善。此本紙墨彫工、與宋臨安睦親坊陳道人所刊唐宋人集極相類。其爲元初杭州刻本無疑。即大德六年吳文貴與書譜合梓者、古本之僅存者也。書譜元刻久佚、以嘉靖本配印於後。【景印國藏善本叢刊第一輯提要】

宣和畫譜二十卷（殘存十六卷、九册、元大德間刻本、十行、十九字）原書不著撰人姓氏。考清代所見是書刻本、以嘉靖十九年楊愼序刻本爲最早。孫星衍藏一部、廉石居藏書記所謂此本最古、在諸本前者是也。至於元刻、明清兩代藏書家、蓋未嘗著錄。此眞元刻本矣。近人余紹宋撰畫書錄解題、於明刊王世貞古今法書苑卷二十二得元大德六年吳文貴校刻宣和書畫譜跋及大德七年王芝所撰後序、稱書畫譜自宋南渡後不傳於江左、蓋爲當時秘錄、未嘗行世。元代好古雅德之士、轉相謄寫、文貴博求衆本、遂鋟諸梓。此本刀刻紙質、最與大德間刻書相似、其證一也。古今法書苑又載朱存理鈔本跋、一首、知文貴刊本明初已不易得。後楊愼僅於許雅仁處轉寫一帙、再刊諸木。余持此本與楊本對讀、知楊本實從此本出。楊本九行十九字、此本十行十九字、楊本卷六杜霄傳：「未易得之故蛺」下脫十九字、蓋因上版時推行、故適脫一行也。又此本有墨釘、有空格、楊本均以意塡補。如此本卷三僧貫休傳：太平興國初太宗詔求古畫、太宗上空二格、蓋因文貴所據宋本原如此、楊本於太宗下補「特下」二字。又卷十二王詵傳：「於是神考選尙秦國大長公主」、此本選字上空兩格、楊本補「特詔」二字。又「卽其第乃爲堂曰寶繪」、繪下空一格、楊本補「堂」字。「神考一見而爲之稱賞」、一見上空兩格、楊本補「每每」兩字。「至其奉秦國失歡以疾薨、神考親筆責詵曰、「以」字「親」字上各空兩格、楊本上補「主尋」、下補「下詔」。若此之類、並成贅疣。又審所補之字與全書不一律、楊氏初印本不應有之。蓋後來刷印時所補者。楊本亦依元撫摹甚工、故字體猶存大德本風度、其證二也。總此二事、此爲大德間吳文貴校刻本無疑。然無文貴跋及王芝後序者、疑在書譜卷首。檢故宮善本書目、亦有是書元刻本、完全無闕、則元本之存於天壤間者、惟彼與此矣。又葉啓發（華鄂堂讀書小識）稱有宋刊書譜二十卷、或即大德間吳文貴與畫譜合刊之本、其說載圖書館學季刊第九卷第三四期。　無名氏序宣和二年（一一二〇）宣和畫譜二十卷（八册明嘉靖間刻本九行十九字）。不著撰人姓氏。按此卽嘉靖十九年楊愼序刻本、卷內空格多以意塡補、蓋爲後來刷印時妄人所爲、已如上述矣。【王重民善本書籍經眼錄】

611 **宋中興館閣儲藏一卷**　佩文齋書畫譜本　古今圖書集成本

不著編撰者姓名。支那畫學書解題鑑藏類五七頁題楊王休撰。宋中興館閣儲藏一卷、余氏書錄載此編於別見、蓋以其僅列品目、疑出於圖書集成之節删也。余按此編首見於佩文齋書畫譜、圖書集成蓋從書畫譜迻錄者。書畫譜於著錄之書、往往僅列品目、餘俱删去。誠如余氏所言。顧此則當屬完璧、有可證者四。著錄之書在宋代尙屬草創、體例未備、乃時之使然。宣和畫譜、亦僅列品目、可爲明驗、一也。此編於有徽宗御書御押者、必爲詳著其文、餘如李公麟大阿羅漢十六軸下註各軸有黃庭堅書贊、皇朝功臣軸下註諸臣姓名、此等大可節删者俱尙存在、二也。前序後跋、首尾完善、三也。原序云、圖畫一百八十七軸、御府續行降付、今併以前錄所載舊藏九百十一軸、二册附錄名氏於此云云、則此編本不過記姓名而已、四也。此四證者、皆未經節删之確然可信者也。是編首錄徽宗御書、次錄畫之有徽宗御題者、更次爲宣聖像、佛道像、古賢、鬼神、人物、雜畫、山水、窠石、花竹、翎毛、畜獸九門。其體例大致與宣和畫譜相類。前有小序、後有祕書省跋。按鄧椿畫繼、鄆王楷傳云、今祕閣畫目有水墨筍竹、蒲竹等圖。趙士雷傳云、今祕閣畫目有春雪早梅及小景等圖。今按此編五圖俱在。鄆王作嘉王、殆鄆王舊封也。考祕書省跋、此編當成於甯宗嘉定三年、上距畫繼成書日凡三十五年。公壽所見祕閣畫目、殆卽小序所謂前錄也。按夏文彥圖繪寶鑑有引紹興祕閣者、度卽祕閣畫目、則前錄當成於紹興時也。（余錄未見門有祕閣書畫目、攷佩文齋書畫譜歷代鑒藏書內別有宋中興館閣儲藏、乃專記法書者。書畫目疑卽兩書之合編。）此編花竹翎毛門內載有黃居寶禽會圖一。按圖繪寶鑑黃居寶傳云、紹興祕閣中有會禽圖一（禽會與會禽不知孰是。）而諸書不載其名云云。其名與此編兩歧。余按米芾畫史（據明翻宋陳道人本）有黃筌居寀居實見百本語，清顧懷三補五代藝文志載有繪禽圖經一卷，五代黃居實撰，則居實非獨有其人，抑且工畫翎毛，與圖繪寶鑑之說合。又考此編體例，以門爲經，以人爲緯，凡一門之中，一人所作，必盡行著錄。然後更及他人，未嘗有前後參差記載者。今按花竹翎毛門先載黃居寶鶴二、丘文播躑躅繡纓一、鍾隱飛鵲一、雙禽圖一，後又載黃居寶禽會圖一，是後之居寶，其爲居實之誤可知。此蓋纂輯書畫譜者，囿於見聞，以居實之名不見經傳，遂謂實必寶字之譌，遽加改竄，可謂妄人。其後圖書集成亦復沿訛踵繆。余所見惟杭州孤山圖書館所藏一本，其實字業已挖去，別以一墨印實字黏補，是可見圖書集成之審愼處，而益暴書畫譜之紕繆百出矣。【書畫書錄解題補甲編】

512 歷代題畫詩一百二十卷　康熙武英殿刊本　四庫全書本

清康熙四十六年御定，陳邦彥編集。

歷代題畫詩一百二十卷，康熙御定。集中所錄凡詩八千九百六十二首，分爲三十門。如樹石別於山水，名勝亦別於山水，古蹟別於名勝，古像別於寫眞，漁樵耕織牧養，別於閒適，蘭竹禾麥蔬果，別於花卉，配隸俱有條理。末爲人事雜題二類，包舉亦爲簡括。詳見【四庫全書總目提要】

陳邦彥國朝書人輯略卷三、國朝書畫家筆錄卷一並有小傳。此書參見支那畫學書解題（分題跋叢輯二類）二一〇頁。

是編凡分三十類，曰天文，曰地理，曰山水，曰名勝，曰古蹟，曰故實，曰閒適，曰古像，曰寫眞，曰行旅，曰羽獵，曰仕女，曰仙佛，曰鬼神，曰漁樵，曰耕織，曰牧養，曰樹石，曰蘭竹，曰花卉，曰禾麥蔬果，曰禽，曰獸，曰鱗介，曰花鳥合景，曰草蟲，曰宮室，曰器用，曰人事，曰雜題。其分類之旨趣，具詳凡例。至爲精密。所收迄於明代，凡得詩八千九百餘篇，題詠之什，可云賅備。獨惜其未注明采自何書耳。四庫提要謂是書乃分命廷臣各爲編校，讀御製序，明言翰林陳邦彥裒輯彙鈔，繕本呈覽，朕嘉其用意之勤，命授工鋟梓。是此書出於陳氏獨力編集。如分命廷臣，卷前例有職司銜名也。四庫偶誤，因爲正之。【書畫書錄解題】

513 秘殿珠林二十四卷　四庫全書本

秘殿珠林續編八冊　朱絲欄鈔本　民國三十七年戊子影印本四十冊，名秘殿珠林石渠寶笈續編

秘殿珠林三編四冊　朱絲欄鈔本

右三書皆爲清代官修。秘殿珠林，乾隆九年

張照等奉勅撰。秘殿珠林續編、阮元等奉敕撰、秘殿珠林三編英和等奉敕撰。故宮圖書館均有藏本。參見支那畫學書解題鑑藏類二五五頁。故宮殿本書庫現存目中册。

514 石渠寶笈正編四十五卷　朱絲欄鈔本　上海涵芬樓影印本

515 石渠寶笈續編八十八册　朱絲欄鈔本

516 石渠寶笈三編一百〇八册　朱絲欄鈔本

右三書皆爲清代官修。石渠寶笈正編、清乾隆九年張照等奉敕撰。（參見支那畫學書解題鑑藏類二五七頁）石渠寶笈續編、乾隆辛亥年阮元等奉敕撰。石渠寶笈三編、嘉慶乙未年英和等奉敕撰。或云秘殿珠林石渠寶笈續編四十册、王杰等奉敕撰。羅振玉有石渠寶笈三編目錄三册、已詳見本書七六四葉。參見支那畫學書解題鑑藏類三三四頁。故宮殿本書庫現存目中册。

石渠寶笈三編、始於嘉慶乙亥、編纂者滿洲英和、當塗黃鉞、歸安姚文田長興張鱗、仁和胡敬等十一人。成書　卷。其大略見於阮文達公石渠隨筆、胡書農學士西清劄記。繆荃孫雲自在龕筆記。【箸溪藝人徵略】

517 彙刻唐宋畫書九種十一卷　明嘉靖間刊本半葉十一行行二十字白口

不著編刻者姓名。

古畫品錄一卷、南齊謝赫撰。

續畫品錄一卷、唐李嗣眞撰。

後畫錄一卷、唐釋彥悰撰

續畫品一卷、陳姚最撰。

貞觀公私畫史一卷、唐裴孝源撰。

山水筆法記一卷、唐荊浩撰。

山水論一卷、唐王維撰。

聖朝名畫評三卷、宋劉道醇撰。

圖畫歌一卷、宋沈括撰。

右目見北京圖書館善本書目、叢書大辭典。

彙刻唐宋畫書九種十一卷（明嘉靖間刻本）南齊謝赫古畫品錄一卷、陳姚最續畫品錄一卷、唐李嗣眞續畫品錄一卷、唐釋彥悰後畫錄一卷、唐裴孝源貞觀公私畫史一卷、唐王維山水論一卷、唐荊浩山水筆法記一卷、宋劉道醇聖朝名畫評三卷、宋沈括圖畫歌一卷。凡九種。除沈括圖畫歌、四庫皆著錄。中惟李嗣眞釋彥悰二家入存目、謂其爲明人僞託、王維山水論作畫學祕訣、亦入存目、云出於南宋人依託、明焦竑國史經籍志、始著於錄、明人收入維集、失考是也。此明刻白口十一行本、行二十字、字體方整、行格疏朗、頗有宋槧矩矱、不知何時何人所刻、大約明嘉靖前風氣爲近。此外尙有唐朱景元唐朝名畫錄一卷、宋劉道醇五代名畫補遺一卷、宋黃休復益州名畫錄三卷、宋鄧椿畫繼十卷、宋董逌廣川畫跋六卷、宋李廌德隅齋畫品一卷、凡六種。見於各家藏書目、及邵懿辰評注四庫全書簡明目錄、均不完不備、未見其全、若此九種、固已得全書之大半矣。此書余得之吳門書友楊壽祺肆中、去番餠銀十六元、今日明刻書之貴、幾亞於宋元、然此等有資考訂之書、正不得因其價昂而輕放過。蓋明時刻書、至嘉靖猶多善本、如此類書、多有叢刻、王世貞書畫苑、毛晉津逮秘書、或草率竟功、或長編巨集、購之不易、未若此種彙刻專而且精之爲善也。後有得者、當益重之。此九種雖出明時刻本、其翻雕宋本有二證焉、一聖朝名畫評中遇帝后廟號空一字擡頭、他種則否、若出明人自刻、何必於隔朝之君、如此尊敬。一聖朝名畫評、不云宋朝、是本朝人稱本朝人書之辭、而卷首撰人題大梁劉道醇纂、與他種於撰人上冠以朝代名者有異、是皆可斷其出自宋版之明證。四庫全書總目存目云、李嗣眞釋彥悰二書、出自明人僞託、其指彥悰書之僞、以彥悰太宗時人、不應有明皇時之李湊之畫、其指嗣眞書之僞、以嗣眞唐人、不應稱梁元帝爲湘東殿下、皆使作僞者無可置辨。惟審此書、字體行格、較明人刻版不同、疑其書爲南宋書坊之所爲、書估無學、得嗣眞彥悰書殘帙、以意補成之。觀元人戴表元剡源集題孫過庭書譜云、杭州陳道人印書、書之疑處、率以己意改令諧順、殆是書之一厄、則南宋坊本之繆、復何異於明人、世人賤衆貴希、一聞宋本之名、遂若帝天之不可議、豈非夢囈哉、同日燈下再記。【郎園讀書志】

附錄

日人原田尾山撰支那畫學書解題一册、所收畫學書還相當之多、本編已在前補遺部分加以徵引外、尙有已見於正編及四部總錄其他類者、亦有本編並未著錄者、今統依原書次第再補錄於下、以供參考。

518 **貞觀公私畫史一卷** 唐裴孝源撰 王氏畫苑本 古今圖書集成本（鑑藏類）五頁 詳見本編第七二四葉

519 **後畫錄一卷** 舊題唐沙門彥悰撰 汲古閣刊本 古今圖書集成本（論畫類）七頁 詳見本編第七二一葉

520 **聖朝名畫評三卷** 宋劉道醇撰 王氏畫苑本（論畫類）二六頁 詳見本編第七三一葉

521 **五代名畫補遺一卷** 宋劉道醇撰 王氏畫苑本（論畫類）二九頁 詳見本編第七三〇葉

522 **鶴山題跋七卷** 宋魏了翁撰 汲古閣刊本

（題跋類）五三頁　四部總錄史部目錄類

523 **晦庵題跋三卷**　宋朱熹撰　汲古閣刊本（題跋類）五四頁　四部總錄史部目錄類

524 **止齋題跋二卷**　宋陳傅良撰　汲古閣刊本（題跋類）五六頁　四部總錄史部目錄類

525 **雲烟過眼錄二卷**　宋周密撰　古今圖書集成本　美術叢書本（鑑藏類）五八頁　四部總錄子部雜家類

526 **志雅堂雜鈔二卷**　宋周密撰　道光十年刊得月簃叢書本（論畫類）五九頁　四部總錄子部雜家類

527 **洞天淸祿集一卷**　宋趙希鵠撰　美術叢書本（論畫類）六一頁　四部總錄子部雜家類

528 **雲烟過眼續錄一卷**　元湯允謨撰　奇晉齋叢書本（鑑藏類）八二頁　四部總錄子部雜家類

529 **墨竹記一卷**　元張退公撰　詹氏畫苑補益本　佩文齋書畫譜本（論畫類）八一頁　佩文齋書畫譜纂輯書籍目著錄　詳見本編第七三六葉

530 **輟耕錄三十卷**　明陶宗儀撰　汲古閣刊本（叢輯類）八三頁　四部總錄子部小說家類

531 **寓意編一卷**　明都穆撰　奇晉齋叢書本（鑑藏類）九二頁　詳見本編第七四八葉

532 **南濠居士文跋四卷**　明都穆撰　文學山房聚珍版本（鑑藏類）九四頁　四部總錄史部目錄類

533 **升庵畫品一卷**　明楊愼撰　函海本（論畫類）九十九頁　詳見本編第七三五葉

534 **名畫神品目一卷**　明楊愼撰　函海本（鑑藏類）一〇一頁　詳見本編第七三六葉

535 **藝苑巵言附錄四卷**　明王世貞撰　世經堂刊弇州山人四部稿本（論畫類）一一一頁

536 **弇州畫跋二卷**　明王世貞撰　世經堂刊弇州山人四部稿本（題跋類）一一三頁

537 **淸祕藏二卷**　明張應文撰　述古叢鈔本（論畫類）一一六頁　四部總錄子部雜家類

538 **吳郡丹靑志一卷**　明王穉登撰　古今圖書集成本　美術叢書本（論畫類）一一七頁

539 **畫麈一卷**　明屠隆撰　考槃餘事本（論畫類）一一九頁

540 **考槃餘事四卷**　明屠隆撰　享和三年浪華文華堂翻印本（論畫類）一二三頁　四部總錄子部雜家類

541 **畫禪室隨筆四卷**　明董其昌撰　大魁堂刊本（論畫類）一二六頁　四部總錄子部雜家類

542 **妮古錄四卷**　明陳繼儒撰　美術叢書本（論畫類）一三〇頁　四部總錄子部雜家類

543 **陳眉公訂正畫譜八卷**　明陳繼儒撰　原刻本（圖譜類）一三三頁

544 **遵生八牋一卷**　明高濂撰　古今圖書集成本（論畫類）一四六頁　四庫全書本十九卷　四部總錄子部雜家類

545 **西湖臥游圖題跋一卷**　明李流芳撰　美術叢書本（題跋類）一四八頁

546 **寶繪録二十卷** 明張泰階撰 知不足齋叢書本（論畫類）一五八頁 按北京圖書館藏明崇禎刊本 詳見本編第七三八葉

547 **竹嬾墨君題語一卷** 明江元祚撰 美術叢書本（題跋類）一六〇頁

548 **長物志十二卷** 明文震亨撰 美術叢書本（論畫類）一六一頁 四部總録子部雜家類

549 **畫史會要五卷** 明朱謀垔撰 原刻本（論畫類史傳類）一六三頁 詳見本編第七九六葉

550 **畫禪一卷** 明釋蓮儒撰 美術叢書本（史傳類）一七二頁

551 **文湖州竹派一卷** 舊題明釋蓮儒撰 美術叢書本（史傳類）一七三頁

552 **太平山水詩畫一册** 清蕭雲從撰 影印本（圖譜類）一八二頁

553 **明畫録八卷** 清徐沁撰 文化十四年日本翻刻本（史傳類）二一二頁

554 **好古堂家藏書畫記二卷續記一卷** 清姚際恒撰 文化五年日本翻刻讀畫齋叢書本（鑑藏類）二三二頁

555 **古今圖書集成七四九—七九六卷** 清蔣廷錫等奉敕撰 光緒十年上海圖書集成書局重印本（叢輯類）二四五頁 四部總録子部類書類

556 **南薰殿尊藏圖象目一卷** 乾隆敕撰 松鄰叢書本（鑑藏類）二六四頁

557 **茶庫貯藏圖象目一卷** 乾隆敕撰 松鄰叢書本（鑑藏類）二六五頁

558 **文房肆考圖說八卷** 清唐秉鈞撰 竹映山莊刊本（論畫類）二八八頁 四部總録子部譜録類

559 **吳越所見書畫録六卷** 清陸時化撰 江氏聚珍板本 宣統二年順德鄧氏刊本（鑑藏類）二九一頁

560 **書畫說鈴一卷** 清陸時化撰 吳越所見書畫録附刻本 娛園叢刻本（論畫類）二九二頁

561 **天水冰山録一卷** 清周石林撰 知不足齋叢書本（鑑藏類）二九九頁

562 **墨梅人名録一卷** 清童翼駒撰 得月簃叢書本（史傳類）三〇〇頁

563 **石渠隨筆八卷** 清阮元撰 揚州阮氏珠湖草堂刊本（鑑藏類）三〇一頁 阮氏撰此書見清代畫史補録卷三 四部總録子部雜家類

564 **揚州畫舫録十八卷** 清李斗撰 乾隆六十年原刻本（史傳類）三一二頁 四部總録史部地理類

565 **畫石軒詩集四卷** 清朱遙泰撰遙泰字柳塘松陵人前有乾隆六十年金學詩等題詩嘉慶四年周允中等序 斯雅堂刊本（題跋類）三一三頁

566 **畫石軒臥遊隨録四卷** 清朱遙泰撰 原刻本皆録平生所見書畫之題跋前有嘉慶三年自序及周京沈大本二跋（鑑藏類）三一四頁

567 **諸家藏畫簿十卷** 清李調元撰 函海本（鑑藏類）三一六頁 清代畫史補録卷三

有關元小傳

568 **履園叢話二十四卷**　清錢泳撰　振新書社石印本（叢輯類）三四二頁　四部總錄子部雜家類

569 **清儀閣題跋四冊**　清張廷濟撰　原刊本（題跋類）三六四頁　四部總錄史部目錄類

570 **月壺題畫詩一卷**　清瞿應紹撰　瞿氏原刊本　應紹字子冶號月壺上海人諸生子冶長子小春搜集其題畫之詩有道光三十年張濬劉樞二序後徐渭仁跋（題跋類）三六五頁

571 **小蓬萊閣畫鑑七卷**　清李修易撰　鉛印本　修易字乾齋號子健海鹽人此書卷一宗派卷二鑒賞卷三畫學卷四畫法卷五畫友卷六自述卷七題跋前有民國二十二年張宗祥張元濟序後李開福跋（論畫類史傳類）三七四頁

572 **繪事管見一卷**　清縟雲外史撰　同治十二年是圖觀白鷗室刊本　縟雲外史不詳其姓名號教山南浦人此書收有關山水畫論凡二十二則曰源流讀書取法用墨用筆皴法體勢林木坡石水口村舍點苔遠山雲烟風雨雪景邱壑氣韻自然臨古遊覽立品前有同治十二年杜煥南王廷彥序及自序（論畫類）四〇一頁

573 **承華事略補圖六卷**　元王惲原撰　清張之洞校刊本（圖譜類）四〇六頁　四部總錄史部史評類

574 **古芬閣書畫記十八卷**　清杜瑞聯撰　光緒七年杜氏原刻本　瑞聯字鶴田大興人官至貴州巡撫此書皆著錄自藏之書畫卷一至卷八書蹟卷九至卷十八載畫蹟前有光緒七年楊恩壽序（鑑藏類）四一〇頁

575 **儀顧堂題跋十六卷續跋十六卷**　清陸心源撰　陸氏家刻本　此書輯自藏四部典籍及法書名畫所作之題跋（題跋類）四二〇頁　四部總錄史部目錄類

576 **遲鴻軒所見書畫錄四卷**　原題清楊峴撰　刊本　此書輯錄有清一代書畫家凡一千人之小傳及畫跡以韻目編次檢其內容各條蓋同李玉棻之甌鉢羅室書畫過目考蓋賈豎鬻之僞託（鑑藏類史傳類）四二四頁

577 **前塵夢影錄二卷**　清徐康撰　元和江氏叢書本　康字子晉吳郡人此書上卷述硯璽印章古器碑帖之事下卷圖書及文人傳等論繪事者僅數條（論畫類）四二八頁

578 **螢雪軒論畫叢書六卷**　日本近藤元粹輯　螢雪軒刊活字本　近藤元粹號南州外史讃岐人（叢輯類）四三四頁

各書子目列下：

古畫品錄一卷（南齊謝赫撰）
後畫品錄一卷（陳姚最撰）
畫學祕訣一卷（唐王維撰）
筆法記一卷（五代荊浩撰）
山水節要一卷（五代荊浩撰）
山水訣一卷（宋李成撰）
林泉高致一卷（宋郭熙撰）
畫論一卷紀藝一卷（宋郭思撰）
畫史一卷（宋米芾撰）
山水純全集一卷（宋韓拙撰）
寫山水訣一卷（元黃公望撰）
宣和論畫雜評一卷（宋徽宗撰）
畫山水訣一卷（宋李澄叟撰）
畫梅譜一卷（宋釋仲仁撰）
竹譜詳錄一卷（元李衎撰）
畫說一卷（明莫是龍撰）
畫塵一卷（明沈灝撰）
書語錄一卷（釋道濟撰）

【彙刻書目】【叢書舉要】【叢書書目彙編】【叢

書大辭典】

579 **游藝巵言二卷** 淸葉德輝撰 民國六年葉氏觀古堂刊本 書凡十篇卷上法書名畫辨別卷軸裝潢卷下收藏藏規記錄避就帖刻 （鑑藏類論畫類）四三八頁

580 **小萬柳堂明淸兩朝書畫扇存目錄一册** 廉泉撰泉字南湖無錫人以舉人官至度支部郎中 （鑑藏類）四五一頁

581 **圖畫史稿二卷附補遺** 重慶羅元黼撰 民國六年成都存古書局刊本 此書卷上唐二十二人前蜀十四人後蜀二十四人宋八十二人元四人明十一人淸十八人卷下後漢至淸宦跡二十四人流寓三十九人附七人補遺宋七人元八人 （史傳類）四六一頁

582 **翠琅玕館叢書八十册** 黃任恆輯 民國十年黃氏重編刊本 任恆字秩南南海人子目列下：

書苑菁華二十卷（宋陳思撰）
張氏書畫四表四卷（明張丑撰）
頻書編年錄四卷（淸黃本驥撰）
藝舟雙楫六卷（淸包世臣撰）
玉臺書史一卷（淸厲鶚撰）
畫語錄一卷（淸釋道濟撰）
畫訣一卷（淸龔賢撰）
雨窗漫筆一卷（淸王原祁撰）
東莊論畫一卷（淸王昱撰）
浦上論畫一卷（淸張庚撰）
山南論畫一卷（淸王學浩撰）
石村畫訣一卷（淸孔衍栻撰）
寫竹雜記一卷（淸蔣和撰）
繪事津梁一卷（淸梁祖永撰）
二十四畫品一卷（淸黃鉞撰）
畫鑒析覽一卷（淸湯貽汾撰）
廣川畫跋六卷（宋董逌撰）
南田畫跋四卷（淸惲正叔撰）
板橋題畫一卷（淸鄭燮撰）
冬心題畫記五種（淸金農撰）
小山畫譜二卷（淸鄒一桂撰）
無聲詩史七卷（淸姜紹書撰）
玉臺畫史五卷別錄一卷（淸湯漱玉撰）
周氏印人傳三卷（淸周亮工撰）
飛鴻堂印人傳八卷（淸汪啓淑撰）
摹印傳燈二卷（淸葉爾寬撰）
紫泥法一卷（淸王鎬京撰）
琴學八則一卷（淸程雄撰）
裝潢志一卷（淸周嘉胄撰）
桐階副墨一卷（淸黎遂球撰）
南村觴政一卷（淸張惣撰）

（以下自錢譜一卷至淸祕藏二卷子目從略。）以上爲子部書共計四十五種、一百七十卷、光緒間羊城馮氏刻、民國五年丙辰保粹堂重編印本名藝術叢書。

以上均見支那書學書解題。

二十家仕女畫存一册

民國七年上虞羅氏玻璃版印本

三邕翠墨簃題跋四卷

淸（義州）李葆恂（叔猷）撰 民國十一年刊本

四部總錄入史部目錄類金石書錄目云卷一爲金石跋卷二至四爲書畫跋

山水畫譜一册

不著編撰人姓名 淸初刊本

山水訣一卷

李成撰 圖繪寶鑑卷三 畫苑補益本 畫論叢刊本

竹譜一册

不著編撰人姓名 醉石山房刊本

沙山春人物畫譜二册
不著編撰者姓名　民國十二年石印本

青在堂菊譜二卷
不著編撰人姓名　乾隆重刊本

述古書法纂十卷（潞藩新刻）
明朱常淓撰　崇禎九年刊本（北京圖書館藏）

國朝畫傳編韻十一卷
清姜寧撰　鈔本（北京圖書館藏）

餘事集不分卷
清潘行賢撰　鈔本（北京圖書館藏）

書法大成
明王安宇等撰　明萬曆四十三年刻本殘存一二兩卷（上海歷史文獻圖書館藏）

墨池續編三卷
明李萬撰薛晨注　明隆慶刊本（北京圖書館藏）

墨妙纂六卷
明鄒茂周撰　明萬曆刊本（北京圖書館藏）

元明清書畫人名錄二卷
日本彭眞淵撰　安永六年（乾隆四十二年）刊本

支那山水畫史四卷附圖
日本伊勢專一郎撰　昭和九年（一九三四）鉛印本

支那名畫寶鑑一册
日本原田謹次郎編　昭和十一年（一九三六）大塚巧藝社珂羅版印本

支那畫學書解題一册
日本原田尾山（謹次郎）撰　昭和十三年（一九三八）文術堂鉛印本

支那畫學總論一册
日本原田謹次郎撰　昭和十三年（一九三八）大塚巧藝社鉛印本

名數畫譜四册
日本天元東野撰　日本文化中（嘉慶間）刊本

西金居士眞蹟十六羅漢一册
日本大村西厓撰　日本影印本

宋元明清名畫大觀二册
日本昭和六年（一九三一）珂羅版印本

版畫禮讚一册
日本稀書複製會編　大正十四年（一九二五）鉛印本

明清書畫款譜一編二卷二編二卷
日本栗原彝三輯西田春耕摹　明治中（光緒間）刊本

唐宋元明名畫大觀二册
日本昭和四年（一九二九）珂羅版印本

畊香館畫賸四册
日本瀧謙和亭撰　明治十七年（光緒十一年）石印本又四十三年錦榮堂印本

清書畫人名譜三卷
日本鷲峯逸人編　嘉永七年（一八五四）甲寅刊本　見有美草堂書學書目

畫法詳論三卷
日本石川鴻齋撰　明治十九年（一八八六）刊本
此書有美草堂書學書目入叢輯類摘鈔之屬

敦煌畫之研究二册

日本松本榮一撰　昭和十二年（一九三七）鉛印本

邊氏畫譜五卷

日本邊瑛編　日本刊本　民國元年重刊本

讀畫痕六卷

日本田結莊齋治撰　明治刊本

東洋論畫集成二册

日本關天彭編　大正五年（一九一六）再版本

上卷：畫學祕訣（唐王維撰）

歷代名畫記（唐張彥遠撰）

筆法記（梁荆浩撰）

山水訣（宋李成撰）

林泉高致（宋郭熙撰）

圖畫見聞誌（宋郭思撰）

畫繼（宋鄧椿撰）

畫鑒（宋湯垕撰）

畫論（宋湯垕撰）

寫山水訣（元黄公望撰）

藝苑卮言（明王世貞撰）

畫禪室隨筆（明董其昌撰）

甌香館畫跋（清惲格撰）

芥子園畫傳（清沈心友及巢勳撰）

小山畫譜（清鄒一桂撰）

下卷：芥舟學畫編（清沈宗騫撰）

桐陰論畫（清秦祖永撰）

畫譚鷄肋（中山高陽撰）

竹洞畫論（中林竹洞撰）

梨礴脞話（森島長志撰）

山中人饒舌（田能村竹田撰）

華山尺牘（渡邊華山撰）

墨譚畫適（安西雲煙撰）

鐵齋畫談（釋祖門撰）

桃溪書畫録五卷卷首一卷補遺一卷續録一卷

清海昌吳昂駒千仲氏輯潘景鄭跋詳見著硯樓書跋

月壺題畫詩一册不分卷

清上海瞿應紹著見鄭振鐸刦中得書續記

法帖

法帖是專門之學、本編分爲三個子目。一、彙刻叢帖（依帖名首字筆畫多寡爲序。）二、一人所書之帖（依書家姓名筆畫多寡爲序。）三、雜錄叢考。於檢查固然便利、但對各帖之源流系統、不免紊亂。清金匱錢梅溪泳、是碑帖專家、其履園叢話卷九碑帖門所敍述宋刻、明刻、清刻三朝法帖、及僞法帖四則、有條理、有系統、比較簡明扼要。今特錄冠於首、以便讀者。

宋刻

古有碑無帖。隋開皇時、嘗以王右軍蘭亭模于石版、其墨本猶在人間。唐太宗既得蘭亭眞蹟、命供奉趙模、韓道政、馮承素、諸葛眞四人各鉤搨數本、分賜皇太子諸王近臣、而一時能書者、如歐褚諸公、皆臨搨相傳。又樂毅論、相傳爲右軍親手書刻者、其餘皆紙素、所傳太宗裒集二王墨蹟、惟樂毅論爲石本。當爲刻帖之始。自賀季眞手模右軍書十卷、爲澄清堂帖、以開其端。至南唐昇元二年、李先主又出祕府所藏右軍眞蹟、刻爲四卷、爲昇元帖。則刻帖成部者、實南唐始也。宋太宗削平諸鎮、四方圖籍、悉輸內府。江南文物素盛、藏蓄前代遺墨尤多。至太宗淳化三年壬辰、有詔命翰林侍書學士王著、鈎模三代秦漢魏晉六朝唐人諸名蹟、彙刻爲淳化閣帖。又有祕閣前帖。然大半皆仿書、或唐人雙鉤、隨意集成、未必盡是眞蹟也。米元章、黃長睿辨之甚悉。自此之後、法帖盛行。仁宗慶歷五年乙酉、僧慧超與希白臨模諸帖、刻石長沙、謂之長沙帖。皇祐中、廬陵蕭太傅汝器與其弟汝智相繼宰和州之含山、得劉楚公丞相被賜閣帖、重模、載以歸廬陵、謂之廬陵帖。哲宗元祐五年、祕書省鄧洵武、孫諤等、請旨乞以淳化閣所未備、取前代遺墨刻之。至建中靖國元年畢工、歷十二年而成。凡費緡錢一百十五萬、是爲祕閣帖十卷。元祐七年壬申、劉次莊得呂和卿閣本、臨模爲戲魚堂帖、有釋文十卷。因刻於清江、又名之曰清江帖。是年又有詔旨、以淳化祕閣二帖未有之蹟入石、爲祕閣續帖十卷。實居長沙、廬陵、清江三刻之後。大觀初、徽宗以淳化閣帖漫漶、且王著標題、率多舛錯、有詔出內府所藏眞蹟、命龍大淵等更定次序、又命丞相蔡京重題名、爲大觀帖。又增八十七帖、書譜、並他帖、總二十卷。因刻石於太清樓下、爲大觀太清樓帖。三年己丑、汝州守穀陽王寀、又採集晉唐五代名人書刻石、置於郡齋之坐嘯堂。每段皆刻汝州印記、謂之汝州帖。會稽有翻本、黃長睿深譏其謬。又駙馬都尉潘師旦所刻之絳州帖、劉楚公丞相所刻之潭州帖、今人謂之絳帖、潭帖是也。又黃山谷所刻之臨江帖、山谷自有釋文刻於後。紹興初、有國子帖、又米帖。紹興十一年辛酉、郡守張斛集祕閣潭汝臨江諸帖、參校而成、爲武陵帖。又鼎帖、亦張斛所摹。紹興十四年甲子六月、九江郡守林師說爲鐫薛尚功鐘鼎款識帖、後郡守譙令憲又別鐫王右軍之十七帖、置於庾樓。淳熙十二年修內司奉旨又翻刻淳化祕閣帖、謂之前帖。又集王右軍樂毅論不全本與黃庭經起及唐明皇、歐陽詢、褚庭誨、孫思邈、狄仁傑、張旭、顏眞卿、李陽冰、李德裕、畢誠、李商隱、李白、胡英、李邕、白居易等書共爲六卷。每一卷後俱有淳熙十二年三月十九日奉聖旨模勒上石字樣、謂之祕閣續帖。紹熙慶元之間、太師平原郡王韓侂胄刻閱古堂帖。開禧二年、以罪死、籍沒其家、石入內府、改名羣玉堂帖、計十卷。他如吳雲壑之玉麟堂帖、岳倦翁之寶眞齋法書、秦子明之黔江帖、武岡軍重模之武岡帖、前後總二十卷。湖州張氏之烏鎭帖、福州所刻之福淸帖、澧陽所刻之澧陽帖、上蔡所模之蔡州帖、彭州所刻之彭州帖、山陰陸放翁之荔枝樓帖。新昌石熙明又模漢熹平石經殘字以及黃庭、樂毅、曹娥像贊並歐虞褚顏小楷、謂之越州石氏本。嘉熙淳祐之間、曾宏父所刻之鳳墅帖及續帖、前後共四十册、置吉州鳳山書院、七年乃成。云鳳墅者、刻於廬陵郡之鳳山別墅、故名也。曾又刻有畫帖、時賢題詠帖。宋宜獻之賜書堂帖、廬江李氏之甲秀堂帖、曹尚書彥約之星鳳樓帖、王曼慶之百一帖、曹之格之寶晉齋帖、賈似道之世綵堂帖、太平府學之姑熟帖。嘉定間劉元剛集顏魯公諸書爲忠孝堂帖、又留忠宣與曾無玷三帖。又宋人集諸家法書刻石爲博古堂帖、又英光堂帖、大半皆以淳化大觀爲祖本而遞增遞改者。亦有采集諸名家法書在諸帖之外者、亦有專刻一家者。凡此之類、皆謂之宋刻。其中優劣之各殊、椎搨之先後、眞僞之混淆無序、紙墨之濃淡不同、未可同日而語也。

明刻

有元八十餘年中、無刻帖者、雖如趙松雪之工書、亦惟究心二王。於有唐一代、除褚中令、李北海外、似無當於意、臨模亦鮮。卽虞伯生、鮮于伯機、鄧善之、柯丹邱、張伯雨輩、善於賞鑒、亦未聞刻帖成大部者。明洪武初、有泉州府知府常姓、始以閣帖祖本重刻之、爲泉州帖。周憲王爲世子時、又以閣帖爲主、而參之以祕閣帖、又增入宋元人書、爲東書堂帖。晉靖王爲世子時、又以閣帖大觀寶晉爲主、而益以所藏、刻爲寶賢堂帖。肅王又翻刻淳化閣帖舊本、謂之肅府本。成化間、長洲文徵仲父子、刻停雲館帖。章簡甫再模之、今謂之章板、校原刻略瘦。嘉靖中、錫山華東沙刻眞賞齋帖。章簡甫又刻墨池堂帖。歙縣吳用卿刻餘淸齋帖。天崇間、華亭董思翁刻戲鴻堂帖。金壇王太史肯堂刻鬱岡齋帖、宜興蔣一先、刻淨雲枝帖。雲間陳眉公聚集蘇文忠書、刻晚香堂帖。又集米元章書刻來儀堂帖。莆陽宋比玉集臨蔡君謨書爲古香齋帖。漢陽太守孫克宏刻東臯草堂帖。崇禎庚辰陸起龍又刻片玉堂詞翰十二册皆陸深書。莫方伯如忠及其子雲卿刻崇蘭館帖。雲間顧從義曾翻刻淳化閣帖十卷、上海潘氏亦曾翻刻淳化閣帖十卷、明末潘允端又刻蘭亭松雪十八跋。後周東山又翻刻之。又曾見有國朝名人書十二卷、皆有明一代之人不記何人所刻也。海甯陳氏刻玉烟堂帖二十四卷、又渤海藏眞帖八卷。又取思翁最得意書、爲小玉烟堂帖四卷蓮華經七卷。他如銅龍館帖、大來堂帖、來仲樓帖、鷦鶴館帖、以及汲古堂帖、董氏家藏帖、寶鼎齋帖、淸暉閣帖、皆思翁一手書也。

本朝帖

本朝康熙中有旨將內府所藏舊人墨跡、遠自晉唐以迄本朝、編次模刻、題曰懋勤殿法帖二十八卷。雍正中刻有御書法帖四卷。乾隆中奉旨刻三希堂法帖二十八卷、又墨妙軒法帖二十卷、又八柱蘭亭帖四卷。嘉慶九年諭內閣命成親王刻詒晉齋石刻四卷、十年、又命戶部侍郎劉鐶之刻其叔父相國劉墉書名曰淸愛堂石刻四卷。又成親王自刻所藏晉唐宋元舊蹟爲詒晉齋模古帖十卷。按本朝刻帖、尤多於前代。涿州馮相國之快雪堂帖、刻始于崇禎末年、至本朝順治初、尚未刻完、遂以行世、故僅有五卷而題頭亦未全也。自是以後、眞定梁蕉林相國、刻有秋碧堂帖八卷。王孟津相國、有擬山園帖、華亭沈氏、有落紙雲烟帖、又賜金堂帖。陳香泉太守、有予寧堂帖。虞山蔣相國子名洲、爲山東巡撫時、刻有敬一堂帖二十四卷。丹徒笪解元重光、刻有東書堂帖四卷、江西曾觀察恆德、刻有滋蕙堂帖十卷、揚州江氏、有潑墨齋帖、唐氏有春鴛軒帖、曲阜孔氏有寶鼎齋帖、孔舍人繼涑刻有玉虹樓鑒眞帖十六卷、又取張文敏照平生所爲書、曰玉虹樓帖十六卷。舍人孫昭薰、刻舍人手書、爲隱墨齋帖十卷。長白鄂公西林爲陝西巡撫時、刻有環香堂帖、嘉興唐作梅大令、刻有綠蓑山莊帖、大興李味莊觀察、刻有平遠山房帖、雲南周侍郎於禮、刻有聽雨樓帖、陽湖孫淵如觀察、刻有平津館帖。吾鄉秦蓉莊都轉、刻有寄暢園帖、嘉善謝若農編修、刻有望雲樓帖、吳縣謝氏、刻有契蘭堂帖、錢塘金氏、刻有淸嘯閣帖、南海葉氏、刻有貞隱園帖、揚州鮑氏、刻有安素軒帖。近崑山孫少迂、刻壽石齋帖、蜀中卓海帆、刻快雪堂帖。余與盛松雲員外、先刻有詒晉齋帖四集十六卷、皆詒晉齋主人書也。

僞法帖

吳中旣有僞書畫、又造僞法帖、謂之充頭貨。舊有含翠亭僞帖、以宣城梅鼎祚眞娘墓詩、爲米南宮詩。後有元豐壬辰米芾書字樣。考元豐紀元始戊午、終乙丑、而無壬辰、其爲僞蹟可知矣。更有奇者、買得翻板絳帖一部、將每卷頭尾兩張、重刻年月、以新紙染色搨之、充作宋刻、凡五部。一曰**絳帖**、卽原刻也。二曰**星鳳樓帖**、三曰**戲魚堂帖**、四曰**鼎帖**、五曰**潭帖**。各省碑客買者紛紛、其價甚賤、不過每部千文而已。遂取舊錦裝池、外加檀匣、取收藏家圖章、如項墨林、高江村之類、印於帖上、以爲眞宋搨、而官場豪富之家不知眞僞、竟以厚值購之。其價不一、有數十金者、有百餘金者、有至三五百金者、總視裝潢之華美、以分帖之高下、其實皆僞本也。嘉慶初年、有旌德姚東樵者、目不識丁、而開清華齋法帖店、輒摘取舊碑帖、假作宋元明人題跋、半石半木、彙集而成、其名曰**因宜堂法帖**八卷、**唐宋八大家帖**八卷、**晚香堂帖**十卷、**白雲居米帖**十卷、皆僞造年月姓名、拆來拆去、充舊法帖。遍行海內、且有行日本、琉球者、尤可嗤鄙。

683 **一瀓園帖一册** 明海寧陳氏刻本

明陳元瑞（字息園）集。元瑞海寧人。

一瀓園帖（明）海寧陳氏所刻、拓本流傳絕少、余亦未見。不過知其名目。陳氏所刻、除渤海藏眞外、惟玉煙堂猶時或見之。秀餐寶晉已如鳳毛麟角、不常經見、若此帖則未覩一鱗一爪矣。【彙帖舉要】

按歐陽輔考見集古求眞卷十三。

684 **二王帖三册** 宋開禧拓刻本　明嘉靖重拓本　咸豐十一年英棨于西安刻眉壽堂二王法帖四卷本（參見後二王帖評釋條）

二王眞蹟一册本見怡府書目

晉王羲之、王獻之所書。宋許開集刻。

二王帖宋許提舉刻于臨江。詳見【屠赤水帖箋】

二王帖　宋許提舉刻於臨江、模勒極精。【六藝之一錄法帖論述十四】

論臨江二王帖見【六藝之一錄法帖論述十五】

宋臨江二王帖六卷、祝允明、王世貞跋、見【話雨樓碑帖目錄卷四】

倪蘇門書法論云、二王全帖十卷、首幅刊右軍大令二像、前六卷皆右軍書、後三卷皆大令書、共一百七十餘帖、雙鉤廓塡、可爲備美。末一卷皆名賢題跋、陳組綬、伯玉、周鍾介生二人有跋、乃金潭李氏所刻、李爲元明兩朝世家、故能辨此。【六藝之一錄卷三〇三古今書論】

宋二王帖、刻於臨江許提舉家、摹勒極精。見墨池編。【古今碑帖考·宋法帖】

祕閣書目、文淵閣書目、菉竹堂書目、並有二王法帖一部一册、闕。

二王帖目錄評釋、右軍大令像、龍舒石刻本。

卷上

破羌帖、成都城池帖、此郡帖、淸晏帖、山川諸奇帖、講堂帖、都邑帖、九日帖、七十帖、兒女帖、諸從帖、宰相安和帖、昨見君歎帖、譙周帖、餞行帖、蔡家賓至帖、極寒帖、玉潤帖、積雪凝寒帖、來禽帖、毒熱帖、秋月帖、霜寒帖、遷轉帖、廿八帖、何如帖、轉差帖、噉麪帖、大熱帖、薦虞安吉帖、屛風帖、宅圖帖、東旋帖、淸和帖、平康帖、參朝帖、明府帖、廿七帖。謝生帖、中郎女帖、晚可帖、安善帖、道意帖、荀侯帖、時事帖、雪候帖、宏遠帖、知念帖、言敍帖、若耶帖、狼毒帖、西問帖、又一帖、自愛帖、噉豆帖、安西帖。

卷中

知問帖、闊別帖、諸賢帖、官奴帖、採菊帖、雪晴帖、服食帖、又一帖、十七帖、裴觧帖、邛竹林帖、又一帖、擇藥帖、月末帖、安和帖、賑民帖、奉橘帖、豹奴帖、敬問帖、飛白帖、又二帖、丹陽帖、太常帖、熱日更甚帖、朱處仁帖、鹽井帖、胡桃帖、龍保帖、黃甘帖、六日帖、胡毋從妹帖、鯉魚帖、五日帖、石脾帖、司州帖、愛鵝帖、鄮茶帖、豉酒帖、廣義興帖、嘗新帖、麥秋帖、筆精帖、袁生帖、還鎭帖、來居帖、得見帖、七日帖、敬和帖、隔日不面帖、近日帖。

卷下

益州帖、耆舊傳帖、助汝帖、鵝羣帖、敬祖帖、送梨帖、鄱陽帖、地黃湯帖、鴨頭丸帖、東陽帖、乞假帖、餘杭帖、永嘉帖、消息帖、集聚帖、鐵石帖、散懷帖、元度帖、慶至帖、散騎帖、散情帖、平安帖、諸舍帖、違遠帖、廿九帖、阮新婦帖、又一帖、珍重帖、服黃耆帖、冠軍帖、服油帖、復面帖、領軍帖、尊體何如帖、使君帖、歎奴帖、日寒帖、轉勝帖、范新婦帖、云何帖、南中佳音帖、礜石帖、想彼悉佳帖、使還帖。

言父子之異者曰向歆言父子之同者曰羲獻。考向歆之春秋則未嘗必異、晞羲獻之行草則未嘗或同。眞大醉之辭那得知之辭、唐孫過庭並載於譜、蓋因是爾。歐陽文忠公亦云羲獻世以書自名而筆法相去遠甚。父子之間不同如此、然皆有足喜也。取其所可喜、不諳其所不同、二王帖於是刻石。淸江郡博士時君（涇）嗜古且耐勞、躬自模搨、毫髮幾無遺恨、可一洗他本而空之。丙寅歲元夕假守許開題。

許提舉開刻二王帖於臨江、模勒極精、誠少詮擇。【洞天淸錄】

二王帖、搜拾二王行草書小帖略備、但本非能書人模勒、故博而不精。【翰林要訣】

宋許提舉刻于臨江、模勒極精。【考槃餘事】

晉二王帖：右軍上中二卷、大令一卷。前爲二像、扶持者各一、蓋宋臨江石刻也。黃伯思謂淳化閣帖多贋本、唯十七日等帖後有文皇敕字一卷最佳。此本則汰去閣之僞者、而博收諸藏眞跡名刻、命好手摹搨雙鈎上石。【珊瑚網書錄】

程蘭川（文榮）云、余家有明嘉靖間吳興湯世賢所刻二王帖三册、又評釋一册。其帖上中兩卷、皆右軍書、下卷大令書。每帖摘二字或三四字、爲帖題評釋。倣戲魚堂帖之例、以三卷統爲一卷。帖題之後、先列釋文、後繫評語。又於每帖題下各注所采帖名、如寶晉齋舊帖、長沙帖、淳化閣帖、淳熙續帖、絳帖、河東薛氏、又豫章帖、賜書堂帖、閱古堂帖、建中靖國新安蘭亭、龍舒帖、愛民堂帖等、凡十四家。詮次亦頗有條理。宋代法帖、流傳至今、百尠一二、賴此得存崖略、實爲考訂法帖之助、未可以翻刻二王字覩也。　又明時江陰□氏、吳中陸氏、亦並刻有二王帖、寒山金石林古今書刻載之。出自臨江與否、不可知。今姑以湯本錄目、餘再考。江陰係木刻。湯氏本後歸溧陽史家、故又稱史氏本。　書蹟三卷、上卷首題二王帖卷上、其下有右軍書字、後題嘉靖丁未七月二日吳興郡彙隱齋模勒上石、末題二王帖卷上終、（下有湯氏右卿中山郡圖書印兩印）中卷首題二王帖卷中、其下亦題右軍書字、後上石款、則題九月四日、末題二王帖卷中終。（下有楚東桂竹山房兩印）下卷首題二王帖卷下、其下題大令書字、後上石款、則題閏九月朔、末題二王帖卷下終。（下有湯氏世賢鼎白齋兩印）首尾題款字皆隸書、右軍大令書字皆正書、帖題皆行書、評釋字則皆正書、惟許開跋乃行書耳。今以評釋列目而注本帖書行於下。【南邨帖考第三册】

二王帖（南宋）按清江二王帖三卷、許開（洞天淸錄開誤作閑）仲啓爲守時之所刻也。開嘗爲中奉大夫、提舉武夷沖佑觀、著有志隱類稿二十卷、見趙君錫希弁讀書附志。丙寅歲爲開禧二年。石刻鋪敍以是帖爲劉次莊所摹。聞者軒帖考仍之、實誤。古今法帖考采孫說、而增一府字、又別立臨江重刻二王府帖、尤誤。【彙帖舉要】

晁公武曰、二王帖三卷、右淸江所刻羲之、獻之帖也。二像冠於篇端、引周子中之言曰、心慕二王之人品、則瞻之在前、手追二王之墨妙、則忽然在後。目錄註釋、具於卷末。【郡齋讀書志附志法帖類】

按朱晨云、大二王帖選、在江陰王氏。小二王帖選、在胥門陸氏。見【古今碑帖考】

585 二王帖評釋三卷（詳見本書第七八四葉）　明嘉靖刊本

宋許開撰。此書錢曾述古堂書目、也是園書目、讀書敏求記並著錄。章鈺校證有考證。陳慶年橫雲草堂叢書本亦有跋。

叢帖目云、眉壽堂二王法帖四卷、第一卷至第三卷爲右軍書、第四卷爲大令書。是帖所刻皆從宋刻彙帖中鈎出重刻。據英棨自跋謂從宋拓精本鈎摹付刻。但摹刻手滈承乙不佳、甚無精采。（參見前二王帖條。）

686 人帖四卷　嘉慶四年刻本

清鐵保摹集。鐵保詳見後惟清齋帖下。

第一卷　范文正等四人書

第二卷　王文成等七人書

第三卷　周忠介等七人書

第四卷　侯忠節等至陸隴其、共十八書。

右見鳴野山房彙刻帖目亨集及叢帖目。

587 三希堂石渠寶笈法帖三十二册　簡稱三希堂法帖　乾隆十二年拓刻本　光緒中石印本

清乾隆集刻。

陳曰霽論三希堂帖、詳見珊網一隅卷一。

御刻三希堂石渠寶笈法帖目錄

第一册　魏鍾繇、晉王羲之。

第二册　晉王羲之、王獻之、王珣。

第三册　梁武帝、隋無名氏、唐歐陽詢、褚遂良、馮承素、顏眞卿。

第四册　唐孫虔禮。

第五册　唐釋懷素、柳公權、唐臨右軍、唐橅王氏、五代楊凝式。

第六册　宋太宗、高宗。

第七册　宋高宗、孝宗。

第八册　宋李建中、葉淸臣、韓琦、范仲淹、富弼、文彥博、歐陽修。

第九册　宋蔡襄、趙抃、韓絳、韓繹、司馬光、蘇洵、曾肇、曾布、孫甫、沈遼、蒲宗孟、王覿、林希、陳師錫。

第十册十一册　宋蘇軾。

第十二册　宋蘇軾、蘇轍、蘇邁、蘇過。

第十三册　宋黃庭堅。

第十四十五册　宋米芾。

第十六册　宋錢勰、劉燾、王鞏、王巖叟、米友仁、薛紹彭、劉正夫、邵餗、周邦彥、張舜民、章惇、蔡京、蔡卞、翟汝文、李綱、王之望、張浚、趙鼎、韓世忠、孫覿、王份、蔣璨、吳說、張孝祥、康與之、葉夢得。

第十七册　宋吳琚、朱敦儒、趙令時、史浩、范成大、陸游、汪應辰、張卽之、杜良臣、朱子、趙孟堅、沈復、王升、金王庭筠。

第十八册至二十一册　元趙孟頫。

第二十二册　元趙孟頫、管道昇。

第二十三册　元康里巎、袁桷、趙雍。

第二十四册　元饒介。

第二十五册　元鮮于樞、鄧文原、王蒙、衛仁近、吳志淳。

第二十六册　元俞俊、俞鎬、沈右、禮實、黃溍、陳基、張雨、倪瓚、迺賢、陸繼善。

第二十七册　明俞和、張羽、桂彥良、宋璲、周砥、解縉、金幼孜、王紱、沈度、沈粲、沈藻、林佑、曾棨。

第二十八册　明于謙、姜立綱、金琮、豐熙、王直、吳寬、沈周、王守仁、祝允明、文徵明、文彭、周天球、張鳳翼。

第二十九至三十二册　明董其昌。

右目見鳴野山房彙刻帖目利集及叢帖目。

清乾隆以歷代名人手跡刻于三希堂、摹刻絕精、神采宕然、裝成三十二册。【燕閑淸賞】

三希堂帖　清高宗純皇帝乾隆十二年出内府所藏歷代法書眞迹、命儒臣審定、編爲石渠寶笈一書。復命梁詩正、汪由敦、蔣溥等覆加校勘、擇其尤者、編次橅勒、曰御刻三希堂石渠寶笈法帖、凡三十二卷。初爲烏金搨、惟大臣暨翰林之値南齋者、始得賜一部。道光間增萬字花邊、多蟬翼搨。咸豐後石有損泐處。光緒朝恐寺人竊拓、以蠟封之。是帖摹刻拓俱佳、閑帖後無此巨製也。有石印本。　按是帖第一帖鍾繇薦季直表、必能夙夜保養人民之民字缺末筆、或疑爲唐人所書。袁泰跋謂民字之不全、特唐人避諱而剜搬之、非不全書也。三希堂帖未錄袁跋、第三帖爲魏太尉鍾繇千字文、右軍將軍王羲之奉敕書千字文、宋人書謂集字而成、明初宋金華集亦論及之。梁詩正諸人沿鬱岡齋之誤收入三希堂帖、似欠考訂。【彙帖舉要】

此帖歐陽輔考、見集古求眞卷十三。

588 三希堂石渠寶笈法帖釋文十六卷（總本書第七八九葉）

民國影印乾隆本

淸陳焯等奉敕編。焯詳見墨香居畫識卷四、宋元以來畫人姓氏錄卷七、國朝書人輯略卷九、淸畫家詩史戊上。此書鄭堂讀書記、石廬金石書志並著錄。

589 大觀帖十卷　宋大觀三年拓刻本

宋大觀初徽宗命龍大淵等編。

大觀帖目錄

第一卷　漢章帝、西晉宣帝、武帝、東晉元帝、明帝、康帝、哀帝、簡文帝、宋明帝、齊高帝、梁武帝、高帝、簡文帝、唐太宗、高宗、東晉文孝王、陳長沙王、永陽王。

第二卷　後漢車騎將軍崔子玉、張芝、魏太傅鍾繇、吳靑州刺史皇象、晉尙書令衛瓘、黃門郎衛常（恆）侍中張華、丞相王導、中書令王洽、尙書令王珣、中書令王珉、太宰郗鑒、侍中郗愔、中書侍郎郗超、侍中王廙、太傅謝安、散騎常侍謝萬、侍中王敦、丞相桓溫。（按謝安謝萬合在桓溫後）

第三卷　晉齊獻王、侍中司馬攸、侍中杜預、司徒山濤、太尉庾亮、車騎將軍庾翼、太守沈嘉長、中軍將軍王循、侍中卞壼、衛尉劉超、散騎常侍謝璠伯、黃門侍郎王徽之、侍中王操之、左將軍王凝之、王渙之、中丞劉瓌之、中書令王坦之、征西司馬索靖、尙書令王劭、中書令王恬、司徒王廞、侍中紀瞻、太守張翼、都督陸雲、海陵恭侯王邃、謝發、宋光祿大夫謝莊、侍中劉穆之、特進王曇、中散大夫羊欣、太常卿孔琳之、南齊侍中王僧虔。（按齊王杜預山濤合在伯玉茂先前、二庾合在桓溫前、索靖陸雲合在張華之後、紀瞻合在卞壼之前、謝莊合在曇首琳之之後。）

第四卷　晉西中郞將陳逵、宋給事中薄紹之、征西將軍蕭思話、梁尙書王筠、特進沈約、交州刺史阮研、廣州刺史蕭確、侍中蕭子雲、唐祕書監虞世南、中書令褚遂良、率更令歐陽詢、禮部尙書薛稷、朝散大夫陸柬之、諫議大夫褚廷誨、祕書監李邕、廣平太守徐嶠之、太子太師柳公權。（按陳逵與桓元子同時、歐名筆則在褚公之前。柳公權書後翻本增顏魯公奉辭帖、又移置第五卷中張旭帖於魯公之前、題曰左丞長史。）

第五卷　史蒼頡、夏禹、太史籀、魯司寇仲尼、秦丞相李斯、御史程邈、東漢蔡琰、晉衞夫人、宋儋、隋法帖、隋僧智果、僧智永、何氏帖、唐張旭、僧懷素、古法帖。（按宋儋唐人、不應置之隋代前。）

第六至七八卷　王羲之。

第九至第十卷　王獻之。

大觀帖拓於閣帖既燬之後、重出御府墨跡句塡入石、較閣帖眉高二寸有奇。【珊瑚網】

孫承澤大觀帖考、見閒者軒帖考。

姚際恆曰、大觀帖第一第十兩卷皆宋裝、歷爲紹興周禹錫錢子方姜匯思所藏。第一卷有賈似道魏國公印、前後皆有元世祖翰林國史院官書合縫長印、及明晉府收藏諸印。係大觀初搨本、眞澄心堂紙、李廷珪墨所搨者、精采奕奕射人。恆案、旁又有何彬背造四小字、乃賈氏裝潢匠名。帖已四百餘年、尙不蒸動。末卷楮墨微遜、裝本較大。【好古堂書畫記】

王澍大觀帖（官帖）考、見古今法帖考。

大觀帖余家藏四本、一僅卷九之第一章、尾有陳懷玉鐫四小楷字。一殘本十之四、其宜示表第五六兩行之間、有臣張長吉張仲文七小楷字。皆確信爲宋刻宋拓者。【淸儀閣金石題識】

大觀帖、詳見【六藝之一錄法帖論述十五】

大觀帖每卷前後題目年月、及每帖前銜名、皆蔡京手蹟。此即爾日徽宗瘦金書體也、即以此爲大觀眞本之劵、萬無一失。其後重摹者、此前後楷題拙弱之甚、展卷一望而知。第二卷鍾書宣示帖、度其字右側有臣張長吉臣張仲文。郗愔書第二帖末空石右邊臣張珪。第四卷宋儋帖第一行右邊張珪。第五卷徐嶠之第一行右邊傳其理。第六卷右軍書想小大悉佳帖之四行右邊[illegible]。蓋大觀帖每石邊皆有此鐫工姓名、多磨去不存、此其略可見者從來鑒賞家所未知也。記此以爲辨驗之券。翁方綱

大王帖第一卷末有鵠不佳帖、第二卷末有裹鮓帖者、皆寶賢堂帖所增非大觀原本所有也。今行世之大觀帖有此、蓋是從寶賢重摹耳。翁方綱

臨川李春湖宗丞購得大觀帖二四五之三卷其二卷之首有貞元伯雅二印、即王弇州得於朱忠僖家者。三卷皆淡搨本第二卷從崔子玉書起、第四卷從虞世南書大運帖之第二行起此永興楷是集廟堂碑書也。然此大觀眞本則是王彥超未經重刻以前之本。王彥超本重刻於建隆末年、距淳化二十年耳。此則是唐五代間有人集此碑字書於油素者、故淳化取以入石。翁方綱

諦翫大觀眞本每至石邊破處更可愛。欽汪象先四本內第一第二兩卷、其石邊破處撮計之、大約石長者以今尺度之皆三尺二寸五分許。【以上並翁方綱說】

邵松年宋拓大觀帖考、見澄蘭室古緣萃錄卷十八碑帖。

大觀帖（宋）

大觀初、徽宗以閣帖王著標題多誤、且原板亦皴裂不完、詔出內府所藏眞蹟、命龍大淵等另爲編次、凡十卷。卷首末俱蔡京書、刻石太清樓下。卷尾題云大觀三年正月一日奉聖旨模勒上石。字行稍高、先後之次較淳化亦稍異、而精確或過之。如王子敬授衣帖增多四十三字、此與黃伯思所辯正同。每板前小字上題卷數、中題板數、下書刻者姓氏、長短畫一、不煩翦裁、字畫肥腴精工、稱其風致。武帝一帖合於西晉武帝帖後、擇七卷後右軍帖內誤入智永書、列在第五卷、合首卷古帖三段併而歸一、及躋晉宣於晉武上之類、使先後次序不紊。靖康之禍、淳化大觀俱淪異地。和議後兩國各設榷場、帖始復見。但第三卷庾亮帖則已磨去亮字、以避金主之諱。（亮字雖磨去、而其頂及脚微微尙露畫痕、古今法帖考謂但磨去亮字右曲脚、蓋未見宋初淳化眞賜本、又未見大觀眞石本也。）故曹士冕云開禧後所見俱亮字不全本。迨至有明、始有翻刻、屢拓衆多、難爲較量。王鳳洲、麟洲、周公瑕、王百穀、汪仲嘉、王荳、徐桂、郭第諸人所評大觀帖、並以肥稱、且謂大觀全本難得、有謂大觀有十卷俱全者、存而弗論可矣。【彙帖舉要】

歐陽輔大觀帖考、見集古求眞卷十二。

按文淵閣書目辰字號第一廚有大觀法帖釋文一部、二册完全。又佩文齋書畫譜纂輯書籍目有施宿大觀帖總釋、今皆未見。

翁方綱：跋宋搨大觀帖、又跋大觀帖二首、

又跋陳伯恭所收張樸園藏大觀帖、並見復初齋文集卷二十八。

錢泰吉：跋新拓大觀帖、見甘泉鄉人稿卷十一。

陳思：大觀法帖十卷、寶刻叢編卷一。

孫承澤：宋賜本大觀太淸樓帖、庚子銷夏記卷四。

梁章鉅：舊搨太淸樓帖、又宋搨本、退菴金石書畫跋卷五。

張廷濟：大觀帖原刻殘帙、又大觀帖、淸儀閣金石題識卷四。

呂世宜：大觀帖跋、愛吾廬題跋。

590 **元祐秘閣續帖十卷** 宋元祐五年庚午拓本

宋劉燾集刻。

元祐秘閣續帖（宋）十卷、元祐五年庚午四月祕省乞以淳化閣帖所未刊前代遺墨入石、有旨從之。至徽宗建中靖國元年辛巳八月工畢、歷十一年、費緡錢一十五萬、乃成。摹寫者待詔邵彰、上其事者祕書少監鄧洵武孫諤也。首卷晉唐帝后書二卷三卷悉王羲之書。四又羲之暨其子操之等筆。五又所書黃庭經樂毅論蘭亭敍。六又其家寶章集。七卷乃晉索靖所書月儀。八則虞世南賀知章柳公權帖、後無名人帖。九則李懷琳書嵇康絕交書、末卷唐無名人所書月儀。【石刻鋪敍】亦見【六藝之一錄法帖論述十四】

按索月儀、唐月儀、絕交書等、有覆摹本。【彙帖舉要】

元祐五年四月十三日、祕書省請以祕閣所藏墨跡、未經太宗朝摹刻者、刊於石、有旨從之。至建中靖國元年四月二十三日、內出緡錢十五萬、趣其工、以八月旦日畢、釐爲十卷、上之。【寶刻叢編】

續帖行最高、曾見殘本、卷首字瘦勁而欹側、亦必蔡京之爲也。山谷云、劉無言簽題。寶刻叢編中載越州有祕閣續帖十卷、在州學、則此帖南渡有重開本也。【何義門石刻鋪敍注】

此在淳化後、爲祕閣刻法帖之二。據譜系說、大觀太淸樓帖卷首有標題、尾刻歲月名銜。今考諸家所稱、或題續閣帖、或題祕閣續帖、或題續帖、或題續法帖、或題祕閣續法帖、或題建中靖國續帖、要之必有續帖字樣。【南邨帖考第二册】

宋祕閣續帖、元祐中哲宗除淳化帖外、增刻他帖于祕閣、謂之續帖。【古今碑帖考】亦見【考槃餘事卷一】又【居赤水帖箋】

論祕閣續帖見【六藝之一錄法帖論述十五】

王澍續閣帖（官帖）考、見古今法帖考。

張鑑：寶章法帖墨妙亭碑目附考。

陸心源：寶章法帖（元祐祕閣續帖）

吳興金石記卷七。
邵松年：舊拓宣和祕閣帖　澄蘭室古緣萃錄卷十八碑帖。

591 天香樓藏帖八卷天香樓續帖二卷　道光中上虞王氏摹刻本

清王望霖摹刻、均係明清人書。

天香樓藏帖目
第一卷　宋濂至呂本等十五人書
第二卷　文徵明至王穉登等十九人書
第三卷　祝允明至陳鶴等四人書
第四卷　董其昌至米萬鍾等五人書
第五卷　陳繼儒至黃輝等九人書
第六卷　王鐸至王澍等十一人書
第七卷　張照劉墉書
第八卷　梁同書王文治書
右目見鳴野山房彙帖目亨集及叢帖目。

天香樓續帖目
上冊　明謝遷至莫雲卿等二十八人書
下冊　清姜宸英梁同書等四人書
右目見鳴野山房彙帖目利集及叢帖目。又彙帖舉要附錄亦著錄。

592 太清樓帖　冊　一名大觀太淸樓帖

宋蔡京等奉敕書。京見佩文齋書畫譜卷三十四書家傳。
重刻太清樓帖、在崑山張氏、不全本。見【朱晨古今碑帖考】
淳化祕閣帖板雖禁中火災不存、而眞跡皆藏御府。徽宗朝奉旨以御府所藏眞跡、重刊於太淸樓、而參入他奇跡甚多、其中間有蘭亭者是也。名曰太淸樓帖。【洞天淸錄】
太淸樓帖、刻手精工、猶勝他帖、亦名大觀。【考槃餘事卷一】又【屠赤水帖箋】
按大觀帖、大觀太淸樓帖、今所傳自有兩本、而前人多混而爲一。【法帖譜系注】
范大澂云太淸樓帖、蔡京奉旨書。見碑帖紀證。
程文榮考、見南邨帖考第二冊。
太淸樓帖大觀年中徽宗以淳化帖考選數帖重刻。【古今碑帖考】
大觀太淸樓帖　石刻鋪敍法帖譜系、格古要論容臺集並詳見【六藝之一錄法帖論述十四・十五】
陳曰霽論太淸樓帖、見珊網一隅卷三。
王澍太淸樓帖（官帖）考見古今法帖考。
大觀太淸樓法帖釋文二冊（全）宋開禧間吳興施宿著。【內閣藏書目錄】
按文淵閣書目辰字號第一廚太淸樓法帖一部五冊、闕。又太淸樓法帖釋文一部、二冊、闕。今皆未見。

593 太淸樓續帖　冊　二十二卷

宋大觀三年徽宗敕刻。

宋太淸樓續帖、大觀三年宋徽宗以淳化帖考選數帖、多寡不同、故重刻於太淸樓。見墨池編。【古今碑帖考宋法帖】

劉燾模刻、工夫精致、亞於淳化、肥而多骨、求備於王著、乃失之麤硬、遂少風韻。【翰林要訣】

淳化閣帖化身爲潭絳泉汝戲魚井欄、往往不脫本來面目。獨太淸樓帖乃遜功帝出祕府眞跡、令劉無言輩摹勒登石。無言妙於勢、風韻尤勝。人謂太淸爲淳化介弟、毋亦陳氏二方難爲伯季者耶。大觀凡十卷、太淸復有後十二卷、則祕閣續帖、僅改其標目耳、而益以人間所流傳十七帖、及孫過庭書譜云。

【弇州山人王世貞說】

法帖譜系云、徽宗既刻大觀帖十卷、又以建中靖國祕閣續帖十卷、易其標題、去其歲月、與官爵名衘、以爲後帖。又刻孫過庭書譜、及貞觀十七帖、總爲二十二卷、爲太淸樓續帖。【古今法帖考】

孫承澤云、續閣帖卽太淸樓後帖、詳見【閒者軒帖考】

劉燾字無言、元祐三年進士。善書、筆勢遒邁。在館中時、被旨修閣帖十卷、所謂續法帖者是也。見長興縣志。　宋內府蘭亭有劉無言臨本。見輟耕錄。乾隆三希堂石渠寶笈法帖、有劉燾與伯父書。見箬溪櫂歌注。【箬溪藝人徵略卷一】

劉燾善書、筆勢遒勁、黃庭堅曰。江左又生一羊欣矣。在館中召修閣帖十卷、有遺文五十卷、見南山集。【長興縣志】

太淸樓續閣帖　翰林要訣、格古要論、詳見【六藝之一錄法帖論述十四】

王澍云、太淸樓續帖（官帖、）卽續閣帖。詳見古今法帖考。

按翁覃溪云、待詔邵彰曾摹刻續閣帖。宋劉燾字無言、嘗摹刻太淸樓帖、未嘗摹此帖也、見復初齋文集。而山谷集東觀餘論絳帖平玉海淸容集。則俱謂續閣帖之刻、出自無言之手。岳珂寶眞齋法書贊跋劉無言餉茶帖亦云、右紹興祕閣修撰劉公燾字無言餉茶帖眞蹟一卷、建中靖國初佑陵首賜緡錢十五萬、刊祕閣續帖、彙輯名跡、以踵元祐右文之規、以紹淳化詒謀之烈。公是歲爲宣德郎正字、班在館閣之末、獨被旨專董斯刻、且書標目及事因於後云云、與宏父覃溪之說有異、存以俟攷。【彙帖舉要】

太淸樓續帖、王虛舟云卽續閣帖（宋。）按南邨帖考云、法帖譜系不載元祐大觀兩帖各行之本、而與書譜十七帖總目爲大觀太淸樓帖、云大觀中奉旨刻石太淸樓、字行稍高、而先後之次亦與淳化帖小異。其間有數帖多寡不同、或疑用眞蹟摹刻。凡標題皆蔡京所書。卷尾題云、大觀三年正月一日奉聖旨模勒上石、而以建中靖國祕閣續帖十卷易其標題、去其歲月與官屬名銜以爲後帖、又刻孫過庭草書譜及貞觀十七帖、總爲二十二卷。清容集云、元祐間詔以祕閣舊蹟淳化所未臨摹者、命劉燾無言董其事、爲續帖十卷、至建中靖國畢工、後大觀間蔡京復增臨十卷、去無言所題、命京改題、通爲二十卷、後復有孫過庭書譜、今世號爲太淸樓帖是也。此說雖與譜系稍異、然皆可見當時自有合搨之本。洞天淸祿集既列元祐續法帖專條、又云徽宗朝奉旨以御府所藏眞跡重刊於太淸樓、其中有蘭亭帖者是也、名曰太淸樓帖、是亦不獨指大觀十卷也。竊意太淸樓帖雖總合元祐大觀書譜十七帖四刻爲一、而標目各仍其舊、不排長卷、可合可分、著錄家各隨所見、不皆全帖、故言人人殊。寶刻叢編載書譜十七帖後題大觀二年奉聖旨模勒刊石太淸樓下、是兩帖之刻在大觀十卷前。庚子銷夏記載所藏太淸樓書譜、或帖尾亦有此題字、乃又以異於太淸樓者題爲祕閣續帖書譜、此蓋因所見書譜墨跡廣伯生跋有臨祕閣帖補缺行之語而誤、不知元祐刻帖本無書譜、廣所云祕閣帖者、即太淸樓本也。【彙帖舉要】

歐陽輔太淸樓續法帖說、見集古求眞卷十二。

594 **友石齋集帖四冊** 嘉慶十九年

摹勒上石南海謝雲生摹刻本

淸葉夢龍編次。夢龍字雲谷、南海人、官戶部郎中。此帖番禺劉彬華審定。

第一冊

唐　張旭：楷書郎官石記序（王世懋、王世貞、翁方綱跋。）

宋　胡銓：行楷書劉彥修傳。

元　饒介：行書題易先生書洛神賦詩（江德量跋。）

元　張雨：行書書東坡虎邱詩（翁方綱跋。）

元　倪瓚：小楷詩草題高房山畫至寄錢塘友人廿二首（張維屏跋。）

第二冊

明　海瑞：宣城札。

明　周順昌：與兄札・與姚希孟札（翁方綱跋。）

明　楊愼：草書與太華狀元札（阮元跋。）

明　沈周：匏庵過訪詩・春日詞。

明　文徵明：小楷書出師表（李威跋。）

第三冊

明　王守仁：行書與李惟善狀元札（張維屏跋。）

明　唐順之：草書得奉淸教札。

明　黃道周：行草自書詩（散髮布沙

成細迹）七絕十首・行楷答方仁湝・薛當世各二首（李威跋。）

明　董其昌：行草書詩・唐人絕句・節書雪賦（陳希祖跋。）

明　王寵：小楷書萬壽宮詞・行書遊包山詩。

第四冊

明　倪元璐：行書與長公親翁札（李威跋。）

明　史可法：臨鍾繇、張芝、蘇軾諸家帖（蔡之定跋。）

明　陳子壯：行書西樵山中答友人詩。

明　沈大謨：與錢磬室二札。

明　鄺露：謁陳白沙祠・贈琮之詩。

葉夢龍跋略云、先君子（廷勳）晚年恆以法書名畫自娛。夢龍比年家居習靜、整理舊藏名人墨蹟、輒歎前賢經濟文章、彪炳天壤、而其書亦實足爲後世典型。雖斷楮殘縑、聞者皆願先覩爲快。因擇其尤者壽諸石、以廣其傳焉。嘉慶二十年乙亥記。

冼玉清曰、按此帖黃子靜藏本有二十目、容庚藏本得十八目。黃本多海瑞周順昌沈周沈大漢四家。而容本增岳飛及楊繼盛二家。大抵黃本較後、故删去二家、增入四家歟。

玉清又曰、友石齋尙刻有翁方綱臨縮本蘭亭。當乾隆丙寅冬十月二十日、北平翁方綱以定武落水本筆意爲縮臨本。至嘉慶丙子（廿一年）夏夢龍檢舊藏得此本、愛其精美、倩謝靑岩壽諸石、以廣其傳。此又在友石齋集帖之外者也。葉氏帖選擇愼、摹刻精。故有賢於時流者。【廣東叢帖敍錄】

595 平遠山房帖四卷續一卷

李氏摹刻本

淸李廷敬摹集。廷敬字味莊、大興人。此帖彙帖舉要附錄彙帖著錄。

一冊　唐咸通二年范氏誥・宋元祐三年范純仁誥。

二冊　唐顏魯公宋蘇文忠至元揭文安等七人書。

三冊　明祝允明董其昌書。

四冊　明文徵明書。

右目見鳴野山房彙刻帖目利集及叢帖目。

李廷敬字敬止、號味莊、滄州人。乾隆四十年進士、官蘇松太道。酷嗜名人法書、嘗集歷代名跡、刻平原山房帖、墨林寶之。見木葉厱法書記。【淸書史卷二十三】

596 古寶賢堂法帖四卷　康熙五十七年刻本　民國重印本

淸李淸鑰摹集。

太原舊有寶賢堂帖、晉藩所刻。鐵嶺李松巖守郡時復刻四卷、名曰古寶賢堂法帖四卷。詳見陳曰霽珊網一隅卷一。

古寶賢堂法帖目錄

卷一

朱考亭（熹）書・褚登善（遂良）書・黃山谷（庭堅）書。

卷二

趙松雪（孟頫）書・唐六如（寅）書・文衡山（徵明）書・晉世子（奇源）書・董思白（其昌）書・王覺斯（鐸）書・沈繹堂（荃）書・徐健菴（乾學）書・傅雨臣（感丁）書・屠芷岸（粹忠）書・龐雪崖（塏）書・孫樹峯（岳頒）書。

卷三

查聲山（昇）書・沈恪庭（宗敬）書・傅青主（山）書。

卷四

陳香泉（奕禧）書・李叔達（淸鑰）書。

右目見鳴野山房彙刻帖目亨集及叢帖目。石置府署後、非寶賢堂故址也。以帖中有晉世子書、仍襲其名、而別之曰古、不甚可解。其編次以朱子書弁首、將以此事爲因文見道乎、又何所取於王覺斯也。【山西通志】

右帖俗稱小寶賢堂帖。【傅公祠石刻敍錄】

古寶賢堂法書（淸）康熙五十七年八月、太原府知府鐵嶺李叔達（淸鑰）取所藏古今人墨筆刻石堂中、並附恭世子一帖、而名堂曰古寶賢堂、帖曰古寶賢堂法帖、凡四卷。石初置府署後、移令德書院、今存靑主先生祠。　卷三查聲山書第一段楷書第十一行、題名處查聲下印二方、後匠人復加刻查昇兩字印一方、共爲兩查昇三印章、故一查昇者爲初拓本、極罕見。【彙帖舉要】

歐陽輔說見集古求眞卷十三。

597 四十九石山房石刻一册　道光辛卯石刻本

淸呂世宜摹泐上石。林墨香刻。

此石刻爲呂世宜臨古之作。世宜字西村。福建人。道光辛卯爲此君庵主人林硏香林墨香兄弟縮摹漢碑五十餘種。墨香以之入石、字小如蠅、筆老如鐵。有梁章鉅、趙在田等跋。帖末有丙寅七夕南海黃慕韓跋見【廣東叢帖敍錄】

598 玉煙堂帖二十四卷　明海寧陳息園刻本

明陳元瑞集刻。元瑞字息園。海寧人。

玉煙堂帖（明）海寧陳息園刻、凡二十四卷。首董元宰序。中有孫過庭書譜、筆畫較細。末瘞鶴銘、文句不缺、字亦略小、蓋臨本也。【彙帖舉要】

卷一　漢魏法書（章草至鍾繇五人。）

卷二　六朝法書（晉武帝至蕭子雲等

三十四人）
卷三　六朝法書（王邃至王志十餘人）
卷四　六朝法書（楊義謝莊二人）
卷五　智永智果書。
卷六　瘞鶴銘。
卷七　王右軍書。
卷八　王右軍書。
卷九　王右軍書。
卷十　王右軍書。
卷十一　王獻之書。
卷十二　王獻之書。
卷十三　唐法書（太宗至日本人書）
卷十四　虞世南、歐陽詢、歐陽通書。
卷十五　褚遂良、柳公權、陳逵三人書。
卷十六　顏眞卿書。
卷十七　李邕至張從中五人書。
卷十八　張旭、懷素、高閑三人書。
卷十九　孫過庭書譜。
卷二十　宋元法書（宋高宗至王蒙二十人）
卷二十一　宋元法書（蔡襄、蘇軾書）
卷二十二　黃庭堅書。
卷二十三　朱芾書。
卷二十四　趙孟頫書。

右目見嗚野山房彙刻帖目亨集及叢帖目。叢帖目云、尙有董其昌一人之書、亦稱玉烟堂帖、俗名小玉烟堂者是也。歐陽輔說見集古求眞卷十三。

○○○玉麟堂帖十卷　宋模刻本

宋吳琚集摹。琚字居父。汴人。此帖王澍說見古今法帖考。彙帖擧要南宋帖中亦著錄。

玉麟堂帖吳琚模刻、濃而不淸、多雜米家筆仗。【翰林要訣】亦見【六藝之一錄法帖論述十四】

陳繹曾云、汴人吳琚居父模刻、穠而不淸、多雜米家筆仗、蓋琚日臨古帖、字類米芾故也。【格古要論】

玉麟堂帖宋吳琚模刻。原石存者、十無一二矣。詳見【考槃餘事卷一】又【屠赤水帖箋】

南宋吳琚、乃吳太后之兄、所刻帖十卷、前人譏其穠而不淸。吳琚書法米字、宋時傳其蘭亭。崇禎壬午余過鎭江登北固、見其天下第一江山六大字、世誤以爲米書。【閒者軒帖考】

吳居父琚、書學米元章、能得其神、後世學米者弗能及也。所刻有玉麟堂帖十卷。（卷二）

玉麟堂帖、吳琚刻十卷。前人譏其濃而不淸。【珊網一隅卷三】

○○○甲秀堂帖五卷　廬江李氏摹刻本

南宋李氏集。

宋甲秀堂帖、內有王顏書、多諸帖未見、刻于

廬陵李氏。見墨池編。【古今碑帖考・宋法帖】

廬江李氏刻甲秀堂帖、前有王顏書、多世所未見但繼以本朝（宋）名公書頗多。【洞天清錄】

宋廬江李氏刻、今吳中有重模本亦有可觀。【考槃餘事卷一】又【屠赤水帖箋】

甲秀堂帖五卷爲廬江李氏刻、乃王元美以爲廬山陳氏刻近多模本其眞者頗淳雅可愛。【珊瑚網書錄】

范大澈甲秀堂帖說、見碑帖紀證。

文淵閣書目辰字號第一廚、甲秀堂帖一部、三册。

甲秀堂帖、六藝之一錄法帖論述十四、引格古要論。又十五有考證、並可參閱。

陳曰霽論甲秀堂帖、見珊網一隅卷三。

王澍甲秀堂帖考、見古今法帖考。

孫承澤甲秀堂帖考、見閒者軒帖考。

曹子建贈王粲詩、係章草書、當與山陰豹奴帖同爲魏晉劇蹟。【清儀閣金石題識】

晁公武曰、甲秀堂帖右廬山陳氏所刻也。【郡齋讀書志附志法帖類】

廬山陳氏有甲秀堂帖、宋淳熙年所刻。有李太白天若不愛酒酒星不在天一章在內、字畫豪放、書畢後題曰吾頭懵懵醉後書此賀生爲我辨之汝年少眼明。【夷白齋詩話】

廬江李氏刻、其中諸帖、多爲他刻所無。據王弇州所載、內有石鼓文、秦三璽文、泰山秦篆譜、秦權量銘、漢鄧隲討羌竹簡、曹子建帖、右軍荀侯帖、歐陽率更顏魯公臨右軍帖、魯公祭伯祭姪文、懷素草書、李白白居易司馬光書。內蔡邕九嶷山碑、雖見於宣和書譜、而筆法大類開元皇帝石臺孝經。陳思王詩及鶺雀賦、亦恐非眞、黃伯思以爲李懷琳僞作。其中蘇黃米蔡諸尺牘、則奕奕有神、比他刻爲佳。秦篆譜權量銘均有翻刻、有僞本。【集古求眞卷十二】

甲秀堂帖（南宋）按此帖或作廬江李氏刻、或作廬山陳氏。考翁覃溪跋宋汶陽劉斯立（跋）泰山秦篆譜有云、此篆惟賴譜以存其概、而劉斯立此譜、惟賴宋廬山陳氏甲秀堂帖所摹得傳於世。甲秀帖跋語、又已泐損、無有知是劉譜者云云。覃溪精考據所言當不謬、是此帖爲陳氏所摹無疑。【彙帖舉要】

張廷濟廬江陳氏甲秀堂帖周秦篆譜、見清儀閣金石題識卷四。

羅振玉甲秀堂帖跋、見雲窗漫稿卷一。

601 列眞寶訓　册　嘉慶癸亥年摹刻本

清韓是升集摹。

自彭希鄭雅泉至潘奕基等十八人書。

右目詳見鳴野山房彙刻帖目貞集。叢帖目

亦著錄。

502 因宜堂法帖八卷 乾隆五十年刻本

淸姚學經集摹。學經字東樵。吳興「原籍旌德」人。

因宜堂法帖目錄

卷一　夏岣嶁銘・夏琱戈・商父乙鼎・商父己鼎・商父辛盤・商矍祖丁卣・商兕卣・周文王鼎・周毛伯敦・殷銅盤銘・壇山刻石・焦山古鼎・周中鼎・周姜敦・周石鼓文。

卷二　秦泰山詔・秦量・秦權・秦瓦當・漢滕公石室銘・漢好時鼎・漢谷口甬・漢梁山錩・漢五鳳石刻・漢行鐙銘・漢博山鑪・漢弩機・漢陽嘉洗・漢敦煌太守碑・漢武氏石闕銘・漢孔謙碣・漢鄭固碑・漢竹邑侯相碑・漢校官碑・漢魯相謁孔廟碑・漢督郵題名・蜀漢諸葛武侯書。

卷三　魏鍾成侯書・魏殘碑・吳紀功碑・晉王右軍書・晉王憲公書・晉劉府君墓版・趙鄴祠柱刻・前燕程琉書・後秦造像銘・涼刀銘・夏銅鼓銘。

卷四　宋王文昭公書・宋薄給事書・齊王簡穆公書・後魏造像銘・後魏墓志銘・東魏義橋銘・梁五銖錢范・梁蕭忠公碑額・梁王詹事書・北周造像記・陳毛東昌侯書・陳僧智永書・北齊威孝頌・北齊造像記・北齊徂徠山摩崖。

卷五　隋石碑像記・隋姚恭公墓志・隋塔盤・唐太宗教・唐寶室寺鐘銘。

卷六　唐褚河南郡公書・唐方墳記・唐甎塔銘・唐造象銘。

卷七　唐孫參軍書・僞周造像記・僞周杳冥君銘・唐狄文惠公書・唐銅鐘銘・唐李祕書監書・唐宣化寺塔銘・唐潘君墓志銘・唐張長史書・唐李少監書・唐李翰林書。

卷八　唐徐少師書・唐顏文忠公書・唐僧藏眞書・唐林節度書・唐白文公書・唐柳柳州書。

右目見鳴野山房彙刻帖目亨集及叢帖目。話雨樓碑帖目錄卷四、因宜堂摹古帖八卷、姚東樵集摹卽此帖。

因宜堂法帖(淸)八卷。乾隆五十年旌德姚學經刻、中多僞造。【彙帖舉要】

503 汝帖十二卷 宋大觀三年汝州刻本

宋王寀集摹。寀字輔道。歙陽人。

汝帖、摘諸帖中字、牽合爲之刻河南汝州府、每卷並有汝州之印、亦名蘭亭帖。【考槃餘事卷一】【屠赤水帖箋】

汝帖目録

其一

皇頡、夏禹、商器款識、周器款識、封比干墓銅盤、岐陽石鼓、史籀、宣尼、巫咸、朝那詛楚文。（右三代金石文八種汝刻一目録卷内題尾字上並有汝州之印）

其二

秦刻之罘、李斯、程邈。（石刻接書李斯下卷內並與秦刻之罘標題並列）漢西京器刻、章草、張芝、崔瑗、宋賨石獸、蔡邕、諸葛孔明、魏梁鵠、吳皇象。（右秦漢三國刻書五種汝刻二）

其三

晉世祖武皇帝、中宗元皇帝、孝武皇帝、宋明皇帝、齊高皇帝、梁武皇帝、陳永陽王伯智。（右晉宋齊梁陳五朝帝王書三十行汝刻三）

其四

魏鍾繇、阮嗣宗、劉伯倫、晉阮咸、晉向秀、魏嵇中散康晉山濤王戎、索靖。（右魏晉九人書四十八行汝刻四）

其五

晉中興佐命王導、王洽、王廙、郗鑒、王珉、桓溫、王珣、王薈、王徽之、王操之、王凝之、郗愔、王公幹、王彬、郗曇、王敦。（右晉渡江三家十七帖四十八行汝刻五）

其六

王羲之十帖、王獻之三帖。（右二王帖並洛神賦汝刻六）

其七

宋王曇首、羊欣、齊王慈、王僧虔、梁王志、沈約、王筠、蕭子雲、陳毛喜、陳逵。（右南朝十臣書汝刻七）

（此卷石闕一角卷第一行及帖目五行上截字多不存）

闕（按闕文爲晉張華三字）王衍、闕四字杜刻（按闕文爲石趙鄴祠四字）姚秦像銘、（石刻接書石趙鄴祠柱刻下卷內同）闕三字太子（此卽姚秦像銘駢複）魏崔浩、沈法會（石刻接書魏崔浩下卷內同）闕二字遜（按闕文爲齊樊遜二字）溫子昇（石刻接書齊樊遜下卷內同）闕一字紇豆陵騰碑（按闕文爲周字）蘇綽銘（石刻接書周紇豆陵騰碑下卷內同）隋大業手詔、鉗耳君碑。（石刻接書隋大業手詔下卷內同）（右北朝胡晉十二書汝刻八）

其九

唐太宗皇帝、高宗皇帝、則天皇后、開元皇帝。（右唐三朝帝后四書汝刻九）

其十

唐歐陽詢、虞世南、褚遂良、薛稷。（右唐歐虞褚薛書汝刻十）

十一

唐李邕、顏魯公、韓擇木、賀知章、柳公權、李懷琳。（右唐六臣書汝刻十一）

十二（此卷卷第一行所見搨本皆空疑爲後人磨去）
唐韓退之、無名氏、裴休、五代楊凝式、江南李後主、吳越王俶、郭忠恕（右唐訖五代諸國七人書二百六字汝刻十二）
右目見鳴野山房彙刻帖目元集及叢帖目、彙帖舉要。　又參見【古今書刻】

朱晨曰：汝帖、摘諸帖中牽合刻之。卷後有汝州印。後會稽重摹者，名蘭亭帖。【古今碑帖考】

孫承澤汝州帖考、見閒者軒帖考。

程文榮汝帖考、見南邨帖考第二册。

王澍汝帖考、見古今法帖考。

翁覃溪（方綱）曰：汝帖第二卷天祿辟邪、邪字今汝帖泐，後拓本左半中間誤成冈形、以致南陽墓道石刻依之，竟成冈字矣。第八卷齊樊遜書遜字汝帖泐其右半，宋拓尚見系下半，其後泐本僅見子之半，至其後大泐、孫字全不可見，或訛作退。於是世所行僞絳帖星鳳樓諸帖皆作南齊樊退，南齊固無其人也。此是北齊樊孝謙書乾明元年孔廟碑內數字。此碑極古雅，今泐損不可讀矣。予有舊拓本，始得證明之。若將來此碑漸無知者、學者誤執僞絳諸刻，莫能詳考，竟成藝林一大憾事。足見今所行僞絳等帖，皆是從汝帖泐後之本翻出，其貽誤一至於此，安得而不著之。

翁方綱跋汝帖、見復初齋文集卷二十八。

汝帖　　實刻叢編、東觀餘論、格古要論、弇州山人稿。以上詳見【六藝之一錄法帖論述十四・十五】

汝帖四卷、詳見話雨樓碑帖目錄卷四。歐陽輔汝帖說、見集古求眞卷十二。

汝帖（宋）宋大觀三年己丑八月、河南汝州郡守襄陽王輔道（寀）摘閣帖及諸帖中字刻於石、凡十二卷、卷後俱有汝州官印、（取於閣絳諸帖者不過十之一二、集古碑古帖中字，託名爲某人書者居多，又以一帖省其文，別爲一帖，又有非帖而强名爲帖者。）詮擇有未精處。黃伯思曾譏之。目錄標題輔道自書，帖尾有輔道跋。石初置坐嘯堂、移望嵩樓，明萬曆間存州署禮房。清順治七年巡道范承祖移置道署賓館，增十三十四兩卷，與宋搨用墨極重，墨光可鏡。近拓漫漶特甚。會稽重模者謂之蘭亭帖。　十三十四兩卷爲范承祖購汝帖說並詩、劉旒購碑紀略併詩、卜永昇重購碑記附詩、楊孕靈汝帖紀事併詩、劉振再讀汝帖古風、劉□禧樹碑頌、□中寶詩、仝廷謇詩、許文秀跋併古風、秦耀名詩。近拓多無此二卷。　宋時官私諸帖、其石之存於今者，惟九朝御書、姑孰帖與汝帖。御書祇存二段，姑孰亦多殘失，惟汝帖獨完好，僅佚輔道跋。【彙帖舉要】

黃伯思：汝州新刻諸帖辨　東觀餘論上。

陳思：汝帖十二卷　實刻叢編卷五。

程文榮尙有汝越帖考、見南邨帖考第三册。
畢沅：汝帖　中州金石記卷四。
張廷濟：汝帖四本　清儀閣金石題識卷四。
姚華：題汝帖原石本　弗堂類稿卷十。

604 有美堂法帖

明蔡氏摹刻。

有明一代彙帖、今可見者、王氏鬱岡齋、蔡氏有美堂、文氏停雲館、章氏墨池堂、董氏戲鴻堂、陳眉公晚香堂、陳息園秀餐軒、馮氏快雪堂、僅遺此數種。快雪秀餐、蓋刻于鼎革之後。戲鴻晚香、皆在明季。開國以後、周藩東書堂、晉藩寶賢堂之外無聞。蓋無右文好事之家、集而刻之耶、抑或有而散失不傳耶。【珊網一隅卷三】

彙帖中如清芬閣、有美堂、綠天庵、瑞石帖、翰香館、劍合齋（二帖係木板）皆能存古意、較近時諸刻爲優。【珊網一隅卷四】

605 有是樓臨古刻石二册

道光乙巳年刻本

淸呂世宜臨古、易若谷刻石。刻手爲李兆樑。

有是樓臨古刻石目錄

卷上

漢開通褒斜道石刻　漢陳德碑　漢天鳳三年刻石　漢章和洗　漢魯孝王刻石　漢雒陽令王稚子二石闕　秦詛楚文　周曾侯鐘　漢陽嘉洗　吳天發神讖碑　漢孝堂山石室畫像題字　漢建平五年郫縣石刻　漢三處閣石刻　漢西嶽華山廟碑　漢熹平殘碑　漢袁逢碑　漢華岳廟殘碑陰　漢尹宙碑　漢魯王墓石人題刻　漢孔謙碣　漢蕩陰令張遷表　漢韓仁銘　魏黃初殘碑三石　漢張壽碑　漢圉令趙君碑　漢山陰跳山摩崖　漢婁壽碑　漢安陽縣坊柱殘字　漢子游殘碑

卷下

漢武梁祠畫像題字　周頌敦　漢沛相楊統碑　漢華岳廟殘碑陰　漢楊淮表　周壺銘　漢張壽碑　秦詛楚文　處州重刊孔子廟碑　漢高陽令楊著碑　漢楊孟文頌　漢韓勑碑左側　漢曹全碑陰　漢弘農太守表　汾陽碑　周楚公鐘　周叔夜鼎　漢張遷表　漢殘碑　周季娘鼎　周鄧公子敦　禽彝　貞伯彝　周拍盤　漢褒斜道石刻　漢尹宙碑　漢石經論語

呂世宜跋略云、粵東易君若谷、嗜余書、囑其友林雲衣爲致書、余不欲孤其意、爲作若干種、隨意臨摹、無有倫次、亦不求肖似。又云、有是樓仿古二卷。上卷戊戌年春作。下卷今乙巳七月作也。先是、易君若谷見余所書四十九石刻、囑友人林雲衣郵書作此。　呂世𠍱跋云兄西邨隸書雅有漢人意。記壬辰歲曾爲林硏香兄弟作四十九石節臨漢唐以來、凡四五十種、時爭重焉。此有是樓帖、亦不下三四十種、乃書應粵東易君若谷者。字雖稍大、然皆臨全碑、尤可寶貴。

冼玉淸曰、此帖與四十九石山房石刻、均爲呂世宜臨古之作、臨刻均精、惟隨意臨摹、朝代錯雜。標題亦或有或無、碑文亦或全或節。詛楚文、褒斜道重見上下卷中、曹全只有碑陰、而無正碑、蓋興到卽書、並無體例。較貞隱園帖之編次又遜一籌。而用筆結字則較精云。【廣東叢帖敍錄】

呂世宜字可合、廈門人。道光二年舉人。　陳慶鏞愛吾廬筆記序、略云、精篆隸、嘗手摹漢碑數十種刊石、得之者珍如拱璧。見籀經堂集。　楊浚冠悔堂集、善八分書、蓋得力於郙君碑及楊宗闕也。隸書大字如張公去思碑、呂孝子碑、與漢人楮葉莫辨。小字如四十九石、亦不讓魯公小麻姑壇。【淸書史卷二十四】

607 曲江帖六册

南宋不知模刻者姓名。

曲江帖（南宋）讀書附志載曲江帖五卷、後帖一卷。題云右二蘇劉元城鄒道卿黃山谷王金陵曾文淸韓呂諸公之帖也。石刻鋪敍稱曲江卽此。其文云、章貢衡陽曲江八桂三山諸處、亦多有帖、皆命意不同、隨其所有、則鑱之石。正謂諸帖皆隨意所刊、無與於淳化也。而翁覃溪跋代州馮氏所藏閣帖引此語、乃謂皆南宋諸州郡市場所摹石本木本淳化閣帖、殆未詳玩其文、並未見趙氏書耳。【彙帖舉要】

程文榮有曲江帖考、見南邨帖考第四册。

608 百一帖　册　附雪谿堂帖

金王曼慶摹集。

百一帖宋王曼慶模刻、筆意淸遒、雅有勝趣、但刻手不精。【考槃餘事卷一】又【屠赤水帖箋】

孫承澤百一帖考、見閒者軒帖考。

王澍百一帖考、見古今法帖考。

程文榮百一帖考、見南邨帖考第四册。

陳曰霽論百一帖、見珊網一隅卷三。一隅又云、王庭筠刻有雪谿堂帖、此帖見六藝之一錄法帖論述十五、今未見拓本。

百一帖（金）按曼慶庭筠子、能詩、並書、仕至行省右司郎中、自號澹游、見金史王庭筠傳。翰林要訣書法離鉤作萬慶、閒者軒帖考作雲慶。【彙帖舉要】

宋丁（？）一帖　王曼慶摹刻、惜刻手欠精。見墨池編。【古今碑帖考宋法帖】

609 百蘭山館藏帖二册　光緒八

年摹泐上石

清丁日昌編刻。日昌字雨生、豐順人、以牧令起家、官至江蘇巡撫。所歷皆有政績。藏書極富、校讎尤精。見採訪册。有光緒八年三月丁惠衡跋（本書卷末。）

冼玉清曰、此帖所收多道州何紹基手蹟。蓋日昌撫吳時、紹基亦寄寓吳門、唱酬無虛日。故日昌得紹基墨蹟特多。乃擇尤鋟版、閱十年前已爲海上書賈估去矣。此帖二册、上帖刊於光緒八年、謂之荔枝唱和册、下册刊於民國五年、卽雜集紹基和詩諸作。日昌有和紹基啖荔等詩、亦載荔枝唱和册中、卽惠衡跋尾所謂先人手澤存焉者也。以百蘭山館詩集與此帖對校、字句間微有不同。如詩集中和紹基來吳七古一章、「偶然拄杖胝肩肩」帖作「有時拄杖胝肩肩」、「浮屠偶結三宿緣」帖作「浮屠三宿偶結緣」、「生才不用疑方圓」帖作「此才誕生勞大圓」、「一榻時爲徐稚懸」帖作「一榻特爲徐稚懸。」啖荔枝亦有數字互異。見饒鍔潮州藝文志。【廣東叢帖敍錄】

610 宋法帖 册 宋嘉州石刻本

宋陸游書。此帖彙帖舉要南宋法帖著錄。

開者軒帖考云、陸放翁集前人筆札、以嘉州石刻之、置荔支樓下、又名宋法帖。【古今法帖考】

愛日齋叢鈔云、乾道間陸放翁、取家藏前輩筆札、刻石嘉州荔枝樓下、名宋法帖。予得其本有陳文惠書、首云堯佐白、而後云希元再拜。希元文惠字也。自稱于書問不可解。按放翁以乾道九年夏自蜀州攝嘉州事、明年春卽還任。是帖蓋卽九年中所刻。錢氏大昕撰放翁年譜、僅載畫岑嘉州像于齋壁、刻其遺詩八十餘篇、而不及刻石事、殊失檢。【南邨帖考第三册】

611 延禧堂憶舊帖二册

亦名澄懷八友圖、汪由敦篆書五字於首。乾隆二十一年休寧汪由敦記。

上册 常銑、皇三子、皇四子、皇五子、皇六子、皇八子、皇十一子、皇十五子、皇長孫、果親王、瑤華道人。

下册 陳世倌、劉統勳、金德瑛、劉綸、董邦達、秦蕙田、涂逢震、王際華、陳兆崙、劉星煒、蔣溥、周景柱、周煌、邊繼祖、汪廷璵、何逢禧、英廉、葉觀國、周元理。

乾隆四十八年漳浦葛山蔡新識。

612 吾心堂臨古帖六册 乾隆四十七年刻本

清鄭潤集摹。潤字雨亭、海陽人。幼聰穎、工書善畫。乾隆二十九年甲申、翁方綱督學至潮州、嘗書箑以贈邑紳。潤見而摹之、別書於箑、而仍署方綱名。明日紳持箑以見方綱、方綱幾不能辨。既而審得其實乃大詫異。即屏從見潤於矮巷。遂定交焉。至方綱北歸、游揚於公卿間、潤名遂鵲起。四十七年壬寅、潤至京師、以所臨聖教序乞方綱爲跋。鋟石問世。今所存吾心堂帖是也。四十八年癸卯、客姑蘇。姑蘇人奇之、謂其書品不爲建派所囿云。

【光緒海陽志本傳、鄭昌時韓江見聞錄、饒鍔潮州藝文志。】

第一册

小楷臨鍾宣示跋

行書臨王蘭亭序

小楷臨王曹娥碑

小楷臨褚樂毅論（張曾太跋・顧光旭跋）

小楷臨洛神賦十三行（孔瑤山刻石）

又小楷臨洛神賦十三行（譚芳洲刻石）

第二册

卷首有翁方綱書河南逸韻四字隸書

楷書臨褚雁塔本聖教序（孔廣居重刻翁方綱三跋）

楷書臨褚雁塔本述聖教序記（翁方綱跋・平江譚一夔刻・孫永清跋・陳栻跋・李朝陽跋・陸錫熊跋・江陰孔廣居刻）

第三册

行書臨蘇軾中呂滿庭芳詞（江陰孔瑤山刻・譚倘忠跋）

第四册

行書臨朱熹雲谷詩（劉恆卿刻・翁方綱跋）

行書臨米芾詩卷探奇烟水一首・松林日落一首（王燮跋）

王燮跋云、講書法者必推舊拓、臨本雖善、卒不實貴。如李邕之於蕭誠、其前事矣。夫文人相輕、誠不免乎非今而是古。然凡骨未換、欲其壽世也實難。粤東鄭雨亭先生、年近七旬、筆不停書、而臨古尤稱神妙。觀篋中所藏諸體、皆不走一髮。今勒諸石者、特豹之一斑。持此以問世、當亦論是非不論今古。自是君身有仙骨、吾以斯言贈之。

鄭潤自跋云、吾曾見宋拓褚蘭亭及黃庭經、神彩秀逸、波趣天成。心竊慕之、而手不能追之。壬寅遊長安、歷覽碑洞、復覩河南聖教序、并記兩碑分列雁塔之前、參以曩時所見、覺前人筆格具有淵源。雖禊帖爲諸家冠、而學者固當先河後海也。遂購數本藏之篋衍。長夏抵莫州官舍槐陰清晝、筆硯頗閒。聖教序一册、手摹再四、殊自苦其未合。後翁覃溪先生見而跋之、謬加稱賞、日慫恿付鐫。因自忘其固陋、取記續臨、并勒諸石。工竣搨本還質之覃溪先生。余老矣、偏耽墨稼、卒未窺古人堂奧。幸名流長者、俯賜指南、勿以續貂爲昏耄罪、或倘能稍有進耳。

翁方綱跋聖教序云、壬寅冬十一月十日燈下、於蘇米齋展玩此本、因幷出余所臨楊太尉碑同觀、幷以韓叔節禮器碑奉贈。覃溪翁方綱題　禮器碑楊太尉碑、皆河南妙婉之祖也。後來山谷亦得其一二、伯夷叔齊廟碑是也。張温夫亦得其一節、而未臻大全耳。雨亭臨古、今日射雕手也。歎服歎服。是日漏下二鼓題跋。

孫永清跋云、褚河南聖教序、一在雁塔、一在同州。家逿谷謂同州饒骨、雁塔饒韻。雨亭所臨雁塔本也、而風骨遒勁、又似得之同州。蓋河南書多出古隸、故有跌宕之氣。沾沾於形模規矩之間、失之遠矣。而雨亭通六書、其於古蓋有得者。積數十年之功、而乃至是。視世之戻於時而不合於古者、相去奚翅徑庭哉。乾隆丙午長至日、寶巖弟孫永清字絜齋跋。

饒鍔跋云、此吾鄉鄭雨亭先生吾心堂臨古帖凡四册。其所臨爲鍾太傅宣示帖、王右軍蘭亭序、曹娥碑、樂毅論、王大令十三行、褚河南述聖教序記聖教序、朱文公書寒亭詩、蘇眉山詞、米襄陽行書詩卷、都十有二篇。雨亭平生所爲者、盡於此矣。末附覃溪補山諸公題識、幷雨亭所自爲跋尾。爲之刻者江陰孔瑤山廣居。瑤山精刻石、雨亭書復峻拔凝重、故精光神彩、溢耀行間。今之爲書者、喜談北碑魏體、其於閣帖則深致鄙夷、以爲帖自唐人摹泐、歷更宋明、重鈎翻刻、貌合而神已離。而六朝碑版文字、迄今尚有不敝壞者、故有百帖不如一碑之言。雨亭之書、固用力於帖學者也。觀其臨古諸篇、筆力堅深、縱横盡致、絕異乎拘守繩墨之爲者。而臨褚之作、尤爲神妙。昔人謂河南學逸少書、疏硬瘦鍊、不減銅筩。吾於雨亭之學河南亦云。

是帖刻石舊藏鄭氏。詳見【天嘯樓集卷二】

翁東輝云、覃溪復初齋集有雨亭畫册歌。又番禺李士楨廣成靑梅巢潮州雜詠注云、鄭潤善畫、能摹古帖。邑人黃仲琴爲鄭潤傳未及、今爲補述云。

吾心堂臨古帖六册（江陰孔瑤山廣居刻字乾隆四十七年摹泐上石）按此帖凡八十有餘版、臨非一家、字非一體、刻非一人。刻石者悉屬名工、除孔瑤山外、尚有平江譚一夔、譚芳洲、姚竹園。吾心堂法帖詩中有「君不見魏晉法帖仰鍾王、又不見唐家六書宗顏柳。雨亭居士善臨摹、顏柳鍾王出一手。」閱此數語、則褚河南不能專美於前。又前人刻叢帖者、刻古人眞蹟或拓本耳。吾心堂所刻爲臨古、幷古人今人而一之。是別樹風格者。

【廣東叢帖敍錄】

613 快雪堂帖六卷　清刻本

清馮銓集摹。銓涿州人。

快雪堂法書目錄

第一册　王羲之・褚遂良臨羲之書・

米芾臨羲之書・王獻之・
第二册　王洽・王廙・歐陽詢・徐浩・柳公權・顔眞卿・懷素・高閑・
第三册　宋高宗・李建中・蔡襄・蘇軾・
第四册　黄庭堅・米芾・
第五册　米芾・張即之・薛紹彭・吳琚・趙孟頫・

右目見彙帖舉要。

倪蘇門書法論云、明朝法帖涿州馮相公家刻快雪堂備載蘇米書、採摭頗精、人多未見。於晉魏歷代之書、則十得四五矣。【六藝之一錄卷三〇三古今書論】

石韞玉快雪堂帖跋、見獨學廬二稿卷下。

孫原湘跋涿搨本快雪堂帖、見天眞閣集卷四十四。

錢泰吉跋快雪堂帖（附彭文勤公二跋）、見甘泉鄉人稿卷十一。

快雪堂帖（淸）涿州馮銓所摹、凡六卷、以得右軍快雪帖眞跡、因以名其帖。刻法秀潤、故盛有名於時、然乏昔人蒼深之韻。【古今法帖考】

馮銓刻、凡五卷、卷數雖少、其中諸帖、大半由眞跡模出、鐫手劉雨若亦鐵筆名家、故是帖久爲世人所重。後馮子孫不能守、析離爲二、同歸賀庫州牧黄可潤、贖之以歸總督楊樸園、購以進奉、遂入內府、作快雪堂以貯之。原有木刻三板、乃悉易以石。馮爲涿州人、故初出墨本名曰涿搨、至爲珍貴。黄爲福建人、故次搨者名曰建搨、亦不易得。因捆載歸閩、致有繩勒痕可見。再次曰內搨、首有乾隆御筆快雪堂記、其中以蘭亭及宋人書爲佳。趙文敏閑邪公家傳蘭亭十三跋、尤非他刻所能及。樂毅論雖爲臨本、亦最風行、翻刻頗多、而單翻樂毅論者愈多、以濟弱弱字左下似三點者爲快雪原本、其小圓點乃石花、非眞三點也。翻刻作二點者、固易辨、乃有竟作三點者、更一望而知其僞矣。【集古求眞卷十三】

陳曰霽論快雪堂帖、見珊網一隅卷一。

614 快霽堂帖　册

淸卓秉恬集摹。秉恬華陽人、此帖見彙帖舉要附錄彙帖中。

卓秉恬字晴波、一字靜遠、號海颿、華陽人。嘉慶七年進士、官大學士、諡文端、工書法、刻有快霽堂集古帖。見木葉厱法書記。【淸書史卷三十】

615 秀餐軒帖　册

明海寧陳氏刻本
乾隆四十六年重刊本

明陳元瑞集摹。

歐陽輔秀餐軒帖說、見集古求眞卷十三。

秀餐軒帖（明）海寧陳氏刻、小楷居多、其中黄庭經頗佳、亦八字裂痕本、首爲鍾太傅宣示戎路季直力命四表、次卽黃庭、後有米元章西園雅集圖記。未見全帖、不知其幾卷。其石後歸揚州唐悔庵太守、乃增乾隆四十六年王夢樓跋。【彙帖舉要】

錢泰吉跋秀餐軒帖見甘泉鄉人稿卷十一。

616 **甬上明人尺牘** 嘉慶刻本

淸黃楚生集摹。

甬上明人尺牘、淸嘉慶十九年黃楚生摹刻。自豐熙起至雪嶠和尙止、共二十六人、皆四明籍者。【叢帖目】

此帖鳴野山房彙刻帖目亨集亦收入。

武陵帖五卷 詳見鼎帖下

武岡帖 詳見絳帖下

617 **怡園集帖 册** 同治十一年摹刻本

淸梁振芳編次、袁梓貴書。振芳號芷生。高要人。梓貴字琴知、同縣人。道光甲辰擧人。袁梓貴卒後、梁振芳收其手書、著錄於怡園集帖中。見【宣統高要縣志人物篇】

冼玉淸曰、高要縣志附志下載梁振芳小潛樓集跋云、右集袁琴知先生著。余旣壽其書於世、復以是集付剞劂。同治十一年五月識於怡園之鄂不樓。是怡園帖刻於同治間也。然余未見此帖、不知爲若干册。【廣東叢帖敍錄】

618 **松雪齋法書墨刻一册** 淸刻本

淸齊彥槐摹刻。彥槐詳見後續松雪齋帖下。

漢汲黯傳至胡長孺谷仙賦等八種。

此帖目錄詳見鳴野山房彙刻帖目貞集。叢帖目云、末有齊彥槐跋一首。

619 **東書堂帖十卷** 明永樂刻本（一題東書堂集古法帖）

明周憲王朱有燉集摹。詳見【百川書志】

東書堂帖、皇明宗室周府模刻閣帖而增入蘭亭敍文幷宋人書、甚有雅趣、近復翻刻、其去周國又甚遠矣。此國朝帖。【考槃餘事卷一】又【屠赤水帖箋】

東書堂帖引格古要論等、詳見【六藝之一錄法帖論述十四·十五】

倪蘇門書法論云、東書堂載歷代書家、與淳化大同小異。【六藝之一錄卷三〇三古今書論】　古今書刻帖入河南開封府。

陳曰霽東書堂帖考證、詳見珊網一隅卷三。

第一卷晉唐帝王書、第二卷宋諸帝書、第三四五卷王羲之書、第六卷漢魏吳晉人書、七卷晉人書、八卷晉王獻之書、九卷宋齊梁陳隋唐人書、十卷唐宋元人書。

朱晨曰、東書堂帖臨淳化閣帖、增以宋名家、凡二十餘卷、刻于周府。【古今碑帖考】

周憲王有燉東書堂集古法帖十卷、又修禊

序帖一卷。【千頃堂書目碑帖】
周憲王有燉集古名跡十卷、手自臨摹勒石傳世、名曰東書堂法帖。【書史會要】
王元美云、憲王臨池之力甚精、惜其天資少遜、粉澤有餘、膚理不足、蓋摹筆至使古人之跡屈而從手、其于蘭亭亦然。
孫承澤東書堂帖考、見閒者軒帖考。
王澍東書堂帖考、見古今法帖考。
明東書堂帖、明周憲王爲世子時手摹上石、以淳化爲主、而參以祕閣續帖、並增入宋元人書、凡十卷。卷首標題東書堂集古法帖第幾九字、一二兩卷次行題歷代帝王書、卷三迄十卷題歷代名臣書、每卷末有永樂十四年歲在丙申七月三日書十四字、帖首憲王序、有予每閱古帖文集各家之字、考各家之書、并所得眞蹟、以嘗臨者臨之、未嘗臨者摹之、集爲十卷、勒之於石云云。尾題永樂十四年七月三日書于東書堂之蘭雪軒。(又有成化辛丑秋八月明第三代孫永寧王序一首。)又凡例十一條、有云平生不樂宋人書、止有蘇易簡臨禊帖墨跡一本、甚爲俊逸、猶太肥耳。故十卷所收宋代名臣、僅蘇易簡一人。珊瑚網書錄謂有蘇黃米蔡諸人、豈未見原帖耶。格古要論謂帖爲二十卷、亦誤。【彙帖舉要】
歐陽輔說、見集古求眞卷十三。又彙帖舉要附錄有東書堂帖四卷、清丹徒笪重光摹刻。按笪重光見書林藻鑑卷十二。又李放引快雨堂題跋江上書格超妙、小字尤佳。履園叢話、笪江上解元刻有東書堂帖。詳見【清書史卷三十一】

620 **東皋草堂帖　册**　明孫克宏刻本

明孫克宏摹集。此彙帖也。見彙帖舉要附錄彙帖中。

621 **明人尺牘四册**　嘉慶二十年刻本　光緒國學保存會影印墨蹟八册本

清梁同書定、馮瑜摹刻。
第一册　祝允明至周天球等十八人
第二册　王穉登至俞琬綸等七人
第三册　周宗建至徐汧等七人
第四册　楊廷樞至許初等十八人
右目見鳴野山房彙刻帖目貞集及叢帖目。鳴野山房目利集又有明人尺牘一種。

622 **昇元帖四卷**　海山仙館摹古帖本

南唐李煜昇元二年集摹。〔參見保大帖〕
昇元帖(南唐)昇元帖、宋人書不載。明屠隆考槃餘事云、後主命徐鉉以所藏法帖勒石、名昇元帖、在淳化前、故名祖刻。清孫承澤閒者軒帖考云、南唐李後主出祕府珍藏刻帖四卷、每卷後刻昇元二年三月建業文房模勒上石、爲淳化閣帖之祖、宋人翻本上有賈秋壑印。朱溫之子亦刻貞明帖、今不傳。
【彙帖舉要卷上】
李日華曰、建業帖李主重光所爲、經韓宋二徐鑒定。
王澍昇元帖考、見古今法帖考。
陳曰霽論昇元帖、見珊網一隅卷三。
錢泳曰、南唐昇元二年、李先主出祕府所藏右軍眞蹟、刻爲四卷、爲昇元帖。刻帖成部者、實南唐始也。見【履園叢話卷九碑帖】

623 知止閣帖　册　清刻本

清孫承澤集摹。

孫承澤　鬱樓書話、少宰酷嗜米書、嘗刻知止閣米帖、故其書多用米法、佳者可入能品。
【清書史卷十】
知止閣帖（清）孫承澤刻、首爲王右軍裏鮓帖唐鈎本、次爲蘭亭二種、一五字未損本、一褚摹嶺字從山本。退谷自跋、稱爲三米蘭亭、以爲有米老及其子友仁友智三跋而名也。然翁覃溪以山字與領字竟不相連、考之宋人所記、亦不相合、頗疑其僞。未見全帖、不能斷其是非、亦不知其卷數。惟見米書數種、爲叔晦帖、臨右軍山東帖、淡墨秋山詩、李太師帖、張季明帖、夜深露氣清詩、魏泰酬和詩、此外尚見歐陽文忠集古錄跋三行而已。鐫者劉雨若、故能傳神。其石乾隆初尚在、爲碑估磨之以刻俗書。【集古求眞卷十三】
此帖彙帖舉要亦引集古求眞。
翁方綱跋孫退谷知止閣帖、見復初齋文集卷二十八。

624 青華閣帖三卷　宋紹興石刻本

不知摹刻者姓名。

目錄
卷上
晉右軍王羲之書（紹興十七年春三月二十日青華閣摹勒上石）
卷中
晉右軍王羲之書（紹興十七年夏六月二十三日青華閣摹勒上石）
卷下
晉憲侯王獻之書（紹興十七年秋九月二十一日青華閣摹勒上石）

青華閣帖三卷、紹興十七年先後摹勒上石、不見於賞鑒家著錄、是公是私、莫由詳定。以卷末題摹勒年月後有御書之寶印推之、標題題記當是光堯手書、其爲官帖可知。高廟精於八法、鉤勒之善、遠出淳化上。紹興中本有國子監帖、以淳化舊帖翻刻於板、今亦不可多得。然監帖以舊帖翻鐫、此從眞蹟摹勒、監帖刻於棗木、此刊於元石。監帖假手臣工、此造於大內、以理推之、知國子監帖之必不如青華閣也。宋帖尠有釋文、陳與義閣帖釋文施宿大觀帖總釋、姜夔絳帖平、皆自爲一書、惟劉次莊臨江帖於每卷後除去篆書淳化三年云云。綴以釋文、此帖於每帖後卽緊附釋文、與戲魚例雖不同、同爲𢿱格耳。然與諸家所釋間有異同、作青華閣帖考異三卷。乾隆乙卯二月廿有五日嘉定錢東垣既勤氏記。

此帖所載皆二王書、二王全帖、宋時刻石于淸江、郡博士時逕有假守許開題其石、不知尙存否。明江陰湯氏以棗木刻之、木本椎拓時燥溼難調、有遺憾焉。萬曆九年辛巳吳江董漢策、欲易以石、彭履道爲書釋文、至十三年訖工、右軍四卷、大令二卷、評釋三卷。今以此帖與董刻二王全帖大不同、而亦間有同者、上卷右軍、中卷大令、而雜以右軍、下卷其首純是大令、末復綴以右軍、亂而無次、蓋編者之過。中有云、未果爲結力不具、與董刻快雪帖同、蓋當時語。採菊帖、分而爲二、至不知當晴不耳止、與董刻自倫等還以下通爲一帖者不同。張天如刻二王全集、載之甚備、而先後多顚倒、未詳孰是。乙卯春爲既勤老姪題、西沚王鳴盛。

青華閣帖、目見寒山金石林。【六藝之一錄法帖論述十四】

青華閣帖（南宋）青華閣見李心傳朝野雜記、作淸華閣。是帖寒山金石林墨林快事始著錄、帖凡三卷、皆二王書、每帖三字標目、綴以小楷釋文、每卷前後備列唐宋內府圖書、及名人印識、共有四十餘方、多法帖所不應有、其僞蓋不辨而自決。予舊有下卷、卽李遇孫載入芝省齋碑錄者、近已贈揚州友人。嘉定錢既勤東垣、曾得全本、詫爲至寶、撰考異三卷。既勤他所著述、皆元本可觀、不意其鑒帖如此。其鄉瞿珍之寶樹、嘗以考異幷帖後淵跋錄示、云帖今尙在其家。【彙帖舉要】

程文榮青華閣帖考、見南邨帖考第四冊。

625 金石圖二卷　清乾隆十年石刻本

四庫入存目又著錄金石經眼錄一卷　光緒十九年貴池劉氏木刻補目著名金石圖說

淸牛運震說、褚峻摹刻。

目錄　石鼓文　焦山周鼎銘　秦泰山石刻　漢開母廟石闕　五鳳二年石刻　魯王墓石人題刻　祝其卿及上谷府卿石龕刻字　裴岑紀功碑　景君銘　百石卒史碑　孔謙碣　禮器碑（有陰）　鄭固碑　孔宙碑（有門生故吏名）　張壽碑　衡方碑　史晨碑　孔廟後碑　陳德碑　孔褒碑　韓仁銘　孔彪碑及碑陰　孔宏碑　魯峻碑及陰　尹宙碑　倉頡廟碑及陰兩側　校官潘乾碑　張遷碑及陰　白石神君碑及陰　武榮碑　鄭季宣碑並陰　曹全碑幷陰　王稚子闕　尹公尹君闕字　侍中楊公闕字

右目見鳴野山房彙刻帖目亨集及叢帖目。

話雨樓碑帖目錄卷四引有楊澥跋。

牛運震字階平、號空山。滋陽人。雍正十六年進士、舉鴻博、官平番知縣。工分隸、精碑版之學。著有金石圖說、見木葉厱法書記。【清書史卷二十】

金石經眼錄一卷（兵部侍郎紀昀家藏本）

國朝褚峻摹圖、牛運震補說。峻字千峯、郃陽人。工於鐫字、以販鬻碑刻爲業。每裹糧走深山窮谷敗墟廢址之間、搜求金石之文。凡前人所未及錄、與雖錄而非所目擊、未能詳悉言之者、皆據所親見、繪其形狀、摹其字畫、併其剝蝕刓闕之處、一一手自鈎勒、作爲縮本、鐫於棗版、纖悉逼眞。自太學石鼓以下、迄於曲阜顏氏所藏漢無名碑陰、爲數四十有七。運震各系以說、詳其高卑廣狹及所在之處。其假借通用之字、亦略訓釋。雖所收頗狹、而較向來金石之書或僅見拓本、或僅據傳聞者、特爲精核。書成於乾隆元年、峻自爲序、後運震又卽峻此書、增以巴里坤新出裴岑紀功碑、改名金石圖。運震未至西域、僅得模糊拓本、所摹頗失其眞。又仿岳珂之例、於說後各贅以贊、亦爲蛇足。峻復自益以唐碑、別爲下卷、體例迥然各別、尤病糅雜。

金石圖二卷（兵部侍郎紀昀家藏本）國朝褚峻摹圖、牛運震補說。初、峻先刻此書上卷、名金石經眼錄、尚未載後漢永和二年燉煌太守裴岑紀功碑。後與運震重編是圖、運震始以副使郭朝祚所貽摹本補入。然此一碑、其出最晚、又遠在玉門陽關以外、非所親覩、故字體頗失其眞。卽字畫亦多舛異。其刊刻亦不及諸圖之工、豈此碑非峻所摹、而運震於續得之時、別令拙工補之歟。其下卷則自吳天發神讖碑、魏受禪碑以下、迄於唐顏眞卿家廟碑、凡六十圖。每碑繪其形製、而具說於其上。其文則但於一碑之中、鈎摹數十字或數字、以存其筆法、不似漢以前碑之全載、蓋欲省縮本之工、遂致變其體例。其字又隨意摘錄、詞不相屬、於義殊無所取。且拓本多行於世、亦不藉此數十字以傳也。【四庫全書總目提要】

容庚藏初拓本只有前一卷、末無李翕碑、是吾碑、五瑞圖三種。蓋此三種有圖無說、乃後來增補者也。【金石書錄目】

526 金石廣圖册 清刻本

清牛運震說、褚峻摹刻。

目錄　天發神讖碑　吳國山碑　魏受禪碑　孔羨碑　上尊號碑　梁瘞鶴銘　元魏李仲璇碑　張猛龍碑　賈使君碑　唐懷仁集聖教序　多寶佛塔碑　顏氏家廟及兩側　爭座位　中興頌　又聖教序龍朔本　孔子廟堂碑　玄祕寺塔碑　皇甫誕碑　醴泉銘　又聖教序永徽本　圭峯禪師碑　魏公先廟碑

北岳府君碑　堯公頌　昭仁寺碑　滎陽令鄭公碑　虞恭公碑　半截碑　福興寺碑　李靖碑　景龍觀鐘銘　道因法師碑　代國長公主碑　景昭法師碑　唐儉碑　後裔胡令欒方　梁侍中蕭公神道闕　韓仲良碑　大泉寺碑　周孝侯碑　嶽麓寺碑　夏日遊石淙詩序　北岳祠碑　殷履直妻顏氏碑　張琮碑　李思訓碑　大證禪師碑　壽慈寺碑　大唐紀功頌　李勣碑　唐晉祠銘　昇仙太子碑　李晟碑　龍藏寺碑　伊闕佛龕碑　孝敬皇帝叡德碑　苻璘碑　景賢法師碑　房玄齡碑

右目見鳴野山房彙刻帖目亨集及叢帖目。

827 南雪齋藏眞帖十二冊　一作十六冊　道光二十一年刻本

清伍元蕙編次。

南雪齋藏眞帖十六冊（道光二十一年摹泐上石　梁智齋鐫字）清南海伍元蕙編次　元蕙名葆恆、字良謀、號儷荃、又號南雪道人。生於清道光四年（一八二四）、爲十三行怡和行行商秉鑑之子。世居番禺河南之安海鄉。欽賜舉人、官刑部郎中。性好書、收藏甚富。番禺陳其錕嘗過其聽香讀畫樓題帖。新會羅天池稱其好古善鑑。南海桂文燦稱其鑑賞精博。晚得倪瓚眞蹟四種、結屋藏之、題曰迂庵。自以生性迂僻、喜潔與倪瓚同、遂更號迂庵主人。同治四年乙丑卒（一八六五）年四十二。刻有南雪齋藏眞帖十六卷、澂觀閣摹古帖四卷。【南海縣志採訪册】

子集　晉唐人書

陸機：草書平復帖（董其昌跋）

王羲之：草書雨快帖（伍葆恆跋）

蘭亭序殘本（釋悦、高遜志、伍葆恆跋）

唐人：楷書藏經七十七行（成親王、伍葆恆跋）

唐僧法藏：行書與新羅義想法師書（劉基、黃溍、伍葆恆跋）

末鐫道光二十一年正月南海伍氏摹泐上石隸書二行

丑集　宋人書

文彥博：行書修禮浚河兩牒（米元暉、伍葆恆跋）

蘇軾：行書諭劉錫制稿（江德量跋）

楷書偃松屏殘字（翁方綱跋）

末鐫道光二十二年正月

寅集　宋人書

黃庭堅：行書禹廟刻石（汪應辰跋）

行書王長者墓誌銘

末鐫道光二十三年正月

卯集　宋人書

包拯：草書偶然作詩一首（趙光、廖鴻、鄭體椿、卓秉恬跋）

蘇轍：行書凍合帖（張維屏跋）
米芾：行書蘭亭序跋幷贊
行書惡札帖　太宗御書贊（董其昌跋）
蔡京：行書唐政許（伍葆恆跋）
米友仁：行書深亮帖（張維屏跋）
未鐫道光二十四年正月
辰集　宋人書
高宗：小楷黄庭經
行書賜梁汝嘉勅二道（伍長坤跋）
楊妹子：行書題畫詩（伍葆恆跋）
寧宗：行書封靈澤侯勅（翁方綱、孫星衍跋）
岳飛：行書軍務帖（羅天池跋）
未鐫道光二十五年正月
巳集　宋人書
王升：草書千字文（吳榮光、伍葆恆跋）
張卽之：行楷華嚴經（錢樾跋）

未鐫道光二十六年正月
午集　元人書
趙孟頫：小楷黄庭經（羅天池、潘仕成跋）
小楷聖主得賢臣頌（王士點跋）
行書望江南淨土祠十二首（文嘉跋）
行書與右之書二通
未鐫道光二十七年正月
未集　元人書
仇遠：行書題高彥敬山村隱居圖詩跋
周密：楷書題畫詩
鮮于樞：草書韓愈石鼓歌（陸深、曹溶跋）
虞集：行楷大道帖
吳全節：行楷朱本初貞一齋稿序（吳寬詩跋）
黄公望：行草書蜀江秋淨圖跋
吳鎮：草書蜀江秋淨圖跋（吳榮光跋）

未鐫道光二十八年正月
申集　元人書
康里巙：草書梓人傳（楊鎮麟跋）
馮子振：行書題畫詩
張翥：小楷題高克恭山村圖卷
楊維楨：行書自書詞（伍葆恆跋）
倪瓚：行楷與寓齋書（梁同書、伍雲藻跋）
俞和：行書題黄荃蜀江秋淨圖詩跋
未鐫道光二十九年正月
酉集　明人書
桂彥良：行書與彥充助教書
楊士奇：行書奉頤庵先生書
解縉：行書遊七星岩有感詩
韓奕：小楷七言詩（陳其錕跋）
楊榮：行楷與院判蔣先生札
楊溥：行書東方曼倩像贊
林佑：行書題唐玄宗鶺鴒頌

王直：行書與南雲郎中書（伍崇曜跋）
王英：楷書卓犖東吳士詩
于謙：行楷題公中塔圖
沈藻：行楷橘頌
姚綬：行書與廉訪鄒公書（伍葆恆跋）
陳獻章：行書記玉冕峯詩（桂文燿跋）
王守仁：行書與于上三十弟書
末鐫道光三十年春正月

戊集　明人書

祝允明：小楷前後出師表
文徵明：小楷歸去來辭（薛益、陳其錕、伍葆恆跋）
薛益：小楷郢寓久雪詩七首
海瑞：行書鄖轉運札（伍葆恆跋）
王穀祥：行書千字文（文嘉、周天球、顧雲龍、成親王跋）
末鐫咸豐元年

亥集　明人書

王穉登：行書昔者行贈別姜祭酒
董其昌：行楷女史箴
小楷麻姑壇記（何紹基、伍葆恆跋）
小楷心經及自題（陳繼儒跋）
黃道周：小楷格言
許光祚：小楷琴賦（張燕昌、翁方綱、伍葆恆跋）
陳子壯：行書五言詩
孫隆：小楷楊應文奏疏

楊守敬題云：王逸少義之雨快帖唐摹、今藏南海伍氏、刻於南雪齋。有蔡京等官押、蓋雙鈎塡廓者、淳化閣帖及祕閣等帖皆摹之。（頁六）陸士衡機平復帖、宋徽宗題簽、有宣和政和二印、係突穎勁毫所書。無一筆姿媚氣、亦無一筆粗獷氣、所以爲高。庾肩吾書品置士衡於中下、且云以宏才掩蹟、則知固卓然名家矣。眞蹟舊藏梁蕉林、刻於秋碧堂。後歸成哲親王、故又刻於詒晉齋。吳荷屋謂以秋碧較眞蹟毫髮畢肖。今以詒晉所刻較之、覺秋碧猶未能入細。南雪齋所刻稍肥、是從詒晉出。薩湘林摹以貽祁春圃、刻於江陰、亦肥濁。李申耆謂與秋碧異曲同工、其實遠甚。（頁三）蘭亭定武唐臨無名氏殘本。（頁二十二）黃庭經詒晉齋本、南雪齋亦刻。此本不及詒晉齋之精。顧多劉石庵一跋。（頁二十八。）黃庭經趙松雪臨本、皇慶二年四月七日臨、末有永和十二年五月廿五日山陰寫等字。則知非臨前章蘇州石本矣。用筆精熟、姿態橫溢、自是松雪本來面目。眞蹟藏南海伍氏、刻入南雪齋。（頁二十九）。【平帖記】張伯英云：南雪齋藏眞帖、淸伍元蕙輯。元蕙字葆恆、號麗荃。其書自晉迄明、以子丑寅卯等字分卷。經始道光二十一年、至咸豐二年竣成。子集陸機平復帖、蘭亭殘本、唐人寫經、唐僧法藏書。丑集宋文彥博蘇軾。寅集黃庭堅。卯集包拯米芾蔡京米友仁。辰集宋高宗楊妹子岳飛及封靈澤侯勅。巳集王升張即之。午集以下元明人書。法藏遺跡、體格不類唐人、疑出仿本。蘇書二種、假松屏贊大書、骨力豐健、在表忠觀荔子丹諸碑以上。雖殘損甚多、自屬奇迹。賜劉錫制草、江德量跋考證甚詳。然非蘇書、與三希堂所刻制草數種、筆法字體皆不類。秋史精於鑒古、乃有此失。包孝肅書當是張瑞圖所贋、純爲二水面目。或曰安知二水非學孝肅。夫書有時代、非工拙之謂。羣玉堂帖第五卷、有孝肅一札、六行三十一字。孔氏刻入谷園摹古帖。其書頗肥拙、論書謂殆不如二水、然有宋人樸氣。此帖即無羣玉刻本爲證、其非孝肅亦可懸斷。羅天池趙蓉舫諸家皆信之、可異也。楊妹子書遠遜戲鴻堂所收、當亦贋筆。岳忠武書有出師二表、銅山楊氏項城袁氏均勒石、杭州亦有刻者。此與相類、書固不惡、但與楊妹子書皆毫無宋味者也。除此數種、餘俱可觀。亥集香光小楷絕精湛、摹刻亦工。粵中諸帖、欵式大都相似、石皆匀整、榻成裝爲書册、不須標背、是可爲刻帖者法也。【續四庫提要】

冼玉清曰、王羲之雨快帖、原爲唐人雙鈎殘本。先刻入筠淸館帖。元蕙謂其所刻未得精工、故神采頓減。因選名手再爲摹刻。然筠淸館吳氏聲明此帖出自詒晉齋。但元蕙幷不明言底本所自出、其從眞蹟出歟、抑從詒晉齋出歟。此含糊莫辨者也。至於南雪齋所藏雨快帖、今歸香港尹文楷醫師、細辨此蹟、尙不到宋、遑論於唐。其蔡京官押亦不可靠。至於唐人書藏經小楷、吳榮光藏其前四十五行、內有殘缺者、已刻入筠淸館帖中。元蕙取其後之完美者七十七行刻入南雪齋帖。又王穀祥千字文、本筠淸館舊物、後歸成邸。成親王有跋云：吳荷屋多收古蹟、而家貧率以易米而散去。余得其數種、如化度皇甫、皆宋拓本、世所稀有者也。此酉室千文道光二年又爲余所得、想歲暮無可摒擋故耶。可歎也。至咸豐二年、乃由元蕙摹泐上石。又此帖每年正月刻成一本、歷十二年乃刻成全書。【廣東叢帖敍錄】

628 保大帖 册

南唐王文炳「秉」摹集。

程文榮曰、吳任臣十國春秋誤引褚伯秀昇元帖說爲馬傳慶言、而以昇元爲即此帖、誤。【南邨帖考第一册】

保大帖（南唐）暇日記云、（劉跂著、跂徽宗時人）馬傳慶說此帖本唐保大年摹上石、題云保大七年倉曹參軍王文炳（或曰即王文秉）模勒、校對無差。國朝下江南得此帖。淳化中太宗令將書館所有增作十卷、爲板本、而石本復以火斷缺、人家時有收得一二卷。（暇日記久佚、此見陶宗儀輟耕錄所引說郛錄二十五條、無此。）【彙帖舉要】

629 泉帖　册　明洪武四年刻本（即淳化閣帖泉州本）

明常性摹刻。

朱晨曰、泉帖洪武四年劉次莊翻刻於泉州府學。【古今碑帖考】

范大澈泉帖攷見碑帖紀證。

孫承澤泉帖考見閒者軒帖考。

江藩題馬廐本泉帖見半氈齋題跋卷下。

格古要論論泉帖見【六藝之一錄法帖論述十四】

董其昌題泉州帖　高孟超題宋搨泉本閣帖第六卷汪珂玉記。並見【六藝之一錄法帖論述十五】

泉帖以淳化閣帖翻刻於泉州郡庠。佐生也後、無以考究模手。洪武四年辛亥、知府古任常性、以劉次莊釋文敍而刻之。見【王佐格古要論】

泉州帖完善本雖少遜於大觀絳帖、比之他刻、亦大徑庭。凡泉刻第五卷智果而後缺十餘幀其他不爾也。【明潘之淙書法離鉤】

董其昌云、淳化官帖、宋時已如星鳳、今海內止傳一本、是周草窗家物在項庶常所。祕閣之本甚多、世亦無復存。惟泉刻較祖本稍瘦、而摹鐫特爲蕭灑有生氣。

汪砢玉云、淳化泉本第六、是王右軍書。據閣帖考異、第六卷差涼帖內二行前有斜裂紋、伏想嫂帖內篤字甚模黏。

泉州知府常性、於洪武四年辛亥、刻於郡學。從閣帖祖本摹刻、上可追媲潭絳、宣德中取入祕府、及至末禩、初搨善本一部價值百金。如近來顧本潘本遠不及之。【閒者軒帖考】

陳楙仁泉南雜記云、淳化閣帖十卷、宋季南狩、遺於泉州、已而刻石湮地中。久之時出光怪、櫪馬皆驚怖發之、即是帖也、故泉人名其帖曰馬蹄眞跡。徐澄齋以此本卽爲泉帖。按泉帖以宣德間取入內府、不復流落人間、然其搨本往往見之。此帖石刻粗燥、字畫枯瘦、且石多破碎、政與泉本不同、當是兩刻、世多目爲蘭州本。【古今法帖考】

按明人好造怪說、以市神奇。泉之馬房光怪、與潁之井底白光同一不經。一帖板耳、何至有光怪乎。又明末人論帖有泉潭絳汝之稱。以泉加於潭絳之下、竟不知爲明刻。或以泉瘦馬肥爲言、亦出臆想。【集古求眞】

參見後「淳化閣帖」下。

630 星鳳樓帖十二册　宋刻本

宋曹彥約集摹。

第一卷子集　漢崔瑗至崔法等九人書

第二卷丑集　右軍書各種小楷（蘭亭序、黃庭經、樂毅論、曹娥碑、東方朔畫像贊）

第三卷寅集　右軍各種帖
第四卷卯集　右軍書
第五卷辰集　獻之書
第六卷巳集　王徽之至王恬等八人書
第七卷午集　王珉至張華等十八人書
第八卷未集　宋王弘至陳逵等十六人書
第九卷申集　唐褚遂良、孫思邈、李懷琳、狄仁傑四人書
第十卷酉集　虞世南至薛稷等五人書
第十一卷戌集　李邕至李德裕等五人書
第十二卷亥集　僧懷素至褚庭誨等八人書

右目見鳴野山房彙刻帖目元集及叢帖目。

星鳳樓帖　格古要論、翰林要訣。見【六藝之一錄法帖論述十四・十五】

星鳳樓帖、右曹文簡公彥約家所刻也。【宋趙希弁郡齋讀書附志下】

曹尚書彥約刻星鳳樓帖於南康軍、雖以衆帖重摹而精善不苟、並無今人書。【宋趙希鵠洞天清錄】

星鳳樓帖、曹士冕模刻、工緻有餘、清而不濃、亞於太清續帖也。【元陳繹曾翰林要訣】

曹氏星鳳樓帖一部、一册、闕。【明文淵閣書目十三辰字號第一廚】

星鳳樓帖、曹士冕模刻、工緻有餘、清而不濃。【明趙古則學範下】

王佐曰、星鳳樓帖、宋尚書趙彥約刻於南康、雖衆刻重摹、而精善不苟。【新增格古要論三】

陸深曰、星鳳樓帖、曹士冕刻、工緻有餘、清而不濃、太清樓之亞也。【書輯下】

屠隆曰、星鳳樓帖、宋趙彥約刻於南康、曹士冕重模於南宋、趙刻精善不苟、曹刻清而不濃、亞於太清樓帖。【考槃餘事卷一】又【屠赤水帖箋】

張應文曰、星鳳樓帖、宋趙彥約刻於南康、曹士冕重模於南宋、趙刻精善不苟、曹刻清而不濃。【清祕藏下】

朱晨曰、宋星鳳樓帖、趙彥約刻於南康。【明胡文煥古今碑帖考】

范大澈曰、星鳳樓帖、宋曹士冕刻、計十卷、極其精妙、余有樂毅論幾行、及題跋、虞永興夫子廟堂碑、眞神品也。【碑帖紀證】

汪珂玉曰、星鳳樓帖、宋尚書趙彥約刻於南康。陳繹曾云、是帖南宋曹士冕刻。【珊瑚網書錄】

來濬曰、星鳳樓帖、趙彥約刻於南康、曹士冕重模於南宋、趙刻精善不苟、曹刻清而不濃、亞於太清樓。【金石備考】

孫承澤曰、星鳳樓帖、曹尚書彥約刻於南康軍、雖取衆刻重模、精善不苟。元陳繹曾云、此帖清而不濃、亞於太清樓續帖。【閒者軒帖

考】

王澍星鳳樓帖考、見古今法帖考。

程文榮星鳳樓帖考、見南邨帖考第三册。

孫國敉曰、宋星鳳樓帖、趙彥約刻於南康、亞於太淸樓帖。【天下金石志補】

天下金石志爲明于奕正撰。此孫氏補志、引自彙帖舉要、原書未見。

楊賓曰、星鳳樓帖、本趙彥約刻、又有曹士冕翻刻。屠赤水云、趙刻精善不苟、曹刻淸而不濃、此正所謂淸而不濃者也。向爲及門蔣嵥岷珍藏、今歸楚江陶者。陶者精於八法、有名當世、更得此帖、心摹手追、而加以變化、能不令人退避三舍耶。【鐵函齋書跋】

星鳳樓帖（南宋）星鳳樓帖、著錄家或作曹彥約刻、或作曹士冕刻、或作趙彥約刻。按曹彥約字簡齋、都昌人、淳熙八年進士、事蹟具宋史本傳。士冕卽其子、字端可。趙彥約宋史無傳、惟世系表有二、一爲公广子、一爲公劚子、皆確有其人、無怪虛舟帖考三說並存、而無從取證也。余嘗合諸說推究之、幷證以輟耕錄所載宋理宗蘭亭一百十七刻、內有昌谷曹氏本二、而知此帖實曹氏所刻、無可疑者。趙希弁楊士奇范大徹三家、並紀其所藏。趙希鵠陳繹曾兩家、其所評隲、皆出目覩、且二趙與陳時代較近、斷無舛繆。其有彥約士冕之異者、蓋當時本不署名、故附志止稱曹彥約家、而諸家或稱其父、或稱其子、固非歧出也。其作趙彥約者、始於明之王佐。驗其文、卽襲淸祕集之說、而偶誤爲趙。後來諸家、不特不見星鳳樓帖、並未見希鵠原書。采王佐之說、卽以爲趙、采繹曾之說、又以爲曹、兩說並采、則妄增重模於南宋一語、以爲曹翻趙刻、訛以傳訛、遂至久無定論。今取諸家之說、臚列於前、而詳辯於此、以俟讀書講帖者鑑焉。

宋書論云、谷中嘗取單炳文絳帖辨證、刻於襄陽者、重刻於星鳳帖後、按谷中曹士冕別號、曹作譜系、間有據董史所藏、淳祐間董爲之刊行、史成書錄亦嘗寫寄士冕、錄中亦多逃其論書之語、蓋兩家嗜好正同、兩書互相商榷以成、而星鳳帖之爲曹氏所刻、則不啻親見之矣。惟彥約士冕仍不能決、宋史彥約本傳不詳其所卒之年、士冕之卒以董史譜系跋考之、當在淳祐末年、或寶祐初年。此帖之刻自何年、今亦無考。按宋書錄成於淳祐壬寅、稱辨證之刻、已遠在星鳳帖後、則或始於彥約、成於士冕之手、亦未可知耳。

董文敏在明季已稱不見此帖（容臺別集三）、宜近時絕無傳本。大瓢跋陶甄夫所藏、疑亦未必曹氏刻。今欲考見此帖大凡、不過淸祕集以衆帖重模、並無今人書兩語、知其所刻皆唐以前書、非出家藏墨蹟也。其所刻之蹟、董陶范三家外、亦惟書訣所載鍾繇憂虞帖力命表、王羲之臨鍾繇宣示表、樂毅論東方朔畫像贊、曹娥碑、王獻之洛神十三行、王僧虔御史臺表謝憲表、釋智永臨右軍告墓文、爲可信。蓋其時或未有僞本、訥菴所以不疑而稱之也。他若王琦稱有太白處世若大夢詩（李太白文集注二十二）王夢樓稱有李邕緇雲三帖、（余家藏靈巖寺碑跋）阮儀徵稱有隋人書出師頌、虞世南積時帖、（石渠隨筆一、）恐皆僞本中刻、不盡曹氏所有也。【彙帖舉要】

歐陽輔星鳳樓帖說見集古求眞卷十二。又補正卷十二。

631 秋碧堂帖八冊 一名秋碧堂法書 眞定梁氏刻本

清梁清標集摹。清標詳見清書史卷十七。

秋碧堂法書目錄

一冊 晉陸機平復帖・蘭亭敍・唐杜牧張好好詩・

二冊 顏眞卿自書告身・竹山連句・

三冊 黃庭經（光堯御筆所摹劉貴嬪藏）・蘇東坡書歸去來兮辭・

四冊 東坡洞庭春色賦・中山松醪賦・

五冊 黃山谷書後漢人得道陰長生詩

六冊 米芾書・

七冊 蔡君謨書自作詩・

八冊 趙子昂書洛神賦・太上老君說常清靜經・

右目見鳴野山房彙刻帖目亭集及叢帖目。

歐陽輔秋碧堂帖說見集古求眞卷十三。

秋碧堂帖（清）蕉林相國梁清標刻、凡八卷。相國富於收藏、故所刻多眞迹、摹刻拓三手亦佳。平復帖書法奔放、與淳化帖中陸機書不同、竹山連句、亦有謂非眞迹者。【彙帖舉要】

眞定梁蕉林相國秋碧堂原刻本佳、因無小楷、不甚見重於世。近日翻本、則未見佳處。【珊網一隅卷二】

秋碧堂法帖一冊二十四號箱。【怡府書目】

632 胡氏豫章法帖四卷

宋胡世將集摹。

程文榮胡氏豫章法帖考、見南邨帖考第四冊。

胡氏豫章法帖（宋）宋書錄云、胡世將嘗帥江西、刻古帖四卷於郡齋。洞天清祿集云、胡龍學世將刻豫章法書種種臻妙。今已重模。後有小字隸書范忠宣公弟子戒者是初本。　按宋史世將字承公、常州晉陵人、崇寧五年進士。後由刑部侍郎出知洪州、兼安撫制置使。此帖當刻於洪州之郡齋也。有集十卷、資古紹志集十卷、載晁公武郡齋讀書志。紹志集諸書皆作資古紹志錄。【彙帖舉要】

633 貞隱園法帖十冊 清嘉慶癸酉刻本

明郭秉詹書。清葉夢龍集摹。

貞隱園法帖十册（嘉慶癸酉摹泐上石　謝青岩刻　張維屏寫目）清南海葉夢龍藏石。夢龍字雲谷，生於乾隆四十三年戊戌、（一一七八）官戶部郎中。父廷勳喜收藏書畫、與黎簡善。夢龍習有父風，居京師日、結交多一時勝流。歸里築倚山樓於白雲山麓、常手一編以補少時未竟之學。良辰佳日、攜酒榼集文人賦詠其中。翁方綱、伊秉綬、南來、皆與訂交。嗜金石書畫、所藏甚富，以道光十二年壬午卒、（一八三二）年五十八。刻有貞隱園法帖六卷、友石齋集帖四卷、風滿樓集帖六卷及風滿樓書畫錄。【嶺南羣雅、松軒隨筆、嶺南畫徵略、石雲山人文集四】

甲集　夏禹岣嶁碑・琱戈・商純鸞鐘・夾鐘・中鼎・從單尊・招鼎・己舉彝・鬲父尊・秉仲鼎・庚鼎・申鼎・車爵・休爵・比干銅盤銘・壇山石刻・觶仲尊・寅敦・伯溫甗・欒司徒卣・聿遠鬲・周公敦・太師鼎・父乙鼎言鼎・恭鼎・夔鼎・甚尊・鷹彝・兄丁尊・伯申鼎・丙寅卣・父乙鬲・兄癸卣・（以上均篆書）

乙集　周印仲鐘・曾侯鐘・叔夜鼎・舟虔敦・太公簠・史黎簠・叔邦簠・公緘鼎・伯索盂・張仲簠・許子鐘・遲父鐘・伯鄀鼎・絲駒鼎・盆鼎・謹鼎・餗鼎・達敦・鄀簠・保和鐘・岐陽石鼓・戠敦・（以上均篆書）

丙集　周文姬匜・仲斯鬲・帛女鬲・虡伯尊・牧敦・虢姜敦・肇父敦・楚公鼎・史頊鼎・盄和鐘・季姬鼎・剌公敦・姬寏豆・叔高簠・南宮中鼎・單疑生豆・伯景敦・郝敦・寏鼎・劉公鋪・龍敦・始鼎・京姜鬲・（以上均篆書）

丁集　（周）王子吳鼎・師寏鼎・齊及鎛・（秦）詛楚碑・繹山碑・會稽碑・秦權上刻・（漢）漢器刻・汾陽鼎・梁銷・齊安鑪・雁足鐙・（以上均篆書）

戊集　（漢）太官壺・雙魚洗・陽嘉洗・博山鑪・上林鼎・軹家甑・高奴鼎・長陵刻・淮南刻・周陽鐘・始元谷口鐘・甘露谷口鐘・甘泉內者燈・林華觀燈・蓮勺爐・鮑氏鼎・呂榮鼎・定陶鼎・湯官壺・成廟鼎・（以上均篆書）八分書孔宙碑・張芝草書・曹喜篆書・崔瑗草書・篆書宗資墓上石獸刻・八分書禮器碑・蔡邕八分書・蔡琰章草書・諸葛亮八分書・

己集　（魏）鍾繇小楷書・（吳）皇象章草書・（晉）劉伶行草書・嵇康草書・阮咸草書・阮籍行書・張華

草書·衛瓘草書·索靖章草書·王廙楷書·王岷草書·郗愔草書·王羲之小楷書四帖·草書四帖·行書一帖·

庚集（晉）王獻之小楷書·楊羲小楷書·（宋）羊欣草書·（齊）王僧虔行書·王慈草書·溫子昇八分書·（梁）蕭思話行草書·王志行草書·蘇綽八分書·（隋）僧智永楷書一帖·草書一帖·（唐）李陽冰篆書·

辛集（唐）顏眞卿楷書及行書·柳公權行草及小楷書·林藻行草書·楊凝式行書·釋懷素草書二帖·瘞鶴銘楷書·鍾離權草書·呂洞賓草書·虞世南草書及楷書·褚遂良草書及楷書·李邕雲麾將軍碑行楷·張旭肚痛帖草書·梁昇卿精舍碑分書·徐嶠行書·宋儋行書·

壬集（宋）瑞像巖刻八分書·方左鉞玉泉寺刻篆書·周越草書·蘇軾行書羅池廟碑·黃庭堅行書·米芾八分及行書·元揭傒斯楷書·康里巙草書·揭法楷書·宋仲溫草書·解縉行書·宋仲珩行草書·解禎期草書及楷書

癸集（明）沈民則楷書·李賓之篆書·文徵明八分書·祝希哲行書·王履吉草書及楷書·俞仲蔚行書·周天球八分書·

葉夢龍跋云：古未有不精篆隸而行楷足以行世者。向聞前明郭廷執氏專精篆書、旁通諸體。歲壬申、鳳岡先生來典廣郡。公餘出所藏郭氏臨古十册、篆居其半。鐘鼎古文、無不縮入寸簡、行楷諸體、仍以篆法出之。各臻精妙。青巖謝君以六書世其家、而善運鐵筆。先生倩青巖鐫諸石、俾嗜古者得門而入、洵藝苑之津梁矣。

龍溪李威跋曰：吾鄉溫陵郭廷執先生明季隱居不仕、工書法。先君子偶於市肆購得其縮臨古帖墨本惜短甲乙二册。迨十餘年後、得之三山手裝成帙。嘉慶壬申、威來守廣州、囑葉雲谷乞善鐫者摹勒諸石。庶幾郭先生翰墨之蹟、垂不朽矣。

潘仕成跋云：此石刻舊藏葉氏風滿樓。道光乙巳春、歸余海山仙館。

張伯英云：貞隱園法帖十卷（南海葉氏本）明郭秉詹書。秉詹字廷執、工書法、隱居不仕。龍溪李威藏其縮臨古帖十卷、嘉慶壬申、李守廣州、屬葉夢龍覓工精刻、夢龍有跋。（已見前。）甲卷至癸卷（目錄已見上。）張維屏楷書目錄於前。郭氏深於篆學、惟所臨古篆、大概依據鍾鼎款識等書、而非盡原器拓本、故筆法皆兩頭尖細者。此自三體石經已肇其端、不容以責郭氏也。列瘞鶴銘於唐、謂其書少骨氣、其詞與筆俱當歸之唐時、則其鑒古之謬。鶴銘爲陶隱居書、確無疑義、其氣骨豈唐時所能到。他所題識、未有發明。郭氏於臨仿之工頗深、而鑒古之識殊淺。所臨行草、每雜用閣帖中僞跡、是其一失。但摹古各具形貌、非有甚深之工力者不能逮此。鐫刻之美、可與相稱。亦藝林雅玩矣。【續四庫提要】

貞隱園法帖十册、嘉慶癸酉摹泐上石、謝青岩刻、張維屏寫目、南海葉夢龍藏石。此帖甲集爲夏碑至周金文、乙丙集爲周金文、丁集周至漢、戊集漢金石、己集魏晉帖、庚集晉至唐、辛集唐帖、壬集宋元明、癸集明帖、均按照朝代次序臨寫。其秦以前篆書、皆有釋文、間附考證。其論書法及書體、亦有獨到處。但郭氏書學雖有心得、而書法造詣未深。以一人精力、上下三千年臨摹各家、各體自有困難。故所臨與原跡對照、精神既失、結字亦多不合。篆書學二李、楷書學右軍、頗見工夫。草書惟「雲房」二字可稱合作。又此帖於書家時代之先後、排比顛倒。如楊凝式爲五代時人、排於唐前。虞褚爲初唐書家、反排於顏柳之後。至於張維屏書目、戊集闕去太官壺、雙魚洗、陽嘉洗三目、而多出嵩山石刻一目。壬集誤以瑞像巖刻忘歸二字爲蔡襄書、豈當時所據本如是歟。　又按郭廷翰名秉詹、號蕉庵、更號霞嶼、晉江人。崇禎諸生。爲學博綜周核、尤工書法、眞草篆隸皆能。登山臨水、校金石、臨摹鈎塡、若將終身。傳見乾隆泉州府志文苑傳。【廣東叢帖敍錄】

634 風滿樓集帖六册　道光刻本

（道光庚寅摹泐上石：高要陳光和刻）

清葉夢龍藏石。

夢龍自跋云：曩年曾檢刻舊藏唐宋元明墨蹟、都成四册、爲友石齋集帖、頗得海內鉅公所賞。今值家居偶暇、再檢國朝諸賢法書。擇其尤者編爲若干卷、小楷居其泰半、以學書必從楷入也。羣公八法之妙、雖不止此、然此爲先賢資政公平昔所珍玩、其餘借模諸藏家者、不過十之二三耳。鐫成卽取資政公吟眺之所名曰風滿樓集帖、蓋不敢忘先人之手澤云。

第一卷

成親王：書韓愈詠李花詩幷跋

朱彝尊：題嚴繩孫畫

程可則：題梁日楫江村讀書圖

王士禎：題周荃長橋煙雨圖

梁佩蘭：書黃山松詩、答心公詩。

姜宸英：書破邪論序幷跋

王隼：書天女勺銀漢五言詩、與綏山子札。

何焯：書爲王孝子詩幷序

第二卷

汪士鋐：書豳風詩

陳邦彥：書樂志論等四則　米芾破羌

帖跋
陳奕禧：臨黃庭內景經、仿顏眞卿多寶塔筆意、蘇東坡筆意等五則。
查聲：雜錄七古數章
徐用錫：乾坤帖
第三卷
張照：書清淨經
王澍：與凡民書并跋
李玉鳴：書朱子尊德性齋銘
胡方：書寶鏡三昧
嵇璜：題張烈女詩
梁同書：書堯峯遊仙詩
錢澧：書韓詩外傳一則
第四卷
劉墉：詠留侯詩二首、錄老子二段。
翁方綱：題跋海西庵圖七絕四首、又二首、游石門序并詩、題王漁洋詩鈔。
王文治：書江州懷白樂天詩并序
馮敏昌：自書望天柱峯詩、謁大禹廟詩、渡茅津詩。
謝銓：書二室凌青天五言古詩
張錦芳：書金壽門懷人絕句
陳希祖：錄唐人詩家本紫雲山六首
第五卷
張問陶：自書驛柳詩四首并跋
伊秉綬：書蒙恩賜扇詩、蒙恩賜羊詩、九秋感懷詩。
胡纘蘭：臨樂毅論
姚文田：題雙松圖七言古詩
第六卷
桂芳：臨皇甫府君碑（桂葆跋）
鄭士超：與兄書、錄王芑孫詩、送洪稚存出督黔學詩、錄王鐵夫寒館雜詠三首。
黎簡：臨洛神賦十三行、擬古詩七首、東花谿三絕。
黃丹書：臨樂毅論
葉觀國：書詠梅詩
葉廷勳：寫心經（李威、朱爲弼跋）
新柳三首（陳希祖、陳嵩慶跋）

張伯英云：風滿樓集帖六卷、清葉夢龍編。皆清代人之書。夢龍字雲谷、富於收藏。其尊人廷勳亦工書。陳玉方謂得香光三昧。雲谷旣刻唐宋元明墨迹爲友石齋集帖四册、又取清代諸賢法書勒成六册。帖中以小楷書爲多、謂學書必從楷入也。第一卷成親王、朱竹垞、程周量、王阮亭、梁藥亭、姜西溟、王蒲衣、何義門八家。二卷汪退谷、陳匏庵、陳香泉、查聲山、徐壇長五家。三卷張天瓶、王虛舟、李靖亭、胡大靈、嵇拙修、梁山舟、錢南園七家。四卷劉石庵、翁覃溪、王夢樓、謝衡峯、馮魚山、張藥房、陳玉方七家。五卷張船山、伊墨卿、胡介根、姚秋庵四家。六卷桂香東、鄭貫亭、黎二樵、黃芋洲、葉毅庵、葉花谿六家。雖亦有濫竽者數人、究以佳書爲多、且皆出其尊人花谿所藏、摹借他家者甚少。風滿樓爲花谿所居、時時吟眺之地。卽以花谿書列後、而以樓名其帖。寓不忘先人手澤之意、是可尙也。帖成於道光庚寅、刻者高要陳兆龢。雲谷曾從翁覃溪遊、世有法書之嗜、故選書不致謬陋。粤刻中之可觀者也。【續四庫提要】

冼玉淸曰、風滿樓帖、摹刻頗精、而最不講究收藏印章、祇用南海葉氏風滿樓珍藏一章而已。其家拓舊本往往散見於冷攤中。【廣東叢帖敍錄】

635 師子林袖珍藏石四冊　淸康熙四年刻本

淸唐九經摹刻。九經會稽人。康熙四年刻成。

一冊　鍾太傅、王右軍等書。
二冊　王右軍書
三冊　王獻之、歐陽詢、褚遂良等書。
四冊　虞世南、顏眞卿書。

右目見鳴野山房彙刻帖目利集及叢帖目。叢帖目云、附胡昇猷、王燮、倪元璐等跋。

636 唐宋名人帖四卷　明刻本

明人僞託宋趙彥約摹集。

程文榮云、唐名人帖兩卷、宋名人帖兩卷、後題淳熙三年二月十四日尙書趙彥約摹勒于南康上石。【南邨帖考第四冊】

歐陽輔云、不知何人所刻、命名近俗、殆亦坊肆帖估所爲。凡四卷、前二卷爲唐名人、後二卷爲宋名人、各標卷一卷二、每卷尾題淳熙三年二月十四日尙書趙彥約摹勒於南康上石、作隸書分三行、卽此不通之甚。無論趙彥約未爲尙書、卽曾官尙書者、斷不於帖尾署名上而兼署官。既尙書矣、斷無不載某部、僅自稱尙書者。上石上加以地名、亦至可笑。似此僞妄、亦有寶而藏之者、眞不可思議矣。是蓋習見明人記星鳳樓帖者、多誤載尙書趙彥約刻於南康軍、以爲確有依據、可以欺人、而人莫識眞假、不自知其錯中錯耳。誤趙爲曹、始於明人、故知是明人爲托。【集古求眞】

637 唐宋八大家法書十二冊　舊刻本

不知編集摹刻者姓名。

一冊　虞文懿公書用筆賦、書指述等。
二冊　褚河南書蘭亭序等。
三冊　顏文忠書筆法十二意。
四冊　顏文忠書多寶塔殘本。
五冊　顏文忠書、麻姑仙壇記等。
六冊　柳河東郡公書懷仙詩等。
七冊　宋蔡忠惠公書、茶錄等。
八冊　蘇文忠書、醉翁亭等。
九冊　蘇文忠書芙蓉城詩等。
十冊　黃文節公書瘞鶴銘等。

十一册　黄文節公書、椒就文等。
十二册　米南宫書、辨法帖等。
右目見鳴野山房彙刻帖目利集及叢帖目。

638 海山仙館藏眞初刻十六卷　道光刻本

清潘仕成編刻。海山仙館叢帖六十四卷中之一種。仕成字德畬、番禺人。道光十二年順天鄉試副榜貢生。十七年特旨授兩廣鹽運使。曾創荔香園於西門外半畝塘、顏曰海山仙館、收藏金石器甚富。好古而有力、故所藏推爲粤東第一。晚年蒐集彙刻海山仙館叢帖六十四卷等。見【番禺縣續志卷十九】

海山仙館藏眞初刻目錄

卷一　自敍・王逸老・唐人寫經・米元章・
卷二　趙子昂・蘇子瞻・蘇子由・吳傳朋・宋御題團扇草書・宋光宗・宋寧宗・宋御題團扇・蘇過・
卷三　吳傳朋・王逸老・蘇子瞻・辛幼安・米元章・陸放翁・張温夫・司馬君實・米元暉・湯進之・鄒志完・張孝伯・米元章・胡宗翰・王盧溪・
卷四　虞伯生・
卷五　雪厂道人・張温夫・龔子敬・梵琦・
卷六　吳雲壑・聶壽卿・
卷七　趙子昂・張伯雨・錢伯全・紫芝逸民・楊彬・錢翼之・趙子昂・倪雲林・沈白雲生・
卷八　趙子昂・
卷九　沈埜先・范石湖・楊鐵崖・鄭元祐・王子敬・楊廉夫・俞紫芝・
卷十　米元章・陳植・黄山谷・蘇子瞻・
卷十一　趙子昂・林君復・呂坦夫・釋大訢・
卷十二　趙子固・
卷十三　鮮于伯機・米元章・吳仲圭・晉索靖・倪雲林・
卷十四　褚登善・米元章・倪雲林・周邦彦・蘇叔黨・陸放翁・黄溍・呂敏・趙子昂・宋高宗・
卷十五　中峯和尙・黄魯直・唐人寫經・
卷十六　米元暉・吳仲圭・司馬君實・李復古・宋仲温・王介甫・

海山仙館藏眞（淸）道光二十九年番禺潘德畬（仕成）刻。海山仙館、其齋名也。凡六十四卷。通行本多四十八卷者。【彙帖舉要】

海山仙館藏眞初刻十六卷、道光己丑至申酉摹泐上石。有道光二十七年丁未六月海山仙館主人潘仕成自敍、又吳榮光題詞。卷一己丑至丁酉、卷二丁酉、卷三戊戌、卷四卷五己亥、卷六庚子、卷七卷八壬寅、卷九癸卯、卷十甲辰、卷十一乙巳、卷十二、卷十三丙午、卷十四、卷十五、卷十六並丁未刻成。【廣東叢帖敍錄】

639 **海山仙館藏眞續刻十六卷** 道光刻本

清潘仕成集摹。亦海山仙館叢帖之一。

海山仙館藏眞續刻目錄

卷一　自敍・趙子昂・
卷二　黃山谷・
卷三　黃山谷・
卷四　楊宗道・蘇子瞻・米元暉・善孝山樵・馮椿・王甿・徐文浚・馬和之・印密・王子充・俞紫芝・
卷五　僧懷素・張茂先・
卷六　宇文子貞・楊鐵崖・韓明善・孫正父・陳子長・王元章・錢翼之・歐陽原功・俞紫芝・張仲舉・朱晦翁・趙魯彥・陳棨・馮海粟・僧守仁・僧良琦・楊孟載・僧道衍・
卷七　楊中立・
卷八　蔡元長・鄭明德・唐人臨蘭亭敍殘本・王汝玉・陳剛中・陳和叔・周南・宋孝宗・倪子遠・永復・宋人金字小楷大般若經・馮海粟・
卷九　米元章・
卷十　鄭君舉・張石隱・王叔明・柯敬仲・李子粲・黃晉卿・沈完夫・杜伯原・袁子英・鄭明德・陳敬初・張仲舉・焦伯誠・胡鼎文・王彥文・僧清激・僧原璣・徐元直・唐人金書保嬰經・
卷十一　唐人寫經・
卷十二　僧兼善・徐良輔・方方壺・蘇昌齡・茅子剛・馬文璧・高元楧・王原吉・僧靜慧・康里子山・王子端・張徽・史同叔・杜京表・滕用衡・鄭明德・黃元鎮・黃晉卿・
卷十三　朱晦翁・
卷十四　趙子昂・張貞居・管仲姬・沈玉璋・女緇洗凡・
卷十五　黃山谷・
卷十六　宋徽宗・鈕安・李孝・張汝弼・倪克讓・袁伯長・陶九成・李元暉・揭曼碩・鄧善之・冬山・

右目見彙帖舉要、廣東叢帖敍錄目較詳細。潘仕成自序云：圖書之興、由一生二。古今之迹、因源導流。運妙化於晦明、莫閑軌矚。窺同文於曠遠、終獲會歸。斯藏眞所以續前刻鐫勒也。惟茲名蹟所基、上託於晉、時世替積、沿歷及元。綜括精良、譯尋旨趣、排完全缺、校論訛謬、截僞標眞、攬奇拔異、書諸合奥、衆法分條。翰簡重於圭璋名字光於日月。詎獨音含金石、彩現煙雲、騰照詞林、波濤文海者哉。至於前集得之遲久登石恆難續集博於探求、開鐫略易。蓋隨鑑藏之時序非故顛倒夫後先。撫毫素以潛通、常懷典則識墨緣而永寶、并廣流傳。道光二十九年夏六月六日潘仕成自敘。序字從北宋拓玉壺秋碧本聖教序摹泐。

840 海山仙館藏眞三刻十四卷 咸豐刻本

清潘仕成集摹。亦海山仙館叢帖之一種。

海山仙館藏眞三刻目錄

卷一 董其昌・

卷二 金琮・來復・文信・邵彌・王達・魯治・神宗勅・婁堅・文徵明・許宗魯・海瑞・

卷三 姜造周・方孝孺・岳岱・黎民表・許初・周祖・解縉・張傑・趙南星・周順昌・劉伯温・蔡羽・邵寶・張獻翼・張鳳翼・歐大任・陸治・李襄・陳道復・李東陽・吳士冠・葉向高・

卷四 豐坊・陳獻章・陳子壯・何吾騶・項聖謨・朱澤民・沈周・唐寅・趙樹・王泮・陳塏・呂本・趙皋・楊勉・袁忠徹・

卷五 王寵・李沛・皇甫淳・皇甫沖・徐伯虬・伍餘福・石溪・湯煥・程敏政・王守仁・楊兆升・文謙光・湛若水・胡濙・

卷六 于謙・張煥・黃煇・高瀔・陸深・陳沂・馬應祺・柯啓暉・羅文瑞・劉愨・李存我・張翮・馮子振

卷七 莫汝忠・趙輔・邦極・陳元素・徐霖・葛應典・高萬吉・王穀祥・周用・靳觀明・王節・袁褧・倪元璐・居節・顧璘・湯顯祖・吳寬・

卷八 萬旦・陸師道・周天球・文嘉・彭年・顧德育・金介子・許光祚・俞允文・景暘・邢侗・汪名・張羽・憑虛道者・高拱・

卷九 李世熊・黃道周・楊繼盛・祝允明・皇甫汸・徐枋・張無爲・陸完・文從龍・莫是龍・傅山・王鐸

卷十 王世貞・王世懋・王懋明・史可法・宋燧・黃姬水・文彭・王穉登・申時行・扁竹老人・良俊・魏應嘉・龔賢・

卷十一 汪錞・黃元治・李世倬・姜宸英・馬曰璐・查士標・查昇・周厚轅・金農・道濟・宋犖・周亮工・方士庶・吳歷・英廉・錢泳・高

鳳翰・王士禎・沈顥・藍瑛・林佶・沈宗敬・方婺如・

卷十二 成親王・張若淳・王杰・彭元瑞・陳奕禧・王翬・蔣廷錫・劉都・董邦達・法式善・陳邦彥・王文治・張照・王昶・程晉芳・吳省欽・袁枚・紀昀・杭世駿・王鳴盛・畢沅・錢大昕・金甡・陳希祖・汪承霈・劉墉・梁同書・華岩・王澍・錢陳羣・沈德潛・陳洪綬・惲壽平・湛福・錢載・朱彝尊・趙秉冲・蔣士銓・曹仁虎・汪由敦・張問陶・阮元・

卷十三 嵇璜・張曾學・于敏中・馮敏昌・胡時顯・錢汝誠・周升恆・汪士鋐・吳華孫・吳鼒・蔡任・蔡之定・趙懷玉・鄭燮・鐵保・潘有爲・張錦芳・湯金釗・那彥成・吳錫麒・桂馥・英和・王時敏・施閏章・梁佩蘭・陳恭尹・董誥・陳昌言・金榜・

卷十四 翁方綱・彭啓豐・初彭齡・謝蘭生 陳萬青・潘正亨・諸錦・鄭修齡・胡兆龍・吳山濤・秦丞業・胡維楨・曹曰瑛・紀復亨・陳調元・徐用錫・石韞玉・宋湘・劉彬華・張積・

卷十五 林則徐・郭尙先・張岳崧・湯貽汾・姚元之・龔鐙・程恩澤・吳榮光・吳其濬・蔣立鏞・楊振麟・陳延恩・彭邦疇・何紹業・許邦光・顏伯燾・鄧廷楨・陳繼昌・喬用遷・黃爵滋・陶恩培・吳雲・卞士雲・

卷十六 毛樹棠・何凌漢・祁墳・祝慶蕃・周天爵・恆春・朱爲弼・費開綬・王篤・徐寶善・李彥彬・蔣元溥・汪鳴相・姚衡・周世錦・黃言蘭・何汝霖・徐士芬・斌良・李星沅・傅繩勛・王玥・徐鏞・吳孝銘・馮芝・文慶・許乃安・嚴良訓・錢學彬・李儒郊・徐榮・蔡錦泉・鮑俊・桂文燿・梁國琊・張業南・羅文俊・何若瑤・明訓・

右目見彙帖舉要廣東叢帖敍錄列目較詳、但祇收至卷十四爲止。

潘仕成自敍云:卅載搜羅眞跡、昕夕爲緣。淨几明窗、恍與古會。擇尤摹勒、自晉迄元、已裒爲初續集各十六册。而繙尋篋衍、有明一代、精萃尙多。至熙朝先哲、翰墨尤稱美盛。勢難盡伐羚羊紫玉、以窺全豹。謹各鐫片石、略見一班。末附近札二卷、非借以足十六卷爲三集之數也。故友所遺、半多散佚。偶存手跡、覺芝笑蘭言、愛不忍釋、而雲停月落、感慨彌深、因幷壽貞珉、以垂久遠。噫、後之視今、亦猶今之視昔。移蘭亭二語於此、意將毋同。楊守敬云：藏眞初刻有王大令獻之舍內帖、有天歷璽、徐守和跋項子京印。徐跋甚細、今藏南海潘氏刻海山仙館帖中、惜刻手不精。（頁十。）黃長睿稱十七帖爲書中龍象。然眞蹟已散帙、世傳宋拓已不多見、契蘭堂海山仙館翻刻亦不佳（頁二十四。）淳化閣帖張茂先帖草書、刻海山仙館中、粗惡之極。【平帖記】

張伯英云：海山仙館藏眞帖、清潘仕成輯。仕成既刻摹古帖、又以所收墨跡刻爲藏眞帖、初集續集各十六卷、晉蹟有大令舍內帖、張茂先神物出世帖。舍內曾刻於淳化、其爲唐摹抑依法帖重摹、無由懸斷。張茂先書久已絕跡人間、此帖語意庸淺、書體尤俗、去晉人不知幾千萬里。孁經老人詩跋亦屬僞造。唐人書有褚摹蘭亭、無名人蘭亭殘本、懷素王右軍傳。蘭亭殘本軟弱無氣骨、未必唐臨。褚摹本顯然僞物、米元章欵印皆劣極。羅某自命善鑒、亦復贊不容口、異哉。羲之傳有狂逸之氣、却非懷素。宋人書中東坡二札、承事郎劉錫勑、草書題畫詩、米則趙世恬志御書贊、丹青引、鶺鴒辭、元暉則自題煙巒圖、定武蘭亭記、蔡元長小字醴泉銘、以上佳劣不等、其僞則一。鑒古之事、人人以米海嶽黃雲林自命、及觀其所刻帖、不免爲王知微所竊笑。使知微不遠摭漢魏、或不至僞書林立、而今之君子幷唐宋不能辨矣。刻帖至數十卷、勞力費時、使古人遺迹免就湮沒、以公天下而傳後世、意不可謂不盛、奈何以耳代目、珠玉糞壤、合成一器、貽譏識者。此帖汰去贋書與庸筆、宋元眞蹟十卷可畢。徒侈弆藏之富、奚益乎。【續四庫提要】

641 海山仙館藏眞帖四刻六卷　同治刻本（同治四年摹泐上石序字從元拓陝本夫子廟堂碑摹出）

清潘仕成集摹。此亦海山仙館叢帖之一種。

卷一

蔡襄：謝皇帝賜書軸表及詩楷書（鮮于樞吳寬跋）

與杜君長官札

新記帖

與會郡司門帖

謝宋丈貺丹荔詩（董其昌、焦竑題）

卷二至卷六

黃蘇米三家帖、（均尚未見。）

右目見廣東叢帖敍錄。彙帖舉要此帖未收。

潘仕成序云：建隆開基垂三百十有九載、海隅之內、理學雲興、儒宗星煥。探索賾隱、解釋奧妙。懿哉、極千古之盛矣。至於書法一道、追漢唐之芳規、式王張之舊範、備存卷册、並傳貞石、實亦代有能者。若夫跡超前乘、名揚後軌、赫鑠特著之儔、爰得四人焉。蔡君謨允稱先達、德業優崇。東坡則接武堂階、文明述作。黃魯直攝職校書。師承史素。元章則無爲典治。嗣響臨池。海山所藏。皆鐫諸石。已歷十六年於茲矣。覩厥精微。復從緝錄。迺合纂壹函。分爲六卷。使成專集。用資披覽。夫其雕藻新絜。氣體清華。珠圓玉潤之姿。煙起露垂之象。鳳騫龍躍之形。雉舞鴻驚之狀。或贊頌審晳。或疏引性靈。或纖興於歌詩。或睠懷乎表奏。或心遊辨對。或手寫碑銘。或闡發圖書。競宣軼響。或流連賦詠。雅倘遺音。莫不懸蘿壁以縈青。鏡蘋波而染翠。綺寮柄秀。丹檻環幽。時當西里景和。南榮氣淑。金竹霑霧。赤霞照空。滌渠明泉。維舟載酒。撥餘暇而遍觀。咸治神而動色。豈止拱如珪璧。重比鼎鐘。寶華凌虛。瑞浮日月。榮光直貫。曉薄河漢而已哉。至若蔡元長初習八法於君謨。建崇之間。令問丕顯。因彼選事。見輕史鑒。致干論列。遂升前蔡。且降後蔡。春秋褒貶。大義定焉。夫德成而上。藝成而下。德弗恆修。藝將安副。百世後握不律者。亦可聞風抗志。慄然自立於聖域賢關也歟。

冼玉清曰。潘氏刻帖先後次序。爲一。藏眞初刻。二。摹古帖與藏眞續刻。三。摹古帖與藏眞三刻。四。尺素遺芬。五。藏眞四刻。其刻帖工作。自道光九年起。至同治五年止。前後共三十七年。藏眞初至四刻共應爲五十六册。另摹古十四册。共七十册。【廣東叢帖敍錄】

842 海山仙館撫古帖十二册

咸豐刻本

清潘仕成集摹。此亦海山仙館叢帖之一種。

海山仙館摹古目

卷一　蘭亭定武本・蘭亭乾符延賚庫本・南唐澄清堂帖（甲）

卷二　南唐澄清堂帖（丙卷丁卷）・

卷三　祖石絳帖（第一本）・

卷四　祖石絳帖（第三本第四本）・

卷五　祖石絳帖（第六本）・洛神初刻九行・洛神元宴齋十三行・

卷六　唐拓歐陽信本化度寺・宋拓張長史郎官石壁記・

卷七　唐拓李北海雲麾將軍碑・宋拓顏魯公小字麻姑壇記・宋拓顏魯公爭座位・

卷八　南唐昇元帖殘本・淳熙祕閣續帖（第六本）・

卷九　唐拓虞世南夫子廟堂碑・

卷十　宋拓黃庭經・

卷十一　南宋拓九成宮醴泉銘・

卷十二　椎搨本九成宮醴泉銘・

右目見彙帖舉要。廣東叢帖敍錄目較此爲詳。

咸豐三年癸丑潘仕成自敍云：余刻海山仙館藏眞帖初集十六册。續集十六册。內宋元人者十居八九。晉唐人者十居一二。俱從墨跡鈎摹、是以神采畢肖。三集刻前明及昭代名跡、已得數册仝集尙未告竣。余於唐宋佳拓世所罕覯者、間亦摹刻。惟原本歷年既久、紙色益晦、硃墨無功。必須用玻璃映出、方能毫髮迫眞。較摹眞跡、倍覺其難。鐫就後並幾讐對、與原本竟可伯仲。日久所積漸多、因彙編十二册、題曰海山仙館摹古帖。

張伯英云：海山仙館摹古帖十二册、清潘仕成輯。仕成字德畬、有海山仙館叢書。其所刻帖分摹古藏眞二類、蓋用曲阜孔氏之例。摹古專取古帖重刻、多世間希有之本。仝集二十二種、有咸豐三年德畬自爲序、幷列卷數目錄。其中澄清堂帖絳帖皆一依原本、不似他刻之有所删節、致失本來面目。惟稱澄清爲南唐、則考訂之疏。絳帖摹一三四六四卷、蓋所藏止此、亦不似筠清館所刻僅取淳化本所無之帖。第八卷中南唐昇元帖有董香光題首、第一感情帖、快雪堂翰香館所摹皆此本。其書偏側無力、疑出臨仿。宋刻淳熙帖二王帖均有之、末爲索征西帖、與淳化同。有期二字乃似爲約原帖、昇元年欵決不可信。南唐帖豈至若是庸謬。經思翁題署、卽視同希有之珍寳。宋後人僞造耳。淳熙續刻第六卷李太白張長史二家之書皆僞。昔人譏王著多收贋跡、著所誤收多晉以前書、年代既遠、無由取證。若續帖則於唐人亦僞、因知鑒古之難。摹書以古碑與小楷爲不易肖、此化度與唐搨校、形貌仝失、宋翻卽如此、非盡潘刻之誤。黃庭洛神不免癡重。夫以章簡甫管一虬之絕技、所刻小楷、論者猶不無疵議。而欲以惟妙惟肖期之庸手乎、是必不可能之事矣。潘氏嗜古有力、多聚天下名帖、而摹勒亦不惜重貲、故所刻帖極富。然惟摹古一種爲可觀。藏眞則遠遜矣。【續四庫提要】

冼玉清曰：澄清堂帖壹三四三卷、海山仙館仝刻、聽颿樓惟刻六種、可知海山但求備而聽颿樓有別擇。大抵藏眞與摹古、葉氏友石齋吳氏筠清館均不分界、且較潘氏爲佳。至潘氏海山仙館乃分耳。海山初刻將藏眞與摹古區分清楚、遂成叢帖兩大壁壘、此潘氏之成就、蓋由於刻帖之經驗乎。絳帖一二本皆非是、實閣帖耳。其謬不在潘氏、而向日流傳之誤也。澄清堂帖實閣帖之一系、乃閣帖之孫而非其祖。沈子培言之綦詳、以爲南唐、非也。至於李北海雲麾將軍碑、海山仙館取莫雲卿五百七十餘字殘存本、以爲唐搨也。其實將簡甫本遠勝莫本、完美過之。且其筆法倜儻沉雄、李思訓碑及麓山東林皆在其下。翁覃溪重摹此碑、亦以將本爲主、莫本不過取備而已。潘氏慕唐搨之名而採之、亦見其別擇之不善也。【廣東叢帖敍錄】

643 海山仙館尺素遺芬四册

咸豐刻本

清潘仕成集摹此亦海山仙館叢帖之一種。

尺素遺芬目錄

卷一　林則徐・郭尙先・張岳崧・湯貽汾・姚元之・龔鐙・程恩澤・吳榮光・吳其濬・蔣立鏞・明訓・

卷二　許邦光・顏伯燾・鄧廷楨・陳繼昌・喬用遷・黃爵滋・陶恩培・吳雲・卞士雲・王懿德・恆春・張祥河・張芾・吳光業・鄧爾恆・蔡錦泉・秀堃・章德成・孔繼勳・戴熙・麟魁・吳傑・王煜・徐廣縉・耆齡・陳慶階・廖鴻荃・祝慶蕃・徐士芬・賈楨・駱秉章・

卷三　周天爵・朱爲弼・費開綬・王篤・徐寶善・李彥章・李彥彬・汪鳴相・程矞采・陳延恩・彭邦疇・何紹業・謝蘭生・祁寯藻・翁同書・林揚祖・何桂清・何汝霖・韓榮光・王玥・徐鏞・嚴良訓・徐榮・趙光・卓秉恬・龍啓瑞・勞崇光・周祖培・裕麟・

卷四　毛樹棠・何凌漢・祁墳・羅文俊・鮑俊・桂文燿・梁國瑚・張業南・何若瑤・吳式芬・江國霖・梁同新・王有齡・李廷鈺・般壽彭・宗室奕湘・許乃普・李湘棻・徐宗幹・劉韻珂・李昭美・毛鴻賓・司徒照・樸元陽（朝鮮人）・

按尺牘遺芬咸豐七年刻、同治七年竣事。

右目見彙帖舉要。

張伯英云：尺素遺芬四卷、南海潘氏本。清潘仕成輯。仕成字德畬、曾刻海山仙館叢書及法帖。此命其子桂國榮二人編其朋舊往還尺牘、彙成四卷。一林則徐、郭尙先、張岳崧、湯貽汾、姚元之、龔鐙、程恩澤、吳榮光、吳其濬、蔣立鏞、楊振麟、明訓、十有二家。卷二許邦光、顏伯燾、鄧廷楨陳繼昌、喬用邊黃爵滋、陶恩培、吳雲、卞士雲、王懿德、恆春、張祥河、張芾、吳光業、鄧爾恆、蔡錦泉、秀堃、章德成、孔繼勳、戴熙、麟魁、吳傑、王煜、徐廣縉、耆齡、陳慶階、廖鴻荃、祝慶蕃、徐士芬、賈楨、駱秉章、三十一有家。卷三周天爵、朱爲弼、費開綬、王篤、徐寶善、李彥章、李彥彬、汪鳴相、程矞采、陳延恩、彭邦疇、何紹業、謝蘭生、祁寯藻、林揚祖、何桂清、何汝霖、韓榮光、王玥、徐鏞、嚴良訓、徐榮、趙光、卓秉恬、龍啓瑞、勞崇光、周祖培、裕麟、二十有九家。卷四毛樹棠、何凌漢、祁墳、羅文俊、鮑俊、桂文燿、梁國瑚、張業南、何若瑤、吳式芬、江國霖、梁同新、王有齡、李廷鈺、般壽彭、奕湘、許乃普、李湘棻、徐宗幹、劉韻珂、李昭美、毛鴻賓、司徒照、樸元陽、二十有四家。前有目錄、記有爵里。海山仙館之刻頗稱繁富、其摹古一種、皆重翻古碑帖、而歷代名人帖則眞贗淆雜、未能精審。此刻近人書無僞者、大都一時顯達之人。德畬既雄於貲而官至監司、交遊徧天下。此刻

多名流遺墨、可考知當時情事、覗其所摹古人僞跡轉勝矣。【續四庫提要】

海山仙館尺素遺芬四册、咸豐丁巳摹泐上石、梅州鄧煥平模刻。有潘桂潘國榮跋。卷一共十二家、卷二共三十一家、卷三共二十九家、卷四共二十四家。【廣東叢帖敍錄】

644 眞賞齋帖三卷 明嘉靖刻本

明眞賞齋主人董其昌集摹。

眞賞齋帖目錄

眞賞齋帖上

鍾繇薦關內侯季直表．元陸行直．鄭元祐．袁泰跋．明李應禎．吳寬跋．

眞賞齋帖中

王羲之袁生帖．

眞賞齋帖下

恖十代再從伯祖晉右軍將軍羲之書．恖十代叔祖晉侍中衛將軍薈書．恖九代三從伯祖晉黃門郎徽之書．恖九代三從伯祖晉中書令憲侯獻之書．恖六代從伯祖齊侍中懿子慈書．恖六代從叔祖梁中書令臨汝安侯志書．

倦翁岳珂．方外張雨跋．

嘉靖改元春正月既望眞賞齋模勒上石．長洲章簡父鐫．文徵明文彭跋．

【彙帖舉要】

眞賞齋帖、目見寒山金石林。【六藝之一錄法帖論述十四】

王世貞曰、眞賞齋帖三卷、第一爲鍾太傅薦季直表、初在相城沈啓南所、李貞伯吳原博俱定爲眞跡、後歸華氏、第唐以來落何人手、不入天府及寶泉賦述、肩吾懷瓘品斷中。又卷首有米芾印、芾自言生平覩眞跡、自晉而止、無漢魏者、寶章待訪諸錄亦不言太傅、此爲妄益無疑。結體雖與宣示墓田少異、余嘗評之、分法十六、楷法十四、要非二王以下人手。第二右軍袁生帖、妙甚、徽宗時進御者。第三唐人摹王方慶進先世書、凡二十八人、其存者僅此。內右軍二帖、有篆籀隸分法、黯淡古雅、出蹊徑之外。餘帖雖有剛柔擬礫之異、種種可玩。沈啓南嘗從華氏、乞得令文徵仲雙鉤復刻停雲館中。又李日華語。並見【六藝之一錄法帖論述十五】

王澍曰、錫山華東沙出其所藏古蹟、勒成三卷。鉤摹者、爲文待詔父子、刻石者爲文氏客章簡父。模勒既精、氈蠟尤妙、爲有明一代刻帖第一、出停雲館上。後燬於火、更勒一石、遂有火前火後之別。賞鑒家以季直表袁泰第一跋第十十一兩行倒置者爲火前本、實則前後兩本無甚差別也。【古今法帖考】

按華東沙名夏、字中甫、眞賞齋帖再刻本、未

久亦併入王氏鬱岡齋中。【彙帖舉要】

歐陽輔眞賞齋帖說見集古求眞卷十三。

張廷濟眞賞齋帖火前本見清儀閣金石題識卷四。

645 荔支樓帖 册

不知編刻者姓名。

孫承澤荔支樓帖考見閒者軒帖考。

王澍荔支樓帖考見古今法帖考。

646 荔青軒墨本四册 清刻本

清方觀承摹刻。

第一册 高會君子堂書等四種

第二册 趙松雪秋興賦等五種

第三册 荔青主人書棉花賦

第四册 荔青主人臨張長史千字文

右目見鳴野山房彙刻帖目貞集及叢帖目。

647 耕霞溪館集帖四册 道光二十七年刻本

清葉應陽編次。應陽字樹聲，號蕉田，南海人。官至兵部員外郎。見【南海縣志採訪册】

第一册 晉唐人書

鍾繇：宣示帖（翁方綱二跋、劉墉跋。）

王羲之：霜寒帖（翁方綱跋、吳榮光跋。）

僧權樂毅論 宋拓越州學舍重開祕閣本 孝女曹娥碑（馮審懷素等觀款、翁方綱、陳其錕跋。）

臨諸葛亮遠涉帖（吳榮光、張維屏跋。）

蘭亭序 乾符搨本（裴綰等題名、蔡襄跋。）

告姜道帖 謝范新婦帖 首從帖 小婢帖 素女帖（吳榮光、陳其錕跋。）

洛神賦十三行、隔日帖、東陽帖、敬和帖。

王獻之：洛神賦 石氏本

舍內帖（張天英、趙孟頫等觀款。）

羊諮：期聚帖（吳榮光、陳其錕跋。）

虞世南：破邪論序

歐陽詢：醴泉銘 何夢華家藏宋搨三十九字殘本（翁方綱、徐嵩、吳榮光、張維屏、陳其錕跋。）

褚遂良：孟法師碑唐搨本（王文治、王澍、張維屏跋。）

薛稷：涅槃經宋拓殘段七十五字（翁方綱跋）

李邕：雲麾將軍李秀碑唐搨 四言詩（張維屏跋）

第二册 唐宋人書

唐人：楷書寫經五十六行（劉墉跋）

宋仁宗：蘭亭序（鐵保、陳其錕跋。）

蘇軾：七言絕詩（劉墉、張維屏、鮑俊跋。）

與李給事陶帖

臨右軍知有漢時講堂帖并自跋
衰朽帖邁往帖（陳其錕跋）
蘇轍：月夜詩（張維屏跋）
黃庭堅：王長者墓誌銘
宋故瀘南詩老史翊立墓誌銘
米芾：同游壯觀詩
李伯時畫人物記（翁方綱跋）
跋褚摹禊帖（鮑俊二跋）
庵成帖（吳榮光、米友仁跋）
米友仁：專伏賓宇劄子
第三册　宋元人書
張即之：華嚴經第五卷第十四紙
張孝伯：呈寺簿劄子
吳琚：車騎將軍帖　孫與公帖　天馬賦二行
吳說：閤中令人帖
趙孟頫：府君阡表
張疇齋墨譜
信心銘（高人鑑、楊能格、陳其錕跋）
周景遠：房院寬闊札
第四册　元明人書
倪瓚：自書湖山舊憶十八首　拜右圖詩（張維屏跋）
張雨：茂林隱居四景詩（張維屏二跋、陳其錕跋）
吳寬：與守溪四札
文徵明：佛遺教經（陳其錕跋）
楷書黃州竹樓記
水龍吟　滿江紅詞　松雪詩二首
楷書樂志論
楷書後赤壁賦（張孝思、孔繼勳、黃言蘭、何春培跋）
董其昌：臨張伯英草書帖（錢坫觀欵）
史可法：錄李長吉詩二首（陳其錕跋）

張伯英云耕霞溪館法帖四卷、南海葉氏本。清葉應暘輯。應暘字蕉田、道光時選取墨拓及眞迹之精美者、自晉迄明約數十百種、無卷數。凡裝本皆四册、帖首亦無題名、惟書中多有耕霞溪館印記耳。其重摹帖本與筠清館刻多同而益加精湛。樂毅十三行破邪論則越州石氏、曹娥則羣玉堂、孟法師則世間孤本。蘇書取之成都西樓。惟衰朽無狀二札、非眞。「千丈靈山不獨蒼」大書一詩無欵。雖石庵定爲坡書、然與子由月夜詩皆宋人書之失名者。其山谷海嶽二家書莫不精絕。松雪趙府君阡表摹泐遠勝戲鴻、餘亦未有贋迹。趙泐眞僞相雜最不易辨也。倪雲林詩稿楷法頗工、然與倪氏他書不同、當是他人代繕。衡山小書五種、莫不精絕。香光臨張有道知汝殊愁帖、奇逸奔放、爲董書僅見之作。摹帖重在選擇、庸流無識、愛憎任其拙目、而妄事刻帖、災及貞珉、展卷使人厭惡。蕉田之刻雖未能盡美、然不輕於採取、縱有小疵、不掩大醇。粵帖甚多、筠清之外、當推此種。覃溪

題跋多蠅頭細楷、摹勒尤精、尤舉書之津筏矣。【續四庫提要】

冼玉淸曰、絳帖之刻、吳氏筠淸館、葉氏耕霞溪館、潘氏海山仙館均有之。葉勝於吳、吳又勝於潘、終以耕霞溪館爲較勝。宣示帖廿一字殘本乃大觀本、爲海內第一。然褚遂良孟法師碑、最高未見唐搨。中華書局影印之原本疑不到唐。葉氏以所刻爲唐搨、似過高。至於雲麾將軍李秀碑、比臨川李宗瀚全本爲後、謂爲唐搨亦非也。然摹古之刻、行草部份、粤帖當遜中原。惟晉唐楷帖底本之最精者、仍在粤東。如大觀本宣示帖、玉樹令可壯本黄庭經、止海本樂毅論是也。【廣東叢帖敍錄】

648 **停雲館法帖十二卷**　明嘉靖　蘇州文氏刻本

明文徵明集摹。

朱晨曰、停雲館帖、刻於蘇州文氏。衡山公得右軍正脈大觀法眼、選晉唐小楷及後代名筆、採積三十餘年、得此眞行草章、諸體悉備。而書評筆訣、亦在其中。命仲子嘉模勒上石、流惠後學、最爲要約。智者守此、不必更求別帖矣。【古今碑帖考】

文徵明停雲館法帖十二卷。【千頃堂書目】

佩文齋書畫譜纂輯書籍目引有停雲館帖、題文獻明、獻係徵之誤字。

停雲館帖、姑蘇文待詔徵仲、得前人未刻眞跡、勒之於石。翻本則不佳矣。【考槃餘事卷一】又【屠赤水帖箋】

倪蘇門書法論云、明朝法帖停雲館乃文氏所刻。其中黃庭蘭亭列有多種、而帖中所載宋元書家最詳。【六藝之一錄卷三〇三古今書論】

徐文長跋停雲館帖【六藝之一錄卷三百古今書論】

停雲館帖十二冊、目見寒山金石林。【六藝之一錄法帖論述十四】

文氏停雲館帖十跋(此王元美所跋、爲停雲初搨本)汪珂玉記、詳見【六藝之一錄法帖論述十五】

停雲館帖目錄

停雲館法書卷第一

晉王羲之・唐林緯乾・唐僧懷素・五代楊少師・

唐橅晉帖卷第二

王羲之・王薈・王徽之・王獻之・王慈・王志・唐李懷琳倣晉稽叔夜・

唐人眞蹟卷第三

唐孫過庭・

唐人眞蹟卷第四

唐顏魯公・

宋名人書卷第五

宋李西臺・杜祁公・文潞公・王荊

公・蔡忠惠公・蘇文忠公・米南宮・

宋名人書卷第六

宋蘇才翁・蘇滄浪・司馬溫公・馮當世・范文正公・范忠宣公・錢穆父・賀方回・林和靖・秦淮海・毛澤民・釋參寥・李端叔・陳簡齋・薛道祖・李元中・

宋名人書卷第七

宋米敷文・陸放翁・葉少蘊・王定國・范文穆公・姜白石・朱文公・張南軒・虞雍公・韓子蒼・張于湖・張樗寮・文信國・

元名人書卷第八

元趙文敏公・趙彥徵・

元名人書卷第九

元鄧文肅公・鮮于太常・鮮于必仁・胡石塘・虞文靖公・揭文安公・揭伯防・康里承旨・周景遠・袁清容・饒介之・陳敬初・張貞居・王叔明・倪雲林・

國朝名人書卷第十

宋學士・宋仲珩・詹孟舉・解學士・解禎期・宋仲溫・沈學士度・沈大理・李太僕・徐武功・馬刑部・劉西臺・張東海・

國朝名人書卷第十一

祝枝山・

停雲館帖卷第十二

文徵明自書黃庭經西苑詩十首・

嘉靖三十九年夏四月長洲文氏停雲館摹勒上石。

右目見鳴野山房彙刻帖目元集叢帖目及彙帖舉要。

唐順之曰予見文氏所刻帖中載李懷琳絕交書後乃見孫氏所藏宋刻本則精神相去十倍書之者非有異而刻之者異也。雖有善書非善刻者固不能發其精神而傳於世也。釋氏亦云譬如箜篌非有妙指不發妙音字刻亦然。先生此語不獨可跋文帖並可跋衆帖。

王澍停雲館帖考見【古今法帖考】。

文衡山父子皆精書學而又自能鐫刻于嘉靖中摹勒舊蹟及近時名筆上石共十卷爲停雲館帖。清勁不俗近世諸刻推此第一。又南北近刻如眞賞齋餘清齋快雪堂鬱岡齋諸帖當備稽遺本以爲續考。 余以乙酉於友人處見唐林緯乾墨蹟秀宕絕倫。文帖于此卷上摹勒者及一對勘相去業已甚遠。當日衡山先生父子自撫自刻而又有門客溫恕章簡父爲之周旋尚有遺憾如此則摹帖豈易事乎。【開者軒帖考】

張廷濟曰文待詔父子經營數十年成十二卷又有章簡父細意摹勒故有明數十彙刻惟無錫華中甫眞賞齋刻出其右餘若鬱岡

餘清、快雪、俱遜一籌。用功深者收名遠、天下事類如是也。此石後歸寒山趙氏、繼分藏武進劉氏、常熟錢氏、後爲畢弇山購全、簿錄後入桐鄉馮氏、構貯雲居貯之。詳見【清儀閣金石題識卷四】

話雨樓碑帖目錄卷四引張廷濟跋。

停雲館帖（明）按停雲館帖、先有四卷、帖首標題係小字。後改隸書。初拓本十卷、後改十二卷。初爲木板、未成即燬、後乃刻石。王元美得停雲初搨本有文氏停雲館十跋之作。又小停雲館帖、亦文徵仲刻、內多明代名人筆跡。見書法要覽。　按王元美文氏停雲館十跋、爲停雲初拓本。後入孫過庭譜、增毛澤民、李端叔、王定國諸家。其兩宋人倒置者改正焉。故帖目與此不同。【彙帖舉要】

歐陽輔說、見集古求眞卷十三、及補正。何紹基跋文氏停雲館刻晉唐小楷二則、見東洲草堂文鈔卷十。又東洲草堂金石跋卷五。

649 **寄暢園法帖五冊**　清嘉慶六年刻本

清秦震鈞摹刻。震鈞字蓉莊。無錫人。

一冊　宋秦觀至明文徵明等二十五人書

二冊　明顧可久至顧憲成等十一人書

三冊　明董其昌至秦鏞等十一人書

四冊　清何采至陳奕禧等十八人書

五冊　清汪士鋐至鐵保等十七人書

右目見鳴野山房彙刻帖目利集及叢帖目。

寄暢園帖（清）十二卷。秦蓉莊刻。前六卷擇三希堂法帖中佳作刻之。後六卷以家藏名蹟、及其先世自宋至清歷代善書者之遺墨刻之。蓉莊、家無錫。雍乾間人。【彙帖舉要】

歐陽輔說、見集古求眞卷十三。

秦震鈞號蓉莊。金匱人。以國子生充謄錄、議敍州判官、至兩浙鹽運使。　履園叢話、能書、得張天瓶司寇法。嘗聚古今名跡、刻寄暢園法帖十卷。【清書史卷九】

650 **國朝尺牘六冊**　清嘉慶刻本

清梁同書定、馮瑜摹勒。

第一冊　姚世儀至吳之祚七人

第二冊　李爾商至陳恭尹九人

第三冊　鄧旭至王士禛十一人

第四冊　錢陸燦至汪楫十三人

第五冊　陳奕禧至汪泰承十人

第六冊　林佶至鐵保十二人

右目見鳴野山房彙刻帖目貞集及叢帖目。

651 **國朝名人小楷一冊**　清刻本

清王日升摹刻。日升鎮海人。

姜宸英・何焯・汪士鋐・陳邦彥・梁詩正・梁國治・劉墉・梁同書等八人

書。

右目見鳴野山房彙刻帖目貞集及叢帖目。

652 **淳化秘閣法帖十册** 宋搨本

宣統三年石印王鈞書本

宋太宗詔王著等勅修。著詳見佩文齋書畫譜卷八十九書家傳。

王著 宋史王著善攻書、筆迹甚媚、頗有家法。孫逢吉職官分記太宗以字書譌舛、欲刪定、召著入授衛尉寺丞、詳定急就章。 東觀餘論、太宗購古今書使王著辨精確、定爲法帖十卷。【六藝之一錄卷三三六歷朝書譜二十六】

淳化秘閣法帖目錄

歷代帝王法帖第一 漢章帝書・晉武帝書・西晉宣帝書・東晉元帝書・東晉明帝書・東晉康帝書・東晉哀帝書・東晉簡文帝書・東晉文孝王書・東晉武帝書・宋明帝書・齊高帝書・梁武帝書・梁高帝書・梁簡文帝書・唐太宗書・唐高宗書・陳長沙王陳叔懷書・陳永陽王陳伯智書・

（按齊高帝、蕭道成也、帖目當稱南齊高帝、北齊高歡廟號高祖、故知高帝之爲蕭道成也。徐澄齋云、梁高帝書四字宜刪、當併入前條、皆作梁武帝書。）

歷代名臣法帖第二 漢張芝書・後漢崔子玉書・魏鍾繇書・吳青州刺史皇象書・晉丞相張華書・晉丞相桓溫書・晉丞相王導書・晉丞相王敦書・晉中書令王洽書・晉司徒王珉書・晉司徒王珣書・晉侍中王廙書・晉太宰高平郗鑒書・晉侍中郗愔書・晉中書郎郗超書・晉尚書令衛瓘書・晉黃門郎衛恆書・晉太傅陳郡謝安書・晉散騎常侍謝万書・

（按張芝後漢桓靈時人、朝廷以有道徵不就、帖目當稱後漢徵士張芝。崔瑗字子玉、當稱後漢濟北相崔瑗。）

歷代名臣法帖第三 晉太尉庾元亮書・晉車騎將軍庾翼書・晉太守沈嘉長書・晉侍中杜預書・晉王循書・晉劉超書・晉散騎常侍謝瑶伯書・晉黃門郎王徽之書・晉謝莊書・晉侍中司馬攸書・晉劉瓌書・晉王坦之書・晉王渙之書・晉王操之書・晉王凝之書・晉征西司馬索靖書・晉侍中劉穆之書・晉尚書王劭書・晉車騎將軍紀瞻書・晉司徒王廞書・晉太守張翼書・晉陸雲書・晉海陵恭侯王邃書・晉中書令王恬書・晉太守山濤書・晉侍中卞壼書・晉謝發書・宋特進王曇書・宋中散大夫羊欣書・

宋太常卿孔琳書・齊侍中王僧虔書・(按帖目沈嘉長長字當删作東晉吳興太守沈嘉。謝莊宋右光祿大夫、作晉人誤。劉瓌當作劉瓌之、紀瞻瞻誤贍、王曇曇下失首字、孔琳琳下失之字。)

歷代名臣法帖第四　梁尚書王筠書・梁特進沈約書・梁交州刺史阮研書・梁征南將軍蕭確書・梁蕭思話書・梁蕭子雲書・陳朝陳逵書・中書令褚遂良書・唐祕書少監虞世南書・唐率更令歐陽詢書・唐諫議大夫柳公權書・唐李邕書・唐諫議大夫褚庭誨書・唐尚書郎薛稷書・唐洺州刺史徐嶠之書・唐東宮長史陸柬之書・唐薄紹之書・(按蕭思話卒贈征西將軍事見宋史、帖目作梁。陳逵晉西中郎將、帖目作陳朝。薄紹之宋人、丹陽尹、此標唐人俱誤。)

諸家古法帖五・蒼頡書・夏禹書・魯司寇仲尼書・史籀書・秦丞相李斯書・秦程邈書・宋儋書・衛夫人書・古法帖・隋朝法帖・隋僧智果書・何氏書・蔡琰書・古法帖・僧懷素書・張旭書・古法帖・(按蒼頡黄帝史、史籀爲周史官、宋儋唐祕書省校書郎、衛夫人晉人、蔡琰蔡邕之女、後漢人、僧懷素唐人、張旭唐常州尉、帖目俱略。)

法帖第六　王羲之書一・

法帖第七　王羲之書二・

法帖第八　王羲之書三・

法帖第九　晉王獻之一・

法帖第十　晉王獻之二・

(按第六王羲之上應增晉字、七八卷同。)

右目見鳴野山房彙刻帖目元集、及彙帖舉要。文淵閣書目辰字號第一櫥法帖、著錄歷代帝王名臣法帖一部十册、(闕)釋文一部一册、又歷代名臣法帖一部七册、又十册、(闕)即此帖之零種。

宋淳化閣帖、淳化三年宋太宗命侍書王著摹刻於祕閣。見墨池編。【古今碑帖考】

太宗朝搜訪古人墨跡、令王著銓次、用棗木板摹刻十張于祕閣、故時有銀錠紋、前有界行目錄者也。是當時用李廷珪墨拓打、手搯之不汙手。惟親王宰執使相拜除、乃賜一本、人間罕得。當時每本價已百貫文。至慶曆間、禁中火災、其板不存。今所見閣帖、多乏精神。焉有絳帖以閣本重摹、而祕閣反不如絳帖精神乎。則此可以觀也。【洞天清錄】

山谷云、當時用歙州貢墨摸打、則色濃。又云、墨濃則瘦、墨淡則肥。李莊簡云、用李廷珪墨、後用潘雲谷墨、則色淡。又云、初時板完好、不用銀釘、後來板漸坼裂、然後用銀釘。【格古要論】

李日華云、王文肅公所藏淳化祖帖、每卷有臣王著摹及汪俊陳知古等名、紙墨極新好。【六研齋二筆】

范大澈淳化閣帖考、見碑帖紀證。

王澍淳化祕閣法帖考、見古今法帖考。

孫承澤淳化閣帖考、見閒者軒帖考。

淳化閣帖、宋太宗搜訪古人墨跡、于淳化年中、命侍書王著摹勒作十卷。詳見【考槃餘事卷一】又【屠赤水帖箋】

淳化祖石刻　楊愼墨池瑣錄、邢侗來禽館集、淳化閣帖、輟耕錄、松雪齋集、格古要論、六研齋二筆、並詳見【六藝之一錄法帖論述十四】

淳化閣帖祖本　汪砢玉珊瑚網、(法書題跋)趙孟頫跋文衡山跋華氏淳化祖石刻法帖六卷又跋華氏續收淳化祖石刻法帖三卷、王世貞淳化閣帖十跋、康海題元祐搨本閣帖、袁華題劉次莊模淳化祕本魏曠題檇李沈氏淳化閣帖。詳見【六藝之一錄法帖論述十五】

倪蘇門法論云、淳化帖在明朝、惟陝西肅王府翻刻石搨最妙、謂之肅本。從宋搨原本雙鈎勒石、所費巨萬、今市本相去天淵。【六藝之一錄卷三〇三古今書論】

梁巘云、淳化最佳、爲譚絳諸帖所自出、然皆不及也。　淳化初刻棗木版、版有斷處、以一銀錠扣之、拓久則銀錠紋現露紙上。賈秋壑得淳化初刻木版、重摹上石、並其銀錠紋亦摹之。初翻甚善、後有冒秋壑本屢翻刻、則不堪矣。　淳化閣帖中虞世南數行、似從廟堂碑摹來。【評書帖】

陳曰霽淳化閣法帖考證、詳見珊瑚網一隅卷三。

宋搨淳化閣帖十本、王穉登跋、張廷濟跋、詳見【話雨樓碑帖目錄卷四】

淳化祕閣法帖(宋)帖爲宋太宗購募前賢眞蹟、命侍書王著摹刻者、都爲十卷。每卷尾篆書淳化三年壬辰歲十一月六日奉聖旨模勒上石十九字。其實集古錄、淳化帖記、(王栢)皆謂鏤板於禁中、汪逵淳化辨記亦云其本乃木刻、計一百八十四板、二千二百八十行、其逐段以一二三四刻於旁、或刻人名、或有銀錠印痕。又元祐中親賢宅曾從禁中借板墨百本、分遺宮僚、多木横裂紋、以此數說證之、其爲木板的然無疑。明人誤認翻刻石本爲原拓、遂啓木石聚訟之端、要知所謂銀錠欄痕、已成故實、不可駁也。當時板藏禁中、凡大臣進登二府者、輒賜一部、謂之官法帖、簡稱閣帖。其後止不賜、或傳禁中火災、板被焚。按宋史天聖十年八月禁中火、延燔崇德等八殿、此或傳說所自歟。後二十年至皇祐三年、劉沆入參大政、猶有拓本。嘉祐五年歐陽修爲樞副、則無之、是罷賜之典、當在至和之後。歐陽公去宋初不遠、板之存亡、已不可辨、況其後焉者乎。傳刻蔓延、在宋已有三十二本（見汪氏珊瑚網法書題跋）後世翻刻日益多。劉潛夫云、眞帖可辨者有數條、墨色一也。他本刊卷數在上、板數在下、眞本皆相聯屬二也。他本行數字比帖字小而瘦、眞本行數字比帖中字皆大而濃、三也。眞本每板皆全紙、他本有接黏處、四也。代遠年湮、眞僞難識、據汪逵劉潛夫之說以勘之、其庶幾乎。陸友仁李日華汪中嘉、謂昇元帖爲閣帖祖本。劉跋謂保大帖爲淳化祖帖。黃伯思曾宏父又謂爲倣書、非臨非模。筆廛云、世以淳化爲法帖之祖、然皆王著臨書。其說不一、姑並存之。米元章黃伯思對王著是帖、抨擊最力。著亦精於書者、所書錢秦王碑極挺秀。吾輩於數百年後、猶得見先賢之遺跡者、獨賴閣帖之存。雖採擇未精、標題多誤、固小疵也。【彙帖舉要】

陳思：淳化閣帖十卷　寶刻叢編卷一

孫承澤：宋賜畢文簡淳化閣帖　庚子銷夏記卷四

何焯：顧氏所藏淳化帖跋　義門先生集卷八

宋犖：跋宋刻淳化帖第九卷　西陂類稿卷二十八

朱彝尊：書淳化閣帖夾雪本後　曝書亭集卷四十三

惲敬：記蘇州本淳化帖　大雲山房文藁二集卷二

萬斯同：記淳化閣帖原始　羣書疑辨卷九

盧文弨：松江曹氏所藏淳化閣帖書後　抱經堂文集卷十六

翁方綱：跋淳化閣帖第九卷、又跋代州馮氏所藏淳化閣帖、　復初齋文集卷二十八。　又跋王儼齋家所藏宋搨閣帖、　復初齋集外文卷四。

翁方綱：肅府刻淳化閣帖初搨本（十册）　蘇齋題跋

馮登府：淳化閣帖　閩中金石志卷十一。

張廷濟：宋搨淳化閣帖又不全本　清儀閣金石題識卷四。

又：賈秋壑摹淳化閣帖、又覆刻二本　清儀閣金石題識卷四。

孫星衍：宋榻淳化閣帖跋　平津館文稿卷下

畢亨：跋孫氏平津館藏淳化閣帖　九水山房文存卷下

馮浩：淳化閣帖宋搨不全本跋、又閣帖不全本第二跋　孟亭居士文稿卷四

何紹基：跋張洊山藏賈秋壑刻閣帖初拓本　東洲草堂文鈔卷十

張鑑：閣帖殘本跋　冬青館乙集卷七

李兆洛：跋淳化閣帖　養一齋文集卷六

吳榮光：宋拓淳化閣帖第四卷跋　石雲

山人文集卷五

呂世宜：書淳化閣帖後　愛吾廬題跋

邵松年滋蘭室古緣萃錄卷十八碑帖有宋拓淳化閣帖、又歐陽輔淳化閣帖說見集古求眞卷十二及補正卷十二。

按曹士冕淳化法帖譜系下列二王府帖、及黔江等七本今從之並附賈似道刻本、及潘顧各本於後餘不具載。

二王府帖

曹士冕云元祐中親賢宅從禁中借板墨百本以遺宮僚。又云予觀近世所謂二王府帖者、蓋中原再刻石本非禁中板本也。前有目錄尾且無篆書題字蓋顯然二物矣。孫退谷云、得閣帖八册第六册有紹聖三年冬至前一日裝、又題云法帖板本掌於御書院、魏王借摹數百本又刻板本藏之摹搨皆用國工、不復可辨。又云、人間有潭、絳臨江、並此四本、書法甚工。歐陽輔云恐卽臨江所刻二王帖、誤加府字遂歧爲二。以前有目錄二語推之、則是臨江二王帖矣。又云、此帖加一府字、卽以魏王附會、亦殊難通使魏王果曾刻板則名爲魏府帖可耳、何必改爲二王耶、各說未知孰是。曹說見法帖譜系。【彙帖舉要】

二王府帖　法帖譜系山谷集、詳見【六藝之一錄法帖論述十四】

黔江帖

秦子明將兵於長沙、買石摹刻僧寶月古法帖十卷、謀舟載入黔江、壁之黔江之紹聖院、刻石者潭人湯正臣父子、詳見山谷集中。卷帙之多寡、次序之先後、字行之長短、悉同淳化閣帖、而紙墨彷佛似戲魚堂。中興以前拓本其所以異者、第一卷有淳化篆書三行、其次有楷書一行云、降授供備庫副使充東南第八副將訓練潭州諸軍潭州駐劄秦世章家本。其後又一行云長沙湯正臣重模、男仙芝靈芝鐫。第二卷至八卷尾各題長沙湯正臣重模勒八字、却無淳化篆書、及世章銜位。又第八卷取卿女壻帖內第二行休字立人作兩點第二卷鍾繇宣示帖內再世榮名作榮石正與戲魚帖同。第九卷尾題長沙湯正臣摹勒七字。第十卷題長沙人湯正臣重模、男仙芝爲一行、靈芝鐫爲一行。此下似別有字、偶裁損、不可考。【譜系雜說】

宋黔江帖、秦子明摹刻長沙僧寶月古法帖十卷較入黔江紹聖院、乃潭人湯正臣父子刻石寶月卽僧希白也。見墨池編。【古今碑帖考宋法帖】

孫承澤黔江帖考、見閒者軒帖考。

王澍黔江帖考見古今法帖考。

倪濤黔帖考證、見六藝之一錄法帖論述十五。繆荃孫黔江帖殘本跋見藝風堂文續集卷八。

黔江帖、宋秦子明命湯正臣刻石。【考槃餘事卷一】又【屠赤水帖箋】

紹興國子監帖

宋高宗以內府所藏淳化閣帖、刻板置之國子監。初拓多用匱紙、打金箔紙也。其式一遵淳化原本無少差異後題紹興十一年摹勒上石。【彙帖舉要】

孫承澤紹興國子監帖考、見閒者軒帖考。

王澍紹興國子監帖考見古今法帖考。

歐陽輔紹興國子監帖說、見集古求眞卷十二。

淳熙修內司本、引法帖譜系。【六藝之一錄法帖論述十四】

孫承澤曰、淳熙修內司帖、首卷末彷彿猶存古本淳化歲月、後乃磨去。【閒者軒帖考】

翁方綱跋十卷閣帖、宋時翻刻非一、此則其翻自官刊者也。每卷末楷書三行、書淳熙十二年乙巳歲二月十五日修內司恭奉聖旨摹勒上石。曾宏父石刻鋪敍曹士冕法帖譜系並同。而近時查初白詩乃執所見僞本作九月、以執正之。不思此乃淳熙祕閣之前帖、其淳熙祕閣續帖、刻於三月、豈有前帖轉在九月者。此必僞作者妄寫年月、而初白弗考耳。初白又援汪逵語謂詳見輟耕錄。不知輟耕錄汪逵語、是通論淳化閣帖、非專論修內司帖也。而陶宗儀以修內司帖與烏鎭張氏福淸李氏諸本並論、則此帖雖官刊之翻本、而實非淳化原刻之比明矣。【復初齋文集卷二十八】

淳熙修內司本卷帙規模同閣本。【考槃餘事卷　】又【屠赤水帖箋】

王澍淳熙修內司帖（官帖）考、見古今法帖考。

歐陽輔淳熙修內司帖說、見集古求眞卷十二。

北方印成本

板本印成者、用北地厚皮紙印、每段自成一板、四圍皆空白紙、不施簾緣裝表、而自然整齊成册、字畫亦甚可愛。【譜系雜說】

烏鎭本

湖州張氏以絳閣二帖、鋟木板於家塾、字畫稍肥而極有筆意頗勝諸帖。【譜系雜說】

福淸本

板本福州福淸縣民刻。【譜系雜說】

賈似道刻本

其客廖瑩中摹、王用和刻、皆能手也。幾可亂眞。惟索靖書多數行、丙舍帖後三行亦全、他本皆無、可以此爲別。廖又自刻一本、藏於家、名世綵堂本、亦極精善。【集古求眞】

賈秋壑摹淳化閣帖九卷、張廷濟跋、見話雨樓碑帖目錄卷四。

歐陽輔賈似道刻本考證、見集古求眞卷十二。

上海潘氏本

潘九亮自摹入石。【珊瑚網書錄】

從賈覆刻者、明有上海顧氏潘氏兩本、今潘

刻尙有殘石、顧石盡佚。【清儀閣題跋】

潘趣元諒用賈本覆刻、昔人謂其筆意清遒、雅有勝。卷一下摹似道名印、及悅生葫蘆陽文印。十卷末耳字下摹曲脚封字印、後有齊周密印章五字陽文印、其中仿銀錠欙紋。石久殘缺、初拓竹紙淡墨本、亦不易得。【集古求眞】【彙帖舉要】

王澍閣帖潘氏本考、見古今法帖考。

歐陽輔上海潘氏本說、見集古求眞卷十二。

上海顧氏本

顧從義借潘氏所藏宋本、模勒上石、復刻淳化法帖釋文考異、最爲詳確。 潘顧兩本、皆以賈似道家所藏重模、而潘本瘦、顧本肥。【珊瑚網】

歐陽輔曰、顧本諸印文、悉與潘刻相同、惟字略肥。第五卷古法帖標目失刻帖字、末卷周印在淳化年月之上、以此爲二本之分別。顧嘗作閣帖釋文、頗勝於劉次莊。顧又有宋拓本、已被蛀蝕、而字無損、名爲夾雪本。朱竹垞極稱之、以爲可睹銀錠末欙以前面目。【集古求眞卷十二】

顧從義上海人、肅宗詔選善書者入殿直應試稱旨、拜中書舍人。楷書逼鍾尙書、行草宗右軍父子、徑尺大字則倣顏平原、趙承旨、摹勒諸帖、有淳化閣帖、閣帖釋文。【松江府志】

按從義字汝和、號硯山。嘉靖中詔選端行善書、從義名第五、授中書舍人。隆慶初以修國史擢大理評事。【彙帖舉要】

閣帖、松江顧氏潘氏、得泉州舊刻、較時本爲佳。【考槃餘事卷一】又【屠赤水帖箋】

王澍閣帖顧氏本考、見古今法帖考。

王文肅公本

不知何時何人所刻、卷數下有臣王著摹四字、文肅極寶重之。國朝諸氏、亦有此本。沈蘭先跋、數百言、謂天下止有內府外府兩本、諸氏所得爲內府本、可笑。帖前既有臣王著摹、帖後又曰摹勒、著雖淺陋、尙不至重複如此。文肅竟寶此僞物、殊不可解。且第二卷鍾繇書、三卷孔琳之書、皆比原本增多、亦顯其僞。後蘇州帖估又翻一本、惟王本有莆田陳知王俊刻等字、蘇本無之。奉勅刻石、不稱臣、而署邑、亦估人所爲、其僞可知。但刻工比蘇本差強、或當是宋人所翻。【集古求眞】

泉州本（詳見前泉帖下）

河莊孫氏本

歐陽輔曰、明正德時孫七峯與內侍蕭敬相善、引觀大內、見小殿角堆此帖板、諦視甚久、敬謂子欲之乎、當爲子圖之。會大雪後、傳旨掃除、敬指爲廢材、遂移出、致之孫所。文徵仲祝希哲鑒定、以爲可與宋拓方駕。楊文襄公乃別刻十卷、以應求者。後家僮不戒於火、二本俱燼。【集古求眞卷十二】

肅府本

肅世子識鋐跋云、太祖分封我莊祖於甘蘭、

錫以宋人淳化法帖、珍藏內庫。至憲王恐我子孫各王府不徧及、且無以公海內、乃延溫張二士、摹勒上石、未竟而薨。至于辛酉（天啓元年）六月始竣事。模勒之工、先後七年、新舊二本、不爽毫髮。石今移置州學、有張鶴鳴王鐸憲王父子四跋。【陳子文蘭州帖記】

翁方綱曰、石尾有順治甲午張正言正心、承廣陵陳曼偲濩澤毛香林二師教、補摹上石。又肅府本卷五後刻肅恭王書、及元張瑁等觀款。第九後附肅憲王書。每卷後有萬歷四十三年乙卯歲秋八月九日草莽臣溫如玉（姑蘇人字伯堅）張應召（南康人字用之）奉肅藩令旨重摹上石三十二字。初拓用太史紙、程君房墨、民間不易得。拓工私售、約值五十千。明亡石多燬。淸順治十一年洮岷道揚州陳卓補其缺佚、而肅本始完。（至正十年歲在庚寅夏四月越七日東魯張瑁定州李儀、古瀛吳溥、同獲觀于杭州西湖上玄元仙館之凝碧軒、是日天始晴、西山如沐、增益淸思也、王思齊後來、）按明翻閣帖、以肅府本爲最佳、跋語亦最多、原拓本卷十後有萬曆乙卯洮岷道張鶴鳴跋、丙辰趙煥張嗣誠跋、丁巳肅王及公鼐宋繼登賈鴻洙湯啓燁跋、戊午李起元跋、己未盛以弘徐元寀來宗道跋、庚申周鏘劉世綸跋、天啓辛酉呂兆熊跋、崇禎戊寅王鐸跋。其無年月可考者、復有肅世子識鋐張鍵周如錦張孔教高鏘劉重慶柴以觀傅振商黃袞周懋相黃和李從心等十二跋。通行本止有世子識鋐張鶴鳴王鐸三跋、翻刻本僅張與世子二跋而已。【彙帖舉要】

肅府遵訓閣松雪千文、莊重可法。肅府所翻之淳化、迺翻刻之佳者。【評書帖】

遵訓閣重摹淳化法帖十冊、十九號箱。【怡府書目】

王澍肅府帖考、見古今法帖考。

明肅藩摹淳化閣帖、見話雨樓碑帖目錄卷四。

陳曰霽肅府淳化閣帖考證、見珊網一隅卷一。

翁方綱跋肅府閣帖初拓本、見復初齋文集卷二十八。

歐陽輔肅府本淳化帖說、見集古求眞卷十二、又補正卷十二。

653 重刻淳化閣帖十冊　清乾隆刻本　道光十五年乙未重刻本

淸乾隆三十四年勅于敏中等修。

陳曰霽乾隆欽定淳化閣帖考證、詳見珊網一隅卷一。

重刻淳化閣帖（清）乾隆三十四年勅于敏中等、以內府所藏宋太宗賜畢士安淳化閣帖、鈎摹上石、並詳加考正、改編次第、蒐採諸家釋文、依字傍注、其互異者、附記卷後。卷首有寓名蘊古四大字。次為淳化軒記、蓋作軒以藏帖石、即以帖名名軒。又次為刻帖勅諭、皆為乾隆御筆。每卷後有御筆跋一葉、均二十行、惟四五兩卷為三十行、作一葉半。又有釋文訂異一葉、或多至兩葉、蠅頭小楷、每半葉為十六行、行二十六字、雖圓潤勻整、為翰院摺奏式、然比宋人院體、似為勝之。第十卷帖後有淳化四年畢文簡自題四行、未署名。又蘇氏家藏子容題七字、又李洪跋七行、王鐸薛可蘊觀款、孫退谷題記六行、乾隆御製詩一首、于敏中恭和一首、皆在御跋及訂異之前。末後有于敏中王際華裘曰修跋一葉、小楷書。錢陳羣跋二葉、行書、最後為大小臣工銜名一葉。每卷尾題乾隆三十四年歲在乙丑春二月奉敕校正宋淳化閣帖、初拓模勒上石、篆書作四行、兩長兩短相間。上有乾隆鑑賞圓璽、又淳化軒圖書珍祕寶方璽。是帖模刊之精、固在明諸家之上、而王著標題、或署郡望、或署官職、或竟不署、而僅署姓名、而所署郡望官職、亦多舛誤、大觀雖事更正、尚多未盡、惟此刻則考覈精詳、斠若畫一、世代亦一一更定、無先後倒置之病。草書不易識、有傍列釋文、則初學亦可問津。【彙帖舉要】

清乾隆欽定重刻淳化閣帖、係三十四年二月六日諭飭于敏中等考正參定。每卷後有乾隆三十四年歲在己丑春三月奉敕正宋淳化閣帖初搨本模勒上石二十八字。卷首有乾隆三十四年二月六日上諭一道、略謂彙曾輯內府所藏前人墨蹟、刻為三希堂墨妙軒兩帖、廣示藝林。復念古帖流傳、可補墨蹟所未備。內府舊藏淳化閣帖極多、而此畢士安所得賜本、搨最精妙、爰特選工鈎摹上石。第王著排類標題、舛陋滋甚、不當聽其沿譌、以誤後學。因命于敏中等詳加考正、以次呈閱、候朕參定、分識各卷。並命蒐采諸家釋文、依字旁注、其互異者、折衷附記於後、以資省覽云云。其中卷次排類、照原本悉皆改易、如第五卷原列之隋朝古法帖、本為隋文帝書、移入第一卷歷代帝王法書之內者、其例頗多。一卷為歷代帝王法帖、二卷為上古至晉人法帖、三卷為晉人法帖、四五卷同、專刻右軍各帖、六卷亦晉人法帖、專刻王恬至王獻之等十一人書、第七卷王獻之書、八卷為晉至梁人法帖（王珣至阮研二十六人）九卷為陳至唐人法帖（陳永陽王伯智至宋儋等十四人）十卷為唐人及無名氏法帖。每卷後均有御跋一首。【叢帖目】

歐陽輔御刻淳化閣帖說、見集古求眞卷十三。

651 淳熙秘閣續法帖十冊 宋搨本 海山仙館摹古帖本 影印宋本二冊

宋劉燾等集摹。

淳熙秘閣續帖、孝宗命劉燾模勒禁中、亦名太清樓續閣帖、續蘭亭。詳見【考槃餘事卷一】又【屠赤水帖箋】

倪蘇門書法論云、淳化祕閣續帖、內黃庭、歐陽率更李太白書、皆極妙。太白字天眞豪放、逼肖其爲人。【六藝之一錄卷三〇三古今書論】

宋淳熙秘閣續帖、淳熙二年宋孝宗刻石於禁中。見墨池編。【古今碑帖考宋法帖】

晁公武曰、淳熙秘閣續法帖十卷、右淳熙十二年三月十九日奉聖旨摹勒鍾繇諸人帖。【郡齋讀書志附志法帖類】

曾宏父曰、淳熙秘閣續帖十卷、十二年三月被旨摹勒入石、皆南渡後續得唐朝遺墨。首卷則鍾繇王羲之帖、次則羲獻書、內黃庭經小楷後有臣逐良臨四字。三卷歐陽詢蕭瑀褚庭誨孫思邈狄仁傑張旭顏眞卿七賢書。四卷則明皇批答裴耀卿等奏狀。五卷李白胡英李邕白居易帖。六則張九齡三相暨李紳告身。七則李陽冰篆李德裕畢誠李商隱書。八則懷素顚草。九則高閑亞栖齊己書。末卷則楊凝式并無名人帖。上皆有內府圖書、宣和及紹興小字印章、或睿思殿印。如李紳告身高廟後有親筆跋語。黃庭經懷素顚草則有李主建業文房之印。視今長沙所鐫、筆法迥殊、非若前帖。按前帖卽淳熙修內司帖、但翻淳化所鐫閣帖。【石刻鋪敘】

寶歷時遭火災、其石不存。【洞天淸錄】

按此帖與太清樓續帖流傳甚少、談者往往誤混爲一。帖估僞刻秘閣續帖凡有數本、有題紹興年月者、有題宣和年月者、有題元祐者、僞妄不值一噱。【集古求眞】

范大澈淳熙秘閣帖、淳熙秘閣續帖考證、見碑帖紀證。

淳熙秘閣續帖、引石刻鋪敘、格古要論。【六藝之一錄法帖論述十四】

黃伯思：跋祕閣第三卷法帖後　東觀餘論卷下。

又：跋祕閣續法帖後　東觀餘論卷下。

陳思：祕閣續帖十卷又蘭亭續帖六卷　寶刻叢編卷一。又卷十三。

何紹基：跋張洊山藏賈秋壑刻閣帖初拓本　東洲草堂金石跋卷五。

張廷濟：淳熙祕閣續帖　清儀閣金石題識卷四。

文淵閣書目辰字號第一廚、淳熙祕閣續法帖一部、十册、闕。

孫承澤淳熙秘閣續帖考、見閒者軒帖考。

王澍淳熙秘閣續帖（官帖）考、見古今法帖考。

邵松年宋搨淳熙祕閣續法帖考證、見澄蘭室古緣萃錄卷十八碑帖。

歐陽輔淳熙秘閣續帖說、見集古求眞卷十二。

王𧙗跋淳熙祕閣續帖殘本、見春融堂集卷四十四。

655 **清勤堂法帖　册**

南宋羅點摹刻。

清勤堂法帖（南宋）羅點清勤堂法帖六卷、載宋史藝文志。點字春伯、撫州崇仁人。淳熙三年進士、官至端明殿學士、簽書樞密院事、寧宗初卒於位、年四十五、贈太保、諡文恭、事跡具宋史本傳。錢竹汀廿二史考異謂宋自太宗淳化法帖而後、模刻法帖、亡慮數十家、志皆不載、而獨取羅點一家、恐難免挂漏之誚矣。今檢志尙有歷代鍾鼎彝器款識法帖二十卷、古鼎法帖六卷、臨汝帖三卷。【彙帖舉要】

程文榮清勤堂法帖考、見南邨帖考第三册。

656 **法帖刊誤二卷** 叢書集成本（百川書志著錄）

宋黃伯思撰。直齋書錄解題、四庫全書總目提要、四庫全書簡明目錄、慈雲樓藏書志、皕宋樓藏書志、石廬金石書志、福建藝文志、並有考證、詳見本書第七八〇葉。又宋陳與義法帖釋文刊誤、亦簡稱法帖刊誤、詳見下。

657 **法帖釋文十卷** 叢書集成本　康熙二十二年癸亥桐錦堂劉朱家標校本名淳化閣帖釋文

宋劉次莊撰。此卽淳化祕閣法帖之釋文、有郡齋讀書志、四庫全書總目提要、四庫全書簡明目錄、慈雲樓藏書志、皕宋樓藏書志、藝風藏書記、善本書室藏書志、石廬金石書志等考證、詳見本書第七八〇葉。又詳百川書志。嘉慶十七年刊徐朝弼撰淳化閣法帖釋文十卷、詳見本書第七八三頁。又乾隆時有校正淳化閣帖釋文、詳見本編七八二葉。

658 **法帖釋文刊誤一卷**（一名歷代帝王法帖釋文）

宋陳與義撰。與義見佩文齋書畫譜卷三十四書家傳。此書亦簡稱法帖刊誤。四庫全書總目墨藪提要云、末載宋參知政事陳與義法帖釋文刊誤一卷、蓋明陳榮刊時所附。後有淳熙七年周必大跋。其書僅七紙、然糾劉次莊釋文之誤、頗爲精核。必大跋稱與義爲侍從時奉敕所撰云。又鐵琴銅劍樓藏書目錄、慈雲樓藏書志、善本書室藏書志、並有考證、詳見本書第七八〇葉。

659 **法帖釋文考異十卷**

明顧從義撰。從義見佩文齋書畫譜卷四十三書家傳。千頃堂書目作顧從義淳化法帖釋文十卷。天祿琳瑯書目續編、四庫全書總目提要、四庫全書簡明目錄、平津館鑒藏書籍記、鄭堂讀書記、賭棊山莊集課餘續錄、藝風藏書記、適園藏書志、石廬金石書志、並有考證、詳見本書第七八一葉。又千頃堂書目孫禎石雲先生淳化法帖釋文考異十卷、注云丹陽人。文瑞樓書目亦著錄。

660 **法帖譜系二卷** 百川學海本題譜系雜說（百川書志著錄同） 叢書集成本

宋曹士冕撰。士冕見佩文齋書畫譜卷三十五書家傳。此書千頃堂書目在補宋法帖中著錄、注云都昌人。詳見本書第七八八葉。

661 **淳化秘閣法帖考正十二卷** 四部叢刊三編影印原刊本

清王澍撰。詳見本書第七八二葉。又見書林藻鑑卷十二。

王虛舟澍著淳化閣帖考證十二卷、甚精。讀閣帖時可與乾隆重刻本考證互參。【清人書評】

王澍字篛林、號虛舟、別號良常山人。金壇人。康熙五十一年進士、官吏部員外郎。　王步青撰墓志云、雅善書法、一時獨步。自汪退谷何義門、率推先之。積書巖帖六十册、集書家之大成。　梁巘評書帖、良常未得執筆法、專學歐字、亦屬一時好手。　翁方綱曰、虛舟以書名、篆爲第一、行書次之、楷又次之。詳見【清書史卷十六】

清周行仁有淳化秘閣法帖源流考、（詳見本編第七八三葉）又沈昀（蘭先）有淳化閣帖跋、（詳見本編第七八三葉）並可參閱。

662 **清歗閣藏帖六册** 清嘉慶元年錢塘金氏拓印本

清金棻編次。

禮册　于謙至邵寶七八人書
樂册　文徵明文嘉二人書
射册　祝允明書
御册　蔡羽至莫雲卿十六人書
書册　董其昌至李流芳三人書
數册　邢侗至陳洪綬七人書

右目見鳴野山房彙刻帖目亨集及叢帖目。彙帖舉要附錄亦著錄。

663 **淨雲枝帖八册** 明刻本

明蔣一先摹刻。一先字如奇。

淨雲枝帖、明蔣如奇一先摹刻、八册。前四册一先自書、册首標題淨雲枝帖卷一二三四。第五册刻蘭亭及右軍父子二帖。第六册爲懷素千字文、（比宋人元祐戊辰刻本字略小。）第七册爲蘇黃米蔡四家書、册首各署淨雲枝藏帖、未標卷數。末一册佚標題、亦一先所書。【彙帖舉要】

歐陽輔淨雲枝帖說見集古求眞卷十三、又補正卷十三。

664 **惟清齋手臨各家帖六册**

清刻本

清鐵保書子瑞元摹刻。

第一册　唐太宗小札等七種
第二册　魯公自書生年等六種
第三册　節臨聖教序五種
第四册　節臨養生論四種
第五册　逸少書法等二十三種
第六册　尚書宣示等四種

右目見鳴野山房彙刻帖目貞集及叢帖目。彙帖舉要未收此帖、惟附錄有錢泳爲鐵保刻之惟清齋帖四卷、當係另一書。錢泳履園叢話卷九碑帖曰、嘉慶十三年戊辰、爲長白鐵冶亭宮保刻惟清齋帖四卷。此帖爲鐵保自書之帖、參見後惟清齋帖下。

665 **望雲樓集帖十二册**　清嘉善謝氏刻本

清謝恭銘審定編摹。恭銘字若農。嘉善人。

一册　王右軍鍾紹京及唐人書
二册　宋徽宗高宗至黃庭堅六人書
三册　宋黃文節元趙松雪書
四册　宋薛紹彭至元吳鎮十八人書
五册　明楊士奇至姜埰二十九人書
六册　明文徵明至邢侗六人書
七册　清吳偉業至紀映鍾二十三人書
八册　清姜宸英至查昇二十四人書
九册　清張照書
十册　清王世琛至劉墉十八人書
十一册　清成親王書
十二册　清梁同書書

右目見鳴野山房彙刻帖目利集及叢帖目。彙帖舉要附錄收望雲樓帖十六卷、嘉善謝若農。

666 **博古堂帖　册**　宋淳祐刻本（與「越州石氏博古堂帖」不同）

南宋彭大雅集摹。

博古堂帖（南宋）元劉有定衍極注云、宋彭大雅以漢碑完好者四十本作橫卷、刻於渝州博古堂、雖功用精嘉而筆法緩弱失眞矣。按郭子章豫章書、大雅字子文、鄱陽人、進士、官朝請郎、出爲四川制置副使、淳祐三年守重慶、帖題渝州、蓋官重慶時所刻。康熙西江志以大雅集中有致仕得請七律二章、當非卒官重慶者、似彭有集傳世、然藝文卷中不列其目、恐作志時未必見本集也【南邨帖考第四册】亦見【彙帖舉要】
孫承澤博古堂帖考見閒者軒帖考。
王澍博古堂帖考見古今法帖考。
歐陽輔說見集古求眞卷十二。

667 **寒香館法帖六册**　清道光丙申刻本

清梁九章編次。九章字雲裳。順德人。工畫梅、

嗜石刻、喜收藏。見【順德縣志採訪册】

第一册　唐人書

懷素：千字文（趙子固、王爾揚、翁人龍、談光隆、朱光夜、伍瑞隆、程可則跋。）

李邕：奂上人帖（馮子振、趙巖、王穉登跋。）

無名氏：詩話二則、臨閣帖、王邃、王恬、張翼、陸雲、王廞、王羲之諸家帖。（姜宸英、鮑俊跋。）

第二册　宋人書

朱熹：雲谷詩（眞德秀、魏了翁、劉克莊跋。）

米芾：書丹徒舟中雜興（鮑恂、祝允明、沈周、顧鼎臣跋。）

寒香館藏眞

第一册　元人書

趙孟頫：耕織圖詩二十四首

鮮于必仁：陳情表

張雨：詩卷內龍虎山上元夜　懷茅山遊仙　次韵雲　林生題野逸軒

俞和：與雍里詩

第二册　明人書

方孝孺：五言詩

陳繼儒：書梁武帝書評（郭尙先、龍元任跋。）

王寵：臨褚遂良陰符經

朱耷：陶廣文湖口兼致潔士年翁詩

金幼孜：劉康民墓誌銘（蔡之定跋。）

鄧鍾岳：歸去來辭

第三册　淸人書

張照：臨柳公權蘭亭詩跋（劉墉、翁方綱、郭尙先、吳榮光、龍元任跋。）

劉墉：易說（郭尙先、吳榮光跋。）

周厚轅：東坡題魯公帖　張長史草書

梁同書：與友人論書十一則

梁國治：夏小正

第四册　淸人書

成親王：中山松醪賦幷跋（龍元任、吳榮光跋。）　洛神賦（梁宏謙跋。）

陳邦彥：陀羅尼經（龍元任跋。）

陳原舒：王宰山水歌

道光丙申梁九章自序曰、僕少時卽喜購古人法書、迨壯游京師、官西蜀、所得日夥。年來老病侵尋、翻閱漸疏、半飽蟫蠹。古人遺跡、恐就湮沒、爰擇其尤忻賞者二十二家、手摹泐石、俾垂久遠、庶無負好古之初心云爾。

張伯英云：寒香館藏眞帖六卷、淸梁九章輯。九章字雲裳、官四川知州。道光丙午勒成。自唐至淸乾嘉時二十二家、首懷素千字文、書軟弱無勁氣。乃學祝枝山體者。視陝本停雲本筆法尤平近。趙子固跋同僞。李北海札八行是學趙書者所僞。宋則朱子雲谷詩、米元章春和帖。雲谷詩曾見數本、均仿造、此書尤爲失度。眞西山魏了翁劉克莊諸跋、不必論矣。春和帖俗氛滿紙、元明人題跋無堪入目者。松雪耕織圖詩小楷頗圓熟而意味淺薄、非趙筆。方正學離落隔烟火詩亦出妄人之手。其明以前人書、惟鮮于必仁陳情表一通爲佳。是陳望之故物。成邸跋尾歎其收藏甚富。兩經籍沒、老謫邊庭、謂可謂厚亡之戒。畢竟望之目力視梁雲棠眞不可以道里計者。梁山舟論書十一則、甚有裨於學者。其精語云、筆筆透紙、筆筆不著紙、處處留得筆住、不使直走、米老無垂不縮、無往不收、是書家無等等咒。臨古一意求肖、如小兒摹仿本就能形似、豈復有我、要在有氣、若無氣息、如同死人。求逸則野、求舊則拙、不可存半點名心。其論用筆、筆頭要軟而長、軟則遒、長則靈、此與梁聞山謂要用硬筆者相反。聞山書取間架與力量、山舟書取丰神、故主張不同耳。劉石菴書築基於趙、而參以蘇董。晚年乃盡變趙之形貌、所詣出諸家以外。此易說三則、早年所書。純用趙法。郭蘭石評云『離方遁圓、絕迹而行。然趙法隨在流露、其所從入者在此、有雖欲離遁而不可得者。』此帖若專收明淸人書、非無可觀。乃欲上攀唐宋、以舖張門面。實則非惟無一唐、且無一宋、粤帖中之最下者矣。【續四庫提要】

冼玉淸曰、寒香館第一二册、唐宋人書、皆臨古之作、非懷素李邕等眞跡也。其詩話二則及臨閣帖之諸家帖、實皆姜宸英臨本。觀宸英自跋及鮑俊跋語、氣便知之。至朱子雲谷詩原本羅原覺云在新會朱小晉家、近楷書、其紙倣硬黃云。【廣東叢帖敍錄】

558 **渤海藏眞帖八卷** 明海寧陳氏刻本

明陳元瑞編刻。

渤海藏眞帖目

鍾紹京靈飛經・

褚遂良千字文・蘭亭・

陸柬之蘭亭詩・

蔡襄詩牘・

蘇軾尺牘・

蔡京大觀御筆記・

黃庭堅尺牘・

米芾蕭閒堂記・擬古詩・

米友仁蘭亭跋・

趙孟頫內景經・樂毅論・右軍三帖・眞草千文・梅花詩・題桃園圖・尺牘・

右目見鳴野山房彙刻帖目貞集、彙帖舉要及叢帖目。

渤海藏珍帖（明）海寧陳氏刻、凡八卷、首有目錄、爲彙帖所創見。若彙帖均能如此、可免後人羼入僞刻、並可檢目而知其完全與否。惜宋人刻帖、均無目錄、致後人譌傳謬指、紛紜爭辨、而無從證實。陳氏彙帖五部、以此刻爲精、亦以此刻爲流傳至廣。其中靈飛經爲石本中第一、而蔡京大觀御筆記亦甚佳。

【彙帖舉要】

歐陽輔渤海藏眞說、見集古求眞卷十三。

錢泰吉跋渤海藏眞未斷本二體千文、見甘泉鄉人稿卷十一。

錢大昕跋渤海藏眞帖、見潛研堂文集卷三十二。

陳曰霽海寧陳氏渤海藏眞帖考證、見珊網一隅卷一。

669 **湖海閣藏帖八册** 清道光十五年刻本

清葉元封摹集。元封字　慈谿人。

第一册　明沈度至沈周十三人書

第二册　祝允明書

第三册　王守仁王鏊唐寅等書

第四册　文徵明至文虹光十五人書

第五册　彭年至董其昌八人書

第六册　明陳繼儒至清陳廷敬等十八人書

第七册　龔鼎孳至姜宸英七人書

第八册　惲壽平至葉書十二人書

右目見鳴野山房彙刻帖目亨集及叢帖目。

670 **晴山堂帖六册** 明刻本

明徐宏祖集摹。

第一册　陳仁錫李流芳至陳璧十七人書

第二册　李東陽至吳綬八人書

第三册　錢福至夏樹芳十七人書

第四册　（原缺待補）

第五册　陳繼儒周延儒蔣英三人書

第六册　文震孟黃道周二人書

右目見鳴野山房彙刻帖目貞集及叢帖目。

671 **絳帖二十卷** 宋搨本　海山仙館摹古帖本

清潘師旦摹刻。

宋絳帖潘師旦以淳化帖增入別帖、重摹刻於山西絳州。見墨池編【古今碑帖考宋法帖】

絳帖目錄（依曾槃絳帖釋文本）

諸家古法帖第一

蒼頡書、夏禹書、魯司寇仲尼書、史籀書、秦丞相李斯書、秦程邈書、古法帖、衛夫人書、何氏書、蔡琰書、僧懷素書、張旭書。

歷代名臣法帖第二

漢張芝書、後漢崔子玉書、魏鍾繇書、吳青州刺史皇象書、晉丞相張華書、晉丞相桓溫書、晉丞相王導書、晉丞相王敦書。

歷代名臣法帖第三

晉太尉庾元亮書、晉車騎將軍庾翼書、晉太

守沈嘉書、晉侍中杜預書、晉王循書、晉劉超書、晉散騎常侍謝璠伯書、晉謝莊書、晉劉瓌書、晉黄門侍郎王徽之書、晉王坦之書、晉王渙之書、晉王操之書、晉王凝之書、晉海陵恭侯王邃書、晉征西司馬索靖書、晉侍中劉穆之書、晉車騎將軍紀瞻書、晉太守張翼書、晉陸雲書、晉中書令王恬書、晉太守山濤書。

歷代名臣法帖第四

晉侍中卞壼書、晉謝發書、宋特進王曇書、宋中散大夫羊欣書、宋太常卿孔琳書、齊侍中王僧虔書、隋僧智果書、隋朝法帖、宋儋書。

歷代名臣法帖第五

晉中書令王洽書、晉司徒王珉書、晉司徒王珣書、晉侍中王廙書、晉太宰高平郗鑒書、晉侍中郗愔書、晉中書郎郗超書、晉尚書令衛瓘書、晉黄門郎衛恆書、晉太傅陳郡謝安書、晉散騎常侍謝万書。

法帖第六

晉王羲之書一。

法帖第七

晉王羲之書二。

法帖第八

晉王獻之書一。

法帖第九

晉王獻之書二。

法帖第十

晉王獻之三書。

大宋帝王書第一

太宗皇帝書。

歷代帝王書第二

西晉武皇帝書、東晉元帝書、宋明帝書、齊高帝書、梁武帝書、陳永陽王陳伯智書、唐太宗皇帝書、唐高宗皇帝書。

法帖第三

晉王羲之書。

法帖第四

晉王羲之書。

法帖第五

晉王羲之書。

法帖第六

晉王羲之書。

歷代名臣法帖第七

晉王羲之書、晉王濛書、梁交州刺史阮研書、梁征南將軍蕭確書、晉長水校尉衛恆書、梁尚書王筠書、諫議大夫褚庭誨書、唐洺州刺史徐嶠之書。

歷代名臣法帖第八

溥紹之書、梁特進沈約書、羊諮書、陳朝陳逵書、唐祕書少監虞世南書、尚書郎薛稷書、唐諫議大夫柳公權書、蕭思話書、中書令褚遂良書、唐東宮長史陸柬之書。

法帖第九

唐張旭書。

法帖第十

唐顏眞卿書、晉刺史王廙書、唐僧懷素書、高閑書、李建中書。
右目見鳴野山房彙刻帖目元集、及彙帖舉要。
絳帖、宋潘師旦以淳化帖增入別帖、摹于山西絳州、計二十卷。【考槃餘事卷二】又【屠赤水帖箋】
小字法帖（卽潘師旦絳帖）歐陽修六一題跋又集古錄。詳見【六藝之一錄法帖論述十四・十五】
六藝之一錄十四絳帖條又引法帖譜系、王氏法書苑、陳曰霽絳帖考證二段、並見珊瑚一隅卷三。翁方綱跋絳帖、又記僞絳帖、見復初齋文集卷二十八。
馮浩絳帖兩卷辨、見孟亭居士文稿卷四。
陳澧跋絳帖李斯書、見東塾集卷四。
黃伯思：跋絳帖子敬書後　東觀餘論卷下。
孫承澤：宋搨絳帖　庚子銷夏記卷四。
張廷濟：絳帖（不全本）　淸儀閣金石題識卷四。
陸心源：絳閣二帖　吳興金石記卷十二。
歐陽公集古跋尾、近時有尙書郎潘師旦以官帖私自摹刻于家、爲別本以行於世。按師旦史傳無名。魏泰東軒筆錄云、蘇子美謫居吳中、欲游丹陽、潘師旦甚不欲其來、宣言於人欲拒之、子美作水調歌頭云云。此仁宗時事、與歐公所稱、當是一人。【彙帖舉要】
此帖世稱爲潘駙馬帖、或又稱絳帖、豈潘氏世居絳郡耶。帖凡二十卷、其次序卷帙、雖與淳化官帖不同、而實則祖之、特少有增益耳。
又云、單炳文論絳帖、至爲精密。頃刻石襄州、有云絳帖舊本第九卷大令書一卷、第四行內面字右邊轉筆正在石破缺處、隱然可見。今本乃無右邊轉筆、全不成字、其面字下一字、與第五行第七字亦不同。又第七行第一字舊本乃行書止字、今本乃草書心字。
又云、余獲觀眞絳帖于滄洲毛監丞所、不獨第九卷與單說正合、而二十卷首尾俱全、其帖之異同大略、條列于後。帖總二十卷、元無字號及段眼數目。第二卷鍾繇宣示帖、第一行內報字右邊直畫勾起向左畔。第二行蔘字內下面夕字上畫微仰曲。第五行名字、右脚微有一點。第十行當字上三點全、旁有微損、却在空處。已欲日帖脚下有斷石紋。此卷內第一段與第三段、石並缺右脚。第九卷大令帖、正與單炳文襄州所刻石本、纖微弗差。【譜系雜說】
絳州法帖二十卷、乃潘舜臣用淳化帖重模、而參入別帖、然比今所見閣帖、精神過之。舜臣死、二子析而爲二、長者負官錢、沒入上十卷于絳州、絳守重摹下十卷足之。幼者復重摹上十卷、亦足成一部、於是絳州有公私二本。【洞天淸錄】

鄭裕孚曰、南邨帖考云、舜臣疑卽師旦之字、然別無他書載其人。絳帖平序云絳帖傳至今者三四本、潘師旦所刻爲勝。絳州公庫本次之。

絳帖前後各十卷、相傳駙馬潘正夫以閣帖增損翻刻、間摹淳化祕旨歲月於卷末。【石刻鋪敍】

鄭裕孚曰、正夫尙哲宗第三女吳國長公主、（石刻鋪敍作第四女秦國公主誤）卒於紹興二十二年、見宋史公主傳、及建炎以來朝野雜記。後歐公之跋有八十餘年、自當以師旦所刻爲主。或曰尙哲宗女者乃師旦之後人。

閣帖以漢章帝爲首、列蒼頡夏禹書於第五。絳則蒼頡夏禹書爲首卷、置列歷代帝王書於後帖之二卷。閣摠二王帖爲五卷、絳則前後帖皆有之、衍而爲十。且以第二卷張芝王洽書析爲第二第五卷、以三卷庾亮卞壼書、析而爲第三第四卷。古帝王帖則刪漢章帝晉宣帝明康哀簡文帝梁高帝梁簡文名臣帖則削司馬攸王劭王廙蕭子雲智永唐李邕等數帖、却增入王濛羊諮書。後帖一卷、全刊入本朝太宗宸翰二卷、九卷增入張旭千文四十五字。十卷增入顏魯公王鳳高閑李建中書。【石刻鋪敍】

鄭裕孚曰、按南邨帖考云、是帖本淳化閣帖、而有增損。石刻鋪敍所列絳閣異同各目、以曾槃絳帖釋文考之、謬誤殊甚。

絳帖後分二子、卷卷析以爲二、伯仲中一人最吝、常苦其半不可得、太守又憚於挾勢挾貴而求者不能全致、使募工重刻於郡齋。【石刻鋪敍】

鄭裕孚曰、按洞天淸錄謂析爲上下十卷、則郡守足成之本、其上半尙係舊石、依此說卷析爲二、則各卷之上半亦應舊石、第譜系雜說所舉與舊石不同數處、皆在上十卷、又衞夫人書以帖文推之、當在第一卷下半、宋儋書在第四卷、而王大令書乃是第九卷第二帖、其非卷析爲二、似無可疑。且可知絳守所得舊石、乃係下十卷、故譜系雜說不言其與舊本異同一字也。其上十卷之補刻與否、今已無從推考、以南宋有上十卷翻本、而無下十卷獨行本、或終未及補全歟。

絳帖骨法淸勁、足正王著肉勝之失、然駿馬露骨、又未免羸瘠之慽。【翰林要訣】

絳帖十二卷。第一卷孔子倉頡秦漢魏人書、第二卷晉南朝唐宋帝王書、第三卷四卷晉人書、第五卷六卷右軍書、第七卷八卷獻之書、第九卷南朝隋唐人書、第十卷晉何氏衞夫人及隋唐僧人書、第十一卷十二卷宋名賢書。此刻歲久不完、崇慶初高汝礪爲節度使、又補充之、增入顏魯公諸帖、且題于後。今又不完、存者五十七幅、碑入晉王府、不易得矣。【格古要論】

絳帖比淳化高二字、【屠隆考槃餘事】
〔以上鄭裕孚說並見彙帖舉要。〕
范大澈論絳州帖、見碑帖紀證。
孫承澤絳帖考、見閒者軒帖考。
王澍絳帖考、見古今法帖考。
帖鏡、絳帖原本每卷題法帖第幾、世傳首標絳帖、分書字者、皆僞本也。與覃溪遍訪海內收藏家所藏、通共不過七卷。【彙帖舉要】
程文榮絳帖考、見南邨帖考第一册。
翁方綱曰、近今所行僞絳帖十二卷、每卷末題云淳化五年歲在甲午春王正月、潘師旦奉聖旨摹勒上石。按閒者軒帖考稱思旦尙哲宗女、又名潘駙馬帖、而集古錄云、尙書郎潘思旦、以官法帖私自摹刻於家。考文忠卒於神宗熙寧五年壬子、尙在哲宗未立前十四年、何由而稱尙哲宗女之潘駙馬乎。且集古既言私自摹刻於家、則與此題奉旨摹勒之語亦不合。蓋當南宋時、曾幼卿姜白石皆得自傳聞、其時眞絳帖已不可見、是以曹明仲所見十二卷者、已非今日之十二卷、而王鎢林所稱絳刻者、亦就今所行之本言之耳。
【復初齋文集】
邵松年論宋拓絳帖、見澄蘭室古緣萃錄卷十八碑帖。
山西通志、元王沂絳守李榮祖政績碑、絳帖碑石多散失、公求之、復其十之八九、序列於集古堂。　明呂柟記、絳州守程君騰漢於州治左壁、得頡禹孔籀四書、乃未移晉府者。
歐陽輔云、十二卷絳帖、雖爲僞作、然鐫刻頗精、紙墨亦有佳者、且發現甚早、大約明初人或元人所爲、有以爲金人者、亦未可知。詳見【集古求眞卷十二】又【補正卷十二】
絳帖二十卷、宋尙書郎潘師旦刻於絳州。師旦歿、其子析帖爲二、長者負官錢、上十卷沒於官、絳守重摹下十卷、補成之。幼者復摹上十卷、於是絳帖有公私二本。靖康之變、石燬於火、金人百年之間、重摹至再、南渡後潘氏眞本、已稱難得、今傳世者、大約皆榷場中翻刻、所謂亮字不全本、新絳本、北本是也。重摹本亦於明代入晉府、如晉世子寶賢堂帖中張旭草書數段、卽據此帖爲藍本、年世遷逝、輾轉翻勒、眞僞難辨。宋人書著錄是帖者、不下二三十家、以歐陽修單炳文（著絳帖辨正）曹士冕（又著絳帖字鑑二卷）趙希鵠姜夔曾宏父之說、較爲精確。元時惟周密趙孟頫陸友仁劉有定陳繹曾堯岳白珽七家言之。明人所稱、大半指十二卷本、間有及潘氏元本者、亦皆抄撮舊文耳。要之絳帖實爲二十卷、因格古要論有十二卷之說、遂致作僞者有絳帖十二卷之刻、不特非眞絳帖、抑且非重刻之帖矣。余曩見宋拓絳帖兩册、一第五第六零帙合册、爲李書樓藏本。卷五佚首葉、卷六首葉第一行爲法帖第六四字、次行晉王羲之書、尾有羅原覺校記五頁。又九十兩卷、九卷首行法帖第九、次行晉王獻之□、十卷首行法帖第十、下晉王獻之□尾刻淳化三年壬辰歲十一月六日奉聖旨模勒上石十九字。有王鐸孫承澤楊守敬跋。又晉府印及諸名人印凡二十九。【彙帖舉要】

絳帖別本

王澍絳帖別本考、見古今法帖考。

東庫本

東庫帖、世傳潘氏以石本補刻。【考槃餘事卷一】又【屠赤水帖箋】

世傳潘氏所刻法帖石分而爲二、其後絳州公庫乃得其一、於是補刻餘帖、是名東庫本、第九卷之舛誤、蓋始乎此。今好事之家所藏絳帖、率多此本。衛夫人一帖及宋儋帖、頗多燥筆、此稍異於諸本。其所以不及舊帖者、以第九卷大令書石不破缺、而炳文所論三字已誤、且逐卷逐段各分字號、以日月光天德、山河壯帝居、太平何以報、願上東封書爲別、此又異於舊帖也。【彙帖舉要】

六藝之一錄法帖論述十四引法帖譜系。

王澍東庫帖爲絳派考、見古今法帖考。

宋東庫本　此帖有公私二部、潘氏復重刻於絳州、見墨池編。【古今碑帖考宋法帖】

亮字不全本

此帖與東庫本絕相似、或只是一石、但庾亮帖內亮字皆無右邊轉筆、避亮諱也。【彙帖舉要】

新絳本

同東庫本、獨衛夫人宋儋二帖、無燥筆、又字畫較東庫本微局促。【彙帖舉要】

北本

墨色與古本相近、而第九卷大令書只同新本、未知何處所刻。【彙帖舉要】

又一本

第九卷大令書、字畫亦悞、獨面字有右邊轉筆、異於他本、且不與舊本同也。【彙帖舉要】

王澍新絳本、北本、又一本考、見古今法帖考。

六藝之一錄法帖論述十四、新絳本、北本、引法帖譜系、石刻鋪敍、格古要論。

武岡舊本

不知刻於何時、碑段稍長、而日月光天德等字號、間於行中。第一卷衛夫人宋儋無枯筆、第九卷大令帖諸字皆誤、信乎出於新絳也。【彙帖舉要】

王澍武岡舊本考、見古今法帖考。

六藝之一錄法帖論述十四、武岡舊本、引法帖譜系、石刻鋪敍。

武岡新帖

卽舊石也、庸謬之人、厭其字畫淸瘦、頗加修治、遂失本眞。第二卷鍾繇帖內再世榮名、今名字已修作谷字、且拓匠不工、字畫模糊、略不可辨。　按萬姓統譜、汪立中嘉定間出知武岡軍、新帖卽出立中手、武岡帖之有釋文、亦立中所補刻。【彙帖舉要】

孫承澤有武岡帖考、見閒者軒帖考。歐陽輔有武岡帖說、見集古求眞卷十二。又文淵閣書目辰字號第一廚有武岡法帖釋文一部、一册、闕。是此帖尙有釋文也。今未見。

武岡帖 董其昌及陳仲醇（繼儒）說、詳見【六藝之一錄法帖論述十五】

王澍武岡新本考、見古今法帖考。

六藝之一錄法帖論述十四、武岡新帖、引法帖譜系、王氏法書苑。

福淸本

福州福淸縣民家、舊有板刻絳閣急就章、雁塔題名四帖、其刻稍精、賣碑家得之、往往駕名官帖以惑人。但彼中匠者不善用蠟、每每有研光痕、可以證驗。【彙帖舉要】

王澍福淸本考、見古今法帖考。

六藝之一錄法帖論述十四、福淸本、引法帖譜系。

烏鎭本

湖州烏鎭張氏、以絳閣二帖、鋟木家塾、長沙折府所藏二十卷模刻、頗精、疑是此本。第九卷復面帖字誤、而鵝羣帖止是微損、字畫尙完、此稍異於新絳。【彙帖舉要】

王澍烏鎭本考、見古今法帖考。

六藝之一錄法帖論述十四、烏鎭本、引法帖譜系、王氏法書苑。

彭州本

掘地得之、字畫淸勁、頗類舊武岡而差優。

按彭州帖僅十卷、不甚精采。【彙帖舉要】

宋彭州帖、取歷代法帖十卷、刻於彭州。見墨池編。【古今碑帖考宋法帖】

王澍彭州本考、見古今法帖考。

孫承澤彭州帖考、見閒者軒帖考。

六藝之一錄法帖論述十四、彭州本、引法帖譜系、格古要論。

彭州帖、彭州重刻之歷代法帖十卷。詳見【考槃餘事卷一】又【屠赤水帖箋】

資州本

資州以新絳前十卷刻石、前有目錄、元刻廨石上續拓者、不逮舊所得本遠勁矣。【彙帖舉要】

木本前十卷

甲秀陳氏藏、不知所出。【彙帖舉要】

又木本前十卷

不知所出、稍不逮甲秀所藏、雖皆出于新絳、然亦自是一種。 按右列別本見譜系雜說、此外有上蔡本、比舊絳帖少下十卷、見洞天淸錄。又有賈秋壑刻本二十卷、亦用北紙模搨、見周密志雅堂雜抄、餘刻不具載。【彙帖舉要】

六藝之一錄法帖論述十四、資州本、木本、並引法帖譜系。

王澍資州本木本（以上絳派）考、見古今法帖考。

蔡州帖（彙帖舉要未收）

蔡州帖、上蔡州重摹絳帖上十卷。詳見【考槃餘事卷一】又【屠赤水帖箋】

宋蔡州帖、蔡州臨摹絳帖上十卷刻石、出臨江潭帖之上。見墨池編。【古今碑帖考宋法帖】

孫承澤蔡州帖考、見閒者軒帖考。

蔡州帖　王氏法書苑、格古要論、並見【六藝之一錄法帖論述十四】

672 **絳帖平二十卷**　今存六卷

宋姜夔撰。直齋書錄解題著錄一卷、文獻通考著錄二十卷。從朱彝尊以後、四庫全書總目提要、鄭堂讀書記、善本書室藏書志等、皆爲六卷之殘本。詳見本書第七八三葉。

朱彝尊絳帖平跋、見曝書亭文集卷四十三。

673 **絳帖釋文二卷**

宋曾槃撰。四庫未收。詳愛日精廬藏書志。

674 **詒晉齋模古帖十卷**　清刻本

清永瑆編次摹刻。永瑆即成親王。增廣歷代畫史彙傳補編卷四作永理誤。

詒晉齋模古帖（清）成親王永瑆以所藏眞蹟刻於石、凡十卷。版式高大、異於自書之詒晉齋帖。【彙帖舉要】

歐陽輔論詒晉齋模古帖、見集古求眞卷十三。

675 **越州石氏博古堂帖**　宋拓本　上虞羅氏影印本

宋石氏摹刻。

程文榮曰、寶刻叢編所列帖目、周穆王吉日癸巳、蔡邕石經遺字、鍾繇力命表、鍾繇墓田丙舍帖、王右軍蘭亭記、黃庭經遺字、海字樂毅論、東方先生畫像贊、獻之十三行、洛神賦、晉賢書、曹娥碑、集正書筆陣圖、歐陽詢書心經、玉枕尊勝咒、褚遂良小字陰符經、褚遂良草陰符經、褚遂良度人經、虞世南破邪論序、顏魯公寒食帖、顏魯公論座位帖、顏魯公祭伯父文、顏魯公祭姪文、顏魯公馬伏波帖、顏魯公鹿脯帖、柳公權清淨經、柳公權消災經、柳公權泥甚帖、白樂天詩簡、凡二十七種。據蘭亭考及宋理宗蘭亭集刻、內蘭亭當有二本。閒者軒帖考所舉各種、多出此、米元章書及集漢隸千文、以是知此帖本名博古堂帖、陳書以五季爲斷、遂去宋朝人書、并易其名耳。【南邨帖考第二冊】

范大澈論越州石氏小楷、見碑帖紀證。

邵松年宋拓博古堂帖小楷二種、見澄蘭室古緣萃錄卷十八碑帖。

越州石氏博古堂帖（南宋）此帖自陳續芸載入寶刻叢編、題曰石氏所刻歷代名帖、於是元明著錄家絕無博古堂帖之稱。自孫北海以博古堂帖著入閒者軒帖考、於是翁覃溪龔遂又歧而爲二。惟何義門評校庚子銷夏記有云、北海藏丁道護啓法寺碑、希世之寶也。此記顧不載、意者又得於庚子後耶。否則不讀寶刻叢編、遂忽之耶。越州石氏帖、北海亦獨得全者、今歸雲間司農文房。經余始爲辨其由來、甚矣考證之不可不廣也。此爲不誤。洪頤煊平津讀碑記再續目爲越州石氏博古堂帖、蓋亦因義門而曉。案嘉泰會稽志記尚書石公弼藏書、其後頗弗克守、而從子大理正邦哲盡以金求得之、於是爲博古堂、則石氏帖之即博古堂帖、本不必見帖而知、亦不必比較帖目而后知。不解覃溪既見義門所校銷夏記、而仍以石氏與博古爲二帖何也。復初齋文集中論小楷帖諸篇、固纖毫不肯放失、然以樂毅爲停雲出博古、墨池出石氏、恐其他未必足爲憑據耳。邦哲字熙明、紹興三年爲大理評事、乾道初洪文惠守會稽時熙明已亡、嘗從其子祖禮及固問莊問兄弟假所藏碑以成隸續。是帖之刻、當在南宋初年、而清容集乃云慶曆時刻、銷夏記以爲政和以前搨本、皆不可曉。至碑帖紀證作石揚休、大瓢偶筆作石元之、圭美堂集云石氏名熙明、則更不足辨也。　按此帖宋元惟陳續芸、袁清容二家著錄、明代則紹興王龍溪、姚江汪石鼎、長洲文文水皆有之、見碑帖紀證。【彙帖舉要】

676 **滋蕙堂墨寶八冊**　清乾隆三十三年刻本

清曾恆德摹刻。恆德字省軒。嘉祥人。

第一冊　唐摹右軍及率更永興等書

第二冊　唐摹大令及褚河南等書

第三冊　鍾可大六甲靈飛經

第四冊　顏平原、李北海、李西臺三家書

第五冊　宋蔡君謨、蘇東坡等書

第六冊　宋米元章書

第七冊　元趙松雪書

第八冊　趙松雪、鄧善之、及明董香光書

右目見鳴野山房彙刻帖目亨集及叢帖目。

滋蕙堂帖　嘉祥曾恆德刻、凡八卷。一卷蘭亭二本、樂毅論、歐陽詢書四段、虞世南汝南公主志。二卷十三行、褚遂良倪寬贊、唐人般若經。卷三靈飛經。卷四顏書五種、徐浩出師表、李建中二帖。五卷蔡君謨、蘇東坡。六卷米海岳。七卷趙子昂歸去來辭、韓文三敍。八卷又趙充國頌、鄧文原二帖、董其昌心經。是帖模刻精善、當時風行。靈飛經尤佳、評者謂雖不及渤海藏眞之生動、而端凝過之。趙書韓文、亦爲精本、其他亦俱可觀。【集古求眞卷十三】

按是帖刻於乾隆三十三年六月、曾恆德字省軒。【彙帖舉要】

曾恆德撰有滋蕙堂法帖題跋一卷、有昭代叢書本、詳見本書第七九〇葉。又李放清書史卷十九有曾氏傳。陳曰霽滋蕙堂靈飛經考證、見珊網一隅卷一。

677 敬一堂帖三十二冊 清刻本

清蔣洲摹刻。洲字履軒。常熟人、官山東巡撫。

一冊 唐宋眞蹟、顔魯公、宋徽宗、蘇文忠書

二冊 蘇文忠、蔡文忠書

三冊 米南宮書

四冊 米南宮書

五冊 黃山谷書

六冊 黃山谷書

七冊 黃山谷及秦淮海、朱杞、朱文公等書

八冊 元人眞蹟、趙文敏書

九冊至十三冊 趙文敏書

十四冊 趙文敏及康里子山書

十五冊 鮮于伯幾書

十六冊 趙文敏、吳仲圭書

十七冊 顧阿瑛至朱德十人書

十八冊 楊維楨至沈澄十人書

十九冊至三十冊 明人眞跡、董文敏書

三十一冊 唐六如、文衡山書

三十二冊 文衡山至彭年六人書

右目見鳴野山房彙刻帖目亨集及叢帖目。彙帖舉要附錄彙帖補敬一堂帖二十四卷、虞山蔣洲。蓋非全本。陳曰霽敬一堂帖三十二卷考證見珊網一隅卷一。

678 睢陽五老圖一冊 清道光二年刻本

清錢天樹摹刻。天樹字夢廬、嘉興人。此帖自明錢明逢至高廷瑤題名止、共五十二人書。前有朱彝尊題四字額、後有何太清、繆光岱、錢天樹跋。詳見鳴野山房彙刻帖目利集、又見叢帖目。

679 落紙雲煙帖四卷 清華亭沈氏刻本

清沈氏摹刻。此帖見彙帖舉要附錄彙帖補。又賜金堂帖、亦沈氏所刻。

680 筠清館法帖六冊 清道光刻本

清吳榮光編次。榮光見書林藻鑑卷十二。筠清館法帖六冊（道光庚寅摹泐上石梁智齋郭子堯鐫字）清南海吳榮光編次。榮光字殿垣、一字伯榮、號荷屋、又號石雲山人。生於乾隆三十八年癸巳（一七七三）中嘉慶三年舉人、四年成進士、散館授編修、入直軍機、歷中外官至湖南巡撫、署湖廣總督、所至有惠政。生平於法書名畫吉金樂石、視同性命、收藏之富、幾埒前明項子京。箸有筠清館金石錄、其金文五卷、孤文碎義、每

足以證經。兼工書法及山水。其書由歐陽詢而旁涉蘇軾。畫宗吳鎮。以曾得蘇軾題文與可卷。又號所居曰坡可庵。榮光家本素封。早登詞館。得與當代名公鉅人上下議論文章學術。具有淵源。其駢儷詞章之學得之德清蔡之定。訓詁聲韻之學。得之大興翁方綱。眞行草隸之學。得之諸城劉墉。以道光二十三年癸巳卒（一八四三）年七十一。著有吾學錄、歷代名人年譜、石雲山人文稿、綠伽藍館詩稿及刻有筠淸館集帖。（同治壬申南海縣志、國朝耆獻類徵、嶺南畫徵略、金石學錄）

卷一　晉梁人書

晉　王羲之：樂毅論（劉墉　翁方綱　吳榮光跋）

黃庭經（米漢雯　林佶　何焯　陳世治　吳榮光跋）

霜寒帖（吳榮光跋）

快雪時晴帖（翁方綱、吳榮光跋）

告姜道等七帖（吳榮光跋）

孝女曹娥碑（吳榮光跋）

王獻之：洛神賦十三行（翁方綱跋）

衛恒：往來帖（吳榮光跋）

王珣：伯遠帖（吳榮光跋）

王濛：餘杭帖（吳榮光跋）

梁羊：期聚帖（吳榮光跋）

無名氏：服散帖（吳榮光跋）

卷二　唐君臣書

唐太宗：秀岳銘（吳榮光跋）

唐人臨：蘭亭序殘字（釋悅高遜志、吳榮光跋）　王羲之瞻近帖　漢時帖（趙孟頫補八行、鄧文原、袁桷、張嗣眞、虞集、吳寬、翁方綱、成親王跋）　王獻之地黃湯帖（常生、成親王跋）　薛稷涅槃經五段（英和觀款、吳榮光跋）

張旭：千字文殘字（翁方綱釋文）

唐人書：藏經殘字（成親王跋）

卷三　宋君臣書

宋太宗：崔顥黃鶴樓詩

宋徽宗：祥龍石、松竹文禽、御鷹三圖題識（蔡京題）

宋高宗：輕舠七絕詩

范純仁：拜僕射告身疏（任希夷　吳寬　吳榮光跋）

卷四　宋人書

蔡襄：進茶錄前敍（吳榮光跋）

黃庭堅：題几帖

米芾：龍眞行　雜記　南山帖　打糧帖　門中帖　伏日帖

薛紹彭：重陽日寄弟詩（翁方綱摹本　吳榮光跋）

吳說：起居帖

吳琚：書庾公誄（王文治　吳榮光

跋）
張卽之：引年帖（吳榮光跋）
卷五　元人書
趙孟頫：洛神賦（成親王補前缺廿四行　劉統勳　成親王　吳榮光跋　周厚轅　英和觀款）　退之札（吳榮光跋）
鮮于樞：歸去來辭（吳榮光跋）
倪瓚：與良常府判書及詩
樊士寬：書方瀾詩幷跋　（吳榮光跋）
錢良佑：與起善書
蘇過：書馬治和韵詩（吳榮光跋）
倪駿：七言律詩
錢璧：與九成書
楊遵：臨張芝二王五帖（吳榮光跋）
卷六　元人書
聽雨樓圖題識元代題者二十八人、此帖祇採王蒙等十五人。）（吳榮光跋）
蘆雁圖題識（元代題者二十五人、此帖祇採蓮塘簑笠翁等七人。）（吳榮光跋）

楊守敬云大王令獻之地黄湯帖唐摹、道光時藏吳荷屋處、刻筠清館帖中。閣帖所收多是此種筆意。孫過庭所謂不克紹述者殆謂此等。（第九頁。）蘭亭定武本湅伯恭五字巳損本、吳荷屋摹於筠清館、有唐伯虎、顧從義、孫退谷高江村等印。據吳跋原本有墨瀋處、以宋王曉王沅二摹本補足、鈎勒閲八月始成。固應推近刻佳本也。（第十七頁。）樂毅論、停雲館刻二本、首本首行缺字、與絳州本同、卽元祐祕閣本、次卽越州學舍海字本也。惟僅至某字止。星鳳樓燕喜堂亦與停雲同。翁覃溪云：曾以海字本與停雲較、無毫髮爽、吳荷屋又以海字本重摹於筠清館。顧肥濁無意味。又南海葉氏以南宋再翻本重刻之、末附覃溪所作譜系、惜刻亦不精。（第二十四頁。）【平帖跋】

張伯英云：筠清館集帖、清吳榮光輯。榮光字伯榮、號荷屋。所著書有帖鏡一種、於宋帖尤有眞鑒。刻其自藏宋帖及墨迹爲六卷。第一卷晉梁人書。二卷唐君臣書。三卷宋君臣書。四卷宋人書。五六卷皆元人書。刻帖最重選擇、選擇不善、則誇多鬥靡、徒足取厭。此刻唐以前人書多取自絳帖及羣玉堂帖、爲淳化官本所未收者。宋君臣書於二帖之外兼採墨迹。元人書則專取墨迹、首卷楷帖多屬善本。以刻手平平、未能傳其神韻。小楷最不易摹、以章簡父妙手、以停雲首册以較越州石氏本相去甚遠、庸工無論矣。霜寒及王濛帖、劉石庵以爲僞書、惟採自絳帖、則由來已久、與宋後人贋迹究有區別。唐太宗温泉銘原石久佚、近歲敦煌石室出唐拓本、惟序本失其前半。絳帖所摹止有銘辭。此刻於谷暖先春、谷字誤作容、則摹勒之誤、荷屋未及檢也。落花纇岸仍岸字省筆。石門銘岸字亦書作岸。謂字當讀斦、恐未然耳。范純仁告書不工。困學歸去來辭未爲合作。刻帖以書爲主、似此不必濫充篇幅。米書皆摹自羣玉。海鹽蔣光煦別下齋所刻一卷、與此不同。若以二帖合并、羣玉中米迹已略備、龍眞行小書尤精絕也。辨楊宗道書以正項子京之誤、具見精審。同時粵中潘孔伍諸家皆有帖。海山仙館多至六十餘卷、亦裒然巨帙。筠清寥寥數册、當遠過之。選帖無識、未有不乖謬者。荷屋書學、自非諸家所可望也。【續四庫提要】

冼玉清曰、刻帖之難、難於鑑別。鑑別當否、關乎識力。孫過庭書譜云：夫蔡邕不謬賞、孫陽不妄顧者、以其玄鑑精通、故不滯於耳目也。南海吳氏精於鑑別、在吾粵諸家中、固爲首出、卽抗衡中原、亦未多讓。當是時覃溪老人主盟海內、所至延慕、各出所藏、以收名定價於翁君、而石庵超然意興、雖不與翁氏較、而勢力亦大、常常壓壘、隱然成翁劉對峙之局。吳氏崛起南方、雖屬後起、撝謙自抑、而鼎立之勢、書林共認。今覃溪題跋散見各帖、爲世圭臬。而荷屋之帖鏡、實集帖學之大成、惜其不傳、而爲他人攘美。然隻鱗片爪、尚可考見其眼光之高超也。【廣東叢帖敍錄】

吳榮光號荷屋。張維屏松心文鈔荷屋暇則學書、取諸家法帖、鑑別參證之。　按中丞刻有筠清館法帖、又著有帖鏡、辛丑消夏記諸書、惟帖鏡未見傳本。【清畫史卷六】

681 羣玉堂帖十卷　南宋刻本

南宋韓侂胄集摹。

韓郡王侂胄刻羣玉堂帖、所載前代遺跡、多有未見者。後亦多本朝人書。韓敗後、入祕書省。【洞天清錄】

憲聖慈烈皇后、嘗以暇日、躬御翰墨、臨摹、今在祕省羣玉堂帖第一卷中、體製奪眞、故無少異。【寶眞齋法書讚智永歸田賦跋】

羣玉堂帖所載虞世南天馬贊、乃柳子厚文、荆門行見李羣玉集、非李括州也。詩亦不類開元、及柳公權詩皆謬、豈集字爲之耶。【畫禪室隨筆】

朱晨曰、宋羣玉堂帖所載前代遺跡最多。韓侂胄刻。【古今碑帖考宋法帖】

范大澈論羣玉堂帖見碑帖紀證。

羣玉堂帖、模刻極精、而紙墨亦妙、其米帖視紹興帖英光堂帖俱勝。蓋韓之客向若水、精於鑒定、帖乃其手摹也。【閒者軒帖考】

閱古堂帖、當韓相炙手可熱時、士庶豈易得拓本。既籍錄後、更名羣玉堂、傳拓自此益祕。而景炎祥興之際、礮材銷燬、不問可知。今日片牋寸楮、宜如鳳毛麟角矣。【清儀閣金石題識】

李北海書荆門行、刻於羣玉堂帖。予疑李北

海詩在太白集中者、皆沉鬱高古、無此流易。及觀王建詩、有荆門行、乃知宋人所集雲麾碑等石刻、蒙之北海也。羣玉帖有虞永興馬贊、亦見柳州集。【六藝之一録卷三百古今書論】

晁公武曰、羣玉堂帖十卷、右嘉定元年四月二十四日省劄下祕書省收藏。蓋韓平原家本也。故卷尾有印曰閱古審定法書之印、永興軍節度使印。篇首則三朝宸翰、有璽文曰吳娃之章、吳氏書印、吳娃翰墨、寶章妙墨、宜爾子孫、世世寶之、康壽珍玩、皆憲聖慈烈皇后之記也。【郡齋讀書志附志法帖類】

程文榮云、羣玉堂帖、宋平原韓侂胄以家藏墨蹟入石者也。本名閱古堂帖。開禧末韓以罪死籍、嘉定元年四月二十四日被旨入祕書省。三年以著作東廊屋三間爲庫、置架設之、榜曰羣玉堂、石刻著作佐郎傅行簡書。事載中興館閣續錄、讀書附志、石刻鋪敘等書。帖凡十卷、館閣續錄云、共一百四十一段、第一卷高宗皇帝御書、三住銘、孝經、孝宗皇帝御書典論、光宗皇帝御書甘泉賦、憲聖慈烈皇后御書千文、歸田賦。第二卷王右軍、王司徒、隋僧智永、無名人書。第三卷歐陽率更、虞少監、褚中令、李北海、顏魯公、徐內史、張司業、高閑上人、柳諫議、楊少師書。第四卷懷素千文。第五卷晏元獻、杜正獻、范文正、文忠烈、富文忠、包孝肅、趙清獻、唐質肅、張文定、韓獻肅、王文公、司馬文正、韓門下、劉忠肅、蘇文定、鄒忠公、陳忠肅書。第六卷蘇東坡書。第七卷黃山谷書。第八卷米南宮書。第九卷李後主、錢忠懿、徐騎省、李西臺、楊文公、錢內翰、宋宣獻、石曼卿、蘇才翁、蘇滄浪、石徂徠、唐彥猷、陸子履、沈存中、沈睿達、滕章敏、曾南豐、劉貢父、林和靖、錢文肅、王仲至、范內翰、張存誠、張浮休、楊無爲、秦淮海、張右史、晁吏部、李姑溪、李龍眠、賀慶湖、劉巨濟、薛道祖、毛東堂、周清眞、蔡紫薇、蘇後湖、韓陵陽、陳簡齋、張無垢書。第十卷蔡忠惠、石曼卿書。今以曲阜孔氏所摹宋本第五卷驗之、知續錄所稱書人姓氏、悉依石刻標題、惟富文忠下脫失曾宣靖、胡文恭、歐陽文忠三人。然檢影宋寫本已然、當非傳鈔之誤。六硯齋記稱羣玉鐫仁宗飛白二字、殊誤。　王右軍書有快雪時晴帖、見許開二王帖中卷、注從閱古堂帖模入、許釋云、元章謂今世無右軍眞字、此當爲眞字帖。以上見【南邨帖考第三册】

羣玉堂帖　石刻鋪敘、格古要論、並見【六藝之一錄法帖論述十四】

陳曰霽羣玉堂帖考證、見珊瑚網一隅卷三。

王澍羣玉堂帖考、見古今法帖考。

歐陽輔說、見集古求眞卷十二。

翁方綱跋羣玉堂刻石曼卿帖（三首）、又跋羣玉堂初拓米帖殘本（二首）、又跋羣玉堂米帖、並見復初齋文集卷二十五。

張廷濟摹玉堂米帖（海昌蔣氏重摹本）見清儀閣金石題識卷四。

宋張斛集摹。

682 鼎帖二十卷　一云二十二卷亦名武陵帖　宋紹興刻本　民國二十五年商務印書館影印宋拓存三・五・十卷本

曾宏父曰鼎帖二十二卷、紹興十一年辛酉十月郡守張斛集祕閣法帖、合潭絳臨江汝海諸帖參校有無、補其遺闕、以成此書。後列郡官名銜。以本朝太宗御書冠於首卷。二卷至四、則古帝王書、增隋煬帝絳閣之所無者。五卷爲蒼頡夏禹書暨古鐘鼎款識。六卷以後則歷代名臣帖。十卷之末、卽二王書、亙十七卷之首而止。二十卷則顏魯公帖居半。張長史草書亦係橫刊、視閣絳名賢帖多五之一。末卷亦祖絳帖。殿以李建中字。較之諸帖爲詳。然止木本、世稱舊有石碑、前末之見、且跋語亦不敍及、儻有舊刻、安能入閣之續帖晉武消息書唐明皇鶺鴒頌等帖。【石刻鋪敍】

武陵郡齋板木、較諸帖增益最多、博而不精、殊無足取。【譜系雜說】

武陵帖亦二十卷。雜取諸帖重摹、而參以人間未見者。其間惟右軍小字黃庭最妙、他帖無所用也。【洞天清錄】

較諸帖中所增最多、中有右軍黃庭經、他本所無。【考槃餘事卷一】又【屠赤水帖箋】

鼎帖廿卷、紹興廿一年武陵丞趙鋌與子濬編次者也。石硬而刻手不精、雖博而乏古意。【書法離鉤】

宋武陵帖計二十卷、較諸帖增益甚多。中有右軍黃庭經、因重摹刻於武陵。見墨池編（宋法帖）【古今碑帖考】

朱晨曰、鼎帖石硬、且刻手不精、雖博、殊乏古意。【古今碑帖考】

王澍鼎帖卽武陵帖考、見古今法帖考。

武陵帖（卽鼎帖）　法帖譜系、石刻鋪敍、格古要論、容臺集【六藝之一錄法帖論述十四】

武陵帖二十卷。紹興十一年郡守張斛雜集諸帖臨摹、而參以人間未見者、以木刻之。後列郡官名銜。每段有武陵字、及隸書千字文等號。舊謂所刻小字黃庭經、精妙絕倫。【閒者軒帖考】

話雨樓碑帖目錄卷四有武陵帖五卷。鼎帖采別帖刻於武陵郡齋、武陵屬鼎州、故又稱鼎帖。帖首不題帖名、中間時有武陵字、凡二十二卷。帖尾列郡官姓名。實爲木板、以隸書千文編號、或以爲王若谷所集成、或以爲通判趙子濬所鐫刻、或以爲武陵丞趙鋌編次、則皆當時官佐列銜於後者、在事出力、殆各有勞、而張爲長官、獨尸其名耳。此帖著錄家每偏舉一人、又啓後人疑惑、有歧武陵帖鼎帖爲二者、有混武岡武陵爲一者、皆未見帖

本、又不詳考之誤。【集古求眞卷十二】
鄭裕孚曰、通判趙子濬刻、係本徐澄齋說、以書法離鉤考之、當作趙濬。【彙帖舉要】
鼎帖凡二十二卷、紹興二十一年通判趙子濬刻。【六藝之一錄法帖論述十五】
陳璞書鼎帖索征西書月儀帖後（二篇）又書鼎帖索征西出師頌並見尺岡草堂遺文卷四。

683 **壽石齋帖四卷** 淸崑山孫氏刻本

淸孫氏摹刻。
此帖見彙帖舉要附錄彙帖補。

684 **壽鶴山房法帖四卷** 淸刻本

淸石韞玉摹勒。韞玉字琢堂、吳縣人。
一卷　宋米元章至明沈啓文五人書
二卷　文徵明書
三卷　文徵明至張世文五人書
四卷　唐寅、王百穀、董思白書
右目見鳴野山房彙刻帖目利集及叢帖目。

685 **綠谿山莊法帖三册** 淸嘉慶八年刻本

淸唐士燮摹泐。士燮字作梅、秀水人。
第一册　漢汲黯傳等
第二册　段從周止齋記（趙書）
第三册　陸士衡演連珠（董書）
叢帖目止見三册。
查鳴野山房彙刻帖目利集同。
彙帖舉要附錄彙帖補目有綠蓑山莊帖、嘉興唐作梅、實卽此帖之誤。

686 **鳳墅帖十册續帖八册畫帖一册題詠一册** 宋拓本

宋曾宏父摹刻。
鳳墅帖二十卷、嘉熙淳祐間勒石、置吉州鳳山書院、七年乃成。初卷七朝宸翰、二卷東都名相名賢帖。三則東都南渡廷魁帖。四則熙豐黨人暨崇觀攻黨帖。五則淸江三劉帖。六則曾南豐暨武城帖。七則蔡忠惠暨蘇帖。八則蘇門諸賢帖。九則歐陽文忠唐三宗贊稿、司馬文正議百官表、書東坡翰苑制稿。十則東都名賢詩贊、六一集古跋。十一則黃太史帖。十二則米元章寶晉帖。十三則南渡名相帖。十四則南渡執政帖。十五則南渡儒行幷續廷魁帖。十六則紹興正論暨慶元正人帖。十七則南渡文藝帖。十八十九則南渡詩文題跋。二十則吳紫谿范石湖楊逃禪帖。　畫帖二卷、上則宣和墨戲道子風雩圖伯時九歌圖等十二段。下則羲之蘭亭圖幷敍文考訂。　時賢鳳山題詠二卷。　續帖二十卷、淳祐間接續前帖入石、首卷東都名賢文忠烈等帖。二卷歐陽公梁史斷稿、康節逢春吟。三卷江南李主吳越錢王暨東都名賢帖。四卷忠義程剛愍楊忠襄南渡將相名賢帖。五卷向文簡呂文靖宋景文東都名賢帖。六卷羅愈試衡告身女眞閩主等僞官制度外帖。七卷胡文定致堂五峯南渡儒行帖。八卷乾淳續相南渡名賢帖陸放翁楊誠翁書語孟章句并詩文。九卷李梁谿游靑原詩。十卷范石湖游大仰七言詩。十一卷再游大仰五言詩並帖。十二卷東都宰相張文懿晏元獻龎莊敏蘇司空陳文恭王文恭趙淸獻唐少宰劉文安書翰。十三卷南渡宰相史越王鄭魏王秦申王（此卽賊臣檜）小柬。十四卷名賢范文正馬忠肅蒲密院吳密院劉忠定蔡紫微鄭左丞薛恭敏劉攽對劉徽學小柬。十五卷東都文藝蘇滄浪陸學士孔舍人蕭僕卿蕭理丞詩文。十六卷文藝薛錢塘劉屏山趙撫守章莊敏林和靖蘇後湖韓南澗王復齋張于湖羅與齋陳少卿劉正字趙章泉詩跋。（按以上皆眞跡、自十七卷迄二十卷則參取奎畫名墨輯而繼之、不盡眞墨也。）十七卷首取太祖書大宋一統字、太宗雜書、英宗賜懷璉批、神宗書西郊書詩、哲宗書罰弗及嗣四字、欽宗書琢玉賦、憲聖吳后書歸田賦。十八卷則東都名賢徐騎省胡文恭趙清獻楊文公唐質肅滕章敏錢文肅錢內翰包孝肅雜帖。十九卷東都文藝石徂徠張存誠沈存中唐彥猷王仲至沈獻逵楊無爲石曼卿詩柬。二十卷東都名賢劉巨濟薛道祖蘇才翁毛東堂周淸眞賀慶湖李文敏楊龍學張祕閣詩文。於是正帖續帖皆滿二十卷、而名畫題跋、又有二帖、鳳墅鐫終始大略如此。【石刻鋪敍鳳墅帖曾宏父自敍】

曾又卿宏父刻石鳳山書院、前帖二十卷、續帖二十卷、皆宋朝人書。曾云、本朝聖君名臣眞筆、目所見者刻之、自成一家、又於人之賢姦、各分品類、自謂可以續通鑑。【閒者軒帖考】

晁公武曰、鳳墅帖二十卷、畫帖二卷、續帖四卷、右廬陵曾宏父刻國朝聖賢帖也。【郡齋讀書志附志法帖類】

王澍鳳墅帖考、見古今法帖考。

程文榮鳳墅帖考、見南邨帖考第四册。

鳳墅帖二十卷。予所藏南渡名相執政二帖、於第爲十三十四。益都李南澗嘗釋其文、刻之粵東。癸丑仲冬、澤州胥燕亭訪于吳門、篋中出米帖甘露寺多景樓二詩、附以小米二札、則鳳墅帖之第十二也。與寒家所藏紙墨行款、無一不同、爰抄其文、補入南澗所刻釋文之首。此外十有七卷及續帖、畫帖、未識天壤之大、尙有留傳否。【潛研堂文集】

歐陽輔說、見集古求眞卷十二。

鳳墅帖（南宋）按鳳墅帖鐫於廬陵之鳳山別墅。前帖十册、板六百四十四、板石一百七十片、續帖八册、板五百七十六、板石一百四十一片、畫帖一册、板八十、板石十八片、題詠一册、板八十、板石二十一片。宏父跋成於戊申春、則淳祐八年也。宏父廬陵人、三復之子。三復光寧之間、以刑部侍郎致仕、宋史有傳。宏父字又卿（錢大昕跋作幼卿）。朱竹垞曰、石刻鋪敍爲宋建昌曾宏父撰、宏父本名惇、字季卿、實誤。（建昌之曾宏父、紹興十三年知台州事、相去一百又五年）【彙帖舉要】

鳳墅帖曾宏父刻、詳見石刻鋪敍。【六藝之一錄法帖論述十四】

錢大昕跋法鳳墅殘帖三首、見潛研堂文集卷三十二。

吳榮光葉東卿志銑中所藏鳳墅堂帖跋、見石雲山人文集卷五。

淸姚衡、姚晏、錢大昕共撰鳳墅殘帖釋文十卷、有石廬金石書志解題、詳見本書第七九〇葉。

687 **劉梁合璧四册** 淸嘉慶庚申年刻本

淸陳留摹刻劉墉、梁同書二家法書。

第一册　石庵法書共六種

第二册　石庵法書共八種

第三册　山舟法書共五種

第四册　山舟法書共二種

右目見鳴野山房彙刻帖目利集、及叢帖目。帖目云、後有陳留跋一首。

後一人所書之帖中有劉墉、梁同書二家之法書、可以參閱。

688 **墨池堂選帖五卷** 明萬曆三十年刻本

明章藻摹刻。

墨池堂法帖目錄

一卷　王羲之書・

二卷　王羲之書・王徽之書・王操之書・王渙之書・王獻之書・索靖書・智永集右軍書・

三卷　虞世南書・褚遂良書・柳公權書・無名氏書・李靖書・歐陽詢書・薛稷書・顏眞卿書・賀知章書・衛夫人書・徐浩書・

四卷　蘇東坡書・黄山谷書・米元章書・蔡襄書・薛紹彭書・

五卷　趙子昂書・

萬曆三十年春正月長洲章氏墨池堂摹勒上石。

右目見彙帖舉要、鳴野山房彙刻帖目元集、及叢帖目並著錄。

附章仲玉晉唐楷帖跋

余集墨池堂石刻、今春勒成之後、忽得此宣示表昨疏帖東方讚黄庭經曹娥出師頌告墓歐書筆陣圖八種、皆越州石氏本也。觀其精神横逸、眞可奴視諸本、余年六十有四、目力雖不及往年、猶可雙鉤入石、奈疾病牽連、毫無興趣、不識今生能遂此願否。萬曆三十八年仲夏之吉章藻識跋翁方綱跋墨池堂帖、章仲玉墨池堂帖、有翻刻本以原石本細對之中間實有較原石重加整頓者如王徽之新月帖及化度寺碑中間一二泐處、蓋又取原鉤之油素審定爲之、非但以墨池原石翻刻也。蕪湖學記後小楷一跋、及趙文敏行書洛神賦、則原石皆無之。至其中沿舊刻可取者若樂毅論不全本實出於越州石氏本勝文氏停雲之樂毅論不全本遠矣此墨池堂帖全部之精華也。其沿舊刻謬者則洛神十三行擢輕軀擢譌爲權、申禮防防誤爲方。【復初齋文集卷二十八】

歐陽輔墨池堂帖說見集古求眞卷十三、又補正卷十三。

墨池堂帖、明吳門章簡父藻自刻、萬曆三十八年春告成隨刻隨搨故道德經文賦俱有單行本。全帖有木刻本、亦有石印本。　按章藻係明人、集古求眞作章藻功、誤。藻功字豈績、康熙癸未進士、有思綺堂集。【彙帖舉要】

王宗炎重刻墨池堂帖書後、見晚聞居士遺集卷五。

689 墨妙軒帖四卷　清乾隆十九年刻本

清乾隆十九年奉勅摹刻。

墨妙軒帖、清乾隆十九年奉勅刻、以爲三希堂帖之續、故帖式與三希堂同。凡四卷。始褚遂良、迄趙子昂、凡三十餘種。內孫過庭千字文、未避諱、恐係贋本。帖目有標三希堂續帖者非。【彙帖舉要】

歐陽輔墨妙軒帖說、見集古求眞卷十三。

690 澄心堂帖六册　宋搨本未見

南唐摹刻。

居易錄引姜西溟云、嘗見南唐澄心堂法帖六册、眞祖搨也。澄心堂乃南唐烈祖節度金陵之宴居、世以爲元宗書殿誤矣。宋時有澄心堂書目三十餘卷。【閒者軒帖考】亦見【彙帖舉要】

程文榮澄心堂帖考、見南邨帖考第四册。

691 澄清堂帖十卷　宋搨本　海山仙館模古帖本　民國四年日本京都小林寫眞製版所影印南唐眞本（王羲之書）二册

南唐徐鉉等奉勅鐫刻。

范大澈論澄清堂帖、見碑帖紀證。

王澍澄清堂帖考、見古今法帖考。

孫承澤澄清堂帖考、見閒者軒帖考。

澄清堂帖（南唐）澄清堂帖名始見於嘉靖隆慶間明人之著錄。邢子愿云、澄清初不定何代本、亦不知幾卷。（顧研山董思白孫退谷、俱謂傳是南唐李後主命侍中徐鉉所鐫。又宋人謂爲賀鑑摹勒者。東觀餘論則謂賀鑑手模勒石澄心堂者、爲十七帖、非此帖也。）閒者軒帖考謂爲十卷。王宇泰云、至吳江、得觀王行孝所藏澄清堂帖十卷、皆二王書。董思白見五卷、採其尤異者爲一卷、以殿戲鴻堂帖之末。邢氏來禽館所藏亦五卷、後歸膠西高尚書家、展轉又爲王氏所得。紫藤花館主人云、泰州宮氏收得一册、有王覺斯跋、膠州士人家尚有一册、伊僅得二卷云云。宮氏本爲廉南湖所得、計十七葉、紫藤本亦印出、只十六葉、審與南湖本確爲來禽館五卷中物、兩家共得三十三葉、其餘存否、不可得知也。孫退谷何義門所見皆三卷。（卷一卷三卷四）　海虞息盦居士云、謂爲十卷者、據帖中甲乙丙丁計數定之。王氏竹溪以所得五卷右軍遺墨大致已備、以是又因欲目五卷爲完本也。然是帖在人間者、何以兩本皆在前四卷、則當時竟未刊成十卷、亦未可知。　孫退谷云、書家草法、宜入規應矩、力能扼腕、處處停筆爲佳、所謂忙中不及作草也。此法惟右軍獨據其勝、而澄清堂帖、悉傳其神。　何義門云、澄清堂帖、世難多購、然即此亦足大觀。於淳化大觀絳潭太清樓諸搨爲遠勝也。●　按漢靈帝時、立五經石碑於白虎院、唐文宗開成中、刻九經文於國學、後梁朱温之子、亦刻貞明帖。其彙合各家之字而刻之者、相傳始於南唐、帖名有四、曰昇元、保大、澄心、澄清、俱見著錄。程文榮云、昇元澄清皆僞帖。有以澄清堂帖爲南唐官帖、於是竄帖者、又造澄心堂帖以實其名、實未有澄心堂帖之刻也。惟保大帖實爲法帖之祖。古今法帖考云、保大刻帖、從無及者。歐陽輔則云昇元保大俱僞帖、惟李煜實刻澄心堂帖。顧研山董思白混澄心爲澄清、誤。又云、前人謂宋下江南得昇元帖石、淳化初增爲十卷、其說實誤。周恭以昇元爲翻刻保大、亦誤。年遠羣說不一、姑俱存其帖名、以俟好古者之詳考焉。【彙帖舉要】

翁方綱跋澄清堂殘帖云、今就退谷藏本驗之、卷前第一行題曰澄清堂帖卷一、次行題曰王右軍、下注云、甲一、又次一行題曰王右軍帖卷一、據此標題文法字法、頗與南宋坊賈刻書體勢相埒。【復初齋文集卷二十八】

鄭裕孚曰、卷三王右軍下注丙一、卷四注丁一、餘同。

邵松年宋搨澄清堂帖說、見澄蘭室古緣萃錄卷十八碑帖。

歐陽輔澄清堂帖說、見集古求眞卷十二、又補正卷十二。

邢子愿澄清堂刻、瘦健可愛、間有一二筆轉折失度處。然其佳者正如初脫也。【評書帖】

葉昌熾跋者介春摹刻澄清堂殘帖、見奇觚廎文集卷中。

孫承澤澄清堂帖論、見庚子銷夏記卷四。

張廷濟重摹澄清堂帖舊拓本、見淸儀閣金石題識卷四。

錢泳曰、自賀季眞手模右軍書十卷、爲澄清堂帖、以開刻帖之端。見【履園叢話卷九碑帖】

692 **澂觀閣摹古法帖四册** 咸豐二年刻本

淸伍元蕙摹刻。

卷一　魏晉人書

魏　鍾繇：楷書宣示帖、楷書還示帖、行楷雪寒帖、（成親王跋）楷書車駕帖。

王廙：楷書除祥帖、行楷手詔帖。

王羲之：小楷黃庭經（王世貞、董其昌、笪重光跋）小楷樂毅論、小楷臨鍾繇力命帖、行書官奴小女帖。

王洽：行書不孝帖、行書兄子帖、行書感塞帖。

齊　王僧虔：行楷伯寵帖、行楷南臺御史帖。

梁　蕭子雲：小楷舜問帖、小楷國氏帖、小楷列子帖。

卷二　唐人書

歐陽詢：楷書醴泉銘（汪士鋐、何焯、徐用錫、翁方綱跋）

卷三　唐人書

唐　張旭：正楷書郎官石記（王鏊　胡續宗　王世懋　王世貞　成親王　翁方綱跋）

柳公權：小楷消災護命經

褚遂良：小楷題靈寶度人經（宋范正思跋）　小楷佛說尊勝陁羅尼咒

顏眞卿：行書祭亡伯豪州刺史文　行書贈劉太冲序（何淩漢跋）

卷四　禊帖六種

定武五字不損本

禊帖王曉本

禊帖李公擇本

禊帖嶺字從山本

禊帖神龍本

禊帖雙鈎蠟本（蔡襄跋）

俊啓跋云：南康太守伍君儷荃篤嗜石墨、鑑別彌精。其集晉唐宋元明諸書眞蹟上石者、凡十二卷、名曰南雪齋藏眞帖、選刻皆精。集魏晉齊梁唐諸家拓上石者凡四卷、名曰澂觀閣模古帖、尤良、此皆端溪郭子堯區遠祥梁天錫諸名手所刻。余丁丑督榷來粵時、儷荃旣逝、且困、何伯瑜與其弟蘧盦爲之介紹、以其藏眞帖石歸余、以永其傳。今辛巳春、伯瑜復以其模古蘭亭帖石六種畀余、以壯歸裝、何多幸也。是刻當以神龍本爲甲、觀定武乙之。游藏各種亦形神克肖。書此以記墨緣。

楊守敬云：大觀帖存第一第二第九三册、南海伍氏所藏、的爲宋刊原拓、中有宣示帖、神采爛然。以太傅爲眞書鼻祖。宣示又右軍絕

作。【鄰蘇老人手書題跋】

張伯英云：澂觀閣摹古帖四卷、清伍元蕙輯。元蕙字儷荃、有南雪齋藏眞帖已著錄。南雪皆摹自墨蹟、此則重摹古刻、多宋搨本之罕傳者。嘉道間粤中刻帖頗盛、筠清館之外、大都眞雜贋糅。南雪僞書較少、其鑑別視潘孔諸家爲優。此帖分卷無次第、魏晉齊梁一卷、唐二卷、禊帖六種一卷。魏鍾繇、晉王廙、王羲之、王洽、齊王僧虔、梁蕭子雲、僧虔二啓、子雲列子、均出泉州閣帖。泉帖宋時所刻。淳熙間莊夏已有摹本、而孫退谷閒者軒帖考謂洪武四年泉州知府常性所刻、殊誤。常刻乃釋文也。泉本小楷尤精、在一切覆刻之上。但原本不易見。通行書悉明翻。無足觀耳。玉潤帖包慎伯以爲王凝之書、右軍卒於升平五年、不及見大令之小女玉潤、所論甚當。黄庭比筠清摹本甚瘦。王元美董香光跋極爲稱讚、而不見精采。重刻小楷最不易肖。其神韻更非粤中刻手可傳。尊勝咒題曰唐法帖、不曰李更書、亦有見地。劉太冲序用忠義堂本、自勝近代所傳墨迹。全帖不拘次第、隨成隨拓。摹帖自與刻書不同、其時無照影法。伍氏藏帖既富、欲廣古刻流傳、亦以嘉惠藝林、意甚善也。【續四庫提要】

冼玉清曰：此帖無刻書年月、卷末有道光甲申林召棠觀款、道光乙酉趙光觀款、最後爲咸豐壬子許乃釗觀款、故定其刻在咸豐壬子之後。【廣東叢帖敍錄】

898 潭帖十卷 一名長沙帖 宋搨本

宋釋希白摹刻於潭州之淳化閣帖。

宋潭帖、慶曆間長沙僧希白重摹刻於潭州。見墨池編。【古今碑帖考宋法帖】

曾宏父曰：長沙帖十卷、實祕閣前帖翻本、內羲之獻之二帖、略有增入。慶曆間慧照師鑱希白摹鐫、自五年乙酉至八年戊子訖事。【石刻鋪敍】

潭帖、淳化頒行潭州模刻一本、與絳帖雁行。亦名長沙帖、紹興間第三次重摹者、失其眞矣。【考槃餘事卷一】又【屠赤水帖箋】

范大澈云：慶曆長沙帖、即僧希白重摹淳化閣帖。見【碑帖紀證】

閣帖既頒行、潭州即模刻二本、謂之潭帖。至慶曆八年、丞相劉公沆帥潭日、命慧照大師希白重模刻于石、置之郡齋、增入霜寒十七日王濛、顏眞卿等諸帖、而字行頗高、與閣帖差不同。逐卷各有歲月、第一卷題曰慶曆五年季夏慧照大師希白重摹、第二卷八年仲冬月慧照大師希白重模、第三卷則五年六月、第四卷八年仲冬月、第五卷戊子歲孟冬、第六卷五年季夏、第七卷五年仲秋月、第八卷五年季夏月模勒上石、第九卷八年仲冬月、第十卷五年仲秋月、每卷各有慶曆及慧照大師希白重模字。希白永州人、建炎金兵

至長沙、守城者以爲砲石、無一存者。紹興初第三次重模、失眞遠矣。【閒者軒帖考】

王澍潭帖考、見古今法帖考。

按曹士冕云、閣帖既頒行、潭州卽刻一本、謂之潭帖、是潭帖先已摹勒、不始於劉丞相。又有分長沙帖潭帖爲兩刻者、以潭屬之劉丞相、以長沙屬之僧希白。其帖不傳於世、無從考證其是一是二。然考北宋人及南宋初人之書、劉未帥潭之先、未聞有潭帖也。曹士冕生南宋之季、見潭帖有重摹字、遂望文生義、以既爲重摹、必有原刻、故臆說云云。國朝周恭遂以此條爲獨得之秘、謂世人不知潭有古本。宋世長沙屬潭州、潭帥刻帖於長沙、或稱潭帖、或稱長沙帖、均無不可、何必強爲分別、劉刻帖而僧爲之摹、尤爲顯然、不能指摹者爲又一事也。況諸書所記潭帖、皆爲慶曆、長沙帖亦爲慶曆、年月無不相同、未見有第二本也。【集古求眞卷十二】

慶歷長沙帖（卽潭帖）　法帖譜系、石刻鋪敍、後村題跋、格古要論、王氏法書苑、並詳見【六藝之一錄法帖論述十四・十五】

蘇軾云、希白作字、自有江左風味、故長沙帖比淳化待詔所摹爲勝。世俗不察、爭訪閣本誤矣。陳繹曾云、希白模刻潭帖、風韻和雅、血肉停匀、但形勢俱圓、頗乏峭健之氣、石在潭之郡齋。　洪容齋云、潭州石刻法帖十卷、希白所鐫、最爲善本。【彙帖舉要】

陳曰霽潭帖考證、見珊網一隅卷三卷四。

孫承澤潭帖記、見庚子銷夏記卷四。

劉丞相私第本

六藝之一錄法帖論述十四、劉丞相私第本、引法帖譜系。

劉丞相既刻法帖於郡齋、復依倣前本、刻石十卷、以歸私第。予見故家所藏一本、與長沙本絕相似、而小異。其後有人跋云、此先丞相私第本也、疑是劉氏子弟所跋。後復見一本於姑蘇、與九江所見本同、紙墨皆與南碑不類、而慶曆等題字止三兩卷有之、蓋卽劉氏本也。【譜系雜說】又【彙帖舉要】

長沙碑匠家本

舊傳長沙官本扃鑰不可常得、碑匠之家、別刻一本、以應求者、與長沙古本首尾略無少異、而字體形模、小小不同、凡舊刻石損闕者、皆別刻數行以易之。【譜系雜說】又【彙帖舉要】

長沙新刻本

舊刻毀于鬱攸之變、後復刻石。其間凡遇舊帖損缺處、並不復刻字、亦無卷尾歲月。刻手甚謬、殊不足觀。【譜系雜說】又【彙帖舉要】

長沙別本

嘉定間長沙碑房中有斷石一片、乃法帖第一卷尾段、字行高低、正與淳化帖同、而絕不類古潭、末後亦有淳化篆字。此石實不知所從來。近歲三山林伯鳳重模於家、直指爲古

潭帖、余未敢臆斷也。【譜系雜說】又【彙帖舉要】

六藝之一錄法帖論述十四長沙三本、引法帖譜系格古要論。

三山木板本

三山帥司書庫、有歷代帖板木、蓋好事者、以長沙舊帖刊勒。卷帙規模皆同今已散失不全矣。見【譜系雜說】

孫北海以長沙新本卽三山木本、蓋誤。【古今法帖考】

六藝之一錄法帖論述十四、三山木板本、引法帖譜系格古要論。

廬陵蕭氏本

右法帖十卷、用十干爲號。後有崇寧五年蕭公綸記。其略云、皇祐先伯父太傅作邑和州之含山、得墨帖於丞相竟國劉公、摹刊未畢。先君殿丞繼之、始終六年、乃獲成就。迄今五十餘年、刓缺大半、今續完之、以藏於家。蓋用潭帖刻也。慶元間已損失二十餘段、共少三百四十餘行。【譜系雜說】

廬陵帖十卷、亦祕閣前帖翻本、不知何時乃歸郡齋。今又百四十年、碑石散失、不可模搨、間有存者、蓋數十年舊本。蕭之族今盛於吉水之九江。【石刻鋪敍】

皇祐中、廬陵蕭太傅汝器、暨其弟殿丞汝智、相繼宰和之含山、得丞相劉楚公被賜閣帖、翻刻入石。後五十年、崇寧丙戌、殿丞之子綸、又修補訛缺。【閒者軒帖考】

石明季猶存、但有缺失、國朝已不見片石矣。【集古求眞】

六藝之一錄法帖論述十四、廬陵蕭氏本、引法帖譜系、格古要論。

蜀本

予頃得一帖、凡數卷、于蜀中。次序先後高低、皆與長沙古帖同。初亦疑爲黔江帖。今見秦氏眞本、則顯然二物矣。大率此帖全用長沙古本摹刻、而字行亦間有增減處。【譜系雜說】

王虛舟云、以上皆潭派。見【古今法帖考】

六藝之一錄法帖論述十四、蜀本、引法帖譜系、格古要論。

694 **賜書堂帖** 册 宋搨本未見

宋宋綬摹刻。

宋賜書堂帖、宋綬刻於山陽、有古鐘鼎識文絕妙、但二王帖未精。見墨池編。【古今碑帖考、宋法帖】又見【考槃餘事卷一】又【屠赤水帖箋】

孫承澤賜書堂帖考、見閒者軒帖考。

王澍賜書堂帖考、見古今法帖考。

程文榮賜書堂帖考、見南邨帖考第二册。

賜書堂帖（宋）宋仁宗朝宣獻公宋綬、刻賜書堂帖於山陽金鄉、首載古鐘鼎器識文絕妙、但二王帖詮釋未盡。石久不存。 帖蹟之可考者、有之罘大篆、嶧山碑遺字、載書訣。二王帖所刻右軍書言敍帖、愛鵝帖、鄭茶帖、跋酒帖、廣義興帖、嘗新帖、並出賜書堂帖。【彙帖舉要】

賜書堂帖　格古要論、見【六藝之一錄法帖論述十四】

陳曰霽賜書堂帖考證、見珊網一隅卷三。

895 歷代鐘鼎彝器欵識法帖二十卷

宋刻本　明萬曆十六年萬岳山人刻朱印本刪節不全　崇禎六年刊本　四庫全書本　淸嘉慶二年儀徵阮氏積古齋刊本　博文齋翻刻阮本　光緖三十三年刊本附札記　古書流通處石印本　民國二十一年影印宋拓本　又二十四年海城于氏影印本

宋薛尙功編刻。

歷代鐘鼎彝器款識法帖二十卷（兩江總督採進本）宋薛尙功撰。尙功字用敏、錢塘人。紹興中以通直郎僉定江軍節度判官廳事。是書見於晁公武讀書志、宋史藝文志、均作二十卷、與今本同。惟陳振孫書錄解題作鍾鼎法帖十卷、卷數互異、似傳寫脫二字。然吾邱衍學古編亦作十卷、所云刻於江州、與振孫之說亦符、蓋當時原有二本也。詳見【四庫全書總目提要經部小學類】

歷代鐘鼎彝器款識法帖二十卷（儀徵阮氏積古齋刊本）宋薛尙功撰。四庫全書著錄。郡齋讀書志（小學類）通考（儀注類）宋志（小學類）俱載之。是編專載三代秦漢古器款識、並爲釋文跋語。雖以考古博古二圖爲主、而不載器物體製、且蒐羅尤更廣博。卷一至卷五爲夏商器款識、卷六至卷十七則皆周器。卷十八至末卷、皆漢器也。所釋諸器文字、訂誤考異、辨證精核、固遠在考古博古圖之上、非深於篆籀者不能也。是書初祇有石刻本、故有法帖之名。考直齋書錄解題於薛氏鐘鼎篆韻條下云、尙功尙有鐘鼎法帖十卷（按十字乃廿字之誤。）當是其篆韻之所本也。直齋不載是書、疑未見其版本。而鐘鼎篆韻、今又失傳。至是書版本、明萬曆間所刊、以硃印者、訛舛最多、跋語亦刪節不全。惟崇禎間朱謀垔以原本刊刻、較爲可據。然其版已佚、傳寫者亦多滋誤。此本爲阮雲臺（元）所刊、據雲臺序、蓋據吳門袁氏影鈔舊本、及其所藏舊鈔宋刊本、互相較勘。更就文瀾閣本補正、足以還薛氏之舊觀云。【鄭堂讀書記】

宋歷代鐘鼎彝器銘誌法帖、薛尙功編次、凡二十卷、刻於九江府使庫。見墨池編。【古今碑帖考宋法帖】

范大澈論歷代鐘鼎彝器款識、見碑帖紀證。

孫承澤款識帖考、見閒者軒帖考。

王澍款識帖考、見古今法帖考。

文淵閣書目辰字號第一廚法帖中有鐘鼎帖一部、十册、闕。亦卽此帖也。

鐘鼎帖、宋薛尙功編次。又一則同前古今碑帖考。詳見【考槃餘事卷一】又【屠赤水帖箋】

宋薛尙功字用敏。錢唐人。官至僉定江軍節度判官廳事。

薛用敏摹鐘鼎彝器款識

右目見式古堂書畫彙考書考卷十一。

薛尙功見佩文齋書畫譜卷三十四書家傳、又見書林藻鑑卷九。

696 澧陽帖十卷 宋刻本

南宋不知摹刻者姓名。

孫承澤澧陽帖考見閒者軒帖考。

王澍澧陽帖考見古今法帖考。

澧陽帖 譜系雜說、澧陽舊有法帖石本、其後散失僅存者右軍數帖而已。閒者軒帖考云、澧陽刻帖十卷甫完卽播散、僅存右軍書甚精。【彙帖擧要】

澧陽帖 法帖譜系見【六藝之一錄法帖論述十四】

697 翰香館法帖十卷 淸康熙刻本

淸劉鴻臚雨若摹刻。

翰香館法書目錄

卷一 魏鍾繇書・晉王羲之書

卷二 晉王羲之書・王珣書・王珉書・王洽書・郗鑒書・

卷三 晉王羲之書・王子敬書

卷四 晉武帝書・王羲之書・王獻之書・王徽之書・

卷五 唐太宗書・虞永興書・褚遂良書・顏眞卿書・智永書・李太白書・

卷六 宋蘇子瞻書・黃魯直書・蔡君謨書・

卷七 宋米元章書・

卷八 元趙子昂書・鮮于伯幾書・

卷九 明文衡山書・邢侗書・黃輝書・王鐸書・

卷十 明董思白書・

翰香館法帖、宛陵劉鴻臚雨若刻、十卷。康熙十四年正月上石。【彙帖擧要】

698 螢照堂法書十卷 一名明代法書 康熙三十二年刻本

淸車萬育摹刻。

第一卷 明太祖及宗室等至朱烟藜十二人書

第二卷 明劉基至沈度十七人書

第三卷 明凌晏如至沈周十二人書

第四卷 明徐有貞至顧璘十四人書

第五卷 明王寵至袁尊尼十八人書

第六卷 明文獻明至陳元素八人書

第七卷 明黃姬水至杜大綬等十三人書

第八卷　明董其昌書
第九卷　明邢侗至陳鼎新十九人書
第十卷　明熊廷弼至車大敬等十七人書

右目見鳴野山房彙刻帖目亨集及叢帖目。帖目云、此帖中如宋金華、米南宮高侍郎、張太常、楊文定、蔣侍書、吳通政、凌中丞、徐武功、聶臨川、劉僉憲、陸文裕等書皆從搨本鈎出。其餘則自墨本摹取也。

陳曰霽車萬育螢照堂法帖考證、見珊網一隅卷四。

車萬育字與三、號雲崖。邵陽人。康熙三年進士。沅湘耆舊集、善書法、所藏明代墨跡最富、刻有螢照堂法書十卷。金陵詩徵、車氏集明代名臣劉青田以下手翰刻石。【清書史卷十三】

699 辨志書塾所見帖正續集二冊　清道光甲午年刻本

清李兆洛摹刻。

正集　自明趙南星至侯雍瞻二十八人書
續集　自明鄒元標至徐石麒十四人書

右目見鳴野山房彙刻帖目利集及叢帖目。帖目云、此帖隨見隨摹、所刻皆明賢手跡、不以時代先後爲次。

李氏跋辨志書塾所見帖、見養一齋文集卷七。

李兆洛字申耆。晚號養一老人。陽湖人。嘉慶十年進士、官鳳臺知縣。兆洛自題草書臨本後云、予偏嗜臨池、逮經三紀、古人之作、所見日多、摹勒之勤、不間寒暑。蔣彤養一子述云、於古人之書無不學、得顏尤深。【清書史卷二十三】

700 餘清齋帖十六卷續帖八卷　明刊本

明吳廷摹刻。

王澍曰、新安吳太學用卿、以所藏眞蹟、模勒餘清齋正帖十六卷續帖八卷、刻極精詳、惜是板本不免猶有斧鑿痕跡。【古今法帖考】

餘清齋帖十六卷・續帖八卷　吳用卿名廷、明萬曆天啓間人、與董香光同時。帖全卷不易得、內有顏魯公祭姪文、刻甚精妙。【彙帖舉要】

附用卿跋淳化閣帖無銀錠本文

祖帖在世、余足跡海內、僅見兩三部。其中合準者多、皆非初搨。內有銀錠紋、爲後搨無疑。原傳宋太宗詔諸大臣、購天下名跡、摹勒藏內府、故不多傳、後又爲王著翻刻、又差一層矣。至著刻者余亦見之、前有王著二字。然閣本以紙墨爲貴、此帖紙是澄心堂、墨是廷珪、有目力者一見了然、自明卽不多見者、亦知神彩奕奕、爲神物、不知何由至江南得藏余齋也。可勝欣幸。餘清齋主人自識按宋史有兩王著、一字成象、單州單父人、宋太祖開寶二年卒。閣帖刻於太宗淳化三年、自非成象所摹。一字知微、成都人、史稱卒於淳化元年、疑又非知微。第本傳云、知微善攻書、於太宗書法、屢有規益。其卒也、眞宗稱之。則模閣帖者自爲知微無疑、卒年或史誤也。

【彙帖舉要】

張廷濟跋餘淸齋刻魯公祭姪文稿、見話雨樓碑帖目錄卷四。

701 嶽雪樓法帖十二册 淸同治五年刻本

淸孔廣鏞、孔廣陶編次。

嶽雪樓法帖十二册、（同治五年仲冬摹泐上石、龍南徐德度寫目。）淸南海孔廣鏞廣陶編次。廣鏞字少唐。生嘉慶二十一年丙子。（一八一六）甲辰舉人。弟廣陶字懷民、又名鴻昌子。生道光十二年壬辰（一八三二）。以監生分部郎中。廣鏞廣陶藉乃父繼勳遺緒、好學嗜古。築嶽雪樓以藏名蹟。吳氏筠淸館、潘氏聽颿樓、葉氏風滿樓珍物多歸之。著有嶽雪樓書畫錄、刻有嶽雪樓法帖。（南海縣續志、羅格孔氏家譜。）

子册　隋唐人書

隋人出師頌（米友仁、孔廣陶跋）

唐人佛經（成親王、吳榮光、孔廣陶跋）

又（劉墉、孔廣陶跋。）

法藏與新羅義想法師書（危素、劉基、高明、錢宰、黃溍、程文、楊翮、迺賢、陳廷言、陳世昌、貢師泰、宇文公諒、吳榮光跋）

末鐫大淸同治五年丙寅仲冬迄光緒六年庚辰季冬南海孔氏勒成於嶽雪樓下之三十有三萬卷書堂篆書一行。以下十一册均同。

丑册　宋人書

宋仁宗：臨蘭亭序（孔廣陶、鐵保、陳其錕跋）

宋高宗：杜甫劉少府山水障歌（黃培慶、孔廣陶跋）

丹砂詩帖（孔廣陶跋）

坤寧生辰詩（孔廣陶跋）

蔡襄：與賓客書（孔廣陶跋）

蘇軾：七截詩（孔廣陶、劉墉、張維屏、鮑俊跋。）

臨晉人漢時講堂帖、蜀平帖（孔廣陶跋）

題文湖州竹詩（李衎、孔廣陶跋。）

衰朽帖　邁往帖（陳其錕跋）

與李給事書（吳榮光跋）

陶潛歸園居詩（鄭元祐、貢師泰、沈度、楊一淸、孔廣鏞、孔廣陶跋。）

寅册　宋人書

蘇軾：與董侯書（孔廣陶跋）

蘇轍：月夜書（張維屏跋）

黃庭堅：王永裕墓誌銘稿（孔廣陶跋）

史翊正墓誌銘稿（孔廣陶跋）
題范寬雪岡詩（金琮　董其昌　孔廣陶　孔廣鏞跋）
米芾：遊壯觀詩并札（吳榮光　孔廣陶跋）
褚臨蘭亭序（鮑俊、孔廣陶跋）
明道觀壁記殘本（孔廣陶跋）張照補全文（陳淮　孔廣陶　孔廣鏞跋）
卯册　宋人書
張孝伯：呈寺簿劄子（孔廣陶跋）
張即之：佛遺教經（文嘉　翁方綱　林則徐　孔廣陶跋）
華嚴經（翁方綱　孔廣陶跋）
辰册　宋人書
錢魯望：蘇軾書跋（孔廣陶跋）
米友仁：六月劄子（孔廣陶跋）
雲山得意畫跋（曾覿　董其昌　孔廣陶跋）

岳飛：軍務帖（陳其錕跋　孔廣陶詩　孔廣鏞跋）
曾慥：題畫詩
吳說：閣中令人帖（江德量　陳其錕跋）
吳琚：臨米南宮五則（王文治　翁方綱　孔廣陶　吳錫麒　吳榮光　陳其錕跋）
文天祥：題畫詩（孔廣陶跋）
王庭筠：法華臺道林二絕（孔廣陶跋）
宋元人保母磚題識（姜夔周密鮮于樞、仇遠、白珽、趙孟頫等題）
巳册　元人書
趙孟頫：與石民瞻十札（清高宗、張西莊、王鴻緒、孔廣陶跋。）
與中峯和尚六札之一（吳榮光、孔廣陶跋）
信心銘（孔廣陶跋）

望江南淨土詞十二首（文嘉、孔廣陶跋。）
午册　元人書
趙孟頫：府君阡表（陳其錕、孔繼勳、林召棠、鮑俊、孔廣陶跋。）
蓮華經第六卷（孔廣陶跋）
張疇齋墨寶二譜（孔廣陶、林召棠、曹履泰跋）
道德經並跋（孔廣陶跋）
漢晉唐君臣故實六則（孔廣陶跋）
趙孟頫：題畫詩（孔廣陶跋）
趙雍：顧阿瑛小像賦（孔廣陶跋）
未册　元人書
鄧文原：題畫詩帖（孔廣陶跋）
康里巙：蘇軾書跋
鮮于樞：題畫詩帖（孔廣陶跋）
高克恭：題陸探微畫跋（孔廣陶跋）
周馳：與仲彬書（高人鑑、楊能格、陳其錕、孔廣陶跋。）

龔璛：題畫詩（孔廣陶跋）
韓性：題畫詩
鄭元祐：題顧仲瑛小像記（孔廣陶跋）
柯九思：跋文同畫竹（孔廣陶跋）
歐陽玄：西昌楊公墓碑銘（張岳崧孔廣陶跋）
倪瓚：題畫二詩　自書拜石圖等二十首稿（張維屏跋）
吳鎮：自跋墨竹詩四則（孔廣陶跋）
宇文公諒：題漁唱圖詩跋
貢性之：題畫詩
俞和：黃庭經（董其昌　文彭　文嘉張岳崧跋　孔廣陶詩）
虞集：朱本初貞一稿序（吳榮光跋）
柳貫：貞一稿序（吳榮光跋）
劉有慶：貞一稿序（吳榮光跋）
歐陽應丙：貞一稿序（吳榮光跋）
吳全節：貞一稿序（吳榮光　孔廣陶跋）
張雨：題茂林隱居四景（張維屏　陳其錕跋）

申册　明人書

程敏政：雪崖操並序（孔廣陶跋）
吳寬：雪湖賞梅十二詠（徐秉義　徐元文　孔廣陶跋）
與守溪詩翰四通
李應禎：與淸癡書
沈周：保儒堂圖記（孔廣陶跋）
張鐵：七截詩
王鏊：與時服書
王守仁：與惟善書
祝允明：陶潛飲酒詩並跋（孔廣陶跋）
唐寅：題畫詩（孔廣陶跋）
都穆：與石屋書
文徵明：岳陽樓記（文彭跋）
佛遺教經（陳其錕跋）
黃岡竹樓記等
後赤壁賦（張孝思、孔繼勳、孔廣陶跋）
王寵：莊子德充符並跋（孫承澤、吳雲跋。）

酉册　明人書

海瑞：游蜂歎等詩（孔廣陶跋）
左光斗：馬說（孔廣陶跋）
董其昌：遊後園賦、臨伯英書。
座右銘並跋（高士奇、孔繼勳、孔廣陶跋）
莫雲卿：與仲修書
許光祚：離騷經並跋（吳榮光、孔廣陶跋）
俞允文：喜晴詩
黃道周：畫松詩
倪元璐：與老親翁書
史可法：錄李長吉詩（陳其錕跋）
鄺露：五言詩（孔廣陶跋）

戌集　淸人書

成親王：臨淳化四帖及醴泉銘並跋
（桂芳札、吳榮光、孔廣陶跋。）
庚開府五言詩
王鐸：庚翼帖、五言詩二首。
孫承澤：蘭亭序（吳榮光跋）
陳恭尹：送莘翁督學河南詩（孔廣陶
跋）
惲壽平：元人題桃花山鳥圖詩（孔廣
陶跋）
張照：節臨黃庭經徐季海道德經並跋
（庭樞、成親王、孔廣陶跋。）
蘭亭序別賦（孔廣陶跋）
陳奕禧：七絕二首
亥册　清人書
劉墉：摘句詩及評米書等（黃培芳跋）
甲寅乙卯仿書八則（孔廣陶跋）
王文治：臨瘞鶴銘、枯樹賦、蘭亭十三跋
（孔廣陶跋）

徐思莊：元旦冠服小坐圖記
孔繼勳：臨虞恭公溫公墓誌（孔廣陶
跋）
臨皇甫君碑（孔廣陶跋）
臨洛神賦十三行（孔廣陶跋）
唐宋律詩四十首（孔廣陶跋）
孔繼壤：曹子建古歌行八首（孔廣陶
跋）
帖後有蘇廷魁、陳澧、徐德度跋、孔廣陶絕
句三首。
徐德度跋云：嶽雪樓爲孔熾庭年丈鑒藏金石書畫圖籍之所，以曾踏雪登祝融峯而名。嗣子少唐比部，不憚廿餘年之力，搜採而附益之，於五嶽遊歸後，復拓樓之舊址，闢室數楹，環列圖史，禮邸又牓之曰三十有三萬卷堂。少唐讀書課子之暇，出其法書眞蹟，鈎摹上石。自隋唐迄國朝百二十餘種。末附年丈暨其叔級蘭遺墨，編成十二册。其中家藏者七、假刻者一、葉氏耕霞舊鐫者二。凡舊鐫各種，前加採入葉刻原石一章以別之。不欲掩人美也。帖則仍署嶽雪樓名，未敢忘先志也。昨以刻成，索余書帖目。余與少唐爲年世交，平日復得縱觀所藏，因書帖目、並跋數語、以誌緣起云。光緒七年辛巳夏龍南徐德度書

張伯英云：嶽雪樓鑑眞法帖十二卷、南海孔氏本。清孔廣陶輯。廣陶字少唐，起同治丙寅迄光緒庚辰勒成。自隋唐至清及其先人遺書一百廿餘種。嘉道間，葉雲谷、庶田兄弟以所藏名蹟勒石，貯耕霞溪館。未成帖而石歸孔氏。少唐增益之以成此帖。粵之富人往往喜聚書畫、刻爲叢帖，如海山仙館南雪齋、寒香館之類。雖卷數多寡不同，形式大略相似。然選擇都不甚精，筠清館之外，無不眞僞雜糅。豐於財者拙於目、造物盈虛之理、固如是耶。帖以子丑寅卯分卷，卷首列有總目。子卷

之出師頌、字視他刻稍大、亦失古意、不知誰所臨者。丑卷宋高宗書杜詩體俗筆弱、僞也。蘇書六種、大字七截詩、劉石菴題云極横軼之勢而不離法度。吾不解吳原博學坡書直是沒交涉。匏庵與蘇書有無交涉姑不論、此書果於蘇有交涉乎。題文湖州竹詩、謝松石論二子札、淵明歸田園居詩、茲三種者、又於蘇有交涉乎。惟臨晉帖與李給事陶書、採自西樓帖者爲眞跡耳。其他元明人書、亦有誤收之贋本無庸一一論矣。【續四庫提要】

冼玉淸曰、孔氏嶽雪樓刻帖、有陳其錕爲其鑒定。其錕字吾山、號棠谿、番禺人。生於乾隆五十七年、嘉慶戊寅舉人、道光丙戌進士。鑒帖最精、以咸豐十一年卒。孔氏刻帖、得其裨助甚大也。又熾庭刻嶽雪樓帖、蓋欲踵美曲阜孔谷園繼涑之玉虹樓帖。嶽雪樓帖凡十册。其中家藏者七、假刻者一、葉氏耕霞溪館舊鐫者二、而凡葉鐫者、前加採入葉刻原石一章以別之、不欲掩人美也。【廣東叢帖叙錄】

702 **戲鴻堂法帖十六卷** 明萬曆三十一年刻本

明董其昌書。

一卷 晉上淸眞人楊羲至元趙孟頫書十四種
二卷 梁元帝異趣帖至宋楊妃書七種
三卷 晉索靖至智永七人書
四卷 六朝謝希逸唐歐陽率更書
五卷 唐歐陽率更書
六卷至十六卷 （各目並缺）

右目見鳴野山房彙刻帖目貞集及叢帖目。

戲鴻堂初刻木版、被火焚、遂以初拓上石、今之所傳石本皆翻刻也。思翁嘗不得於鄉人、焚其屋、木版之被火以此。　戲鴻堂趙文敏雪賦、遒勁似李海、是唐人結構、非本色書也。【評書帖】

戲鴻堂帖中唐明皇鶺鴒頌、遒緊健勁、較宋祕閣爲妙。東坡黃州寒食詩最佳。魯公殷府君碑佳、金石錄有之。【評書帖】

此帖千頃堂書目、佩文齋書畫譜纂輯書籍目並著錄。張廷濟跋戲鴻堂刻蘭亭讌集序、見話雨樓碑帖目錄卷四。

王澍曰、董思白以平生所見眞跡、勒成一十六卷、惜刻手粗惡、字字失眞、爲古今刻帖中第一惡札。【古今法帖考】

戲鴻堂帖（明）董其昌刻、凡十六卷。文敏書法名重一世、論者且推爲有明之冠、而此帖實不能副其盛名。一代宗工所爲、其中亦不無可取。平心而論、首卷小楷、一經手模、都成董氏家奴。即以後各種楷帖、俱奄奄無生氣。惟各行草、尙有幸留其本來面目、未經塗飾者、未始不可藉此以傳於後代、固未可盡廢也。原刻於諸帖中字、有自以爲未善者、另

改單字、於卷末亦有改刻至一二行者、原以備裝裱時割換用心亦可謂勤且密矣。翻刻本無之。欲求原刻以此爲驗。【集古求眞卷十三】

陳曰霽戲鴻堂帖說、見珊網一隅卷一。

王芑孫題沈氏戲鴻堂帖、見惕甫未定藁卷十六。

708 臨江戲魚堂帖十卷　簡稱戲魚堂帖　一名淸江帖　宋元祐劉本　慶元重刻本

宋劉次莊摹刻。詳見【考槃餘事卷一】又【屠赤水帖箋】

宋戲魚堂帖、元祐間劉次莊以淳化閣帖十卷、除去卷尾篆題因重摹刻於臨江。見墨池編。【古今碑帖考宋法帖】

淸江帖十卷、又名戲魚堂帖、亦祕閣前帖翻本。元祐七年壬申五月劉次莊得呂金部和卿閣本臨刻、外有釋文十卷。或咎所鐫過巧失眞。【石刻鋪敍】

元祐間劉次莊以家藏淳化閣帖十卷、摹刻堂上、除去卷尾篆題而增釋文。【譜系雜說】

劉次莊模閣帖於臨江、用工頗精緻且石堅。至今不曾重模、獨二卷略殘缺。然拓本旣多、頗失鋒芒。今若得初本鋒芒未失者、當在舊絳帖之次、新潭帖之上。然其釋文間有訛處。【洞天淸錄】

戲魚堂帖、劉次莊模。在淳化翻刻中、頗爲有格骨者。淡墨搨尤佳。【翰林要訣】

范大澈論戲魚堂帖、見碑帖紀證。

文淵閣書目辰字號第一廚臨江戲魚臺（當作堂）帖並釋文一部十二册、闕。

臨江戲魚堂帖　法帖譜系、石刻鋪敍作淸江帖、翰林要訣、格古要論王氏法書苑並詳見【六藝之一錄法帖論述十四・十五】

黃伯思跋劉次莊戲魚堂記後摹本、見東觀餘論卷下。

王佐曰、劉次莊以淳化閣帖十卷、刻於臨江府、題曰戲魚堂法帖。今不完、無有知者。正統初佐歸省、見人以碑貼路、俾訓導杜思濟收拾在臨江府。

孫承澤云、臨江帖卽戲魚堂帖。

王澍云、臨江戲魚堂帖、臨江派。詳見古今法帖考。

陳曰霽戲魚堂帖說、見珊網一隅卷三。

歐陽輔戲魚堂帖說、見集古求眞卷十二。

臨江戲魚堂帖於閣帖頗有增損、故單炳文謂大令書多與舊絳相同。其法帖釋文十卷、則別刻於石、非刻於帖旁、亦非全翻閣帖也。【彙帖舉要】

利州本

慶元中四川總領權安節以戲魚帖並釋文重刻石于益昌官舍、石今已不存。權總江州德安人、其家猶有當時墨本甚多、釋文字畫較臨江帖爲稍大。【譜系雜說】

慶元間四川總領權安節以戲魚堂帖並釋文重刻於益昌官舍、釋文字較原帖稍大。【閒者軒帖考】

宋利州帖、慶元間劉次莊以戲魚堂帖並釋文重摹刻於益昌。見墨池編。【古今碑帖考宋法帖】

王澍利州帖（臨江派）考、見古今法帖考。

704 **臨汝帖三卷** 宋拓本未見

宋不著編刻者姓名。

宋史藝文志載臨汝帖三卷、不著編刻者名氏。洪适隸續嘗詆其摹夏承碑字、爲蔡中郎書。何義門徐晝堂翁覃溪夏承碑跋中所引臨汝帖、皆本洪氏。余謂此必蹈王輔道故智耳。當時汝帖盛行、各以新奇相尚、帖名臨汝、蓋亦刻於汝州者。【南邨帖考第三册】亦見【彙帖舉要】

705 **職思堂法帖八册** 清康熙壬子年刻本

清江湄摹泐。湄字秋水。新安人。

第一册　晉王羲之至元張雨十一人書
第二册　唐顏眞卿書
第三册　晉顧愷之至元馬玉麟十八人書
第四册　唐歐陽詢至元趙松雪（孟頫）四人書
第五册　宋黃庭堅書
第六册　宋米元章（芾）書
第七册　米元章（芾）書
第八册　宋富弼至明董其昌書。

右目見鳴野山房彙刻帖目貞集及叢帖目。

職思堂帖不佳、鍾紹京趙子昂略可觀。【評書帖】

706 **雙節堂贈言墨跡十册補遺二册** 清乾隆五十六年刻本

清汪輝祖編刻。

第一册　張芑堂等三人
第二册　鄒紫谷等七人
第三册　翁覃谿等三人
第四册　王杰黃遲兩人
第五册　錢椿等五人
第六册　王杰等十人
第七册　梁同書等三人
第八册　沈初等八人
第九册　孫丕庭等七人
第十册　查瑩等九人
第十一十二册　補遺錢棨等四人

右目見鳴野山房彙刻帖目貞集及叢帖目。

707 **寶晉齋法帖十卷** 宋拓本

宋米芾摹刻、曹之格裒勒補充。
一卷至五卷　晉王羲之書
六卷　王右軍書索靖至謝安五人書。
七卷　王獻之書
八卷　王獻之書
九卷　王導至王邃十七人書
十卷　張華至衛瓘十一人書
右目見鳴野山房彙刻帖目元集及叢帖目。
宋寶晉齋帖、紹興六年曹之格摹刻於無爲州學。見墨池編。【古今碑帖考宋法帖】
寶晉齋帖、曹之格模刻。星鳳之子、在諸帖爲最下。今佳帖難得、學者賴此得見晉唐人髣髴耳。【翰林要訣】
曹之格嘗模古帖刻石、曰寶晉齋帖。【書史會要】
范大澂論寶晉齋帖、見碑帖紀證。
孫承澤寶晉齋帖考、見閒者軒帖考。
王澍寶晉齋帖考、見古今法帖考。

寶晉齋帖、紹興年間曹之格刻于直隸無爲州學。【考槃餘事卷一】又【居赤水帖箋】
宋徽宗初、襄陽米芾元章得晉代王謝諸書跡、即以寶晉名其齋。其守無爲、乃取書跡入石。復以寶晉扁其官舍。輿地紀勝載晉人書法在寶晉齋是也。陳振孫書錄解題謂由刊蹟無爲、而始名其齋、不知米老崇寧元年作蘭亭諸跋、已有寶晉齋之名、而知無爲乃在崇寧三年也。倦翁法書贊云、方芾無恙嘗刻寶晉齋帖於無爲、是當時以米老所刻、遂呼爲寶晉齋帖、非帖首直有此題字也。至寶祐間、曹子格通判無爲、始裒勒爲寶晉齋帖、故自陳繹曾陶宗儀以來、莫不以此帖爲曹氏所刻。考槃餘事作紹興年。墨池瑣錄作曹日新。一則誤認格古要論所引米友仁題記歲月、爲刻石之年、且誤以友仁爲老米。一則誤讀帖中印記而然、本不足辨。書畫跋跋遂疑日新乃別刻一帖、而名偶同、何其謬耶。格古要論云、宣德九年佐錄四至無爲州學、見此碑散亡不完、命諸生拓其存者六七碑、字多米芾元章所書。（米友仁題其後云羲之七帖、先臣芾中年所臨、紹興六年丙辰十二月初七日臣友仁審定。）凡卷首寶晉齋法帖卷第幾、俱篆字、末有右曹氏家藏眞蹟、識以大圖書、據此則明時尚存殘石。考景定建康志曹之格以寶祐二年十二月差通判無爲軍、而觀妙齋金石考略載其刻附帖末章吉老墓志乃題咸淳己巳正月望日廬山曹之格題、則此帖宋末猶在增刻也。之格字新民、（見帖中印記、）文簡之後、與米巨容所稱曾民、當爲昆弟行。以上見【南邨帖考第二册】
按此帖或以曹之格爲翻米刻、恐未必然、相去不過五十載、未必片石無存、以爲裒勒補完、庶爲近理。楊大瓢指爲明時翻者、未知卽海寧陳氏刻本否。【集古求眞卷十二】

寶晉齋法帖（南宋）元章自得王右軍破羌帖、及顧虎頭所畫天女散花圖、因名其齋曰寶晉。其所刻石初無定卷、至寶祐間曹之格通判無爲始裒勒爲十卷、至明初石已散失。楊文貞公屬周恂如訪求、祇得右軍書二十紙而已。趙紹祖安徽金石略於題下注殘缺、則其石必尚有存者。又云多米芾書、恐是後人增刻。楊大瓢云明時有翻刻、若原刻止見一二卷、或一二種。惟董其昌、葉芳杜各有十卷全本一部。今廠肆有木刻本、全爲僞造、非由原本模勒、不足道。【彙帖舉要】

寶晉齋帖　翰林要訣、格古要論見【六藝之一錄法帖論述十四】

寶晉齋帖爲曹日新所刻。【六藝之一錄法帖論述十五】

708 寶晉齋帖　册　明海寧陳氏刻本

未見

明陳元瑞摹刻。

寶晉齋帖、明海寧陳氏刻、未見拓本、不知其共爲幾卷、亦不知其爲模米曹二家所刻歟、抑別集名跡而名偶同歟。據友人言、卷首爲小楷、則非模米之刻、雖未經見、然米因得王右軍破羌帖與顧虎頭女史箴而名其齋、則其帖首必爲破羌而非小楷矣。吾友有此帖、惜道遠不能借觀。北京廠有木刻、亦同此名、係估人僞作、固非米曹之嫡派、亦非陳氏之支庶、無足置論。【集古求眞卷十三】

此帖彙帖舉要亦著錄。

寶晉齋董字刻手不精、規模神氣俱失。內惟臨樂毅有唐人筆意、非平日本色書。【評書帖】

709 寶鼎齋帖六卷　清刻本

清孔繼涑摹刻。

此帖見彙帖舉要附錄彙帖補。

710 寶賢堂集古法帖十二卷　明弘治晉府刻石本　康熙十九年補刻本　民國重印本

明（晉莊王）朱鍾鉉命世子奇源輯刻。

晉莊王鍾鉉寶賢堂集古法帖十二卷、莊王命世子奇源采輯、弘治九年表上。【千頃堂書目】

詳見【百川書志】

目錄　弘治皇帝與晉王書、晉世子奇源上皇帝書、晉世子序。

卷第一

史倉頡書、夏禹書、太史籀書、魯司寇仲尼書、秦丞相李斯書、御史程邈書、後漢車騎將軍崔子玉書、張芝書、東漢蔡琰書、魏太傅鍾繇書、吳青州刺史皇象書古法帖。

卷第二

晉武帝書、東晉元帝書、宋明帝書、齊高帝書、梁武帝書高帝書簡文帝書唐太宗書高宗書、宋太宗書、東晉文孝王書、陳長沙王書、永陽王書、晉恭王書、定王書、惠王書、晉王書。

卷第三

晉王羲之書。

卷第四

晉右將軍王羲之書。

卷第五

晉右將軍王羲之書。

卷第六

晉中書令王獻之書。

卷第七

晉中書令王獻之書。

卷第八

晉尚書令衛瓘書、黄門郎衛常書、侍中張華書、丞相王導書、中書令王洽書、尚書令王珣書、中書令王珉書、太宰郗鑒書、侍中郗愔書、中書侍郎郗超書、侍中王廙書、太傅謝安書、太傅謝萬書、侍中王敦書、丞相桓温書、侍中司馬攸書、侍中杜預書、司徒山濤書、太尉庾亮書、車騎將軍庾翼書、太守沈嘉書、中軍將軍王循書、侍中卞壺書、衛尉劉超書、散騎常侍謝璠伯書、黄門侍郎王徽之書、侍中王操之書、左將軍王凝之書、王渙之書、中丞劉瓌之書、中書舍人王坦之書、司空索靖書、尚書王劭書、中書令王恬書、司徒王廞書、侍中紀瞻書、太守張翼書、都督陸雲書、海陵恭侯王邃書、謝發書、司徒王濛書、衛夫人書。

卷第九

宋光祿大夫謝莊書、侍中劉穆之書、特進王曇首書、中散大夫羊欣書、太常卿孔琳之書、南齊侍中王僧虔書、晉西中郎將陳逵書、宋給事中薄紹之書、征西將軍蕭思話書、梁尚書王筠書、特進沈約書、交州刺史阮研書、廣州刺史蕭確書、侍中蕭子雲書、隋法帖隋僧智果書、僧智永書、何氏書。

卷第十

唐祕書監虞世南書、中書令褚遂良書、太子率更令歐陽詢書、禮部尚書薛稷書、朝散大夫陸東之書、諫議大夫褚庭誨書、祕書監李邕書、廣平太守徐嶠之書、太子太師柳公權書、左率長史張顛書、太子太師顔眞卿書、校書郎宋儋書、殿中丞李建中書、僧懷素書、釋高閑書。

卷第十一

宋翰林學士蘇軾書、員外郎黄庭堅書、前無爲軍米芾書、學士蔡襄書、游酢書、奎章閣侍制朱熹書、元學士趙孟頫書、學士袁桷書、肅政廉訪使鄧文原書、國子博士柳貫書、中書平章政事張珪書、玄教大宗師吳全節書、學士虞子山書、饒介之書、句曲外史張雨書。

卷第十二

明宋克書、翰林學士沈度書、解縉書、國子祭酒胡儼書、陳敬宗書、翰林學士錢博書、中書沈爲忠書、按察使黄翰書、兵部郎中張弼書、張頤題帖後、懶雲書後序、淸劉梅跋、傅山跋、戴夢熊法帖鈎補後序、楊素蘊記、王炤千跋、鄭裕孚跋。

予高祖恭王、幼好法書、初之國時、太祖高皇帝賜前代墨本甚多。曾祖定王、蒙高皇帝命中書舍人詹希原教字書、故睿翰重於當代。是以祖憲王暨父王俱嗜書學。數世以來、無問古今、但字之佳者、兼收並蓄、所積益富。因取淳化絳帖大觀太淸樓寶晉諸帖、並我朝以書著名者、不下十數家、暇日命參政王進、副使楊光溥、僉事胡漢楊文卿、擇其最者、命生員宋灝劉瑀摹勒上石、釐爲十二卷。（弘治二年九月晉世子寶賢堂帖序）

鄭裕孚曰、按恭王朱棡、太祖第三子。定王濟熺、恭王子。憲王美圭、定王世子。莊王鍾鉉、憲王子。靖王奇源、莊王世子、弘治中薨、以孫知烊襲、追封加諡。序內所稱父王、卽莊王也。

古人法書、至淳化大備、其後來撫勒工拙固殊、大率皆本之淳化、逮至有明、則有肅藩之淳化、仍其舊名、卷次不少變更、周藩之東書堂、晉藩之寶賢堂、則稍有顚倒增益。今此三本、並行人間。汴帖撫勒無丰采、肅帖豐肥濃態側出。晉帖圓秀遒媚、出周肅上、二王鈎勒尤爲精妙。　晉帖石經亂不全、棧櫪糞壤、僅得七十餘塊、其廿餘塊有得之東門人家水竇中者、吾向稱此不全本爲寶本。遲至汝翁令君來、烹鮮之暇、流覽感慨、於兵征催科鞅掌之間、興及銀鈎鐵畫、乃延晉水段生、絆鈎補鐫勒五十三塊、而頗欲還其舊觀、迂人且以爲不急之務。【節錄傅山寶賢堂帖跋】

寶賢堂帖、晉府靖王以絳帖增入。見寒山金石林。【六藝之一錄法帖論述十四、十五】

晉靖王爲世子時、以閣帖絳帖大觀寶晉爲主、而益以邸中所藏宋元及明人墨跡、摹勒上石。於行款次第、頗不俗。第石理旣麤、而摹刻、搨三手俱不稱、以此在諸帖下。【珊瑚網書錄】【閒者軒帖考】

我朝鼎革之際、石多散失。順治己亥間、郡守宗公司李王公搜奇探勝、得於斷壁頹垣者、二十餘塊、而石終不全。余簿書之暇、訪求藏本、切搨、延邑諸生張敏臨摹鈎勒、鐫之上石、計補五十三塊、而全帖以完。復捐修亭屋十間、以蔽風雨之剝蝕。（康熙十九年陽曲知縣戴夢熊鈎補法帖後序）

閒者軒帖考云、晉靖王爲世子時、刻石、以閣絳大觀寶晉爲主、而益以所藏宋元明人墨蹟、凡十卷。【古今法帖考】

鄭裕孚曰、按曩見明拓本、摹刻搨俱佳、元美砢玉退谷乃謂三手不稱、蓋所見之本非原拓也。又帖凡十二卷、退谷虛舟謂係十卷、非。

【彙帖舉要】

翁方綱跋寶賢堂帖、是帖明晉世子奇源所刻、凡十二卷。當孝宗時嘗以搨本進御。奇源晉莊王子、以天順三年封晉世子、弘治十四年堯、追諡靖王。孫月峯云、聞諸楚中友人云、是摹絳帖、後見絳帖殊不同。又云、此帖行款高與太清樓帖相似、疑卽摹太清樓者。今觀帖後傅青主跋、以單炳文曹士冕所舉絳帖眞本數條、相證皆合。乃知月峯見新絳本、而反疑此。不知此內正多以絳帖舊本入石、帖首孝宗墨勅云、承以高叔祖晉定王絳帖石刻、年久損壞、乃命世子搜揀舊藏、以古今名書摹集成帙、據此其爲摹自絳本無疑。由此以推、則凡淳化大觀諸帖所有、而此微異者、皆絳本矣。況絳帖原比淳化高二字、則月峯以爲皆從太清樓摹者、亦非也。絳本今既不傳於世、猶得借寶賢刻本以髣髴眞絳之一二。若合淳化大觀諸本細校、其與諸帖異者、猶當一一論其偏旁體勢、以續補劉次莊顧從義之書、而月峯退谷虛舟諸先生帖考、皆未之致審也。每卷後有弘治二年九月一日字、起子訖亥、而退谷虛舟以爲十卷、亦誤矣。原帖既有闕泐、至康熙十九年陽曲令浦江戴夢熊補其缺壞者、凡重摹五十三石。舊拓本未經戴補者、亦已難得、其有舊搨本間存者、又被坊賈刪去餘帖、存其十卷、目爲大觀、不特無以見大觀之眞、且恐作僞者踵相效、則寶賢舊搨皆不得自伸其光氣、是可慨也。【復初齋文集卷二十八】

舊通志、寶賢堂石刻舊在晉府、今移入三立祠。【山西通志】

右帖俗稱大寶賢堂帖。〔傅公祠石刻敍錄〕

寶賢堂法帖（明）按民國改元後、石移督軍署、今置青主先生祠（東七府營街）。【彙帖舉要】

陳曰霽寶賢堂法帖考證、見珊網一隅卷三。歐陽輔寶賢堂帖說、見集古求眞卷十三、又補正卷十三。

711 寶賢堂後帖五卷

明晉靖王朱奇源摹刻。

卷一　晉人書

卷二　南朝隋唐人書

卷三　宋人書

卷四　元明人書

卷五　明人書

右目見彙帖舉要。

寶賢堂後帖、明晉靖王奇源以前賢眞跡未經入石者、續刻補遺五卷。卷一爲晉人、卷二南朝隋唐人、卷三宋人、卷四元明人、卷五明人。前二卷未免多有僞託、宋元諸帖、則皆妙品也。墨林瑣事云、其中王平南章草唐高宗飛白、顯爲僞作。前帖石存、而舊本亦甚多。後帖視前帖較爲精善、石已亡、而傳本亦甚希、收藏家罕知其名、著錄家亦罕存其說。【集古求眞卷十三】

712 聽雨樓帖四卷　清刻本

清周於禮（亦園）摹刻。見書林藻鑑卷十二。

第一册　褚河南顔魯公蔡忠惠書

第二册　蘇文忠兄弟父子書

第三册　黄文節書

第四册　米禮部趙文敏帖

張叔未（廷濟）曰、周亦園刻聽雨樓法帖、比歸雲南、以道遠難致、留石京師。又曰、唐賢墨蹟、流傳絶少。國朝彙帖中、此刻有河南枯樹賦、經訓堂有鶺鴒頌、蘭亭敍、草書千文、非極大力而善鑒別、何由致此。況此帖摹勒精到、真欲上繼華文二刻、戲鴻堂羅致雖富、直士苴視之矣。【清儀閣金石題識卷四】

聽雨樓帖（清）周亦園刻。凡四卷。一册、褚河南顔魯公蔡忠惠書。二册、蘇文忠兄弟父子。三册、黄文節。四册、米禮部趙文敏帖。內文節書劉賓客經伏波神祠詩（藏相國劉文清家。此帖及小清閟閣帖、俱從文清家摹取。）米禮部研山銘、虹縣題詩、俱精妙。亦園字立崕、雲南嶍峨人。乾隆辛未進士。官大理寺少卿。有敦彝堂集。　按晉太谷孫氏阜昌、咸豐元年正月間刻帖四卷、亦名聽雨樓法帖。【彙帖舉要】

葉昌熾聽雨樓帖跋、見奇觚廎文集卷中。

歐陽輔聽雨樓帖說、見集古求真卷十三。

周於禮字立厓、號亦園。嶍峨人。乾隆十六年進士。官大理寺少卿。　滇南詩略、以書法名。公餘冥心碑版、模鐫宋四家法書、名聽雨樓法帖。　名人尺牘小傳、書法東坡。【清書史卷二十一】

713 **聽颿樓集帖六册**　清道光戊申年刻本

清潘正煒編次。

聽颿樓集帖六册（道光戊申刊、墨農楊萬年刻石）清番禺潘正煒編次　正煒字季彤、號榆庭。振武孫、有爲從子。生於乾隆五十六年（一七九一）、世居河南龍溪鄉。附貢生、即用郎中。開設同孚行、爲十三行行商之一。道光二十九年英人釁起、要請入城。正煒偕同邑許祥光南海伍崇曜等聯合居民以拒之。遂罷議。書宗蘇米、擅小楷。生平有書畫僻、每遇名人墨蹟、必購而藏之。精心審擇、去贋留真。又於真本中汰其剝蝕漶漫者、約得一百八十餘種、建聽颿樓以貯之。道光三十年卒（一八五〇）、年六十歲。著有聽颿樓書畫記六卷、古銅印譜六卷、藏真帖六卷。【番禺縣志十九・聽颿樓書畫記自序・潘月槎撰潘啓傳】

第一册　唐人書

鍾繇：宣示帖　還示帖　新婦帖　車騎帖（翁方綱跋四則）

雪寒帖（成親王　張岳崧跋）

王獻之：思戀帖　授衣帖　衛軍帖

諸舍帖 頤餘帖（吳榮光跋）
薛稷：次付帖（林則徐跋）
賢首：一從帖 與義想法師書（賈師泰劉基跋 高明 潘正煒 林則徐跋）
唐人：摹王羲之近得帖 昨書帖 二旬帖 此月帖 二謝帖（孫承澤跋）
唐刻：定武未損五字本蘭亭帖（文徵明 董其昌 汪士鋐 姜宸英 何焯 吳榮光 朱昌頤跋）
李邕：二居士帖 家口帖（翁方綱跋）
李靖：不揆帖（李世焯 潘正煒跋）
唐人：寫經（成親王 楊振麟跋）
懷素：洛昌帖（董其昌跋）
第二册 宋人書
宋高宗：臨黃庭經（劉墉跋）
臨蘭亭序付粱康伯（陳璠 許有壬 秀岩隱史 鐵保跋）
夷險帖、朕惟帖（吳榮光、謝蘭生跋）
高標帖、天山帖、題畫詩絕句二首（董其昌跋）
包拯：楚國帖（趙光 廖鴻荃跋）
蔡襄：評唐詩（朱昌頤 潘正煒跋）
林逋：秋涼帖 三君帖（翁方綱跋）
錢惟演：山行帖（張岳崧跋）
蘇軾：春雨帖 日盡帖 喪母帖 公濟帖 予守帖（董其昌 姜宸英 劉墉 張維屏 吳榮光跋）
蘇轍：道南溪山五詠（王行儉跋）
第三册 宋人書
黃庭堅：詩老傳（汪士鋐跋） 沈叡帖
米芾：知庵帖 中伏帖 昨日帖（翁方綱跋）
知府帖（孫承澤 翁方綱 王文治跋）
岳飛：軍務帖（陳子壯 何吾騶 朱昌頤 張維屏跋）
王廷筠：疊到帖（郭尚先跋）
張即之：所謂帖
華嚴經（伊秉綬 翁方綱跋）
李居仁：順濟廟敕文（成親王 翁方綱 鐵樵 吳榮光跋）
居簡：梅波帖（釋福懋 釋大佑 釋道衍 姚廣孝 吳寬 成親王 翁方綱跋）
第四册 元人書
趙孟頫：題淵明畫像六則（張維屏跋）
與中峯書
節書金剛經
虞集：慎言帖
聖教序（笪重光跋）
歐陽應丙：題朱本初貞一稿序
吳全節：朱本初貞一稿序（吳寬 吳榮光跋）
黃公望：題蜀江秋淨圖

自題楚江秋曉圖（倪瓚跋）
倪瓚：寓齋帖
霜木帖（董其昌　惲壽平　查士標
跋）
饒介：臨二王帖
伯顏不花：題畫詩
趙肅：題畫詩
王逢：題畫詩
劉子輿：題畫詩
俞和：題王詵萬壑秋雲圖
柯九思：題王詵萬壑秋雲圖
楊維楨：題謝伯誠瀑布圖
鄧文原：題畫七絕二首
吳鎮：題畫竹詩
第五册　明人書
祝允明：臨鍾繇薦季直表
贈王道士一清詩
陳獻章：癸卯南歸詩（翁方綱　蔡之
定跋）
邵寶：水北山莊觀菊詩
張弼：滕王閣七律詩
吳寬：杜甫秋興四首
沈周：和陳允德方伯七律詩
湛若水：臨聖教序
楊慎：膏藥帖（吳榮光跋）
徐霖：月桂花詩
文徵明：桃花源記（潘正煒跋）
五言詩「老眼覩茫然」
徐渭：七言詩「誰言寶劍滯豐城」
唐寅：桃花庵行
陳道復：五言詩「秋菊有佳興」
海瑞：七言詩「北風吹雪滿征鞍」
羅洪先：四言語錄「在山在家」
申時行：七言律詩「一醉銀魚到碧山」
王寵：雀張秋暮離懷詞（張岳崧跋）
月夜遊上方絕頂詩
唐順之：元夕詠冰燈詩　桂源秋景帖
王穀祥：陶淵明歸去來辭　七言詩
「白雲去住本無心」
文彭：五言律詩「村村有桃樹」　春
興二首「帝里逢春春可憐」
文嘉：五言詩「試問城南社」洛神圖
跋
王錫爵：過釆石七言詩一首
王逢源：五言詩「公子敬愛客」
王守仁：別貴州諸生書（朱昌頤跋）
第六册　明人書
董其昌：陶潛歸去來辭（潘正煒跋）
杜甫飲中八仙歌
邢侗：七言詩「洮河雙鯉綠波盈」
米萬鍾：山樓雨霽詩
張瑞圖：與宗朗上人詩
李夢陽：五言絕詩「空林無一事」
釋函昰：樓霞山居詩、四言語錄。

茅坤：湖上獨行詩
黃汝亨：寫林詠懷詩
虞允文：題夷齊採薇圖詞
史可法：李長吉詩「吳娥聲絕天」
鄭露：雁翅城詩
陳子壯：黃逢永移寓小館詩
梁元柱：夜坐詩
李鳴玉：洛神賦
黃道周：偶作錄呈蕊仙楊先生、諸葛孔明誡子書。
倪元璐：七言律詩（潘正煒跋）
王思任：吳山夜臥詩
邵彌：五言詩（潘正煒跋）
文震孟：七言律詩
陳繼儒：五言詩「婀娜粉面郎」
李流芳：五言詩「山雨驚客夢」
王鐸：七言詩（潘正煒跋）
賢兄帖（張岳崧跋）
陳洪綬：題畫七絕詩
清湘：「這個苦瓜」題畫跋三則
傅山：臨知彼乃爾切帖（楊振麟跋）
七言詩「空山寂歷道心生」
吳榮光跋尾

楊守敬云：蘭亭定武本、停雲館五字不損本、南海潘氏聽颿樓摹刻，首行永字缺其半。有文衡山、董香光、何義門等跋。撫刻不甚詳審、然尚無大誤處（頁十七）。蘭亭宋高宗臨本，刻安素軒、氣象甚劣、筆力亦弱。又聽颿樓亦有刻高宗臨本、俱不佳、疑皆僞作（頁十二）。黃庭經詒晉齋本、聽颿樓所刻全失筆意。且僅至通利天道至靈根止。語跋亦少刻一行。增易字。劉石菴跋亦不全刻，然又多成邸一跋（頁二十八）。【平帖記】

張伯英云：聽颿樓集帖六卷、番禺潘氏本。清潘正煒輯。道光戊申成。正煒字季彤，收藏之富、甲於粵東。此帖自魏晉至明季八十餘家。鍾王帖大都出自石本。咸有可觀。唐人石本墨迹、兼有而多不可信。如李藥師上西嶽書、各刻字體不同，直是僞造，非由摹泐之失。賢首國師書季彤謂爲所藏名蹟四百餘種之冠。師固不以書名、而此書過於秀媚，不類唐人字體。懷素王羲之傳，偪軟繚繞、絕無素師古樸之致，並香光跋亦僞造也。包孝肅書、羣玉堂第五卷收其一札，書不爲工，純無宋人氣味。此書縱橫轉折、皆張瑞圖法。即非張作、亦是學張書者所僞造。趙蓉舫負有書名，而贊以剛勁遒峭，適如其人。縱不曾見羣玉堂帖，獨不見張二水書乎。何輕於賞歎若此。蘇書與仲修趙公中山松膏二帖，皆贋筆。松膏帖與墨池重刻之畫竹記、一首僞書署名之蘇字，其狀尤俗。香江西溟石庵荷屋題贊甚多、殆不可解。潁濱詩草、亦單弱非眞蹟。岳忠武軍務倥偬帖陳子壯何吾騶皆有題詠、流傳甚久。然爲岳書與否良不可信。行筆淺薄無勁氣、宋人傳書皆不爾、而況忠武。疑其手迹縱無此工、亦不必如此平庸耳。以上數帖之外所選大都精善。山谷海嶽書無僞者。米帖爲退谷舊藏、尤屬佳妙。元明人書一一工美可愛。荷屋謂明帖抉擇精審、非虛語也。【續四庫提要】

冼玉清曰、聽颿樓所刻二居士帖、乃靈岩寺碑之殘本、擇其精彩部分刻之、而另立名目耳。【廣東叢帖敍錄】

714 蘭亭八柱帖八卷　清乾隆刻本

清乾隆中奉敕摹刻。

第一冊　虞世南摹蘭亭序及名人題跋
第二冊　褚遂良摹蘭亭序及名人題跋
第三冊　馮承素摹蘭亭序及名人題跋
第四冊　柳公權書蘭亭詩墨跡及名人跋
第五冊　戲鴻堂柳書蘭亭詩原本
第六冊　于敏中補戲鴻堂刻柳書蘭亭闕筆及御題
第七冊　董其昌臨柳公權書蘭亭詩御題及諸名人跋
第八冊　乾隆御臨董其昌仿柳公權書蘭亭詩並跋

右目見鳴野山房彙刻帖目元集、及叢帖目。帖目云、蘭亭八柱帖爲乾隆御刻、前有乾隆己亥暮春之初御筆序一篇。

蘭亭八柱帖（清）凡八卷。（錢履園謂爲四卷誤）清乾隆中奉勅刻者、傳本甚稀。首爲蘭亭虞世南所摹、二卷褚遂良所摹、三卷馮承素所摹、四卷柳公權書蘭亭詩並後序、五卷爲內府鈎塡柳公權蘭亭詩、戲鴻堂刻原本。六卷爲于敏中補戲鴻堂刻柳公權蘭亭詩缺筆。七卷爲董其昌臨柳公權書蘭亭詩。八卷爲乾隆帝臨董其昌臨柳公權書蘭亭詩。【彙帖舉要】

歐陽輔蘭亭八柱說、見集古求眞卷十三。

晉王羲之書蘭亭序、亦名禊帖、詳見後一人所書之帖（王羲之條蘭亭序）中。

715 蘭亭續帖六卷　宋拓本明時尙存

宋不知編刻姓名。

程文榮蘭亭續帖考、見南邨帖考第三冊。

蘭亭續帖（宋）蘭亭續帖六卷、載寶刻叢編、刻石越州學。帖首當題蘭亭續帖卷第幾、見弇州續稿。王鐸擬山園帖有與戴巖犖書云、細觀蘭亭續帖、皆本汝帖、刻較汝精細。其中增入乃絳帖澄心堂之精者、其曰續帖、蓋以刻石在會稽耳、非別有前帖也。　明文淵閣書目有蘭亭續帖一部、一冊、缺。又一部六冊、缺。圭美堂集亦稱見兩卷。　是帖勒石年號無考、黃長睿汝州新刻諸帖辨已載之、則當刻於政和初年。【彙帖舉要】

歐陽輔蘭亭續帖說、見集古求眞卷十二。

716 **穰梨館帖十二卷** 清刻本

淸陸心源摹刻。

此帖見彙帖舉要附錄彙帖補中。

717 **鬱岡齋墨寶十册** 明萬曆三十九年刻本

明王肯堂摹刻。肯堂字宇泰、金壇人。見佩文齋書畫譜卷四十四書家傳。

第一册　鍾太傅王右軍書。

第二至第六册　王右軍書

第七册　索靖月儀帖及唐無名氏書。

第八册　王方慶陸東之書。

第九册　虞世南褚遂良書。

第十册　米元章蘇東坡書。

右目見鳴野山房彙刻帖目元集及叢帖目。

帖目云、淸儀閣續跋謂鬱岡齋帖爲半木半石、係佳帖、但摹本舛謬特甚。

王肯堂鬱岡齋法帖十二卷。【千頃堂書目】

王澍曰、吾宗損菴先生所摹勒凡十卷。上自鍾王、下迄蘇米。蒼深不及停雲、而秀潤過之、故當遠出戲鴻之上。十卷木石參半、木本今已蠹損不全、石猶完好。【古今法帖考】

張廷濟鬱岡齋帖跋(話雨樓藏本)前明法帖以眞賞齋爲第一、其火後本鬱岡齋帖收入薦季直表袁生帖萬歲通天進帖是也。鬱岡齋亦有翻本、舛謬特甚。原刻初本墨如蟬翼紙如黃玉、自是無上神品、故當在餘淸快雪上。【淸儀閣金石題識卷四】

王肯堂字宇泰、深入晉人堂室、輯鬱岡齋帖數十卷、自鈎搨、爲一時石刻冠。(金壇縣志)

鬱岡齋帖(明)是帖鐫者管駟卿。一卷爲鍾繇賀捷表、薦季直表、王右軍樂毅論二本、一爲唐摹。二卷右軍黃庭內景經。三卷蘭亭敍三種。四卷王臨鍾千字文。五卷十七帖。六卷王右軍帖十段。七卷索靖月儀、唐人月儀。八卷王氏寶章集蘭亭詩。九卷虞世南汝南公主志、又草書二段、褚遂良倪寬贊。十卷蘇東坡悲秋、米芾天馬賦。帖末萬曆三十九年歲在辛亥夏五金壇王氏摹勒上石。【彙帖舉要】

鬱岡齋帖十卷、王楠金石辨證、張廷濟跋。見【話雨樓碑帖目錄卷四】

歐陽輔鬱岡齋帖說見集古求眞卷十三。

718 **觀風堂帖　册**

南宋不知編刻者姓名。

宋書錄載豫章漕廨觀風堂、有和靖處士林逋字君復法帖二卷、又魏國忠獻公韓琦字稚圭揚州芍藥詩一卷、蔡公襄字君謨諡忠惠雜書一卷、均不詳刻者名氏。其韓蔡二公書各自爲刻、或不止宋人、並及五代前人書、皆不可知。考陳方叔潁川語小論姓氏條有云、昨見觀風堂帖、所刻林和靖二詩、皆直書君復奉呈某人秀才、君復和靖字也、而書之與名不異、知是帖直以觀風堂帖標名、而帖跡之可考者僅此。元人白珽著湛淵靜語、卽勦襲此條而推廣之。吳氏帖鏡遂謂此帖並有紫醮帖、亦書君復奉呈慈公大師、又圍爐等帖、皆姓下押字諸蹟、殊失考。【南邨帖考第三册】亦見【彙帖舉要】

719 觀復堂帖四册 明天啓間刻本

明海寧陳元瑞摹刻。

第一册 沈度、王寵、祝允明、文徵明等。

第二册 邢侗四種、王穉登二種。

·第三册 董其昌、陳與郊神道碑一種。

第四册 陳可期、平叔傳至心經八種。

右目見鳴野山房彙刻帖目貞集及叢帖目。

以上彙刻叢帖

720 玉虹鑒眞帖十六卷又前後帖各十三卷 清刻本

清孔繼涑書。此書見彙帖舉要附錄彙帖部。

孔繼涑字信夫、號東山。山東曲阜人。乾隆二十三年舉人、官候補中書。工書、爲張文敏女夫、得其筆法、有小司寇之目。刻文敏書爲瀛海仙班帖十卷。精於鑑別碑版、有玉虹樓帖十六卷、鑑眞帖二十四卷、楙古帖二十卷。又國朝名人法書十二卷、並行於世。見名人尺牘小傳。 曲阜孔氏有寶鼎齋帖。孔舍人繼涑刻有玉虹樓鑑眞帖十六卷、又取張文敏照生平所爲書曰玉虹樓帖十六卷。舍人孫昭薰刻舍人手書爲隱墨齋帖十卷。見履園叢話。【清書史卷二十三】

孔谷園繼涑書師張文敏。文敏玉虹樓帖、乃其所刻。又有玉虹鑑眞二十四卷、刻歷代名人書。今世所行止得十三卷、餘十一卷余在長安僅一見之。聞在衍聖公府近內宅處、故搨者多不得全本。又有國朝摹古瀛海仙班二帖、世亦不多見。【珊網一隅卷二】

孔繼涑、詳見書林藻鑑卷十二。

參見後張照書玉虹樓法帖下。

721 文衡山法書 四體千文帖 三希堂法帖卷二十八 天香樓法帖卷二 友石齋法帖卷二 平遠山房法帖卷四 古寶賢堂法帖卷二 南雪齋法帖戊集 耕霞溪館法帖卷四 寄暢園法帖卷一 清歡閣法帖樂集 望雲樓法帖卷六 湖海閣法帖卷四 敬一堂法帖卷三十一及三十二 翰香館法帖卷九 螢照堂法帖卷六 嶽雪樓法帖申集 聽颿樓法帖卷五

明文徵明書。徵明佩文齋書畫譜卷四十二書家傳、又五十六書家傳並有傳。亦詳見書林藻鑑卷十一。

文徵明字徵仲、號衡山。長洲人。貢士、官翰林待詔。

文太史書老子傳跋（楷書）

徵仲書赤壁賦並跋

衡山書拙政園記並詩卷

文衡山今日歌行草

文徵仲題詠遺蹟
文待詔書十美詩卷
文內翰諸絕句
文徵仲三題吉祥庵卷　衡山詞蹟
文徵仲書温州府君詩集二册（楷書）
文徵明四體千文卷
文待詔書古本水滸傳全部（小楷書）
文徵仲與貫泉札（行楷書）
文待詔與東洋札（行草書）
文衡山致仕詩帖（行草書）

右目見式古堂書畫彙考書考卷三十四。書苑題評云天下法書歸吳而祝京兆允明爲最。文待詔徵明次之。待詔小楷師二王、精工之甚、惟少尖耳。亦有作率更者。少年草師懷素、行書倣蘇、黃、米及聖教。晚歲取聖教損益之、加以蒼老、遂自成家、唯絕不作草耳。【六藝之一錄卷二九九古今書論】倪蘇門書法論云文徵明長洲人其書學趙子昂歸田賦、用筆雖勁、所乏者變化生動之氣。【六藝之一錄卷三〇三古今書論】

文徵明　文嘉行略、吾學編、黃佐衡山文公墓誌銘、藝苑巵言、書畫眼、書史會要、王奉常集、弇州山人藁及續藁、陸樹聲學士題跋、珊瑚網、式古堂書畫彙考、並詳見【六藝之一錄卷三六七歷朝書譜五十七】

陳曰霽論文徵明法書見珊瑚網一隅卷四。

文衡山好以水筆提空作書、學智永之員和清蘊、而氣力不厚勁。晚年作大書、宗黃、蒼秀擺宕、骨韻兼擅。衡山小楷、初年學歐、力趨勁健而板滯未化。【評書帖】

722
王右軍帖

三希堂法帖卷一卷二　大觀帖卷六至卷八（民國十一年古物日欣社影印宋拓本）　玉烟堂法帖卷七至卷十　汝帖卷六　快雪堂法帖卷一　青華閣法帖卷上卷中　南雪齋法帖子集　星鳳樓法帖丑集至卯集　貞隱閣法帖已集　師子林袖珍法書卷一卷二　鳳貫齋法帖卷中　耕霞溪館法帖卷一　停雲館法帖卷一卷二　淳化閣法帖卷六至卷八　淨雲枝帖本　望雲樓法帖卷一　絳帖卷六卷七　滋蕙堂墨寶卷一　筠清館法帖卷一　墨池堂法帖卷一卷二　澂觀閣摹古本　翰香館法帖卷一至卷三　寶晉齋法帖卷一至卷六　寶賢堂集古法帖卷三至卷五　鬱岡齋法帖卷一至卷六　民國二十三年北京故宮博物院影印王右軍三帖墨迹本

晉王羲之書。【參見二王法帖下】

觀薛道祖所刻右軍吳興大周嫂數帖、勝淳化閣。【評書帖】

佩文齋書畫譜卷二十三書家傳、又四十五畫家傳、歷代畫史彙傳卷二十七、書林藻鑑卷六、並有王羲之傳。晉書王羲之傳、羊欣筆陣圖、又古來能書人名錄、書斷、法書要錄、袁昂評、梁武帝評、庾肩吾書品、李嗣眞後書品、譚賓錄、竇臮述書賦、二王書評注、珊瑚網、並詳見【六藝之一錄卷三一七歷朝書譜七】

明雲間王圻續文獻通考六書考、集書評云、王右軍裁成之妙煙霏霧結狀若斷而還連、鳳翥龍蟠勢若邪而反正。又云羲之尤善草隸論者稱其筆法飄若游雲矯若驚龍。【六藝之一錄卷二百九十九古今書論】

王右軍法書詳見【六藝之一錄卷三百古今書論】

何焯唐人雙鉤右軍殘本跋、見義門先生集卷八。

吳榮光跋王右軍長風帖摹本、見石雲山人文集卷五。

吳騫書宋拓右軍六十帖後、又蘇尹倫新得右軍傳十帖跋、並見愚谷文存卷五。

東晉王羲之字逸少、琅琊臨沂人。官至右軍將軍、會稽內史。

晉右將軍王羲之敬和帖

王右軍思想帖

王右軍此事帖

王右軍二謝帖

王右軍瞻近帖

右軍東方朔畫像贊

晉金紫光祿大夫右軍將軍破羌帖卷

王右軍快雪時晴帖

王逸少官奴帖

晉會稽內史稺恭帖

晉王羲之哀生帖

王右軍來戲帖

王右軍眠食帖

王逸少官舍侚書二帖

晉右軍得告帖

王逸少升平帖

王右軍與桓溫薦謝玄帖

逸少司馬帖

晉王右軍七月帖

王逸少遺教經

晉王右軍書魏鍾繇千文

王右軍遊目帖

二王行穰中秋兩帖

右目見式古堂書畫彙考書考卷六。

王澍曰、右軍書雖鳳翥龍翔、實則左規右矩、所以無妙不臻。大令則離而二之、規矩者過於專謹、翔舞者過於縱逸。所以右軍飛流、漸以澌薄。子昂得其專謹、元章得其縱逸、皆於大令各得一體。然皆能絕詣其極、所以能名一時、傳後世。此卷大令諸行帖、風格清勁、已拔子昂之髓、後卷諸行草、則元章底本盡露矣。雖不及右軍、猶堪陶鑄米、趙。王元美謂大令散朗多姿、已逗露李北海、米元章、趙文敏消息、可謂善鑒。見淳化祕閣法帖考正。【六藝之一錄法帖論述】

十七帖 唐搨本（民國十七年潢川吳氏涑水硯齋影印本） 清王宏撰雙鉤朱墨寫本 石印本

晉王羲之書。

黃伯思：跋十七帖後、跋所書十七帖後、跋

唐人所摹十七帖後　東觀餘論卷下。
王士禎：跋姜西溟所藏唐搨十七帖　帶經堂集卷七十二。
孫承澤：王右軍十七帖　庚子銷夏記卷五。
石韞玉：十七帖跋　獨學廬三稿卷四。
何紹基：跋牛雪樵丈藏宋刻十七帖、又跋宋刻十七帖二則　東洲草堂文鈔卷九。又見東洲草堂金石跋卷四。
葉奕苞：晉王羲之十七帖　金石錄補卷七。
包世臣：十七帖疏證　安吳四種卷十三。
陳璞：跋玉烟堂本十七帖二篇　尺岡草堂遺文卷四
張廷濟：館本十七帖　清儀閣金石題識卷四。
江藩：顏臨十七帖　半氈齋題跋卷下。
陳曰霽十七帖考證見珊網一隅卷四。

快雪時晴帖　簡名快雪帖　舊拓本（民國二十四年影印本）
晉王羲之書。
呂世宜書快雪時晴帖後、見愛吾廬題跋。
葉奕苞王羲之快雪帖跋見金石錄補卷七。
梁章鉅舊拓快雪帖跋（附翁方綱跋）、見退庵金石書畫跋卷五。

筆陣圖（詳見本書六九三葉）
晉王羲之書（一題衛夫人）
筆陣圖右軍行書間有草字末云千金勿傳、非其人也。永和十二年四月十二日書。在陝西西安府學此晉帖。【考槃餘事卷一】又【磨赤水帖箋】
孫承澤王右軍筆陣圖、見庚子銷夏記卷五。
林侗筆陣圖見來齋金石刻考略卷上。
李光映右軍筆陣圖（弇州山人稿、天祿識餘）見觀妙齋藏金石文考略卷三。

黃庭經　宋拓本（民國十三年文明書局玻璃版印本）　秋碧堂法帖本卷三　海山仙館摹古法帖本卷十
晉王羲之書。
歐陽修：黃庭經四首　集古錄跋尾卷十。
黃伯思跋黃庭經後見東觀餘論卷下。
歐陽棐黃庭經見集古錄目卷三。
陳思晉黃庭經、見寶刻叢編卷十三。
何焯穎上黃庭經跋又越州黃庭經跋、又杜貽穀宋拓黃庭經跋、並見義門先生集卷八。
朱彝尊宋搨黃庭經跋見曝書亭文集卷四十八。又曝書亭金石文字跋尾卷三。
王昶跋祝希哲書黃庭經後、見春融堂集卷四十五。
翁方綱跋天都吳氏所藏黃庭經、見復初齋文集卷二十七。又餘清齋黃庭經、見蘇齋題跋。何紹基跋舊拓肥本黃庭經九則、見東洲草堂文鈔卷九。又見東洲草堂金石跋卷四。
李兆洛跋黃庭經帖、見養一齋文集卷七。

孫承澤右軍黃庭經、見庚子銷夏記卷四。
王右軍黃庭經見庚子銷夏記卷五。
葉奕苞晉黃庭經、見金石補錄卷七。又晉楊羲和黃庭經、見金石錄補卷七。
趙紹祖晉小楷黃庭經、見古墨齋金石跋卷二。
李光映宋搨黃庭經、潁上井底思古齋黃庭經、並見觀妙齋藏金石文考略卷三。
梁章鉅宋搨黃庭經、見退庵金石書畫跋卷三。徐樹鈞宋搨黃庭內景經、見寶鴨齋題跋卷下。
張廷濟書義門先生潁上黃庭跋後、見清儀閣金石題識卷三。
李葆恂潁上黃庭見三邕翠墨簃題跋卷一。
張廷濟黃庭經（祕閣續帖本）（虞跋本）（翁跋本）（七字成文本）（陶跋本）（停雲館原刻本）（秀餐軒本）並見清儀閣金石題識卷三。

樂毅論　南宋拓本　石印本

晉王羲之書。
歐陽修晉樂毅論、見集古錄跋尾卷四。
趙明誠晉樂毅論、見金石錄卷二十。
陳思晉樂毅論見寶刻叢編卷十四。
孫承澤王右軍樂毅論、見庚子銷夏記卷五。
梁章鉅樂毅論、見退庵金石書畫跋卷三。
何紹基跋樂毅論海字不全舊拓本、見東洲草堂金石跋卷四。又東洲草堂文鈔卷九。
張廷濟樂毅論（梁摹本）（寶晉齋刻本）、並見清儀閣金石題識卷三。又趙臨樂毅論、見清儀閣金石題識卷四。
王士禎跋吳天章所藏宋搨樂毅論、見帶經堂集卷七十二。
翁方綱餘清齋樂毅論、見蘇齋題跋。又翁方綱跋南宋本樂毅論二種見復初齋文集卷二十七。
吳榮光跋國學蘭亭敍樂毅論、見石雲山人文集卷五。
陳曰霽樂毅論考證、見珊網一隅卷四。

裹鮓帖

晉王羲之書。
呂世宜書裹鮓帖後、見愛吾廬題跋。
朱彝尊裹鮓帖跋、見曝書亭文集卷五十三。

鵝羣帖

晉王羲之書。
李兆洛鵝羣帖跋、見養一齋文集卷七。

蘭亭序　亦稱禊帖　秋碧堂法帖卷一　海山仙館橅古法帖本　澂觀閣摹古禊帖六種本

晉王羲之書。
歐陽修：晉蘭亭修禊序　集古錄跋尾卷四。
陳思：晉蘭亭敍　寶刻叢編卷六。
顧炎武：蘭亭序　金石文字記卷二。
孫承澤：禊帖考　閒者軒帖考。
朱彝尊：跋蘭亭殘石拓本　曝書亭金石

文字跋尾卷三又曝書亭文集卷四十八。
林侗：蘭亭序　來齋金石刻考略卷上。
李光暎：小字蘭亭序、又草書蘭亭序　觀妙齋藏金石文考略卷三。
劉青藜：晉蘭亭敍　金石續錄卷一。
畢沅：蘭亭序（醴泉荀氏本）　關中金石記卷一。
陳曰霽蘭亭考證、見珊網一隅卷四。
朱楓：蘭亭序　雍州金石記卷一。
馮登府：唐摹蘭亭跋　石經閣金石跋文、又石經閣文集卷七。
趙紹祖：晉蘭亭序　古墨齋金石跋卷二。
張廷濟：蘭亭讌集序（戲鴻堂刻本）濟儀閣金石題識卷三。
何紹基：跋宋刻蘭亭拓本　東洲草堂金石跋卷四又東洲草堂文鈔卷九。
王志沂：晉王右軍蘭亭序　關中漢唐存碑跋。

徐乃昌：黃庭經蘭亭敍石刻　安徽金石古物考稿卷二。
黃伯思：跋蘭亭傳後　東觀餘論卷下。
姜宸英：跋家藏唐石蘭亭序、見湛園未定稿卷八。
陳慶鏞：唐刻禊帖考、見籀經堂集卷五。
王士禎跋門人林吉人所藏宋搨蘭亭記、見帶經堂集卷九十二。
宋犖跋宋搨蘭亭三種、見西陂類稿卷二十八。翁方綱跋宋搨蘭亭、又跋程松圓藏宋搨蘭亭、見復初齋集外文卷四。
汪中修禊序跋尾、見述學補遺卷一。
姚大榮書汪容甫修禊敍跋尾後、禊帖辨妄記、見惜道味齋集卷一。
趙懷玉宋拓蘭亭跋、見亦有生齋文集卷七。
梁啓超宋刻禊帖跋、見飲冰室文集卷七十七。
王宗炎舊藏蘭亭石刻書後、見晚聞居士遺集卷五。

蘭亭墨蹟　褚模禊帖
褚模王羲之蘭亭帖
褚登善臨蘭亭帖
唐模禊序墨蹟
褚臨右軍曲水序
右軍禊帖
蔡忠惠臨禊帖
范文度模禊帖
秦少游臨禊序
薛紹彭臨蘭亭敍
宋高宗臨蘭亭序
宋思陵臨禊序
宋高宗臨賜禊帖
思陵御書晉王羲之脩禊序
趙文敏臨禊帖並圖合卷
松雪臨定武蘭亭本並記
趙文敏模蘭亭序並題

趙承旨臨禊帖
趙集賢臨蘭亭卷
張仲壽臨定武蘭亭本並識
俞紫芝臨定武禊帖並詩
董文敏書禊序卷
宋搨玉枕蘭亭
玉枕蘭亭帖　又福州本
宋淮海桑世昌澤卿蘭亭博議
元陶宗儀蘭亭諸刻考
明胡若思蘭亭諸本考
蘭亭搨本　開皇蘭亭本　別本蘭亭
定武蘭亭古本
神龍蘭亭序
定武蘭亭卷　定武蘭亭本
宋御府搨定武蘭亭卷
宋搨褚模蘭亭米跋本
宋搨定武不損本
定武禊帖五字未損本　又蘭亭不損本
定武蘭亭薛師正正本
宋搨蘭亭二卷
定武五字損本蘭亭僧茂宗本
定武蘭亭趙承旨十六跋靜心本
定武蘭亭趙子昂十三跋獨孤本
定武眞搨蘭亭卷
毛仲益所藏蘭亭敍
成都石本蘭亭集序
復州裂本蘭亭
蘭亭舊刻並賸蘭亭圖合本

右目見式古堂書畫彙考書考卷五

同州聖教、看去遒勁、然刻手粗躁、終不及雁塔虛靈圓靜。或云卽一本而兩刻之故、結體不爽。【評書帖】

定武蘭亭序　民國影印本　又十九年故宮博物院影印本　又二十三年再版本均名定武蘭亭眞本

晉王羲之書。

孫承澤：定武禊帖肥本又瘦本　庚子銷夏記卷四。
朱彝尊：跋蘭亭定武本　曝書亭文集卷四十八、又曝書亭金石文字跋尾卷三。
李光暎：定武本蘭亭序　觀妙齋藏金石文考略卷三。
翁方綱：續跋陳伯恭所收定武蘭亭卷後、見復初齋文集卷二十七。又跋定武蘭亭、見復初齋集外文卷四。
何紹基跋汪孟慈藏定武蘭亭舊拓本、見東洲草堂金石跋卷四。東洲草堂文鈔卷九。
徐樹鈞宋搨定武蘭亭、又定武蘭亭斷石瘦本、見寶鴨齋題跋卷下。
孫原湘跋定武蘭亭何氏本、見天眞閣集卷四十四。
陳澧觀定武蘭亭序私記、見東塾集卷二。
吳榮光自書所模定武蘭亭帖後、又眞定武本蘭亭敍跋三則、見石雲山人文集卷五。

蘭亭定武本、東陽何氏本、國子監本、上黨本、玉枕本、賈秋壑燈影本（王楠跋、張廷濟跋）、南宋重刻定武本、潁上本、馮承素本、姜氏本（姜宸英跋、徐楙跋）、陝西本。並詳見【話雨樓碑帖目錄卷四】

邵松年北宋拓眞定武蘭亭敍五字殊字未損本、舊拓摹定武蘭亭鑱損五字本並詳見【澄蘭室古緣萃錄卷十八碑帖】

定武蘭亭王沇本一册　民國九年商務印書館影印宋游相藏本

蘭亭宣城本　民國九年商務印書館影印宋游相藏本

蘭亭玉泉本　宋拓本　民國九年商務印書館影印本

開皇蘭亭本

晉王羲之書。

朱彝尊開皇蘭亭本跋、見曝書亭金石文字跋尾卷三。又曝書亭文集卷四十八。

李光暎開皇本蘭亭序、見觀妙齋藏金石文考略卷三。

國子監本蘭亭　一名太學蘭亭序

晉王羲之書。

朱彝尊國子監石本蘭亭跋、見曝書亭金石文字跋尾卷三。又曝書亭文集卷四十八。

李光暎監本蘭亭序、見觀妙齋藏金石文字考略卷三。

全祖望宋紹興學宮禊帖舊本記、見鮚埼亭集外編卷二十二。

何紹基跋國學蘭亭舊拓本三則、見東洲草堂金石跋卷四。又東洲草堂文鈔卷九。

梁章鉅國學本蘭亭、見退庵金石書畫跋卷三。

翁方綱跋國學蘭亭、見復初齋文集卷二十七。

石韞玉太學蘭亭序跋、見獨學廬二稿卷下。

邵松年舊拓蘭亭學宮本、見澄蘭室古緣萃錄卷十八碑帖。

蘭亭姜氏本

晉王羲之書。

朱彝尊姜氏蘭亭二本跋、見曝書亭金石文字跋尾卷三。又曝書亭文集卷四十八。

張廷濟慈谿姜氏兩面蘭亭、見清儀閣金石題識卷三。

翁方綱跋慈谿姜氏蘭亭、見復初齋文集卷二十七。

邵松年姜氏蘭亭前一本、見澄蘭室古緣萃錄卷十八碑帖。

趙懷玉姜氏蘭亭拓本跋、見亦有生齋文集卷七。

蘭亭神龍本

晉王羲之書。

朱彝尊蘭亭神龍本跋、見曝書亭金石文字跋尾卷三。又曝書亭文集卷四十八。

李光暎神龍本蘭亭序、見觀妙齋藏金石文

考略卷三。

張廷濟神龍本蘭亭敍、(畢琴川藏本)、(蔡硯香藏本)並見清儀閣金石題識卷三。

厲鶚神龍蘭亭拓本跋見樊榭山房文集卷八。

翁方綱跋神龍蘭亭、見復初齋集外文卷四。

又神龍本考、見蘇米齋蘭亭考。

程恩澤神龍蘭亭跋見程侍郎遺集卷七。

邵松年舊拓蘭亭神龍本、見澄蘭室古緣萃錄卷十八碑帖。

玉枕蘭亭

晉王羲之書。

葉奕苞唐玉枕蘭亭序、見金石錄補卷二十二。

馮登府玉枕蘭亭、見閩中金石志卷五。

張廷濟賈刻玉枕蘭亭、(又周郁齋藏本)並見清儀閣金石題識卷三。

徐樹鈞買秋壑玉枕蘭亭、(又錢子密藏本)並見寶鴨齋題跋卷下。

錢泰吉文端公所藏玉枕蘭亭拓本跋二則、見甘泉鄉人稿卷十二。

邵松年舊拓玉枕蘭亭敍、見澄蘭室古緣萃錄卷十八碑帖。

東陽本蘭亭

晉王羲之書。

何焯東陽蘭亭序跋、見義門先生集卷八。

李光暎東陽本蘭亭序、見觀妙齋藏金石文考略卷三。

梁章鉅東陽本蘭亭、見退庵金石書畫跋卷三。

李佐賢跋東陽何氏蘭亭、見石泉書屋金石題跋。又石泉書屋類稿卷五。

錢泰吉跋陳襄變所藏何氏蘭亭、見甘泉鄉人餘稿卷一。

梁啓超東陽本蘭亭序、見飲冰室文集卷七十七。

賜潘貴妃蘭亭序

晉王羲之書。

李光暎賜潘貴妃蘭亭序、見觀妙齋藏金石文考略卷三。

翁方綱賜潘貴妃蘭亭原刻本、見蘇齋題跋。

天曆之寶蘭亭序

晉王羲之書。

李光暎天曆之寶蘭亭序、見觀妙齋藏金石文考略卷三。

潁上蘭亭序

晉王羲之書。

李光暎潁上井底蘭亭序、見觀妙齋金石文考略卷三。

錢泰吉跋潁上蘭亭七則、見甘泉鄉人稿卷十一。

陳璞潁本蘭亭跋、見尺岡草堂遺文卷二。

李佐賢跋潁上黃庭蘭亭石刻、見石泉書屋金石題跋。又石泉書屋類稿卷五。

邵松年舊拓蘭亭潁上本、見澄蘭室古緣萃錄卷十八碑帖。

宋吳皇后蘭亭序

晉王羲之書。

李光暎宋憲聖吳皇后蘭亭序、見觀妙齋金石文考略卷三。

張金奴本蘭亭

晉王羲之書。

翁方綱餘清齋張金奴本蘭亭、見蘇齋題跋。

張廷濟張金界奴本蘭亭敍、見清儀閣金石題識卷三。

落水本蘭亭

晉王羲之書。

梁章鉅落水本蘭亭、見退庵金石書畫跋卷三。

翁方綱跋落水蘭亭卷、見復初齋文集卷二十七。

梁啓超雙鈎唐揚定武落水蘭亭、見飲冰室文集卷七十七。

褚臨蘭亭

晉王羲之書、唐褚遂良臨。

葉奕苞唐褚遂良摹蘭亭、見金石錄補卷十。

李光暎米跋褚摹蘭亭序、見觀妙齋金石文考略卷三。

何紹基跋褚臨蘭亭拓本三則、見東洲草堂金石跋卷四。又東洲草堂文鈔卷九。

張鑑褚令摹蘭亭帖、見墨妙亭碑目考下之下。

陸心源褚令摹蘭亭帖、見吳興金石記卷七。

翁方綱跋褚臨蘭亭、見復初齋集外文卷四。又跋褚臨蘭亭王文惠本、見復初齋文集卷二十七。

郭嵩燾跋李果仙所藏褚書蘭亭、見養知書屋文集卷八。

姚華題影本褚臨蘭亭眞跡、見弗堂類稿卷十。

梁啓超褚臨禊序、見飲冰室文集卷七十七。

723 **蘭亭考十二卷羣公帖跋一卷** （詳見本書第七八四葉）

宋桑世昌、高似孫撰。

式古堂書畫彙考書考引用書目有宋李公麟蘭亭考、宋桑世昌蘭亭博議二種。佩文齋書畫譜纂輯書籍目有李公麟李氏古器錄。

724 **蘭亭博議十五卷蘭亭續考二卷** （詳見本書第七八六葉）

宋桑世昌撰。續考、宋俞松撰。

據直齋書錄解題桑世昌初撰蘭亭博議十五卷、高似孫删定爲十二卷、改名蘭亭考。今蘭亭博議原書未見。又式古堂書畫彙考書考引用書目有明陶宗儀蘭亭諸刻考、明胡儼蘭亭諸本考。

六藝之一錄法帖論述十七、十八、十九、二十。又二十一至二十六爲桑世昌蘭亭考、（卽卷一百五十一至一百五十六）又二十七、二十八爲俞松蘭亭續考（即卷一百五十七一百五十八）又二十九引鐵網珊瑚、三十引珊瑚網、禊帖綜聞、一角編、式古堂書畫彙考蘭亭敍目禊帖類林目錄。

725 **蘇米齋蘭亭考八卷** （詳見本書第七八六葉）

清翁方綱撰。凡分八考、一、偏旁尺度考、二、神龍本考、三、摘五字考、四、蘇耆本考、五、領從山考、六、訂潁考、七、趙跋考、潘刻考、八、合集字考。爲研究禊帖者所宗。

726 **求是齋集臨禊帖二卷** 清劉本

清黃錫慶撰。錫慶字□□、甘泉人。此帖見揚州吳氏測海樓藏書目錄。禊帖即蘭亭帖、參見蘭亭帖下。

727 **禊帖類林十二卷** 原書未見

此書不詳撰人姓名。六藝之一錄卷一百六十法帖論述三十、載禊帖類林目錄、今轉錄其目於此。第一卷本事門、自王右軍蘭亭脩禊詩敍起、至禊敍字辨止。第二卷紀述門、分唐太宗得蘭亭眞本始末、及定武石刻始末二篇。第三卷圖畫門、自宋李心傳記徽宗御題王維蘭亭圖卷起、至蘇東坡跋王右軍研繪圖止。第四卷詩贊門、自法書要錄二王書語起、至揭右民跋玉版蘭亭詩止。第五卷鑒賞門一、至第八卷鑒賞門四、自武平一徐氏法書記起、至孫退翁（承澤）記定武肥瘦本二則止。第九卷臨摹門一至第十卷臨摹門二、自蔡端明題唐搨賜本三則起、至董思白論褚河南臨本止。第十一卷傳刻門、爲宋桑澤民蘭亭博議記傳刻六十一種、元陶宗儀蘭亭集刻一百一十七種、元袁清容疏平生所見本九種、明胡若思蘭亭諸本考十一種。又附錄蘭亭諸刻、爲大業石本、神龍蘭亭、淳化本、玉枕本、悅生堂本、玉板蘭亭、東陽本、金陵清涼本、江陰邱氏本、潁上本、永樂內府本、國子監本十種蘭亭、周邸蘭亭。第十二卷、自永字八法至柳柳州八法頌止。內容非常豐富、可謂集蘭亭考證之大成、當再查考有無傳本及著者姓名。

728 **禊帖綜聞十五卷** 原刊本見文瑞樓書目　四庫存目本一卷

清胡世安撰。世安清史稿列傳卷二四四、清史列傳卷七十九並有傳、李放清畫史卷五第一葉亦有世安小傳。此書式古堂書畫彙考書考引用書目收入。自宋姜夔撰禊帖偏旁考、桑世昌撰蘭亭考、俞松撰蘭亭續考、禊帖即爲蘭亭之別稱。清孫承澤有禊帖考、見閒者軒帖考。又曾廷枚有禊帖緒餘四卷、清書史卷十九第十六葉著之。並詳見本書第七八七葉。

胡世安字處靜、號秀巖、一號菊潭。井研人。明崇禎二年進士、國朝官大學士。工書法、喜學東坡。尤精鑑賞碑帖、著有禊帖綜聞。見木葉厰法書記。【清書史卷五】

729 **王大令帖** 一稱王子敬帖　三希堂法帖本卷二　大觀帖卷九卷十　玉烟堂法帖卷十一十二　汝帖卷六　快雪堂法帖卷一　青華閣法帖卷下　墨鳳樓法帖辰集　耕霞溪館法帖卷一　停雲館法帖卷二　淳化閣法帖卷九卷十　淨雲枝帖　絳帖卷八至卷十　筠清館法帖卷一　墨池堂法帖卷二　貞隱園法帖庚集　師子林法帖卷三　韻香館法帖卷四　寶香齋香帖卷七卷八　寶賢堂法帖卷六卷七　聽颿樓法帖卷一

晉王獻之書。獻之字子敬、小字官奴、琅琊臨沂人。羲之第七子。官至中書令、追贈侍中太宰。〔參見二王法帖下〕

王大令送梨帖

王大令鴨頭丸帖

王子敬乞假表

王大令書洛神賦十三行

王子敬書洛神賦十三行

晉中書令王獻之洛神賦十三行

王大令洛神賦別本

晉太宰中書令王獻之十二月帖

王大令中秋帖

王子敬奉書帖

王大令冠軍帖

右目見式古堂書畫彙考書考卷六。

明雲間王圻續文獻通考六書考、集書評云、王獻之字勢疏瘦如隆冬之枯樹、拘束如嚴家之餓隸、其枯樹雖槎枿而無屈伸、其餓隸雖饑羸而不放縱。又曰、王子敬隸、行、草章、草、飛白五體俱入神、八分入能。【六藝之一錄卷二百九十九古今書論】

王獻之　晉書本傳、羊欣采古來能書人名錄、書斷、宣和書譜、梁庾龢論書表、袁昂書評、梁武帝書評、竇臮述書賦評、庾肩吾書品、李嗣眞後書品、宋明帝文章志、西溪叢語、書輯墨藪。詳見【六藝之一錄卷三一七歷朝書譜七】

歐陽修晉王獻之法帖、見集古錄跋尾卷四。

黃伯思跋王大令帖後、又跋王大令授衣帖後、跋王子敬帖後、並見東觀餘論卷下。

姚鼐跋王子敬辭令帖、見惜抱軒文後集卷二。

何紹基跋吳子苾藏宋拓臨江帖王大令書卷、見東洲草堂金石跋卷五。又東洲草堂文鈔卷十。

洛神賦十三行 一名玉版十三行　簡稱十三行　宋拓本　海山仙館摹古法帖洛神九行本

晉王獻之書。詳見書林藻鑑卷六。

孫承澤二王洛神賦、見庚子銷夏記卷四。

劉青藜洛神賦見金石續錄卷一。

李光暎舊搨玉版十三行、又翁藏玉版十三行、王子敬十三行、並見觀妙齋藏金石文考略卷三。馮登府宋拓十三行跋、見石經閣金石跋文又石經閣文集卷八。
趙紹祖晉小楷洛神十三行、見古墨齋金石跋卷二。
何紹基跋玉版洛神賦十三行拓本五則、見東洲草堂金石跋又東洲草堂文鈔卷九。
梁章鉅元晏齋十三行、杭本十三行、並見退庵金石書畫跋卷三。
張廷濟玉版十三行共十篇、見清儀閣金石題識卷三。
傳以禮玉版十三行、共四篇、見有萬憙齋石刻跋。
魏錫曾跋碧玉版十三行、見績語堂題跋。
洛神賦較大令書稍大、此晉帖。【考槃餘事卷一】又【屠赤水帖箋】
何焯毗陵唐氏宋搨十三行跋、見義門先生集卷八。王昶跋子敬十三行石刻後、見春融堂集卷四十四。
翁方綱跋孫文介本十三行、跋杭本十三行、並見復初齋文集卷二十七。
趙懷玉唐氏宋拓十三行原本跋、重刻唐氏宋拓十三行跋、並見亦有生齋文集卷八。
錢泰吉跋曉庭所藏洛神十三行、見甘泉鄉人餘稿卷一。又跋潁上玉版十三行七則、見甘泉鄉人稿卷十一。
鄭珍跋小王洛神十三行拓本、見巢經巢文集卷五。
劉毓崧（代）胡文恪公手書洛神賦拓本跋見通義堂文集卷八。
陳曰霽十三行考證見珊網一隅卷二。
邵松年舊拓玉版洛神十三行二種、又精拓杭本洛神十三行、並見澄蘭室古緣萃錄卷十八碑帖。

730 **擬山園帖十冊** 清順治己亥年刻本 古寶賢堂法帖卷二

清王鐸書。仲子無咎摹刻。

一冊 臨右軍胸氣何似等十一帖
二冊 擬衛夫人等十一帖
三冊 自書獻花巖雜詩等九帖
四冊 擬魏鍾繇等五帖
五冊 延壽寺碑及自書登高阜近詩等七帖
六冊 浪華館臨本及擬梁約至唐薛稷等七帖
七冊 與經碧鼎元等八帖
八冊 臨米芾十五帖等六帖
九冊 與張老年翁等十二帖
十冊 趙雪江畫册序至杜律等三帖

右目見鳴野山房彙刻帖目利集及叢帖目。帖目云、是帖係王覺斯書、爲其仲子無咎集刻者。尾有張縉彥、龔鼎孳及仲子無咎跋。跋內稱雙鈎者爲呂子太初、勒石者爲張子飛卿、皆稱善手、宜其帖爲士林珍賞也。此帖彙帖舉要附錄一人所書之帖著錄。

歐陽輔擬山園帖說見集古求眞卷十三。

陳曰霽王覺斯擬山園帖考證見珊網一隅卷三。

王鐸覺斯其字以力爲主、淋漓滿志、所謂能解章法者是也。北京及山東西秦豫五省、凡學書者以爲宗主。【六藝之一錄卷三〇三古今書論】

王鐸字覺斯、號石樵。孟津人。明天啓二年進士、入國朝官禮部尙書、卒謚文安。　無聲詩史、正書出自鍾元常、雖模範鍾王、而能自放胸臆。　畫徵錄、工書法、有擬山園石刻、諸體悉備。　梁巘評書帖、王鐸書得執筆法、學米南宮、蒼老勁健、全以力勝。然體格近怪、祇爲名家。　亦有生齋文集、善八分、其眞行書尤深入南宮之室、近代學米者無以過也。　芳堅館題跋、孟津書蒼鬱雄暢、兼有雙井天中之勝。觀擬山園帖、乃知孟津於古法耽玩之功、亦自不少。其詣力與祝希哲正同。　名人尺牘小傳、書宗魏晉、名重當代、與董文敏並稱。有擬山園帖行世。　木葉厱法書記、吾家先世藏孟津眞跡至富、如詩牋尺牘各種、大半刻入敬和堂法帖中。【淸書史卷十六】

731 詒晉齋巾箱帖四卷詒晉齋法書十六卷　嘉慶四年至十年刻本

淸永瑆書。

成哲親王永瑆、高宗第十一子。號鏡泉、別號詒晉齋主人。嘉慶九年八月初八日內閣奉上諭、朕兄成親王自幼精專書法、深得古人用筆之意、博涉諸家、兼工各體、數十年臨池無間。近日朝臣之工書者、罕出其右。早應摹勒貞珉、俾廣流傳。令將平日所書各種、自行選擇刻石、以詒晉齋名、顏其卷帙。　嘯亭雜錄、成親王善書法、工趙文敏體。　楊翰息柯雜著、詒晉齋書、從趙承旨上溯歐陽率更、篆隸亦有法度。　木葉厱法書記、成邸早師趙董、晚學大歐。醴泉化度二碑、尤所得力。　鬱棲書話、成王因藏有陸機平復帖、故以詒晉名其齋。詒晉齋帖、有大小兩種、大者係歷代名人墨妙、小者乃王自書。摹者金匱錢泳、刻者吳人湯錫榮、故其精妙勝於他帖云。【淸書史卷首】

錢泳曰、嘉慶四年己未、遊京師、鈎刻成親王法書、爲詒晉齋帖四卷。十年乙丑、復至京師、又增益二集、三集、四集、共十六卷。又得成王書一鱗片爪、集成小册、爲詒晉齋巾箱帖四卷。見【履園叢話卷九碑帖】

成親王永瑆早有書名、中年臨閣帖及古人眞蹟、頗有佳者。學歐書有功力、小楷書頗精、能得鷗波之意態者。【淸人書評】

詒晉齋帖四卷、見彙帖舉要。詒晉齋法書四集十六卷、舉要亦誤題作詒晉齋帖。

第一集

第一卷、臨褚本樂毅論等五種。　第二卷、自書擬公讌詩四種。　第三卷、韓昌黎進學解。　第四卷、與肅親王論書及草書百家姓。

第二集

第一卷、自書古今體詩四十首。　第二卷、臨鍾太傅帖等十種。　第三卷、自書近光樓詩等上。　第四卷、自書近光樓詩下及餞吳穀人詩。

第三集

第一卷、臨右軍東方畫贊等四種。　第二卷、臨隋僧智肅論書八種。　第三卷、臨董思翁樂志論等五種。　第四卷、宋名臣言行及李眉山詩。

第四集

第一卷、陸佐公新刻漏銘等三種。　第二卷、謝惠連雪賦等五種。　第三卷、臨米南宮六帖等二種。　第四卷、題風雨跋等五種。

右目見鳴野山房彙刻帖目貞集、及叢帖目。叢帖目云、前有嘉慶九年八月初八日上諭、命選刻成親王詒晉齋法書云云。

732 米元章帖十卷　宋刻本　三希堂法帖卷二十三　玉烟堂法帖卷十四十五　快雪堂帖卷四　南雪齋法帖卯集　秋碧堂法帖卷六　貞隱園法帖辛集　唐宋八大家法帖卷十二　海山仙館法帖　耕霞溪館法帖卷二　淨雲枝帖本　寒香館法帖乙集　渤海藏眞帖本　滋蕙堂法帖卷六　敬一堂法帖卷三卷四　筠清館法帖卷四　墨池堂法帖卷四　翰香館法帖卷七　嶽雪樓法帖寅集　寶賢堂集古法帖卷十一　聽雨樓法帖卷一　聽颿樓法帖乙集　夢岡齋法帖卷十　民國十七年文明書局影印章聖天臨殿祀明道觀壁記眞蹟本

宋米芾書。芾佩文齋書畫譜卷三十四書家傳、又卷五十一畫家傳歷代畫史彙傳卷四十五、宋元以來畫人姓氏錄卷二十六、書林藻鑑卷九、並有傳。

宋米芾字元章、號海嶽外史、又號襄陽漫仕。先太原人、徙襄陽、寓吳、官至禮部員外郎、知淮陽軍。

米襄陽書易說（行草書）

米南宮書天馬賦（大行楷書）

米海嶽七帖（皇太后挽辭帖、無能帖、淮省帖、一介帖、府判帖、疏逖帖、司籤帖。）

（小楷書）

米南宮登海岱樓玩月詞

米南宮九帖（草書）

米襄陽行草四段

米海嶽二帖（長者帖、明公帖）

米海嶽呈諸友詩翰

米南宮紫金研帖（行書）

米襄陽鄉石帖（行書）

米南宮山林堂詩

米海嶽經宿帖
米南宮中岳詩卷
米海嶽湘西詩帖
米襄陽都梁十景詩蹟
米漫仕苕溪詩卷
米襄陽呈陳建州詩卷
杜少陵畫山水歌並絕句（草書）
米南宮峴山詩蹟
老米詞蹟
米南宮千文（小楷書）
米禮部臨智永眞草千文
米海嶽醉草
米老臨黃庭經卷
米南宮跋殷令名帖
米元章臨顏魯公爭坐位帖
米南宮書宗室崇公孝恭墓誌銘卷
海嶽翁閱書帖（行草書）
米老三吳詩帖（行書）
米海嶽多景樓詩帖（行書）
米南宮眼目帖（草書）
米海嶽陳攬帖（行書）
米漫仕太簡帖（行書）
米禮部砂步詩二帖（行草書）
老米眞賦帖（行書）
米元章諸體詩卷（行書）
右目見式古堂書畫彙考書考卷十一。

米元章帖十卷 宋刻本

宋米芾書高宗刻。世稱紹興米帖。見彙帖舉要附錄一人所書之帖中。
王澍紹興米帖考見古今法帖考。
程文榮有宋高宗刻米元章帖考、見南邨帖考第三册。
米芾　宣和書譜、宋史、山谷題跋、益公題跋、平園集、姑溪題跋、晦庵題跋、東觀餘論、後村題跋、滏水集、攻媿集、松隱集、續書畫題跋記、清河書畫舫、祝氏集略、書畫跋跋、畫禪室隨筆、珊瑚網、清容居士集、匏翁家藏集、戲鴻堂法帖、六研齋二筆、書畫眼、懷麓堂集、王柏魯齋集、道園學古錄、黃文獻公集、宋學士集、式古堂書畫彙考。詳見【六藝之一錄卷三四四歷朝書譜】
諸名家評米書、又論米元章書、並見【六藝之一錄卷三百古今書論】
朱晨曰夢奠帖宋米元章書在嘉興項氏。見古今碑帖考。
黃伯思跋米元章摹平章帖後、見東觀餘論卷下。
李光暎米南宮五路帖、見觀妙齋藏金石文考略卷十四。
張廷濟翠玉堂米帖、（海昌蔣氏重摹本、）又半園米帖、又西園雅集記及殘缺本、（米書、）知止閣米帖、（北平孫氏刻、）並詳見清儀閣金石題識卷四。
陸心源米元章帖、見吳興金石記卷十二。

來儀堂帖　册　明陳繼儒刻本

宋米芾書。彙帖舉要附錄一人所書之帖中有此帖、注云、是帖有十卷本、姚東樵(學經)刻、曰白雲居米帖。

歐陽輔來儀堂帖說、見集古求眞卷十三。

陳曰霽曰、宋四家書皆有專帖。米漫士書有寶晉齋白雲居。【珊網一隅卷二】

歐陽輔米帖說、見集古求眞卷十二。

英光堂帖五卷　宋岳珂刻本　清道光二十四年上海徐渭仁得殘本三十五帖摹刻本

宋米芾書。　范大澂英光堂帖考、見碑帖紀證。

此帖彙帖舉要附錄入一人所書之帖中。

歐陽輔英光堂帖說、見集古求眞卷十二。

翁方綱跋英光堂殘帖三篇、又跋英光帖、並見復初齋文集卷二十八。

趙懷玉宋拓英光堂帖跋、見亦有生齋文集卷八。

錢泰吉跋英光堂帖六則、見甘泉鄉人稿卷十一。

松桂堂帖　册　宋淳祐刻本

宋米芾書。

松桂堂帖、宋淳祐間米巨容爲其曾祖元章刻。見彙帖舉要附錄一人所書之帖中。

程文榮松桂堂帖考、見南邨帖考第四册。

濟芬閣米帖四卷　清王亶望刻本

宋米芾書。

一卷　擬古至爲政等十六帖

二卷　十紙等十一帖

三卷　苕溪詩等十二帖

四卷　篋中帖等至蘇跋共二十帖

右目詳見鳴野山房彙刻帖目利集及叢帖目。彙帖舉要附錄一人所書之帖中亦著錄。

歐陽輔濟芬閣帖說、見集古求眞卷十三。

733 **時晴齋帖十卷**　清刻本

清汪由敦書。由敦號松泉。錢塘籍、休寧人。雍正二年進士、官至東閣大學士。諡文端。詳見【清書史卷十八】

此帖見彙帖舉要附錄一人所書之帖中。

734 **李北海法帖**　大觀法帖卷四　玉烟堂法帖卷十七　汝帖卷十一　星鳳樓法帖戊集　貞隱園法帖辛集　海山仙館摹古法帖本　耕霞溪館法帖卷一　淳化閣法帖卷四　寒香館法帖卷一　寶賢堂集古法帖卷十　聽雨樓法帖卷一　民國十五年文明書局影印宋拓雲麾李秀碑完本

唐李邕書。邕詳見書林藻鑑卷八。又見六藝之一錄卷三百古今書論。

雲麾將軍李秀碑、北海太守李邕行書。石在陝西蒲城縣者最妙、一在順天府良鄉縣學、石刻不及。【考槃餘事卷一】又【屠赤水帖箋】

李邕　唐書本傳、宣和書譜、朝野僉載、墨池編、高似孫緯略、法帖神品目、墨池瑣錄、書畫眼、黃文獻公集、解學士集、寶晉英光集、珊瑚

綱。詳見【六藝之一錄卷三二八歷朝書譜十八】
錢泳曰、李北海書雲麾將軍碑有二、一爲李思訓、一爲李秀。其官同、其姓同也。李秀碑本有六礎。明萬曆初宛平令李蔭於署中掘地得之、後爲王京兆惟儉取去。今所存惟二礎。康熙中有宛平令吳涵者、移置順天府文丞相祠中、前人載之詳矣。其有全文者、一藏吳門蔣春皋氏、一藏歙人羅養芝家、相傳俱是唐搨。余猶疑其翻本、殆宋元物也。嘉慶元年六月、余嘗雙鉤蔣本寄翁覃溪先生、先生報以詩。越四年、毘陵胡蕙麓爲宛平令、即以余所雙鉤者、刻石署壁、仍書李蔭舊題曰古墨齋。見【履園叢話卷九碑帖】

唐李邕字泰和、江都人、官至汲郡北海太守。世稱李北海、贈祕書監。

唐李邕永康帖

李北海二帖（比無近書帖、吏部三弟帖）

李泰和二帖（勝和帖、濮王帖）

泰和記刻帖

右目見式古堂書畫彙考書考卷七。

李光暎李北海千字文見觀妙齋藏金石文考略卷八。

785 紫藤書屋橅古帖四卷　清侯鑄刻本

清侯坤書子侯鑄摹刻。

侯坤字磻石、無爲人。乾隆五十六年拔貢、官廣東鹽經歷署運同。善書。所橅紫藤書屋古帖千文爲後學楷式。見英和撰墓志。【清書史卷二十一】

卷一　千字文至石淵記等十一種
卷二　謝康樂詩
卷三　謝朓詩
卷四　臨具帖

右目見鳴野山房彙刻帖目貞集、及叢帖目。

786 老易堂「齋」法書四冊　胡氏六行軒刻本

清姜宸英書。宸英詳見書林藻鑑卷十二。

姜宸英號西溟、一號湛園、又號葦間、慈溪人。康熙三十六年第三人及第、官編修。國史本傳、書法鍾王、尤入神品。錢澄之序略云、姜子學書、得執筆之法。梁同書曰、本朝書以葦間先生爲第一。先生書又以小楷爲第一。見頻羅庵題跋。詳見【清書史卷十八】

第一冊　書萬言撰謝天果詩稿序等四種
第二冊　飲湯編修同用退之贈張祕書韻等三種
第三冊　都中酬贈諸詩・臨二王雜帖二種
第四冊　太學生殿侯謝君墓誌銘

右目見鳴野山房彙刻帖目貞集、及叢帖目。

叢帖目云、後有梁同書、王日升、錢維喬、李昌昱、范永祺等跋。姜氏墨跡、舊藏溪上徐氏、胡魯堂擬摹刻而未竟其志。其子觀之、假而摹刻、以成先志之美、時爲道光乙酉歲也。

737 **柳公權法書** 三希堂法帖卷五

大觀帖卷四　玉烟堂法帖卷十五　汝帖卷十一　快雪堂法帖卷二　貞隱園法帖辛集　淳化閣法帖卷四　墨池堂法帖卷三　澂觀閣摹古法帖卷三　寶賢堂集古法帖卷十　民國二十五年商務印書館石印柳公權楷書本　石印玄祕塔銘本

唐柳公權書。公權詳見書林藻鑑卷八。

玄祕塔銘、侍書學士柳公權書。石在西安府學。此唐帖。【考槃餘事卷一】又【屠赤水帖箋】

玄祕塔明時漸剝蝕、有秀州曹仲經者、從而洗之、字體遂肥、後刻秀州曹仲經觀小字、較之未經洗之原拓、風神迥殊。【評書帖】

都穆：唐柳公權小字清淨經　金薤琳琅卷十四。

唐柳公權字誠懸。華原人。憲宗初進士、官至太子太保。

柳誠懸書度人經卷（小楷書）

柳諫議蘭亭詩卷（行書）

柳誠懸書禊帖後詩序

柳誠懸書陰符經

柳諫議書蘇夫人墓志

右目見式古堂書畫彙考書考卷八。

周錫珪柳公權帖跋、詳見【唐碑帖跋】

明雲間王圻續文獻通考六書考、集書評云、柳公權書法結體勁媚、自爲一家。文帝命題殿壁、歎曰、鍾王亦無以加之。嘗書京師西明寺金剛經、有鍾王歐虞褚陸諸家法、自以爲得意。【六藝之一錄卷二九九古今書論】

柳公權書、詳見【六藝之一錄卷三百古今書論】

柳公權　舊唐書本傳、宣和書譜、墨池編、書畫題跋記、宋學士集、道園學古錄、弇州山人藁、莫廷韓集、黃山谷集、平園集、珊瑚網、詳見【六藝之一錄卷三二九歷朝書譜十九】

738 **松雪齋帖六卷** 清嘉慶十五年刻本

元趙孟頫書、清英和編集、錢泳刻。見彙帖舉要附錄一人所書之帖中。英和詳見書林藻鑑卷十二。

英和號煦齋。文莊公德保子。乾隆五十八年進士、官戶部尚書協辦大學士。　于克襄鐵槎山房聞見錄、師精於臨池、少壯時書法得松雪之神、晚年兼以歐柳、自成一家。　木葉厱法書記、協揆書法松雪、而失之癡肥。嘗倩錢梅溪爲摹刻清華齋趙帖。【清書史卷十九】

英和、清史稿卷三百六十九、國朝耆獻類徵卷三十九、續碑傳集卷二、清畫家詩史戊上、清代學者像傳卷三、國朝書人輯略卷七、並有傳。

錢泳曰、嘉慶十四年己巳秋七月、爲相國英煦齋先生、鈎刻松雪齋帖六卷、十五年庚午五月成。見【履園叢話卷九碑帖】

739 至寶齋帖六卷　明刻本

明孫丕庭集摹彙帖舉要附錄入一人所書之帖中。

740 見遠山房帖四册　清刻本

清徐鴻占書。鴻占字松門、題新吳人。

第一册　張芝八月帖等十一種
第二册　虞世南至楊凝式韭花帖七種
第三册　滕王閣序　正氣歌
第四册　岳陽樓記　爲學銘

右目見鳴野山房彙刻帖目貞集及叢帖目。

741 唐伯虎法書

明唐寅書。寅詳見書林藻鑑卷十一。

明唐寅字伯虎、又字子畏、號六如居士。吳縣人。弘治十一年江南解元。

唐伯虎詩蹟
唐六如書嘆世詞八闋
唐六如雨花臺詩帖（行楷書）
唐子畏醉瑤香詞帖（行楷書）

右目見式古堂書畫彙考書考卷二十五。

唐寅　祝允明唐子畏墓誌、弇州山人藁、珊瑚網、式古堂書畫彙考。並詳見【六藝之一錄卷三六七歷朝書譜五十七】

742 祝枝山法書　三希堂法帖卷二十八　天香樓法帖卷二　平遠山房法帖卷三　南雪齋法帖戌集　清歡閣法帖射集　湖海閣法帖卷二　嶽雪樓法帖申集　聽颿樓法帖卷五　民國二十一年故宮博物院影印書曹植詩本　民國有正書局印詩稿墨迹本　又草書杜詩墨迹本

明祝允明書。允明詳見書林藻鑑卷十一。

國朝書家、當以祝允明爲上。文徵仲、王履吉、宋仲溫、仲珩四子、亞于祝者也。【考槃餘事卷一】又【屠赤水帖箋】

祝允明字希哲、號枝山。長洲人。弘治五年鄉薦、官至京兆判。

祝京兆在山記（行書）
枝山文選書後　枝山書怪語錄
祝希哲書月賦卷（草書）
枝山書偕美賦併序
祝希哲懷知詩帖（急就小行草）
枝山書古詩帖（楷書）
祝京兆書聞絃詩
枝山詩草　祝京兆詞蹟
祝枝山臨黃庭經册
祝希哲臨黃庭經並記
祝枝山書莊子逍遙游（行書）
祝京兆書離騷九歌並孔雀東南飛卷
希哲書草堂詩餘全部（小楷書）

希哲書秋軒賦（楷書）
祝枝山吳中勝景詩（行書）
祝希哲書千文（草書）
祝枝山書東坡記遊卷（楷書）
祝枝山中酒札（行書）
祝希哲與秋田札（草書）
枝指生與子行札（草書）
祝枝山與在野札（草書）
祝京兆書五言排律帖（楷書）
枝指生書宋人品詩韻語卷（楷書）
祝京兆書陶靖節田居詩並題（行草書）
右目見式古堂書畫彙考書考卷二十五。

書苑題評云、天下法書歸吳、而祝京兆允明爲最。京兆少年楷法自元常、二王、永師、祕監、率更、河南、吳興、行草則大令、永師、河南、狂素、顛旭、北海、眉山、豫章、襄陽、靡不臨寫工絶。晚節變化出入、不可端倪、風骨爛熳、天眞縱逸、直足上配吳興、他所不論也。唯少傳世、間有拘局未化者。又一種行草有俗筆、爲人謟寫亂眞、頗可厭耳。【六藝之一錄卷二九九古今書論】

倪蘇門書法論云、祝允明書從二王草書得手、下筆最圓勁有力、縱橫如意。但每露俗氣。又不善眞行、雖卽草書中亦能作數家體、其懷素一種、類爲世人借徑、遂墮惡道。【六藝之一錄卷三〇三古今書論】

祝允明　吾學編、顧璘國寶新編、書史會要、錢允治少室先生藁、淸河書畫舫、甫田集、停雲館帖、息園存藁、徐學謨海隅集、弇州山人藁及續藁、書畫眼、式古堂書畫彙考。並詳見【六藝之一錄卷三六七歷朝書譜五十七】

枝山書古詩十九首、刻停雲館中、古勁超逸、眞堪傾倒徵仲。餘書學懷素、離奇詭怪而無其瘦硬矩度、不及徵仲遠甚。【評書帖】

張廷濟祝枝山草書秋興八首見淸儀閣金石題識卷四。

743 **張長史法書**　三希堂法帖本　民國七年戊午上虞羅氏影印宋拓郎官廳壁記本

肚痛帖　千字文

唐張旭書。

張旭　唐書本傳、宣和書譜、金壺記、歷代名畫記、韓方明授筆要說、書史會要、盧攜臨池妙訣、東坡題跋、山谷題跋、廣川書跋、東觀餘論、書畫題跋記、雲林集、高青丘集、徵士集、甘白先生集、寓意編、平園集、宋學士集、渭南集、王文恪公集、六研齋二筆、容臺集、珊瑚網、戲鴻堂法帖、墨林快事。並詳見【六藝之一錄卷三六歷朝書譜十八】

黃伯思：論張長史書　東觀餘論卷上。
又：跋張長史帖後　東觀餘論卷下。
周錫珪張旭帖跋詳見【唐碑帖跋】
趙崡：唐張旭肚痛帖　石墨鐫華卷四。
葉奕苞：唐張旭肚痛帖　金石錄補十四。

劉青藜：唐張旭肚痛帖　金石續錄卷三。
朱楓：唐張旭肚痛帖　雍州金石記卷十。
黃本驥：張旭肚痛帖　隋唐石刻拾遺卷上。
陳思：唐張長史千文　寶刻叢編卷十三。
趙崡：唐張旭斷碑千文　石墨鐫華卷四。
林侗：千字文斷石肚痛帖　來齋金石考略卷下。
葉奕苞：唐張旭千字文殘碑　金石錄補卷十四。
劉青藜：唐張旭斷碑千文　金石續錄卷三。
畢沅：千字文斷石　關中金石記卷三。
王志沂：千字文斷石　關中漢唐存碑跋。
毛鳳枝：心經肚痛帖千文斷碑　關中金石文字存逸考卷一。
何焯：張旭肚痛帖跋　義門先生集卷八。
繆荃孫：唐張旭書肚痛帖跋　藝風堂續集卷八。

錢泳曰、張長史以草書得名、世謂之草聖。惟郎官石記是眞書。太倉王敬美家有一本、爲天下所無。董思翁嘗模入戲鴻堂帖者是也。嘉慶乙丑歲、余在京師、南海葉雲谷農部以此見示、後有王濟之、元美、敬美諸跋、余爲雙鈎一本藏之。近日吳門顧舟湘上舍又取雙鈎、重模一碑、立於蘇州府學尊經閣下、以存長史舊蹟云。見【履園叢話卷九碑帖】

744 玉虹堂帖十六卷　玉虹樓張帖十二冊　玉虹樓石刻五冊　清闕里孔氏彙刻本

清張照書。闕里孔繼涑鑒定。見彙帖舉要附錄一人所書之帖中。

第一冊　御製虛受箴
第二冊　宣示表至洛神十三行共十四種
第三冊　顧愷之女史箴至鹿脯帖共七種
第四冊　懷素帖步虛詞韭花帖
第五冊　孫過庭書譜至爭座位共九種
第六冊　離騷九歌至徐大師二竈帖共六種
第七冊　東坡黃州寒食詩等三種
第八冊　米書右軍辭世帖至燕穿簾詞共十種
第九冊　臨朱子詩等二種
第十冊　趙書過秦論至唐律十五首共四種
第十一冊・第十二冊　王右丞桃源行普庵禪師解佩令詞二種

玉虹樓石刻五冊、孔昭煥勒石。
張伯雨自書詩等八種

右目並見鳴野山房彙刻帖目貞集、及叢帖

目。

張得天書墨蹟皆勁健、碑版諸帖皆弱、或刻工不佳。得天平日轉折稍造作、相其作者不大快。玉虹樓、中年書也。刻手亦不佳。【評書帖】

玉虹樓帖、乃張得天照之甥孔繼涑據眞跡入石。其病亦在俗。尤可怪者、臨米天馬賦與白雲居刻米書天馬賦、纖毫不失。予嘗取兩本字字比對之、乃出一石。豈孔故爲狡獪歟、此眞不可解矣。【清人書評】

745 瀛海仙班帖六册 清孔繼涑摹刻本

清張照書。照詳見書林藻鑑卷十二。

瀛海仙班帖目錄：

第一册　御製九符書
第二册　（此册目原缺）
第三册　御製柳絮詩
第四册　重葺翰林院落成詩
第五册　臨右軍平安帖等十種
第六册　臨趙松雪歸去來辭等九種

右目見鳴野山房彙刻帖目貞集及叢帖目。

天瓶齋帖十卷

清張照書。見彙帖舉要附錄。

張照　梁巘評書帖：得天書早年學董、中晚年學米、遂成一代大家。　顧學海曰：先生書本朝無出其右者、歿後尤蒙聖明鑑賞、至評其書在宋元明人以上。爲刻天瓶齋法帖。詳見【清書史卷十五】

746 頻羅庵法書八卷 一名慕義堂梁帖　清嘉慶丁丑年刻本　天香樓法帖卷八又續帖下有梁氏法書

清梁同書書、馮瑜摹刻。同書詳見書林藻鑑卷十二。

目錄詳見鳴野山房彙刻帖目利集。叢帖目云：頻羅庵法書、一稱慕義堂梁帖、（梁山舟法書）以龍跳天門虎臥鳳闕八字、分爲八卷、後有馮瑜秦瀛等六人跋。此帖彙帖舉要附錄一人所書之帖作四卷。

陳曰霽論梁同書法書、見珊網一隅卷四。

張雲璈馮刻頻羅庵帖跋見簡松草堂文集卷十一。

梁同書法書、詳見【清書史卷十七】

梁山舟同書與梁聞山（巘）齊名、著有頻羅菴論書、以數十年之功力、不無見道之言。其書平而筆弱、未足抗衡亳州之梁也。【清人書評】

747 青霞館梁帖六册 清嘉慶刻本

清梁同書書。吳修刻。

第一册　中丞公傳山啓先生傳二種
第二册　思雲先生壬寅九日詩等五種
第三册　思亭謫仙樓與姚鼐等十一人跋

第四册　中丞公誥身跋等十二種
第五册　尺牘四通
第六册　尺牘十四通
右目見鳴野山房彙刻帖目貞集、及叢帖目。叢帖目云、末有嘉慶乙亥十二月海鹽吳修思亭跋。又陳銑號蓮汀、秀水人。工書、平生折服山舟學士、嘗刊頻羅弟子小印、遇得意書輒用之。刻有辦香樓梁帖六卷、見木葉厰法書記。【清書史卷八】

748 知恩堂書課二卷　清刻本

清曹秀先書。秀先詳見書林藻鑑卷十二。
上卷　節書禮運樂記等四種
下卷　節書兩都賦等六種
右目見鳴野山房彙刻帖目貞集、及叢帖目。

749 予甯堂法帖四册　清康熙刻本

古寶賢堂法帖卷四

清陳奕禧書。康熙戊子西河于準審定、後有何焯夏世治跋。奕禧詳見書林藻鑑卷十二。
一册　臨右軍序
二册　臨黃庭內景玉經等七種
三册　臨米書千字文等四種
四册　自書君山詩及臨曹景完碑等四種
右目見鳴野山房彙刻帖目利集及叢帖目。彙帖舉要附錄亦著錄。
陳奕禧香泉書名盛一時、予觀其書過取委媚、而用功甚深。其時學米董者徧天下、香泉獨力求新逕、取黃取趙、上追閣帖、亦可謂傑出者。小行書不如大字、弱而少骨、五寸以外大行書、別有意趣、亦嫌弱。【清人書評】

750 梅花書屋藏臨帖二册　清同治八年刻本

清陳肇鏞編刻。肇鏞武進人。

751 片玉堂詞翰十二卷　陸起龍刻本

明陸深書。見彙帖舉要附錄一人所書之帖中。

752 平復帖　南雪齋法帖子集　秋碧堂法帖卷一

晉陸機書。
晉陸機字士衡、吳郡人、官至大都督。
陸士衡平復帖
右目見式古堂書畫彙考書考卷六。
李兆洛跋陸士衡平復帖見養一齋文集卷七。
陸機　宣和書譜、王僧虔論書、庾肩吾書品、李嗣眞後書品。並詳見【六藝之一錄卷三一七歷朝書譜七】
陳曰霽陸機平復帖考證、見珊網一隅卷四。

753 **甌香館法書二冊** 清刻本

清惲格書。格見書林藻鑑卷十二。

一冊 臨米元章千字文八種

二冊 鄭尉探梅詩、羣仙圖詩

右目見鳴野山房彙刻帖目利集及叢帖目。

754 **山谷先生帖五卷黃文節公帖十卷** 山谷帖宋黃彪刻

文節帖宋劉顯「昱」刻 又嘉慶二十一年黃湄刻六冊 三希堂法帖卷十三 古寶賢堂法帖卷一 玉烟堂法帖卷二十二 快雪堂法帖卷四 南雪齋法帖寅集 秋碧堂法帖卷五 貞隱園法帖辛集 唐宋八大家法帖卷十卷十一 海山仙館法帖 耕霞溪館法帖卷二 淨雲枝帖 望雲樓法帖卷二 渤海藏眞帖 敬一堂法帖卷五至卷七 筠清館法帖卷四 壘池堂法帖卷四 諭香館法帖卷六 獄雪樓法帖寅集 寶賢堂集古法帖卷十一 聽雨樓法帖卷一 聽颿樓法帖卷二; 民國二十二年故宮博物院影印書松風閣詩卷本

宋黃庭堅書。庭堅詳見佩文齋書畫譜卷三十三書家傳、書林藻鑑卷九。

晁公武曰、山谷先生帖五卷、右張孝祥跋山谷之姪彪所藏卷、後引徽宗皇帝評公之書、謂如抱道足學之士、坐高車駟馬之上、橫斜高下、無不如意云。【郡齋讀書志附志法帖類】

范大澂論黃山谷書范滂傳、進學解、清宮頌、見碑帖紀證。

程文榮宋高宗刻黃山谷帖考、見南邨帖考第三冊。又黃文節公帖、山谷先生帖二考、見南邨帖考第四冊。二帖彙帖舉要並著錄。

涪翁書前代無專刻、近年江右黃眉山湄始集刻藏于家、以存先澤。【珊網一隅卷二】

黃庭堅 宋史、黃山谷集、東坡集、姑溪題跋、平園集、放翁題跋、石門題跋、朱子文集、渭南集、後村集、山谷遺事、北礀集、鶴山集、續書畫題跋記、宋學士集、珊瑚網、滏水集、弇州山人藁及續藁、鐵網珊瑚、清河書畫舫、郭子章蠙衣生蜀草、吳師道禮部集、元牘記、張綱華陽集、洞天清錄、冷齋夜話、書史會要、式古堂書畫彙考。詳見【六藝之一錄卷三四三歷朝書譜】

宋黃庭堅字魯直、號山谷。分寧人。治平四年進士、官至吏部員外、知太平州、追贈龍圖閣學士、謚文節。

黃文節公書曹植詩帖（行書）

黃山谷書懶殘和尚歌

黃文節公書漢人得道陰長生詩三篇

黃涪翁書法語卷（行書）

黃山谷書釋典卷（草書）

黃文節公三帖合卷（坐禪箴帖、謝趙王賜酒帖、慈竹詩帖）（小眞行書）

黃山谷書後漢范滂傳（大書）

魯直綠葉贊

黃太史書李太白憶舊遊詩蹟（草書）

山谷贈元師詩册（大書）
山谷與趙景道札並絶句八首卷（楷書）
黄文節公書秋浦歌並題（草書）
涪翁題元上人此君軒詩答王周彦卷
山谷書水仙花詩
黄山谷三言詩帖
山谷王長者墓誌銘稿（行書）
宋故瀘南詩老史翊正墓誌銘（行書）
黄文節公手簡二通（銀杏帖、知命帖）
涪翁與立之手簡
涪翁雜錄册
黄魯直諸上座帖（草書）
山谷自贊並序
黄文節書劉賓客馬伏波廟詩
黄魯直書大江東去詞（行書）
山谷發願文（大書）
涪翁書頭陀贊（大眞書）
黄涪翁漫郎詩帖
黄文節苦笋賦（行書）
黄山谷竭力田園帖（行書）
黄山谷花氣詩帖（行書）
黄涪翁伏承帖
黄文節公書董宣傳（行楷書）
黄山谷開堂疏帖
黄文節公書梅花賦卷（行書）

右目見式古堂書畫彙考書考卷十一。

錢泳曰、嘉慶二十一年丙子、南城黄雨峰湄爲昭文令、介余選集山谷大小行書六册、曰黄文節公帖。蓋蔡蘇米三家、各有專刻、而文節無之耳。見【履園叢話卷九碑帖】

755 **景蘇園法帖四册**　清光緒十九年刻本

宋蘇軾書。清楊壽昌集摹。壽昌成都人。

756 **破邪論**　大觀帖卷四　玉烟堂帖卷十四　汝帖卷十　見遠山房法帖卷二　星鳳樓法帖酉集　貞隱園法帖辛集　師子林袖珍法帖卷四　唐宋八大家法帖卷一　海山仙館撫古法帖本　耕霞溪館法帖卷一　墨池堂法帖卷三　寶賢堂集古法帖卷十　鬱岡齋法帖卷九　民國有正書局石印汝南公主墓誌銘墨迹本

唐虞世南書。世南詳見書林藻鑑卷八。

唐虞世南字伯施、餘姚人。官至祕書監。封永興縣公、贈禮部尚書、謚文懿。

周錫珪虞世南帖跋詳見【唐碑帖跋】

虞伯施東觀帖　虞伯施汝南公主墓誌銘藁　虞永興枕臥帖　虞永興與褚登善書

右目見式古堂書畫彙考書考卷七。

虞世南　舊唐書本傳、書斷、宣和書譜、李嗣眞書後品、竇臮述書賦、評黄山谷集、廣川書跋、米芾書史、甫田集、弇州山人藁、集古錄、攷媿集、道園學古錄、寓意編、畫禪室隨筆、珊瑚

綱。詳見【六藝之一錄卷三二四歷朝書譜十四】

虞世南書　宋仲温手錄書法評見【六藝之一錄卷三百古今書論】

都穆：破邪論序　金薤琳琅卷十八。

孫承澤：虞世南破邪論　庚子銷夏記卷六。

葉奕苞：唐破邪論序　金石錄補卷十。

趙紹祖：唐小楷破邪論序　古墨齋金石跋卷三。

張廷濟：虞祕監破邪論序（不全本）清儀閣金石題識卷四。

孔子廟堂碑

唐虞世南書。

夫子廟堂碑、虞世南書、眞字。石在西安府學。【考槃餘事卷一】又【屠赤水帖箋】

錢泳曰：虞永興孔子廟堂碑有兩本、一在西安府學、一在武城縣學、皆非原刻。在西安者、五代王彥超所刻也。至元明時、已剝蝕不全矣。往時見商邱陳伯恭學士家一本、尚有全文、余嘗縮臨刻入小唐碑中。見【履園叢話卷九碑帖】

757

董香光法書

三希堂法帖卷二十九至卷三十二　天香樓法帖卷二　友石齋法帖卷三　平遠山房法帖卷三　古寶賢堂法帖卷二　南雪齋法帖亥集　海山仙館藏眞法帖三刻　耕霞溪館法帖卷四　寄暢園法帖卷三　清獻閣法帖書集　翰香館法帖卷十　螢照堂法帖卷八　嶽雪樓法帖申集　聽颿樓法帖卷六　觀復堂法帖卷三　民國二十九年長沙商務印書館印董書趙文敏寶鼎齋法書五冊本

明董其昌書。其昌詳見佩文齋書畫譜卷四十四書家傳、又五十八畫家傳、宋元以來畫人姓氏錄卷二十三、書林藻鑑卷十一。

董其昌字玄宰、號思白、又號思翁、華亭人。萬曆十七年進士、官至禮部尚書、太子少保。諡文敏。

董文敏嚴君平傳卷（行書）

董思白書陸處士傳卷（楷書）

董思白書潘安仁秋興賦卷（行楷書）

董文敏花開攜酒詩（大行書）

董思白曹公生祠碑册（行書）

董思翁法書名畫册

董文敏書宴桃李園序（楷書）

董玄宰書鮑明遠舞鶴賦並題（行書）

右目見式古堂書畫彙考書考卷二十八。

倪蘇門書法論云：明朝法帖、董先生所刻戲鴻、寶鼎臨摹歷代大家及自書題跋、精妙絕倫。近則可掩鬱岡、遠則距諸淳化各種名帖之上、誠希覯也。又余觀董先生刊帖、戲鴻堂、寶鼎齋、來仲樓、書種堂正續二刻、鶺鴒館、孤鶴館、紅綬軒、海漏室、青來館、蒹葭堂、衆香堂、大來堂、研廬帖十餘種。又見雜刻十數種。其中戲鴻、寶鼎爲最。先生生平學力皆在此兩種內。其餘諸帖、妍媸各半、而最劣者則來青及衆香也。此二帖筆意酷似楊彥冲、疑其作僞也。　評董其昌書並見【六藝之一錄卷三〇三古今書論】

董其昌　松江志畫禪室隨筆、書畫眼、銷夏錄、玉劍尊聞、閔奎翠橘堂箋牘、來禽館集、恬致堂集、書畫史、書畫跋跋、何三畏漱六齋集、偶行堂集、李昰放鷴亭集、式古堂書畫彙考。詳見【六藝之一錄卷三七二歷朝書譜六十二】

小玉烟堂帖　冊　陳息園刻本

明董其昌書。見彙帖舉要附錄。歐陽輔說見集古求眞卷十三。詳見董其昌各帖下。

陳璞玉烟堂董帖題後二篇、又跋玉烟堂章草諸刻、並見尺岡草堂遺文卷四。

式好堂董帖　冊　清蒲城張氏刻本

明董其昌書。清張士範集摹。

樂志論　洛神賦　十三行　問教帖　都門帖　救民如火帖　時行不敢帖　金剛若刻帖　司馬公傳帖　昨始了得帖　前因冒暑帖　太尊閔素帖　飲中八仙帖　典論

右目見鳴野山房彙刻帖目貞集及叢帖目。

張士範字仲模、號芷亭、蒲城人。乾隆二十一年舉人、官蕪湖巡道。平晝閒居、或取古人法書臨摹自喜。所臨有十七帖、絕交書二種。見小倉山房集。【清書史卷十五】

汲古堂帖六卷

明董其昌書。見彙帖舉要附錄一人所書之帖中。

陳曰霽曰、董文敏刻帖、戲鴻堂之外、有寶鼎齋、來仲樓、書種堂正續二刻、鷦鷯館、紅綬軒、海鷗堂、青來館、蒹葭堂、衆香堂、大來堂、研廬帖十餘種。今多不傳、惟戲鴻堂有翻石。書種堂余曾見之、係小行楷。今惟海寧陳氏玉烟堂、宋氏傳經堂、清暉閣蓮華經小楷行于世。【珊網一隅卷二】

來仲樓帖十二卷　明刻本

明董其昌書。此帖見彙帖舉要附錄一人所書之帖中。

宗鑑堂法帖　冊　明刻本

明董其昌書。此帖彙帖舉要附錄一人所書之帖著錄。叢帖目云另見有宗鑑堂法帖殘卷、董帖也。

銅龍館帖六卷　明刻本六册

明董其昌書。

此帖見彙帖舉要附錄一人所書之帖中。怡府書目五號有銅龍館帖六册、注云不全。

清暉閣藏帖十卷　舊刻本

明董其昌書。

卷一　聖帝名臣讚等四種
卷二　臨米元章參賦等三種
卷三　臨鍾太傅還示帖等六種
卷四　臨王右軍至潤帖等九種

卷五　張九齡白羽房賦等四種
卷六　孤㲋賦等五種
卷七　臨顔魯公詩等六種
卷八　懷素自序　荆門行
卷九　周挹齋三載一品考賀序
卷十　秦州雜詩

右目見鳴野山房彙刻帖目貞集、及叢帖目。彙帖舉要附錄入一人所書之帖中。

乘間居士、思翁晚年書不用力、而結體遒勁、諸作皆不及也。清暉閣亦是思翁刻帖第一種。【評書帖】

鶺鴒館帖六卷　明刻本

明董其昌書。

此帖見彙帖舉要附錄一人所書之帖中。

758 **璇璣圖**　民國二十四年倫敦博物院影印本

元管道昇書。佩文齋書畫譜卷三十九書家傳、又卷五十四畫家傳、並有管夫人傳。

元女管道昇字仲姬。吳興人（一作松江。）翰林學士承旨趙孟頫室，封魏國夫人。

管仲姬與中峰帖

右目見式古堂書畫彙考書考卷十九。

管夫人道昇　松雪齋集、書畫眼、詳見【六藝之一錄卷三五九歷朝書譜四十九】

冼玉清有管仲姬書畫考。

759 **趙松雪法書**　三希堂法帖卷十八至卷二十二　古寶賢堂法帖卷二　玉烟堂法帖卷二十四　快雪堂法帖卷五　南雪齋法帖午集　秋碧堂法帖卷八　海山仙館法帖本　耕霞溪館法帖卷三　停雲館法帖卷八　望雲樓法帖卷三　渤海藏眞法帖本　滋蕙堂法帖卷七卷八　敬一堂法帖卷八至卷十四　筠淸館法帖卷五　墨池堂法帖卷五　翰香館法帖卷八　嶽雪樓法帖巳集午集　寶賢堂集古法帖卷十一　聽雨樓法帖卷一　聽颿樓法帖卷四　民國十六年內政部古物陳列所影印六體千字文本　有正書局影印海賦墨迹本　民國十九年故宮博物院影印急就章本　又十三年文明書局玻璃版印書阡表眞蹟本　又二十五年商務印書館石印廬山草堂記本　又十九年文明書局玻璃版影印汲黯傳眞蹟本　又二十八年長沙商務印書館影印洛神賦眞蹟本　又二十二年故宮博物院影印七札本　又石印膽巴碑眞蹟本　有正書局印蘭亭十三跋本

元趙孟頫書。孟頫詳見佩文齋書畫譜卷三十七書家傳、又卷五十三畫家傳、歷代畫史彙傳卷四十七、書林藻鑑卷十。

范大澂論趙子昂書四十二章經、玉樞經、摹千文、詳見【碑帖紀證】

虞伯生論子昂書、詳見【六藝之一錄卷三百古今書論】

趙松雪小楷度人經、宜德初、直隸鎮江府玄妙觀道士得之土中、今在丹徒縣學。經後有皇慶元年春正月九日三教弟子趙孟頫書、末有元翰林學士袁桷跋、其字又小。【考槃餘事卷一】又【居赤水帖箋】

樂毅論、松雪臨右軍小楷、在北京國子監。
【考槃餘事卷二】又【居赤水帖箋】
元趙孟頫字子昂、號松雪、湖州人。宋司戶參軍、元官至翰林學士承旨、贈魏國公、謚文敏。

趙子昂二體千文（眞書草書）
趙吳興四體千文
趙松雪臨智永千文卷
趙魏公臨張旭京中帖
趙文敏公小楷麻姑壇記合卷
趙魏公書道德經卷（楷書）
趙承旨書道德經卷（楷書）
子昂書高上大洞玉經卷（小楷書）
趙承旨書高上大洞玉經（小楷書）
趙子昂書金碧古文龍虎妙經
魏公書洛神賦（楷書）
趙子昂書洛神賦卷（行書）
文敏書洛神賦
趙魏公臨王獻之洛神賦並記
松雪晚年書洛神賦卷
趙子昂書勉學賦並序卷
趙承旨書光福重建塔記卷
趙魏公書湖州妙嚴寺碑記（楷書）
趙松雪書中峰懷淨土詩後系讚
趙文敏書春寒詩卷
子昂書詩並詞（行書）
松雪翁雜書八則
趙集賢南谷二帖
趙榮祿與覺軒六簡
子昂答子誠劄
趙榮祿書過秦論卷（小楷書）
趙子昂書尙書洪範併圖（小楷書）
子昂書秋興賦卷（行書）
趙榮祿寫絕交書
趙子昂重緝尙書集註序併畫像册
趙子昂臨十七帖册
子昂絕句　松雪道人方外交疏
趙魏公二帖（丈人帖、希魏帖）
趙松雪跋李仲淵作劉簡州墓銘帖
趙文敏題晉齋小藁　趙魏公過西郊渡帖
趙集賢南谷先生帖　趙集賢汲仲帖
趙吳興書編唐詩帖
趙子昂許宋八十一家帖
趙文敏作畫帖　趙文敏舜舉帖
趙榮祿伯機帖
子昂書歸去來辭卷（行書）
趙松雪四帖
子昂快雪時晴四大字
子昂書昌黎送孟東野序合卷（行書）
趙文敏書玄妙觀三清殿等記石
趙松雪詩稿卷
趙子昂書膽巴帝師碑卷（楷書）
趙魏公臨黃庭經
趙子昂與季統札（行草書）

趙子昂八年帖（行草書）
趙文敏遠顧帖（行草書）
趙子昂舟從枉顧帖（行書）
趙魏公心腹帖（行草書）
趙松雪風采帖（行書）
趙松雪懷想帖（行書）
趙榮祿遠賜帖（行草書）
趙子昂鄉人莘昇帖（行書）
趙文敏書坡仙烟江疊嶂詩卷（行書）
趙子昂書頭陀寺碑卷（行書）
趙子昂書歸田賦卷
趙文敏書閒居賦卷（行書）
趙松雪書七賦並識卷（行楷書）
趙子昂書秋興詩卷（行楷書）
趙文敏法書名畫册
趙文敏與中峰十一帖（附管夫人帖）
文敏公書白雲法師淨土詞十二首
趙子昂書盤谷詩（行書）
趙子昂書千文並題卷（草書）
趙子昂書雜體詩卷（草書）

右目見式古堂書畫彙考書考卷十六。

趙孟頫　元史、楊載翰林學士趙公狀、珊瑚網、續書畫題跋記、宋學士集、徐文長集、嚴氏書畫記、道園學古錄、仲蔚先生集、六研齋三筆、弇州山人藁及續藁、嫏嬛草堂集、清河書畫舫、戲鴻堂帖跋、筆乘、續書畫題跋記、祝氏集略、式古堂書畫彙考。又東里集、懷麓堂集、寓意編、王奉常集、黄文獻公集、徐一夔始豐集、恬志堂集、六研齋筆記又二筆、匏翁家藏集、甫田集、張袞水南集。詳見【六藝之一錄卷三五四及三五五歷朝書譜】

冼玉清有趙松雪法書考。

七觀帖

元趙孟頫書。

七觀帖、松雪小楷、末有袁文清公題跋、在浙江寧波府。【考槃餘事卷一】又【屠赤水帖箋】李光暎七觀帖（墨林快事、蒼潤軒帖跋、東里續集）見觀妙齋藏金石文考略卷十六。阮元刻趙松雪七觀帖、見兩浙金石志卷十五。翁方綱跋七觀帖、見復初齋文集卷二十六。

書畫齋趙帖十二册　清乾隆刻本

元趙孟頫書。

一册　陰符經等二種
二册　漢武帝議不舉孝廉者罪詔等三種
三册　赤壁賦等六種
四册　闕
五册　德清閑居詩等五種
六册　魚樓等九種
七册　太湖石贊等二種
八册　與中峰和尙札等三種
九册　黄庭經老子傳二種

十册　千字文吳興賦二種
十一册　書旨書訣二種
十二册　七觀一種
右目見鳴野山房彙刻帖目利集及叢帖目。叢帖目云、後有袁桷至王其禰等六人跋、查王其禰係清乾隆時人、則是帖或即乾隆間摹刻者。
彙帖舉要附錄一人所書之帖中、有元趙孟頫書清華齋帖十二卷、疑即青華齋趙帖。
歐陽輔有清華閣帖說、見集古求眞卷十三。

四體千文

元趙孟頫書。
行書千文、趙松雪書、惜碑破碎、今翻刻有僧善啓跋、在松江府。【考槃餘事卷一】又【居赤水帖箋】
陳曰霽四體千文說、又論趙子昂法書、見珊網一隅卷三卷四。

760 **清愛堂石刻五册**　清嘉慶刻本　天香樓法帖卷七

清劉墉書。嘉慶十年戶部侍郎劉鐶之奉旨摹勒。墉詳見書林藻鑑卷十二。
第一册　大學
第二册　頭陀寺碑文等三種
第三册　沈丕亭子賦等三種
第四册　蘇東坡詩魯公陰寒帖二種
第五册　讀吳梅村集等六種
右目見鳴野山房彙刻帖目貞集及叢帖目。
彙帖舉要附錄云、劉鐶之刻其叔劉墉書。
陳曰霽評劉墉書、見珊網一隅卷三。
劉墉清人行書、惟劉石庵能集古帖衆長、變化新意。小行書尤妙、橙帖亦有甚佳者。【清人書評】
吳修曰、書法魏晉、筆意古厚。嘉慶十年奉旨刻清愛堂帖。見名人尺牘小傳。　包世臣曰、近刻清愛堂帖、被鉤摹者以世行僞吳興法、逐字移改、至爲失眞。見藝舟雙楫。　放按、錢泳刻清愛堂帖。　履園叢話、嘉慶十年七月、仁宗皇帝命吏部侍郎劉鐶之、刻其叔父文清公墉所爲書、予時在京、爲之模勒、名曰清愛堂石刻四卷。　放按、文清家刻之石、名文清手跡、又有曙海樓帖、劉梁合璧兩種、皆勝於清愛堂石刻。【清書史卷二十】

761 **六一先生帖　册**　宋淳熙間周益公刻　三希堂法帖卷八

宋歐陽修書。此帖見南邨帖考第三册。又彙帖舉要附錄入一人所書之帖中。修見佩文齋書畫譜卷三十二書家傳。
歐陽修　宋史、東坡集、朱子文集、山谷集、梁溪集、弇州續藁、平園集、圭齋集、頤庵集、寓意編、甫田集。詳見【六藝之一錄卷三三八歷朝書譜二十八】

762 **歐陽率更法書**　三希堂法帖卷三

大觀帖卷四　玉烟堂法帖卷十四　汝帖卷十　快雪堂法帖卷二　師子林袖珍法帖卷三　耕霞溪館法帖卷一　淳化閣法帖卷四　墨池堂法帖卷三　滋蕙閣摹古法帖卷二　寶賢堂集古法帖卷十　民國十三年文明書局影印宋拓溫虞恭公碑　又十四年影印皇甫誕碑本　同治十一年歸安吳氏鈎摹唐石宋拓化度寺碑本　民國十三年上虞羅氏影印唐拓本　又十六年中華書局影印本

唐歐陽詢書。

唐歐陽詢、字信本。潭州臨湘人。官至太子率更令、太常少卿。

唐歐陽率更夢奠帖

歐陽信本書千文

歐陽率更度尙庾亮二帖

歐陽率更子奇帖

歐陽率更書漢史節

歐陽信本書稽古卷

右目見式古堂書畫彙考書考卷七。

周錫珪歐陽詢帖跋、詳見【唐碑帖跋】

歐陽詢見佩文齋書畫譜卷二十六書家傳、書林藻鑑卷八。

歐陽詢書【六藝之一錄卷三百古今書論】

歐陽詢　唐書本傳、書斷、宣和書譜、李嗣眞後書品、竇臮述書賦評注、集古錄、山谷集、姑溪題跋、寶晉英光集、廣川書跋、書畫題跋記、東里集、清容居士集、陳循芳洲集、集古錄、金壺記。並詳見【六藝之一錄卷三二四歷朝書譜十四】

皇甫君碑、歐陽詢眞書、字多損壞、存者數十字耳、乃于志寧撰文。在西安府學。今石本是重模者。　虞恭公碑、歐陽詢眞書、遒勁最妙、此詢第一筆也。世人貴尙、惜缺落過半。石在陝西邠州宜祿巡檢司。【考槃餘事卷一】又【居赤水帖箋】

九成宮醴泉銘　有正書局影印舊拓本　民國九年商務印書館影印唐拓本　又十八年文明書局影印本　又上虞羅氏影印本　海山仙館摹古法帖

唐歐陽詢書。

九成宮醴泉銘、歐陽詢眞書、魏徵撰文、在陝西鳳翔府仙遊縣。【考槃餘事卷一】又【居赤水帖箋】

陳曰霽論醴泉銘。詳見【珊網一隅卷三】

歐陽修：唐歐陽率更臨帖　集古錄跋尾卷五。

錢泳曰、唐九成宮醴泉銘、歐陽率更書。自宋元明以來、爲藝林所重。幾至家絃戶誦、人人家有一本。惟椎搨日多、佳本日少。故字多殘闕。又經俗工洗鑿、滿紙模糊、率更面貌、十不存一矣。少時聞吳門蔣氏有佳本、據唐搨刻之、一字無損、然未見原搨、不敢信也。惟吾鄉秦氏有舊本、千金不易。有秦仲堅者、遂取翻刻、以售於人、謂之秦板。今坊家錦裝檀匣、轉相售易、所稱宋搨者、大半皆秦板也。見【履園叢話卷九碑帖】

唐化度寺碑

唐歐陽詢書。

錢泳曰、歐陽率更化度寺碑、李百藥撰文。世無全本。案解大紳春雨集載河南范謂跋語云、慶曆初、其高王父開府公諱雍、奉使關右、歷南山佛寺、見砌下有石、視之、乃此碑也。歎爲至寶。既而寺僧誤會石中有寶、破而求之不得、棄之寺後。公他日再至、失石所在、急問之僧、以實對、石已分三段、乃取數十縑易之以歸、置於里第賜書閣下。遭靖康之亂、范氏諸子、取而藏之井中、兵罷後、好事者始搨之。已而碎其石、又分爲數片、今世所傳宋搨本皆是也。宋潛溪集謂當時南北俱有翻刻、南本失於瘦、北本失於肥、殊乏率更精絕之氣。則今世所傳宋搨者、恐未必盡是原石耳。見【履園叢話卷九碑帖】

763 **歐陽書考十二卷卷末一卷** 光緒二十年甲午述歐之室刊本

清袁繼翰撰。繼翰字墨卿。長沙人。

前有光緒二十年自序、略云、唐初書人、歐虞褚薛四家稱爲四傑。虞褚薛書不多見、惟歐陽率更書至今傳於世。所稱宋搨、尚有數種。自唐宋以來、評論不下數十百家、散見金石諸書、久欲彙而輯之、爲歐陽書考。……予遂銳意卒業、題所居室曰述歐。出前稿稍次第之、曰碑考、曰帖考、曰小歐碑帖考、曰雜錄、曰法原、曰法習、曰撰著、爲十二卷。而卷首冠以傳注、卷末取各家書評附焉。

歐陽率更書考帖考

千文　宣和書譜　歐陽修與楊駙馬書　文嘉嚴氏書畫紀　金應桂跋　容臺集米氏書史　竹雲題跋

九歌　孫承澤庚子銷夏記　吳榮光筠清館金石記

心經　庚子銷夏記

六馬贊　石墨鐫華

蘭亭帖　郭天錫跋　清河書畫舫　趙孟頫識　東里集　寓意編　書畫題跋記　硯北雜志

鄱陽帖　容齋隨筆　寶章待訪錄　山谷集

仲夏帖　靜思帖　五月帖　望示帖　比年帖　脚氣帖（以上六種皆見淳化閣名臣法帖四。）

764 **褚河南法書** 三希堂法帖卷三　大觀帖卷四　古寶賢堂卷一　玉烟堂法帖卷十五　因宜堂法帖卷六　汝帖卷十　星鳳樓法帖申集　貞隱園法帖辛集　師子林袖珍法帖卷三　唐宋八大家法帖卷二　海山仙館法帖本　耕霞溪館法帖卷一　淳化閣法帖卷四　渤海藏眞法帖　滋蕙堂法帖本卷二　墨池堂法帖卷三　激觀閣摹古法帖卷三　翰香館法帖卷五　寶賢堂集古法帖卷十　聽雨樓法帖卷一　鬱岡齋法帖卷九　民國二十七年故宮博物院影印臨蘭亭帖

唐褚遂良書。遂良見佩文齋書畫譜卷二十

六書家傳、書林藻鑑唐人傳。
唐褚遂良字登善。錢唐人。官至吏部尚書右僕射。
褚河南書唐文皇哀册
褚河南書枯樹賦卷
褚登善兒寬贊卷
褚登善千文卷
褚登善臨右軍文賦
褚河南書西昇經卷
褚河南書帝京篇卷
右目見式古堂書畫彙考書考卷七。
臨摹蘭亭褚遂良臨羲之書後有延陵之印、石在陝西同州學中。【考槃餘事卷一】又【屠赤水帖箋】
臨聖教序褚河南臨本一在陝西西安府同州倅廳、一在河南歸德府州中。【考槃餘事卷一】又【屠赤水帖箋】
周錫珪褚遂良帖跋詳見【唐碑帖跋】

論褚遂良書詳見【六藝之一錄卷三百古今書論】
褚遂良　唐書本傳、書斷、宣和書譜、李嗣眞書後品、竇臮述書賦評、墨池編、珊瑚網、潛溪集、東里續集、遜志齋集、弇州山人藁、山谷集、宋學士集、李昱放鷴亭集。並詳見【六藝之一錄卷三二五歷朝書譜十五】

765
蔡君謨法書

三希堂法帖卷九　玉烟堂法帖卷二十一　快雪堂法帖卷三　秋碧堂法帖卷七　唐宋八大家法書卷七　停雲館法帖卷五　浮靈枝帖本　渤海藏眞法帖本　滋蕙堂法帖卷五　敬一堂法帖卷二　筠清館法帖卷四　墨池堂法帖卷四　詒晉館法帖卷六　嶽雪樓法帖丑集　寶賢堂集古法帖卷十一　聽颿樓法帖卷二　民國四年乙卯玻璃版印影鍾元常薦季直表一册

宋蔡襄書裹見佩文齋書畫譜卷三十三書家傳、又卷五十畫家傳及書林藻鑑卷九。
明雲間王圻續文獻通考六書考集書評云、東坡曰、歐陽文忠言、蔡君謨獨步當世、此爲至言。君謨行書第一、小楷第二、草字第三、大字爲少疏也。　朱子嘗曰、字被蘇黃胡亂寫壞了、近見蔡君謨一帖字字有法度、如端士正人。　又論蔡君謨法書詳見【六藝之一錄卷二百九十九及卷三百古今書論】
宋蔡襄字君謨莆田人。天聖八年進士、官至端明殿學士。贈吏部侍郎、謚忠惠。
蔡忠惠公謝賜御書詩表卷
蔡端明書寒蟬賦並序
蔡莆陽雜體詩卷
蔡忠惠公二帖（富陽帖、遠承帖）
蔡君謨十帖（陶生帖、入春帖、思詠帖、縣君帖、京居帖、謝郎帖、中間帖、大研帖、山堂書帖、蒙惠帖。）
蔡端明賓客七兄帖
蔡君謨茶錄並序
蔡端明暑熱帖

蔡忠惠離都帖
蔡莆陽連日山中帖
蔡忠惠荔支譜
右目見式古堂書畫彙考書考卷十。
蔡襄 歸田錄、後村集、甫田記、書畫舫、六一題跋、東坡集及題跋、魏公題跋、朱子文集、晦庵題跋、夢溪筆談、墨池編、平園集、廣川書跋、韻語陽秋、鄭杓書法流傳圖、姑溪題跋、筠溪集、續書畫題跋記、春雨集、書畫舫、栟櫚集、珊瑚網、金薤琳瑯、紅雨樓集並詳見【六藝之一錄卷三三九歷朝書譜二十九】
錢泳集蔡君謨書四卷、刻福州帖、詳見後。
766 古香齋帖四卷 明宋珏集刻本 陳比玉刻本
宋蔡君謨忠惠書。見彙帖舉要附錄一人所書之帖中。話雨樓碑帖目錄卷四有古香齋蔡帖四卷考證。

卷一 荔枝等二十六帖(共六十四板)
有張弼、董其昌、焦竑、顧起元等題跋。
卷二 茶錄及十詠詩等三帖(共四十四板)亦有題跋。
卷三 荔枝譜(共七十二板)歐陽修跋。
卷四 晝錦堂記(共四十八板)蘇軾、李東陽跋。
右目見鳴野山房彙刻帖目利集及叢帖目。
歐陽輔說、見集古求眞卷十三。
陳曰霽曰、宋四家書、皆有專帖。蔡君謨書、宋時有法帖五卷。合牡丹記、荔支譜、茶錄、有美堂記、清暑堂記、刻于興化蔡氏君謨後裔、今不可得見。所見者惟有古香齋。宋四家蘇黃米蔡、蔡本係京、後人惡其爲人、易以君謨、君謨時代爲蘇黃前輩、不應列于米後。見【珊網一隅】

767 錢梅溪模刻法帖

清錢泳集摹。泳國朝書人輯略卷七、國朝書畫家筆錄卷三、清畫家詩史戊下、書林藻鑑卷十二、並有傳。
錢泳號梅溪、金匱人、居常熟、官候選府經歷。道光二十四年卒、年八十有六。 無錫縣志、工分隸行楷、客京師、爲成邸所知、詒晉齋帖、皆泳刊定、手書碑版幾徧江浙。又所摹漢唐碑及縮臨本刻石傳世者尤多。 蘇州府志、嘗縮臨有唐一代眞行諸碑爲細書、揚州鮑觀察崇城刻之。 金石學錄、工分隸、攀雲閣帖、臨漢隸四十餘種、縮臨唐碑、亦不下百種、廣陵鮑氏刻之。【清書史卷十一】

今依錢氏履園叢話卷九家刻帖先後分錄於後

經訓堂帖十二卷 清乾隆五十四年刻本

清錢泳爲畢沅摹刻。
此帖見彙帖舉要附錄一人所書之帖中。
錢泳曰、余生平無所嗜好、最喜閱古法帖、而又喜看古人墨蹟、見有佳札、輒爲雙鈎入石。

以存古人面目。乾隆五十三四年間、初爲畢秋帆尚書刻經訓堂帖十二卷。【履園叢話卷九】

葉昌熾題汪星臺家藏經訓堂法帖跋、見奇觚廎文集卷中。

畢沅號秋颿、別號靈岩山人。鎮洋人。乾隆二十五年第一人及第、官兩湖總督。小眞書筆致秀斌、八分尤佳。見木葉厱法書記。錢泳曰、尤好法書名畫、嘗命余集刻經訓堂帖十二卷。【清書史卷三十】

攀雲閣帖四集十六卷 清嘉慶二十三年刻本

清錢泳臨漢碑。

此帖見彙帖舉要附錄一人所書之帖中。

錢泳曰、乾隆五十三四年間、自臨漢碑數種、刻攀雲閣帖二册、便爲海內風行。又曰、嘉慶十三年戊辰、余始命兩兒曰奇曰祥、將余歷年所臨漢碑五十餘種模刻、名曰攀雲閣帖。嘉慶二十三年戊寅九月刻成、計十六卷。【履園叢話卷九】

小清祕閣帖十二卷 嘉慶十七年刻本

清錢泳集。詳見清書史卷十一錢泳下。

此帖見彙帖舉要附錄。

錢泳曰、嘉慶十六年辛未、自取唐宋元三代、墨蹟或舊搨本擇其尤者、輒爲模刻、命曰小清祕閣帖十二卷。十七年壬申七月成。【履園叢話卷九】

小楷集珍八卷 嘉慶十八年刻本

清錢泳集、爲沈綺雲刻。見彙帖舉要附錄。

錢泳曰、嘉慶十八年癸酉、爲雲間沈綺雲司馬、刻小楷集珍帖八卷。【履園叢話卷九】

福州帖四卷 清嘉慶十九年刻本

宋蔡襄書、清錢泳集。

此帖彙帖舉要附錄入一人所書之帖中。

錢泳曰、嘉慶十九年甲戌冬、山居多暇、偶取蔡君謨諸書帖、刻爲四卷、曰福州帖、以寄汪稼門制府及王南陔（善蘭）中丞。時二公俱鎮閩中爲督撫也。【履園叢話卷九】

寫經堂帖八卷 清嘉慶二十年刻本

清錢泳摹刻。

此帖彙帖舉要附錄一人所書之帖中著錄。

錢泳曰、嘉慶二十年乙亥、自刻寫經堂帖、起於鍾王、終於松雪、凡八卷。【履園叢話卷九】

秦郵帖四卷 嘉慶二十年刻本

清錢泳摹刻。此帖彙帖舉要附錄中未見。錢泳曰、嘉慶二十年乙亥秋八月、爲韓城師禹門太守、刻秦郵帖四卷。皆取蘇東坡、黃山谷、米元章、秦少游諸公書、而殿以松雪華亭二家。時太守正鎮秦郵。【履園叢話卷九】

問經堂帖四卷 嘉慶二十年刻本

清錢泳書。

錢泳曰、嘉慶二十年乙亥、蕭山施秋水少府、曾以余所臨漢魏隸書大小數十種、刻成四卷、曰問經堂帖。【履園叢話卷九】

續松雪齋帖六卷 嘉慶二十二年刻本

宋趙孟頫書、清錢泳爲齊彥槐摹刻。見彙帖舉要附錄一人所書之帖中。

齊彥槐字蔭三、號梅麓。婺源人。嘉慶十四年進士、官金匱知縣。 方濬頤撰墓表云、工八法、藏弆既多、臨摹入化。倩錢梅溪雙鉤松雪墨跡上石、尤爲藝林所寶貴云。 放按、太守之子學裘、字子冶、又刻有寶禊室帖。【清書史卷七】

錢泳曰、嘉慶二十二年丁丑、婺源齊梅麓太守彥槐令吾邑、偶見前英相國所刻松雪齋帖而愛之。視相國所未備者、又續刻松雪齋帖六卷。【履園叢話卷九】

吳興帖六卷 嘉慶二十二年刻本

清錢泳爲彭志傑摹刻。見彙帖舉要附錄一人所書之帖中。

錢泳曰、嘉慶二十二年丁丑冬、鍾祥彭毓圃志傑爲烏程令。余爲刻吳興帖六卷贈之。【履園叢話卷九】

述德堂帖八卷 清嘉慶二十三年刻本

清錢泳集摹。

此帖彙帖舉要附錄入一人所書之帖中。

錢泳曰、嘉慶二十三年戊寅、又自刻述德堂帖、自唐人臨本黃庭、顏魯公竹山連句及宋四家、趙榮祿、俞紫芝、張伯雨、吳仲圭、郭天錫、倪雲林等書合而爲一、計八卷、以續寫經堂帖之後。【履園叢話卷九】

漢碑縮本三十八種臨唐人碑五十種（三十二册） 清道光四年刻本 唐碑一作一百二十八種嘉慶二十四年鮑氏石刻本 光緒五年俞樾輯存四十種本

清錢泳縮摹。

此帖見彙帖舉要附錄一人所書之帖中。

錢楳溪泳生平臨漢唐碑極多、縮臨刻石者亦數十種、用功可謂勤矣。觀其用筆用墨、亦不苟然、姸麗太過、則不能樸茂、大書尤弱。【清人書評】

咸豐十年孫三錫校刻梅溪居士縮臨唐碑題跋二卷、見【金石書錄目】

錢泳曰、道光元年辛巳、二年壬午、兩年之內、爲歙縣鮑讓齋觀察、刻余向所縮臨唐代諸碑三十二册。至四年而始成。【履園叢話卷九】

鮑崇城號讓齋。歙人、居揚州。官道員。 揚州鮑氏刻有安素軒帖。【清書史卷二十五】

抱冲齋帖十二卷 嘉慶二十四年刻本

清錢泳爲斌良摹刻。見彙帖舉要一人所書之帖中。

錢泳曰、嘉慶二十四年己卯孟冬、爲長白斌笠耕觀察、取趙董兩文敏墨蹟刻爲抱冲齋帖十二卷。其明年三月告成。【履園叢話卷九】

斌良字備卿、號梅舫、瓜爾佳氏。滿洲正紅旗人。由蔭生官至刑部侍郎、駐藏大臣。善鑑別、工書法、刻有壽金盦、褱冲齋諸帖。見木葉厱

法書記。【清書史卷七】

樸園藏帖八卷　道光二年刻本

清錢泳爲巴樸園摹刻。見彙帖舉要附錄一人所書之帖中。

錢泳曰、道光元年辛巳、二年壬午之間、儀徵巴樸園宿厓昆仲索視余所刻諸帖。余因檢得六十四石贈之、藏之樸園壁間、命曰樸園藏帖八卷。【履園叢話卷九】

仁本堂墨刻六册　道光七年刻本

清錢泳爲周又山摹刻。

錢泳曰、道光七年丁亥、爲嘉善周又山觀察、刻其尊甫山茨先生遺墨大小楷行草書六册、爲仁本堂墨刻。【履園叢話卷九】

澄鑑堂石刻四卷　道光八年刻本

清錢泳爲張井摹刻。

錢泳曰、道光八年戊子、爲廣施張河帥芥航先生刻文與可、蘇東坡畫竹題跋、計兩大册、分裝四卷、曰澄鑑堂石刻。【履園叢話卷九】

學古有獲之齋帖四卷　道光八年刻本

清錢泳集摹此帖。彙帖舉要附錄未收。

錢泳曰、道光八年戊子、又自刻學古有獲之齋帖四卷、自鍾鼎款識、並周秦兩漢魏晉六朝以及有唐一代諸書、各摹數字、略備體格、本爲課孫而刻、亦以便初學觀覽、爲書法之源流也。【履園叢話卷九】

錢氏自謂其餘所模刻者尚多、不可枚舉、俱別載寫經樓金石刻目錄中。本編另收詒晉齋帖三種、爲成親王永瑆書。又清愛堂石刻四卷、爲劉石庵墉書。又惟清齋帖四卷、爲鐵冶亭保書。又松雪齋帖六卷、爲元趙孟頫書。又黃文節公帖、爲宋黃庭堅書。各詳本條、不重載。

768 **靈飛經一册**　滋蕙堂法帖卷三　石印本

唐鍾紹京書。紹京見佩文齋書畫譜卷二十六書家傳。書林藻鑑卷八。

唐鍾紹京字可大、贛州人。官至中書令、封越國公。

唐越國公鍾紹京書千文

鍾可大書靈飛六甲經

右目見式古堂書畫彙考書考卷七。

鍾紹京　舊唐書本傳、墨池編、書史會要、畫禪室隨筆。詳見【六藝之一錄卷三二六歷朝書譜十六】

陳曰霽滋蕙堂靈飛經考證、見珊網一隅卷一。

李葆恂論靈飛經、見三邕翠墨簃題跋卷一。

769 **宣示帖**　三希堂法帖卷一　大觀帖卷二　玉烟堂法帖卷一　汝帖卷四　貞隱園法帖己集　師子林法帖卷一　眞賞齋法帖卷上　淳化閣法帖卷二　望雲樓法帖卷一　渤海藏眞帖本　絳帖卷二　激觀閣摹古法帖卷一　翰香館法帖卷一　寶賢堂集古法帖卷一　鬱岡齋法帖卷一　耕霞溪館法

帖卷一　聽颿樓法帖卷一

魏鍾繇書。繇見佩文齋書畫譜卷二十二書家傳、書林藻鑑卷五。

魏鍾繇字元常，潁川長社人。官至魏丞相、加太傅、封定陵侯。

鍾太傅薦關內侯季直表卷

鍾元常書正考父鼎銘

魏鍾太傅賀捷表

魏太傅鍾繇戎路宣示帖

右目見式古堂書畫彙考書考卷六。

鍾繇　魏志本傳、羊欣筆陣圖、又能書人名錄、書斷、宣和書譜、袁昂書評、庾肩吾書品、李嗣眞後書品、又珊瑚網論魏太傅鍾繇戎路宣示帖眞蹟。詳見【六藝之一錄卷三一六歷朝書譜六】

黃伯思：跋鍾繇賀捷表後、又跋鍾廣二帖後摹本　東觀餘論卷下。

陶宗儀：鍾繇帖　古刻叢鈔。

呂世宜：鍾太傅薦季直表跋　愛吾廬題跋。

朱彝尊：尙書宣示帖跋　曝書亭金石文字跋尾卷三。又曝書亭文集卷四十八。

張廷濟：賈刻宣示表五則

又：宣示表　寶晉齋刻本　淸儀閣金石題識卷三。

趙懷玉：宣示帖跋本跋　亦有生齋文集卷七。

山谷評鍾大理書、詳見【六藝之一錄卷三百古今書論】

770 顏魯公帖　三希堂法帖卷三　平遠山房法帖卷二　玉烟堂法帖卷十六　因宜堂法帖卷八　汝帖卷十一　快雪堂法帖卷二　秋碧堂法帖卷二　貞隱園法帖辛集　師子林袖珍法帖卷四　唐宋八大家法帖卷三至卷五　海山仙館摹古法帖本　停雲館法帖卷四　絳帖卷十　墨池堂法帖卷三　澂觀閣摹古法帖卷三　翰香館法帖卷五　寶賢堂集古法帖卷十　民國二十四年故宮博物院影印祭姪季明文稿

唐顏眞卿書。眞卿見佩文齋書畫譜卷二十八書家傳、書林藻鑑卷八。

文淵閣書目辰字號第一廚、顏魯公帖一部一册、闕。又顏眞卿帖一部、一册、闕。

周錫珪顏眞帖跋、詳見【唐碑帖跋】

顏眞卿　唐書本傳、宣和書譜、集古錄、墨池編、廣川書跋、李肇國史補、解縉書學傳授、陸完跋、停雲館帖、珊瑚網、寶晉英光集、山谷集、書畫題跋記、書畫眼、梁溪集、黃裳溪山先生集、姑溪題跋、東坡題跋、寶章待訪錄、襄陽志林、益公題跋、容齋題跋、林右公輔集、攻媿集、弇州山人藁、弇州續藁、東里續集、金薤琳瑯、石墨鐫華、並詳見【六藝之一錄卷三二九歷朝書譜十九】

唐顏眞卿字淸臣。京兆萬年人。官至太子太師。封魯郡公。

唐顏魯公自書吏部尙書誥卷

顏魯公書朱巨川告身卷

顔魯公祭姪季明文
顔魯公送裴將軍北伐詩
顔平原鹿脯帖
顔魯公與定襄郡王書草
顔魯公與李君帖
顔魯公祭伯父豪州刺史文稿
右目見式古堂書畫彙考書考卷八。
龍啓瑞：跋長沙黃虎癡先生所藏顔帖後、見經德堂文集卷六。
姚鼐：跋顔魯公送劉太冲敍惜抱軒文後集卷二。
何紹基跋胡扶山藏魯公帖、又跋魯公帖六種合裝本（明遠帖、鄒遊帖、乍奉辭帖、廬八倉公帖、送劉太冲敍、祭姪文）見東洲草堂文鈔卷十。
顔氏家廟碑、顔魯公文並書。碑四面環轉、李陽冰篆額。石在陝西西安府學。 又顔眞卿摩崖碑、顔魯公眞書、於湖廣語溪厓上。【考槃餘事卷一】又【屠赤水帖箋】
陳曰霽顔魯公帖考證見珊網一隅卷一。

干祿字帖

唐顔眞卿書。
干祿字帖顔魯公眞書、小字、別辨字之正俗、顔元孫作。石刻在四川潼川府。【考槃餘事卷一】又【屠赤水帖箋】
歐陽修：唐干祿字樣又摹本、 集古錄跋尾卷七。
歐陽棐：干祿字書、又重摹本、 集古錄目卷八。
黃伯思：跋干祿字碑後 東觀餘論卷下。
陳思：唐干祿字書、又重摹本 寶刻叢編卷十四。
趙崡：唐干祿字帖 石墨鐫華卷三。
顧炎武：干祿字書 金石文字記卷四。
劉青藜：唐干祿字樣 金石續錄卷三。
武億：唐干祿字書 金石二跋卷三。
錢大昕：干祿字書 潛研堂金石文跋尾卷七。
王昶：干祿字書 金石萃編卷九十九。
錢泳：干祿字書 梅溪居士縮臨唐碑題跋。
洪頤煊：干祿字書 平津讀碑記卷七。
張鑑：顔眞卿干祿字碑 墨妙亭碑目考卷上之下。
朱士端：唐干祿字書 宜祿堂金石記卷四。
陸增祥：重模干祿字書 八瓊室金石補正卷六十三。
陸心源：干祿字書碑 吳興金石記卷三。
羅振玉：干祿字書跋 雪堂金石文字跋尾卷四。
歐陽修：唐顔魯公帖、又二十二字帖、 集古錄跋尾卷八。
孫承澤：顔眞卿鹿哺帖 庚子銷夏記卷

六。
葉奕苞：顏魯公遺子帖　金石錄補卷十
七。
何紹基跋胡扶山藏魯公帖　東洲草堂金
石跋卷五。
又：跋魯公帖六種合裝本（明遠帖、鄒游
帖、廬八倉公帖、乍奉辭帖、送劉太沖敍、祭
姪文）　東洲草堂文鈔卷十。

爭坐位帖

唐顏眞卿書。
爭坐位帖稿顏魯公行書、蓋初稿也。中多塗改、
字體妙絕。凡五碑。正統中破缺多矣。石在陝
西西安府學。【考槃餘事卷一】又【屠赤
水帖箋】
何焯董思翁摹爭坐位帖跋、見義門先生集
卷八。
姚鼐跋顏魯公與郭僕射論坐位帖、見惜抱
軒文後集卷二。
王昶題宋搨爭坐位帖、見春融堂集卷四四。
翁方綱跋張瘦銅所藏宋搨爭坐位帖、見復
初齋集外文卷四。
阮元顏魯公爭坐位帖跋、見揅經室三集卷
一。
王芑孫跋爭坐位帖、見惕甫未定藁卷十六。
吳德旋跋呂月滄所藏爭坐位帖後、見初月
樓文續鈔卷四。
何紹基跋魏氏重刻爭坐位帖、又跋吳平齋
藏爭坐位帖宋拓本、見東洲草堂文鈔卷
十。
黃彭年題錢子廉所藏明拓爭坐位帖、見陶
樓文鈔卷十。
高均儒跋論坐帖、見續東軒遺集卷一。
吳榮光跋論坐帖、見石雲山人文集卷五。
李佐賢跋爭坐帖、見石泉書屋類稿卷五。
梁啓超宋拓爭坐位帖、見飲冰室文集卷七
十七。
陳曰霽論爭坐位帖、見珊網一隅卷一。

祭姪帖

唐顏眞卿書。
翁方綱跋揚州汪氏所藏祭姪帖、又跋東昌
鄧氏顏祭姪帖石刻、並見復初齋文集卷
二十四。
馮浩跋顏魯公祭姪文及諸帖殘本、見孟亭
居士文稿卷四。
何紹基跋魯公帖六種合裝本（祭姪文等）
見東洲草堂文鈔卷十。
錢保塘跋龔景張藏顏魯公祭姪季明文帖、
見清風室文鈔卷十一。

麻姑仙壇記

唐顏眞卿書。
錢泳曰、南城縣有麻姑仙壇記、大小二本。今
人但知有小字本、而不知大字本爲魯公原
刻。其小字者、則趙明誠所云慶曆中一僧所
書、黃魯直猶能道其姓名也。自歐陽集古錄

稱之、咸以爲魯公親手書。至陸放翁比之羊叔子峴山故事、亦過矣。試觀魯公書碑、如多寶塔、東方朔畫贊、郭敬之家廟、臧懷恪、中興頌、宋廣平、元次山、元靖先生、顏氏家廟諸碑、有書大小兩本者乎。則永叔所謂愈看愈妙者、不過一時興會語、不可遂爲典據也。今曾賓谷中丞家有一大字本、尚是舊搨。見【履園叢話卷九碑帖】

771 忠義堂帖十卷 宋嘉定間刻本

唐顏眞卿書。

范大澂云、忠義堂帖、宋人刊。見碑帖紀證。

孫承澤顏魯公忠義堂帖、見庚子銷夏記卷六。

王澍忠義堂帖考、見古今法帖考。

程文榮忠義堂帖考、見南邨帖考第四册。

忠義堂帖十卷、顏眞卿書、嘉定間劉元剛刻、鞏嶸續刻。【彙帖舉要附錄】

歐陽輔說、見集古求眞卷十二。

錢儀吉跋忠義堂顏帖、見衎石齋紀事稿卷五。

772 顏書編年錄四卷 翠琅玕館叢書本三卷

清黄本驥撰。本驥字虎癡、長沙人。官教諭。見清史列傳卷七十三。

顏書編年錄四卷、是編就所見魯公書、爲之編年。首載魯公世系表及官履考。專以目見爲準。故乞米、寒食諸帖俱未載。其體例先錄原文、石泐而文存者則補之、爲旁注、後加考證、頗便觀覽、可傳之作也。前有道光戊子自序。【書畫書錄解題】

773 東坡先生帖三十卷 宋紹興間汪應辰刻本 三希堂法帖卷十至卷十二 平遠山房法帖卷二 玉烟堂法帖卷二十一 快雪堂法帖卷三 南雪齋法帖丑集 秋碧堂法帖卷三卷四 貞隱園法帖辛集 唐宋八大家法帖卷八卷九 海山仙館法帖本 耕霞溪館法帖卷二 停雲館法帖卷五 淨雲枝帖本 渤海藏眞法帖本 滋蕙堂法帖卷五 敬一堂法帖卷一卷二 墨池堂法帖卷四 翰香館法帖卷六 嶽雪樓法帖丑集寅集 寶賢堂集古法帖卷十一 聽雨樓法帖卷一 聽颿樓法帖卷二 藝岡齋法帖卷十九 民國二十二年北京延光室影印前赤壁賦本

宋蘇軾書。軾見佩文齋書畫譜卷三十三書家傳、又卷五十畫家傳、歷代畫史彙傳卷九、書林藻鑑卷九。

此帖見彙帖舉要附錄一人所書之帖中。

晁公武曰、東坡先生帖三十卷、右玉山汪應辰聖錫所刻也。【郡齋讀書志附志法帖類】

程文榮東坡先生帖考、見南邨帖考第三册。

蘇軾 宋史、欒城後集、山谷集、又題跋、姑溪題跋、平園集、鶴山題跋、西山題跋、趙秉文滏水集、戲鴻堂帖、朱子文集、放翁題跋、石門文字禪、石門題跋、林希逸鬳齋集、續書畫題跋記、珊瑚網、弇州山人藁、祝氏集略、甫田集、少室山房集、六研齋二筆、學古緒言、戴表元剡源集、宋學士集、書系、匏翁家藏集、元牘記、弇州續藁、容臺集、畫禪室隨筆、徐文長集、李昭玘樂靜集、黃文獻公集、式古堂書畫彙考。詳見【六藝之一錄卷三四一、三四二歷朝書譜第三十一、三十二】

孫承澤蘇文忠小楷謝啓、見庚子銷夏記卷七。

李光暎蘇文忠廣濟大師行錄小楷書、見觀妙齋藏金石文考略卷十四。

阮元眞相院重摹蘇子瞻施金帖石刻、見山左金石志卷九。

陸增祥蘇子瞻詩賦帖石刻、見八瓊室金石補正卷一〇八。

張仲炘東坡墨跡、見湖北金石志卷十。

宋蘇軾、字子瞻、號東坡、蜀眉山人。嘉祐二年進士、官至禮部尙書端明侍讀二學士、贈太師、諡文忠。

蘇文忠公書蔡詩天際烏雲卷

坡翁四詩卷

蘇長公寄王文父子辨兄弟二詩帖

蘇子瞻書武昌西山贈鄧聖求詩蹟

東坡端硯詩卷

坡仙虛飄飄詞蹟

蘇玉局養老篇卷

蘇端明書天慶觀乳泉賦並柬

蘇文忠公與韓舍人勤禪師二帖

東坡病眼帖

東坡近人帖

蘇子瞻書離騷九辯卷

坡翁書離騷九歌卷墨蹟

東坡先生書陶靖節飲酒詩卷

蘇文忠公書唐方干詩卷

東坡書醉翁亭記卷

蘇東坡書楚頌並菩薩蠻滿庭芳二詞卷

東坡惠州帖

東坡恕察帖

東坡琴操帖

坡翁村醪帖

東坡泛舟詩並簡

蘇雪堂千文卷

東坡書養生論

蘇文忠公乞居常州奏狀卷

東坡書蓮華經

東坡春帖子詞卷

坡翁寒食詩

蘇東坡東武帖

坡翁自書八賦

東坡芙蓉城詩並序

文忠公水陸贊

蘇東坡一夜帖

蘇長公耳聾詩帖

蘇東坡書劉錫敕（行書）

蘇雪堂次傳道游廬山詩帖
東坡書阿育王塔銘（行楷書）
坡翁畫記卷（行書）
東坡與朱康叔簡
東坡文與可飛白贊
蘇長公雜書琴事卷
蘇文忠公書杜工部榿木詩卷（行書）
東坡贈黎侯千文卷（草書）
蘇文忠公詩帖小册（小行書）
東坡虎跑泉詩卷（行書）
蘇東坡書子由夢中詩蹟（行書）
蘇子瞻獨鶴南飛詩蹟（行書）
蘇文忠公書李太白詩卷
蘇文忠公後赤壁賦卷（行書）
右目見式古堂書畫彙考書考卷十。

西樓帖十卷　宋乾道三年汪應辰刻本　有正書局石印宋拓本

宋蘇軾書。

歐陽輔西樓帖說、見集古求眞卷十二。此帖彙帖舉要附錄入一人所書之帖中。

天際烏雲帖

宋蘇軾書。清翁方綱有天際烏雲帖考二卷、（詳見本書第七九〇葉）翁方綱小傳又詳見國朝書人輯略卷五、國朝書畫家筆錄卷二、清書史卷一、書林藻鑑卷十二。翁方綱跋天際烏雲帖三首、見復初齋文集卷二十九。

姑孰帖　南宋刻本

東坡書世謂出於顏、細觀其轉折頓挫、實本圭峯。姑孰帖內歸去來辭轉折皆然。　姑孰帖內東坡上仁宗謝表稿頗有丰致、以爭坐位比之、則顏書厚而蘇書單。　又歸去來辭瘦勁。　姑熟帖惟蘇書極佳、放翁字太涉離奇、而刻手甚精。顏家廟碑、魯公晚年書、此碑之外惟題像一碑耳。【評書帖】

錢大昕姑孰帖、見潛研堂金石文跋尾卷十七。

繆荃孫姑孰帖殘本跋、見藝風堂文漫存卷五。

晚香堂帖三十二卷　明刻本

宋蘇軾書。明陳繼儒摹刻。

話雨樓碑帖目錄卷四著錄晚香堂蘇帖十二卷。彙帖舉要附錄一人所書之帖中、列晚香堂帖、注云、是帖曾見二十八卷、未見全帙。又有十卷本、嘉慶時姚東樵（學經）刻。

歐陽輔晚香堂帖說、見集古求眞卷十三。

陳仲醇華亭人、與同郡董其昌齊名。見松江志。繼儒書法蘇長公、故於蘇書、雖斷簡殘碑、必極搜採、手自摹刻之、曰晚香堂帖。【六藝之一錄卷三七二歷朝書譜六十二】

宋四家書皆有專帖、蘇長公書、有陳眉公晚香堂帖三十二卷、又有姚士斌小晚香堂正刻八卷、續刻四卷。【珊網一隅卷二】

774 **懷素草書自敍帖**　石刻本　有

正書局石印本　民國二十二年故宮博物院影印本　三希堂法帖卷五　大觀帖卷五　玉烟堂法帖卷十八　快雪堂法帖卷二　墨鳳樓法帖亥集　貞隱園法帖辛集　淳化閣法帖卷五　淨雲枝帖本　寒香館法帖卷一　絳帖卷一　寶賢堂集古法帖卷十　聽颿樓法帖卷一

唐釋懷素書。懷素見佩文齋書畫譜卷三十書家傳。

唐釋懷素字藏眞俗姓錢。長沙人、徙京兆。玄奘三藏門人。

藏眞書淸淨經

懷素千文卷

懷素夢遊天姥吟卷

懷素酒狂帖

素師論書帖

懷素題北亭草筆

僧藏眞書七紙

唐懷素自敍帖

素師苦筍帖

唐釋懷素食魚帖

素公客舍等帖

右目見式古堂書畫彙考書考卷八。

釋懷素　宣和書譜、書苑菁華、唐國史補、陸羽懷素別傳、金壺記、六一題跋、東坡題跋、淮海題跋、寶章待訪錄、襄陽志林、戲鴻堂法帖、東觀餘論、廣川書跋、書畫題跋記、匏翁家藏集、松隱集、珊瑚網、容臺集。詳見【六藝之一錄卷三三三歷朝書譜二十三】

自敍帖、懷素草書、宋蘇舜欽補一帖、後有魏良臣跋、有建業文房印。石在陝西耀州三原縣臧氏墓上。【考槃餘事卷一】又【屠赤水帖箋】

周錫珪：僧懷素帖跋、詳見【唐碑帖跋】

陳思：唐懷素草書自敍　寶刻叢編卷一。

林侗：懷素自敍帖　來齋金石刻考略卷下。

劉青藜：唐懷素自敍帖　金石續錄卷三。

趙紹祖：唐僧懷素自敍（明文彭刻）　古墨齋金石跋卷五。

張廷濟：懷素自敍帖（長洲陸氏水鏡堂拓刻本）　淸儀閣金石題識卷四。

瞿中溶：懷素自敍帖　古泉山館金石文編殘稿卷二。

陸耀遹：懷素自敍石刻　金石續編卷八。

徐樹鈞：明刻懷素自敍帖　寶鴨齋題跋卷下。

歐陽修：唐僧懷素法帖　集古錄跋尾卷七。

藏眞帖　律公帖

唐釋懷素書。

藏眞律公二帖、僧懷素草書、俱游絲字、末有宋景祐三年馬丞之題、草書二十三字亦妙、又有微仲書。石在陝西西安府學。【考槃餘事卷一】又【屠赤水帖箋】

趙崡：唐懷素藏眞律公帖　石墨鐫華卷四。
郭宗昌：藏眞律公帖　金石史卷下。
顧炎武：懷素藏眞律公二帖　金石文字記卷四。
林侗：懷素藏眞律公二帖　來齋金石刻考略卷下。
劉青藜：唐懷素藏眞帖又律公帖　金石續錄卷三。
葉奕苞：唐懷素藏眞帖又律公帖　金石錄補卷十八、十九。
畢沅：藏眞律公二帖　關中金石記卷四。
朱楓：懷素藏眞律公二帖（宋游師雄刻石）　雍州金石記卷九。
錢大昕：藏眞律公二帖　潛研堂金石文跋尾卷八。
趙紹祖：唐懷素藏眞律公二帖（游刻）　古墨齋金石跋卷五。
石韞玉：唐懷素律公帖跋　獨學廬二稿卷下。
王志沂：藏眞律公二帖（元祐八年上石）　關中漢唐存碑跋
毛鳳枝：藏眞律公二帖　關中金石文字存逸考卷二。

千字文

唐釋懷素書（參見後「千字文帖」下）
陳思：懷素千文　寶刻叢編卷一。
趙崡：唐懷素草書千文　石墨鐫華卷四。
林侗：千字文懷素草書（明成化間余氏刻石本）　來齋金石刻考略卷下。
葉奕苞：唐懷素千字文　金石錄補卷十八。
劉青藜：唐懷素草書千文　金石續錄卷三。
朱楓：僧懷素草書千文　雍州金石記卷九。
瞿中溶：沙門懷素書千字文　古泉山館金石文編殘稿卷二。
王志沂：懷素書千字文　關中漢唐存碑跋。
毛鳳枝：懷素書千字文（明成化六年重刻）　關中金石文字存逸考卷二。
李佐賢：跋僧懷素小草千文帖　石泉書屋金石題跋

聖母帖　卽東陵聖母宮碑

唐釋懷素書。
聖母帖、僧懷素草書、頗難識。石在陝西西安府學。【考槃餘事卷一】又【屠赤水帖箋】
趙崡：唐懷素聖母帖　石墨鐫華卷四。
郭宗昌：聖母帖　金石史卷下。
顧炎武：聖母帖　金石文字記卷四。
林侗：懷素聖母帖　來齋金石刻考略卷下。
葉奕苞：唐懷素聖母帖　金石錄補卷十

八。
劉青藜：唐懷素聖母帖　金石續錄卷三。
畢沅：東陵聖母帖　關中金石記卷四。
朱楓：聖母帖　雍州金石記卷九。
錢大昕：聖母帖　潛研堂金石文跋尾卷八。
嚴可均：重修東陵聖母宮碑　鐵橋金石跋卷二。
洪頤煊：東陵聖母帖　平津讀碑記三續卷下。
張廷濟：懷素聖母帖又（舊拓附董臨本）又釋文　清儀閣金石題識卷四。
瞿中溶：重刻聖母帖　古泉山館金石文編殘稿卷二。
王志沂：東陵聖母帖　關中漢唐存碑跋。
陸耀遹：懷素東陵聖母帖　金石續編卷九。
陸增祥：唐懷素聖母帖　八瓊室金石補正卷一百〇五。
又：刻懷素帖並題跋贈歌記　八瓊室金石補正卷一百〇七。
毛鳳枝：東陵聖母帖　關中金石文字存逸考卷二。

775 惟清齋帖

清鐵保書。鐵保見書林藻鑑卷十二。

鐵保字冶亭、號梅庵。乾隆三十七年進士、官至兩江總督、吏部尚書。　汪廷珍撰墓志云、工書法、於晉唐諸家無不臨橅而其宗旨要以香光爲歸。所刻惟清齋帖藝林寶之。詳見【清書史卷三十一】

鐵梅庵書之拙劣、竟亦有書名、無論不知用筆用墨、即間架結構皆未成立、殆以官位顯達、有人爲之揄揚耶。【清人書評】

776 至道御書法帖十二卷 宋刻本

宋太宗（趙光義）書。程文榮有至道御書法帖考、見南邨帖考第一册。

此帖見彙帖舉要附錄一人所書之帖中。

777 淵鑑齋帖十卷 清刻本

清康熙（玄燁）書。

此帖見彙帖舉要附錄一人所書之帖中。

778 敬勝齋帖四十卷 清刻本

清乾隆（弘曆）書。

此帖見彙帖舉要附錄一人所書之帖中。

779 急就章帖 明正統四年楊政刻本

吳皇象書。

急就章、漢史游撰。舊有曹壽、崔浩、劉芳、顏之推注、今皆不傳。惟顏師古注一卷、王應麟補注四卷存。師古本比皇象碑多六十三字、而少齊國山陽兩章、止三十二章。詳見【四庫全書總目提要】

朱晨曰、急就章帖、在松江陸氏。【古今碑帖考】

王愔文字志、論漢史游急就章。見【章草考】

卓定謀章草考有吳皇象書急就章、引三國志吳志趙達傳注。（六藝之一錄卷三六歷朝書譜六引袁昂書評、庾肩吾書品、李嗣眞書品、竇臮述書賦評、廣川書跋、玉海等。）又章草帖、見書斷、羊欣古今能書人姓氏、述書賦注。（按晉索靖字幼安、燉煌人、亦書急就章。）又唐釋空海書急就章帖（日本釋隆光弘法大師跋）又元趙孟頫急就章、引元史趙孟頫傳、又明宋克書急就章墨迹（已印）又清陳宗彝重刊松江本急就章。

史游詳見書林藻鑑卷四、皇象詳見卷五、索靖詳見卷六。

葉奕苞：晉索靖急就章、金石錄補卷七。

嚴可均：急就篇（葉石林以爲皇象書）鐵橋金石跋卷一。

780

千字文帖

陳釋智永書

智永見書林藻鑑卷七。

僧智永千文一眞行、一行草、末有大觀己丑薛嗣昌記。石在陝西西安府學。【考槃餘事卷一】又【屠赤水帖箋】

釋智永　書斷、宣和書譜。詳見【六藝之一錄卷三二一歷朝書譜十一】

歐陽修陳浮屠智永書千字文、見集古錄跋尾卷四。

趙明誠千字文、見金石錄卷三十。

陳思智永眞草千文、又智永千文五百字、並見寶刻叢編卷一。

趙崡隋智永眞草千字文、見石墨鐫華卷一。

郭宗昌隋智永千字文、見金石史卷上。

顧炎武智永千字文、見金石文字記卷二。

孫承澤智永千文、見庚子銷夏記卷六。

李光暎僧智永千字文、見觀妙齋藏金石文考略卷五。

劉青藜隋智永眞草千文、見金石續錄卷一。

林侗智永千字文、見來齋金石刻考略卷上。

畢沅正草二體千字文、見關中金石記卷一。

朱楓智永千文、見雍州金石記卷一。

王昶智永千字文、見金石萃編卷四十。

何紹基跋牛雪樵丈藏智永千字文宋拓本、又跋智永千文拓本、跋崇雨舲藏智永千文舊拓本、並見東洲草堂金石跋卷四。又東洲草堂文鈔卷九。

張廷濟智永千字文、見淸儀閣金石題識卷三。

王志沂隋正草二體千字文、見關中漢唐存碑跋。

毛鳳枝眞草二體千字文、見關中金石文字存逸考卷一。

李佐賢跋僧智永眞草千文帖、見石泉書屋

金石題跋又石泉書屋甎稿卷五。
李葆恂智永千文、見三邕翠墨簃題跋卷一。
李光暎臨智永眞草千字文、見觀妙齋藏金石文考略卷十六。
石韞玉智永千字文跋、見獨學廬餘稿卷一。
陳璞跋智師草書千文、見尺岡草堂遺文卷四。
程先甲智永眞草千文揭本後記、見程一夔文甲集卷六。
姚華題智永眞草千文、見弗堂類稿卷十。
董玄宰品書云、楷書以智永千文爲宗極、虞永興其一夔耳。文徵仲學千文、得其姿媚。
【六藝之一錄卷三百古今書論】

唐虞世南書

歐陽修千文後虞世南書、見集古錄跋尾卷五。
黃伯思論虞書千文、見東觀餘論上。

唐歐陽詢書

張廷濟歐陽率更小字千文（唐刻宋拓、衡陽常氏重摹本）見清儀閣金石題識卷四。
翁方綱跋率更千文、見復初齋文集卷二十二。
錢泰吉跋常文烈重刻歐陽小字千文、見甘泉鄉人餘稿卷一。

唐褚遂良書

李光暎褚河南千字文、見觀妙齋藏金石文考略卷十二。

唐張旭書

陳思唐張長史千文、見寶刻叢編卷十三。
趙崡唐張旭斷碑千文、見石墨鐫華卷四。
林侗千字文斷石、見來齋金石刻考略卷下。
葉奕苞唐張旭千字文殘碑、見金石錄補卷四。
劉青藜唐張旭斷碑千文、見金石續錄卷三。
畢沅千字文斷石、見關中金石記卷三。
王志沂千字文斷石、見關中漢唐存碑跋。
毛鳳枝千文斷碑、見關中金石文字存逸考卷一。

唐釋懷素書〔參見前「懷素千字文」下〕

陳思懷素千文、見寶刻叢編卷一。
宋犖跋懷素小草千文、見西陂類稿卷二十八。
馮景題懷素小草千文、見解春集文鈔卷七。
汪中懷素草書千字文跋尾、見述學別錄卷一。
石韞玉唐懷素草書千文跋、見獨學廬二稿卷下。
李佐賢跋僧懷素小草千文帖、見石泉書屋類稿卷五。

宋釋夢英書

趙涵：宋夢英篆書千字文、見石墨鐫華卷五。
李光暎：篆書千文序、見觀妙齋藏金石文考略卷十三。

畢沅：篆書千字文、夢英千字文序、見關中金石記卷五。

錢大昕：篆書千字文、見潛研堂金石文跋尾卷十二。

王昶：宋夢英篆書千字文又序、見金石萃編卷一百二十四。

姚華題釋夢英篆書千字文、見弗堂類稿十。

以上錄書千字文尤著者、以備檢閱。

781 **聖教序一冊** 宋拓本

唐釋懷仁集晉王羲之書。

集王聖教序、唐太宗作序、高宗作記、僧玄奘譯多心經、僧懷仁集右軍行書、貞觀二十三年八月作、咸亨三年十二月刻石、字體遒勁可愛。石在陝西西安府學。【考槃餘事卷二】

又【屠赤水帖箋】

周錫珪沙門懷仁帖跋、見【唐碑帖跋】

唐釋懷仁字□□□人。住弘福寺。

懷仁集王聖教序

右目見式古堂書畫彙考書考卷八。

宋拓懷仁聖教、鋒芒俱全、看去反似嫩。小石本模糊、鋒芒俱無、看去反覺蒼老。【評書帖】

陳曰霽論懷仁聖教序、見珊網一隅卷一。

以上一人所書之帖

782 **古今碑帖考一卷** 格致叢書本

明朱晨撰。胡文煥集。

胡文煥述、古今碑帖考、朱長文所輯、載之墨池編中。予纂出而名之者也。仍檢諸書中以三圖冠諸首、庶爲全書、而覽者或無遺憾矣。

前有朱晨附注云、宋以前碑刻考、朱伯原採錄、間多脫誤、晨爲之訂次、宋以後碑刻考並法帖、晨竊增入、僅補闕簡、敢逞管見援筆評人也耶。

燕京大學圖書館藏鈔本作歷代碑帖考。

宋以前碑刻錄自墨池編、晨爲之重訂、宋以後碑刻乃晨所增入、明人復以此竄入墨池編中。【金石書錄目】

783 784 **古今法帖考一卷** （補本書第七八九葉） 淳化祕閣法帖考正附刊本

清王澍撰。此書附刊在淳化祕閣法帖考正後、參見本書第七八二葉。又淸孫承澤撰閒者軒帖考一卷、詳見本書第七八九葉。

785 **字帖緒餘一冊** 明刻本

不知撰人姓名。文淵閣書目辰字號第一廚有此書、注云、一部、一冊、完全。

786 **碑帖紀證一冊** 上海蟫隱廬石印本

明范大澈撰。

此書明刊本今未見、上虞羅子敬（振常）影印明鈔本、今亦罕見。所紀碑帖、考證多精到語。前有羅氏序。

787 唐碑帖跋四卷 四庫存目 傳鈔本

明周錫珪撰。

唐碑帖跋四卷（浙江巡撫採進本）明周錫珪撰。錫珪字禹錫、會稽人。是書所載皆唐碑、惟末附五代楊凝式一人。皆就錫珪所見各爲題跋。如尉遲敬德碑、其石尚存、乃遺不載、知其不主求備矣。其中如辨鍾紹京靈飛六甲經、爲玉眞公主奉敕檢校寫。公主於天寶元年卒、天寶三年始改年爲載、卷中所說、與史不符、亦頗見考證。至辨肚痛帖爲僞作、非張旭書。辨停雲館帖所刻顏眞卿書朱巨川告身、及多寶塔碑、皆徐浩書、別無顯證、直以己意斷之。黃伯思、米芾精鑒入神、所定閣帖眞僞、後人尚有異同、此事亦談何容易也。【四庫全書總目提要】

按此書可爲研究碑帖者作參考、惟自四庫存目後、僅沈氏鳴野山房、丁氏八千卷樓有鈔本、今分歸上海、南京兩圖書館。

788 帖韻一聲 冊

不知摹刻者姓名。文淵閣書目辰字號第一廚有帖韻一聲一部一冊、闕。

789 屠赤水帖箋一卷 石印本

明屠隆撰。此即從考槃餘事卷一中、抄出其中專論法帖之部分。又明楊愼有法帖神品目一卷、詳見本書第七八九葉。

790 南邨帖考四卷 民國九年庚申刊 槜李遺書本

淸程文榮撰。此書有聚學軒叢書提要、石廬金石書志、詳見本書第七九〇葉。

程榮字蘭川、嘉興人。官江寧通判、咸豐初城陷、殉難、贈知府銜。 前塵夢影錄、蘭川悉心排比、著絳帖考及南村帖考兩書。【淸書史卷十九】

791 梅坡書院帖 冊 宋刻

不知摹刻者姓名。見彙帖舉要。

范大澂梅坡書院帖考、見碑帖紀證。

此帖是否爲彙刻之叢帖、或爲一人所書之法帖、性質未詳、姑列於此。

792 評書帖一卷 念劬廬叢刻本 美術叢書本

淸梁巘撰。巘詳見淸書史卷十七、書林藻鑑卷十二。

徐彥寬題曰、聞山先生書名震乾嘉間、此評書帖一卷、平生所得傾寫無復遺蘊。定遠方氏曾取以附刊己集、今傳本亦稀見。此帙議論極醇正、最可補時弊、收列叢刻、則以名賢遺著、尤願廣被云。

梁聞山𪩘著有承晉齋積聞錄、專論學書之法、中多實驗之言。惜其所見古人眞蹟不甚多、多於古人墨拓中求生活、事勞而功半、只到能品。【清人書評】

793 **惜抱軒法帖題跋三卷**

清姚鼐撰。此書石廬金石書志安徽通志藝文考稿、並有解題、詳見本書第七八九葉。

姚鼐　木葉厱法書記、惜翁書古澹清淳、類其文格。予家兩世所收、不下二十餘種、大小眞行、各體具備。擬刻惜抱軒集帖傳之。【清書史卷十一】

794 **菉竹堂帖目六卷**

明葉盛家藏法帖書目。見錢曾也是園書目書部。葉文莊菉竹堂書目有眞本及僞本二種。菉竹堂碑目、亦有傳本。此帖目今未見。

795 **話雨樓碑帖目錄四卷**　道光十五年王氏家刻本　民國十三年東方學會鉛印本

清王楠鑒藏、王鯤編次。楠字勺山、其子鯤字旭樓、吳江人。

此書金石書錄目著錄、爲吳江王氏話雨樓一家所藏碑帖之總目錄、中多罕見之品、並錄有名家題跋。

796 **懷米山房吉金圖一册**　清道光十九年己亥自刻石本　蘇州尊漢閣翻刻石本　日本明治十五年文石堂翻刻木本　民國十一年影印本

清曹載奎摹刻。載奎字秋舫、吳下人。有張叔未（廷濟）序。

此帖不分册卷、共刻商父甲鼎銘起、至漢大吉壺銘止、共商周秦漢金文六十種。見叢帖目。又鳴野山房彙刻帖目亨集。

曹載奎號秋舫、吳人、工書、好古、癖嗜奇石、所居曰懷米山房、藏鐘鼎彝器、多至七十餘品、有吉金圖及惲帖兩種石刻行世。見清樂堂隨筆。【清書史卷十二】

797 **鳴野山房彙刻帖目四集八册**　鈔本（北京圖書館中國科學院圖書館並有藏本）

清沈復粲輯。

沈復粲號霞西、山陰人。嗜金石、務博覽、著書甚多。見清樂堂隨筆。【清書史卷二十六】

此目卷首列霞西著述書目、除此書外、尚有熙朝書家姓纂二十四卷等、亦僅有鈔本、于書畫法帖之檢閱、非常便利。

798 **各種叢帖目一册**　稿本（藏南通馮氏景岫樓）

原不著編者姓名。中附一箋、有葆光之名、審其字跡、與帖目所書者相同、疑此稿或爲清末人楊葆光氏所集、雖隨搜隨集、並無次序、而所錄之名目頗多、每帖下又詳記其子目、亦便檢閱。

798.1 帖目藁二十餘册　稿本

近人楊守敬撰。守敬字惺吾、宜都人。此書見人文科學研究所藏書目錄、不知稿尚存否。

799 彙帖舉要二卷　辛勤廬叢刻本

近人鄭裕孚撰。裕孚字友漁、陽曲人。

孫鳳書序略云、夫碑帖一道、言考據者矜之、詎不以由碑帖而辨古今文字源流、可以諟正其僞譌、一也。稽其記載、隱知當時情事、足補史乘之脫遺、二也。至於臨池摹寫、折疊以適書法之工、余猶以爲附庸下邑耳。乾隆末、鄧完白以苦學孤詣、高倡北碑、李申耆包愼伯從而和之、一時風會所宗、多舍帖而就碑。同光間趙撝叔劉心源亦專事北碑、扢揚皖江之緒、士子計偕入都、稍稍以碑書入卷、於是挾策者旁搜遠賫、比比魏齊、而歐陽公集古所錄、趙德父鷗首沈江所僅存之帖與目、幾乎燼矣。鄭君友漁績學能文、以彙帖舉要一書付之梓人。又云、今友漁臥游無恙、好古有獲、左抄胥而右僕隸、點筆堂皇、別裁眞僞、視昔賢之所得、何多讓耶。王西莊有言、著書則後人因我之文而信我之人、張南皮亦云、刻書則藉他人之言以傳我之名。友漁家桂林、遷陽曲、師友家學、奄有南北、宜其裒二公之說、爲此不世之業也。

自序略云、碑帖之見於著錄者多矣、而專論彙帖之書則希有、好古之士至不能舉其帖名。民國癸酉、余爲南君佩蘭校刻劉申叔遺書七十四種、既而游京滬津沽間、泛覽乎古籍、窮搜乎碑帖、所得近千種。己卯始返太原故居、自丁丑以還、四方多故、晉兵火後、文物析閭里墟、惟青主先生之祠如故、余暇日獨遊祠下、瞻拜悵惘不能去、因於壁間覓明世子寶賢堂彙帖之石刻、摩挲而辨識之、俯仰今古、蓋已四五百年矣。余今屛居無事、爰取藏本引據載記、比次其文、作寶賢堂法帖考正十二卷、校記一卷、已而復作彙帖舉要若干卷、吾書出、他日懷古之君子、倘就彙帖之目次搜求而重刊之、以復顯於後世、豈第以仰先賢之典型、補文史之闕佚。

凡例云、一、本編所收、至少以二人以上之帖、始行錄入、以符彙帖之意義。一、本編自南唐起、至清代止、其排列次序、一準國史編年之舊、以免有後先乖舛之失。一、從來彙帖多不備目、以致遺脫顚倒、臨讀不便、本編專詳目錄、以便稽閱簡捷。一、歷代名家、對於碑帖行世之作、論一人之單行帖者多、論二人以上之彙帖則少、茲編專爲彙帖而作、故一人之單行帖、概不收錄。一、彙帖大抵以淳化爲祖本、凡後世翻刻、一仍淳化、而毫無出入、甚且仍淳化之舊名者、（如肅府本是、）概附淳化之末、（低格、）絳潭各帖亦同。一、其有以淳化絳潭之舊爲藍本而又以己意及時代爲增損並更立帖名者、（如東書堂寶賢堂等帖是、）概置正目。一本編參考之書凡八十二種、引用原文者、概注其書名。

800

廣東叢帖叙録一册　排印本

今人冼玉清女史撰。玉清南海人。

此書引言云、叢帖之刻、始於宋而盛於前明。若東山堂帖、寶賢堂帖、眞賞齋帖、停雲館帖、餘清齋帖、鬱岡齋帖、墨池堂帖、戲鴻堂帖、渤海藏眞帖、其較著者也。　清朝統治中原、以書畫爲知識階級所嗜好、故亦從而研究之、愛好之、尊尚之、提倡之、以爲可通於學問性情、故歷朝每事刻帖。若康熙二十九年之摹刻懋勤堂法帖二十六卷。乾隆十二年摹刻三希堂法帖三十二卷。十九年摹刻墨妙軒法帖四卷。三十四年重刻淳化閣帖十卷、四十四年復刻快雪堂帖五卷。在上者既竭力提倡、在下者亦好之彌篤。此當時盛行刻帖之第一原因也。　嘉道之間、海內富庶、叢書叢帖之刻、盛極一時。風氣既開、吾粤亦蒙其影響。於是達官貴人從事焉。富商巨賈亦從事焉。其時潘盧伍葉四姓、以鹽商致鉅資、於是結交文士、附庸風雅、思欲留名後世、以垂無窮。以爲刻書刻帖、可期不朽。此當日廣刻書帖之第二原因也。張之洞勸刻書說、謂南海之伍、刻粤雅堂叢書五百年後、姓名必不湮沒。此風既開、各思出奇制勝、於是羅致文人、經營題跋、刻書之外、刻帖亦盛極一時。其犖犖大者：若海陽鄭潤之吾心堂法帖、南海葉夢龍之貞隱園集帖、友石齋集帖、風雨樓集帖。南海吳榮光之筠清館集帖。順德梁九章之寒香館法帖。南海伍元蕙之南雪齋集帖。番禺潘正煒之聽颿樓集帖。南海孔廣鏞廣陶之嶽雪樓集帖。南海伍元蕙之澂觀閣集帖。南海葉應暘之耕霞溪館集帖。番禺潘仕成之海山仙館叢帖。高要梁振芳之怡園集帖。豐順丁日昌之百蘭仙館集帖。皆綿歷年月、不惜鉅資、選石勻整、款式畫一、搨成裝爲書册、不煩裱背。張伯英謂此粤帖之別出心裁、可爲法式者也。　考粤人刻帖、始於清乾隆四十七年（一七八二）鄭潤之刻吾心堂帖、終於光緒八年（一八八二）丁日昌之刻百蘭山館藏帖、維時恰一百年。其中全盛時期爲道光十年（一八三〇）至同治五年（一八六六）此三十六年間、吳氏葉氏潘氏實爲中堅人物。摹古之刻、粤帖本自遜人。吳氏筠清館、葉氏風滿樓、尚有可觀。潘氏海山仙館、伍氏南雪齋、則瞠乎其後。緣其所選底本不精、故結果自難超越。藏眞之刻、吳氏葉氏與摹古未畫鴻溝。潘氏海山藏眞初刻、羼入索靖出師頌、是知其摹古與藏眞亦未盡分清晰。厥後區畫分明、遂成叢帖兩大壁壘、此潘氏之成就、或由於刻帖之經驗乎。以選擇言、則海山仙館與聽颿樓皆務博貪多。風滿樓較有別擇。筠清館吳氏精研有素、眼光獨高、且不競美人已刻者、我不採之、故內容稱善。其所著帖鏡一書、海內罕覩、康有爲以未見爲憾、乃作書鏡以相媲美、即廣藝舟雙楫是也。體例編次、吳氏爲優、鉤摹當推葉氏、博侈則不及潘氏矣。然博而不擇、又何取焉。潘氏摹刻雖多、而編目最劣、如晉王獻之字竟在元楊維楨後、宋蔡京字又在明僧道衍後、方孝孺字分數部刻出。方帖一入明人、一入清人。題跋又分二處、且竟以題跋爲名蹟、故統系遠遜筠清館也。　至於各家碑石、現亦已易主人。友石齋之石、歸香山莫鶴鳴氏。貞隱園石、歸鶴山易蘭池家。筠清館石、在佛山吳采南家。風滿樓、嶽雪樓、海山仙館、摹古藏眞石、歸佛山區贊深、南雪齋、激觀閣石、歸北京滿洲人俊啓。耕霞溪館石、歸高要何昆玉。聽颿樓石仍存潘正煒後裔。寒香館石則在佛山。石之所以多留佛山者、蓋遷移爲不易矣。　余於碑帖、素昧淵源、以治目錄學故、粵帖輒有過眼。深恐日久年湮、此殘存者將隨散佚、因敍錄其目、以資保存、並便按圖索驥。上編祇屬敍錄、下編則爲研究。其流傳比較考異諸點、頗費用心、務表倘俟異日。即此區區者、其書籍之假借、編排之次序、內容之指示、麥華三、羅原覺、黃子靜三君之助力爲多、特表出以誌謝悃。

以上雜錄叢考

附記

編者對於法帖、素少研究、四部總錄藝術編補遺法帖部分編竟在排成校樣後、始得請馮翰飛（雄）吳重煇（慰祖）二先生閱讀一過、多予指正、提出不少寶貴意見。唯以全書已經排竣、無法一一改正。茲綜合其主要之點、附記於下。

1. 本編採用彙帖舉要、廣東叢帖敍錄等書、所引字句與原文不合之處、除已改正不少外、編者未能盡量覆查原書更改。
2. 宋時稱帖用卷數、後世多用册數、本編在卷册上有混淆之處。
3. 法帖與碑及墨蹟專家多有嚴格之分別、本編倘有少數混合處。
4. 姑孰帖並非蘇書專帖、應列入彙刻叢帖中。
5. 各家引文編次之先後、排版格式、前後體例、尚不盡一致。
6. 有部分考釋法帖之專書、應入雜錄叢考、不宜附在法帖中。例如：法帖刊誤、法帖釋文、法帖釋文考異等。

按法帖爲鑒賞、臨摹藝術書法重要之工具、古今來品種繁夥、名目互異、雖專家猶不能盡舉無遺。讀者常以至今尚無一部比較完備便于翻閱法帖目錄之專書爲憾。編者不揣淺末、輯成此書、其目的在備讀者翻檢查閱、使對我國古今法帖概況有一輪廓之認識、並藉此線索作爲進一步研究之蹊徑。惟限于學力、存在缺點恐尚不止以上所舉。謹請不吝敎正是幸。

明代畫譜解題

傅惜華

中國版畫、肇興晚唐之際、竟先於東西各國、約五百餘年。後歷宋元二代、雕刻技術、日益精進。迨至明萬曆時、版畫書籍、雕鏤工巧、圖繪精妙、燦爛光華、遂達於吾國版畫藝術的黃金時期、在世界美術史上、獲得重要之地位焉。閒考吾國名畫、每祕藏於天府巨室、畫人罕能覩其眞蹟、而所藉以初學學習者、唯賴於版畫書籍中之畫譜。如歷代名公畫譜、唐詩畫譜、十竹齋畫譜、竹譜、梅譜、芥子園畫譜之類、舉凡山水人物、花卉翎毛、皆能擷精取要、得古蹟之意、而未全失其神、啓示後世學者以途徑、藉爲圭臬、其有功於畫學、誠非淺鮮。版畫藝術、至此亦臻絕境。爰取余十餘年來所蒐藏或目睹之明代畫譜、草成解題、以供治中國美術史者之一助耳。　一九四四年六月十八日識於碧蕖館

801 歷代名公畫譜

歷代名公畫譜、一名顧氏畫譜、明顧炳摹輯、徐叔回校。不分卷。凡四册。萬曆癸卯三十一年（一六〇三）杭州雙桂堂初刻刊行。其後、一九二六年日本圖本叢刊會主者大村西崖氏、嘗取此原刻初印本、由彼邦梓人伊藤忠次郎、前田雄次郎、重付剞劂、印工本橋貞次郎、復印傳世。初印本刊行後、顧氏哲嗣三聘、三錫、又校印之。迨光緒戊子十四年（一八八八）上海鴻文書局、又據顧氏重印本、影石縮印、流傳甚盛。至民國三十年、長樂鄭振鐸氏、亦取顧氏重印本、以珂羅版景印之。當顧氏原譜之刊行、初入長安、一時至於紙貴。嗣後陳居恭乃以自「得一册、閱之於心有合焉。無何、顧氏之畫譜版、遂爲吾有。」（見重編本陳氏序文）而由龔國彥重爲編輯、於萬曆癸丑四十一年（一六一三）、再版印行。以上各本、除景印石印二本、及日本覆刻者外、俱屬珍品、求之今日、極爲罕覯。　徐叔回所校原刻初印本、有內封葉、版匡雙邊、右行大楷題曰歷代名、左行接書公畫譜、中行有木質鐫章曰、吳印鳳臺白文朱印、下署虎林雙桂堂藏版。卷首有萬曆癸卯季冬朔日金陵朱之蕃書之顧氏畫譜序、次爲平淡居士仝天敍書之畫譜序、再卽摹輯者武林顧炳謹述之譜例六則。目錄首行題曰、歷代名公畫譜目錄、下署武林顧炳纂、徐叔回校。總目之後、始爲畫圖。版匡單邊、每頁前面一圖、幅作長方、或正圓形。

後面則爲當時名公所書評傳、皆署款鐫章。日本覆刻者、版匡略爲縮小、亦無内封面、餘與原刻本相同。顧氏哲嗣校印本、目錄次行、改題曰、武林顧炳黯然父纂、男三聘、錫校刊。餘同原本。鴻文影石印本、卷首謹存原本朱之蕃一序、及譜例目錄外、別增光緒戊子三山舊史序於上海讀騷樓之歷代名人畫譜序一篇。版匡縮小、餘同原本。長樂鄭氏影印本、除卷尾附中華民國三十年三月長樂鄭振鐸跋文外、悉同原本。至於萬曆四十一年龔國彥之重編本、卷首則增萬曆癸丑冬長至日上谷陳居恭書之顧氏畫譜序一文。目錄首行、亦改署曰:「武林顧炳黯然父纂、男三聘、錫、交、申刊、同邑龔國彥編次。」且於第四册尾增「陸從廣」畫一幅、餘則均與原本無異。 顧氏此譜、純係「採摹名畫、略仿宣和博古圖製、減小元様、」(見譜例第三則)「不主褒貶之意、詮次多術圖繪寶鑑、壹以世代爲序。」(譜例第一則)然「晉宋眞蹟、人間絶少、唐及宋代、亦流傳有數、止擬經目會心、輒懇求臨仿、以備一家數。至於心慕未覩者、倘雜杜撰、豈不慙皇殺人。卽鄙見未協者、寧付闕疑、不敢雷同附會。」(譜例第四則)於此具見顧氏摹輯此譜、苦心孤詣、其體例精嚴、對於藝術之忠實、誠有足多者。此譜畫幅後面評傳、亦皆出於與顧氏交遊諸公之手、「樂成雅事、任取操觚、先後無次。其或直錄寶鑑本文、或獨攄賞識藻。」(譜例第五則)顧氏此譜、所臨摹歷代之名畫、及明代諸公題識傳文之姓名、逐錄於左。〔 〕號者、爲畫家朝代。( )號者、爲題文者姓名。 〔晉〕顧愷之(高克正、)〔宋〕陸探微(雷思霈、)〔梁〕張僧繇(温體仁、)〔陳〕顧野王(眭石、)〔唐〕閻立德(顧起元、)閻立本(陳之龍、)吳道玄(陶望齡、)鄭虔(米萬鍾、)李思訓(吳默、)李昭道(魯史、)王維(張汝霖、)荆浩(費兆元、)韓幹(蔣之秀、)戴嵩(錢夢得、)邊鸞(林璣品、)〔五代〕關同(錢士完、)黄荃(徐如翰、)黄居寶(丁鴻陽、)以上第一册、臨摹自晉迄五代名畫、共十八幅。其中黄荃一幅、除原刻初印本題曰徐如翰外、其他各本俱署施浚明識。 〔宋〕仁宗(蕭雲舉、)高宗(崔邦言、)李公麟(許光祚、)顧德謙(吳大山、)郭忠恕(魏廣微、)董源(張懋忠、)范寬(鮑際明、)李成(祁光宗、)郭熙(嚴、)趙昌(張邦紀、)蘇軾(王舜鼎、)米芾(沈演、)趙令穰(黄汝亨、)趙伯駒(喬拱璧、)巨然(許獬、)趙孟堅(張段誠、)米友仁(董復亨、)楊補之(仇時古、)馬和之(劉曰寧、)李唐(劉綵、)陳容(趙標、)楊士賢(朱宗吉、)李迪(湯賓尹、)蘇漢臣(章允恭、)蕭照(祁承、)

劉松年（李胤昌）、李嵩（吳來庭）夏珪（黃立極）、馬遠（嚴澂）、馬麟（孫愼行）、陳居中（虞聞詩）、以上第二册臨摹宋畫、共三十一幅。其中李公麟一幅之評文、除原刻本外、各本俱題嚴澂。又米芾趙伯駒馬和之三幅識文、其他各本、皆題爲施浚明書。〔元〕趙孟頫（楊寫勤）、管夫人（沈朝燁）、魯宗貴（王三才）、柯九思（孫如遊）、趙雍（王先欽）、王淵（何宗彥）、黃公望（顧鈐）、錢選（王昺）、吳鎭（傅光宅）、倪瓚（張國維）、王蒙（湯賓尹）、高克恭（吳澄時）、吳瓘（袁大鶴）、盛懋（莊明鎭）、方方壺（吳海）、〔明〕（原題國朝）商喜（施浚明）、邊景昭（沈朝煥）、王紱（陳之龍）、李在（陳繼儒）、戴進（沈光祚）、夏㬎（黃克謙）、孫龍（徐光啓）、陳喜（薛鳳翔）、林良（錢藩）、杜堇（顧秉謙）、沈周（張振先）、陶成（柴大履）、

吳偉（趙士楨）、呂紀（沈朝煥）、鍾欽禮（張銓）、周臣（徐之彥）、以上第三册摹臨元人畫十五幅、明人畫十六幅。册中李在一幅、除原刻本外、題文者皆作施浚明。又戴進一幅、各本評文、均署沈朝煥。〔明〕唐寅（陳民志）、文徵明（沈朝煥）、姜隱（李晦）、謝時臣（薛三省）、王穀祥（薛岡）、陳淳（來宗道）、文伯仁（姜盈科）、仇英（楊廷槐）、朱貞孚（申用懋）、蔣嵩（周大穀）、朱端（劉戡之）、張路（宋樸）、陸治（陶允嘉）、魯治（李時中）、王一濟（夏應芳）、錢穀（穆光胤）、張珍（張嫺芳）、沈仕（鄒鼎元）、文嘉（沈珣）、莫雲卿（張其廉）、陳栝（彭城）、周之冕（謝伯美）、董其昌（祁承楨）、范叔成（王衡）、孫克弘（周紹祚）、王廷策（朱邦楨）、以上第四册、臨摹明人畫、共二十六幅。册內范叔成一幅之題識、除原刻本外、各本俱署曰羅光鼎。龔國彥重編本、復增出路從廣畫一幅。

顧氏此譜、摹輯之動機與旨趣、於全天敍序中、言之綦詳。其文曰：「……畫之出也較晚、而其藏與傳最難。……中經華夷改革戰爭之故、不可勝紀。無論付祝融、淪異域、化烏有者什五焉。而殘縑裂楮、烟晦漫滅之餘、能快人間之展翫者有幾本。其出與傳、不敵金石之力也遠甚。計名筆之存遺逮今日者、若唐若五代、寥寥宇內、慕等瑞符、此不敢爲贋、抑無所事贋也。嗣後國手代興、古不及近、則椎輪大輅、本質增華、宋元諸藝、以近故盛、以盛故傳、惟盛且傳而出、復稍近則其爲贋者始銳於淆亂眞者、而畫家初學益鮮窺古作者之眞、而日墮惡道、於是焉有復古。救時之慮者、爲之象其模範、而設其典刑、此吾友顧炳氏畫譜所由輯也。」朱之蕃序、亦稱其「以退食之暇、搜羅故所見聞、慨然謂往來於胸臆、不若寄興於毫穎、托跡於鋟鏤、而公共於

人眉睫之爲快也。乃悉舉唐宋勝國、及昭代名筆之卓爾不羣者、極力模擬、屬諸公系以贊述、俾覽者因跡以契其神、按圖而並論其世、不待博訪重購、遐想力求、而景物之勝、位置之精、象外不傳之祕、亦既剖露無餘蘊矣。」蓋此譜一出、古今名畫、其眞者既得顯呈其蹟、以益永其傳、而贋者當前、亦足以驗若操劵、洞若燃犀、而不吾眩。即其下焉、而目力苦短、夢寐古人、庶幾烟雲一過、而未諸顧者、尙得逡巡於方册、髣髴於形影、而心慕手追、以漸次領悟於筆墨蹊逕之外。」（見全天敍序文）是此譜足以典刑世人、啓悟後學、其摹輯之功、誠非淺鮮。至於蒐訪名畫、描摹剞劂、顧氏嘗告全天敍曰：「行求丐貸、以網羅古今、而履穿足胝、忘吾力也。共腐毫渝瀋、以冥會酷肖、而槁木死灰、忘吾神也。指授剞劂、而縷髮未精、數竄數棄、蓋上所賜畫史餐錢、盡斥以饗梓人、而主人逆旅、食貧依然、故吾忘吾家也。」可見纂輯之艱難、誠煞費心力者矣。　顧氏摹輯此譜、當在未授中祕、家居江南時、鐫於杭州者。萬曆原槧、刻法精堅、刀鋒犀勁、粗拙有筆、細巧有力、尙未盡失原畫神韻、實爲難能可貴。日本美術家大村西崖氏、嘗評此譜爲「集古畫譜中之精尤者、與集雅齋畫譜、堪稱明代畫譜之雙絕。」洵非過譽。惜原譜中、未題鐫刻人之姓名、且無可考、殊爲遺憾。日本覆刻本、較之原槧、格制雕琢、刀鋒板結、（按板者、腕弱筆痴、全虧取與物伏、平板不能圓渾之謂。結者、欲行不行、當散不散、似物礙凝、不能流暢也。）神韻頓失。鴻文石印本、傳摹移寫、經營位置、作覩之雖與原槧無軒輊、然熟審之、乃覺其原作之氣韻骨法、俱相消失矣。　輯者顧炳、字黯然、號懷泉。浙江錢塘人。「君少而孤、大父鍾愛其穎慧、不欲苦以呫嗶之業、惟出舊所藏名人墨蹟畫片、令其恣意探索之、駸駸乎追踪作者。後遍歷名山、延訪高士、結茅吳山之麓、技日益進。」（見朱之蕃序）無聲詩史、圖繪寶鑑續纂、皆謂其善畫花鳥、宗周之冕。萬曆己亥二十七年（一五九九）以畫名、召授中祕、供奉內廷。朱之蕃稱其時藝壇、武林流輩、咸推服之云。

802 **古今畫譜**

古今畫譜一卷、又名唐六如畫譜。傳爲明唐寅所摹輯。萬曆間（一五七三——一六一九）蘇州清繪齋原刻本。天啓時（一六一二——一六二七）黃鳳池又彙輯集雅齋畫譜六種、與名公扇譜並此譜、合印爲八種畫譜、覆印行世。迨清康熙四十九年（一七一〇）日本中川茂兵衛、復取天啓本八種畫譜、翻刻印行。以上三本、近日俱罕流傳。至通行之本、惟有民國七年日本文永堂書肆、重摹彼邦中川茂兵衛覆刻之八種書譜、腐蝕銅版印本一種耳。　此譜各本、皆有內封面、右行楷書題唐解元倣、左行接書古今畫譜。中一行小字署曰淸繪齋。日本文永堂銅鐫本、未題此三字。各本卷首、均有吳郡六如居士唐寅並書之唐六如畫譜序。其文曰：圖繪一事、大率天機、奧妙固在當人、然天地造物、不可不察。假如畫人物、則分貴賤窮通、冠裳衣貌、儒雅風流、各有意度。畫山川、則烟雲氣運、期晦隱見、布致變幻、莫可窺測。畫花卉、則四時景候、斜正背向、須見生發。畫獸、則筋力毛骨、精神起伏、牝牡飲齕、亦能動定。畫禽鳥、則飛鳴棲啄、羽翰文采、全在嘴爪毛片。畫臺殿宮觀、則標以勝概、木末雲表、當有着落。至於畫衣紋林石、則重大調暢、卷摺飄舉。林木則樛枝挺幹、干日凌霄。山石則虎頭鬼面、須要崢嶸秀澤。蓋濃淡枯潤、全在筆華墨色、筆墨得宜、不失眞意。故柳子厚善論爲文、余以爲不止於文、萬事有訣也、融會貫通、闕一不可、所謂神遊物外、意在筆先、筆盡意足、雖未能盡夫活潑之機、而工拙之間、殆亦可見。客有具眼者、當求諸點畫之外、方爲韻士。尾有伯虎氏白文章、及朱文解元唐寅之印。譜無總目、畫幅長方、版匡單邊。每頁前幅爲圖、後幅題字、篆隸行草皆備、署款鐫章、間亦有由畫家自題名。日本之銅板本、則縮刻爲小型之巾箱本。

此譜摹輯者、據封面題字、當出於唐寅之手、然遍檢嘉靖刻本唐伯虎集、萬曆刻本唐伯虎彙集及嘉慶間唐氏族裔仲冕重編之六如居士全集、俱不見有唐氏摹輯畫譜之語。其他隆萬間人紀載中、亦未嘗有著錄而言及者、殊足使人對於唐寅摹輯此譜而生莫大之懷疑。此譜四十七幅中、多無題款、其第十幅畫後面、雖有唐寅題字、然於畫上絕無所署。此外如第五幅署曹有光、第十二幅署曹羲、第十六幅署陳祼、第二十六幅署宋旭、考之史傳、此四人均爲隆慶萬曆間之畫家、（詳見後）按唐寅則生於成化庚寅六年（一四七〇）、卒於嘉靖癸未二年（一五二三）、是唐寅之卒、先於以上四畫家約四五十年、豈能唐寅生時而摹輯卒後數十年畫家之作耶。時代背謬如此、當無是理。蓋此譜乃萬曆間書賈狡技、僞託唐寅之名、所摹輯者也。此種贋作、亦非無因、以唐氏嘗取張彥遠、王維、荆浩、郭熙、黃子久、王思善諸名家論畫文字、輯成一書、附以己見、名曰畫譜。（見唐氏自序）書凡三卷、多收於明淸兩代叢書內。其後裔唐仲冕、重編六如居士全集時、亦附刻於書後。唐氏此書、名曰六如居士畫譜、純爲擘討畫理之作、絕非採選名畫、以資模範者。而書賈竟假此附會、僞託其名、遂謂此譜爲唐寅所摹輯者耳。此譜卷首自序、亦割襲六如居士畫譜中文字而成。

此譜所收名畫、及題文者姓名、並錄於後。（）號爲畫幅後頁題者姓名、「」號爲畫上所題文字。計有：一、人物（萍道人）

二、山水（皐顏）三、花鳥（王翰）四、山水（紹渠）五、山水「竹樹溪亭壬戌秋八月倣雲林筆、曹有光。」（曹有光）六、山水（張敎）七、山水（孫胤奇）八、走獸（党懋芳）九、山水（臺山高）十、山水（唐寅）十一、山水（潘化龍）十二、山水「壬戌八月寫、曹義。」（曹義）十三、花卉（李長民）十四、山水（孫胤奇）十五、山水（楊九皐）十六、山水「壬戌之秋、陳裸。」（葉蓁）十七、山水（釋自彥）十八、人物（李君繩）十九、山水（沈明英）二十、花鳥（金梓）二一、山水（令册）二二、山水（能始佺）二三、人物（徐必達）二四、山水（王鏌）二五、山水（李奕世）二六、花卉「木石野竹、宋旭。」（趙文烜）二七、人物（凌登名）二八、山水（蒲冠道人）二九、山水（眞王利琪）三十、山水（王鏌）三一、花卉（潘化龍）三二、山水（釋自彥）三三、人物（金叔介）三四、山水（羽侯）三五、竹石（趙文烜）三六、山水（王鏌）三七、竹（釋自彥）三八、山水（李杰）三九、人物（萍道人）四十、山水（潘化龍）四一、山水（沈德弘）四二、翎毛（王鏌）四三、人物（釋自彥）四四、山水（郎奎金）四五、人物（胡公胄）四六、山水（李攀龍）四七、山水（虞九章）四八、人物（金應科）以上共四十八幅。其畫上有題款、標明畫家姓氏者、僅第五、第十二、第十六、第二十六等四幅而已。　此譜原本、係萬曆間清繪齋所刊行者。據東洋版畫收藏家禿氏祐祥氏稱：清繪齋、乃蘇州著名之書肆。（見江戸時代繪入本百種）故此譜雕鏤精堅、刀法簡嚴、當非名手莫辦、惜梓人之姓氏、今已無考。至康熙間日本之覆刻本、則刀筆漸近偏枯、頗損韻致。若文永堂重摹之銅版本、則更自膾而下矣。　按唐寅字子畏、一字伯虎、號六如。江蘇吳縣人。生於成化庚寅六年（一四七〇）、嘉靖癸未二年（一五二五）卒。古文詩詞、彌不工妙。書得吳興法而姸雅、尤精於繪畫、凡山水人物花卉、無一不能。王穉登嘗評其畫曰：唐寅畫法沈鬱、風骨奇峭、刊落庸瑣、務求濃厚、連江壘巘、纚纚不窮、信士流之雅作、繪事之妙詣也。評者謂其畫遠攻李唐、足任偏師、近交沈周、可當半席。（見丹青志）祝枝山亦稱其畫：務去塵俗、冥契古人、所有臨摹輒亂眞蹟。（見六如居士外集卷三、引祝枝山跋六如倣郭熙手卷。）唐氏實明代之一偉大畫家也。　譜中名畫、題有姓名可考者：（一）宋旭、字初暘、崇德人。家石門、故號石門山人。（見明畫姓氏編韻）畫史彙傳卷五十一、引嘉興府志及無聲詩史略云：萬曆間、名重海內、山水巨幅大幛、頗有氣勢、行筆神妙。兼長人物。往往以八分書款識。其論畫云、山水惟李成、關仝、范寬、智妙入神、才高出類纔起者稱尙之、猶諸子之於正經也。（二）陳裸初名瓚字叔裸號白室後以字行去叔更字誠將吳縣人圖繪寶鑑續纂作雲間人非是。宋元以來畫人姓氏錄卷七引吳縣志謂其善寫山水能肖摹古人筆法、名賢入吳者競購其縑素。（三）曹羲字羅浮、號子虛、吳縣人。歷代畫家姓氏便覽卷二、謂：其工山水人物、似平周東村一派、雖之古舊、然筆致淸秀可佳。（四）曹有光、字子夜、吳縣人。國朝畫識作字西疇、續溪人畫史彙傳卷二十一、引圖繪寶鑑續纂及百幅庵畫寄云：筆墨秀雅、邱壑深邃。花卉草蟲、傳染恬潔。綜觀以上四人、僅宋旭爲隆慶萬曆間人。陳裸曹羲二人、俱在其後。至於曹有光、乃康熙甲辰二年（一六六三）進士、則其生於明末可知、殆爲曹羲之哲嗣耶。

803 名公扇譜

名公扇譜一卷明張成龍輯。萬曆間、蘇州淸繪齋原刻本。天啓時、黃鳳池彙刻集雅齋畫譜六種及古今畫譜、並此扇譜、輯成八種畫譜一書重印行世。至康熙四十九年（一七一〇）日本中川茂兵衛書肆、又取八種畫譜本覆刻印之。以上三本近日俱甚罕見、亦屬珍本。而今日通行之本、則有民國八年日本武田文永堂之銅版本一種。蓋重摹彼邦康熙四十九年所翻刻之八種畫譜本也。

此譜各本、均有內封面、右行大字標曰：「張白雲選」左行接題：「名公畫譜」中間一行小字署曰「淸繪齋」。日本文永堂銅版本、未標淸繪齋三字、卷首有雲間陳繼儒之選刻扇譜敍一篇、銅版本則附於卷尾。扇圖每頁版匡單邊、中通無界及魚尾、作蝴蝶式裝。銅版本則非是、版匡有中縫、如普通式裝。至於題識、各本俱在扇圖之上方。　此譜扇圖、據題乃張白雲所選輯、而由武林金氏爲之刊行者。（見陳繼儒敍文）金氏名字、生平事蹟、已不可考。其殆爲淸繪齋書肆之主人耶。姑誌於此、以俟異日之考訂。譜中所選者、皆當時名家作品。茲將畫者名氏、全錄於左：一、李大英（山水）二、金梓（人物）三、陸廣明（山水）四、翼鎌（山水）五、曹羲（人物）六、沈鼎新（山水）七、曹有光（花鳥）八、李羽倏（山水）九、鄰初道人（山水）十、齊民（山水）十一、張士英（山水）十二、王準初（花卉）十三、陸士仁（山水）十四、曹玉（人物）十五、吳燿（山水）十六、顧泮（花鳥）十七、孫克弘（木石）十八、張應暘（山水）十九、張堯恩（山水）二十、夏仲昭（竹）二一、顧匀眞（山水）二二、文震孟（山水）二三、浪仙（山水）二四、孫克弘（人物）二五、米萬鍾（石）二六、絜通道人（山水）二七、羽露（花鳥）二八、曹逸民（木石）二九、釋自彥（山水）三十、吳夢暘（山水）三一、王駿生（人物）

三二、仲思（山水）三三、陳喜（草蟲）三四、李長民（山水）三五、釋自彥（山水）三六、李奕世（山水）三七、朱元肇（蘭石）三八、吳炳（山水）三九、心雲（山水）四十、李君繩（山水）四一、劉珏（花鳥）四二、陶成（山水）四三、姜貞（山水）四四、秦舜友（山水）四五、陳淳（花卉）四六、杜堇（人物）四七、伯茂（山水）四八、佚名（花卉）以上扇圖共四十八幅、計山水二十九幅、花鳥七幅、人物六幅、其他六幅。其中第二十九幅扇圖右上方署曰大梁張成龍寫、可知此幅山水、確出張氏之筆、爲釋自彥所題者、非其作耳。　陳繼儒敍此譜有云、「余每與董太史曰、天地間古往今來、名公片山隻字、無非墨寶。嗟乎、有落水火劫者、有入村夫手者、有質重價獻之士大夫而湮沒者、種種淩夷、不可枚舉。玄宰曰、何當制之一處、俾爾我朝夕臥遊其間、亦平生一大快事。相與大笑、不覺絶倒。」是知摹輯名畫、以留副本、雖遇浩劫、遺型尙在、斯亦足供後人之鑑賞。此譜所選扇圖「山水則氣韻嘘吸、人物則神情灑落、花卉則展轉生動、雖濃淡稍得其宜、而旨趣都入化境、所謂洗盡鉛華、獨存本質。」陳繼儒之推許此譜、有如是也。

此譜原本、刊行者爲淸繪齋、乃萬曆間蘇州著名之書肆、肆主或即武林金氏。至鐫斯譜者之刻工、姓名里居、皆不可考。此譜與古今畫譜之雕鏤、刀法相同、俱見遒勁精嚴之致。若康熙間日本覆刻本、文永堂銅鐫本、則雕刻濁滯、原槧之神韻、消失殆盡矣。　嘗考此譜輯者張白雲、名成龍、河南大梁人。畫髓元詮謂其「臨摹古畫、好諸家山水、久而彌化、細密精工、筆力高古、又善作白描人物。」是亦明代之一大畫家。至於譜中所選諸名家、如陸廣明、字靑章、士仁子、江蘇長洲人。善臨摹宋人名蹟、筆臨雅韻。見畫名家錄。又曹羲、字羅浮、號子虛、江蘇吳縣人。工山水人物。見歷代畫家姓氏便覽卷二。曹有光、字子夜、江蘇吳縣人。花卉草蟲、傳染恬潔。見歷代畫史彙傳卷二十一。齊民、字逸民、世居武林。工山水。見明畫韻編。陸士仁、字文近、號澄湖、江蘇長洲人。師道子。山水筆法雅潔、不失文待詔遺意。見畫史彙傳。曹玉、後名振、字二白、江蘇吳縣人。曹羲弟。穎悟非常、無師能畫。摹古落筆、好參元妙、因而山水人物仕女花鳥無不精到、第筆端似覺過拙。見圖繪寶鑑。張堯恩、字孺承、浙江杭州人。元洲子。山水筆意與文徵明相似、倣吳仲圭亦佳。見圖繪寶鑑續纂。夏仲昭、初名昶、明太宗改名昶、江蘇崑山人。永樂乙未進士。竹石師王紱、風雨俱合榘度。時有夏卿一個竹、西涼十錠金之謠。名重四裔、海外多餅金懸購之。見畫史彙傳卷五十五。孫克弘、字允執、號雪居、江蘇松江人。承恩子。山水學馬遠米芾。花鳥似徐熙趙昌。又善以水墨寫生、及竹石蘭草、無不經妙。作仙釋像、世亦稱之。見松江府志。米萬鍾、字仲詔、號友石、關中人。萬曆乙未進士。山水得倪迂法、花卉似陳淳。尤善畫石、有襄陽風。見畫史彙傳及無聲詩史。陳喜、字仲樂、艬舡人、太監也。工人物鳥獸、下筆無痕、爲一代之妙。見無聲詩史。劉珏、字廷美、號完庵、江蘇長洲人。畫山水、烟嵐草樹、緜緲幽迴、有董巨餘意。見祝允明蘇村小纂。陶成、字懋學、號雲湖山人、江蘇寶應人。畫山水多用青綠、尤喜作勾勒、竹兔與鶴鹿皆妙。見圖繪寶鑑續纂。姜貞、號楚雲、浙江錢塘人。工山水、見明畫韻編。秦舜友、字心卿、號冰玉。安徽宣城人、徙錢塘。喜用鹿柱筆、不得精紙、不以塗抹。自入天台、松針石脈、迴然有異。繪事錢塘人無出其右者。見虞淳熙德園集。陳淳、字道復、又字復甫、號白陽山人、江蘇長洲人。文衡山門人。山水師米南宮叔明子久、不爲效顰學步、而蕭散閒逸之趣、宛然在目。尤妙寫生、一花半葉、淡墨欹豪而疎斜歷亂、偏其反而咄咄逼眞。見王穉登丹青志。杜堇、字懼男、有檉居古狂、青霞亭長之號。江蘇丹徒人。界畫樓閣人物嚴雅、深有古意、而山水樹石不甚稱、亦是白描第一手也。花卉頗精雅。見王世貞藝苑巵言。餘若文震孟、字文起、徵明曾孫。吳夢暘、字允兆、浙江歸安人。吳炳、字石渠、江蘇宜興人。以上三人、畫家傳記中、從未見紀載、據此扇譜、得悉諸人、亦皆工於山水者。他如李大英、金梓（字叔介、）翼鐮、沈鼎新（武林人、）李羽侯、鄭初道人（字堯文、）張士英、王準初、吳燿、顧泮、張應暘、釋自彥、王駿生、李長民、李奕世、朱元擎（字崧生、）李君繩……諸人、生平事蹟、泰半失考也。

804 **唐詩五言畫譜**

唐詩五言畫譜一卷、明黃鳳池輯。萬曆間（一五七三——一六一九）集雅齋原刻本。至天啓時、黃鳳池復取清繪齋二種與集雅齋六種、合印爲八種畫譜。及康熙四十九年、日本又翻刻八種畫譜本印行於世。然以上三種版本、俱爲坊間希見珍品。民國七年日本文永堂更據日本翻刻八種本、鐫刻縮印、頗爲盛行。後民國十五年、日本圖本叢刊會主者、美術家大村西崖氏、乃取萬曆間集雅齋原本、延彼邦梓人伊藤忠次郎、重爲摹刻、而由印工本橋貞次郎刷印行世、復傳藝林。

此譜除日本文永堂銅版本外、各本均有內封面、右行楷書標曰、新鐫五言、左行接題曰唐詩畫譜。中一行小字、署曰集雅齋藏版。卷首有錢塘王迪吉之唐詩畫譜序。次爲總目。卷末有新都俞見龍跋、虎林翼雲具草之唐詩畫譜跋一篇。版匡單邊、每頁前幅爲圖、後幅爲唐詩、書者皆明人、並署款鐫章。日本美術家大村西崖氏、東洋版畫收藏家禿氏祐祥氏、並稱此譜爲黃鳳池所輯、然從未言及繪畫者究出於誰手、豈輯者畫者皆爲黃鳳池耶。按王迪吉序文有云「鳳池黃公……遴選唐詩百首、廣求名公書之、顓請名筆畫之。」俞見龍跋文亦謂黃公詩選大家字求名公繪請名筆之語、足見畫者決非出於黃氏之筆甚明也。按譜中第一、第五、第七、第十二、第十五、第二十一、第二十四、第二十五、第二十六、第二十七、第二十八、第三十、第三十一、第三十二、第三十三、第三十四、第三十六、第三十八、第三十九、第四十、第四十四、第四十六、第四十七等幅、有題蔡汝佐寫、有題蔡冲寰寫或鐫冲寰之印、蔡氏元勛二章。則以上二十三幅、必爲蔡氏之作無疑。又第四十八幅題曰丁雲鵬寫、下鐫南羽一章、此譜當係丁氏之作。據此觀之、此譜五十幅內、已有二十四幅之畫者可考、其餘者雖未必盡悉蔡丁二氏之筆、要亦不出於萬曆間畫家之作耳。　譜中所選唐詩之題目、唐詩人姓氏、書者姓名、以及各圖所倣之筆意、依次分錄於後、用資參考。一「賜房玄齡」唐玄宗作（倣夏珪筆意）（沈良史書）二、「春夜」虞世南（倣馬和之筆意）（陳繼儒）三「靜夜相思」李羣玉（沈元善）四「馬上作」杜荀鶴（錢天胤）五「前山」裴夷宜（明益）六「雨後思湖居」許渾（沈鼎新）七、「送春」高騈（沈維垣）八「夜漁」張嶠（沈文憲）九、「江村夜歸」項斯（皇甫元）十「郊原晚望」左偃（沈應斗）十一「示家人」李白（俞見龍）十二「絕句」杜甫（倣李以正筆意）（曾初）十三「老馬」姚合（穆四維）十四、「牧豎」崔道融（許光禧）十五「題西施石」王軒（沈鼎新）十六「左掖梨花」丘爲（王龍光）十七「閒夜酒醒」皮日休（董三策）十八「偶題」司空圖（皇甫卿）十九、「送人遊湖南」杜枚（李長春）二十、「軍中登城樓」駱賓王（林之盛）二一、「菊」陳叔達（倣陳道復）（湯煥）二二「葭川獨泛」盧照鄰（燕如鵬）二三、「詠葉」孔德紹（倣陳喜）（許光祚）二四、「夜還東溪」王績（倣李思訓）（釋明綱）二五「早春夜望」王勃（仿李唐）（楊長春）二六「風」李嶠（倣朱克正）（台仲）二七、「江樓」韋承卿、（倣董源）（陳元素）二八「偶遊主人園」賀知章（倣天馳）（楊爾曾）二九「三月閨怨」袁暉（盛可逃）三十、「竹里館」王維（倣李成）（俞汝忠）三一「江濱梅」王適（沂泉居士）三二「華子岡」裴迪（倣馬麟）（釋如一）三三、「溪居」裴度（倣高克恭）（臧懋循）三四「庭竹」劉禹錫（倣蘇軾）（沈維垣）三五「友人夜訪」白居易（黃汝亨）三六「春曉」孟浩然（倣林良）（張一選）三七「北樓」韓愈（陳元素）三八、「答靳博士」張九齡（倣李成熙）（盛可繼）三九「逢雪宿芙蓉山」劉長卿（倣李昭道）（葉大年）四十「天津橋南山中」李益（倣顧愷之）（愈汝忠）四一、「江行」錢起（倣杜少陵）（杜大綬）四二「山下泉」皇甫曾（郭況）四三、「溪上」顧況（許立言）四四「詠春雪」韋應物（倣沈仕）（吳湘）四五「登柳州蛾山」柳宗元（王廷暉）四六「黃子陂」司空曙（倣王蒙）（莫雲卿）四七、「岸花」張籍（倣周臣）（馬元）四八、「題僧讀經堂」岑參（愈道隆）四九「擬江令九日歸揚州」許敬宗（顧自新）五十「詠鳥」李義府（周森）以上五十幅中、以山水人物約逾半數至鳥獸草蟲則寥寥耳。　王迪吉曰「詩以盛唐爲工、而詩中有畫、又唐詩之尤工者也。蓋志在於心發而爲詩、不緣假借、不藉藻繪。矢口而成、自極有趣。煙波浩渺、叢聚目前、孰非畫哉。此道旣漸、操觚染翰者、皆強探力索、以雕琢鏤刻爲工。故有吟成五字、費盡一心之誚。甚者偃臥床榻、蒙閉頭面、家人屏諠、鷄犬逐跡、嬰兒幼女、抱寄鄰室、圖取清淨、而竭精弊神、猥云詩趣。詎知勞心焦思、索然無味、詩安有畫哉。人惟勿束於見聞、勿洞於聲利、以我心靈參彼境界、天天栩照、在在員通、葩華璀璨、劌目鉥心、無之而非畫矣。此道惟盛唐大家得之。鳳池黃公、久有悟焉、遴選唐詩百首、廣求名公書之、顓請名筆畫之、各極神精、並紓巧妙、契合於繩墨規矩之中、悟會於豐神色之澤外。……視夫他坊雜刻、汗牛充棟束之高閣者、弗啻天淵矣。」（見卷首序文）可見黃氏此譜在美術與文學上鑑賞之價値。如何珍貴也。　此譜第十七幅「開夜酒醒」圖中、所繪屏風之左側上角日光之下、鐫有「次泉刻」三小字。按唐詩七言畫譜（詳見後文）第一幅圖上亦有「劉次泉刻」字樣、故知此譜刻工「次泉」當卽「劉次泉」耳。斯譜運刀如筆、頗具圓渾之致。劉次泉、里居事蹟、雖不可稽、然亦爲武林之名手無疑。日本所翻刻之三種版本其中則以大村西崖氏之覆刻本較稱完善。刀法雖未見精堅、幸格制尙佳。若康熙重刻本雕琢枯澀、筆墨痴散、至於文永堂銅鐫本更覺其傳摹濃亂、刀鋒板結、典型頓失矣。　輯此譜者黃鳳池、新安人、係萬曆間集雅齋書肆之主人。其生平事蹟、已無可考。繪此譜者之蔡冲寰、蔡汝佐、疑爲兄弟。元勛或字或號、亦未能明。明清兩代之畫家傳記中、皆不載其名。意其爲萬曆時代之畫工、未蒙士夫靑睞、是以各家紀載竟無人道及之。蔡氏除此作品外、陳繼儒所評輯六種傳奇總集之六合同春一書（萬曆間刻本）插繪圖象、亦出於其手者。

丁雲鵬、字南羽、號聖華居士、安徽休寧人。善白描人物山水佛像無不精妙。陳繼儒亦嘗批評其白描人物之作曰、酷似李龍眠絲髮之間、而眉睫意態畢具非筆端有神通者不能也。

555 **唐詩七言畫譜**

唐詩七言畫譜一卷、明黄鳳池輯。萬曆間集雅齋原刻本。又天啓間清繪齋二種、與集雅齋六種、合輯之八種畫譜本。清康熙四十九年日本覆刻之八種畫譜本。以上三本皆罕見珍品。至於近日通行之本、唯有民國七年日本文永堂翻刻銅版之八種畫譜本一種。

此譜各本均有内封面、右行標曰新鐫七言、左行接題唐詩畫譜。中一行小字署曰集雅齋藏版。惟銅鐫本無此行署題。卷首有錢塘林之盛撰、虎林沈鼎新書之唐詩七言畫譜敍。次爲姚江戴士英書之目錄。卷末有錢塘林之盛撰、虎林沈維垣書之唐詩七言畫譜跋。此譜版匡單邊、每頁前幅爲圖、後幅爲唐人七言詩選、皆明人所書者、亦署款鐫章。

今日研究明代版畫者均知此譜爲黄鳳池所輯、而於繪圖者之蔡冲寰氏、殆將湮沒無聞。按林之盛敍文中曾謂「新安鳳池黄生、夙抱集雅之志、乃詩選唐律以爲吟哦之資、字求名筆、以爲臨池之助、畫則獨任冲寰蔡生。」且此譜之第一、第三、第七、第十二、第十六、第二十一、第二十二、第二十七、第二十八、第二十九等幅、或署曰蔡冲寰寫、冲寰蔡元勛寫、或鐫蔡氏元勛冲寰圖書二章。則畫者姓名、全已標明。其爲蔡冲寰所繪、無容置疑。而研究版畫者至今尚無人注意及此、致蔡氏之名、隨時而逝、未能稍顯於藝林、亦大憾事。玆將全譜目錄及明人題書者之姓氏、並錄於下。一「九日」唐德宗（徐虬）二、「觀獵」王昌齡（潘士弘）三、「峨嵋山月歌」李白（沈自玉）四、「江畔獨步尋花」杜甫（李士仁）五、「葉道士山房」顧况（胡應宿）六、「少年行」王維（盛可繼）七、「逢鄭三遊山」盧仝（徐方來）八、「晚秋閒居」白居易（釋自彥）九、「夜泊湘川」劉禹錫（沈文憲）十、「別裴九弟」賈至（陳起鰲）十一、「聽張立本女吟」高適（士彥）十二、「早梅」張謂（釋明綱）十三、「三日尋九莊」常建（陸維謙）十四、「春行寄興」李華（何之元）十五、「採蓮詞」張朝（戴士英）十六、「南中感懷」樊晃（朱煒然）十七、「桃花磯」張顛（朱杰）十八、「暮春歸故山草堂」錢起（俞化龍）十九、「柏林寺南望」郎士元（賀香）二十、「尋盛師蘭若」劉長卿（黃汝亨）二一、「山中」盧綸（嘯竹生）二二、「題開勝寺」李涉（西天目僧賓）二三、「羽林少年行」韓翃（王鏌）二四、「西亭晚宴」朱可久（沈文憲）二

五、「咏蘭」裴度（錢士升）二六、「汴河曲」李益（劉希）二七、「昌谷新竹」李賀（沈鼎新）二八、「秋夕」竇鞏（汪汝謙）二九、「廬山瀑布」徐凝（汪曇）三十、「西宮秋怨」王昌齡（錢旭）三一、「郡中卽事」羊士諤（董其昌）三二、「題潘師房」劉商（王泮）三三、「春詞」施肩吾（吳興下昂大儒）三四、「宿靑陽驛」武元衡（燕如鵬）三五、「歸燕獻主司」章孝標（幻住子）三六、「寄諸弟」韋應物（俞文獻）三七、「移家別湖上亭」戎昱（俞之鯨）三八、「伏冀西洞送人」陳羽（盛可繼）三九、「春郊醉中」熊孺登（沈鼎新）四十、「江南春」李約（胡以賓）四一、「牡丹」張又新（沈鼎新）四二、「江南意」于鵠（沈維垣）四三、「菊花」元稹（汪懋學）四四、「春女怨」朱絳（劉希）四五、「十五夜望月」王建（張以誠）四六、「題獨孤少府園林」陸暢（焦竑）四七、「竹里梅」劉言史（朱之蕃）四八、「贈藥山高僧惟儼」李翺（錢士升）四九、「閨情」李端（單思恭）五十、「蜀中賞海棠」鄭谷（釋明綱）以上五十幅、則以山水人物爲主。花卉竹石、間亦有之。林之盛敍此譜曰「世稱三不朽、謂文也、詩也、畫也。蓋必天精天粹、盡倫盡制、斯爲不刊之典、稍有未善、束之高閣而已。故以文論、上之六經四書、次之左國班馬、再次之李杜王盧、韓柳歐蘇周程張朱、此可以云不朽。以字論、上之李蔡鍾王、次之歐虞褚薛顏柳張李、再次之蘇黃米蔡趙宋文祝、始可以云不朽。以畫論、如晉之顧愷之、宋之陸探微、梁之張僧繇、唐之閻李王韓、宋之李鄭蘇米、元之趙戴沈呂、我明之唐周文莫、此可以云不朽。其餘論所未及者、大都散在天壤間、未能繪而爲一、時而諷詠、則乏臨摹、時而臨摹、又乏繪畫、將安取衷哉。新安鳳池黃生、夙抱集雅之志、乃詩選唐律、以爲吟哦之資。字求名筆、以爲臨池之助。畫則獨任沖寰蔡生、博集諸家之巧妙、以佐繪士之馳騁、卽其富而宏、精而粹、宛若晬盤示兒、百物具在、錚錚刮目。又若御府珍藏、彝鼎瑚璉、物物可愛。又若上苑天葩、千紅萬紫、色色動人。好古之士、任意游衍、殆一舉而三得乎。二生之用心、可謂勤而精矣。」黃氏斯譜之價值、於此可見。　輯此譜者黃鳳池、繪畫者蔡冲寰、二人生平事蹟、均無可稽、已見上文、玆不贅述。又此譜原刻本、第一幅「九日」詩圖、左下角之水畔菊花上方、鐫有「劉次泉刻」四小字。蓋黃鳳池所輯之唐詩畫譜三種、俱爲劉次泉所梓者。其雕刻技術、刀法圓渾、頗稱佳妙。至於日本覆刻本及銅版本、取與原槧相較、殊難與儔也。

806 唐詩六言畫譜

唐詩六言畫譜一卷、明黃鳳池輯。萬曆間集雅齋原刻本。天啓間、又取清繪齋二種、與集雅齋之六種、合印爲八種畫譜本。康熙四十九年、日本復翻刻八種畫譜、重印行世。惟此三種版本、近日俱屬罕見之品。至民國七年、日本文永堂又將八種畫譜本、鐫爲銅版、印行於世、流傳始盛。　此譜各本、皆有內封面、右行大書曰「新鐫六言」、左行接題「唐詩畫譜」。中一行小字、署曰「集雅齋藏版」。惟銅版本無此小字題名。卷首有「新都程涓」之「唐詩畫譜序」。次爲「姚江又玄戴士英書」之目錄。卷末有「新都俞見龍撰」「武林張一選書」之「六言唐詩畫譜跋」。此譜版匡單邊、每頁前幅爲圖畫、後幅爲明人所書六言唐詩、並署欵鐫章。　唐詩五言畫譜、七言畫譜二書、既考訂得知爲黃鳳池所輯、圖畫則出於蔡冲寰之筆、已詳前文。然此譜程涓之敍文有云：「新安鳳池黃生、……因選唐詩六言、求名公以書之、又求名筆以畫之。」俞見龍跋文、亦謂「黃鳳池……仍求名筆書畫勒之。」據此、則輯者書者、畫者、各有其人、毫不相干。按譜中各圖、雖無一幅有題畫者名欵、或鐫章者、然以意度之、敍跋所謂名筆、其亦殆爲蔡冲寰之作耳。今取此譜總目、錄之於後、並題詩者之姓名、以括號標出、可見內容之一班。　一、「鞦韆」盧綸（沈文憲）二、「江南」王建（釋明綱）三、「村居」曾參（盛士龍）四、「雪梅」韋元旦（何之元）五、「舟興」錢起（沈鼎新）六、「幽居」王維（釋圓照）七、「白鷺」張謂（沈鼎新）八、「望月」王昌齡（沈維垣）九、「田園樂」王建（盛可繼）十、「三台」王建（釋明綱）十一、「問君季司直」皇甫冉（俞之鯨）十二、「村居」白（張性蓮）十三、「途吟」王昌齡（沈光宗）十四、「小江懷靈山人」皇甫冉（張選）十五、「遣懷」柳宗元（獨醒子）十六、「閏月重陽賞菊」孟宛（陸維謙）十七、「村居」王建（士儀）十八、「山行」杜牧之（沈惟廉）十九、「秋晚」白浩然（太眞）二十、「自述」白居易（沈德銘）二一、「醉興」李白（俞見龍）二二、「雪梅」李白（吳士奇）二三、「散懷」王摩詰（張尙淳）二四、「對琴」劉長卿（張仲子）二五、「端陽龍舟」張瀚（徵卿）二六、「感懷」劉長卿（柯尙治）二七、「山寺秋霽」張仲素（觀瀾）二八、「長門怨」白居易（張存樸）二九、「春眠」王維（鳴卿）三十、「野望」杜牧之（俞士仁）三一、「煙雨」韋元旦（余穉經）三二、「蓮花」李白（汪懋學）三三、「春山晚行」岑參（徐士信）三四、「溪村」白樂天（文石）三五、「秋閨新月」王建（燕如鵬）三六、「渡黃河」崔惠童

(燕如鵰)三七、「春景」李白(世芳)三八、「夏景」李白(稚鷗)三九、「秋景」李白(古林)四十、「冬景題畫」李邕(君玉山人)四一、「尋張逸人山居」劉長卿(清甫)四二、「村樂」杜子美(俞文煒)四三、「獨坐」王勃(戴士英)四四、「歸思」顧況(俞學綸)四五、「元日」高適(應允祥)四六、「自適」王摩詰(盛可傳)四七、「田園樂」王摩詰(盛可述)四八、「洛陽」羅隱(黃冕仲)四九、「冬景」李白(釋孩之)五十、「秋閨新月」羅隱(柯尚濂)　按目錄所載此譜所選唐詩僅四十九首、漏去書中第五十首羅隱「新閨新月」一篇。又譜中實有圖畫者僅四十首。蓋自第四十一首以後至第五十首、即載詩而闕圖也。然譜中較目錄多出者復有八首、計爲一、「寒食」柳宗元(汪道會書)原在目錄第四十幅之後。二、「草廬」杜牧之(叔呂書)在第四十二幅。三、「憶雁山」羅隱(徐明桂書)在第四十三幅。四、孟郊(張尚素書)在第四十四幅。五、「遊宕山」王建(翁大椿書)在第四十五幅。六、「遇風」白浩然(陳宗善書)在第四十六幅。七、「辟穀」駱賓王(王繼宗書)在第四十七幅。八、「思鄉」韋莊(柯尚鴻書)在第四十八幅。但以上八首唐詩、亦皆載詩而無圖畫。此係根據明刻本而言、若日本之翻刻本則內容頁數次序、顛倒錯亂、更不足據。　黃鳳池所輯唐詩畫譜五言七言兩種、既已大行宇內膾炙人口(見俞見龍跋文)中更采選唐人六言詩五十首、仍求名筆書畫而成此譜。故程涓序曰「天地自然之文、惟詩能究其神、惟字能模其機、惟畫能肖其巧。夫詩也字也畫也文之迹也。神也機也巧也文之精也。精非迹必以載、迹非精何以運。當其心會趣溢、機動神流、舉造化之生意、人物之變態、風雲溪壑之吞吐、草木禽魚之發越、惟詩字畫足以包羅之。三者兼備、千載煇煌。獨惜分而爲三、不能合而爲一、此文之所以散而無統傳而易湮也。易曰、風行水上渙、天下之文。味斯言也可以知文矣。新安鳳池黃生、權衡於胸臆、因選唐詩六言、求名公以書之、又求名筆以畫之、俾覽者閱詩以探文之神、摹字以索文之機、繪畫以窺文之巧、一舉而三善備矣」　按俞見龍跋文亦謂舉三得可稱三絕焉。　唐詩五言七言二譜、均題刻工之名氏、知爲劉次泉所鐫者。此譜雖未載明刻工、然此三種唐詩畫譜、俱爲黃鳳池所輯、又同爲蔡冲寰所畫、並爲集雅齋所印行者、則此筆之鐫刻、當亦出於劉次泉之手無疑。此譜與五言七言二譜、刀筆流暢、作風相同、俱見圓渾之致。若日本覆刻本及銅版本、筆弱刀滯、妄生圭角、原塹之氣韻、未免消失也。

807 **天形道貌**

天形道貌一卷、明周履靖撰、文嘉校。此譜向無單刻之本、僅收於履靖所編夷門廣牘第三十二卷。此叢書刻於萬曆二十六年（一五九八）、爲金陵荊山書林所印行者、然流傳甚稀、近日已稱善本。民國二十九年、上海商務印書館乃取萬曆原本、影印行世。此譜未載序跋題解、唯有總目。正文首行標曰、天形道貌、次行分題曰、嘉禾周履靖著、茂苑文嘉校正。此編純爲人物畫譜、首載畫人物論文、敍述曹仲達吳道子二家之畫風、及人物畫法之分析、簡明精當、足示後世初學者之楷法。以次皆爲人物畫法之圖式、計有鼓桐、臨流、索句、聽泉、舞袖、揮扇、倚樹、徜徉、濯足、憑石、趺坐、散步、醉吟、傳盃、採芝、攜琴、題壁、觀水、回首、靜憩、晤語、觀泉、談玄、浮白、觀書、拂塵、望月、呼僮、酕醄、酩酊、讓履、盤桓、倦繡、調鶯、搗衣、題葉等、共三十六種。版匡單面方式、每面繪圖一種。卷末附載寫意畫法四幅、每幅所繪約有數式、均未標名。茲譜所畫、雖寥寥數十幅、然其神會於有象、妙運於無形、衣冠態度、俱臻佳境。其畫人物論有云、顧愷之曰、四體妍媸、本無關於妙處、傳神寫像、正在阿堵物中。此不惟寫眞爲然、雖畫人物、其精粹玄奧、神彩俱發於兩目、使或失其宜、則無神恰成傀儡之狀矣、可不愼哉。畫人物之鼻、亦須高聳豐隆、則近古。畫目必要方則豐雅耐觀。寫睛先要打其圈、然後用淡墨點之、則有神氣。畫口須微起、則笑容自生。畫耳要輪廓分明、雍容厚重。鬚髯下筆、根須入於肉內方是。佳則亦須疎疎、乃得飄逸瀟灑之度。手要纖秀、亦要粗老、因人而施。如帝王卿相、高人羽士、美女童子、則貴纖秀、其壯士勇夫、農人樵父、必須蒼古爲是。其掌大可掩半面、足長過手半。分身之長短、以面爲準、立七坐三爲則。後之學者、若能熟玩於是、則畫法之玄奧、斯誠爲得矣。所論畫法、淺顯精當、大抵如此。

考此譜著者周履靖、字逸之、浙江秀水人、萬曆間布衣、明代史傳不見記載。按明人劉鳳有螺冠子傳曰、螺冠子、姓周名履靖、字逸之、檇李人也。初號梅墟、游海上、獲大螺以爲冠、遂號螺冠子。生而筋柔骨緩、少嗜欲、居恆兀兀如枯禪。至於慷慨赴義、急人之難、即俠烈不過。性穎辯、善吟咏。尤喜臨池、自大小篆行草楷隸、無不各盡其妙。先以疾好尊生家言、遂浩然有物外之志。中歲値父東莊翁老、家且困、顧螺冠子曰、兒方與王喬羨門者游、顧若翁且夕瞑耳。子泣蘇蘇下、因即日任家督事。……又郡中大疫、子復空囊募諸醫、儲善米鹽鱗雜而東、翁不起矣。雞骨支牀、扙血裹藥療之、全活無算。於是家以復廢、乃置酒召里中父老曰、余不敏、已具人世一與替矣。人生日暮耳、願以生事聽之。奴以鑑簡、終吾殘歲。遂築閒雲館於鴛湖之上、手植梅幾三百本、募經史書畫萬餘卷實之。日與賓客倡和爲樂。每花時落英入戶、几案皆滿、輒狂吟竟日。故亦號梅顛云。聞瑯琊王元美、吳興茅順甫、四明屠緯眞、太原王百穀諸公名、曰吾老懶、未獲廁足名公、顧其書吾私艾久矣。遂挈其所遊稿、與相上下、嘯傲山水、數十韻立就、無不性語咄咄逼人、意得處、諸公亦往往虛左揖之也。晚年嗜古益甚、常著怨歌以自述。（中略）　履靖著述極稱宏富、有賦海補遺三十卷、江左周郎詩苑三十二卷、大篆正宗四卷等書、約八十餘種、詳見螺冠子自敍及千頃堂書目。於其所輯刻之夷門廣牘中、頗有多種。關於畫學書籍、則著有畫評會海二卷、天形道貌一卷、淇園肖影二卷、羅浮幻質一卷、九畹遺容一卷、春谷嚶翔一卷、石刻圖畫有蘭亭修禊圖一卷、大士三十二相一卷、十八阿羅漢像一卷、方壺勝會圖一卷、東土二十八祖像一卷、十八學士像一卷、玄元十二子像一卷、十二眞像一卷、九歌圖一卷、白描晉賢像一卷、唐宋元明白描人物一卷、二十四氣圖一卷、八段錦一卷、五禽戲圖、錢舜舉翎毛二十四幅、松竹梅蘭四幅、觀音達磨彌勒觀佛接引准提圭峯梓童魁星子莊張仙梅癲螺冠子像等。　山水畫家文嘉嘗謂繪事余家君之餘、其沿習家之人皆能之、然吳以繪名、尙亦有所由、始由沈氏二隱君、至石田遂大盛、石田惟寫山水、逮周臣工界畫、陳道復蓋花卉、是爲三絕。今周君發自天解、性閑而篤好之、盡臻其妙、吳之能者、今復落落、則當遜步淅乎。余老矣、不能復逞、是用爲歎息。張獻翼亦稱其尤工繪事、既善山水、兼精人物、圖花卉則管下生枝、寫羽毛則屏間飛去、至題詠復閒腕可翫。昔人有見顏魯公書、去而學畫、見吳道子畫、去而學塑工、今觀徵士才投所謂廣文三絕者非耶。不知見者、當何所去、何所學也。（俱見汪顯節編繪林題識。）履靖繪事之精工、誠如文張二家所評也。　按校此譜者文嘉、字休承、號文水、江蘇長洲人、文徵明次子。官和州學正。能詩善書、幼承家學、畫精山水。說者謂三橋（謂其兄文彭）畫蒼鬱似梅花道人、文水畫疎秀似雲林高士。萬曆間卒、著有和州詩集。

808 淇園肖影

淇園肖影二卷　明周履靖編。萬曆二十六年（一五九八）金陵荊山書林刻夷門廣牘第三十三卷本。此譜唯有叢書原槧、未見單行之本。然流傳不廣、亦屬珍本。及民國二十九年、上海商務印書館復取原本影印行世、此譜又得流傳藝林。　卷首未載序文、有總目、每卷首行題曰淇園肖影卷之□（上或下）次分署曰嘉禾周履靖編輯、金陵荊山書林梓。斯編爲竹譜、上卷皆爲前賢論畫竹法之文字、計有李息齋之寫竹法、畫竹譜、竹態譜、墨竹賦、墨竹譜等五篇、併無圖畫式樣。

下卷前載畫竹口訣及方法、當係此譜編者履靖之作、凡寫竹口訣、寫竹竿口訣、安枝口訣、寫竹訣、下手訣、竹忌二十八病、寫雪竹口訣、寫勾勒竹法等章、簡要明顯、足以啓示初學者。後載畫竹之圖式、竹葉、竹枝、竹幹、竹筍、種種畫型、莫不具備。計分重節法、一字法、連珠老根法、舊竹邊法、新行邊法、灣節不灣竿法、榦梢法、鐵線榦法、古篆大榦法、小榦法、秃梢法、玉柱篆法、陽用法、大榦法、虎鬚法、陰用法、小榦法、兩年枝法、一年枝法、傍風枝法、順風枝法、細分雀爪法、俯雀爪法、仰雀爪法、晴枝雀爪法、久雨枝法、枯枝法、筍法、解法、新全開法、巧葉法、(內分古拙、鶯爪、烏鴉、單鳳、正飛燕、落雁、升燕、獨雀升堂、个字、分字、个字破、尖尖、重分字、平尖、單尖等式十五種。)重人法、大段法、兩垂重人法、順風枝法、烏鴉出林法、風枝一川法、榦挺然法、兩枝頂法、疎處疎法、墮處墮法、枝補過法、久雨枝法、畫竹所忌、(此項計有杖鼓、邊蹭、釘頭、个字、小字、鼓架、對節、挾雞、桃葉、柳葉、人手、孤生、井字、並立、蜻蜓、蘆葉、罾眼等十七式。)共畫竹圖式八十七種。譜之版匡、爲單面方式、每面繪圖、少者一種、多者五種、皆出於履靖之筆。按王穉登嘗題履靖所輯刻之繪林、有云、逸之書品畫法、並冠絕一時、尤工古文籀篆、有銅盤石鼓之遺。其爲此刻、政如禪人所云、自利利他、金繩寶筏、津梁甚博、寧獨爲面壁九年而已耶。(見繪林題識。)穉登此評、正可移置斯譜。趙榮祿有句云、石如飛白木如籀、寫竹還幹八法通。書畫實本同源、而畫竹之法、與書法尤關重要、履靖此譜卷下寫竹口訣亦曰、黃老初傳用勾勒、東坡與可始用墨、管氏竹影見横窗、息齋夏呂皆體一。幹篆文、節邈隸、枝草書、葉楷銳、傳來筆法何用多、四體須當要熟備。履靖書法精辨、奄楮畫理、故此編竹譜、實可稱爲繪事之楷模也。

809 **羅浮幻質**

羅浮幻質一卷、明周履靖編。此譜原槧、未見單行本之流傳、僅收於萬曆二十六年(一五九八)金陵荆山書林所刻之夷門廣牘叢書第三十四卷、惟甚罕覯。今日所通行者、則有民國二十九年上海商務印書館之影印荆山書林原刻本一種。 此譜無序文題跋之屬、卷首有總目。正文首行、題曰羅浮幻質、次行分署曰嘉禾周履靖編輯、金陵荆山書林梓。斯編爲梅譜、卷中首載畫法文字三篇、一爲楊補之寫梅法、二爲湯叔雅寫梅論、三爲編者履靖之寫梅訣。次載寫梅花歌訣、末題作者名氏、當出於此譜編者之手。歌訣之後、即爲梅花畫法之圖式、凡有余字、火字、忝字、示字、風落瓣、二疏、古魯錢、猿耳、兎嘴、孩兒面、蒜頭、骷髏、太字、鷹爪、麥眼、仰覆、正斜、背身、迎面、傍側、苞花、傾雨、左偏、右偏、三品、調元、欹風、向陽、大放、小放、先春、噴香、迸玉、背陰、笑春、朝元、羞容、蟹眼、背日、麥眼、椒眼、頂珠、三台、龜形、落帽、孤面、五岳、枯蒂、玉繡球、掩鏡、丁香、魚吹浪、瓜蝶、戀花、半謝、迎風、李宼、正陰、正陽、鵲啄月、頂雪、飛蝶、一丁、二點、攢三、聚四、得五、簇六、叠勝、古錢、覷面、繡球、窺鏡、私語、鬥飛、欹風、花影、枝枝、影花、貫珠、蒂萼、鹿角、枝等共八十三種。最後爲寫梅枝榦訣、並附枝榦畫法圖式、計有用柳炭分女字大小枝、留空寫花、虛處塡花、焦墨行梢、老根淡墨、榦少枝頭生、榦出缺花、枝上再添花、嫩條三徑、冲天長、淡墨籠花、體自嬌、風搖玉佩、月移疎影、雪飛庾嶺、槎牙屈玉等共十三種。畫譜版匡皆單面方式、每面繪圖由一種以至十一種不等。按編者履靖性恬淡、無所適、一切聲華玩好、不入其心、唯喜樹梅、故以梅墟爲號。人以其溺於梅、若有大贅不可棄石者、故稱之爲梅癲云。李日華梅墟先生別錄卷上載、先生插梅三百株於後圃、雪後花開、瑩香滿室、先生倚杖吟哦、笑問曰、我主人何如林逋。故余戲代梅花答詩曰、託根無地不春風、知隔孤山第幾重。多謝主人憐寂寞、日來詩句勝逋翁。先生笑曰、梅花高潔、當不令有譽舌、因相與大笑而罷。鄭琰梅墟先生別錄卷下、亦紀其愛梅之故事二則。（中略）今按其詩稿中、有千片雪一卷、收於夷門廣牘第九十六卷、卽其咏梅之作。履靖癖梅如此、故斯譜之編製、確有由耳。

810 九畹遺容

九畹遺容一卷　明周履靖編、項元汴校。此譜原本僅收於萬曆二十六年（一五八九）金陵荊山書林刻本夷門廣牘之第三十五卷。除此叢書本外、向無單行刻本傳世。民國二十九年上海商務印書館有影印荊山書林本、今頗盛行。　此譜亦不載序跋題辭、卷首止著目錄、正文首行標曰九畹遺容、次行分題曰嘉禾周履靖編、次同郡項元汴校正、金陵荊山書林梓。此編爲蘭花畫譜、開卷爲寫蘭訣一章、四字韻語、總敍畫蘭之法、歌末署云、鴛湖釣徒周履靖識。歌訣之後、盡爲畫蘭圖式。蘭花畫法、計有蕋、初放、將開、過雨、挹雨、釀秀、吐香、夜月、乘香、斜暉、落照、暮雨、迷烟、傲露、弄影、獨幽、半吐、並蒂、含露、傲雨、微風、半開、乘露、旺日、向日、舞風、背陰、曉日、早霧、狂風、籠烟、微雨、迎風、久雨、挺花、雙勾法二十五種、蕙花、建蘭花等。蘭葉畫法、墨葉起手、有右、右三、右四、右五、左三、左四、左五等七種。全蘭畫法、則有花蕊、獨幽、將放、與噴香、倒懸、微雨、迎風、蘭傍竹石、棘蘭傍用雙勾蘭、建蘭、棘、及無題名者三種。以上所載圖式共八十四種。版匡單面方式、每面繪圖、少者一種、最多者而至五六種不等。履靖畫蘭、純宗趙松雪、乃以氣韻爲勝也。　按校此編者項元汴、字子京、號墨林居士、浙江嘉興人。項忠曾孫、工繪事、畫山水學黄子久倪雲林、尤醉心於雲林、得其勝趣。間作梅蘭竹石、亦多逸致。説者謂其每作縑素、自爲韻語題之、然辭句多累、人乞其畫者、先以青錢三百餽小童、伺其畫畢、卽用印記取去、以免題識、謂之免題錢云。更精於鑒賞、其所藏法書名畫、極一時之盛、以天籟閣項墨林印記識之。卒於萬曆間、刊有天籟閣帖。

811 **春谷嚶翔**

春谷嚶翔一卷、明周履靖編、項元汴校。此譜從未見單刻本傳世、唯萬曆二十六年（一五九八）金陵荊山書林所刻夷門廣牘、第三十六卷收之。此明槧本甚爲罕覯。今有民國二十九年上海商務印書館影印之本流傳藝林。　此譜卷首僅有目錄、序跋題辭之類、俱無之。正文首行題曰春谷嚶翔、次行分署曰嘉禾周履靖編次、閩郡項元汴校正、金陵荊山書林梓。此編係翎毛畫譜、後附昆蟲。首載物外散樵周履靖識之寫翎毛訣文、爲四字譜語、總述翎毛之畫法。以次卽爲畫法圖式、凡有起手（包含十式）全形勢、栖勢、鳴勢、回視勢、踏沙勢、臥勢、啼晴勢、調音勢、啄蟲勢、啄木勢、欲墜勢、欲升勢、哺雛勢、窺魚勢、鳴春勢、轉脛勢、將飛勢、理翎勢、墜飛勢、交栖勢、欲啄勢、搜毛勢、同啄勢、交爭勢、雙飛勢、雙鳴勢、鬥墜勢、孤墜勢、相顧勢、採英勢等三十一種。卷後附昆蟲圖式、共八十二種。均未題名目。圖畫版匡單面方式、除昆蟲圖外、每面皆繪一勢。明人汪顯節、嘗稱此譜編者之繪事云、若人物、若山水、若樹石、若草蟲、種種湊理、六法俱備、精妙入神、正所謂無聲之詩、非得畫中之三昧者、烏能形容摹寫若此也。又黄嘉芳亦稱其畫指禽鳥則飛騰欲遠、對蟲魚則鳴躍來親、非胸中丘壑、筆底烟霞、安能奪造化之巧耶。（俱見繪林題識。）昔人嘗謂、自來畫人作花鳥者多、然形似少精、則失之整齊、筆畫太簡、則失之潤略、精而造疏、簡而意足、唯得齊筆墨外者知之。蓋履靖之畫或可以語此矣。　以上履靖所編之人物、竹、梅蘭、翎毛五種畫譜、萬曆原本、雕鏤精工、刀鋒秀麗、頗具神韻、想出於名手無疑。惟惜刻工姓名、遍檢原本、不見署題、無從考訂。夷門廣牘一書、係金陵荊山書林所鐫行者、故此五種畫譜之版刻作風、純屬金陵一派。至於商務印書館之影印本、因用石印之法、原畫氣韻較之萬曆原槧、未免稍遜也。

812 **圖繪宗彝**

圖繪宗彝八卷、明楊爾曾輯。有萬曆三十五年（一六〇七）金陵文林閣刻本。此明槧原本、傳世極罕、而後世亦絕無覆刻之本、洵屬珍品。據日本長澤規矩也氏輯印之明清插圖本圖錄、卷首解説謂日本元祿時（當中國清代康熙之時。）曾重刻此譜。按日本重刻本今尚未目睹、想其流傳亦不甚廣也。

此譜原本卷首有封面、中行隸書題曰、圖繪宗彝左下端楷書署曰文林閣藏版。首載敍圖繪宗彝一篇、每卷有目錄、正文首行俱題曰圖繪宗彝卷□、次行署曰、武林楊爾曾字聖魯輯。每卷前載畫論文字、後收繪畫圖式。卷一爲人物山水、前錄畫人物論一文、與周履靖之天形道貌畫譜所載者、完全相同。後爲圖式、計有普門示現、波斯洗象、文章司命、達摩折蘆渡江、三教圖、松嵓伏虎、鼓桐、臨流濯足、聽鳴泉、觀瀑布、觀書徜徉、揮麈、攜琴、索句、憑石揮扇、倚樹談玄、回首題壁、酩酊、傳杯、望月、梧桐、讓履、呼僮、搗衣、舞袖、倦繡、題葉、調鸚鵡、玉兔、秋香、春江水漲、蹇驢踏雪、遠浦歸帆、江天暮色、漁舟暢飲、田夫牽牛、農家扇米、鍾馗跨鹿、披簑牽網、寫意式二幅、共圖四十二種。卷二爲羽毛花卉及花卉草蟲附。圖式計有起手勢、（包含十三式、每式注寫翎毛下手口訣一二句。）全形勢、鬥墜勢、雙棲勢、鳴勢、飛勢、回視勢、又飛勢、踏涉勢、啄蟲勢、臥月勢、同啄勢、欲下勢、調音勢、啼晴勢、啄木勢、欲升勢、引雛勢、雙鳴勢、反爭勢、將飛勢、喞魚勢、窺魚勢、墜飛勢、理翎勢、鳴春勢、搜毛勢、轉脛勢、柳、鶯葡花、鳴春鳥、芙蓉、鶺鴒、蘆荻、鷹、麻雀、蓮花、鴛鴦、石榴、紫燕、萱花、荔枝、鵁鶄、秋葵、雞冠、潛龍、孔雀、牡丹、蒼松、仙鶴、菊花、長春花、秋海棠、香櫞、水竹等、共五十六種。卷三爲梅花、前載論畫文字、有楊補之寫梅法、楊叔雅寫梅論、周履靖之寫梅訣及寫梅花歌訣、又寫梅訣法、寫梅病歌、梅有四貴、梅之貴格、梅骨格訣、氣條法訣歌、纖線圈訣等前人文。後爲圖式、計有余字、火字、忝字、示字、二疏、風落瓣、古魯錢、猿耳、兔嘴、五嶽、蒜頭、覆孩兒面、斜、羞容、仰、骷髏、傾雨、欹風、正、左偏、向陽、迸玉、大放、小放、右偏、背陰、笑春、背日、噴香、龜形、朝元、三台、玉繡球、迎春、正陰、正陽、飛蝶、柿蒂、瓜、迎面、太字、背面、麥眼、鷹爪、蟹眼、窺鏡、頂珠、枝影、花、椒眼、鹿角枝、一丁、二點、鶴唳月、魚吹浪、半謝、私語、用柳炭分女字、（圖旁題寫梅枝幹訣、）李、簇六、冕、蝶戀花、留空、大小枝梗留空寫花、得五、繡球、風搖玉珮、落帽、狐面、疊勝、攢三、蒂、萼、鬥飛、覿面、欹風、焦墨、老根淡墨、古錢、花影、枝、貫珠、丁香、頂雪、苞花、三品調元、月移疏影、雪飛庾嶺、雙清等八十七種。卷四爲竹葉枝幹。前錄畫文字、有寫竹口訣、竹竿口訣、安枝口訣、又寫竹口訣、下手訣、竹忌二十八病、寫雪竹口訣、寫勾勒訣法、以上八則、全出於周履靖淇園肖影卷下所載之畫論。次有寫竹法、及寫竹口訣二則、不詳誰作。後即圖式、凡有忌丈鼓、忌邊鬆、忌小字、忌頂頭、忌个字、新竹邊、重節、一字、連珠老根節、舊竹邊、小幹、玉柱、篆、禿梢、古篆大幹、虎鬚、仰雀爪、解籜、細分雀爪、俯雀爪、晴枝雀爪、枯枝、竹萌、桃葉、柳葉、並立、人字、古拙、蜻蜓、單鳳、蘆葉、个字、个字破、偏飛燕、分字、烏鴉、落雁、單尖、重分字、尖尖、風葉、平尖、大葉、順風、爵眼、疎處疎、頂風、露頂、晴竹結頂、井字、鶯眼、孤主、新全開、小枝補過、久雨枝、大枝補過、嫩叠、老兩斂、重人晴枝、兩枝頂、四魚競旦、烏鴉出林、兩竹分字、迎風等、共六十三種。卷五爲蘭花及草蟲附。首載周履靖九畹遺容畫譜之寫蘭一篇。以次全爲圖式、計有墨葉起手、墨蘭花、徹風、背陰、旺日、久雨、乘露、墨葉右三、半開、蘭蕊、墨葉左三、雙勾蘭花、早霧、微雨、籠烟、曉日、墨葉右四、狂風、向日、含露、舞風、迎風、挺發、墨葉右五、並蒂、雙勾、蕙花、墨葉左五、倒懸、疏、蘭傍棘刺、建蘭、蘭傍用、蘭傍草、蘭傍竹石、微雨等、共三十六種。卷六爲走獸鱗介雜畫。卷首目錄及所載論畫文字、因寒舍所藏之本、略缺數葉、今已無從考知、容待訪問重訂之。所收圖式、尙稱全璧、計有羊羔跪乳、澗水哺鷄、胡羊嚼草、豢馬圖、回首形、射獵形、滾地形、貓、羊眼荳、葡萄、獅奴、松鼠、兎絲窠、桑樹、兎、雞、牽牛、瓜、獅豸、菜、樓欄、鬥雞、山羊、飛鳴宿食、鳳凰、猿猴、海馬、藻、蘊、魚、龍、獅子、麒麟、玄海效珍、文房煥彩、鴨隊、鵝羣、蟹、蝦、龜、蟾、玄豹、辟邪、盆中景、百花籃、鴿子、玉蘭花、雉雞、宮殿圖等、共四十九種。卷七全載畫論、計有敍畫源流、張彥遠著。論製作楷模、郭若虛著。畫訓、畫意、畫題、畫格拾遺、並郭熙著。論畫、未題著者。畫記、韓愈著。卷八亦爲畫論及雜文、計有王維之山水訣、荊浩之山水賦及山水節要、黃子久之畫訣、謝赫之六法三品、劉道醇之六要六長、郭若虛之三病、饒自然之十二忌、用筆、用墨、皴法、董羽之畫龍輯議、王思善之寫像祕訣、採繪法、調合服飾器用顏色、合用顏色細色、襯絹色式、宣和譜之論畫雜評、論婦人形相、書畫一法、辨古今名畫優劣、古畫眞蹟難存、古畫用筆設色、名畫無對軸、士夫畫、無名人畫、沒骨畫、院畫、粉本、御府書畫、畫難題名、題跋畫、賞鑒、古畫絹色、古畫絹素、裝褫、裝褫定式等篇。書中論畫之作、皆係採錄宋元以來前賢著述而成、輯斯譜者、略無創見新論、見於書內。至其中人物、翎毛、梅花、竹蘭等卷、大抵根據周履靖所編之五種畫譜、稍事增減、粗爲潤色、彙集以成。輯譜者楊爾曾、亦絕未見於畫家傳記、疑非諳於繪事之人。考楊爾曾字聖魯、別署雉衡山人、浙江錢塘人。生於萬曆時、生平事蹟、今不可考、除此譜外、尙著有通俗小說東西晉演義、韓湘子全傳二種、流傳世間。

此編所載圖畫、據卷首序文尾題署一行曰、新安冲寰蔡汝佐繪、是知爲蔡汝佐之筆。按蔡汝左、字元勛、號冲寰、安徽新安人。善繪畫、唐詩五言畫譜、唐詩七言畫譜、唐詩六言畫譜諸編、皆其傑作。明槧傳奇圖像、亦製有多種。此譜版匡、皆爲單面方式、每面繪圖、少則一種、多則數種。雖其名目格制、泰半沿襲周履靖輯刻五種畫譜之舊、然頗多增飾之處、構圖繁縟、亦自可觀。鐫刻此譜之文林閣、乃萬曆時金陵著名之書肆、所刊傳奇數十種、均插有圖像、與金陵唐氏富春堂、世德堂、繼志齋諸肆、並馳名於世。雕鏤此譜者、據卷首序文之尾、題曰玉林黃𥫗龍鐫。可知黃𥫗龍字玉林、雖未著籍貫、恐與蔡汝佐同爲新安之人。此譜刀法運鋒如筆、圓轉柔麗、極爲精工。較諸文林閣所刊傳奇之插圖版畫、誠有過之也。

813 雪齋竹譜

雪齋竹譜二卷、明程大憲撰。有萬曆三十六年（一六〇八）精刻本、流傳至罕、藏者極希、洵屬珍品。此譜唯有原槧、從未見有重刻之本。　此譜卷首載有（一）汪聖教之有客行贈程敬敷、係吳一沐書。（二）大泌山人李維楨之附題、何儀卿畫竹、晴川友弟尹迴撰、姪應祚書之竹苑賦併敍。（四）萬曆戊申六月程大憲識之寫竹說。次載寫竹要語、論竹等條。後附寫竹舊說、計有李息齋畫竹譜、蘇東坡篔簹谷偃竹記、畫竹譜諸篇。正文首行俱標曰雪齋竹譜卷□（上或下）次行署曰休寧程大憲敬敷著。卷內全爲畫葉圖式、間有解釋之語。卷上計有榦、節、枝、葉、寫竹十式（包括孤一、別二、攢三、聚四、分五、門六、重七、亂八、從九、疊十。）雨竹葉露竹葉、晴竹葉、梗枝發生葉、老葉間新葉、影葉、殘葉、石竹四種、寫竹二十六忌、四景竹（包括韻風、新晴、疏雨、冰露。）十二種竹（包括烟竹、水竹、雪竹、月竹、老竹、嫩竹、蘇竹、疏竹、寫竹二十四忌、石上竹、懸厓竹、失題一種。）卷末有萬曆丙午秋過武林、僦居湖上寫記一則。卷下計有楷則二十式（內括釣竿、玉箸、青蜓眼、銀鈎、雙蛾眉、單蛾眉、个字、分字、破个、並个、疊个、鵲爪、緘枝、魚骨、竹胎、竹鞭、斷竿、解則、枯葉、叢葉。）迎風、映日、帶雨、防露、照水、積雪、拂雲、翳月、倚石、從風、洒露、挺節、窺影、俯仰、遺翠、垂翅、掃石、燕門、雁陣、鷺尾、龍躍、結盟、歲寒、勾勒四式、枝榦勻麗、枝榦勻短、編籬、新續十種等圖。版匡單邊、多爲單面方式、間有合頁連式者。每面所繪圖式、多則數種、少則一種、多寡無定。　尹迴敍竹苑賦、略曰、海陽程敬敷、金玉其相、故以書篆詩畫妙天下、而詩掩於書篆、畫標於竹苑。……敬敷客燕市金陵吳會齊魯間、所交知後先搢紳文人賢豪、遍海內藉甚。……大憲此譜、所繪諸圖、出姿媚於遒勁之中、見瀟落於縱橫之外、偃直濃疏、動合榘度。汪聖教稱其有時落墨琅玕、瑟瑟清風、六月寒、圖成嶰谷雲猶濕、染就瀟湘露未乾、白日慘淡天雨黑、醉翻墨汁淋漓色。信非過譽。　卷首畫竹說一文、先敍畫竹源流、次述明人畫竹之失、（中略）所論無不精到透闢。至卷前附載之寫竹語訣、及譜中各論所注之釋語、多著其生平心得、據蹟說法、不作抽象之談。一經道破、嘉惠後學、誠非淺鮮。在明清兩代之畫竹譜錄中、當以大憲此編爲最上者焉。　考此譜著者程大憲、未見畫家傳記、據斯編之序題、知大憲字敬敷、安徽休寧人。爲萬曆時畫竹名家、嘗遊燕市金陵楚中吳會齊魯之間、遍交於海內搢紳文士、門下學者頗多、則以何儀卿爲最。時有出藍之譽。畫竹而外、兼擅詩書、尤工篆刻。此譜鐫刻圖畫之人、因書中未見署題、無從考知。然其刻法精堅、刀鋒犀勁、氣韻充沛、當非名手莫辨。序題文字、鐫刻亦精、殊爲可愛。按著此譜者程大憲、原休寧人、則鐫刻斯本者、想亦出於明代版刻勝地新安人之手無疑耳。

814 **梅竹蘭菊四譜**

梅竹蘭菊四譜一卷　明黄鳳池輯。萬曆四十八年（一六二〇）集雅齋原刻本。此譜刊行之後、書肆乃取清繪齋所刻二種、與集雅齋之六種、合印爲八種畫譜一書。至康熙四十九年、日本中川茂兵衛、復翻刻八種畫譜、重印行世。民國七年、日本文永堂又將八種畫譜、鐫爲銅版、縮印巾箱小本、流傳世間。其後民國十三年、日本圖本叢刊會主者大村西崖氏、更取萬曆間原本、由彼邦雕人伊藤忠次郎、重摹刻之、而由印工本橋貞次郎、刷印問世、盛行藝林。　此譜各本均有封面、右行行楷標曰、新鐫梅竹、左行接題蘭菊四譜。中行小字、署曰集雅齋。（惟文求堂銅版本、未注齋名。）卷首有題梅竹蘭菊四譜小引、尾署云、萬曆庚申春三月華亭陳繼儒書於集雅齋中。此編爲梅竹蘭菊四種畫法之合譜、版匡單邊、單面方式、每面一圖。譜中第一幅、至第二十六幅、全爲梅花之圖。畫上俱有題詩、然無欵署。由第二十七幅、至第五十二幅、則爲畫竹圖式、畫上偶有解釋注語。惟第五十二幅有欵識曰、庚申春日漢凌孫繼先寫於集雅齋中、下鐫孫印繼先一章。按此竹譜實剿襲程大憲之雪齋竹譜而成。由第五十三幅、至第七十八幅、係蘭花圖式、畫上有注畫法之語、有題詩句。僅第七十八幅有欵題云、虎林孫漢凌寫於集雅齋中。下鐫孫印繼先一章。由第七十九幅、至第一百幅止、均爲菊花之圖、畫上題有詩句。其第一百幅、欵署曰虎林孫繼先倣陳道復筆意寫於集雅齋中。總觀此譜所有款識、可知繪畫盡出於孫繼先之筆。　陳繼儒題此譜曰、文房清供、獨取梅竹蘭菊四君者無他、則以其幽芬逸致、偏能滌人之穢腸、而澄瑩其神骨、以故諸水墨家、亦往往求工此四種、不極其肖不止。雖然匠心固存乎人、運指不踰其矩、諸名公成法、豈不具在、獨慽其散落、未成帙耳。茲鳳池黄君、旁搜博採、四譜彙成一集、爲之肢節、爲之脈絡、爲之體幹、又附之以名詩、令人一披閱而意在筆先、神遊法外、其所神於水墨諸君、豈淺鮮哉。予夙有是志、奈落落風塵未逮、不虞黃君之先獲我心也。黃君蓋嘗爲唐詩畫譜三集、海內爭什襲珍之。予編出、益令楮價之倍增已。……此譜之價值、於斯可見。

集雅齋所刻畫譜、以唐詩五言、唐詩七言、唐詩六言三種畫譜、版刻之藝術最稱精妙。此譜之刀法神韻、似稍遜於以上三種。所有圖版俱未題刻工名氏、故不悉出誰氏手。至於日本三種覆刻本中、則以圖本叢刊會重刊本雕刻較佳。中川茂兵衛重刻本又次之。若文永堂之銅鐫本、則傳摹失眞、原型頓消矣。

輯譜者之黃鳳池已見前文、茲不贅述。繪此譜者、據圖中署題、確知爲孫繼先之筆。惟孫繼先之生平事蹟、遍檢畫家傳記、明清載籍、俱無可考。幸賴此譜、始悉繼先亦爲明季之畫家、字漢凌、浙江杭州人也。

815 木本花鳥譜

木本花鳥譜一卷、明黃鳳池輯。有天啓元年（一六二一）集雅齋原刻本。此譜刊行未久、復有書肆取清繪齋刻本二種、集雅齋刻本六種、輯印爲八種畫譜一編。日本書肆中川茂兵衛、於康熙四十九年、嘗重刻八種畫譜本流行東瀛。其後民國七年時、日本文永堂、復據八種畫譜本、雕刻銅版、印爲巾箱本。至民國十四年、日本圖本叢刊會主者大村西崖氏、又延彼邦梓人伊藤忠次郎、摹刻天啓舊本、由印工本橋貞次郎重爲印行於世。

此譜各本卷前有封面、右行楷書標曰新鐫木本、左行接題花鳥譜。中行小字署曰集雅齋藏板。封面版匡左下角有朱色正方印記曰五言唐詩、六言唐詩、七言唐詩、梅竹蘭菊、木本花鳥、草本花詩、黃鳳池梓。又中方上端（卽中行小字署題之上）有一朱文立方木記、鐫刻折枝梅花、枝上正中、一全開花瓣、上題杭城花市內黃鳳池梓行字樣。惟封面中行署題文永堂本無之。朱色印記二方、僅萬曆原本及圖本叢刊會重刻本、並鐫印之。各本卷首有天啓元年春三月望後三日新都山人吳翰臣撰之新鐫花鳥譜序。次爲目錄。圖畫版匡單邊、單面方式、前面繪畫、後面題花名及說明文字、均爲當時名公書法、間有欵識。全譜所載圖畫、計有松花、茶藨花、單瓣桃、榴花、李花、（題曰西湖居士）紫丁香花、粉團花、海棠花、（此種有目無圖）迎春花、（題曰新安詹一貫識）金絲桃花、纓絲花、錦帶花、梨花、杜鵑花、杏花、（題曰虎林釋自彥識）郁李花、野薔薇花、（題曰百花主人）映山紅、鐵梗海棠、寶相花、（題曰西湖居士）玉蘭花、（題曰西湖處士識）木香花、金雀花、（題曰酒癡識）辛夷花、山茶花、薔薇花、海洞花、（題曰五知道人識）梔子花、芙蓉花、山礬花、木槿花、火石榴花、木樨花、茗花、虎茨花、（曰武林百草園識）史君子花、玫瑰花、十載桃花、野葡萄、（題曰松壑居識）茉莉花、枸杞子花、萵苣花、（題曰江湖散人識）鐵樹梅花、臘梅花等共四十四種。每幅所繪花卉之外、必配以翎毛一種、故名花鳥譜。卷末附葉詠花詩章、有玫瑰花、木筆花、榴花、梔子花、杏花、石榴花、梨花、木蘭花、茶蘼花、槿花、桃花、梅花、杜鵑、李花、薔薇諸首、惜皆無署題、不知出自誰筆。 此譜雖屬畫譜、然解釋花之種類、形狀、種植、頗爲簡要、實似一册植物圖說。吳翰臣序此譜云、鳳池黃君、少遊虎林、縱覽名山、得覘三吳風致、嘗見樹木叢脞、花鳥爭輝、種種色色、恍示人目、中心豔慕之、最繪圖久矣。已而歎曰、園林花木、春和景明、暢茂條達、靡不鮮妍色麗、迥出奇葩。迨秋風冷落、顏色易凋、能令長春而不改乎。由是採訪百家、旁搜諸品、按圖索驥、草木二種、彙以成帙、而飛翔動植、花鳥翎毛、枝幹遒勁、鋪敍點綴、描畫工緻、縱橫筆陣、巧奪天工、歷古而不踰、經四時而不改、展卷觀之、儼若在目、可與輞川圖並傳而不朽者也。正所謂王摩詰之言、詩中有畫、畫中有詩、信矣信矣。宜壽諸梓、以廣其好云。諸君子不鄙是集而賞鑑之、或亦其裨之不小也。可知黃鳳池纂輯此譜之原委及其價值、實有可觀者焉。 關於繪畫此譜者、因卷中絕無署題、今已無可考證。鐫刻之人亦不詳其出於何人之手。萬曆原槧雕工刀法、尚爲嚴整。若日本中川茂兵衛氏重刻本文永堂之銅版本、原型不具、神韻全失、均自鄶以下矣。

816 **草木花詩譜**

草木花詩譜一卷 明黃鳳池輯。天啓元年（一六二一）集雅齋原刻本。刊行未久、有書肆乃以清繪齋所刻者二種、與集雅齋所刻者六種、合編爲八種畫譜一書重印行世。當康熙二十九年時、日本書肆中川茂兵衛、復將八種畫譜本覆刻於彼邦。後至民國七年、日本文永堂又取八種畫譜本改鐫爲銅版巾箱之本。日本圖本叢刊會主者大村西崖、於民國十四年、根據天啓原本、由梓人伊藤忠次郎摹刻、印工本橋貞次郎重印、流傳藝林。 此譜天啓原本、圖本叢刊會重刻本、卷前封面右行行楷標曰、新鐫草本、左行接題花詩譜、下印朱色正方木記曰、五言唐詩、六言唐詩、七言唐詩、梅竹蘭菊、木本花鳥、草本花鳥、黃鳳池梓。中行上端有朱色立方木記、雕梅花一枝、正中全開花朵之上、題字曰、杭城花市內黃鳳池梓行、下端一行小字署曰、集雅齋藏板。至於文永堂銅版本、則無封面。中川茂兵衛重刻本、雖有封面、題籤亦同於萬曆原槧、然無朱色二方木記。各本之首、皆載時天啓元年清和月上浣大鄣山人汪躍鯉撰之新鐫草本花詩譜序一篇、次即目錄。版匡單邊、圖畫爲單面方式。前面繪草本花卉及翎毛昆蟲之圖、後面題花卉名、及當時名公所書花卉種類、形狀、種植法之說明文字、偶亦有署欵者。全譜所圖草本花卉、計有牡丹、芍藥、雞冠花、靈芝、（題曰新安後學劉然書）金錢花、凌霄花、（題曰百花園主人識）蓮花、石竹花、戎葵花、錢葵花、秋葵花、吉祥草花、錦荔枝、金銀蓮花、夜合花、金鳳花、闌天花、紅蕉花、棣棠花、蓼花、番山丹花、番椒、玉簪花、慈菰花、（題曰有竹君識）剪秋蘿、水仙、金燈花、紅荳花、萱花、秋海棠、山丹花、（題曰布衣士純書）金燈籠、淡竹花、菊花、蝴蝶花、（題曰花痴識）麗春花、紫羅欄花、平地木、十樣錦、夾打桃花、雪下紅、（題曰杏林主人識）甌蘭花、朱蘭、蕙蘭、（題曰如一子）天茄兒、纏枝牡丹等共四十五種。卷末附載詠花卉詩牡丹、桂花、芙蓉、石竺花、海棠、蘭花、蓮花、菊花、水仙、夜合花、蜀葵、玉簪花、丁香花、山礬花、錦荔枝、夾竹桃花、剪春羅、粉團花、芍藥花、金絲花、木香、映山紅、茉莉花、蝴蝶花、椒花、金錢花、雞冠花等七十二章、尾題云、辛酉孟夏新安汪書。　汪躍鯉序此譜謂、且天之生物也、不因地、而嗇其所生者益廣、無論飛翔動植草木山川凡育於寰宇中者、靡不於雨露既濡之時、而發萌滋長、何有窮盡。春和景明、萬卉叢生、上苑南園、百花鬥豔、種種色色、呈露於人間、禽鳥翩翩翱翔、集上下、誠可爲吾儕之醒目、作大塊之文章矣。然物之生者臨冬易萎、而畫之刻者、愈久不渝、以故黃公按景作圖、品彙二册、選入丹青、以流布天下、俾好事君子、披圖清玩之、庶可爲藝林中之一助耳。其補豈淺鮮耶。余與黃公交莫逆、故爲序之。蓋黃鳳池此編與木本花鳥譜、乃同時所纂輯刊印者、不僅爲繪事之模本、且亦有裨於博物也。　此譜圖畫、不知出於誰筆、序題亦未言及之、恐與木本花鳥譜一書同爲一人之作。至於雕工姓名、因卷中未見署款、遂無從考知。雕鏤格制、工整可觀、但弗如集雅齋所鐫之唐詩三種畫譜、刻法之精堅有力也。至於日本中川茂兵衛所覆刻者、及文永堂之銅鐫本、刀鋒板結、傳摹失眞、原本神韻消亡殆盡矣。

中國版畫研究重要書目

傅惜華

（一）畫譜類

817 **梅花喜神譜二卷**

宋宋伯仁繪編　（一）清沈氏古宜園覆刻宋本　（二）清嘉慶間刻知不足齋叢書覆刻宋本　（三）民國二十七年（一九三八）上海涵芬樓輯印續古逸叢書影印宋本　（四）民國間中華書局影印本

818 **竹譜詳錄七卷**

元李衎繪編　清嘉慶間知不足齋叢書覆刻明本

819 **竹譜一卷**

未題繪編人名氏　明宣德間刻本

820 **歷代名公畫譜不分卷**

明顧炳繪編　（一）明萬曆三十一年（一六〇三）杭州雙桂堂原刻本　（二）清光緒十四年（一八八八）上海鴻文書局石印本　（三）民國二十三年（一九二六年）日本大村西崖輯圖本叢刊所收覆刻本　（四）民國三十年（一九四一）長樂鄭氏影印原刻本　此書亦名顧氏畫譜

821 **古今畫譜一卷**

傳明唐寅繪編　（一）明萬曆間蘇州清繪齋原刻本　（二）明天啓間黃鳳池輯集雅齋八種畫譜所收本　（三）清康熙四十九年（一七一〇）日本中川茂兵衛重刻八種畫譜本　（四）民國七年（一九一八）日本文永堂銅版重刻本　此書亦名唐六如畫譜

822 **名公扇譜一卷**

明張成龍編　（一）明萬曆間蘇州清繪齋原刻本　（二）明天啓間黃鳳池輯集雅齋八種畫譜本　（三）清康熙四十九年（一七一〇）日本中川茂兵衛重刻八種畫譜本　（四）民國八年（一九一九）日本文永堂銅版重刻本

823 **唐詩五言畫譜一卷**

明黃鳳池編　明丁雲鵬繪　明蔡元勳繪並刻　又劉次泉刻　（一）明萬曆間蘇州集雅齋原刻本　（二）明天啓間黃鳳池輯集雅齋八種畫譜所收本　（三）清康熙四十九年（一七一〇）日本中川茂兵衛重刻八種畫譜本　（四）民國七年（一九一八）日本文永堂銅版重刻本

824 **唐詩七言畫譜一卷**

明黃鳳池編　明蔡元勳繪並刻　又劉次泉刻　（一）明萬曆間蘇州集雅齋原刻本　（二）明天啓間黃鳳池輯集雅齋八種畫譜所收本　（三）清康熙四十九年（一七一〇）日本中川茂兵衛重刻八種畫譜本　（四）民國七年（一九一八）日本文永堂銅版重刻本

825 **唐詩六言畫譜一卷**

明黃鳳池編　明蔡元勳繪並刻　又劉次泉刻　（一）明萬曆間蘇州集雅齋原刻本　（二）明天啓間黃鳳池輯集雅齋八種畫譜所收本　（三）日本中川茂兵衛重刻八種畫譜本　（四）民國七年（一九一八）日本文永堂銅版重刻本

826 **天形道貌一卷**

明周履靖繪編　（一）明萬曆二十六年（一五九八）金陵荆山書林刻周履靖編夷門廣牘所收本　（二）民國二十九年（一九三〇）上海商務印書館影印夷門廣牘本

827 **淇園肖影二卷**

明周履靖繪編　（一）明萬曆二十六年（一五九八）金陵荆山書林刻周履靖編夷門廣牘所收本　（二）民國二十九年（一九三〇）上海商務印書館影印夷門廣牘本

828 **羅浮幻質一卷**

明周履靖繪編　（一）明萬曆二十六年（一五九八）金陵荆山書林刻周履靖編夷門廣牘所收本　（二）民國二十九年（一九三〇）上海商務印書館影印夷門廣牘本

829 **九畹遺容一卷**

明周履靖繪編　（一）明萬曆二十六年（一五九八）金陵荆山書林刻周履靖編夷門廣牘所收本　（二）民國二十九年（一九三〇）上海商務印書館影印夷門廣牘本

830 **春谷嚶翔一卷**

明周履靖繪編　（一）明萬曆二十六年（一五九八）金陵荆山書林刻周履靖編夷門廣牘所收本　（二）民國二十九年（一九三〇）上海商務印書館影印夷門廣牘本

831 **圖繪宗彝八卷**

明楊爾曾編　明蔡冲寰繪並刻　又黃兼寵刻　明萬曆三十五年（一六〇七）金陵文林閣刻本

832 **雪齋竹譜二卷**

明程大憲繪編　明萬曆三十六年（一六〇八）新安刻本

833 **雪湖梅譜二卷**

明劉世儒撰王思任重編　劉世儒繪　淸

墨妙山房重刻本

834 **梅蘭竹菊四譜一卷**

明黃鳳池編 （一）明萬曆四十八年（一六二〇）集雅齋原刻本 （二）明天啓間黃鳳池輯集雅齋八種畫譜所收本 （三）清康熙四十九年（一七一〇）日本中川茂兵衛重刻八種畫譜本 （四）民國七年（一九一八）日本文永堂銅版重刻本 （五）民國二十三年（一九三四）日本大村西崖輯圖本叢刊所收覆刻本

835 **木本花鳥譜一卷**

明黃鳳池編 （一）明天啓元年（一六二一）集雅齋原刻本 （二）明天啓間黃鳳池輯集雅齋八種畫譜所收本 （三）清康熙四十九年（一七一〇）日本中川茂兵衛重刻八種畫譜本 （四）民國七年（一九一八）日本文永堂銅版重刻本 （五）民國十四年（一九二五）日本大村西崖輯圖本叢刊所收覆刻本

836 **草木花詩譜一卷**

明黃鳳池編 （一）明天啓元年（一六二一）集雅齋原刻本 （二）明天啓間黃鳳池輯集雅齋八種畫譜所收本 （三）清康熙四十九年（一七一〇）日本中川茂兵衛重刻八種畫譜本 （四）民國七年（一九一八）日本文永堂銅版重刻本 （五）民國十四年（一九二五）日本大村西崖輯圖本叢刊所收覆刻本

837 **十竹齋書畫譜不分卷**

明胡正言編 （一）明天啓七年（一六二七）十竹齋原刻初印套色本 （二）明十竹齋原刻清初彩色套印本 （三）清康熙五十四年（一七一五）十竹齋重刻彩色套印本 （四）清乾隆間重刻彩色套印本 （五）清嘉慶二十二年（一八一七）芥子園重刻彩色套印本 （六）清道光間重刻彩色套印本 （七）清光緒五年（一八七九）元和邱氏重刻彩色套印本 其他坊間重刻套印本不備舉

838 **芥子園畫傳初集四卷**

清王槩編 王槩繪 （一）清康熙十八年（一六七九）芥子園甥館原刻彩色套印本 （二）清乾隆間芥子園重刻彩色套印本 （三）清乾隆間書業堂重刻彩色套印本 （四）清嘉慶間芥子園重刻彩色套印本 通行翻刻本及石印本不備舉 此書又名芥子園畫譜

839 **芥子園畫傳二集不分卷**

清王槩王蓍王臬合編 王槩王蓍王臬繪 （一）清康熙二十六年（一六八七）芥子園甥館原刻彩色套印本 （二）清康熙四十年（一七〇一）芥子園重刻彩色套印本 （三）清乾隆間芥子園重刻

彩色套印本 （四）清乾隆間書業堂重刻彩色套印本 （五）清嘉慶間芥子園重刻彩色套印本 通行翻刻本及石印本不備舉

840 **芥子園畫傳三集不分卷**

清王槩王蓍王臬合編 王槩王蓍王臬繪 （一）清康熙二十六年（一六八七）芥子園甥館原刻彩色套印本 （二）清乾隆間芥子園重刻彩色套印本 （三）清乾隆間書業堂重刻彩色套印本 （四）清嘉慶間芥子園重刻彩色套印本 通行翻刻本及石印本不備舉

841 **芥子園畫傳四集四卷**

清丁臬繪編 清嘉慶二十三年（一八一八）芥子園原刻本 其他翻刻本石印本不備舉

842 **芥子園書畫五卷**

僞託清李漁編 清同治十一年（一八七二）輔仁堂刻本

843 **柽笏堂戲墨不分卷**

清劉源繪編 清康熙間刻本

844 **天下有山堂墨竹蘭石畫譜不分卷**

清汪之元繪編 清雍正十二年（一七三四）藍墨兩色套印本

845 **寫竹簡明法二卷**

清蔣和繪編 清乾隆五十七年（一七九二）刻本

846 **小樵墨妙不分卷**

清鄭淳繪編 清道光十七年（一八三七）刻本

847 **悟蘿亭畫稿二卷六法管見一卷**

清劉愔繪編 清道光間刻本

848 **夢幻居畫學簡明五卷**

清鄭績繪編 清同治間聚賢堂刻本

849 **守正齋畫譜四卷**

清崔暕繪編 清光緒十六年（一八九〇）刻本

850 **蘭石畫譜不分卷**

清吳煥采繪編 清光緒二十年（一八九四）刻本

851 **讀畫齋偶輯不分卷**

清顧修編 清嘉慶間東山草堂刻本

852 **讀畫齋題畫詩不分卷**

清顧修編 清嘉慶間東山草堂刻本

853 **胡蝶秋齋藏册**

清胡蝶秋齋主人輯 清光緒五年（一八七九）刻本

854 **海上名家畫稿不分卷**

清萃珍書屋輯 清光緒十一年（一八八五）慎思草堂刻本

855 **十四家畫譜不分卷**

未題輯人名氏 清刻本

856 **清人畫稿不分卷**

清董邦達等繪 清光緒間刻本

(二)譜錄類

857 **十竹齋箋譜四卷**
明胡正言編　(一)明崇禎十七年(一六四四)十竹齋刻彩色套印本　(二)民國二十三年(一九三四)版畫叢刊會覆刻彩色套印本

858 **蘿軒變古箋譜不分卷**
清翁嵩年編　(一)清初刻彩色套印本　(二)民國十二年(一九二三)日本大村西崖輯圖本叢刊所收覆刻彩色套印本

859 **七十二候箋譜不分卷**
清劉錫齡繪編　清光緒二十三年(一八九七)榮寶齋刻朱印本

860 **擘道人百種詩箋不分卷**
清劉子謙繪編　清光緒間榮寶齋刻本

861 **百花詩箋譜不分卷**
清張龢庵繪編　清宣統三年(一九一一)文美齋刻彩色套印本

862 **別本百花詩箋譜不分卷**
清張龢庵繪編　清宣統三年(一九一一)文美齋刻彩色套印押花本

863 **別本百花詩箋譜不分卷**
清張龢庵繪編　清宣統三年(一九一一)文美齋刻彩色套印橫幅本

864 **北平榮寶齋詩箋譜二卷**
北京榮寶齋編　民國二十四年(一九三五)榮寶齋刻彩色套印本

865 **榮寶齋牋譜不分卷**
北京榮寶齋編　民國三十年(一九四一)榮寶齋刻彩色套印本

866 **清祕閣箋譜不分卷**
北京清祕閣編　民國二十年(一九三一)左右清祕閣刻彩色套印本

867 **北平箋譜不分卷**
魯迅西諦合編　民國二十二年(一九三三)榮寶齋清祕閣淳靑閣等刻本

868 **博古葉子**
清陳洪綬繪　(一)明崇禎間刻本　(二)民國十九年(一九二〇)上海蟫隱廬影石印本

869 **水滸葉子**
清陳洪綬繪　(一)明崇禎間刻本　(二)長樂鄭氏影印本

870 **酒人觴政雅編不分卷**
清訥齋道人編　清吳焯繪　清乾隆五十八年(一七九三)怡王府刻本

871 **列仙酒牌**
清任熊繪　(一)清咸豐四年(一八五四)刻本　(二)清光緒十二年(一八八六)同文書局石印本　(三)民國十二年(一九二三)日本大村西崖輯圖本叢刊用原板重印本

872 **瑶華仙館酒牌**

清瑶華仙館繪編　清光緒六年（一八八〇）刻本

873 **方氏墨譜六卷**

明方于魯編　明丁雲鵬繪　明萬曆十六年（一五八八）方氏美蔭堂刻本

874 **程氏墨苑十二卷附録九卷**

明程大約編　明丁雲鵬等繪　明黄鏻黄應泰黄一彬等刻　（一）明萬曆三十三年（一六〇五）歙縣程氏滋蘭堂刻本（二）民國十二年（一九二三）日本大村西崖輯圖本叢刊覆刻第二卷本

875 **墨海一輯六卷首卷**

明方瑞生編　明萬曆四十六年（一六一八）新安方氏刻本

876 **白嶽凝煙不分卷**

清汪濋編　清吳鎔繪　清康熙五十三年（一七一四）刻本

877 **鑑古齋墨藪不分卷**

清汪近聖編　清乾隆間新安汪氏鑑古齋刻本

878 **墨法輯要一卷**

明沈繼孫撰　清乾隆四十年（一七七五）内府刻聚珍版叢書所收本

879 **素園石譜四卷**

明林有麟撰　明周有光刻　（一）明萬曆四十一年（一六一三）雲間林氏刻本（二）民國十三年（一九二四）日本大村西崖輯圖本叢刊所收覆刻本　（三）民國年故宮博物院影印本

880 **端溪硯坑志六卷**

清朱玉振撰　（一）清乾隆二十二年（一七五七）刻本　（二）清嘉慶四年（一七九九）求己軒刻本

881 **文房肆考圖說八卷**

清唐秉鈞撰　清乾隆四十三年（一七七八）刻本

882 **至大重修宣和博古圖録三十卷**

宋王黼等撰　（一）明嘉靖七年（一五二八）蔣暘覆刻至大本　（二）明萬曆二十七年（一五九九）于承祖校刻本

883 **宣和博古圖録三十卷**

宋王黼等撰　明丁雲鵬吳左千繪　明黄德時刻　明萬曆間寶古堂刻本

884 **考古圖十卷**

宋呂大臨撰　元羅更翁考訂　明鄭樸重校　明萬曆間刻本

885 **古玉圖譜三十二卷**

宋龍大淵等撰　清康熙五十一年（一七一二）古越余文儀刻本

886 **古玉圖譜一百卷**

宋龍大淵等撰　清乾隆四十四年（一七七九）康山草堂刻本

887 **王西樓先生野菜譜一卷**

明王磐撰　明萬曆間刻本

888 **遠西奇器圖說錄最三卷**

明耶穌會士鄧玉函述明王徵譯汪應魁訂　明黃惟敬刻　（一）明天啓七年（一六二七）新安汪氏校刻本　（二）明崇禎元年（一六二八）武位中校刻本

889 **新製諸器圖說不分卷**

明王徵撰　明黃惟敬刻　明天啓七年（一六二七）新安汪氏校刻本

890 **坐隱先生精訂捷徑奕譜二卷**

明汪廷訥撰　明汪耕繪　明黃應組刻　明萬曆三十七年（一六〇九）新安汪氏環翠堂刻本

891 **欣賞編十四卷**

明沈津編　明正德間原刻本　共收古玉考圖等書十種

（三）傳記類

892 **古先君臣圖鑑不分卷**

明無名氏編　明萬曆間刻本

893 **聖賢圖像不分卷**

未題編者名氏　明吳從誠訂　明汪汝淳繪　明萬曆三十八年（一六一〇）刻本

894 **古聖賢像傳略十六卷**

清顧沅編　清道光六年（一八二六）刻本

895 **聖蹟圖不分卷**

未題編者名氏　明孔弘復訂　明萬曆二十年（一五九二）刻本

896 **聖蹟圖不分卷**

未題編者名氏　明崇禎間刻本

897 **別本聖蹟圖不分卷**

未題編者名氏　明崇禎間刻本

898 **古本聖蹟圖一卷**

清顧沅編　清道光六年（一八二六）刻本

899 **聖蹟圖不分卷**

清孔憲蘭編　清同治十三年（一八七四）刻本

900 **孔聖家語十一卷**

魏王肅註明吳嘉謨校　明程起龍繪　明黃組刻　明萬曆間刻本

901 **孔子家語四卷**

魏王肅註明金蟠訂　明崇禎間德聚堂刻本

902 **闕里志十二卷**

明孔貞叢撰　（一）明弘治間刻本　（二）明萬曆間刻本

903 **古本孟子聖蹟圖一卷**

清顧沅編　清道光六年（一八二六）刻本

904 **凌烟閣功臣圖不分卷**

清劉源繪編　清朱圭刻　清康熙八年（一六六九）刻本

905 雲臺二十八將圖一卷
清張士保繪編　清道光二十六年（一八四六）刻本

906 晚笑堂竹莊畫傳四册
清上官周繪編　清乾隆八年（一七四三）刻本

907 無雙譜一卷
清金古良繪編　清乾隆五十九年（一七九四）刻本

908 高士傳圖像三卷
清任熊繪編　清咸豐八年（一八五八）刻本

909 劍俠傳四卷
清任熊繪編　清咸豐八年（一八五八）刻本

910 劍俠傳四卷續劍俠傳四卷
清鄭官應編　清光緒間刻本

911 狀元圖考四卷
明顧鼎臣撰　明黃應澄繪　（一）明萬曆三十五年（一六〇七）刻本　（二）明萬曆三十七年（一六〇九）刻本　以上兩本明黃應瑞黃應泰等刻　（三）清康熙間補刻本　（四）清咸豐六年（一八五六）重刻本

912 碧血錄五卷
清莊仲方撰　清夏鸞翔繪　清咸豐六年（一八五六）刻本

913 有明於越三不朽名賢圖贊
明張岱撰清陳錦訂　清光緒十四年（一八八八）刻本

914 於越先賢像傳贊二卷
清王齡撰　清任熊繪　清咸豐八年（一八五八）刻本

915 練川名人畫像四卷附二卷
清程祖慶編　清道光二十九年（一八四九）陔南草堂刻本

916 吳郡名賢圖傳贊二十卷
清顧沅編　清道光九年（一八二九）刻本

917 歷代畫像傳四卷
清丁善長繪編　清光緒二十三年（一八九七）刻本

918 東軒吟社畫像記傳不分卷
清黃士珣編　清費丹旭繪　清光緒二年（一八七六）振綺堂刻本

919 三田李氏統宗譜三卷
明李春融編　明李道賢繪　明萬曆間刻本

920 屈氏大成宗譜不分卷
明屈尚畏屈宗貴編　明崇禎間刻本

921 盛世良圖紀不分卷
清廣玉編　清張寶繪　清嘉慶間刻本

922 廬行圖不分卷
清董教曾編　清王粹申繪　清嘉慶間刻

本

923 陔餘叢錄十六卷
清胡斯鐔編　清咸豐二年（一八五二）刻本

924 史館先聲不分卷
清陳蒙古繪編　清光緒元年（一八七五）刻本

925 重刻勁節樓圖紀五卷
清徐憙原編　清任熊繪　清光緒十年（一八八四）刻本

926 念昔齋瑞萱圖墓不分卷
清黃雲鵠撰　清光緒間刻本

927 應瑞孚誠圖不分卷
未題繪編者名氏　清光緒二十五年（一八九九）刻本

928 麟山十二圖詩不分卷
清劉崙繪編　清刻本

929 圓圓小影一卷
清陳鵾繪編　清光緒十五年（一八八九）刻本

930 三教源流搜神大全七卷
未題編者名氏　明嘉靖間刻本

931 新刻出像增補搜神記六卷
未題編者名氏　明萬曆元年（一五七三）金陵富春堂刻本

932 有像列仙全傳九卷
明王世貞輯汪雲鵬補　（一）明萬曆間玩虎軒刻本　明黃一木曾章等刻　（二）日本慶安三年（清順治七年—一六五〇）藤田莊右衛門覆刻本

933 仙佛奇踪四卷
未題撰人名氏　明汪文宦繪　明萬曆間刻本

934 繪像列仙傳四卷
明洪自誠編　清道光十三年（一八三三）重刻本

935 出像文昌化書四卷
清程九鵬訂　清游士鳳繪　（一）清康熙四年（一六六五）原刻本　（二）清乾隆十二年（一七四九）重刻本

936 勅封天后志二卷
清林清標撰　清乾隆間福建林氏刻本

937 佛祖正宗道影四卷
清釋守一增訂　清趙宗繪　清光緒六年（一八八〇）瑪瑙經房刻本

938 乾明院阿羅漢圖錄不分卷
未題繪編者名氏　清乾隆五十二年（一七八七）成都羅漢寺覆刻明本

939 關聖帝君聖蹟圖誌全集五卷
清盧湛編　清康熙三十二年（一六九三）刻本

940 關帝寶訓像註四卷
未題繪編者名氏　清雍正九年（一七三一）善慶堂刻本

941 關聖寶訓圖說不分卷
未題編者名氏　清胡文欽繪　清乾隆三十五年（一七七〇）刻本

942 呂祖彙集三十四卷
清劉體恕編　清咸豐元年（一八五一）刻本

943 石濂和尚行蹟圖一卷
清石濂繪編　清朱圭刻　清康熙間刻本

（四）故事類

944 新刊諸家選擇五寶訓解啓蒙故事七卷
明陳器撰陸槐校　明嘉靖間西清堂詹氏刻本

945 新鐫翰林考正歷朝故事統宗十卷
明李廷機編丘宗孔釋　明萬曆二十三年（一五九五）金陵大業堂刻本

946 新刻劉雲嶠大史摘纂然然故事□集
明劉曰寧編張以誠校　明萬曆間李少泉刻本

947 日記故事七卷
明熊大木校註　明嘉靖二十一年（一五四二）福建熊氏刻本

948 新鐫類解官樣日記故事大全七卷
未題編者名氏明張瑞圖校　日本寶永八年（清康熙五十年—一七一一）覆刻明劉龍田本

949 書言故事大全十二卷
明胡繼宗編　明萬曆十七年（一五八九）刻本

950 新鍥校正評釋提類書言故事大全十卷
明胡繼宗編　明天啓六年（一六二六）建安黃氏刻本

951 人鏡陽秋二十二卷
明汪廷訥撰　明汪耕繪　明黃應組刻　明萬曆間新安汪氏環翠堂刻本

952 帝鑑圖說四册
明張居正撰　（一）明萬曆元年（一五七三）刻本　（二）明萬曆三十二年（一六〇四）刻本　明黃應孝黃秀野刻

953 養正圖解二卷
明焦竑撰　明丁雲鵬繪　明黃奇黃鏻等刻　明萬曆二十二年（一五九四）奎壁齋刻本

954 御世仁風四卷
明金忠編　明泰昌元年（一六二〇）刻本

955 古列女傳八卷
漢劉向撰　晉顧凱之繪　清嘉慶二十五年（一八二〇）覆刻宋嘉祐本

956 新鐫增補全像評林古今列女傳八卷
漢劉向撰明茅坤補彭烊評　明萬曆十五

年（一五八七）金陵富春堂刻本

957 **古列女傳八卷**

漢劉向撰　明黃鎬刻　明萬曆三十四年（一六〇六）金陵文林閣唐錦池刻本

958 **列女傳十六卷**

未題編者名氏　明仇英繪　（一）清乾隆四十四年（一七七九）知不足齋鮑廷博用明萬曆版重印本　（二）民國十三年（一九二四）日本大村西崖輯刻圖本叢刊所收本

959 **閨範四卷**

明呂坤撰　明萬曆十八年（一五九〇）原刻本　又明黃一彬黃暘谷黃師教等刻（此本與上本內容不同）明萬曆間新安重刻本

960 **古今女範四卷**

明黃尚文撰　明程起龍繪　明黃應瑞黃應泰等刻　明萬曆三十年（一六〇二）刻本

961 **訓女圖說不分卷**

清桂馥編　清光緒十四年（一八八八）刻本

962 **閨訓圖說二卷**

清俞增光編　清何雲梯繪　清光緒四年（一八七八）敬義堂刻本

963 **孝貞錄一卷**

未題編者名氏　明仇英繪清鄧瓊石摹　清同治九年（一八七〇）刻本

964 **聖諭像解二十卷**

清梁延年編　清康熙二十年（一六八一）承宣堂刻本

965 **太上感應篇圖說不分卷**

清張錡編　（一）清乾隆二十三年（一七五八）刻本　（二）清咸豐元年（一八五一）敦仁堂刻本

966 **滿漢合璧太上感應篇圖說六卷**

未題編者名氏　清乾隆間刻本

967 **陰騭文像註四卷**

清趙如升輯註　清雍正間育德堂刻本

968 **陰騭文圖證四卷**

清許光清撰　（一）清康熙五十八年（一七一九）刻本　（二）清道光二十四年（一八四四）海昌蔣氏校刻本　清費丹旭繪

969 **陰騭文圖解四卷**

清趙如升撰　清乾隆間德馨堂刻本

970 **陰騭文圖說四卷**

未題編者名氏　清嘉慶六年（一八〇一）會文齋刻本

971 **增訂太上感應篇圖說不分卷**

清朱日豐輯鐵珊增訂　清光緒間刻本

972 **覺世經圖說四卷**

清彭□□編　清李淦繪　（一）清聚文齋刻朱墨印本　（二）清咸豐元年（一

八五一）春暉書屋重刻本　（三）清咸豐十年（一八六〇）重刻本

973 **富貴捷徑圖說不分卷**

清戴小農撰　清光緒五年（一八七九）刻本

974 **二十四孝圖說**

未題編者名氏　清光緒十年（一八八四）宣城李氏刻本

975 **百孝圖說四卷**

清俞葆眞編　清同治十年（一八七一）刻本

976 **二百卌孝圖說四卷**

清胡文炳編　清光緒二十九年（一九〇三）蘭石齋刻本

（五）地理類

977 **海內奇觀十卷**

明楊爾曾撰　明陳一貫繪　明汪忠信刻　明萬曆三十年（一六〇九）夷白堂刻本

978 **新刻名山勝景一覽圖不分卷**

未題繪編者名氏　明萬曆間刻本

979 **天下名山勝概記四十八卷**

明何寳巖編　明藍田叔趙文度繪　明崇禎六年（一六三三）刻本

980 **太平山水圖不分卷**

清蕭雲從繪編　清劉榮湯倘刻　清順治間濟南張氏懷古堂刻本

981 **古歙山川圖一卷**

清吳逸繪編　清乾隆二十二年（一七五七）刻本

982 **武夷志略四集**

明徐表然編　摹宋高文舉畫　明萬曆四十七年（一六一九）崇安孫世昌刻本

983 **西湖志摘粹補遺奚囊便覽十二卷**

明高應科編陳有孚校　明吳熹繪　明黃偁中刻　明萬曆間刻本

984 **黃山志二卷**

清張佩芳撰　清乾隆三十五年（一七七〇）刻本

985 **天台山全志十八卷**

清張聯元撰　清康熙五十六年（一七一七）刻本

986 **天台山方外志要十二卷**

清齊召南撰　清鮑汀繪　清乾隆三十二年（一七五七）刻本

987 **大嶽太和山紀略八卷**

清王槩撰　清乾隆九年（一七四四）刻本

988 **南嶽圖誌不分卷**

明吳楙材撰　清乾隆十年（一七四五）吳仁屺刻本

989 **峨山圖說二卷**

清黃錫藩等撰　清光緒十七年（一八九

一）刻本

990 **盤山志十卷補遺四卷**
清釋智朴撰　清康熙間刻本

991 **恆山志五卷圖一卷**
清桂敬順撰　清乾隆二十八年（一七六三）刻本

992 **西樵遊覽記十四卷**
清劉南畬撰黃虞等補　清道光間刻本

993 **江南名勝圖說不分卷行宮坐落圖說不分卷**
未題繪編者名氏　清乾隆間刻本

994 **江南名勝圖說二冊揚州名勝圖說二冊行宮坐落圖說一冊**
未題繪編者名氏　清乾隆間刻本

995 **名勝園亭圖說不分卷**
未題繪編者名氏　清乾隆間刻本

996 **江南名勝圖錄不分卷**
清郭裏恆編　清乾隆三十年（一七六五）源汾堂刻本

997 **廣陵名勝全圖不分卷**
未題繪編者名氏　清刻本

998 **浙江名勝圖說不分卷**
未題繪編者名氏　清乾隆間刻本

999 **五臺名勝圖冊**
未題繪編者名氏　清乾隆間刻本

1000 **關中勝蹟圖志三十二卷圖一卷**
清畢沅撰　清乾隆間經訓堂刻本

1001 **平山堂圖志十卷名勝全圖一卷**
清趙之壁撰　清乾隆間刻本

1002 **金陵圖詠一卷**
明朱之蕃撰　明徵壽柏繪　明天啓三年（一六二三）金陵刻本

1003 **滿文御製避暑山莊三十六景詩二卷**
清聖祖撰　清沈崳繪　（一）清康熙五十年（一七一一）刻朱墨套印本　（二）民國十二年（一九二三）日本大村西崖輯圖本叢刊所收覆刻本　此書一名熱河三十六景詩圖

1004 **圓明園圖詠二卷**
清世宗撰　清沈崳繪　清乾隆十年（一七四五）刻本

1005 **臥龍岡志二卷**
清羅景星輯　清康熙間刻本

1006 **曹江孝女廟志八卷附圖**
清金廷棟編　清潘嵐繪　清光緒八年（一八八二）五社公所刻本

1007 **睢州洛學書院紀勝不分卷**
清蔣泰撰　清蔣潞繪　清乾隆間刻本

1008 **鴻雪因緣圖記三集**
清麟慶撰　清汪英福繪　（一）清道光二十七年（一八四七）柏簡齋刻本　（二）清光緒二十二年（一八九六）點石齋石印本

1009 環翠堂園景圖一卷
明汪廷訥編 明錢貢繪 明黃應組刻
明萬曆間新安汪氏環翠堂刻本

1010 文園綠凈園圖記不分卷
清汪承鏞編 清道光間原刻本

1011 汪氏兩園圖詠合刻不分卷
清汪承鏞編 清同治十二年(一八七三)刻本

1012 五湖漁莊圖題詞四卷
清葉承桂編 清沈焯繪 (一)清咸豐三年(一八五三)刻本 (二)清光緒八年(一八八二)刻本

1013 勺湖蓮隱圖詠不分卷
未題編者名氏 清王素繪 清光緒八年(一八八二)刻本

(六) 文學類

1014 楚辭述註五卷
明來欽之註王璽校 明陳洪綬繪 明黃建中刻 (一)明崇禎十年(一六三七)刻本 (二)清康熙三十年(一六九一)重刻本

1015 離騷圖經不分卷
清蕭雲從繪註 清湯復刻 (一)清順治二年(一六四五)刻本 (二)民國十五年(一九二六)日本大村西崖輯圖本叢刊所收覆刻本

1016 陳蕭二家繪離騷圖不分卷
清陳洪綬蕭雲從繪 民國十三年(一九二四)上海蟫隱廬影印本

1017 鍾伯敬先生訂補千家詩圖註二卷
未題編者名氏 (一)清廣德堂覆刻明本 (二)清聚經堂覆刻明本

1018 詩餘畫譜不分卷
明汪□□編 (一)明萬曆四十年(一六一二)刻本 (二)民國三十三年(一九四四)長樂鄭氏影印本

1019 新刻施會元彙纂士民捷用一雁橫秋四卷
未題編者名氏 明萬曆三十九年(一六一一)福建黃耀宇刻本

1020 新刻一札三奇八卷
明鄧志謨編毛士翹校 明天啓間刻本

1021 八刻張侗初先生彙編四民便用註釋札棗五朵雲四卷
明張侗初編謝維升註 明崇禎間存誠堂刻本

1022 大備對宗二十卷
明張士俊編 明萬曆二十八年(一六〇〇)萃慶堂余氏刻本

1023 刻精選百家珠璣聯六卷
明□爾登編 明崇禎元年(一六二八)刻本

1024 同文類聚四卷續編十卷

清朱鳥賢編　清乾隆間鶴松堂刻本

1025 **山水爭奇三卷**

明鄧志謨編　明天啓間清白堂刻本

1026 **茶酒爭奇二卷**

明鄧志謨編　明天啓四年（一六二四）清白堂刻本

1027 **青樓韻語四卷**

明張夢徵編　明張學徵繪　明黃一彬黃桂芳黃端甫刻　明萬曆四十四年（一六一六）刻本

1028 **百美新詠四卷**

清顔希源撰　清王翽繪　（一）清乾隆二十年（一七五五）刻本　（二）清嘉慶十年（一八〇五）刻本

1029 **懷嵩堂贈言四卷**

清耿介定編　清鮑承勳刻　清康熙間刻本

（七）小說類

1030 **宣和遺事二卷**

未題撰人名氏　明郭卓然刻　明崇禎間刻本

1031 **新刊全相平話武王伐紂書三卷**

未題撰人名氏　元吳俊甫黃叔安等刻

（一）元至治間新安虞氏刻本　（二）日本西京都臨川書店影印全相平話四種所收本　（三）一九五六年文學古籍刊行社影印平話五種所收本

1032 **新刊全相平話樂毅圖齊七國春秋後集三卷**

未題撰人名氏　元吳俊甫黃叔安等刻

（一）元至治間新安虞氏刻本　（二）日本西京都臨川書店影印全相平話四種所收本　（三）一九五六年文學古籍刊行社影印平語五種所收本

1033 **新刊全相秦併六國平話三卷**

未題撰人名氏　元吳俊甫黃叔安等刻

（一）元至治間新安虞氏刻本　（二）日本西京都臨川書店影印平語四種所收本　（三）一九五六年文學古籍刊行社影印平話五種所收本

1034 **新刊全相平話前漢書續集三卷**

未題撰人名氏　元吳俊甫黃叔安等刻

（一）元至治間新安虞氏刻本　（二）日本西京都臨川書店影印平話四種所收本　（三）一九五六年文學古籍刊行社影印平話五種所收本

1035 **至治新刊全相平話三國志三卷**

未題撰人名氏　元吳俊甫黃叔安等刻

（一）元至治間新安虞氏刻本　（二）日本鹽谷溫氏影印本　（三）民國十八年（一九二九）商務印書館影印本　（四）一九五六年文學古籍刊行社影印平話五種所收本

1036 **古今小說四十卷**

明馮夢龍編　明劉素明刻　（一）明天啓間天許齋原刻本　（二）民國三十六年（一九四七）商務印書館排印本插圖銅版印

1037 **喻世名言二十四卷**

明馮夢龍編　明末衍慶堂刻本　按此書即古今小説

1038 **警世通言四十卷**

明馮夢龍編　明劉素明刻　明金陵兼善堂刻本　明末衍慶堂增補重刻本　清初三桂堂王振華重刻明本

1039 **醒世恒言四十卷**

明馮夢龍編　（一）明末葉敬池刻本（二）明末葉敬溪刻本

1040 **拍案驚奇四十卷**

明凌濛初撰　（一）明崇禎間尙友堂原刻本　（二）清初消閒居重刻本

1041 **二刻拍案驚奇三十九卷**

明凌濛初撰　明劉崟畫　劉君裕刻　明崇禎間尙友堂原刻本

1042 **今古奇觀四十卷**

明姑蘇抱甕老人編　明崇禎間原刻本　清重刻本多種不備舉

1043 **石點頭十四卷**

明天然癡叟撰　明崇禎間葉敬池原刻本

1044 **醉醒石不分卷**

明東魯古狂生撰　明崇禎間刻本

1045 **鼓掌絶塵四集**

明古吳金木散人撰　明崇禎間刻本

1046 **西湖二集三十四卷**

明周楫撰　明崇禎間刻本

1047 **無聲戲合集**

清李漁撰　清胡念翊畫　蔡思璜刻　清初刻本

1048 **十二樓十二卷**

清李漁撰　清初消閒居原刻本

1049 **豆棚閒話十二卷**

清聖水艾衲居士撰　清順治間原刻本

1050 **花幔樓批評寫圖小説生綃剪不分卷**

清谷口生撰　清黃子和葉耀輝刻　清初木活字本

1051 **二刻醒世恒言二函不分卷**

清心遠主人撰　清雍正間刻本

1052 **五色石八卷**

清筆鍊閣撰　清初刻本

1053 **西湖佳話十六卷**

清古吳墨浪子撰　清康熙間金陵王衙原刻彩色套印本

1054 **古今列女傳演義六卷**

清東海猗龍子撰　清初長春堂刻本

1055 **七十二朝四書人物演義四十卷**

明無名氏撰　明刻本

1056 **新刻按鑑編纂開闢衍繹通俗志傳**

六卷
明周游撰　明王黌釋　明崇禎八年（一六三五）原刻本

1057 新刊京本春秋五霸七雄全像列國志傳八卷
明余邵魚撰　（一）明萬曆三十四年（一六〇六）福建三台館余象斗重刻本　（二）清康熙五十六年（一七一七）覆刻明本

1058 新鐫陳眉公先生批評春秋列國志傳十二卷
明余邵魚撰　明李青宇刻　明萬曆四十三年（一六一五）姑蘇龔紹山刻本

1059 列國志十卷一百四回
明余邵魚撰　明崇禎間金閶五雅堂刻本

1060 新列國志不分卷
明馮夢龍撰　（一）明末金閶葉敬池原刻本　（二）清初覆刻明本

1061 京本通俗演義按鑑全漢志傳十二卷
明熊大木撰　明萬曆十六年（一五八八）清白堂楊氏刻本

1062 新刻劍嘯閣批評西漢演義傳八卷
明甄偉撰　明崇禎間吳門白玉堂刻本

1063 新鍥重訂出像註釋通俗演義東漢志傳題評十卷
明謝詔撰　明萬曆間登龍館刻本

1064 新刻劍嘯閣批評東漢演義傳十卷
明謝詔撰　明崇禎間吳門白玉堂刻本

1065 新刻校正古本大字音釋三國志通俗演義十二卷
明羅本撰　明王希堯畫　魏少峰刻　明萬曆十九年（一五九一）金陵萬卷樓刻本

1066 新鐫校正京本大字音釋圈點三國志演義十二卷
明羅本撰　明萬曆間福建鄭以楨刻本

1067 新刻按鑑全像批評三國志傳二十卷
明羅本撰　明萬曆二十年（一五九二）余氏雙峰堂刻本

1068 新刻京本補遺通俗演義三國全傳二十卷
明羅本撰　明萬曆二十四年（一五九六）誠德堂熊清波刻本

1069 新鐫京本校正通俗演義按鑑三國志二十卷
明羅本撰　明萬曆三十三年（一六〇五）福建聯輝堂鄭少垣刻本

1070 重刻京本通俗演義按鑑三國志傳二十二卷
明羅本撰　明萬曆三十八年（一六一〇）福建書林楊起元刻本

1071 新刻按鑑演義全像三國英雄志傳

二十卷

明羅本撰　明萬曆間福建書林楊美生刻本

1072 李卓吾先生批評三國志不分卷

明羅本撰　明劉素明刻　明建陽吳觀明刻本

1073 李卓吾先生批評三國志眞本不分卷

明羅本撰　清初吳郡寶翰樓刻本

1074 李卓吾先生批評三國志不分卷

明羅本撰　清初吳郡綠蔭堂刻本

1075 李卓吾先生批評三國志不分卷

明羅本撰　清吳郡藜光樓楠槐堂合刻本

1076 李笠翁批閲三國志二十四卷

明羅本撰　清初兩衡堂刻本

1077 新刻按鑑演義京本三國英雄志傳六卷

明羅本撰　清三餘堂覆刻明本

1078 新鐫東西晉演義十二卷

明楊爾曾撰　明武林泰和堂刻本

1079 鐫楊升庵批評隋唐兩朝志傳十二卷

明羅本撰　明萬曆四十七年（一六一九）姑蘇龔紹山刻本

1080 新刻按鑑演義全像唐書志傳八卷

明熊大木撰　明萬曆間余氏三台館刻本

1081 新刊出像補訂參采史鑑唐書志傳通俗演義題評八卷

明熊大木撰　明王少淮畫　明萬曆二十一年（一五九三）金陵大業堂刻本

1082 新刊徐文長先生評唐傳演義八卷

明熊大木撰　明泰昌元年（一六二〇）武林藏珠館刻本

1083 全像按鑑演義南北兩宋志傳二十卷

明熊大木撰　明萬曆間余氏三台館刻本

1084 新刻玉茗堂批點繡像南北宋傳二十卷

明熊大木撰　明李翠峰刻　明書林葉崑池刻本

1085 新刊大宋中興通俗演義八卷

明熊大木撰　明嘉靖三十一年（一五五二）楊氏清白堂刻本

1086 新刊大宋中興通俗演義八卷

明熊大木撰　明王少淮畫　明萬曆間周氏萬卷樓刻本

1087 新刊按鑑演義全像大宋中興岳王傳八卷

明熊大木撰　明萬曆間余氏三台館刻本

1088 新鐫全像武穆精忠傳八卷

明熊大木撰　明崇禎間天德堂刻本

1089 京本雲合奇蹤二十卷

明徐渭撰　明末刻本

1090 三寶太監西洋記通俗演義二十卷

明羅懋登撰　（一）明萬曆間原刻本
（二）清初步月樓覆刻明本

1091 皇明中興聖烈傳五卷
明樂舜日撰　明末刻本

1092 新鐫出像通俗演義遼海丹忠錄八卷
明陸雲龍撰　明崇禎間刻本

1093 新鐫全像孫龐鬥志演義二十卷
明吳門嘯客撰　明項南洲刻　明崇禎九年（一六三六）刻本

1094 新鐫全像通俗演義隋煬帝艷史八卷
明齊東野人撰　明崇禎四年（一六三一）人瑞堂刻本

1095 新刻全像音註征播奏捷通俗演義六卷
明棲真齋名衢逸狂撰　明萬曆三十一年（一六〇三）刻本

1096 峥霄館評定出像通俗演義魏忠賢小說斥奸書四十回
明吳越草莽臣撰　明崇禎元年（一六二八）刻本

1097 警世陰陽夢十卷
明長安道人國清撰　明崇禎元年（一六二八）刻本

1098 按鑑演義帝王御世盤古至唐虞傳二卷
明無名氏撰　明福建書林余季岳刻本

1099 按鑑演義帝王御世有夏誌傳四卷
明無名氏撰　明福建書林余季岳刻本

1100 京板全像按鑑音釋兩漢開國中興志傳六卷
明無名氏撰　明萬曆三十三年（一六〇五）刻本

1101 新刻按鑑編集二十四帝通俗演義全漢志傳十四卷
明無名氏撰　清寶華樓覆刻明三台館本

1102 新刻續編三國志後傳十卷
明無名氏撰　明魏少峰刻　明萬曆十四年（一五八六）刻本

1103 東西晉演義十二卷
明無名氏撰　明王少淮畫　明萬曆四十年（一六一二）周氏大業堂刻本

1104 新刊徐文長先生批評隋唐演義十卷
明無名氏撰　明崇禎間杭州刻本

1105 岳武穆王精忠傳六卷
明無名氏撰　清初刻本

1106 新編全像楊家府世代忠勇通俗演義八卷
明無名氏撰　明萬曆三十四年（一六〇六）刻本

1107 新鍥龍興名世錄皇明開運英武傳八卷

明無名氏撰　明萬曆十九年（一五九一）
金陵書林楊明峰刻本
1108 新刻皇明開運輯略武功名世英烈
傳六卷
明無名氏撰　明萬曆間三台館余君召刻
本
1109 玉茗堂批點皇明開運輯略武功名
世英烈傳六卷
明無名氏撰　明崇禎元年（一六二八）
刻本
1110 承運傳四卷
明無名氏撰　明萬曆間福建刻本
1111 劍嘯閣批評秘本出像隋史遺文十
二卷
清袁于令撰　明崇禎間刻本
1112 四雪草堂重訂通俗隋唐演義二十
卷
清褚人穫撰　清康熙間四雪草堂刻本

1113 新編批評繡像後七國樂田演義不
分卷
清古吳遯世老人撰　清初長春閣刻本
1114 精繡通俗全像梁武帝西來演義十
卷
清天花藏主人撰　清初永慶堂余氏刻本
1115 忠義水滸傳不分卷一百回
明施耐庵撰　明黄誠之劉啓先刻　明萬
曆間新安刻本
1116 李卓吾評忠義水滸傳不分卷一百
回
明施耐庵撰　明黄誠之劉啓先白南軒刻
清初芥子園刻本
1117 李卓吾先生批評忠義水滸傳一百
卷一百回
明施耐庵撰　明吳鳳臺刻　明萬曆間容
與堂刻本
1118 鍾伯敬先生批評忠義水滸傳一百
卷一百回
明施耐庵撰　明刻本
1119 新刊京本全像插增田虎王慶忠義
水滸全傳二十四卷
明施耐庵撰　明萬曆間刻本
1120 京本增補校正全像忠義水滸志傳
評林二十五卷
明施耐庵撰　明萬曆間余氏雙峰堂刻本
1121 李卓吾評忠義水滸全傳不分卷一
百二十回
明施耐庵撰　明劉君裕刻　（一）明袁
無涯刻本　（二）明末郁郁堂刻本
1122 新刻全像水滸傳二十五卷一百十
五回本
明施耐庵撰　明崇禎間富沙劉興我刻本
1123 評論出像水滸傳七十五卷七十回
明施耐庵撰　明陳洪綬畫　清順治十四
年（一六五七）醉耕堂刻本

1124 水滸後傳八卷四十回
明陳忱撰　清初原刻本

1125 禪眞逸史八集
明清溪道人撰　明崇禎間白下翼聖堂原刻本

1126 精鐫三國水滸全傳四十卷
明熊飛輯　明崇禎間雄飛館原刻本　此書別題英雄譜

1127 金瓶梅不分卷
明無名氏撰　明劉應組刻　明崇禎間原刻本

1128 續金瓶梅十二卷
清丁耀亢撰　清初原刻本

1129 醋葫蘆四卷
明西子湖伏雌教主撰　明項南洲刻　明崇禎間刻本

1130 紅樓夢不分卷
清曹霑撰高鶚續　清乾隆五十六年（一七九一）木活字本

1131 紅樓夢不分卷
清曹霑撰高鶚續王希廉評　清道光間原刻本

1132 紅樓夢圖詠不分卷
清改琦繪　清光緒五年（一八七九）刻本

1133 三遂平妖傳四卷二十回
明羅本撰　明劉希賢刻　明萬曆間錢塘王愼修刻本

1134 新刻出像官板大字西遊記二十卷
明吳承恩撰　明萬曆間金陵唐氏世德堂刻本

1135 鼎鍥京本全像西遊記二十卷
明吳承恩撰　明萬曆間福建書林楊閩齋刻本

1136 李卓吾先生批評西遊記不分卷
明吳承恩撰　明劉君裕刻　明刻本

1137 鼎鍥全像唐三藏西遊釋厄傳十卷
明朱鼎臣撰　明萬曆間福建蓮台劉永茂刻本

1138 西遊證道書不分卷
清汪象旭評　清胡念翊畫　清初原刻本

1139 西遊補不分卷
明董說撰　（一）明崇禎間原刻本
（二）一九五五年文學古籍刊行社影印本

1140 新刻全像二十四尊得道羅漢傳六卷
明朱星祚撰　明萬曆三十二年（一六〇四）書林楊氏淸白堂刻本

1141 新刻全像牛郎織女傳四卷
明朱名世撰　明萬曆間福建仙源余成章刻本

1142 新鐫晉代許旌陽得道擒蛟鐵樹記二卷

明鄧志謨撰　明萬曆三十一年（一六〇三）萃慶堂余泗泉刻本

1143 **鍥唐代呂純陽得道飛劍記二卷**
明鄧志謨撰　明萬曆間萃慶堂余氏刻本

1144 **鍥五代薩眞人得道咒棗記二卷**
明鄧志謨撰　明萬曆間萃慶堂余氏刻本

1145 **新刊出像天妃濟生出身傳二卷**
明吳還初撰　明萬曆間潭邑書林熊龍峰刻本

1146 **新刊八仙出處東遊記二卷**
明吳元泰撰　明萬曆間福建書林余文台刻本

1147 **新刻鍾伯敬先生批評封神演義二十卷**
明許仲琳撰　明金閶書林舒載陽刻本

1148 **封神演義不分回**
清褚人穫撰　清康熙三十四年（一六九五）四雪草堂刻本

1149 **韓湘子全傳不分卷**
明楊爾曾撰　明天啓三年（一六二三）金陵九如堂刻本

1150 **鐵頭陀新本濟公全傳不分卷**
清王夢吉撰　清康熙間刻本

1151 **鏡花緣二十卷**
清李汝珍撰　清謝葉梅繪　清道光十二年（一八三二）廣東重刻本

1152 **全像類編皇明諸司公案傳六卷**
明余象斗撰　明萬曆間三台館余氏刻本

1153 **新刻名公神斷明鏡公案七卷**
明葛天民吳沛泉撰　明萬曆間三槐堂王崑源刻本

1154 **新鐫全像海剛峯先生居官公案四卷**
明李春芳撰　明萬曆三十四年（一六〇六）金陵萬卷樓刻本

1155 **新鐫全像包孝肅公百家公案演義六卷**
明饒安完熙生撰　明萬曆間金陵萬卷樓刻本

1156 **鼎鍥國朝名公神斷詳刑公案八卷**
明京南歸正寧靜子撰　明潭陽書林劉大華刻本

1157 **皇明諸司廉明奇判公案傳二卷**
明無名氏撰　明建安書林鄭氏萃英堂刻本

1158 **新鐫國朝名公神斷詳情公案六卷**
明無名氏撰　清覆刻明本

1159 **龍圖公案十卷**
明無名氏撰　清初刻聽玉齋評本

1160 **山海經釋義十八卷**
晉郭璞註　明王崇慶釋　明董漢儒校　明萬曆四十七年（一六一九）堯山堂刻本

1161 **山海經十八卷**

晉郭璞註 明蔣應鎬繪 明李文孝刻 明崇禎間刻本

1162 **玉茗堂摘評王弇州先生艷異編十二卷**

明王世貞編 明末刻朱墨套印本

1163 **剪燈餘話五卷**

明李昌祺撰 明黃一木黃一彬刻 明萬曆間刻本

1164 **仙媛紀事十卷**

明楊爾曾撰 明黃玉林刻 明萬曆三十年（一六〇二）刻本

1165 **八公遊戲叢談不分卷**

明無名氏輯 明崇禎間刻本

（八）戲曲類

1166 **元曲選十集**

明臧懋循編 （一）明萬曆四十三年（一六一五）博古堂刻本 （二）民國七年（一九一八）商務印書館影印本

1167 **顧曲齋元人雜劇選十八種**

明無名氏編 明萬曆間顧曲齋刻本

1168 **盛明雜劇初集**

明沈泰編 （一）明崇禎二年（一六二九）原刻本 （二）民國十四年（一九二五）上海中國書店影印本 （三）近人董康誦芬室覆刻本（插圖珂羅版影印）

1169 **盛明雜劇二集**

明沈泰編 （一）明崇禎間原刻本 （二）近人董康誦芬室覆刻本（插圖珂羅版影印）

1170 **新鐫古今名劇柳枝集・新鐫古今名劇酹江集不分卷**

明孟稱舜編 明崇禎六年（一六三三）刻本

1171 **雜劇三集三十四卷**

清鄒式金編 （一）清順治間原刻本 （二）近人董康誦芬室覆刻本（插圖珂羅版影印） 此書一題雜劇新編

1172 **董西廂二卷**

金董解元撰 明萬曆間屠隆校刻本

1173 **新刊奇妙全相註釋西廂記二卷**

元王德信撰關漢卿續 （一）明弘治十一年（一四九八）北京刻本 （二）一九五三年古本戲曲叢刊編刊委員會輯古本戲曲叢刊初集所收影印本 （三）一九五五年商務印書館影印本

1174 **重刻元本題評音釋西廂記二卷**

元王德信撰關漢卿續 （一）明萬曆間喬山堂劉龍田刻本 （二）古本戲曲叢刊初集所收影印本

1175 **元本出相北西廂記二卷**

元王德信撰關漢卿續 明汪耕畫 明黃一楷黃一彬刻 明萬曆三十八年（一六一〇）起鳳館刻本

1176 **新校注古本西廂記五卷**

元王德信撰關漢卿續　明黃應光刻　（一）明萬曆四十二年（一六一四）香雪居刻本　（二）民國十九年富晉書社東來閣影印本

1177 **新刊考正全像評釋北西廂記四卷**

元王德信撰關漢卿續　明萬曆間文秀堂刻本

1178 **西廂記五本**

元王德信撰關漢卿續　明王文衡繪　明黃一彬刻　明天啓間吳興凌氏刻朱墨套印本

1179 **三先生合評元本北西廂五卷**

元王德信撰關漢卿續　明崇禎間彙錦堂刻本

1180 **張深之先生正北西廂祕本五卷**

元王德信撰關漢卿續　明陳洪綬繪　（一）明崇禎十二年（一六三九）刻本　（二）古本戲曲叢刊初集所收本

1181 **新刻魏仲雪先生批點西廂記二卷**

元王德信撰關漢卿續　清初古吳陳長卿刻本

1182 **西廂記雜錄不分卷**

明顧玄緯編　明何鈐刻　明隆慶三年（一五六九）刻本

1183 **西廂記考不分卷**

明江東洵美編　明唐寅錢穀繪　明夏緣宗刻　明萬曆間刻本

1184 **楊東來批評西遊記六卷**

元楊景賢撰　（一）明萬曆間刻本　（二）日本東京都斯文會排印本（插圖銅版覆印）　（三）古本戲曲叢刊初集所收影印斯文會本

1185 **新編金童玉女嬌紅記二卷**

明劉兌撰　（一）明宣德間金陵積德堂刻本　（二）日本東京都長澤規矩也氏影印本　（三）古本戲曲叢刊初集所收影印長澤氏印本

1186 **徐文長四聲猿一卷**

明徐渭撰　明汪修繪　明萬曆間刻本

1187 **四聲猿一卷**

明徐渭撰　明水月居繪　明崇禎間刻本

1188 **大雅堂雜劇不分卷**

明汪道昆撰　明黃伯符刻　明萬曆間刻本

1189 **徐文長改本昆崙奴一卷**

明梅鼎祚撰　明黃應光刻　明萬曆四十三年（一六一五）刻本

1190 **秋風三疊不分卷**

清來集之撰　清康熙間刻本

1191 **寬心雜劇不分卷**

清徐爔撰　清乾隆五十四年（一七八九）夢生堂刻本

1192 **研笙館修簫譜不分卷**

清舒位撰　清道光間錢塘汪氏振綺堂刻本

1193 重訂拜月亭記二卷
元施惠撰　（一）明萬曆間金陵世德堂刻本　（二）古本戲曲叢刊初集所收影印本

1194 李卓吾先生批評幽閨記二卷
元施惠撰　（一）明萬曆間容與堂刻本　（二）古本戲曲叢刊初集所收影印本

1195 重校拜月亭記二卷
元施惠撰　明萬曆間金陵文林閣刻本

1196 幽閨怨佳人拜月亭四卷
元施惠撰　明刻朱墨套印本

1197 蔡中郎忠孝傳四卷
元高明撰　明萬曆間刻本

1198 重校元本大板釋義全像音釋琵琶記三卷
元高明撰　明萬曆間刻本

1199 新刻重訂出像附釋標註琵琶記四卷
元高明撰　明萬曆間唐晟刻本

1200 琵琶記
元高明撰　明萬曆二十五年（一五九七）玩虎軒汪氏刻本

1201 李卓吾先生批評琵琶記二卷
元高明撰　明黃應光刻　明萬曆間刻本

1202 鼎鐫琵琶記二卷
元高明撰　明萬曆間蕭騰鴻刻本

1203 湯海若先生批評琵琶記二卷
元高明撰　明劉次泉刻　明萬曆間刻本

1204 琵琶記四卷
元高明撰　明鄭聖卿刻　明末吳興凌氏刻朱墨套印本

1205 新刻魏仲雪先生批點琵琶記二卷
元高明撰　清初古吳陳長卿刻本

1206 新刻出像音註花欄王十朋荊釵記四卷
明朱權撰　明萬曆間金陵富春堂刻本

1207 重校古荊釵記二卷
明朱權撰　明萬曆間金陵繼志齋刻本

1208 屠赤水批評荊釵記二卷
明朱權撰　（一）明萬曆間刻本　（二）古本戲曲叢刊初集所收影印本

1209 新刻出像音註增補劉智遠白兔記二卷
明無名氏撰謝天祐校　（一）明萬曆間金陵富春堂刻本　（二）古本戲曲叢刊初集所收影印本

1210 新刻重訂附釋標註出相伍倫全備忠孝記四卷
明邱濬撰　明萬曆間金陵世德堂刻本

1211 重校投筆記四卷
明邱濬撰　明萬曆間金陵文林閣刻本

1212 魏仲雪批評投筆記二卷

明邱濬撰　（一）明萬曆間存誠堂刻本　（二）古本戲曲叢刊初集所收影印本

1213 **新刻出像音註花欄裴度香山還帶記二卷**

明沈采撰　明萬曆間金陵富春堂刻本

1214 **裴度香山還帶記二卷**

明沈采撰　（一）明萬曆間金陵世德堂刻本　（二）古本戲曲叢刊初集所收影印本

1215 **韓信千金記四卷**

明沈采撰　（一）明萬曆間金陵富春堂刻本　（二）古本戲曲叢刊初集所收影印本

1216 **重校千金記二卷**

明沈采撰　明仇英繪　明萬曆間刻本

1217 **新刊重訂出相附釋標註千金記四卷**

明沈采撰　明萬曆間金陵世德堂刻本

1218 **新刊重訂出相附釋標註香囊記四卷**

明邵燦撰　明萬曆間金陵世德堂刻本

1219 **重校五倫傳香囊記二卷**

明邵燦撰　（一）明萬曆間金陵繼志齋刻本　（二）古本戲曲叢刊初集所收影印本

1220 **李卓吾先生批評香囊記二卷**

明邵燦撰　明萬曆間刻本

1221 **新刻出像音註釋義王商忠節癸靈廟玉玦記四卷**

明鄭若庸撰　（一）明萬曆間金陵富春堂刻本　（二）古本戲曲叢刊初集所收影印本

1222 **新刻出像音註商輅三元記二卷**

明沈受先撰　（一）明萬曆間金陵富春堂刻本　（二）古本戲曲叢刊初集所收影印本

1223 **繡襦記四卷**

明薛近兗撰　（一）明刻朱墨套印本　（二）古本戲曲叢刊初集所收影印本

1224 **新刻出像音註花欄南調西廂記二卷**

明李日華撰　（一）明萬曆間金陵富春堂刻本　（二）古本戲曲叢刊初集所收影印本

1225 **新刻出像音註點板徐孝克孝義祝髮記二卷**

明張鳳翼撰　（一）萬曆間金陵富春堂刻本　（二）古本戲曲叢刊初集所收影印本

1226 **重校孝義祝髮記二卷**

明張鳳翼撰　明萬曆間金陵繼志齋刻本

1227 **重校紅拂記二卷**

明張鳳翼撰　明萬曆間金陵繼志齋刻本

1228 **重校註釋紅拂記二卷**

明張鳳翼撰　明萬曆間金陵文林閣刻本

1229 **紅拂記四卷**

明張鳳翼撰　（一）明刻朱墨套印本　（二）古本戲曲叢刊初集所收影印本

1230 **李卓吾先生批評紅拂記二卷**

明張鳳翼撰　明姜體乾刻　明萬曆間刻本

1231 **新刊音註出像齊世子灌園記二卷**

明張鳳翼撰　（一）明萬曆間金陵富春堂刻本　（二）古本戲曲叢刊初集所收影印本

1232 **新刻出像音註花將軍虎符記二卷**

明張鳳翼撰　（一）明萬曆間金陵富春堂刻本　（二）古本戲曲叢刊初集所收影印本

1233 **重校金印記四卷**

明蘇復之撰　（一）明萬曆間刻本　（二）古本戲曲叢刊初集所收影印本

1234 **金印合縱記二卷**

明蘇復之撰高一葦訂　明崇禎間刻本

1235 **重刻出像浣紗記四卷**

明梁辰魚撰　明萬曆間金陵文林閣刻本

1236 **李卓吾先生批評浣紗記二卷**

明梁辰魚撰　明萬曆間刻本

1237 **目連救母勸善戲文三卷**

明鄭之珍撰　明黃鋌刻　（一）明萬曆十年（一五八二）高石山房原刻本　（二）古本戲曲叢刊初集所收影印本

1238 **新刻出相音註勸善目連救母行孝戲文八卷**

明鄭之珍撰　明萬曆間金陵富春堂刻本

1239 **新刻出像音註姜詩躍鯉記四卷**

明陳羆齋撰　（一）明萬曆間金陵富春堂刻本　（二）古本戲曲叢刊初集所收影印本

1240 **新刻出像音註管鮑分金記四卷**

明葉良表撰　（一）明萬曆間金陵富春堂刻本　（二）古本戲曲叢刊初集所收影印本

1241 **新刻出像音註劉漢卿白蛇記二卷**

明鄭國軒撰　（一）明萬曆間金陵富春堂刻本　（二）古本戲曲叢刊初集所收影印本

1242 **新刻出像音註何文秀玉釵記四卷**

明陸江樓撰　（一）明萬曆間金陵富春堂刻本　（二）古本戲曲叢刊初集所收影印本

1243 **新刻全像易鞋記二卷**

明沈鯨撰　（一）明萬曆間金陵文林閣刻本　（二）古本戲曲叢刊初集所收影印本

1244 **重校十無端巧合紅蕖記二卷**

明沈璟撰　（一）明萬曆間金陵繼志齋刻本　（二）古本戲曲叢刊三集所收影

印本

1245 **重校雙魚記二卷**

明沈璟撰 （一）明萬曆間金陵繼志齋刻本 （二）古本戲曲叢刊初集所收影印本

1246 **重校埋劍記二卷**

明沈璟撰 （一）明萬曆間金陵繼志齋刻本 （二）民國十九年（一九三〇）北京圖書館影印本 （三）古本戲曲叢刊初集所收影印本

1247 **重校義俠記二卷**

明沈璟撰 （一）明萬曆四十年（一六一二）金陵繼志齋刻本 （二）古本戲曲叢刊初集所收影印本

1248 **重校義俠記二卷**

明沈璟撰 明萬曆間金陵文林閣刻本

1249 **新刻博笑記二卷**

明沈璟撰 （一）明天啓三年（一六二三）刻本 （二）民國二十一年（一九三二）上海傳眞社影印三種傳奇本 （三）古本戲曲叢刊初集所收影印本

1250 **新刻出像點板音註李十郎紫簫記四卷**

明湯顯祖撰 （一）明萬曆間金陵富春堂刻本 （二）古本戲曲叢刊初集所收影印本

1251 **紫釵記二卷**

明湯顯祖撰 明萬曆間刻臧懋循訂本

1252 **南柯記二卷**

明湯顯祖撰 明萬曆間刻臧懋循訂本

1253 **南柯記三卷**

明湯顯祖撰 明刻朱墨套印本

1254 **邯鄲記二卷**

明湯顯祖撰 明萬曆間刻臧懋循訂本

1255 **邯鄲夢記三卷**

明湯顯祖撰 （一）明刻朱墨套印本 （二）古本戲曲叢刊初集所收影印本

1256 **還魂記二卷**

明湯顯祖撰 明萬曆間刻臧懋循訂本

1257 **牡丹亭記二卷**

明湯顯祖撰 明黄一鳳黄應淳刻 明萬曆四十五年（一六一七）刻本

1258 **新刻牡丹亭還魂記四卷**

明湯顯祖撰 明萬曆間金陵文林閣刻本

1259 **牡丹亭四卷**

明湯顯祖撰 （一）明刻朱墨套印本 （二）古本戲曲叢刊初集所收影印本

1260 **玉茗堂還魂記二卷**

明湯顯祖撰 清乾隆五十年（一七八五）冰絲館刻本

1261 **玉合記二卷**

明梅鼎祚撰 明萬曆間金陵世德堂刻本

1262 **李卓吾先生批評玉合記二卷**

明梅鼎祚撰 （一）明萬曆間容與堂刻

本　（二）古本戲曲叢刊初集所收本

1263 **長命縷二卷**

明梅鼎祚撰　（一）明崇禎間刻本　（二）古本戲曲叢刊初集所收影印本

1264 **修文記二卷**

明屠隆撰　（一）明萬曆間刻本　（二）民國二十一年（一九三二）上海傳真社影印傳奇三種本　（三）古本戲曲叢刊初集所收影印本

1265 **校正原本紅梨記四卷**

明徐復祚撰　（一）明刻朱墨套印本　（二）古本戲曲叢刊初集所收影印本

1266 **新刻趙狀元三錯認紅梨記二卷**

明徐復祚撰　明萬曆間刻范律之校本

1267 **重校玉簪記二卷**

明高濂撰　（一）明萬曆間金陵繼志齋刻本　（二）古本戲曲叢刊初集所收影印本

1268 **重校玉簪記二卷**

明高濂撰　明萬曆間金陵文林閣刻本

1269 **新鐫女貞觀重會玉簪記二卷**

明高濂撰　明萬曆間長春堂刻本

1270 **鼎鐫玉簪記二卷**

明高濂撰　明劉素明蔡元勳趙璧等繪　明劉素明刻　明萬曆間師儉堂刻本

1271 **節孝記二卷**

明高濂撰　（一）明萬曆間金陵世德堂刻本　（二）古本戲曲叢刊初集所收影印本

1272 **環翠堂樂府獅吼記二卷**

明汪廷訥撰　明萬曆間新安汪氏環翠堂刻本

1273 **環翠堂樂府三祝記二卷**

明汪廷訥撰　（一）明萬曆間新安汪氏環翠堂刻本　（二）古本戲曲叢刊二集所收影印本

1274 **環翠堂樂府投桃記二卷**

明汪廷訥撰　（一）明萬曆間新安汪氏環翠堂刻本　（二）古本戲曲叢刊二集所收影印本

1275 **環翠堂樂府彩舟記二卷**

明汪廷訥撰　（一）明萬曆間新安汪氏環翠堂刻本　（二）古本戲曲叢刊二集所收影印本

1276 **環翠堂樂府義烈記二卷**

明汪廷訥撰　（一）明萬曆間新安汪氏環翠堂刻本　（二）古本戲曲叢刊二集所收影印本

1277 **環翠堂樂府重訂天書記二卷**

明汪廷訥撰　（一）明萬曆間新安汪氏環翠堂刻本　（二）古本戲曲叢刊二集所收影印本

1278 **玉茗堂批評種玉記二卷**

明汪廷訥撰　（一）明萬曆間刻本

(二)古本戲曲叢刊二集所收影印本

1279 **櫻桃夢二卷**

明陳與郊撰 (一)明萬曆間刻本 (二)古本戲曲叢刊二集所收影印本

1280 **鸚鵡洲二卷**

明陳與郊撰 (一)明萬曆間刻本 (二)民國二十三年(一九三四)長樂鄭氏彙印傳奇第一集所收影印本 (三)古本戲曲叢刊二集所收影印本

1281 **麒麟罽二卷**

明陳與郊撰 (一)明萬曆間刻本 (二)古本戲曲叢刊二集所收影印本

1282 **靈寶刀二卷**

明陳與郊撰 (一)明萬曆間刻本 (二)古本戲曲叢刊二集所收影印本

1283 **譚友夏批點想當然傳奇二卷**

明盧柟撰 (一)明刻本 (二)民國十九年(一九三〇)北京圖書館影印本 (三)古本戲曲叢刊初集所收影印本

1284 **新刻出相雙鳳齊鳴記二卷**

明陸華甫撰 (一)明萬曆間金陵世德堂刻本 (二)古本戲曲叢刊二集所收影印本

1285 **重校韓夫人題紅記二卷**

明王驥德撰 (一)明萬曆間金陵繼志齋刻本 (二)古本戲曲叢刊二集所收影印本

1286 **重校呂眞人黄粱夢境記二卷**

明蘇漢英撰 (一)明萬曆間金陵廣慶堂刻本 (二)古本戲曲叢刊初集所收影印本

1287 **重校白傅青衫記二卷**

明顧大典撰 明萬曆間鳳毛館刻本

1288 **重校旗亭記二卷**

明鄭之文撰 (一)明萬曆三十一年(一六〇三)金陵繼志齋刻本 (二)古本戲曲叢刊二集所收影印本

1289 **新刻狄梁公返周望雲忠孝記二卷**

明金懷玉撰 (一)明萬曆間金陵文林閣刻本 (二)古本戲曲叢刊二集所收影印本

1290 **新刻五鬧蕉帕記二卷**

明單本撰 (一)明萬曆間金陵文林閣刻本 (二)古本戲曲叢刊二集所收影印本

1291 **重校錦箋記二卷**

明周履靖撰(一) 明萬曆間金陵繼志齋刻本 (二)古本戲曲叢刊二集所收影印本

1292 **重校錦箋記二卷**

明周履靖撰 明萬曆間金陵文林閣刻本

1293 **寶禹鈞全德記二卷**

明王稺登撰 (一)明萬曆間金陵繼志齋刻本 (二)古本戲曲叢刊二集所收影印本

1294 **橘浦記二卷**
明許自昌撰　（一）明萬曆間刻本　（二）日本東京都九皋會影印本　（三）古本戲曲叢刊初集所收影印本

1295 **節俠記二卷**
明許自昌改訂　（一）明萬曆間刻本　（二）古本戲曲叢刊初集所收本

1296 **新鐫重訂出像附釋標註驚鴻記題評二卷**
明吳世美撰　（一）明萬曆間金陵世德堂刻本　（二）古本戲曲叢刊二集所收影印本

1297 **櫻桃記二卷**
明史槃撰　（一）明崇禎間刻本　（二）古本戲曲叢刊二集所收影印本

1298 **新鐫武侯七勝記二卷**
明紀振倫撰　（一）明萬曆間金陵唐振吾刻本　（二）古本戲曲叢刊二集所收影印本

1299 **紅梅記二卷**
明周朝俊撰　（一）明萬曆間刻本　（二）古本戲曲叢刊初集所收影印本

1300 **藍橋玉杵記二卷**
明楊之炯撰　（一）明萬曆間刻本　（二）古本戲曲叢刊初集所收影印本

1301 **新刻出像音釋點板東方朔偷桃記二卷**
明吳德修撰　明萬曆間金陵繼志齋刻本

1302 **東方朔偷桃記二卷**
明吳德修撰　（一）明萬曆間金陵廣慶堂刻本　（二）古本戲曲叢刊二集所收影印本

1303 **重校量江記二卷**
明佘翹撰　（一）明萬曆間金陵繼志齋刻本　（二）古本戲曲叢刊二集所收影印本

1304 **孔夫子周遊列國大成麒麟記二卷**
明宸宇顯聖公撰　（一）明萬曆間刻本　（二）古本戲曲叢刊二集所收影印本

1305 **小青娘風流院傳奇二卷**
明朱宗藩撰　（一）明萬曆間德聚堂刻本　（二）古本戲曲叢刊二集所收影印本

1306 **節義鴛鴦塚嬌紅記傳奇二卷**
明孟稱舜撰　（一）明崇禎間刻本　（二）古本戲曲叢刊二集所收影印本

1307 **張玉娘閨房三清鸚鵡墓貞文記二卷**
明孟稱舜撰　（一）明崇禎間刻本　（二）古本戲曲叢刊二集所收影印本

1308 **懷遠堂批點燕子箋二卷**
明阮大鋮撰　明陸武淸繪　明項南洲刻　明崇禎間刻本

1309 **詠懷堂新編十錯認春燈謎記二卷**
明阮大鋮撰　明崇禎間刻本

1310 **評點鳳求凰二卷**

明澹慧居士撰　（一）明崇禎間刻本
（二）古本戲曲叢刊二集所收影印本

1311 **斐堂戲墨蓮盟荷花蕩二卷**
明上黨擷芳主人撰　明崇禎間刻本

1312 **喜逢春二卷**
明清嘯生撰　（一）明崇禎間刻本
（二）古本戲曲叢刊二集所收影印本

1313 **鴛鴦絛傳奇二卷**
明海來道人撰　（一）明崇禎間刻本
（二）古本戲曲叢刊二集所收影印本

1314 **明月環傳奇二卷**
明西湖居士撰　（一）明崇禎間刻本
（二）古本戲曲叢刊二集所收影印本

1315 **詩賦盟傳奇二卷**
明西湖居士撰　（一）明崇禎間刻本
（二）古本戲曲叢刊二集所收影印本

1316 **靈犀錦奇二卷**
明西湖居士撰　（一）明崇禎間刻本
（二）古本戲曲叢刊二集所收影印本

1317 **鬱輪袍傳奇二卷**
明西湖居士撰　（一）明崇禎間刻本
（二）古本戲曲叢刊二集所收影印本

1318 **金鈿盒傳奇二卷**
明湖隱居士撰　（一）明崇禎間刻本
（二）古本戲曲叢刊二集所收影印本

1319 **泊庵芙蓉影二卷**
明西泠長撰　（一）明崇禎間刻本
（二）古本戲曲叢刊二集所收影印本

1320 **魏監磨忠記二卷**
明□閣甫撰　（一）明崇禎間刻本
（二）民國二十一年（一九三二）上海傳眞社影印傳奇三種所收本　（三）古本戲曲叢刊二集所收影印本

1321 **重刊五色潮泉插科增入詩詞北曲句欄荔鏡記戲文全集**
未題撰人名氏　明嘉靖四十五年（一五六六）余新安刻本

1322 **新刊重訂出像附釋標註音釋趙氏孤兒記二卷**
明無名氏撰　（一）明萬曆間金陵世德堂刻本　（二）古本戲曲叢刊初集所收影印本

1323 **新刻出像音註呂蒙正破窰記二卷**
明無名氏撰　明萬曆間金陵富春堂刻本

1324 **李九我批評破窰記二卷**
明無名氏撰　（一）明萬曆間刻本
（二）古本戲曲叢刊初集所收影印本

1325 **新鐫圖像音註周羽教子尋親記四卷**
明無名氏撰王錂重訂　（一）明萬曆間金陵富春堂刻本　（二）古本戲曲叢刊初集所收影印本

1326 **新刻出像音註薛平遼金貂記四卷**
明無名氏撰　（一）明萬曆間富春堂刻

本（二）古本戲曲叢刊初集所收影印本

1327 **新刻出像音註王昭君出塞和戎記二卷**
明無名氏撰 （一）明萬曆間金陵富春堂刻本 （二）古本戲曲叢刊二集所收影印本

1328 **新刻出像音註劉玄德三顧草廬記四卷**
明無名氏撰 （一）明萬曆間金陵富春堂刻本 （二）古本戲曲叢刊初集所收影印本

1329 **新刻出像音註范雎綈袍記四卷**
明無名氏撰 （一）明萬曆間金陵富春堂刻本 （二）古本戲曲叢刊二集所收影印本

1330 **新刻出像音註唐韋皋玉環記二卷**
明無名氏撰 明萬曆間金陵富春堂刻本

1331 **新刻出像音註薛仁貴跨海征東白袍記二卷**
明無名氏撰 （一）明萬曆間金陵富春堂刻本 （二）古本戲曲叢刊初集所收影印本

1332 **新刻出像音註岳飛破虜東窗記二卷**
明無名氏撰 （一）明萬曆間金陵富春堂刻本 （二）古本戲曲叢刊初集所收影印本

1333 **新刻出像音註蘇英皇后鸚鵡記二卷**
明無名氏撰 （一）明萬曆間金陵富春堂刻本 （二）古本戲曲叢刊初集所收影印本

1334 **新刊音註出像韓朋十義記二卷**
明無名氏撰羅祐註 （一）明萬曆間金陵富春堂刻本 （二）民國二十三年（一九三四）長樂鄭氏彙印傳奇第一集所收影印本 （三）古本戲曲叢刊初集所收影印本

1335 **新刻出像音註觀世音修行香山記二卷**
明無名氏撰 （一）明萬曆間金陵富春堂刻本 （二）古本戲曲叢刊二集所收影印本

1336 **韓湘子九度文公昇仙記二卷**
明無名氏撰 （一）明萬曆間金陵富春堂刻本 （二）古本戲曲叢刊初集所收影印本

1337 **新刊校正全相音釋青袍記二卷**
明無名氏撰 （一）明萬曆間金陵文林閣刻本 （二）古本戲曲叢刊二集所收影印本

1338 **新刻全像包龍圖公案袁文正還魂記二卷**

明無名氏撰 (一)明萬曆間金陵文林閣刻本 (二)古本戲曲叢刊二集所收影印本

1339 **新刻全像臙脂記二卷**

明無名氏撰 (一)明萬曆間金陵文林閣刻本 (二)古本戲曲叢刊初集所收影印本

1340 **新刻全像漢劉秀雲臺記二卷**

明無名氏撰 (一)明萬曆間金陵文林閣刻本 (二)古本戲曲叢刊二集所收影印本

1341 **新刻全像點板張子房赤松記二卷**

明無名氏撰 (一)明萬曆間金陵文林閣刻本 (二)古本戲曲叢刊二集所收影印本

1342 **新刻全像高文舉珍珠記二卷**

明無名氏撰 (一)明萬曆間金陵文林閣刻本 (二)古本戲曲叢刊二集所收影印本

1343 **新刻全像古城記二卷**

明無名氏撰 明萬曆間金陵文林閣刻本

1344 **古城記二卷**

明無名氏撰 (一)明萬曆間刻本 (二)古本戲曲叢刊初集所收影印本

1345 **重校四美記二卷**

明無名氏撰 (一)明萬曆間金陵文林閣刻本 (二)古本戲曲叢刊二集所收影印本

1346 **重校劍俠傳雙紅記二卷**

明無名氏撰 (一)明萬曆間金陵文林閣刻本 (二)古本戲曲叢刊二集所收影印本

1347 **新刻全像觀音魚藍記二卷**

明無名氏撰 (一)明萬曆間金陵文林閣刻本 (二)古本戲曲叢刊二集所收影印本

1348 **八義雙盃記二卷**

明無名氏撰 (一)明萬曆間金陵廣慶堂刻本 (二)古本戲曲叢刊二集所收影印本

1349 **鐫新編全像霞箋記二卷**

明無名氏撰紀振倫校 明萬曆間金陵廣慶堂唐振吾刻本

1350 **三桂聯芳記二卷**

明無名氏撰 (一)明萬曆間德壽堂刻本 (二)古本戲曲叢刊二集所收影印本

1351 **西湖記二卷**

明無名氏撰 (一)明萬曆間金陵唐振吾刻本 (二)古本戲曲叢刊二集所收影印本

1352 **丹桂記二卷**

明無名氏撰 明劉素明刻 (一)明萬曆間刻本 (二)古本戲曲叢刊初集所

收影印本

1353 玉茗堂批評續西廂昇仙記二卷
明無名氏撰　（一）明刻本　（二）古本戲曲叢刊初集所收影印本

1354 山水隣新鐫出像四大癡傳奇四卷
明無名氏撰　明崇禎間刻本

1355 山水隣新鐫花筵賺二卷
清范文若撰　明崇禎間刻本

1356 鴛鴦棒二卷
清范文若撰　明崇禎間刻本

1357 夢花酣二卷
清范文若撰　明崇禎間刻本

1358 綠牡丹二卷
清吳炳撰　明崇禎間刻本

1359 療妬羹二卷
清吳炳撰　明崇禎間刻本

1360 西園記二卷
清吳炳撰　明崇禎間刻本

1361 畫中人二卷
清吳炳撰　明崇禎間刻本

1362 情郵記二卷
清吳炳撰　明崇禎間刻本

1363 劍嘯閣自訂西樓夢傳奇二卷
清袁于令撰　（一）明末劍嘯閣刻本　（二）古本戲曲叢刊二集所收影印本

1364 臨川玉茗堂批評西樓記二卷
清袁于令撰　明末刻本

1365 望湖亭記二卷
清沈自晉撰　明崇禎間刻本

1366 一笠庵新編一捧雪二卷
清李玉撰　（一）明崇禎間原刻本　（二）古本戲曲叢刊三集所收影印本

1367 一笠庵新編人獸關二卷
清李玉撰　（一）明崇禎間原刻本　（二）古本戲曲叢刊三集所收影印本

1368 一笠庵新編永團圓二卷
清李玉撰　（一）明崇禎間原刻本　（二）古本戲曲叢刊三集所收影印本

1369 一笠庵新編占花魁二卷
清李玉撰　（一）明崇禎間原刻本　（二）古本戲曲叢刊三集所收影印本

1370 眉山秀二卷
清李玉撰　（一）清順治間刻本　（二）古本戲曲叢刊三集所收影印本

1371 秦樓月二卷
清朱㿥撰　（一）清初刻本　（二）古本戲曲叢刊三集所收影印本

1372 滑稽館新編三報恩傳奇二卷
清畢魏撰　明崇禎間刻本

1373 笠翁傳奇十種
清李漁撰　清康熙間金陵翼聖堂原刻本

1374 新編元寶媒二卷雙忠廟二卷瑪瑚玦二卷
清周稚廉撰　清康熙間刻本

1375 載花舲二卷香草吟二卷　清徐士俊撰　清康熙間曲波園原刻本

1376 廣寒香傳奇二卷　清汪光被撰　清康熙間文治堂刻本

1377 揚州夢傳奇二卷　清岳端撰　清康熙間刻本

1378 秋水堂詩中聖傳奇二卷　清夏秉衡撰　清乾隆間秋水堂刻本

1379 秋水堂雙翠圓傳奇二卷　清夏秉衡撰　清乾隆間秋水堂刻本

1380 魚水緣二卷　清周書撰　清乾隆二十六年（一七六一）刻本

1381 石榴記四卷　清黃振撰　清乾隆間刻本

1382 紅樓夢散套不分卷　清吳鎬撰　清嘉慶間蟾波閣原刻本

1383 萬壑清音八卷　明止雲居士編　明萬曆間刻本

1384 吳歈萃雅四卷　明周之標編　明萬曆間刻本

1385 賽徵歌集六卷　明無名氏編　明萬曆間刻巾箱本

1386 新鐫出像點板怡春錦曲六卷　明冲和居士編　明洪國良刻　明崇禎間刻本

1387 萬錦清音四集　清方來館主人編　清順治間方來館刻本

1388 新編樂府清音歌林拾翠二集　清無名氏編　清順治十六年（一六五九）奎壁齋刻本

1389 審音鑑古錄　清琴隱翁編　清道光十四年（一八三四）刻本

1390 吳騷初集四卷二集四卷　明張琦王煇編　明萬曆四十四年（一六一六）刻本

1391 白雪齋選訂樂府吳騷合編四卷　明張楚叔編　明項南洲洪國良等刻　明崇禎十年（一六三七）刻本

1392 陳眉公選樂府先春三卷　明陳繼儒編　明黃應光刻　明萬曆間徽郡謝少連校刻本

1393 月露音四卷　明凌虛子編　明萬曆間刻本

1394 詞林逸響四卷　明許宇編　明天啓間刻本

1395 新刻出像點板增訂樂府珊珊集四卷　明周之標撰　明崇禎間刻本

1396 太霞新奏十四卷　明香月主人編　明崇禎間刻本

1397 筆花樓新聲不分卷　明顧仲方撰　明萬曆間刻本

（九）其他類

1398 **摹刻宋版六經圖六卷**

宋吳翬飛等編　明萬曆間覆刻宋本

1399 **六經圖不分卷**

宋楊甲撰明吳繼仕訂　明萬曆四十三年（一六一五）刻本

1400 **六經圖六卷**

宋楊甲撰毛邦翰等補　明崇禎五年（一六三二）覆刻宋乾道間本

1401 **五經圖十二卷**

清楊恢基訂　清雍正二年（一七二四）刻本

1402 **三禮圖二十卷**

北周聶崇義撰　清康熙十五年（一六七六）重刻本

1403 **爾雅音圖四卷**

晉郭璞註隋江灌等撰　清嘉慶六年（一八〇一）刻本

1404 **登壇四書集註十九卷**

宋朱熹撰　明萬曆間種德書堂刻本

1405 **重刻申閣老校正朱文公家禮八卷**

宋朱熹撰明彭濱校補　明萬曆三十二年（一六〇四）亦政堂黃啓勝刻本

1406 **樂書二百卷**

宋陳暘撰　（一）宋刻本　（二）清光緒二年（一八七六）定遠方氏刻本

1407 **樂律全書四十二卷**

明朱載堉撰　明萬曆間刻本

1408 **太古遺音三卷**

明謝琳撰　明正德八年（一五一三）刻本

1409 **大成釋奠儀禮雅樂圖譜全集二卷**

明馬潍撰　明正德十五年（一五二〇）刻本

1410 **太古正音琴譜四卷**

明張右袞撰　明萬曆三十九年（一六一一）刻本

1411 **對音捷要琴譜六卷**

明楊掄撰　明萬曆元年（一五七三）福建刻本

1412 **農書三十六卷**

元王禎撰　明嘉靖九年（一五三〇）覆刻元本

1413 **農政全書六十卷**

明徐光啓撰　（一）明崇禎十二年（一六三九）原刻本　（二）清道光十八年（一八三八）重刻本

1414 **耕織圖不分卷**

清聖祖撰　清焦秉貞繪　清朱圭梅裕鳳刻　（一）清康熙三十五年（一六九六）內府刻本　（二）清康熙五十一年（一七一二）內府重刻本

1415 **御製耕織圖詩不分卷**

清聖祖撰　清乾隆間廣仁義學刻巾箱本

1416 **授衣廣訓二卷**
清仁宗勅撰　清嘉慶十三年（一八〇八）刻本

1417 **豳風廣義三卷**
清楊屾撰　清咸豐二年（一八五二）刻本

1418 **新鐫京板工師雕斲正式魯班經匠家鏡二卷**
明午榮編　明崇禎間楊氏四知館刻本

1419 **皇清職貢圖九卷**
清董誥等撰　清門慶安徐溥孫大儒戴禹等繪　清乾隆十六年（一七五一）刻嘉慶十年（一八〇五）補圖本

1420 **皇朝禮器圖式十八卷**
清允祿等撰　清門應兆冷鑑劉塤蘇廷楷章佩瑜等繪　清乾隆間內府刻本

1421 **聖廟祀典圖考五卷圖一卷**
清顧沅編　清道光六年（一八二六）刻本

1422 **萬壽聖典圖一卷**
清王原祁宋駿業繪　清朱圭刻　清康熙五十二年（一七一三）內府刻本

1423 **中山傳信錄六卷**
清徐葆光撰　清康熙六十年（一七二一）刻本

1424 **江南鐵淚圖新編不分卷**
清寄雲山人編　清同治十一年（一八七二）得見齋刻本

1425 **養民圖說不分卷**
清楊東明編　清刻本

1426 **籌海圖編十三卷**
明胡宗憲撰　明嘉靖四十一年（一五六二）刻本

1427 **武經總要前集二十二卷後集二十卷**
宋曾公亮丁度等編　（一）明正德間刻本　（二）明萬曆間刻本

1428 **金湯借箸十二籌十二卷**
明李盤撰　明刻本

1429 **武備志二百四十卷**
明茅元儀撰　明天啓元年（一六二一）刻本

1430 **秘傳外科方不分卷**
明榮□□編　明天順成化間刻黑口本

1431 **新刊外科正宗四卷**
明陳實功撰　明萬曆間陳氏近聖居刻本

1432 **五刻理氣纂要詳辯三台便覽通書正宗二卷**
明柯珮編林維松補　明崇禎間刻本

1433 **新刊漢諸葛武侯秘演禽書十二卷**
明何動輯李大祥校　明萬曆十六年（一五八八）金陵文林閣刻本

1434 **鍥王氏秘傳知人風鑑源理相法全**

書□卷

未題編者名氏　明萬曆間刻本

1435 **大明天元玉曆祥異圖說七卷**

未題編者名氏　明余文龍校　明萬曆四十七年（一六一九）晉安余氏刻本

1436 **新刻修眞秘要一卷**

未題編者名氏　明胡文煥校　明萬曆二十年（一五九二）武林文會堂刻本

1437 **性命雙修萬神圭旨四集**

明尹高第撰　明黃伯符刻　明萬曆四十三年（一六一五）刻本

1438 **新鐫五福萬壽丹書六卷**

明龔居中撰鄭之僑補　明天啓間金陵周如泉刻本

1439 **導引秘圖一卷**

明君度道人編　明程元刻　明崇禎九年（一六三六）刻朱墨藍三色套印本

1440 **新刻錦身機要三卷**

題混沌子撰　明魯至剛註　明萬曆二十一年（一五九三）文會堂刻本

1441 **壽養全書不分卷**

明胡文煥編　明萬曆間杭州刻本

1442 **俞俞子內外篇五集**

明曹士珩撰　曹士珩繪　明崇禎七年（一六三四）刻本

1443 **綠窗女史十四卷**

未題編者名氏　明崇禎間刻本

1444 **新刊翰苑廣記補訂四民捷用學海羣玉二十六卷**

明武緯子編　明萬曆間熊冲宇刻本

1445 **鼎鋟崇文閣彙纂士民捷用分類學府全編三十五卷**

未題編者名氏　明萬曆三十五年（一六〇七）建安余文台刻本

1446 **新鍥兩京官版校正錦堂春曉翰林查對天下萬民便覽四卷**

明鄧仕明編　明萬曆間福建陳德宗刻本

（十）銅版畫類

1447 **圓明園圖**

清康熙間銅版印本　二十幅

1448 **廓爾喀得勝圖**

清乾隆間銅版印本　三十四幅

1449 **安南得勝圖**

清乾隆間銅版印本　一幅

1450 **台灣得勝圖**

清乾隆間銅版印本　十二幅

1451 **金川得勝圖**

清乾隆四十一年（一七七六）銅版印本十六幅

1452 **平回得勝圖**

清道光九年（一八二九）銅版印本　十幅

（終）

四部總録藝術編

人名書名綜合索引

四角號碼檢字表

本表爲便於懂得"四角號碼檢字法"者查檢書名、人名索引用,左首是四角號碼,右面是索引的葉數:

7345_0 戏→戲 (2325_0)
7370_0 臥 11
7421_4 陸〔陆〕 18
7422_7 隋 20
7429_4 陈→陳 (7529_6)
7440_0 对→對 (3410_0)
7527_0 陆→陸 (7421_4)
7529_6 陳〔陈〕 18
7641_0 观→觀 (4621_0)
7710_4 圣→聖 (1610_4)
7710_4 闔 25
7712_7 邱 11
7713_6 閩 25
7721_0 风→風 (7721_0)
凤→鳳 (7721_0)
風〔风〕 13
鳳〔凤〕 25
7721_6 覺 30
7722_0 月 8
阴→陰 (7823_1)
周 9
陶 18
7722_7 閒 20
7724_1 屏 12
7724_7 履 26
7726_4 居 10
屠 19
7726_7 眉 12
7727_2 屈 10
7728_2 欣 10
7733_1 熙 23
7740_7 學〔学〕 27
7744_0 丹 2
双→雙 (2040_7)
7744_1 開〔开〕 20
7744_7 段 12
7747_0 邓→鄧 (1712_0)
7748_2 闕 29
7771_7 巴 3
7772_0 印 5
7777_7 門 11
7777_2 關〔关〕 29
7778_2 歐 26
7790_4 桑 14
7810_9 鑒〔鉴〕 31
7823_1 陰〔阴〕 18
7876_6 臨〔临〕 28
7921_2 隴 18

8

8000_0 八 1
人 1
8010_1 兰→蘭 (4422_7)
8010_4 全 5
8010_7 益 15
8010_9 金 11
8011_6 鏡 29
8012_7 翁 15
鏽 30
8020_7 今 2
8022_1 前 11
俞 11
8022_7 分 2
剪 16
8022_8 养→養 (8073_2)
8033_1 無〔无〕 19
8033_2 念 10
8040_0 午 2
8040_4 姜 12
8043_0 关→關 (7777_2)
8043_1 美 13
8044_6 弇 11
8050_1 羊 6
8050_6 单→單 (6650_6)
8060_6 曾 19
8060_8 谷 9
8073_2 公 2
養〔养〕 27
8090_1 佘 7
8090_4 余→餘 (8879_4)
8194_7 敍 17
8211_4 鍾 28
8275_3 饑〔饥〕 30
8280_0 劍 25
8315_0 鐵〔铁〕 30
8315_3 錢 27
8471_1 饒 30
8511_7 鈍 21
8513_0 鉄→鐵 (8315_0)
8640_0 知 10
8712_0 銅 25
8713_4 鍥 28
郑→鄭 (8742_7)
8742_7 鄭〔郑〕 27
8762_2 舒 20
8771_0 饥→饑 (8275_3)
8810_4 坐 7
8810_6 笪 17
8810_8 笠 17
8811_7 鑑 31
8812_7 鈴 21
筠 24
篙 27
8822_0 竹 6
8823_2 篆 26
8850_7 筆〔笔〕 20
8860_4 箸 26
8864_1 籌 30
8871_4 笔→筆 (8850_7)
8872_7 節〔节〕 26
8874_1 餅 20
8877_7 管 25
8879_4 餘〔余〕 27

9

9000_0 小 2
9001_4 惟 17
9003_2 懷〔怀〕 29
9017_7 当→當 (9060_6)
9022_7 常 16
9040_7 学→學 (7740_7)
9040_9 娄→婁 (5040_4)
9050_2 拳 14
9060_6 當〔当〕 23
9090_4 米 7
9101_6 恒 12
9106_1 悟 14
9109_0 怀→懷 (9003_2)
9181_4 煙 23
9306_0 怡 10
9406_1 惜 17
9501_4 性 10
9502_7 情 17
9503_0 快 8
9592_7 精 25
9680_0 烟 15
9705_6 惲 19
9801_6 悅 14
9884_0 燉 27
9913_6 螢 27
9990_4 榮 24

部 首 目 次

舊時部首，筆畫相同，排列次序，先後並無一定原則，以致檢查時感到困難。今爲正確、合理、迅速、方便起見，將同筆畫之部首，仍按四角號碼次序排列先後，詳見如下：

一 畫

1000 一
1771 乙
2000 丨
亅
丿
3000 丶

二 畫

0000 亠
1010 二
1722 刀，刂
2201 儿
2271 匕
2277 凵
2300 卜
2702 勹
3010 冫
3700 冖
4000 十
4002 力
7120 厂
7171 匚
7721 几
7722 冂
7727 卩
7740 又
8000 八
人，亻
入

三 畫

0020 广
1010 工
1040 干
1710 彐，彑
1720 弓
1740 子
廴
1771 己
2020 彳
彡
2200 巛，川
2240 屮
2273 幺
2277 山
2720 夕
2740 夊
3037 宀
4001 尢
4003 大
4010 土
士
4022 巾
4030 寸
4040 女
4300 弋
4400 廾
6000 口
囗
7727 尸
9000 小

四 畫

0022 方
0040 文
1020 歹
1041 无
1223 水，氵
2050 手，扌
2071 毛
2110 止
2140 支，攵
2171 比
2202 片
2220 爿
2500 牛
2780 欠
3027 户
3300 心，忄
3400 斗
4040 爻
支
4090 木
4303 犬，犭
5300 戈
6010 日
曰
7222 斤
7223 爪
7274 氏
7722 月
7740 殳
7750 毋
8010 气
8040 父
9080 火，灬

五 畫

0010 疒
立
0073 玄
1010 玉，王
1011 瓦
1060 石
1090 示，礻
1223 癶
1722 矛
1780 疋，⺪
2090 禾
2510 生
2600 白
3080 穴
4022 内
4024 皮
4477 甘
6010 目
6040 田
7223 瓜
7710 皿
7722 用
8043 矢

六 畫

0073 衣
1010 至
1022 而
1040 耳
1060 西
1712 羽
2060 舌
2090 糸
2121 虍
2122 行
2520 舛
2600 自
2710 血
2744 舟
2771 色
4022 肉，⺼
4400 艸，艹
4471 老
5000 聿
5013 虫
5090 耒
7171 臣
7722 网，罒
7773 艮
7777 臼
8050 羊
8077 缶
8822 竹
9090 米

七 畫

0040 辛
0060 言
1010 豆
1023 豕
1060 酉
2022 豸
2080 辵，辶
2090 釆
2722 角
2740 身
4033 赤
4080 走
5000 車
6010 里
6021 見
6071 邑，阝(右)
6080 貝
足
7123 辰
8060 谷

八 畫

1022 雨
1111 非
2021 隹
2740 阜，阝(左)
5013 隶
5022 青
7173 長
7777 門
8010 金

九 畫

0060 音
1060 面
1080 頁
1241 飛
2060 香
4050 韋
4450 革
7721 風
8060 首
8073 食

十 畫

0022 高
1022 鬲
2271 鬯
2621 鬼
7132 馬
7272 髟
7711 鬥
骨

十一畫

0021 鹿
0029 麻
2160 鹵
2732 鳥
2733 魚
4020 麥

十二畫

2013 黍
3222 黹
4480 黃
6033 黑
7771 黽

十三畫

2222 鼎
4414 鼓
7771 鼠

十四畫

0022 齊
2622 鼻

十五畫

2177 齒

十六畫

0121 龍

十七畫

2711 龜
8022 龠

四部總錄藝術編

◁書、畫、法帖、版畫冊▷

人名書名筆畫索引

本索引每條後面所註號碼有兩種：(1)漢字號碼，指正書及補遺一小部份的頁碼；(2)阿拉伯號碼，指補遺所錄各書的編號（即冠于每一書名之首的號碼），讀者應用時，請加注意。

一　畫

二　畫

三　畫

四 畫

十二畫

十三畫

十四畫

十 五 畫

十六畫

十九畫

二十三畫

二十四畫

二十五畫

二十八畫

二十九畫